法官如何裁判

最高人民法院民事审判要旨与思维

MAKING JUDGMENT

THE POINTS AND THINKING IN THE CIVAL TRIALS OF THE SUPREME PEOPLE'S COURT

朱兰春◎著

第2版

中国法制出版社
CHINA LEGAL PUBLISHING HOUSE

第二版序

这是一个高度不确定的时代，每个人都在为寻求相对的确定性而努力。在某种意义上，民商事诉讼案件也是这个时代的缩影，因为诉讼的世界里，同样也充满了各种不确定性。司法界负责人曾公开承认，“我们需要清醒地认识到，就目前我国的司法实践来说，我们的司法执法主体对规则的认识判断，对事实证据的认识判断，仍然具有极大的不确定性，而这主要基于他们法律意识的不一致”。[①] 因此，包括法官、律师在内的所有法律人，其日常工作的实质，无非是在歧见纷呈的法律世界里，寻求各自相对的确定性，并力争做到法律意识的交叉、重叠和趋同，使相对性的同心圆扩张至最大化。

就法院系统而言，法律意识主要是指法官群体的审判思维，其物质载体就是裁判文书。对从事实务工作的法律人来说，长期、大量、深入研读裁判文书，应当成为一种学习习惯。经由一份份公开的裁判文书，我们有可能洞察到，裁判是有规律的，规律是可以认识的，认识规律是需要一定方法的。只是，真正领悟到这一点，需要我们用整个职业生涯为丈量尺度，在历史与现实、枝蔓与主干、个体与组织、功能与结构之间来回穿梭。法国年鉴学派历史学家费尔南·布罗代尔的长时段理论，同样适用于看似风马牛不相及的法学领域。

与司法实践的客观需要相比，总体来看，已面世的各类案例书籍，简单编排罗列有余，深刻总结提炼不足，对思维模式的探讨更是付之阙如。

① 张军：《法官的自由裁量权与司法正义》，载《法律科学》2015年第4期。

有明确方法论意识，能上升到理论层面有所概括，并有效反哺司法实务的研究专著，实属难得一见。如何在这方面真正有所突破，“授人以渔而不只是授人以鱼”，是我长期以来的思考内容和不自量力的追求目标。

因缘际会，在代理最高人民法院民商案件的同时，从事最高人民法院民商裁判文书的实证研究有年。从研究裁判文书到研究法官个体，从研究法官个体到研究法官群体，从研究法官群体到研究审判思维，从研究审判思维到研究审判规律，从研究审判规律到反思研究方法，一切都是顺理成章的逻辑必然。

作为粗糙思维的艰难结晶，本书第一版面市时，腰封上赫然印着“十年磨一剑”的醒目字样，事前我是不知道的，事后也有点惴惴不安。这是一个极少有人涉足的研究地带，缺乏足资借鉴的学术成果，时间并不是书稿质量的唯一保证。读者是挑剔的，市场是无情的，多少书出版即是绝版。值得安慰的是，在未作任何宣传的情况下，本书出版后很快售罄，接着出现了高仿盗版本。不少人索书不得，干脆直接到中国知网，下载孕育本书的博士论文。45 万字的晦涩文本，下载量超过 2800 次。2018 年底，亚马逊网站又推出了定价不菲的电子版，以满足更多人的需要。一本很不成熟的法学实务书籍，在这么短的时间里，能收获这么多素不相识的认同，确实是我的莫大福分，曾经为之挥洒过的不堪岁月，终于沉淀为记忆中的金色年轮。

靡不有初，鲜克有终。几千年前老祖宗的告诫，令我如芒在背，不敢过分懈怠。此次全面修订，更是拿出十二分的力气，增写内容超过 30 万字，且并非简单地修修补补，而是对原有体系结构的续造与深化。推进过程之艰难，令我再次体验到了熟悉的焦虑、无奈的煎熬。虽竭尽全力，力求跟上审判形势的最新发展，但眼高手低，仍不满意手中永远的半成品，因为“吃的草比预想得要多，挤的奶却比期冀得要少”，真是书到用时方恨少，事非经过不知难。看来，这就是人的宿命，“你必在额上流汗，以获你的面包”。感谢命运，以这种方式再次警醒我，不管任何时候，只要想做点像样的事情，就不能不对自己狠一点。人确实是要有点精神的，知其不可为而为之，方能不顾地心的引力，拔着自己的头发飞翔。

生命的进击姿势，与内心的恬淡从容，经常是一枚硬币的两面。朱光潜先生尝言，慢慢走，欣赏啊。过了知天命之年，重温这句看似平常的软言慰喻，就像阳光洒满了心田。是啊，人生的路并不算长，一定要慢慢走，往前走，专心走。走着走着，花就开了。

第一版序

对最高人民法院（以下简称最高法院）民事判决的研究，始于1994年。当年我从南京大学硕士毕业，旋即通过全国首次统一录取的律师资格考试，正式开始了律师执业。当时一个朴素而执着的想法是，办理案件，就要向最高法院学习，最高法院的公报案例，就是最好的教科书。

对最高法院民事判决的深入研究，始于1999年。当年最高法院经济审判庭主编的《经济审判指导与参考》首次公开发行。以此为标志，最高法院民庭、知识产权庭也开始主编系列出版物，批量刊载其审理的各类民事案件。2000年至2003年，最高法院连续四年出版该院民事裁判文书汇编。2003年，最高法院更是史无前例地出版十五卷《中华人民共和国最高人民法院判案大系》。这些宝贵的民事案例资源，是我反复阅读和消化咀嚼的精神食粮。

对最高法院民事判决的理论研究，始于2003年。当年我考入武汉大学攻读法学博士学位。基于此前的积累和总结，我很快拿出一份七八万字的研究最高法院民事判决的初稿。此后，导师孟勤国教授建议我研究民法基本理论，我虽心有不甘，但还是接受建议，潜心于民法基本理论研究。现在看来，孟老师的这一建议，的确高瞻远瞩，对最高法院民事判决尤其是民事审判思维的深入研究，没有民法基本理论的坚实支撑，是不太可能走出一望无际的地平线，获得俯瞰的视野与高度的。

对最高法院民事判决的系统性实证研究，始于2008年。经过长达五年的理论准备，我开始埋首于博士论文的写作。其间艰辛，确有点“衣带渐宽终不悔，为伊消得人憔悴”。六年之后，45万字的博士论文《最高法院民事判决四元结构论：1985—2014》脱稿，2014年顺利通过答辩。一向对学生要求极严的孟勤国教授认为，“这是一篇独一无二的民法博士论文”。

几个细节，值得一提。读博期间，自己老老实实读了上千本专业书。2014年预答辩时，温世扬教授说我是武大民商法老师们公认最勤奋、最用功的学生。正式答辩结束时，导师孟勤国教授破例发言，指出这篇博士论文的全部价值，就在这段话上：“三十年来，最高法院在界定民事主体时，开放中有规范；在判断法律行为时，宽松中有反复；在保障民事权利时，绝对中有限制；在划分民事责任时，承担中有平衡”，认为这是对最高法院民事审判思维模式的最好概括。此后，因缘际会，结识中国政法大学宋连斌教授，对我的博士论文予以极高评价，认为做了最高法院应该做而至今没有做到的事。中国法制出版社赵宏编辑在我博士论文答辩前，就接受书稿出版，并倾尽心力打造成为更具使用价值的实务版本。所有这些，让我既诚惶诚恐，又备受鞭策。

之所以回顾二十年的研究心路，是想展示自己与这项研究事业的缘分，同时也顺带说明，这本脱胎于博士论文的《法官如何裁判》，何以出自律师之手。裁判文书乃学术公器，对一切法律人开放，任何人均可自由进入。理论上讲，法官更有条件进入，更有可能研究，更有资格写作。但事实上，二十年如一日地进入、研究和写作，对所有法律人而言，都是一项极大的挑战。幸运的是，我坚持了下来。作为律师，我既是最高法院具体民事判决的参与者，更是最高法院全部民事判决的旁观者，个案探究和整体研究4双重视角，有效平衡了我的一孔之得。作为历史的匆匆过客，我有义务把它忠实地记录下来，更多的人或可从中受益，后来者或可借此攀向更高峰。

以上就是这本小书的前世与今生。逝水流年，略有积淀，这真是命运最好的安排。至于我是否交出了一份像样的答卷，读者才是最终的裁判者，我期待着最后的审判。

目　录

第三章 保障民事权利

第四章　划分民事责任

最高人民法院民事审判思维大数据报告

一、最高人民法院民事案例公布整体情况

从1985年至今，最高法院公布裁判文书的过程，有两个特征鲜明的发展阶段。第一阶段是相对零散的纸媒期，以公布为例外，不公布为常态，该阶段持续近三十年之久。第二阶段是批量增长的网媒期，以不公布为例外，公布为常态，该阶段距今仅七年。这七年来发布的民商裁判文书，在数量上近五倍于前三十年发布裁判文书的总和。最高法院裁判文书正在不断揭开“面纱”，并迅疾走向大众，走向世界。

关于纸媒公布案例，据笔者不完全统计，从1985年5月至2020年12月，最高法院通过包括出版公报、各类审判指导丛书、年度裁判文书汇编等纸质媒体，以及发布指导性案例、典型案例等方式，共公布了6000余件裁判文书或典型案例。其中，绝大多数是各类民商事案件（含执行案件），而且大多数是由最高法院审理的民商事案件。如《中华人民共和国最高人民法院判案大系》共十五卷，除第十四卷为行政案件外，其他十四卷全部为最高法院审理的民商事案件。① 即便是在《最高人民法院公报》上刊登的下级法院审理的裁判文书或典型案例，也是经过严格审定而精选出来的，具有典型性、真实性、公正性和权威性，因为公报本身就有很高的准确性、适用性和指导性，所登的案例直接反映了最高法院的司法立场、法律见解

① 资料来源：《最高人民法院公报》（1—290期）；最高法院于2000年至2003年公布的年度裁判文书汇编；最高法院各民事审判庭编辑的《审判参考》《指导案例》《案件解析》等丛书；《中华人民共和国最高人民法院判案大系》（十五卷）；最高法院先后公布的26批指导性案件及各类典型案例；以及最高法院中国应用法学研究所编著的《人民法院案例选》。此外，最高法院机关报刊《人民司法》《中国审判》《人民法院报》，也刊登零星的最高法院审理的案件。据统计，自1985年5月至2011年2月，剔除重复部分，最高法院通过纸媒共公布案例或裁判文书约4200件，数据资料参见刘德权主编：《最高人民法院裁判意见精选》（上册），人民法院出版社2011年版，第3页。另据笔者统计，此后，从2011年3月至2020年12月，通过《最高人民法院公报》、各类审判指导、案例汇编、观点集成、判例集要等纸质媒体，最高法院又新公布民事案例约1800件，以上合计共在纸质媒体公布民事案例约6000件。

和实务观点。①

关于网媒公布案例，自2013年7月1日起，最高法院开始在机关内部实施本院裁判文书上网公布制度。据权威媒体公开报道，2013年1月1日至11月30日，最高人民法院共制作判决书、裁定书、决定书2501篇，上网公布2293篇，占91.7%，仅有208篇因具有法定情形，经审批不上网或暂不上网公布。② 另根据最高法院院长周强2014年在十二届全国人大第二次会议所作的工作报告，最高法院建成"中国裁判文书网"后，公布最高法院生效裁判文书3858件。③ 而截至2019年10月，"中国裁判文书网"公布的最高法院民商裁判文书，总量已经超过29000篇。④

此外，根据公开资料，2003年时，最高法院进入实质性审判的案件即在3000件以上。⑤ 而仅在2008年度，最高法院受理的案件数量更是突破1万件。⑥ 根据经验判断，其中绝大多数也属于民商事案件。此后多年，虽然最高法院未正式发布过受案数据，但从其多次以司法文件的方式，修改案件受理标准，不断提高中级和高级法院的案件受理标准，2019年更是史无前例地将高级法院管辖金额规定为50亿元以上，以减少对最高法院的案件涌入这一点，即不难推断，最高法院每年审理的各类民商事案件，其绝对数相当可观。⑦ 随着网上强制公布制度的实施，最高法院今后公布的民事判决或案例数量，将会呈现爆炸式增长趋势。

可以说，历经三十五年的日积月累，最高法院已经公布的民商事裁判文书，与有数百年传统的判例法国家相比，虽还算不上汗牛充栋，但也非常庞大驳杂，而且将会继续迅速膨胀。

---

① 《最高人民法院公报》编辑部编：《中华人民共和国最高人民法院公报全集（1985—1994）》，人民法院出版社1995年版；《最高人民法院公报》编辑部编：《最高人民法院公报典型案例和司法解释精选（1993.7—1996.6）》，中国法制出版社1996年版；周伟编著：《人民法院审判观点汇纂：最高人民法院公报民商事案例（1985—2010）》，北京大学出版社2011年版。

② 唐亚南：《深化审判管理：彰显公平正义》，载《人民法院报》2014年3月8日。

③ 周强：《最高人民法院工作报告》，载《人民法院报》2014年3月18日。

④ 杜万华总主编、刘德权副总主编：《最高人民法院民商事判例集要》（合同卷），中国民主法制出版社2020年版，第2页。

⑤ 傅郁林：《论最高法院的职能》，载《中外法学》2003年第5期。

⑥ 最高人民法院中国应用法学研究所编：《人民法院审判经验集萃》，人民法院出版社2009年版，第1页。

⑦ 根据最新公布的数据，2013～2017年，最高人民法院审理案件82383件，审结79692件，年均审理案件仍超过1万件，数据来源参见周强：《2018年最高人民法院工作报告》。2019年，最高人民法院受理案件38498件、审结34481件，比2018年分别上升10.7%、8.2%。数据来源参见周强：《2020年最高人民法院工作报告》。

二、研究方法综述

最高法院的案例是一座蕴藏丰富的智慧宝库，然而，矿藏再丰富，也不能自动出产成品。如何有效地分析和利用这批珍贵的司法资源，进一步揭示法官思维，总结认知模式，探索审判规律，在此基础上厘清法理脉络，反哺司法实践，廓明前进方向，乃至形成学术共识，提高研究水平，推动法治文明，是摆在每一个有使命感的理论和实务工作者面前沉甸甸的任务。

综观现有的各种案例研究方法，有其突出的传统优点，也有明显的时代局限。笔者努力将其划分为实务和理论两个层面，以便进一步分析研究。需要说明的是，实务与理论两种研究方法的区分，并非十分严格和纯粹，两种方法之间，也并非完全截然分明，而是常常互相渗透，只不过各有侧重而已。

1. 实务研究方法

所谓实务研究方法，一言以蔽之，主要是案例汇编法，包括对最高法院公布的各类案件的收集、整理、加工、提炼和解析，研究对象既可以是最高法院发布的全部案例（尽管这极为少见），也可以是其中的部分案例，还可以根据需要，确定为某一类型的案例。[①] 最高法院各民事审判庭以及法官、从事司法实践的法律工作者如律师，以及部分高校和研究机构的学者，均大量地使用这种研究方法，以便直接或协助解决当下迫切的法律问题。

2. 理论研究方法

（1）法律关系分析法

按照权威学者的定义，“所谓法律关系分析的方法，是指通过理顺不同的法律关系，确定其要素及变动情况，从而全面地把握案件的性质和当事人的权利义务关系，并在此基础上通过逻辑三段论的适用以准确适用法律，作出正确的判决的一种案例

① 笔者在广义上使用“案例汇编”概念，包括对案件的法理解析，有学者也称“案例指导方法”，但金赛波、冯守尊编著的《票据法案例精选》，黄毅主编、周玉华编著的《最新银行法经典疑难案例判解》等，也收入部分最高人民法院公布的民商事案例。显然小于案例汇编方法，参见王利明：《法学方法论》，中国人民大学出版社2011年版，第259页。此外，鉴于本书研究对象的整体性，故不单独评论个案研究，也不否认个案研究的独立价值。尽管笔者认为，即使是个案研究，也宜放入整体对象中，才能更为准确地理解和把握。事实上，刊登在《法学研究》《判解研究》《知识产权判解研究》《侵权法评论》等专业法学刊物上的很多个案研究，往往都是案件的类型化研究，早已摆脱个案视角的狭隘性。对此，学界也有共鸣：“就某一法律问题的研判法院的立场，对系列案件的研究或许比个案研究更有价值。”解亘主编：《南京大学判例评论》（第1辑），法律出版社2012年版。

分析方法”。其特点是先考虑案件的小前提，即事实，然后再考虑案件的大前提，即法律。法官在裁判时必须将目光在大前提和生活事实之间往复流转。①

这一方法的主要特点是，明确双方核心争议点，分析法律关系性质，并确定法律关系的内容是否存在变动，最后根据逐渐抽象出的小前提，选择适用关联法律，得出最后的裁判结论。

在遵循一系列严格确定次序的步骤中，三段论是其核心要素。② 这种裁判思维方法对司法实践影响巨大，查看最高法院历年来的民事判决，非常重视归纳争议焦点，其实这就是在提炼背后的小前提，据此确定法律关系性质，最后找到适用法律，并以此作为裁判标准。

运用这种方法，还可以根据法律关系的性质不同，进行类型化研究，如将各种案件根据其不同性质，列为不同的类型，分门别类予以归纳，尽可能缩小与法律适用之间的距离，便于法官找法。最高法院关于民事案件案由的规定，其实就是适用这种方法的直接结果，因此，笔者也将其视为定性研究方法。

（2）请求权基础分析法

按照权威学者的解释，“请求权基础分析法又称为请求权规范基础检索或归入法、涵摄法”。该方法通过考察当事人的请求权主张，寻求该请求权的规范基础，从而将小前提归入大前提，最终确定是否能够得到支持的裁判结论。③ 相对于法律关系分析法，这种方法的舶来品色彩更浓，但目前也更流行，甚至用于国家法官学院的培训教材中。④ 实务界作为成功审判经验推广的《要件审判九步法》⑤《民事案例分析方法及其运

① 王利明：《民法案例分析的基本方法探讨》，载《判解研究》2003 年第 4 辑。

② 国家法官学院、德国国际合作机构：《法律适用方法：公司法案例分析》，中国法制出版社 2013 年版，第 45 页。

③ 王利明：《民法案例分析的基本方法探讨》，载《判解研究》2003 年第 4 辑。

④ ［德］迪特尔·梅迪库斯：《请求权基础》，陈卫佐、田士永、王洪亮、张双根译，法律出版社 2012 年版；王泽鉴：《法律思维与民法实例：请求权基础理论体系》，中国政法大学出版社 2001 年版；国家法官学院、德国国际合作机构：《法律适用方法：公司法案例分析》，中国法制出版社 2013 年版。

⑤ 邹碧华：《要件审判九步法》，法律出版社 2010 年版。值得注意的是，北京市第二中级人民法院资深法官指出，该书以要件事实论为基础，虽被喻为“法庭上的剑谱”，但其调研 50 位一线法官，无一人能够完整说出九步的脉络。该资深法官认为，问题在于法官平时不是按照九步进行庭审。正常的庭审是“诉辩意见—事实调查—法庭辩论”三步模式；判决书主体也是与此对应的“诉称辩称—经审理查明—本院认为”三大部分。上述调查表明，尽管倡导有年，但要件审判方法似乎并未得到普遍认同和接受，按照九步法审理尚不是正常的庭审。这也反映出司法实践中审判方法与审判思维的多样性和复杂性，任何一种方法都难以做到全覆盖、全替代。详见李俊晔：《论要件审判“三段式”思维》，载《法律适用》2017 年第 23 期。

用》[1] 等专著，均受此启发。2019 年 11 月 8 日印发的《全国法院民商事审判工作会议纪要》，更是明确提出要注意树立请求权基础思维。

与法律关系分析法不同的是，这种方法着眼于诉讼，其第一步通常都是："针对某一个案件确定应当选择哪条法律规定来作为合适的抽象规则，然后要把这条抽象规则分解成各个部分和各个要件，并逐一与事实作出比较。对每一个要件的审查最后都应当得出一个结论，一旦对一个规定的所有要件都得出了结论，决定这条规定的所有要件是否能得到了满足就不再是难事。"[2]

有学者通过法律人思维方式，进一步解释此种方法的实际运用："对于同样的社会问题，法学教授首先问合不合法？然后问法律有没有规定？如果法律有规定，他再问法律是怎么规定的？当他谈论法律是怎么规定的时候，他就要分析法律的规范构成，分析其构成要件、适用范围和法律效果，然后用讨论的这个事实、这个行为与法律规范的构成要件加以对照。对照的结果符合规范的构成要件，就表示肯定的意见；不符合时就表示否定的意见。"[3]

运用这种方法，对当事人的请求权性质判断非常重要，然后再进行请求权检索和固定，找到对应的具体法律规定，将分解的事实归入或涵摄到法律规范的构成要件中，如果全部满足，该请求权即得以成立。其典型构造是，谁得向谁，依据何种法律规范，主张何种权利。其中，请求权基础的寻找是其核心工作，寻找请求权基础的过程，也是法律思维清晰的过程[4]，据此，笔者将其视为定性研究方法。[5]

此外，也有学者认为，法律关系分析法与请求权基础分析法，各自均存不足，故将两种方法熔为一炉，结合为新的综合分析方法，用法律关系分析法"定性"，用请求权基础分析法"定法"，最后得出裁判结论即"定案"。[6] 显然，所谓综合法，仍以上述两种方法为基础，试图结合各自长处。鉴于该方法仍未脱离微观分析的思考框架，故不再单独陈述。

---

① 吴永科、郭慧峰：《民事案例分析方法及其运用》，中国人民公安大学出版社 2010 年版。

② 国家法官学院、德国国际合作机构：《法律适用方法：公司法案例分析》，中国法制出版社 2013 年版，第 19 页。

③ 梁慧星：《怎样进行法律思维》，载爱思想网站，http：//www. aisixiang. com/data/25494. html?page=1，2020 年 2 月 3 日访问。

④ 王泽鉴：《法律思维与民法实例：请求权基础理论体系》，中国政法大学出版社 2001 年版，第 50、54 页。

⑤ 梁慧星先生将此种方法命名为"规范法"。

⑥ 吴永科、郭慧峰：《民事案例分析方法及其运用》，中国人民公安大学出版社 2010 年版。

3. 现有方法的评价

实务研究方法虽始于个案研究，但本质上属于类型法，遵循从特殊到一般的认识路径，从个案剖析上升到案例集群，再扩大到案件类型，借此把审判经验分门别类予以厘清，如按部门划分为诸如物权法、公司法、合同法、侵权责任法等，汇集诸如合同案件观点集成、股权转让案件观点集成，以及裁判意见或观点集成等，力图于各种审判经验的集大成中，扩大借鉴效果。因此，此类研究成果是很好的资料积累和工具用书。故德国法学家拉伦茨对案例研究中的类型划分欣赏有加，认为当抽象的概念及其建构外部体系不足以掌握生活现象或意义脉络的多样形态时，人们首先想到的辅助思考形式是类型。①

理论研究方法的最大优点是精细化，遵循从一般到特殊的认识路径。在司法实务中，法律关系分析法的运用如此广泛，以至于“人们曾经把三段论看作是所有法律适用的最普遍基石”。② 至于请求权分析方法，学者则将其视为不仅是区分法律人与门外汉的重要标准，更是区分法律人之间水平差距的尺度，认为凡是不能掌握这一方法的法律人，都是没有经过法学训练的门外汉。“对于没有经过法学训练的门外汉而言，是非感是决定法律判决的关键因素。而对于经过法学专门训练的法律人，虽然不能完全摆脱有关是非曲直的直觉影响，但对摆在面前的案件的分析起点绝对不是所谓的非理性的直觉影响而是该案件可以被涵摄在哪一法律框架下，然后依据该法律框架的内在逻辑结构对该案件进行事实与规范之间的逻辑关照，从而寻找正确的答案。”③

不管是法律关系分析法，还是请求权基础分析法，抑或是结合两种方法之长处的综合分析法，其共同的目标都是在厘清思维的同时，努力将抽取出来的案件事实，嵌入到对应的法律规范中去，最终得出法律判断，只不过一个是从客观事实出发，一个是从诉讼事实出发。不管从哪种路径开始，案件的透彻分析和法律的准确适用，是其共同的优点。

笔者能被现有研究方法说服，但不能被现有研究方法满足。诚如学者所言：“总体而言，我国法学界在法律适用方面没有建立起一套具有共识性的规则，实务界也

---

① ［德］卡尔·拉伦茨：《法学方法论》，陈爱娥译，商务印书馆2003年版，第337页。

② ［法］雅克·盖斯旦、［法］吉勒·古博：《法国民法总论》，谢汉琪等译，法律出版社2004年版，第37页。

③ 席志国：《中国民法总论》，中国政法大学出版社2013年版，第132页。

缺乏一种统一的法官裁判思维模式。"[①] 在大数据时代，现有研究方法越来越有捉襟见肘之感，不管如何努力，总是落在海量的司法资源后面，有如西方哲学中的悖论命题，飞矢永远也追不上不远处的箭靶。如果只能具体问题具体分析，缺乏理论的前瞻和导引，那么，永远都是理在事后，充其量做到理在事中，而无法做到理在事前。

如果沉溺、满足或止步于个性化乃至类型化的案例分析，则无法从理论高度从容梳理、归纳和提炼海量司法资源，意味着法理对案例宏观统摄作用的实质性取消，法律乃至法律人的安身立命之根，面临前所未有的"生存危机"。

三、案例研究方法论：四元结构分析法

（一）四元分析法的提出

如何应对大数据时代的冲击和挑战，统领海量的司法审判资源？经笔者长期思索和反复推敲，最终将主体、行为、权利和责任四元结构确认为对案例分析的方法论表达，即针对具体的案件，分析的思维方式是：界定民事主体，判断法律行为，保障民事权利，划分民事责任。打个不恰当的比方，现有的研究方法制造的是产品，四元结构制造的是标准。有了标准，才能更好地处理各类产品，从容应对大数据时代的海量司法资源，永远走在现实前面，理在事中，而不在事外。同时，理也在事前，而不在事后。

不仅整个四元结构是一种标准，而且每一元都自成标准。因为每一基元分析的对象，并不是一个案件，也不是一类案件，而是所有案件，它是所有案件的构成要素。如主体基元，其关注的是更一般的主体认定标准问题，而不是具体的主体构成本身。对具体的主体本身的识别，是适用更高层次的主体标准的结果。基元与基元之间，又形成完整的理论结构，等于对全部案件重新赋予多重标准、多元透视，既可分而析之，又可合而综之，且内部可以不断细分，层层相叠，各部分互相依靠、互相支撑，共同维系整个系统的存在和运行，恰如这个无限分层又浑然一体的宇宙世界，同时也符合属加种差的一般认识规律。因此，四元结构这一标准更抽象、更一般，是最基本的分析框架。

① 李志刚：《民商审判前沿：争议、法理与实务——"民商法沙龙"微信群讨论实录》（第1辑），人民法院出版社2019年版，第598页。

（二）"四元结构分析法"的数据验证

提炼出四元结构方法后，笔者组织力量，以人工和计算机检索两种交叉运用的方式，对最高法院公布的8500余件典型民事判决，分类进行了检索和统计，得出初步的司法数据（参见下表，资料来源：1985～2014年，最高法院判案大系2335件，最高法院裁判文书网3215件，最高法院通过其他渠道发布的案例2976件，共计8526件）。

通过初步统计可见，以四元结构为分类标准，通过细化每一基元内部的次级概念因子，检索结果表明，每一基元对全部案例的覆盖率均超过70%，最高超过90%，首次从类别数量上摸清了最高法院民事判决的情况。考虑不同统计标准和口径的案例之间，还有大量的相互交叉现象，如以四个维度同时测算，综合覆盖值还会大幅度上升。虽然鉴于技术手段和其他条件限制，目前尚无法得出十分确切的统计数据。但现有数据已足以推论，以四元结构梳理最高法院民事判决，其覆盖范围相当可观，将之用于分析宏观现象的海量司法资源，无疑具有极强的包容性和解释力，这也是该方法的现实生命力所在。

统计类别（包括相近用语或同一范畴）	类别数量	占全部案例比例
主体（含民事主体、诉讼主体、适格主体、主体资格、适格当事人等）	5991	70.26%
行为（含诉讼请求、争议事实、客观/法律事实、法律关系性质、行为效力或无效、法律适用等）	7926	92.96%
权利（含所有权、用益物权、担保物权、股权、债权、票据/保险/证券/知识产权、民事权益等）	7417	86.99%
责任（含单位/个人责任、违约/侵权责任、连带责任、过错责任、表见代理、执行主体变更）	7870	92.30%

四、分析取样说明及研究目的

（一）关于案例选择

案例来源，主要分几个层次。首先选择的是最具代表性的指导性案例和最高法院公报案例。根据最高法院于2010年11月26日印发的《关于案例指导工作的规定》，对于指导性案例，各级人民法院在审理类似案件时应当参照，因此效力最高。而所遴选的公报案例，则并不限于最高法院亲自办理的案件，也包括经最高法院审委会研究通过的各地案例，如最高法院公报曾刊登铁岭县法院判决书，写得就非常精彩，当然这可能与经过另外编写有关。其次是最高法院直接审理的案例，主要源于各庭主办的审判指导与参考丛书，以及最高法院以各种形式公布的裁判文书和典型案例，其中也包括部分刊登在该丛书中的下级法院案例，或最高法院评选出的优秀裁判文书，因为公开刊登下级法院的案例本身，就表明了最高法院的支持态度和司法立场，故在文中也一并引用。最后是公开出版的最高法院各种案例集，包括最高法院建院以来首次出版的判案大系，以及发布在“中国裁判文书网”上的最高法院审理的案件。选择取向侧重于财产法和商事法，因为财产法尤其是商事法偏重于技术规范，更带有中性色彩，相较于民法的伦理性而言，更易于分析。考虑到人格权案例基本上以侵权形式出现，且更多涉及主体问题，故该部分案例，主要体现在“民事主体”和“民事责任”两章。

至于具体案例的遴选标准，概括地说，就是尽可能贯彻“一头一尾一肚”的原则。一头，指的是首次出现的新型案例，这是源，但开风气之先；一尾，指的是最新公布的典型案例，这是流，跬步终积大成；一肚，指的是具有承前启后、起承转合作用和功能的案例，这是径，体现方向指示。笔者认为，抓住这一头一尾一肚，就基本抓住了最高法院三十五年来裁判过程的演变轨迹和审判思维的心路历程。

另须解释的是，第一，本书“法院认为”部分中的“法院”，除非特别注明，一般是指最高法院，行文中一律简称“最高法院”。[①] 所援引的公报案例，既包括最高法院承办案件，也包括其他下级法院承办案件。鉴于公报案例代表的是最高法院的立场与观点，故在本书中，这两者并不做区分。第二，法院认为部分中的具体内容，一般直接源自判决书，或者最高法院归纳的裁判要旨。作为判决书的精华部分，该部分本身即具有高度的概括性，本无须另行画蛇添足，为学术规范计，略有改写，但不失原意。此外，在附有承办法官案件解析的情况下，也酌情援引其解析文章，而

① 如此简称，仅为称谓方便，并不代表笔者持特定立场。因为“法院”两字前面，是否有必要冠之以“人民”，学界曾有争议，有学者建议将“人民法院”改称“法院”。对此，最高人民法院有关负责人明确表示反对，称绝不同意将“人民法院”去掉“人民”二字。因为宪法规定，中国四级法院为“人民法院”，这不仅规定了中国法院的称谓，更重要的是规定了中国法院的基本性质。人民法院是中国共产党领导下的国家审判机关。人民法院行使的审判权，是由体现人民意志的宪法和法律赋予的，为人民掌好、用好审判权是人民法院的法定职责。参见新华社北京2004年12月7日电。

后者的观点显然也代表最高法院裁判本意，故在本书中这两部分内容也不做区分。第三，鉴于援引案例繁多，且个别案例从不同角度会反复援引，为便于阅读和查找，除个别情况外，每个涉及的援引案例，均单独成段。

同时，案例选择始于1985年5月，终于2020年12月，前后横跨35年，尤其侧重于1999年以后发布的案例，主要基于三个考虑：一是合同法于该年通过后，与以往完全不同的、全新的契约理念深刻影响到最高法院的裁判观，裁判风格也为之一变。二是鉴于在1998年前，最高法院只有极少数文件提到办案标准，案件办得好不好，司法公正不公正并没有一个统一的认识标准，此后公布的案件更具分析价值。① 三是关于最高法院公布的民事判决，自1985年至1999年十余年间，除了公报刊登的部分案例外，汇集出版的民商案例仅有四部，即1993年出版的《最高人民法院审理的二审再审经济纠纷案例选编》、1994年出版的《最高人民法院审理的二审经济纠纷案例选编》、1999年出版的《最高人民法院审理的金融纠纷案例选编》及《最高人民法院民事案件解析》。自2000年3月起，最高法院各庭才创办《民事审判指导与参考》等指导刊物，开始选登该院的民事判决。② 自2000年起，最高法院每年公布裁判文书并结集出版。③ 自2013年起，最高法院开始通过互联网公布裁判文书，并陆续发布指导性案例。有了一定规模的裁判文书集群，进一步、多角度的宏观分析才有可能。当然，本书也注意到了裁决文书时间上的跨度性，注意到了法律在其间的变化和对裁决内容的影响。鉴于裁判历史性的局限，本身就是对裁判科学性的丰富，故全书确立的基调是，立足于认识论层面，从方法和思维的角度解读全部案例，以同一工具框架分析全部问题。

值得注意的是，司法实践中公布的案例非常灵活，个案色彩相当浓厚。有些案件，即使是在最高人民法院不同业务庭之间，甚至同一业务庭内部，亦有不同看法，可见其复杂性。《中华人民共和国民法典》（以下简称《民法典》）的颁布实施，当然有助于形成统一、稳定的裁判思维，但也很难完全杜绝此种现象的出现。

最后需要说明，选取案例的适用法律及司法解释，均为案件审理当时特定时期。鉴于本书侧重对司法资源的方法统摄及审判思维的综合分析，并非一般时效意义上

---

① 李国光：《我的大法官之路》，人民法院出版社2015年版，第221页。

② 《民事审判指导与参考》（第1卷）于2000年创刊，2000年3月出版，民事审判庭编，时任最高法院副院长唐德华出任主编。

③ 自2000年至2003年，最高法院开始公布裁判文书，并且每年结集出版，但2004年以后无疾而终，至今未再结集出版。

的案例指导用书，故并未也无须依现行规定重新修正。因此，在援引和参照时，务请注意相关规定是否修订或变化。书中所引案例，凡指导性案例，均在文中以括号注明；凡公报案例或最高人民法院发布的典型案例，均在脚注中标明出处；凡在脚注中仅列案号者，均源于“中国裁判文书网”。

（二）关于分析评论

鉴于本书主旨，除极个别例外，笔者不评价最高法院的个案得失，此非本书写作目的，故不纳入本书范围。笔者在篇首已开宗明义，为解决应对海量司法资源问题，致力于提出新的研究方法，并用之于对最高法院全部民事判决的结构分析，揭示最高法院民事审判规律尤其是审判思维规律。显然，这是一种事实判断，而非价值判断，处理的是“是否问题”，而非“应否问题”。从科学研究方法论的角度看，本书提出的中心命题，本身就是一种学术假设，目的在于通过实证研究，判断该命题能否被证实或证伪。笔者经过艰苦研究，发现该研究方法可以统领海量司法资源，且与正在成型的审判思维高度契合。对此，笔者已心满意足，悬置问题已获解决，可以心安理得。至于这种审判思维及其外部表现的民事判决之具体得失，妥当与否，则不在本书讨论范围内，应为另文主题。故对于最高法院具体判决之评论，笔者惜墨如金，非不能也，实不为也，始终抱守同情的理解态度，“对于其持论所以不得不如是之苦心孤诣，表一种之同情”，① 非有深切感受且无偏离主题情形时，绝不肆意妄评。

除了问题本身制约内容的学术逻辑考虑外，笔者坚持这一做法，还有认识论上的考虑，并高度认同下述观点，要“多一点我发现，少一点我认为”②，因为“真正成熟的法律人，深知自己只是在实定法的范畴内去努力接近真理，是在很有限的范围内履行法律人的神圣职责，法官只是在实定法范围内作出有效力的判决，没有必要认为自己的判断是真理或最接近真理”。③ 是的，我们与真理的距离，通常没有自己想象的那样近。为此，需要保留足够的审慎和克制。而我们在这方面的定力，通常也没有自己想象得那样大。基于这种慎重考虑，笔者甘愿冒着被讥“长于罗列、

---

① 陈寅恪：《冯友兰〈中国哲学史〉审查报告》，载单纯、旷昕：《良知的感叹：二十世纪中国学人序跋精粹》，海天出版社 1998 年版，第 136 页。

② 白建军：《法律实证研究方法》，北京大学出版社 2008 年版，导论第 1 页。

③ 孙笑侠：《法律人思维的二元论：兼与苏力商榷》，载《中外法学》2013 年第 6 期。

短于批判”的跛足风险，[①] 严格遵循英国法学权威爱德华·甄克思提出的学术研究方法三大原则，以材料为基础，以逻辑为工具，实事求是地追寻司法实践的历史真相，[②] 做到有一分证据说一分话，有七分证据不说八分话，是什么结论就是什么结论，在本书中只对最高法院的案例审理，从长时段、大尺度的历史广角出发，对其演变和趋势予以力所能及且最低限度的必要评析。

五、结论

在四元结构的分析框架下，笔者围绕“统领”和“揭示”这两个相互缠绕的子命题，追踪三十五年来最高法院的“法官们是怎么样在茫然无序的法律之海中把握新旧原则的交替并寻得正确方向的”。[③] 在统领中自然揭示，在揭示中自觉回归，始终站在民法理论的高处，检点民商案例的演变历程，梳理裁判主体的思维，体验法官背后的复杂心证，寻找民事审判的深层规律，得出初步结论如下：

（一）四元结构是统摄宏观司法资源的有效理论工具

脱胎于民法基本理论的四元结构，既是静态的理论概念，也是动态的分析工具；既是极富张力的静态理论概念，也是十分有效的动态分析工具。有无四元结构的分析意识，正是“眼中之竹”与“胸中之竹”的实质区别。有了这一“胸中之竹”，再研读最高法院任何时期的民事判决，无论是一份判决书，还是一批判决书，抑或是全部判决书，其中无不隐然浮现出主体、行为、权利和责任的四元结构的逻辑框架。而且，历史考察的时段越长，清晰度和方向感就越明显。由此得到的启示是，必须将案例放在整个历史进程之中，放在理论建构的整体认识之上，进行认真深入的审视，才可能呈现出真正的意义。

沿着四元结构开辟的道路，审视8500余件民事判决，不由得由衷感慨，一如大

---

① 笔者将下述观点者引为同道：“曾几何时，一篇只提出问题而没有解决问题方案的论文，经常被认为是‘未完成的论文’；一部只分析问题而没有提出立法对策的著作，也可能被认为‘没有太多创见’。在这一‘对策法学’的影响下，法学者以成为司法机关的‘咨询委员’和立法决策机构的‘立法顾问’，作为自己法学研究事业处于巅峰状态的标志。对于著名法学家，人们不去追问‘什么是你的学术贡献’，‘你提出过哪些学术思想’，以及‘你有怎样的理论推进’等学术层面的问题，而往往推崇其对立法和司法的具体影响，甚至将其顶礼膜拜为‘某某法之父’”。陈瑞华：《问题与主义之间——刑事诉讼基本问题研究》（第二版），中国人民大学出版社2008年版。

② ［英］爱德华·甄克思：《中世纪的法律与政治》，屈文生、任海涛译，中国政法大学出版社2010年版，译者弁言第13页。

③ 李响：《美国合同法要义》，中国政法大学出版社2008年版，序言第Ⅳ页。

自然的神奇，再多的累累硕果，均从容收纳于理论的主干脉络。当然，对探索者而言，从主干走向枝叶易，从枝叶回溯主干难，难就难在缺少作为学术导游图的研究方法。四元结构方法的提出，使得以往海量的司法资源，终于转换成井然有序的法理格局，不仅基本解决了本书提出的问题，并由此触摸到深层次的决定性因素。套用柏拉图的理念说，所谓裁判书的内在结构，不过是裁判者的思维摹本，这才是最关键、最核心的力量，而“抓住法律思维最为基本的方向和推动与引导它们的基本力量，就抓住了这个变化万千的法律世界”。①

四元结构与审判思维的这种高度契合，不是牵强附会，也不是偶然现象，背后是理论逻辑与经验逻辑的内在同一。法律的生命既在于理论，也在于经验。用我妻荣先生的话说，是“全人格的判断，而不只是逻辑上的归结”。② 正是在这个意义上，笔者得出初步结论，最高法院的审判思维不仅相对成型，而且自发地成型于四元结构。③ 也正是在这个意义上，笔者认为，作为民法理论的方法论表达，四元结构既是统领最高法院全部民事判决的总线索，也是揭示最高法院民事审判规律的总钥匙。21 世纪的今天，在诸多法律思维方式的竞争中，中世纪的奥康姆剃刀原则同样适用。④

（二）最高法院的审判思维已相对成型并正在转型

相对成型的最突出表现是：对证据规则的强调和依赖，区分客观事实与法律事实、基本事实与非基本事实，主动归纳争议焦点，积极定性法律关系，注重法理生成论证。从最高法院公布的公报案例来看，自 2004 年起，每篇案例均置首“裁判摘要”，注意抽取一般适用的裁判规则，澄清模糊领域，弥补法律漏洞，说理性明显增强，法律思维和法理展示逐渐公开化、常识化甚至国际化。如果以每一个十年为考察节点，可以直观地看出，相较以前，最高法院的民事

---

① 王洪：《制定法推理与判例法推理》，中国政法大学出版社 2013 年版，第 401 页。

② ［日］我妻荣：《债权在近代法中的优越地位》，王书江、张雷译，谢怀栻校，中国大百科全书出版社 1999 年版，第 347 页。

③ 自《中华人民共和国民法通则》开始，即参与我国立法和司法工作的前辈法学家魏振瀛教授，积一生所学提出的下述观点，与笔者研究结论几乎不谋而合。“从权利、义务、责任的关系上观察和处理问题的思路，早已为我国立法机关和司法机关的广大官员所熟悉，可以说‘权利、义务、责任’已经成为法律界的一种思维模式。”引自魏振瀛：《民事责任与债分离研究》，北京大学出版社 2013 年版，第 72 页。魏老的上述判断，可以部分印证笔者的结论。

④ ［美］理查德·塔纳斯：《西方思想史》，吴象婴、晏可佳、张广勇译，上海社会科学出版社 2007 年版，第 227 ~ 235 页。

判决书越来越厚、越有分量了。[①] 其实这也并不难理解，法理本来就应是超越时空的一般性常识，[②] 判决书本来就应是成年人的生活教科书。罗马法的传播过程早就表明，以不同民族及其不同发展阶段都能够接受的常识为基础，建立一套法律体系完全是可能的。[③]

此外，还可以从诉讼文书从内到外的标准与规范，看出最高法院对法官法律逻辑和技能的刻意培训和追求。除民事普通程序外，最高法院先后于2003年、2008年、2009年、2011年和2016年出台了民事简易程序、民事审判监督程序、执行、申请再审等案件诉讼文书样式及其民事裁判文书制作规范，对诉讼文书的样式、用语、引用法律等提出了统一要求。[④] 而自2010年起，最高法院即在本院开展优秀裁判文书评选工作，据称极大地调动了广大法官的工作积极性，为此于2012年首次成立了优秀裁判文书评选委员会，最终评选出34篇优秀裁判文书，并首次结集出版。[⑤] 2017年和2020年，最高法院两度发布司法文件，要求在完善类案参考、裁判指引等工作机制基础上，建立类案及关联案件强制检索机制，确保类案裁判标准统一、法律适用统一。由此，裁判文书的规范性从制度上得到进一步保障。[⑥]

最高法院对审判思维成型化的努力，还体现在对民事案由的反复规定和修改上。[⑦] 2001年1月1日，最高法院实施《民事案件案由规定（试行）》。2008年4月

---

① 长期跟踪研究最高法院公报民事案例的学者认为，公报案例存在四大变化，从突出国家规则强制到注重判决说理；从突出案件裁判类型的代表性、示范性到注重展示法官的裁判方法；从示范最高法院对法律基本文义的理解到注重对裁判规则的建构；从一元的知识观到多元的知识观。杨建军：《裁判的经验与方法——〈最高人民法院公报〉民事案例研究》，山东人民出版社2010年版，第53～56页。

② 鞠成伟：《永不过时的法理》，载龚钺：《比较法学概要》，商务印书馆2012年版，第321页。

③ ［英］劳森：《罗马法对西方文明的贡献》，转引自《杨振山文集》，中国政法大学出版社2005年版，第326页。

④ 曹杰、张艳玲：《加强文书评查　完善评查机制》，载《人民法院报》2014年3月5日。

⑤ 最高人民法院审判管理办公室编：《最高人民法院优秀裁判文书》（第1辑），法律出版社2013年版，前言第2页。其中，民商事案件为17件，占总数一半。此后，又继续出版《最高人民法院优秀裁判文书》（第2辑）。2017年和2019年，最高人民法院审判管理办公室在全国法院系统评选优秀裁判文书，并汇编出版《全国法院优秀裁判文书：附裁判要旨和推荐意见》《第一届全国法院百篇优秀裁判文书：附裁判要旨和推荐意见》。其中，民商事案件占总数一半以上。

⑥ 《最高人民法院关于落实司法责任制完善审判监督管理机制的意见（试行）》（法发〔2017〕11号）。

⑦ 最高法院有法官认为，案由问题是一个有中国特色的问题，国外没有相近的规定，缺乏可以借鉴的域外资源，我国法学理论界对案由问题研究比较薄弱，法学理论层面对何为案由的认知不统一，最高法院先后发布的关于《民事案件案由规定》的通知，对案由的定义也不完全一致。刘崇理：《保兑仓纠纷案件中的权利义务平衡及相关问题》，载杜万华主编、最高人民法院民事审判第二庭编：《商事审判指导》（第1辑），人民法院出版社2016年版，第136页。

1日，上述试行规定被废止，代之以正式的《民事案件案由规定》。2011年4月1日，最高法院对《民事案件案由规定》修改后重新发布实施。2020年12月29日，最高法院依据《民法典》等法律规定，再次大幅修订《民事案件案由规定》。案由规定的反复规定和修改过程，也是最高法院审判思维逐渐成型化的过程。这一点可从其司法文件中的表述差异悉心体会。在2008年第一次修改时，最高法院还只是泛称，要"高度重视民事案件案由在民事审判工作中的重要作用"。[①] 到了2011年第二次修改时，最高法院就已经强调，要"高度重视民事案件案由在民事审判规范建设中的重要作用"了。[②] 显然，所谓民事审判规范化，无非是法官审判思维的规范化；对民事审判规范化的建设，无非是审判思维成型化的建设；而最终的裁判文书，无非是审判思维规范化建设相对成型后的逻辑产物。对此，最高法院在前后两份司法文件中，以重复下述内容的方式，作出清晰说明，民事案件案由是民事案件名称的重要组成部分，反映案件所涉及的民事法律关系的性质，是将诉讼争议所包含的法律关系进行的概括，是人民法院进行民事案件管理的重要手段。建立科学、完善的民事案件案由体系，有利于方便当事人进行民事诉讼，有利于对受理案件进行分类管理，有利于提高民事案件司法统计的准确性和科学性，为人民法院司法决策服务。[③] 最高法院的审判思维不仅相对成型，而且正在转型。从方法论的角度看，在现行诉讼框架内，民事案由规定是类型化思维的典型表现。同时，473个案由组成的案由体系，也是类型化思维的最高表现，[④] 尽管不是最后的终结。类型化固然有利于厘清线索，但扩张也是类型化的本能，当这种扩张超出了主体能够驾驭的有限

---

① 《最高人民法院关于印发〈民事案件案由规定〉的通知》(2008年2月4日　法发〔2008〕11号)。

② 《最高人民法院关于印发修改后的〈民事案件案由规定〉的通知》(2011年2月18日　法〔2011〕42号)。

③ 《最高人民法院关于印发修改后的〈民事案件案由规定〉的通知》(2011年2月18日　法〔2011〕42号)。

④ 具有世界影响的华为公司诉美国IDC公司标准必要专利案件，根据现行《民事案件案由规定》，没有可以直接援引匹配的案由，广东高院研究后，创造性地提出"标准必要专利使用费纠纷"这个案由。引自林劲标：《难题这样破解——广东高院首次解读华为与美国IDC标准必要专利之争》，载《人民法院报》2014年4月18日。该案作为五年来人民法院审理的典型案件之一，入选2018年度最高人民法院工作报告。评析此案法理的代表性论文，参见朱文慧：《标准必要专利权人滥用市场支配地位的判断：兼评华为诉美国交互数字公司上诉案》，载《电子知识产权》2014年第9期。此外，最高法院也在之前的424个案由之外，创造性地提出"保兑仓合作协议纠纷"这个新案由，参见刘崇理：《保兑仓案件中的权利义务平衡及相关问题》，载杜万华主编、最高人民法院民事审判第二庭编：《商事审判指导》(第1辑)，人民法院出版社2016年版，第137页。

范围时,[①] 类型化本身就异化为需要涵摄的对象，不得不面临再格式化。换言之，类型化不得不止于主体思维的边界。有学者指出，“类型本身是一种须以整体性的方式被认知理解的普遍事物”，这就内在地蕴含着向更高形态的转化。[②] 事实上，最高法院的法官群体并没有，也不可能止于这种类型化思维。分析三十五年来公布的典型民事判决，可以看出审判思维正在从类型思维转向结构思维的明显端倪。[③] 而在科学工作者看来，类型思维与结构思维之分，正是传统思维与现代思维之别，这是思维方式的范式转换。[④] 鉴于最高法院处理的案件，多属重大、疑难、复杂、新型，往往涉及基本理念、法律原则、价值取向，最后都要落脚于民法基础理论上，经由民法基础理论的总体过滤，再流向具体的技术安排。[⑤] 而对于民法基础理论的通盘思考，不仅是审判思维，本质上更是民法思维。民法思维的核心，就是纲举目张的结构思维。而四元结构方法，就是民法思维的方法论表达，也是结构思维的法律化体现。经由四元结构的理论自觉出发，才能更好地下沉到案件的技术安排中去。方法决定观点，结构塑造细节，这正是平常人们所说的“大道理要管小道理”的朴素法律观的学术提炼。无疑，这是一种更具理论张力的思维模式，它不仅符合最高法院的自身审判定位，更提供了至关重要的逻辑框架，为在个案中具体运用法律关系法和请求权基础

---

① ［奥］恩斯特·马赫：《认识与谬误》，李醒民译，华夏出版社 1999 年版，第 5、285 页。此外，我国台湾地区法学家黄茂荣称之为“减轻思维的工作负担”，参见黄茂荣：《法学方法与现代民法》，中国政法大学出版社 2001 年版，第 54 页。

② 林立：《法学方法论与德沃金》，中国政法大学出版社 2002 年版，第 131 页。

③ 已有学者从经验法则类型化的角度，部分地触及了这个问题，认为有必要通过某种方法将为数众多的、且各不相同的经验法则综合起来，使其体系化，并理解该体系的构成原理。张亚东：《经验法则：自由心证的尺度》，北京大学出版社 2012 年版，第 182 页。

④ 关于类型思维或分类思维，享有世界声誉的我国生物分类学家陈世骧认为，分类是认识客观事物的一种基本方法。自古以来，分类决是通过对立对比而进行，分类思维很可能是古代辩证法的滥觞。陈世骧：《进化论与分类学》，转引自何新：《泛演化逻辑引论——思维逻辑学的本体论基础》，时事出版社 2005 年版，第 90 ~ 91 页。关于结构思维，我国科技哲学学者韩永进认为，结构是客观世界物质存在的基本形式，结构思维是人类知识进化史上最为深刻的思维方式革命，突破了古希腊以来传统的建构知识的思维方式。韩永进：《符号、结构与技术》，人民出版社 2007 年版，第 41、44、67 页。

⑤ 有学者认为，“法律无非是价值取向与技术安排两个方面的构建，价值取向决定着法律的基础构造与整体精神，但却必须通过技术安排来实现；技术安排固然决定于价值取向，但也是价值取向的具体化与现实化”。参见蒙振祥、陈涛、律璞：《罗马法》（第二版），中国政法大学出版社 2011 年版。笔者不完全同意上述观点，认为价值取向无法直接向技术安排过渡，需要基本理论作为逻辑连结点。具体到民事诉讼，价值取向与技术安排之间，需要民法理论作为逻辑连结点。对民法理论的深入思考，是沟通价值取向与技术安排的重要环节。笔者这一认识，受启发于美国社会学家默顿关于方法论的中层理论，即指介于抽象综合性理论同具体经验性命题两者之间的一种理论，参见［美］默顿：《社会理论和社会结构》，唐少杰译，译林出版社 2008 年版。

法，确定了思考边界，指明了路径选择，提供了分析模块，并实质性地推动了个案问题的定点爆破。

通过以上长时段、院内外的综合回顾，笔者大胆而又合理地推论，不管最高法院及其法官群体是否有四元结构方法的自觉意识，这种整体法律思维方法早已经运用于司法实践，渗透于每一份民事判决书的字里行间。当然，自觉而主动，远胜于日用而不知。而学者的任务，就是推动从日用而不知向自觉而主动的转化。

（三）审判思维的相对成型，并不代表审判思维的机械僵化

最高法院在司法实践中，对于法律并不持僵硬立场，对学说也绝非亦步亦趋，而是根据实际情况有所融通，反映其奉行的原则性与灵活性的统一。①

比如，对于我国合同法的归责原则，按中国民法典立法研究课题组的观点，参考借鉴了英美契约法和《联合国国际货物销售合同公约》《国际商事合同通则》《欧洲合同法原则》等，将违约责任原则从过错责任改为严格责任。② 但是，最高法院并没有墨守成规，也不唯理论为信，在《最高人民法院关于适用〈中华人民共和国合同法〉若干问题的解释（二）》（以下简称《合同法解释二》中，明确规定了认定

---

① 在论及民法理论与审判实践的关系时，时任最高法院民三庭副庭长王闯法官的观点实堪注意，笔者相信其代表了最高法院法官群体的集体认识。“我个人也认为民法基本理论非常之重要；但是在审判实践中我也遭遇一些令人困惑的问题，经常感受到，完美的理论在实践中经常遇到难以完美实践的问题。而且，越是完美的理论，在实践中实现的难度越大；理论越完美，在实践中就越不可行。在审判实践中，我们有时感觉到，我国合同法的商法色彩过于浓厚，个别规定在审判实践中需要进一步实现本土化。梁慧星老师认为我国合同法是迄今为止世界上最先进的契约法。在审判实践中，我们发现一个令人比较遗憾的事实：虽然我国有世界上最先进的契约法，却没有最先进的市场经济。如果没有先进的市场经济，却存在如此先进的契约法，在实践中难免会出现距离。这种距离如何弥补，无疑是审判实践必须考虑的问题。是否需要将现行法中商法规则独立出来，这是学界的讨论的问题。而审判实务界关注的是，如何在审判实践中维护合同弱势一方与强势一方之间的利益平衡。例如，《民事证据规则》之所以在实践中有法官反映有时不好用，我认为是出现了双方当事人的诉讼能力相差悬殊的情形。例如，一方是大企业，能请得起律师为其代理；而另一方是乡下村妇，无力聘请律师代理诉讼。如果此时运用举证期间和证据失权规则，无疑乡下村妇是难以接受的。如此适用证据规则的结果，就是双方力量和权益失衡。所以，现在的《民事诉讼证据规定》应当是‘商事诉讼证据规定’。之所以，出现这种失衡现象，一部分原因是因为在我国施行民商合一体制，商事合同和消费合同不作严格区分，却用商事色彩浓厚的实体法规则和程序法规则统一适用。”参见其于2013年12月26日在中国人民大学法学院讲座内容。http：//blog. sina. com. cn/s/blog_ 82cd76d50101igmg. html.

② 中国民法典草案建议稿课题组负责人梁慧星：《中国民法典草案建议稿附理由：总则编》，法律出版社2013年版，序言第6~7页。需要指出的是，学界如崔建远教授、杨立新教授均对此严格责任表示质疑，参见崔建远：《新合同法原理与案例评释》，吉林大学出版社1999年版，第499~501页；杨立新：《承诺函·最高额保证·无效保证赔偿责任》，载《中国指导案例》（第1辑），法律出版社2005年版，第15页。

违约责任时，应当考虑当事人主观过错程度，并以此作出实际裁决。① 值得注意的是，最高法院的上述观点，已为《民法典》第592条第2款所吸纳。再如，对埋藏之文物，最高法院一反通常情况下的推定国家所有，而是另辟蹊径，依托上位法的概念和原则，认定在不违反法律禁止性规定时，可以判令归属公民个人所有，充分反映出对公民合法物权的尊重，将法律的保护时空，向上追溯至祖产范围。

此外，在更为专业、复杂的知识产权领域，最高法院摒弃“非此即彼”的单一思维，在多个商标权属争议案件中,② 突破商标的显著性原则,③ 立足于商标功能论，从利益平衡的视角出发，创造性地作出“在已客观形成的市场格局内，允许商标及商业标识适当共存”的认定，并将个案规则提炼上升为司法文件,④ 以统一裁判尺度，不仅在理论上确有石破天惊之势，在实践上也完全契合了动态化的市场结构，着实体现出最高法院本应具备的智慧和胆识。

因此，基于三十五年来8500余件最高法院民事判决的实证分析，笔者基本不同意个别学者的下述观点，即认为“我国法官普遍尚未形成恪守法律、分析规范的自觉和习惯，这种缺陷在当下司法实践中具有很大的普遍性和典型性（大概率），这种审判习惯、裁判思路和裁判方法恰恰是导致我国民事裁判发生错误的普遍的、典型的原因，最突出的是在人身侵权案件中‘公平责任’的适用”。⑤ 考虑到上述观点针对的是最高法院指导判例而发，实质上该观点中的“我国法官”，直接针对的就是最

---

① 《最高人民法院关于适用〈中华人民共和国合同法〉若干问题的解释（二）》第29条第1款规定：“当事人主张约定的违约金过高请求予以适当减少的，人民法院应当以实际损失为基础，兼顾合同的履行情况、当事人的过错程度以及预期利益等综合因素，根据公平原则和诚实信用原则予以衡量，并作出裁决。”相关裁决案例为最高人民法院（2004）民二终字第125号“青岛市光明总公司与青岛啤酒股份有限公司啤酒买卖合同纠纷案”，引自最高人民法院研究室编著：《〈最高人民法院关于合同法司法解释（二）〉理解与适用》，人民法院出版社2009年版，第210页。

② 此类典型案件主要有：采乐商标案（最高人民法院〔2008〕行提字第2号判决书）、散列通商标案（最高人民法院〔2009〕行提字第1号判决书）、鳄鱼商标案（最高人民法院〔2009〕民三终字第3号判决书）、鸭王商标案（最高人民法院〔2012〕知行字第9号裁定书）。另参见黄武双、刘维等：《商标共存：原理与判例》，法律出版社2013年版，第9～16页。

③ 这一原则向来被学者视为商标法律制度的核心理论，参见杜颖：《社会进步与商标观念：商标法律制度的过去、现在和未来》，北京大学出版社2012年版，第211页。

④ 《最高人民法院关于充分发挥知识产权审判职能作用推动社会主义文化大发展大繁荣和促进经济自主协调发展若干问题的意见》（2011年12月16日印发　法发〔2011〕18号）第19条规定：“……要妥善处理最大限度划清商业标识之间的边界与特殊情况下允许构成要素近似商标之间适当共存的关系……注意尊重已经客观形成的市场格局，防止简单地把商标构成要素近似等同于商标近似，实现经营者之间的包容性发展。”最高法院这一司法文件及相关判决，显然已对司法实践产生积极影响，安徽高院最新发布的典型案例中，认定“采蝶轩”商标与商业标识可以共存。周瑞平、恒河：《“采蝶轩”千万商标侵权之争》，载《人民法院报》2014年4月21日。

⑤ 傅郁林、曹志勋：《中国民事判例的功能与结构》，引自中国国际经济贸易仲裁委员会仲裁员候选人高级研修班培训教材，2014年3月，第119页。

高法院的法官群体。笔者之所以不认同这种观点，不仅仅因为其与自已长期的实证研究结果相悖，而是特别注意到，该学者的这一观点，并没有大样本的实证分析作为支撑依据，明显以偏概全，不仅研究定论不够客观，学术态度似也不够冷静。

（四）最高法院审判思维的相对成型，尚不固定、不稳定和不确定

司法解释和公报案例，是直接规范和影响审判活动的两大司法指标，可以作为认识判断的衡量依据。对于司法解释，最高法院负责人公开承认："最高人民法院的不少司法解释实际上是在'立法'层面上进行解释。有些司法解释存在有解释之名而无解释之实的问题，即这些司法解释只在解释的题目中引用了审美观点解释法律的名称，而在具体的解释内容中既看不到被解释法律的条文，也不明确被解释的法律用语，而是不顾法律条文另搞一套。似乎解释对象就是对作为法律文本的全部内容，分不清哪些是'解释'，哪些是'补漏'，哪些是'创制'，有些内容实际上已经超过了司法解释的权限。"① 如果考虑到有效期限最短的司法解释，② 以及在证据规则司法解释中，所谓超过举证期限将导致证据失权的规定，在司法实践中已被实际废弃的事实，③ 上述最高法院负责人的"自我批评"，绝非空穴来风，波及审判实践产生的影响，可想而知。

---

① 最高人民法院民事审判第二庭编著：《最高人民法院关于买卖合同司法解释理解与适用（序言）》，人民法院出版社2012年版，第4页。此外，学界也批评最高法院的做法很混乱，参见张新宝、王伟国：《最高人民法院民商事司法解释溯及力问题探讨》，载《法律科学》2010年第6期。实际上，这种权限混沌不清的现象，不独最高法院存在，最高立法机关同样存在。中国人民大学冯玉军教授指出，全国人大及其常委会之间的立法权限不明，授权严重不清，《物权法》和《侵权责任法》同属民事基本制度中的重要法律，但前者由全国人大通过，后者则由全国人大常委会通过。另外，刑诉法的修改由全国人大通过，民诉法的修改则由全国人大常委会通过。引自王丽娜、张舟逸、辛颖：《立法法走向》，载《财经》2014年第9期。

② 2003年1月17日最高人民法院经审委会讨论下发了《关于行为人不明知是不满十四周岁的幼女双方自愿发生性关系是否构成强奸罪问题的批复》（法释〔2003〕4号），该司法解释甫一公布，即引发中国法学界特别是刑法学界"二十多年来最大的一场论争"。同年8月，最高法院以一份内部通知形式的文件在法院系统内低调下发，名为《关于暂缓执行〈最高人民法院关于行为人不明知是不满14岁的幼女，双方自愿发生性行为是否构成强奸罪问题的批复〉的通知》，实际宣告了该司法解释的死亡。2013年12月18日，最高法院正式废止该司法解释。参见汪本立：《围绕最高法院一个司法解释进行的论争》，载中国法院网，http：//old. chinacourt. org/public/detail. php？id＝192256，2006年1月13日访问；王春霞：《最高人民法院关于行为人不明知是不满14周岁的幼女，双方自愿发生性关系是否构成强奸罪的司法解释发布后，却低调"暂缓执行"，代表委员呼吁》，载《中国妇女报》2010年3月16日。该司法解释虽发生在刑事领域，但笔者相信，其所反映出来的问题实质，带有一定的普遍性，而并不限于刑事领域。

③ "近十年来，我国在民事诉讼领域明显引入了不少以法律真实论为指导的制度规范，不仅没有解决旧的诉讼难题，反而增添新病，如'举证失权'规则的制定和适用，就引起了很多矛盾，不得不半途而废弃，即是明证。"引自张步文：《司法证明原论》，商务印书馆2014年版，第489页。张文的该观点可与前注引述最高法院王闯法官观点相互印证。

对于公报案例，历来认为代表最高法院的观点，体现我国法院最高水平，但即便如此，在排除法律变化的情况以外，对于同一法律问题的认识，公报案例不止一次出现观点变迁，且前后相隔时间极短。在2005年第9期公报刊载的“万通实业公司与兰州商业银行借款合同纠纷案”中，认定对无效合同适用诉讼时效。而在2006年第9期公报刊载的“广西北生集团有限责任公司与北海市威豪房地产开发公司、广西壮族自治区畜产进出口北海公司土地使用权转让合同纠纷案”中，又认定合同无效自始无效，单纯的时间经过不能改变无效合同的违法性。

此外，在2010年第5期公报刊载的“广西桂冠电力股份有限公司与广西泳臣房地产开发有限公司房屋买卖合同纠纷案”中，认定合同解除影响违约条款适用，不存在支付违约金。而在2010年第6期公报刊载的枣庄矿业（集团）有限公司柴里煤矿与华夏银行股份有限公司青岛分行、青岛保税区华东国际贸易有限公司联营合同纠纷案中，又认定合同解除并不影响违约条款的适用，违约方仍应当支付约定的违约金。①

除了上述实体性错误外，最高法院公报案例还曾存在对争议的不当认定，造成了深远的负面影响。

在中国技术进出口总公司诉瑞士工业资源公司侵权损害赔偿纠纷案中，法院认为，上诉人瑞士公司利用合同形式进行欺诈，已超出履行合同的范围，不仅破坏了合同，而且构成了侵权。双方当事人的纠纷，已非合同权利义务的争议，而是侵权损害赔偿纠纷。被上诉人中技公司有权向法院提起侵权之诉，而不受双方所订立的仲裁条款的约束，人民法院对本案具有管辖权，判令瑞士公司偿还中技公司钢材货款、利息及损失等费用。②

此案例公布后，入选许多专著、教科书和案例书，传播广泛。然而学者指出，该案实质上是一个“违法判决”。1986年全国人大常委会批准我国加入《纽约公约》时，已经将“非契约性争议”规定为可仲裁事项，1987年最高法院颁布的《关于执行我国加入的〈承认及执行外国仲裁裁决公约〉的通知》对“非契约性争议”作了具体解释，确定侵权争议属“非契约性争议”，可以采用仲裁方式解决。故本案无论是识别为违约，还是识别为侵权，都只能通过仲裁程序解决，而不能向法院提起诉讼，合同中的仲裁条款排除了法院对本案的管辖权。

---

① 2010年度两件上述公报案例的揭示者，系时任最高人民法院民三庭副庭长王闯法官，特此鸣谢，并参见其在中国国际经济贸易仲裁委员会仲裁员候选人高级研修班的讲座课件《商事合同违约救济实务解析》。

② 《中华人民共和国最高人民法院公报》1989年第1期。

然而，直至十年之后，最高法院才在江苏省物资集团轻工纺织总公司诉香港裕亿集团有限公司、加拿大太子发展有限公司侵权损害赔偿纠纷上诉案中①，改变了侵权行为不可仲裁的立场，确认当事人在合同中订立了仲裁条款，一方当事人在履约过程中违约并实施侵权行为，出现违约与侵权竞合的情况，此时如果将案件性质识别为侵权，当事人各方仍受仲裁条款的约束。此案显然是对前起裁判的纠正。2005年12月26日最高法院发布的《第二次全国涉外商事海事审判工作会议纪要》第7条鲜明提出："涉外商事合同的当事人之间签订的有效仲裁协议约定了因合同发生的或与合同有关的一切争议均应通过仲裁方式解决，原告就当事人在签订和履行合同过程中发生的纠纷以侵权为由向人民法院提起诉讼的，人民法院不享有管辖权。"②

尽管如此，十余年来，我国法律界相当一部分学者，已经接受了中技公司公报案例的所持观点。直至今日，仍有很多学者认为，侵权行为在我国不可仲裁。所以，专门研究涉外仲裁的齐湘泉教授感叹道：作出一项判决容易，消除其影响很难，观念一旦形成，消除是一项艰巨的工作。③

笔者举此三例，意在管中窥豹。这不仅表明，最高法院本身的法律认知也处于成长期，不因其外在的"最高阶位"而当然地握有"绝对真理"。同时，即便在最高法院内部，也有很多的认识分歧，并直接反映和传导到民事裁判中去。更应强调指出，这还仅仅是就法律谈法律，如果考虑到法律以外存在的裁判不公问题④，所有这一切，都深刻反映出最高法院正在成型的审判思维，具有相当的"相对性"，而且也映射出背后所代表的审判瑕疵的广泛性，其产生的负面影响已经引起了最高法院的警觉和反思。⑤

---

① 《中华人民共和国最高人民法院公报》1998年第3期。

② 在此之前，2005年6月16日，最高法院已在个案批复中表明观点。在《关于对原告百事达（美国）企业有限公司与被告安徽饭店、何宗奎、章富成以及第三人安徽金辰酒店管理有限公司、中美合资安徽饭店有限公司清算委员会民事侵权赔偿纠纷一案管辖权异议的请示》（〔2005〕民四他字第9号）中，最高法院认为："百事达公司现以安徽饭店利用其控股地位、独自侵占合资公司等为由提起诉讼，该纠纷应当理解为属于合资合同第51条约定的'与本合同有关的一切争议'。因此，对该纠纷双方应提请仲裁机关解决。"

③ 齐湘泉：《外国仲裁裁决承认及执行论》，法律出版社2010年版，第305～307页。

④ 2000年11月，最高法院审判监督庭正式完成组建。时任最高法院院长肖扬在同审监庭领导班子谈话时指出："最高人民法院成立审判监督庭的决定，经过了长期的酝酿。虽然研究中方方面面有不同意见，从现实情况看，很有必要，于是就下决心成立审监庭。扭转目前法院工作的被动局面，解决裁判不公的问题，一定程度上寄希望于审监庭。"中华人民共和国最高人民法院审判监督庭编：《审判监督指导与研究》，人民法院出版社2001年版，第1页。

⑤ 王殿学：《审判瑕疵处理办法上半年出台》，载《南方都市报》2014年3月21日。据该文报道，最高法称绝大多数涉法信访因审判瑕疵引起，因审判瑕疵引发上访将追究承办法官责任。

（五）受制于最高法院的功能定位，民事审判的整体走向尚待观察

关于中国最高法院的功能，有学者认为，“一般而言，最高法院具有宪法审查功能，这是现代国家最高法院的主要功能。在中国，最高法院与宪法审查无关，在本质上，其与普通法院的功能并不存在太多差异，也是以解决纠纷为主要职责。可以说，本来中国最高法院可以在权力分配及法制统一方面占据更加有利的地位，但是，基于历史与现实的掣肘，使得其沦为与普通法院无异，在某种程序上只是最高等级的普通法院而已”。①

关于中国最高法院的性质，有学者认为，“在中国，最高法院除了是最高等级的司法单位外，其还深嵌于政治权力之中，构成了‘一府两院’的现实权力架构，属于强政治性法院，成为政治意志的重要传达者及诠释者。譬如在经济领域就可以清晰地显示出最高法院这种政治性的根源及其与政治核心权威的关系。不可否认，中共中央的政治制度和政策的变化对最高法院处理经济问题有相当大的影响。第一种情况是，由于中国经济体制的选择是在政治主导下进行的，因此，最高法院不是自发地回应市场经济的要求，而是在政治诱导的情况下参与市经济建设；第二种情况是，党的政策有时可以直接被法院引用；第三种情况是，党的政策变化直接引起法院受案范围的变化。如果要在中国社会情境中理解最高法院的行动，应特别注意这种现象：各种利益集团正通过非正式方式游说最高法院，最高法院与他们是直接打交道的”。②

由此可见，我国宪法框架下的最高法院，从来都不是纯粹的司法机关，承载了多种价值和功能，最突出地表现在政策维度上，其民事判决综合权衡的价值取向明显。大量的案例尤其是指导性案例、公报案例表明，法律规定只是最高法院多维思考中的一维，尽管是极其重要的一维。案件处理往往要考虑政治效应、社会效果、价值取向、公共利益等各种评价，正是这些合力共同塑造了最终的裁判文书。在李某、龚某诉五月花公司人身伤害赔偿纠纷案③，齐某苓诉陈某琪等以侵犯姓名权的手

---

① 宋远升：《法院论》，中国政法大学出版社2016年版，第183～184页。

② 侯猛：《中国最高人民法院研究——以司法的影响力切入》，法律出版社2007年版，第61～63、135页。另参见侯猛：《司法的运作过程：基于对最高人民法院的观察》，中国法制出版社2021年版，第220～228页。

③ 《中华人民共和国最高人民法院公报》2002年第2期。

段侵犯宪法保护的公民受教育的基本权利纠纷案,[①] 狼牙山五壮士名誉和荣誉侵权案,[②] 北京某科技有限公司、某软件（北京）有限公司与某科技（深圳）有限公司、深圳市某计算机系统有限公司滥用市支配地位纠纷案[③]等民商事案件的判决书中，综合权衡的价值取向十分突出，背后原因值得深思。

最高法院不单以法律条文乃至法理唯是，在法律规定不敷使用时，将案件融合于生活经验中，可谓“王道不外乎人情，法律不出乎人生”,[④] 确有点英美法衡平的味道，因为在英美法体系里，“他们拒绝了刻板的论理方法来支配法律的适用。他们着重于老实的讨论，着重经验，因此就有许多精进独到的地方。我们希望树立起这一种精神，更愿不要因为有了成文法典，就时刻顾念着这些论理学上的刻板方法”。[⑤] 在当代中国多元化的价值和利益格局下，“民法对社会经验之依赖更为深重，几乎达于超载的程度”,[⑥] 清醒认识到这一点显得尤为重要。一些学者认为，公共利益、诚实信用像个框，存在滥用现象，其实这种现象的背后，是法律制度与现实生活之间不完全匹配，甚至一定程度上还存在着深刻的冲突与紧张。[⑦]

作为舶来品的民商事法律制度，制度化的法律结构超前于生活化的社会结构，正如社会结构滞后于经济结构一样,[⑧] 这是当代中国实堪注意的两大社会现象。“不幸的是，我们的民法制度更多的是西洋舶来品，我们的民事生活又是正宗的 Made in China（中国制造）。”[⑨] 在这种社会大背景下，很容易导致法律是法律，生活是生活，真正意义上的法律生活尚未建构，制度伦理依然处于缺失状态。[⑩] 就此而言，民事判

---

① 《中华人民共和国最高人民法院公报》2001 年第 5 期。

② 最高人民法院指导性案例 99 号。

③ 最高人民法院指导性案例 78 号。

④ 陈顾远：《中国文化与中国法系——陈顾远法律史论集》，中国政法大学出版社 2006 年版，第 281 页。

⑤ 吴经熊、华懋生：《法学文选》，中国政法大学出版社 2003 年版，序第Ⅱ页。

⑥ 黄茂荣：《法学方法与现代民法》，中国政法大学出版社 2001 年版，第 212 页。

⑦ 北京大学周旺生教授、中国人民大学冯玉军教授认为，中国的法律不是太少而是有不少“笨法”，立出的法高高在上，法律不接地气，不能得到很好的适用。立法出来被搁置一旁，老百姓不理睬，需要化解这个难题。引自王丽娜、张舟逸、辛颖：《立法法走向》，载《财经》2014 年第 9 期。

⑧ 陆学艺：《社会建设论》，社会科学文献出版社 2013 年版。该书作者为中国社会科学院学部委员，其经过多年观察和研究，提出一个重要命题，即当代中国社会主要矛盾是经济结构和社会结构的不平衡、不协调，社会结构严重滞后于经济结构。相关评论参见陈鹏：《陆学艺社会建设的思考》，载《读书》2014 年第 3 期。

⑨ 牟勇：《孙某诉丁某单方擅自出卖夫妻共有汽车纠纷案》，载《判解研究》（第 4 辑），人民法院出版社 2002 年版，第 192 页。

⑩ 傅鹤鸣：《法律正义论——德沃金伦理思想研究》，商务印书馆 2009 年版，第 5 页。

决尤其是重大案件的审理和判决，其一体把握的政策取向，确有相当的合理性。①

当然，笔者有所怀疑的是，最高法院在酌用政策取向的同时，是否有足够的调和制度与生活的历史定位和理论自觉，并体现于为法治文明注译导航的衡平司法价值观，② 抑或仅仅盯着具体问题，追求案结事了，或者另有他求。这一疑虑当然不是无中生有，而是有迹可考。③ 面对学者的忧虑，"我国法官心里到底坚守的是什么样的理想和价值观？这几十年，我们强调法官的法律信仰，但问题是，究竟有多少法官真的信仰法律呢?"④ 在新的事实足以澄清疑虑之前，笔者只能老老实实地承认，最高法院民事审判的整体走向尚待观察。

笔者进而认为，最高法院的法律思维之表现，可以作为继续观察的立足点。因为作为最高司法机关，法律思维可以不必是唯一性的思维，却不能不是核心化的思维。是将法律思维视为光鲜的外衣，随时打上时兴的马赛克，还是作为隐然的内核，任尔东南西北风，显然，这是两种截然不同的问题意识，也是两种不同的历史选择，尽管其外表极为相似。因为按照著名欧洲法律史教授孟罗·斯密的观点，仅仅关注定分止争，还只是古代法的观念，视安定性为法之最终目的。⑤ 而当今时代，法律、

① 这种政策取向在司法解释中也很突出，参见马莉莉：《民法司法解释研究》，人民法院出版社 2012 年版。该学者认为，最高法院民事司法解释存在至少五种维度，即法哲学维度、宪政维度、政策维度、伦理维度和法经济学维度。此外，有学者认为最高法院刑事司法解释还存在民意维度，参见张明楷：《简评近年来的刑事司法解释》，载《清华法学》2014 年第 1 期。

② 江国华：《转型中的司法价值观》，载《法学研究》2014 年第 1 期。

③ 曹士兵：《习近平法治思想在中国特色社会主义司法权建设中的重要意义》，载《法律适用》2014 年第 3 期。六年之后，2020 年 11 月，中共中央全面依法治国工作会议正式提出"习近平法治思想"。另见最高人民法院应用法学研究所网站《中国应用法学网》上，《关于征集中国审判理论研究会 2012 年年会论文的通知》，征集论文要求坚持"三个至上"。引自：http：//www.court.gov.cn/yyfx/ggtz/201208/t20120801_ 177884.html。此外，我国刑法学界对犯罪学的学科反思，其意义似并不限于特定领域，可以作为延伸思考。"是追随政治意涵，建立共谋话语权，还是谋求自身独立的话语？是仕途，还是术途？不同选择即是立场和方法的分野。如何在共谋与博弈之间谋求发展契机和社会支持，构建在中国建立既有共谋方式的生存保障之路又保持一定非共谋的发展之路，这涉及范式构建的立足点和价值取向。"岳平：《当代中国犯罪学的知识社会学研究》，中国法制出版社 2012 年版，第 205 ~206 页。

④ 王申：《法官的道德理性论》，法律出版社 2017 年版，第 202 页。

⑤ ［美］孟罗·斯密：《欧陆法律发达史》，姚梅镇译，中国政法大学出版社 1999 年版，第 73 页。值得说明的是，我国前辈法学家燕树棠先生对该书推崇有加，参见燕树棠：《公道、自由与法》，清华大学出版社 2006 年版，第 489 ~490 页。另外，我国前辈法学家丘汉平先生，也将法律追求的社会安宁性，区分为消极安宁和积极安宁，前者为维持现有制度，后者为追求实质公平。参见《丘汉平法学文集》，洪佳期译，中国政法大学出版社 2004 年版，第 40 页。此外，对于中国法律何以偏爱安定，我国前辈前者居正先生认为，乃因数千年来一向偏于农业生活，故法制维系不离乎农业范围。参见范忠信等选编：《为什么要重建中国法系——居正法政文选》，中国政法大学出版社 2009 年版，第 28 页。

法院、法官和法学者，当然应有更高、更明确的追求目标。至于这个目标是什么，谢怀栻先生曾明确指出，我们要培养真正的法学家，不只是让他熟悉部门法的法典，而是要让他学会真正的法治精神，最高目标则是培养全体人民的法治精神，培养法官、律师只是目的之一，而不是全部的目的。①

相较之下，吴经熊先生将这一目标概括为，一是要建设法律的方法论，法律是一种估量和权衡利害的学术，对事实的评判是法律的精髓所在；二是要建设法律的目的论，因为归根结底，法律不过是促进人生的价值的一种工具，提高人生的意义。②

笔者认为，20 世纪初与世纪末的两位前辈法学家所论，蕴含永不过时的真理元素，可以成为衡量最高法院三十五年来民事审判工作的总尺度，更可以作为最高法院以后若干年民事审判工作的总方向，吾辈法律人皆当共勉。

① 引自谢鸿飞：《制定一部好的中国民法典——谢怀栻先生访谈录》，载《民商法论丛》第 21 卷，法律出版社 2001 年版，第 11 页。

② 吴经熊：《关于现今法学的几个观察》，载吴经熊、华懋生：《法学文选》，中国政法大学出版社 2003 年版，第 110 页。

第一章

界定民事主体

依学界通说，民事主体是依照法律规定，有资格参加一定民事法律关系，享有民事权利或承担民事义务的人。此处的人，既包括自然人，也包括法人，还包括合伙等非法人组织等。自然人中既包括国内人，也包括外国人。法人中既包括企业或公司等民事主体，也包括特殊主体，如国家之象征——国家机关以及其派出机构或临时机构。也有学者认为，依照我国1986年《民法通则》的规定，联营企业构成特殊的民事主体，[①] 企业集团和一些特殊组织诸如债权人会议、清算组织等，也具有民事主体资格。[②] 其中，值得研究的是可以依法独立行为但不能独立承担责任的“其他组织”。[③] 按照民事诉讼法的划分，“其他组织”是与公民、法人并列的三大民事诉讼当事人之一。[④] 1992年，最高人民法院曾发布司法解释，把“其他组织”分为两类，一是不具备法人资格的合伙组织及其他企业，二是银行、保险公司的分支机构。[⑤] 随着时代

① 李显冬：《溯本求源集：国土资源法律规范系统之民法思维》，中国法制出版社2012年版。

② 罗玉珍：《民事主体论》，中国政法大学出版社1992年版，第388、392～395页。《中华人民共和国公司法》第184条规定，清算组在清算期间代表公司参与民事诉讼活动。这表明，在我国现代法律中，清算组织可以成为民事诉讼主体。参见蒋敬业：《清算组织在民事诉讼活动中主体资格问题的法律释义》，载《仲裁与法律》2002年第1期。

③ 在笔者阅读范围内，对“其他组织”研究最为系统和深刻的著作，目前仍当推石碧浪：《非法人团体研究》，法律出版社2009年版。

④ 2017年3月5日通过的《民法总则》，正式将“非法人组织”列为三大民事主体之一。学界普遍认为，民法总则的“非法人组织”脱胎于民法通则的“其他组织”，二者并无实质性差别，但“非法人组织”在概念表述上更为准确。参见杨立新：《〈民法总则〉规定的非法人组织的主体地位和规则》，载《求是学刊》2017年第3期。关于“非法人组织”与“其他组织”关系演变的立法资料，可参见《民法总则立法背景与观点全集》编写组编：《民法总则立法背景与观点全集》，法律出版社2017年版。鉴于民法通则与民法总则一度同时并行，在《中华人民共和国民法典》实施后，基于历史分析的需要，本书将在后文中，继续使用“其他组织”这一法律概念。

⑤ 江伟主编：《民事诉讼法学原理》，中国人民公安大学出版社1999年版，第394页。《最高人民法院关于适用〈中华人民共和国民事诉讼法〉若干问题的意见》第40条，列举了“其他组织”的九种具体类型。

的迅猛发展，上述粗线条的简单划分，已无法容纳和揭示这类组织，实践中还有诸如各类其他类型公司的分支机构、设立中的公司、办事处、指挥部、持股会、清算组、组委会、业委会等众多的“其他组织”或“非法人组织”。[①] 在总结《民法总则》实施经验的基础上，为最大限度地实现对生活的涵摄，我国《民法典》从立法技术上采取两分法，将凡是不具有法人资格，但是能够依法以自己的名义从事民事活动的组织，统一界定为非法人组织，为民事主体的扩张开辟了广阔的前景。这表明，三十五年来司法实践的极其丰富性，已经远远超过立法者当初的最大预设。

在学术界，关于民事主体的理论学说众说纷纭，至今未形成共识。而在司法实践中，法院是从专业的审判角度，来认知民事诉讼法律关系中的争议主体，并通过“适格当事人”或更为抽象（或者说也更为含混）的“主体资格”概念，进行具体的识别和操作。诸多的民事诉讼主体，由此通过“主体资格”的过滤管道，进入法院的审查视野，客观上以民事诉讼主体形成了补充，并最终通过民事责任的划分与承担，又回归至民事主体的法律认同上，既保持了立法与司法的统一，也体现了司法应有的灵活性。

第一节　主体资格的司法扩张

民事主体资格的法律扩张，是从“其他组织”开始的，而这一扩张的实际进程，又是从诉讼活动开始的。我国《民法通则》只赋予了自然人和法人两类民事主体资格，《民事诉讼法》承认了“其他组织”的诉讼地位，《合伙企业法》《独资企业法》则确定了合伙、个人独资企业作为非法人民事主体，[②]《合同法》将此类非法人民事主体统称为“其他组织”。鉴于“其他组织”作为法律概念的非规范性，《民法总则》将其正式确定为“非法人组织”，这一概念此后为《民法典》所承继。作为非法人组织的前身，“其他组织”的从无到有，从笼统到细化，表明了立法者对变革现

---

① 此处“非法人组织体”概念，系相对于“法人组织体”而言，表明笔者接受学界的法人组织体说，而不认同法人拟制说。另外，中国民法典立法研究课题组认为，《合同法》中的“其他组织”并非法律概念，参照德国、日本以及我国台湾地区民法，将此种非法人组织体称为“非法人团体”，承认其具有主体资格，具有某种程度的民事权利能力，参见梁慧星：《中国民法典草案建议稿附理由：总则编》，法律出版社2013年版，第184页；另参见朱庆育：《民法总论》，北京大学出版社2013年版，第468页。

② 关于合伙的法律地位，我国学界颇多争论，相关讨论详见滕威：《合伙法理论研究》，人民法院出版社2013年版，第180~220页。

实的充分尊重。这类非法人组织或者是直接依据有关法律、法规和规章产生的，或者是在政策允许之下自由成立的。虽然法律未赋予这些非法人组织体以民事主体资格，但其事实上参加了大量的民事法律关系，并在其中享有一定的民事权利和承担相应的民事义务，故有学者认为，主体资格范畴本身即具有开放性的特征，现实中的各类主体资格，也正处于不断的分化与扩张中。① 对此，从历史上看，最高法院的认识态度是务实的，对主体资格的司法认定是宽容的，这种宽容既表现在对“其他组织”的宽松界定上，也表现在对主体资格的扩张解释上，反映其对于民事主体资格抱持的开放取向。

比如，在最高法院看来，单位工会不仅可以成为适格的当事人，而且也是可以独立从事民事活动的民事主体，这一观点显然突破了现在法律的条条框框。按照《工会法》规定，工会是职工自愿结合的群众组织，中华全国总工会、地方总工会、产业工会具有社会团体法人资格。基层工会组织具备民法通则规定的法人条件的，依法取得社会团体法人资格。县级以上地方建立地方各级总工会，直接取得法人资格，成为进行各类民事活动的民事主体。②

在王某顺诉中国人寿保险公司永顺县支公司保险合同纠纷案中，法院认为，单位当然应为其职工谋取合法利益，这不仅是正当的，而且也是合法的，并且也是法律所支持的。中国人民保险公司永顺县支公司本身从事保险业务，此次保险是该公司为自己职工投保，不同于正常的、对外的保险业务。正是这种特殊情况，决定了该保险合同上投保人与保险人的签署是同一人，但这不同于自己和自己签订的无效合同，这种形式特殊的保险合同，仍然属于平等民事主体之间签订的普通的保险合同。同时，根据保费的实际出资，应认定该保险合同的投保人是原中国人民保险公司永顺县支公司工会，保险人是该公司。依据《保险法》第52条第2款的规定，原中国人民保险公司永顺县支公司工会对保险标的具有保险利益，该人身保险合同是双方当事人真实意思的表示，依法成立有效。③

最高法院还通过对法律概念的解释，从外延上实质性地扩张民事主体资格的适用范围。

在中国药科大学诉福瑞科技公司不正当竞争纠纷案中，法院认为，《中华人民共

---

① 崔拴林：《论私法主体资格的分化与扩张》，法律出版社2009年版，第18页。

② 2013年，最高法院发布适用《工会法》司法解释，仍认为具有法人资格的工会组织依法独立享有民事权利，承担民事义务。2020年12月23日，最高法院修改上述司法解释时，仍保留原来意见。

③ 《中华人民共和国最高人民法院公报》2001年第4期。

和国反不正当竞争法》（以下简称《反不正当竞争法》）调整的主体是经营者。原告中国药科大学是从事教学科研工作的事业法人，其虽然不在市场上直接从事商品经营，但通过附属企业的经营活动，将其研制开发的药品和医疗器械等推向市场，并且通过附属企业的上缴，间接从市场上获利。事实上，附属企业的上缴，已经成为中国药科大学的经费来源之一，两者实际上是一体关系。因此，中国药科大学的市场经营者资格应予确认，其虽不直接从事商品经营，但通过附属企业经营活动，间接从市场获益的权利，应当得到法律保护，其他经营者针对中国药科大学的行为，构成对市场经济秩序的扰乱，属于不正当竞争。①

"经营者"是个法律概念，通过深入挖掘这一法律概念的含义，比如直接经营和间接经营、传统经营和现代经营、特定经营和一般经营，最高法院实质性地扩展了"经营者"的覆盖面。最高法院这种对于"经营者"概念的扩张解释，曾一再出现在公报案例中。

在湖南王某文诉河北王某文等侵犯著作权、不正当竞争纠纷案中，法院认为，在市场经济下，作者也是市场主体，可以通过出售作品的出版发行权，从文化市场中获利，其作品本身即是作者经营的商品。《反不正当竞争法》第 2 条第 3 款并没有将"经营者"的概念，局限在传统商品市场中的经营者或者营利性服务者。因此，作者既是反不正当竞争法中的竞争主体，也是文化市场中的商品经营者，属于反不正当竞争法调整的市场主体。②

在北京百度网讯科技有限公司诉青岛奥商网络技术有限公司、中国联合网络通信有限公司青岛市分公司、中国联合网络通信有限公司山东省分公司、青岛鹏飞国际航空旅游服务有限公司不正当竞争纠纷案中，法院认为，首先应当明确，反不正当竞争法中经营者的确定并不要求当事人属同一行业或服务类别，只要是从事商品经营或者营利性服务的市场主体即可成为经营者，从而成为不正当竞争关系中的主体。③

此外，在司法实践中，最高人民法院主体资格认定的灵活性还体现在，某些行为主体在履行合同时，并不具备相应的民事主体资格，但是，最高人民法院承认其可以由他方代为履行的方式，进而确认合同行为的效力。

在工行吉林分行等与长春商业银行企业债券垫付纠纷上诉案中，法院认为，表

① 《中华人民共和国最高人民法院公报》2005 年第 6 期。

② 《中华人民共和国最高人民法院公报》2005 年第 10 期。

③ 《中华人民共和国最高人民法院公报》2010 年第 8 期。

面上看，工行劳服公司虽然不具备代理买卖证券业务的主体资格，但其安排由与其有隶属关系的其他主体，即原新兴信用社铁北分部实际履行了《代办协议书》。原新兴信用社铁北分部是经市人行批准设立证券代办处的金融机构，具有代理证券买卖业务的主体资格，且《代办协议书》亦经过市人行审核批准。据此，证券公司与原分部之间实际构成了委托代理关系，故应认定《代办协议书》有效。因此，工行营业部称工行劳服公司及原新兴信用社无资格设立证券代办处，其证券交易代办行为均属无效，这一主张不能成立。①

最高法院对主体资格认定的灵活性，还体现在更为复杂的公司法领域，并延伸至设立中公司的法律定位。

在凯奇莱公司与西勘院合作勘查合同纠纷案中，法院认为，双方当事人就案涉合同签订于凯奇莱公司成立之前是否导致合同无效存在争议，根据《最高人民法院关于适用〈中华人民共和国公司法〉若干问题的规定（三）》（以下简称《公司法解释三》）第3条规定，“发起人以设立中公司名义对外签订合同，公司成立后合同相对人请求公司承担合同责任的，人民法院应予支持”。可见西勘院与凯奇莱公司签订的《合作勘查合同书》，不因缔约时凯奇莱公司尚未设立而无效。而且，即使是按西勘院的主张，在2014年2月19日，双方当事人才在《合作勘查合同书》上加盖公章，也只能证明西勘院在凯奇莱公司依法成立后，通过补正合同缺陷的行为再一次与凯奇莱公司确认了合同的效力。②

2017年9月1日，《最高人民法院关于适用〈中华人民共和国公司法〉若干问题的规定（四）》（以下简称《公司法解释四》）施行。该司法解释第2条规定：“依据公司法第二十二条第二款请求撤销股东会或者股东大会、董事会决议的原告，应当在起诉时具有公司股东资格。”按照最高法院的理解，股东提起决议撤销之诉，不以决议时是否具备股东资格为要件，不受表决权之有无、会议出席情况、表决情况、持股数量差异之限，表明股东诉讼资格大大放宽。③

最高法院还通过适用国际公约，以及对我国法律具体条文的扩张性解释，论证扩张民事主体资格的正当性。

---

① 最高人民法院办公厅编：《最高人民法院公布裁判文书》，人民法院出版社2004年版，第159页。

② 杜万华主编、最高人民法院民事审判第一庭编：《民事审判指导与参考》（第4辑），人民法院出版社2018年版，第210页。

③ 杜万华主编、最高人民法院民事审判第二庭编：《最高人民法院公司法司法解释（四）理解与适用》，人民法院出版社2017年版，第56～59页。

在上海申德系统公司、木业公司与傲时公司著作权及不正当竞争案中，法院认为，傲时公司是“傲时”商标在我国境内的合法使用人，也是“傲时”牌木材干燥设备的供应商，其商品通过香港协昌公司及其在我国内地设立的机构，向内地合法进行销售和宣传，且其设备在内地占有了一定的市场份额，因此，从商品提供者来看，傲时公司属于我国反不正当竞争法所称的“经营者”，受我国反不正当竞争法的保护。《保护工业产权巴黎公约》对公约参加国公司的保护，并不以必须在其他公约参加国中有经营场所为前提，故傲时公司虽然是外国公司，尽管在中国没有经营场所，但这一事实不影响对其经营者地位的确认，也不影响该公司依据我国反不正当竞争法主张权利。①

对于民事主体资格的开放式认定，最高法院既从正面引导，也从反面说明，即从法律对某项权利的民事主体资格是否禁止或限制方面入手，从而通过权利范围的扩充，实际扩大民事主体的范围。这说明，即便在有限的民事主体范围内，最高法院对民事主体应当享有的民事权利范围，也采取开放式的取向。只要法无禁止，似都可以纳入民事主体的权利范围。

在北影录音录像公司诉北京电影学院侵犯作品专有使用权纠纷案中，法院认为，上诉人北影录音录像公司与小说《受戒》的著作权人签订著作权许可使用合同，该合同真实有效。上诉人依合同取得了以拍摄影视的方式改编该小说的专有使用权。法律未对拥有此项权利的主体资格进行限制，所以被上诉人认为上诉人不享有小说《受戒》拍摄电影专有使用权，该主张无法律依据。根据《著作权法实施条例》第 35 条之规定，上诉人取得的专有使用权，依法应受保护，作为对权利的正当行使，其可以约定排除的方式，禁止他人将小说《受戒》改编并拍摄影视作品。②

在际誉物流公司、中铁物流公司仓储合同纠纷案中，法院认为，虽然依据《最高人民法院关于适用〈中华人民共和国民事诉讼法〉的解释》（以下简称《民诉解释》）第52 条规定，依法设立并领取营业执照的法人的分支机构属于《民事诉讼法》规定的其他组织，可以作为民事诉讼的当事人，但是该规定并不排除由设立分公司的总公司作为诉讼主体主张权利。由于中铁鹰潭公司系中铁物流公司的分支机构，其订立合同取得的权益归公司所有，故中铁物流公司作为与本案有直接利害关系的

① 曹建明、蒋志培：《最高人民法律知识产权判例评解》，知识产权出版社 2001 年版，第 70 ~ 71 页。

② 《中华人民共和国最高人民法院公报》1996 年第 1 期。

法人，是符合《民事诉讼法》规定的适格原告。①

民事主体资格的开放性还体现在，即便是无民事行为能力人，最高法院也并非一律否认其诉讼主体资格。针对现实生活中，经常存在无民事行为能力人的配偶一方为了某些财产利益，既不提出离婚，也不履行夫妻抚养义务，甚至擅自变卖夫妻共同财产，最高法院认为，此种情况下，无民事行为能力人可以作为原告离婚。即只要有严重损害无民事行为能力人权益的行为，无民事行为能力人就可以援引《最高人民法院关于适用〈中华人民共和国民法典〉婚姻家庭编的解释（一）》（以下简称《婚姻编解释一》）第62条的规定，在变更监护关系之后，有权作为原告提出离婚诉讼。②

2007年，民事诉讼法第一次修订新增执行异议之诉，赋予案外人提起执行异议之诉的主体资格。此后，最高法院颁布多个司法解释，对案外人条款内容加以细化，原被告双方的主体资格均大为扩张。原告除执行当事人外，还包括主张其对执行标的物享有足以排除执行的实体权利，认为法院对财产的执行侵害其实体权利，并请求停止执行的公民、法人和其他组织，如所有权人、共有权人、用益物权人、不动产买受人、合法占有人、租赁权人、特殊担保物权的权利人、对第三人享有到期债权的权利人等。被告则包括出资期限未届满的股东或有限合伙人，出资不实、抽逃出资、未出资即转让股权的责任人，一人有限公司财产混同的股东、未履行清算义务的有限公司股东、股份公司董事和控股股东等。

需要注意的是，基于社会信用体系的建设，对某些民事主体资格，最高法院会予以主动而适当的限制，或者鉴于争议利益的非法性，否认当事人的诉讼主体资格。显然，这种出于特定目的的限制或否定行为，与民事主体资格的总体开放取向并不矛盾。

2017年8月1日，最高法院发布《关于“是否可以取消失信被执行人中标资格”问题的答复》，该答复明示，中共中央办公厅、国务院办公厅印发《关于加快推进失信被执行人信用监督、警示和惩戒机制建设的意见》（中办发〔2016〕64号），要求依法限制失信被执行人作为供应商参加政府采购活动，限制参与政府投资项目或主要使用财政性资金项目。据此，如果参与投标的民事主体在投标时就已被列入失信被执行人名单，其参与投标的资格会受到限制。即使中标，

① （2017）最高法民申437号。

② 杜万华主编、最高人民法院民事审判第一庭编：《民事审判指导与参考》（第4辑），人民法院出版社2015年版，第256～257页。

也属无效。

在南京实业公司与北京新技术公司、沈某强等合作开发房地产合同纠纷案中，法院认为，房地产项目利益是一个集合概念，一般房屋所涉物权、对应的土地使用权、项目利润等权益。未经依法批准、未取得建设工程规划许可证，或者擅自变更工程规划而建造的建筑，属于违法建筑。违法建筑所涉房地产项目利益本质上属于非法利益，非法利益不受法律保护，不宜列为民事诉讼标的，相关利益方也不享有合法诉权。①

第二节　主体资格的扩张依据

对于民事主体资格的扩张，最高法院必须解决下述这个问题，即从整体上为民事主体资格的扩张取向，寻找到可靠的理论基础和坚实的法律依据。

事实上，对于司法环境的发展趋势，最高法院存有类似文化自觉的法律敏锐，非常注意将主体资格的扩张思维，安放在稳妥的制度平台上，以实定法的正面规定为依据，以实定法的空白规定为反证，通过对制度预留接口的扩张，来实现对主体资格逐步的但却是整体的扩张。从宏观角度来看，或许会有这种印象，最高法院对民事主体资格的扩张认定，似有过宽之嫌。但仔细考察每一个案，却会发现，民事主体资格的所谓扩张认定，无不或有法律依据，或无明文禁止，几乎无一字无出处。

在天湖公司清算委员会与天河公司担保追偿纠纷再审案中，法院认为，中外合资经营企业进入普通清算程序后，依法成立清算委员会，此举根据该合资公司章程进行，同时亦符合《中外合资经营企业法》及其实施条例、《外商投资企业清算办法》等相关法律法规的规定。对于合法成立的中外合资经营企业清算委员会，应当认定为适格的民事诉讼主体。②

清算委员会是什么性质的法律组织，当然可以讨论，但最高法院的兴趣显然不在于学术研究，而要解决实际问题。如果把清算委员会划归为民事诉讼法上的“其他组织”，也完全没有问题，足以一笔带过其民事主体资格问题。但最高人民法院偏

① 郭魏：《违法建筑所涉房地产项目利益分配及有关诉权问题》，载景汉朝、孙华璞主编、最高人民法院审判监督庭编：《审判监督指导》（第3辑），人民法院出版社2017年版，第101页。

② 最高人民法院（2005）民四提字第3号民事裁定书，载《人民法院报》2007年5月14日。

偏没有这么做，而是将清算委员会是否具有民事主体资格，与是否合法成立挂起钩来，在《民法典》颁布实施前，其直接依据恰恰来自于《民法通则》。该法第47条明确规定："企业法人解散，应当成立清算组织，进行清算……"显然，依最高人民法院的思维逻辑，应当成立的清算组织，当然是依法成立的清算组织。依法成立的清算组织，当然是合法的清算组织。作为合法的清算组织，既然为《民法通则》所承认、所规范，当然具有民事主体资格。所以，对于这一预留的制度接口，最高法院迅速通过司法解释，继续作出进一步解释："对于涉及终止的企业法人债权、债务的民事诉讼，清算组织可以用自己的名义参加诉讼。"① 《民法典》将清算组织统称为"清算组"，第70条第1款规定："法人解散的，除合并或者分立的情形外，清算义务人应当及时组成清算组进行清算。"在此基础上，2020年12月23日，最高法院发布关于修改《最高人民法院关于适用〈中华人民共和国公司法〉若干问题的规定(二)》(以下简称《公司法解释二》)，将第7条修改为："公司应当依照民法典第七十条、公司法第一百八十三条的规定，在解散事由出现之日起十五日内成立清算组，开始自行清算。"

顺便说明的是，最高法院非常注意区分清算主体与清算组的区别，认为清算主体不等同于清算组。清算主体是对企业负有清算义务的民事主体，而清算组是为处理清算事务的临时组织。清算主体可以自己的名义作为原告提起诉讼，但清算组则并不当然具备诉讼主体资格。在清算组无法成立，或清算主体不复存在时，股东个人应具有诉讼主体资格。比如，在集体企业未经清算即注销后，股东可以个人名义提起诉讼。②

《民事诉讼法》仅规定了"其他组织"的诉讼当事人地位，但既未揭示其内涵，也未列举其外延。最高法院抓住机遇，反应迅速，随后出台司法解释，认为"其他组织"是指"合法成立、有一定的组织机构和财产，但又不具备法人资格的组织，包括法人依法设立并领取营业执照的分支机构"，一举解决了法人分支机构的民事主体资格问题，并运用到司法实务中。

在美国迪士尼公司诉北京出版社等侵犯著作权纠纷案中，法院认为，自《中美备忘录》生效之日起，美国公民的作品受中国法律保护。任何未经迪士尼公司授权，

---

① 《最高人民法院关于贯彻执行〈中华人民共和国民法通则〉若干问题的意见（试行)》第60条第2款。

② 最高人民法院审判监督庭编著、江必新主编：《全国法院优秀再审裁判文书精选》，转引自胡凤滨主编：《中国指导案例、参考案例判旨总提炼（公司纠纷)》，法律出版社2012年版，第31～34页。

以营利为目的使用该公司享有版权的美术作品，均属侵权行为。少儿出版社与麦克斯威尔公司签订合同之前，未尽审慎义务，审查其是否有权转让迪士尼公司的作品出版权，故对该无效合同，少儿出版社主观存有过错，应当承担一定责任。此后，少儿出版社因无法提供版权证明，未获北京市版权局对该合同登记后，已明知该合同不应履行，但其既怠于审查，也不补办登记手续，仍擅自出版发行含有迪士尼公司卡通形象的丛书。在《中美备忘录》生效之后，少儿出版社的上述行为，有明显的主观过错。少儿出版社因该侵权行为，致使迪士尼公司遭受的经济损失，应当进行赔偿。由于少儿出版社系非独立法人，不具备民事主体资格，故其侵权责任由其上级主管部门北京出版社承担。①

抓住了“其他组织”这个“司法把手”后，最高法院充分利用“其他组织”的丰富内涵，将村民小组也扩展为“其他组织”，认定其具备民事诉讼主体资格。

2005 年，在对河北省高级人民法院《关于村民小组诉讼权利如何行使的几个问题的请示报告》的答复中，最高法院认为，《民事诉讼法》第 49 条规定：“公民、法人和其他组织可以作为民事诉讼的当事人。法人由其法定代表人进行诉讼。其他组织由其主要负责人进行诉讼。”据此，遵化市某村第三村民小组可以作为民事诉讼当事人。以第三村民小组为当事人的诉讼应以小组长为主要负责人提起。小组长以村民小组长的名义行使诉讼权利，应当参照《村民委员会组织法》第 17 条，履行民主议定程序。

业主委员会是个新生事物，其是否具备民事主体资格，实务界向来有争议。最高法院也将其纳入“其他组织”的范畴，通过扩张“其他组织”的概念外延，倾向承认其诉讼资格，尽管这种承认一度有所反复。当然，《民法典》颁布实施后，这一争议已不存在。

在徐州西苑艺君花园（一期）业主委员会诉徐州中川房地产开发有限公司物业管理用房所有权确认纠纷案中，法院认为，业主委员会依照《物权法》第 75 条第 1 款规定成立，具有一定目的、名称、组织机构与场所，管理相应财产，是民事诉讼法中的“其他组织”。业主委员会依据业主共同或者业主大会决议，在授权范围内，以业主委员会名义从事法律行业，具备诉讼主体资格。②

及至 1993 年，《公司法》第 13 条明确规定，公司可以设立分公司或子公司。分公司不具有法人资格，其民事责任由公司承担。子公司具有法人资格，依法独立承

---

① 《中华人民共和国最高人民法院公报》1996 年第 3 期。

② 《中华人民共和国最高人民法院公报》2014 年第 6 期。

担民事责任。既然分公司的民事责任由公司承担，在分公司未注销的情况下，民事诉讼主体能否从分公司扩展至公司？换言之，公司能否取代分公司，直接作为诉讼当事人？最高法院对此持肯定态度。

在泛华工程有限公司西南公司与中国人寿保险（集团）公司预售合同纠纷案中，法院认为，人寿（集团）公司申请注销中国人寿重庆分公司的行为，属公司基于经营发展需要对其分支机构的变更调整。根据《公司法》规定，公司可以设立分公司，分公司不具有企业法人资格，其民事责任由公司承担。因此，公司分支机构于法人变更过程中是否已实际经工商注销完毕，不影响公司基于独立法人性质行使对其分支机构所享有的民事权利和民事义务。人寿（集团）公司于本案中以原告身份向泛华公司主张合同权利，符合法律规定，属于本案适格原告。泛华公司上诉提出中国人寿重庆分公司未办理注销手续，仍为合法存续的法人分支机构，人寿（集团）公司不具备合法诉讼主体资格，无权提起本案诉讼的主张，与事实不符，亦无法律根据。①

透过这一公报案例，可以看出最高人民法院的审理思维，既然分公司的民事责任由公司承担，则公司本身已是实质意义上的诉讼当事人。举重以明轻，公司既然可以是实质意义上的诉讼当事人，当然也可以是形式意义上的诉讼当事人，二者之间并无任何法律障碍。表面上看，法律并无明确规定，最高法院似乎扩张了个案中的民事诉讼主体，但仔细分析后可以发现，最高法院依然未逾越法律雷池一步。

民事主体资格是个复杂的法学理论问题，学术界至今争论不止。最高法院对民事主体资格的扩张认定，固然重视其法律依据，但在实务操作上，仍存在具体路径选择问题。在这方面，除了相对抽象的法律规定之外，最高法院也依赖更为抽象的基本法理。虽然最高法院从不卷入任何学术争议，但却不能不关注、不能不遵循基本法理。因为归根结底，法律规定本身不过是基本法理的必然派生。对具体法律规定的找寻，不能不追溯至背后起到支配力量的基本法理。在民事主体资格问题上，法律之所以区分民事主体与诉讼主体，无非是基于民事权利能力的限定性，与当事人能力的普遍性之间的分离。对这一基本法理的承认与适用，为民事主体的实际扩张提供了现实的路径。②

---

① 《中华人民共和国最高人民法院公报》2008 年第 2 期。

② 江伟、李浩、刘荣军：《民事诉讼法学原理》，中国人民大学出版社 1999 年版，第 388、390 页。

事实上，正是基于民事权利能力与当事人能力的分离性，最高人民法院才能逻辑地把“当事人能力”的法律概念，推进和嵌入到具体案件中，并以“当事人适格”这一思维模块来实际运作。所谓“当事人适格”，考察的无非是在具体案件中的当事人能力。站在最高法院的实用立场，在识别当事人适格时，一方面，判断当事人是否参与到诉争利害关系中；另一方面，纠纷因原告起诉而至法院，这一纠纷是否具备司法审判的必要性。① 检索各类法律数据库，毫不夸张地说，“当事人适格”或者“适格当事人”“适格主体”等类似表述，不仅是包括最高法院在内的各级法院，在民事判决书中使用频率最高的法律名词之一，还走进了最高法院的多部司法解释和司法文件。② 从民事主体资格到当事人能力，再到适格当事人，这不仅仅是法律名词的转换，也反映了最高法院对民事主体资格问题的深入思考和谨慎探索。

第三节 适格当事人的审查标准

最高人民法院对适格当事人的审查是多重的，既包括对民事主体的审查，也包括对诉讼主体的审查，前者涉及民事责任的承担，后者涉及诉讼程序的参与，即诉讼当事人的确定。在司法实务中，更加侧重于先行审查诉讼主体是否适格，进而视情况确定民事主体的责任承担。③

一、直接权利义务

当事人是否适格，最高人民法院是以是否存在直接权利义务关系为据的，这种直接权利义务关系，往往通过有无合同关系或法律上的关系予以认定，但有时也表现在通过事实直接认定。

---

① 贺小荣主编：《最高人民法院第二巡回法庭法官会议纪要》（第1辑），人民法院出版社2019年版，第270页。

② 参见《最高人民法院关于执行〈中华人民共和国行政诉讼法〉若干问题的解释》《最高人民法院关于审理劳动争议案件适用法律若干问题的解释》《最高人民法院关于印发〈民事申请再审案件诉讼文书样式〉的通知》等。

③ 最高人民法院法官认为，根据通说，享有诉权的主体应为对诉享有诉讼利益的适格当事人，其既包括实体权利人，也包括虽对标的物不享有实体权利，但是基于法律的规定对争议的诉讼标的享有管理权和支配权的主体，其诉讼的结果归于实体诉讼人，且应当允许作为审理对象的事由涉及一般公共公益诉讼的存在。张雪楳：《二审期间当事人才告知债权已于一审期间转让的事实，二审法院能否直接裁决变更诉讼主体》，载最高人民法院民事审判第二庭编：《商事审判指导》（第1辑），人民法院出版社2010年版，第151页。

在德海公司等与海口永胜公司等期货经纪合同上诉案中，法院认为，永胜公司与德海公司之间，并不存在法律上的直接权利义务关系，永胜公司对德海公司的起诉，不符合人民法院的受理条件，应予驳回。①

在物产公司与大田公司等代理进口合同纠纷上诉案中，法院认为，物产公司与大田公司之间，不存在法律上的直接的权利义务关系，大田公司无义务向物产公司支付款项。由于物产公司与大田公司并不存在直接的合同关系，物产公司要求大田公司承担代理合同责任，缺乏事实和法律依据，物产公司的起诉应予驳回。② 显然，这两起案件的判断标准，都是以双方当事人之间不存在明确的合同关系。

在程某英等25人与海运有限公司海上船舶碰撞损害赔偿纠纷案中，法院认为，我国海商法规定的碰撞责任主体，并非船东，而是船舶，承担碰撞责任的主体就是对行为负责任的人。被告是否为适格主体，应否承担民事责任，可结合以下因素综合判断：被告在船舶经营中，多次以船舶所有人这一身份从事经营活动，并加入保赔协会，并且通过保赔协议，又为“爱佳”轮船东提供了100万美元的信用担保。更重要的是，被告主动应诉并同意承担“爱佳”轮碰撞原告船舶的后果，因此，被告实际已经自认是该船舶“行为”的责任主体。③ 显然，这是以事实行为来认定双方存在直接的权利义务关系。

案件事实是动态的，最高法院认为应在动态的发展变化中，及时捕捉和锁定案件事实，准确界定双方的权利义务关系。

在期货交易所与经济公司期货交割纠纷上诉案中，法院认为，按照交易规则，客户从事期货交易，必须委托交易所的会员单位期货经纪公司下单。根据交易程序，客户与交易所之间，既没有直接的业务联系，也没有直接的法律关系。因此，发生期货交易纠纷时，客户一般不应将交易所作为被告，直接向其主张权利。但是，在期货合约交割过程中，交易所的会员单位只是在交易所与客户之间起到转递作用，因交割的货物质量问题产生争议发生纠纷的，客户可以直接向交易所主张民事权利。④ 这表明，双方之间的关系经过了一个过程，发生了转化，从期货交易到实物交

---

① 万鄂湘主编：《中国涉外商事海事审判指导与研究》（第1卷），人民法院出版社2001年版，第98页。

② 万鄂湘主编：《中国涉外商事海事审判指导与研究》（第1卷），人民法院出版社2001年版，第197页。

③ 万鄂湘主编：《中国涉外商事海事审判指导与研究》（第1卷），人民法院出版社2001年版，第229~230页。

④ 最高人民法院办公厅编：《最高人民法院公布裁判文书》（二〇〇〇年），人民法院出版社2001年版，第146页。

割，当然也应当适用不同的交易规则。在新的交易规则下，双方发生了直接的权利义务关系。

2012 年，民事诉讼法第二次修订新增第三人撤销之诉。此后，最高法院在司法实践中，将案件处理结果与其有无法律上的利害关系，作为有无第三人主体资格的判断标准。

在小河农商行与永泰公司等第三人撤销之诉案中，法院认为，本案争议焦点问题是小河农商行是否具有第三人撤销之诉的原告主体资格。从法律规定看，第三人撤销之诉中的“第三人”既包括有独立请求权的第三人，也包括无独立请求权的第三人。无独立请求权的第三人仅是与案件处理结果有法律上的利害关系，法律并未要求其与当事人双方争议的法律关系有牵连。本案中，小河农商行主张其应为 57 号案件中无独立请求权的第三人，一审裁定仅以其对该案双方争议的诉讼标的没有独立请权，并且不负返还或赔偿义务，小河农商行的抵押权与永泰公司的建设工程优先受偿权在法律上无牵连为由，裁定驳回小河农商行的起诉，法律依据不足。建设工程价款优先权是法定优先权，该权利一旦确定，当然优先于银行的抵押权。建设工程价款优先受偿权与抵押权指向同一标的物，且该标的物拍卖、变卖所得价款不足以清偿工程欠款和抵押权所担保的主债权时，抵押权人的权益必然会因为建设工程价款优先受偿权的有无以及范围大小而受到影响。57 号调解书的执行标的物有三套房屋，其中两套房屋上小河农商行设有抵押权，从剩余抵押物的评估价来看，尚不足以清偿小河农商行的全部债权，故小河农商行对于 57 号案件的处理结果，有法律上的利害关系。①

在高某与三亚天通国际酒店有限公司、海南博超房地产开发有限公司等第三人撤销之诉案中，法院认为，股东和公司之间系天然的利益共同体。公司的对外交易活动、民事诉讼的胜败结果一般都会影响到公司的资产情况，从而间接影响到股东的收益。由于公司利益和股东利益具有一致性，公司对外活动应推定为股东整体的体现，公司在诉讼活动中的主张也应认定为代表股东的整体利益，因此，虽然公司诉讼的结果会间接影响到股东的利益，但股东的利益和意见已经在诉讼过程中由公司所代表，则不应再追加股东作为第三人参加公司对外进行的诉讼。对于已生效的公司对外诉讼的裁判文书，股东不具有提起第三人撤销之诉的主体资格。②

唯值注意，即便是在高级法院的层面，对于第三人主体资格的判断也非易事。

---

① （2017）最高法民终 38 号。

② 《中华人民共和国最高人民法院公报》2018 年第 3 期。

下述公报案例中，一、二审判决均经过审委会讨论，但最高法院撤销了浙江高院的一审判决。

在胡某光、胡某科、周某员、蒋某愈、周某光与德清金恒坤房地产开发有限公司、张某平、沈某龙及陈某英第三人撤销之诉案中，法院认为，根据《民事诉讼法》第56条的规定，有权提起第三人撤销之诉的主体应当严格限定在该条前两款规定的有独立请求权和无独立请求权两类第三人，不能将有权提起第三人撤销之诉的主体扩大至《民事诉讼法》第56条规定的两类第三人之外的享有普遍债权的案外人。①

最高法院对法定关系的直接认定，在没有明确法律规定时，也依据基本法理，并通过公报案例予以释明。

在南京市鼓楼区房产经营公司、钟某强等诉江苏盛名实业有限公司房屋侵权纠纷案中，法院认为，被上诉人盛名公司虽然是在其专有部门增建夹层，但是其增建夹层的行为，必然利用属于共用部分的梁、柱和地板以下的掩埋工程，使梁、柱的负载加大，地梁裸露，这是对共用部分的非正常使用，影响到全体区分所有权人的共同利益。增建夹层的行为应否实施，必须征求全体区分所有权人的意见。只要没有征得全体区分所有权人同意，盛名公司的行为均构成其他区分所有权人的共有权的侵犯，至于钟某强等住户的房屋是否损坏，以及该损坏是否与盛名公司有关，均在所不问。原审判决以住户的房屋损坏与盛名公司无关为由，判决不予支持房产公司、钟某强等住户的诉讼请求，显系错误，应当改判。② 这一判决显然是建立在对区分所有权人的共有权的基础上，虽然此时尚未出台《物权法》，但法院已将全体区分所有权人视为共同利害关系人，与侵权人之间存在法律上的直接权利义务关系。显然，基本的物权法理是法院判断的直接依据。实践证明，法院的这种眼光是

---

① 《中华人民共和国最高人民法院公报》2019年第11期。有必要指出，最高法院公报案例的此处认定，与最高法院民二庭法官会议纪要认定有明显不同，后者认为我国民事诉讼法增设第三人撤销之诉的主要目的，是对民事权益受到虚假诉讼侵害而未能参加诉讼的案外人提供救济。为实现第三人撤销之诉的规范目的，有必要对《民事诉讼法》第56条进行扩张解释，将普通债权人纳入第三人范畴。同时，考虑到第三人撤销之诉系事后特殊救济程序，为防止案外人滥用诉讼权利，影响生效裁判的稳定性和权威性，有必要对普通债权人作为原告提起诉讼设置严格的条件：即除符合法律、司法解释规定的起诉条件外，还需要满足前提确系虚假诉讼且无其他常规救济途径这两项条件，方可确认普通债权人享有原告资格。参见贺小荣主编：《最高人民法院民事审判第二庭法官会议纪要：追寻裁判背后的法理》，人民法院出版社2018年版，第106页。

② 李楠楠：《最高法通报十个海事审判典型案例》，载腾讯网，https://news.qq.com/a/20140902/049759_all.htm，2020年8月2日访问。值得一提的是，该案判决是首例经我国台湾地区三级法院裁定认可的大陆法院作出的海事案件判决，对于海峡两岸相互认可和执行民商事裁判的司法实践也具有积极意义。

超前的。

在浙江省编织品进出口集团公司与长荣国际储运股份有限公司海上货物运输合同纠纷案中，法院认为，本案是一起涉台的海上货物运输合同无单放货纠纷案件，争议焦点是未被提单记载为托运人的交货人是否具有托运人主体资格，并享有向承运人主张权利的诉权。这是长期以来一直困扰我国出口贸易中 FOB 卖方的权益保护问题，也是我国海事司法实践中一直不能取得一致的法律分歧点。尽管浙纺公司根据贸易合同的约定未将其名称在提单上载明，但浙纺公司和长荣公司履行海上货物运输的事实证明，浙纺公司是海上货物运输合同的缔约人和唯一交货人，浙纺公司作为涉案货物托运人的主体资格应当依法得到认定。浙纺公司系涉案提单签发以后的第一合法持有人，该提单未经贸易环节流转，且来自银行退单，其持单形式合法，有权据以向相对人主张提单项下的权利。①

对于依据法律上的直接规定，来确认适格民事主体的案例，还出现在人格权类型的案件中，最高法院曾以公报案例的形式予以阐明。

在陈某琴诉魏某林、《今晚报》社名誉权纠纷案中，被告魏某林以原告之女吉某贞（艺名荷花女，已故）为原型创作小说并发表，其中虚构部分有损荷花女的名誉。法院认为，《民法通则》规定公民享有名誉权，公民死后其名誉权仍应受到法律保护。原告陈某琴系已故吉某贞之母，在其女及本人名誉权受到损害时，有权提起诉讼，请求法律保护。被告所著《荷花女》体裁虽为小说，但使用了陈某琴和吉某贞的真实姓名，并且虚构了损害二人名誉的情节，系侵害名誉权，应当承担民事责任。② 此案不足之处在于，在缺少直接法律依据时，法院没有从法理上论证，为何公民死后，其仍享有名誉权，名誉权是否必须以现实的民事主体为载体。为弥补这一立法漏洞，《民法典》第 994 条已确立对死者人格利益的保护。

最高法院还认为，去世的知名人士不仅具有名誉权，还拥有其他不被非法利用特别是商业利用的权利，通过权利范围的扩展，逻辑地扩张了民事诉讼的适格主体。

在美酒厂公司与商标评审委员会、原审第三人李某发商标争议行政纠纷案中，法院认为，李某发生前系茅台酒厂的副厂长，在业内具有一定的知名度和影响力，贵州美酒厂公司将去世的知名人物姓名“李某发”注册为商标，易使相关消费者将商品的品质特点与李某发本人或茅台酒的生产工艺相联系，从而误导消费者，并造

① 《中华人民共和国最高人民法院公报》2015 年第 9 期。

② 《中华人民共和国最高人民法院公报》1990 年第 2 期。

成不良影响，商标评审委员会撤销争议商标的注册，并无不当。①

最高法院还通过发布指导案例的方式，来表明对依法直接确认适格民事主体的支持态度，并将其民事权益的保护，延伸至其具备民事主体之前，与前述荷花女案将民事权益的保护延伸至民事主体消亡之后，恰形成对比，体现出法院对民事主体权益保护的周延性。

在金某娜诉陡河发电厂及陡河电力实业总公司人身损害赔偿案中，法院认为金某娜之母怀孕期间，在陡河发电厂输煤车间工作，因暴露于污染的工作环境，致使胎儿受损，胎儿出生后有权获得赔偿，故判令两被告向金某娜支付人身损害赔偿金430万余元。显然，最高人民法院将对胎儿的利益也纳入了保护范围。根据民法通则的规定，胎儿自出生起即具有民事权利能力。当其成为民事主体后，法院认为其有权主张在母体受孕期间的受损权益。②

在农村承包经营引起的纠纷中，也会存在适格民事主体的认定。

在李某祥诉李某梅继承权纠纷案中，法院认为，根据《农村土地承包法》第15条的规定，家庭承包方式的农村土地承包经营权，其承包方是本集体经济组织的农户，即以本集体经济组织内部的农户家庭为单位实行农村土地承包经营。因此，这种形式的农村土地承包经营权只能属于农户家庭，而不可能属于其中的某一个家庭成员。根据《继承法》第3条的规定，遗产是公民死亡时遗留的个人合法财产。既然农村土地承包经营权不属于个人财产，故不发生继承问题。③

此外，在公益诉讼案件中，“主体不适格”一向是法院拒绝受理的唯一理由。2012年8月31日，《民事诉讼法》第二次修正后，第15条明确规定：“机关、社会团体、企业事业单位对损害国家、集体或者个人民事权益的行为，可以支持受损害的单位或者个人向人民法院起诉。”据此，法律规定的“机关和有关组织”作为公益诉讼的适格当事人，有权提起诉讼，从而在公益诉讼中，正式引入了直接权利义务规则。

2014年3月19日，最高法院公布第二批保障民生典型案例，中华环保联合会诉无锡市蠡湖惠山景区管理委员会生态环境侵权案入选为保障民生典型案例，表明最

---

① 孔祥俊副主编：《最高人民法院知识产权审判案例指导》（第5辑），中国法制出版社2013年版，第48~49页。

② 最高人民法院民事（2007）012号案例，最高人民法院、最高人民检察院《中国指导案例》编辑委员会编：《中国指导案例》（第1辑），法律出版社2007年版，第8页。

③ 《中华人民共和国最高人民法院公报》2009年第12期。

高法院肯定了中国环保联合会作为公益诉讼的主体资格。①

2017 年 5 月上海市第一中级人民法院审结的刘某等诉匹凸匹公司及实际控制人鲜某等八名高管的证券虚假陈述纠纷案，入选 2018 年度最高人民法院工作报告。② 此案的亮点在于，不仅系全国首例证券支持诉讼案，即首次由证券金融类公益机构——中证中小投资者服务中心支持投资者提起证券赔偿诉讼并出庭，而且将上市公司的实际控制人作为适格主体并列为主要被告，并判令其承担赔偿责任，上市公司和其他相关人承担连带责任，足见适用直接权利义务规则的穿透力。

而在商事案件中，特定民事主体资格的法定条件，可能会发生变动，最高法院的观点是，主体资格一经确定，其后的变化因素，不影响民事主体资格的认定。

在蔡某迎与泉州明恒公司解散纠纷案中，法院认为，根据公司法的规定，有权提起公司司法解散之诉的股东，应持有 10% 以上公司全部股东表决权，方具备原告起诉资格。在诉讼实际发生后，原告因公司增资导致其表决权比例降低，不能达到公司全部表决权 10% 的，并不影响其在此前提起的诉讼中的原告资格。③

在陈某钿与梁某敏涉港委托合同纠纷上诉案中，法院认为，涉外商事合同一方当事人在域外死亡，其近亲属作为原告向法院起诉合同相对人请求承担合同责任的，原告对涉讼债权是否具有合法继承权，是案件实体争议问题的先决问题，应单独进行识别和确定准据法。鉴于香港特别行政区其他法例中均查无关于域外遗产管理的规定，应参照《涉外民事关系法律适用法》之规定，适用中华人民共和国法律。依据《民事诉讼法》第 119 条第 1 项规定，案件的原告应当是与本案有直接利害关系的公民，陈某钿等五人作为苏某宙的法定继承人，依法对本案涉讼合同债权享有继承权，其虽不是合同主体，但与本案有直接利害关系，是适格的原告。④

在中威轮船公司、陈某、陈某甲与商船三井株式会社定期租船合同及侵权损害赔偿纠纷案中，法院认为，原告方通过遗嘱继承等方式，祖孙三代接力，始终不放

---

① 《最高人民法院公布第二批保障民生典型案例》，引自最高人民法院网站，http：//www.court. gov. cn/xwzx/yw/201403/t20140320_ 194394. htm，2015 年 3 月 19 日访问。

② 最高法院微信公众号 2018 年 3 月 10 日报道，共有 25 个案件入选 2018 年最高人民法院工作报告。而在过去 5 年里，全国法院共受理了多达 8900 万案件。也就是说，在这浩如烟海的案件中，被周强院长点名的机会仅有约 300 万分之一，如此低的出镜机率，足见案件之典型。

③ 宋晓明、刘俊海主编：《人民法院公司法指导案例裁判要旨通纂》，北京大学出版社 2014 年版，第 376 页。

④ 贺荣主编：《涉外商事海事审判指导》（总第 29 辑），人民法院出版社 2015 年版，第 151 ~ 153 页。

弃诉讼权利，在原告主体资格上，具有一以贯之的延续性，因此，原告的主体资格是适格的。被告作为义务主体，其历史沿革及权利、义务继受关系的脉络也很清晰。从签约时的大同海运株式会社，到1964年大同海运株式会社被并入日本海运株式会社，至1989年日本海运株式会社被并入奈维克斯海运株式会社，至1999年奈维克斯海运株式会社又被并入商船三井。历史斗转星移，然涉案租船合同的签约主体即原、被告之间权利主体与义务主体脉络依然清晰，其法律上的权利、义务继受关系仍旧存在。①

唯值注意的是，商事案件中的主体资格，不仅与诉讼对象紧密关联，而且还受制于诉讼对象的性质。当诉讼对象的性质发生变化时，直接权利义务关系有可能被否定。

在许某宏与泉州南明公司、林某哲与公司有关的纠纷案中，法院认为，关于许某宏是否为案涉董事会决议无效之诉的适格原告问题，现查明，案涉董事会决议作出时，泉州南明公司为中外合资经营企业。根据《中外合资经营企业法》及公司章程规定，合营企业设董事会，泉州南明公司的董事系由合营各方委派和撤换。作为合营方，香港南明公司可以委派许某宏为泉州南明公司的董事，也可以单方解除许某宏的董事职务。故自香港南明公司解除其董事职务的文件到达泉州南明公司时，许某宏即不再具有泉州南明公司董事职务。案涉董事会决议中虽然包含了许某宏不再担任董事职务的内容，但其依据是股东香港南明公司关于免除许某宏董事职务的通知，所体现的只是合营企业股东的意志，并非泉州南明公司董事会的意志。《公司法解释四》第1条规定可以由公司股东、董事、监事等请求确认无效的决议，并不包括本案所涉不体现董事会意志的记录性文件。许某宏与案涉董事会决议间不具有直接的利害关系，并非本案适格原告。②

最高法院一方面，依据法律的直接规定，确定民事主体；另一方面，也可以通过法律规定的消极理解，来推定民事主体。

在汪某诚等六人诉淮安市博物馆返还祖宅的埋藏文物纠纷案中，法院认为，《民法通则》第79条规定：所有人不明的埋藏物，归国家所有；《文物保护法》第5条也将中华人民共和国境内地下遗存的文物一般推定为属于国家所有。但埋藏或隐藏于公民祖宅且能够基本证明属于其祖产的埋藏物，在无法律明文规定禁止其拥有的

---

① 李楠楠：《最高法通报十个海事审判典型案例》，载腾讯网，https：//news. qq. com/a/20140902/049759_ all. htm，2020年8月2日访问。

② 《中华人民共和国最高人民法院公报》2019年第7期。

情况下，应判定属于公民私人财产。①

值得注意的是，法院依据对法律的消极理解，在推定民事主体是否适格时，也会得出否认的结论。这一点尚未体现在最高法院的民事判决中，但地方法院在涉外审判的主体认定中，曾多次出现类似案例。

关于中国境内自然人可否持股外商投资企业，直接涉及适格主体的合法性问题。根据《中外合资经营企业法》第 1 条之规定，② 明确排除了境内自然人以新设方式参股外商投资企业的可能性。但是，上海浦东、天津等先后发布规范性文件，认可境内自然人参与设立外商投资企业，如上海浦东地区于 2010 年出台《境内自然人在浦东新区投资设立中外合资、中外合作经营企业试行办法》，就是对中国内地居民投资领域限定于《外商投资产业指导目录》规定的鼓励或允许类项目。显然，这一规定与上位法不符，在上海以外的法院受理此类争议案件时，能否据此承认境内投资人合法民事主体的资格，并不确定。而对于境内自然人以受让股权的方式，参股外商投资企业，其民事主体资格的合法性究竟如何，国家部委与地方法院的意见完全相左。

2009 年 6 月 18 日，外商投资股份公司向日葵股份有限公司，向俞某明等 71 名自然人定向发行 5000 万股，注册资本变更为 45800 万元。2009 年 7 月 3 日，商务部在《关于答复浙江向日葵光能科技股份有限公司向境内管理层人员增发股份问题的函》中批复："现行外商投资企业法律法规和规章对已设立的外商投资的股份公司向境内自然人定向增发股份无禁止性规定。"然而，以广州中级法院为代表的地方法院，并不认同商务部的上述意见。广州某生物技术有限公司作为外商投资企业，为实施员工激励计划，将部分外商股权转让给原告，后双方因股东分红及股权激励问题发生纠纷，广州中院认为，当事人的合同行为应当不得违反我国法律法规的强制性规定，根据我国《中外合资经营企业法》规定，中国居民个人不得成为中外合资经营企业的投资主体。本案争议的《股权转让协议》关于原告出资成为广州某生物有限公司的实质股东的约定，违反我国法律的强制性规定，

① 《中华人民共和国最高人民法院公报》2013 年第 5 期。

② 《中外合资经营企业法》第 1 条规定："中华人民共和国为了扩大国际经济合作和技术交流，允许外国公司、企业和其它经济组织或个人（以下简称外国合营者），按照平等互利的原则，经中国政府批准，在中华人民共和国境内，同中国的公司、企业或其它经济组织（以下简称中国合营者）共同举办合营企业。"

依法无效。①

既然以直接权利义务为据，在一审中未列相关直接民事主体，二审中有时也可追加当事人。

在北京华企多媒体制作有限公司、中国录音录像出版总社诉山东电视台侵犯著作权纠纷案中，法院在二审中，将宏智公司直接追加为本案第三人，认为电视台播放他人的电影、电视和录像，应当取得电影、电视制片者和录像制作者的许可。电视台虽然可以从代理人那里取得播放许可权，但这时必须负有了解该代理人获得代理权的经过以及代理权限范围的义务。上诉人山东电视台和第三人宏智公司在签订合同时都对此注意不够，以致发生侵权，依法应当承担侵权责任。② 不难看出，法院的这一认定，显然与美国迪士尼公司诉北京出版社等侵犯著作权纠纷案的审理思路基本相同。

最高法院在适用直接权利义务标准时，还审查是否遗漏应当参加诉讼的法律上的利害关系人，甚至不惜为此多次推翻自己的终审判决。

在中国农行昆明支行与策裕集团、张甲、张乙借款担保合同纠纷案中，法院认为，由于昆明仲裁委员会已经作出终局裁决，认定富亨公司与策裕集团以及与张乙、张甲签订的《商品房购销合同》无效，并裁决富亨公司在策裕集团返还房产并将该房屋产权证撤销后的当日返还已收取的购房款给策裕集团。基于此终局裁决，富亨公司对本案所涉抵押物享依据仲裁裁决要求策裕集团返还的权利。因此，对本案所涉借款合同及抵押权是否有效的审理，直接涉及案外人富亨公司的财产权利，富亨公司对本案抵押物不仅享有独立请求权，案件处理结果也与其有法律上的利害关系，应参加本案诉讼。一、二审法院遗漏了应当参加诉讼的当事人，审判程序违法，且可能损害案外人富亨公司的合法权益，故撤销最高法院二审判决，发回云南高院重审。③

在海南鞍钢与现代公司、洋浦公司代开信用证合同债务纠纷再审案中，法院认为，现代公司依代理协议所生之债权因洋浦公司履行还款义务而消灭，海南鞍钢没

---

① 此节地方规范性文件和相关案例，系广东华商律师事务所侯陆军律师提供，并刊于《华商律师》20周年特刊，特此鸣谢！

② 《中华人民共和国最高人民法院公报》1999年第2期。

③ 苏泽林主编、最高人民法院审判监督庭编著：《最后的裁判——最高人民法院典型疑难案件再审实录》（担保与金融案件卷），中国长安出版社2007年版，第22页。此外，最高法院对该案的最终处理结果，参见苏荣主编：《最高人民法院执行案例精选》，中国法制出版社2014年版，第632～633页。

有为洋浦公司委托现代公司开证出具过提货单和承诺书，现代公司诉请洋浦公司偿还代垫款、海南鞍钢承担质押担保责任的主张没有现实和法律依据。一、二审法院（注：二审法院即为最高法院）在洋浦公司没有参加诉讼的情况下，认定洋浦公司对现代公司负有债务，应向现代公司清偿的判决亦无事实和法律依据，本案程序违法，应予纠正，撤销原一、二审判决。①

二、合同相对性

按照最高法院的理解，合同相对性原则，是指合同主要在特定的当事人之间发生法律约束力，只有合同当事人一方能基于合同向对方提出请求或提起诉讼，而不能向与其无合同关系的第三人提出合同上的请求，也不能擅自为第三人设定合同上的义务。② 这一原则已经从法学理论走入司法实践，是最高法院在合同关系中确认适格当事人的基本依据。

在轴承集团、轴承集团工会、轴承集团职工持股会与轴承集团特钢公司、李某昌、机械电子公司收购破产企业纠纷上诉案中，法院认为，李某昌任职期间的行为代表公司，其以公司名义与机电总公司签订的《收购协议书》，系平等主体之间发生的民事行为。集团公司、特钢公司工会及集团职工持股会不是《收购协议书》的一方当事人，故请求确认特钢公司与机电总公司签订的《收购协议书》无效，不是适格民事主体，不符合法定的起诉条件。如认为其签订《收购协议书》的行为，侵害了股东及公司的合法权益给公司造成损害的，可以依照《公司法》的有关规定，对李某昌提起赔偿诉讼，而不能直接主张特钢公司对外签订的协议无效。③ 最高法院的这一否定性认定，反映出对合同相对性的理解。

在艾斯欧洲集团有限公司与连云港明日国际海运有限公司、上海明日国际船务有限公司航次租船合同纠纷案中，法院认为，在提单证明的海上货物运输法律关系中，法律规定承运人的责任扩大适用于非合同当事方的实际承运人，但实际承运人是接受海上货物运输承运人的委托，不是接受航次租船合同出租人的委托，实际承运人及其法定责任限定在提单的法律关系中。在提单证明的海上货物运输合同项下，合法的提单持有人可以向承运人或实际承运人主张提单上所载明的权利。实际承运

① 苏泽林主编、最高人民法院审判监督庭编著：《最后的裁判——最高人民法院典型疑难案件再审实录》（担保与金融案件卷），中国长安出版社2007年版，第45页。

② 最高人民法院民事审判第二庭编：《最高人民法院关于公司法解释（三）、清算纪要理解与适用》，人民法院出版社2011年版，第37页。

③ 唐德华主编：《民事审判指导与参考》（第3卷），法律出版社2000年版，第282~283页。

人并非航次租船合同法律关系的当事方，承租人就航次租船合同提出索赔要求，按照合同相对性原则，应由航次租船合同的出租人承担相应的责任，承租人向实际承运人主张损害赔偿，缺乏法律依据。①

需要指出的是，合同相对性不是绝对的，在没有书面合同的情况下，也可以凭借事实认定，双方之间存在事实上的合同关系。

在锦州建安公司与穗港公司建筑工程施工合同结算纠纷案中，法院认为，穗港公司与锦州建安公司之间虽无直接的合同关系，但穗港公司已与皇姑房地产下属公司以房办联建的方式独家投资参与了大厦工程的建设，并直接向锦州建安公司拨付了工程款，双方已实际形成了以工程款的拨付和结算为内容的债权债务关系，原审将其列为共同原告并无不当。②

这种事实上的合同关系，有时还表现为以自己的实际行为，加入合同中来，成为一方当事人。

在租赁公司与齐市建行、毛皮厂融资租赁合同纠纷上诉案中，法院认为，1999年1月，齐市建行与受租赁公司委托的龙铁公司签署了谅解备忘录，承诺“齐市建行是作为毛皮厂融资租赁设备款实施保证人而承担连带清偿责任”。因此，齐市建行虽不是本案融资租赁合同的当事人，但根据其对租赁公司作出的承诺，其对毛皮厂融资租赁设备款的归还负有实施保证责任。③

在上海闽路润贸易有限公司与上海钢翼贸易有限公司买卖合同纠纷案中，法院认为，受托人以自己的名义与第三人订立合同时，第三人不知道受托人与委托人之间的代理关系的，合同约束受托人与第三人。受托人因第三人的原因对委托人不履行义务，受托人向委托人披露第三人后，委托人可以选择是否行使介入权：委托人行使介入权的，则合同直接约束委托人与第三人，委托人可以要求第三人向其承担违约责任。④

还需要指出的是，最高法院认为，在合同关系中，有合同利益并不代表也有权属利益。因此，即使签订了合同并参与交易，在履行过程中，其民事主体的资格仍然可能被否定。

---

① 《中华人民共和国最高人民法院公报》2011年第8期。

② 中华人民共和国最高人民法院审判监督庭编：《审判监督指导与研究》（第3卷），人民法院出版社2002年版，第101页。

③ 万鄂湘主编：《中国涉外商事海事审判指导与研究》（第1卷），人民法院出版社2003年版，第258～259页。

④ 《中华人民共和国最高人民法院公报》2016年第1期。

在中国建筑某工程局第三建筑工程公司与上海某房地产开发有限公司、上海某股份有限公司工程款纠纷上诉案中，上海高院认为，被上诉人上海某房地产开发有限公司是经区政府批复同意开发项目，并经公开招投标与上诉人签订建筑工程施工合同，但其在合同签订前后，一直未办理该项目的权属变更手续，因此被上诉人不是该项目合法的建设单位，尚不具备将工程发包的主体资格。①

如果合同约定与查明事实不符，则法院很可能分为不同情况，根据事实作出认定。一种情况是，当事人事实上没有参与合同的签订和履行，没有形成事实上的合同关系，其合同主体资格被否定。

在青岛管委会、青岛某区规划土地局与青岛达华公司土地使用权出让合同纠纷上诉案中，法院认为，开发区管委会在本案中是否应当承担合同责任，要看开发区管委会是否为本案合同的主体，还要看其在事实上是否有履行合同的行为，享受了合同权利，承担了合同义务。本案合同为格式合同。虽然在合同书的“合同双方”栏目将开发区管委会列为“土地使用权出让者”，但开发区管委会没有在合同书上签名盖章。这一事实表明，开发区管委会不是签订合同的当事人，不是合同主体。在合同的履行过程中，开发区管委会也没有实施过参与或独立享受民事权利，承担合同义务的民事行为，不具有事实上的合同当事人身份。一审判决将其列为本案的被告，并判令其承担退付合同款项的义务，缺乏事实和法律依据，二审判决应当予以纠正。②

另一种情况是，当事人参与了合同的实际履行，形成了事实上的合同关系，其合同主体资格被肯定。

在内蒙古某区管委会与润华公司工程款结算纠纷上诉案中，法院认为，润华公司是何某槐以其挂靠在包头二建结合队的人员、设备、资金，与海外公司将该公司建筑工程公司经变更登记成立的。润华公司成立后，管委会实际上也将润华公司视为施工单位，双方之间的关系也是建设单位和施工单位的关系，润华公司直接向管委会报告工程进度，管委会直接向润华公司支付工程进度款，润华公司和管委会形成了事实上的合同关系。润华公司的权利义务都由润华永庆公司承受，该公司具备原告的主体资格。③

① 朱树英：《房地产开发法律实务》，法律出版社2002年版，第286页。

② 唐德华主编：《民事审判指导与参考》，法律出版社2000年版，第227页。

③ 最高人民法院办公厅编：《最高人民法院公布裁判文书》（二〇〇〇年），人民法院出版社2001年版，第315～316页。

此外，还有一种情况，最高法院将其他主体的行为，也视为某一主体的行为，仍受合同相对性的约束。即在多个不同民事主体并存时，某一主体的行为，可以认定为另一主体的行为。实际上，通过行为的关联性，最高法院将两个不同的民事主体，视为同一民事主体。

在许某敏等诉徐州市圣亚国际旅行社有限公司人身损害赔偿纠纷案中，法院认为，在旅行合同关系中，旅行社通过第三人协助履行合同义务的，该第三人对游客的人身和财产安全负有保障义务。除游客直接与该第三人另行订立合同关系外，该第三人如有故意或过失侵害游客合同权益的行为，旅行社应当对此承担相应的法律责任。①

无独有偶，在另起公报案例中，最高法院更明确地表达了同样的裁判要旨。在焦某军与江苏省中山国际旅行社有限公司、第三人中国康辉南京国际旅行社有限责任公司旅游侵权纠纷案中，法院认为，泰方车队属于受康辉旅行社委托，协助康辉旅行社履行旅游合同义务的旅游辅助提供者，与旅游者之间并未直接形成旅游服务合同关系，其为旅游者提供的交通服务是康辉旅行社履行旅游服务合同义务的延续，应认定为是代表康辉旅行社的行为。泰方车队在代表康辉旅行社为旅游者提供交通服务的过程中未能安全驾驶造成车辆侧翻，致焦某军的身体受到损害，康辉旅行社应承担相应民事赔偿责任。②

除侵权法领域中的旅游合同外，在商事法领域的保险合同案件中，也存在此种情况。

在刘某诉汪某剑、朱某荣、天安保险盐城中心支公司交通事故人身损害赔偿纠纷案中，法院认为，投保人通过保险公司设立的营销部购买机动车第三者责任险，营销部营销人员为侵吞保费，将自己伪造的、内容和形式与真保单一致的假保单填写后，加盖伪造的保险公司业务专用章，通过营销部的销售员在该营销部内销售并交付投保人。作为不知情的善意投保人有理由认为其购买的保险是真实的，保单的内容也并不违反有关法律的规定，营销部的行为在民法上应当视为保险公司的行为。因此，虽然投保人持有的保单是假的，但并不能据此免除保险公司根据保险合同依法应当承担的民事责任。③

根据合同相对性原则，最高法院进而认为，未正确向适格当事人主张权利的，

---

① 《中华人民共和国最高人民法院公报》2012 年第 6 期。

② 《中华人民共和国最高人民法院公报》2012 年第 11 期。

③ 《中华人民共和国最高人民法院公报》2012 年第 3 期。

其行为不发生法律效力。相反，正确向适格当事人主张权利的，即使该主张因故延迟送达，也仅导致法律后果的延迟，而并不改变法律后果的发生。

在广东达宝物业管理有限公司与广东中岱企业集团有限公司、广东中岱电讯产业有限公司、广州市中珊实业有限公司股权转让合作纠纷案中，法院认为，当事人订立合同后，一方要解除合同应当向对方当事人提出。解除合同方未向对方提出而是在其他合同中与他人约定解除前述合同的，对于对方当事人不发生合同解除的效果。①

在连某贤诉臧某林排除妨害纠纷案中，法院认为，签订房屋买卖合同后出卖方应向买受人履行权利与实物的双重交付，在买受方已取得房屋产权而未实际占有的情况下，其仅仅基于物权请求权要求有权占有人迁出，对此应作慎重审查。若占有人对房屋的占有具有合法性、正当性，买受方应以合同相对方为被告提出债权给付之诉，要求对方履行交付房屋的义务或在房屋客观上无法交付的情况下承担相应的违约责任。②

在深圳富山宝实业有限公司与深圳市福星股份合作公司、深圳市宝安区福永物业发展总公司、深圳市金安城投资发展有限公司等合作开发房地产合同纠纷案中，法院认为，合同一方当事人构成根本违约的，守约的一方当事人享有法定解除权。合同的解除在解除通知送达违约方时即发生法律效力，解除通知送达时间的拖延只能导致合同解除时间的相应后延，而不能改变合同解除的法律后果。当事人没有约定合同解除异议期间，在解除通知送达之日起三个月以后才向人民法院起诉的，人民法院不予支持。③

随着电子商务的兴起和普及，网络购物合同纠纷相继出现。作为新类型纠纷，商务交易平台是否为适格被告？最高法院通过选登下级法院案例，对此作出否定回答。

在邹某绿诉宝尊公司、排水渠公司网络购物合同纠纷案中，法院认为，电子商务交易平台的提供者仅是为交易双方提供虚拟的交易场所，并未参与交易本身，不属于交易的相对方，在交易双方的网络购物合同纠纷中，根据合同相对性原则，平台提供者不是适格被告。④

---

① 《中华人民共和国最高人民法院公报》2012 年第 5 期。

② 《中华人民共和国最高人民法院公报》2015 年第 10 期。

③ 《中华人民共和国最高人民法院公报》2011 年第 5 期。

④ 杜万华主编：《民事审判指导与参考》（第 1 辑），人民法院出版社 2016 年版，第 225 页。

三、当事人的选择

最高法院认为，在法律关系竞合，以及存在多个责任主体的情况下，适格民事主体的范围，也可以由一方自由选择。

在江宁县东山镇副业公司诉江苏省南京机场高速公路管理处损害赔偿案中，法院认为，在第三人没有被追查出来的情况下，副业公司根据合同相对性原则起诉高速公路管理处，主张由没有尽到保障公路完好、安全、畅通义务的高速公路管理处先行赔偿，是合法的。高速公路管理处先行赔偿后，有向第三人追偿的权利。高速公路管理处在第三人没有被追查出来的情况下，声称被上诉人不去起诉抛弃雨布的责任人，却起诉上诉人，没有法律依据，这一辩解理由不能成立。①

在富士宝家用电器有限公司诉家乐仕电器有限公司专利侵权及侵犯商业秘密纠纷案中，法院认为，上诉人家乐仕公司利用其法定代表人潘某明在被上诉人富士宝公司任职期间掌握的商业秘密推销其产品，已构成不正当竞争，依法应承担侵权责任。权利人向哪一个侵权人追究侵权责任，是权利人的诉权，由权利人自己决定。家乐仕公司认为应当追加潘某明参加本案诉讼，此项主张缺乏法律根据。②

在海南通连船务公司与五矿国际有色金融贸易公司海上货物运输纠纷再审案中，法院认为，丰田通商具有依买卖合同的约定向货物卖方五矿公司和依货物运输合同向提单承运人主张货物损害赔偿请求权的选择权。丰田通商选择依买卖合同的约定向货物卖方五矿公司索赔，这是丰田通商的权利。但在五矿公司通融赔付丰田通商，且丰田通商未将提单所证明的运输合同项下对承运人的索赔权转让给五矿公司的情况下，五矿公司对提单项下的货物已不再具有任何权利，该公司并不当然取得对提单承运人的追偿权。故五矿公司作为托运人就提单项下货物的损害起诉通连公司无法律依据，不具有对通连公司的诉权。③

此外，最高法院认为，对于当事人的自行选择，应当作宽泛的理解，因为有时一方当事人的自认，本身就是一种自我选择，也可以成为确认民事主体的判断方式。

在福建乔丹与晋江阳新反不正当竞争纠纷案中，法院认为，关于福建乔丹能否成为本案主张权利的主体，晋江阳新以本案福建乔丹据以主张权利的鞋盒上使用的是“北京乔丹（福建）”的名称，并非福建乔丹或者其前身的名称为由，否认福建

---

① 《中华人民共和国最高人民法院公报》2000 年第 1 期。

② 《中华人民共和国最高人民法院公报》1999 年第 2 期。

③ 《中华人民共和国最高人民法院公报》1999 年第 6 期。

乔丹可以作为本案的权利主体提起诉讼。但是，在晋江阳新诉福建乔丹等另案诉讼中，晋江阳新明确主张“北京乔丹（福建）”就是福建乔丹，这也为该案的福建省高院（2002）闽知终字第12号生效民事判决所确认。晋江市工商行政管理局的行政处罚决定书也作出过同样的认定，晋江阳新也未提出过异议。同时，晋江阳新在本案中也以福建乔丹并未办理工商登记注册而使用“北京乔丹（福建）”名称，违反了产品质量法的有关规定进行抗辩，这说明其仍然认可是福建乔丹在实际使用“北京乔丹（福建）”名称。因此，本案可以认定“北京乔丹（福建）”指的就是福建乔丹。福建乔丹不规范使用企业名称依法应当承担行政责任，但其受损害的相关的民事权利仍应受到保护。①

需要说明的是，对于这种自由选择民事主体的权利，北京市高院曾发布指导意见，明确予以支持。该院发布的《关于企业下落不明、歇业、撤销、被吊销营业执照、注销后诉讼主体及民事责任承担若干问题的处理意见（试行）》第29条规定，公司股东较多时，债权人起诉要求股东承担清算责任的，既可以全部股东为被告，也可以其中部分股东为被告。对已经歇业、撤销、被吊销营业执照的主体可以不予追加。②

有时当事人选择某一主体作为被告，最高法院视同向另一不同主体提出权利主张，该行为约束另一不同主体。此种认识既存在于实体审判中，还特别反映在程序安排中，尤其在涉及诉讼时效方面。对此，最高法院还专门出台过相应的司法解释。③

在泰丰大酒店有限公司诉大同市土地管理局土地使用权出让纠纷案中，法院认为，大同市人民政府是土地局的上级主管部门，土地局发给泰丰公司的“国有土地使用证”上，加盖着“大同市人民政府”印章，视同市政府的行为。所以，泰丰公司与土地局发生纠纷后，请求大同市人民政府给予解决，与直接向土地局主张权利具有同等效力。④

产品质量纠纷案件中，在生产商召回缺陷产品的情况下，最高法院认为，国内经销商可以直接越过其前手，径行向没有合同关系的生产商主张权利。特别值得关

---

① 最高人民法院（2002）民三终字第9号民事判决书，载中国知识产权裁判文书网，http://ipr.court.gov.cn/zgrmfy/bzdjz/200603/t20060303_122204.html，2015年3月19日访问。

② 陈贵民：《民商审判案例与实务》，群众出版社2004年版，第42~43页。

③ 《最高人民法院关于审理民事案件适用诉讼时效制度若干问题的规定》（法释〔2020〕17号）第15条规定：“对于连带债权人中的一人发生诉讼时效中断效力的事由，应当认定对其他连带债权人也发生诉讼时效中断的效力。”

④ 《中华人民共和国最高人民法院公报》2000年第4期。

注的是，本案既是一审案件，也是终审案件。

在本草公司与贝斯迪药厂（Bruschettini S. R. L.）产品责任纠纷案中，法院认为，本案争议焦点是，本草公司在向消费者履行法定召回义务之后，能否越过其交易上家直接要求贝斯迪药厂履行召回义务，收回本草公司尚未出售仍在库存的产品？本案中，本草公司与贝斯迪药厂虽未成立合同关系，其不能向贝斯迪药厂主张任何合同权利，但其作为已经履行了“兰菌净”召回义务的销售者，应可根据产品召回的相关规定寻求救济。《侵权责任法》第43条第2款规定，产品缺陷由生产者造成的，销售者赔偿后，有权向生产者追偿；《药品召回管理办法》第3条“本办法所称药品召回，是指药品生产企业（包括进口药品的境外制药厂商，下同）按照规定的程序收回已上市销售的存在安全隐患的药品”，明确规定药品召回的主体系药品生产企业，境外制药厂商亦无例外；《药品召回管理办法》第15条第2款“在境内进行召回的，由进口单位按照本办法的规定负责具体实施”之规定，恰恰体现了为方便境内消费者而设计的进口商（销售者）在产品召回制度中的中间纽带作用，相对于境内的消费者或者下游经销商而言，本草公司作为进口单位负有在境内实施召回“兰菌净”的责任，但此条规定并未否认药品生产企业应承担药品召回终极责任。本草公司作为“兰菌净”的进口单位，其在境内履行了实施产品召回之责任后，有权选择救济途径挽回损失，请求生产者贝斯迪药厂履行召回义务，收回其经行政管理机关认定存在安全隐患的“兰菌净”产品。①

四、以工商登记为准

最高法院一般以工商登记为准，作为判断民事主体资格的直接依据。因为对于法人而言，其经营主体的界定通常都是依其工商登记进行，故其经常根据这一标准认定民事主体资格。即便事后发现工商登记存在虚假、欺骗行为，只要公司登记未被撤销，仍然承认其具有民事主体资格。

在上诉人砖桥公司与被上诉人凤舞公司、鞍福公司汽车买卖合同纠纷案中，法院认为，鞍福公司在成立时，借用砖桥公司的资金登记注册，虽然该资金在鞍福公司成立后即被抽回，但鞍福公司并未被撤销，其民事主体资格仍然存在，可以作为

---

①（2019）最高法商初1号。关于该案详细的法理评述，参见孟强：《论涉外产品召回的损害赔偿——基于广东本草公司与贝斯迪药厂产品责任纠纷案的思考》，载《法律适用》2020年第10期。

诉讼当事人。①

在中信技术公司与综合商贸公司、吉林公司购销钢材合同纠纷申请再审案中，法院认为，吉林公司的注册资金虽然没有达到规定，且注册后即全部抽逃，但工商局已发给其营业执照，在吉林公司登记注销之前，其具备合法的主体资格。② 值得注意的是，此前吉林高院在该案再审中认定，吉林公司不具主体资格。

在甲公司证券交易部、甲公司与乙公司某城代办处证券回购纠纷上诉案中，法院认为，关于某城代办处能否作为本案原告提起诉讼的问题，人行湖北省分行（95）39 号文件，只是撤销了某城代办处不得再从事证券代理业务的资格，其民事权利能力仍然存在。重要的是，当地工商行政管理部门并未注销该代办处，仍然承认其合法地位，即作为企业法人的主体资格依然存在。即使被注销，作为企业清算组织也具有诉讼权利。因此，某城代办处作为本案原告提起诉讼，符合民事诉讼法规定的起诉和受理条件。③

在中南公司与某铁路电线厂商品期货委托代理合同纠纷提审案中，法院认为，中南公司虽经湖北省证券监督管理委员会初审同意其从事期货经纪业务，并报中国证监会复审待批，但最终没有得到中国证监会的批准，也未经过工商部门核准登记，按照国家工商行政管理局发布的《期货经纪公司登记管理暂行办法》的有关规定，以及《关于审理期货纠纷案件座谈会纪要》的有关规定，应认定中南公司不具有从事期货交易业务的资格。原审认定中南公司未按规定办理登记注册手续，不具有从事期货经纪业务的主体资格，双方所签订协议无效是正确的，应予维持。④

在某武术研究所与某县工商联会员资金互助会及养殖厂借款担保合同纠纷上诉案中，法院认为，互助会的前身潼关县工商城市合作信用社不是金融机构，仅是会员互助性组织，不是营利机构。按照惯例，互助会的资金来源于会员、服务于会员，不参与社会上的经营活动，其只是工商联的内部组织，并无工商、金融经营执照与

---

① 吴庆宝、金剑锋、周帆、邹碧华、孟祥刚：《权威点评最高法院公司法指导案例》，中国法制出版社 2010 年版，第 33 页。

② 中华人民共和国高人民法院立案庭编：《立案工作指导与参考》（第 1 卷），人民法院出版社 2002 年版，第 251 页。

③ 唐德华主编：《民事审判指导与参考》（第 2 卷），法律出版社 2000 年版，第 247 ~ 248 页。

④ 中华人民共和国最高人民法院审判监督庭编：《审判监督指导与研究》（第 1 卷），人民法院出版社 2002 年版，第 152 ~ 153 页。

许可证，故原审法院将其认定为一般民事主体不当，应予以纠正。①

在上海珂帝纸品包装有限责任公司不服上海市人力资源和社会保障局责令补缴外来从业人员综合保险费案中，法院认为，表面上看这份协议符合《劳动合同法》规定的劳务派遣协议应当具备的内容，对被派遣劳动者社会保险费用的缴纳也作出了约定，但经调查核实，该份协议存在主体不适格的问题。根据《劳动合同法》第57条的规定，劳务派遣单位应当依照公司法的有关规定设立，注册资本不得少于五十万元。据此，劳务派遣单位应当是依法登记的公司，具备一定的经济实力，且能够独立承担法律责任。而黄氏公司既未经工商登记注册成立，在社保系统中也没有登记开户，故不是合法成立的公司，并不具备合法的劳务派遣资质。②

在胡某鹏与河南日报集团、河南日报公司、郑州市郑东新区管理委员会和海源公司票务代理合同纠纷案中，法院认为，本案中，组委会是为了举办嘉年华活动成立且未经工商或民政部门登记的临时机构，该活动结束后便不再存在，故以嘉年华组委会名义对外发生的民事行为法律后果，应由组委会各成员连带承担。③

最高法院对工商登记的依赖，不仅体现在民事主体资格的认定上，甚至还可以细化到该民事主体的性质和地位上。

在莱英达公司与中国建行海口支行借款合同纠纷上诉案中，法院认为，莱英达公司在清理整顿之前就已经成为万达公司的主管部门，在清理整顿阶段负有清算的责任。而在清理整顿之后重新登记注册之时，由于万达公司注册资本来源载明是：上级拨款、企业自有。可见，在重新登记注册过程中，作为上级单位的莱英达公司不仅仅是万达公司的主管部门，而且是以投资者的身份出现的，由此可以判断，莱英达公司既是万达公司的主管部门，而且也是其开办者。④

是否进行工商登记，不仅决定民事主体的性质，而且借此还决定法律关系的性质，甚至决定是否属于法院主管范围。

在陈某礼诉赖某发雇佣合同纠纷案中，法院认为，赖某发未经工商部门依法核准登记，故不具有个体工商户的法律地位，更不属法律规定的个体经济组织。本案

---

① 最高人民法院办公厅编：《最高人民法院公布裁判文书》，人民法院出版社2002年版，第380页。值得注意的是，学界对最高法院在此案中关于主体资格的认定持质疑态度，参见易继明主编：《私法》（总第6卷），北京大学出版社2004年版，第428～440页。

② 《中华人民共和国最高人民法院公报》2013年第11期。

③ 最高人民法院民事审判第二庭编：《最高人民法院商事审判指导案例·公司与金融》（2012年），中国民主法制出版社2013年版，第217页。

④ 李国光主编：《民商审判指导与参考》（第1卷），人民法院出版社2002年版，第289页。

不是劳动法律关系，而是雇佣法律关系，属于人民法院主管范围，劳动仲裁不是本案的必经程序。①

值得关注的是，最高法院虽然高度依赖工商登记，但并不以工商登记为唯一标准。比如，对于未经工商登记的资金拆借中心，并非一律否认其不具有从事金融业务的主体资格，而是借助主管部门的意见，以此确认其是否具有主体资格。

在人行防城港支行与防城港酒店、防城港海鲜楼、郑某华借款担保纠纷申请再审案中，法院认为，本案争议的焦点是金信中心是否具有从事短期资金周转拆借业务的主体资格，资金拆借合同是否有效？中国人民银行在答复最高人民法院咨询的复函中明确回复，金信中心是经中国人民银行防城港分行批准设立的、资金拆借中心的下属事业单位，不必办理工商登记。防城港资金拆借中心、金信服务中心批准设立时，所在防城港区并未实施事业单位法人登记制度，不存在编制列入编委的问题。金信中心经资金拆借中心授权，可以办理短期资金拆借和短期资金周转业务。②

在某农村合作基金会破产案中，法院认为，农村合作基金会不能成为企业法人，有关工商行政管理部门将其登记为企业法人，没有法律依据，相关法院可建议相关机关撤销此登记，若不撤销，人民法院不承认此登记效力。1994 年 9 月 29 日国务院批转中国人民银行关于加强金融机构监管工作意见的通知中指出：农村合作基金会是社区内为农业、农民服务的资金互助组织，不是金融机构。我国《民法通则》将法人区分为企业法人与机关、事业单位和社会团体法人，企业法人必须经工商行政管理部门登记，才可取得企业法人资格。我国农村合作基金会经各级农村行政部门核准登记，取得社会团体法人资格。要求农村合作基金会必须经工商行政管理部门登记为企业法人，并无法律依据，且违反我国民法法人制度和相关行政法规，也与我国相关金融政策相抵触。人民法院对此种登记应当不予承认。在我国只有企业法人才具有破产能力，非企业法人和非法人企业都不能成为申请或被申请破产的债务人。农村合作基金会不是企业法人，因而不能成为申请或被申请破产的债务人。③

耐人寻味的是，最高法院虽然认定农村合作基金会不具法人地位，但并不否认

① 《中华人民共和国最高人民法院公报》2001 年第 1 期。

② 中华人民共和国最高人民法院审判监督庭编：《审判监督指导与研究》（第 2 卷），人民法院出版社 2003 年版，第 187 页。

③ 李国光主编：《民商审判指导与参考》（第 2 卷），人民法院出版社 2003 年版，第125～126 页。

其仍具备诉讼主体，该会作为债权人为清收债权提起的民事诉讼，人民法院应予以受理。

在某基金会与建四方公司、建筑公司借款合同纠纷上诉案中，法院认为，本案属农基会作为债权人，为清理债权向借款人主张权利的案件。即使农基会违法经营，但其与借款人之间的债权债务，亦属民事纠纷范畴，应属人民法院受案范围，因此，甘肃高院以本案不属于法院受案范围为由，驳回原告起诉不当。上诉人农基会上诉理由成立，应当予以支持。①

最高法院有时不仅不以工商登记为唯一标准，有时反而以事实为依据，直接抛开工商登记的表象，径行重新认定民事主体。

在钢铁总厂与通化建筑公司、钢铁公司拖欠工程款纠纷上诉案中，法院认为，钢铁总厂与钢铁公司虽有各自的营业执照，系两个独立的法人，但实际上公司管理职能和员工组成并未分开。依照《民法通则》第44条第2款“企业法人分立、合并，它的权利和义务由变更后的法人享有和承担”的规定，钢铁总厂分立出的钢铁公司对钢铁总厂原有债务及违约金在6469万元资产范围内承担连带清偿责任是有法律依据的。②

除企业分立以外，在企业兼并中，最高法院同样适用上述裁判规则。

在莫某德等32人与劳动防护用品公司企业兼并合同纠纷案中，法院认为，联合公司和泰山公司系主体同一的认定，使得虽以联合公司名义订立兼并协议，但效力及于泰山公司；事后虽未注销泰山公司，但其民事主体已不复存在，未办理注销登记手续，属于未执行工商行政管理法规的问题，不存在影响兼并协议的效力。③

在富华公司与董某债务纠纷再审案中，法院认为，关于还款主体，1998年借款时瓷器厂虽是独立的集体所有制企业法人，但该厂在2000年已经政府批准将全部注册资金（包括厂房、设备）并入富华公司，已无自有注册资金，且在此之后无证据证明该厂有独立于富华公司的生产经营、参加年检等经营行为，故即使该厂未被注销，也不具备独立法人的法定条件，实际上成为一个空壳企业。富华公司的土地坐落位置及其分支机构瓷器厂的营业场所与湘东工业瓷厂一致，再结合富华公司宣传资料的内容和对外签订合同所使用的名称来看，应认定湘东工业瓷厂实际为富华公

---

① 李国光主编：《经济审判指导与参考》（第4卷），法律出版社2001年版，第126页。

② 唐德华主编：《民事审判指导与参考》（第3卷），法律出版社2001年版，第223页。

③ 李国光主编：《最高人民法院关于企业改制司法解释条文精释及案例解析》，人民法院出版社2003年版，第281页。

司的生产厂区，与富华公司的分支机构富华公司湘东工业瓷厂是两块牌子一班人马，该分支机构于2008年注销后其债权债务由富华公司承担，故富华公司应是湘东工业瓷厂的承继主体。①

五、以资质为准

一般而言，资质涉及经营能力，常常影响民事主体的认定。是否具有一定的资质，不仅成为民事主体的判断标准，还进一步延伸至其民事行为能力与民事责任能力。在建筑工程领域，未获相应资质时，对于民事主体的资格及其行为效力，最高法院倾向予以否认。

在龙某康诉中洲建筑工程公司、姜某国、永胜县交通局损害赔偿纠纷案中，法院认为，被告中洲公司是有资质承包建筑工程的企业，这个资格不仅是指其有实力完成一定标准的工程建设，还包括其有实力对在施工过程中发生的事故进行处理、挽救和承担赔偿责任。中洲公司在与被告姜某国签订的内部承包合同中约定，把只有企业才能承担的风险转给实力有限的自然人承担。该约定损害劳动者合法权益，违反了宪法和劳动法的规定，是无效约定，不受法律保护。②

在香港中发公司、中国建行广东东城支行与沈铁公司建筑工程承包、返还工程款纠纷上诉案中，法院认为，沈铁公司未将沈铁宾馆项目按规定报经国家有关部门批准，中发公司作为香港建筑商未取得在沈阳承包建筑项目的资质许可，双方签订的协议应认定无效。③

在中建第二公司鲁东公司与创新公司、张某、王某、齐元公司、大安公司建设工程款纠纷抗诉案中，法院认为，本案中建第二公司鲁东公司是中建第二建筑公司的内设机构，本身没有建筑施工企业资质，故对其以自身名义对外签订并履行的建筑工程施工承包合同应认定无效。④

建设单位在未获相应资质时，常见的做法是挂靠。在建筑领域内，对于此种行为的效力，最高法院一般也倾向于持否定态度，但有时也具体情况具体分析，并非绝对的一边倒。

---

① 最高人民法院立案二庭编：《最高人民法院民事申请再审案件裁判标准》，人民法院出版社2013年版，第523页。

② 《中华人民共和国最高人民法院公报》2001年第1期。

③ 最高人民法院民事审判庭编写：《最高人民法院民事案件解析》，法律出版社1999年版，第185页。

④ 江必新主编：《审判监督指导》（第3辑），人民法院出版社2012年版，第164页。

在莫某华、深圳市东深工程有限公司与东莞市长富广场房地产开发有限公司建设工程合同纠纷案中，法院认为，本案莫某华与东深公司在一审庭审及诉讼中自认莫某华挂靠东深公司承建涉案工程的事实，根据《建筑法》第12条："从事建筑活动的建筑施工企业、勘察单位、设计单位和工程监理单位，应当具备下列条件：（一）有符合国家规定的注册资本；（二）有与其从事的建筑活动相适应的具有法定执业资格的专业技术人员；（三）有从事相关建筑活动所应有的技术装备；（四）法律、行政法规规定的其他条件。"第26条"承包建筑工程的单位应当持有依法取得的资质证书，并在其资质等级许可的业务范围内承揽工程……禁止建筑施工企业以任何形式允许其他单位或者个人使用本企业的资质证书、营业执照，以本企业的名义承揽工程"之规定，莫某华作为自然人，不具有承包建筑工程的资质，莫某华挂靠有资质的建筑施工企业东深公司承包工程，违反了上述法律的强制性规定，各方所签订合同依法应认定为无效。①

合同法实施后，关于建筑企业进入他省的登记注册手续问题，最高法院的态度因审判理念的转变，明显有所缓和。

在中华大饭店与粤源公司工程款纠纷上诉案中，法院认为，中华大饭店主张，粤源公司没有在新疆维吾尔自治区建设厅办理施工企业进疆施工的注册登记手册，主体不合格，双方签订的三份协议无效。合同法实施以后，人民法院确认合同效力时，应当以全国人大及其常委会制定的法律和国务院制定的行政法规为依据，不得以地方性法规、行政规章为依据。因此，中华大饭店以行政规章和新疆维吾尔自治区的地方性规定为依据主张双方所签合同无效的上诉理由不能成立。②

最高法院审判理念的转变，还体现在对资质问题认识的精细化。对于以往十分强调和看重的建设工程施工资质，法院也开始区别对待，不具备资质的，也一改以往的惯性思维，不轻易否定其主体资格，而是区分关键性工程和非关键性工程。对于非关键性工程，法院认为无需资质，不能否认施工企业的民事主体资格和民事行为效力。

在永州建委与房屋公司、肖某时建设工程施工合同纠纷案中，法院认为，肖某时个人作为承包人，与永州建委签订合同存在主体资格上的缺陷。但肖某时承揽的三项工程是比较简易的工程，合同约定的内容没有损害国家和社会公共利益，被上诉人施工的工程通过了竣工验收，完全符合质量标准，而且早已投入使用，工程进

---

① 《中华人民共和国最高人民法院公报》2013年第11期。

② 唐德华主编：《民事审判指导与参考》（第4卷），法律出版社2000年版，第308页。

行了结算，双方之间实际上是拖欠工程款的纠纷，永州建委应当依据诚实信用的原则履行付款义务。①

即便是在房地产开发领域，法院也将相应资质的要求，明确固化为仅针对于特定的开发环节，与其他环节中实施的民事行为切割开来。无论是在高级法院，还是最高法院，均可看出这一审判理念的转变。

某省高级法院在审理B实业有限公司与A集团公司房地产开发合同纠纷案中，将项目建设区分为两个本质不同的阶段，一是前期工作阶段，二是实施开发建设阶段。对于前期工作阶段，并不要求行为主体具有特别的资格，一般企业法人均可进行前期工作。而在实施开发建设阶段，则要求实施开发建设的企业必须取得相应的开发资质。本案争议合同性质为开发权转让合同，对此种开发权转让并无法律禁止性规定，应为有效合同，且根据规定只有办理建设项目立项、规划定点等前期手续，方能申办企业开发资质，故B实业有限公司符合合同主体资格，判决撤销Q市中级人民法院一审判决，驳回A集团公司的诉讼请求。②

无独有偶，最高法院也有类似的审理思路。在三盛公司与机械设备成套局房产续建合同纠纷上诉案中，法院认为，作为转让合同的受让方，三盛公司并不需要房地产开发企业的资格，不能因此认定合同无效。作为房地产开发建设单位，受让以后进行续建，才必须具备房地产开发企业的资格。③

比较微妙的是，关于借用房地产开发资质的行为，最高法院虽未直接否定其效力，但在执行异议之诉中却明确否定其对抗力，等于间接否定了该借用行为的效力。

在和平家电公司、杜某斌申请执行人执行异议之诉案中，法院认为，和平家电公司与天府房地产公司就借用资质开发房地产事宜签订有明确协议，双方约定案涉房地产由和平家电公司实际开发建设，天府房地产公司仅提供开发经营资质并收取管理费。和平家电公司与天府房地产公司已构成房地产开发资质借用关系，也就是通俗所称的房地产开发挂靠关系。对于借用房地产开发资质问题，现行法律及司法解释虽未明确规定借用资质合同无效，但探究城市房地产开发相关法律及行政法规，国家对于借用房地产开发资质，明显采取禁止、限制至少不是鼓励的态度。《城市房地产管理法》第30条规定，房地产开发企业应当具备名称、组织机构、固定经营场

---

① 曹建明主编：《民事审判指导与参考》（第2卷），法律出版社2002年版，第204页。

② 栾少湖主编：《纪念山东德衡律师事务所建所十周年专辑之案例选》，法律出版社2003年版，第174、176页。

③ 曹建明主编：《民事审判指导与参考》（第1卷），法律出版社2002年版，第245页。

所、注册资本、足够的专业技术人员等条件。《城市房地产开发经营管理条例》第34条规定，未取得资质等级证书或者超越资质等级从事房地产开发经营的，由房地产开发主管部门予以行政处罚。故可以认定，房地产开发关系国计民生和社会公共安全，国家将房地产开发作为特种行为，实行市场准入许可限制。借用房地产开发资质违反法律及行政法规相关规定，与房地产行业行政管理基本政策相悖。在执行异议之诉案件的审理中，作为借用房地产开发资质的案外人，即使对房地产具有实际权利，仍不应当得到司法的特殊保护，不能据此对抗申请执行人，不具有足以排除强制执行的民事权利。同时，鉴于案涉房产未办理过户登记系和平家电公司自身原因导致，该公司消极不行使变更登记权利，其本身存在过错，应当自行承担相应法律风险。①

除房地产领域外，在金融领域也涉及大量的资质许可问题。对此，最高法院的态度是十分谨慎的，仍然强调特定主体资质的必要性，并不因合同法的颁布而一概放水。特别是在处理证券期货、委托理财等纠纷时，最高法院的观点是一致而明确的，如不具备相应资质，就不具有从事相关业务的民事主体资格，其从事的民事行为无效。

在西能科技公司与国泰君安证券公司委托理财合同纠纷案中，法院认为，由于目前相关法律对这类合同的性质没有规定，很难具体归类于合同法上的某一合同，只能参照合同法关于委托合同的规定处理，并结合证监会发布的相关规章予以认定。鉴于委托理财合同以委托金融性资产为标的，受托人的资质也是判定合同效力的主要因素之一。鉴于证监会对于券商从事受托理财业务有一定的资质要求，仅有获得审批的结合类证券公司才可以接受客户的委托理财。本案中，国泰君安证券公司是经过证监会批准的从事受托投资管理业务的综合类证券公司，具有相应的资质，合同内容也没有违反证券法及相关法律的禁止性规定，应认定合同有效，这是处理客户与证券公司之间委托理财纠纷的基本依据和一般原则。②

在民生投资公司与东力综合投资公司委托理财纠纷案中，法院认为，企业从事委托理财业务应当取得证券监管部门的特别许可，受托人必须取得相应的委托理财资质，并接受必要的监督管理。本案中，受托人东力公司不具有从事该项资产管理经营活动的资格，故认定其与民生公司签订的《资产委托管理合同》为无效合同并

---

① （2017）最高法民申498号。

② 张海棠主编，邹碧华、俞秋玮、杨路副主编：《证券、期货纠纷》，法律出版社2015年版，第135页。

无不当。①

在海垦公司与农垦金环总公司、汇源分公司期货纠纷申请再审案中，法院认为，1995年10月27日，最高人民法院颁布了《关于审理期货纠纷案件座谈会纪要》，以指导期货纠纷案件的审理。期货委托代理合同属行纪合同性质，但又完全不等同于合同法所规定的行纪合同。依照合同法相关规定以及期货市场发展的客观需要，2003年6月24日，最高人民法院颁布的《关于审理期货纠纷案件若干问题的规定》，还从司法解释层面上明确规定了期货居间人的主体资格，以及居间人应当独立承担居间经济关系所产生的民事责任。从本案查明认定的事实看，因汇源分公司和金环公司没有国内期货经纪代理的经营范围，不具备从事期货经济业务的主体资格，根据《最高人民法院期货座谈会纪要》第7条第1款第1项之规定，汇源分公司与海垦公司签订的期货委托代理合同应无效。②

在黄金珠宝交易中心、展某买卖合同纠纷案中，法院认为，本案交易中心不具备从事期货交易资质，案涉合同应为无效。交易中心在不具备期货交易资质的情况下与客户进行期货交易，是合同无效的主要过错方，展某应知交易中心不具备期货交易资质仍然与其进行期货交易，对案涉合同的无效亦有过错，双方应根据过错程度各自承担责任。③

六、以专营制度为准

我国现行法规区分主体资格与经营资格，④ 一般情况下，企业取得执照，即拥有主体资格和经营资格。但是，对于部分特定生产资料如种子、化肥、棉花等，以及部分特殊商品如烟草、⑤ 食盐等，⑥ 国家实行法定专营制度。在从事此类交易时，如欠缺经营资格，虽也系法定民事主体，但在案件审理中，不会被视为是适格主体，其行为能力会被否定。

---

① 最高人民法院审判指导案例解析丛书编选组编：《最高人民法院商事审判指导案例·合同卷》（上），中国法制出版社2011年版，第58页。

② 姜兴长主编：《立案工作指导》（第1辑），人民法院出版社2004年版，第87页。

③ （2016）最高法民申1002号。

④ 《企业法人登记管理条例施行细则》第37条规定："登记主管机关核发的《企业法人营业执照》是企业取得法人资格和合法经营权的凭证。"

⑤ 关于中国烟草专卖法律制度存废之争，参见曹盛：《中国烟草专卖法律制度改革研究》，法律出版社2014年版。

⑥ 2014年4月21日，国家发改委公告废止《食盐专营许可证管理办法》这一部门规章，这并不意味着食盐专营的废除，而仅仅是许可证管理主体的变更，食盐专营的法律依据是国务院发布的《食盐专营办法》。参见《检察日报》2014年4月23日。

在织染厂与新疆生产建设兵团农三师某团购销合同纠纷申请再审案中，法院认为，经销部与织染厂签订的购销合同，标的物为棉花。棉花是国家严格控制的一类物资，国家对棉花实行专营许可。因经销部没有棉花专营权，故双方签订的棉花购销合同，应当认定无效。①

2017 年最高法院院长周强向全国两会所作的工作报告中，专门提及王某军非法经营再审改判无罪案，也涉及专营制度与经营资格的问题，只不过以刑事案件的方式表现出来。

2016 年 4 月 15 日，原审法院认为王某军违反粮食收购经营需要许可的国家规定、法律及行政法规规定，未经粮食主管部门许可及工商主管部门核准登记颁发营业执照，非法收购玉米，构成非法经营罪。判决生效不久，国家粮食局公布了修改后的《粮食收购资格审核管理办法》，规定农民、粮食经纪人、农贸市场粮食交易者等从事粮食收购活动，无需办理粮食收购资格。2016 年 12 月 16 日，最高法院作出（2016）最高法刑监 6 号再审决定书，指令由内蒙古自治区巴彦淖尔市中级人民法院对该市临河区法院一审判决生效的被告人王某军非法经营一案进行再审。最高法院认为，王某军从粮农处收购玉米卖予粮库，在粮农与粮库之间起了桥梁纽带作用，没有破坏粮食流通的主渠道，没有严重扰乱市场秩序，且不具有与《刑法》第 225 条规定的非法经营罪前三项行为相当的社会危害性，不具有刑事处罚的必要性。经再审后，王某军改判无罪。②

专营制度与经营范围有关，往往涉及民事主体超越经营范围的经营活动的法律效力及其评价。合同法实施以后，最高法院通过司法解释曾表明其观点，当事人超越经营范围订立合同，一般不因此认定合同无效，但违反国家限制经营、特许经营以及法律、行政法规禁止经营规定的除外。③

当然，在《合同法解释二》于 2009 年出台之后，最高法院已经明确区分“管理性强制性规定”和“效力性强制性规定”，反映其认识已经有所变化，对法律的强制性规定不再持僵硬立场。这意味着，专营制度对民事主体行为能力的限制及其效力，一旦发生争议，在今后的最高法院案件审理中，也必将面临着重新评价。2019 年 11 月 8 日发布的《全国法院民商事审判工作会议纪要》（以下简称《九民纪要》），特

---

① 中华人民共和国最高人民法院审判监督庭编：《审判监督指导与研究》（第 3 卷），人民法院出版社 2003 年版，第 142 ~ 143 页。

② 已入选最高法院发布的第 19 批指导性案例，为指导案例 97 号。

③《最高人民法院关于适用〈中华人民共和国合同法〉若干问题的解释（一）》（法释〔1999〕19 号）第 10 条。

别列举了四类效力性强制性规定，即涉及金融安全、市场秩序、国家宏观政策等公序良俗的；交易标的禁止买卖的；违反特许经营规定的；交易方式严重违法的；交易场所违法的。对于法定专营制度的法律属性认识，究竟属于“效力性强制性规定”，还是能否回归至以往的“管理性强制性规定”，尚有待观察。

七、依中央文件为准

尽管对于中央文件的强制约束效力，早已得到法律的接纳和认可，① 但中央文件与法律法规之间的关系，却是一个极少得到公开讨论的话题。对于中央文件在司法实践中的适用，也只有极少的学者有所关注，并将中央文件称为“政策法”，认为当今中国仍正处于政策法和现行法的双轨法制中。② 依中央文件来确定民事主体资格，司法实践中非常少见，但并非不可想象，最高法院曾公开发布过此种案例，一定程度上折射出中国特色的国情制度。在某供销合作社与邛崃办事处等借款合同纠纷上诉案中，法院认为，邛崃办事处辩称该社属事业单位，不具备法定作保证人的条件，依据中共中央、国务院中发（1995）5 号《关于深化供销合作社改革的决定》第 5 条的政策规定，即各级供销合作社是自主经营、自负盈亏、独立核算、照章纳税，由社员民主管理的群众性经济组织，具有独立法人的地位，依法享有独立进行经济、社会活动的自主权。依照这一规定，邛崃市供销社具有法定担保条件，其答辩理由不能成立。③

在海峡公司福州五一支行诉长乐公司、福州市政工程金融借款合同纠纷案中（指导性案例 53 号），法院认为，关于污水处理项目等特许经营的收益权能否出资问题，国务院办公厅 2001 年 9 月 29 日转发的《国务院西部开发办〈关于西部大开发若干政策措施的实施意见〉》（国办发〔2001〕73 号）中提出，对具有一定还贷能力的水利开发项目和城市环保项目（如城市污水处理和垃圾处理等），探索逐步开办以项目收益权或收费权为质押发放贷款的业务，首次明确可试行将污水处理项目的收益权进行质押。

---

① 1986 年实施至今的《民法通则》第 6 条规定：“民事活动必须遵守法律，法律没有规定的，应当遵守国家政策。”此外，有学者还对在公司法中规定政党的活动问题，提出了公开批评，认为这违反了中国共产党自己制定的党企分开的原则，在我国立法中是一个很不好的实例。谢怀栻、程啸增订：《外国民商法精要》，法律出版社 2014 年版，第 416 页。

② 孟勤国：《论当今中国的双轨法制》《关于政策法的若干问题研究》《论政策法在当代中国的历史必然》《论中国双轨法制一元化》，载《孟勤国集》，线装书局 2013 年版，第 5～33 页。

③ 最高人民法院办公厅编：《最高人民法院公布裁判文书》，人民法院出版社 2001 年版，第 346～347 页。

既然依中央文件确定民事主体资格，当中央文件发生变化时，必然影响到对民事主体资格的确认。

1999年6月30日，最高法院在关于县级以上供销合作社联合社能否作为保证人问题的复函中，称1999年1月28日国务院国发〔1999〕5号《国务院关于解决当前供销合作社几个突出问题的通知》规定，全国供销合作总社和省、市（地）级联社“所需经费列入同级财政预算，不再向所办企业提取管理费”；县级供销合作社的主要任务是对基层社进行指导、监督和协调，在性质、组织、经费等方面不同于一般的企业，还承担国家委托的政策性业务。因此，前述文件发布后，县级以上供销合作社不符合《担保法》第7条的规定，不能作为保证人。①

应当提及的是，最高法院负责人曾公开表示，中央文件作为党内文件，不能直接作为法院裁判的依据。② 对此，最高法院的政治表态是：“审判独立是宪法原则，党的领导同样是宪法原则，所以两者是一致的。党领导一切，作为国家机构重要组成部分的人民法院当然不能例外，这是我国国情所决定的。”③ 此后，中国首席大法官、最高法院院长周强撰文宣称，人民法院的司法工作是党的司法事业的重要组成部分。各级法院要站在战略和全局的高度，自觉把人民法院工作置于党和国家的工作大局之中去谋划。④ 由此可见，以中央文件为代表的政策法在当代中国确有其历史必然性，中国双轨法制的一元化仍任重而道远。⑤

---

① 人民法院出版社法规编辑中心编：《解读最高人民法院司法复函》（上），人民法院出版社2016年版，第419页。

② 有学者对此持不同看法。孟勤国教授认为，中国的法制，不仅仅是由法律规范构成，还有各种形式的政策法规范，这是当今中国的事实法。在理论上、立法上，中国只有一种法律，即国家立法机关创制的法律。但重要的是现实。影响深远的农村改革中确立的土地承包制，其依据不是别的，恰恰是中共中央国务院的3个“一号文件”。迄今为止，一号文件的条条款款依然规范着土地承包经营行为，依然是人民法院处理土地承包纠纷的具体准绳。此外，在国有经济领域，政策法的权威依然崇高。国有企业的上千亿元三角债不能不由国务院和各级政府出面加以清理，直接适用的是清理三角债的通知及文件而不是民法通则。孟勤国：《关于政策法的若干问题研究》《论政策法在当代中国的历史必然》，载《孟勤国集》，线装书局2013年版，第13、22页。此外，周永坤教授也认为，长期以来，执政党的政策是我国重要的法源，尽管不被称为法律，但事实上重要的行为规范和审判依据，在许多领域还是最终的因而是最高的行为规范。周永坤：《法理学——全球视野》，法律出版社2010年版，第67~68页。

③ 最高人民法院民事审判第二庭编：《最高人民法院关于公司解释（三）、清算纪要理解与适用》，人民法院出版社2011年版，第654页。

④ 周强：《牢牢把握司法为民公正司法的工作主线》，载《人民司法》2014年第9期。此外，时任最高法院副院长江必新认为，中国特色社会主义司法制度是政治性、人民性和法律性的统一。江必新、程琥：《论我国司法程序公开的创新与发展》，载《人民司法》2014年第11期。

⑤ 孟勤国：《论中国双轨法制一元化》，载《孟勤国集》，线装书局2013年版，第27~33页。

第四节　几种特殊主体的确定

一、分支或内设机构

最高法院认为，分支机构拥有诉讼权利能力，而不具有实体民事权利能力。依其是否依法设立并领取营业执照，判断是否独立承担民事责任。显然，这是从民事责任的承担角度来着眼的。

在宁远钢厂与鞍山钢铁集团公司拖欠货款纠纷上诉案中，法院认为，半连续轧板厂系鞍钢开办的不具备法人资格的分支企业，其民事权利应由鞍钢行使。①

在神龙汽车公司与华泰财保公司保险合同纠纷管辖权争议上诉案中，法院认为，神龙汽车公司北京分公司在投保单上盖章，其作为神龙汽车公司依法设立并领取营业执照的分支机构，可以作为民事诉讼主体参加诉讼。②

分支机构虽非民事主体，但可以从事相应的民事行为，即便欠缺某些条件，其行为也未必无效。

在天富公司与某医院、医疗保健总公司、某医院分院侵权、联营合同纠纷上诉案中，法院认为，本案的合同系融资办医院的合同，当事人的目的是通过医院的经营活动获得利润，并由双方当事人按照约定比例分享，这样的合同在法律和行政法规上并无严格禁止，故可认定为有效合同。至于保健分院未领取医疗机构执业许可证就开业经营，属于卫生行政管理部门如何管理医院经营活动的问题，属于行政法领域的问题，并不必然导致天富公司与达康总公司之间的民事合同无效。③

分支机构签订的合同，不仅该分支机构具备诉讼主体资格，而且其法人单位也当然地具有诉讼主体资格。

在太平洋房地产公司与铁道部十七工程局拖欠工程款合同纠纷上诉案中，法院认为，福州办事处是铁道部第十七工程局申请福州市人民政府批准在福建省福州市设立的常驻机构，其主任由铁道部第十七工程局任免。铁道部第十七工程局授权福

---

① 最高人民法院办公厅编：《最高人民法院公布裁判文书》（二〇〇〇年），人民法院出版社2001年版，第176页。

② 最高人民法院办公厅编：《最高人民法院公布裁判文书》（二〇〇〇年），人民法院出版社2002年版，第214页。

③ 曹建明主编：《民事审判指导与参考》（第3卷），法律出版社2002年版，第272～273页。

州办事处在福州承揽工程业务，并代表本单位与建设单位商谈，签订合同等。因此，福州办事处系铁道部第十七工程局的分支机构，对其与太平洋公司签订的合同、协议，铁道部第十七工程局均予认可，故铁道部第十七工程局作为诉讼主体具有合法资格。①

在振城公司与国泰营业部、赛格公司、世达公司以及第三人德城公司欠款合同纠纷案中，法院认为，国泰营业部是国泰公司不具备法人资格的分支机构，国泰公司根据中国人民银行有关规定代其清偿债权债务，不应成为国泰营业部不具备诉讼主体资格的根据。振城公司关于国泰营业部不具备诉讼主体资格、不享有诉讼权利的上诉理由不能成立，对此不予支持。②

另外，在河北公司与中行营业部、张家口公司贷款担保合同纠纷案中，法院认为，中行营业部是经中国人民银行批准设立并经当地工商行政管理部门注册登记的金融机构，其为收回自行贷出的款项本息提起诉讼，应当具有诉讼主体资格。河北公司上诉称中行营业部只是中国银行张家口分行的一个部门，不享有诉讼主体资格，与事实不符，也无法律依据，对此不予支持。③

在法人变更过程中，分支机构是否注销，影响法人对分支机构享有的法律权益。

在泛华工程有限公司西南公司与中国人寿保险（集团）公司商品房预售合同纠纷案中，法院认为，公司可以设立分公司，分公司不具有企业法人资格，其民事责任由公司承担，因此，公司分支机构于法人变更过程中是否已实际经工商注销完毕，不影响公司基于独立法人性质行使对其分支机构所享有的民事权利和民事义务。泛华公司上诉提出的中国人寿重庆分公司未办理注销手续，仍为合法存续的法人分支机构，人寿（集团）公司不具备合法诉讼主体资格，无权提起本案诉讼的主张，与事实不符，亦无法律根据。④

对于内设机构，最高法院认为既不具有民事主体资格，也不具有诉讼主体资格，应由其设立单位作为诉讼当事人，概括承担民事责任。

在李某志诉长春建工集团界定产权、返还财产纠纷案中，法院认为，一建五处是市一建公司根据企业发展需要，经其主管部门建工局审批设立的企业内部独立核算单位，不具备法人资格，不是法律意义上的民事主体，没有独立的法人财产，其

---

① 唐德华主编：《民事审判指导与参考》（第1卷），法律出版社2000年版，第260页。
② 李国光主编：《经济审判指导与参考》（第4卷），法律出版社2001年版，第348页。
③ 李国光主编：《经济审判指导与参考》（第4卷），法律出版社2001年版，第335页。
④ 《中华人民共和国最高人民法院公报》2008年第2期。

全部财产均为市一建公司法人财产不可分割的部分。作为法人内设部门的设立，仅仅是法人内部组织机构的增加，不同于法人的成立，故其设立并不以是否有财产投入为前提。一建五处成立后采取什么性质的经营方式以及李某志是否对其进行投入等均不能改变一建五处系市一建公司内设部门的法律属性。因一建五处并非独立的民事主体，故李某志和一建五处之间所体现的应该是李某志和市一建公司之间的法律关系。①

在华菱公司与杨某昌、新天地公司民间借贷合同纠纷抗诉案中，法院认为，公司的内设机构不具有独立法人资格，不能独立承担民事责任，其行为效果应归属于设立的公司，内设机构的对外行为被认定为无效，其产生的法律后果依法应由公司承担。②

扩而言之，最高法院还认为，企业设立分支机构或内设部门，不因其未申报登记而免除民事责任。

在中国农业银行云南省分行营业部诉深圳国际信托公司等证券回购纠纷案中，法院认为，一个企业设立分支机构或内部职能部门是否及时进行工商管理登记，以反映在该企业的营业执照中，有诸多因素。不能仅根据营业执照来确定一个企业行为时是否设立了这个部门或机构。即使有法定应当登记而未登记的情况发生，未申报登记的企业并不因此免除民事责任。③

二、吊销营业执照和破产企业

在吊销、撤销企业营业执照或工商登记情形中，最高法院特别注意厘清经营资格与法人资格之间的区别，以固化这类企业的民事诉讼主体地位。

在恢复执行正合坊公司诉万通公司、星辰公司房产中介案中，法院认为，正合坊公司被撤销设立登记，即丧失了作为市场主体进行经营活动的权利，也失去了对本案的判决申请执行的主体资格。但是，公司法人人格并不因被工商行政管理机关吊销而终止，其法人资格必须经清算后才可终止。④

在佳昌公司与大陆期货公司、商品交易所资产清理领导小组期货代理及交割纠纷上诉案中，法院认为，虽然佳昌公司被工商行政管理部门吊销了营业执照，但尚

① 《中华人民共和国最高人民法院公报》2005 年第 10 期。

② 景汉朝主编、贺荣副主编：《审判监督指导》（第 2 辑），人民法院出版社 2013 年版，第 143 页。

③ 《中华人民共和国最高人民法院公报》2004 年第 5 期。

④ 中华人民共和国最高人民法院执行工作办公室编：《强制执行指导与参考》，法律出版社 2003 年版，第 263 页。

未成立清算组，且有关工商行政管理部门并未收缴其营业执照，亦未注销该企业，佳昌公司作为企业法人的资格依然存在。本案有关工商行政管理部门吊销佳昌公司营业执照的行为并不影响佳昌公司作为诉讼主体参加本案诉讼。①

在方圆公司与李某浦房屋买卖纠纷抗诉案中，法院认为，方圆公司虽被工商部门吊销营业执照，但至今尚未被注销，其法人资格尚未丧失，仍可以自己的名义进行诉讼活动，故其具有本案的诉讼主体资格。②

在广西北生集团有限责任公司与北海市威豪房地产开发公司、广西壮族自治区畜产进出口北海公司土地使用权转让合同纠纷案中，法院认为，公司被依法吊销了营业执照之后并没有进行清算，也没有办理公司的注销登记，仍然享有民事诉讼的权利能力和行为能力，即有权以自己的名义参加民事诉讼。在公司尚未注销时，其开办单位虽然有权利和义务对公司的债权债务进行清理，但作为当事人共同参加诉讼，没有法律依据。此类法人与他人产生合同纠纷的，应当以自己的名义参加民事诉讼，其开办单位因不是合同当事人，不具备诉讼主体资格。③

但是，最高法院对于这一问题的理解，前后并不太一致。

在鑫鹰信用社与蓝天公司借款合同纠纷再审上诉案中，法院认为，安徽省高级人民法院二审时，本案一方当事人蓝天公司已被工商部门吊销企业法人营业执照，丧失了诉讼主体地位。④

另外，在中行汕尾分行与河北信托公司等借款担保纠纷上诉案中，法院认为，因健通公司已于1997年被汕尾市工商局吊销了营业执照，故其作为民事主体的资格已不存在。⑤ 这表明，前述对吊销营业执照但未办理注销登记的诉讼主体资格的承

① 江必新主编：《民商审判指导与参考》（第1卷），人民法院出版社2003年版，第313页。

② 中华人民共和国最高人民法院审判监督庭编：《审判监督指导与研究》（第1卷），人民法院出版社2003年版，第200页。

③ 《中华人民共和国最高人民法院公报》2006年第9期。此处认定，不同于最高法院另一判决。在浙江商达公司与嘉兴燃料公司、嘉兴亚特立公司、嘉兴老干部活动中心借贷合同纠纷案中，法院认为："商达公司与亚特立公司签订联合经营协议，系名为联营，实为企业之间的借贷款，违反了国家金融管理法规，原审确认为无效协议是正确的。活动中心是亚特立公司的申请开办单位，其未按我国企业法人登记管理条例的规定，如实投入注册资金，应就此过错承担民事责任。原判决该活动中心应对亚特立公司的债务在50万元限额内承担连带责任并无不当，应予维持。"李国光主编：《经济审判指导与参考》（第1卷），法律出版社1999年版，第404页。

④ 中华人民共和国最高人民法院审判监督庭编：《审判监督指导与研究》（第3卷），人民法院出版社2002年版，第217页。

⑤ 最高人民法院办公厅编：《最高人民法院公布裁判文书》（二〇〇一年），人民法院出版社2002年版，第366页。

认，说到底还是对工商登记的依赖和承认。

需要说明的是，企业虽未注销，但却否认其法人资格，最高法院的这种认定绝非孤例。在工银房地产公司、工行金水路运行与黄河证券公司、工行河南分行欠款纠纷上诉案中，法院认为，亚细亚不动产公司自 1995 年以来连续多年未参加年检，虽在工商登记中未被注销，但其法人资格实际已不存在。①

例外的情况是，在河北某县财政局与中国中原公司担保纠纷上诉案中，法院认为，鉴于银兴公司已被吊销，且无可以承担责任的任何财产，银兴公司的法定代表人亦下落不明的情况，原审法院未通知主债务人参加诉讼，并无不当。某县财政局以原审判决未追加银兴公司参加诉讼，违反民事诉讼程序的上诉理由本院不予支持。②

在极个别情况下，最高法院还会细分吊销企业的具体情况，直接将开办方认定为诉讼主体。

在某市格立公司与某市商务局买卖合同纠纷申请再审案中，法院认为，《最高人民法院关于企业法人执照被吊销后，其民事诉讼主体地位如何确定的复函》，作为司法解释，其精神包括两种情形下的担责主体和方式，一是企业被吊销营业执照后，可以自己的名义进行诉讼活动；二是即使存在“该企业法人组成人员下落不明，无法通知其参加诉讼”，开办单位也可以成为被告主体。在有证据证明商业大厦法人代表下落不明，无法通知参加诉讼时，齐齐哈尔市商务局可以为本案被告。一、二审法院仅以商业大厦被吊销执照，可以自己的名义参加诉讼活动为由，而直接作出驳回格立非公司起诉的裁定，说理不充分。③

对于进入破产程序的企业，最高法院早期规定，其民事主体的法人资格虽然没有消灭，但权利义务由清算组代为行使，清算组可以自己的名义参加诉讼。④ 最高法

---

① 吴庆宝：《合同权益疑难案件判定解说》，人民法院出版社 2003 年版，第 32 页。

② 最高人民法院办公厅编：《最高人民法院公布裁判文书》（二〇〇一年），人民法院出版社 2002 年版，第 129 页。

③ 苏泽林、景汉朝主编：《立案工作指导》（第 2 辑），人民法院出版社 2012 年版，第 128 页。

④ 《最高人民法院关于贯彻执行〈中华人民共和国民法通则〉若干问题的意见（试行）》第 60 条规定，“清算组织是以清算企业法人债权、债务为目的而依法成立的组织。它负责对终止的企业法人的财产进行保管、清理、估价、处理和清偿。对于涉及终止的企业法人债权、债务的民事诉讼，清算组织可以用自己的名义参加诉讼”。《最高人民法院关于适用〈中华人民共和国民事诉讼法〉若干问题的意见》第 51 条规定：“企业法人未经清算即被撤销，有清算组织的，以该清算组织为当事人；没有清算组织的，以作出撤销决定的机构为当事人。”

院发布的多个案例，也都将破产企业的清算组列为诉讼当事人。① 但是，2008 年 5 月以后，《公司法解释二》的审判理念为之一变，其第 10 条明确规定："公司依法清算结束并办理注销登记前，有关公司的民事诉讼，应当以公司的名义进行。公司成立清算组的，由清算组负责人代表公司参加诉讼；尚未成立清算组的，由原法定代表人代表公司参加诉讼。"据此，清算组仅仅是代表破产公司诉讼，而不再以自己的名义参加诉讼，与之前相比，诉讼主体地位发生了明显的转换。以 2008 年 5 月为节点，最高法院发布的公报案例，前后态度也发生了变化。

在天同证券有限责任公司清算组与恒丰银行股份有限公司、恒丰银行股份有限公司济南分行、恒丰银行股份有限公司烟台青年路支行返还扣划结算资金纠纷案中，法院认为，根据《证券法》第 139 条第 1 款以及《客户交易结算资金管理办法》第 21 条、第 22 条的规定，证券公司对于客户交易结算资金拥有管理权，同时负有保证客户交易结算资金完整的责任。任何针对客户交易结算资金的侵害行为，证券公司都有权并且有责任主张救济。当证券公司被责令关闭、进行行政清理后，由证券监督管理机构指定成立的行政清算组相应取得证券公司对保证客户交易结算资金完整的权利和义务。②

《公司法解释二》出台后，最高法院不再视清算组为唯一独立的诉讼主体，而将公司法定代表人列为清算组织者。当作为股东的清算组成员因未尽责造成他人损害时，直接越过破产公司和清算组，追究清算组成员的个人责任。

在邹某英与孙某根、刘某工伤事故损害赔偿纠纷案中，法院认为，公司法定代表人在组织公司清算过程中，明知公司职工构成工伤并正在进行工伤等级鉴定，却未考虑其工伤等级鉴定后的待遇给付问题，从而给工伤职工的利益造成重大损害，该行为应认定构成重大过失，应当依法承担赔偿责任。作为清算组成员的其他股东在公司解散清算过程中，未尽到其应尽的查知责任，也应认定存在重大过失，承担连带赔偿责任。③

三、筹备处、组委会、指挥部等临时机构

在民商事活动的诸组织中，经常出现指挥部、筹备处、组委会等临时机构。其

---

① 2006 年《企业破产法》通过后，在破产清算领域中，正式确定了"破产管理人"制度，取代了之前的"清算组"制度。

② 《中华人民共和国最高人民法院公报》2008 年第 7 期。

③ 《中华人民共和国最高人民法院公报》2010 年第 3 期。

在与法人主体混同时，最高法院通常确认这类机构的行为能力。

在宝安集团与盐田港集团土地使用权转让合同纠纷上诉案中，法院认为，依据深圳市人民政府颁布实施的有关规定，盐田港建设指挥部与盐田港公司是“一套班子、两块牌子”，拥有盐田港港区及后方腹地经深圳市规划国土局审批后的土地使用权，盐田港指挥部有权签署土地使用权转让合同。双方当事人签订的《投资合同书》，意思表示真实一致，已经盐田港指挥部签字盖章，获得了深圳市规划国土局的批准，一审法院认定《投资合同书》及相关的补充协议合法有效，适用法律正确，应予维持。①

在法人主体追认的情况下，最高法院也确认这类机构的行为能力。

在铁道部隧道工程局与康隆物业公司合作建房纠纷上诉案中，法院认为，指挥部在签约时虽无独立法人资格，但可将铁隧局的行为视为对指挥部签订合同效力的追认，故本案有关合作合同应认定为有效。②

政府机关成立的临时机构，在政府机关追认的情况下，其主体资格通常也能得到最高法院的承认。

在广西壮族自治区A县人民政府与广西B县隆源开发机械工程施工大队工程承包合同纠纷上诉案中，法院认为，虽然作为合同一方的指挥部为A县县委成立的临时机构且授权范围无文件记载，但A县人民政府在该合同上的签字明确了其对指挥部所签合同效力的认可。因此，上诉人以合同一方不具备主体资格为由主张合同无效是不能成立的。③

在本溪市A区人民政府与营口市B区海星建筑工程公司拖欠工程款纠纷上诉案中，法院认为，指挥部是区政府下发文件成立的，是区政府设立的临时机构，指挥部与海星公司签订合同，虽然指挥部未经区政府授权，但区政府明知而不反对，并且实际履行并承担了合同中的义务，应视为区政府的行为。④

在A市南海子公园建设领导组办公室与芬华幼儿园侵权纠纷上诉案中，法院认为，根据A市人民政府1996年5月8日发布的《通告》规定，上诉人是市政府批准

---

① 最高人民法院办公厅编：《最高人民法院公布裁判文书》（二〇〇〇年），人民法院出版社2002年版，第293页。

② 唐德华主编：《民事审判指导与参考》（第3卷），法律出版社2001年版，第258页。

③ 最高人民法院民事审判第一庭编写：《最高人民法院民事案件解析》，法律出版社1999年版，第191页。

④ 最高人民法院民事审判庭编写：《最高人民法院民事案件解析》，法律出版社1999年版，第198~199页。

成立的具体负责协调A市南海子公园建设项目拆迁工作的领导机构，具有诉讼主体资格。①

但是，同样是政府成立的临时机构，因为没有工商登记，其主体资格却被最高法院所否定。

在某银行与B市人民政府、B市209国道建设指挥部、B市财政局借款担保合同纠纷上诉案中，法院认为，209指挥部不是一个独立的企业或事业法人单位，它只是代表B市政府承办单位，并不符合企业法人或事业法人成立的条件，且也未向任何法定部门办理过登记手续，不能认定其具有独立承担民事责任的主体资格。被上诉人B市政府作为209指挥部的主管机关和开办单位，应对209指挥部的债务承担清偿责任。② 2000年最高法院审结的C市政府为其化工厂建设指挥部承担责任案，与本案同属一种情况，应当作同一认定。在判决指挥部承担责任的同时，也要判政府承担连带责任。如果没有列指挥部为被告，则应列政府为被告，直接判政府承担责任。③

虽然有法人营业执照，但若违反了金融领域的部门规章，最高法院对其主体资格也不予认定，反映出对特定领域的高度敏感。

在工行承德分行房贷部与石家庄物融餐厅、中行承德分行、宏盛公司存单纠纷上诉案中，法院认为，房贷部虽然于1993年6月领取了承德市工商行政管理局颁发的《企业法人营业执照》，但是，中国人民银行1996年7月25日发布的（1996）254号文件明确规定，“各商业银行及其分支机构设立的房地产信贷部为商业银行的内部业务部门，不具有企业法人资格，不得以自身的名义对外营业，原经人民银行当地分行批准设立的房地产信贷部对外营业机构要在1996年12月31日前撤并、改建完毕”。房贷部在该文件规定的期限内未按文件的规定撤并，亦未改建为办事处或分理处，故其违反中国人民银行的规定，不具有独立法人资格，不得以自身的名义独立承担民事责任，其不应列为本案当事人，考虑到一审已将其列为当事人，实体处理没有问题，故二审可不再改动。④

当然，在金融领域以外，如无其他相反规定，只要经过了工商登记，最高法院还是认可此类机构的主体资格。

---

① 最高人民法院民事审判庭编写：《最高人民法院民事案件解析》（第2集），法律出版社2000年版，第281页。

② 吴庆宝：《合同权益疑难案件判定解说》，人民法院出版社2003年版，第238页。

③ 吴庆宝：《合同权益疑难案件判定解说》，人民法院出版社2003年版，第240页。

④ 唐德华主编：《民事审判指导与参考》（第1卷），法律出版社2001年版，第268～269页。

在长沙市食品公司与云南一心食品公司、长沙市食品公司肉食批发部购销农副产品合同纠纷提审案中，法院认为，本案的焦点是批发部是否具备独立法人资格问题，该问题直接关系到长沙公司应否对批发部所欠货款承担清偿责任。批发部领取了企业法人营业执照，依法应由批发部独立承担偿还拖欠的贷款及利息的责任。长沙公司作为批发部的开办单位，其投入的注册资金已足额到位，一、二审判决由长沙公司承担连带责任与《民法通则》规定的由企业法人承担民事责任之规定相悖。批发部的名称前冠以长沙公司的名称，只能说明批发部的名称尚不够规范，应当加以完善，但以此否认批发部的法人资格，并没有法律依据。①

在某市物资开发协作总公司与某省国际货运代理公司等联营合同纠纷上诉案中，法院认为，业务七部系海达分公司以承包方式交由承包人薛某清和北京科海公司经营的部门，其经营范围是以海达分公司的法定业务范围为限。本案 601 号合同涉及的加工法兰盘业务，没有超出海达分公司的经营范围，也无需其上级即实际开办单位运代公司特别授权。故原审法院以业务七部不具有民事主体资格为由，认定 601 号合同无效，显属不当，应当予以纠正。②

此外，最高法院还认可，诉讼主体可通过授权等方式获得，其中还涉及对设立中公司的态度。

在某供销合作社联合社与成都信托公司邛崃办事处等借款合同纠纷上诉案中，法院认为，本案借款合同中的贷款方签约人是成都信托公司，履约人是邛崃办事处，成都信托公司已书面授权邛崃办事处全权处理本案，故邛崃办事处依法具有本案诉讼主体资格。③

同样，在三晋国际饭店、三晋大厦与某省六建公司建筑工程欠款纠纷上诉案中，法院认为，原万濠国际酒店筹建处在当时虽然没有正式取得企业法人营业执照，但与有关建筑单位签订了建设工程合同，从事民事活动，是一种具有企业法人性质的活动。省六建公司与原万豪酒店筹建处签订的建设工程合同一直得到继续履行，三晋国际饭店系原万豪国际酒店筹建处在港方资金撤起后的企业法人的更名，依法应

① 中华人民共和国最高人民法院审判监督庭编：《审判监督指导与研究》（第 4 卷），人民法院出版社 2002 年版，第 206 页。

② 最高人民法院办公厅编：《最高人民法院公布裁判文书》（二〇〇一年），人民法院出版社 2002 年版，第 267 页。

③ 最高人民法院办公厅编：《最高人民法院公布裁判文书》（二〇〇〇年），人民法院出版社 2001 年版，第 348 页。

享有原万豪国际酒店筹建处的权利并承担义务。①

此后，最高法院再次通过案例表明上述观点。在福州商贸大厦筹备处与福建佳盛投资发展有限公司借款纠纷案中，法院认为，筹备处具备民事主体资格和民事行为能力，以公司筹备处的名义对外签订的民事合同是有效的，设立中公司的业务执行人不仅能从事设立活动，也可以筹备处的身份从事公司那样的生产经营活动。②

不仅企业间可以通过授权的方式获得主体资格，最高法院认为，国家机关也可以通过授权的方式，对外赋予主体资格。

在A市开发区龙珠公司、A市高新技术产业开发区国土管理局与A市高新技术产业区管理委员会、A市国土管理局土地使用权出让合同纠纷上诉案中，法院认为，A市高新技术产业开发区是省人民政府批准设立的，该区国土局经A市人民政府授权，可以出让土地，龙珠公司认为区国土局没有出让土地的主体资格，其理由不能成立。③

四、外国代表处

在中国内地设立的外国代表处，是属于外国企业的分支机构，还是直接代表外国企业？对此，司法实践中存在不同的理解。持分支机构论者认为，《公司法》第193条规定，“外国公司在中国境内设立分支机构，必须向中国主管机关提出申请，并提交其公司章程、所属国的公司登记证书等有关文件，经批准后，向公司登记机关依法办理登记，领取营业执照”，故应将外国公司代表处视为外国公司的分支机构。但此种观点，最终并没有得到最高法院的认同。

2003年6月12日，最高法院在答复上海高院请示时认为，外国企业派驻我国的代表处，不是该外国企业的分支机构或者职能部门，而是该外国企业的代表机构，对外代表该外国企业。代表处在我国境内的一切活动，应当由其所代表的外国企业承担法律责任。该代表处在买卖合同上加盖大象交易株式会社的印章以及在担保书上加盖大象交易株式会社上海代表处的印章的行为，均代表大象交易株式会社本身，应由大象交易株式会社直接承担民事责任。④

---

① 最高人民法院民事审判第一庭编：《民事审判指导与参考》（总第16集），法律出版社2004年版，第225页。

② 《中华人民共和国最高人民法院公报》2006年第7期。对此案的详细评论，参见吴越编著：《公司法先例初探》，法律出版社2008年版，第9～15页。

③ 唐德华主编：《民事审判指导与参考》2000年第1卷，法律出版社2000年版，第233页。

④ 万鄂湘主编：《中国涉外商事海事审判指导与研究》，人民法院出版社2004年版，第108页。

除外国代表处以外，关于外国银行在中国境内分行之诉讼主体地位，以及出现境内纠纷时，应否以外国银行总行为诉讼主体，最高法院也曾以公布相关案例表明态度。

在中国国际钢铁投资公司与日本兴业银行北京分行、株式会社三和银行上海分行、株式会社山口银行青岛分行借款合同纠纷管辖权异议案中，法院认为，根据《民事诉讼法》第49条，其他组织可以作为民事诉讼的当事人。而根据《最高人民法院关于适用〈中华人民共和国民事诉讼法〉若干问题的意见》（以下简称《民诉意见》）第40条的规定，[①] 本案被上诉人，即三外国银行的中国内地分行属于可以作为民事诉讼当事人的其他组织，且根据中国人民银行《关于对商业银行分支机构民事责任问题的复函》的精神，本案被上诉人可以作为诉讼主体，而不应以其总行作为诉讼主体。因此，上诉人关于被上诉人不具备法律诉讼的主体资格的上诉理由亦不能成立。[②]

笔者认为，从法律后果上看，区分外国代表处系外国公司的分支机构，还是外国公司本身，似乎意义并不大，因为《公司法》第196条规定："外国公司在中国境内设立的分支机构不具有中国法人资格。外国公司对其分支机构在中国境内进行经营活动承担民事责任。"换言之，即使外国公司代表处被视为分支机构，其法律后果与被视为外国公司本身并无区别。当然，从理论上辨析二者不同之性质，还是有一定讨论价值的。

与外国代表处相关联的是，对于外国驻中国使领馆等外交代表机构，最高法院明确否定其具备民事诉讼主体资格，不能在我国参加民事诉讼。

2012年8月15日，最高法院就广东高院请示涉外机动车交通事故责任纠纷案复函称，在该机动车交通事故责任案中，马某虽然为荷兰驻广州总领事馆领事，但根据《维也纳领事关系公约》及《领事特权与豁免条例》的相关规定，对于因车辆在我国境内造成的事故涉及损害赔偿的诉讼，领事官员并不享有司法豁免权。蓝某以马某为被告提起的诉讼，符合《民事诉讼法》规定受理的条件，人民法院应予受理。荷兰驻广州总领事馆系荷兰派驻我国的外交代表机构，其不具备民事诉讼主体资格，

---

① 按该司法解释第40条规定，中国人民银行、各专业银行（商业银行）、保险公司设在各地的分支机构虽不具备法人资格，但属于"其他组织"，具有诉讼主体资格，可以作为民事诉讼的当事人参加诉讼。商业银行的分支机构在总行授权范围内开展业务时，与其他公民、法人和其他组织发生纠纷引起民事诉讼的，应以分支机构作为诉讼主体，而不应以其总行作为诉讼主体。

② 肖扬总主编：《中华人民共和国最高人民法院判案大系》（涉外商事海事卷1996—2002年卷），人民法院出版社2003年版，第290页。

不应作为本案被告参加诉讼，且根据我国一贯坚持的国家绝对豁免原则，亦不能将该领事馆的派遣国荷兰作为本案的被告，故对于蓝某以荷兰驻广州总领事馆为被告提起的诉讼，人民法院不应受理。①

应当说明的是，最高法院的上述复函，还有司法文件上的依据。2007 年，最高法院发布《关于人民法院受理涉及特权与豁免的民事案件有关问题的通知》（法〔2007〕69 号），明确对于法院受理的涉及特权与豁免的十二类案件，建立逐级层报制度，在最高法院答复前，一律暂不受理。这十二类案件为：1. 外国国家；2. 外国驻中国使馆和使馆人员；3. 外国驻中国领馆和领馆成员；4. 途经中国的外国驻第三国的外交代表和与其共同生活的配偶及未成年子女；5. 途经中国的外国驻第三国的领事官员和与其共同生活的配偶及未成年子女；6. 持有中国外交签证或者持有外交护照（仅限互免签证的国家）来中国的外国官员；7. 持有中国外交签证或者持有与中国互免签证国家外交护照的领事官员；8. 来中国访问的外国国家元首、政府首脑、外交部长及其他具有同等身份的官员；9. 来中国参加联合国及其专门机构召开的国际会议的外国代表；10. 临时来中国的联合国及其专门机构的官员和专家；11. 联合国系统组织驻中国的代表机构和人员；12. 其他在中国享有特权与豁免的主体。

五、职工持股会②

关于职工持股会的法律性质，国家各部委的认识并不一致。根据 1998 年 5 月国家工商局发布的《关于国有企业改革中登记管理若干问题的实施意见》第 4 条规定，职工持股会是经有关部门核准登记的社会团体。《民事诉讼法》第 48 条规定的诉讼主体包括“公民、法人和其他组织”。最高法院《民诉意见》（2008 年）第 40 条明确规定了“其他组织”包括社会团体。但是，民政部办公厅于 2000 年 7 月 7 日印发《关于暂停对企业内部职工持股会进行社会团体法人登记的函》，否认职工持股会的法人资格，不再对职工持股会以登记。2000 年 12 月 11 日，中国证监会印发《关于

---

① 人民法院出版社法规编辑中心编：《解读最高人民法院司法复函》（下），人民法院出版社 2016 年版，第 1308 页。

② 我国学界对于职工持股会的制度设计倾向于持批评态度，认为未能发挥出特有的信托职能，代表性评论参见江平、邓辉：《职工持股、信托与政府角色：一个劳资交易的视角》，载方流芳主编：《法大评论》（第 1 卷第 1 辑），中国政法大学出版社 2001 年版，第 6 ~ 27 页；蒋大兴：《职工持股：价值目标与立法研究——一个框架式讨论》，载蒋大兴：《公司法的展开与批判：方法 · 判例 · 制度》，法律出版社 2001 年版，第 678 ~ 762 页；范启其：《论职工持股会的性质及职工股的流转问题》，载最高人民法院民事审判第二庭等主办：《中国民商审判》2002 年第 2 卷，法律出版社 2003 年版，第 155 ~ 166 页。

职工持股会及工会能否作为上市公司股东的复函》（以下简称《复函》），认为职工持股会不能作为上市公司的股东，同时对工会作为股东或者发起人的公司公开发行股票的申请暂时不予受理。国家部委的上述规定，等于不承认职工持股会具备民事主体资格。

同前，对于职工持股会的主体资格，理论界和实务界都有争议，倾向于认为应定性为信托关系。对此，最高法院也莫衷一是。2014 年，最高法院民二庭曾发布两个相关指导案例，作出完全相反的认定结论，暴露出内部的认识分歧。

在刘某萍与某市工艺品进出口有限公司职工持股会股权收购请求权纠纷案中，法院认为，被告是某市工艺品进出口有限公司工会下属从事内部职工管理，代表持有内部职工股的职工行使股东权利的组织，且由于其已经以自己的名义入股宁波市工艺品进出口有限公司，有自己支配的财产，具有一定的民事权利能力和行为能力，符合民事诉讼主体资格，故在与其会员发生纠纷时可以以自己的名义参加诉讼。①

而在云纺集团公司与杨某华公司盈余分配纠纷上诉案中，法院认为，上诉人云纺集团公司系国企改制后形成的股份有限公司，改制过程中经市经济体制改革委员会批准成立云纺集团公司职工持股会，被上诉人系该持股会会员并持有加盖持股会钢印的持股证。云纺集团公司职工持股会是在国企改制中经昆明市经济体制改革委员会批复同意成立，但未办理任何登记手续。职工持股会虽然系依照批复成立、在工商登记中也登记为股东，但并不符合民事主体资格的必要，故云纺职工持股会不具有民事主体资格。②

六、业主委员会

对于业主委员会的诉讼主体资格，最高法院并不持绝对的单一态度，而是视业主委员会的诉讼事项与范围具体确定，但在实际判决中却存在冲突与矛盾。2003 年和 2005 年，最高法院先后两次以复函的形式，肯定了业主委员会的诉讼主体资格。③同时，《复函》中还对业主委员会的诉讼范围进行了明确界定，将其局限于对房地产

① 宋晓明、刘俊海主编：《人民法院公司法指导案例裁判要旨通纂》，北京大学出版社 2014 年版，第 125 页。

② 宋晓明、刘俊海主编：《人民法院公司法指导案例裁判要旨通纂》，北京大学出版社 2014 年版，第 224 页。

③ 2003 年 8 月给安徽省高院的《关于金湖新村业委会是否具备民事诉讼主体资格请求一案的复函》和 2005 年 8 月同样给安徽省高院的《关于春雨花园业主委员会是否具有民事诉讼主体资格的复函》。

开发单位未向业主委员会移交住宅区规划图等资料、未提供配套公用设施、公用设施专项费、公共部位维护费及物业管理用房、商业用房这六类事项。实际上，在承认业主委员会诉讼资格同时又予以一定的限制。

此外，最高法院还通过其直接审理的案件，来表明对这一问题的具体立场。

在某市银都花园业主委员会诉某市建设房地产开发公司商品房买卖合同纠纷上诉案中，法院认为，银都花园业委会之诉求，基本上属于业主与房地产公司签订的商品房买卖合同约定内容，虽然有一些涉及公共利益问题，但均属于合同权利衍生的权益问题，银都花园业委会与房地产公司之间不存在合同关系，也不是合同一方当事人。按照物业管理条例规定，业委会是业主大会的执行机构，其职责范围是针对物业管理、物业服务等事项进行监督。业主大会的职责没有包括针对业主的合同权利涉及共有权问题提起诉讼。业委会不能取代全体业主以民事权利主体的身份作为原告直接参加民事诉讼活动。虽然银都花园业主大会授权银都业委会提起诉讼，但该授权超出了业主大会职责范围，不能产生业主享有的合同权利转换的效果，亦不能导致民事诉讼主体的转移。银都业委会作为本案原告，诉讼主体不适格。①

然而，在其后的类似案例中，尽管业主委员会完全以公共利益起诉，最高法院的态度开始分化，作出了前后矛盾的判决。

在成铭大厦业委会诉北京市轨道交通公司所有权纠纷案中，最高法院却又驳回了成铭大厦业委会对北京市轨道交通公司占用成铭大厦停车场和绿地要求侵权赔偿的诉请，认为业主委员会对业主共有的小区停车场与绿地等不具有实体权利，无权提起诉讼。②

而在朗琴园小区业委会诉开发商润博公司侵权纠纷案中，北京第一中级法院认为润博公司在小区土地上建设水井侵犯了业主共有的土地使用权，业主委员会有权就业主共有土地使用权提起诉讼，支持了朗琴园小区业委会的诉请。值得注意的是，此观点得到了最高法院民一庭的认可，并作为指导性案例刊登于最高法院的审判指导丛书。③

---

① 牛璞：《解读〈最高人民法院（2005）民一终字第12号民事裁定〉——兼论业主委员会的民事诉讼主体资格》，2005年浙江省律师实务理论研讨会论文，http：//blog. sina. com. cn/s/blog_68f7eb7e01015dxv. html，2015年3月19日访问。

② 李佳、冼石：《业主以业委会名义诉侵权起诉资格受质疑诉请被驳》，载《中国建设报》2009年7月31日；转引自杜万华副主编：《民事审判指导与参考》（第3辑），人民法院出版社2014年版，第202页。

③ 《业主委员会有权保护小区的共有小区土地使用权》，载最高人民法院民事审判第一庭编：《民事审判指导与参考》（第1集），法律出版社2010年版，第226页。

然而，在此后发布的典型案例中，最高法院的立场又出现摇摆，回到了当初的区分原则，视业主委员会的诉请事项和范围，确定其是否具有诉讼主体资格。

在上诉人江西帝景公司诉被上诉人帝景豪小区业主委员会商品房销售合同纠纷案中，江西高院认为，业主委员会依法享有一定的民事权利和义务，是具有民事主体地位的非法人组织。其民事诉讼主体资格范围受限于法律、法规规定的业主委员会的职责和权限，且只限于与业主共有和物业共同管理事项有关的范围。商品房销售合同是业主与开发商之间形成的合同关系，基于商品房销售合同形成的权利主张是特定主体之间的权利义务关系，不属于业主共有和物业共同管理事项的范围，业主委员会无权代为主张，也不能通过业主授权或业主大会决议取得诉讼主体资格。

上述案例虽系高级法院作出，但作为典型案例，刊登于最高法院审判指导丛书，足以表明最高法院对此判决的支持态度。①

及至2014年，最高法院通过公报案例，根据物权法的相关规定，终于不加任何限制地确认了业主委员会的诉讼主体资格。②

值得提及的是，2008年6月16日，最高人民法院曾发布《关于审理建筑物区分所有权纠纷案件具体应用法律若干问题的解释（征求意见稿）》，其中第13条规定，业主共同权益受到侵害、妨害或者可能受到妨害的，原告的诉讼主体资格按照下列方式确定：（一）已经选举出业主委员会的，为业主委员会；（二）没有选举出业主委员会，或者业主委员会怠于行使权利的，为业主大会或者业主。有关业主共同权益的生效裁判，对全体业主具有约束力。其诉讼利益归属于全体业主，明确了业主大会和业委会的诉讼主体资格。然而，2009年10月1日正式施行的《关于审理建筑物区分所有权纠纷案件具体应用法律若干问题的解释》，将上述条文悉数删除。其中原因，最高法院虽没有给出任何解释，但可以合理推断，内部应存在较大的理论争议和认识分歧。《民法典》第939条之规定，使上述争议彻底走进历史。

七、国家机关

国家机关可以成为民事活动的主体，其民事活动包括成为基本建设的立项者、投资者。如笔者办理的荣液公司诉市椒江大桥公司、市人民政府航道通行权纠纷案，最高法院于2002年12月19日作出的（2003）民一终字第70号民事判决书中，确认

① 杜万华副主编：《民事审判指导与参考》（第3辑），人民法院出版社2014年版，第196页。

② 《中华人民共和国最高人民法院公报》2014年第6期。

市人民政府在本案中具有民事主体和诉讼主体资格。①

在涉及生态环境、社会文化等公共利益时，国家机关可以依据法律乃至宪法规定，作为原告提起民事诉讼，请求民事赔偿。显然，这种特定情形的民事诉讼，具有明显的公益性。

在韩国 SEKWANG 船务公司申请设立海事赔偿责任限制基金案中，上海市环保局、东海渔监局、上海海事局在二审期间陈述称，根据《海洋环境保护法》第 90 条第 2 款“对破坏海洋生态、海洋水产资源、海洋保护区，给国家造成重大损失的，由依照本法规定行使海洋环境监督管理权的部门代表国家对责任者提出损害赔偿要求”的规定，将保留以民事主体身份就涉案事故造成的损害问题向 SEKWANG 公司主张民事损害赔偿的权利。据此，法院认定，行政机关在特定的情况下也可能成为民事法律关系的主体并主张债权。上海市环保局、东海渔监局、上海海事局也已经声明保留向 SEKWANG 公司提出民事索赔的权利。②

在上海市松江区叶榭镇人民政府诉蒋某祥等水污染责任纠纷案中，法院认为，根据《上海市河道管理条例》第 5 条第 3 款的规定，乡（镇）人民政府和乡（镇）水利机构按照职责权限，负责乡（镇）河道的管理。故本案中原告叶榭镇政府作为被污染镇河道的主管单位，有权对污染河道进行治理，也有权作为原告主体进行诉讼，其原告主体资格是适格的。③

在饶河县四排赫哲族乡政府诉郭某等侵犯民间文学艺术作品著作权纠纷案中，法院认为，本案的争议焦点问题之一，原告赫哲族乡政府是否有权以自己的名义提起对赫哲族民间音乐作品保护的诉讼？民间文学艺术作品的权利归属具有特殊性。原告是依据我国宪法和法律的规定在少数民族聚居区内设立的乡级国家政权，可以作为赫哲族部分群体公共利益的代表。故在符合我国宪法规定的基本原则，不违反法律禁止性规定的前提下，赫哲族乡政府为维护本区域内的赫哲族公众的利益，可以以自己的名义，对侵犯赫哲族民间文学艺术作品合法权益的行为提起诉讼，郭某、中央电视台关于赫哲族乡政府不具备原告诉讼主体资格的上诉理由不能成立。④

由于国家机关的双重身份，其行为性质往往需要识别，才能确定能否成为民事

---

① 该案系笔者办理，最高法院承办法官对该案的评析文章，参见最高人民法院民事审判第一庭编：《民事审判指导与参考》（总第 17 集），法律出版社 2004 年版，第 251～263 页。

② 《中华人民共和国最高人民法院公报》2003 年第 5 期。

③ 《中华人民共和国最高人民法院公报》2014 年第 4 期。

④ 《中华人民共和国最高人民法院公报》2004 年第 7 期。

主体，参与民事诉讼。

在新城工商分局与胡某明、吴某霞等133户个体型商户摊位租赁合同纠纷上诉案中，法院认为，本案关键问题是，如何认定新城工商分局收取133户个体工商户摊位费的行为的性质。作为国家工商行政管理机关，新城工商分局对市场负有工商行政管理职责，其因此而进行的市场监督和行政执法行为，属于行政行为，不属民事法律规范调整的范围。但在本案中，新城工商分局具有双重身份，既是工商行政管理机关，又是该市场的投资开办单位。作为市场的开办单位，新城工商分局同其他开办市场的主体地位是平等的，其开办市场的行为是一种经营行为。新城工商分局与133户个体工商户之间存在事实上的租赁关系，新城工商分局收取摊位费行为不属于行政行为，而是参与民事活动所进行的民事行为。①

与此相关的是，国家机关在行使职权时，给当事人造成损失的，能否作为被告成为民事诉讼主体？从法律角度看，《民法典》颁布之前有明确依据。现已失效的《民法通则》第121条规定："国家机关或者国家机关工作人员在执行职务中，侵犯公民、法人的合法权益造成损害的，应当承担民事责任。"但是，1995年1月1日起施行的《国家赔偿法》，专门规范了国家机关及其工作人员的职务侵权责任承担问题。二者之间究竟是何种关系，法学界尚有不同观点。② 最高法院通过答复下级法院的方式，表明了其态度。

最高法院在答复湖南高院时，认为"经商检局检验出口的商品被退回，当事人以经济合同商品质量纠纷起诉的，人民法院不应将商检局列为被告或第三人"。虽然商检局不因此成为民事诉讼主体，也不承担民事赔偿责任，但是，最高法院也明确，经商检局检验的出口商品被退回，给当事人造成经济损失的，通过提起国家赔偿诉讼予以解决，是有法律根据的，是可行的。③

在履行行政管理职能时，国家机关不得逾越职权进行民事活动，否则该民事主体活动视为无效。最高法院的这一认定，实际否定了逾越职权的民事主体资格之合法性。

在望谟县财政局与贵州中行分行贷款担保合同纠纷上诉案中，法院认为，望谟县财政局为商事投资而向建行贵州分行申请商业贷款，违反了国家机关不得经商办

① 最高人民法院民事审判庭编：《最高人民法院民事案件解析》（第2集），法律出版社2000年版，第163页。

② 对此问题的代表性论文，参见丁嘉慧：《论国家赔偿责任的性质——对〈民法通则〉第121条的质疑》，载《宜春学院院报（社会科学版）》2007年10月第29卷第5期。

③ 李国光主编：《经济审判指导与参考》（第2卷），法律出版社2000年版，第78页。

企业的有关禁止性规定，因此，原审认定该借款合同无效并无不当。①

在广元交行支行与广元某财政局贷款合同纠纷申请再审案中，法院认为，本案借款合同的出借方财政局，属国家行政机关，没有法定的或经中国人民银行批准的从事货款金融业务的权力，其货款行为属非法经营行为。故本案借款合同因违反金融法律、法规而无效。②

在广英达公司与长沙市工商局和市场建设公司项目转让合同纠纷上诉案中，法院认为，长沙工商局虽然以划拨方式取得该土地的使用权，但因其系国家行政机关，不符合土地使用者为公司、企业、其他组织和个人的主体资格的规定，作为签约一方的市场建设公司即使已经取得相应的主体资格，但因未取得土地使用权，故原审认定该转让合同及补充协议无效是正确的。长沙工商局无权转让是导致合同无效的主要原因，体现在缔约过错上，其应承担主要责任。③

有时，法院并不直接否认国家机关民事主体资格的合法性，而是通过或否认其具体行为的合法性，或认定其具体行为不产生相应法律效力等方式，间接否认其主体资格。最高法院曾通过发布指导性案例的方式，体现这一审判取向。

在最高法院发布的民事（2005）001 号指导案例中，即香港交行分行诉勤昌公司、禅城区人民政府、梁某荣、黄某、郭某华借款合同纠纷案中，法院认为，佛山市禅城区政府出具的承诺函并非安慰函，而是保证函，该保证函有保证意见表示，但不构成保证合同，为无效保证，禅城区政府应当承担无效保证的民事责任。④ 笔者注意到，在此案中，最高法院并没有给出解释，何种情况下或者何种程度上的保证意见表示，才得以构成保证合同，且视为有效。

在中国银行（香港）公司与辽宁省政府、葫芦岛锌厂保证合同纠纷案中，法院认为，关于辽宁省政府出具的《承诺函》是否构成保证担保，从本案《承诺函》的名称与内容看，辽宁省政府仅承诺“协助解决”，没有对中辽公司的债务作出代为清偿责任的意思表示，《承诺函》不符合《担保法》第 6 条有关“保证”的规定，不能构成法律意义上的保证。从金杜律师事务所深圳分所代表中银公司寄送给辽宁省政府的两份《律师函》内容看，该分所或者中银公司也没有要求辽宁省政府承担代

---

① 江必新主编：《民商审判指导与参考》（第 1 卷），人民法院出版社 2003 年版，第 358 页。

② 中华人民共和国最高人民法院审判监督庭编：《审判监督指导与研究》（第 1 卷），人民法院出版社 2001 年版，第 291 页。

③ 吴庆宝：《合同权益疑难案件判定解说》，人民法院出版社 2003 年版，第 46～47 页。

④ 参见最高法院民事（2005）001 号案例，最高人民法院、最高人民检察院《中国案例指导》编辑委员会编：《中国案例指导·民事卷》（第 1 辑），法律出版社 2005 年版。

为清偿债务的责任，而是仅要求其履行承诺不让中银公司受到经济上的损失。可见，《承诺函》所涉辽宁省政府与中银公司双方对案涉债务并未达成保证担保的合意，不能在双方之间形成保证合同关系。故辽宁省政府有关《承诺函》不构成保证担保的主张，符合双方当事人的真实意思表示，中银公司依据《承诺函》要求辽宁省政府承担保证责任于法无据，本院不予支持。①

除了行政监管职能外，国家机关也有部分经济职能，比如，担任重要企业的出资人。因此，国家机关还可能作为开办单位，以民事主体身份参与诉讼，并承担欠缴出资的补充或填补出资不足的法律责任。

在上诉人北国商业银行与被上诉人新产业股份公司、吉林省商务厅以及原审被告吉林新产业有限公司借款合同纠纷案中，法院认为，吉林省商务厅不能证明除4400万元注册资金之外，其前身吉林省外贸厅对外贸公司还有其他形式的资金投入，故本院认定上述4400万元债权系外贸公司资产的组成部分，吉林省外贸厅收回该部分债权，属于吉林省外贸厅抽逃外贸公司资产的行为，该行为损害了外贸公司以及外贸公司债权人的合法权益。因外贸公司系独立的民事主体，其对外所负债务首先应当以其自有财产清偿，如果外贸公司的财产不足以清偿债务，则吉林省外贸厅应就其抽逃资产的行为，对外贸公司的债务承担相应赔偿责任。②

此外，很少有人知道，作为全国最高审判机关，最高法院也曾在民事诉讼中当过被告，并被北京市西城区法院判令败诉。③

第五节　分析与评论

我国民法学界对民事主体的认识在不断深化，并且已经达到了这样的深度，“主体是民法第一概念，权利、义务、行为、责任，都是民事主体的属性，是形成秩序的手段或者方法，它们只有在民事主体这个支点上，才能被正确建构出来”。④ 对

---

① 最高人民法院（2014）民四终字第37号。

② 最高人民法院民事审判第二庭编：《商事审判指导》（第1辑），人民法院出版社2010年版，第174页。

③ 关于最高法院败诉的该起采光权纠纷案件，参见郑天翔：《郑天翔司法文存》，人民法院出版社2012年版，第311页；另见王学堂：《无法不谈：一个法律人的行与思》，海洋出版社2009年版，第166页。

④ 龙卫球：《民法基础与超越》，北京大学出版社2010年版，第155～157页。

此，笔者完全赞同。事实上，康德早就从哲学上批评过对主体的忽视，认为这是一种应当纠正的普遍现象。[①] 笔者想补充说明的是，主体、行为、权利和责任之四元结构，是从方法论的角度而非价值论的角度提出，是逻辑范畴而非价值范畴，这与学者的上述认识并不矛盾和冲突。

关于民事主体的法律规定，主要分布于民法典、民事诉讼法、公司法、合伙企业法、独资企业法等众多法律中。《民法典》将民事主体高度根据为三类，即自然人、法人和非法人组织，但根据我国现有法律规定，学界普遍认为存在四类法定民事主体，即自然人、法人、非法人团体和国家。[②] 也有学者独树一帜，将四类法定民事主体区分为自然人、法人、合伙和国家。[③] 对此，笔者认为，将合伙视为一类独立的民事主体，当然并无不可，但与其他法定民事主体并列，无论在理论上还是实践中，均大有问题。非法人团体作为民事主体的重要类型，其地位绝不是范围狭窄的区区合伙所能比拟的。笔者之所以特别指出这一点，乃是因为作为民事主体的"非法人团体"，正是最高法院民商审判最活跃、最有价值，同时也是最值得评析的活动领域。

显然，仅仅将眼光锁定在上述四类法定民事主体，远远不足以涵盖丰富多样的民事活动，不能满足复杂多元的民事诉讼尤其是民事审判的需要。最高法院从诉讼实践出发，以民事诉讼法为依托，[④] 以诉讼主体为突破口，以主体资格为接纳平台，以适格当事人为判断标准，对民事主体资格的认定，采取了动态性和开放式的取向，

---

① "康德认为，当一般人谈到意识的时候，谈到意识中的对象的时候，每每把作为意识的主体忘记了，每每把对象与主体隔离开，而把主体忽略了，忘记了对象是对主体来说的对象。没有主体，就没有对象，不依照主体限定的条件，对象就不能成为主体的对象。"高新民选编：《韦卓民学术论著选》，华中师范大学出版社1997年版，第56页。我国法学者江山也认为，主体概念是西方法律全部架构的核心，西方法律本身就是主体构成性的法律体系。所有的规则都围绕着主体展开，没有主体，整个规则及其体系就不存在。江山：《法哲学要论》，中国经济出版社2014年版，第57、479页。

② 罗玉珍：《民事主体论》，中国政法大学出版社1992年版。

③ 马俊驹、余延满：《民法原论》，法律出版社2010年版。

④ 正如前文所述，对民事主体的突破，是从诉讼法开始的。1986年实施的《民法通则》只规定了公民和法人两类民事主体，而1991年实施的《民事诉讼法》第49条规定："公民、法人和其他组织可以作为民事诉讼的当事人"，从而将"其他组织"引入民事诉讼活动中。笔者认为，这是最高法院拓展民事主体内涵与外延的最重要的直接法律依据。值得关注的是，2012年《民事诉讼法》再次修订，首次引入了公益诉讼主体。该法第55条规定："对污染环境、侵害众多消费者合法权益等损害社会公共利益的行为，法律规定的机关和有关组织可以向人民法院提起诉讼。"

绝不轻言权利主体资格的丧失,[①] 实际上从诉讼的角度，扩充了民事主体的内涵与外延，体现出对变动现实的充分尊重。正因如此，单位工会、指挥部、清算组织、职工持股会、业主委员会等五花八门的各类组织，才得以引入到民事诉讼的法律框架，依法调整相关的权利与责任。可以想见，只要最高法院不改变此种务实的价值取向，未来的民事诉讼活动中，还会涌现出更多的以往闻所未闻的新型主体，相当程度上折射出转型时期现实生活的多姿多彩。

同时，笔者在长时态的专题考察中，也充分注意到，最高法院对于民事主体的诉讼扩充，实际上也是非常谨慎的，这主要体现在两个方面：

第一，从认定源头上看，民事诉讼法中的“其他组织”的规定，始终被最高法院作为认定主体资格的直接法律依据，尽管其从未就此作过任何公开表态和承认。但不言而喻，这是解决认定合法性的最重要的法律盾牌，非紧紧抓住不可，这就决定了“其他组织”必然是只筐，什么都往里装。[②] 就目前而言，也确实似乎什么都装得下，谁能反驳说“清算委员会”“职工持股会”“业主委员会”之类不是“其他组织”呢？当然，最高法院在适用“其他组织”时，仍然保持较为清楚的头脑，并没有不分青红皂白，眉毛胡子一把抓，如有学者建议应承认课题组为“其他组织”，授予其诉讼当事人资格，让课题组履行登记手续，以自己的名义直接对外开展民事活动并承担民事责任。[③] 然而，最高法院认为课题组系一松散组织，并不属于法律意义上的“其他组织”，在其出台的司法解释中，明确否认课题组具备诉讼当事

---

① 最高法院的这一态度，体现在2016年11月30日发布的《第八次全国法院民事商事审判工作会议（民事部分）纪要》中。在涉及因土地承包、征收、征用引发争议的处理问题时，该纪要第23条规定：审理土地补偿费分配纠纷时，要在现行法律规定框架内，综合考虑当事人生产生活状况、户口登记状况以及农村土地对农民的基本生活保障功能等因素认定相关权利主体。要以当事人是否获得其他替代性基本生活保障为重要考量因素，慎重认定其权利主体资格的丧失，注重依法保护妇女、儿童以及农民工等群体的合法权益。

② 有学者指出，除《民事诉讼法》及最高法院关于民诉法司法解释外，我国其他诸多民事特别法，均规定了“其他组织”，如《合同法》（1999年）第2条、《著作权法》（2001年）第2条、《商标法》（2001年）第3条、《保险法》（2002年）第7条。此外，部分商事特别法，如《合伙企业法》《个人独资企业法》《中外合作经营企业法》等，更是直接授予这些“其他组织”享有民事权利能力和民事行为能力。“其他组织”已然是我国法定的民事主体，应该在民法总则编中给予“其他组织”一个“名分”，正式赋予其第三民事主体的资格。陈荣文：《论“其他组织”在我国民事法律主体体系中的地位》，载《福建公安高等专科学校学报》2004年第4期。

③ 肖建华：《民事诉讼当事人研究》，中国政法大学出版社2002年版，第77页。

人资格。[①] 总的来说，在民事诉讼法开辟的“其他组织”的广阔天地里，并经由民法典对“非法人组织”的正式规范，最高法院大有可为，也确有所为，并且还将继续有所作为。

第二，从认定过程上看，最高法院始终非自觉地遵循一定的工作步骤，首先解决主体的合法性问题，这主要体现在法律依据的认定；其次解决主体的正当性问题，这主要体现在对适格当事人的认定；最后解决主体的独立性问题，这主要体现在对特殊主体的认定。笔者认为，上述三个源于审判经验的非自觉工作步骤，大大降低了扩充主体资格的价值取向的法律风险。举例而言，依“当事人选择”为标准确定适格当事人，看起来充满了诉讼风险，与民事主体的法定原则似乎格格不入。适格当事人的确定，凭什么由当事人来自行选择？但是，吊诡的是，采取这种选择标准本身，恰恰是法定主义的表现形式。即便允许当事人自行选择，也是在法律允许的范围内。侵权与违约的竞合之诉，法律本来就规定当事人可以任一择之。多个主体共同侵权，选择谁来承担责任，当事人也有自由处分的权利。由此看来，不管最高法院表面看起来多么开明甚至激进，骨子里仍然充满了保守主义的色彩。当然，这是否也可以说，法律本身就孕育了这种进步的空间，最高法院只是将其充分地发掘出来，进而曲折地展现一种开明和包容呢？显然，这是一个意味深长的疑问，值得反复回味。

综观最高法院的主体认定，给笔者留下深刻印象的，是其标准繁多，甚至有点五花八门。尽管从每一个案以及每一标准内部来看，不无微观之合理性，但如此多样的认定标准，且每一标准亦并非将同一逻辑始终贯彻到底，确似有“八龙治水”之杂乱感，令人难以适从。当然，这一现象可能需要辩证地看待，一方面，认定标准的多样化，可能本身就是开放的结果。标准越多，缝隙越大，空间也越大，被放进来的主体就会越多。另一方面，标准太繁杂，则不易把握，在认定主体资格时，就存在一定的不确定性。扩充取向中的这种不确定性，也成为最高法院审判思维的一个重要面向。

同时，不得不指出的是，在实务取向与实用主义之间，并没有十分清晰的界限，往往存在维特根斯坦所说的“家族谱系”现象。最高法院长期抱守的实用主义原则

---

① 最高人民法院《关于审理科技纠纷案件的若干问题的规定》（法发〔1995〕6号，现已失效）第1条第5款规定：“以从事研究开发的课题组名义订立与该课题有关的技术合同，可以视为有效合同，有关民事责任按以下原则处理：（1）课题组由科研单位、大专院校、企业等法人单位设立的，其订立技术合同符合第3条规定的情形之一的，由其法人单位承担民事责任；（2）课题组由两个以上的法人单位共同设立的，其订立技术合同经有关法人授权或认可的，由法人单位共同承担民事责任；（3）课题组由两个以上的科技人员自行成立的，由该课题组成员共同承担民事责任。”

（尽管其从来没有承认且估计永远也不会承认一点，这只是笔者长期的观察心得，当然不一定正确，而且很有可能被认为不正确），一定程度上是以放弃对法理的深入研究和准确理解为代价的，而后者的欠缺最终不得不反映到司法实践上来，以致一旦遇到新问题，往往就会进退失据。目前来看，民事主体理论研究的欠缺，是最高法院民事审判的一块短板，并一度明显体现在对“职工持股会”“业主委员会”等新型主体的前后态度的反复上，且极有可能继续发酵于日后出现的其他类型的主体认定中。

之所以对新生事物看不准，笔者认为，并不完全是法律规定的缺乏，这或许是个客观原因，但绝对不是个充分理由。完全仰仗于法律规定，也不是个根本的解决办法。法律规范滞后于社会生活，这是无法时空穿越的正常现象。如果坚持针对某一情形，非得有明确法律规定，才能、才敢下判，这无疑将法院、法官贬为概念法学一度颂扬的“自动售货机”，从根本上泯灭其存在价值。换言之，正因为法律规范滞后于社会生活是个恒常现象，法院、法官的价值才得以真正凸显，迫使其不得不从法理、原理等深层次法域，探寻、挖掘和识别可能和正确的规范意义，体现出“法官思维方式是法官职业的灵魂，是法官职业特质的根本”。[①] 从这个角度说，似也很难断言“公司诉讼案件应该是各类商事纠纷诉讼中最为复杂的一种（至少是其中之一）”,[②] 因为如果没有足够坚深强大的学理支撑，看似稀松平常的民事主体领域，可能处处都是难关，而不唯独于所谓最为复杂的公司诉讼案件。

附录一　地方政府的民事主体资格认定：以最高法院椒江大桥航道通行权案为例[③]

（一）基本案情

海圳荣公司是主要从事液化石油气进口业务的中外合资企业，自1992年起，先后投入4000余万元，在临海市红光港建成3000吨级液化气专用码头及4610立方米贮气库，1995年2月经国务院批准，红光液化气专用码头对外国籍轮船开放。海圳荣公司采用租用远洋海轮方式，通过海门港经椒江航道至红光码头进口液化石油气。

① 吕忠梅：《职业代视野下的法官特质研究》，载《中国法学》2003年第6期。

② 金剑锋等：《公司诉讼的理论与实务问题研究》，人民法院出版社2008年版，前言第2页。

③ 该案例评析刊于最高人民法院民事审判第一庭编：《民事审判指导与参考》（总第17集），法律出版社2004年版。

1993年12月，经省人民政府批准，椒江大桥被列为省交通基础设施建设第三批“四自”工程。由B市政府组织编制可行性报告和净空高度报告，上报浙江省交通厅，1994年6月，省交通厅批准通航净高为20米。

在大桥修建过程中，A市人民政府和海圳荣公司多次就大桥高度问题向B市政府报告，要求将大桥高度提高到28米，以保证3000吨级液化气海轮能够通行，B市人大、政协委员也曾提过建议。B市政府在1998年4月15日做出的《关于椒江大桥高度问题的函》答复：“椒江大桥现设计方案可保证3000吨级船舶每天都有过桥进港时间。”1998年10月，椒江大桥开工。2000年12月，海门港务监督部门对椒江大桥限航通行高度20~22米。海圳荣公司使用的远洋液化气轮船无法通行，进口液化气来源中断，公司被迫停业。

此后，海圳荣公司以B市政府和大桥公司为被告，提起航道通行侵权之诉，并要求赔偿无法通航的全部经营损失。

省高院认为，椒江大桥的建设对海圳荣公司的经营有一定影响，但是海圳荣公司可以通过租用小船解决，因此判令两被告不承担任何侵权责任。

最高法院认为，在椒江大桥的建设过程中，B市人民政府的行为体现在椒江大桥的立项、净空高度设计的可行性研究和一系列的报批过程之中。这些行为属于一级地方人民政府的公共行政行为。因此，裁定本案不属于民事诉讼受理范围，驳回海圳荣公司对B市人民政府的起诉。大桥公司系由B市政府设立，是合法民事主体，海圳荣公司虽然享有合法通行权，但是大桥公司的建桥行为“并未对海圳荣公司构成无法与外界为适宜联络这一最低便利要求的威胁”，海圳荣公司基于大桥净空高度不能满足其租用海轮通过的损害赔偿请求和主张，超出大桥公司的“容忍义务”，因此判决大桥公司不构成侵权。

（二）地方政府从事公共建设时，应为普通民事主体

1. B市政府是否为本案民事主体?

代理人认为，在本案中，B市政府具有双重身份。一方面，是具有行政审批职能的政府部门；另一方面，也是大桥的修建者和实际权利人。B市政府以民事主体身份对大桥进行委托设计、报批和实际修建，也是椒江大桥的实际权利人，对椒江大桥享有民事权利，应当认定为民事侵权关系的主体。理由是：

第一，自1994年起，B市政府设立椒江大桥工程建设指挥部，主持椒江大桥从立项设计、编制可行性报告、报建高度、实际修建乃至竣工验收的全过程，是大桥

实际建设的主体。

第二，在本案中，B市政府不是行政审批主体，而是以修桥民事主体身份履行报批义务。从两审法院确认的证据来看，1994年编制的大桥修建可行性报告、高度变更等文件，是B市政府以自己部门的名义（B市交通局、B市计委等）上报省级行政部门，再由省交通厅、省计划与经济委员会等政府部门作出批复。由于大桥筹建前期并没有成立项目公司（大桥公司是1998年10月成立），因此B市显然是代替项目公司，以民事主体身份，履行修桥的民事报建义务，而不是以行政主体身份履行行政审批职权。

第三，大桥的权属关系方面，在二审庭审中，B市政府承认其对大桥享有财产权利，B市政府与大桥公司之间存在合同关系，约定椒江大桥由大桥公司使用若干年后，产权收归B市政府所有。因此，B市政府也是椒江大桥的实际所有者和财产权利人，具有与大桥公司同等的民事主体身份，依法可以成为民事侵权法律诉讼的主体。

第四，椒江大桥于1993年12月8日经省人民政府批准，被列为浙江省交通基础设施第三批“四自”工程，自始就不是纯公益性事业。大桥建成后，由椒江大桥公司向过往车辆收取过桥费用，属于明显的经营行为。B市政府和大桥公司应当对其经营行为造成海圳荣公司的侵权损害承担赔偿责任。

2. B市政府及大桥公司不合理的修桥行为，侵害了海圳荣公司的合法通行权和航道使用权，应当承担连带侵权损害赔偿责任。

第一，海圳荣公司享有合法通行权和航道使用权。海圳荣公司是专门从事液化石油气进口业务的企业，其修建的红光码头是经国务院批准、该省唯一一个对外籍船舶开放的液化气专用码头，1993年至今，先后经由海门港溯椒江航道，接泊3000吨级以上外籍远洋液化气海轮381次，吞吐液化气47万吨。

椒江航道是红光码头进出海门港的必经之路，作为红光码头的合法所有者，基于国务院和各级政府主管部门批准建设红光码头的行政许可，海圳荣公司依法享有对椒江航道的使用权和合法通行权，有权经由椒江航道通行中国籍和外籍的3000吨级特种船舶，进口运输液化石油气往来海门港和红光码头，以及从事相关的其他运输和经营行为。任何人不得以任何理由阻碍、剥夺其对航道的使用权。而两被申请人修建的椒江大桥，阻断了海圳荣公司使用3000吨级液化气海轮经由椒江航线进出红光码头的道路，侵犯了海圳荣公司航道使用权和基于相邻关系的通行权。

第二，海圳荣公司的通行权和航道使用权，因椒江大桥的修建而受到严重侵害。

二审判决认为，海圳荣公司虽然享有合法通行权，有权要求相邻关系人为其通行提供便利，但是“相邻通行权的行使以‘通常’为限制，不能超过相邻方应当负有的‘容忍义务’。本案中椒江大桥的建造虽然会对某些海轮的通航便利造成限制，但并未对海圳荣公司造成无法对外界为适宜联络这一最低便利要求的威胁。海圳荣公司损害赔偿的诉讼请求基于的椒江大桥净空高度不能满足其租用海轮通过的理由和主张，已经超出了椒江大桥公司负有的必要的‘容忍义务’，亦即，海圳荣公司之权利并未在法律上受到确定的侵害”。二审法院这一认定是完全不合理的错误认定。

相邻关系的一方有权要求对方为自己的合法通行权提供便利，判断其要求是否超出提供便利方的“容忍度”，至少应当考察二方面因素，一是通行一方是否形成在先的通行权，即通行一方的要求是不是合理且必要的；二是修桥一方在修建时是否知道或能够预见对他人权利的侵害，即是否存在明知而为的主观过错。

而在本案中，海圳荣公司享有的通行权和航道专用权在大桥修建以前即已合法形成存续，两被申请人有义务在修建大桥的时候对海圳荣公司的权利予以保护。1995 年 2 月 21 日，红光液化气专用码头经国务院批准对外轮开放。为此，B 市人民政府同意码头扩建至3000 吨级，并报请省人民政府口岸办公室对扩建后的3000 吨级码头进行验收。1995 年 7 月，省政府口岸办组织省计委、省办公厅、省商检局、省交通厅、杭州海关、省边防局、省军区、B 市政府口岸办等各级政府主管部门组成联合验收小组验收红光码头，并做出正式验收合格报告。自 1993 年至 2000 年，船舶运输主管部门——海门港务监督局（后归为台州海事局）先后批准海圳荣公司 45 艘 3000 吨级以上液化气海轮进港，确认了海圳荣公司的合法航道使用权。

椒江大桥于 1998 年 10 月开工修建，此时红光码头已建成并投入使用多年，两被申请人理应对此前他人享有的合法权利予以保障。

必须注意的是：基于红光码头的对外开放和液化气运输专用性质，海圳荣公司享有的航道使用权和合法通行权，其内容是正常通行 3000 吨级外籍液化气海轮进出海门港和椒江航道，保证进口液化气运输畅通无阻，而不仅仅是二审法院认定的所谓“到达出海口与外界进行有效联络”。因此，任何限制或阻碍海圳荣公司依法使用航道经营的行为，均构成侵权。B 市政府及其大桥公司因修桥行为而影响海圳荣公司的船只正常通行，甚至断航，即属侵权。

第三，B 市政府在建桥前明知海圳荣公司使用 3000 吨级液化气海轮通行的事实，且承诺大桥的净空高度能够保证 3000 吨级海轮的通行。

原审已经查明，从大桥设计之初，海圳荣公司就多次书面向 B 市政府反映大桥净空高度不足的问题。临海市政府、人大代表也多次向 B 市政府要求重新论证、增加大桥净空高度，保障沿岸企业使用的 3000 吨级船舶通行。B 市政府于 1998 年 4 月

14日《关于椒江大桥高度问题的函》中承诺，“椒江大桥的现设计方案可保证3000吨级船舶每天都有过桥进港的时间”。因此，B市政府在大桥修建前对桥下航道存在通行3000吨级以上液化气船舶的事实是明知的，理应以善意修建人的态度，对大桥进行合理的设计施工。

第四，B市政府明知建桥所依据的1994年净空高度批复不符合1998年的通航现状，且交通部明文要求其重新评估和报批，却坚持拒不更正错误设计，应当承担故意侵权的损害赔偿责任。

B市政府建桥所依据的净空高度批复，是省交通厅于1994年5月根据台州市政府的《椒江大桥工程可行性报告》作出的。而1994年的《椒江大桥工程可行性报告》明确，设计净高度是基于上游建有1000吨级码头的通行需要，即18～20米的净空高度是1000吨级船舶通行的合理高度。批复下发后，椒江大桥并未及时开工。

1994年至1998年，椒江航道航运状况发生巨大变化。1995年2月，国务院批准红光码头对外开放，当年7月，红光码头通过3000吨级扩建验收。到1998年椒江大桥开工前，海圳荣公司已经获得港监部门许可，使用3000吨级海轮进口液化气数百次。临海地区还有造船企业从事3000～5000吨级船舶制造。此时，原大桥1000吨级通行高度的设计无法满足3000吨级以上船舶通行的需要。

此时，B市政府和大桥公司作为善意的修桥主体，理应根据航道现状对大桥净空高度重新进行可行性论证，重新上报省交通厅及交通部审批。但是，其没有履行应尽的义务。

1998年4月、7月，省交通厅先后两次发函台州市政府，交通部基础建设司也专门发函，要求椒江大桥重新按照通航3000吨级海轮的标准设计，并要求B市政府重新编报大桥通航净空尺度和技术要求论证报告，上报交通厅及交通部批准。但是，B市政府无视交通厅的要求，不顾临海市沿岸企业及临海市政府和人大代表的强烈反对，拒绝对大桥高度重新论证报批，坚持以不合理的设计方案建桥，最终造成了本案的侵权行为和海圳荣公司损害事实的发生，应当承担故意侵权的损害赔偿责任。

大桥公司作为大桥的产权单位和建设单位，明知据以开工的桥梁净空尺度批文是1994年取得、不符合1998年的实际情况，且批复的相对人不是大桥公司（项目主体转变应当办理相关批文的更名手续），但未能主动根据3000吨级船舶通航的实际情况进行大桥高度的可行性论证，未能重新申请报批，没有尽到建设单位的善意、谨慎义务，对造成大桥侵权的事实具有不可推卸的责任，亦应当承担故意侵权的损害赔偿责任。

3. 海圳荣公司经济损失均是由两被告的侵权行为所造成。代理人认为，二审法院在认定两被告的修桥行为不构成侵权的基础上，进而认定海圳荣公司的损失与椒江大桥的建成没有因果关系，这是不符合实际的。

大桥开工后，海圳荣公司的正常经营受到严重影响。2000 年 12 月 25 日，海门港务监督局发布椒港监航（2000）13 号、14 号《航行通告》，规定：由于椒江大桥施工原因，2001 年 1 月 1 日至 9 月 30 日，水线以上最大高度超过 20 米的船只禁止通行。

由于目前国际航运界通行的主流液化气远洋船舶均是 3000 吨级以上，空载高度超过 22 米，海圳荣公司所使用的 3000 吨级船舶全部因超高无法通过，进口液化气来源被迫中断，公司业务陷于困境。2001 年 8 月 10 日，海圳荣公司登报宣布暂时停业。

2001 年 6 月 29 日，椒江大桥合拢。2001 年 9 月 24 日（即限航期限届满前），海圳荣公司向 B 市海事局书面申请，允许原正常运行的液化气船舶通航，以便早日恢复生产。但是 B 市海事局 2001 年 9 月 29 日再次发布《航行通告》，规定：自 2001 年 10 月 1 日起，通航高度为水线以上至最高点 22 米。至此，海圳荣公司恢复船舶通行和公司营业的希望彻底落空，公司无法恢复经营。

海圳荣公司从 1998 年大桥修建伊始，经营状况受到影响逐渐恶化。2000 年底港监部门限航以后，海圳荣公司没有一艘船舶能够被批准进港。进口液化气来源中断，公司被迫停业，造成 4000 余万元修建的红光码头和大型贮气库无法使用、近乎废弃。因此，B 市政府及其大桥公司的不当修桥行为，是造成海圳荣公司停业的直接原因，两民事主体应当承担侵权的损害赔偿责任。

第二章
判断法律行为

按照德国学者维尔纳·弗卢梅的观点，法律行为是一个抽象概念，《德国民法典》的编纂者甚至故意回避给法律行为下定义。国内有学者也认为，法律行为是德国人归纳抽象出来的重要概念，体现出以法律形式理性为特征的德国民法的基本思维方法。既然法律行为是对物权行为、债权行为和身份行为的共同抽象，法律行为的规则当然能够普遍适用于民法典所规定的每一种具体的民事行为。[①] 当然，国内也有学者认为，法律行为概念并不抽象，并建议更名为“设权行为”，以体现其具体性。[②] 这一建议有其合理性，特别是考虑到，弗卢梅这位德国民法学界的大师同时又把具体至微的合同请求权，视为依据私法自治的设权行为，也即法律行为。[③] 由此可见，在民法学者那里，法律行为不仅高度抽象，而且十分宽泛具体，或许正因为其高度抽象，也才可以宽泛具体。正如芮沐先生所言：“法律行为之应用范围极为广泛，实际上横贯全部民法。举凡自由意思所准许之范围，法律行为无不可成立。”[④] 本书正是在这个宽泛含义上具体使用法律行为这个概念，涵盖了诉讼请求、查明事实、定性关系和认定效力等一系列紧密相关的诉讼环节，并将当事人诉讼请求的提出，作为民商事审判程序中全部法律行为的逻辑与现实起点。

---

① 尹田：《民法思维之展开》（修订版），北京大学出版社2014年版，第52、58页。

② 宋炳庸：《法律行为基础理论研究》，法律出版社2008年版，第293页。我国有学者提出，法律行为是民事主体对与他人之间关系中自己的利益进行自我规制的规范性行为，应当将该行为的自我规范与法律评价区分开来，并据此提出法律行为的“规范说”，将其视为突破“意思自治”和“合法行为”的创新学说。窦海阳：《论法律行为的概念》，社会科学文献出版社2013年版，第157～158页。此书系中国社会科学院法学研究生博士后出站报告。笔者研读后认为，该学者不过是更强调法律行为作为设权行为的私法性质，而所谓法律行为的规范性，我国台湾地区民法学家黄茂荣以及我国民法学教科书早就提出，该学说并无新意。参见黄茂荣：《法学方法和现代民法》，中国政法大学出版社2001年版，第228～230页；江平主编：《民法学》，中国政法大学出版社2011年版，第120页。

③ ［德］维尔纳·弗卢梅：《法律行为论》，迟颖译，法律出版社2013年版，第4、26页。

④ 芮沐：《民法法律行为理论之全部》，中国政法大学出版社2003年版，第72页。

第一节　审查诉讼请求

一、不告不理原则

提出诉讼请求，是典型的诉讼行为。是否正确地提出诉讼请求，有赖于法院的审查行为。诉讼请求是全部案件展开的前提与基础，也是法院审理活动的逻辑起点。[①] 当然，诉讼请求与案由不同，最高法院明确将二者区分开来。[②] 法院对诉讼请求的审查，一向适用不告不理原则，即将审理严格限制在原告据以主张的诉求范围内。这一原则的适用，既体现在本诉里，也体现在反诉里，还体现在上诉以及再审程序中。此外，对不告不理原则的违反，既可能是当事人自身，也可能是法院本身。

在富春航业股份有限公司、胜惟航业股份有限公司与鞍钢集团国际经济贸易公司海上运输无单放货纠纷再审案中，法院认为，本案是鞍钢公司诉富春公司海上货物运输无单放货纠纷，不是签发提单纠纷。鞍钢公司在再审中主张其损失与两套提单的签发有关联，超出本案审理的范围。[③]

在中房公司与中行、西单商建公司购房合同纠纷上诉案中，法院认为，本案原告为中行，其起诉请求为，确认中房公司与中行所签订的购房合同无效，由中房公司与西单商建公司共同返还购房款及贷款利息。一审确定的本案案由亦为购房纠纷，本案诉讼没有任何一方当事人请求处理开发合同纠纷，根据民事诉讼法有关规定精神及在处理民事案件中所掌握的不告不理原则，该案不应对开发合同进行合并处理。[④]

在顺丰公司、顺兴公司与中海公司不当得利纠纷申请再审案中，法院认为，中海联公司并未对其与顺兴公司房屋购销合同提起诉讼，二审法院将中海联公司主张

---

① 严格意义上讲，案件受理才是法院审理活动的逻辑起点。鉴于案件受理既涉及诉讼程序问题，包括地域管辖、级别管辖和专属管辖等，还涉及行政决定问题，包括高级法院不得直接受理破产案件、受理上市公司重整案件须逐级上报至最高法院审查批准等，诸多事宜均与本书主旨相距较远，故舍弃不论。相关行政决定资料参见郑志斌、张婷：《公司重整：角色与规则》，北京大学出版社2013年版，第18、276页。

② 在德清县上武汽修厂诉董某峰损害赔偿纠纷案中，最高法院认为，案由是当事人诉讼请求所指向的法律关系。在案件中存在多个法律关系时，只有与诉讼请求在法律上、事实上直接关联的法律关系才是案由。《中华人民共和国最高人民法院公报》2011年第6期。

③ 《中华人民共和国最高人民法院公报》2002年第1期。

④ 最高人民法院民事审判第一庭编：《民事审判指导与参考》（总第15卷），法律出版社2003年版，第275页。

的不当得利纠纷改为中海联公司与顺兴公司房屋购销合同纠纷进行审理，实际上改变了当事人的诉讼请求，违反了诉讼原则，并直接判决一审法院追加的第三人顺兴公司与中海联公司之间的房屋购销合同和违约协议无效，由顺兴公司返还中海联公司不当得利款，一审被告顺丰公司负连带责任，剥夺了顺兴公司的上诉权，显属不当，依法应予纠正。①

对于不告不理原则，最高法院不仅将其审理范围严格限制在当事人诉讼请求范围以内，而且还进一步延伸到原告提出诉求的依据上。

在某县国有资产管理局与泰和集团股权转让纠纷上诉案中，法院认为，本案中国资局起诉主张权益依据的是股权转让协议，而不是质押协议，所以关于质押法律关系可不予审理，但原审法院对此予以审理并作出错误认定，当事人也据此提出上诉，二审法院对一审判决的错误应予以纠正。②

在安益公司与机场公司合作建房合同纠纷上诉案中，法院认为，本案原告安益公司在一审时提出的诉讼请求是确认合同无效、由机场公司返还投资款，机场公司并没有提出反诉。经审查，该合同应当是有效的，安益公司主张合同无效的诉讼请求显然不能得到支持。审理民事案件的原则是根据当事人的诉讼请求进行判决、不告不理，故正确的做法是驳回安益公司关于确认合同无效及返还投资款的诉讼请求。而一审法院对双方的违约责任问题进行实体审理以及判决继续履行合同、由安益公司支付土地开发费给机场公司，明显超出了当事人的诉讼请求范围，实际上剥夺了安益公司提出解除合同的诉权。③

不仅一审法院会超过诉讼请求的范围进行审理，作为高级法院的二审法院有时也会如此。

在巴南建行分行与成都招行分行、九龙公司房屋抵押贷款纠纷提审案中，法院认为，原审判决存在的另一错误是，成都分行作为原告提出的诉讼请求，是要求确认其与九龙公司所签的抵押贷款合同有效，要求第三人巴南分行返还占用的抵押物，并未向九龙公司主张返还借款，一审法院也未对此问题进行审理。二审法院在上诉审时，超出了原告的诉讼请求，加判九龙公司返还成都分行借款及利息、罚息，违反了民事诉讼不告不理原则，故最高法院对此项判决予以撤销。④

---

① 唐德华主编：《民事审判指导与参考》（第 2 卷），法律出版社 2000 年版，第 340 页。

② 江必新主编：《民商审判指导与参考》（第 1 卷），人民法院出版社 2003 年版，第 228 页。

③ 曹建明主编：《民事审判指导与参考》（第 1 卷），法律出版社 2002 年版，第 307 页。

④ 中华人民共和国最高人民法院审判监督庭编：《审判监督指导与研究》（第 4 卷），人民法院出版社 2001 年版，第 186 页。

对于当事人在一审放弃了的诉求，二审又重新提出，法院也会依不告不理原则处理。

在三建公司与通宝公司建筑工程施工合同纠纷上诉案中，法院认为，一审法院未将诉讼时效问题作为本案争议的焦点问题进行审查处理。鉴于三建公司在一审时，未就诉讼时效问题提出主张，且以实际的应诉行为放弃该项主张，其在二审期间作为新的请求提出，不应予以支持。①

最高法院适用不告不理原则，还体现在反诉中。

在敦煌大酒店、中建西北研究院与省四建、原审第三人地质工程地质队拖欠工程款、工程质量纠纷上诉案中，法院认为，本案的本诉原告是省四建，被告是敦煌大酒店，敦煌大酒店只能以省四建作为被告提起工程质量的反诉。但在敦煌大酒店的反诉中，将西北设计院、地质队作为无独立请求权第三人一并起诉，超出了民事诉讼法关于反诉的规定，因此一审法院将此作为反诉处理是不当的，敦煌大酒店可依据设计合同与勘探合同，对西北设计院和地质队另行起诉。②

需要指出的是，对于超出诉讼请求的一审判决，以及一审明显错判之处，如果当事人未提起上诉，或者未依法定方式表达上诉，最高法院依然适用不告不理原则，至多指出一审判决存在不妥，但对判决结果基本不予变更。对此，司法实践中有不少相关的判决。

在新港城公司与王某等侵权损害赔偿纠纷上诉案中，法院认为，王某出任新港城公司董事长后，将新港城公司融资得款1200万元挪作怡运公司出资款的行为，不是其正常执行公司职务的行为，该行为确有损于新港城公司，但在诉讼中，新港城公司始终未提出此侵权行为所对应的损害结果。原审判决认定王某对新港城公司构成侵权，应按合作合同的约定予以赔偿。此判项，对损害结果的认定缺乏事实依据，将合作合同的约定约束非该合同主体，缺乏法律依据，但原审判决后，王某未提起上诉，可视为其接受了原审判决结果，故本院二审不作变更。③

在开发公司与针棉公司、收容遣送站预购商品房合同纠纷上诉案中，法院认为，开发公司与针棉公司签订的合同性质为预购商品房合同，开发公司与遣送站签订的合同为委托开发合同，这两份合同从合同主体性质及内容上均不同，是两个完全独

---

① 曹建明主编：《民事审判指导与参考》（第4卷），法律出版社2003年版，第366页。

② 唐德华主编：《民事审判指导与参考》（第3卷），法律出版社2001年版，第215~216页。

③ 肖扬总主编：《中华人民共和国最高人民法院判案大系·（民商事卷－1999年卷·下卷）》，人民法院出版社2003年版，第1209页。

立的法律关系。一审法院判决遣送站对开发公司返还部分预付购房款承担连带清偿责任，没有事实和法律依据，遣送站不应该承担连带清偿责任。但遣送站对一审的此项判决没有提出上诉，视为当事人对这一民事权利自行处分。根据《民事诉讼法》第151条的规定，二审法院仅对上诉请求有关的事实和适用法律进行审查，故对这一问题不予处理。①

在美联咨询公司与纪明公司、高先公司、纪盛公司债务及担保纠纷上诉案中，法院认为，根据保证法律关系，保证行为的实质是保证人以其全部财产作为担保，不能以保证人提供担保的财产尚未取得，就认定担保无效。鉴于一审判决确认美联咨询公司至今未办理相应的房地产权属变更登记手续，将其还不享有所有权的财产为高先公司债务作担保，违反了《担保法》第34条、第37条所有权、使用权不明或有争议的财产不得抵押的规定，认定该担保合同无效后，纪明公司未提出上诉，未提出担保合同的效力问题，所以二审判决对此未作变更。②

在寰岛公司与基地公司、重铁公司代理开立信用证协议纠纷案中，法院认为，基地公司仅在答辩状中提出，其同意寰岛公司关于要求重铁公司承担责任的上诉请求，但其主张的重铁公司应当承担的连带担保责任与寰岛公司主张的违约责任，是基于不同的法律关系产生的，诉由不同、承担责任的方式也不同，基地公司的请求不是上诉人提出的请求。原审判决虽然在适用法律上有所不妥，但对此享有权利的基地公司并未提出上诉，故驳回上诉，维持原判。③

在此后公布的案例中，最高法院再度表明，当事人未以法定方式提出上诉请求的，应按不告不理原则处理。

在哈池曼公司与申福公司、德宝公司海上货物运输合同货损纠纷再审案中，哈池曼公司、德宝公司在一审答辩理由中提出有权享受海事赔偿责任限制。一审法院认为“因本案被告赔偿责任未超过责任限额，被告有关享受责任限制的主张，本案中不予审理”。哈池曼公司、德宝公司在二审上诉状及庭审答辩中均未再要求享受海事赔偿责任限制，仅在二审庭审后提交的补充上诉答辩意见暨代理意见中提出其有权享受海事赔偿责任限制。法院认为，即使哈池曼公司、德宝公司的赔偿责任未超过海事赔偿责任限额，法院亦应当对该抗辩理由进行审理，更何况是否走出限额需经过审理才能认定。本案一审以未超过责任限额为由对其抗辩理由不予审理，确有

---

① 唐德华主编：《民事审判指导与参考》（第1卷），法律出版社2000年版，第219~220页。

② 唐德华主编：《民事审判指导与参考》（第3卷），法律出版社2001年版，第247页。

③ 金赛波编著：《中国信用证法律和重要案例点评》，对外经济贸易大学出版社2002年版。

不当。但哈池曼公司、德宝公司并未就此提起上诉，其在二审庭后提交补充上诉答辩意见暨代理意见中提出其有权享受海事赔偿责任限制，不能视为其对海事赔偿责任限制的问题提出上诉，故二审法院未主动审理其是否享有海事赔偿责任限制并无不当。①

尤能反映最高法院对此问题所持立场的，体现在两起正式公布的裁判文书中。

在颇具争议的广东省轻工业品公司与 TMT 公司商标权属纠纷上诉案中，法院认为，由于轻工业品公司申请采取了知识产权海关保护措施，造成了 TMT 公司近两年无法出口商品，遭受了巨大损失，轻工业公司本应对此承担责任，鉴于 TMT 公司对驳回其索赔请求未提起上诉，对此法院予以维持，不予调整。②

另一起公报案件，为建行合肥新站开发区支行诉新长江公司借款合同纠纷案，法院认为，原审以双方均不具备港币借贷的主体资格，未经主管部门批准为由，认定港币借款合同无效，双方均未提出异议，本院予以维持。③ 如果考虑到本案的判决摘要中，专门适用《最高人民法院关于适用〈中华人民共和国合同法〉若干问题的解释（一）》（以下简称《合同法解释一》）第 3 条关于“人民法院确认合同效力时，对合同法实施以前成立的合同，适用当时的法律合同无效而适用合同法合同有效的，则适用合同法”的规定，则本案中最高法院的态度，似有同情但又爱莫能助之意。

依笔者有限阅读，司法实践中，适用不告不理原则也有争议和例外，既发生在最高法院判决中（尽管最高法院自认并未突破不告不理原则或者干脆认为突破不告不理原则完全有理），也出现在高级法院层面。

在重庆家行分行与雨田公司房屋联建纠纷案中，法院认为，当事人依法处分自己的权利和“不告不理”是民事诉讼的重要原则，人民法院在处理民商事纠纷时，只能对已诉法院的民事权利义务关系作出判断，除涉及国家和公共利益外，审理和判决应以当事人诉讼主张的范围为限。虽然雨田公司要求农行承担延期支付购房款的利息和滞纳金的诉求，在不同的诉讼阶段基于计算的截止时点不同而具体数额有所差别，一定程度上属于诉讼请求的增加，但属于时间结点顺延所必然增加的部分，为减少讼累，原审法院基于当事人的诉请一并处理并无不当。④

---

① 江必新、贺荣主编：《涉外商事海事审判指导》2013 年第 2 期，人民法院出版社 2014 年版，第 116 页。

② 《中华人民共和国最高人民法院公报》2000 年第 4 期；另载最高人民法院办公厅编：《最高人民法院公布裁判文书》（二〇〇〇年），人民法院出版社 2001 年版，第 211 页。此案连续三年在全国人大会议上有代表提出议案，要求最高法院再审，法学界和立法机关也有人士对此案提出质疑。转引自侯猛：《中国最高人民法院研究：以司法的影响力切入》，法律出版社 2007 年版，第 31 页。

③ 《中华人民共和国最高人民法院公报》2004 年第 3 期。

④ 江必新主编：《审判监督指导》（第 2 辑），人民法院出版社 2012 年版，第 140、153 页。

在南方橡胶（集团）与星湖光大支行、新技术总公司、凯杰公司、电器科学研究所借款合同纠纷案中，最高法院承办法官难得地袒露心证，称虽然民法适用不告不理原则，但由于事物的发展变化有其因果性和相关联性，二审案件审理中，很难说仅对上诉请求的范围进行审查，而不涉及请求范围之外的事实。尤其是有的上诉请求的事实部分是建立在其他事实之上的。在这种情况下，如仅审查上诉请求的范围，是不可能从根本上解决问题的。从实事求是的角度看，在二审审查过程中，如发现了原审法院在审理中对事实认定和法律适用明显有误，而借故当事人未提出上诉而不予改判，有违唯物辩证法的基本原理。此外，从及时解决当事人之间的讼争、减少法院审判工作量的角度出发，对二审中发现的错误也应及时改判。对二审中发现的错误以超过上诉请求范围为由不予改判，不符合民事诉讼法的基本原则。①

真正突破不告不理原则，且明确这种突破做法之正当性的，同样发生在最高法院审理的典型案件中，反映其在新类型案件的审理时，审判思维确实非常灵活，并不完全拘泥于条条框框。

在奇虎公司与腾讯公司、腾讯计算机公司滥用市场支配地位纠纷案中（指导性案例78号），法院认为，虽然一审判决已经认定腾讯QQ软件与电子邮箱、手机短信不属于本案相关商品市场，且被上诉人并未对此提出上诉，但因相关市场的认定本质上是一个事实问题，对该事实的查明是本案的关键问题之一，故本院将此问题纳入事实查明范围。

值得关注的是，在再审案件中，最高法院适用不告不理原则时，曾出现过明显矛盾，且这种态度不一致的认定，系同一审判庭在同一年度内作出。

在溧阳农行支行与耀德公司、某市供销合作总社、众诚会计师事务所有限公司借款合同纠纷案中，法院认为，再审案件的审理范围限于申请再审人的请求。② 在黄某华与李某斌股权转让合同纠纷案中，法院认为，再审案件的审理范围应在原审诉讼请求之内。③

而在沪西经济发展公司、上海琉泰公司与上海宝丰联（集团）、上海高境资产经营管理有限公司、上海大柏树房地产开发经营公司以及叶艺林、叶鑫股权转让合同

① 刘敏编著：《实践中的商法：司法解释解读·典型案例分析·商事审判专论》，北京大学出版社2011年版，第161~162页。

② 最高人民法院民事审判第二庭编：《最高人民法院商事审判指导案例·公司与金融卷》，中国法制出版社2013年版，第27页。

③ 最高人民法院民事审判第二庭编：《最高人民法院商事审判指导案例·公司与金融卷》，中国法制出版社2013年版，第635页。

纠纷案中，法院又认为，对当事人申请再审中未涉及的事项，为彻底平息当事人之间的争议，免除当事人的诉累，节约司法资源，法院可以依职权将该问题一并纳入再审的审理范围。① 两案均由最高法院民事审判第二庭作出，可见适用不告不理的标准并不统一。

与不告不理原则相关联的，是一事不再理原则，二者法律界限的区分并非易事。对此，最高法院的观点也在不断变化，司法解释与案例之间，以及案例与案例之间，认识尺度并不统一。

目前仍然有效的《全国沿海地区涉外、涉港澳经济审判工作座谈会纪要》（法经发〔1989〕12 号）认为，“……一个法律事实或法律行为有时可以同时产生两个法律关系……原告可以选择两者之中有利于自己的一种诉因提起诉讼，有管辖权的受诉法院不应以存在其他诉因为由拒绝受理。但当事人不得就同一法律事实或法律行为，分别以不同的诉因提起两个诉讼”。

然而，在鲲鹏公司与西港房地产公司、重点建设实业公司土地使用权纠纷管辖权异议案中，法院认为，判断基于同一纠纷而提起的两次起诉是否属于重复起诉，应当结合当事人的具体诉讼请求及其依据，以及行使处分权的具体情况进行综合分析。如果两次起诉的当事人不同，具体诉讼请求等也不同，相互不能替代或涵盖，则人民法院不能简单地因两次起诉基于同一纠纷而认定为重复起诉，并依照“一事不再理”的原则对后一起诉予以驳回。② 显然，通过扩展诉讼构成要素，最高法院放宽了对于一事不再理的判断标准。

而在此后发布的判例中，最高法院又提出以诉讼标的是否同一，作为一事不再理的判断标准。

在宁波交行分行与芜湖市国土资源局等债权人代位权纠纷案中，法院认为，债权人对次债务人提起的代位权诉讼，与债务人对次债务人提起的债权之诉，分别基于不同的法律关系，两个诉讼具有不同的诉讼标的。诉讼标的是判断诉的同一性的标准，因此两个诉讼不具有同一性。债权人在债务人对次债务人提起债权之诉之后，另行提起代位权之诉，不违反一事不再理原则。③

---

① 最高人民法院民事审判第二庭编：《最高人民法院商事审判指导案例·公司与金融卷》，中国法制出版社 2013 年版，第 143 页。

② 《中华人民共和国最高人民法院公报》2006 年第 5 期。

③ 最高人民法院审判管理办公室编：《最高人民法院优秀裁判文书》（第 2 辑），法律出版社 2014 年版，第 145 页。

二、诉讼请求的识别、释明与选择

当事人提出的诉讼请求，有时并不清晰和准确，或存在争议，或与法相悖，需要进一步的解读和识别。识别的过程，也是释明和选择的过程。最高法院对诉讼请求进行识别的结果，既可能是肯定的，也可能是否定的。识别的标准，既严格按照法律规定，不失其严谨，同时也充分注意平衡利益，富有务实精神。

在天业公司与泓德公司加工承揽合同纠纷上诉案中，法院认为，虽然泓德公司在诉讼请求中没有明确提出解除协议，但其的诉讼请求亦未要求天业公司继续履行合同，且其关于由天业公司退还1050万元加工费的诉讼请求包含了解除合同的意思表示。原审判决书主文未明确判令解除合同欠当，应予纠正。①

在中国抽纱公司上海进出口公司诉中国太平洋保险公司上海分公司海上货物运输保险合同纠纷案中，法院认为，当承运人故意违约无单放货时，抽纱公司应当根据海洋货物运输合同的约定，向这个确定的责任人追究违约责任。抽纱公司不去追究承运人银凤公司的违约责任，却以“提货不着是约定的风险”为由，起诉请求判令上诉人保险公司赔偿，致使应承担无单放货违约责任的银凤公司免受追偿。抽纱公司的诉讼请求，不仅不符合承运人应该根据提单交货的国际惯例，有悖于海上货物运输保险合同中保险风险系外来因素造成的特征，混淆了海上货物运输合同与海上货物运输保险合同之间的法律关系与责任界定，也不符合公平、正义的法律原则。②

在光发房地产公司与地勘局、海发公司联合建房纠纷抗诉案中，法院认为，本案的焦点问题是“继续履行合同”是不是一项独立的、明确的诉讼请求，分配超建面积部分的50%是否属于增加的诉讼请求。地勘局提出与海发公司签订的《关于开发省地勘局长春大街113号宿舍楼协议书》，约定如超出开发面积，地勘局与海发公司各占50%的比例重新分配超出的面积。地勘局一审起诉的诉讼请求是继续履行合同。该项诉讼请求是要求海发公司、光发公司承担违约责任，诉请内容是明确具体的。涉案工程项目竣工后，地勘局再审庭审中补充提出的分配增建面积50%的具体履行要求是对继续履行合同诉讼请求的明确和细化，并没有超过上述《协议书》所确定的权利义务的范围。③

---

① 李国光主编：《民商审判指导与参考》2002年第2卷，人民法院出版社2003年版，第357页。

② 《中华人民共和国最高人民法院公报》2001年第3期。

③ 江必新主编：《审判监督指导》（第1辑），人民法院出版社2012年版，第184、192页。

当然，法院的这种解读，也并不一定完全正确，在不同层级的法院之间，往往会有不同的解读，高级法院的解读结果，很可能会被最高法院否定。

在信贸公司与机械公司返还信用证纠纷上诉案中，法院认为，机械公司以要求信贸公司返还信用证为由，向甘肃高院提起诉讼，甘肃高院将本案案由确定为购销合同纠纷缺乏事实和法律依据。即使本案为购销合同纠纷，但信贸公司否认其曾与机械公司签订过购销合同，而机械公司仅向法院提交了购销合同的复印件，未能提交合同原件。在机械公司明确表示无法提供购销合同原件，又无其他材料可以印证的情况下，法院无法认定机械公司和信贸公司签订过购销合同，存在购销合同关系。①

而在东城公司与汇美公司合作销售房地产合同纠纷上诉案中，法院认为，鉴于法律上没有房地产包销合同的名称，一审法院确定该合同为房地产包销合同，引起诉讼双方在概念上的争议，二审法院将案由概括为合作销售房地产合同纠纷则较为准确。②

有意思的是，法院对当事人诉讼请求性质的改变，不一定被视为违反法定程序。当然，这种态度并未发生在最高法院，而是出现在高级法院层面，但由于该终审判决书被最高法院评选为优秀法律文书，因此，一定程度上也代表了最高法院的认可态度。

在励源公司与乐海公司等债务纠纷上诉案中，法院认为，本案系乐海公司和励源公司之间基于买卖合同发生的债务纠纷，乐海公司以借款为由起诉，原审法院在原告未变更诉讼请求的情况下，以不当得利所作出判决，此举不妥，但根据我国现行法律，此类判决是否构成对法定程序的违反尚无定论。③

一般而言，同一诉讼程序中，当事人会同时提起多个诉讼请求。多个诉讼请求之间，有的相互关联，但不能同时并存；有的相互矛盾，只能择取其一；还有的性质各自不同，非同一法律关系，不能合并审理。对此，均需要法院进行识别、阐明和选择。当然，在这一识别过程中，即便是同一个诉讼请求的解读，即使是作为最高法院自身，也并非都是一成不变的。在泰丰大酒店有限公司诉大同市土地管理局土地使用权出让纠纷案中，法院认为，请求重新受让土地与请求退还已付出的土地

① 万鄂湘主编：《中国涉外商事海事审判指导与研究》（第1卷），人民法院出版社2001年版，第153~154页。

② 最高人民法院民事审判庭编：《最高人民法院民事案件解析》，法律出版社1999年版，第37页。

③ 最高人民法院民事审判第四庭编：《全国法院优秀涉外商事海事裁判文书选》，人民法院出版社2002年版，第117页。

出让金，二者是非此即彼的关系。泰丰公司主张自己的权利时只能二者必居其一，不可能同时提出这两项请求。因此，泰丰公司只主张重新受让土地，不等于自愿放弃请求退还土地出让金的权利；一旦重新受让土地的请求不能满足时，则退还土地使用权出让金就成为其必然请求。土地局认为泰丰公司起诉时才提出退还土地使用权出让金的请求，已经超过诉讼时效，理由不能成立。①

然而一年以后，最高法院所持立场有所改变。根据最高法院正式公布的裁判文书，在泰合有限公司与中振公司等预售商品房纠纷上诉案中，法院认为，中振公司选择了依据合同追究泰合公司迟延交房的违约责任，实际上即是选择继续履行合同，并放弃了在同样条件下解除合同的权利。泰合公司没有发生新的违约事实，中振公司提出泰合公司不交房应解除合同的请求缺乏事实依据。一审判决支持中振公司提出的解除合同主张，认定事实和适用法律均属错误，依法应予纠正。②

最高法院在对诉讼请求识别时，对于诉求性质竞合或矛盾情形，不排除依职权主动进行选择。

在李某、龚某诉五月花公司人身伤害赔偿纠纷案中，法院认为，综观上诉人一、二审提出的诉讼主张，既认为被上诉人违约，又认为该公司侵权，并且还认为存在民事责任竞合的情形，但一直没有在违约和侵权两者中作出明确选择。依照该条规定，法院只能在全面审理后按照有利于权利人的原则酌情处理。③

两个月之后，同样作为公报案例，在陆某诉美国联合航空公司国际航空旅客运输损害赔偿纠纷案中，法院认为，陆某在请求承担违约责任的同时，又请求精神损害赔偿，应视作对责任选择不明。在这种情况下，如何确定责任的选择，对为受害当事人提供必要的司法救济尤为重要。违约责任与侵权责任的重要区别在于，两者的责任范围不同。合同的损害赔偿责任严格按合同的约定执行，主要是对财产损失进行赔偿；侵权的损害赔偿责任按侵权造成的损害后果确定，不仅包括财产损失的赔偿，还包括人身伤害和精神损害的赔偿。从最大限度保护受害人利益的角度出发，法院依职权为受害当事人选择适用侵权损害赔偿责任。④

---

① 《中华人民共和国最高人民法院公报》2000 年第 4 期。

② 最高人民法院办公厅编：《最高人民法院公布裁判文书》（二〇〇一年），人民法院出版社 2002 年版，第 416～417 页。

③ 《中华人民共和国最高人民法院公报》2002 年第 2 期。法律界对此案评价不一，肯定观点参见刘家琛总主编、吴合振主编：《最高人民法院公报案例评析》（民事卷/一般民事案例），中国民主法制出版社 2004 年版，第 644～646 页；质疑观点参见梁上上：《利益衡量论》，法律出版社 2013 年版，第 237～256 页。

④ 《中华人民共和国最高人民法院公报》2002 年第 4 期。

除了人身损害的民事案件以外，最高法院在商事案件中，也对诉讼请求进行必要的识别和选择。

在海南工行与正兴公司、华琼公司联营开发房地产合同纠纷上诉案中，法院认为，因正兴公司诉请一审法院判令海南工行对华琼公司的债务承担连带清偿责任，同时又追究共同侵权的民事责任。一审法院判决海南工行对华琼公司的债务承担连带清偿责任，与正兴公司诉讼请求相符，海南工行主张本案涉及合同纠纷和侵权纠纷两个法律关系不能合并审理的理由，缺乏依据，本院不予支持。①

在海钢集团与中冶公司、三亚度假村损害股东利益责任纠纷案中，法院认为，海钢集团虽以中冶公司滥用股东权利损害其股东利益为由提起损害赔偿之诉，但其提供的事实与理由均以支持公司权益受损为目的，在实质上混淆了股东自身权益受损的损害赔偿之诉与公司权益受损的股东代表诉讼之间的界限，导致其所提供的事实与理由并不能支持其诉讼请求。依据本案查明事实，海钢集团提出的因中冶公司滥用股东权利造成其股东利益受损而要求赔偿的诉请欠缺事实基础与法律依据，难以得到支持。②

引人注目的是，最高法院除了通过自行判决的案件来体现诉讼请求的识别取向以外，还会通过在指导性刊物上选取刊登部分高级法院判决文书的方式，来间接表明自己的支持和倾向。

在医药公司与马某、新闻图片社房屋租赁合同纠纷再审案中，法院认为，由于马某主张按租赁合同正常履行至租约期间状况下赔偿其可得利益，且在确定其可得利益数额时没有将其实际投入的装修、设备等固定资产投资摊入经营成本，在合同正常履行状态下，马某投入的装修、设备等固定资产投资随着经营的延续而自然损耗，并随着经营利润的获得而逐步收回，至合同期满时，这些固定资产投资不存在直接损失问题，仅存在残值处理问题。而双方租赁合同没有明确约定合约期满后，装修及设备等固定资产的残值由转租方医药公司折价承受，根据门面出租的行为惯例，装修及设备等固定资产的残值应由承租人即投资人自行处理。因此，马某在主张可得利益和赔偿固定资产投资损失二者之间，只能选择其一。在本案中，医药公司赔偿马某的可得利益更有利于保护无过错的承租方，因此本院支持马某的可得利

① 曹建明主编：《民事审判指导与参考》（总第10卷），法律出版社2002年版，第279页。

② 杜万华副主编：《商事审判指导》（第3期），人民法院出版社2014年版，第221页。

益诉求，而不再支持其赔偿固定资产投资损失的诉求。①

另一起刊登在指导性刊物上的高级法院的再审案例，也罕见地从诉讼请求的角度，批评了一、二审判决的处理不当，值得详细引述。

在胡某军与省总工会相邻关系纠纷提审案中，法院认为，本案原一审原告胡某军提起诉讼时，既要求排除省总工会因建楼给其带来的通风、用水、挡光等妨碍，又提出就地安置住房的要求，显然其提出的诉讼请求除排除妨碍之外，还包括安置补偿。虽然安置补偿超越了《民法通则》规定的相邻关系的责任承担方式，还提出了其他的请求及解决方式，尽管当事人的该诉讼请求不符合民法通则关于相邻关系处理的有关规定，但本案以确认为相邻关系之诉为宜。原一审法院确认无法通过排除妨碍的方式作出处理，就按当事人的诉讼请求作出省总工会负责安置住房的判决。该判决虽然充分考虑了原告的诉讼请求，但其内容不符合法律规定，超越了民法通则规定的停止侵害、排除妨碍及赔偿损失三种责任方式。该二审判决同样未考虑当事人的诉讼请求，而由法院在审理中自行将安置房屋变更为赔偿损失，自行变更了当事人的诉讼请求。现对该相邻关系之诉严格按民法通则规定的责任承担方式予以处理，并结合原一审当事人提出的诉讼请求，考虑本案无法实现排除妨碍的实际和本案历经四年几审法院审理的实际情况及当事人生活的实际困难，在充分征得双方当事人同意的情况下未简单采取驳回诉讼请求的方式结案，而是按实际情况作出给予胡某军挡光、挡风等补偿10000元的判决。这样处理既避免了当事人的讼累，又解决了当事人的实际要求，同时也符合《民法通则》关于相邻权的有关规定。②

对于当事人庭后增加或变更的诉讼请求，依法本应予以驳回，但最高法院的前后做法并非一致，其实务处理有时也出于无奈，并没有人们想象的那么超脱和随性。

在天富公司与内蒙古自治区医院、达康用品总公司、内蒙古自治区医院保健分院侵权、联营合同纠纷上诉案中，法院认为，原告在庭审后又增加了诉讼请求，对增加的请求，又涉及与达康总公司的不动产联建合同。侵权与联建纠纷是两个不同性质的问题，主体不同，行为不同，本来应当分别立案审理，但是一审法院已经把它们纠合在一块，为了方便当事人诉讼，二审只好继续围绕这两个问题进行审理。③

与此相反的是，仅仅两年之后，最高法院又以公报案例的方式，恢复了对违反

---

① 中华人民共和国最高人民法院审判监督庭编：《审判监督指导与研究》（第2卷），人民法院出版社2003年版，第306～307页。

② 中华人民共和国最高人民法院审判监督庭编：《审判监督指导与研究》（第2卷），人民法院出版社2003年版，第209～210页。

③ 曹建明主编：《民事审判指导与参考》（第3卷），法律出版社2002年版，第270～271页。

程序增加诉讼请求的理性处理态度。

在建设银行合肥市新站开发区支行诉安徽新长江公司借款合同纠纷案中，法院认为，庭审后新站支行申请变更该诉讼请求既违反法定程序，也不符合客观事实，该院不予以支持。①

即便当事人的诉讼请求非常明确，在特定情形中，最高法院也会将其置于更为宽远的领域，重新权衡和估量。这当然也是一种识别，而且是更为务实的识别，直接决定是否支持该诉讼请求。

在某区国土资源局与南太公司土地使用权出让合同纠纷上诉案中，法院认为，因本案讼争国有土地使用权需要按照国家有关规定改为以招标拍卖挂牌方式出让，属于国家政策性要求。某区国土局未严格执行国家有关政策通过招标拍卖挂牌方式出让本案讼争土地使用权，是造成双方签订的《国有土地使用权出让合同》无法继续履行的原因。这一政策方面的程序要求虽不导致本案所涉《国有土地使用权出让合同》无效，但却影响该合同在客观上无法继续履行。对于客观上无法继续履行的合同，当事人请求继续履行，显然不符合《合同法》第 110 条的规定。② 故南太公司要求判令某区国土局继续履行《国有土地使用权出让合同》的诉讼请求，难以支持。③

第二节　查明案件事实

从民法理论角度而言，事实包括事件和行为。民法中有意义的事实多为行为，其他包括状态和事件。而对于大部分的案件来说，有意义的事实说到底就是行为，更准确地说，是对行为的固化和描述。因此，事实多在行为描述中重现。事实与行为描述不可分，二者之间的关系，甚至紧密到了事实就是行为描述，更有学者干脆认为："事实，是对自然界一切存在的客观现象的描述。"④ "如果精确地审视就会发现，不是事实本身被涵摄，被涵摄的毋宁是关于案件事实的陈述。"⑤ 既是描述，事实的认

---

① 《中华人民共和国最高人民法院公报》2004 年第 3 期。

② 原《合同法》第 110 条规定：当事人一方不履行非金钱债务或者履行非金钱债务不符合约定的，对方可以要求履行，但法律上或者事实上不能履行的除外。该规定的主要内容，现已被《民法典》第 580 条取代。

③ 最高人民法院民事审判第一庭编：《民事审判指导与参考》（第 1 期），法律出版社 2006 年版，第 193 页。

④ 佘能斌主编：《民法学》，中国人民公安大学出版社、人民法院出版社 2003 年版，第 34 页。

⑤ ［德］卡尔·拉伦茨：《法学方法论》，陈爱娥译，商务印书馆 2003 年版，第 152 页。

定就改变不了主观的色彩，只是这种主观性要依外在的客观标准予以重现，打上客观标识的烙印。仅仅是单纯的描述，没有客观标准予以证明，只是客观事实，口说无凭，不足为信。而除了单纯描述外，又具备客观标准或标识证明的，即可认定为法律事实，因为此时的客观事实，已纳入到法律的框架和视野，可以产生相应的法律效果。

一、待查事实的影响因素

所谓待查事实，又称待证事实，查明过程就是证实过程。待查事实或待证事实的影响因素，主要是指存在哪些客观因素，在制约着将要查明的事实范围和事实认定。

首先，待查事实受诉求性质影响。在富春航业股份有限公司、胜惟航业股份有限公司与鞍钢集团国际经济贸易公司海上运输无单放货纠纷再审案中，法院认为，根据原告鞍钢公司的诉求，案件的性质应当是其诉富春公司海上货物运输无单放货纠纷，而不是签发提单纠纷。在案件定性的情况下，原告鞍钢公司在再审中主张其损失与两套提单的签发有关联，该主张应属于签发提单纠纷，而这显然超出了案件审理即案由的范围，故不予支持。①

在商业银行与桦子峪铝材厂票据纠纷案中，法院认为，本案的情节是票据持有人轻信了犯罪分子，主动将票据交与犯罪分子，最终导致票据流失。对因此造成的损失，应如何判定责任，首先应该解决的是该案件的定性问题。本案应定性为侵权纠纷，原一、二审判决仅仅因为该案是因票据兑付造成损失所引起的，就将此案定性为票据纠纷是错误的，应当按照过错原则、侵权结果与侵权责任相对应的原则，根据票款流失的原因，双方对于票款流失是否负有过错，以及各自的过错程度等因素，综合判定各方应承担的民事责任。②

最高法院不仅根据案件性质查明事实的范围，还反过来据此排除哪些案件事实可在查明之列。

---

① 《中华人民共和国最高人民法院公报》2002 年第 1 期。需要说明的是，最高法院这一再审判决，不仅是公报案例，且以（2002）第 2 号向全社会公布，但却被其后的最高法院再审推翻，这在三十五年来最高法院的司法实践中是极为罕见的。在最终的再审判决中，该案的案由并未改变，只是裁判结果完全不同。参见最高人民法院办公厅编：《最高人民法院公布裁判文书》（二〇〇二年），人民法院出版社 2003 年版，第 57～65 页；苏泽林主编、最高人民法院审判监督庭编著：《最后的裁判——最高人民法院典型疑难案件再审实录》（房地产与公司企业案件卷），中国长安出版社 2007 年版，第 246～256 页。

② 苏泽林主编、最高人民法院审判监督庭编著：《最后的裁判——最高人民法院典型疑难案件再审实录》（房地产与公司企业案件卷），中国长安出版社 2007 年版，第 208～209 页。需要说明的是，最高法院的这一再审判决，推翻的是之前该院自己作出的二审判决。

在沛时投资公司诉天津市金属工具公司中外合资合同纠纷上诉案中，法院认为，原审法院根据投资公司的申请，对合资公司的原始财务凭证、记账凭证进行了证据保全，上诉人投资公司在一审和二审期间均要求对上述保全的证据材料进行庭审质证，认为唯此才能查明其前三期投资的真实用途和去向，查清合资公司亏损的真正原因。然而，本案是中外合资合同纠纷，最终要确定当事人一方或者双方是否违反中外合资经营合同的规定，至于合资一方前三期投资的真实用途和去向，以及合资公司是否存在亏损、什么原因导致亏损、亏损额有多少等，并不是本案应解决的问题，这些问题依法应当在合资合同终止履行后组成清算委员会予以解决。既然无需查明投资经营问题，则原审法院虽对合资公司的原始财务凭证、记账凭证进行证据保全，并不意味着必须将其作为认定案件事实的证据。原审法院证据保全后，未进行庭审质证，此举并无不妥。①

作为类似情形的案件，在金城宾馆与怡立锋公司侵权纠纷上诉案中，法院认为，因本案系侵权纠纷问题，故对超出侵权纠纷范围的事实问题，诸如三方当事人之间所形成的租赁和承包经营法律关系中的问题，进出口公司在经营承包期间是否投入资金、投入数额多少、应当如何解决，进出口公司交付了多少承包金、尚欠多少、应否支付违约金以及进出口公司经营“阳光大酒楼”期间所形成的债权债务的处理，等等，均非本案审查范围，应由三方当事人另行解决，本案不予处理，也无须查明。②

其次，待查事实受证明对象影响。在翟某伟、台华公司与祥和公司借款纠纷案中，法院认为，一、二审法院在证明对象的确定上出现了方向性的偏差，始终将调查对象局限在借条的真实性上，即借条是否伪造的、如何伪造的，围绕着所提供证据能否证明借条是伪造的这一问题打转，而对借款的交付和来源这两个问题却未引起应有的注意，证明对象上的失误，直接导致一二审判决的错误。故再审重新调整证明对象，锁定双方争议焦点，确定借条真伪、借款交付、借款来源三个证明对象，逐个全面地审查相关证据。③ 此再审案件虽系高级法院作出，但作为典型案例刊发于最高法院的指导刊物，显然反映了最高法院的认同。

在君信创业公司诉绿谷创业公司等出资合同纠纷案中，法院认为，本案的证明对象是绿谷公司是否存在虚假出资，针对绿谷公司拒不提供其原始账目的行为，上

---

① 《中华人民共和国最高人民法院公报》2003 年第 4 期。

② 李国光主编：《民商审判指导与参考》（第 1 卷），人民法院出版社 2002 年版，第 358 页。

③ 中华人民共和国最高人民法院审判监督庭编：《审判监督指导与研究》（第 2 卷），人民法院出版社 2002 年版，第 215 页。

诉人君信公司主张适用推定规则，认为绿谷公司应当提供其财务账目，但其拒不提供，说明该财务账目对其不利，应当推定君信公司主张成立。但是，认定虚假出资，不能仅凭推定，应有确实的直接证据证明。君信公司对绿谷公司系列证据证明力的否认以及绿谷公司拒不提供原始财务账目的行为，在一定程度上削弱了绿谷公司提供证据的证明力，但并不能必然推导出绿谷公司虚假出资的结论。君信公司在一、二审中均未对绿谷公司是否构成瑕疵出资申请委托审计，其提供的审计报告亦非司法机关委托审计部门出具的鉴定结论，且该审计报告亦未能直接、充分地证明被上诉人虚假出资的事实，其上诉请求不能成立。①

再次，待查事实受证据强度影响。在佛陶集团股份有限公司陶瓷研究所诉金昌陶瓷辊捧厂非专利技术秘密侵权纠纷案中，法院认为，金昌厂提出讼争方案是公知技术，系经过其自行消化所得，这等于提出了新主张，对此，应当负有举证责任，证明其方案来自对公知技术的消化，系合法和善意取得。但是，其只提供了公知技术资料，却未能对公知技术消化过程予以举证，包括未能举证进行哪些研制及具体研制时间地点仪器等，故其未完成举证义务，未能证明其技术的真实来源。②

而在方圆公司与李某浦房屋买卖纠纷抗诉案中，法院认为，方圆公司虽在报纸上刊登入住广告，但报纸作为公共媒体，面向的是不特定的社会公众，不能据此推断李某浦一定知道该广告的内容，刊登广告不能视为向李某浦发出的入伙通知。方圆公司提交的其他入伙通知文件，仅系复印件，在无原件证明的情况下，复印件不具备证据的形式要件。至于与李某浦同属一幢楼的其他商铺办理了入伙手续，仅能说明他人获得入伙通知，而不能证明李某浦获得入伙通知，更不能证明方圆公司已履行过对李某浦的入伙通知义务。③ 此案虽系高级法院作出，但经最高人民检察院抗诉，作为典型案例刊发于最高法院机关刊物，显然也反映了最高法院的态度。

此外，最高法院也通过自己审理的案件，直接表明对证明力强度与待查事实关系的意见。在冶金新材料研究所与吉林设备厂加工承揽合同纠纷提审案中，法院认为，吉林设备厂对设备进行多次调试确属事实，但这不代表已办理设备验收手续，更不代表设备调试已经合格。吉林设备厂称烟台冶金所陆续支付设备款，此行为即表明设备已调试合格，二者之间显非必然关联，混淆了合同各方的不同义务，因为

---

① 《中华人民共和国最高人民法院公报》2005 年第 6 期。

② 《中华人民共和国最高人民法院公报》1995 年第 4 期。

③ 中华人民共和国最高人民法院审判监督庭编：《审判监督指导与研究》（第 1 卷），人民法院出版社 2003 年版，第 200 ~ 201 页。

向定作人交付合格的定作物是承揽人的义务，向承揽人按时付款是定作人的义务，两者享有的权利不同，承担的义务也不同。因吉林设备厂无法提供设备调试合格的证据，因此，应认定吉林设备厂向烟台交付的设备不合格。再审判决以双方合作良好，故没有办理验收手续为由，认定吉林设备厂交付了合格设备，法律推理错误，应当予以纠正。①

而在农机公司与京海公司购销拖拉机货款纠纷案中，法院认为，文件载明人与实际行为人并非完全一致，出口货物报关单、检验证书、货运提单等证据虽载明申请人、发货人是京海公司，但在京海公司否认的情况下，没有证据证明系京海公司所为。其他证明文件必须具备法定要件，报关用的格式商业发票，系进出口贸易中与其他单证统一使用的必备单证之一，虽加盖了京海公司的公章，但因证明国内购销法律关系成立的发票应由供方农机公司出具，而不是由需方京海公司出具，所以该发票也不足以证明农机公司与京海公司形成真实的购销法律关系。②

在王某武诉云集路证券营业部股票纠纷案中，法院认为，王某武的证据与公安机关笔迹《鉴定结论》（鉴定意见）能相互印证，对于其提出的“非王高武所为”的主张，已尽到举证责任。之所以未采纳云集路营业部的证据，并非因为该证据来源于其内部职工，而是因为与笔迹鉴定结论相矛盾，故不能采信。身份证号码和股东代码并非除本人以外其他人无法知晓的绝密信息，即使从未丢失，也无法保证他人不可能获悉。因此取款预约单和取款凭条上填写的号码与王某武一致，并不能证明“是王某武所为”。云集路营业部如欲反驳对方，还需提交确实证据，且该积极主张系云集路营业部提出，应当由其举证，而不能倒置由王某武承担为什么一致的举证责任。既然云集路营业部无充分证据证明系王某武所为，只能认定该主张不成立。③

在李某英诉大润发超市存包损害赔偿案中，法院认为，原告李某英应承担举证义务，在其完成举证责任以前，举证义务不能转移至超市。根据现有证据，原告既不能证明其确曾将所称钱款放入自助寄存柜内，也不能证明其所称物品的遗失是自助寄存柜本身存在的质量问题造成，更不能证明其所称物品的遗失是超市在提供寄存服务中的故意或重大过失行为造成，因此，其要求被告承担赔偿责任，缺乏事实

---

① 中华人民共和国最高人民法院审判监督庭编：《审判监督指导与研究》（第2卷），人民法院出版社2003年版，第298页。

② 李国光主编：《民商审判指导与参考》（第1卷），人民法院出版社2002年版，第166～167页。

③ 《中华人民共和国最高人民法院公报》2001年第5期。

根据和法律依据，不能成立。①

在中国建设银行石林县支行诉杨某斌不当得利纠纷案中，法院认为，银行的内部规定不能对抗外部第三人。每把纸币为100张的规定，仅是银行内部对收入现金进行清点及封存的标准，是银行系统内部规定，只对银行系统内部的出纳工作具有规范作用。石林建行的举证，其证据限度仅能够证实，储蓄所的工作人员确实支付了4把封好的现金，却不能确切地证实，所支付现金每把都必定是100张，故其主张无法成立。②

然而，案件事实如果为域外法院的判决所确认，则被视为证明力强度很大，也会径行被内地法院直接采信。

在广东发展银行江门分行与新中地产业有限公司借款担保上诉案中，法院认为，新中地产公司已经就主合同纠纷，以回丰公司为被告向香港特别行政区法院提起诉讼，香港特别行政区高等法院已经作出判决，确认了主债务的数额。新中公司提供了香港特别行政区高等法院的判决等证据材料，证明主债务的有效存在及主债务的数额等事实问题。对此，江门发展银行未能提供充分证据予以反驳，故对香港特别行政区高等法院判决中确定的关于新中公司与回丰公司之间的主债务有效存在及其债务的数额，本院作为已证事实予以确认。③

从诉讼法角度看，公证证据的证明强度极高，除非有相反证据证明其违法性，否则法院可援引作为认定事实的根据。而对于公证证据的违法性指控，最高法院的态度十分谨慎，并不轻易否定。

在北大方正公司、红楼研究与高术天力公司、高术公司计算机软件著作权侵权纠纷案中，法院认为，根据《民事诉讼法》第67条的规定，经过公证程序证明的法律事实，除有相反证据足以推翻的以外，人民法院应当作为认定事实的根据。但如果采取的取证方式本身违法，即使为公证方式所证明，所获取的证据亦不能作为认定案件事实的根据。尽管法律对于违法行为作出了较多的明文规定，但由于社会生活的广泛性和利益关系的复杂性，法律更多时候对于违法行为不采取穷尽式的列举规定，而是确定法律原则，由法官根据利益衡量、价值取向作出判断。鉴于侵犯计算机软件著作权的行为具有较强隐蔽性，调查取证难度较大，被侵权人通过公证方

---

① 《中华人民共和国最高人民法院公报》2002年第6期。

② 《中华人民共和国最高人民法院公报》2003年第6期。

③ 万鄂湘主编：《中国涉外商事海事审判指导与研究》（第2卷），人民法院出版社2002年版，第147页。

式取证，其目的并无不正当性，其行为并未损害社会公共利益和他人合法权益，同时该取证方式也有利于解决此案案件取证难度问题，有利于起到威慑和遏制侵权行为，有利于加强知识产权的保护，故其公证取证的方式应认定为合法有效，所获得的证据亦应作为认定案件事实的根据。被控非法安装、销售盗版软件的行为人，如果不能就其安装、销售的软件的来源提供相关证据，则推定其侵犯了著作权人的复制权和发行权。①

不过，最新发布的案例表明，对于公证证据的采信，最高法院的态度发生微妙变化，将其定位为证据类型中的书证，并不因其公证形式而豁免审查，不再不加考虑地直接采信。

在中国金谷国际信托有限责任公司与厦门达嘉集团有限公司、陈某霞等合同、无因管理、不当得利纠纷执行案中，法院认为，本案中各方当事人在合同中已明确约定了可通过传真、邮递、快递或双方同意的其他方式送达对方，并注明了联系地址和电话，方圆公证处按照该约定中的地址和电话联系相关当事人，虽未能取得联系，也应当视为履行了核实义务。但是，根据《最高人民法院、司法部关于公证机关赋予强制执行效力的债权文书执行有关问题的联合通知》第5条的规定，公证机关除了向合同相对方核实有无异议，还有审查合同履行的义务。即便公证机关履行了核实义务，人民法院仍应结合案件事实审查公证文书的内容是否与事实不符。②

最后，待查事实受鉴定结论影响。在涉及专业技术认定诸如工程建设纠纷等案件中，对于各执一端的不同主张，进行审计或鉴定似不可避免，法院往往以鉴定结论作为认定事实的直接依据，这也是司法实践中的通行做法。当然，在这种情况下，鉴定程序是否合法、鉴定结论是否可靠、证据采信是否合规，就显得非常重要，不仅间接影响事实认定，而且直接决定案件的审理走向。

在中建三局二公司与丽水佳园返还工程款纠纷案中，一方主张工程款支付，另一方声称多付工程款，要求予以返还，法院认为，依据会议纪要中双方共同确认的项目结算单位，确认结算单位伟业公司即为鉴定机构，并根据伟业公司的鉴定结论，认定本案工程款5404万元，丽水佳园已付6500万元，查明了一方多付工程款的事实，并据此驳回中建三局二公司的上诉请求。需要指出的是，有学者对该案鉴定机

---

① 《中华人民共和国最高人民法院公报》2006年第11期。有学者认为，此案系最高法院利益衡量的经典案例。梁上上：《利益衡量论》，法律出版社2013年版，第259页。

② （2016）最高法执复21号。

构选择及其处理方式，提出了十分强烈的批评。①

鉴于在民事案件审理过程中，确实存在对鉴定申请把关不严、对鉴定活动监督不够、对鉴定意见过度依赖、鉴定泛化，甚至以鉴代审等情况，2020 年 8 月 14 日，最高法院发布《关于人民法院民事诉讼中委托鉴定审查工作若干规定》，对鉴定事项的审查作出细化指引，严格审查拟鉴定事项是否属于查明案件事实的专门性问题，明确了鉴定不是以当事人提出为前提，而是以法官查明事实的需要为前提。只有法院认为待证事实必须通过鉴定查明的，方可启动鉴定。②

二、无法查明事实的处理方式

需要澄清的是，并不是所有的案件事实，都能最终查明。因各种主客观条件的限制，有些关键性的案件事实确实无法查明，尽管在立法上并不承认这一点。③ 对此，最高法院的处理方式并不统一。有时直接驳回，有时进行鉴定，有时援引公平原则，有时采取间接迂回的方式，包括直接根据合同约定，间接认定或推定案件事实。

---

① 孟勤国：《司法鉴定规则应重在规范法官行为——最高法院（2011）民一终字第 41 号判决书研读》，载《法学评论》2013 年第 1 期。该学者对于最高法院的上述判决，从鉴定程序到鉴定结论均提出批评意见，并认为对鉴定机构的管理失范，以及对法官采信鉴定结论的规则失范，是我国司法实践中的法律漏洞。笔者在仔细研读该判决要素后，不否认其中确存程序瑕疵，但似尚不构成重大错误。程序法当然有其独立价值，但不能以此否认服务实体法之目的，就连批评者自己也承认，"离开实体问题很难说清楚程序规则的合理性和有效性"。判决书不是艺术品，不能用显微镜的标准衡量，只要不是结构性问题，审判瑕疵并不代表审判错误。鉴定结论被纳入证据体系并被采信之前，只是客观事实或待证事实，同样必须满足证据规则的要求。只要符合证据规则，对鉴定结论的采信，已转化为法律事实或已证事实，不能将这一从技术到法律、从客观事实到法律事实的转化过程，视为"以鉴代审"。换言之，不排除个案中确实存在"以鉴代审"的现象，但不能由此推出，这种现象的根源在于"制度缺失"。在民事诉讼程序中，坚持对于证据采信的零瑕疵原则，不仅难被审判实践所认同，似也混淆民事诉讼与刑事诉讼证据采信强度的不同要求。在另一起公布的公报案例中，最高法院再次表明，一审中的程序瑕疵，只要没有影响对案件实体部分作出正确判决，就应予维持。参见嘉吉国际公司与福建金石制油有限公司等买卖合同纠纷案，载《中华人民共和国最高人民法院公报》2014 年第 3 期。

② 黄文俊、江澜：《〈关于人民法院民事诉讼中委托鉴定审查工作若干问题的规定〉的理解与适用》，载《人民司法》2021 年第 1 期。

③ 《民事诉讼法》第 170 条第 1 款第 3 项规定：第二审人民法院对上诉案件，经过审理（三）原判决认定基本事实不清的，裁定撤销原判决，发回原审人民法院重审，或者查清事实后改判。据此，立法上似乎认为，对于法院而言，所有的基本事实都是可以查清的，即便一审法院没有查清，二审法院也一定能够查清，并据此直接改判，此处对法院功能和效能的预设，值得分析。法院不是侦探，即便是侦探，也不可能每案必破。因此，必须设立诉讼规则，这也是待证事实与已证事实、客观事实与法律事实分野的认识论根源。

（一）驳回处理

在生资公司与供销公司购销钢材合同纠纷申请再审案中，法院认为，生资公司称，1993 年 6 月 30 日将交款提货通知书送达供销公司，但无直接证据证明，证人贺某军的多次证言，前后并不一致，且在主要事实情节上与其他证人证言相矛盾。因此，生资公司是否在 1993 年 6 月 30 日将交款提货通知书送达供销公司，此节事实无法认定，其再审申请不符法律规定，予以驳回。① 应该说，这种处理方式是符合主流法理学说的，在案件事实无法查明的情况下，不利后果一向归于有责任提供该事实和支持该事实的证据的一方。② 司法实践中，这一做法已上升至基本裁判规则。③

在孙某荣与杨某香、廊坊愉景房地产开发有限公司公司增资纠纷案中，法院认为，关于杨某香和愉景公司返还的 2591 万元是借款还是投资款问题。杨某香及愉景公司在向孙某荣一方付款 2591 万元时在银行付款凭证上并未指明款项用途，刘某秀出具的收款收据上虽然注明“还借款”和“还款”，但这只是收款方的单方意思表示，在双方对还款用途产生争议的情况下，根据举证证明责任的分配原则，应由孙某荣对其主张的杨某香返还的 2591 万元系借款而非投资款承担举证责任，进一步举证证明其与杨某香之间、愉景公司与刘某秀之间存在 2591 万元的借款关系。孙某荣提供了自己以及其控制的廊坊中邦小额贷款有限公司与杨某香以及杨某香控制的公司之间存在借款关系的证据，但这些证据与孙某荣主张的证明目的之间不具有关联性，不足以证明孙某荣与杨某香之间、愉景公司与刘某秀之间此前存在 2591 万元借款关系，孙某荣应承担举证不能的不利后果。④

当然，凡事皆有度。有学者尖锐指出，根据调研情况，证明责任制度已经深入到法官群体的内心深处，成为法官在司法实践中信手拈来的法律理论。鉴于该制度为破解事实真伪不明的状态提供了一条可行之路，在案件量不断加大和审限压力下，法官很自然地会想到证明责任这条逃避之路，实践有滥用倾向，助长了法官裁判简单化的惰性思维。因为相比之下，运用经验法则进行事实推

---

① 中华人民共和国最高人民法院审判监督庭编：《审判监督指导与研究》（第 2 卷），人民法院出版社 2001 年版，第 174 页。

② 国家法官学院：《法律适用方法：公司法案例分析》，中国法制出版社 2013 年版，第 31 页。

③ 最高法院提炼的裁判摘要认为，双方当事人对同一事实分别举出相反的证据，但没有足够的依据否定对方证据时，对案件事实负有举证义务的当事人，应承担举证不力的责任。参见君信创业公司诉绿谷伟业公司等出资合同纠纷案，载《中华人民共和国最高人民法院公报》2005 年第 6 期。

④ 《中华人民共和国最高人民法院公报》2017 年第 8 期。

定则属于事实认定中的特殊情形。法官很少主动进行事实推定，这是一种值得研究的司法现象。①

（二）依鉴定意见处理

与某些待查事实进行必要鉴定一样，无法查明事实时，法院也会引入鉴定程序，并据此裁判。这种裁判方法在建设工程合同纠纷、知识产权案件中广泛运用，主要集中在对工程量、造价额以及技术特征、商业秘密等专门事项的鉴定。令人耳目一新的是，最高法院在最新发布的人身侵权典型案例中，运用鉴定意见进行推论定案。

在许某鹤与王某芝道路交通事故人身损害赔偿纠纷案中，法院认为，本案的争议焦点是王某芝的腿伤是否为许某鹤的驾车行为所致。鉴于事发无监控录像、无目击证人，且双方当事人对于事故原因又各执一词，故委托具有资质的鉴定机构进行伤情成因鉴定。经鉴定，认为受害人伤情符合车辆撞击特征，单纯摔跌难以形成，且事发时并无第三方车辆，故可以认定王某芝的腿伤乃许某鹤的驾车行为所致。②

需要指出的是，关于司法鉴定，除了法院可依职权启动外，对于单方委托作出的司法鉴定，最高法院并非仅以其单方性而一概排除，而是根据案件的具体情况决定是否采信。而且在不止一起案件中，最高法院明确表示，对于当事人单方委托作出的鉴定意见，对方当事人没有反驳证据且无新的鉴定意见予以推翻的情况下，或者对方当事人拒绝申请重新鉴定的情况下，应当作为认定案件事实的依据。③

（三）按公平原则处理

在铁岭市取暖设备厂诉周某福、铁岭市电信局侵害名称权纠纷案中，法院认为，取暖设备厂虽然要求周某福按该厂的经营亏损额进行赔偿，但经营亏损原因多样，并不具唯一性，故并不能排除该经营亏损额中，存在着因企业管理不善、市场行情或者产品质量等因素造成的损失数额，因此只能根据案件的实际情况，本着公平合理的原则酌情确定赔偿数额。④

与此类似，在新疆维吾尔自治区建筑木材加工总厂与中国民主同盟新疆实业发展总公司房屋租赁纠纷案中，法院认为，沙区税务局无偿使用营业大楼中部分房屋，

---

① 陈科：《经验与逻辑共存：事实认定困境中法官的裁判思维》，载《法律适用》2012 年第 2 期。

② 《最高人民法院发布的四起典型案例》，载《人民法院报》2014 年 7 月 25 日。

③ （2014）最高法民申字第 1459 号、（2017）最高法民申 2462 号、（2017）最高法民申 2672 号。

④ 《中华人民共和国最高人民法院公报》2000 年第 6 期。

究竟是由出租人同意还是承租人同意的，双方各执一词、说法不一，各方均未提供与沙区税务局签订书面协议，此节事实难以查清。根据公平原则，参照双方的合同约定，判令租金标准按各方承担50%的比例予以分摊。①

（四）间接认定处理

依据现有证据，在无法直接作出认定时，对争议焦点的重新审视，以及以迂回的方式旁敲侧击，并审慎推定是非常有必要的，往往能起到澄清审理思路、令人耳目一新的效果。

在香港新建业有限公司等诉上海新建业有限公司等欠款担保纠纷案中，法院认为，对于上海新建业公司合同专用章的真伪问题，无需另行审查，由于沈某邦有权代表该公司对外签署文件，在此情况下，合同专用章是否被隐匿以及是否被伪造，均不影响保证合同的效力。②

同样，在温州信托公司清算组诉幸福实业公司等债权债务转让合同纠纷案中，法院认为，虽然尚无充足证据证明《债权债务转让协议》加盖的“湖北幸福（集团）实业股份有限公司”的公章，确系该公司的真实公章，但这并不影响事实认定，因为此节事实可从他处获得印证，即实业公司1999年度报告和财务会计报告中，均明确载明提供担保事项，从上述实业公司年度报告所载内容看，实业公司对其为温州国投提供担保一事应是明知的，也无证据证明实业公司当时对提供担保一事提出过异议，故无需对争议印章进行鉴定。③

最高法院这种间接认定的裁判思路，在涉外仲裁请示案件中也有所体现。

在圣·玛赛尔公司、圣·罗哲斯公司申请承认和执行伦敦临时仲裁裁决请示案中，法院认为，本案的关键是事实认定问题。双方当事人虽均不否认造船合同的存在，但均无法提交买卖双方专门为建造船而单独签字盖章的合同，也找不到为船的争议的处理签订的签字盖章的仲裁条款或协议，尽管这导致认定过程的复杂，但并不意味着无法处理，因为一个涉外合同的仲裁条款或协议的成立，可以通过援引标准合同或另一含有仲裁条款的合同的方式来间接体现。④

在诗董公司与三角公司涉外仲裁申请执行案中，法院认为，诗董公司仅提交了

---

① 《中华人民共和国最高人民法院公报》2002年第1期。

② 《中华人民共和国最高人民法院公报》2004年第1期。

③ 《中华人民共和国最高人民法院公报》2002年第2期。

④ 万鄂湘主编：《中国涉外商事海事审判指导与研究》（第1卷），人民法院出版社2001年版，第205页。

载有仲裁条款的合同复印件，三角公司对该复印件的真实性不予认可并否认双方之间存在有效的仲裁协议。诗董公司未能提交其他证据予以佐证，其不能证明与三角公司达成了有效的仲裁协议。且即使认可该合同复印件的真实性，从当事人确认的缔约过程看，在三角公司将要约传真给诗董公司后，诗董公司对要约内容进行了实质性修改，构成新的要约。诗董公司亦未能提供证据证明三角公司对该新的要约进行了承诺，双方之间的合同并未成立。退一步讲，即使以当事人已实际履行合同的行为推定合同成立，但是根据我国法律对仲裁协议的书面性要求和仲裁协议的独立性原则，不能据此即认定当事人就纠纷的解决方式达成仲裁协议。况且根据一审法院查明的事实，当事人实际履行的合同不是诗董公司提交的载有仲裁条款的合同，是案外的其他现货买卖合同，而该现货买卖合同中并没有仲裁条款。因此，诗董公司与三角公司之间不存在有效的书面仲裁协议。①

对于最高法院来说，扩展审理视角，跳出具体个案，通过背景的广阔，来凸显和还原争点的本意，也是一种间接认定的方式。

在中国轻骑公司、中国轻骑销售总公司与金地置业公司购销合同纠纷提审案中，法院认为，不必过多地纠缠于购销合同的主体认定，只要能够认定本案购销合同和包销协议是同一合同，而不是两份合同，即可间接认定合同主体。《购销合同》和《包销合同》的货物种类、数量、结算方式都是同一的，两者唯一的不同便是供货方主体。通常情况下，主体完全不同而其他内容相同的两份合同，不构成同一性。但是，在没有证据证明《购销合同》是伪造时，鉴于双方多年来存在着多个同类或类似的合同，且均连续履行，故就其中某个合同是否履行发生纠纷，在无法直接查明该合同的履行情况时，更合理的做法是，将该合同置于更广泛的合同链条中加以考察。②

更有价值的是，最高法院还尝试通过重新探视当事人之合意，避开正面争议的锋芒，另行确立判断争议的衡量标准，达到间接认定之目的。

在太平洋公司与木材制品公司购销合同纠纷再审案中，法院认为，最高法院原二审判决，拘泥于合同货物的计量单位系净材体积还是毛材体积，并择一而判，致使太平洋公司蒙受300多万元的损失，判决结果明显不公。在双方当事人对此没有明确约定的情况下，应抛开净材体积、毛材体积之争，避免主观判断，以当事人合

---

① 江必新主编：《涉外商事海事审判指导》（第1辑），人民法院出版社2014年版，第165～166页。

② 中华人民共和国最高人民法院审判监督庭编：《审判监督指导与研究》（第4卷），人民法院出版社2003年版，第133、135页。

意为基础，找寻不发生争议的计算方法。本案双方当事人是按照提单载明的数量计价交易的，因此，交付原木的数量亦应按照提单数量计算，以当事人约定的计量单位及换算比率，将千板英尺统一换算成立方米，以此为基数，判断具体的涨尺数量。这一计算方式避免了合同约定的立方米数量是指净材体积还是毛材体积之争，处理非常公允。①

按合同约定推定处理，同样也是间接认定的一种方式。在何某昌与中国人民保险公司深泽县支公司财产保险合同纠纷案中，法院认为，鉴于麦场上的小麦已烧成灰烬，不可能对烧毁的小麦的实际数量作出准确测定。但是，投保人缴纳的保险金额是在小麦收割入场前，缴纳标准是通过对承保亩产量预测，深泽县支公司也按保险金额收取了保险费。承保亩产量的预测既是估算，则不可能与实际产量完全一致，仅凭此尚不足以确定估算是否失当，但根据事后周边农户对亩产量的估算，均接近承保时的预测产量。因此，深泽县支公司认为，何某昌的小麦实际产量低于承保时的预测产量，要求按实际产量的损失赔偿，与事实不符，也无充分证据，应按合同规定的保险金额计算赔偿数额。②

对案件事实的间接认定，还体现在侵权案件中。在巴拿马易发航运公司与钟某源等船舶碰撞损害赔偿纠纷再审案中，法院认为，在海事审判中，缺乏认定碰撞事实的直接证据是审理船舶碰撞损害赔偿纠纷的难点。本案中所有指向“易发”轮是肇事船的证据均为间接证据，应运用逻辑推理和经验法则，结合民事诉讼高度盖然性的证明标准，对所有证据综合判决，确立间接证据只有相互印证并构成完整证据链时，才能认定碰撞事实存在。由于“易发”轮船首没有碰撞痕迹和损伤，左舷提取的附着油漆与“汕尾12138”船的油漆不完全相同，“易发”轮经过出事海域时没有大幅度向左转向和减速，钟某源、珠海打私办主张的碰撞位置与沉船及落水人员被救起位置的相对态势不符合当时当地的潮流，在碰撞事故发生时还有一艘从香港出来的集装箱经过出事海域向东航行等客观事实的存在，认定“易发”轮是肇事船的证据不足。③

三、客观事实与法律事实的区分

关于客观事实与法律事实的关系，最高法院负责人曾公开指出，司法公正所体

---

① 苏泽林主编、最高人民法院审判监督庭编著：《最后的裁判——最高人民法院典型疑难百案再审实录》（刑事与事同案件卷），中国长安出版社2007年版，第173～174页。

② 《中华人民共和国最高人民法院公报》1985年第2期。

③ 《中华人民共和国最高人民法院公报》2000年第9期。

现的矫正正义应以法律意义上的事实、证据为依据，司法公正追求的真实是法律真实而不是客观真实。[①]

对此，国内学术界争议很大，甚至认为这两个概念本身，就是伪问题，应当将其逐出证据法领域。[②] 因为“在司法裁判过程中，‘法律真实’如果不能在统计意义上做到与‘客观真实’在多数情况下的一致，或者使人们普遍相信也可能达到并追求这种一致，那么，裁判所依赖的这种‘法律真实’，就会在制度和意识形态上失去其正当性，司法过程就会变质”。[③] 经过多年的司法实践，总结其经验和教训，“我国的司法系统曾经一度从客观真实立场摆向法律真实，而后又稍微靠近了客观真实，一定程序上发现和纠正了‘法律真实’可能忽视事实真相所带来的‘案结事不了’的社会危害”。[④]

尽管如此，在法院系统内部，经过多年自上而下的理论推行，客观事实不同于法律事实，客观事实与法律事实之间，既有联系，又有区别，还可能会有冲突，诸如此类的观点，已经深入人心。随之而来的，司法实践中迫切需要解决的问题是，客观事实与法律事实相冲突时如何处理？在这种情况下，以事实为依据，究竟是依哪个“事实”为准，是客观事实还是法律事实？

从目前情况看，最高法院态度似乎并不绝对，一般情况下依法律事实为依据。但是，在有相反证据推翻法律事实时，最高法院也会转而支持客观事实。这多发生在欺诈、恶意串通等违法情形时，相关法律如物权法、担保法和合同法，以及司法解释也明确支持这一做法，如最高法院、国土资源部、建设部《关于依法规范人民法院执行和国土资源房地产管理部门协助执行若干问题的通知》第 21 条规定，已被人民法院查封、预查封并在国土资源、房地产管理部门办理了查封、预查封登记手续的土地使用权、房屋，被执行人隐瞒真实情况，到国土资源、房地产管理部门办理抵押、转让等手续的，人民法院应当依法确认其行为无效。

对于法律事实的认定，往往依赖于外在标志的确认，如在存在登记等要件因素时，最高法院通常依表面证据，采取外观主义认定法律事实。

---

① 中华人民共和国最高人民法院审判监督庭编：《审判监督指导与研究》（第 2 卷），人民法院出版社 2001 年版，第 2 页。

② 张步文：《司法证明原论》，商务印书馆 2014 年版，第 397 页。

③ 张志铭：《裁判中的事实认知》，载王敏远编《公法》（第 4 卷），法律出版社 2003 年版，第 2～3 页；转引自张步文：《司法证明原论》，商务印书馆 2014 年版，第 9 页。

④ 张步文：《司法证明原论》，商务印书馆 2014 年版，第 506 页。

在中信技术公司与综合商贸公司、吉林公司购销钢材合同纠纷申请再审案中，法院认为，公司法规定了注册资本制度，吉林公司的注册资金虽然没有达到规定，且注册后即全部抽逃，但其已获得工商局颁发的营业执照。因此，在吉林公司登记注销之前，其具备合法的主体资格，可以进行合法的经营行为。其所签订的对外合同，只要不违反国家专营、专卖的规定，不违反法律和行政法规，不损害国家利益及社会公共利益，则应认定为有效。①

在冼某祥、罗某军、沈某懿、陈某锋、苏某、赖某与三环公司、北流炻瓷厂劳动合同纠纷抗诉案中，法院认为，组建集团公司，必然会重新认定劳动关系，如涉及劳动者与原企业劳动关系的认定、集团公司之间劳动合同关系的认定等问题。劳动关系必须依法认定，集团公司与成员企业的控股关系，以及集团公司向劳动者作出的聘任决定，这些客观事实的发生或存在，均不能构成认定集团公司与劳动者形成劳动合同关系的法定因素。②

在建筑工程领域，最高法院曾一度固守于法律事实，以有关部门的核发文件为判定依据。然而，目前最高法院的态度有所转变，认为客观事实不一定再另行需要证据来证明，有时经审理查明，直接可以作为法律事实确认。

在新扶桑投资公司与新疆维吾尔自治区四建公司建设施工合同纠纷上诉案中，法院认为，新扶桑公司提出的大楼使用过程中发现的质量问题，不能推翻当地质检部对工程质量等级的认定，难以否定有关部门核发的工程合格证书的效力。并且建设行政主管部门对建设工程核发合格证书，是法律和行政法规规定的房地产作为商品进入市场的一道必经程序，属于一种确认性质的具体行政行为，如认为该核发行为不符合法定要求和程序，应通过行政诉讼途径解决。故该合格证书具有法律效力，在审理民事案件时应作为认定工程质量是否合格的依据。③

然而，十年之后在杨某诉东台市东盛房地产开发有限公司商品房销售合同纠纷案中，法院认为，所谓据以定案的事实根据，是指经依法审理查明的客观事实。建设行政主管部门的审批文件以及建筑工程勘察、设计、施工、工程监理等单位分别签署的质量合格文件，在关于房屋建筑工程质量的诉讼中仅属诉讼证据，对人民法院认定事实不具有当然的确定力和拘束力，并不能证明房屋质量确实合格。如果存

---

① 中华人民共和国最高人民法院审判监督庭编：《立案工作指导与参考》（第1卷），人民法院出版社2002年版，第251页。

② 中华人民共和国最高人民法院审判监督庭编：《审判监督指导与研究》（第4卷），人民法院出版社2004年版，第115页。

③ 唐德华主编：《民事审判指导与参考》（第4卷），法律出版社2002年版，第233页。

在房屋裂缝、渗漏等可感知的客观事实，并且该客观事实确系建筑施工所致，则应当依法认定房屋存在质量缺陷。①

此后，最高法院再次以公报案例的方式，坚持对客观事实的直接法律认定。

在江苏南通二建集团有限公司与吴江恒森房地产开发有限公司建设工程施工合同纠纷案中，法院认为，承包人交付的建设工程应符合合同约定的交付条件及相关工程验收标准。工程实际存在明显的质量问题，承包人以工程竣工验收合格证明等主张工程质量合格的，人民法院不予支持。②

在大部分案件中，最高法院似乎对查明客观事实确有偏好，且并不因为民事与商事的划分而有明显差别。

在外贸公司与金城公司确认纠纷案中，法院认为，被保证人虽使用不同名称，但均系同一经营场所、同一电话号码和使用同一枚匈牙利文公章，且通过同一总经理田某年履行同一合同项下的权利和义务。原审法院未能查明案件事实，仅凭名称文字表述上的不同就轻率地认定主体不一是错误的。豪克公司虽有多个中文名称，但均使用同一枚印章，法定代表人亦同为田某年，且金城公司不能举证证明其在匈牙利还开办了第二家豪克公司，故应认定担保函上所称被保证人匈牙利金城企业集团欧洲豪克公司，就是本案主合同的债务人豪克公司。原审判决认定事实不清，适用法律不当，应予纠正。③

在山西建行分行、王某新与乡人民政府侵权纠纷案中，法院认为，普能商店名为集体，实为个人。该商店虽领取集体企业的营业执照，但实际上是王某新自筹资金的个人企业。现普能商店已注销，其财产属王某新所有，故以普能商店名义对福生厂的投资实际上属王某新的个人投资。且王某新按租赁协议的约定，归还了原啤酒厂的部分债务，重新领取了福生厂的营业执照，拥有该厂的经营权和受益权，当其权利受到侵害，王某新应享有诉权。④

在太平洋郑州分公司与工行西大街支行存单纠纷上诉案中，法院认为，形式真实与实质真实是两回事，本案工行西大街支行虽为郑州太保公司出具了 7 份真实的定期存单，但金融机构、出资人、用资人三方是经过协商，按出资人郑州太保公司的要求，工行西大街支行为其出具存单，然后将存款转由用资人科工贸公司使用，

---

① 《中华人民共和国最高人民法院公报》2010 年第 11 期。

② 《中华人民共和国最高人民法院公报》2014 年第 8 期。

③ 李国光主编：《经济审判指导与参考》（第 1 卷），法律出版社 1999 年版，第 378～380 页。

④ 唐德华主编：《民事审判指导与参考》（第 1 卷），法律出版社 2001 年版，第 345 页。

并由科工贸公司分别为出资人、金融机构支付利息，各方行为表明，其明知并非真实存单关系，实际上是以存单表现形式的非法借贷纠纷。①

甚至是涉及股权、收购等典型商事案件，虽伴有工商登记、书面合同等形式外观因素，最高法院也并不一定采信表面证据，依然偏好查清客观事实。

在工银公司、工行郑州支行与黄河证券公司、工行河南分行欠款纠纷上诉案中，法院认为，本案股权连续多次转让，黄河证券公司将其在亚细亚不动产的股权以协议形式转让给海南三联公司，之后海南三联公司又将上述股权以协议形式转让给工银房地产公司，对此，亚细亚企业公司董事会曾予以确认，各方当事人均予认可，应当认定该股权转让系各方当事人真实意思表示，并不违反当时有关法律、政策规定之精神，应为有效。尽管股权转让未经有关产权管理部门登记，但各方认可的事实表明，工银房地产公司实际上已成为亚细亚企业公司股东之一。②

在郭某连诉青岛市卫生局、青岛市东部医院贷款合同纠纷案中，法院认为，表面上看，美园酒店是核劳服与美国第一饮料食品公司设立，但核劳服在中外合作合同中约定的出资，却是核疗养院所有的房地产。合同履行时，是核疗养院以其所有的房地产进行了投资。美园酒店创建过程中所需的手续，也是核疗养院以自己的名义出具的。核疗养院在其向青岛市规划局等部门出具的有关函件中，均称美园酒店是其与美国第一饮料食品公司投资设立。鉴于以上事实，以及核劳服与核疗养院之间存在的从属关系，可以确定美园酒店的中方投资者，实际上是核疗养院。③

在海南海联工贸有限公司与海南天河旅业投资有限公司、三亚天阔置业有限公司等合作开发房地产合同纠纷案中，法院认为，合作开发房地产关系中，当事人约定一方出地、一方出资并以成立房地产项目公司的方式进行合作开发，项目公司只是合作关系各方履行房地产合作开发协议的载体和平台，合作各方当事人在项目公司中是否享有股权，不影响其在合作开发合同中所应享有的权益。合作各方当事人在合作项目中的权利义务，应当按照合作开发房地产协议约定的内容予以确定。④

而在华融公司太原办事处、信达太原办事处与水泥厂等借款合同纠纷上诉案中，

---

① 李国光主编：《民商审判指导与参考》（第1卷），人民法院出版社2002年版，第312～313页。

② 李国光主编：《经济审判指导与参考》（第4卷），法律出版社2001年版，第250页。

③《中华人民共和国最高人民法院公报》2003年第5期。

④《中华人民共和国最高人民法院公报》2016年第1期。

最高法院更是刺破法律行为的表象，认为水泥厂、狮头集团及朔城区政府三方之间签订的兼并协议，名为企业兼并，实为对水泥厂固定资产的转让，只能依查明的客观事实予以处理。①

依笔者所见，最高法院对客观事实的查明偏好，在下述案例中表现得淋漓尽致，达到精细入微的程度。

在陈某浴与内蒙古昌宇石业有限公司合同纠纷再审案中，法院认为，印章真实不等于协议真实。协议形成行为与印章加盖行为在性质上具有相对独立性，协议内容是双方合意行为的表现形式，而印章加盖行为是各方确认双方合意内容的方式，二者相互关联又相对独立。在证据意义上，印章真实一般即可推定协议真实，但在有证据否定或怀疑合意形成行为真实性的情况下，即不能根据印章的真实性直接推定协议的真实性。也就是说，印章在证明协议真实性上尚属初步证据，人民法院认定协议的真实性需综合考虑其他证据及事实。当事人在案件审理中提出的人民法院另案审理中作出的鉴定意见，只宜作为一般书证，根据《民事诉讼法》第 76 条、第 78 条的规定，鉴定意见只能在本案审理中依法申请、形成和使用。②

四、客观事实与法律事实间的摇摆：以土地使用证为例

在房地产案件的处理中，因涉及土地使用证及其政府审批，客观事实和法律事实的区分与认定十分明显，但即便如此，司法实践中的事实认定并不确定，往往出现某种无规律的摇摆。国土部门的批准和土地使用权证作为法律事实，尽管有很强的证明效力，但在案件认定中，并不具有绝对的唯一性和终极性。

一般而言，地方政府和国土部门的认可态度，往往更容易被最高法院所接受，并以此作为事实是否合法的判断尺度。

在上海城南房地产公司与上海中皇置业投资公司购房合同上诉案中，法院认为，所售房屋的土地使用权性质虽为国有划拨且城南公司未办理土地使用权人的变更登记手续，但当地房地产管理部门在中皇公司付清有关税费后，对土地使用权人的变更没有干预，已向中皇公司颁发划拨土地上的《房地产权证》，认可了该项转让，确认了中皇公司的房地产权。尽管有关司法解释规定土地管理部门应向土地使用权转让方补办有关土地使用权手续，但不应据此把土地管理部门向土地使用权受让方补办的有关土地使用权证书一律认定为无效。从尊重当事人意思自治的原则出发，考

① 江必新主编：《民商审判指导与参考》（第 1 卷），人民法院出版社 2003 年版，第 337 页。

② 《中华人民共和国最高人民法院公报》2016 年第 3 期。

虑到合同已履行，在当地实施土地使用权有偿使用制度的特殊性以及政府主管部门认可该项转让等实际情况，以认定合同有效为宜。①

在齐鲁公司与青岛大世界联建合同纠纷上诉案中，法院认为，从表面上看，齐鲁公司在二审中尚未取得土地使用权证，齐鲁公司未取得土地使用权即与青岛大世界进行联建，该行为违反了《城市房地产管理法》第27条的规定，双方所签合同似应无效，但齐鲁公司用于联建的土地是从青岛帆布厂转让得来的，青岛市土地管理局以文件方式同意转让，并规定建设周期竣工验收合格后换领《土地使用权证》。根据该文件精神，齐鲁公司经青岛市国土局批准认可取得了土地使用权，只是要待竣工验收合格后，换取土地使用权证，故青岛大世界以齐鲁公司未取得土地使用权主张联建合同无效不能成立。②

在长发公司与东富公司联建纠纷上诉案中，法院认为，长发公司在二审中以双方当事人合作建房，没有办理合建审批手续和土地使用权变更登记手续等请求确认合同无效，法院走访当地房地产主管部门了解到，按照武汉市当时的习惯做法，双方房屋建成后直接将土地使用权证、房屋产权证办至产权人名下即可。另外，从双方所签订协议和实际履行情况看，东富公司实际承担了提供用地使用权证、拆迁、三通一平、委托设计、办理有关手续等义务。《城市房地产管理法》第27条规定："依法取得的土地使用权，可以依照本法和有关法律、行政法规的规定，作价入股，合资、合作开发经营房地产。"根据这一规定，本案双方当事人所签《项目合作协议》和补充协议应认定合法、有效。③

在珠江公司与信托公司土地使用权转让合同纠纷上诉案中，法院认为，珠江公司未付足土地出让金，而取得土地使用权证问题，涉及政府的行为，为此也征求了国家土地局的意见，对该问题我们认为珠江公司在取得土地使用权证后，即为合法的土地使用权人，可以依照规定进行开发、转让等，珠江公司未付出让金，政府就发放土地使用权证，系政府的行为，应由政府与珠江公司协调解决，一审认定双方协议无效事实依据不足，适用法律有误，改判合同有效，并根据最高法院《关于审理房地产管理法施行前房地产开发经营案件若干问题的解答》第8条之规定，责令当事人补办土地使用权变更登记手续。④

---

① 唐德华主编：《民事审判指导与参考》（第1卷），法律出版社2000年版，第227～228页。
② 唐德华主编：《民事审判指导与参考》（第2卷），法律出版社2000年版，第210～211页。
③ 唐德华主编：《民事审判指导与参考》（第3卷），法律出版社2000年版，第146页。
④ 唐德华主编：《民事审判指导与参考》（第4卷），法律出版社2000年版，第240～241页。

有时，尽管当事人并未取得法定的国有土地使用权证，但从国土部门取得类似的代用品，仍然能得到最高法院的认可，因为代用品反映了国土部门的认可态度。

在京津公司与国际房地产公司土地使用权转让合同纠纷上诉案中，法院认为，在《城市房地产管理法》施行前，我国的城市国有土地有偿使用制度和土地市场处于发育成长时期，土地出让的程序不完备，以致土地管理部门在土地出让合同签订后，报有权批准机关审批过程中，为受让方发放土地使用权代用证的情况。当事人在取得土地使用权代用证后转让土地使用权的，转让合同的受让方不得在合同已经履行完毕后，以转让方未取得土地使用权证为由，主张转让合同无效。①

与其相反，同样是最高法院民事审判庭的同类判决，国土部门发放的土地权证并没有起到一锤定音的背书作用，其理由既可能是不符合法律规定，也可能是政府部门的否定意见。

在长房集团与中深公司、盛泰公司合作建房合同纠纷上诉案中，法院认为，三方在一审诉讼期间才补办签订了《国有土地使用权出让合同》，但又未足额交纳土地出让金，土地管理部门只为其发放了有效期为一年的国有土地使用权证，而且也没有办理合建审批手续和土地使用权变更登记手续。直至二审诉讼期间，长房集团才补齐土地出让金，正式取得了国有土地使用权证，其行为不符合最高法院《关于审理房地产管理法施行前房地产开发经营案件若干问题的解答》第21条规定的可认可合同有效的条件，故对三方合作建房合同认定为无效。②

同样，在南昌市工商局与南昌人保分公司、江西人保分公司、南昌市商业银行、长江公司、市场建开发公司联合开发房地产合同纠纷上诉案中，法院认为，联合开发房地产项目应办理合建审批手续，同时因为其是土地使用权有偿转让的一种特殊形式，还应交纳土地出让金，办理土地使用权变更登记手续，但签订该合同时市工商局未办理该大厦用地及建设的审批手续，虽然南昌市土地局批复同意将该土地转划拨给市工商局，但该局明文规定该划拨用地不得转让或联合开发。在二审期间，南昌市土地局虽然同意将原划拨土地使用权转为出让国有土地使用权，并给市工商局颁发了国有土地使用权证，但市工商局一直未与土地局签订土地使用权出让合同，未办合建审批和土地使用权变更登记手续，未交纳土地出让金，最高法院司法解释规定，一审诉讼期间，未依法补办上述手续的，不能认定合同有效，本案直到二审

① 最高人民法院民事审判第一庭编：《最高人民法院民事案例解析》（最新版），中国法制出版社2012年版，第3页。

② 唐德华主编：《民事审判指导与参考》（第3卷），法律出版社2000年版，第219页。

时，房地产开发的有关手续仍不完备，建筑物也仅是个框架，故该联合开发协议违反了国家法律规定，应为无效。①

五、法律事实与法律事实的冲突：以民刑交叉证据为例②

在民刑交叉案件中，经常涉及刑事证据与民事证据的关系，刑事证据作为法律事实，能否直接援引至民事诉讼中，成为已证事实，作为民事证据直接使用？对此，司法实践中存有争议。自2000年起，最高法院发布十多个此类案例，仅指导性质的案例就有三个，分别是：中国工商银行甘肃省兰州市七里河支行与广东省曲江银通经济发展总公司存单纠纷上诉案（法公布〔2000〕第11号）、中国光大银行河北省石家庄分行与中国电子进出口山东公司存单纠纷申诉案（法公布〔2001〕第24号）、广西临桂县城市信用社与中国农业银行神农架林区支行欠款担保合同纠纷上诉案（法公布〔2003〕第18号）。透过具体案例折射出的审判思维共识是：两种不同属性的证据转换，涉及的是两种不同的法律事实，以及背后的法律框架的性质。对此，最高法院一度倾向认为，鉴于法律对民事证据和刑事证据的采信标准不同，高标准的刑事证据，似可覆盖低标准的民事证据，但此后态度有所反复，强调应视不同法定程序的具体要求而定。

鉴于刑事判决书与民事判决书的认定往往有所不同，对于二者如何协调的问题，最高法院认为，刑事犯罪与单位承担民事责任只是看问题的角度不同，刑事制裁是为了保护民事关系，而不能消灭民事关系。民事关系存在与否，应按民法规定判断，民事纠纷还需要以民法方式解决，二者并不矛盾。③

在证券公司西五路营业部与昆明路农行支行存款合同纠纷上诉案中，法院认为，刑事证据与民事证据标准不同。刑事证据的认定标准要比民事证据更高，真实性也更大。除非有相反证据反证，当事人的供述可以作为民事案件的证据使用。尤其是在相关供述可以相互印证、相互吻合，形成了比较完整的证据链的情况下，更应当按照“高度盖然性”证明标准即优势证据标准，在民事诉讼中对该刑事证据依法质

---

① 唐德华主编：《民事审判指导与参考》（第2卷），法律出版社2001年版，第162页。

② 国内研究民刑交叉案件的论著中，影响最大的当推两部专著，分别是何帆的《刑民交叉案件审理的基本思路》（中国法制出版社2007年版）、董秀婕的《刑民交叉法律问题研究》（吉林大学2007年博士学位论文），但两文均未涉及民刑交叉证据问题。

③ 李国光主编：《民商审判指导与参考》（第2卷），人民法院出版社2003年版，第345～346页。

证后予以认定。①

在广州市商业银行越秀支行与云溪农行支行、名鑫公司、协利公司侵权纠纷案中，法院认为，本案公安机关并未作为刑事案件办理，在案件发生后，有关公安机关询问经办人，对此形成的询问笔录，就其证据属性而言，仍为证人证言，不能错误认为，询问笔录是由公安机关依法做出，且根据比民事诉讼更为严格的刑事诉讼程序获取，即当然具有证据能力。在民事诉讼中，询问笔录仍然是普通证据，是否采信同样应当适用证据规则的有关规定，与一方当事人有利害关系的证人证言，不能单独作为认定案件事实的依据。②

在登铝公司与金水农行支行、镇企业金属材料总公司、索克公司借款担保合同纠纷及代位权纠纷案中，法院认为，登铝公司单方提供的郑州市人民检察院、公安局对周某斌、尚某琴的询问笔录，并不能证明本案事实，即所争议的条款系金水农行单方擅自添加，且该询问笔录属于证人证言，缺乏其他有效的民事证据相佐证，该证人无正当理由未出庭作证，故该证人证言不能单独作为认定案件事实的依据。③

在金牛工行支行与中电工程公司、省文化旅游公司借款合同纠纷再审案中，法院认为，关键证人分别在公安机关和检察机关的陈述，前后完全矛盾，故再审对其证言均不予采信。④

在英华公司与颖博公司担保追偿权纠纷申请再审案中，法院认为，在民事诉讼中，一方当事人以公安机关在侦办刑事案件过程中形成的询问笔录来支持其诉讼主张，对此，不能简单直接采信。公安机关的询问笔录是否具有证据效力，以及证据效力应当如何认定，情况非常复杂，不能一概而论，要结合询问笔录的真实性和合法性，以及其他证据、案件背景、证明结果等多种因素进行综合判断。⑤

在农垦农行分行与财政证券公司资金拆借合同纠纷申请再审案中，法院认为，陈某虽在公安侦查询问笔录中承认印章系其私刻，但其口供并无其他有力证据相互佐证，仅凭此自认，并不能推翻二审中公安部对银行公章的鉴定结论。检察院就朱某等人起诉书，同样无法直接否定公安部的鉴定结论。除非在刑事案件审理过程中，

① 最高人民法院民事审判第二庭编：《最高人民法院商事审判裁判规范与案例指导》（第1卷），法律出版社2010年版，第857~858页。

② 最高人民法院民事审判第二庭编：《最高人民法院商事审判指导案例（公司卷）》，中国法制出版社2011年版，第401页。

③ 最高人民法院民事审判第二庭编：《最高人民法院商事审判指导案例（借款担保卷）》（下册），中国法制出版社2011年版，第926页。

④ 江必新主编：《审判监督指导》（第1辑），人民法院出版社2006年版，第112页。

⑤ 苏泽林、景汉朝主编：《立案工作指导》（第4辑），人民法院出版社2013年版，第138页。

审理刑事案件的法院认为有必要对公安部的鉴定重新鉴定，且重新鉴定后的结论又推翻了原鉴定结论，这时作为申请人以新鉴定结论作为证据提出申诉，才符合再审条件。①

在此后公布的案例中，最高法院的态度更加明朗，开始严格区隔刑事证据与民事证据。

在松园公司与亨联工贸公司、圣兰德公司借款合同纠纷案中，法院认为，刑事生效裁判可以作为判定当事人意思表示是否真实、善意的重要依据，但不是决定民事行为是否合法、有效的唯一依据。辽宁高院生效刑事裁定认定金某克等人以办理电话名义，将松风园宾馆的公章盗盖在空白纸张上进行诈骗，但广东省两级法院和本院审理过程中，松园公司多次承认，当时松风园宾馆公章虽由公司人员保管控制，但是管理不严，以致被金某克等人使用。本案中金某克等人以松风园宾馆的名义实施诈骗行为，松园公司是基于自己对诈骗行为发生所具有的过错承担责任。各方及刑事裁判均确认款项已汇入松风园宾馆账户并被金某克占有，且长期未能偿还，收款事实和经济损失均已实际发生，故不论松园公司或松风园宾馆是否实际收到款项，松园公司均应承担相应的责任。②

对于刑事证据与民事证据，最高法院不仅从正面区隔，即刑事确定，不代表民事能确定；而且还从反面区隔，即刑事不确定，不代表民事不能确定。

在泸州老窖公司与农行长沙开福支行、红星支行侵权纠纷案中，法院认为，民事诉讼目的与刑事诉讼不同，认定某一具体事实所应达到的证明程度，即证据的证明标准与刑事诉讼亦不同。根据《民诉解释》第108条，民事诉讼的证明标准为高度盖然性，不同于刑事诉讼所要求的确实、充分以及排除合理怀疑的证明标准。虽然刑事案件中的证据不能证明某一事实成立，但在民事诉讼中，已达到高度盖然性的民事证明标准的，仍应认定该事实成立。③ 值得注意的是，该案例隐含的裁判规则，已被2019年6月5日发布的《最高人民法院关于审理生态环境损害赔偿案件的若干规定（试行）》所明确，该司法解释第8条第2款规定："对刑事裁判未予确认的事实，当事人提供的证据达到民事诉讼证明标准的，人民法院应当予以认定。"

随着认识的不断深化，最高法院通过区隔刑事犯罪行为与民事法律行为，逐渐合逻辑地形成下述主流裁判观点：即便是伪造印章构成刑事犯罪，也并不当然导致

---

① 苏泽林主编：《立案工作指导》（第3期），人民法院出版社2004年版，第155页。

② 江必新主编：《全国法院优秀再审裁判文书精选》，法律出版社2010年版，第542、552页。

③ （2019）最高法民终1575号。

所签合同无效。

在润元公司、陆某武、天盛公司与潘某英借款合同纠纷再审案中，法院认为，案涉借款合同是否有效，应当依照合同法的规定进行判断，并不因为陆某武构成骗取贷款罪而必须导致其与润元公司签订的借款合同无效。陆某武以加盖伪造印章的方式，提供虚假证明文件，骗取润元公司贷款的行为，在刑法上构成骗取贷款罪，应当据此承担刑事责任。但在合同法上，其行为构成单方欺诈。根据《合同法》第54条第2款之规定，润元公司享有撤销权。因润元公司未按照该条规定主张撤销案涉借款合同，二审判决认定借款合同有效并无不当。①

上述裁定作出三年之后，2017年，在中轻公司与远大集团进出口代理合同再审案中，最高法院再度认定，刑事上构成合同诈骗罪，一般而言，在民事上属于以欺诈手段订立合同，应认定合同为可撤销合同，除非存在无效事由。②

在湛江一建与白某江租赁合同纠纷再审案中，法院认为，湛江一建主张《租赁合同》上湛江一建及项目部的印章均系梁某同私刻，不代表其真实意思表示，合同应无效。但因梁某同与湛江一建之间存在挂靠关系，足以使白某江有理由相信印章的真实性以及梁某同得到了湛江一建的授权，故梁某同的行为构成表见代理，其行为后果应由湛江一建承担。梁某同的询问笔录不属于新证据，亦不足以推翻原判决。梁某同私刻印章涉嫌犯罪与本案租赁合同纠纷不属于同一法律关系，本案审理也不以刑事案件的结果为依据，因而本案无需中止审理或驳回起诉。③

在万翔公司与游某琼、翁某金、华鑫公司民间借贷纠纷再审案中，法院认为，关于万翔公司应否对翁某金以其名义作出的担保行为承担责任的问题，经查明，翁某金在借条、协议书、借款担保协议书上加盖万翔公司印章时系该公司的董事长，但并非公司法定代表人。故二审判决依据《合同法》第50条和《最高人民法院关于适用〈中华人民共和国担保法〉若干问题的解释》（以下简称《担保法解释》）第11条的规定认定翁某金有权代表公司对外签订合同适用法律不当，应予纠正。万翔公司是否应当承担合同义务，应当判断翁某金的行为是否符合《合同法》第49条关于表见代理的规定。《合同法》第49条规定："行为人没有代理权、超越代理权或者代理权终止后以被代理人名义订立合同，相对人有理由相信行为人有代理权的，该

---

① （2014）最高法民申字第1544号。

② 最高人民法院民事审判第二庭编著：《〈全国法院民商事审判工作会议纪要〉理解与适用》，人民法院出版社2019年版，第654页。

③ （2015）最高法民申字第3402号。

代理行为有效。”根据上述规定，构成表见代理必须符合两个条件：一是代理人表现出了其具有代理权的外观；二是相对人相信其具有代理权且善意无过失。虽然2006年修订后的《公司法》第13条规定公司法定代表人可以由董事长、执行董事或者经理担任，但从实践情况看，在公司设有董事长的情况下，由董事长担任公司法定代表人的情况是普遍现象。并且，董事长虽不一定同时担任公司法定代表人，但根据《公司法》的有关规定，其相较于公司其他管理人员显然享有更大的权力，故其对外实施的行为更能引起交易相对人的合理信赖。同时，翁某金还是万翔公司的股东，且在签订涉案担保合同时持有万翔公司的公章，尽管刑事判决已经认定该公章为翁某金私刻，但结合翁某金在万翔公司所任特殊职务以及股东身份等权利外观，已经足以让交易相对人游某琼产生合理信赖，让其负有对公章真实性进行实质审查的义务，对于相对人要求过于严苛，不利于保护交易安全。综上，翁某金的行为已构成表见代理，万翔公司应对翁某金的涉案债务承担担保责任。万翔公司关于翁某金并非万翔公司法定代表人并存在私刻公章行为，故其不应承担担保责任等主张不能成立。翁某金提交的武平县检察院武检公诉刑诉（2016）49号起诉书和武平县法院（2016）闽0824刑初54号刑事判决等证据并不足以推翻二审判决，不属于新证据，本院不予采信。①

六、视为与推定②

除了无法查明的客观事实外，查明事实的过程中，离不开相应的推理手段。视为与推定，就是对查明事实的有效补充。虽然这也是一种法律推理，但已经脱离了具体的个案推理过程，上升为法律规范，其效力来源不仅仅是经验常识，而是法律规范本身，不仅仅具有程序法意义，更具有实体法意义。③

学界主流观点认为，“所谓视为，是指因有某事实存在，而依一般情事，径直认

---

① （2016）最高法民申733号。

② 学界对视为与推定的区分标准并不明确，有不加区分，一体使用的，参见王立争：《民法推定性规范研究》，法律出版社2013年版，第46～52页。也有不仅加以区分，并认为“视为”是上位概念，包括拟制和推定，参见李锡鹤：《民法原理论稿》，法律出版社2012年版，第377页。还有仅区分拟制与推定，但又提出推定性拟制的概念，参见卢鹏：《拟制问题研究》，上海人民出版社2009年版。此外，前辈法学家杨兆龙先生仅将拟制和推定归为一类，未提及“视为”，并认为拟制和推定在大陆法里通常代表一种立法的政策，并不是一种解释法律的方法。参见杨兆龙著，郝铁川、陆锦碧编：《杨兆龙法学文选》，中国政法大学出版社2000年版，第215页。从司法实践角度考虑，同时为论述方便，本书将视为与推定并列。

③ 王立争：《民法推定性规范研究》，法律出版社2013年版，第6～9页。

为另一真实的存在且不因另有反证而丧失其效力的事实认定行为。推定则指因有某事存在，而依一般情事认为有另一事实存在，但如有反证，即失其效力的事实认定行为”。[①] 视为和推定体现立法技术，是有效的法律思维工具。视为本质上是意思拟制，并不考虑客观情形的相反状况，即不能被反证所推翻；推定本质上是思维链条，须受基础事实与推定事实之间常态联系的逻辑和经验约束，可以被反证情形所推翻。[②]

（一）视为

在我国法律和相关司法解释中，对于视为多有明确规定。《民法典》第 140 条规定，行为人可以明示或者默示作出意思表示。沉默只有在有法律规定、当事人约定或者符合当事人之间的交易习惯时，才可以视为意思表示。该法第 308 条规定，共有人对共有的不动产或者动产没有约定为按份共有或者共同共有，或者约定不明确的，除共有人具有家庭关系等外，视为按份共有。该法第 621 条第 1 款规定，当事人约定检验期限的，买受人应当在检验期限内将标的物的数量或者质量不符合约定的情形通知出卖人。买受人怠于通知的，视为标的物的数量或者质量符合约定。该法第 707 条规定，租赁期限六个月以上的，应当采用书面形式。当事人未采用书面形式，无法确定租赁期限的，视为不定期租赁。该法第 1124 条第 1 款规定，继承开始后，继承人放弃继承的，应当在遗产处理前，以书面形式作出放弃继承的表示；没有表示的，视为接受继承。《著作权法》第 11 条规定，创作作品的公民是作者。由法人或者非法人组织主持，代表法人或者非法人组织意志创作，并由法人或者非法人组织承担责任的作品，法人或者非法人组织视为作者。

此外，2020 年 12 月 21 日，最高法院发布《关于适用〈中华人民共和国民法典〉有关担保制度的解释》（以下简称《担保制度解释》），其中第 32 条规定，保证合同约定保证人承担保证责任直至主债务本息还清时为止等类似内容的，视为约定不明，保证期限为主债务履行期限届满之日起六个月。法律和司法解释规定的丰富内容，使得视为工具得以广泛运用。

最高法院在查明事实的过程中，以“视为”技术作为查明手段，其导致的结果，既可能是肯定性结论，也可能是否定性结论，而且运用视为技术后，得出肯定性结

---

① 佘能斌主编：《民法学》，人民法院出版社 2003 年版，第 24 页。

② 关于视为与推定研究的代表性论文，参见孙梦洁：《民法中推定与视为规定的比较》，载《淮阴师范学院教育科学论坛》2014 年第 Z1 期。

论的案件较多。

在廖某颐与廖某万房产纠纷案中，法院认为，双方讼争的房屋，尽管廖某万开始想与廖某颐共同买房，也付了部分房价款，但在正式办理房屋产权转移手续时，不参加登记，不行使自己的买房权利，应视为自动放弃。①

在储备局与青海轧钢厂、青海建行分行购销锌锭合同纠纷上诉案中，法院认为，根据合同书之约定，储备局应在1988年12月10日之前将款项一次性付到青海省建行，但该局交付的最后日期为1990年8月27日，不符合合同之约定，但因轧钢厂并未提出异议，应视为当事人就付款日期变更问题达成了一致。②

在铁道部隧道工程局与康隆公司合作建房纠纷上诉案中，法院认为，指挥部在签约时虽无独立法人资格，但可将铁隧局的行为视为对指挥部签订合同效力的追认，故本案有关合同应认定为有效。③

此外，上述以“视为”的形式，来查明事实的方式，还多次出现在最高法院的公报案例中。

在格布·舍马克尔有限合伙公司与上海市对外贸易总公司随船债务转移纠纷案中，法院认为，关于时效问题，原告在规定付款期满六个月内，曾分别向巴拿马海洋霸王航海公司和被告提出权利主张，巴拿马海洋霸王航海公司在通过中国银行上海分行开具的担保书中，对这笔可能发生的债务纠纷，规定了接受请求的期限在1984年12月31日之前，故应视为时效中断，原告提起诉讼，是在索赔期间。据此，此项债务债权应予认定。被告在知道贝尔·庇号轮有债务纠纷的情况下，同意接受巴拿马海洋霸王航海公司提供的银行担保，然后办理接船付款手续，应视为被告接受了贝尔·庇号轮该项转移的债务。因此被告应向原告偿还该项债务。④

在李某连、李某萍诉柯某生房屋典当回赎纠纷案中，法院认为，被上诉人李某连、李某萍所主张回赎的典当房屋，依照最高法院司法解释关于典期届满逾期十年或典期未载明期限经过三十年未赎的规定，超过了回赎期限，原则上应视为绝卖。但是，最高法院的司法解释又规定，房屋典期届满，出典人由于不可抗力，使其不能回赎的，超过契约规定期限的时间，应于扣除，不计入回赎时效期间。本案讼争的房屋，在1987年11月我国台湾当局开放台胞回大陆探亲之前，由于历史的原因，

① 《中华人民共和国最高人民法院公报》1985年总第1期。

② 最高人民法院办公厅编：《最高人民法院公布裁判文书》（二〇〇〇年），人民法院出版社2001年版，第118页。

③ 唐德华主编：《民事审判指导与参考》（第3卷），法律出版社2001年版，第258页。

④ 《中华人民共和国最高人民法院公报》1985年总第3期。

海峡两岸长期隔绝，出典人无法主张回赎。这种情况，应视为不可抗力，这段时间不应计入回赎期限。依上述规定，出典人主张回赎典当房屋的限期并未超过。①

在中国外运上海公司诉深圳江南经济开发总公司货运代理合同纠纷案中，法院认为，江南公司在向上海外运委托办理货运手续时，提交空白委托书的行为，可视为其对实际发生的委托事项同意负完全责任。江南公司提出上海外运没有根据海湾公司转给的文件、资料、价格条件FOB上海来填写空白货运委托书，因该行为引起的主要过错在上海外运的主张不能成立，由此产生的法律后果应由江南公司承担。②

在安阳汽车运输总公司诉南庄分社、临淇信用合作社质押存单兑付纠纷案中，法院认为，该协议是权利质押协议。用于出质的存单和质押协议上都盖有真实的南庄分社公章，因此应当视为南庄分社的行为，而不能认为这是南庄分社工作人员的个人行为。③

最高法院运用“视为”技术，之所以得出较多的肯定性，笔者认为，原因可能在于，视为作为法律意义上的意思拟制，其内在逻辑构成的指向，更容易倾向于单向度的肯定，以弥补事实断裂的黑洞，有利于事实认定。相对而言，最高法院运用“视为”技术，得出否定性结论的案件，则比较少见。

在飞龙公司与口岸公司、航运公司联营纠纷申请再审案中，法院认为，航运公司在口岸公司出具的还款计划中批注，要求口岸公司抓紧时间按还款计划落实资金偿还，否则由此产生的一切后果由其承担，这只是航运公司向口岸公司单方表示的意思，最多只能算是共同债务人之间的约定，且该表示不是向飞龙公司所作出，飞龙公司对此未表示异议，并不能当然视为其已同意将债务转移由口岸公司单方承担。④

在川康公司、川康西藏分公司与世邦公司建设工程施工合同纠纷再审案中，法院认为，关于川康西藏分公司主张的人工费调增是否应当支持，从鉴定报告的内容和川康西藏分公司在一、二审中提交的相关证据看，关于人工费的上调，双方当事人在一、二审判决作出前，并未达成一致意见。虽然在本案二审判决作出后，世邦公司与工人代表签订协议，承诺代川康西藏分公司支付拖欠工资，该工资数额包含在在川康西藏分公司请求上调人工费的范围内，但该协议的当事人仅为世邦公司与工人代表，其内容亦未表达世邦公司认可川康西藏分公司上调人工费的要求，或者

---

① 《中华人民共和国最高人民法院公报》1993年第1期。

② 《中华人民共和国最高人民法院公报》1995年第42期。

③ 《中华人民共和国最高人民法院公报》1998年第2期。

④ 中华人民共和国最高人民法院审判监督庭编：《审判监督指导与研究》（第1卷），人民法院出版社2003年版，第190页。

放弃向川康西藏分公司行使相应追偿权利的意思表示，不能视为川康西藏分公司与世邦公司在上调人工费的问题上达成一致。①

除了肯定性结论或否定性结论的区分以外，最高法院还运用视为技术，在不引人注目的管辖权争议案件中，作出选择性结论或排他性结论的区分。

在龙之梦地产公司与龙之梦置业公司、金帝责任公司建设工程施工合同再审案中，法院认为，关于本案应否按双方约定确定管辖问题。双方签订的《承包合同》第33.1条约定："甲乙双方在履行合同时发生争议，当事人不愿和解、调解或者和解、调解不成的，双方可向合同签订地有管辖权的人民法院起诉。"该约定中"可"能否理解为也可以到其他有法定管辖权的法院起诉，即该协议管辖是否具有排他性。根据《民事诉讼法》第34条"合同或者其他财产权益纠纷的当事人可以书面协议选择被告住所地、合同履行地、合同签订地、原告住所地、标的物所在地等与争议有实际联系的地点的人民法院管辖，但不得违反本法对级别管辖和专属管辖的规定"的规定，协议管辖是法律允许当事人在法律规定的范围内，以书面形式协商一致自行选择解决纠纷的法院，其立法目的是充分体现意思自治原则，减少管辖争议，缩减诉讼成本。因此，协议管辖应是非常确定的管辖，应当具有排他性的管辖，即能够通过当事人的意思表示确定争议管辖的法院。从本案协议约定看，虽然当事人使用了"可"字，但协议内容并没有既可以向选择管辖法院起诉，也可以向法定管辖法院起诉的意思表示，因此，二审法院将此约定理解为是选择性的约定，含义是可选择、也可不选择，此认定缺乏依据。本案双方协议约定所使用的"可"字，系目前国内当事人进行协议管辖时的常用术语，"双方可向合同签订地有管辖权的人民法院起诉"的约定，应视为双方对管辖法院做出了单一确定的选择，应当解释为由被选择的法院行使排他性管辖权。因本案合同签订地在上海市长宁路，且本案诉讼标的额符合上海市长宁区法院管辖标准，因此，案件应由上海市长宁区法院管辖，辽宁省鞍山市中级法院对本案并无管辖权。②

（二）推定

对于推定，现行法律和司法解释也多有规定。《民法典》第554条规定，当事人对合同变更的内容约定不明确的，推定为未变更。该法第1222条规定，患者在诊疗活动中受到损害，有下列情形之一的，推定医疗机构有过错。最高法院《关于审理

---

① （2013）最高法民提字第77号。

② （2014）最高法民提字第154号。

期货纠纷案件座谈会纪要》第9条规定，如果客户主张经纪公司未入市交易，经纪公司否认的，应由经纪公司负举证责任。如果经纪公司提不出相应的证据，就应当推定没有入市交易。2019年修订后的《最高人民法院关于民事诉讼证据的若干规定》（法释〔2019〕19号）第92条第2款规定，私书文证由制作者或者其代理人签名、盖章或捺印的，推定为真实。

司法实践中，推定与举证密不可分，举证不能本身就是推定的延伸。因此，最高法院往往将推定与证据责任制度结合起来运用，通过举证责任的分配，对难以查明的事实进行推定。

在王某文诉珠海市鑫光期货经纪有限公司期货代理纠纷案中，法院认为，鑫光公司为证实余下1650手上海9511胶合板期货已经入市交易而提交的三种证据，不仅存在着建仓数量不符、客户编码不对应、价位不符、仓单方向相反等问题，而且还存在着对客户的限价订单不按规定的价格或更好的价格水平执行，对客户编码不坚持由会员申请、一户一号、专号专用等违反《上交所交易规则》的问题。由于这些问题的存在，只能由鑫光公司从其提交的证据中指认哪些是根据王某文的指令入市交易的记录，法院不能从中客观地分析出这些记录就是王某文指令的结果。鑫光公司提交的证据，不能证明该公司已执行王某文的指令，应当推定其没有将王某文买卖的1650手上海9511胶合板期货入市交易。①

在石某林诉泰州华仁电子资讯有限公司侵害计算机软件著作权纠纷案中（指导性案例49号），法院认为，在被告拒绝提供被控侵权软件的源程序或者是目标程序，且由于技术上的限制，无法从被控侵权产品中直接读出目标程序的情形下，如果原被告在设计缺陷方面基本相同，而被告又无正当理由拒绝提供其软件源程序或者目标程序以直接比对，则考虑到原告的客观举证难度，可以判定原被告计算机软件构成实质性相同，由被告承担侵权责任。

在适用推定原则时，一般情况下，法院针对的是一方当事人的行为，但笔者发现，在个别案例中，最高法院也同时对双方当事人适用推定规则。

在翟某伟、台华公司与祥和公司借款纠纷案中，法院认为，150万元现金的来源是与该案有关的重要事实，因孟某贤主张该款是向唐某阳所借，故该事实也应由孟某贤证明。翟某伟否认上述事实，只是反驳者，而非上述事实的证明责任者。故孟某贤如不能提供证据证明借款事实存在，这些事实将被推定不存在，而翟某伟如不

① 《中华人民共和国最高人民法院公报》1999年第1期。

能提供证据证明其否认的事实，则不能推定为该事实存在。①

与适用“视为”技术得出较多肯定性结论相反，在适用“推定”技术时，最高法院得出较多的否定性结论。之所以出现这种司法反差，笔者认为，源于“推定”技术本身，已蕴含了对反证的随时接纳与动态调整，故被推翻的概率客观上远大于视为；在这种情况下，若要作出肯定性结论的推定，对于法律原则或法律依据、因果关联、经验法则等因素的考量必然更多。经过裁判思维如此多轮的反复过滤，相当数量的案件事实，注定最终不能被接纳到案件中来。

关于法律原则的考量。在中誉电子（上海）有限公司与上海九鹰电子科技有限公司侵犯实用新型专利纠纷案中，法院认为，禁止反悔原则适用于导致专利权保护范围缩小的修改或者陈述。亦即由此所放弃的技术方案不应再被纳入专利权的保护范围。该种情形下的放弃，通常是专利权人通过修改或意见陈述进行的自我放弃。但是，若独立权利要求被宣告无效而在其从属权利要求的基础上维持专利权有效，且专利权人未曾作上述自我放弃，则应充分注意专利权人未自我放弃的情形，严格把握放弃的认定条件。若该从属权利要求中的附加技术特征未被该独立权利要求所概括，则因该附加技术特征没有原始的参照，故不能推定该附加技术特征之外的技术方案已被全部放弃。②

关于法律依据的考量。在株洲中行分行与龙某健、自来水公司、市计划委员会、银泰公司借款担保合同纠纷案中，法院认为，原一审、再审依据以银泰娱乐城的名义为龙某健向信托公司偿还过部分借款的事实，推定为银泰娱乐城代为偿还货款的承诺，是欠缺法律依据的。从法律上讲，将一个事实行为推定为一个意思行为，必须有法律明文规定。③

在重庆建工集团股份有限公司与中铁十九局集团有限公司建设工程合同纠纷案中，法院认为，根据审计法的规定，国家审计机关对工程建设单位进行审计是一种行政监督行为，审计人与被审计人之间因国家审计发生的法律关系与本案当事人之间的民事法律关系性质不同。因此，在民事合同中，当事人对接受行政审计作为确定民事法律关系依据的约定，应当具体明确，而不能通过解释推定的方式，认为合

① 中华人民共和国最高人民法院审判监督庭编：《审判监督指导与研究》（第 2 卷），人民法院出版社 2001 年版，第 217 页。

② 《中华人民共和国最高人民法院公报》2012 年第 10 期。

③ 中华人民共和国最高人民法院审判监督庭编：《审判监督指导与研究》（第 2 卷），人民法院出版社 2001 年版，第 200 页。

同签订时，当事人已经同意接受国家机关的审计行为对民事法律关系的介入。①

关于因果关系的考量。在平湖养殖场与步云染化厂等五单位水污染损害赔偿纠纷案中，法院认为，本案原告所举证据虽然可以证实被告污染环境行为及可能引起损害两个事实，但由于原告所养殖青蛙蝌蚪的死因不明，未能举证证明系被何特定物所致，故所举证据未达到适用因果关系推定的前提。由于原审据以推定的损害原因不明、证据有限，其所主张的因果关系推定不能成立，其遭受的损害无法认定系被告引起，要求被告承担侵权损害赔偿责任依据不足。②

在深圳人保分公司与陶瓷公司货物运输保险合同纠纷再审申请案中，法院认为，本案投保人陶瓷公司投保的是海上货物运输险，虽然该公司投保时间是在保险标的发生事故之后，但货物保险不同于船舶保险，船舶一经启航，货物就脱离了货主的控制而处在第三人的控制之下，因此不能推定投保人陶瓷公司在向深圳中保投保时已经知道或者应该知道已经发生了保险事故。本案中陶瓷公司虽然是在保险标的已经发生保险事实之后投保的，但其对于该保险标的仍具有相应的法律上的利益。③

关于经验法则的考量。在宏隆实业有限公司与上海铁路分局何家湾站等铁路货物运输合同逾期货损索赔纠纷再审案中，法院认为，按照列车运行图的规定，醴陵站每天可以正常通过近 700 辆重车，醴陵站虽是铁路运输中的限制口，但并非所有车辆的通过都要受到限制。在通过能力受到限制时，正因为对部分车辆采取了保留让路的办法，才能够保证线路畅通，使后面更多的车辆顺利通过。而需要保留的车数、时间以及挂车的次序，是由列车调度根据车流情况和编组作业原则掌握，不是按先来后到的顺序排队。二审判决以宏隆公司返运的另一批甘油在 8 天内运到来说明逾期运到并非由于醴陵限制口车辆通过能力有限所致，从而推定承运人有重大过失不成立。④

在《关于锦州市商业银行与锦州市华鼎工贸商行、锦州市经济技术开发区实华通信设备安装公司借款纠纷一案的请示与答复》中，法院认为，担保人在催收货款通知书上盖章或者签字的意思，既可以是对接收通知这一事实的表示，也可以是对通知所记载的债权债务关系曾发生过的表示，还可以是两种意思的综合表示。虽然

① 《中华人民共和国最高人民法院公报》2014 年第 4 期。

② 中华人民共和国最高人民法院审判监督庭编：《审判监督指导与研究》（第 3 卷），人民法院出版社 2002 年版，第 224 页。

③ 万鄂湘主编：《中国涉外商事海事审判指导与研究》（第 1 卷），人民法院出版社 2002 年版，第 230 页。

④ 《中华人民共和国最高人民法院公报》2001 年第 1 期。

推定是法官认定案件事实的重要方法之一，但是推定也必须在一定的范围内，并且建立在一定的事实基础之上，其推定结果也应当合情合理，经得起推敲，否则就是武断。所以，保证期间届满后，保证人如果没有重新承担保证的明示，只在债权人发出的催收到期货款通知单上签字或盖章的行为，不能推断为其重新承担保证责任。①

从目前来看，运用"推定"技术，得出肯定性结论的案件并不多见，主要体现为公报案例、最高法院的再审案件和指导性案例。

在谢某星、赖某兰诉太阳城游泳池有限公司服务合同纠纷案中，法院认为，死者谢某超买票进入被告太阳城公司经营的游泳池后，双方之间的服务合同关系已依法成立并生效。虽然对服务质量、双方的权利与义务等服务合同内容，双方没有书面约定和口头约定，但根据订立合同的目的、行业要求和交易惯例，可以推定，太阳城公司应承担提供安全游泳环境和保障游泳者人身安全的合同附随义务。②

在茶叶公司与婺城工行支行、超三超集团存单纠纷案中，法院认为，存单上盖有婺城工行业务专用章及银行经办人专用名章，表明茶叶公司的资金已交付婺城工行，金融机构此后是否入账，不影响存款关系的效力。《最高人民法院关于审理存单纠纷案件的若干规定》中，把存款人收取利差或与金融机构、用资人约定利差的行为认定为金融机构出借款项有存款人的意思表示，以此区分是一般存单纠纷，还是以存单为表现形式的借贷纠纷，但存款人是否收取利差不是判定其指定用资人的主要依据。一般而言，除非有相反证据，资金占有人应当首先被推定为资金指定人。本案对于"指定人"的认定综合了具体案件，并结合了上述逻辑，确认为婺城工行。③

在礼来公司诉常州华生制药有限公司侵害发明专利纠纷案中（指导性案例84号），法院认为，药品制备方法专利侵权纠纷中，在无其他相反证据情形下，应当推定被诉侵权药品在药监部门的备案工艺为其实际制备工艺。有证据证明被诉侵权药品备案工艺不真实的，应当充分审查被诉侵权药品的技术来源、生产规程、批生产记录、备案文件等证据，依法确定被诉侵权药品的实际制备工艺。在无其他相反证据的情形下，应当推定华生公司2008年补充备案工艺即为其取得《药品补充申请批件》后实际使用的奥氮平制备工艺。

---

① 中华人民共和国最高人民法院审判监督庭编：《审判监督指导与研究》（第2卷），人民法院出版社2003年版，第143页。

② 《中华人民共和国最高人民法院公报》2003年第6期。

③ 苏泽林主编、最高人民法院审判监督庭编著：《最后的裁判——最高人民法院典型疑难案件再审实录》（担保与金融案件卷），中国长安出版社2007年版，第228～229页。

在阿斯特克有限公司申请设立海事赔偿责任限制基金案中（指导性案例112号），法院认为，涉案船舶在预知所经临的海域可能存在大面积养殖区的情形下，应加强瞭望义务，保证航行安全，避免冲撞养殖区造成损失。根据涉案船舶航行轨迹，涉案船舶实际驶入了郭某武经营的养殖区。鉴于损害事故发生于中午时分，并无夜间的视觉障碍，如船员谨慎履行瞭望和驾驶义务，应能注意到海面上悬挂养殖物浮球的存在。在昌黎县海洋局出具证据证明郭某武遭受实际损害的情形下，可以推定船员未履行谨慎瞭望义务，导致第一次侵权行为发生。

笔者注意到，最高法院在进行肯定性推定时，往往辅之以多种诉讼技巧，或采取逐项排除法，破此以立彼；或采取级差比较法，举重以明轻；或采取商事外观法，客体定主体。

逐项排除法推定。在深圳市东方公司与曲靖市东方公司企业借贷纠纷案中，法院认为，双方就6.27779亿元究竟形成何种关系？曲靖东方公司主张形成了投资关系，但其并未将投资关系作出明确解释。而投资大体上可以分为股权投资和债权投资。曲靖东方公司认可其股东深圳东方公司已将注册资本中的出资款出资到位，同时也没有举证证明自己存在增资情形。所以，深圳东方公司投入的款项显然不是股权投资。那么，合乎情理的理解就是债权投资，即双方构成了事实上的借贷之债，即深圳东方公司实际上将款项借给曲靖东方公司使用。虽然双方没有约定还款日期和利率，但曲靖东方公司仍应当依法偿还。①

级差比较法推定。在李某江、朱某敏与贝某峰、沈阳东昊地产有限公司民间借贷纠纷案中，法院认为，用目的解释的原理可以得知，提供不真实的材料和报表固然会影响出借方对借款人使用款项的监督，而不提供相关材料和报表却会使得出借人无从了解案涉款项的使用情况，不利于其及时行使自己的权利。因此，借款人在借款的两年多的时间里，从未向出借人提供相关材料和报表，属于违约。②

商事外观法推定。在四环制药厂与温泉农村信用合作社、中联公司存单纠纷案中，法院认为，司法实践中，出资人为逃避责任，特别是在用资人已无力偿还借款的情况下，通常要掩盖事实的真相，其承认指定用资人是不现实的，也很少有直接证据证明这一情况。在审理存单纠纷时，难以从双方的陈述中得到统一的说法。如果遇到案件事实难以查明，要结合资金的占有进行推定。原则上，在没有相反证据

---

① 最高人民法院民事审判第二庭编、杜万华副主编：《商事审判指导》（第3期），人民法院出版社2014年版，第203页。

② 《中华人民共和国最高人民法院公报》2015年第9期。

的情况下，谁占有资金，谁应当首先被推定为资金的指定者。①

值得注意的是，最高法院在运用推定规则时，不一定直接表述，有时也用“足以证明”“可以认定”“不必强求”之类的字眼，隐性表达对案件事实或证据采信的推定过程。

在江宁县东山镇副业公司与江苏省南京机场高速公路管理处损害赔偿纠纷上诉案，法院认为，养护公路、对公路进行巡查并清除路上障碍物，是上诉人高速公路管理处应尽的职责和义务，以南京机场高速公路的现代化条件，足以保证高速公路管理处能够对路面异常情况及时发现并清除。南京机场高速公路车流大、速度快，高速公路管理处在这样的区域内只有勤勉而谨慎地巡查，才能保障公路安全通行。高速公路管理处虽然举证证明其已按路政管理制度履行了巡查义务，但不能据此证明已达到保障公路安全通行的目的。此次事故的发生，足以证明高速公路管理处疏于巡查。②

在广东龙正投资发展有限公司、广东景茂拍卖行有限公司申请执行复议案，法院认为，在买受人与拍卖行的股东均系亲属的情况下，除非能够证明拍卖过程中其他无关联关系的竞买人参与竞买，且进行了充分的竞价，否则可以认定拍卖行与买受人之间存在串通行为，买受人与拍卖行有串通行为，并明知标的物评估价格及成交价过低，则买受人与拍卖行对于拍卖导致与标的物相关的权利人的权利受侵害构成恶意，人民法院可以依法宣布拍卖无效或撤销拍卖。③

在北京奇虎科技有限公司与腾讯科技（深圳）有限公司、深圳市腾讯计算机系统有限公司滥用市场支配地位纠纷案中（指导性案例78号），法院认为，证据14和证据15实为RBB经济咨询的Derek Ridyard和CRA的特别顾问David Stallibrass分别针对GEG出具的《关于奇虎360相关市场界定、市场力和滥用市场支配地位指控的经济报告》发表的专家质询意见。其中证据14形成于境外，虽未办理公证认证手续，但该报告与证据1均由RBB经济咨询的Derek Ridyard出具，两者的签名与印章一致，而证据1已经办理公证认证手续，因此证据14的真实性可以确认。办理公证认证手续的主要目的在于确认证据的真实性，在有其他渠道确认证据真实性的情况下，不必一律强求办理公证认证手续。

---

① 中华人民共和国最高人民法院审判监督庭编：《审判监督指导与研究》（第4卷），人民法院出版社2002年版，第221页。

② 《中华人民共和国最高人民法院公报》2000年第1期。

③ 《中华人民共和国最高人民法院公报》2012年第12期。

诉讼不是数学，除了遵循思维逻辑，还必须符合生活逻辑，不得违背经验常识。因此，在运用“推定”技术时，只能按行为发生的先后，依时间节点进行顺推，而不能倒推或反推。对于违反推定顺序的行为，最高法院持否定态度。

在孙某杰与湘潭中行分行票据损害责任纠纷案中，法院认为，依据《民事诉讼法》第205条规定，一般情形下，当事人申请再审，应当在判决、裁定发生法律效力后六个月内提出。当事人在判决、裁定发生法律效力六个月后又以新证据为由申请再审的，人民法院应仅对新证据这一事由进行审查。若经审查后发现不属于《民事诉讼法》第200条第1项情形的，应以超过法定申请再审期限为由裁定驳回其再审申请。对同一个问题，若不同法院形成认定不同的两份生效判决，生效在后的民事判决不能作为新证据证明生效在前的民事判决错误。①

在青浦南公司与合达公司、光泰包装材料厂定作合同纠纷申诉案中，法院认为，仅有增值税发票不能取代合同而成为判断当事人之间是否存在真实交易关系的依据。当事人主张的已经实际进行增值税发票抵扣的行为，并不能必然反推出当事人真实交易关系的存在。②

然而，最高法院的这一认定，与此前的同类判断存在冲突。在中航油宁夏公司与兰星公司买卖合同纠纷案中，法院认为，买方接受并提交认证的增值税专用发票，可以作为认定实际交易价格的直接证据。③ 增值税发票既然可以据此认定实际交易价格，当然表明双方存在真实交易关系。这说明，如何判断推定顺序，何为顺推，何为倒推或反推，最高法院的认识尚存分歧，裁判思维未能始终自洽。不过，最新案例显示，对于违反时间节点的反推，最高法院仍持否定态度。

在亿阳集团公司与华融黑龙江分公司合同纠纷二审案中，法院认为，华融黑龙江公司收购债权的行为，未超过其经营范围，案涉合同系各方当事人真实意思表示，不违反法律、行政法规强制性规定的情形，合同有效。亿阳集团公司虽否认与亿阳纸业公司之间借款关系的真实性，但并未提供证据证明，其以本案一审立案时及管辖异议时的案由，反推双方之间的法律关系为借款合同关系，亦无法律依据。④

---

① 杜万华主编、最高人民法院民事审判第一庭编：《民事审判指导与参考》（第2辑），人民法院出版社2016年版，第172页。

② 景汉朝主编、最高人民法院立案一庭、立案二庭主编：《立案工作指导》（第1辑），人民法院出版社2014年版，第103页。

③ 最高人民法院民事审判第二庭编：《商事审判指导》（第1辑），人民法院出版社2011年版，第187页。

④ （2020）最高法民终856号。

第三节　定性法律关系

民事法律关系的产生、变更和消灭，均由民事法律事实引发。民事法律事实是民事法律关系变化的客观依据。民事法律事实多种多样，最主要的民事法律事实就是行为事实。各种行为事实的动态交集，必然会形成相应的民事法律关系。如何认识、评价这种民事法律关系，是对法律行为判断和研究的逻辑深入。按照学术界的主流观点，民事法律关系的理论在全部民法理论中居于主导地位，只有牢牢抓住民事法律关系这条主线，才能更好地掌握民法学的整个理论体系。[①] 从司法实践的角度解读法律关系，笔者认同这样的观点，法律关系不过是各法律行为之间的关系，即各法律行为之间具有法律意义之联系。[②]

一、性质决定审理方向

几乎在一切民事类型的案件中，无论是在合同案件、侵权案件，还是在劳务案件、涉外案件以及海事案件中，最高法院都特别强调法律关系的性质，甚至有法官明确提出，在司法实践中，究竟以主体为依据，还是以法律关系为依据的问题。[③] 还有学者在最高法院的指导刊物中疾呼，我国法院审理涉外民商事案件，必须解决的三个问题，头一个就是定性问题，认为对于同样的事实，法官的定性不同，其适用的管辖权规则、冲突法规则和实体法规则都是不同的，这就直接导致案件的审理结果不同。[④] 而从司法实践的大量判例来看，情况也的确如此。毫不夸张地说，法律关系性质的认定，不仅直接决定了审理方向，确实也在很大程度上决定了案件的审理结果。

在合同类案件中，无论是国内合同，还是涉外合同，最高法院对合同性质的审查都是首当其冲。

在武重公司、重型机床厂与大通公司联合开发房地产合同纠纷上诉案中，法院认为，本案的关键在于合同性质及效力的认定，合同性质的认定对于民事合同纠纷案件的处理有着重要的意义。因为合同性质决定案件审理的方向及应该如何适用法

---

① 余能斌、马俊驹主编：《现代民法学》，武汉大学出版社1995年版，第50页。

② 李锡鹤：《民法原理论稿》，法律出版社2012年版，第786页。

③ 陈华杰、邱文宽主编：《广东法官的实践与思考》，羊城晚报出版社2003年版，第45页。

④ 肖永平：《我国法院审理涉外民商事案件必须解决的三个问题》，载万鄂湘主编：《中国涉外商事海事审判指导与研究》（第1卷），人民法院出版社2001年版，第206、207页。

律，从而最终影响案件判决的结论。在本案中，房产公司与湖北大通公司签订的《合同书》及其《补充协议》是联建合同还是土地使用权转让合同，是首先应该予以明确的。①

近乎同样内容的表述，也出自最高法院另一合议庭。

在石家庄光大支行与中国电子进出口山东公司存单纠纷申请再审案中，法院认为，案件性质的认定，对于民事合同纠纷案件的处理有着重要的意义。因为，合同的性质决定案件审理的方向及应该适用的法律，从而最终影响判决的结果。本案一审原告山东公司的诉讼请求是要求判令秦皇岛支行立即支付存款1000万元的本息及赔偿因迟延支付造成的损失。从山东公司的诉讼请求来看，山东公司是根据存单要求秦皇岛支行兑付本息的。因此，原审以合同纠纷而不是以侵权纠纷进行审理是正确的。②

与前案几乎同样内容的表述，再次出现在最高法院审理的案件中。

在东亚公司等与西藏军区驻兰州办事处投资租赁合同纠纷申请再审案中，法院认为，在民事纠纷案件中，当事人行为的性质决定了案件的性质。在合同纠纷案件中，当事人双方签订的合同，其性质决定了合同案件的性质。正确认定合同的性质对民事案件的审理有重要的意义。因为合同性质决定了案件的审理方向以及应当适用的法律，并最终影响到裁决的结果，与当事人的利益密切相关。因而，合同的性质往往成为当事人争议的焦点，也是人民法院处理案件正确适用法律的基础和前提。本案当事人签订的两份协议，涉及两种不同性质的行为，一种是投资，另一种是租赁。投资和租赁是两种法律性质不同的行为。从合同内容及双方当事人的真实意思表示来看，该合同的投资是一个双方建立租赁关系的条件，双方当事人的真实目的在于建立租赁合同关系，故该合同及其补充协议应认定为租赁合同关系。③

在华宇公司与烟台市黄金工业总公司房屋预售合同纠纷抗诉案中，法院再次认为，人民法院在审理民事案件时，必须准确把握当事人诉争法律关系的性质，即定性和确定案由要准确，否则就可能造成认定事实或适用法律方面的偏差。本案的焦点问题，即应定性为建筑工程承包合同纠纷，还是购房合同纠纷案。两类合同的根本区别在于建设工程（或房屋）的所有权是否发生转移。一、二审判决均把本案定

① 唐德华主编：《民事审判指导与参考》（第1卷），法律出版社2000年版，第267页。

② 中华人民共和国最高人民法院审判监督庭编：《审判监督指导与研究》（第1卷），人民法院出版社2001年版，第164页。

③ 中华人民共和国最高人民法院审判监督庭编：《审判监督指导与研究》（第1卷），人民法院出版社2003年版，第154、156页。

性为名为购房、实为建筑工程承包合同纠纷，但本案实为房屋预售合同纠纷。①

应当注意的是，当事人乃至代理人认定的案件性质，可能与最高法院认定的案件性质并不一致。对此，最高法院司法解释曾作出过专门规定，② 应当向当事人专门释明，而不能径行裁决。

在青海证券公司与武汉国租等转让合同、侵权赔偿纠纷案中，法院认为，正确认定本案当事人之间法律关系的性质是解决案例各项诉争的重要前提。法院立案时可根据当事人的起诉确定案由。当事人起诉的法律关系与实际讼争的法律关系不符时，结案时以法庭查明的当事人之实际存在的法律关系作为确定案由的根据。本案青海证券与武汉国租之间纠纷的性质应为证券营业部转让合同纠纷，青海证券和宝安集团之间纠纷的性质应属侵权纠纷，青海证券与中天银公司之间纠纷的性质也属侵权纠纷。③

合同定性为什么重要？因为如何定性，既取决于审判者的法律思维，也选择了案件审理的适用法律，二者的耦合直接决定合同行为的效力。于是，如何定性成为当事人之间争议最大，也是最高法院审理最为困难之处，同时也是最高法院论证说理最为精彩之处，由此看出最高法院审判思维的判断标准和实务取向。

在新兴公司与利山公司、中国人保信托投资公司珠江公司合作开发房地产合同纠纷上诉案中，法院认为，本案中最关键的问题就是界定新兴公司与利山公司签订的一系列合同、协议等书面文件的效力，解决这个问题首先是如何看待新兴公司股份转让的行为。此行为的定性是处理本案的一个焦点也是一个难点。一类法律行为

---

① 中华人民共和国最高人民法院审判监督庭编：《审判监督指导与研究》（第 4 卷），人民法院出版社 2002 年版，第 197、198 页。

② 《最高人民法院关于民事诉讼证据的若干规定》第 35 条规定："诉讼过程中，当事人主张的法律关系的性质或者民事行为的效力与人民法院根据案件事实作出的认定不一致的，不受本规定第三十四条规定的限制，人民法院应当告知当事人可以变更诉讼请求。"在未向当事人释明并给予变更诉求机会时，裁决极可能被否定。参见《最高人民法院关于王某林申请撤销中国国际经济贸易仲裁委员会华南分会（2012）中国货仲深裁字第 3 号仲裁裁决一案的请示的复函》。在该复函中，最高法院称，本案中，吴某琛系以案涉合同有效并要求王某林支付股权转让余款为请求提起仲裁，仲裁庭有权主动对案件合同的效力进行审查并作出认定。但是，仲裁庭在未向当事人释明合同无效的返还以及未给予当事人变更仲裁请求机会的情况下，直接对合同无效后的返还以及赔偿责任作出裁决，确实超出了当事人的请求，属于超裁。江必新主编：《涉外商事海事审判指导》（第 1 辑），人民法院出版社 2014 年版，第 136 页。值得注意的是，2019 年 12 月 25 日，最高法院发布公告，将前述司法解释第 35 条修改为："诉讼过程中，当事人主张的法律关系性质或者民事行为效力与人民法院根据案件事实作出的认定不一致的，人民法院应当将法律关系性质或者民事行为效力作为焦点问题进行审理。但法律关系性质对裁决理由及结果没有影响，或者有关问题已经当事人充分辩论的除外。存在前款情形，当事人根据法庭审理情况变更诉讼请求的，人民法院应当准许并可以根据案件的具体情况重新指定举证期限。"

③ 最高人民法院办公厅编：《最高人民法院公布裁判文书》（二〇〇〇年），人民法院出版社 2003 年版，第 682 页。

的表现形式可能千差万别，但归其本质总是相同的。本案中所转让股权的载体并非一般意义上的货币、动产或财产性权利，而是最根本意义上的不动产土地，这种土地使用权的变更必将受到有关土地转让的法律法规的约束。故新兴公司转让其股权项下土地的行为效力，取决于是否经有关土地管理部门批准并进行权属变更登记。①

在中惠公司与东埔二建、银丰公司、惠州市教育实业公司、惠州市石化劳动服务公司商品房预售合同纠纷提审案中，法院认为，当事人间签订的合同虽然名称各异，但所设定的合同实质上都是商品房预售合同或者转预售合同。从内容上看，各家都不是以上家的名义销售，而是以自己的名义销售，这就表明是一种商品房转预售行为，而不是真正意义上的承包代销行为。②

在另一起引起很大争议的案件中，最高法院在当时法律尚不明确的情况下，径行认定案件中存在的新型信托法律关系，体现出理念上的敏锐性。

在广东省轻工业品公司与TMT公司商标权属纠纷上诉案中，法院认为，王某明设计并代表东明公司提供了TMT等商标，目的是要求轻工业品进出口公司定牌生产东明公司指定牌号的商品，且双方已经实际履行了定牌生产合同，故双方形成了事实上的商标权财产信托法律关系。本案争议商标是由轻工业品公司基于东明公司的委托和要求而在国内办理注册的，轻工业品公司是相关商标的名义上的权利人，TMT公司是相关商标的实质上的权利人，原审判决认定双方存在委托关系，未考虑该商标是以被委托人名义注册并管理的这一事实，未认定存在信托关系，所作认定欠当。③

引人注目的是，最高法院不仅非常重视对法律关系的定性，还经常以此重新肯定或断然否定高级法院的判决。

在万事通公司与水产公司资产转让纠纷案中，法院认为，本案双方当事人关于《协议书》性质的争议，实际上是关于案件案由的争议。双方当事人在该协议书中的真实意思表示是资产转让还是企业兼并，直接决定解决本案纠纷是适用资产转让的有关法律，还是适用企业兼并的有关法律。该协议书的性质问题，是本案当事人争议的焦点问题。资产转让的结果是原来的企业还继续存在，兼并后的企业的所有者发生了变化，原来的企业应当不再存在。从双方签订《协议书》的主要内容来看：双方约定了转让10号院内的全部财产和债权债务，并附带安置企业职工，同时又约

---

① 唐德华主编：《民事审判指导与参考》（第1卷），法律出版社2000年版，第240页。

② 中华人民共和国最高人民法院审判监督庭编：《审判监督指导与研究》（第1卷），人民法院出版社2001年版，第201页。

③ 《中华人民共和国最高人民法院公报》2000年第5期。

定了保留企业的名称和进出口权，以及水产公司另辟地点独立经营等内容。这些内容表明该协议的目的是转让企业的财产或财产权益，而不是转让企业的所有权。该协议开始履行后，该企业的产权人亦没有发生变化。因此，原审法院关于双方协议符合资产转让特征，属于资产转让范畴的认定准确，应予维持。①

在荣欣公司与兴瑞公司、汾西矿业、汾西矿业煤炭经销公司债务纠纷上诉案中，法院认为，2000 年 8 月 2 日，荣欣公司与兴瑞公司签订了《关于结束精煤合作的后期处理意见》，这实际上是双方达成的新协议，它明确了兴瑞公司尚欠荣欣公司煤款的数额，以及偿还办法和时间。这个协议的重要意义是结束了双方当事人的联营关系，在双方当事人之间设立了债权和债务关系。联营关系在法律上从设立到终止是一个完整的过程。终止行为是对联营关系中发生的债权债务进行清理结算，但是这个行为也可以独立于联营关系之外，以一个新的法律关系代替旧的法律关系。这个新的法律关系不是原来联营法律关系的继续，二者的性质也是截然不同的。一审法院没有明确这两个协议的关系，导致了关于违约责任判决的错误。②

高级法院在案件审理中，也会反向辨别最高法院在生效终审判决的定性，以判断与本案的联系。在最高法院公布的裁判文书中，就有一起此种情况。

在黑龙江省证券公司与牡丹江农行分行、牡丹江制药厂债券兑付纠纷上诉案中，法院认为，黑龙江省证券公司诉称，其购买牡丹江制药厂债券后转售给中国农业银行营口市分行证券部，因牡丹江制药厂无力兑付到期债券，导致黑龙江省证券公司败诉，应依据该事实并依照最高人民法院对该案的终审判决审理本案。但是，黑龙江省证券公司购买药厂债券的行为是金融机构向企业的投资行为，投资与融资是两个不同性质的法律关系，二者不可类比。其提交的最高院判决书审理的证券回购关系，而本案是债券兑付关系，不能适用证券回购的法律规定，鉴于二者性质不同，故本案不宜以最高法院的上述判决作为本案的定案依据。③

在南大高新公司与服务公司合作承包经营合同纠纷上诉案中，法院认为，南大高新公司通过公开拍卖继受取得荣峰公司对东湖大酒店的经营权之后，与服务公司签订了新的协议，并报有关部门批准，其与服务公司之间形成的新的合作关系合法有效，南大高新公司据此享有和承担原荣峰公司在中外合作经营合同中的权利和义

---

① 李国光主编：《经济审判指导与参考》（第 4 卷），法律出版社 2001 年版，第 236 ~ 237 页。

② 唐德华主编：《民事审判指导与参考》（第 4 卷），法律出版社 2002 年版，第 176 页。

③ 最高人民法院办公厅编：《最高人民法院公布裁判文书》（二〇〇〇年），人民法院出版社 2001 年版，第 338 页。

务。从服务公司和荣峰公司签订的协议内容和履行情况来看，双方之间的中外合作关系实际上是以承包形式体现合作，合作是本质，承包是其经营管理的一种形式。一审法院认为服务公司与荣峰公司之间存在合作与承包的双重关系，服务公司与南大高新公司之间只存在承包合同关系，与客观事实不符，应予纠正。①

有一类特殊的合同关系，类似于悬赏广告，在对不特定人发出的要约中，只要不特定人完成了指定行为，即视为承诺，双方之间构成契约关系。例如某些地方发出的招商住处，如何判断其中的引资奖励金的法律性质，最高法院也有相关案例。

在河坡发电公司与陈某生支付引资奖励金纠纷上诉案中，法院认为，奖励，可分为政府奖励、单位内部奖励和平等民事主体之间的奖赏三类。其中，政府奖励和单位内部奖励属于行政性奖励，由此引起的纠纷，人民法院均不应作为民事纠纷处理。而平等民事主体之间的奖赏则不同，只要不违反法律的规定，当事人之间的约定即为有效。阳泉市人民政府 1992 年 8 月 10 日颁布实施的《阳泉市鼓励引进资金办法（试行）》第 3 条、第 8 条规定对引资人应当予以奖励，并确定由受益企业在自有资金中给予奖励，因此，该奖励不具有政府奖励的性质，而是受益企业对有贡献的另一民事主体的奖励。该规定类似于政府代表企业发布的悬赏广告，一审法院确定由用资企业按引资额度千分之二给予引资人奖励是恰当的，二审予以维持。②

在劳务类案件中，法律关系的定性也经常引发争议。

在陈某礼诉赖某发雇佣合同纠纷案中，法院认为，赖某发未经工商部门依法核准登记，故不具有个体工商户的法律地位，更不属法律规定的个体经济组织。本案不是劳动法律关系，而是雇佣法律关系，属人民法院主管范围，劳动仲裁不是本案的必经程序。③

在杨某云诉修建灵塔办公室著作权纠纷案中，法院认为，与本案双方当事人争议著作权有关的作品，应当是第十世班禅大师的银头像。在此之前的第一稿、第二稿泥头像以及为铸造银头像制作的模型，仅系第十世班禅大师银头像“作品”形成前的铺垫环节，并非作品本身。一审法院判决为泥塑头像确认著作权的归属有误，应予纠正。第十世班禅大师生前是我国著名的宗教领袖，国家领导人之一。为第十世班禅大师塑造银头像，是国家意志的体现。这项工作由被上诉人灵塔办受国家的

① 最高人民法院办公厅编：《最高人民法院公布裁判文书》（二〇〇一年），人民法院出版社 2002 年版，第 300 页。

② 唐德华主编：《民事审判指导与参考》（第 4 卷），法律出版社 2000 年版，第 275 ~276 页。

③ 《中华人民共和国最高人民法院公报》2001 年第 1 期。

指定承办，全部责任应由灵塔办承担。为第十世班禅大师塑像，不仅是为特定的人身塑像，而且此塑像还具有特殊的宗教意义，参加塑像的人不可能也无权利凭自己的想象去创作、发挥，只能按灵塔办的意志创作，他们与灵塔办之间是雇佣劳务关系。故第十世班禅大师塑像的著作权，应当由灵塔办享有。①

在侵权类案件中，对当事人之间法律关系性质的确认，有赖于对具体法律行为的认定。在王某穗诉四川省证券股份有限公司股票纠纷案中，法院认为，当证券公司发现错误后，将误买进的股票用自己的备付金支付股款收进，该笔股票权益就属证券公司，涨跌风险由证券公司自负，这是证券公司的合法权限，此行为符合《上海证券交易所交易市场业务规则》第108条第1款第2项关于"如买卖申报反向，由证券商在场内自行补正"的规定。同时，按上海证券交易所现行制度，由于证券公司是从王某穗账户误买股票，只有通过原账户才能处理掉误买的股票。证券公司处理误买股票虽然与王某穗重新委托卖出使用的是同一个账户，但是证券公司是通过大户席位申报卖出，王某穗则通过其锁定的212席位申报卖出，两者的买卖通信跑道不同。这种处理证券商业务差错与证券商擅自动用客户账户或以客户名义买卖翻炒股票有本质的区别。故证券公司的行为属证券交易中的操作失误，不构成证券欺诈。②

在涉外案件尤其是海事案件中，最高法院对法律关系的定性，首先体现在法律适用的前置选择上，这是判断法律关系性质的基本坐标。基本坐标不同，案件处理结果也会大相径庭。更为复杂的是，涉外法律的选择适用，有时还会产生类似反致一样不断回旋和扩张的水波效应。

在颇富争议的美国总统轮船公司与菲达电器厂、菲利公司、长城公司无单放货纠纷再审案中，法院认为，双方当事人争议的焦点，是本案应适用的准据法和承运人应否向未持有记名提单的记名收货人交付货物。《海商法》第269条规定："合同当事人可以选择合同适用的法律，法律另有规定的除外。合同当事人没有选择的，适用与合同有最密切联系的国家的法律。"本案提单是双方当事人自愿选择使用的，提单首要条款中明确约定适用美国1936年《海上货物运输法》或海牙规则。对法律适用的这一选择，是双方当事人的真实意思表示，且不违反我国公共利益，合法有效，应予尊重。但是，由于海牙规则第1条规定，该规则仅适用于与具有物权凭证效力的运输单证相关的运输合同。本案提单是不可转让的记名提单，不具有物权凭证的效力。并且，海牙规则中对承运人如何交付记名提单项下的货物未作规定。因

① 《中华人民共和国最高人民法院公报》1999年第6期。

② 《中华人民共和国最高人民法院公报》1997年第1期。

此解决本案的海上货物运输合同纠纷，不能适用海牙规则，只能适用美国 1936 年《海上货物运输法》。美国 1936 年《海上货物运输法》第 2 条第 4 款规定，该法中的任何规定都不得被解释为废除或限制适用美国《联邦提单法》。因此，在适用美国 1936 年《海上货物运输法》确认涉及提单的法律关系时，只有同时适用与该法相关的美国《联邦提单法》，才能准确一致地判定当事人在提单证明的海上货物运输合同中的权利义务。故本案应当适用美国 1936 年《海上货物运输法》和美国《联邦提单法》。原审被上诉人菲达厂在抗辩中主张对本案适用中国法律，不符合当事人在合同中的约定，不予支持。原审法院认定本案属侵权纠纷，并以侵权结果发生地在中国为由，对本案适用中国法律，是适用法律错误，应予纠正。①

当然，确认法律关系的性质，固然直接影响审理方向和效力判断，但对这种影响的理解也不能绝对化，有时最高法院认为，即便定性有误，却不影响实体处理，仍然可以单独进行效力判断。

在建丰公司与家具公司房屋联建合同纠纷上诉案中，法院认为，一审认定本案合同的性质为土地使用权的有偿转让，理由是房屋联建是土地使用权转让的一种特殊形式。二审认为，家具公司与建丰公司签订的《协议书》是具有房地产开发经营内容合同，家具公司以土地作为投资，建丰公司投入资金，共同建设中南金贸大厦，并约定联建房屋的分成比例，双方还组成联合工作班子，符合联合建房的特征，故合同性质应为联建合同纠纷。一审判决认定合同性质有误，但认定合同有效是正确的。②

有时一审法院对法律关系定性有误，但最高法院认为只要不影响案件的实体处理，不必改判。

在铁道部隧道工程局与康隆公司合作建房纠纷上诉案中，法院认为，一审法院认为康隆公司与指挥部在签订房产分配协议后将合作开发改变为商品房销售，据此认定双方签订房产的协议虽为合作开发项目协议，实际上是按商品房预售合同履行的，对双方讼争法律关系的定性不准，但从实体上驳回铁隧局要求判令康隆公司返还 4320 万元投资款的诉讼请求，并无不当，可予维持。③

然而，正如最高法院自己人士所批评的，即使是在最高法院，对于同一问题的定性，也并非始终如一，而是出现明显的摇摆和冲突。

---

① 《中华人民共和国最高人民法院公报》2002 年第 5 期。有必要提及的是，有学者对该案的案由性质、适用法律均持批评态度，并予详细论证，参见王伟：《无正本提单交付货物的法律与实践——国际海上货物运输法若干问题的比较研究》，法律出版社 2010 年版，第 62～82 页。

② 唐德华主编：《民事审判指导与参考》（第 4 卷），法律出版社 2000 年版，第 246～248 页。

③ 唐德华主编：《民事审判指导与参考》（第 3 卷），法律出版社 2001 年版，第 258 页。

对于保证保险的性质，最高法院分别于1998年、1999年和2000年，审理过三个同类案件，但是，却得出三个不同的定性。

在山东中行分行与中保公司保证保险案中，最高法院认持保证说；在苏仙工行支行与中保公司合同纠纷案中，最高法院却持保证与保险混合说；在神龙汽车有限公司与华泰财产保险股份有限公司保险合同纠纷管辖案中，最高法院又持保险说。①这说明，法律关系的定性一方面很重要，另一方面也很复杂，重要到最高法院必须首先明确，复杂到最高法院也难以完全把握。

二、不同法律关系能否合并审理

在当事人提出多个诉讼请求的情况下，同一案件中可能存在多个不同性质的法律关系，而不同性质的法律关系，能否在同一案件中予以审理，这一点在司法实践中的认识并不一致，并基于各自的不同认识，相应有各种不同的处理方式。

一般而言，当存在不同性质的法律关系时，最高法院会依据确定的案由来审理，并不会混同一并处理。

在中国外运上海公司诉深圳江南经济货运代理合同纠纷案中，法院认为，关于江南公司提出将香港东如行有限公司追加为本案被告或第三人参加诉讼，以便向其追索运费的要求，因香港东如行有限公司与江南公司之间是买卖合同关系，与本案要审理的货运代理合同纠纷，系两个不同的法律关系，故不应追加其参加本案诉讼。②

在惠湖公司与巢湖工行分行、皖惠公司、乡镇企业房地产开发公司借款纠纷提审案中，法院认为，原审将两个不同法律性质的借款合同关系和房屋买卖合同关系合并审理，违反了《民事诉讼法》关于专属管辖的规定，同时违反了本院1994年12月22日法发（1994）29号《关于在经济审判工作中严格执行〈中华人民共和国民事诉讼法〉的若干规定》第9条关于对专属管辖案件的一方当事人，不得作为无独立请求权的第三人通知其参加诉讼的规定。③

在海南自力投资有限公司诉海南华鑫物业管理有限公司物业管理承包合同纠纷案中，法院认为，现顺发新村小区业主管委会已经成立，并与物业公司签订了《住宅聘用管理合同》，这是业主行使权利的行为。物业公司据此提出上诉有理，应予支

① 曹士兵：《中国担保制度与担保方法》，中国法制出版社2015年版，第187~191页。

② 《中华人民共和国最高人民法院公报》1995年第2期。

③ 中华人民共和国最高人民法院审判监督庭编：《审判监督指导与研究》（第4卷），人民法院出版社2002年版，第285页。

持。物业公司请求判令投资公司按照合同向其支付物业管理维修费15万元及违约金15万元，是另一法律关系，一审不予合并审理，是正确的。①

在王某武诉云集路证券营业部股票纠纷案中，法院认为，上诉人王某武认为被上诉人云集路营业部在三峡晚报上发表的言论对其造成了精神损害，主张应给付其精神损害赔偿，这个诉讼请求与本案是两个不同的法律关系，不属本案审理范围。②

当然，最高法院的上述认定并不是绝对的。当存在不同性质的法律关系时，最高法院有时也会认为，不同性质的法律关系如果有牵连，亦可合并审理。

在神龙公司与财保汉阳公司等购车保险合同纠纷上诉案中，法院认为，本案涉及神龙公司与博大公司之间的购销轿车合同以及财保汉阳公司与神龙公司和博大公司之间的保险合同两个不同法律关系。本案保险合同是在购销合同的基础上产生的，博大公司的付款义务即是保险合同的标的，购销合同的权利义务关系与保险合同的权利义务关系密切相关，原审法院将上述两个法律关系合并审理并无不当。③

在厚南公司与顺兴公司、深发公司、凯鹏公司商品房预售合同纠纷上诉案中，法院认为，该案一审法院确认为“商品房购销合同”纠纷，房屋合建协议纠纷与本案虽属两个不同的法律关系，一审法院因两个法律关系有着密切联系，进行合并审理。二审法院认为商品房购销合同纠纷是因房屋合建引起，两个法律关系是有关联的，一审法院已作出判决，且判决结果并无不当，为了减少当事人的诉讼，维持了一审判决。④

并不是所有的不同性质的法律关系，均可合并审理，有些情况下，确实也不能合并审理。对于何种情况可以合并审理、何种情况不能合并审理，最高法院曾在案件中作出具体解释。

在广建公司及其供应站与湖南中行分行、五金公司信用证垫款纠纷案中，法院认为，湖南中行与广建公司、供应站分别是两个不同权利义务法律关系的主体，它们之间并没有直接的权利义务关系，所以湖南中行不能向广建公司、供应站直接主张债权。湖南中行为追回信用证垫款，提起民事诉讼，不能将广建公司、供应站列为一方当事人，其只能将开证申请人湖南五矿列为被告。原审法院在审理信用证垫款纠纷案件的过程中不能将广建公司、供应站列为第三人，不能将两个不同的法律关系产生的纠纷合并审理，因为本案不符合诉讼合并的条件。诉讼合并有两种情况：

---

① 《中华人民共和国最高人民法院公报》1997年第4期。

② 《中华人民共和国最高人民法院公报》2001年第5期。

③ 李国光主编：《民商审判指导与参考》（第1卷），人民法院出版社2002年版，第332页。

④ 唐德华主编：《民事审判指导与参考》（第2卷），法律出版社2000年版，第204~205页。

一种是实体法律关系的主体之间有共同的权利义务；另一种是虽然主体间并无共同的权利义务关系，但他们各自针对同一对象的纠纷属于同种类型，为了诉讼效率，将他们的诉讼合并审理。本案并无这些情形。①

不过，最高法院有时作出的合并审理，也是出于面对既定现实的无奈选择，但对此作出声明，不得为其他法院所仿效。

在三和银行与交行长沙分行等买卖合同、信用证结算纠纷一案中，法院认为，本案的诉讼事由是买卖合同纠纷，诉由是要求确认买卖合同无效并赔偿损失。对此，原判事实清楚，当事人亦未上诉。三和银行对信用证权利，乃基于信用证法律关系产生，因此不能成为买卖合同诉讼有独立请求权第三人，湖南高院允许其加入本案诉讼不妥。但是三和银行加入本案诉讼后，原审法院又追加了长沙分行为本案第三人，事实上形成了三和银行与交行长沙分行之间信用证是否兑付的诉讼，并对此进行了审理，本院二审审理的范围也是该两方当事人之间的关系，二审出于减少当事人讼累的考虑，对两当事人间的信用证纠纷作为审理的主要内容，但本案的处理程序不应作为其他法院效仿之先例。②

另在天富公司与内蒙古自治区医院、达康公司、内蒙古自治区医院保健分院侵权、联营合同纠纷上诉案中，法院认为，侵权与联建纠纷是两个不同性质的问题，主体不同，行为不同，本来应当分别立案处理，但是一审法院已经把它们纠合在一块，为了方便当事人诉讼，二审只好继续围绕着这两个问题进行审理。③ 司法实践中也有这种情况，虽然多个法律关系性质不同，但如果当事人无异议，也可以合并审理。

在中国进出口银行与华南公司、工行广东分行营业部、万宝公司等借款担保与委托代理纠纷案中，法院认为，本案所涉借款合同、保证合同以及委托代理合同的效力，各方当事人均未提出异议，本院对此不予审查。上诉人进出口银行与上诉人工行营业部之间的委托代理关系原系另一法律关系，不应合并到本案审理，但鉴于各上诉人在二审中未提出异议，为诉讼方便，本院对一审法院合并审理的做法不予纠正。④

耐人寻味的是，有时合并审理，会被最高法院视为一种创新行为。

在新乡县农行与新乡县国债部存款纠纷及中国农业银行新乡县支行与河南省国

---

① 李国光主编：《经济审判指导与参考》（第1卷），法律出版社1999年版，第279～280页。

② 金赛波编著：《中国信用证法律和重要案例点评》，对外经济贸易大学出版社2002年版，第379～380页。

③ 曹建明主编：《民事审判指导与参考》（第3卷），法律出版社2002年版，第271页。

④ 李国光主编：《最高人民法院关于企业改制司法解释条文精释及案例解析》，人民法院出版社2003年版，第132～133页。

债服务部、新乡市新华三达实业公司、毛锦存单、借款担保合同纠纷申请再审三案中，法院认为，上述三案各有不同的事实，案由不同，当事人也不尽相同，三个不同的案号，放在一起调解，并制作一个法律文件，在此前是没有过的。只要有利于纠纷的解决，比较公正合理地保护当事人的合法权益，有利于稳定经济秩序，在法律不禁止的情况下，允许采取较灵活的方式解决讼争。本案虽然是三个不同的案件，诉讼主体也不完全相同，但是不同的几方当事人有的解散，有的无法承担实体责任，对承担实体责任，讼争双方新乡县农行和新乡市国债部是三案中的共同当事人，又是实体责任的承担者。案由虽然不同，讼争的问题围绕着存款、委托贷款、借款担保，但最后可归结为债权债务，归结为给付之诉。该三案已讼争多年，当事人已感到疲于讼累，诉讼成本太高。①

非常巧合的是，作出上述观点的法官本人，此前曾在惠湖实业公司与巢湖工行分行、皖惠公司、乡镇企业房地产开发公司借款纠纷提审案中，对同一性质的法律问题，作出另一相反认识。②

当然，最高法院有时也不得不承认，所谓合并审理，纯属徒有虚名。

在粮食进出口接运总公司、中旅集团与洮南公司、吉土公司、第三人香港柏通公司信用证纠纷上诉案中，法院认为，本案五方当事人之间存在四个性质不同的、各自独立的法律关系，并且因洮南公司诉吉土公司“违约损害赔偿纠纷”，广东中旅公司诉洮南公司、吉土公司、大连粮运总公司“代开信用证赔偿纠纷”，而形成两个独立的诉讼。这两个诉讼标的不同，也非同一种类，并不具备共同诉讼的条件，依法不应当合并审理。但是，原审法院却将该两案合并为一案。然而，原审法院仅仅在形式上“合并审理”，实际审理和判决的是“信用证项下货款纠纷”。鉴于原审的这一实际情况，本案二审的审理范围也局限于“代开信用证赔偿纠纷”。③

不过，是否合并审理，有时也需依当事人诉求，遵循不告不理原则。最高法院《关于审理商品房买卖合同纠纷案件适用法律若干问题的解释》第 25 条第 1 款规定，以担保贷款为付款方式的商品房买卖合同的当事人一方请求确认商品房买卖合同无效或者撤销、解除合同的，如果担保权人作为有独立请求权第三人提出诉讼请求，

---

① 中华人民共和国最高人民法院审判监督庭编：《审判监督指导与研究》（第 2 卷），人民法院出版社 2002 年版，第 145 页。

② 中华人民共和国最高人民法院审判监督庭编：《审判监督指导与研究》（第 4 卷），人民法院出版社 2002 年版，第 285 页。

③ 万鄂湘主编：《中国涉外商事海事审判指导与研究》（第 2 卷），人民法院出版社 2002 年版，第 106 ~ 107 页。

应当与商品房担保贷款合同纠纷合并审理；未提出诉讼请求的，仅处理商品房买卖合同纠纷。担保权人就商品房担保贷款合同纠纷另行起诉的，可以与商品房买卖合同纠纷合并审理。在此，最高法院确立的新规则是，当事人提出诉求的，应合并审理；未提出诉求的，不应追加。另行起诉的，可以合并审理。这说明，同是牵连型法律关系，是否合并，有时也依当事人的意思表示。

2007 年，修改后的《民事诉讼法》确立了执行异议之诉。对于执行异议之诉与股东资格确认之诉能否合并审理，最高法院的前后处理明显冲突，反映出对于新设诉讼制度的理解，尚处于认知的磨合期。

在国家粮食交易中心与哈尔滨银行科技支行等执行异议纠纷案中，法院认为，本案系执行异议之诉，根据我国公司法、民事诉讼法的相关规定，当事人在本案中提起的股东资格确认之诉与执行异议之诉不属于必要的共同诉讼，不应合并审理。①

然而，在刘某兰、卢某生、谢某春等与鑫诚公司、中盛公司案外人执行异议之诉案中，法院认为，两个不同的法律关系不能在一个案件中合并审理，系审理大多数民事案件的一般性规则，其效力并不及于民事案件审理的所有领域，案外人执行异议之诉的审理程序即为特殊性规则。《民事案件案由规定》将案外人执行异议之诉列入适用特殊程序案件案由，《民诉解释》将案外人执行异议之诉列为专门一章进行规定，均由此类案件特殊性所决定。上述解释第 312 条规定："对案外人提起的执行异议之诉，人民法院经审理，按照下列情形分别处理：（一）案外人就执行标的享有足以排除强制执行的民事权益的，判决不得执行该执行标的；（二）案外人就执行标的不享有足以排除强制执行的民事权益的，判决驳回诉讼请求。案外人同时提出确认其权利的诉讼请求的，人民法院可以在判决中一并作出裁判。"据此，无论案外人是否对执行标的提出确权的诉讼请求，审查实体权利的归属和性质，都是判断能否排除执行的前提和基础，如果案外人同时提出确认其权利的诉讼请求，人民法院应当进行审理，且一并作出裁判。一审法院以确认股东资格之诉与案外人执行异议之诉系两种不同的法律关系不宜合并审理而应别案解决为由，对谢某春主张确认其股东资格的诉讼请求未进行实体性审理，系适用法律不当，应予纠正。②

三、法律关系的内外之别

依不同主体在民事活动中的地位和作用，法律关系可以区分为内部法律关系和

① （2013）最高法民二终字第 111 号。

② （2016）最高法民终 701 号。

外部法律关系，并由此派生出行为的对内效力和对外效力。当这二者出现冲突时，以何原则判断法律关系，这一问题曾在审判实践中存在分歧，影响了司法的统一。①为此，最高法院负责人明确表示，商事审判总的价值取向是保护交易安全、提高交易效率、降低交易成本。应当按照内外有别的原则来处理公司内部和外部关系，② 由此确立的基本规则是，内部法律关系不能对抗外部法律关系，行为的对内效力不及于对外效力，对外部交易关系的保护以相对人善意为限。

根据案件性质的不同，民商事法律关系的内外之别，比较突出的类型主要有：

（一）股东与公司之间的内部与外部关系

股东与公司的关系，既是共生共荣的统一体，又是此长彼消的矛盾体。《公司法解释三》《公司法解释四》相继实施后，正式承认了隐名股东的身份，进一步明确了股东之间、股东与公司之间内外法律关系之判断。

在国家粮食交易中心与哈尔滨银行科技支行等执行异议纠纷案中，法院认为，依法进行登记的股东具有对外公示效力，隐名股东在公司对外关系上不具有公示股东的法律地位，不能以其与显名股东之间的约定为由对抗外部债权人对显名股东主张的正当权利。因此，当显名股东因其未能清偿到期债务而成为被执行人时，其债权人依据合同登记中记载的股权归属，有权向人民法院申请对该股权强制执行。③

在大拇指环保科技集团（福建）有限公司与中华环保科技集团有限公司股东出资纠纷案中，法院认为，工商登记的法定代表人对外具有公示效力，如果涉及公司以外的第三人因公司代表权而产生的外部争议，应以工商登记为准。而如果涉及公司与其股东之间因法定代表人变更任免产生的内部争议，则应以有效的股东会或唯一股东任免决议为准，并在公司内部产生法定代表人变更的法律效果。④

（二）公司与债权人之间的内部与外部关系

在晋安工行支行与伊贝思饮品公司及伊贝思制药公司抵押借款合同纠纷案中，

---

① 杜万华：《最高人民法院公司法司法解释（四）理解与适用》，人民法院出版社2017年版。

② 杜万华：《民法总则对民商事审判的影响及应对（二）》，载杜万华主编、最高人民法院民事审判第一庭编：《民事审判指导与参考》（第3辑），人民法院出版社2017年版，第47页。

③ 最高人民法院民事审判第二庭编：《最高人民法院商事审判指导案例（2014）》，中国民主法制出版社2015年版，第172~178页。

④《中华人民共和国最高人民法院公报》2014年第8期。关于此案审判台前幕后的详细报道，参见《中国审判》2014年第7期。

法院认为，《中外合作经营企业法实施细则》第28条、第29条关于中外合作经营企业董事会会议应当有三分之二以上董事出席方能举行及中外合作经营企业的资产抵押由出席董事会会议的董事一致通过方可作出决议的规定，是关于中外合作经营企业内部机构职责权限划分的规定，不能以公司董事会未依据上述规定对设定抵押作出决议、法定代表人超越职权擅自设定抵押为由对抗不知情的抵押权人。原审判决以仅有三名外方董事签名的董事会决议不具有法律效力为由，认定抵押借款合同无效，系适用法律不当，应予纠正。①

在山东淄博织染厂与新疆生产建设兵团农三师第五十一团购销合同纠纷申请再审案中，法院认为，赵某和被免去党支部书记职务是其单位内部的管理关系，赵某和作为经销部职工仍可作为单位的合同签约人，其在合同上签字应认定是法人授权，企业法人为其法定代表人和其他工作人员的经营活动，承担民事责任。尽管赵某和的职务被免，但其仍是经销部的工作人员，故赵某和的签约行为应认定为职务行为。②

在公司与债权人冲突的案件中，即便内部行为存在严重瑕疵，也很难对抗外部法律关系。比如，内部决议存在问题、公章非备案、签名人也非法定代表人，此种情况下签订的对外合同，仍属有效，而不能以其内部行为存在问题为由，对抗外部法律关系。

在绵阳市红日实业有限公司、蒋某诉绵阳高新区科创实业有限公司股东会决议效力及公司增资纠纷案中，法院认为，在民商事法律关系中，公司作为行为主体实施法律行为的过程可以划分为两个层次，一是公司内部的意思形成阶段，通常表现为股东会或董事会决议；二是公司对外作出意思表示的阶段，通常表现为公司对外签订的合同。出于保护善意第三人和维护交易安全的考虑，在公司内部意思形成过程存在瑕疵的情况下，只要对外的表示行为不存在无效的情形，公司就应受其表示行为的制约。③

在锦绣大厦与佳定公司拖欠工程款纠纷上诉案中，法院认为，三份合同上所盖公章虽不是绵绣大厦依法备案的公章，签名人也不是公司法定代表人，但作为合同相对人的佳定公司没有义务也无权对合同公章是否经过备案的情况进行调查、举证。④

---

① 李国光主编：《经济审判指导与参考》（第3卷），法律出版社2000年版，第520～521页。

② 中华人民共和国最高人民法院审判监督庭编：《审判监督指导与研究》（第3卷），人民法院出版社2003年版，第143页。

③ 《中华人民共和国最高人民法院公报》2011年第3期。

④ 唐德华主编：《民事审判指导与参考》（第3卷），法律出版社2001年版，第236页。

在温州信托公司清算组诉幸福实业公司等债权债务转让合同纠纷案中，法院认为，上诉人关于一审法院仅以《债权债务转让协议》上加盖的担保人公章不是实业公司的印章，也不是实业公司名称变更前在工商管理部门登记备案并合法使用的印章为由，认定在该转让协议担保栏内盖章不是实业公司的真实意思表示的上诉理由，本院予以支持。在签订《债权债务转让协议》时，周某亮同为集团公司和实业公司的法定代表人，其"周某亮印"和"周某亮章"两枚私章是否分别代表集团公司和实业公司，只是内部区别，对外无法律约束力，一审法院关于罗某良所持《授权书》上加盖的"周某亮印"仅代表集团公司，而不代表实业公司的认定不当。①

（三）行政管理中的内部与外部关系

在天富公司与内蒙古自治区医院、达康医疗保健用品总公司、内蒙古自治区医院保健分院侵权、联营合同纠纷上诉案中，法院认为，双方当事人签订的保健分院章程中虽然有关于保健分院管理体制和董事会职权的约定，但这一约定未经行政主管部门批准，不能产生对抗内蒙古自治区卫生厅和内蒙古自治区编委行政批复的效力。②

在马某、鑫杰公司中外合资经营企业合同纠纷案中，法院认为，在本案中，合作合同约定将西夏墅公司作为鑫杰公司挂名股东，鑫杰公司通过该方式享受福利企业待遇。即使上述约定与公司享受福利企业待遇有关的行政管理性规定存在不符，但此并非《合同法》第52条规定的导致合同无效的情形。合作合同约定我国台湾地区居民吕某河、林某华采取隐名投资的方式向鑫杰公司投资，由于吕某河、林某华并非显名股东，合作合同无需经外商投资企业审批机关批准。③

（四）债务转让中的内部与外部关系

在兴大公司与厦门普益公司、三建公司预售商品房合同纠纷申请再审案中，法院认为，三建公司虽与香港普益公司解除了合作开发普利大厦的合同并约定相关权利义务概由对方承担，且对方也一再承诺，但这些都无法对抗法律赋予当事人的权利，不能免除当债务人在返还兴大公司购房款这一法律关系中应负的义务，三建公司转移债务的行为因没有得到兴大公司的同意而无效。三建公司与香港普益公司之间关于合作期间权利义务的协议属于另一法律关系，三建公司可以通过其他途径予

---

① 《中华人民共和国最高人民法院公报》2004年第2期。

② 曹建明主编：《民事审判指导与参考》（第3卷），法律出版社2002年版，第271页。

③ （2017）最高法民申2062号。

以解决。①

另一起刊登于最高法院指导丛书的高级法院判决中，也体现了上述裁判思路。

在飞龙公司与口岸经济发展总公司、航运公司联营纠纷申请再审案中，法院认为，航运公司在口岸公司出具的还款计划中批注要求“口岸公司抓紧时间按还款计划落实资金偿还，否则由此产生的一切后果由你司承担”，只是航运公司向口岸公司单方表示的意思，最多只能算是共同债务人之间的约定，且该表示不是向飞龙公司所作出，飞龙公司对此未表示异议，并不能当然视为其已同意将债务转移由口岸公司单方承担。②

在华菱公司与杨某昌、新天地公司民间借贷合同纠纷抗诉案中，法院认为，华菱公司并没有通过法定程序将案涉项目转让给新天地公司，新天地公司只是带资承包该项目。两家公司间只是内部承包关系，从对外关系上，仍应认定华菱公司是该项目的开发主体。内部承包协议书相关债务和责任的约定，仅为华菱公司向新天地公司追偿的法律依据，而不能产生对外的效力，不能对抗一般善意第三人③。

法律关系的内外之别，还表现在基础法律关系与非基础法律关系的区分上，这主要分布于信用证、票据纠纷等商事案件中。在此类案件中，最高法院认为，非基础法律关系具有独立性，不受基础法律关系的影响，不能以基础法律关系抗辩非基础法律关系。

在瑞士纽科货物有限责任公司与中国建设银行吉林省珲春市支行拒付信用证下货款纠纷上诉案中，法院认为，信用证交易是具有独立性的法律关系，纽科公司发运的货物被与吉林外贸有外贸代理关系的珲春国贸公司提走，系另一法律关系，应另寻途径解决。纽科公司虽起诉珲春建行追索货款，但珲春建行作为开证行，负有严格的审单义务，在得悉通知行通过电传提示单证不符的情况下，不延误地发出了电付，拒付该笔信用证项下的货款，并不违反 UCP500 的规定。④

即便在基础法律关系中，确实存在刑事因素，最高法院仍然认为，这并不影响非基础法律关系的成立与效力。

---

① 中华人民共和国最高人民法院审判监督庭编：《审判监督指导与研究》（第 2 卷），人民法院出版社 2002 年版，第 166 页。

② 中华人民共和国最高人民法院审判监督庭编：《审判监督指导与研究》（第 2 卷），人民法院出版社 2002 年版，第 166 页。

③ 景汉朝主编、贺荣副主编：《审判监督指导》（第 2 辑），人民法院出版社 2013 年版，第 143 页。

④ 《中华人民共和国最高人民法院公报》1999 年第 2 期，笔者参与承办该案。2014 年，该案入选最高法院建院 65 周年以来审理的影响中国的 51 个重大案件，载《人民法院报》2014 年 11 月 26 日。

在乾坤公司与农行七里河支行财产损害赔偿纠纷申请再审案中，法院认为，本案的争议焦点之一是农行七里河支行的合法支票付款行为是否受乾坤公司与卡某龙之间的基础关系涉及诈骗犯罪的影响。本案中，卡某龙利用乾坤公司对其的信任，以镀金的银锭冒充黄金，从乾坤公司处骗取货款3150万元，其行为已构成刑事诈骗，并被定罪处刑。然而，卡某龙从西北采购部转账1800万元所用的三张支票及印鉴，经司法鉴定书证实均系真实。票据关系一旦成立，即与票据基础关系相分离，不受基础关系效力瑕疵之影响。票据作为无因证券和文义证券，其付款条件中不应含有从票面上无法判断的基础关系因素。涉案1800万元支票的基础买卖关系中存在刑事诈骗情形，不影响付款行为的有效性。①

四、法律关系的流变与转化

法律行为的不断变化，必然导致法律关系的相应变化。在司法实践中，非常注意在动态中，具体把握法律关系的实际定位，不仅注意到法律关系在同一案中还可以转化，而且也注意到，有时这种表面的转化，并不改变法律关系的性质。

法律关系是否流化与转化，往往源于当事人的自行选择，或者选择特定的解决程序，或者选择特定的诉讼请求，并为此选择承担法律后果。

关于强制执行效力的债权文书公证书是否具有禁止诉讼的效力，最高法院认为，根据《民事诉讼法》及有关法规规定，赋予了公证机关依法赋予强制执行效力的债权文书直接依据当事人申请进行执行程序的效力，但并未因此而禁止当事人行使诉讼权利。对当事人而言，是依据公证书申请强制执行，还是再行诉讼，是当事人的权利。②

然而，关于支付令与诉讼程序的关系，最高法院则另有不同认识。

在祥业公司与华闽公司债务纠纷上诉案中，法院认为，当事人在履行支付令项下确定的义务时产生的相关协议（包括和解协议）均应视为当事人在履行支付令，即使该相关协议不能得到履行，债权人不能以产生了新的债权债务关系而提起诉讼以期得到一个新的判决结果，债权人的权益仍应通过支付令的履行而得到保护（申请强制执行）。督促程序是一种非诉程序，债权债务纠纷的解决是适用督促程序还是适用诉讼程序解决，债权人有选择的权利。当债权人选择了督促程序解决其债权债

① 苏泽林、景汉朝主编：《立案工作指导》（第1辑），人民法院出版社2013年版，第146、153～154页。

② 中华人民共和国最高人民法院审判监督庭编：《审判监督指导与研究》（第4卷），人民法院出版社2003年版，第175页。

务纠纷时，则应视为其放弃了诉讼程序，除非债务人对支付令提出异议，否则债权人不能在支付令未能获得履行时提起诉讼程序。①

除不同程序时的自行选择之外，当事人还面临不同诉求时的选择。

在香港华润纺织原料有限公司诉广东湛江船务代理公司、湛江纺织企业（集团）公司和深圳经济特区进出口贸易（集团）公司无正本提单放货、提货纠纷案中，法院认为，本案的事实涉及互相关联的两个法律关系：一是原告与被告湛江船代、湛江纺织和深圳公司之间的海上货物运输无正本提单放货、提货损害赔偿法律关系；二是原告与被告深圳公司之间的国际贸易合同法律关系。三被告的行为互相作用，构成了共同侵权，侵害了本案提单在当时作为物权的法律地位。然而，原告作为提单合法持有人，在对货物享有绝对所有权的情况下，并未通过提单关系主张提单权利，而只是以国际贸易合同的卖方身份，与国际贸易合同的买方深圳公司就货物质量及支付货款进行交涉，将货款支付方式由跟单信用证方式改为银行电汇，并以此方式接受了深圳公司支付的60万美元的货款。这一事实表明，原告在事后认同了被告的无单放货的侵权行为，以及货物向深圳公司交付的事实，同时亦确认深圳公司作为国际贸易合同的买方，提取货物的合法性。特别重要的是，原告与深圳公司协商改变货款支付方式，标志着提单不再具有物权凭证的效力，故再以该提单起诉，本院不予支持。②

此案与高院公报刊登的另一起案件颇有类似，也是原告自己行为变化导致最终败诉。

在青岛澳柯玛集团销售公司与中国银行利津支行票据兑付纠纷上诉案中，法院认为，票据权利的行使，以持有票据为前提条件，没有票据就没有票据权利可言。澳柯玛销售公司的《退票说明》，将记载其权利凭证的汇票退给了利津中行，表明澳柯玛销售公司放弃了请求退回汇票的权利，也放弃了对利津中行的付款请求权。这是澳柯玛销售公司对票据及票据权利放弃的意思表示，是对利津中行付款义务的免除。这种放弃自己的权利、免除债务人债务的行为，不违反法律规定，应为有效行

---

① 万鄂湘主编：《中国涉外商事海事审判指导与研究》（第1卷），人民法院出版社2003年版，第312页。

② 《中华人民共和国最高人民法院公报》1994年第4期。此外，关于物权凭证与债权凭证的区分，在最高法院审理的“王某与甘肃省兰州市土门墩粮食仓库承包经营结算纠纷申诉案”，法院认为铁路运输货票为债权凭证，交付铁路运输货票并不意味转移所有权，只能算是托运人对收货人全面履行合同的一个要件，不能证明所有权的归属。见苏泽林、景汉朝主编：《立案工作指导》（第1辑），人民法院出版社2012年版，第161页。

为。因此，自利津中行收到《退票说明》时起，澳柯玛销售公司已经丧失了对上述汇票的一切权利，其与利津中行之间基于上述汇票而产生的债权债务关系随之终止。澳柯玛销售公司在与利津中行之间的票据关系终止后，又提起诉讼，请求利津中行基于票据关系承担付款责任，对此不应予以支持。①

合同履行过程中经常发生变更，此后当事人的自行选择，往往也是双方合意的结果，法律行为的变化导致了法律关系的转化。

在宝安公司与青海公司、租赁公司债务纠纷上诉案中，法院认为，宝安集团与青海公司、租赁公司签订的《补充协议》明确约定，双方是就青海公司收购租赁公司所属中南证券深圳营业部和武汉营业部过程中涉及的债权债务处理问题达成的协议，表明各方对证券合同履行过程中的债权债务问题不存在争执，只是涉及转让两个证券营业部合同履行过程中的债权债务问题，此后有关方面因履行该协议而引发的纠纷，应当属于债务纠纷。宝安集团主张本案纠纷应为转让合同纠纷理由不充分，不应支持。②

在新疆农行、乌鲁木齐中行、工银房地产公司与城市建设综合开发公司欠款纠纷上诉案中，法院认为，在联合投资开发过程中，双方当事人经协商达成《马市住宅小区联合开发建设第五次董事会纪要》，决定终止合作开发，将联合经营法律关系变更为债权债务法律关系，符合法律规定，双方在诉讼中对该纪要的真实性均没有异议，故该纪要应作为处理本案纠纷的依据。③

在中土公司与中诚公司、钟某、鹏城公司及基冠公司、钟诚公司房屋买卖纠纷上诉案中，法院认为，双方当事人是在海南房地产市场超常发展时期签订这份合同的，不久国家施行了宏观调控政策，客观情势出现了合同当事人不能预见的巨大变化，继续履行合同达不到订立合同时当事人追求的目标，并将会给一方当事人造成重要经济损失。在这种背景下，基冠公司的开办单位中土公司与钟诚公司的开办单位中诚公司签订了《补充协议》《一揽子补充协议》，两份合同是从终止履行原协议，中诚公司向中土公司支付赔偿金并将讼争房过户给基冠公司来了断双方的合作关系，合同性质由商品房预售合同转化为以清理债权、债务为主要内容的还款协议。④

除商事案件外，在民事案件中，也经常发生法律行为的变动，引致法律关系的

① 《中华人民共和国最高人民法院公报》2000 年第 4 期。

② 唐德华主编：《民事审判指导与参考》（第 1 卷），法律出版社 2001 年版，第 194 页。

③ 唐德华主编：《民事审判指导与参考》（第 2 卷），法律出版社 2001 年版，第 272～273 页。

④ 唐德华主编：《民事审判指导与参考》（第 3 卷），法律出版社 2001 年版，第 202 页。

转化。

在樊某生与高某离婚财产分割纠纷上诉案中，法院认为，本案双方当事人争执的以樊某生名义投入康富德公司股份转让金800万元，确为夫妻关系存续期间所得的财产。但是高某知道樊某生投入康富德公司20万元股金一事，双方均认为所签《离婚财产分割协议》中的“其他财产归男方所有的约定”，就是指樊某生投入康富德公司的20万元股金，夫妻共同财产分割无遗漏。因此，这800万元股份转让金，虽为夫妻关系存续期间所得的财产，因为双方离婚财产分割协议的约定，已由夫妻共同财产的性质变成了樊某生个人所有。①

但是，法律关系的转化，并不能掩盖案件真正的法律属性，法院有时会排除转化后的法律关系，依然按照转化前的法律关系性质予以定案。

在南昌交行与海南赛格江西证交部存款支付纠纷提审案中，法院认为，2000年5月31日，南昌交行将1000万元本金及利息划入海南赛格江西证交部在南昌交行青化分理处的存款账户内，有进账单、对账单、计付存款利息清单、分户账为凭，应当认定南昌交行已经履行了向海南赛格江西证交部的付款义务。该笔款项被冻结并最终被扣到武汉交行的账户，是南昌交行根据人民法院的裁定和通知，履行法定协助的义务。南昌交行既已完成了向海南赛格江西证交部的付款义务，不应再向海南赛格江西证交部支付1000万元，南昌交行再审申请理由成立，本院应予支持。②

在梦达公司与景悦公司欠款纠纷上诉案中，法院认为，关于补充变更协议书的性质和效力问题，该协议约定：“《合资合同》中景悦公司享有的一部分经营权，暂定移交梦达公司独立并依法经营。在梦达公司独立经营期间发生的债权、债务、民事、法律及各种经济责任，全部由梦达公司负责，景悦公司不承担任何连带责任。应梦达公司要求，景悦公司同意除已投入的壹百万元美元外，再投入贰百陆拾万元美元，用于合资公司的业务发展。本协议三年到期，清偿本利后，是否延长或中止，由双方另行商定。”从以上协议内容可以看出，双方的真实意思表示是要将原来的合资关系变为借贷关系，对此，原审认定双方所签订的协议“名为追加合营投资，实为企业之间相互借贷，其内容违反有关法律规定，应为无效”是正确的。③

① 最高人民法院民事审判庭编写：《最高人民法院民事案件解析》，法律出版社2000年版，第243页。

② 中华人民共和国最高人民法院审判监督庭编：《审判监督指导与研究》（第2卷），人民法院出版社2003年版，第291页。

③ 万鄂湘主编：《中国涉外商事海事审判指导与研究》（第1卷），人民法院出版社2001年版，第105页。

此外，法院有时干脆不承认法律关系发生过流变，或者不承认此种流变的可能性。

在渤海公司与立达房地产公司、立达集团侵权纠纷上诉案中，法院认为，本案是因合同关系发生的纠纷，而不是因侵权引起的纠纷。合同解除并不能改变合同的性质，即由合同之债转变为侵权之债，不能追溯到渤海公司由依合同入住讼争房屋转变为违法入住，很难想象房屋占有人入住房屋的行为合法只是随着时间的推移而转化为侵权，同一民事行为发生了质变。①

第四节　认定行为效力

一、区分成立与有效

鉴于司法实践中的行为审查，大量地体现在合同行为中，本节集中于法院如何认定合同行为的效力。判断合同效力的前提，是区分合同的成立与有效。《民法典》实施以后，该法第502条的规定，已经将合同成立与生效区分开来。合同成立是合同生效的前提，合同成立属于事实问题，合同生效属于效力范畴。最高法院非常重视这一区分，并迅速体现在相关案例中。

在魏某娇与吴某月等股权转让纠纷上诉案中，法院认为，价款或报酬是有偿合同的必备条款，缺少该内容，合同则无法履行。故本案股份转让协议因无对价约定，无法履行而未成立，缔约双方因协议不成立各自应承担相应责任。合同生效与否、有无效力，皆应以合同成立为前提，没有成立的合同，自开始即对当事人没有约束力。原审判决认定吴某月担任嘉濠商厦董事长和向嘉濠商厦出资，是魏某娇转让嘉濠集团部分股份的对价，而判决该两份股份转让协议有效，属认定事实不清、适用法律不当，应予纠正。②

最高法院在区分合同成立与合同效力的同时，观点似更为激进，进一步认为二者各有其独立性，合同即使被认定为无效，也不能否认合同成立的事实，并以合同关系的成立，重新界定双方当事人的民事责任。

---

① 最高人民法院民事审判第一庭编：《民事审判指导与参考》（总第16集），法律出版社2004年版，第240页。

② 最高人民法院办公厅编：《最高人民法院公布裁判文书》（二〇〇三年），人民法院出版社2004年版，第171～172页。

在塔里木石油指挥部与石河子中行支行等担保纠纷上诉案中，法院认为，该《会议纪要》的实质是债权人和主债务人之间达成的确认变更原合同的协议，双方就合同变更达成了新的合同关系。变更后新的合同关系与原合同关系一样，违反了国家的禁止性规定应属无效，但该合同变更是当事人之间真实意思表示一致的结果。在新的合同关系中，石河子支行已经不是合同当事人，其在原合同中承担的保证责任因新的合同关系产生而得以解除。塔指与新澳公司之间达成的新的合同尽管因违反有关法律规定而无效，但其作为双方真实意思表示一致的结果，合同关系是成立的，塔指与新澳公司作为合同当事人应对自己的意思表示负责并承担相应的后果。①

二、法院能否主动审查合同效力

在合同纠纷中，行为效力是法院判决书的重点。可以说，所谓主体、诉求、法律关系等的查明，就是为了界定合同的效力。法院能否主动审查合同效力，对此有不同理解。有最高法院法官认为，由于无效合同涉及国家利益和社会公共利益的保护问题，因此，学理通说认为，即使当事人未提出确认合同无效的诉求或抗辩，人民法院均应对合同是否无效的事实进行审查。②

持肯定意见的案件。在花木公司与弘利公司联建合同纠纷上诉案中，法院认为，在司法实践中，有一种观点认为，根据《民事诉讼法》第 151 条“第二审人民法院应当对上诉请求的有关事实和适用法律进行审查”的规定，人民法院只应审查当事人上诉请求的范围，当事人没有上诉的事项，第二审人民法院不应审查。我们认为，这种看法是不全面的，因为根据《民诉意见》第 80 条“第二审人民法院依照民事诉讼法第一百五十一条的规定，对上诉人请求的有关事实和适用法律进行审查时，如果发现在上诉请求以外原判确有错误的，也应予以纠正”的规定，尽管本案当事人双方自身都没有对联建协议的效力提出异议，也没有因此而引发纠纷，一审法院判决对此也没有涉及，二审法院在对本案所涉合同进行审查时，发现合同无效，故作出了无效认定。③

---

① 李国光主编：《民商审判指导与参考》（第 1 期），人民法院出版社 2002 年版，第 386、387 页。

② 张雪楳：《二审期间当事人才告知债权已于一审期间转让的事实，二审法院能否直接裁决变更诉讼主体》，载最高人民法院民事审判第二庭编：《商事审判指导》（第 1 辑），人民法院出版社 2010 年版，第 151 页。

③ 最高人民法院民事审判庭编写：《最高人民法院民事案件解析》（房地产案件专集），法律出版社 1999 年版，第 140 页。

在交大二院与惠源公司投资建房、房屋使用权纠纷案中，法院认为，一审判决认定交大二院与惠源公司签订的合同有效，虽然双方当事人对此均无异议，但对合同效力问题作出认定，这是法院依职权进行审查的范围。①

在九龙公司与西北兵工、赛格公司房屋租赁合同纠纷上诉案中，法院认为：无效合同具有违法性，因此实行国家干预原则，即不待当事人请求无效，人民法院主动审查合同是否存在违法性。②

持否定或暧昧态度的案件。在进出口银行与华南公司、广东工行分行、万宝公司等借款担保与委托代理纠纷案中，法院认为，本案所涉借款合同、保证合同以及委托代理合同的效力，各方当事人均未提出异议，本院对此不予审查。③

然而，如果最高法院查明有违反国家效力性强制性或禁止性规定，或存在欺诈、恶意串通、损害国家或社会公共利益、以合法形式掩盖非法目的等情形，均依职权主动审查合同并否认其效力。在涉及金融、保险类的案件时，甚至不惜适用效力较低的部门规章，并为这种援引予以详细论证。

在中银香港公司诉宏业公司等担保合同纠纷案中，法院认为，涉外合同的当事人选择处理合同争议问题所适用的法律，规避我国强制性或者禁止性法律规定的，其约定不发生法律效力。内地公司作为担保人，为香港公司的外币贷款进行担保，该担保属于对外担保。我国内地法律对于对外担保有强制性的规定。如果适用香港法律，显然规避了上述强制性规定，故当事人关于担保合同适用香港法律的约定不发生法律效力。根据我国对外担保的有关规定，应到外汇管理部门办理有关批准登记手续，未办理上述手续，应认定该担保合同无效。④

在同安公司与松花江苗圃、吉林市林业局承包合同纠纷申诉案中，法院认为，根据《森林法》第15条规定，用材林、经济林、薪炭林的林地使用权可以依法转让，其他林地（特种用途林、防护林的林地）使用权不得转让。松花江苗圃经营使用的林地是国家建立的林木良种基地，属于特种用途林地。松花江苗圃与厦门公司签订的《圃地承包合同书》，以承包形式规避法律而本质上属于林地使用权，因违反

① 曹建明主编：《民事审判指导与参考》（第4卷），法律出版社2003年版，第347页。

② 最高人民法院民事审判第一庭编：《民事审判指导与参考》（总第16卷），法律出版社2004年版，第259～260页。

③ 李国光主编：《最高人民法院企业改制司法解释条文精释及案例解析》，人民法院出版社2003年版，第132页。

④ 《中华人民共和国最高人民法院公报》2005年第7期。

森林法的效力性强制性规定而无效。①

在对外贸易开发公司诉长春工行分行房产基建公司、吉林工商分行拖欠购房款纠纷上诉案中，法院认为，该合同故意将房价款压低为 700 万元，其目的是逃避国家税收，损害国家利益，为无效合同。②

在伟杰公司与天策公司营业信托纠纷案中，法院认为，无论天策公司与伟杰公司之间是否存在讼争保险公司股份的委托持有关系，由于双方签订的《信托持股协议》明显违反了中国保险监督管理委员会《保险公司股权管理办法》第 8 条关于“任何单位或者个人不得委托他人或者接受他人委托持有保险公司的股权”的规定，损害了社会公共利益，依法应认定为无效。理由是：首先，从《保险公司股权管理办法》禁止代持保险公司股权的制定依据和目的来看，尽管《保险公司股权管理办法》在法律规范的效力位阶上属于部门规章，并非法律、行政法规，但中国保险监督管理委员会是依据《保险法》第 134 条关于“国务院保险监督管理机构依照法律、行政法规制定并发布有关保险业监督管理的规章”的明确授权，为保持保险公司经营稳定，保护投资人和被保险人的合法权益，加强保险公司股权监管而制定。据此，该管理办法关于禁止代持保险公司股权的规定与保险法的立法目的一致，都是为了加强对保险业的监督管理，维护社会经济秩序和社会公共利益，促进保险事业的健康发展。其次，从《保险公司股权管理办法》禁止代持保险公司股权规定的内容来看，该规定系中国保险监督管理委员会在本部门的职责权限范围内，根据加强保险业监督管理的实际需要具体制定，该内容不与更高层级的相关法律、行政法规的规定相抵触，也未与具有同层级效力的其他规范相冲突，同时其制定和发布亦未违反法定程序，因此该规定具有实质上的正当性与合法性。最后，从代持保险公司股权的危害后果来看，允许隐名持有保险公司股权，将使真正的保险公司投资人游离于国家有关职能部门的监管之外，如此势必加大保险公司的经营风险，妨害保险行业的健康有序发展。加之由于保险行业涉及众多不特定被保险人的切身利益，保险公司这种潜在的经营风险在一定情况下还将危及金融秩序和社会稳定，进而直接损害社会公共利益。③

---

① 江必新主编：《审判监督指导》（第 1 辑），人民法院出版社 2012 年版，第 176 页。

② 唐德华主编：《民事审判指导与参考》（第 4 卷），法律出版社 2000 年版，第 211 页。

③ 刘子阳、张晨：《最高法第三巡回法庭判决一起信托纠纷案——当庭裁决代持保险公司股权协议无效》，载《法制日报》2018 年 4 月 24 日；另参见江必新主编、最高人民法院第三巡回法庭编著：《最高人民法院第三巡回法庭新型民商事案件理解与适用》，中国法制出版社 2019 年版，第 581 ~ 597 页。

当然，双方恶意串通的行为，虽依法应认定为无效，但是其证明难度很高，法院一般不会轻易支持一方当事人提出的恶意串通观点，类似案例较为少见。①

在陈某、皮某勇诉重庆碧波房地产开发有限公司、夏某均、重庆奥康置业有限公司合同纠纷案中，法院认为，判断恶意串通行为人主观上是否有恶意，需结合具体案情予以综合评判。缺乏解除合同的合理理由，明显违背商业规律，协议解除后实施的行为，与合同解除应当导致的后果明显相悖，这些因素可证明存在恶意串通。②

在广东龙正投资发展有限公司、广东景茂拍卖行有限公司申请执行复议案中，法院认为，在买受人与拍卖行的股东均系亲属的情况下，除非能够证明拍卖过程中其他无关联关系的竞买人参与竞买，且进行了充分的竞价，否则可以认定拍卖行与买受人之间存在串通行为，买受人与拍卖行有串通行为，并明知标的物评估价格及成交价过低，则买受人与拍卖行对于拍卖导致与标的物相关的权利人的权利受侵害构成恶意。人民法院可以依法宣布拍卖无效或撤销拍卖。③

在嘉福公司与湘天房地产公司、湘天投资控股公司、加华公司、江浙公司国有土地使用权转让合同纠纷上诉案中，法院认为，根据《合同法》第 52 条第 2 项的规定，具有恶意串通，损害国家、集体或者第三人利益情形的合同无效。由于恶意串通属于当事人双方之间主观内心动机的活动，审判实践中难以判定，只有通过对案件客观事实进行严密的逻辑分析，来判断当事人的主观真意。湘天公司在土地转让价款相同而江浙公司分文未付的情况下，双方虚构江浙公司已经付款 6000 万元的事实，在江浙公司注册成立后的短短一周之内即先行将诉争土地交付江浙公司，而江浙公司向国土局提交了过户申请，形成江浙公司先行占有讼争土地的事实，以此抗辩先行支付土地转让款的嘉福公司提起的继续履行合同的诉讼请求。湘天公司与江浙公司之间的上述行为已构成恶意串通，其目的在于损害嘉福公司的合法利益。④

在嘉吉公司与金石公司等确认合同无效纠纷案中（指导性案例 33 号），法院认为，债务人将主要财产以明显不合理低价转让给其关联公司，关联公司在明知债务人欠债的情况下，未实际支付对价的，可以认定债务人与其关联公司恶意串通、损

---

① 有研究者将最高法院审理涉及恶意串通案件归纳为六种类型，即逃债型、欺诈第三人、规避法律、损害公司股东合法权益、股权双重转让、损害国家利益。参见丁义平：《通向再审之路——最高人民法院民商事再审疑难实务》，法律出版社 2018 年版，第 273 ~ 287 页。

② 《中华人民共和国最高人民法院公报》2010 年第 10 期。

③ 《中华人民共和国最高人民法院公报》2012 年第 12 期。

④ 最高人民法院民事审判第一庭编：《民事审判指导与参考》（第 2 卷），人民法院出版社 2012 年版，第 125、135 ~ 136 页。

害债权人利益，与此相关的财产转让合同应当认定为无效。《合同法》第 59 条规定适用于第三人为财产所有权的情形，在我国成为对债务人享有普通债权的情况下，应当根据《合同法》第 58 条规定，判令因无效合同取得的财产返还给原财产所有人，而不能根据第 59 条规定直接判令债务人的关联公司因“恶意串通、损害第三人利益”的合同而取得的债务人的财产返还给债权人。①

在龙正公司与景茂拍卖行拍卖执行复议案中（指导性案例 35 号），法院认为，在景茂拍卖行与买受人之间因股东的亲属关系而存在关联关系的情况下，除非能证明拍卖过程中有其他无关联关系的竞卖人参与竞卖，且进行了充分的竞价，否则可以推定景茂拍卖行与买受人之间存在串通。该竞价充分的举证责任应由景茂拍卖行和与其他有关联关系的买受人承担。此外，拍卖整个楼的价格与评估部分房产时的价格相当悬殊，拍卖行和买受人的解释不能让人信服，可以认定两者间存在恶意串通。

在商事案件中，对于以合法形式掩盖非法目的的判断，相较于下级法院，最高法院一向较为谨慎，虽然近年来开始强调穿透式思维，但除非在涉外、金融等敏感领域，一般不轻易下此断语。

2012 年，在华懋公司与中小企业投资公司股权投资纠纷案中，法院认为，关于本案委托关系的效力，本案当事人一方华懋公司为香港金融服务公司，在经济贸易活动中应当作为境外机构实施管理，其委托内地中小企业公司投资入股的中国民生银行为内地金融机构。我国现行的金融法规对于境外公司向内地金融机构投资作出了明确的规定。华懋公司委托中小企业投资入股中国民生银行的行为，违反了内地金融管理制度的强制性规定。从双方签订和履行合同的整个过程可以看出，当事人对于法律法规的强制性规定是明知的，双方正是为了规避法律规定，采取“委托投资”的方式，使得华懋公司的投资行为表面上合法化。双方的行为属于《民法通则》和《合同法》规定的“以合法形式掩盖非法目的”的行为。因此，双方签订的《委托书》《补充委托书》《借款协议》《补充借款协议》均应认定无效。②

在金时公司、海湾公司、海湖公司股东资格确认纠纷再审案中，法院认为，在

---

① 本案另一值得重视之处，在于明确连环合同相继无效后，财产返还必须依次进行，而不能省略中间环节，在当事人之间直接跳跃。对此可参考最高法院《关于审理涉及金融不良债权转让案件工作座谈会纪要》（2009 年 3 月 30 日，法发〔2009〕19 号）第 10 条：人民法院裁判金融不良债权转让合同无效后当事人履行相互返还义务时，应从不良债权最终受让人开始逐一与前手相互返还，直至完成第一受让人与金融资产管理公司的相互返还。这表明，最高法院对此问题的处理态度是连续的、一致的。

② （2011）最高法民提字第 303 号。

标的公司的法人股东被其他公司收购的情况下，收购方公司或者收购后新成立的公司依法承继该法人股东的一切权利义务，当然也包括该法人股东在标的公司的股权。此时，标的公司的股权持有人虽然发生了变更，但这并不是该法人股东转让股权的直接结果，此时自然不适用其他股东优先购买权的保护规则。金时公司在本案中主张海湖公司的股东地位并非基于《股权转让协议》，而是基于金城公司完全由金时公司购买、在金城公司结业的情况下，由金时公司承继金城公司在合营企业中的股东地位的情形，因此，并不存在合营他方股东优先购买权的保护问题。①

与之形成比较的是，一年之后，面对几乎相同的间接收购案情，在复星公司诉证大置业公司、证大房地产公司等股权转让合同纠纷案中，上海市第一中级人民法院作出了与最高法院完全相反的认定。

该院认为，综观本案被告间交易行为的目的，旨在控制海之门公司50%的权益。交易发生前，原告处于相对控股地位，交易发生后，仅从形式上研判，诸被告作为股权交易的主体，与海之门公司并无直接关联，原告与上述交易主体亦不具有同一阶梯的关联关系。但是，从交易行为的实质上判断，上述交易行为结果具有一致性，且最终结果直接损害了原告的利益，即原告对海之门公司的相对控股权益受到了实质性的影响和损害，海之门公司股东之间最初设立的人合性和内部信赖关系遭到了根本性的颠覆。诸被告未依相关股东优先购买的法定程序，完全规避了法律赋予原告享有股东优先购买权的设定要件，通过实施间接出让的交易模式，达到了与直接出让相同的交易目的，属于以合法形式掩盖非法目的，应当确认为无效。②

在大宗集团有限公司、宗锡晋与淮北圣火矿业有限公司、淮北圣火房地产开发有限责任公司、涡阳圣火房地产开发有限公司股权转让纠纷案中，关于当事人是否构成以股权转让规避矿业权审批的行为，法院认为，矿业权与股权是两种不同的民事权利，如果仅转让公司股权而不导致矿业权主体的变更，则不属于矿业权转让，转让合同无需地质矿产主管部门审批，在不违反法律、行政法规强制性规定的情况下，应认定合同合法有效。迟延履行生效合同约定义务的当事人以迟延履行期间国

① 刘国林：《股权转让常见纠纷的裁判规则》，中国法制出版社2017年版，第354～366页。对该案法理的具体分析，参见朱敏：《从香港金时公司案看国际商事仲裁裁决的既判力》，2014年“中伦杯”全国国际商事仲裁征文大赛一等奖论文。

② （2012）沪一中民四（商）初字第23号民事判决书，http://blog.sina.com.cn/s/blog_6125a0d90101lgwg.html，2016年10月16日访问。对该案法理的具体分析，参见彭冰：《股东优先购买权与间接收购的利益衡量——上海外滩地王案分析》，载《清华法学》2016年第1期。

家政策变化为由主张情势变更的，不予支持。①

法院固然可依职权主动审查合同效力，但是，在仲裁条款效力确认之诉中，法院认定合同效力错误怎么办？根据最新公开材料，在一起国内仲裁案件中，对于河南省安阳市中级法院作出的仲裁条款效力认定，最高法院经审委会讨论后，认定存在错误，直接裁定指令其再审。据了解，这是最高法院首次援引《民事诉讼法》第198条第2款作出的民事裁定。② 不过，笔者至今尚不清楚，在现有程序框架下，中级法院审查的仲裁条款效力案件，是如何能够非同寻常地被最高法院发现，并提交审委会讨论作出裁定的。反过来这也说明，在民事诉讼法前述条款框架下，民商案件的救济途径，似乎没有什么不可能。

三、影响效力的主要因素

（一）主体

合同效力常与主体联系在一起。法院在这方面分得很细，既审查合同主体的资格，也审查合同主体的行为，据此判断合同的效力。最高法院业务庭负责人认为，我国现行法律、司法解释和行政法规有关主体资格不定的情形，主要分为三类：一是主体不合法；二是主体不具备相应的资质、资格；三是违反限制经营、特许经营以及禁止经营规定。③

关于合同主体的资格

在三盛公司与成套局房产续建合同纠纷上诉案中，法院认为，关于受让方的主体资格问题，作为房地产转让合同的受让方，《城市房地产管理法》并未规定其必须具备房地产开发企业的资格，依照该法第64条的规定，受让以后进行续建，必须具备房地产开发企业的资格，否则，应由有关的行政机关给予行政处罚，这对转让、受让房地产的民事行为的效力并无影响。因此，成套局在一审起诉时认为三盛公司没有房地产企业开发经营的资格，主张合同无效，申请再审时，又以自己没有取得土地使用权证书，主张合同无效，事实和理由均与法律规定的认定合同无效的条件不相符。④

① 《中华人民共和国最高人民法院公报》2016年第6期。

② （2016）最高法民监106号，引自《北京仲裁委员会2017年度工作报告》，http://www.bjac.org.cn/news/view?id=3137，2018年3月15日访问。

③ 刘贵祥：《合同效力研究》，人民法院出版社2012年版，第42页。

④ 曹建明主编：《民事审判指导与参考》（第1卷），法律出版社、人民法院出版社2002年版，第247~248页。

此外，在防城港人行支行与星港假日酒店、星光海鲜楼、郑某华借款担保纠纷申请再审案中，法院也依据中国人民银行的答复，来确认当事人是否具有从事短期资金周转拆借业务的主体资格，资金拆借合同是否有效。①

关于合同主体的行为

对于民事主体的越位行为，其效力往往无法得到最高法院的认可。在威海市鲸园建筑有限公司与威海市福利企业服务公司、威海市盛发贸易有限公司拖欠建筑工程款纠纷案中，法院认为，依照《合同法》第279条、《建设工程质量管理条例》第16条的规定，建设工程竣工后，发包人应当按照相关施工验收规定对工程及时组织验收，该验收既是发包人的义务，亦是发包人的权利。承包人未经发包人同意对工程组织验收，单方向质量监督部门办理竣工验收手续的，分割了发包人工程验收权利。在此情况下，质检部门对该工程出具的验收报告及工程优良证书因不符合法定验收程序，不能产生相应的法律效力。②

但是，某些主体虽然自身缺乏主体资格，但是通过其他主体代为履行或许可履行，其行为的效力往往也能得到最高法院的认可。前者见吉林工商分行等与长春市商业银行企业债券垫付纠纷上诉案，③ 后者则体现在最高法院公布的裁判文书中。

在国际公司与长江公司影片发行权许可合同纠纷上诉案中，法院认为，投资公司虽无制片许可证和发行许可证，但其并不直接参与制片、发行活动，而《下辈子还做母子》（以下简称《下》）片的实际制作、发行者均持有相应的许可证，而且该片经主管部门审查通过具备准映证，投资公司将《下》片许可长江公司分账发行，无论主体还是客体均不影响电影市场的正常秩序，亦不妨碍国家对电影行业的行政管理，并且与电影行业机制改革的发展方向是一致的。《影响交易暂行规定》是行政规章类的规范性文件，并不属于法律所明确规定的认定合同效力的根据，因此投资公司具有签订本案所涉合同的主体资格。④

---

① 中华人民共和国最高人民法院审判监督庭编：《审判监督指导与研究》（第2卷），人民法院出版社2003年版，第187页。

② 《中华人民共和国最高人民法院公报》2013年第8期。

③ 最高人民法院办公厅编：《最高人民法院公布裁判文书》（二〇〇三年），人民法院出版社2004年版，第159页。

④ 最高人民法院办公厅编：《最高人民法院公布裁判文书》（二〇〇三年），人民法院出版社2004年版，第121页。

（二）权限

合同主体有不同的权限范围，特别是涉及限制处分或无权处分时，其对于合同效力的影响力度，往往发生争议。法院查封等限制处分状态时的行为效力。在方某等三人与五联公司、昌台公司确认土地使用权转让合同无效纠纷申请再审案中，法院认为，本案争议核心在于法院查封期间当事人签订的土地使用转让合同是否有效。案件经过五次审理，四次改判，对此问题的认识分歧较大。法院的查封行为，并不意味着该土地使用权属于法律意义上的绝对不能转让，只是合同标的物因受限制不能在查封期间产生物权变动的法律效果。因而，案涉土地使用权是否被查封，不影响双方签订的土地使用权转让合同的合法成立，更不能据此作为认定合同无效的评判依据。①

在《合同法解释一》发布以后，特别是《物权法》实施后，最高法院开始通过区分原因行为和物权行为，严格限缩无权处分的适用，不轻易以无权处分为由否认原因行为的效力。2012 年，最高法院发布买卖合同的司法解释以后，更是明确将无权处分逐出主张合同无效的理由之外。② 2020 年 12 月 29 日，是高法院修改上述司法解释，并删除法条。

在广东达宝物业管理有限公司与广东中岱企业集团有限公司、广东中岱电讯产业有限公司、广州市中珊实业有限公司股权转让合同纠纷案中，法院认为，股权转让合同中，即使双方约定转让的股权系合同外的第三人所有，但只要双方的约定只是使一方负有向对方转让股权的义务，而没有实际导致股权所有人的权利发生变化，就不能以出让人对股权无处分权为由，认定股权转让合同系无权处分合同进而主张无效。③

在长城公司长春办事处与民生公司、民生农贸市场债权转让合同纠纷再审案中，法院认为，当事人受让不良资产后又以该债权经法院裁定被不动产抵债，而转让人无权处分为由，要求确认债权转让协议无效的，人民法院不予支持。④

① 最高人民法院民事审判第一庭编：《最高人民法院民商事案件审判指导》（第 1 卷），人民法院出版社 2012 年版，第 207 页。

② 最高人民法院《关于审理买卖合同纠纷案件适用法律问题的解释》第 3 条第 1 款规定："当事人一方以出卖人在缔约时对标的物没有所有权或者处分权为由主张合同无效的，人民法院不予支持。"

③ 《中华人民共和国最高人民法院公报》2012 年第 5 期。

④ 最高人民法院民事审判第二庭编：《商事审判指导》（第 1 辑），人民法院出版社 2011 年版，第 3、171 页。

从民法理论角度，无权处分行为还涉及债权行为与物权行为的分离，以及是否承认物权行为的独立性和无因性。在《物权法》通过以前，理论界多有争议，并体现在对《合同法》第51条无权处分制度的解释分歧上。但是，正如学者所述，“主张物权行为理论最有力的学者，也认为物权行为理论的重点在于物权变动与原因行为的区分和物权变动以登记和交付为生效要件，而不在于‘物权行为’及其‘无因性’”。[①] 对此，司法界一向持观望态度，实务审理中非常谨慎。以笔者有限的阅读范围，根据学者提供的资料，在《物权法》通过以前，最高法院作出“以物权意思确定物权支配秩序”的承认物权合意的判决，似乎只有一起。[②]

《物权法》实施后，首次以立法的形式，明确了债权关系与物权关系的分离。该法第15条规定，当事人之间订立有关设立、变更、转让和消灭不动产物权的合同，除法律另有规定或者合同另有约定外，自合同成立时生效；未办理物权登记的，不影响合同效力。据此，最高法院很快将该项法律规定，运用到具体的案件裁判中。

在祁某与某银行张掖市分行房地产转让合同纠纷再审案中，法院认为，《抵债资产处置合同》涉及张掖分行与祁某之间买卖回凤楼的债权关系，以及将回凤楼的房产证和土地使用权证过户到祁某名下的物权关系；买卖回凤楼的债权关系合法有效，虽然回凤楼的房产证和土地使用权即物权关系已经不能发生变动，但不能以物权关系不能变动进而否定债权关系的合法效力。[③]

此外，最高法院的态度进一步明确。作为公报案例，在重庆索证盐化股份有限公司与重庆新万基房地产开发有限公司土地使用权转让合同纠纷案中，法院认为，《物权法》第15条确定了不动产物权变动的原因与结果相区分的原则。物权转让行为不能成就，并不必然导致物权转让的原因即债权合同无效。双方当事人签订的合

① 梁慧星：《为中国民法典而斗争》，法律出版社2002年版，第248页。奇怪的是，有学者评述，即使在《物权法》正式通过后，学界关于物权行为的分歧似乎也仍未改变，仍然各持己见，几乎无人因此改变之前择定的立场，这部法律的意义，似乎仅仅在于为不同立场提供解释与印证的材料而已。参见朱庆育：《民法总论》，北京大学出版社2013年版，第3页。

② 在该起无锡某农业信托公司与某房地产开发商房屋开发合同纠纷案中，就开发商移交产权证书这种行为的法律效力成为处理的关键，它直接涉及他方是否取得该部分房产的所有权问题。所以，是否承认产权证书交付中物权合意的存在成为案件的关键所在。最高法院在对该案请求报告的批复中指出，在这种情况下应该认可所有权的转移，许可当事人补办登记手续。该学者认为，这一做法，其实正是根据物权独立意思表示确定了物权的归属。转引自孙宪忠：《论物权法》，法律出版社2001年版，第179页。

③ 最高人民法院民事审判第一庭编：《民事审判指导与参考》（第4集），法律出版社2010年版，第143页。

同作为物权转让的原因行为，是一种债权形成行为，并非转让的物权变动行为。相关法律关于未经通知抵押权人而导致物权转让行为无效的规定，其效力不应及于物权变动行为的原因行为。①

值得注意的是，最高法院多次通过案例表明，对债权关系与物权关系的区分，并非承认德国法上的无因行为。即便发生了物权变动，但其权属仍可能因基础行为的无效而被撤销。

在某市公共交通总公司与润华公司、济南新惠德实业有限公司土地使用权转让合同纠纷上诉案中，法院认为，虽然受让方已经取得了合同项下的土地使用权，但基于其违约行为导致合同的解除，出让方有权通过法律途径，请求返还土地使用权。物权的取得和行使，不得损害公共利益和他人合法权益。本案争议的土地使用权并没有被第三人善意受让，该项财产权可以直接返还。基于出让方解除合同的主张，可使其因上述财产得到返还而将权利恢复到合同订立前的原状。②

在嘉福公司与湘天房地产公司、湘天投资控股公司、加华公司、江浙公司国有土地使用权转让合同纠纷上诉案中，法院认为，根据我国物权法不动产物权变动模式确立的有因性原则，物权变动中的债权合同是物权移转的内在动力和根本原因，物权移转是债权合同的当然结果。只有在合同有效成立的前提下，才发生合同的履行问题。土地使用权转让合同正是基于合同发生的物权变动，该合同成立生效后必须通过履行土地使用权权属变更登记行为才能实现物权变动。由于土地使用权转让合同是通过合同行为进行的一种物权变动形态，合同行为为物权变动的基础行为，合同行为的效力认定直接关系到物权变动的能否，关系到不动产登记行为的履行。本案中，湘天公司与江浙公司虽然通过订立土地使用权转让合同并据此履行了土地使用权权属变更登记行为，完成了土地使用权权属的变动，但由于江浙公司赖以取得土地使用权的基础行为——土地使用权转让合同被确认为无效，其取得的土地使用权丧失了权利基础，属于无权取得。③

---

① 《中华人民共和国最高人民法院公报》2009 年第 4 期。对此案的法理评析，详见程啸：《论抵押财产的转让："重庆索特盐化股份有限公司与重庆新万基房地产开发有限公司土地使用权转让合同纠纷案"评释》，载《中外法学》2014 年第 5 期。另外，本书作者对该案的法理评析，参见本书第五章第六节第三部分。

② 最高人民法院民事审判第一庭编：《民事审判指导与参考》（第 3 集），法律出版社 2008 年版，第 251 页。

③ 最高人民法院民事审判第一庭编：《民事审判指导与参考》（第 2 期），人民法院出版社 2012 年版，第 136 页。

（三）标的

司法实践中，合同标的对合同效力的影响，一体现在可能性上，二体现在确定性上，三体现在合法性上。有民法学者认为："标的可能，指法律行为之标的为可能实现。法律行为之标的为不可能实现，称标的不能。标的不能，法律行为不生效力。标的确定，指法律行为之标的须自始确定，或可得而确定。标的不确定的法律行为，应为无效。"[①] 但何为"自始确定"，何为"可得确定"，并无统一判断标准。比如，对于商品房预售合同而言，如只是预售楼花，楼盘尚未建设，此时标的尚不确定，所签合同能否认定为无效？显然，司法实践并不死守理论，态度更为灵活。

关于标的确定问题，在美联公司与纪明公司、高先公司、纪盛公司债务及担保纠纷上诉案中，法院认为，根据保证法律关系，保证行为的实质是保证人以其全部财产作为担保，不能以保证人提供担保的财产尚未取得，就认定担保无效。[②]

在九龙公司与西北兵工、赛格公司房屋租赁合同纠纷上诉案中，法院认为，关于在建房屋作为租赁标的物应否受到法律保护，依据传统的房屋租赁制度，无论是公有房屋出租，还是私有房屋出租，出租人应当先有房屋标的物，才能对外订立租赁合同。承租人没有完全占有房屋，则有权拒绝交付房租。实践证明，在建房屋出租，出租人可以在不丧失标的物所有权的前提下，融通资金，盘活资产，承租人可以经由租金的一期或多期支付，以相对较小的代价获取房屋的使用和收益的权利，这种房屋租赁方式，对鼓励交易，促进房地产市场稳步健康发展起到了积极向上的作用。《城市房地产管理法》没有区分在建房屋出租与现房出租的界限，这是人民法院审理房屋租赁纠纷案件包括在建房屋租赁纠纷案件具体的法律依据。不具备法定的无效要件的租赁合同，应当尊重双方自治意思表示，并依据约定认定双方的权利义务。[③]

最高人民法院《关于审理买卖合同纠纷案件适用法律问题的解释》实施以后，标的确定性问题，进一步衍生为不具有标的物处分权时，合同效力的评价问题。

在绿力公司、蒋某平与正远贸易公司、正远矿业公司股权转让纠纷案中，法院认为，缔约时出让人不具有标的物处分权的事实，并不意味着出让人将来不能取得

---

① 梁慧星：《民法总论》，法律出版社2001年版，第187页。

② 唐德华主编：《民事审判指导与参考》（第3卷），法律出版社2001年版，第247页。

③ 最高人民法院民事审判第一庭编：《民事审判指导与参考》（总第16卷），法律出版社2004年版，第260页。

处分权，亦不妨碍出让人在履约过程中取得处分权并交付标的物。《合同法》第51条的规定，意在保护财产的真实权利人不会因无处分权人的无权处分行为而受到侵害，该条不能被合同一方当事人用作恶意抗辩合同无效。在财产转让合同中，如果将出让人是否具有处分权作为合同效力要件，会产生合同效力状态变动不居并受制于出让人意愿的情形。出让人在因财产权利瑕疵无法履行承诺的义务时，可以无权处分为由不承担合同责任；信赖合同有效而进行交易的相对人之履行利益却得不到相应的保护，此不但会妨碍交易的安全稳定，也不符合民法的基本原则，并容易诱发诚信问题。出让人对标的没有处分权的，其订立的合同仍然有效，但标的物所有权是否发生转移，则处于效力待定状态。①

同样，在方信公司与华东三峡公司等抵押合同纠纷上诉案中，法院认为，华东三峡公司提供的用于签订抵押合同所依据的《房屋预售合同》、《承诺书》及《收据》虽然不是房屋权属证书，但是，上述合同文件等材料的内容足以证明，华东三峡公司不仅对《房屋预售合同》标的物拥有物权期待权，而且还拥有完全的处置权，符合抵押担保的有效条件。方信公司以上述文件不是房屋权属证书为由，否定抵押合同合法有效性，依据不足，对此不予采信。②

关于标的合法问题。在同安公司与吉林市松花江苗圃、吉林市林业局承包合同纠纷申诉案中，法院认为，根据《森林法》第15条的规定，用材林、经济林、薪炭林的林地使用权可以依法转让，其他林地（特种用途林、防护林的林地）使用权不得转让。本案《圃地承包合同书》约定的圃地经营使用的林地是国家建立的林木良种基地，属于特种用途林地，该合同以承包形式规避法律而本质上属于转让林地使用权，因违背森林法的效力性强制性规定而无效。③

最高法院还曾通过一起评选为全国优秀裁判文书的案件，间接表达其支持意见。在智得公司、潮安公司与广州中保财险分公司海运货物保险合同纠纷上诉案中，法院认为，本案所涉保险标的是进口钢材，属核定公司经营的商品，是国家限制进口的货物，应由核定经营的公司或申领进口许可证后方可进口。潮安公司并非核定经营钢材进出口的公司，故应视为没有申领进口许可证，所进口的钢材是不合法的，对此不可能享有法律上承认的利益，并无保险利益可言，其签订的保险合同，应依

---

① 贺荣主编：《涉外商事海事审判指导》（总第30辑），人民法院出版社2016年版，第166页。

② 最高人民法院办公厅编：《最高人民法院公布裁判文书》（二〇〇三年），人民法院出版社2004年版，第141页。

③ 景汉朝主编：《最高人民法院审判监督指导案例解析》，人民法院出版社2015年版，第316～317页。

法确认为无效。①

此外，最高法院也在其审理的再审案件中，正面表达过如何认定标的合法性的判断标准。在泰盛公司与业宏达公司、睿翔公司商标许可使用合同纠纷再审案中，法院认为，未注册商标能否许可他人使用，法律法规对此没有禁止性规定，且在业宏达公司与泰盛公司签订的合同中，亦未限度许可泰盛公司使用的三个商标必须均为注册商标。相反，许可合同明确写明了业宏达公司“不保证商标有效性”的条款。根据该条款的内容，泰盛公司作为本案商标的被许可方，理应知晓签订合同时被许可使用的三个商标的权利状态，故前述商标未获得注册，不影响泰盛公司实现签订本案合同根本目的，业宏达公司不存在欺诈行为。②

应特别注意的是，最高法院认为，即便是买卖违法建筑之合同，也并非绝对无效。

在中国青年旅行社与林某锋、陈某良房屋买卖合同纠纷再审案中，法院认为，首先，案涉房产其他部分系合法建筑，加盖部分违法不应导致全部合同无效。其次，买卖违法建筑物的合同并非绝对无效。根据《城乡规划法》第64条规定：“未取得建设工程规划许可证或者未按照建设工程规划许可证的规定进行建设的，由县级以上地方人民政府城乡规划主管部门责令停止建设；尚可采取改正措施消除对规划实施的影响的，限期改正，处建设工程造价百分之五以上百分之十以下的罚款；无法采取改正措施消除影响的，限期拆除，不能拆除的，没收实物或者违法收入，可以并处建设工程造价百分之十以下的罚款。”本案中，双方在《房地产买卖合同》及其后的50号仲裁调解书中，均明确加盖部分已经过行政处罚，城乡规划主管部门并未要求限期拆除，该加盖部门应属于“尚可采取改正措施消除对规划实施的影响的”保留使用建筑物，亦不应因此认定买卖合同无效。③

（四）性质

对于合同性质的认定，涉及行为评价的坐标选择，由此往往直接影响到合同效力。

在绿岛公司与宁夏化工厂联营合同纠纷申请再审案中，法院认为，申请再审人提出，双方签订合同时，宁夏化工厂并未取得房屋所有权证书，一审诉讼过程中方才取得，如认定双方是租赁关系，未取得产权证的房屋依法不得出租，原判认定该

---

① 最高人民法院民四庭编：《全国法院优秀涉外商事海事裁判文书选》，人民法院出版社2002年版，第195页。

② 孔祥俊副主编：《最高人民法院知识产权审判案例指导》（第6辑），中国法制出版社2014年版，第49页。

③ 最高人民法院（2014）民提字第216号。

合同有效违反法律规定。对此，本院复查认为，本案是双方就合同性质发生争议而诉讼到法院，法院依据相关事实认定该合同属房屋租赁合同，并非依据双方当事人的合意。如果双方当事人签订合同时达成的合意就是租赁房屋，则依据法律未取得产权的房屋依法不得出租，合同应认定无效。本案不属于这种情况，双方当事人自始即对合同的性质发生争议，且宁夏化工厂一审诉讼时已取得产权证书，故认定双方租赁有效并无错误。①

在天富公司与内蒙医院等侵权、联营合同纠纷上诉案中，法院认为，天富公司与达康总公司签订的联建协议，约定将内蒙医院划拨取得的土地用于建设病房楼，虽然没有办理土地使用权转让的法律手续，但双方兴建的病房楼实际用于公益事业单位保健分院的医疗服务，该病房楼是由内蒙医院和达康公司申请建设批准手续兴建的，故达康总公司经内蒙医院同意在其院内划拨土地上建设保健分院病房楼的行为不属于商品房的开发建设，而是联营保健分院的手续，划拨土地并未进入市场。双方当事人签订的联建协议、补充协议没有违反法律和行政法规的强制性规定，应为有效合同。②

（五）登记

关于审批登记的法律意义及效力，在《合同法》实施以后，最高法院专门召开全国民事案件审判质量工作座谈会，并于 1999 年 11 月 29 日向全国法院印发了会议纪要，明确指出，要区分依照法律规定某些合同必须经过审批登记才能生效的“审批登记”行为，与某些合同依照规定变动物权时具有公示性质的“登记”行为。③此后，1999 年 12 月 19 日，最高法院又出台《合同法解释一》，以司法解释的形式正式将债权行为与物权行为区分开来，并将这一法理认识直接贯彻到审判实践中去。④此后，该观点被《物权法》所吸纳，并延伸至《民法典》第 215 条规定，即当事人

---

① 中华人民共和国最高人民法院审判监督庭编：《审判监督指导与研究》（第 3 卷），人民法院出版社 2003 年版，第 153 页。

② 最高人民法院办公厅编：《最高人民法院公布裁判文书》（二〇〇三年），人民法院出版社 2004 年版，第 59 ~ 60 页。

③ 唐德华主编：《民事审判指导与参考》（第 1 卷），法律出版社 2000 年版，第 40 页。

④ 该司法解释第 9 条规定：“依照合同法第四十四条第二款的规定，法律、行政法规规定合同应当办理批准手续，或者办理批准、登记等手续才生效，在一审法庭辩论终结前当事人仍未办理批准手续的，或者仍未办理批准、登记等手续的，人民法院应当认定该合同未生效；法律、行政法规规定合同应当办理登记手续，但未规定登记后生效的，当事人未办理登记手续不影响合同的效力，合同标的物所有权及其他物权不能转移。”

之间订立有关设立、变更、转让和消灭不动产物权的合同，除法律另有规定或者当事人另有约定外，自合同成立时生效；未办理物权登记的，不影响合同效力。

首先，没有办理物权变更登记的行为，不具有物权效力。

在巴南建行支行与成都招行分行、九龙公司房屋抵押贷款纠纷提审案中，法院认为，成都分行与九龙公司签订《抵押贷款合同》时，虽然双方设定抵押关系的意思表示明确，九龙公司出具了《财产抵押书》，并且将建设大厦产权证书交给成都分行保管，但由于双方未依照法律规定到房地产管理部门办理抵押登记手续，违反了法律的强制性规定，所以成都分行不享有合法的抵押权，其与九龙公司只具有一般债权债务关系，其无权向第三人巴南支行主张优先受偿的权利。① 值得注意的是，最高法院在此案中，否决了交付产权证书可以导致物权变动的观点，而据学者透露，在他案中，最高法院又认为交付产权证书，可以引致所有权已移转的法律效果，并许可当事人补办登记手续。②

其次，存在前置审批规定的情况下，未经审批的合同不生效。

在谢某视诉张某昌、金刚公司股权纠纷案中，法院认为，《中外合作经营企业法》第10条规定："中外合作者的一方转让其在合作企业合同中的全部或者部分权利、义务的，必须经他方同意，并报审查批准机关批准。"原告谢某视虽与被告张某昌达成了股权转让合同，并且该股权转让行为已经得到被告金刚公司董事会的同意，但依法还应报经审查批准机关批准。由于金刚公司未按决议申报股权变更手续，致股权至今不能转让，股权转让合同未能发生当事人预期的法律效果。③

在陈某树与红塔有限公司股权转让纠纷再审案中，法院认为，陈某树与红塔有限公司于2009年9月10日签订《股份转让协议》，约定红塔有限公司将其持有的云南白药集团公司总股本的股份转让给陈某树，并约定红塔有限公司在转让协议生效并收到全部价款后，应及时办理所有与本次目标股份转让有关的报批、信息披露等法律手续。红塔有限公司已按照《股份转让协议》约定，积极履行了报批、信息披露等法律手续，只是由于其上级主管机构中烟总公司不同意本次股权转让导致《股份转让协议》未生效。最高法院（2013）民二终字第42号二审判决据此未予认定红

① 中华人民共和国最高人民法院审判监督庭编：《审判监督指导与研究》（第2卷），人民法院出版社2001年版，第153页。

② 案例援自孙宪忠：《论物权法》，法律出版社2001年版，第178~179页。

③ 《中华人民共和国最高人民法院公报》2003年第1期。值得关注的是，对于该起案例，学界似有质疑，认为该判决认定协议的性质明显不当。参见蒋大兴主编：《公司法律报告》（第2卷），中信出版社2003年版，第358页。

塔有限公司构成缔约过失责任，有事实依据。[①]

当然，在司法实践中，即便在合同法实施以后，最高法院民事审判各庭之间，对这一问题的认识也并不一致。

在华铝公司与裕正公司等投资、借款纠纷上诉案中，法院认为，华铝公司是由华地公司、鑫威公司和广银公司共同出资并经有关部门批准设立的中外合资经营企业。广银公司与裕正公司之间存在转让股份的法律关系。但股份转让未能得到有关部门的批准，因此，本案所涉股份转让法律关系应认定无效。[②]

迟至2011年，在一起国有企业买卖城市私有房屋纠纷案件中，最高法院仍然认为，根据《城市私有房屋管理条例》规定，机关、团体、部队和企事业单位不得购买或变相购买城市私有房屋，如因特殊需要必须购买，须经县级以上人民政府批准。据此，案涉房屋买卖合同并未报请批准，该合同违反了当时的行政法规规定，应当认定无效。[③]

显然，对于应批准而未经批准的合同，到底是未生效还是无效，法院内部有认识分歧。这种分歧不仅体现在最高法院，也体现在高级法院中，甚至按不同标准裁判的同类案件，会出现在法院出版的同一本案例选集之中。

在信诚公司与圣加利公司、豪晖公司等股权转让纠纷上诉案中，广东高院认为，本案涉及中外合资企业的股权转让问题。我国法律对中外合作企业的股权转让实行审批制。华侨公司将其股权转让于信诚公司的行为，虽然取得了其他股东的同意，但未履行审批手续，因而是无效的。2000年修正的《中外合作经营企业法》依然坚持这一原则，该法第10条规定："中外合作者的一方转让其在合作企业中的全部或者部分权利、义务的，必须经他方同意，并报审查批准机关批准"，违反这一规定的股权转让行为无效。[④] 巧合的是，广东高院同时发布的另起同类案例中，却给出了截然不同的认定标准，两起案例均收入同一本案例选集，且前后相连。

而在穗昌公司与世城公司股权转让纠纷上诉案中，广东高院又认为，本案属股权转让合同纠纷，实际的要点问题是股权转让合同的效力问题，这不仅涉及合同法

---

① （2015）最高法民申字第1号。

② 万鄂湘主编：《中国涉外商事海事审判指导与研究》（第1卷），人民法院出版社2001年版，第114页。

③ 最高人民法院（2011）民提字第92号，引自张华：《效力性强制性规定的类型化识别》，载《人民司法》2013年第23期。

④ 吕伯涛主编：《涉外商事案例精选精析》，法律出版社2004年版，第182页。时任最高人民法院副院长万鄂湘为该套丛书作序，认为所选编涉外案例具有极为重要的审判指导价值。

的规定，还涉及公司法和三资企业法的规定。本案中的股权转让协议即属应办理审批手续的，当事人未办理审批手续，故未生效。①

从历史的眼光看，最高法院在这个问题上的态度曾发生过摇摆。2002 年，最高法院曾以批复的方式，明确国有工业企业以机器设备、厂房等财产与债权人签订的抵押合同，如无其他法定的无效情形，不应当仅以未经政府主管部门批准为由认定抵押合同无效。② 2003 年，最高法院又以内部文件的方式规定，企业对划拨方式取得的国有土地使用权无处分权，以该土地使用权为标的物设定抵押，除办理抵押登记手续外，还应经具有审批权限的人民政府或土地行政管理部门批准，否则，应认定抵押无效。③ 由此可见，最高法院对于审批手续的效力性是高度认同的。

但近年来，最高法院在审批与合同效力的关系认定上，基本体现出成熟、一致的认知取向，将二者更加彻底地加以剥离，使合同效力更加独立于审批行为。特别是在 2010 年，更以发布司法解释的方式，正式将审批行为与合同效力的关系予以明确的司法定位。④

在三利公司与外运延安支公司转让合同纠纷再审案中，法院认为，国有划拨土地使用权转让合同中，双方已经就转让行为共同向政府相关部门提出申请，有批准权的人民政府已经为受让方颁发了国有土地使用证，但因政府相关主管人员失职行为导致未办理土地出让手续，未缴纳土地出让金的，转让合同的转让方不得在合同已经履行完毕后，以该转让合同未经有批准权的人民政府批准为由，主张转让合同无效。⑤

此后，最高法院又以公报案例的方式，再度重申了这一裁判标准。在海南康力元药业有限公司、海南通用康力制药有限公司与海口奇力制药股份有限公司技术转让合同纠纷案中，法院认为，在合同效力的认定中，应该以合同是否违反法律、行政法规的强制性规定为判断标准，而不宜以合同违反行政规章的规定为由认为合同

---

① 吕伯涛主编：《涉外商事案例精选精析》，法律出版社 2004 年版，第 187 页。

② 最高人民法院《关于国有工业企业以机器设备等财产为抵押物与债权人签订的抵押合同的效力问题的批复》，法释（2002）14 号。

③ 江必新主编：《民商审判指导与参考》（第 1 卷），人民法院出版社 2003 年版，第 31 页。

④ 《最高人民法院关于审理外商投资企业纠纷案件若干问题的规定（一）》第 1 条规定："当事人在外商投资企业设立、变更等过程中订立的合同，依法律、行政法规的规定应当经外商投资企业审批机关批准后才生效的，自批准之日起生效；未经批准的，人民法院应当认定该合同未生效。当事人请求确认该合同无效的，人民法院不予支持。前述所述合同因未经批准而认定未生效的，不影响合同中当事人履行报批义务条款及因该报批义务而设定的相关条款的效力。"

⑤ 最高人民法院民事审判第一庭编：《民事审判指导与参考》（第 1 期），人民法院出版社 2012 年版，第 181 页。

无效。在技术合同纠纷案件中，如果技术合同涉及的生产产品或提供服务依法须经行政部门审批或者许可而未经审批或者许可的，不影响当事人订立的相关技术合同的效力。①

应特别指出的是，合同效力相对于审批行为的独立，并不是绝对的，在涉外情况下，审批或登记行为的有无，往往直接决定了合同效力。

在香港上海汇丰银行有限公司上海分行与景轩大酒店（深圳）有限公司、万轩置业有限公司金融借款合同纠纷案中，法院认为，最高法院《担保法解释》第6条第1项明确规定，未经国家有关主管部门批准或者登记对外担保的，对外担保合同无效。根据《境内机构对外担保管理办法》的有关规定，外商独资企业提供的对外担保虽然不需要逐笔审批，但仍然需要进行登记，故在审理涉及外商独资企业作为担保人提供的对外担保合同纠纷时，仍应对其提供的对外担保是否在外汇管理机关登记进行审查，未登记的应认定无效。②

登记、审批常常与国家政策紧密相关。《合同法》实施后，一般违反部委规章的合同行为，法院通常并不视为无效，尽管也并非绝对化，特别是在涉及国有资产的变动时。③ 但是，涉及违反国务院的相关规定，乃至违反中共中央文件的行为，如何认定其效力，法院则非常敏感和高度慎重。

在东方公司南京办与金穗公司、运通公司、徐州农行分行、徐州建行分行、江苏信达借款合同纠纷案中，法院认为，关于金融机构违规向自办经济实体发放贷款是否影响该实体借款行为的法律效力，尽管自1993年起，全国金融工作会议提出“约法三章”，要求金融机构立即停止向银行兴办的经济实体注入资金并实行彻底脱钩，中国人民银行于当年下半年开始落实该政策，本案协议违反了国务院的通知精神与中国人民银行的相关规定，但并不违反国家法律与行政法规的禁止性规定，且不存在《合同法》第52条规定的合同无效之情形，应认定为合法有效。④

---

① 《中华人民共和国最高人民法院公报》2013年第2期。

② 《中华人民共和国最高人民法院公报》2014年第6期。

③ 这方面突出的反例是巴菲特投资有限公司诉上海自来水投资建设有限公司股权转让纠纷案，法院认为：“《企业国有资产监督管理暂行条例》《企业国有产权转让管理暂行办法》虽系国务院部委制定的规范性文件，不是行政法规，但均系依据国务院的授权所制定的细则办法，最大限度地防止国有资产流失，避免国家利益、社会公共利益受损。企业未按照上述规定在依法设立的产权交易机构中公开进行企业国有产权转让，而是进行场外交易的，应依法认定其交易行为无效。”《中华人民共和国最高人民法院公报》2010年第4期。

④ 最高人民法院编：《最高人民法院民商事案件审判指导》（第1卷），人民法院出版社2012年版，第624～625页。

对于这个问题，前最高法院副院长李国光在一本发行量极有限的著作中，曾有过公开评论，值得在此引述。他认为，“法律及行政主管部门的有关解释与中共中央文件的有关规定存在不一致，涉及适用法律与适用中央文件的关系问题，这给法院带来了相当的困难。众所周知，中共中央文件虽然具有极大的权威，但它毕竟只是党内文件，它的内容，法院的判决文书是不能引用的，中央文件的规定通过法律程序转化成国家法律后，才能成为法院裁判的依据。如果最高法院明确指出中央文件不具有法律效力，将会发生难以预料的政治反响。这个问题需要解决，但不是由司法途径解决，而应该通过中央有关部门和国务院主管部门协调解决，类似政策与法律相冲突的问题还不时在困扰着法院，这种无奈之举既是当前中国的现实，也是法官应当具备的司法智慧”。① 由此可见，正面评价中共中央文件的法律效力，是最高法院所极为忌讳且极力回避的，而成功的回避就是司法的智慧。

与此相关的是，法院能否审查地方性法规中审批条款的效力，并进而宣布其与上位法相抵触而无效?

这里不得不提到曾引发广泛关注的河南洛阳中院法官李某娟事件，其在审理A县种子公司诉B县种子公司代为繁殖种子合同纠纷案中，作出如下判决：“《种子法》实施后，玉米种子的价格已由市场调节，《河南省农作物种子管理条例》第36条规定‘农作物种子必须由政府定价’，作为法律阶位较低的地方性法规，其与《中华人民共和国种子法》相冲突的条款自然无效。”该案宣判后引发轩然大波，河南省人大常委会认为，洛阳中院的行为，“其实质是对省人大常委会通过的地方性法规的违法审查，违背了我国人民代表大会制度，侵犯了权力机关的职权，是严重违法行为”。地方人大常委会的表态，直接导致了该承办法官的立即停职。②

然而，同样的案件认定，早已在最高法院公报中出现过，却没有引起任何反响。

在泰丰大酒店有限公司诉大同市土地管理局土地使用权出让纠纷案中，山西高院认为，一审判决认定的事实清楚，证据确实、充分。《城镇国有土地使用权出让和转让暂行条例》第14条没有出让金不予退还的规定。该条例第53条规定，本条例由国家土地管理局负责解释。因此，《山西省城镇国有土地使用权出让和转让实施办法》规定的“不予退还”，既未经行政法规授权，又与行政法规抵触，依法

① 李国光：《民商事法律应用研究与观察》，中国方正出版社2011年版，第9页。

② 郭国松：《法官判地方性法规无效：违法还是护法》，载《人民法院报》2003年11月30日，另见中国法院网，http：//www.chinacourt.org/article/detail/2003/11/id/93801.shtml，2015年3月19日访问。

无效。[①]

同样是审查并否定了地方性法规中个别条款的效力，二者命运为何如此悬殊，笔者的猜测是，这可能既取决于作出判决的法院级别，同时也取决于不同地方人大的敏感性差异。相较于山西省人大，河南省人大似乎更难容忍来自法院对权力的挑战，尤其是当这一挑战，源于其眼中的下级法院时，其作出的反应才会如此激烈。

值得提及的是，2012年4月9日，最高法院发布第二批指导性案例，其中指导案例5号是鲁潍（福建）盐业进出口有限公司苏州分公司诉江苏省苏州市盐务管理局盐业行政处罚案。裁判要点明示，地方性法规或地方政府规章超越法律、行政法规设定的行政许可范围的，人民法院在行政审判中不予适用，进而在本案中确认《江苏盐业实施办法》的相关规定与作为上位法的行政法规《盐业管理条例》相冲突，违反《立法法》和《行政许可法》，据此作出的处政处罚行为予以撤销。据承办法官披露，该案的法律适用曾逐级请示至最高法院，最高法院经研究并征求全国人大法工委及国务院法制办意见后，对本案作出上述批复。[②] 从李某娟事件到指导案例的发布，不过十年时间，司法观念已发生巨大变迁。

（六）履行

关于履行问题，最高法院有法官认为，应当出台相应的司法解释，根据《物权法》第15条规定的合同效力与物权效力进行区分的规则，将合同效力与合同履行进行区别，以及对合同履行行为不能决定合同效力等进行规范。关于合同履行对合同效力的影响，《民法典》未作具体规定。目前，从司法实务角度看，履行对合同或行为效力的影响，主要体现在几个方面，如是否履行不能、实际履行、违法履行等。

关于履行不能对合同的影响，最高法院的态度并不一致，在不同案件中，视具体情况不同，或认为合同不成立，或认为合同成立，且不影响合同效力。

在魏某娇与吴某月等股份转让纠纷上诉案中，法院认为，本案所审理的《股份转让协议》，各方当事人均承认其属于有偿合同，但均没有约定对价。根据《合同

---

① 《最高人民法院公报》2000年第4期。

② 李向阳：《一件"以小见大"的"普通"行政案件——鲁潍公司诉苏州盐务局盐业行政处罚案办案随笔》，载李玉生主编、孙辙、谢新竹副主编：《法官思维的印记》，人民法院出版社2019年版，第463～468页。

法》第12条的规定，有偿合同应当约定价款或报酬，故价款或报酬是有偿合同的必备条款，缺少该内容，合同则无法履行。本案股份转让协议因无对价约定，无法履行而未成立，缔约双方因协议不成立各自应承担相应责任。合同生效与否、有无效力，皆应以合同成立为前提，没有成立的合同，自开始即对当事人没有约束力。原审判决认定两份股权转让协议有效，属认定事实不清、法律适用不当，应予纠正。①

而在丁某如与石某房屋买卖合同纠纷案中，法院认为，房屋行政主管部门对未经审批而改建、重建的房屋，可因现实状况与不动产登记簿记载的权利状况不一致，将其认定为附有违法建筑并结构相连的房屋并限制交易。如何认定这类房屋买卖合同的效力，实践中存在分歧。善意买受人根据不动产登记的公示公信原则，确信登记的权利状态与现实状态相一致，此依赖利益应予保护；根据区分原则，房屋因附有违法建筑而无法过户属合同履行范畴，不应影响合同效力。因此，这类合同如不具备《合同法》第52条的无效情形，应当认定有效。出卖人负有将房屋恢复至原登记的权利状态并消除行政限制的义务。在买受人同意按现状交付并自愿承担恢复原状义务的情况下，出卖人应按诚实信用原则将房屋交付买受人，并于买受人将房屋恢复原状、消除行政限制后协助完成过户手续。②

当履行争议蔓延到合同效力时，最高法院认为，实际履行与否，并不影响合同或行为的效力。

在兰州神骏物流有限公司与兰州民百（集团）股份有限公司侵权纠纷案中，法院认为，股份公司股东大会作出决议后，在被确认无效前，该决议的效力不因股东是否认可而受到影响。股东大会决议的内容是否已实际履行，并不影响该决议的效力。民百公司的《股权分置改革方案》经该公司股东大会决议通过后，该方案的效力不因神骏公司是否认可而受到影响。③

有效合同也可能处于违法履行状态，应承担相应的违约责任，但不影响合同的效力。

在郊区供销公司与宇航公司、市供销合作总社、万通公司、航天科技第五研究院、宇航商厦房屋租赁合同纠纷上诉案中，法院认为，九胜商厦尚不具备开业条件，

---

① 最高人民法院办公厅编：《最高人民法院裁判文书》（二〇〇三年），人民法院出版社2004年版，第171～172页。

② 《中华人民共和国最高人民法院公报》2012年第11期。

③ 《中华人民共和国最高人民法院公报》2000年第2期。

郊区供销公司与宇航公司应当依法变更合同，延期开业，满足开业条件。但双方订立会议纪要，强行开业，使得有效的合同从此处于违法的履行状态之中。郊区供销公司与宇航公司均提出各自享有后履行合同义务的抗辩权。因行使该抗辩权须基于依法履行合同的前提，但双方订立的会议纪要，致使合同的履行处于违法状态，故均不再享有该抗辩权。合同不能履行的直接原因系双方违法开业、致使九胜商厦被消防支队责令停业整顿，违法开业的责任应由双方共同承担。①

此外，如果合同存在长期履行僵局情形，虽不致影响合同效力，但可以适用情势变更原则，判令继续履行。最高法院曾通过在机关报刊刊登下级法院相关案例，间接表明自己的支持态度。

在杜某宝诉杜某娣房屋买卖合同纠纷案中，上海市虹口区法院认为，原被告于2002年口头达成系争房屋的买卖合同，本应按约履行，但原告仅支付部分房款15万元，尚有12万元余款未支付；被告也仅交付了房屋，未配合原告办理过户手续。鉴于无证据证明双方在口头约定时明确了支付余款与办理过户的时间和先后顺序，双方均有同时履行抗辩权，无法确定系其他一方违约在先。在过去十年时间中，系争房屋的买卖合同始终未能完全履行，同时也并未解除。在此期间，市场房价持续上涨，与当初发生巨大变化，显然非原被告缔约时所能预料，如继续按照2002年约定的房价履行合同，将对双方造成明显的利益失衡，被告有权要求对房价进行调整，判令双方之间就系争房屋的买卖合同应在依法调整房价后继续履行。②

有必要提及的是，最高法院曾在一部司法解释中，明确规定了履行期限对合同效力的影响。

《关于审理农业承包合同纠纷案件若干问题的规定（试行）》（法释〔1999〕15号）第25条规定，人民法院在审理半数以上村民以发包方未经民主议定程序对外发包提起的诉讼中，如果发包方越权发包的，应当确认合同无效，但如果承包合同签订超过一年，或者虽未超过一年，但承包人做了大量投入的，不应确认无效。显然，在这种情况下，在与履行期限挂钩后，合同效力属于可变量。2008年12月18日，最高法院发布公告，通过《最高人民法院关于废止2007年底以前发布的有关司法解释（第七批）的决定》，该部司法解释被废止，理由是已被

① 唐德华主编：《民事审判指导与参考》（第3卷），法律出版社2001年版，第165、173页。

② 《情势变更对合同长期履行僵局的适用——上海市虹口区法院判决杜小宝诉杜月娣房屋买卖合同纠纷案》，载《人民法院报》2014年3月27日。

物权法及新的司法解释所取代。但笔者并没有发现具体取代上述废止条款的新规定，相反，司法实践中，最高法院在审理特定时期的民事案件时，仍然适用该司法解释。

在新社区居委会与被上诉人黄某波、观音山木公园开发有限公司承包经营合同纠纷案中，法院认为，《联合开发合同》签订时，最高人民法院法释（1999）15号《关于审理农业承包合同纠纷案件若干问题的规定（试行）》仍然适用。该司法解释第25条规定："人民法院在审理依本规定第二条所起诉的案件中，对发包方违背集体经济组织成员大会或者成员代表大会决议，越权发包的，应当认定该承包合同为无效合同，并根据当事人的过错，确定其应承担的相应责任。属本条前款规定的情形，自承包合同签订之日起超过一年，或者虽未超过一年，但承包人已实际做了大量的投入的，对原告方要求确认该承包合同无效或者要求终止该承包合同的，人民法院不予支持。但可根据实际情况，依照公平原则，对该承包合同的有关内容进行适当调整。"据此，本案中，《联合开发合同》已签订并履行十余年，黄某波、观音山公司已做大量投入，参照该条第2款的规定，对于石新居委会要求认定《联合开发合同》无效的主张不予支持①。

关于履行期限与合同效力的关系，最高法院还在其他涉及房地产案件的司法解释中，作了较为隐晦的规定。《关于审理建筑工程施工合同纠纷案件适用法律问题的解释（一）》（法释〔2020〕25号）第4条规定，承包人超越资质等级许可的业务范围签订建设工程施工合同，在建设工程竣工前取得相应资质等级，当事人请求按照无效合同处理的，人民法院不予支持。不难看出，在工程竣工前取得资质等级，被最高法院视为合同履行过程中的一个特定变量，直接影响到合同效力，实质上反映的仍然是履行期限与合同效力的关系。类似的司法解释规定，还出现在《关于审理涉及国有土地使用权合同纠纷案件适用法律问题的解释》②、《关于审理商品房买卖合同纠纷案件适用法律若干问题的解释》（法释〔2003〕7号），③ 以及更早的《合

① 杜万华副主编：《民事审判指导与参考》（总第59辑），人民法院出版社2015年版，第202页。

② 该司法解释第9条规定："转让方未取得出让土地使用权证书与受让方订立合同转让土地使用权，起诉前转让方已经取得出让土地使用权证书或者有批准权的人民政府同意转让的，应当认定合同有效。"2020年12月29日，最高法院修改该司法解释，删除该条。

③ 该司法解释第2条规定："出卖人未取得商品房预售许可证明，与买受人订立的商品房预售合同，应当认定无效，但是在起诉前取得商品房预售许可证明的，可以认定有效。"2020年12月29日，最高法院修改该司法解释，保留该条。

同法解释一》（法释〔1999〕19号）、[①]《关于审理房地产管理法施行前房地产开发经营案件若干问题的解答》（法发〔1996〕2号）等仍生效的司法文件中。[②]

四、合同效力：渐宽与反复

以1999年《合同法》的正式颁布为标志，至2005年《公司法》第二次修改，最高法院对于合同效力的认定，出现了明显的宽松趋势，但趋势之下，也存在一定的波动和反复，体现出认识的复杂与摇摆。当然，历史的轨迹永远都不可能是笔直的，只是，在看到裁判理念和实务的总体进步的同时，不能忘记亲历者为进步的曲折性曾经付出的代价。为此，笔者选取了四类最能体现裁判理念转换的民商事案件，来具体揭示这种整体震荡上扬的审判思维趋势。

（一）房地产案件

在机械公司与恒建公司、国际信托投资公司房屋转预售合同纠纷上诉案中，法院认为，机械公司在与凯利丰公司签订合作协议三天后，又将房屋加价卖给恒建公司，这是一种炒买炒卖行为，机械公司与恒建公司之间所签合同应属无效。[③]

在中惠公司与东埔二建、银丰公司、教育实业公司、石化劳动服务公司商品房预售合同纠纷提审案中，法院认为，合同当事人签订商品房转预售合同，没有办理登记的，应为无效。[④]

在启华公司购房合同纠纷案中，法院同样认为，启华公司从银昌公司购买的预售商品房，没有办理转让登记手续，再转预售给赖某蓬时，亦未办理转让登记手续，违反土地转让的规定，应当认定两合同均为无效。[⑤]

---

① 该司法解释第9条规定："依照合同法第四十四条第二款的规定，法律、行政法规规定合同应当办理批准手续，或者办理批准、登记等手续才生效，在一审法庭辩论终结前当事人仍未办理批准手续的，或者仍未办理批准、登记等手续的，人民法院应当认定该合同未生效……"2020年12月29日，最高法院发布公告，废止该司法解释。

② 该司法解释第7条规定："……未取得土地使用证的土地使用者为转让方与他人签订的合同，一般应当认定无效，但转让方已按出让合同约定的期限和条件投资开发利用了土地，在一审诉讼期间，经有关主管部门批准，补办了土地使用权登记或变更登记手续的，可认定合同有效。"2013年1月14日，最高法院发布公告，废止该司法解释。

③ 唐德华主编：《民事审判指导与参考》（第3卷），法律出版社2000年版，第153页。

④ 万鄂湘主编：《中国涉外商事海事审判指导与研究》（第1卷），人民法院出版社2001年版，第202~203页。

⑤ 中华人民共和国最高人民法院审判监督庭编：《审判监督指导与研究》（第1卷），人民法院出版社2002年版，第251页。

作为同类案件，在新世纪公司与天光公司购房合同纠纷上诉案中，法院认为，根据合同法及其司法解释一的规定，《房地产管理法》第43条规定商品房预售要取得预售许可证，但未规定取得许可证后预售合同才生效，故本案的商品房预售合同应认定有效。①

即至2003年，最高法院发布《合同法解释二》，其中第6条明确规定，当事人以商品房预售合同未按照法律行政法规规定办理登记备案手续为由，请求确认合同无效的，不予支持。以此为节点，正式解决了房屋预售登记的效力认定问题。2007年《物权法》实施以后，法院明确将债权行为与物权变更正式区分开来，正式确立了债权行为效力的独立性。

在开发类的房地产案件方面，2004年之前，司法实践对《城市房地产管理法》第39条第1款第2项的主流见解是，房屋建设工程未完成投资开发总额的25%的，转让合同无效。

在天坤公司与华明公司土地使用权转让纠纷一案中，法院认为，本案证据表明，华明公司在转让土地中的投资没有完成开发投资总额的25%，双方当事人之间的土地转让行为不符合《城市房地产管理法》第38条关于房地产转让条件的规定。华明公司与天坤公司签订的《国有土地使用权转让合同》应认定无效，对此，华明公司负有主要责任。华明公司应将依据该合同收取的款项返还给天坤公司。

2004年以后，最高法院在同类案件中，作出了不同以往的新判决，认为上述法律规定并不影响转让合同的效力。

在全威公司、超凡公司与桂馨源公司土地使用权转让合同纠纷案中，法院认为，关于投资开发的问题，《城市房地产管理法》第38条关于土地转让时投资应达到开发投资总额25%的规定，是对土地使用权转让合同标的物设定的于物权变动时的限制性条件，转让的土地未达到25%以上的投资，属合同标的物的瑕疵，并不直接影响土地使用权转让合同的效力，《城市房地产管理法》第38条中的该项规定，不是认定土地使用权转让合同效力的法律强制性规定。因此，超凡公司关于《土地开发合同》未达到25%投资开发条件应认定无效的主张，本院亦不予支持。

此后，在花园公司与鑫苑公司土地使用权转让合同纠纷案中，法院认为，《城市房地产管理法》第37条、第38条的规定是行政管理部门对不符合规定条件的土地在办理土地使用权权属变更登记问题上所作出的行政管理性质的规定，而非针对转让合同效力的强制性规定。因此，花园公司在收取占有鑫苑公司部分土地转让费后，

① 唐德华主编：《民事审判指导与参考》（第4卷），法律出版社2002年版，第212页。

以自己不履行合同约定义务，违背诚实信用原则，反而主张合同无效的上诉理由，本院不予支持。①

即至2009年，最高法院发布《合同法解释二》，其中第14条明确规定，《合同法》第52条第5项规定的“强制性规定”，是指效力性强制性规定。以此为节点，正式解决了管理性强制性规定与效力性强制性规定的区别，对合同效力的认定进一步放宽。② 此后，最高法院再次出台司法文件，明确了效力性强制性规定的识别规则。③ 十年之后，2019年11月8日发布的《九民纪要》第30条专门规定了强制性规定的识别，并再次重申，合同法施行后，针对一些人民法院动辄以违反法律、行政法规的强制性规定为由认定合同无效，不当扩大无效合同范围的情形，《合同法解释二》第14条将《合同法》第52条第5项规定的“强制性规定”明确限于“效力性强制性规定”，并将“效力性强制性规定”明示为五种类型。而《民法典》第153条更是采取反面概括的方式，一方面规定违反法律、行政法规的强制性规定的民事法律行为无效，但同时又规定，该强制性规定不导致该民事法律行为无效的除外，极大压缩了对无效合同的认定空间。

需要补充说明的是，最高法院早在2000年，即合同法刚刚实施之后，就已经通过复函的方式，开始尝试区分管理性强制性规范与效力性强制性规范。在《关于信用社违反商业银行法有关规定所签借款合同是否有效的答复》(〔2000〕27号)中，最高法院认为：“《中华人民共和国商业银行法》第三十九条是关于商业银行资产负债比例管理方面的规定……商业银行（包括信用社）所进行的民事活动如违反该条规定的，人民银行应按照商业银行法的规定进行处罚。但不影响其从事民事活动的

---

① 以上三起同类案件，引自田朗亮：《违反城市房地产管理法第38、39条等强制性法律规定的房地产转让合同的效力认定》，载江必新主编：《全国法院再审法律疑难问题》，中国法制出版社2011年版，第85~87页。其中桂馨源公司诉全威公司等土地使用权转让合同纠纷案，参见《中华人民共和国最高人民法院公报》2005年第7期。

② 事实上，早在2003年，“强制性规定”的刚性色彩开始褪色。在ED&F曼氏（香港）有限公司申请承认及执行伦敦糖业协会仲裁裁决案中，最高法院认为，违反我国法律的强制性规定，不能完全等同于违反我国的公共政策。载朱宣烨：《仲裁法实务精要与案例指引》，中国法制出版社2015年版，第326~329页。

③ 最高人民法院《关于当前形势下审理民商事合同纠纷案件若干问题的指导意见》（法发〔2000〕40号）第16条规定：“人民法院应当综合法律法规的意旨，权衡相互冲突的权益，诸如权益的种类、交易安全以及其所规制的对象等，综合认定强制性规定的类型。如果强制性规范规制的是合同行为本身即只要该合同行为发生即绝对地损害国家利益或者社会公共利益的，人民法院应当认定合同无效。如果强制性规定规制的是当事人的‘市场准入’资格而非某种类型的合同行为，或者规制的是某种合同的履行行为而非某类合同行为，人民法院对于此类合同效力的认定，应当慎重把握，必要时应当征求相关立法部门的意见或者请示上级人民法院。”

主体资格，也不影响其所签订的借款合同的效力。”①

2011 年最高法院在一起股权纠纷终审案件中，明确将《城市房地产管理法》相关规定的性质界定为管理性规范，但新的理由是将物权变动与合同效力区分开来。

在朱某海与万宁公司、赵某仁股权纠纷案中，法院认为，《城市房地产管理法》第 38 条关于土地转让时投资应达到开发投资总额 25% 的规定，是对土地使用权转让合同标的物设定的于物权变动时限制性条件，转让的土地未达到 25% 以上的投资，属合同标的物的瑕疵，并不直接影响土地使用权转让合同的效力。该条规定的性质，系管理性规范。②

对于划拨用地的房屋租赁效力，最高法院的认识一度曾有所反复，观点几经摇摆，才趋于稳定。

在消防支队与垫江总厂、小林大酒店有限责任公司房屋租赁纠纷上诉案中，法院认为，消防支队使用的土地是通过划拨方式取得的国有土地，其未经批准擅自改变土地用途和房屋使用性质，建盖房屋作为酒店连同划拨土地使用权一起出租给垫江总厂用于商业经营，该房屋出租行为具有改变土地用途的性质，是违法行为，无论是否上缴租金中的土地收益部分，均不能使《租赁协议书》有效。③

然而，最高法院于同年度发布的公报案例，却对此同类问题作出了截然不同的认定。

在新疆维吾尔自治区建筑木材加工总厂与中国民主同盟新疆实业发展总公司房屋租赁纠纷上诉案中，法院认为，木材总厂与交流站签订的营业大楼租赁合同书是双方当事人真实自愿的意思表示。出租房屋所占用的土地性质为国有划拨用地，由于房屋租赁合同成立生效后，出租人才可能收取租金并将其中土地收益部分上缴国家，缴纳土地收益并不是合同成立并生效的前提条件。木材总厂应根据法律规定将收取的房租中所含的土地收益部分上缴国家并办理出租登记备案、领取租赁许可证。实业公司承租获得乌鲁木齐市人民政府有关部门批准，并已办妥营业税收、消防审批手续，据此，一审判决认定合同书有效，是正确的。④

---

① 吴庆宝、俞宏雷：《商事裁判自由裁量规范》，人民法院出版社 2012 年版，第 309 页。

② 最高人民法院民事审判第二庭编：《最高人民法院商事审判指导案例 · 公司与金融卷》，中国法制出版社 2013 年版，第 199 页。

③ 曹建明主编：《民事审判指导与参考》（第 4 卷），法律出版社 2003 年版，第 299 页。对于此案与前案的冲突及其评析，参见师安宁：《规划变更与土地开发的效力》，载北大法律信息网。

④ 《中华人民共和国最高人民法院公报》2002 年第 1 期。

上述观点在最高法院的法官群体中逐渐产生影响，在最高法院此后发布的案例中，多次对上述问题重新作出确认。

在红丽园公司与诚信公司房屋租赁合同纠纷上诉案中，法院认为，由于租赁房屋坐落的土地为国有划拨土地，房屋所有人将以划拨方式取得使用权的国有土地上建成的房屋出租的，应当将租金中所含土地收益上缴国家。一审判决认定房屋租赁合同有效是正确的。①

在东亚公司等与某军区驻兰州办投资租赁合同纠纷申请再审案中，法院认为，以国家划拨土地建设房屋出租的，应当向国家有关土地管理部门或军队管理部门约定缴纳或补交土地收益。办事处在事前未予约定办理缴纳土地收益手续，可以在履行租赁合同后办理补交土地收益。其未办理缴纳土地收益手续，并不必然导致租赁合同无效。②

此外，对于商品房买卖中涉及的“禁止流押”和“禁止流质”，已公布的多个判例表明，最高法院的认识并不一致。

在朱某芳与山西嘉和泰房地产开发有限公司商品房买卖合同纠纷案中，法院认为，双方当事人基于同一笔款项先后签订《商品房买卖合同》和《借款协议》，并约定如借款到期，偿还借款，《商品房买卖合同》不再履行；若借款到期，不能偿还借款，则履行《商品房买卖合同》。在合同、协议均依法成立并已生效的情况下，应当认定当事人之间同时成立了商品房买卖合同和民间借贷两个民事法律关系，该行为并不违反法律、行政法规的强制性规定。借款到期，借款人不能按期偿还借款，对方当事人要求通过履行《商品房买卖合同》取得房屋所有权，不违反《担保法》第40条、《物权法》第186条有关“禁止流押”的规定。③

而在嘉美公司与杨某鹏商品房买卖合同纠纷案中，法院认为，出借人实际向借款人支付了款项，即可认定债权债务关系成立。双方当事人同时签订的《商品房买

---

① 最高人民法院办公厅编：《最高人民法院公布裁判文书》（二〇〇三年），人民法院出版社2004年版，第72页。值得注意的是，此案虽提及消防欠缺因素，但显然未将消防作为一个强制性的规定来对待。而在最高法院另起租赁案中认定中，认为消防规定属于强制性规定，租赁关系因违反该强制性规定，故应无效。参见四川明日企业（集团）有限公司与重庆全日通数码港有限公司房屋租赁纠纷申请再审案，载中华人民共和国最高人民法院审判监督庭编：《审判监督指导与研究》（第2卷），人民法院出版社2002年版，第152页。

② 中华人民共和国最高人民法院审判监督庭编：《审判监督指导与研究》（第1卷），人民法院出版社2003年版，第156页。

③ 最高人民法院（2011）民提字第344号。《中华人民共和国最高人民法院公报》2014年第12期。

卖合同》及其办理过户备案登记行为，则是为了担保债务的履行，属于非典型担保方式。债务到期并不直接变动物权，而是获得对债务人的合同债权。在债务人拒不还债的情况下，债权人有关直接取得房屋所有权的主张，因违反物权法关于禁止流质的规定而不能获得支持。①

与此相关联的是，在处理股权纠纷案件中，最高法院也确认，事先约定质物归属和价格的流质条款无效。

在中静公司与铭源公司、客车公司、朱某群股权转让纠纷案中，法院认为，从协议内容来看，双方约定在铭源公司未能及时清偿债务时，朱某群有权要求铭源公司将其持有的桂客公司32.1510%股权以7000万元价格转让给朱某群指定的任意第三人，铭源公司不得拒绝，且该第三人亦无需向铭源公司支付股权转让款，而是直接付给朱某群以偿还欠款。其实质为在铭源公司不能如约偿还朱某群借款时，朱某群可将铭源公司质押的股权以事先约定的固定价格转让给第三方以清偿铭源公司所负债务，即在履行期限届满前已约定由质权人朱某群以固定价款处分质物，相当于未届清偿期即已固定了对质物的处分方式和处分价格，显然与法律规定的质权实现方式不同，违反《物权法》第211条禁止流质的强制性规定，应属无效。②

在作者看来，前述多份判决的冲突，本质上是不同裁判理念的冲突，由此导致适用不同的裁判方法。③ 第一份判决商法色彩浓厚，侧重于追求法的效率价值，注重的是物权与债权的两分法，并在二者之间做了较绝对的划分。④ 另两份判决民法思维

① 最高人民法院（2013）民提字第135号。杜万华副主编：《民事审判指导与参考》2014年第2辑，人民法院出版社2014年版，第192页。

② 最高人民法院（2015）民二终字第384号，载谢玲丽、林清华、赖逸凡、萬朕：《案解股权转让：规则适用及实务应对》，法律出版社2017年版，第324～325页。

③ 最高法院审监庭张爱珍法官认为，该院民一庭审理的（2011）344号案和（2013）135号案涉及的《商品房买卖合同》应属于以房屋买卖合同为形式，但实质属于为借款提供的非典型担保。虽然基于现行法律的规定，上述案例中以签订商品房买卖合同的形式为借款提供担保的约定，可以认定应属规避流质契约规定而无效。但是，从尊重当事人意思自治角度而言，344号案对商品房买卖合同性质的理解有一定道理。从值得商榷的禁止流质契约立法的目的和尊重当事人意思自治考虑，取消禁止流质契约规定，可能更符合我国当前民商事法律制度的发展理念。同时，也可以避免大量存在于现实民事交易活动中当事人以同样方式规避法律规定的行为，以及审判部门对该类行为因不同认识而引起的困惑情形。景汉朝、孙华璞编、最高人民法院审判监督庭编：《审判监督指导》（第2期），人民法院出版社2017年版，第55～58页。

④ 关于商事思维，最高法院有法官提出一种较为新颖的观点，认为不仅应贯穿于典型商事案件，也应适用于商品房买卖、民间借贷、挂靠关系等非典型商事案件。沈丹丹：《商思维在“非典型”商事审判中的运用之探讨》，载杜万华主编：《民事审判指导与参考》（第1辑），人民法院出版社2015年版，第149～158页。

突出，侧重于追求法的公平价值，注重的是合同目的的审查，故不拘于外观主义，更深入地探究真实意思表示。此后，最高法院又发布案情类似的房屋买卖纠纷指导案例，但与前述判决不同的是，指导案例截断了借款合同与房屋买卖合同之间的法律联系，将其视为单纯的商品房买卖纠纷进行审理，因此，并没有真正解决导致不同判决冲突的认识根源，同案不同判的问题仍很突出，一定程度上也降低了案例的指导性。① 虽然九民会议纪要明确承认了让与担保的效力，但仍没有彻底解决这一争议。这表明，在司法实务中，如何理顺民商法不同的审判理念和法律思维，如何平衡形式理性与生活真实的关系，如何更为准确地切入并契合个案情理，对最高法院仍是一个尚待解决的难题。②

（二）涉外案件

涉外案件的审理一向有特点，往往适用效力较低的部委规章，这可能是“涉外无小事”的理念体现。即便在《合同法》及其司法解释公布以后，最高法院依然从严掌握认定涉外合同的效力，从严认定的一个标志是，经常根据效力较低的部委规章，否定涉外合同的效力。虽然发布类似条款规定的部门层级不高，但根据涉外法律专家的意见，实践中似乎不可能挑战这些规定的效力。③

在某市财政局与杨某德、中江泰兴公司、泰兴中建支行借贷纠纷上诉案中，法院认为，中江泰兴公司作为境内企业，杨某德作为外商在中国境内进行投资，应当知道境内企业对外借款必须经有关部门审批，但双方未经审批，即签订借款协议，

---

① 参见最高法院指导案例78号：汤某、刘某龙、马某太、王某刚诉新疆鄂尔多斯彦海房地产开发有限公司商品房买卖合同纠纷案。关于“流质契约”“以物抵债”的专题研讨，详见景汉朝、孙华璞主编：《审判监督指导》（第2辑），人民法院出版社2017年版；辛正郁：《物权法司法解释拾遗：流押禁止不必如此强势》，载天同律师事务所编著：《天同诉讼圈精选集（2015～2016）》，人民法院出版社2017年版。更为深入具体的法理分析，详见李玉林：《以物抵债相关问题探析》，载杜万华主编、最高人民法院民事审判第二庭编：《商事审判指导》（第3辑），人民法院出版社2017年版，第72～83页。

② 即使在最高法院内部，也有人反对专门划分民事审判与商事审判，认为虽然商法相对于民法有其特殊性，在价值追求上以及商法自身的技术性特征等方面有所不同，但是民商事审判都共同遵循公平、正义等价值追求，很难说商事审判在审判思维上就有什么不同。专门提出商事审判与商事思维，也与民事审判格局的大背景不太符合。吴晓锋：《商事审判应具备商事思维》，载《法制日报》2007年7月22日。此外，学术界也有人旗帜鲜明地反对流质契约禁止原则，认为流质契约是一种介于典型担保与让与担保之间的有效方式，既能有效地发挥让与担保的优点，又能很好地克服让与担保的缺点，兼顾了公平与效率两种价值取向。参见李志强、李安刚：《对流质契约禁止原则的质疑》，载江平主编：《中国物权法的现状与发展》，清华大学出版社2003年版，第575～595页。

③ 林华伟：《外商在华投资法律指南》，中国经济出版社2000年版，第131页。

违反了《境内机构借用国际商业贷款管理办法》的规定，未经外汇局批准而擅自对外签订的国际商业贷款协议无效。①

在轻工公司与华昌公司合作协议纠纷上诉案中，法院认为，华昌公司的行为实际上是与轻工公司合作在内地进行经营活动以达到其赢利目的的行为，该行为违反了我国国家工商行政管理局颁布的关于外国地区企业在中国境内从事生产经营活动登记管理办法规定，签订的合作协议及补充协议因违背上述管理办法，应认定无效。原审判决认定为有效不当。② 该案判决日期为2000年12月18日，为合同法及司法解释颁布实施以后。

在梨树工行支行与岭东外贸等代理合同赔偿纠纷上诉案中，法院认为，岭东外贸在无任何批文以及进口许可证的情况下，违反《一般商品进口配额管理暂行办法》的规定，与中银公司订立代理协议，该代理协议应认定无效。③ 该案判决日期为2001年2月21日，也为合同法及司法解释颁布实施以后。

当然，这种看似僵化的涉外合同效力观，也逐渐有所松动，统一合同法确立的保护交易秩序的新型理念，开始反映到最高法院的审判实务上，效力较低的部委规章，终于开始淡出最高法院的审判视野。

在余姚物资与建筑材料公司等代理进口合同纠纷上诉案中，法院认为，从合同法以及有关合同法的司法解释看，只要原则上不违反禁止性的规定，就要尽量认定合同有效。根据《关于对外贸易代理制的暂行规定》，本案代理进口协议的代理人必须具有外贸经营权，类似的外贸代理进口协议通常会被认定为无效。但建材公司经过变通，合法履行了协议。如果认定合同无效，受损害的将是善意地履行了合同的一方，故确认合同有效。④

在博创公司与民爆公司进出口代理合同纠纷案提审案中，法院认为，北京高院依据国家税务总局、商务部联合发布的国税发（2006）24号《关于进一步规范外贸出口经营秩序切实加强出口货物退（免）税管理的通知》，认为双方签订的《合作协议》具有为不得申报办理出口退税的业务获取出口退税款的非法目的，鉴于该规定系部委规章，并非行政法规，且其主要目的是打击以“四自三不见”方式从事假出口骗取退税款的行为，而本案并不存在没有真实货物出口而假冒出口、骗取国家

---

① 唐德华主编：《民事审判指导与参考》（第2卷），法律出版社2001年版，第237页。

② 万鄂湘主编：《中国涉外商事海事审判指导与研究》，人民法院出版社2001年版，第128页。

③ 万鄂湘主编：《中国涉外商事海事审判指导与研究》，人民法院出版社2001年版，第120页。

④ 万鄂湘主编：《中国涉外商事海事审判指导与研究》，人民法院出版社2001年版，第195～196页。

出口退税款的情形，《合作协议》约定民爆公司在收到外贸公司项下的出口退税款后，在五个工作日内将全部退税款支付给博创公司，是当事人之间就依法取得的出口退税款自愿处分的行为，并非以合法形式掩盖非法目的的行为。北京高院的二审判决认定合同无效缺乏事实和法律依据。①

更具标志意义的是，在被称为中国教育领域 VIE 第一案中，对于教育外资准入，最高法院明确表示，商务部等出台的有关涉外内容的部委规章，不能作为认定合同效力的依据。

在亚兴公司与安博士公司合同纠纷案件中，法院认为，《合作框架协议》合同有效，并未违反法律、行政法规的强制性规定。而且，《外商投资产业指导目录》《商务部实施外国投资者并购境内企业安全审查制度的规定》属于部门规章，不能作为认定合同效力的依据。外资协议控制民办学校不属于《中外合作办学条例》调整范围。外资通过与内资企业股东签订合同的方式控制目标学校，并非直接参与学校办学与管理，并未违反《中外合作办学条件》的规定。

可能是为了缓和此案判决的冲击力，在前述案件中，法院同时认为，对外资通过并购股权参与举办或者实际控制举办者实施义务教育民办学校的行为，可能存在危害教育安全及社会公共利益的问题，系教育行政主管部门的职责范围。对可能存在的外资变相进入义务教育领域，并通过控制学校举办者介入学校管理的行为应当予以规范，并通过行政执法对违法行为予以惩戒。为此，还向教育部发出司法建议，建议该部在行政审批及行政监管过程中，对此予以依法规范，以维护社会公共利益和教育安全。②

需要说明的是，最高法院对于适用部门规章的淡化，并不是绝对的。当某些领域缺乏明确上位法时，即便是非涉外案件，也仍然参照适用行政规章，以判断行为效力。

在时光公司与信托公司、兴安盟公司合同纠纷案中，法院认为，关于信托公司以信托资金入股用资企业，采用股权回购方式退出信托资金的合法性与可履行性问题，《信托法》第 5 条对信托活动的合法性仅作原则性规定。中国银监会发布的《信托公司管理办法》《信托公司集合资金信托计划管理办法》《信托公司私人股权投资信托业务操作指引》作了具体规定。尽管中国银监会的规定在性质上属于行政规章，

---

① 高晓力：《有真实货物出口的外贸代理合同应受保护——最高法院判决博创公司诉民爆公司进出口代理合同纠纷案》，载《人民法院报》2014 年 5 月 22 日。

② 最高人民法院（2015）民二终字第 117 号。

在司法适用上，并不能直接援引适用。但由于在该领域，直接对股权退出方式进行规定的最高位阶的法律规范就是该行政规章，该行政规章的规定符合法律的原则性规定，故可参照适用。①

这种宽松的认定趋势，还体现在将审批合同与补充协议区分开来，虽然补充协议未经审批，也尽可能一体认定其效力。

在香港锦程投资有限公司与山西省心血管疾病医院、第三人山西寰能科贸有限公司中外合资经营企业合同纠纷案中，法院认为，《中外合资经营企业法实施条例》第 14 条规定："合营企业协议、合同和章程经审批机构批准后生效，其修改时同。"当事人在履行合营企业协议或合同的过程中达成的补充协议，虽然属于对原合同的修改，但其效力应当结合案情全面加以分析。如果补充协议内容不涉及必须报经审批机关审批的事项，对于已获批准的合营企业协议不构成实质性变更的，一方当事人仅以补充协议未经审批机关审批为由主张协议内容无效，人民法院不予支持。②

对此，最高法院相关课题组的观点是，审批的合同之外的合同，多为当事人约定的利益分配方式，合同本身不涉及三资企业重大事项的变更。如果简单地不予承认，有违民法的诚实信用原则，也忽视了当事人的真实意思表示。近几年来，裁判尺度的掌握已经有所变化，即案件当事人之间不涉及企业重大事项变更的有关权益分配方面的约定被认定为有效。③

事实上，在此之前，天津高院已经做出终审判决，外商投资企业股权转让对价的变更，不属于重大或实质性变更，无须履行审批手续。最高法院机关刊物发表了该案评析，表达其支持态度。

在顺通公司与津热公司、中晨能源仓储有限公司股权转让纠纷案中，天津高院认为，中外合资经营企业股权转让合同已获批准后，当事人协议变更股权转让对价的，不属于最高人民法院《关于审理外商投资企业纠纷案件若干问题的规定》中规定的"重大或实质性变更"，无须另行报批，本案《补充协议》合法有效。④

---

① 杜万华主编、中华人民共和国民事审判第二庭编：《商事审判指导》（第 1 辑），人民法院出版社 2016 年版，第 156～157 页。

② 《中华人民共和国最高人民法院公报》2010 年第 12 期。

③ 最高人民法院民四庭自由贸易试验区司法保障课题组：《上海自由贸易试验区法治保障问题初探》，载《人民法院报》2014 年 4 月 30 日。

④ 施皓毅：《外商投资企业股权转让对价的变更不属于重大或实质性变更》，载《人民司法》2012 年第 4 期。

（三）公司案件

《合同法》实施以前，特别是《公司法》第二次修改之前，对于企业超范围经营、抽逃出资、擅自担保等行为的效力，最高法院一向持否定态度。而在新的法律理念和环境下，最高法院的这一僵硬立场有了非常大的转变。

在杨某起与顺德农行支行票据侵权纠纷申请再审案中，法院认为，吉林公司的注册资金虽然没有达到国家工商管理总局的规定，而且在借款注册后即全部抽逃，但工商局已发给其营业执照，在吉林公司注册登记注销之前，其具备合法的主体资格。注册资金不足、抽逃资金与合同效力没有必然联系；如果超越经营范围，可以进行工商处罚。但是，只要合同不违反国家专营、专卖的规定，不违反法律和行政法规，不损害国家利益及社会公共利益，则应当认定为有效。①

在公司对外担保案件中，对于未经股东会授权的担保行为效力，历来是公司纠纷的热点，在百度以“公司越权对外担保”进行搜索，相关文章有12万篇之多，足见讨论之白热化。公司越权担保争议虽源于《公司法》第16条，但横跨公司法、担保法和合同法，诸多问题缠绕交织，牵一发而动全身，剪不断但理还乱。从公司法施行至九民会议纪要发布，再到适用民法典有关担保制度的解释，最高法院的观点从否定到肯定，再从简单肯定到重新理解，认知路径颇为曲折。

在实业公司与闽都工行支行借款担保纠纷案中，法院认为，1993年发布的《公司法》第60条第3款对公司董事、经理以本公司财产为股东提供担保进行了禁止性规定，实业公司的公司章程也规定公司董事非经公司章程或股东大会批准不得以本公司资产为公司股东提供担保，因此，实业公司以赵某昌为首的五名董事通过形成董事会决议的形式代表实业公司为大股东中福公司提供连带责任保证的行为，因同时违反法律的强制性规定和实业公司章程的授权限制而无效，所签订的保证合同也无效。闽都支行答辩主张《公司法》第60条第3款的规定系禁止董事、经理个人以本公司财产为股东提供担保，并非针对公司董事会。法院认为，法律已明文禁止公司董事以公司财产为股东提供担保，则董事在以公司财产为股东提供担保上无决定权。董事会作为公司董事集体行使权力的法人机关，当现行法律对董事会对股东提供担保无授权性规定，公司章程或股东大会对董事会无授权时，董事会也必然因法律对各个董事的禁止性规定而无权作出以公司财产对股东提供担保的

---

① 中华人民共和国高人民法院立案庭编：《立案工作指导与研究》（第1卷），人民法院出版社2002年版，第251页。

决定。因此，《公司法》第60条第3款的禁止性规定既针对公司董事，也针对公司董事会。这符合我国公司法规范公司关联交易、限制大股东操纵公司并防止损害中小股东利益的立法宗旨。实业公司与闽都支行的保证合同因实业公司董事违反我国公司法的规定和实业公司章程的规定而无效，实业公司对董事的无效行为应当承担过错责任。而当法律有禁止性规定，任何人均不得以不知法律有规定或宣称对法律有不同理解而免予适用该法律。再则实业公司系上市公司，其公司章程公开，闽都支行也收到过中福公司提供的实业公司章程，故闽都支行对实业公司章程中关于限制董事为股东担保的规定应当知道。因此保证合同无效，闽都支行也有过错。①

在温州信托公司清算组诉幸福实业公司等债权债务转让合同纠纷案中，法院认为，公司法明确规定，董事不得以公司资产为本公司的股东提供担保，违反法律规定提供担保的，担保合同无效。债务人作为当时担保人的第一大股东，担保人为其提供的担保应认定为无效。②

2005年《公司法》修改以后，最高法院对同类问题的见解发生了质的变化，甚至对修改前的法条解读，也迥异于以前的同类判决。

在中国进出口银行与光彩事业投资集团有限公司、四通集团公司借款担保合同纠纷案中，法院认为，本案所涉债务进行担保的行为发生在《公司法》修订前，故适用修订前《公司法》。修订前《公司法》规定“董事不得以公司资产为本公司的股东或者其他个人债务提供担保”，该条规定并非一律禁止公司为股东

---

① 肖扬总主编：《中华人民共和国最高人民法院判案大系》（民商事卷-2000年卷），人民法院出版社2003年版，第499~502页。此案系最高法院在公司法领域的著名判例，一经公开，即引发法律界激烈争议。以“中福实业公司担保案”为关键词搜索，互联网约有一万篇相关文章，可见讨论之众，传播之广，争议之大。总体看，学界对此案的负面评价远多于正面评价，以致判决作出五年之后，承办法官仍公开撰文，从裁判背景到裁判思路，包括引用中国证监会通知，为该案的正当性辩护，称此案裁判思路是最高法院运用社会学解释方法对公司法目的的解释的结果。曹士兵：《我国新公司法关于公司担保能力的规定评述——重温最高人民法院“中福实业公司担保案”》，载《法律适用》2006年第6期。另据公开出版物，在最高法院内部，其他法官对该判决持否定态度，不仅公开表示公司可以为其股东提供担保，而且还公开批驳中国证监会上述通知的合法性，不能作为司法裁决的参考依据。虞政平：《公司可以为其股东提供担保——〈公司法〉第60条第3款之解读》，载《法律适用》2003年第7期。需要说明的是，作为首届全国审判业务专家、第七届全国十大杰出青年法学家，《中国审判》2014年第7期曾对虞政平法官做过专门和大幅报道。关于本案争议的其他评析意见，另参见侯猛：《中国最高人民法院研究：以司法的影响力切入》，法律出版社2007年版，第17~30页；徐涤宇等：《现代中国民法的知识转型》，湖南大学出版社2012年版，第20页。在作者阅读范围内，最高法院法官群体公开暴露分歧意见，且针锋相对，尚属首见，此案确有巨大的社会学分析价值。

② 《中华人民共和国最高人民法院公报》2004年第2期。

担保，上述条款的立法目的是限制大股东、控股股东操纵公司与自己进行关联交易。对经公司股东会、董事会同意以公司资产为小股东进行担保当不属禁止和限制之列。①

在信达公司深圳办事处与大鹏公司、湘能公司等借款合同纠纷上诉案中，法院再度认为，1993 年《公司法》第 60 条第 3 款的规定，以及该公司章程的同样约定，规范的是董事、经理的个人行为，而非公司行为，并非对公司为股东提供担保的行为一概禁止。故公司经公司董事会会议决定为本公司股东提供担保的行为，并未违反 1993 年《公司法》的规定和该公司章程的约定。②

即便如此，对于涉及证券公司委托理财中的保底条款，最高法院仍持否定态度。

在省社保厅与证券公司委托理财合同纠纷申请再审案中，法院认为，委托理财合同中的保底条款，免除了委托人应当分担的投资风险，违背了金融市场的基本规律和交易规则，应为无效条款；保底条款作为委托理财合同的核心条款，进而影响了委托理财合同整体的法律效力；而且该类合同名为委托理财，实为借款法律关系。借贷属于金融业务，双方的借款合同，因违反法律、行政法规禁止非金融法人之间借贷的强制性规定，应为无效借款合同。③

至 2011 年，最高法院的认识又发生了新的改变，进一步区分《公司法》中的强制性条款，非效力性的强制性条款不构成对合同效力的否定。

在中建材集团进出口公司诉北京大地恒通经贸有限公司、北京天元盛唐投资有限公司、天宝盛世科技发展（北京）有限公司、江苏银大科技有限公司、四川宜宾俄欧工程发展有限公司进出口代理合同纠纷案中，法院认为，《公司法》规定的公司为公司股东或者实际控制人提供担保的，必须经股东会或者股东大会决议，该条款并未明确规定公司违反上述规定对外提供担保导致担保合同无效，该条款并非效力性强制性的规定，在该法未明确规定公司违反此规定对外提供担保无效的情形下，对公司对外担保的效力应予以确认。④

此后，最高法院再次通过公报案例明确，《公司法》第 16 条第 2 款属于管理性

---

① 《中华人民共和国最高人民法院公报》2006 年第 7 期。有学者将本案与“中福实业公司担保案”相比较，认为“中福实业公司担保案”的解释因走向管制而与私法自治理念相违背，而本案在某种程序上纠正了“中福实业公司担保案”的偏差，实值赞同。高圣平：《物权担保新制度新问题理解与适用》，人民法院出版社 2013 年版，第 51 页。

② 最高人民法院民事审判第二庭编：《商事审判指导》（第 2 辑），人民法院出版社 2010 年版，第 215 页。

③ 苏泽林主编：《立案工作指导》（第 3 辑），人民法院出版社 2010 年版，第 97 条、第 101 页。

④ 《中华人民共和国最高人民法院公报》2011 年第 2 期。

强制性规定，不应作为认定合同效力的依据，债权人对公司提供担保的股东会决议仅负有形式审查义务。①

随着审判形势的发展，特别是《民法总则》颁布后②，该法第85条对该问题的重新表述，启示司法界对于越权担保行为的认识不断深入，并逐渐突破了管理性规范和效力性规范之二分的思维定式，重新理解作为分歧源头的《公司法》第16条规定，并将其作为权限规范加以适用，排除了以管理性规范和效力性规范对其进行评价的做法。据此，按照决议前置的权限规范性质界定，在公司对外担保案件的审理中，开始将重点放在两个方面：首先，审查行为人是否实际享有以公司名义提供担保的代表、代理权限；其次，如果提供担保的行为构成越权行为，则应审查相对人关于表见代理、表见代表的主张是否成立。③

2019年九民会议纪要公布后，特别是《民法典》颁布后，上述问题的裁判尺度最终得以统一。《会议纪要》第17条规定：为防止法定代表人随意代表公司为他人提供担保给公司造成损失，损害中小股东利益，《公司法》第16条对法定代表人的代表权进行了限制。根据该条规定，担保行为不是法定代表人所能单独决定的事项，而必须以公司股东（大）大会、董事会等公司机关的决议作为授权的基础和来源。法定代表人未经授权擅自为他人提供担保的，构成越权代表，人民法院应当根据《合同法》第50条关于法定代表人越权代表的规定，区分订立合同时债权人是否善意分别认定合同效力；债权人善意的，合同有效；反之，合同无效。《民法典》第85条规定，营利法人的权力机构、执行机构作出决议的会议召集程序、表决方式违反法律、行政法规、法人章程，或者决议内容违反法人章程的，营利法人的出资人可以请求人民法撤销该决议。但是，营利法人依据该决议与善意相对人形成的民事法律关系不受影响。司法和立法的这一价值取向，很快见诸于最高法院的终审判决。

---

① 招商银行股份有限公司大连东港支行与大连振邦氟涂料股份有限公司、大连振邦集团有限公司借款合同纠纷案，《中华人民共和国最高人民法院公报》2015年第2期。值得注意的是，有学者认为，《公司法》第16条在规范性质上应属于效力性强制性规定，并对最高法院关于管理性强制性规定与效力性强制性规定的区分，持激烈批评态度，认为已经给司法实践带来了极大的困扰，妨碍了法官释法的能力性和裁量权的合理运用，增加了法律适用的不确定性，已然成为法官恣意裁判的工具。高圣平：《物权担保新制度新问题理解与适用》，人民法院出版社2013年版，第26～30页。

② 该法第85条规定："营利法人的权力机构、执行机构作出决议的会议召集程序、表决方式违反法律、行政法规、法人章程，或者决议内容违反法人章程的，营利法人的出资人可以请求人民法院撤销该决议，但是营利法人依据该决议与善意相对人形成的民事法律关系不受影响。"

③ 周伦军：《审理公司担保纠纷案件的裁判方法》，载《人民司法（案例）》2017年第35期。该期刊物同时还刊登了两个相关案例，均突破管理性规范与效力性规范之二分模式。

在亿阳信通公司、华地公司企业借贷纠纷案中，法院认为，关于涉案担保对亿阳信通公司是否发生效力，根据《公司法》第16条第2款规定，公司对外提供关联担保应当由股东会或股东大会作出决议，即担保行为，特别是对外提供关联担保，不是法定代表人所能单独决定的事项。对于违反上述规定的公司对外担保效力问题，应当引入《合同法》第50条关于越权代表的规定加以判断。即公司担保相对人在接受担保时，对有关公司决议负有必要的形式审查义务，否则不构成善意相对人，该担保行为对公司不发生效力。华地公司系商事主体，根据其在二审庭审中所作陈述，在涉案借款及担保合同磋商阶段，其明知涉案担保事项应经亿阳信通公司股东会作出决议，且该公司章程虽规定董事会"在股东大会授权范围内，决定公司的对外担保等事项"，但华地公司也未举证证明亿阳信通公司向其出示了股东大会授权董事会可以就向关联方提供担保作出决议的相关证据。在此情况下，华地公司未要求亿阳信通公司提交相关股东会决议，反而直接接受了该公司提供的不符合《公司法》第16条第2款规定的董事会决议，未尽到必要的审查义务，主观上具有过错。在亿阳信通公司对涉案担保不予追认的情况下，一审以涉案担保有效判决亿阳信通公司承担连带清偿责任理据不足，本院予以纠正。涉案担保行为虽系无效，但亿阳信通公司相关董事就涉案担保事项出具的董事会决议，时任法定代表人在涉案《不可撤销担保函》《最高额保证合同》上加盖了私章及公司印章，并在《不可撤销担保函》中承诺为债权本金2亿元及利息、违约金等承担保证责任，对于上述对外实施损害公司利益的行为，亿阳信通公司均未能及时发现和制止，存在管理不当的过错责任，其应就因担保合同无效导致华地公司信赖利益受损承担赔偿责任。由于华地公司对担保合同无效也负有审查不严的过错责任，故亿阳信通公司承担赔偿责任的范围为亿阳集团不能清偿债务部分的50%。①

（四）行政因素

行政许可与司法裁决的衔接，一直是实践中的难题，很多民商事案件，尤其是在土地开发、外商投资、破产重整等领域，不可避免地涉及政府行为，如行政认可或审批等。司法实务中，出于对行政权的尊重，在认定合同效力时，一般会认可行政行为的处理结果，但也并非没有例外。

在轻工公司、广源公司与新雄公司合作开发房地产纠纷上诉案中，法院认为，双方合作开发建设的项目，经广州市国土局批准，所占用的土地系大宗地块，为有

① （2019）最高法民终451号。

利于该土地的开发建设，采取滚动式开发，虽有些不规范，但不属于当事人的过错，现有关部门对此亦认可并补办了有关手续。据此，认定该合同和补充协议有效并无不当。①

在汉华公司与华力公司预售商品房纠纷上诉案中，法院认为，虽然汉华公司在一审诉讼期间取得了有效期限两年的国有土地使用证，但该证在“填发机关”明确载明，未经市土地管理局批准，本宗国有土地使用权不得转让、出租、抵押。这表明，武汉市政府给汉华公司核发土地使用证时，是有条件的，即未经批准，该片土地使用权不得转让、出租、抵押。故汉华公司持有的《国有土地使用证》不是法律和最高法院司法解释规定的建设、销售商品房所必须具备的合法有效的证件。②

在农二师二十九团与远征总公司种树苗买卖合同纠纷案中，法院认为，远征公司未取得许可证即签订购销合同与其故意违反特许经营规定无关，而是当地林业主管部门核发许可证工作的琐事滞后造成的。乌苏市林业局出具证明认可了远征公司的销售行为，远征公司此后也领取了《林木种子经营许可证》，故不应否定远征公司具有销售主体资格。③

但是，有时这种事后政府的认可，也并不能得到最高法院的承认，或者只能得到极其有限的认可。

在兰州医学院与开发区管委会联建合同纠纷案中，法院认为，双方当事人均承认共建的土地系划拨用地，一审期间未补办土地出让手续，双方是以划拨用地共建，违反了《城镇国有土地使用权出让和转让暂行条例》第44条的规定。兰州医学院以“土地问题事先已由开发区管委会土地规划局认可，又是自建项目，经开发区认可就合法”而主张《共建合同》有效，没有法律依据。④

在具体案件的审判过程中，涉及行政审批行为时，法院往往会征求行政部门意见。行政部门出具的复函，对审判结果往往有重大影响。但是，最高人民法院在其公布的一起案例中，不仅推翻了一二审判决，也驳回了行政部门出具的复函意见，

① 最高人民法院民事审判庭编：《最高人民法院民事案件解析》，法律出版社1999年版，第124页。

② 最高人民法院民事审判庭编：《最高人民法院民事案件解析》，法律出版社1999年版，第74页。

③ 中华人民共和国最高人民法院审判监督庭编：《审判监督指导与研究》（第1卷），人民法院出版社2003年版，第120页。

④ 中华人民共和国最高人民法院审判监督庭编：《审判监督指导与研究》（第1卷），人民法院出版社2003年版，第180～181页。

堪称十分罕见。

在二建公司、阳光壹佰公司建设用地使用权转让合同纠纷案中，法院认为，案涉地块系划拨用地，二建公司与阳光壹佰公司签订《土地有偿转让协议书》转让的该地块性质上属于转让划拨用地使用权。《城市房地产管理法》第40条规定："以划拨方式取得土地使用权的……报有批准权的人民政府审批……"

因此，案涉《土地有偿转让协议书》是否有效，取决于协议约定转让划拨用地使用权是否经过有批准权的人民政府批准。从该地块的转让过程看，济南市政府按照国土资源部、监察部（2014）71号令要求，对于案涉地块，采取由济南市土地储备交易中心从二建公司收回，再由济南市国土资源局通过招拍挂方式与阳光壹佰公司签订出让合同，向阳光壹佰公司出让案涉地块，该事实表明济南市政府实际同意二建公司将案涉地块使用权转让给阳光壹佰公司，阳光壹佰公司通过2011年政府的招拍挂行为对案涉《土地有偿转让协议书》进行追认，协议约定转让的划拨用地已经济南市政府批准同意。现济南市国土资源局出具复函说明二建公司与阳光壹佰公司之间转让划拨土地未经其批准，与本案事实不符，本院不予采信。①

值得注意的是，最高法院对行政部门复函的否定，已出现在其公布的指导性案例中，微妙体现出人民法院依法独立审判的宪法规定。

在丰海公司诉海南人保分公司海上货物运输保险合同纠纷案中（指导性案例52号），法院认为，关于中国人民银行的复函意见，在保监委成立之前，中国人民银行系保险行业的行政主管机关。1997年5月1日，中国人民银行致中国人民保险公司《关于〈海洋运输货物保险"一切险"条款解释的请示〉的复函》中，认为一切险承保的范围是平安险、水渍险及被保险货物在运输途中由于外来原因所致的全部或部分损失，并且进一步指出：外来原因仅指偷窃、提货不着、淡水雨淋等。1998年11月27日，中国人民银行在对《中保财产保险有限公司关于海洋运输货物保险条款解释》的复函中，再次明确一切险的责任范围包括平安险、水渍险及被保险货物在运输途中由于外来原因所致的全部或部分损失。其中外来原因所致的全部或部分损失是指11种一般附加险。鉴于中国人民银行的上述复函并不是法律法规，亦不属于行政规章。根据《立法法》的规定，保险条款亦不在职能部门有权制定的规章范围之内，故中国人民银行对保险条款的解释不能作为约束被保险人的依据。另外，中国人民银行关于一切险的复函属于对保险合同条款

① （2016）最高法民再121号。

的解释。而对于平等主体之间签订的保险合同，依法只有人民法院和仲裁机构才有权作出约束当事人的解释。为此，上述复函不能约束被保险人。要使该复函所做解释成为约束被保险人的合同条款，只能是将其作为保险合同的内容附在保险单中。之所以产生中国人民保险公司向主管机关请示一切险的责任范围，主管机关对此作出答复，恰恰说明对于一切险的理解存在争议。而依据《保险法》第31条的规定，对于保险合同的理解存在争议，应作有利于被保险人和受益人的解释。作为行为主管机关作出对本行业有利的解释，不能适用于非本行业的合同当事人。

2009年最高法院颁布合同法司法解释二之后，将强制性规定区分为管理性的强制性规定和效力性的强制性规定，行政因素对于合同效力的影响大大下降，即便是涉及以往敏感的金融监管机关和监管政策，也依然如此。

在上诉人华成天宇公司与被上诉人沙河口银丰公司借款合同纠纷案中，法院认为，合同效力的认定应以法律、行政法规等强制性规定为准。小额贷款公司可以依照法律、法规及政策的规定发放贷款并收取相应的利息，尽管其发放贷款的额度可能违反相关行政监管政策的规定，但并不能据此认定合同的效力。①

然而，随着审判形势的不断发展，最高法院的裁判观点再度反转。以2018年3月4日判的福州天策实业有限公司诉福建伟杰投资有限公司、君康人寿保险股份有限公司营业信托纠纷案为标志，最高法院以违反中国保监会颁布的《保险公司股权管理办法》为依据，认定代持保险公司股权的协议无效，金融监管的敏感性再度大幅提升。一年之后公布的全国法院民商事审判工作会议纪要，更是明确规定违反规章一般情况下不影响合同效力，但该规章的内容涉及金融安全、市场秩序、国家宏观政策等公序良俗的，应当认定合同无效。

总体而言，《合同法》于1999年实施以后，通过同年发布的合同法司法解释一，直至2012年发布《关于审理买卖合同纠纷案件适用法律问题的解释》，最高法院乃至整个法院系统，对于合同效力的认定已经大大宽松，甚至有法官认为可能有些过于宽松，有走向另一极端之虞。对这种评论的一个印证是，最高法院在最新发布的买卖合同司法解释中，对于无权处分的合同，已经从《合同法》第51条普遍认为的效力待

① 杜万华副主编：《商事审判指导》（第3期），人民法院出版社2014年版，第222页。

定状态，一步跨到直接认定合同有效。①

当然，这一现象的长期趋势，还有待继续观察和总结。笔者认为，对于最高法院表现出来的这种前进式摇摆，应当放在特定的历史背景下，把握其特定的考虑，或可称为灵活处理的态度。正如全国民事案件审判质量工作座谈会纪要指出的："针对有些地方在房地产管理法施行前，房地产开发经营方面的纠纷比较多的情况，在处理含有历史遗留因素的房地产案件时，要注意从法律规定和现实情况之间寻找结合点，要结合特定的经济环境和社会效益来考虑，找到一个合法、合情、合理、公平的解决方案。"② 2019 年 11 月 8 日发布的九民会议纪要再度指出，民商事审判工作要处理好依法办案和服务大局的辩证关系，着眼于贯彻落实党中央的重大决策部署、维护人民群众的根本利益、维护法治的统一，注意情理法的交融平衡，争取广大人民群众和社会的理解与支持。笔者认为，努力寻求一种法律与现实的平衡、判决与形势的协调、认知与预期的相符，最高法院实际秉持的这一理念，以及在这一理念支配下的具体裁判观点的相应调整，将长期贯穿于其司法裁判的整体实践中。

五、论无效合同

《合同法》实施以前，司法实践中，经济合同动辄即被认定无效。该法实施后，保护和鼓励交易的理念逐渐确立，法院一般不再轻易否定合同效力，在确认无效合同时，无论是在性质认定上，还是在效果处理上，都出现了不同于以往的新的特点。

（一）无效合同的溢价问题

无效合同也存在溢价现象，在相互返还时，如何处理合同溢价，此为民法通则

---

① 即使在该司法解释通过以后，学术界与司法界仍存明显分歧。如梁慧星认为，应对《合同法》第 51 条采反对解释，如权利人没有追认，处分人于事后也没有取得处分权的，该法律行为则应无效。最高法院在《买卖合同司法解释理解与适用》一书中，擅自修改《合同法》第 51 条，不仅破坏了法律的权威，也引起了包括最高法院在内的法学界和法院系统的严重混乱。参见《中国民法典草案建议稿附理由：总则编》，法律出版社 2013 年版，第 270 页；另参见梁慧星：《合同法理论和实务的若干问题》，载赵万一主编：《民商法学讲演录》（第 4 辑），法律出版社 2013 年版，第 295 ~ 300 页；梁慧星：《买卖合同特别效力解释规则之创设——买卖合同解释（法释〔2012〕7 号）第 3 条解读》，载梁慧星主编：《民商法论丛》（第 52 卷），法律出版社 2013 年版，第 196 ~ 205 页。而最高法院王闯法官则认为，最高法院买卖合同司法解释已表明，根据民法理论对负担行为和处分行为的区分意义，以及我国立法采纳的"区分物权变动的原因与结果"的原则，应当对《合同法》第 51 条作限缩解释，该条不包括负担行为。出卖他人之物，处分合同是确定有效的。参见最高人民法院民事审判第二庭编：《最高人民法院关于买卖合同司法解释理解与适用》，人民法院出版社 2012 年版，第 79 页。

② 唐德华主编：《民事审判指导与参考》（第 1 卷），法律出版社 2000 年版，第 38 页。

和合同法共同的法律漏洞，民法典对此也未予规定。此前，已经有学者注意到可撤销合同存在的类似溢价问题，认为可撤销合同之所以并不无效，就在于当事人有时并不要求如此主张，因为继续履行合同仍是有利可赚的。① 那么，如何处理无效合同中的溢价现象呢？对此，即便是最高法院同一个审判庭，认识也不一致，有的判决直接扣除，有的判决予以返还。

在邵阳农行分行与湖南建行分行和湖南农行分行、丰鑫实业公司拆借、借款合同纠纷提审案中，法院认为，本案资金拆借合同因违反而无效，邵阳代办处已实际取得拆借款，应向湖南建行返还本金和合法孳息。湖南建行按合同已经取得的利息，属履行无效合同的违法所得，应从本金中扣除。② 显然，最高法院并不认同溢价的合法性，并否认可予返还。

而在兰州医学院与开发区管委会联建合同纠纷案中，法院认为，合同被确认无效，当事人应返还因无效行为取得的财产给受损失的一方。如果158万元属于兰州医学院无效行为取得的财产，当属于收益，兰州医学院应将该款返还对方。如果不属于收益，则不应返还。兰州医学院在拆迁中造成损失，并未受益，因此，158万元拆迁费不应作为兰州医学院仍合法取得的财产。③ 最高法院虽注意到了受益事实，同时依然按照无效合同的一般处理原则予以返还，似乎并未注意到事实与法条之间的无法匹配。

对于这个问题，需要进一步延伸考察的是，各高级法院的做法也截然相反。比如，广东高院认为，法律没有考虑履行无效合同所产生的利润的归属问题，而实际经济活动中往往发生因履行无效合同而产生增值的情况，尤其是在房地产开发活动中。对这种利润不宜追缴，这样就存在对盈利如何合理分配的问题。根据民法的公平原则，本案合作开发项目可能产生的利润，依法也应由参与合作的各方享有。④ 在另一起同类案件中，广东高院同样认为，本案的关键问题是，在认定合同无效，返还投资款的同时，若讼争的土地有增值的，应根据公平原则，按各方的投资比例确定补偿数额，以公平保护当事人的合法权益。⑤

---

① 王利明：《合同法研究》（第1卷），中国人民大学出版社2002年版，第680页。

② 中华人民共和国最高人民法院审判监督庭编：《审判监督指导与研究》（第2卷），人民法院出版社2002年版，第174～175页。

③ 中华人民共和国最高人民法院审判监督庭编：《审判监督指导与研究》（第1卷），人民法院出版社2003年版，第181页。

④ 陈华杰主编：《房地产纠纷典型案例评述》，人民法院出版社2004年版，第13页。

⑤ 广东省高级人民法院主办：《法庭》2001年第12期。该案评析另见广东省高级人民法院民事审判庭、广东省法官协会民事专业学术委员会编写的内部出版物《广东民事案例评析》，第13页。

然而，浙江高院则认为，对于无效的建设工程施工合同，如果返还范围以所受利益为准，则受损失人将因此获得超出损失之外的利益，亦为不当的利益，故应以所受损失为限返还，至于所受利益超出部分，人民法院应当根据《民法通则》第134条第2款的规定，予以收缴。[①] 笔者认为，浙江高院所谓的予以收缴，显然并无明确的法律依据。第一，不存在收缴这个概念，民法通则中只有追缴；第二，即便是追缴，依法也只能适用于双方恶意串通，损害国家集体第三人利益的情形时，才发生追缴的法律后果。此外，浙江高院的这种处理方式，似乎也过于简单，缺乏一个经济发达大省的司法机关，面对复杂经济形势所应当具备的细腻和周密。

（二）不同性质的派生条款

合同无效的法律后果，是否及于全部条款，还需要具体分析。在长期的司法实践中，法院从无效合同中，区分出三类不同性质的派生条款，并赋予其独立的效力。一类派生条款，是基于无效合同的履行变更，与合同本身仍属同一个整体。对于此类派生条款，法院一般视同无效。

在进出口贸易公司与物资总公司、物资供销公司、物资局化建公司无效联营合同返还投资款纠纷再审申请案中，法院认为，目前在审判实践中，对于企业之间非法借贷的，是否应对还款协议效力进行认定有分歧意见。本案一、二审判决虽认定联营合同无效，但是认为靖安物资公司要求返还投资款的主张是正确的，从判决结果看，又是按照协议有效处理的。如果将上述还款协议认定为有效，实际将当事人因无效借款合同取得的高息及继续借款合法化，是对认定借款合同无效的否定。因此，还款协议因确认企业间非法借贷所获高息和继续进行借贷，也应认定无效。[②]

另一类派生条款，是基于对无效合同所导致的债权债务的清理，如结算约定与清理条款。

《合同法》第57条规定，合同无效时，不影响合同中独立存在的有关解决争议方法的条款的效力。《民法典》第507条吸收了该内容，且作出进一步扩张。因此，自《合同法》实施至《民法典》颁行，法院一般认为，上述结算约定或清理条款，在内容上独立于原来的协议，是新设立的民事法律关系，不受合同无效的影响，有其独立的效力。

在土地综合开发集团与兴业公司房屋转让纠纷上诉案中，法院认为，问题是对

---

① 杨育林主编：《房地产案件审判要旨与判案评析》，人民法院出版社2004年版，第46页。

② 李国光主编：《经济审判指导与参考》（第3卷），法律出版社2000年版，第315～316页。

于双方签订的终止合作开发土地及退股协议的效力如何认定。一般来说，无效的合同自始无效，谈不上终止。但该终止协议其实质内容就是前一合同无效后，财产返还等善后问题达成的新的协议，该协议系双方自愿达成，应认定有效。①

有时最高法院还认为，清算条款甚至构成一个独立的新合同，并在新的法律框架下评价其效力。

在张某立与灵达公司、饮食娱乐公司土地使用权转让合同纠纷申请再审案中，法院认为，合同终止或无效后，当事人重新达成合意，对由此产生的债权债务予以清结的，构成新的合同，该合同具有清算协议的性质，其效力具有相对的独立性，不受原合同终止或无效的影响。清算协议被法律评价为合法有效的，则依其内容在当事人之间产生约束力。②

此外，还有一种情况，关于无效合同中的报批条款的效力。最高法院民四庭认为，《合同法》第57条仅规定，在合同无效、被撤销或者终止时，有关争议解决的条款独立性问题，没有解决促成合同生效条款的独立性问题。事实上，前者针对合同的“死后”，后者针对合同的“生前”。为此，《关于审理外商投资企业纠纷案件若干问题的规定（一）》第1条作出上述补充规定。③

上述意见也反映在具体的案例中。在陈某斗与宽甸满族自治县虎山镇老边墙村民委员会采矿权转让合同纠纷案中，法院认为，诉讼中，采矿权租赁合同未经批准，人民法院应认定该合同未生效。采矿权合同虽未生效，但合同约定的报批条款依然有效。如果一方当事人据此请求对方继续履行报批义务，人民法院经审查认为客观条件允许的，对其请求应予支持；继续报批缺乏客观条件的，依法驳回其请求。④

（三）无效合同的处理

在处理无效合同时，往往会涉及诸多争议，比较常见的有：无效合同能否按有效合同处理；合同当事人之间能否追究过错；如何认定部分无效，认定无效后出资转化为在建工程时如何处理；以及认定无效合同是否有时效限制等。

---

① 最高人民法院民事审判庭编写：《最高人民法院民事案件解析》，法律出版社1999年版，第21页。

② 苏泽林、景汉朝主编：《立案工作指导》（第4辑），人民法院出版社2013年版，第90页。

③ 万鄂湘主编：《〈最高人民法院关于审理外商投资企业纠纷案件若干问题的规定〉（一）条文理解与适用》，中国法制出版社2011年版，第25页。

④ 《中华人民共和国最高人民法院公报》2012年第3期。

无效合同能否因某种因素，比如另一主体的承认，而变更为有效合同？无效合同能否参照有效合同来处理？这些看起来有点荒诞的问题，最高法院在实务中的处理态度却并不一致。

在华普大厦、华普科技公司与住总公司追索工程款纠纷上诉案中，法院认为，结算协议是住总公司与华普科技公司就华普大厦工程进行的结算，此时华普大厦项目已由住总公司与华普科技的合作项目改为华普国际的项目，华普科技仍与住总公司签订工程款的结算协议，本应无效，但由于结算协议签订后，华普国际明知而未提出任何异议，此应视为华普国际对结算协议的认可，结算协议因华普国际的确认而有效。①

在清原公司与必利安公司合作建房纠纷上诉案中，法院认为，对于无效合同，应有一种完全无效、自始无效的认识，并按法律规定的原则进行处理。河南高院认定合同无效，这是正确的。但对无效协议却不按返还原则处理，反而以判决的形式对无效协议作出了实际上有效的处理，这是错误的，依法予以改判。②

而在莫某华、深圳市东深工程有限公司与东莞市长富广场房地产开发有限公司建设工程合同纠纷案中，法院认为，鉴于建设工程的特殊性，虽然合同无效，但施工人的劳动和建筑材料已经物化在建筑工程中，依据最高人民法院《关于审理建设工程施工合同纠纷案件适用法律的解释》第 2 条的规定，建设工程合同无效，但建设工程经竣工验收合格，承包人请求参照有效合同处理的，应当参照合同约定来计算涉案工程价款，承包人不应获得比合同有效时更多的利益。③

但是，最高法院也在另案中释明，这种参照处理，不能等同有效合同的处理，更不能按照有效合同来处理，必须考虑到合同无效的因素。

在中建八局二建鲁东公司与创新公司、张某、王某、齐元公司、大安建筑公司建设工程款纠纷抗诉案中，法院认为，中建八局二建鲁东公司是中建八局二建的内设机构，本身没有建筑施工企业资质，对其以自身名义对外签订并履行的建筑工程施工承包合同应认定无效。但其施工工程经竣工验收为优良并已交付使用，故应参照合同约定计取工程价款。佳恒公司完全按合同约定审计，而未考虑到合同无效的因素，颐和公司仅根据建筑工程造价定额且仅计取定额直接费，未考虑合同的约定，均不能作为确定本案工程造价的依据。考虑合同无效原因等因素，对本案的工程造

① 曹建明主编：《民事审判指导与参考》（第 2 卷），第 328～329 页。

② 最高人民法院民事审判庭编：《最高人民法院民事案件解析》，法律出版社 1999 年版，第 131 页。

③ 《中华人民共和国最高人民法院公报》2013 年第 11 期。

价做出了变更的酌定。①

无效合同往往涉及双方均有过错，在此情况下，是否可以互相追究责任？对此，最高法院持否定态度。

在三峡证券公司恒惠交易部、三峡证券与樊城证券证券回购纠纷上诉案中，法院认为，导致该合同无效的直接原因是：该合同所涉及的2000万元金额，没有金额实物证券作保证，未经国家指定的证券交易部门办理债券代保管交易手续，双方进行场外交易所致，对此，双方均有过错，损失应当自行承担，不存在主次责任分担，更不存在一方向另一方赔偿损失。②

无效合同通常会涉及不同的法律关系，其中一个法律关系无效，是否影响以及如何影响另一法律关系效力？这一点常常是最高法院判决书中说理较充分之处。

在中惠公司与东埔二建、银丰、教育实业公司、石化公司商品房预售合同纠纷提审案中，法院认为，本案中，影响合同效力的因素有两个，一是当事人的房地产开发经营资格，二是是否办理转让登记问题。作为商品房预售方不具备房地产开发经营资格而与他人签订商品房预售合同或者转预售合同的，应认定为无效。而作为预购方不具备房地产开发经营资格而签订的商品房预售合同或者转预售合同，则不因主体资格问题而影响合同的效力。本案中，作为商品房预购方的石化公司不具备房地产开发经营资格，不因此影响它们相互之间的合同效力，至于石化公司与教育公司以及其他当事人之间签订的合同，因它们都不具备房地产开发经营资格，所签订的商品房预售或者转预售合同，一审、二审法院依法认定无效是正确的。此外，关于转预售的登记问题，本案的特殊情况也不影响合同效力。③ 值得商榷的是，最高法院法官的此段评析，将转预售的登记视为合同效力条件，却并没有给出任何法律依据，法理上似乎也有问题，因为合同法司法解释一出台以后，特别是物权法实施后，登记对于合同效力的影响，已仅限于法定因素。《民法典》实施后，第215条更是明确了合同效力与物权变动的区分。

在杜某与辽宁中行分行股票及侵权纠纷案中，法院认为，股民与证券公司之间的借贷关系效力并不影响股民买卖行为的效力和股票所有权的转移，正如企业之间的资金拆借无效并不影响该企业用借来的资金对外发生购销关系的效力一样。一个

① 江必新主编：《审判监督指导》（第3辑），人民法院出版社2012年版，第164页。

② 唐德华主编：《民事审判指导与参考》（第2卷），法律出版社2000年版，第248页。

③ 中华人民共和国最高人民法院审判监督庭编：《审判监督指导与研究》（第1卷），人民法院出版社2001年版，第202页。

非法行业并不会因为原因行为的非法性而使其成为合法行为。借贷行为和强行平仓行为之间存在一定的联系，但是该联系还不足以成为强行平仓行为合法的抗辩理由。①

合作建房的合同无效后，出资方已经转化为在建工程的情况，也需要妥善进行后续处理。在威肯公司与某区党委会党校合资、合作开发房地产合同纠纷上诉案中，法院认为，合资、合作开发房地产合同被认定无效，出地一方应当返还其从出资一方取得的财产。当出资一方的出资已转化为在建工程时，出地一方取得的财产为出资方出资转化为在建工程部分相应的财产权益，应当折价补偿出资一方。应当综合评判出资一方的出资数额、在建工程的建设程度及当地房地产业的利润等情况，确定出地一方的折价补偿数额。②

无效合同是否适用诉讼时效？理论界和实务界对此存有争议。③ 最高法院曾发布过三起案例，对此予以解读。令人诧异的是，三起案件虽均为最高法院作出的判决，且两起判决作为公报案例发布，都持国家有权干预合同的视角，但得出的结论不仅有重大差别，而且相互矛盾，反映其态度的摇摆。

在安益公司与机场综合开发公司合作建房合同纠纷上诉案中，法院认为，我国现行法律对合同无效提起诉讼并没有时间限制，合同未经法院判决确认为无效时，当事人往往遵守“合同”，继续履行“合同”义务，只有合同被确认为无效后，才发生返还财产及赔偿损失问题。故即使事隔多年，当事人就确认合同无效问题起诉，法院也应当受理并对合同效力问题进行确认，这里不存在时效问题。④

而在万通实业公司与兰州商业银行借款合同纠纷案中，法院认为，对合同条款无效的认定，应当通过人民法院或仲裁机关裁决确定，当事人应当在其知道或应当知道权利受到损害时两年内，向上述机关提出主张，否则将不受国家法律强制力的保护。当事人不能举证证明其在法定期限内向人民法院主张要求确认合同条款无效，丧失国家法律强制力的保护。⑤

---

① 中华人民共和国最高人民法院审判监督庭编：《审判监督指导与研究》（第3卷），人民法院出版社2002年版，第152页。

② 最高人民法院民事审判第一庭编：《民事审判指导与参考》（第2辑），人民法院出版社2011年版，第159页。

③ 崔建远：《合同无效与诉讼时效》，载《人民法院报》2002年2月22日；马强：《诉讼时效实务问题研究》，载最高人民法院民事审判第一庭编：《民事审判指导与参考》（总第16集），人民法院出版社2004年版，第108页；王杰：《浅析确认合同无效是否受诉讼时效限制》，载《人民法院报》2013年3月1日。

④ 曹建明主编：《民事审判指导与参考》（第1卷），法律出版社2002年版，第306页。

⑤ 《中华人民共和国最高人民法院公报》2005年第9期。

最高法院不仅对无效合同是否适用诉讼时效，存在前后矛盾的判决，而且在适用诉讼时效后，对于无效合同的诉讼时效起算点，也存在前后矛盾的判决。

在广西北生集团有限责任公司与北海市威豪房地产开发公司、广西壮族自治区畜产进出口北海公司土地使用权转让合同纠纷案中，法院认为，合同当事人不享有确认合同无效的法定权利，只有仲裁机构和人民法院有权确认合同是否有效。合同效力的认定，实质是国家公权力对民事行为进行的干预。合同无效系自始无效，单纯时间经过不能改变无效合同的违法性。当事人请求确认合同无效，不应受诉讼时效期间的限制，而合同经确认无效后，当事人关于返还财产及赔偿损失的请求，应当适用法律关于诉讼时效的规定。①

在五金公司与合肥光大分行借款担保合同纠纷案中，法院却认为，即使在合同应当或事后被确认无效的情况下，已经履行合同的一方当事人因对方不履行合同而要求返还财产或赔偿损失的，其行使该项请求权的诉讼时效期间亦应当从合同约定的对方履行合同义务的期限届满后的次日起计算。②

此外，最高法院在审查合同无效及其处理时，多次纠正高级法院。

在宏利来公司与合发公司合资建房合同纠纷上诉案中，法院认为，一审法院判决内容和判决法律依据及理由是矛盾的，既然是双方当事人都有责任，为什么由一方当事人承担全部责任？本院认为，一审法院认定合同无效及双方的责任并无不当，但其又判决宏利来公司承担违约造成的损失，显属不当，应予纠正。此外，一审判决在处理物权转移问题时，亦有问题，一审判决本田小轿车归宏利来公司所有，鉴于我国法律中，机动车所有权以登记发生所有权变动，故一审判决并不意味宏利公司取得该车的所有权，而仅是取得该车辆的法律依据，故本院加判双方于判决生效后三十日内到有关部门办理过户手续。③

在盛大公司与房地产开发公司联合开发合同纠纷上诉案中，法院认为，无效的经济合同，从订立起就没有法律约束力，一审判决既认为合同无效，又认为双方均负有违约责任，这是错误的，应予纠正。④

在长春房地公司与中深公司、盛泰公司合作建房合同纠纷上诉案中，法院认为，一审法院既认定合同无效，又予以解除，自相矛盾，依法应予纠正。⑤

---

① 《中华人民共和国最高人民法院公报》2006 年第 9 期。

② http：//www. docin. com/p - 729547665. html，2014 年 4 月 7 日访问。

③ 唐德华主编：《民事审判指导与参考》（第 1 卷），法律出版社 2000 年版，第 275 ~276 页。

④ 唐德华主编：《民事审判指导与参考》（第 2 卷），法律出版社 2000 年版，第 214 页。

⑤ 唐德华主编：《民事审判指导与参考》（第 2 卷），法律出版社 2000 年版，第 220 页。

第五节　分析与评论

从诉讼请求的审查，到行为效力的认定，这是一个连续的诉讼审查流程，也是一个线性的审判思维过程，前者是对后者的具体体现，后者实质性地支配着前者。笔者之所以将对诉讼请求的审查，作为整个法律行为的起点，因为这是整个司法审查的第一步，也是实质性审理的开始。通过对诉讼请求的审查、识别及其取舍，可以看出最高法院所秉持的审判理念，以及这一理念所决定的法律思维和基本观点。

笔者认为，在判断法律行为这个环节，最高法院法官群体的法律思维已相对成型，这应当是法治进步最重要的成果，突出地体现在以下三点：

第一，“法律事实”的概念深入人心。从客观事实到法律事实，不仅是法律认识的深化，更是思维方式的飞跃。最高法院公开表示，“法律事实不同于客观事实，民事诉讼的证明标准也不同于刑事诉讼证明标准”。① 可以说，从客观事实出发，以证据做开路先锋，将其转换为法律事实，已成为最高法院案件审理的基本功课。至少自2004年起，最高法院就已经在工作报告中，将处理好客观事实与法律事实的关系，提高到“注重审判质量，实现司法公正”的高度。② 也正因如此，在现有证据无法得到完整的事实拼图时，为了制造法律事实，最高法院不惜大量使用推定与视为这一高难度的诉讼技术。同时，为了提炼法律事实，最高法院越来越重视对案件的分析、论证和判断，力图将最后的裁判结论，建立在逻辑思维链条的必然性基础之上。

第二，保护交易秩序形成共识。最高法院处理的二审或再审案件，绝大部分是商事案件，即使是传统意义上的民事案件，也充斥着大量的商事元素。商事行为特有的内在伦理追求，以及对于市场机制的天然依赖，显然区别于普通的民事行为，而这又不能不影响到最高法院的审判理念，并在促进和保护交易秩序这一平台上，形成了共识。③ 这尤其突出地反映在法律关系的内外区分，以及基础法律关系与非基

① 《最高人民法院发布的四起典型案例》，载《人民法院报》2014年7月25日。

② 肖扬：《最高人民法院工作报告——2004年3月10在第十届全国人民代表大会第二次会议上》，载《中华人民共和国最高人民法院公报》2004年第4期。

③ 2009年，最高法院在人民法院应对金融危机商事审判工作座谈会上，首次提出“商事审判”概念。北京天同律师事务所主编：《中国商事争议解决年度观察》(2012)，法律出版社2012年版，第5页。

础法律关系的区分、个别经营者利益与市场竞争机制的区分等方面，不再轻易否决商事行为的效力，同时更关注健康的市场竞争机制是否受到扭曲或者破坏。① 这种崭新的审判理念，以及由此派生的审判思维，在最高法院发布的奇虎公司与腾讯公司、腾讯计算机系统公司滥用市场支配地位纠纷案中，表现得尤为淋漓尽致。② 2019 年发布的九民会议纪要，在总结既往审判经验的基础上，明确提出合同是市场化配置资源的主要方式，既强调保护交易秩序，又强调保护交易安全。显然，这是对以往交易秩序保护的认识深化，反映出最高法院商事审判意识的大幅提升。更值得关注的是，《民法典》颁布后，最高法院对建国以来发布的全部 591 件司法解释及相关规范性文件进行全面清理，364 件未作修改，继续适用。修改后重新颁布 111 件，废止 116 件。此外，还对 2011 年以来发布的 139 件指导性案例进行了集中清理，其中 2 件不再参照适用。最高法院上述大规模的废旧立新，不只是具体条文的调整，更是审判理念的更新。可以说，审判理念的转变与重塑，规定了审判思维的新范式，为新形势下民商事审判确立了法律评价的基准框架，一切行为都要在这个新的天平上，重新找到评价自身的坐标点，并据此调整今后的价值取向。

第三，在司法中立与司法干预中寻求平衡。从早年倍受诟病的职权主义，到目前相对超脱的中立主义，最高法院力图在二者之间保持必要的张力。对不告不理原则的固守，最能反映出最高法院对司法中立的倾向，即使原审中存在这样那样的瑕疵，只要当事人不为此上诉，最高法院乐意抱持“爱莫能助”的放任心态。这样做当然也有法律依据，民事诉讼法已经对二审法院的审查范围予以限定。对其他诸如当事人的约定事项等，也体现出更多的包容。在不违反法律的前提下，认同“约定”

---

① 2014 年，最高法院发布《关于人民法院为企业兼并重组提供司法保障的指导意见》（法发〔2014〕7 号），明确提出“强化商事审判理念，充分发挥市场在资源配置中的决定性作用”，同时阐明了商事审判的价值取向和裁判规则：“要坚持促进交易进行，维护交易安全的商事审判理念，审慎认定企业估值调整协议、股份转换协议等新类型合同的效力，避免简单以法律没有规定为由认定合同无效。要尊重市场主体的意思自治，维护契约精神，恰当认定兼并重组交易行为与政府行政审批的关系。要处理好公司外部行为与公司内部意思自治之间的关系……对交叉持股表决方式、公司简易合并等目前尚无明确法律规定的问题，应结合个案事实和行为结果，审慎确定行为效力。”载杜万华副主编、最高人民法院民事审判第二庭编：《商事审判指导》（第 1 辑），人民法院出版社 2014 年版，第 22 页。此外，有学者依据相关案例，认为最高法院商事审判已初步成型，并具有四个特征：私法自治的强化、商法中的外观主义原则、保护营利的商法理念、商事加重责任。蒋勇：《中国商事诉讼回顾与前瞻——以最高人民法院为例》，载北京天同律师事务所主编：《中国商事争议解决年度观察》(2012)，法律出版社 2012 年版，第 1 ~3 页。

② http：//www. court. gov. cn/xwzx/yw/201410/t20141016_ 198470. htm，2014 年 10 月 19 日访问。

优于、高于“法定”。[①] 相对于以往近乎偏执的“全面审查原则”，这首先不应理解为对法律条文的严格遵守，而更宜理解为一种审判理念上的根本转变，以及随之而来的思维范式的更新。与此同时，对于行为的性质与效力认定，最高法院仍然保持着司法干预的积极态度，尽管其把握的尺度难免宽严不一，秉持的逻辑有时前后矛盾。关于司法中立与司法干预之间的关系，打个不恰当的比喻，似乎更像是定量与定性的关系。依笔者的长期观察，最高法院乐于为定量松绑，但对定性仍毫不含糊。显然，法律思维中的这种双重取向，客观上需要一种平衡术。而这种平衡术的支点，往往随着形势大局与司法政策的调整而调整。

当然，一种法律思维的成型，既是一个长期的转换过程，也与思维者自觉的追求息息相关，用这两个标准来衡量，只能说最高法院还正走在崎岖路上，任重而道远。

从思维转换的角度看，可以看出最高法院的法律认识在不断深化，这一点既体现在实体处理中，也体现在程序认定上。鉴于前文多处提及的实体处理问题，如合同效力认定上的变化，故此处仅论及程序认定上的变化。举例而言，关于“刑民交叉”案件的处理原则，从 1985 年至 2020 年，整整三十五年，最高法院的认识轨迹始终在变动，从最初单一的“先刑后民”，直至发展到后来分离的“刑民并行”，不仅从实体上并行，而且从程序上并行。

1985 年 8 月 19 日，最高法院会同最高检察院、公安部发布《关于及时查处在经济纠纷案件中发现的经济犯罪的通知》，首先确立了“先刑后民”原则。该通知规定：“各级人民法院在审理经济纠纷案件中，如发现有经济犯罪问题，应按照最高人民法院、最高人民检察院、公安部《关于执行刑事诉讼法规定的案件管辖范围的通知》，将经济犯罪的有关材料分别移送给有管辖权的公安机关或检察机关侦查、起诉。”

1987 年 3 月 11 日，最高法院会同最高检察院、公安部再次发布《关于在审理经济纠纷案件中发现经济犯罪必须及时移送的通知》，重申了“先刑后民”原则后，开始区分刑民关系，并分案处理。该通知规定：“人民法院在审理经济纠纷案件中，发现经济犯罪时，一般应将经济犯罪与经济纠纷全案移送，依照刑事诉讼法第五十三条和第五十四条的规定办理。如果经济纠纷与经济犯罪必须分案处理的，或者是经济纠纷经审结后又发现有经济犯罪的，可只移送经济犯罪部分。对于经公安、检察

---

① 最高法院民二庭负责人就《最高人民法院关于审理融资租赁合同纠纷案件适用法律问题的解释》答记者问中，提出了尊重市场，鼓励约定的指导思想，坚持约定优先原则，鼓励双方当事人以市场化的方式作出约定，以减少诉讼风险和损失的不确定性，载《人民法院报》2014 年 2 月 28 日。

机关侦察，犯罪事实搞清楚后，仍需分案审理的，经济纠纷部分退回人民法院继续审理。”

1998 年 4 月 21 日，最高法院单独颁布《关于在审理经济纠纷案件中涉及经济犯罪嫌疑若干问题的规定》，正式确立了“刑民分离”原则，该司法解释规定：“同一公民、法人或其他经济组织因不同的法律事实，分别涉及经济纠纷和经济犯罪嫌疑的，经济纠纷案件和经济犯罪嫌疑案件应当分开审理。”“人民法院在审理经济纠纷案件中，发现与本案有牵连，但与本案不是同一法律关系的经济犯罪嫌疑线索、材料，应将犯罪嫌疑线索、材料移送有关公安机关或检察机关查处，经济纠纷案件继续审理。”

2005 年 7 月，最高法院就四川高院《关于存款人泄露银行储蓄卡密码导致存款被他人骗取引起的纠纷应否作为民事案件受理的请示》作出指示，明确规定：“因银行储蓄卡密码被泄露，他人伪造银行储蓄卡骗取存款人银行存款，存款人依其与银行订立的储蓄合同提起民事诉讼的，人民法院应当依法受理。”①

2019 年 11 月 8 日公布的九民会议纪要，专节规定了“关于民刑交叉案件的程序处理”，对于刑民案件的分别审理情形、涉众型经济犯罪与民商事案件的程序处理，以及民刑交叉案件中民商事案件中止审理的条件三类程序问题，作出更具可操作性的界定。

2020 年 12 月 29 日，最高法院根据《民法典》《刑法》《民事诉讼法》《刑事诉讼法》等法律规定，修改了《关于在审理经济纠纷案件中涉及经济犯罪嫌疑若干问题的规定》，将第 1 条修改为：“同一自然人、法人或非法人组织因不同的法律事实，分别涉及经济纠纷和经济犯罪嫌疑的，经济纠纷案件和经济犯罪嫌疑案件应当分开审理。”其修改意图很明显，进一步划清两种不同性质的程序，防止随意变更和相互推诿。

另外，从思维自觉的角度看，可以看出最高法院始终努力追求法律思维的成型，民事案件案由规定司法解释的发布及其不断修改，就是最为明显的证据。但是，在实际的效果与主观的追求之间，仍存在很大的差距。因为案由规定只是类型思维，而在诸类型内部，法律事实的确定、法律关系的定性、行为效力的判断，仍有赖于法官个人的主观选择。而恰恰在这里，缺少可供外在识别和客观评价的统一标准。

举例而言，高级法院对于法律关系的定性、行为效力的确认，往往并不能被最高法院认可。当然，最高法院自有其道理，但仔细推敲，也仅仅是一种道理而已。

① 高鑫：《银行卡被盗刷银行该不该担责?》，载《检察日报》2014 年 5 月 21 日。

这一种道理，与那一种道理之间，究竟谁更有道理，这并不取决于法院的审理级别，而取决于能否拥有相对于其他道理的大幅乃至绝对优势——这当然来自更清晰的事实查明，更严密的逻辑论证，更准确的分析判断——而不是仅仅停留于“另一种道理”这样一种并列与平行的状态。否则，假若原审法官处于最高法院的二审地位，被否定的结果岂不是再次被肯定？事实上，这种看似不太可能的理论假设，在现实生活中已经真实且多次发生。最高法院的二审判决乃至再审判决，在否定了高级法院的一审判决之后，其自身却又被最高法院的再审判决再度推翻，并重新维持了高级法院的一审判决。[①] 最高院有法官认为，最高法院法官群体缺乏在下级法院审判第一线的经历，从未接触过一审案件，却直接进行二审、再审案件的审理，这种现状的直接后果是处理案件的结果高级法院并不完全认同，最高法院的权威正在慢慢消失，这对整个司法的权威是一个严重的挑战。

这就涉及各方认识上的差异。这是个怎么看的问题，看者是谁，往往决定看到的是什么？不同的看者，看到的可能并不完全一致，甚至完全不一致，很难绝对地说谁对谁错。表面上看，看者都是依据法律在审理案件，但这不必然导致认识的一致性，因为法律规定本身恰恰又是由不同的看者来选择和解读的，而不同的看者又是以不同的审判思维切入案件的。当不同的审判思维个性大于共性时，审判思维的差异就必然表现为案件结果的差异。从审判思维的角度看，坦率地说，最高法院在法理的自我论证和优势论证方面，做的还远远不够。在案件一锤定音的背后，相较于法律逻辑和法理论证，审理级别本身似乎占有更大的权重。

为了证明这一点，笔者兹举两起案件为例。之所以列举此两案，是因为笔者早就发现一种奇怪的现象，对于某些案件而言，如果研读最高法院的判决书，尚可勉强理解，但一旦承办法官出面解释，则往往让人如坠云雾。这种审理思路与解释思路之间的强烈反差，只能表明一个结果，即审理者自己还没有真的把问题彻底搞明白。

---

① 这方面的典型案例如：安徽省皖北矿务局百善煤矿与深圳市深发贸易公司、深圳市建设集团公司借款合同纠纷再审案，最高法院再审撤销该院二审判决，维持广东高院一审判决。引自苏泽林主编、最高人民法院审判监督庭编著：《最后的裁判——最高人民法院典型疑难百案再审实录》(刑事与合同案件卷)，中国长安出版社2007年版，第87～98页。鞍钢集团国际经济贸易公司与巴拿马富春航业股份有限公司、胜惟航业股份有限公司海上货物运输无单放货纠纷再审案，最高法院再审撤销该院再审判决，维持辽宁高院一审判决。引自苏泽林主编、最高人民法院审判监督庭编著：《最后的裁判——最高人民法院典型疑难百案再审实录》（房地产与公司企业案件卷)，中国长安出版社2007年版，第246～256页。

最高法院椒江大桥通行权案判决后，承办法官曾在审判指导丛书刊登评析文章，大量援引日本学者森岛昭夫、德国学者鲍尔·施蒂尔的观点，以及法国民法典条文、英国上议院的判例、德国法院的立场等，提出一大堆诸如“准物权”之类的新概念，① 让曾经的最高法院同事都直呼“看不懂”。其实本案说穿了很简单，一座桥拦了一条江，影响了他人的航行权，是物尽其用，还是货畅其流？二者之间无非是利益平衡关系，以及利益平衡的标准和取舍问题。

另起在PE投资界产生巨大影响的海富投资对赌案，最高法院在判决书中，认为海富公司作为股东，投资世恒公司，又与世恒公司约定经营指标，这一约定使海富公司的投资可以取得相对固定的收益，该收益脱离了世恒公司的经营业绩，损害了公司利益和公司债权人的利益，应认定上述约定无效。但海富公司与其他股东也作了上述约定，鉴于并不损害公司及公司债权人的利益，不违反法律法规的禁止性规定，是当事人的真实意思表示，应当有效。②

上述判决理由，虽然在笔者看来，根本就没有说到点子上——依公司法、合同法原理，股东与公司之间是法定关系，哪能对赌？而股东之间是合同关系，当然能赌——但还算勉强能够接受，毕竟结果还是对的。这就像中国足球队员一样，明明想往对方左球门力射，但球偏偏从右球门进去了，虽然并非预想，但毕竟一举中的，偶然的成功也值得高兴。但是，承办法官事后解释裁判思路时，问题就出来了，其称该案的审判视线向普通人靠拢，以作合理性判断为中心，重点不在法律规定，更关注合理性探讨。应借鉴英美法思维，以普通人+谨慎的态度，保护理性投资人，等等，③ 完全不知所云，根本看不出有何清晰的审理思路，也看不出与判决书有何内在关联，尽管判决书本身就很“蹩脚”，其说理部分连半页纸都不到。④ 这说明，对于最高法院法官而言，其法律思维在逻辑边界基本确定的情况下，还有一块不小的思维黑洞，有待于进一步探明和廓清。即便是最高法院的终审判决，也屡屡被自己

① 辛正郁：《市政公用设施与民事赔偿责任》，载最高人民法院民事审判第一庭编：《民事审判指导与参考》（总第17集），法律出版社2004年版，第251~263页。

② 《中华人民共和国最高人民法院公报》2014年第8期。

③ 参见其在北京市朝阳区律师协会讲座记录稿，引自北京大成律师事务所全球网络知识管理系统。

④ 法律界人士也对最高法院上述判决提出质疑，认为援引公司法审理该案并不妥当，本案首先应适用合同法来判断行为效力，投资人乃至公司本身在要求行使对赌安排时，是以投资合同主体一方的身份而不是股东的身份进行的，不应将公司法的一些对股东的限制性规定简单进行套用或扩大适用。陶修明：《论“对赌”条款的法律效力》，载《仲裁与法律》（第127辑），法律出版社2014年版，第124~133页。

的审判监督庭所推翻,[①] 乃至最高法院向社会公布的裁判文书，甚至在最高法院公报刊登的再审案例，居然又被本院的再审判决再次断然否定,[②] 一定程度上可以说明，笔者的上述判断绝非空穴来风。

附录二 从合同成立之诉到合同效力之诉：以最高法院布吉公司股份代理转让合同案为例[③]

（一）基本案情

布吉公司于1993年2月3日注册成立，企业性质为股份有限公司。布吉公司由投资公司、鹏昌公司及个人股东7268人发起组建，其中投资公司出资3253.43万元，占出资比例35.98%；鹏昌公司出资77.86万元，占出资比例0.86%；个人股东出资5711.51万元，占出资比例63.16%。

布吉公司《章程》记载：公司的实收资本为注册资本，其全部资本划分为等额股份，采取股份证形式发行，以股金价款和股份证记股。公司发行的股份均为人民币普通股，每股面值人民币1元，共计90427684股，其中法人股32534299股，占股份总数的36%，个人（社会公众）股57893385股，占股份总数的64%。发行的记名股份一律用股东本名，同时设置股东名册，详细记载股东的姓名或名称、住所、持股数量、取得股份日期、股票编号。公司股份在认购后三年内不得转让，三年后可以买卖、赠与、继承和抵押，但不得退股。公司法人股东、集体股东在转让、出

① 典型案例如：烟台开发区黄海发展公司与潍坊市宏伟拔丝厂购销合同纠纷再审案，中华人民共和国最高人民法院审判监督庭编：《审判监督指导与研究》（第4卷），人民法院出版社2002年版。该案例作为最高法院审判监督庭承办的典型案例，被最高法院收入各种公开出版物。参见中华人民共和国最高人民法院审判监督庭编：《审判监督指导与研究》（第4卷），人民法院出版社2003年版，第157~165页；肖扬总主编：《中华人民共和国最高人民法院判案大系》（审判监督卷－2001年/2002年），人民法院出版社2003年版，第125~129页。此外，根据笔者统计，2007年度，最高法院审判监督庭曾公布100件典型疑难再审案件，剔除13件刑事再审案件，在其他87件民事再审案件中，最高法院二审判决被撤销或变更的有10件，约占全部公布民事案件的11.5%。

② 鞍钢集团国际经济贸易公司与巴拿马富春航业股份有限公司、胜惟航业股份有限公司海上货物运输无单放货纠纷再审案裁判文书，曾以法公布（2002）第3号向社会公布，并刊登于最高法院公报2002年第1期。该案后被最高法院再审判决撤销，参见苏泽林主编、最高人民法院审判监督庭编著：《最后的裁判——最高人民法院典型疑难百案再审实录》（房地产与公司企业案件卷），中国长安出版社2007年版，第246~256页。

③ 该案例收入广东高院分析报告，刊于最高人民法院民事审判第二庭编：《商事审判指导》（第1辑），人民法院出版社2011年版。

售或以其他方式处置其股份时，须经董事会同意。

1995年7月19日，布吉公司召开第一次股东大会，会议审议并通过了《关于股票转让问题的决议》等议案。该决议载明：对某些股东提出退股问题，本次代表会认为公司不办理退股，但可以办理股权过户，并分别按以下情况处理：第一，需转让股票者自有承接对象，可双方持身份证、股份证和银行存折到公司办理转让登记。第二，原持股人因故需要更改股票所有人，持身份证、股份证和银行存折到公司办理改名登记。第三，原股票持有人需转让股票，但未有承股对象，可填写申请书，将需转让的股票委托本公司代理，由公司开具受理凭证，待落实收购股权人，再行办理转让手续。第四，凡登记转让股票，公司不办理改变面值，不办理过户利息。第五，办理股票过户，每张股份证收取综合费100元。

根据《关于股票转让问题的决议》，布吉公司于1995年至2005年3月31日，根据部分个人股东的申请，相继受理了4000多名个人股东的委托，办理了36173627股社会公众股的股票转让委托，为此，布吉公司按每股人民币1元的价格，预先向个人股东垫付共计36173627元的股票价款，其垫付的资金在财务账上记载为应收款。布吉公司在办理过程中，收回了所有转让股东的股份证，并在股份证中加注"同意转让"或"同意办理"的字样。

2005年9月27日，布吉公司召开董事会，决定选择万事达公司，参与本公司改制的战略投资者，承接所有本公司代为转让的社会公众股。

2005年11月11日，布吉公司与万事达公司举行签约仪式，分别以股份转让代理人、股份受让人的身份签订《股份（代理）转让合同》，约定：

第一，截至2005年3月31日，股份出让方即布吉公司的社会公众股股东持有布吉公司36173627股股份，占布吉公司40%股份欲对外出售所持股份变现，委托布吉公司代为转让，并授权布吉公司以不低于每股人民币1元价格出售，如出现溢价，溢价部分则作为布吉公司有偿代为转让的手续费。布吉公司根据出让方授权，已先行按每股1元价格向出让方垫付了股价款36173627元。

第二，价款的计算方式：双方同意以布吉公司截至2005年3月31日的评估报告为依据，在充分考虑布吉公司经营状况与发展前景的基础上，确定目标股份每股价格为1.94元，总价款70176836.38元受让目标股份。鉴于布吉公司已向出让方先行按每股1元垫付了股价款，并与出让方达成合意，将本合同约定的股份转让价格高于垫付股价款本金及利息的差价，作为布吉公司代为转让手续费，布吉公司有权取得上述股权转让总价款。

第三，支付方式：万事达公司应于合同签订时向布吉公司支付定金500万元，合同签订后20天内以银行转账方式一次性支付布吉公司人民币70176836.38元。

第四，股权过户：布吉公司在收到万事达公司全部应付款的5个工作日内，为万事达公司办理股东名册变更手续，将万事达公司名称、住所、受让出资额记载于股东名册，并向工商部门办理相关变更登记手续。

第五，违约责任：本合同生效后，双方必须自觉履行，任何一方因自己的原因致使合同不适当履行的，应赔偿对方直接和间接损失以及为取得这些赔偿而支付的诉讼费、仲裁费和律师费。

第六，合同附件：1.《补充协议一》，当事人为布吉公司和镇投资管理有限公司，内容为布吉公司同意延长后者所借款项的还款期限。2.《补充协议二》，当事人为布吉街道办事处和布吉公司，内容为布吉公司同意前者将拟出让给布吉公司的宗地号为G06404－9地块另行转让给布吉村，布吉街道办事处给布吉公司补偿从布吉公司应缴纳的甘李工业园内的4.3万平方米土地开发费中抵扣。上述两份补充协议均未经当事人签字或盖章。3.《变更担保人协议书》，共两份：第一份的当事人为市布吉农村信用合作社，布吉公司和万事达公司，第二份的当事人为布吉中行支行，镇经济发展有限公司及万事达公司。约定的内容为由万事达公司代替布吉公司及镇经济发展有限公司作为布吉公司向市布吉农村信用合作社及丰吉中行支行借款的担保人，并承担连带保证责任。万事达公司的法定代表人在上述两份协议上签字并加盖公章，布吉公司及镇经济发展有限公司的代表亦签字，但未加盖公章，市布吉农村信用合作社及布吉中行支行未签字或盖章。4.《股份收购意向书》：当事人为万事达公司和投资公司，内容为双方就万事达公司拟受让后者所持有的布吉公司股份所作出的相关约定。万事达公司在该意向书上签字并盖章，布吉公司未签字、盖章。

第七，合同生效的条件和日期：本合同自双方签字盖章且万事达公司向布吉公司提供或与布吉公司签署本合同所列附件后生效。

在签约现场，万事达公司在上述合同文本上签字盖章，并提交了合同所列全部附件，布吉公司在合同文本上只有当时的法定代表人签字，未加盖公章。同日，万事达公司向布吉公司支付了合同定金500万元，此后，布吉公司向万事达公司出具了加盖财务专用章的收款收据。之后，布吉公司以《股份（代理）转让合同》在制定和签署过程中存在法律程序和法律手续不完善、违反政府主管部门对改制的要求，存在不公开、不公平、不公正等因素为由，拒绝履行合同。万事达公司遂向法院起诉，请求判令：1.确认双方签订的《股份（代理）转让合同》已依法成立，布吉公司非依法律规定或者取得万事达公司同意，不得擅自变更或者解除；2.确认布吉公司不在双方已经签字的合同中加盖布吉公司公章、不配合办理股份转让的行为违约；3. 布吉公司承担本案全部诉讼费和律师费。

（二）案件结果

2007 年 12 月 20 日，深圳中院一审判决确认万事达公司与布吉公司签订的《股份（代理）转让合同》依法成立。后布吉公司不服，向广东高院提出上诉，广东高院驳回上诉，维持原判。

2008 年 8 月 18 日，布吉公司向万事达公司发出《关于解除股份（代理）转让合同的函》，认为万事达公司未按合同的约定，在合同签订后 20 日内一次性付清股份转让款，已构成违约，依据前述合同约定，单方提出解除该合同。万事达公司遂再次提起诉讼，请求确认：1.《股份（代理）转让合同》有效，双方继续履行；2. 判令万事达公司向布吉公司支付股权转让款 70176836.38 元，布吉公司依约将万事达公司载入布吉公司股东名册，并办理股权变更登记等相应手续；3. 判令在布吉公司为万事达公司办妥股权变更登记前，不得分派红利，不得处置、转让公司包括土地使用权、控股权等在内的主要资产。案经审判委员会讨论，深圳中院驳回万事达公司全部诉求。万事达公司不服一审判决，提出上诉。2009 年 12 月 14 日，广东高院作出（2009）粤高法民二终字第 117 号终审判决，撤销一审判决，确认《股份（代理）转让合同》有效，双方继续履行。

2010 年 1 月 25 日，布吉公司向最高法院提出再审申请，要求撤销广东高法（2009）粤高法民二终字第 117 号终审判决，维持深圳中院（2008）深中法民二初字第 191 号民事判决。经公开开庭审理，2010 年 7 月 29 日，最高法院作出（2010）民申字第 270 号民事裁定书，驳回布吉公司的再审申请。

（三）合同成立之诉的法院认定

关于合同成立之诉，深圳中院认为，本案的性质是股权代理转让合同纠纷，争议焦点为布吉公司作为本案被告是否适格，双方签订的《股份（代理）转让合同》是否依法成立。

第一，关于布吉公司作为本案被告是否适格问题，本案是代理股份转让合同纠纷，代理合同分为直接代理合同和间接代理合同，间接代理合同是委托人通过受托人与第三人间签订的代理合同和自身发生法律上的关系，委托人与第三人不产生直接的合同关系。因此，委托人不直接对第三人承担责任，其责任可由受托人承担。本案中，布吉公司接受个人股东的委托，以自己的名义与万事达公司签订《股份

（代理）转让合同》，符合间接代理合同的法律特征，其与万事达公司基于股份代理转让合同关系所产生的民事责任可由自己承担，布吉公司辩称其不是本案适格被告的理由，不符合法律规定。

第二，关于双方签订的《股份（代理）转让合同》是否依法成立问题。首先，《公司法》规定，股东持有的股份可以依法转让。布吉公司是股份公司，与有限责任公司相比，其显著特征就是其股份转让的自由性，故个人股东所持有的布吉公司股份是可以依法转让的。其次，布吉公司代理转让的是个人股东的股份，不涉及国有企业股份的转让，无须国有资产管理部门的批准。最后，企改指挥部向布吉公司出具的关于布吉各社区股份公司对个人股东的股份有优先购买权的回复，不符合法律规定。因为《公司法》关于优先购买权的规定只适用有限责任公司，不适用作为股份制企业的布吉公司，且案外人布吉街道办属下的八个企业不是布吉公司的股东，更谈不上享有优先购买权。

第三，关于布吉公司是否有权代理转让股份的问题，个人股东虽未与布吉公司直接签订委托转让合同，但布吉公司于1995年7月19日召开股东会议，通过了《关于股票转让问题的决议》的议案，该决议确定了个人股东可委托布吉公司转让其个人股东股权的权利。布吉公司办理受托转股过程中，向个人股东支付款项不能认定为股份回购，因为其自始至终无减资意思表示，且其垫付的资金在财务账上记载为应收款，足以证明其没有向个人股东回购股份的意思表示。

第四，关于《股份（代理）转让合同》中所附生效条件是否影响本案合同依法成立的认定问题。确认合同是否依法成立，主要应双方当事人签订的合同是否符合合同成立的要件认定。《合同法》第32条规定，当事人采用合同书形式订立合同的，自双方当事人签字或盖章时合同成立。据此，以书面形式订立的合同其成立条件为双方当事人“签字”或者“盖章”，本条在“签字”与“盖章”两个词中间使用了“或者”而非“和”，这就意味着“签字”与“盖章”具有平行的效力，而不是由“签字”与“盖章”两种行业结合在一起时使合同成立。因此，在合同书上签字、盖章或者同时签字和盖章，三者对该合同能否成立的意义都是相同的。本案中，双方当事人已在《股份（代理）转让合同》签字，已符合法律规定的成立条件，且万事达公司已支付500万元定金，布吉公司其后也出具了收款收据，双方当事人的上述行为进一步表明，本案的合同是依法成立的。

（四）合同效力之诉的法院认定

关于合同效力之诉，深圳中院认定，本案系股权代理转让合同纠纷。万事达公司与布吉公司签订的《股份（代理）转让合同》已经由生效判决确认依法成立，本案的争议焦点是该合同是否生效。《股份（代理）转让合同》是一份附有生效条件的合同，所附条件为“自双方签字盖章且乙方向甲方提供或与甲方签署本合同所列附件后生效”。对于该条款的理解应为：万事达公司与布吉公司均在该合同签字并盖章且万事达公司向布吉公司提供合同所列附件（在万事达公司非附件协议当事人的情况下）或与布吉公司签署合同所列附件（在万事达公司与布吉公司均作为附件协议当事人的情况下）后生效。该合同仅由布吉公司法定代表人签字，而未加盖公章确认。同时，合同所列附件《补充协议一》和《补充协议二》均未经布吉公司及其他相关当事人签字或盖章，《变更担保人协议》和《收购股份意向书》虽由万事达公司的法定代表人签字并加盖公章，但其他相关当事人或仅由代表签字、未加盖公章，或未签字亦未盖章。据此，《股份（代理）转让合同》所附生效条件并未成就，该合同未生效，判令驳回万事达公司的全部诉讼请求。

与此相反，广东高院则认定，《股份（代理）转让合同》已生效，理由是：1. 已发生法律效力的该院（2008）粤高法民二终字第85号民事判决确认万事达公司与布吉公司签订的《股份（代理）转让合同》依法成立。2. 布吉公司是在召开董事会作出决议并报经企改指挥部批准同意后，才与万事达公司签订《股份（代理）转让合同》的，将涉案股份转让给万事达公司是其真实意思表示。3.《股份（代理）转让合同》所附条件已成就。该合同约定，本合同自甲乙双方签字盖章且乙方向甲方提供或与甲方签署本合同所列附件后生效。对该条款的理解应为：合同生效必须同时具备两条件，条件一是万事达公司与布吉公司在《股份（代理）转让合同》上签字盖章；条件二是万事达公司向布吉公司提供合同所列附件或与布吉公司签署合同所列附件后生效。这里面条件二是选择条款，具备其一即可，选择一是万事达公司向布吉公司提供合同所列附件；选择二是万事达公司与布吉公司签署合同所列附件。本院（2008）粤高法民二终字第85号民事判决确认，万事达公司在签署合同时，已向布吉公司法定代表人交付了合同附件，万事达公司已在附件中签字盖章。这些事实表明，万事达公司已按照合同附生效条件的要求履行了义务，而布吉公司收取了合同附件后，仅董事长签字但没有盖章，并没有合理解释不盖章的理由。根据《合同法》第45条第2款“当事人为自己的利益不正当地阻止条件成就的，视为条件已成就；不正当地促成条件成就的，视为条件不成就”的规定，布吉公司不盖章的行为应视为阻止条件成就，依法应认定条件已成就，且布吉公司的一系列行为表明，其已实际认可合同已生效。

（五）最高法院对合同效力的再审认定

最高法院再审认定，第一，关于合同效力之诉，广东高院认定《股份（代理）转让合同》生效，在认定事实和适用法律方面并无错误。在另案中，深圳中院（2006）深中法民二初字第79号民事判决认定：个人股东虽未与布吉公司直接签订委托转让合同，但布吉公司于1995年7月19日召开股东会议，通过了《关于股票转让问题的决议》的议案，该决议确定了个人股东可委托布吉公司转让其个人股票的方案，布吉公司基于股东会议的授权取得了代理转让个人股东股权的权利；无论1995年8月15日布吉公司董事会决议是否有效，均不影响个人股东依法转让股份的权利；布吉公司法定代表人依其职权以及2005年9月27日董事会决议与万事达公司签订《股份（代理）转让合同》，并不违背布吉公司的意志，更不存在恶意串通、损害公司利益的情形，《股份（代理）转让合同》依法成立。此外，广东高院（2008）粤高法民二终字第85号民事判决维持了深圳中院上述一审判决，同时还认定：1995年8月15日，布吉公司董事会决议虽为布吉公司的董事事后补签，但该份决议表明了布吉公司的董事会事后将公司垫付股票价款的行为，确认为公司接受委托代为转让股份的行为。因此，无论是个人股东还是布吉公司，其真实的意思均为布吉公司代理公司个人股东转让股权，而非布吉公司向个人股东回购股份。

第二，二审判决认定《股份（代理）转让合同》附生效条件已经成就，并无不当。万事达公司已在该合同上签字盖章，并将合同附件（需万事达公司盖章签署的万事达公司已盖章）提交给布吉公司；布吉公司当时的董事长在《股份（代理）转让合同》上签字。深圳中院（2006）深中法民二初字第79号民事判决书以及广东高院（2008）粤高法民二终字第85号民事判决书中确认：万事达公司在签署合同时，已向布吉公司交付了《股份（代理）转让合同》附件，万事达公司已在附件中签字盖章。二审判决根据以上事实，认定万事达公司已按照合同附生效条件履行了义务，并无不当。而布吉公司收取了合同附件后仅由董事长签字但没有盖章，并没有合理解释不盖章的理由。二审判决根据《合同法》第45条第2款的规定，认定布吉公司不盖章的行为应视为阻止条件成就，进而认定条件已成就，适用法律并无不当。

第三，二审判决认定布吉公司的一系列行为实际认可《股份（代理）转让合同》已生效，并无不当。万事达公司与布吉公司于2005年11月11日签订《股份（代理）转让合同》，同日，万事达公司按合同约定支付了500万元定金，布吉公司于2005年11月15日出具了收款收据，说明双方已开始实际履行合同。布吉公司直到万事达公司向深圳中院提起（2006）深中法民二初字第79号案件诉讼后，才将

500 万元定金退还；在该判决生效后，万事达公司向布吉公司发出了《敦促履行函》，要求布吉公司履行生效判决。布吉公司向万事达公司发出《关于解除股份（代理）转让合同的函》，认为万事达公司未按合同约定在合同签订后 20 日内一次性付清股份转让款，已构成违约，有权单方解除合同，要求万事达公司承担违约责任。二审法院根据上述事实，认定布吉公司实际认可合同已生效，并无不当。此外，股东是否在依法设立的证券交易场所进行股份转让，也不影响本案《股份（代理）转让合同》的效力。综上，布吉公司的再审申请不能成立，依法予以驳回。

由此可见，本案先后两次成讼，一波三折，多次审理，耗时五年。关于合同的成立及效力，不仅律师间的认识不同，而且上下级法院的认识也不同，甚至同一法院的认识，前后也有很大反复，直到最高法院再审后，才真正一锤定音。其间法理认识上的进退得失，确实值得深入总结。

首先，关于诉由选择。本案最初为合同成立之诉，后又另行提起合同效力之诉，究其原因，不能不说在诉由的最初选择上，因为认识上的偏差，走了很大的弯路。这再次提醒我们，律师在帮助客户甄别、选择和确定诉由时，务必再三权衡，慎之又慎。当初之所以选择合同成立之诉，主要原因是，律师本身对合同的效力存有疑虑，缺少对合同效力的深入分析，主观上认为所附条件未能充分成就，为保险起见，遂提起合同成立之诉。不能说这一选择毫无道理，但本案若仅仅着眼于合同成立，则客户的权益并不能完全得到保护，甚至不能得到有效保护，结果出现赢了面子、输了里子的尴尬局面，不得不被迫重新来过，另行开辟新的战场。

其次，关于合同性质。对于本案合同的性质，曾出现过几种不同的认识，一是股份转让合同，二是股份代理转让合同，三是公司股份回购合同。判断合同的性质，不能仅仅根据合同的名称，也不能根据合同的某个或某几个条款，应当结合当事人的真实意思表示、对价行为的不同表现和终极指向，摒弃不必要的细枝末节，全面、综合地予以判断。在这方面，一审法院的认定值得称道，其透过延绵的法律事实，紧紧抓住“间接代理”这个关键词，从而准确地把握住了合同的性质。事实证明，这一定性得到了高级法院、最高法院的一致肯定。

最后，关于附条件合同。合同可以附条件，法律人对此并不陌生，但熟知并不代表真知，有时因为过于熟知，反而可能出现不自觉的认识偏差。比如，对于合同所附生效条件，往往注重正面思维，即重视判断条件是否成就，以此认定合同是否生效，但缺少相应的反向思维，即应同样重视判断有无恶意阻止条件成就的行为，以此认定合同是否存在应“视同生效”的情形。视同即推定，推定是对确定的超越，需要更客观、更精深的法律洞察力。必要的推定，更能触及法律的本质，使案件的法律判断，有了真正的理论深度。本案恰恰属于这种情况。而正是在这个核心问题上，中级法院与高级法院、最高法院的判断和认定截然相反。笔者相信，这种情况的出现不是偶然的，反映出不同级别的法院，在认识倾向和认识高度上，确乎存在某种微妙的差异，实值得悉心揣摩。

第三章

保障民事权利

正如前文所述，出于分析便利需要，并限于篇幅，本章考察的最高法院民事判决中，所涉及的民事权利，以财产权利或财产性质的民事权益为主，包括股权、物权、债权、知识产权和其他民事权益等，鉴于人身、人格权案例更多从救济层面予以体现，除民事主体部分有所涉及外，主要放在民事责任的侵权部分讨论。

前辈学者谢怀栻先生认为："民事权利是民法里最根本性的重要问题。对各种民事权利只作分离的孤立的研究是不够的，必须把各种权利放在一个整体（民事权利体系）中研究，把对个别权利的研究与对整体的研究结合起来，研究才能深入。"①据此，谢先生根据每类权利的固有属性，为使各类权利之间有所区别，将财产性权利划分为财产权、社员权和知识产权三大类。其中，财产权包括物权和债权，② 而社员权中，最重要的一种就是营利性社团法人里的社员，即股东权。

笔者认为，谢先生的上述权利体系的划分，除了汲取我国民法通则确立的权利体系外，将社员权单独划分出来是科学的，因为对权利固有属性的认识，是划分不同权利的最主要依据。作为社员权最主要表现的股东权，是团体法上的权利，不同于个人法上的权利，有其独立存在的理论和实践价值，故本部分采纳谢先生划分的权利体系，主要研究财产性权利中的物权、股权、债权、知识产权。鉴于民事权益也是最高法院判决所保护的对象，笔者也将其列入本部分的范围之内。

关于物权，在2007年3月16日通过《物权法》之前，我国民事法律体系中不存在"物权"的概念，取而代之的是十分拗口的"财产所有权和与财产所有权有关的财产权"。③《物权法》实施后，按照学者的观点，完全采纳了传统大陆法系的规

---

① 谢怀栻：《论民事权利体系》，载《谢怀栻法学文选》，中国法制出版社2002年版，第343~344页。

② 也有最高法院大法官认为，财产权包括物权、债权、知识产权中的财产权和继承权。李国光：《民商事法律应用研究与观察》，中国方正出版社2011年版，第102页。

③ 参见《民法通则》第五章第一节"财产所有权和与财产所有权有关的财产权"。

定，规定了完整意义上的物权法定原则、平等保护原则，除所有权之外，规定了四种用益物权和三种担保物权。[①] 之后《民法典》再次全面确认了平等保护、物权公示和物权法定三大原则。

关于股权，尽管国内学术界对其性质仍存争议，不少学者坚持认为股权就是物权中的所有权，包括我国台湾地区学者也认为，股权乃所有权之变形物，[②] 但鉴于学术界主流的明确观点，以及最高法院的隐晦倾向，或认为股权是独立的民事权利，或认为至少是复合的权利，[③] 尤其是德国学者也倾向于从团体法的视角出发，认为股权的本质，就是股东以其作为成员的身份而享有权利，[④] 故笔者遵从这种主流认识，将股权与物权区分开来分析。事实上，司法实践中，也早已将这二者实际区分开来。

关于债权和知识产权，虽然很多人认为，这两种权利之间完全不同，这两种权利与股权和物权也完全不同，但是，笔者注意到，法国学者仍然愿意从所有权的角度来深入理解其权利性质，如认为债权作为一种财产，本身也是各种特权的标的，是各种与物权相类似的、具有相同本质的权利的标的，甚至进而认为债权也是可以占有的。同样，罗马法也没有忽略无形物，因为"罗马法的所有权概念，既是指对有体物的所有权，也是指对无体物的所有权，并不因为所有权先验地作为无形权利与其所涉及的物相混同而完全丧失了它的特征"。[⑤] 循此逻辑，将非常容易理解债权的转让、代位等行为，以及债权的对抗性质，也容易理解智力权的所有权性质和人格化的努力，进而理解为什么要强调"创造性思想"，而不是强调"先占"思想。当然，作为一种特殊的私权，知识产权既有明显的公法色彩，也涉及宏观的司法政策，[⑥] 具有不同于其他权利的自身特点，并通过具体的司法案例得以淋漓尽致地演绎出来。

---

① 李永军主编：《民事权利体系研究》，中国政法大学出版社 2008 年版，第 238 ~ 239 页；李国光：《民商事法律应用研究与观察》，中国方正出版社 2011 年版，第 11 页。

② 何芳枝：《公司法论》，中国政法大学出版社 2004 年版，第 103 页；王文宇：《公司法论》，中国政法大学出版社 2004 年版，第 223 页。

③ 赵旭东主编：《公司法学》，高等教育出版社 2012 年版，第 302、304 页；金剑锋等：《公司诉讼的理论与实务问题研究》，人民法院出版社 2008 年版，第 202 页。

④ ［德］格茨·怀克、克里斯蒂娜·温德比西勒：《德国公司法》，殷盛译，法律出版社 2010 年版，第 567 页。

⑤ ［法］弗朗索瓦·泰雷、菲利普·森勒尔：《法国财产法》（上册），罗结珍译，中国法制出版社 2008 年版，第 17、19、79 页。

⑥ 在笔者阅读范围内，强调知识产权公法性最力者为郑成思教授，参见郑成思：《知识产权——应用法学与基本理论》，人民法院出版社 2005 年版，第 142 ~ 145 页；强调知识产权政策性最力者为孔祥俊法官，现为上海交通大学凯原法学院教授，参见孔祥俊：《知识产权法律适用的基本问题——司法哲学、司法政策与裁判方法》，中国法制出版社 2013 年版，第 23 ~ 150 页。

第一节　物　权

一、物权确认基本原则

“物权的公示，指物权享有与变动的可取信于社会公众的外部表现方式。”[①] 关于公示的方法，各国普遍采用的主要是登记和交付，以登记作为不动产的公示方法，以交付作为动产的公示方法。对于特殊类型的动产，如车辆、船舶、飞行器等，也采取登记公示方法。如《海商法》规定，船舶所有权的取得、转让和消灭，应当向船舶登记机关登记；未经登记的，不得对抗第三人。

需要说明的是，物权法意义上的“物”，与海商法意义上的“船舶”，虽然均为“物”，但在法律识别上，“此物”与“彼物”之间有着本质的区别。从表面看，《民法典》并未对物直接定义，仅规定该法所称物，包括不动产和动产。法律规定权利作为物权客体的，依照其规定。《海商法》也未对船舶直接定义，仅规定该法所称船舶，是指海船和其他海上移动式装置，包括船舶属具，但用于军事、政府公务和20总吨以下的小型船艇除外。但是，最高法院通过案例的方式认为，海商法意义上的“船舶”，非仅具有物的自然属性，尚需具备必要的法律属性，否则，不得成为法律意义上的船舶。显然，这种法律意义上的“物”，不同于自然意义上、更多为物权法所调整的“物”，这种认识也体现在最高法院的判决中。

在中海工业（江苏）有限公司诉中国太平洋财产保险股份有限公司扬州中心支公司、中国太平洋财产保险股份有限公司海上保险合同纠纷案中，法院认为，在建船舶因尚未通过各项技术检验和办理正式登记手续，难以构成《海商法》意义上的船舶，更不具备从事船舶营运活动的资格。因此，在建船舶的试航作业只是与“船舶建造”有关的活动，而非海商法规定的与“船舶营运”直接相关的活动。[②]

（一）不动产物权的登记确权

《物权法》通过以前，《担保法》中关于抵押合同登记生效的规定，受到不少学

① 陈华彬：《物权法原理》，国家行政学院出版社1998年版，第156页。

② 《中华人民共和国最高人民法院公报》2013年第10期。

者的质疑和批评，认为混淆了债权行为与物权效力之间的区别。无论是理论界还是实务界，形成的共识是，不动产物权的公示形式是登记，登记的公信力是不动产公示的法律效力之一。最高法院显然接受了上述观点。

在西南电子研究所与总府农行支行、盛世公司等借款抵押合同纠纷上诉案中，法院认为，不动产物权依法实行公示制度，虽然盛世公司与研究所作为投资人，在合同中作出待该楼竣工后，对该楼如何分配的约定，但由于盛世公司与研究所并未办理相应的产权变更登记手续，故该工程的项目所有权人仍为火炬公司，而非盛世公司和研究所。总府农行关于火炬公司有资格办理盛世商住楼在建工程抵押登记手续的答辩理由成立，本院予以支持。①

2004 年，最高法院会同国土资源部和建设部，共同出台了《关于依法规范人民法院执行和国土资源房地产管理部门协助执行若干问题的通知》，这是一部重要的规范性文件，虽然仅仅是在执行领域贯彻物权的公示公信原则，但体现了最高法院确认的物权法理，为此后《物权法》出台作了理论和实务上的准备。以登记确认物权及变动效力，详见该通知的三个具体条款。第 7 条第 2 款规定，如果登记名义人否认该土地、房屋属于被执行人，而执行法院、申请执行人认为登记为虚假时，须经当事人另行提起诉讼或者通过其他程序，撤销该登记并登记在被执行人名下之后，才可以采取查封措施。第 8 条规定，对被执行人因继承、判决或者强制执行所得，但尚未办理过户登记的土地使用权、房屋的查封，执行法院应当向国土资源、房地产管理部门提交被执行人取得财产所依据的继承证明、生效判决书或者执行裁决书及协助执行通知书，由国土资源、房地产管理部门办理过户登记手续后，办理查封登记。第 9 条规定，对国土资源、房地产管理部门已经受理被执行人转让土地使用权、房屋的过户登记申请，尚未核准登记的，人民法院可以进行查封，已核准登记的，不得进行查封。这三条规定的意思实际是一致的，就是在进行确权时，以登记为准。

这表明，作为一项基本理念，物权的公示公信原则，已经深入司法系统。即便在基层法院，也依据这一原则审理类似案件。

在新城农信社诉睢某猛、路某宏贷款合同纠纷案中，江苏扬州中院认为，鉴于物权登记的公示、公信原则，凡信赖不动产登记所记载的权利而与权利人交易的人，纵然登记内容和实际权利不一致，其取得的权利仍然受到法律保护，这就是登记公信力的要义。在不动产错误登记的情况下，善意第三人信赖登记而设立的抵押权能

---

① 江必新主编：《民商审判指导与参考》（第 1 卷），人民法院出版社 2003 年版，第 426 页。

否受到法律保护，无论是《担保法》，还是最高院关于适用担保法司法解释，都没有明文规定。面对着立法的空白，在对房屋所有人利益和抵押权利益进行充分衡量的基础上，从物权公示原则和公信原则中找到了本案的解决方法。①

至2007年，《物权法》实施后，该法第9条正式确立了物权登记的公示公信原则，即不动产物权的设立、变更、转让和消灭，经依法登记，发生效力；未经登记，不发生效力，但法律另有规定的除外。此后，最高法院更加严格适用登记原则，作为不动产物权的确权依据。

在工行四川分行与建行成都七支行、大业公司等借款担保合同纠纷申请再审案中，法院认为，工行四川分行通过签订售房合同、财产抵偿协议等一系列民事行为，并支付购房对价，实际使用大华置业公司曾所有的本案讼争房产多年，但双方始终未办理该房产过户登记手续。其间，大华置业公司又将该房产抵押给建行成都七支行，而建行成都七支行接受抵押时，并不知晓大华置业公司早已将抵押物房产出售给工行四川分行并实际使用，工行四川分行也无证据证明大华置业公司与建行成都七支行存在恶意串通情形，涉案所抵押物房产的产权人始终是大华置业公司。根据《物权法》第16条“不动产登记簿是物权归属和内容的根据”，第17条“不动产权属证书是权利人享有该不动产物权的证明”的规定，则不动产买卖双方之间的法律关系不具有公信力，不得对抗善意第三人。工行四川分行以其实际使用争议房产多年、已支付对价为由，要求确认为该房产的所有权人，建行成都七支行对该房产不享有抵押权，缺乏事实和法律依据，本院不予支持。②

最高法院还从反面论证，政府以批复方式收回土地使用权，因不符合登记原则，不产生物权变动效力。

在A县政府与余某华、连天红公司申请人执行异议之诉一案中，法院认为，物权登记的重要作用之一在于公示公信，应当依法依规严格执行。A县不动产登记中心的土地登记是对连天红公司不动产情况的公示，债权人余某华有权信赖不动产登记中心登记的不动产，社会也有权信赖不动产登记，该信赖利益应当得到法律保护。换言之，经过公示出来的权利外观，导致第三人对该权利外观产生信赖，即使真实状况与第三人的信赖不符，只要第三人的信赖合理，第三人的信赖利益就应当受到

---

① 蔡则民主编、褚红军副主编：《再审裁判文书的制作与实例评析》，人民法院出版社2004年版，第577页。

② 最高人民法院民事审判第二庭编：《商事审判指导》（第4辑），人民法院出版社2010年版，第148页。

法律的优先保护。就本案而言，土地收回方 A 县政府长期怠于办理变更或注销登记，导致其对案涉土地并不享有物权，在同为债权的情形下，余某华信赖利益应当优先保护，其有权依据不动产登记簿电子介质记载的案涉土地使用权的归属，要求法院继续执行。人民政府作出的涉案《同意国有建设用地使用权有偿收回的批复》系针对国土资源局的请示作出，也系与他方协商一致的结果，而非政府机关单方实施的行政行为，且即使收回案涉土地使用权，仍需由人民政府的下属机关办理相应的手续引起物权变动，故该批复本身不直接产生物权变动的效力。政府机关以该批复主张案涉土地使用权已产生物权变动效力的理由不成立。①

需要指出的是，最高法院特别强调，不动产登记确权，法定依据是不动产登记簿，而非不动产权属证书。

在四川省聚丰房地产开发有限责任公司与达州广播电视大学合资、合作开发房地产合同纠纷案中，法院认为，根据《物权法》的规定，不动产物权应当依不动产登记簿的内容确定，不动产权属证书只是权利人享有该不动产物权的证明。行政机关注销国有土地使用权但并未注销土地登记的，国有土地的使用权人仍然是土地登记档案中记载的权利人。国有土地使用权转让法律关系中的转让人以国有土地使用证被注销、其不再享有土地使用权为由主张解除合同的，人民法院不应支持。②

当然，除了不动产适用登记确权之外，最高法院也没有放弃司法直接确权的法定方式。早在 2004 年，最高法院就通过发布司法解释，确立了对不动产进行司法直接确权的规则。《最高人民法院关于人民法院民事执行中拍卖、变卖财产的规定》第 29 条第 2 款规定："不动产、有登记的特定动产或者其他财产权拍卖成交或者抵债后，该不动产、特定动产的所有权、其他财产权自拍卖成交或者抵债裁定送达买受人或者承受人时起转移。"

2007 年，《物权法》实施后，依司法行为对不动产直接确权，有了明确的法律依据，最高法院也在案例中直接援引。

在联丰公司不服湖北省高级人民法院（2010）鄂执复字第 17 号执行裁定监督案中，法院认为，《物权法》第 28 条规定："因人民法院、仲裁委员会的法律文书或者人民政府的征收决定等，导致物权设立、变更、转让或者消灭的，自法律文书或者人民政府的征收决定等生效时发生效力。"因此，人民法院的法律文书可以作为物权发生变动的依据，此种情况下的不动产物权不经过公示即可发生变动。本案执行房

① （2019）最高法民终 51 号。
② 《中华人民共和国最高人民法院公报》2014 年第 10 期。

产依法定程序裁定以物抵债后，标的物所有权自抵债裁定送达承受人时起转移。如果已经被生效裁决确定的权利主体没有及时在登记机构对物权予以登记，并不能由此否定物权变动的效果。因此，省国投公司一直未能将该房产办理过户手续，这只是影响其对外的公示效力，并不因此否定省国投公司对鄂州宾馆附楼享有的所有权。①

与此鲜明对比的是，最高法院认为，对股权所有权的司法确认，并不能直接产生股权变动的效力。这种对不同权利的保护差异及裁判认知，实值悉心体会。

在钱某新诉中能源公司、江苏中煤公司、创益公司案外人执行异议之诉案中，法院认为，钱某新的诉讼请求系解除与创益公司之间的股权转让协议，并由创益公司归还股权。另案经审理作出民事判决，其中关于“创益公司在彩虹晶体公司的案涉19%股权归钱某新所有”的判项，只能解读为系针对合同解除产生的股权返还请求权这一债权所作出的确认，并非对案涉股权归属的确权。另案民事判决的生效，并不能直接产生股权变动的效力，钱某新仅得因该民事判决而要求创益公司返还案涉股权。由于钱某新依据另案生效判决拥有的只是股权返还请求权，故其民事权益不足以排除强制执行。②

尽管法律有明文规定，然而，在司法确权与物权登记之间，还是存在微妙的差别，主要体现为对抗力的不同。最高法院也通过判例明确，尽管生效判决是物权变动的依据之一，但不能产生与登记相同的公示效力。

在陈某亚与缪某梯、缪某广其他合同纠纷抗诉案中，法院认为，人民法院生效判决是物权变动依据之一，但生效判决不同于不动产登记公示，不能产生登记所持有的公示效力。案外人以变更生效判决的强制执行申请人方式，成为标的物执行回转的接收人而取得的物权，不受登记公示原则保护。③

此外，对于“以物抵债”的民事调解书是否能够直接引起不动产权属变动问题，最高法院研究室认为，《物权法》第28条规定的“人民法院的法律文书”应当包括判决书、裁定书和调解书。但是以物抵债调解书只是对当事人之间以物抵债协议的确认，其实质内容是债务人用以物抵债的方式来履行债务，并非对物权权属的变动。因此，不宜认定以物抵债调解书能够直接引起物权变动。④

---

① 何东宁等：《民商审判疑难问题解析与典型案例指导》，法律出版社2014年版，第210～211页。

② （2018）最高法民终656号。

③ 景汉朝主编：《审判监督指导》（第2辑），人民法院出版社2014年版，第128页。

④ 张军主编：《司法研究与指导》（总第1辑），人民法院出版社2012年版，第138页。

除了登记确权、判决确权之外，在婚姻家庭案件中，因特殊身份关系形成的合意表示，可以作为事实物权的确认依据，甚至可以对抗登记物权。

在唐某诉李某某、唐某乙法定继承纠纷案中，法院认为，夫妻之间达成的婚内财产分割协议，是双方通过订立契约对采取何种夫妻财产制所作的约定，这是双方协商一致对家庭财产进行内部分配的结果，在不涉及婚姻家庭以外第三人利益的情况下，应当尊重夫妻之间的真实意思表示，按照双方达成的婚内财产分割协议履行，优先保护事实物权人，不宜以产权登记作为确认不动产权属的唯一依据。①

审判领域里贯彻的物权登记原则，自然会延伸至诉讼之初。对于当事人关于物权的确权请求，最高法院认为，应当视动产与不动产区别对待。

在大连羽田钢管有限公司与大连保税区弘丰钢铁工贸有限公司、株式会社羽田钢管制造所、大连高新技术产业园龙王塘街道办事处物权确认纠纷案中，法院认为，在物权确权纠纷案件中，根据物权变动的基本原则，对于当事人依据合同提出的确权请求应当视动产与不动产区别予以对待。人民法院对于已经交付的动产权属可以予以确认。对于权利人提出的登记于他人名下的不动产物权归其所有的确权请求，人民法院不宜直接判决确认其权属，而应当判决他人向权利人办理登记过户。②

还有一类学界称之的“准物权”，如采矿权、取水权等，《物权法》虽将其纳入用益物权范围内，但实际上也采登记或政府批准等方式确权，《民法典》全面承继了这一做法。

在某区政府、安家岭公司与楼子沟煤矿新井二号其他财产所有权纠纷上诉案中，法院认为，案涉矿井在政府实施关闭前，分别取得煤炭生产许可证、企业法人执照、矿长证及集体土地使用权证。该矿井虽未获得采矿许可证，但已由政府认定为一证多矿的矿井之一，属于“以文代证”的矿井，其开采行为存在的瑕疵已经政府文件认可的行为得以补救，且其开采复产自始得到了地方政府及相关主管部门批准和认可。该矿井取得企业法人营业执照后，其法人资格已经在法律上确立，其财产理应得到法律的确认和保护。③

（二）动产物权的交付确权

交付是动产物权变动的公示方法，也是买卖合同标的物风险及利益转移的标志。

① 《中华人民共和国最高人民法院公报》2014 年第 12 期。

② 《中华人民共和国最高人民法院公报》2012 年第 6 期。

③ 最高人民法院民事审判第一庭编：《民事审判指导与参考》（第 3 集），法律出版社 2007 年版，第 194 页。

虽然我国现行法律并未予以明确定义“交付”概念，但公认交付乃占有之移转。据此，交付不仅是独立的法律行为，还是互动的双方行为。不管是现实交付还是观念交付，最高法院认为，未构成法律意义上的交付时，不发生动产物权的变动效力。

在饮业公司与经贸公司、A 市物资公司、B 市物资公司典当拍卖商行侵占钢材所有权纠纷案中，法院认为，关于诉争废钢的权属，饮业公司与经贸公司签订《补充协议》，意思表示真实，合法有效。尽管饮业公司承诺废钢到后，按经贸公司所付资金多以底价供给其钢材，却未确定供给的数量，经贸公司亦同意货到后另行商议。进口废钢为混装，存在多种价格，饮业公司以何种价格为底价，双方亦未商定。而价格、数量的确定直接影响饮业公司所独自承担的风险和利润。所以，饮业公司关于诉争废钢在其未处分前归其所有的主张，有事实依据和法律依据，应予支持。山东高院再审判决对上述事实认定错误，应予纠正。①

在提单这类特殊动产纠纷中，当事人有时会错将债权请求权的转移，如提货单的转移，视为提单的转移，误以为物权已实际转移。最高法院通过公报案例，明确了这两类不同权利变动的各自确认依据。

在肯考帝亚农产品贸易（上海）有限公司与广东富虹油品有限公司、第三人中国建设银行股份公司湛江市分行所有权确认纠纷案中，法院认为，《物权法》第 23 条规定，动产物权的设立和转让，自交付时发生效力。交付是否完成是动产所有权转移与否的标准，动产由第三人占有时，则应根据《物权法》第 26 条的规定进行指示交付。《担保法解释》第 88 条规定，出质人以间接占有的财产出质的，以质押合同书面通知占有人时视为移交。根据该条规定精神，提货单的交付，仅意味着当事人的提货请求权进行了转移，在当事人未将提货请求转移事实通知实际占有人时，提货单的交付并不构成《物权法》第 26 条规定的指示交付。②

通说认为，提单系物权凭证，交付提单，即取得相应物权。但是，最高法院对此持保留态度，认为不能一概而论，应结合案件实际，予以具体分析。

在中国建设银行股份有限公司广东荔湾支行与广东蓝粤能源发展有限公司等信用证开证纠纷案中，法院认为，提单具有债权凭证和所有权凭证的双重属性，提单持有人是否因受领提单的交付而取得物权，以及取得何种类型的物权，取决于合同的约定。本案中，开证行根据其与开证申请人之间的合同约定持有提单，结合当事

① 中华人民共和国最高人民法院审判监督庭编：《审判监督指导与研究》（第 4 卷），人民法院出版社 2004 年版，第 258～259 页。

② 《中华人民共和国最高人民法院公报》2012 年第 1 期。

人的真实意思表示以及信用证交易的特点，应认定开证行对信用证项下单据中的提单以及提单项下的货物享有质权，开证行行使提单质权的方式与行使提单项下动产的方式相同，即对提单项下货物折价、变卖、拍卖后所得价款享有优先受偿权。①

司法实践中，占有改定情形较为少见。而在占有改定情形下，也涉及物权确认。

在青岛源宏祥纺织有限公司诉港润（聊城）印染有限公司取回权确认纠纷案中，法院认为，《物权法》第23条规定，动产物权的设立和转让，自交付时发生效力，但法律另有规定的除外。同时，该法第27条规定，动产物权转让时，双方又约定由出让人继续占有该动产的，物权自该约定生效时发生效力。依据上述规定，动产物权的转让，以交付为公示要件，无论交付的方式是现实交付还是以占有改定方式交付。当事人之间仅仅就物权的转移达成协议，但未就该动产达成出让人继续占有该动产的占有改定协议的，不能构成《物权法》第27条规定的占有改定，故不能发生物权转移的效力。②

需要讨论的是，对于某些特殊动产如机动车等，可能存在交付与登记之间的冲突，如交付给甲，却登记在乙名下。在这种情况下，如何确认物权效力？对此，最高法院的态度前后不太一致。

在刘某兵诉卢某成财产权属纠纷案，法院认为，机动车虽然属于动产，但存在一些严格的管理措施使机动车不同于其他无需登记的动产。行为人未在二手机动车交易市场内交易取得他人合法所有的机动车，不能证明自己为善意并付出相应合理价格的，对其主张善意取得机动车所有权的请求，人民法院不予支持。③

对此，崔建远教授有所质疑，认为法院的这种认定，有暧昧之处，也有明确之点。其暧昧之处表现在，它未就登记是否为机动车物权变动的生效要件明确表态。其明确之点表现在，它把机动车物权是否登记在出卖人的名下作为判断买受人是否善意的重要因素，即在机动车物权并未登记在出卖人名下的场合，买受人却信赖出卖人系真正的机动车所有权人，属于恶意，而非善意。然而，机动车物权变动究竟以何者为生效要件，事关重大，必须明确。④

2012年，最高法院发布《关于审理买卖合同纠纷案件适用法律问题的解释》，明确了交付与登记冲突时，确认物权归属的裁判规则。该解释第10条第1项规定：

---

① 《中华人民共和国最高人民法院公报》2016年第5期。

② 《中华人民共和国最高人民法院公报》2012年第4期。

③ 《中华人民共和国最高人民法院公报》2008年第2期。

④ 崔建远：《机动车物权的变动辨析》，载中国法学网，http://www.iolaw.org.cn/showNews.aspx?id=41083，2015年4月9日访问。

“先行受领交付的买受人请求出卖人履行办理所有权转移登记手续等合同义务的，人民法院应予支持。”第4项规定：“出卖人将标的物交付给买受人之一，又为其他买受人办理所有权转移登记，已受领交付的买受人请求将标的物所有权登记在自己名下的，人民法院应予支持。”[①] 据此，崔建远教授认为，交付是机动车物权变动的生效要件，登记只是对抗善意第三人的要件。机动车过户登记的实际操作程序，否定不了交付是机动车物权变动的生效要件。[②]

（三）一物一权原则

在导江公司与岷江公司财产权属纠纷再审案中，法院认为，导江水电站是由土地、引水式工程枢纽、拦河闸、开敞式取水口、引水明渠、前池、厂心、尾水渠等主要建筑物及发电机组、变压器场、输电线路等主要构筑物组成的综合水利设施。根据《物权法》第146条“建设用地使用权转让、互换、出资或者赠与的，附着于该土地上的建筑物、构筑物及其附属设施一并处分”的规定，岷江公司已取得导江水电站的建设用地使用权，其地上构筑物、建筑物所有权一并转移。按照一物一权主义，导江水电站只有一个所有权，岷江公司取得导江水电站的所有权后，不存在导江水电站中的回水河450米护岸工程等34项资产上存在单独所有权并属于导江公司所有的情形。[③]

在南天一花园业主委员会与深圳城建开发公司、深圳城建监理公司、深圳城建物业公司房屋侵权纠纷提审案中，法院认为，法定图则和容积率等只是政府在建设用地和建筑规划方面的行政管理手段，并非判断小区配套设施产权归属的充分条件，尤其在现阶段，要判断小区配套设施的产权归属，应结合历史、现实和法律对一般建筑物所有权归属的相关规定综合考量。本案争议房屋的兴建、登记及本案纠纷提起的时间，均是在《物权法》施行之前。但是鉴于在《物权法》施行之前，法律对建筑物区分所有问题没有明确规定，也可以参照《物权法》及相关司法解释的规定，对本案小楼是否属于业主共有部分做出认定。即使按照《物权法》第73条及司法解释关于建筑物区分所有的相关规定，案涉小楼不属于业主共有的公共场所，不能认定属于全体业主所有。深圳城建公司对两栋小楼的占有、使用以及委托出租及收取租金

---

① 现为《最高人民法院关于审理买卖合同纠纷案件适用法律问题的解释》（2020年修正）第7条。

② 崔建远：《机动车物权的变动辨析》，载中国法学网，http：//www.iolaw.org.cn/showNews.aspx？id=41083，2015年4月9日访问。

③ 江必新主编：《审判监督指导》（第1辑），人民法院出版社2012年版，第159页。

等行为，没有侵害南天一花园小区全体业主的合法权益，对南天一花园业委会基于全体业主对小楼共享所有权而提出的返还小楼和损失赔偿的请求，均不能予以支持。①

（四）依身份资格确权

《物权法》首次将“土地承包经营权”作为用益物权，但并没有明确该法定物权的主体确权标准，只是在第 124 条规定，农村集体经济组织实行家庭承包经营为基础、统分结合的双层经营体制。《民法典》完全承继了上述规定，其中均隐含了该权利主体的成员资格身份。司法实践中，最高法院以发布指导案例的方式，明确了土地承包经营权的主体确权标准。

在王某荣与何某云、王某胜等农村土地承包经营权纠纷提审案中，法院认为，对土地承包权的认定应当统一，《农村土地承包经营权证》是民事案件中认定当事人是否具有农村土地承包经营权的重要依据。同时，应当比照《农村土地承包法》第 26 条第 3 款规定，“承包期内，承包方全家迁入设区的市，转为非农业户口的，应当将承包的耕地和草地交回发包方。承包方不交回的，发包方可以收回承包的耕地和草地”，在认定当事人是否具有某个农村集体经济组织成员资格的基础上，对其是否享有农村土地承包经营权问题作出裁决，城市居民不享有土地承包权。②

二、关于物权追及力

依史尚宽先生的解释，所谓物权追及力，源于物权对于客体的直接排他支配权这一本质，是指不问客体辗转流通于何人手中，物权人均得追及标的物而主张其物权之效力。③ 尽管有学者质疑物权追及力的存在价值与意义，④ 但在司法实践中，提

---

① 《南天一花园案追踪：为首例最高法提审的商品房小区公共部分确权民事纠纷》，载《南方都市报》2014 年 2 月 28 日。案例评析另见杜万华副主编：《民事审判指导与参考》（第 2 辑），人民法院出版社 2014 年版，第 173 ~ 191 页。

② 《城市居民不享有土地承包经营权》，载《人民法院报》2014 年 3 月 20 日。

③ 史尚宽：《物权法论》，中国政法大学出版社 2000 年版，第 10 页。值得注意的是，我国有学者否认物权追及力的存在价值，认为“物权追及力对物权人（静态安全）的保护恰恰是以牺牲相对人（交易安全）的保护为代价的，在物权变动的价值取向由静的安全转向交易安全的趋势下，物权之追及力当不可取。从根本上说，所谓物权追及力理论只是一个虚假问题”。朱庆育：《寻求民法的体系方法——以物权追及力理论为个案》，载《比较法研究》2000 年第 2 期。

④ 除前述个别青年学者外，王利明、梁慧星、张俊浩、陈华彬等著名学者很早即对此提出质疑，参见王利明：《物权法论》，中国政法大学出版社 1998 年版，第 31 页；梁慧星主编：《中国物权法研究》（上），法律出版社 1998 年版，第 81 页；张俊浩主编：《民法学原理》，中国政法大学出版社 1991 年版，第 363 ~ 364 页；陈华彬：《物权法原理》，国家行政学院出版社 1998 年版，第 96 页。

单、抵押权、优先购买权、物权期待权等纠纷案件中，经常会涉及物权追及力。最高法院对此持肯定意见，此举类似于美国法中的“长臂管辖权原则”，体现出对物权的延伸保护。

在兴利公司、广澳公司与印度国贸公司、马来西亚巴拉普尔公司、库帕克公司、纳林公司货物所有权争议上诉案中，法院认为，提单是一种物权凭证，提单的持有人就是提单项下货物的所有权人。当提单项下货物被他人占有时，提单的持有人有权对占有人提起确认货物所有权和返还货物之诉。四被上诉人分别持有本案争议货物的不可转让的正本记名提单，应为争议货物的所有权人，有权就该批货物向占有人及销售人主张所有权。四被上诉人是第一审合法的原告，占有争议货物的两上诉人是第一审合法的被告。两上诉人主张四被上诉人无权向其追索货物和要求赔偿的上诉理由不能成立。①

物权追及力往往出现在法律事实与客观事实出现冲突时，这一点突出地反映在依登记公信力而设立的抵押权等物权行使过程中。

在国际经济技术合作集团与中大集团借款担保纠纷上诉案中，法院认为，产权人在当事人所有的部分房屋上设立抵押权，属于无权处分，依照我国《合同法》第51条，产权人与银行签订的抵押合同属于部分无效合同，涉及部分房屋的抵押登记也无效，银行不应取得抵押权。但是，不动产登记具有公信力，因此，不动产抵押权的善意取得应当得到承认。本案产权确认行为发生在抵押合同签订之后，根据法律事实发生的前后顺序，抵押登记行为在先，确认抵押物产权在后，因抵押行为无瑕疵，抵押权人无过错，即使抵押物已确权为他人所有，善意抵押权人仍可就转让后的抵押物追及行使抵押权。②

当然，行使物权追及力时，并非不受任何限制。最高法院认为，恶意行使物权追及力不受法律保护。

在渤海证券与立达公司、立达集团侵权纠纷上诉案中，法院认为，物权的追及力在法理上讲也不是没有限制的，不能侵犯国家、集体和善意第三人的合法权益。本案渤海证券依合同入住并支付对价属善意第三人，不能依物权追及力理论主张其腾房。协议签订后立达公司将房屋交付渤海证券，协议已经履行，渤海证券已对讼争房屋享有物权，不能因为未办理房屋所有权过户登记手续，立达公司与立达集团

---

① 《中华人民共和国最高人民法院公报》1991年第1期。

② 最高人民法院民事审判第二庭编：《民商事审判指导》（第2辑），人民法院出版社2006年版，第311页。

恶意解除合同的行为，就导致渤海证券占有房屋的行为不合法，解除合同的行为对渤海证券入住房屋的行为无溯及力。①

抵押物常常未经抵押权人同意发生流转，由此发生抵押权与转让行为效力之间的冲突。对此，最高法院十分注意在抵押权人、抵押人和善意受让抵押标的物的第三人之间保持利益平衡，而不是简单地否决流转效力。受让人可以通过行使涤除权来消灭抵押权，对转让行为的效力予以补正，同时也使抵押权人的物权追及力得以实现。

在百花公司诉浩鑫公司买卖合同纠纷案中，法院认为，《担保法》第49条并未剥夺抵押人对抵押物的转让权，而是要保障抵押权人享有的债权能够实现。在未通知抵押权人或者未告知受让人的情形下，抵押人转让已办理登记的抵押物，该转让行为并非绝对无效。如果受让人代替抵押人向抵押权人清偿了全部债务，使抵押权消灭，则转让行为可以有效。②

在重庆索特盐化股份有限公司与重庆新万基房地产开发有限公司土地使用权转让合同纠纷案中，法院认为，担保法、《担保法解释》以及物权法相关规定的指导思想是要在抵押权人和抵押人、受让抵押标的物的第三人之间实现利益均衡，既充分保障抵押权不受侵害，又不过分妨碍财产的自由流转。根据《担保法解释》第67条和《物权法》第191条的规定，未经通知或者未经抵押权人同意转让抵押物的，如受让方代为清偿债务消灭抵押权的，转让有效。③

此外，最高法院认为，优先购买权是一种物权取得权，属于准物权的范畴，权利人可以主张义务人与第三人的买卖合同无效，直接行使其优先购买权，即变更合同主体，以判决代替契约，将房屋卖给承租人。笔者认为，这实际上赋予了优先购买权以物权追及的效力。

在物资集团机电设备公司、裕华公司与贵州庆丰公司房屋优先购买权纠纷上诉案中，法院认为，本案的关键是如何保护优先购买权，可以保护到什么程度。根据最高法院《关于贯彻执行民事政策法律若干问题的意见》第118条规定："出租人出

---

① 最高人民法院民事审判第一庭编：《民事审判指导与参考》（总第16集），法律出版社2004年版，第242页。

② 《中华人民共和国最高人民法院公报》2006年第3期。有学者认为，此案违反法不溯及既往原则，适用法律错误，不应适用《物权法》第191条，而只应适用《担保法》第49条及其司法解释的规定。程啸：《论抵押财产的转让："重庆索特盐化股份有限公司与重庆新万基房地产开发有限公司土地使用权转让合同纠纷案"评释》，载《中外法学》2014年第5期。

③ 《中华人民共和国最高人民法院公报》2009年第4期。有学者认为，此案是最高法院利益衡量的经典案例。梁上上：《利益衡量论》，法律出版社2013年版，第275页。

卖出租房屋，应提前3个月通知承租人。出租人未按此规定出卖房屋的，承租人可以请求人民法院宣告该房屋买卖合同无效。”一审法院判决比该规定更进一步，直接将该讼争房屋判由庆丰公司购买所得。鉴于一方愿卖，一方要买，在这种情况下，直接将房屋判决由庆丰公司优先购买取得，并无不可。①

在肖某梅与徐某文、徐某秀房屋买卖纠纷抗诉案中，法院认为，虽然最高检以法院“直接判决出租人出售房屋给承租人，缺乏法律依据”的抗诉有一定道理，徐某文也表示如宣告其与徐某秀的房屋买卖合同无效，则房屋不卖，但综观全案，徐某文转让房屋所有权的真实意思是清楚的。鉴于本案承租人肖某梅已领取房屋所有权证四年，徐某文已收取肖某梅购房款的实际状态，原审判决徐某文将房屋卖与肖某梅，没有侵犯徐某文对其房屋的处分权，更不损害徐某文的合法权益。②

我国物权法中并没有物权期待权的概念，仅在第20条规定预告登记期待权，但鉴于该权利属性客观存在，自2000年起，最高法院通过多部司法解释，实际确认物权期待权的存在。③ 当事人在符合规定条件时，可以主张物权之对抗效力。④ 司法实务中，最高法院还以审委会案例的形式，高调申明对物权期待权的保护，被称为“最柳暗花明”的判决。⑤

---

① 最高人民法院民事审判庭编写：《最高人民法院民事案件解析》（第2集），法律出版社2000年版，第45~46页。

② 中华人民共和国最高人民法院审判监督庭编：《审判监督指导与研究》（第1卷），人民法院出版社2003年版，第164~165页。引人注目的是，该案历芜湖市镜湖区法院一审、再审；芜湖市中级法院再审；安徽省检察院抗诉；安徽省高院再审；最高检察院抗诉；最高法院再审。

③ 值得注意的是，即使在最高法院内部，也有法官并不认同物权期待权的提法，认为其在学理上的争议从未间断，也不宜用“物权期待权”解释最高人民法院《关于人民法院办理执行异议和复议案件若干问题的规定》中的相关条款。参见乔宇：《案外人执行异议之诉中的林地使用权及林木所有权问题——高安市中兴小额贷款有限责任公司与廖某案外人执行异议之诉纠纷案评析》，载最高人民法院执行局编：《执行工作指导》（第2辑），人民法院出版社2017年版，第175~195页。

④ 《最高人民法院关于建设工程价款优先受偿权问题的批复》第2条规定：“消费者交付购买商品房的全部或者大部分款项后，承包人就该商品房享有的工程价款优先受偿权不得对抗买受人。”

《最高人民法院关于人民法院民事执行中查封、扣押、冻结财产的规定》第17条规定：“被执行人将其所有的需要办理过户登记的财产出卖给第三人，第三人已经支付部分或者全部价款并实际占有该财产，但尚未办理产权过户登记手续的，人民法院可以查封、扣押、冻结；第三人已经支付全部价款并实际占有，但未办理过户登记手续的，如果第三人对此没有过错，人民法院不得查封、扣押、冻结。”

《最高人民法院关于人民法院办理执行异议和复议案件若干问题的规定》第30条规定：“金钱债权执行中，对被查封的办理了受让物权预告登记的不动产，受让人提出停止处分异议的，人民法院应予支持；符合物权登记条件，受让人提出排除执行异议的，应予支持。”

⑤ 最高人民法院：《虽因购房人自身原因未办理房屋过户手续，但并不影响对其享有物权期待权的认定》，载微信公众号“民事审判”，2020年1月2日。

在陈某亭与住安公司、时风公司案外人执行异议之诉再审案中，法院认为，首先，针对陈某亭对执行标的所享有的民事权益是否足以排除强制执行，可以结合被执行人时风公司的责任财产范围，异议人陈某亭、申请执行人住安公司及被执行人时风公司对案涉房屋各自享有的权利性质，以及案涉房屋的功能、属性等方面进行综合判断。住安公司申请查封、执行的案涉房屋，系被执行人时风公司开发建设的酒店式公寓。基于本案已查明的事实，2004 年 9 月 7 日，时风公司与陈某亭签订《商品房买卖合同》，将该房屋以 443688 元出售给陈某亭，陈某亭依约向时风公司支付了全部购房款，时风公司亦向陈某亭实际交付了该房屋，陈某亭也实际缴纳过该房屋有线电视费用、物业管理费用、基础建设配套费、水电费等相关费用。尽管陈某亭在收房后又将该房屋委托给时风公司进行出租，但没有证据证明陈某亭与时风公司恶意串通或者存在其他利害关系。在此情况下，陈某亭与时风公司所签《商品房买卖合同》已经基本履行完毕。时风公司作为出卖人对该房屋即不再享有任何法律上的实体权利，仅负有协助陈某亭办理过户登记的义务。据此，案涉房屋已经脱离时风公司责任财产范围，时风公司因全额收取了陈某亭支付的购房款，其责任财产并未因此减损，时风公司业已无权再用该房屋偿付其所欠债务，否则就有违公平、诚实信用的法律原则。住安公司作为时风公司债权人原则上亦不能请求以该房屋抵偿时风公司所欠债务，除非住安公司有证据证明陈某亭与时风公司恶意串通或者有其他利害关系，影响了对时风公司责任财产范围的认定。其次，陈某亭对案涉房屋享有的物权期待权与住安公司的普通金钱债权相比，应予优先保护。如前所述，陈某亭基于《商品房买卖合同》及相关法律规定，在已支付完毕购房款并合法占有案涉房屋的情况下，即对时风公司享有请求协助办理案涉房屋过户登记手续、进而取得案涉房屋所有权（完全物权）的权利，该权利也被称为物权期待权。而住安公司对时风公司享有的是普通金钱债权，该债权与案涉房屋并无直接关联。虽然我国现行立法未就物权期待权作出明确规定，但作为一种从债权过渡而来、处于物权取得预备阶段的权利状态，此种权利具有与债权相区别、与物权相类似的效力特征。就本案而言，案涉《商品房买卖合同》的成立和生效意味着买受人陈某亭有权请求时风公司依约交付所购商品房，该请求权作为一般合同债权与住安公司同样基于合同享有的普通金钱债权并无二致，没有优先保护的权利基础。但陈某亭在依约支付了全部购房款并实际合法占有所购房屋的情况下，其基于合同享有的一般债权就转化为其对该房屋享有的物权期待权。该物权期待权虽然仍属于债权的范畴，但已不同于一般债权。时风公司作为出卖人因买受人陈某亭依约履行了付款义务而让渡了其对所售房屋享有的占有、使用、收益及部分处分的物权权能，买受人也因实际占有该房屋获得了一定的对外公示效力，尽管该效力尚不能与不动产物权登记的法定效力相等同。据此，陈某亭对案涉房屋所享有的权利尽管尚不属于《物权法》意义上的物权（所有权），但已具备了物权的实质性要素，陈某亭可以合理预期通过办理不动产登记将该物权期待权转化为《物权法》意义上的物权（所有权）。至于案涉房屋因陈某亭自身原因一直未办理过户登记手续，不影响对陈某亭享有前述物权期待权的认定。最后，陈某亭对案涉房屋具有一定的居住权益，有优先保护的价值和意义。本案中，案涉房屋作为酒店式公寓，房屋是否具有居住功能，与房屋系商业房还是住宅的属性并无直接对应关系，商业房被用于自住、住宅被用于投资炒卖的现象在现实中均不鲜见。虽然案涉房屋系酒店式公寓，可归于商业房范畴，但酒店式公寓的设计仍可用于居住，且不排除自住。在没有证据证明陈某亭尚有其他可供居住房屋，且案涉房屋已被实际用于自住的情况下，案涉房屋对陈某亭夫妇即具有了居住保障功能。故相对于住安公司享有的普通金钱债权，陈某亭的居住、生存权益就有了优先保护的价值和意义，其所享有的民事权益足以排除强制执行。①

最高法院不仅实际承认物权期待权，而且还认为该权利人未办理过户手续时，仍可在房屋上设定抵押权并办理抵押登记。

在辜某亮与郑某娟、郑谢某贵、钟某信民间借贷纠纷再审案中，法院认为，本案为涉及我国台湾地区的民事案件，原审认定为涉外案件，且适用《涉外民事关系法律适用法》是错误的。《分家协议书》已将郑某娟确定为涉案房屋的实际权利人，虽未办理过户，但郑某娟对该房屋享有物权期待权。在此情形下，其以郑谢某贵名义在该房屋上设定抵押权并不损害第三人的合法权益，且抵押已办理登记，故涉案房屋抵押有效，辜某亮依法对该房产在其债权范围内享有优先受偿权。二审判决认定抵押无效，属适用法律错误，应依法纠正。②

三、土地与房屋分别确权

我国法律一般要求土地使用权和地上建筑物应当权利合一，但实践中不同部门分别登记土地使用权和房屋所有权的客观事实，表明在实务上是完全承认土地使用权和地上建筑物各自的相对独立性的。立法和现实上的双重标准，必然延伸至审判领域，最高法院既坚持权利合一说，但对此分离似也持承认态度，前者体现在其发布的公报案例中，后者体现在其与国土资源部、建设部联合发布的《关于依法规范人民法

① （2019）最高法民再49号。
② （2017）最高法民再380号。

院执行和国土资源房地产管理部门协助执行若干问题的通知》这一司法性文件中。

在中国信达资产管理公司西安办事处与陕西省粮油食品进出口公司西安中转冷库、陕西省粮油食品进出口公司借款担保合同纠纷案中，法院认为，根据《城市房地产管理法》等法律法规的规定，“地随房走，房随地走”的权利合一原则是我国房地产权属的一贯原则。房产转让人负有将所售房屋占用范围内的土地使用权移转给受让人的义务。在土地使用权变更登记完成之前，转让人为登记的名义权利人，但受让人为实质权利人，可以请求将土地使用权变更至自己名下。房产转让人将房产所有权转移给受让人后未将对应的土地使用权进行转移，擅自将该土地使用权设定抵押的行为属于无权处分，未经权利人追认当属无效。[①] 第6条规定，土地使用权和房屋所有权归属于同一权利人的，人民法院应当同时查封；土地使用权和房屋所有权归属不一致的，查封被执行人名下的土地使用权或者房屋。另第23条规定，在变价处理土地使用权、房屋时，土地使用权、房屋所有权同时转移；土地使用权与房屋所有权归属不一致的，受让人继受原权利人的合法权利。[②]

既然房屋与土地权利各有其相对独立性，则权利主体就可能并非同一。当出现不一致情形时，在担保法律关系中，房地产抵押合同的效力如何认定，以及相关权利人的利益如何保护?

在华通公司与成都农行支行、盛世公司借款合同纠纷上诉案中，法院认为，担保法确立了房地产抵押“房随地走”或“地随房走”即房地产权利主体一致的原则。但实践当中，土地与地上建筑物权利主体不一致的情况大量存在，特别在我国房地产登记制度还不十分健全的情况下，抵押权人实现抵押权容易产生争议。作为房地产权属登记，在我国不仅作为权利确认的公示方法，同时该登记的内容有对世的可信效力，对因相信登记内容而取得权利的善意者，纵然登记内容与实际权利并不一致，其取得的权利仍然受到法律保护，二审判决从维护登记机关登记结果公信力和保护善意相对人角度出发，确认了抵押权人因抵押合同登记生效而取得抵押权，符合我国不动产物权登记生效的法律规定。

另外，房地权利分离的现状，还涉及房屋所有权和土地使用权是否可以分别抵押的问题。对此，学界有不同意见，最高法院内部也有不同看法，而且上下级法院之间，也各有不同观点，如最高法院和高级法院之间，对此意见就不一致。比如，

---

① 《中华人民共和国最高人民法院公报》2009年第12期。

② 江必新主编：《民商审判指导与参考》（第1卷），人民法院出版社2003年版，第260～261页。

辽宁高院认为，如果出现房和地分设抵押的情况，应当坚持同时抵押的原则。据此，以地抵押的，应视为地及其地上的房屋一同抵押，以房抵押的，应视为房及其占用范围内的土地一同抵押。无论是以地抵押还是以房抵押，设定在先的应认定合法有效，设定在后的仅就设定在前的抵押所担保的债权余额部分发生效力。前后各抵押的效力均及于地和房，设定在前的优先受偿。

然而，最高法院法官认为，如果一定要求土地和房屋同时抵押，分开抵押就无效，那么将由于登记机关的不统一而很难做到同时抵押，将导致已经登记的抵押无效的情况发生。我们不能因为登记机关的原因不能做到同时抵押，而要求交易双方承担由此造成的风险，这是最基本的原则。最高法院《担保法解释》第 59 条就体现了这一原则，该条规定，当事人办理抵押物登记手续时，因登记部门的原因致使其无法办理抵押物登记，抵押人向债权人交付权利凭证的，可以认定债权人对该财产有优先受偿权。但是，未办理抵押物登记的，不得对抗第三人。可见，如果抵押登记的当事人有充足的证据证明其进行了登记申请，因登记部门的原因致使其无法办理抵押物登记的，根据案件的实际情况，如果抵押人向债权人交付权利凭证的，人民法院可以认定抵押有效。①

2019 年九民会议纪要公布后，房地产分别抵押的裁判规则得以统一。该纪要第 61 条规定，根据《物权法》第 182 条之规定，仅以建筑物设定抵押的，抵押权的效力及于其占有范围内的土地；仅以建设用地使用权抵押的，抵押权的效力亦及于其上的建筑物。在房地分别抵押，即建设用地使用权抵押给一个债权人，而其上的建筑物又抵押给另一个人的情况下，可能产生两个抵押权的冲突问题。基于“房地一体”规则，此时应当将建筑物和建设用地使用权视为同一财产，从而依照《物权法》第 199 条的规定确定清偿顺序。目前，该条款已为《民法典》所承继。

四、集体土地流转问题

对于集体土地，能否出让？最高法院往往依据土地管理部门的意见作出裁决。

在国泰公司与麻村村民委员会、桂信公司房地产合作开发合同纠纷上诉案中，法院认为，本案国泰公司与麻村所签订的合同虽然名为合作开发合同，但仔细审查合同的内容，该合同实际上是麻村附条件同意国泰公司征用其第三产业用地并加以

---

① 辽宁省高级人民法院民一庭：《关于审理房地产案件当中遇到的有关权利冲突问题的解决》；杨永清：《论房屋所有权和土地使用权可以分别抵押》，均载最高人民法院民事审判第二庭编：《民事审判指导与参考》（第 2 卷），法律出版社 2003 年版，第 260 ~ 288 页。

补偿的合同。据了解，南宁市和广西壮族自治区土地管理局也认为，类似麻村的第三产业用地虽然是集体性质，不能直接进入市场，但是经过批准可以进行合作，合作的附加条件是否有效，由法院认定。①

而在地方法院，对此意见并不一致。浙江高院专门发布指导性意见，认为“以土地使用权出资，实质上就是土地使用权从出资者向公司的让渡，而依据现行法律的规定，能够作为财产权进行转让的只是国有土地的使用权。因此，如果集体组织欲以集体所有的土地对外投资，则必须首先将集体土地通过国家征用的途径变为国有土地，再从国家手里通过土地出让的方式获得国有土地的使用权，才能进行有效的出资”。②

然而，广东高院则持另种态度，依是否取得批准确定效力，其也专门发布指导性意见，明确规定：“农村集体经济组织经依法批准和集体土地使用权以入股、联营等形式，与其他单位、个人兴办企业而将集体土地使用权转让给所兴办的企业所签订的合同，应当认定有效。农村集体经济组织将其持有的以土地折价的股份转让的，其实质是转让集体土地使用权，一般应认定转让合同无效，但经县级以上人民政府依法批准转让的除外。”③ 由此可见，广东高院较浙江高院灵活，此在处理合同无效时的溢价时亦如此。然而，最高院法似乎在这个问题上还是选择了目前较为保守的做法，实际支持了浙江高院的做法，在其与国土资源部和建设部联合发布的《关于依法规范人民法院执行和国土资源房地产管理部门协助执行若干问题的通知》第 24 条规定可见端倪，该条第 2 款规定，对处理农村房屋涉及集体土地的，人民法院应当与国土资源管理部门协商一致后再行处理。

五、几类特殊物权归属

（一）单位福利公房能否收回

在水泥厂诉刘某玉被开除公职后收回优惠出售的公有房屋案中，法院认为，单位向职工优惠出售单位公有房屋，确实不同于一般房屋买卖关系，表现出主体的特殊性，即这种做法发生在具有劳动法律关系的主体之间，本质上反映的是单位向职工所能提

① 唐德华主编：《民事审判指导与参考》（第 1 卷），法律出版社 2000 年版，第 282 页。

② 浙江省高级人民法院民事审判第二庭：《关于公司法适用若干疑难问题的理解：集体土地使用权能否出资?》，载蒋大兴主编：《公司法律报告》（第 2 卷），中信出版社 2003 年版，第 458 页。

③ 《广东省高级人民法院关于审理农村集体土地出让、转让、出租用于非农业建设纠纷案件若干问题的指导意见》，载唐德华主编：《民事审判指导与参考》（第 4 卷），法律出版社 2000 年版，第 282 页。

供的一种福利待遇，这是单位应履行的一种法定义务，是职工所享有的一种法定权利。单位对已提供给职工的福利待遇不具有对价性和补偿性，即单位不得要求回报和收回已转移所有权的作为福利待遇提供的物。被告购买单位公房并已取得房产证，是其已得到的福利待遇，不能因为其此后不再是原告单位的职工，而可由单位收回。①

（二）埋藏文物归属

在汪某诚等六人诉淮安市博物馆返还祖宅的埋藏文物纠纷案中，法院认为，《民法通则》第 79 条规定：所有人不明的埋藏物，归国家所有；《文物保护法》第 5 条也将中华人民共和国境内地下遗存的文物一般推定为属于国家所有。但埋藏或隐藏于公民祖宅且能够基本证明属于其祖产的埋藏物，在无法律明文规定禁止其拥有的情况下，应判定属于公民私人财产。② 此处判决结果，显系对我国台湾地区“民法”规定的合理借鉴，有缓和国家垄断所有人不明时所有权之强势。对于我国台湾地区“民法”第 808 条之规定，梅仲协先生曾释明如下，发见人合法占有埋藏物，且埋藏物系在自己所有物中发见时，发见人对埋藏物取得其全部所有权。③

（三）学校校产归属

在刘某民与赵某华因离婚诉讼涉及民办私立学校校产分割案中，法院认为，私立学校享受国家免税等优惠政策，国家的优惠政策是一种间接的投资。因此，办学积累形式上属于学校法人的财产，但实质应属于出资者和国家共有。原判将学校的全部办学积累财产均判归出资者不当。离婚案件涉及私立学校的校产应包括两个部分，一是夫妻二人的共同出资款，二是办学积累的财产。其中，共同出资款应归夫妻二人共同共有，对办学积累的财产的分配是夫妻作为一方与国家作为一方对该部分财产进行分配。夫妻二人对上述共同出资款和办学积累中属于夫妻二人共同共有的财产部分的分割涉及两个层次的问题，第一是对财产的分割，第二是因财产的分割确定了学校管理权的归属。④

---

① 最高人民法院中国应用法学研究所编：《人民法院案例选》（上），新华出版社 2001 年版，第 102～103 页。

② 《中华人民共和国最高人民法院公报》2013 年第 5 期。

③ 梅仲协：《民法要义》，中国政法大学出版社 1998 年版，第 541 页。另外，我国台湾地区“民法债编施行法”之第三编物权第 808 条规定：“发见埋藏物而占有者，取得其所有权。”

④ 中华人民共和国最高人民法院审判监督庭编：《审判监督指导与研究》（第 3 卷），人民法院出版社 2003 年版，第 104 页。

（四）货币所有权

在横向公司与冶金公司、农行汉口支行返还保证金纠纷案中，法院认为，本案焦点是，在农行汉口支行明知该400万元保证金系委托人横向公司开证保证金的情况下而予以扣划，冲抵冶金公司对该行的欠款，该扣划行为有无法律依据，是否构成侵权。货币作为一般等价物和典型流通物，由于其个性在法律和事实上难以识别，法律注重其流通性，因而其所有权与占有权一般不分离存在。但是，如果占有人只能按照他人的意志进行占有，则不是民法上的占有，而是占有辅助。鉴于代理人占有的意思并不独立，其占有仅构成占有辅助，故冶金公司不为此而成为真正的占有人，该笔资金的所有权也不为此而转移。①

另起刊登于最高法院机关报的典型案件，则涉及名实不符情况下的货币所有权的归属。在该案中，法院极为难得地展示了法理认定的思维路径。

在陈某与林某储蓄合同侵权纠纷案中，厦门市海沧区法院认为，原告虽以不当得利为由提起诉讼，但本案并不属于不当得利诉讼，而应为财产侵权之诉。经释明，原告变更了诉讼请求。在本案中，原告陈某借用儿子林某身份开设银行账户，银行卡、网上银行U盾均由陈某保管，案涉账户由陈某实际控制和使用，其内存款余额亦是陈某所存入。此时，对银行而言，其应当根据陈某所具有的“债权之准占有人”之权利表征而“凭要求即付”。因此，就案涉账户存款余额范围内对银行所享有的债权，实际由陈某行使。现被告林某自行办理案涉账户的挂失手续，致使陈某丧失对案涉账户的控制权和使用权，使其无法就案涉账户内存款余额对银行行使债权，进行支取、转账等有关交易；且因林某办理案涉账户挂失手续的新卡已制出，故案涉账户已实际由林某所控制，就其内存款余额对银行享有的债权亦由其实际享有。因此，林某的挂失行为构成侵权，已侵害了陈某的财产权益，应承担相应的侵权责任，向陈某返还其侵权所获利益，遂判令林某向陈某返还涉案账户内的余额20万元。②

（五）信托财产所有权

司法实践中，对于信托财产所有权性质及其归属，认识颇多争议。正如学者所

① 中华人民共和国最高人民法院审判监督庭编：《审判监督指导与研究》（第1卷），人民法院出版社2003年版，第109页。

② 安海涛、付臻：《母亲用儿子名字办理并使用银行卡儿子擅自挂失构成财产侵权》，载《人民法院报》2014年5月29日。

指出的，信托法中一个根本的概念问题是：是否将信托视为一个法律实体。传统的普通法长久以来建立的规则是：受托人的债权人不可以强制执行信托财产以实现其债权。[①] 令人意想不到的是，最高法院在具体案件处理中，与上述学术观点如出一辙，完全承认信托财产权属之独立性。

在般诺公司与中融公司、易融公司财产权属纠纷执行案中，易融公司与中融公司签订了《资金信托合同》，约定由易融公司作为委托人，向受托人中融公司交付1.03亿元人民币的信托资金，委托其从豫联公司受让该公司持有的3250万股“中孚实业”股票，受托人中融公司与豫联公司签订《股权转让协议》，受让了约定股份，依法办理了过户登记并在上海证券交易所进行了信息披露，明确易融公司为中融公司所持股权的委托人和受益人。此后，易融公司与般诺公司签订《信托受益权转让协议》，约定易融公司将《资金信托合同》项下的受益权转让给般诺公司，转让价格确定为1.03亿元人民币；般诺公司应于2005年6月15日前向易融公司支付转让价款；受益权转让后，易融公司作为委托人的法律资格不变。

鉴于易融公司因为给必康公司与西安交行之间的5000多万元借款提供担保，被陕西省高院裁定强制执行。陕西高院依法冻结了易融公司实际持有的“中孚实业”400万股限售流通股，并进行了变卖，用所得价款清偿了必康公司欠西安交通银行的债务及相关费用。般诺公司就涉案股票向陕西省高院提出执行异议。陕西高院在听证审查证据后，认为涉案信托受益权并未发生转移，般诺公司无权对“中孚实业”股权主张权利，裁定驳回了般诺公司的异议请求。然而，最高法院执行办认为，陕西高院所执行财产是“具有独立性的信托财产”，不应被强制执行，并以“明传电报”的形式要求撤销裁定。[②]

六、担保物权若干问题

关于担保权的物权性质，学界有所争议。[③] 但立法和司法界仍采通说，将担保权视为物权之一种，同样适用物权登记公示原则。[④] 同时，在最高法院看来，根据物权

---

① 张天民：《失去衡平法的信托——信托观念的扩张与中国〈信托法〉的机遇与挑战》，中信出版社2004年版，第402页。

② 李远方：《股权代持信托以及受益权转让引发的法律争议》，载《中国商报》2015年4月9日。

③ 孟勤国：《论担保权的性质及其在民法典中的地位》，载《物权二元结构论》，人民法院出版社2004年版，第338~343页，另见张凇纶：《为什么说担保权不是物权?》，载《论物上负担制度——财产法的对抗力革命》，法律出版社2012年版，第302~305页。

④ 《物权法》第2条第3款规定：“本法所称物权，是指权利人依法对特定的物享有直接支配和排他的权利，包括所有权、用益物权和担保物权。”需要注意的是，《民法典》已删除该定义。

与债权的区分原则，应当将担保物权的设立，与担保合同本身区分开来。

在威龙公司与中行重庆分行、染料公司、富隆公司、华宇大酒店信用证垫款案中，法院认为，本案争议的抵押合同虽然存在瑕疵，即抵押合同上所盖公章非抵押人在工商行政管理部门备案的公章，抵押人也否认其曾经提供过抵押。然而，抵押属于物的担保，抵押物登记起到公示的作用。担保物权的公示具有决定担保物权设定的效力、权利正确性推定的效力，因该登记而取得的担保物权应依法予以保护。①

当然，担保物权的设立，必须采取法定方式，符合法定要件，才能产生法定效力。为此，最高法院区分抵押权的设立登记与抵押预告登记，并对抵押预告登记的法律属性作出认定。

在中国光大银行股份有限公司上海青浦支行诉上海东鹤房地产有限公司、陈某绮保证合同纠纷案中，法院认为，预售商品房抵押贷款中，虽然银行与借款人（购房人）对预售商品房做了抵押预告登记，但该预告登记并未使银行获得现实的抵押权，而是待房屋建成交付借款人后银行就该房屋设立抵押权的一种预先的排他性保全。如果房屋建成后的产权未登记在借款人名下，则抵押权设立登记无法完成，银行不能对该预售商品房行使抵押权。②

抵押人在抵押后擅自转让抵押物的，最高法院认为，受让人的权利不得对抗抵押权。（关于受让人涤除权的行使，参见本章“关于物权追及力”一节。）

在电通公司与华融公司郑州办事处等抵押借款合同纠纷上诉案中，法院认为，当事人双方签订房地产抵押贷款合同后，在房地产登记部门办理了抵押登记手续，该登记合法有效，应认定抵押权人对房屋及土地使用权享有抵押权。在抵押权存续期间，抵押人又与第三人签订联建协议，第三人依据该协议与土地管理局签订土地使用权出让合同，取得了土地使用权证。虽然第三人对房地产抵押不知情，其取得该土地使用权亦履行了法定的手续，但因抵押人在转让上述土地使用权前已向抵押权人设定抵押，进行了抵押登记，且其转让抵押物未通知抵押权，第三人对土地使用权的取得不能对抗抵押权人，抵押权人仍可以行使抵押权。③

国有划拨土地上的建筑物可否单独抵押？以往涉及国有资产时，往往不允许未经审批，擅自处分。但是，最高法院对国有资产保护的同时，对于民事交易的处理

① 万鄂湘主编：《中国涉外商事海事审判指导与研究》（第1卷），人民法院出版社2003年版，第291页。

② 《中华人民共和国最高人民法院公报》2014年第9期。

③ 李国光主编：《民商审判指导与参考》（第1卷），人民法院出版社2002年版，第440页。

也有其灵活处理方式，并不死板教条。

在中国长城资产管理公司济南办事处与山东省济南医药采购供应站、山东省医药集团有限公司和山东省医药公司借款担保合同纠纷上诉案中，法院认为，根据最高人民法院《关于破产企业国有划拨土地使用权应否列入破产财产等问题的批复》第3条规定，如果建筑物附着于以划拨方式取得的国有土地使用权之上，将该建筑物一并设定抵押的，对土地使用权的抵押须履行法定的审批手续，否则，应认定抵押无效。当事人在签订抵押合同时，如果仅仅约定以自有房产设定抵押并办理房屋抵押登记，并未将该房产所附着的、以划拨方式取得的国有土地使用权一并抵押的，不适用上述规定，即无需办理土地使用权的审批，只要房屋抵押办理了登记，抵押即为有效。①

但是，如果单独就国有划拨土地上的房屋设立抵押，最高法院则会否定其抵押效力。

在经七路建行支行与长城公司、山东联大抵押借款合同纠纷抗诉案中，法院认为，在土地使用权与房屋抵押实行分别登记的情况下，债权人与抵押人就国有划拨土地上的房屋订立抵押合同，只办理了房屋抵押登记手续，而未办理划拨土地使用权批准或登记手续的，应认定该房屋抵押无效。②

相对于普通债权，担保权享有优先权。但是，在担保物权内部，诸如既有抵押，又有质押的情况下，谁享有优先受偿权？对此，最高法院通过刊登下级法院判决的方式，表明了自己的立场。

在城信合作社与农委会、农科院、玉米所借款合同纠纷案中，法院认为，本案中，既有抵押，又有质押。农技公司先将玉米种质押给农科院、玉米所，一个月以后，又将玉米种抵押给四平信用社，将玉米许诺给两个单位，即一物许二主，究竟何者享有优先受偿权，关键是看质押和抵押哪个行为首先发生法律效力。国家工商行政管理局《企业动产抵押物登记管理办法》③ 规定，企业动产抵押物登记，由抵押物所在地工商行政管理局办理。按此规定，80万公斤玉米种存放在公主岭市，应当在公主岭市工商局办理抵押登记，而不应在四平市工商局办理抵押登记，四平市工商局不是抵押物所在地工商局。本案办理抵押登记必须到公主岭市工商局办理方能生效。故四平信用社在异地办理抵押登记，视为未办理合法抵押登记，上述抵押

① 《中华人民共和国最高人民法院公报》2008年第1期。

② 江必新主编：《审判监督指导》（第4辑），人民法院出版社2011年版，第205页。

③ 该办法被《动产抵押登记办法》废止。2021年1月1日起，《动产抵押登记办法》已被废止。

登记并未生效，不能享有优先受偿权。①

出口退税权能否作为权利予以质押？法律并没有列举此种情形，最高法院从法不禁止原则出发，对此持肯定态度。

在常州新区工行诉康美公司借款合同纠纷案中，法院认为，借款人与贷款人约定以借款人的出口退税权设立权利质押为其贷款进行担保，这一行为符合《担保法》第75条第4项的规定，质权有效成立，贷款人在贷款得不到清偿时，有权以质押的借款人的出口退税款优先受偿。②

基于上述价值取向，最高法院还认为，特许经营权的收益权也可以质押，并可作为应收账款进行出质登记。当特许经营权的收益权依其性质不宜折价、拍卖或变卖，质权人主张优先受偿权的，法院可以判令出质债权的债务人将收益权的应收账款优先支付质权人。③

这种对于法律条文的扩张解释，说到底还是为了维护权利人的利益。在此价值取向下，最高法院还认为，抵押登记期满，抵押登记解除后抵押权依然有效。

在某金属材料公司与黑龙江工行十二支行、长城资产公司担保纠纷再审案中，法院认为，《担保法解释》第12条规定："当事人约定的或者登记部门要求登记的担保期间，对担保物权的存续不具有法律约束力。"该条文虽然没有进一步规定抵押登记被解除后抵押权的效力问题，但既然规定了登记的效力不受时间的限制，那么只要抵押物依然存在，《房屋他项权证》也依然在抵押权人手中、且抵押权人没有解除抵押的意思表示，抵押权应当依然有效，并伴随着债权的存在而存在。本案设定在该房产上的抵押物依然存在，抵押权的效力不因抵押登记的解除而灭失。需要进一步说明的是，如果解除抵押登记致使抵押物被善意第三人取得，抵押权人有权向登记部门要求赔偿。如果是由当事人设定的抵押，第三人应当向抵押权人赔偿相应的损失。④

如何认定理财产品的质押效力？实务中，将理财产品质押认定为一种权利质押，已是一种共识。但理财产品属于何种权利，则在实务和学术界存在有不同的看法，有应收账款说、类存单说、信托说、类基金份额说等。而不同的权利属性，对其质押生效要件有不同要求，也导致不同的法律效力认定结果。最高法院倾向类推适用

① 中华人民共和国最高人民法院审判监督庭编：《审判监督指导》（第1辑），人民法院出版社2004年版，第94页。

② 《中华人民共和国最高人民法院公报》2005年第5期。

③ 《中华人民共和国最高人民法院公报》2016年第5期。

④ 最高人民法院立案二庭编著：《最高人民法院民事申请再审案件裁判标准》，人民法院出版社2013年版，第41～42页。

于应收账款质押。

2008年6月，最高法院办公厅所作《对政协十一届全国委员会第一次会议第1847号（财贸金融类288号）提案的答复》（法办〔2008〕247号），认为在当前无明确法律依据的情况下，宜将银行理财产品质押类推适用于应收账款质押。在此情况下，如果当事方所签订的理财产品质押合同将质物描述为投资者对银行在理财合同项下未来应支付的理财本金及收益的应收账款，并且根据《物权法》第228条的规定，在中国人民银行应收账款质押登记公示系统办妥质押登记的，应认可理财产品质押的效力。①

票据质押未以背书记载“质押”字样，是否拥有质权？最高法院认为，这涉及票据权利生效要件和对抗要件的认识。对此，高级法院与最高法院的观点明显不同。

在白银农行分行与渝中工行支行、创意公司、二轻公司银行承兑汇票纠纷案中，甘肃高院认为，重庆光大银行虽然与创意公司签订了借款合同和质押合同，但因创意公司未在汇票上记载“质押”字样，而是记载为“委托收款”字样，这一文义记载表明重庆光大银行基于票据关系不享有票据权利。然而，最高法院认为，重庆光大银行在得到农行白银营业部“三张银行承兑汇票均属实，请受理”的答复后，与创意公司签订了质押合同并取得了涉案三张银行承兑汇票。该质押关系合法成立，重庆光大银行依法享有质权，农行白银营业部应向重庆光大银行兑付到期票据并承担逾期付款违约金。②

在滕州市城郊信用社诉枣庄市薛城区支行票据纠纷案中，法院认为，《票据法》规定，汇票质押时应当以背书记载“质押”字样，但并未规定如果未记载“质押”字样的，质押不生效或无效。《担保法》规定，以汇票等出质的，应当在合同约定的期限内将权利凭证交付质权人。质押合同自权利凭证交付之日起生效。因此，背书质押不是设定票据质权的唯一方式，订立质押合同、交付票据也可以设定票据质权。以票据出质的，质押背书是表明票据持有人享有票据质权的直接证据，如果无质押背书，书面的质押合同就是票据持有人证明其享有票据质权的合法证据。在票据持有人持有票据，并有书面质押合同的情况下，应当认定持有人享有票据质权。背书

---

① 黄斌：《理财产品质押效力的司法认定及立法建议》，载《人民法院报》2013年2月27日。

② 李国光主编：《经济审判指导与参考》（第4卷），法律出版社2001年版，第176～187页。对此案的详细评论及理论探讨，参见曾大鹏：《不完全质押背书的法律效力反思——基于立法论与解释论的双重视角》，载《华东政法大学学报》2010年第5期；徐孟洲：《票据法教学案例》，法律出版社2006年版，第2～5页；高圣平：《物权担保新制度新问题理解与适用》，人民法院出版社2013年版，第308～324页。

“质押”字样不是票据质权的取得要件，仅是票据质权的对抗要件。①

实务中，由于担保法及司法解释的禁止性规定，因国家机关提供担保而导致担保合同被认定无效的商事案件较为常见。② 如最高法院发布的指导案例民事（2005）001号，即交行香港分行诉勤昌公司、某区人民政府、梁某荣、黄某、郭某华借款合同纠纷案，某区政府提供的保证为无效保证，但仍应当承担无效保证的民事责任。③

然而，在特殊情况下，最高法院认为，国家机关也可以作为担保人，承担担保责任。

在沈阳光大分行与沈阳市经委会、沈阳市财政局、沈阳毛巾厂、沈阳海燕巾被厂借款担保合同纠纷案中，法院认为，纺织局为该笔外汇贷款提供的《保函》，是以地方财政、计划部门的政府信用为基础，为本案转贷项目提供的负责清偿外汇本息的担保，其提供的外汇担保属于为使用外国贷款而转贷的政策性担保，其意思表示真实，根据国务院办公厅国办通（1993）15号批复通知精神，并参照《担保法》第8条规定，亦应认定该担保有效。④

传统民法理论中，物权类型还包括典权。我国《民法典》制定过程中，对于是否规定典权，争议很大，最终没有规定典权。在现实个案中，最高法院一再将典当行为视为抵押借款合同，故放在担保物权中一并讨论。

1992年3月16日，最高法院作出《关于金德辉诉佳木斯市永恒典当商行房屋典当案件应如何处理问题的复函》（〔1991〕民他字第15号）。该函认为，本案双方当事人以“当票”的形式签订的协议，从其内容看，它不同于民间的一般房屋典当，不是以使用、收益为目的，实质上是以房屋作抵押向典当商行借款的合同，故定为抵押借款合同纠纷为宜。

2008年，最高法院在公报上发布一起自行审理的典当案例，认为可以他人土地使用权为典当行设定抵押权。这说明，最高法院仍将典当行为视为抵押借款关系。

在陆丰市陆丰典当行与陈某平、陈某铭、陆丰市康乐奶品有限公司清算小组、第三人张某心土地抵债合同纠纷案中，法院认为，典当行持有中国人民银行颁发的金融

---

① 《中华人民共和国最高人民法院公报》2004年第11期。

② 《担保法》第8条规定：“国家机关不得为保证人，但经国务院批准为使用外国政府或者国际经济组织贷款进行转贷的除外。”《最高人民法院关于适用〈中华人民共和国担保法〉若干问题的解释》第3条规定：国家机关违反法律规定提供担保的，担保合同无效。

③ 最高人民法院、最高人民检察院《中国案例指导》编辑委员会编：《中国案例指导》，法律出版社2005年版，第3～16页。

④ 最高人民法院民事审判第二庭编：《商事审判指导》（第1辑），人民法院出版社2010年版，第118、119页。

机构法人许可证，其经营范围是为非国有中小企业和个人办理质押贷款的业务，是经批准合法成立的金融机构。尽管陈某平向典当行借款是以康奶公司取得土地的合法手续作为抵押，但不违反有关法律的禁止性规定，虽然该土地抵押未向有关部门办理抵押登记，但仅不发生对抗第三人的法律效力，并不为此影响典当行与陈某平、陈某铭所签典当协议合法有效，应当继续履行，清算小组、陈某平、陈某铭应继续履行《地皮回收转让契据》约定的义务，协助典当行办理土地使用权手续。①

当担保物权因故未能设立时，债权人利益是否保护，如何保护，以及能在多大程度上得到保护。对此，最高法院在法理论证上颇费周章。

在侯某阳与众邦公司、韩某全等民间借贷纠纷案中，法院认为，案涉《借款协议》《借条》签订之时，韩某全为众邦公司法定代表人，众邦公司对此并未提出异议。《借款协议》《借条》均约定以众邦公司所有的国有土地使用权证作为抵押，应视为众邦公司与侯某阳达成了以上述土地使用权作为借款抵押担保的合意。当事人之间签订的抵押合同已成立并生效，侯某阳可以主张众邦公司在土地使用权范围内对债务承担连带清偿责任，但不能就土地使用权主张优先受偿。②

在合作银行与刘某瑞、步某华借款合同纠纷案中，法院认为，《担保法》第41条规定，当事人以该法第42条规定的城市房产、土地使用权等财产抵押的，应当办理抵押登记，抵押合同自登记之日起生效。据此，刘某瑞与合作银行之间关于先前的贷款还清后不办理注销登记，抵押房产继续为20万元贷款提供担保的约定，尽管是双方的真实意思表示，但并不能发生双方所希望的法律后果，案涉抵押合同并不能为该20万元贷款依法设定抵押权。对于未履行登记手续的抵押合同，其法律效力并非确定无效。为救济其法律效力的瑕疵，除可以通过补办登记手续这种方式加以补正使其发生法律效力外，还可以通过解释上的转换这一方式，将其转换为有效的担保方式，以节约交易成本，促进交易发展。根据民法基本原则，法律行为的转换是指原有行为如果具备代替行为的要件，并且可以认为当事人如果知道原有行为不生效力或无效将希望替代行为生效的，可以将原有行为转换为替代行为而生效。其

---

① 《中华人民共和国最高人民法院公报》2008年第4期。有学者对此案处理持批评态度，认为最高法院将典当按抵押借款性质处理，明显有违典当的基本属性。高圣平：《物权担保新制度新问题理解与适用》，人民法院出版社2013年版，第307页。此外，孟勤国教授也认为，表面上，典当确实具有借贷担保的性质，但是，任何担保物权，在法律上都不能产生绝卖的后果。而典当却可以转为买卖。这是典当所以是典当而不是抵押或质的根本区别所在。从与一般的担保物权的比较中，不难看出，绝卖性是典当的基本属性。孟勤国：《关于典当几个基本问题的研究》，载《孟勤国集》，线装书局2013年版，第156页。

② （2015）最高法民申字第3299号。

制度旨在于不拘泥于法律行为的外观，而是在尊重当事人的真实意思的基础上，对交易做出新的评价，有一种适当的行为去替换当事人所选择的不适当的行为，以平衡当事人之间的利益。根据本案的实际情况，本院将案涉 20 万元的抵押担保合同转换为连带责任保证合同。①

七、相邻权

相邻权是物权的延伸，表现为相邻关系。从 20 世纪 80 年代《民法通则》开始，直至 21 世纪颁布的《物权法》，相邻关系及相邻权都是其规范内容，并体现在最高法院的相关判例中。

在新华日报社诉南京华厦实业有限公司相邻关系侵权损害赔偿纠纷案中，法院认为，上诉人华厦公司在被上诉人新华日报社厂房相邻处修建华荣大厦，本应充分考虑相邻建筑物的安全，但该公司违反《民法通则》关于处理相邻关系的原则，未作维护工程，即开始敞开式开挖，大量抽排地下水。当初期发现问题后虽采取了补救措施，亦未能完全阻止不均匀沉降，致使新华日报社印刷厂和设备基础地面发生沉降，厂房及胶印机严重受损，故其应对此负全部责任。②

在服装公司与商城大厦相邻关系纠纷上诉案中，法院认为，服装公司与商城大厦就相邻关系签订《协议书》后，服装公司不顾《协议书》约定和郑州市规划部门颁发的《建设规划许可证》的明示规定，擅自超出红线图的标示将第 7－23 层外挑 2 米属违约、违规行为。服装公司的违约行为，造成两建筑物之间的距离缩小，分割了相邻关系，直接影响商城大厦楼的采光、通风，给消防、安全方面留下隐患。因此，商城大厦需要改善采光、通风、防火、防盗设施，从而给其增加了费用，对此服装公司应承担赔偿责任。③

2003 年，最高法院审结我国首例航道通行权纠纷案，即海圳荣公司与椒江大桥公司、某市人民政府因跨江建桥引发的阻断航道通行侵权赔偿案（〔2003〕民一终字第 70 号）。非常奇怪的是，笔者从各种公开渠道均无法查阅到此案判决书，只好推断至今仍未公布（案件详情参见本书附录一）。

鉴于相邻权纠纷案件经常涉及行政审批行为，最高法院《关于执行〈中华人民共和国行政诉讼法〉若干问题的解释》第 13 条专门规定，被诉的具体行政行为涉及

① （2015）最高法民申字第 2354 号。

② 《中华人民共和国最高人民法院公报》1996 年第 47 期。

③ 唐德华主编：《民事审判指导与参考》（第 2 期），法律出版社 2001 年版，第 263 页。

相邻权的，公民、法人或者其他组织可以依法提起行政诉讼，并通过公报和评选的方式，发布指导性质的相关案例。

在念泗三村28幢楼居民35人诉扬州市规划局行政许可行为侵权案中，法院认为，本案中的当事人不是具体行政行为的直接相对人，而是因相邻权受到侵害而提起行政诉讼。根据《民法通则》的规定，民事主体因建筑物相邻产生的日照、通风、采光、排水、通行等民事纠纷，应当通过民事诉讼的方式解决。但现实中，一方当事人实施的与其他当事人相邻权有关的行为是经行政机关批准、许可的。根据《最高人民法院关于执行〈中华人民共和国行政诉讼法〉若干问题的解释》规定，相邻权人有权对行政主体作出的涉及相邻权的具体行政行为提起行政诉讼，以保护其享有的相邻权不受侵害。这类行政诉讼的审查重点，应当是被诉具体行政行为许可建设的建筑项目是否符合有关建筑管理的技术规范，是否侵犯了原告的相邻权。《江苏省城市规划管理技术规定》根据居住建筑日照标准和当地实际情况，确定当地住宅楼的日照间距系数为1∶1.2。2003076号《建设工程规划许可证》涉及小区住宅楼与28幢楼之间的日照间距比，经测算已达1∶1.365，超过了国家和江苏省有关部门规定的日照间距最低标准。因此，虽然扬州市规划局许可东方天宇公司建造的小区住宅楼缩短了28幢楼的原日照时间，但不构成对其日照权的侵犯。①

2014年8月29日，最高法院公布了人民法院征收拆迁十大案例，其中一起涉及相邻权纠纷案件。

在叶某祥诉市规划局、A区人民政府不履行拆除违法建筑法定职责案中，法院认为，被告A区人民政府于2010年12月接到市规划局对沈某湘株规罚告字（2010）第004号行政处罚告知书和株规罚字石（2013）第0021号行政处罚决定书后，应按照市规划局的授权积极履行法定职责，组织实施强制拆除违法建筑。虽然被告A区人民政府在履行职责中对沈某湘违法建设进行协调等工作，但未积极采取措施，其拆除违法建设工作未到位，属于不完全履行拆除违法建筑的法定职责。根据《城乡规划法》第68条、《行政诉讼法》第54条第3款的规定，判决被告A区人民政府在三个月内履行拆除沈某湘违法建设法定职责的行政行为。

最高法院专门指出，本案典型意义在于：以违法建设相邻权人提起的行政不作为诉讼为载体，有效发挥司法能动性，督促行政机关切实充分地履行拆除违建、保障民生的法定职责。针对各地违法建设数量庞大，局部地区有所蔓延的态势，虽然《城乡规划法》规定了县级以上人民政府对违反城市规划、乡镇人民政府对违反乡村规划的

---

① 《中华人民共和国最高人民法院公报》2004年第11期。

违法建设有权强制拆除，但实际情况不甚理想。违法建设侵犯相邻权人合法权益难以救济成为一种普遍现象和薄弱环节，本案判决在这一问题上表明法院应有态度：即使行政机关对违建采取过一定查处措施，但如果不到位仍构成不完全履行法定职责，法院有权要求行政机关进一步履行到位，这方面审判力度需要不断加强。①

第二节　股　权

一、工商登记与股权认定

股东权利不仅要记载于公司名册，还需要进行工商登记，工商登记的性质，究竟是设权性还是宣示性？尤其在发生股权转让，以及存在隐名股东和显名股东时，如何确认股权？即使在最高法院内部，对这些问题也并不一致。② 在《公司法》修改以前，最高法院一般倾向于依工商登记认定股权。如最高法院审监庭认为，工商登记是一种要式法律行为，法人成立、变更、终止的法律事实仅仅存在，尚不足以发生相应的法律效果，只有经过登记方可发生该事实的法律效力。③

在兴豫公司与城市合作银行城东路支行、太阳保健品公司借款担保合同纠纷申请再审案中，法院认为，鉴于太阳保健品公司原两股东与其现法定代表签订的股权变更协议未办理工商变更登记手续，股东在法律上未发生变化，公司作为债务主体始终未发生变化。④

在审监庭意见的基础上，最高法院民二庭进一步认为，作为一般规则，公司认同的股东即为工商登记与公司股东名册（公司章程）登记或记载的股东。推而论之，若登记在册的股东与他人有所谓显名股东与隐名股东的约定，对公司是无效的；亦

---

① 《最高法公布全国法院征收拆迁十大典型案例》，载《人民法院报》2014 年 8 月 29 日。

② 从公开资料看，最高法院不同业务庭之间，存在一定的内部交流，尤其在审理案件时，主办业务庭也会征求其他业务庭的意见。在内蒙古乾坤金银精炼股份有限公司与中国农业银行兰州市七里河区支行财产损害赔偿纠纷申请再审案中，虽系最高法院立案庭主办，但讨论时也书面征求最高法院民二庭的意见。在成都华川公路建设（集团）有限公司与甘肃翼龙沥青有限公司买卖合同纠纷申诉案中，最高法院立案庭更是书面征求最高法院研究室、民一庭、民二庭、立案二庭的意见。参见苏泽林、景汉朝主编：《立案工作指导》（第 1 辑），人民法院出版社 2013 年版，第 157、135 页。

③ 中华人民共和国最高人民法院审判监督庭编：《审判监督指导与研究》（第 4 卷），人民法院出版社 2004 年版，第 168 页。

④ 中华人民共和国最高人民法院审判监督庭编：《审判监督指导与研究》（第 1 卷），人民法院出版社 2003 年版，第 176 页。

即无论是公司的盈亏分配分摊还是公司的治理运营，公司只对在册的股东说话，隐名股东不得以与显名股东的约定来主张自己的股东身份，显名股东亦不得将对公司的责任推给隐名股东。①

此外，最高法院立案庭也认为："对于工商登记之外的第三人，因为其基于公司登记住处而与之交易，公司登记信息与实际情况是否相符合，均不影响其与公司之间交易行为的效力。根据商事外观主义原则，挂名股东或登记投资主体是无权否认第三人向其主张权利的，同样第三人也不能以公司登记错误为由向实际投资人主张权利。"②

然而，最高法院民四庭以刊登下级法院判决的形式，则倾向认为，公司登记是向社会公示股权变更结果，工商登记不是股东身份的唯一凭证。登记与否并不影响股权转让协议本身的效力，因此，工商登记不是股权转让协议的生效要件，未向工商行政管理机关办理股东变更登记，股权转让行为原则上对公司以外不产生法律效力，但并不影响对股权转让各方的法律效力。股权转让协议实际履行后，当事人未办理工商登记，如果股权转让协议实际已经履行，股权转让款绝大部分已经履行，应该认定实际股东的事实。③

沿着区别内外部关系的认识思路，最高法院民一庭继而认为，工商登记中载明的夫妻投资比例并不能绝对等同于夫妻之间的财产约定，如果有证据证明工商登记所载明的事项只是设立公司时形式上的需要，则应按夫妻双方真实的意思表示去处理。④

值得注意的是，即便在最高法院民二庭内部，上述意见也并未不折不扣地得到执行。

在工银房地产公司、金水路工行支行与黄河证券、河南工行分行欠款纠纷上诉案中，法院认为，黄河证券公司持有的亚细亚不动产20%的股权，以2600万元的价格，通过海南三联公司转让给工银房地产公司，又以贷款合同的形式将股权转让价款加以确认。尽管股权转让未经有关产权管理部门登记，但工银房地产公司实际上已成为亚细亚公司股东之一。⑤

---

① 李国光主编：《民商审判指导与参考》（第2卷），人民法院出版社2003年版，第142页。

② 苏泽林、景汉朝主编：《立案工作指导》（第4辑），人民法院出版社2013年版，第151页。

③ 万鄂湘主编：《中国涉外商事海事审判指导与研究》（第3卷），人民法院出版社2004年版，第146页。

④ 吴晓芳：《离婚案件中对"夫妻公司"如何处理》，载最高人民法院民事审判第一庭编：《中国民事审判前沿》（第1集），法律出版社2005年版，第241页。

⑤ 吴庆宝：《合同权益疑难案件判定解说》，人民法院出版社2003年版，第32页。

同样，即便在最高法院审监庭内部，其前述意见也非一致认同的通说。

在金某生与吴某安、新世纪公司股权确认纠纷申请再审案中，法院认为，股东资格确认的实质关涉表征股东资格的证据采信问题，公司章程、出资行为、出资证明书、股东名册、工商登记、对股东权利的实际行使，均是影响股东资格认定的因素。其中，出资行为作为实质要件，在涉及公司内部关系的股权归属认定中，具有决定性的证明效力。但出资本身，又是一个复杂的因素。新世纪公司经营过程中组织机构的运行并不规范，吴某安出资虽未签订书面入股协议，但结合其出资后具有参与公司经营、决策和管理，在相关文件上签字等情形，金某生对此亦从未提出过异议，表明吴某安已实际享有股东权利。一、二审判决确认吴某安的股东资格，并无不当。①

及至2007年《物权法》实施不动产物权登记的法律性质明确后②，对于争议多年的工商登记的性质认识也终于一致，认定其非设权性登记，而只是证权性登记，体现在其公示性或宣示性上，未经公示的股东资格和股权变动，不得对抗第三人。

此后，最高法院陆续通过公报案例，统一了工商登记与股权确认之间关系的裁判尺度。在申银万国证券股份有限公司诉上海国宏置业有限公司财产权属纠纷案中，法院认为，当事人是通过出售的方式，将法人股的所有权转移到了他人名下，且双方已经在登记机关办理过户登记手续。因此，即使受让方尚未支付对价，在双方转让协议效力不存在瑕疵的情况下，转让方无权主张系争股权属其所有，其只能根据相关转让协议，要求受让方支付转让价款。作为上市公司，其股东持有股权和变动的情况必须以具有公示效力的登记为据。公司股东为了规避证监会有关规定，而通过关联企业隐名持有股权，并要求确认已登记在关联企业名下的股权实际为其所有，显然不符合相关法律规定，也有违《公司法》所规定的诚实信用原则。③

及至2011年，最高人民法院发布《公司法解释三》以后，对于工商登记与股

---

① 景汉朝主编：《立案工作指导》（第2辑），人民法院出版社2013年版，第107、111页。

② 《物权法》第9条第1款规定："不动产物权的设立、变更、转让和消灭，经依法登记，发生效力；未经登记，不发生效力，但法律另有规定的除外。"该条款已被《民法典》第209条所承继。

③ 《中华人民共和国最高人民法院公报》2010年第3期。此案被誉为"中国涉外民商事案件审判的成功典型""前进一小步，法治一大步"。对该案审判的全过程报道，参见2014年第7期《中国审判》专题报道"推进司法公开彰显司法自信——最高人民法院首次邀请外国驻华使节和境外媒体旁听涉外案件庭审并当庭作出判决"。

权确认之间的关系进一步予以明确，重申了工商登记的证权性，否认了其设权性。工商登记、股东名册的公示效力是针对社会第三人的效力，是对公司外部的效力，对于如公司的债权人、公司的交易对象等社会第三人，可以依赖工商登记主张权利。作为公司内部人员，如实际出资人与名义股东而言，因其掌握公司内部住处，则可依赖相互之间的合同而了解公司信息，无需依赖工商登记掌握公司的信息。如果实际出资人与名义股东之间签订的合同，不违反法律和社会公共利益，即为有效。①

即便是在涉外关系中，最高法院仍然坚持工商登记的对外公示效力，而且把这种对外公示效力延伸至法定代表人的工商变更登记，显示其认识的彻底性。

在大拇指环保科技集团（福建）有限公司与中华环保科技集团有限公司股东出资纠纷案中，法院认为，我国《公司法》第13条规定，公司法定代表人变更应当办理变更登记。对法定代表人变更事项进行登记，其意义在于向社会公示公司意志代表权的基本状态。工商登记的法定代表人对外具有公示效力，如果涉及公司以外的第三人因公司代表权而产生的外部争议，应以工商登记为准。而如果涉及公司与其股东之间因法定代表人变更任免产生的内部争议，则应以有效的股东会或唯一股东任免决议为准，并在公司内部产生法定代表人变更的法律效果。②

耐人寻味的是，在公司法司法解释三中，最高法院还隐晦地披露了其对于股权与物权关系的看法，从一个侧面证实，股权的本质仍是物权。③

二、审批手续与股权认定

在涉外案件中，股东资格和股权变动依法需要审批，在未获审批之前，无法承认其法定股权。显然，无论是股权取得，还是股权变动，审批是确认股权的法定方式。

---

① 《最高人民法院关于适用〈中华人民共和国公司法〉若干问题的规定（三）》第25条规定："有限责任公司的实际出资人与名义出资人订立合同，约定由实际出资人出资并享有投资权益，以名义出资人为名义股东，实际出资人与名义股东对该合同效力发生争议的，如无合同法第五十二条规定的情形，人民法院应当认定该合同有效。前款规定的实际出资人与名义股东因投资权益的归属发生争议，实际出资人以其实际履行了出资义务为由向名义股东主张权利的，人民法院应予支持。名义股东以公司股东名册记载、公司登记机关登记为由否认实际出资人权利的，人民法院不予支持。"

② 《中华人民共和国最高人民法院公报》2014年第8期。此案被誉为"中国涉外民商事案件审判的成功典范"，相关专题报道参见《中国审判》2014年第7期。

③ 《最高人民法院关于适用〈中华人民共和国公司法〉若干问题的规定（三）》第26条规定："名义股东将登记于其名下的股权转让、质押或者以其他方式处分，实际出资人以其对于股权享有实际权利为由，请求认定处分股权行为无效的，人民法院可以参照物权法第一百零六条的规定处理。"

在华天公司诉裕正公司投资、借款纠纷案中，法院认为，广银公司与裕正公司之间存在转让股份的法律关系，但股份转让未能得到有关部门的批准，因此，本案所涉股份转让法律关系应认定无效，华铝公司未能办理股东变更登记手续，造成裕正公司不能成为其合法股东。①

在香港绿谷投资公司诉加拿大绿谷（国际）投资有限公司等股权纠纷案中，法院认为，根据《中外合资经营企业法》的规定，中外合资经营企业的成立、变更、终止均应当报经有关主管部门批准，并到工商机关办理相应的登记手续，才能生效。对于中外合资经营企业的股权变更，有关行政主管部门的审批构成实质要件，而非程序上或形式上的要求，未经审批的变更行为当然归于无效。因此，外国法人以其注册登记的国家的法律为其本国法，涉及审批的行为不能通过民事诉讼程序和作出民事判决予以变更。②

对于合资企业，股权的认定除需要审批之外，最高法院在其发布的民事（2006）010号指导性案例“陕西金麒麟制药有限公司与珠海国家高新区金大科技发展有限公司股权转让纠纷案”中，还要求必须具备交付的事实，即合资公司股权变更的要件是：合同+审批+交付。③

当然，对于未经审批的股权转让行为，如果源于一方当事人怠于履行报批手续，最高法院往往判令对方当事人继续履行报批义务，从而使股权的变动结果，不因一方当事人的恶意阻止而失去法律效力。

在广州市仙源房地产股份有限公司与广东中大中鑫投资策划有限公司、广州远兴房地产有限公司、中国投资集团国际理财有限公司股权转让纠纷案中，法院认为，即使转让合同未经批准，仍应认定“报批”义务在合同成立时即已产生，否则当事人可通过肆意不办理或不协助办理“报批”手续而恶意阻止合同生效，有悖诚实信用原则。《合同法解释二》第8条规定，有义务办理申请批准手续的一方当事人未按照法律规定或者合同约定办理申请批准手续的，人民法院可以判决相对人自行办理有关手续，对方当事人对由此产生的费用和给相对人造成的实际损失，应当承担损

---

① 最高人民法院办公厅编：《最高人民法院公布裁判文书》（二〇〇〇年），人民法院出版社2003年版，第90页。

② 《中华人民共和国最高人民法院公报》2004年第7期。另见胡凤滨主编：《中国指导案例、参考案例判旨总提炼（公司纠纷）》，法律出版社2012年版，第15～16页。值得注意的是，国内仲裁界对最高法院此案的处理意见，似有不同认识，参见中国国际经济贸易仲裁委员会《仲裁与法律》第99辑高菲、第104辑曾东红对此案的法理评析论文。

③ 最高人民法院、最高人民检察院《中国案例指导》编辑委员会编：《中国案例指导》（第1辑），法律出版社2006年版，第332页。

害赔偿责任。据此，人民法院也可以根据当事人的请求判决义务人履行报请审批机关批准的义务。①

三、出资与股权认定

出资是股东法定义务，也是拥有股权的基本途径，最高法院确立的一般审判原则是“谁投资，谁所有”。

在冷水江信用合作社与周某华借款合同纠纷申请再审案中，法院认为，工商登记的企业产权性质与实际投资情况不符合时，应根据“谁投资，谁所有”的原则来确认。在公司股权确认纠纷时，挂名股东与实际投资人发生争议时，亦适用该原则。②

那么，未出资能否取得股东身份或拥有股权？司法实践中对此亦有争议。有意见认为，股东必须通过出资才能获得股权，出资作为一种法定义务是股东获得股权的必要前提，未履行法定出资义务，不应获得股东身份和拥有股权。对此，最高法院通过答复下级法院的方式，表明了自己的立场。

最高法院认为：“股东履行出资义务的瑕疵，包括没有出资，均不必然导致否定其股东身份。确认股东权的归属须综合考虑多种因素，而在有限责任公司，最关键的是公司对股东的承认或认可。公司通过出资而成为股东者，其出资瑕疵并不必然导致股东身份的丧失，其他股东作为权利人可向其主张违约责任，其在合理期限内仍不履行出资义务的，其他股东可依照合同法第94条的规定，主张解除合同，进而解除出资瑕疵者的股东身份。”③

稍有不同的是，最高院曾发布典型案例，依反面解释认定，只有投资才能形成所有权，而挂靠并非投资，故不能形成所有权。

在马某梅诉青海东建工贸工程有限公司侵权纠纷案中，法院认为，二处挂靠在上诉人东建公司内，东建公司在管理上投入了人力、物力，但这不是投资，不能据此取得对二处的直接经营管理权。④

为进一步说明在投资与股权之间的认识分歧，有必要再援引两个认定相反的高级法院判决。

在广信实业公司与广信生物工程公司股权纠纷上诉案中，广东高院认为，工商

---

① 《中华人民共和国最高人民法院公报》2010年第8期。

② 苏泽林、景汉朝主编：《立案工作指导》（第4辑），人民法院出版社2013年版，第151页。

③ 江必新主编：《民商审判指导与参考》2003年第1卷，人民法院出版社2003年版，第131、134页。

④ 《中华人民共和国最高人民法院公报》2001年第3期。

登记不是股东身份的唯一凭证。按照《公司法》第 4 条规定，股东只有基于自己的出资才能享有公司法上的权利，由于广信实业公司并没有以自有的资金向康泰公司投入资本金，因此，广信实业公司只是康泰公司名义上的股东，是无权享受到康泰公司股东的权利。依照“谁投资谁受益”的原则，广信实业公司在康泰公司中所占的 40% 股权应归广信生物公司拥有。①

海南高院的相关认定与此恰恰相反，在都市开发公司诉开发协力公司侵犯外资企业投资者资格纠纷案中，海南高院认为，不应将“投资者”（即股东）与“出资人”的概念混为一谈，从而得出谁投资谁就是贵宾俱乐部的投资者（即股东）的结论。根据《外商投资企业法》规定，设立外资企业实行审批制度。外资企业投资者资格的取得，并不取决于当事人之间的合同约定，而取决于行政机关的审批。原判认为只要当事人给贵宾俱乐部汇入资金，就是实施投资行为，实施了投资行为就自然取得贵宾俱乐部的投资者（即股东）资格，混淆了经济学意义上的投资行为概念和外资企业法意义上的投资行为概念。②

值得研究的是，如果股东出资不到位，虽然不影响股东资格的取得，但其股东权是否应受到限制？如果应当受到限制，限制范围如何确定？对于前者，最高法院持肯定态度。对于后者，最高法院的前后观点并不一致。

在新世纪公司与国际投资公司、协和健康发展有限公司股东权确权赔偿纠纷上诉案中，法院认为，根据《公司法》的规定，股东出资不到位并不影响其股东资格的取得，但其享有股东权利的前提是承担股东义务，违反出资义务，也就不应享有股东的相应权利，这是民法中权利与义务统一、利益与风险一致原则的具体体现。本案中，由于当事人没有履行出资义务，其股东权利的行使应当受到一定的限制，这种限制应根据具体的股东权利的性质确定，即与出资义务相对应的股东权利，只能按出资比例来行使。至于股权行使的具体限制范围，法院认为及于出资比例所对应的表决权、利润分配权及新股认购权。③

上述判例发布后，最高法院的观点又发生重大变化。2011 年 1 月 27 日，最高人民法院发布《公司法解释三》，对于股东未履行或者未全面履行出资义务或者抽逃出

---

① 吕伯涛主编：《涉外商事案例精选精析》，法律出版社 2004 年版，第 210 页。

② 熊琳主编：《中日经济诉讼名案法律评价》，中国检察出版社 2004 年版，第 277 ~ 278 页。

③ 最高人民法院民事审判第二庭编：《民商事审判指导》（第 2 辑），人民法院出版社 2007 年版，第 203 页。对该案例的详细述评及判决书，参见张保生：《最高法院首例判决：瑕疵出资股东的股东权利应受限制》，载钱尧志、张保生、夏东霞主编：《公司诉讼的策划与应对》，法律出版社 2009 年版，第 1 ~ 30 页。

资的，对其股权行使的具体限制范围重新调整，仅局限于利润分配请求权、新股优先认购权、剩余财产分配请求权，剔除了与出资比例所对应的表决权。

四、股权行使诸问题

股权是成员权，在行使过程中，会遭遇诸多问题，如股东资格、行权约定、优先购买权、撤销权、知情权、代表诉讼、利润分配、公司解散，等等，均需要从司法角度定分止争。

关于股东资格，最高法院曾通过发布下级法院获奖案例的方式，表达对小股东利益保护的特别关注。

在宋某祥诉万禹公司等公司决议效力确认纠纷案中，法院认为，《公司法解释三》第 17 条第 1 款规定，有限责任公司的股东未履行出资义务或者抽逃全部出资，经公司催告缴纳或者返还，其在合理期间内仍未缴纳或者返还出资，公司以股东会决议解除该股东的股东资格，该股东请求确认该解除行为无效的，人民法院不予支持。据此，万禹公司以股东会决议形式解除豪旭公司股东资格的核心要件均已具备，但在股东会决议就股东除名问题进行讨论和决议时，拟被除名股东是否应当回避，即是否应当将豪旭公司本身排除在外，各方对此意见不一，《公司法解释三》对此未作规定。对此，法院认为，《公司法解释三》第 17 条中规定的股东除名权是公司为消除不履行义务的股东对公司和其他股东所产生不利影响而享有的一种法定权能，是不以征求被除名股东的意思为前提和基础的。在特定情形下，股东除名决议作出时，会涉及被除名股东可能操纵表决权的情形。故当某一股东与股东会讨论的决议事项有特别利害关系时，该股东不得就其持有的股权行使表决权。本案中，豪旭公司是持有万禹公司 99% 股权的大股东，万禹公司召开系争股东会会议前通知了豪旭公司参加会议，并由其委托的代理人在会议上进行了申辩和提出反对意见，已尽到了对拟被除名股东权利的保护。但如前所述，豪旭公司在系争决议表决时，其所持股权对应的表决权应被排除在外。因此，本案系争除名决议已获除豪旭公司以外的其他股东一致表决同意，即以 100% 表决权同意并通过，故万禹公司 2014 年 3 月 25 日作出的股东会决议应属有效。豪旭公司股东资格被解除后，万禹公司应当及时办理法定减资程序或者由其他股东或者第三人缴纳相应的出资。①

① 该案为最高人民法院中国应用法学研究所、最高人民法院机关团委联合组织的“‘促公正·法官梦’第二届全国青年法官案例评选活动”中，上海二中院民四庭报送的《宋某祥诉上海万禹国际贸易有限公司等公司决议效力确认纠纷案》一文荣获一等奖。

关于股东资格继承取得问题，最高法院通过在指导丛书刊登下级法院判决的方式，间接表明了自己的见解。

在黄某勤与东方化工厂盈余分配权纠纷再审案中，法院认为，继承人可以依据继承取得被继承人的财产权利，但是能否依据继承的事实继承被继承人的股东资格？股东资格是取得股东权的前提条件。股东权既非纯粹的财产权，也非纯粹的人格权，是一种社员权，它的特殊性在于包括财产权和管理参与权。股权虽可依法继承，但必须向股东大会或董事会申报，经同意并办理有关手续后，继承者方才具备股东资格。黄某勤不能单纯因为继承了股权所代表的财产而成为股份合作制企业的股东，其股东资格应在办理有关手续后才能取得。①

关于股东行权问题，一般而言，依实际出资额确认股权及其比例。但是，股东之间能否就股权份额进行约定？如此约定对于股权行使的效力如何？显然，这突破了传统的公司法思维。

在深圳启迪信息技术有限公司与郑州国华投资有限公司、开封市豫信企业管理咨询有限公司、珠海科美教育投资有限公司股权确认纠纷案，法院认为，在公司注册资本符合法定要求的情况下，各股东的实际出资额和持有股权比例应属于公司股东意思自治的范畴。股东持有股权的比例一般与其实际出资比例一致，但有限责任公司的全体股东内部也可以约定不按实际出资比例持有股权，这样的约定并不影响公司资本对公司债权担保等对外基本功能的实现。如该约定是各方当事人的真实意思表示，且未损害他人的利益，不违反法律和行政法规的规定，应属有效，股东按照约定持有的股权应当受到法律的保护。②

有限责任公司的股权转让时，其他股东的优先购买权是不是对该转让股权的限制？

在北京新奥特公司诉华融公司股权转让合同纠纷案中，法院认为，优先购买权是法定权利，法律规定股东在同等条件下对其他股东拟对外转让的股份享有优先购买权，这是一种为保证有限责任公司的人合性而赋予股东的权利。优先权的规定本身，并不是对拟转让股份的股东股权的限制或其自由转让股份的限制。电子公司依法行使优先权，并不能证明华融公司对其持有的股权不享有完全的、排他的权利。③

优先购买权作为法定权利，在股权公开交易时，不受交易所自行制定规则的限

① 中华人民共和国最高人民法院审判监督庭编：《审判监督指导与研究》（第4卷），人民法院出版社2004年版，第169页。

② 《中华人民共和国最高人民法院公报》2012年第1期。

③ 《中华人民共和国最高人民法院公报》2005年第2期。

制或剥夺。

在中静实业（集团）有限公司诉上海电力实业有限公司等股权转让纠纷案中，法院认为，虽然国有产权转让应当进产权交易所进行公开交易，但因产权交易所并不具有判断交易一方是否丧失优先购买权这类法律事项的权利，在法律无明文规定且股东未明示放弃优先购买权的情况下，享有优先购买权的股东未进场交易，并不能根据交易所自行制定的“未进场则视为放弃优先购买权”的交易规则，得出其优先购买权已经丧失的结论。①

值得研究的是，股东的优先购买权，是否仅限于同一公司位阶的股东之间。换言之，间接收购上级公司的股权，是否规避或侵犯下级公司其他股东的优先购买权？对此，最高法院与地方法院的所持观点截然相反，将优先购买权的行使，严格限制在股权的同一位阶中，体现出对股权的精细化保护。

在上海外滩地王案中，上海一中院认为，嘉和公司、证大置业公司与长昇公司之间实际实施的关于嘉和公司、证大置业公司持有的绿城公司、证大五道口公司股权的转让行为，旨在实现一个直接的、共同的商业目的，即由长烨公司、长昇公司所归属的同一利益方，通过上述股权收购的模式，完成了对绿城公司、证大五道口公司的间接控股，从而实现对海之门公司享有50%的权益，最终实现对项目公司享有50%的权益。本案交易模式的最终结果，虽然形式上没有直接损害原告复星公司对于海之门公司目前维系的50%权益，但是经过交易后，海之门公司另50%的权益已经归于长烨公司、长昇公司所属的同一利益方，客观上确实剥夺了原告复星公司对于海之门公司另50%股权的优先购买权，规避《公司法》第72条规定，符合《合同法》第52条第3项规定情形，依法确认无效。②

然而，最高法院在此前审理的另一案件中，对此却做出相反认定。在金时公司、海湾公司、海湖公司股东资格确认纠纷再审案中，法院认为，本案中金时公司意欲

① 《中华人民共和国最高人民法院公报》2016年第5期。

② 难得一见的是，媒体事后披露了原告方的诉前内部讨论过程意见，非常值得研究。据公开报道，SOHO中国董事长潘石屹称，此案起诉前，“我咨询了律师，问我们的收购是不是合法的。律师们的意见是一致的：这个交易肯定能站得住脚，是合法的。在交易之前，我最后跟SOHO的律师通了一个电话，说你最后给我一个肯定的回答，咱们有没有触犯复星的优先购买权？如果触犯了复星的优先购买权，我们不可能花四五十亿做违法的事情，这是绝对不能做的。中伦律师事务所的郝输律师说，潘总你放心，我们转的爷爷辈的公司，他（郭广昌）说的优先购买权是孙子辈的公司，所以他是没有优先购买权的。我说他的手能不能伸到上面去，郝输说，他的手要是能从孙子辈的公司伸到爷爷辈的公司股权里面去，公司法就不存在了。”载高凌云、刘杨：《外滩地王恩仇录》，《南方都市报》2012年12月5日。

取得海湖公司的股权并非通过股权转让的方式，而是基于金时公司已经在香港完全购买了海湖公司港方股东金域公司的事实要求承继金域公司在海湖公司 50% 的股权。金时公司在本案中主张海湖公司的股东地位，是基于金域公司完全由金时公司购买、在金域公司结业的情况下由金时公司承继金域公司在合营公司的股东地位，因此，并不存在合营他方股东优先购买权的保护问题，金时公司享有原金域公司在海湖公司 50% 的股权。①

此外，司法实践中还确认，对虚构的股东会议及其决议提起的诉讼，不受《公司法》规定的时限限制。

在张某娟诉江苏万华工贸发展有限公司、万某、吴某亮、毛某伟股东纠纷案中，法院认为，修订后的《公司法》第 22 条关于“股东会或者股东大会、董事会的会议召集程序、表决方式违反法律、行政法规或者公司章程，或者决议内容违反公司章程的，股东可以自决议作出之日起六十日内，请求人民法院撤销”的规定，是针对实际召开的公司股东会议及其作出的会议决议作出的规定，即在此情况下股东必须在股东会决议作出之日 60 日内请求人民法院撤销，逾期则不予支持。而对于上述虚构的股东会议及其决议，只要其他股东在知道或者应当知道自己的股东权利被侵犯后，在法律规定的诉讼时效内提起诉讼，人民法院即应依法受理，不受修订后《公司法》第 22 条关于股东申请撤销股东会决议的 60 日期限的规定限制。②

关于股东代表诉讼，在东风公司、汽车修造厂与物资集团有限公司、环成公司、赫连某新、梁某玲、东风汽车销售公司共同侵权纠纷上诉案中，法院认为，当公司的董事、监事、高级管理人员侵害了公司权益，而公司怠于追究责任时，符合法定条件的股东可以自己的名义代表公司提起诉讼。在股东代表诉讼中，股东个人的利益并没有直接受到损害，只是由于公司的利益受到损害而间接受损，因此，股东代表诉讼是股东为了公司的利益而以股东的名义直接提起的诉讼。③

同样，在吴某祥、陈某南诉翟某明专利权纠纷案中，法院认为，根据《公司法》规定，公司董事、高级管理人员或控股股东等人员违反法律、行政法规或者公司章程的规定，侵害公司利益，而公司在上述人员控制之下不能或怠于以自己的名义主

---

① （2011）最高法民提字第 303 号。关于该案规则释解，参见刘国林编著：《股权转让常见纠纷的裁判规则》，中国法制出版社 2017 年版，第 354 页。对此案的详细评论，参见朱敏：《从香港金时公司案看国际商事仲裁裁决的既判力》，第二届中国仲裁周会议材料汇编。

② 《中华人民共和国最高人民法院公报》2007 年第 9 期。

③ 最高人民法院民事审判第二庭编：《民事审判指导与参考》（第 1 集），法律出版社 2008 年版，第 169 页。

张权利，导致其他股东利益受到损害的，其他股东为了维护自身合法利益以及公司的利益，有权向人民法院提起诉讼。①

在一起股东知情权的公报案例中，最高法院不仅支持了股东提出的知情权诉请，而且还进一步压缩了对行使知情权的限制空间。

在李某君、吴某、孙某、王某兴诉江苏佳德置业发展有限公司股东知情权纠纷案中，法院认为，股东知情权是指股东享有了解和掌握公司经营管理等重要信息的权利，是股东依法行使资产收益、参与重大决策和选择管理者等权利的重要基础。《公司法》第 34 条规定：股东可以要求查阅公司会计账簿，公司有合理根据认为股东查阅会计账簿有不正当目的，可能损害公司合法利益的，可以拒绝查阅。但是，股东要求查阅公司会计账簿，公司怀疑其目的是为公司涉及的其他案件的对方当事人收集证据，并以此为由拒绝提供查阅的，不属于上述规定中股东具有不正当目的、可能损害公司合法利益的情形。②

对于司法介入公司利润强制分配纠纷，一开始，最高法院的态度是相对保守的。倾向性意见是，有限责任公司股东通过司法途径主张公司利润的强制分配的，应提交股东会通过的载明具体分配方案的决议。如股东会未通过股东分配利润决议，股东直接起诉请求判令公司向股东分配利润，不予受理。③ 2017 年 9 月 1 日起施行的《公司法解释四》，其态度有所松动，第 14 条沿袭了上述观点。但另一方面，第 15 条但书也作了例外规定，符合该情形时，可以判令强制分配利润，相关司法案例也随即出现。

在庆阳市太一热力有限公司、李某军公司盈余分配纠纷案中，法院认为，公司在经营中存在可分配的税后利润时，有的股东希望将盈余留作公司经营以期待获取更多收益，有的股东则希望及时分配利润实现投资利益。一般而言，即使股东会或股东大会未形成盈余分配的决议，对希望分配利润股东的利益不会发生根本损害，因此，原则上这种冲突的解决属于公司自治范畴，是否进行公司盈余分配及分配多少，应当由股东会作出公司盈余分配的具体方案。但是，当部分股东变相分配利润，隐瞒或转移公司利润时，则会损害其他股东的实体利益，已非公司自治所能解决，此时若司法不加以适度干预则不能制止权利滥用，亦有违司法正义。④

---

① 《中华人民共和国最高人民法院公报》2008 年第 1 期。

② 《中华人民共和国最高人民法院公报》2011 年第 8 期。

③ 最高人民法院民事审判第二庭编：《最高人民法院商事裁判观点》（总第 1 辑），法律出版社 2015 年版，第 165 页。

④ 《中华人民共和国最高人民法院公报》2018 年第 8 期。

在公司僵局情况下，仅有两名股东时，一方股东能否请求解散公司？对此，最高法院一再予以肯定。不惜以解散公司为代价，可谓是对股东利益的极致保护。

在林某清与凯莱公司、戴某明公司解散纠纷案中（指导性案例 8 号），法院认为，本案中，凯莱公司仅有戴某明与林某清两名股东，两人各占 50% 的股份，凯莱公司章程规定“股东会的决议须经代表二分之一以上表决权的股东通过”，且各方当事人一致认可该“二分之一以上”不包括本数。故只要两名股东的意见存有分歧，互不配合，就无法形成有效表决，显然影响公司运营。由于凯莱公司的内部机制已无法正常运行、无法对公司的经营作出决策，即使尚未处于亏损状况，也不能改变公司的经营管理已发生严重困难的事实，符合解散条件。

在永日公司、赵某莉公司解散纠纷案中，法院认为，永日公司股东仅为赵某莉与朱某宝两人，两股东之间已出现僵局，无法再继续共同经营管理公司。永日公司已持续两年以上未召开股东会，赵某莉不能基于投资享有应有的公司经营决策、管理和监督等股东权利，公司实际由股东朱某宝在单方管理。目前永日公司股东会难以形成有效表决，无法通过形成股东会决议的方式管理公司。原判决认定公司经营管理出现了严重困难，公司继续存续会使股东利益受到重大损失并无不妥。①

第三节　债　　权

在现代社会，债权是重要的财产形式之一，甚至有学者认为，所有权的绝对性已经不是问题的中心，各种财产都在债权化，债权化的极端表现就是金钱债权。金钱债权已经渗透到全部的经济组织，应当确立债权在近代法中的优越地位。② 这一观点确系真知灼见。我国亦有法官公开表示，最大限度地保护债权人利益，这是《公司法》区别《物权法》之一。③ 作为财产权的重要组成部分，最高法院对债权的保护非常重视，并具体表现在债权转移、代位权与撤销权行使、抵押担保、诉讼时效、公司改制及法人人格否定乃至管辖、执行等诸多方面。最高法院负责人曾公布宣称，法院应秉持的裁判理念是，“司法实践中，在不违背基本法理的前提下，如果存在既

---

① （2017）最高法民申 3364 号。

② ［日］我妻荣：《债权在近代法中的优越地位》，王收江、张雷译，谢怀栻校，中国大百科全书出版社 1999 年版，第 20、226～227 页。

③ 石兴杰：《股权转让后的出资责任认定》，载中国法院网 2014 年 4 月 4 日，2016 年 8 月 15 日访问。

可做有利于权利人的解释也可做有利于义务人的解释的情形下，应做有利于权利人的解释”。[①] 显然，如此表态，绝非虚言。

长城公司，东泰嘉华公司，嘉怡公司，宇昌公司金融借款合同纠纷案中，法院认为，首先，我国民事诉讼法之所以规定诉讼代理人代为承认、放弃、变更诉讼请求，进行和解，提起反诉或者上诉，必须有委托人的特别授权，其立法目的在于该类诉讼权利属于实体权利或与实体权利密切相关的诉讼权利，故要求委托人对此作出明确授权，与不涉及被代理人实体权利的一般代理处分权限相区分。作为专业律师，对相关法律司法解释规定的未获特别授权的一般代理身份无权代为变更诉讼请求应当清楚知悉，理应于庭审前为增加变更诉讼请求准备好相关授权手续或书面变更申请书。其次，民事权利的放弃事关当事人的切身利益，必须有明示的意思表示才能发生权利放弃法律效力，默示的意思表示只有在法律有明确规定及当事人有特别约定的情况下才能发生法律效力，不宜在法律无特别规定或者当事人无明确约定的情形下，推定当事人对权利作出放弃。原审法院在当事人未作出明确放弃合同权利的情形下，径行认定其对未主张的剩余利息和罚息视为放弃，实有不妥。[②]

在丰海公司与海南中保分公司海运货物保险合同纠纷再审案中，本案争议焦点在于如何理解海洋运输保险条款中一切险的责任范围，此问题在海上保险法理论界和司法实践中一直存在不同的观点。法院认为，海洋运输货物保险条款规定的一切险，除包括平安险和水渍险的各项责任外，还包括被保险货物在运输途中由于外来原因所致的全部或部分损失。在不存在被保险人故意或过失的情况下，除非被保险人货物的损失属于保险合同规定的保险人的除外责任，保险人应当承担运输途中外来原因所致的一切损失。[③]

在上海德力西集团有限公司与江苏博恩世通高科有限公司、冯某、上海博恩世通光电股份有限公司买卖合同纠纷案中，法院认为，公司减资时对已知或应知的债权人应履行通知义务，不能在未先行通知的情况下直接以登报公告形式代替通知义务。公司减资时未依法履行通知已知或应知的债权人的义务，公司股东不能证明其在减资过程中对怠于通知的行为无过错的，当公司减资后不能偿付减资前的债务时，公司股东应就该债务对债权人承担补充赔偿责任。[④]

---

① 最高人民法院民事审判第二庭编：《最高人民法院关于民事案件诉讼时效司法解释理解与适用》，人民法院出版社 2008 年版，序言第 2～3 页。

② （2018）最高法民终 83 号。

③ 《海事审判十大典型案例》，载《人民法院报》2014 年 9 月 3 日。

④ 《中华人民共和国最高人民法院公报》2017 年第 11 期。

在陈某文与张某瀛、仁维公司、震龙公司案外人执行异议之诉案中，法院认为，本案事实表明震龙公司已将其与恒誉公司签订的《商品房购销合同》项下权利转让给张某瀛，张某瀛对案涉房产享有合法债权。恒誉公司与震龙公司此后解除上述《商品房购销合同》，证明震龙公司虽然未注销案涉房产的合同备案登记，其已无权请求恒誉公司向其交付案涉房产。尽管张某瀛对案涉房产仅享有债权，原判认定其享有足以排除陈某文强制执行的民事权益并无不当。①

这种鲜明的保护债权人的价值取向，还反映在对司法解释条款的变化上。对于债权保证责任，2000 年发布的《担保法解释》第 36 条规定："……连带责任保证中，主债务诉讼时效中断，保证债务诉讼时效不中断。"而 2008 年发布的《关于审理民事案件适用诉讼时效制度若干问题的规定》第 17 条第 2 款则规定："对于连带债务人中的一人发生诉讼时效中断效力的事由，应当认定对其他连带债务人也发生诉讼时效中断的效力。"两相比较，显然后者更有利于保护债权人。

在某信托公司与某粮油集团、某油脂公司、某油厂借款合同再审纠纷案中，法院认为，涉案债务于 2004 年 7 月到期，债务人某油脂公司未作清偿。2004 年 8 月 20 日，工行和平支行就该案债权向某油脂公司和某粮油集团分别出《催收到期贷款通知书》，某油脂公司和某粮油集团均盖章确认。2005 年 4 月 21 日，工行和平支行又分别向某油脂公司、某油厂和某粮油集团发出《催收到期贷款通知书》，债务人和各保证人也盖章确认。因而，某油厂和某粮油集团的保证责任均已发生，并开始计算诉讼时效。天津办事处从工行和平支行受让该债权后，又分别于 2005 年 7 月、2006 年 6 月和 2007 年 7 月向某油脂公司和某油厂进行了公告催收。依据《关于审理民事案件适用诉讼时效制度若干问题的规定》第 17 条第 2 款规定，天津办事处向保证人之一的某油厂催收债务，不仅中断了某油厂保证债务的诉讼时效，对另一连带共同保证人某粮油集团也同样发生诉讼时效中断的效力。某信托公司于 2008 年 5 月 29 日提起诉讼并未超过诉讼时效，并且该起诉行为也表明债权人履行了债权转让的通知义务。二审判决认定某粮油集团因超过诉讼时效而免予承担保证责任，适用法律欠当，应予纠正。②

上述案例中，某粮油集团与另一保证人某油厂承担的是具有同债务层次的连带责任。更具保护色彩的是，按照最高法院的观点，虽然主债务与作为从债务的连带保证债务并非处于同一层次，但"根据连带保证责任制度关于权利人既可以向主债

① (2017) 最高法民申 1636 号。

② 张雪楳：《诉讼时效审判实务与疑难解析》，人民法院出版社 2019 年版，第 529～531 页。

务人主张权利，也可以向保证人主张权利，保证人享有追偿权的权义平衡的立法目的和制度原理，权利人向从债务人主张权利的，应可以推出其主张主债权”。①

此外，最高法院还以公报裁判摘要的方式，特别指出在债务人的行为危害债权人行使债权的情况下，债权人如何保护债权的两种方法，即一是根据《合同法》第74条第1款的规定，行使债权人的撤销权，请求人民法院撤销债务人订立的相关合同；二是根据《合同法》第52条第2项的规定，请求人民法院确认债务人签订的相关合同无效。②

需要强调的是，对债权人的保护，着眼于总体、全部，而非局部、个别。司法实践中，存在个别债权人和全体债权人利益冲突的情形。对此，最高法院明确表示，从价值衡量的角度看，应该要向全体债权人倾斜。

在国信公司与永禾公司建设工程纠纷案中，法院认为，已经划扣到执行法院账户的银行存款等执行款，但未完成向申请执行人转账、汇款、现金交付的，财产权利归属未发生变动，仍属于被执行人的财产，执行法院收到受理破产裁定后，不应再支付给申请执行人，应当移交给受理破产案件的法院或管理人。安徽高院所主张的“专户资金实质上已由执行法院为申请执行人代管，该款项已脱离了债务人的实际控制，视为已向权利人交付”的观点，与自2015年2月4日起施行的《民诉解释》有关规定精神，以及2017年1月20日最高人民法院印发的《关于执行案件移送破产审查若干问题的指导意见》精神不一致。③

这一切都表明，从审判阶段到执行程序，为了最大限度地整体上保护债权人利益，最高法院可谓煞费苦心。

一、债权债务转移

债权债务转移大量地发生在金融资产的处置过程中，对其中涉及的无法实现之债权，最高法院采取极为慎重的态度，目的在于保障金融机构免予受到不当追索。

在沈阳银胜天成投资管理有限公司与中国华融资产管理公司沈阳办事处债权转让合同纠纷案中，法院认为，金融资产管理公司收购和处置银行不良金融债权，事关国家金融安全，具有较强的政策性，本案所涉债权转让协议，不能完全等同于一

---

① 最高人民法院民事审判第二庭编：《最高人民法院关于民事案件诉讼时效司法解释理解与适用》，人民法院出版社2008年版，第309~310页。

② 嘉吉国际公司与福建金石制油有限公司等买卖合同纠纷案，载《中华人民共和国最高人民法院公报》2014年第3期。此后，该案又入选第八批指导性案例，为指导案例33号。

③ （2017）最高法执监422号。

般民事主体之间的债权让与行为，具有高风险、高收益，与等价交换的市场规律有较为明显的区别；不良债权交易的实物资产，不是一般资产买卖关系，而主要是一种风险与收益的转移。本案不良金融债权金额 26 亿元，仅以不到 3% 的价格成交，体现了不良金融债权处置的特殊性，这在一般民事主体之间的债权让与中通常是不会出现的。资产包一旦形成，即具有不可分割的性质。银行不良金融债权的受让人将资产包中相对优质债权予以变卖，请求通过诉讼将其他部分予以解除并返还资产包剩余的部分资产，人民法院不予支持。①

在涉及提单的商事纠纷中，最高法院认为，提单的流转发生债权债务转移的法律效果。显然，这一认定源于提单的物权凭证性质，持有提单本身就意味着享有法定债权。

在蒙都公司与土畜产公司海上货物运输合同纠纷上诉案中，法院认为，土畜产公司非本案海上运输合同当事人，而是本案指示提单通知方，该指示提单不记名，即为托运人指示，由于土畜产公司已对本案货物支付了货款、赎取了相关的单证，即提单已由其持有，提单所证明的债权债务关系发生了转移，成为货物方或称提单关系人，土畜产公司依据提单享有权利，并承担提单加予的义务，故其有权对承运人主张相应的权利。②

在难以构成债务转移的情况下，最高法院还通过确认债务加入的方式，以债权人的意思表示作为推定依据，从而延伸对债权人的保护。

在达宝公司与中岱公司、中岱电讯公司、中珊公司股权转让合作纠纷案中，法院认为，合同外的第三人向合同中的债权人承诺承担债务人义务的，如果没有充分的证据证明债权人同意债务转移给该第三人或者债务人退出合同关系，不宜轻易认定构成债务转移，一般应认定为债务加入。第三人向债权人表明债务加入意思后，即使债权人未明确表示同意，但只要其未明确表示反对或未以行为表示反对，仍应当认定为债务加入成立，债权人可以依照债务加入关系向该第三人主张权利。③

债务转移还有一种情况，即对于同一债务而言，存在新债与旧债之间的衔接和并存关系。

在通州建总集团有限公司与内蒙古兴华房地产有限责任公司建设工程施工合同

---

① 《中华人民共和国最高人民法院公报》2010 年第 5 期。

② 最高人民法院民事审判第四庭编：《全国法院优秀涉外商事海事裁判文书》，人民法院出版社 2002 年版，第 293 页。

③ 《中华人民共和国最高人民法院公报》2012 年第 5 期。

纠纷案中，法院认为，对以物抵债协议的效力、履行等问题的认定，应以尊重当事人的意思自治为基本原则。一般而言，除当事人有明确约定外，当事人于债务清偿期届满后签订的以物抵债协议，并不以债权人现实地受领抵债物，或取得抵债物所有权、使用权等财产权利，为成立或生效要件。只要双方当事人的意思表示真实，合同内容不违反法律、行政法规的强制性规定，合同即为有效。当事人于债务清偿期届满后达成的以物抵债协议，可能构成债的更改，即成立新债务，同时消灭旧债务；亦可能属于新债清偿，即成立新债务，与旧债务并存。基于保护债权的理念，债的更改一般需有当事人明确消灭旧债务的合意，否则，当事人于债务清偿期届满后达成的以物抵债协议，性质一般应为新债清偿。在新债清偿情形下，旧债务于新债务履行之前不消灭，旧债务和新债务处于衔接并存的状态；在新债务合法有效并得以履行完毕后，因完成了债务清偿义务，旧债务才归于消灭。在债权人与债务人达成以物抵债协议、新债务与旧债务并存时，确定债权是否得以实现，应以债务人是否按照约定全面履行自己义务为依据。若新债务届期不履行，致使以物抵债协议目的不能实现的，债权人有权请求债务人履行旧债务，且该请求权的行使，并不以以物抵债协议无效、被撤销或者被解除为前提。①

二、代位权与撤销权

代位权与撤销权是民法中债的保全制度。最高法院曾多次通过公报案例等形式，发布债权人行使代位权和撤销权的典型案例，保护债权人利益的价值取向十分突出。

（一）关于代位权

在成都市国土资源局武侯分局与招商（蛇口）成都房地产开发有限责任公司、成都港招实业开发有限责任公司、海南民丰科技实业开发总公司债权人代位权纠纷案中，法院认为，根据《合同法》第73条规定，因债务人怠于行使其到期债权，对债权人造成损害的，债权人可以向人民法院请求以自己的名义代位行使债务人的债权，但该债权专属于债务人自身的除外。债务人与次债务人约定以代物清偿方式清偿债务的，因代物清偿协议系实践性合同，故若次债务人未实际发行代物清偿协议，则次债务人与债务人之间的原金钱债务并未消灭，债权人仍有权代位行使债权人的债权。债权人代位行使对次债务人的债权，次债务人企业改制的，由改制后的企业

---

① 《中华人民共和国最高人民法院公报》2017年第9期。

向债权人履行清偿义务。①

代位权案件中，最高法院一度认为，即便债务人与次债务人之间的具体债务数额不确定，债权人依然可以行使代位权。此后认识态度有所改变，认为依照司法解释的规定，债权数额应当确定。

在中国农业银行汇金支行诉张家港涤纶厂代位权纠纷案中，法院认为，债务人在债务到期后，没有以诉讼或者仲裁方式向次债务人主张债权，而是与次债务人签订协议延长履行债务期限，损害债权人债权的，属于《合同法》第73条规定的怠于行使到期债权的行为，债权人可以以自己的名义代位行使债务人的债权。债务人与次债务人之间的具体债务数额是否确定，不影响债权人行使代位权。汇金农行对涤纶厂行使代位权，其范围应以其对工艺品公司的债权为限，同时不应超出工艺品公司对涤纶厂的债权。涤纶厂以工艺品公司在履行代理进口协议时使债务数额不确定为由进行抗辩不能成立。②

但是，在中国银行股份有限公司汕头分行与广东发展银行股份有限公司韶关分行、珠海经济特区安然实业（集团）公司代位权纠纷案中，法院认为，根据最高法院《合同法解释一》第11条规定，债权人提起代位权诉讼，应以主债权和次债权的成立为条件。而“债权成立”不仅指债权的内容不违反法律、法规的规定，而且要求债权的数额亦应当确定。这种确定既可以表现为债务人、次债务人对债权的认可，也可经人民法院判决或仲裁机构的裁决加以确认。③

引人注目的是，在代位权诉讼中，最高法院还认为，债权人除可依法主张代位权外，还可以作为次债务人，进而主张确认他人之间签订的合同无效，并自确认无效后两年内主张债权。显然，前者是对外部债务人行为的肯定，后者是对外部债务人行为的否定。无论债权人持肯定态度还是否定态度，均落入法院划定的保护范围。

在中国银行股份有限公司汕头分行与广东发展银行股份有限公司韶关分行、第三人珠海经济特区安然实业（集团）公司代位权纠纷案中，法院认为，有关《合作开发协议》的效力认定问题，不仅关系到公司与韶关分行之间债权债务关系的确认，而且在公司无法主张该权利的情况下，其与作为公司合法债权人的汕头分行亦存在直接的利害关系，直接影响到汕头分行所主张的代位权诉讼中的次债务是否真实存在。因此，汕头分行作为本案原告提起诉讼，请求依法确认该合作协议无效，并判

---

① 《中华人民共和国最高人民法院公报》2012年第6期。

② 《中华人民共和国最高人民法院公报》2004年第4期。

③ 《中华人民共和国最高人民法院公报》2011年第11期。

令韶关分行返还公司支付的购地款及其利息，符合法律规定，应予支持。此外，在上述协议被依法确认无效后，韶关分行负有向公司返还购地款及其利息的义务。该项债权的诉讼时效自该合同被二审判决确认无效时起算，汕头分行代公司向韶关分行主张该债权没有超过两年的诉讼时效。①

虽然对债权人行使代位权的保护力度很大，但是，在面对理论界和实务界提出的进一步要求，即将可代位行使的权利不应限于债权时，也应包括其他权利在内，最高法院还是持十分审慎的清醒态度，并通过复函下级法院的形式，明确表明了反对态度，反映出其不愿越法律雷池的保守性格。② 在《最高人民法院关于深圳发展银行与赛格（香港）有限公司、深圳赛格集团财务公司代位权纠纷一案的请示的复函》（2005 年 9 月 15 日，〔2005〕民四他字第 31 号）明确规定："对于你院请示报告中阐述少数意见时提出的问题即代位权范畴可否从仅限于债权扩张到所有权？本院认为，根据目前的法律规定和司法解释，债权人仅可以向人民法院请求以自己名义代位行使债务人具有金钱给付内容的到期债权，且该债权不能是专属于债务人自身的，代位权的范畴不能从债权扩张到所有权。"③

（二）关于撤销权

相较于代位权案例，最高法院公布的撤销权案件并不多。笔者推测，一个可能的原因是，由于级别管辖的缘故，讼争案件的标的额往往难以到达最高法院的层面，而大量地沉潜于基层法院。此类案件的一大特点是，对证据要求相对较高，不易获得支持，撤销权成立的案例不多。

在水利公司与福岷公司、实业公司、疏浚公司撤销权纠纷案中，法院认为，债权人撤销权之制度，在于维持债务人的责任财产以备全体债权人债权的清偿，体现了现代民法强化诚信原则以保护债权人利益的价值取向。但同时也应看到，债权人撤销权制度突破了传统的合同相对性原则，将债权人的债权效力延展到债务人之外的第三人，是对债务人与第三人之间法律关系的一种突破。适用不当，可能对交易

---

① 《中华人民共和国最高人民法院公报》2011 年第 11 期。

② 关于代位权的客体范围，最高法院多位法官均有阐述，代表性论文参见王闯：《关于合同法债权人代位权制度若干重要问题》，载最高人民法院民事审判第二庭编：《民商事审判指导》（总第 6 辑），人民法院出版社 2005 年版，第 14 ~ 19 页；宋晓明、朱海年、王闯、张雪楳：《合同纠纷案件审理中的疑难总问题》，载最高人民法院民事审判第二庭编：《民商事审判指导》（总第 11 辑），人民法院出版社 2007 年版，第 148 ~ 149 页。

③ 吴庆宝、俞宏雷主编：《商事裁判自由裁量规范》，人民法院出版社 2012 年版，第 73 页。

安全构成威胁，并在一定程度上限制债务人的经营决策自由，从而影响到私法自治的基本原则。因此，债权人权利、债务人自治以及第三人交易安全这三者之间的平衡保护，是该制度的关键问题，在证据审查判断方面，应确立较高程度的证明标准，以衡量当事人所主张的事实能否成立。①

在国家开发银行与沈阳高压开关有限责任公司、新东北电气（沈阳）高压开关有限公司、新东北电气（沈阳）高压隔离开关有限公司、沈阳北富机械制造有限公司等借款合同、撤销权纠纷案中（指导性案例118号），法院认为，债务人与受益人的股权置换行为存在价值严重不对等的情况，且受益人明知自己与债务人交易支付的资产价值与债务人股权价值严重不对等，还仍然与债务人进行股权置换，该交易行为严重损害了债权人的利益。根据《合同法》第74条关于“债务人以明显不合理的低价转让财产，对债权人造成损害，并且受让人知道该情形的，债权人也可以请求人民法院撤销债务人的行为”之规定，对债权人关于债务人与受益人有关股权交易的合同应当依法撤销的上诉请求，予以支持。②

在通宇公司与丹东客来多公司、金源公司债权人撤销权纠纷抗诉案中，法院认为，债权人行使撤销权，应当以真实、合法的债权为前提，并需符合《合同法》规定的撤销权行使条件。债权人依法行使撤销权，对债务人和受让财产的第三人而言，均构成不利后果，特别是受让财产的第三人并非债权债务关系的当事人，通过撤销权的方式使其承受不利后果，实则是在法定条件下对合同相对性原则的突破，因此除债务人可以对债权人的债权及撤销权的行使提出异议，并在异议成立的范围内相应对抗债权人行使撤销权。通辽公司与金源公司之间的债权数额已经第一次仲裁裁决确认，但丹东客来多公司并未参加仲裁，该仲裁裁决的结果亦不当然约束丹东客来多公司，故丹东客来多公司以通宇公司部分债权是虚假的、对已经受偿的行为重复主张等理由对通宇公司债权提出异议，在丹东客来多公司能够提出充分证据的情况下，可以相应抗辩通宇公司作为行使撤销权基础的债权。③

在周某奇、火炬公司等股权转让纠纷案中，法院认为，周某奇、奥泰公司等存在未披露奥泰公司虚假出资及未将火炬公司投入资金全部用于购买设备和公司生产经营等事实。尽管火炬公司作为专业投资公司，亦应对奥泰公司的资产状况进行尽

① 最高人民法院民事审判第二庭编：《商事审判指导》（第3辑），人民法院出版社2010年版，第215~220页。

② 《中华人民共和国最高人民法院公报》2008年第12期。

③ 最高人民法院（2013）民抗字第48号。

职调查、尽到合理审慎的注意义务，但并不能因此而免除周某奇、奥泰公司等签约主体披露真实信息的合同义务，由此可认为周某奇、奥泰公司等隐瞒了签订股权投资协议的重要事实前提，火炬公司基于错误认识签订协议进行投资，其可以欺诈为由依法行使撤销权。①

在鑫桥公司与香江酒楼、香江公司债权人撤销权纠纷案中，法院认为，民联公司、香江公司、香江酒楼与新华社海南分社签订《和解协议》，使民联公司、香江公司、香江酒楼的偿债能力明显降低。按照2012年《和解协议》签订时房地产市场的交易进行常识判断，案涉土地的转让价格明显低于市场交易价的70%，属于以明显不合理的低价转让财产，对鑫桥公司造成损害，且新华社海南分社知道该情形，根据《合同法》第74条第1款之规定，该《和解协议》应予撤销。②

三、外部善意债权人

在公司类型的案件中，最高法院特别强调对外部善意债权人的保护，如法定代表人的内部变更，不能对抗外部公司债权人；应保护依赖工商登记的善意债权人利益，不得以内部约定关系对抗第三人，等等。至2019年九民会议纪要公布，对于公司内外部法律关系的区分保护，最高法院的认识已基本成熟。

在北京公达房地产有限责任公司诉北京市祥和三峡房地产开发公司房地产开发合同纠纷案中，法院认为，公司的法定代表人依法代表公司对外进行民事活动。法定代表人发生变更的，应当在工商管理部门办理变更登记。公司的法定代表人在对外签订合同时已经被上级单位决定停止职务，但未办理变更登记，公司以此主张合同无效的，人民法院不予支持。③ 司法实践中，最高法院还充分利用债权行为与物权行为的法律区分，认为签订抵押合同后，即使未办理抵押登记时，债权人的利益也应受到保护。

在满洲里建行与中欧公司、伊尔库公司信用证纠纷案中，法院认为，本案中的《最高额抵押合同》是双方当事人真实意思表示，且不违反国家法律和行政法规的禁止性规定，虽然满洲里建行与伊尔库公司订立合同后未对抵押物房产及土地办理抵押物登记，但根据《物权法》第15条的规定，物权变动的原因行为独立于物权变动

① （2014）最高法民申字第1184号。

② 李伟：《债权人撤销权的行使条件》，载刘贵祥主编：《最高人民法院第一巡回法庭清选案例裁判思路解析（一）》，法律出版社2016年版，第364～360页。

③ 《中华人民共和国最高人民法院公报》2010年第11期。

的结果行为，未办理抵押物登记不影响合同的效力，该抵押合同属有效合同，即对双方产生拘束力。鉴于办理抵押登记手续的主要义务应由抵押人伊尔库公司承担，由于其未办理抵押登记手续，导致抵押权未有效设立，应当承担违约责任，即在按合同约定的担保范围内对担保的债务与债务人承担连带责任。①

企业改制时，虽发生财产变更，但不得对抗外部债权人。显然，这仍是内外部法律关系的处理规则在公司法领域的延伸适用。

在工商银行山东分行诉信诚公司等借款合同纠纷案中，法院认为，企业采取以部分财产和等额债务相抵的方式与他人组建新公司，且对所出让财产不持有相应股份的，未转移债务的债权人有权要求新公司在其所接收原企业财产的范围内对原企业债务承担连带责任。尽管化肥厂与信诚公司和有关债权人达成的相关债务转让协议对合同各方当事人具有法律约束力，但因信诚公司用以作为接收上述债务对等条件的接收相应财产的行为，客观上造成了化肥厂对所有债权人的债权进行担保的法人财产减少，该财产转移行为侵犯了其他债权人的权利。化肥厂与信诚公司之间关于以接收相关财产作为承担等额债务前提的约定对其他债权人不发生法律效力。②

对外部债权人的保护，还体现在对以贷还贷合同的效力认定上。在 1999 年时，最高法院对于以贷还贷予以区分处理，在旧贷与新贷均有保证人，且保证人为同一人的情况下，保证人原则上应当承担保证责任。在旧贷没有担保或旧贷与新贷的保证人不是同一人的情况下，新贷的保证人如果不知道主合同双方当事人在搞以贷还贷的，应当按照《担保法》第 30 条第 1 项关于骗保的规定，免除保证人的保证责任。③ 但此后，最高法院很快改变了态度，不再加以区分不同情况，基本认可了以贷还贷的效力，有力保障了外部债权人的利益。

在渝北中行支行与富源公司、水电建设总公司借款合同纠纷抗诉案中，法院认为，以贷还贷所签订的借款合同虽然是为了规避某些金融规章制度，但若一概否定其效力，将造成大量的信贷资金流失，无益于金融秩序的稳定。实际上，我国的相关法律法规并没有对此种行为作出禁止性规定，该借款合同有效。④

---

① 最高人民法院民事审判第二庭编：《商事审判指导》（第 1 辑），人民法院出版社 2011 年版，第 217～218 页。

② 《中华人民共和国最高人民法院公报》2004 年第 11 期。

③ 李国光主编：《经常审判指导与参考》（第 1 卷），法律出版社 1999 年版，第 226 页。

④ 中华人民共和国最高人民法院审判监督庭编：《审判监督指导与研究》（第 1 卷），人民法院出版社 2002 年版，第 176 页。

在开元中行支行与银河公司、外事旅游公司借款合同纠纷抗诉案中，法院认为，对于以贷还贷，我国现行法律均无禁止性规定，目前也没有事实证明以贷还贷有社会危害性，如果以贷还贷确属当事人真实意思表示，应当认定有效。①

在牧管局与呼盟工行借款担保合同纠纷上诉案中，法院认为，对于本案400万元借款合同，呼盟工行是通过以新贷还旧贷的方式向华光公司发放贷款的。如果呼盟工行对本案400万元借款以正常的方式贷出，而不是以新贷还旧贷的方式贷出，则牧管局要承担双倍即800万元本金及利息和罚息的民事责任。就本案而言，以新贷还旧贷，并未加重担保人牧管局的责任，而是减轻了牧管局的责任，故牧管局应对本案400万元向呼盟工行承担连带责任。②

在大竹县农村信用合作联社与西藏华西药业集团有限公司保证合同纠纷案中，法院认为，《担保法解释》第39条第1款规定："主合同当事人双方协议以新贷偿还旧贷，除保证人知道或者应当知道的外，保证人不承担民事责任。"判断是否属于"保证人知道或者应当知道"的情形时，在保证人与借款人具有关联关系，在保证合同中承诺对借款人转移货款用途等违反合同的行为承担连带责任，并实际履行了部分主债务的，可以认定保证人知道或者应当知道主债务系以新贷偿还旧贷。在此情形下，保证人以上述规定为由，主张不承担民事责任的，人民法院不予支持。③

以笔者所见，最高法院对外部善意债权人的保护，有时到了令人匪夷所思的程度。

在长城公司贵阳办与被执行人珍酒厂执行复议案中，法院认为，贵阳办同贵州珍酒厂之间达成的以物抵债协议是当时双方当事人真实意思表示，并得到了被执行人主管部门及省政府主管领导的认可。贵州高院（2009）黔高执异字第7号民事裁定书撤销（2006）黔高执字第46－2号民事裁定书，主要依据是国办发（2006）3号文件。该文件规定："对列入总体规划拟实施关闭破产的企业，有关金融机关不得在企业关闭破产方案实施前转让或出售已确认的债权，也不得加紧追讨债权及担保责任。但对企业恶意逃废金融债务的行为，有关金融机构应依法维护自身合法权益。"本案双方当事人签订以物抵债协议之时，贵州珍酒厂尚未被国务院列入总体规划拟实施关闭破产企业；其列入该总体规划后，贵阳办则是通过法律途径依法维护

① 中华人民共和国最高人民法院审判监督庭编：《审判监督指导与研究》（第2卷），人民法院出版社2003年版，第202页。

② 最高人民法院办公厅编：《最高人民法院公布裁判文书》（二〇〇〇年），人民法院出版社2001年版，第331页。

③ 《中华人民共和国最高人民法院公报》2012年第4期。

自身合法权益，故不违反该文精神。①

最高法院对债权人的保护，还体现在对侵害债权的支持赔偿方面。然而，最高法院同时也认为，关于侵害债权之诉的法律依据选择，合同债权原则上不属于侵权责任法保护范围。

在福建省宁德地区经济技术协作公司诉日本国日欧集装箱运输公司预借提单侵权损害赔偿纠纷上诉案中，法院认为，上诉人日本国日欧集装箱运输公司在货物尚未装船前签发已装船提单，是预借提单的侵权行为。因其早在货物实际装船前20余天就签发了提单，使被上诉人福建省宁德地区经济技术协作公司无法依照约定的日期向原审第三人交货，从而导致原审第三人按约解除合同，其后，被上诉人在空调机已逾销售季节、内地市场难以销售的情况下，才不得已向香港云丝顿影音有限公司复出口。由于当时市场行情的变化，被上诉人复出口的价格不仅未能取得原与原审第三人签订合同所应得的利润，且低于买入价。上诉人实施预借提单的行为，造成了被上诉人的经营损失，其中包括可得利润损失、进口货价与复出口货价之间差额的损失。由于被上诉人对原审第三人违约行为是因上诉人预借提单的侵权行为所致，故上诉人对被上诉人因支付原审第三人的违约金而蒙受的损失应负赔偿责任。②

在平昌工商支行、长城公司成都办与徐某、邓某勇、朱某东、百坚公司侵权赔偿纠纷案中，法院认为，根据《民事诉讼法》第119条规定，原告必须是与本案有直接利害关系的公民、法人和其他组织。所谓“有直接利害关系”应为作为原告的公民、法人或者其他组织自身的财产权、人身权益或者其他民事权益受到侵害或者与他人直接发生了民事权利义务上的争议。合同债权一般不应成为侵权责任法的调整对象，应该遵循合同相对性原则予以救济。③

当然，有原则就有例外。在个案条件成就时，最高法院也毫不犹豫援引侵权责任法保护债权。

在中国长城资产管理股份有限公司吉林省分公司与吉林市中心企业信用担保集团有限公司、吉林市人民政府国有资产监督管理委员会侵权责任纠纷、股东损害公司债权人利益责任纠纷案中，法院认为，侵权责任法保护民事主体合法的人身权益

---

① 江必新主编：《执行工作指导》（第3辑），人民法院出版社2010年版，第104页。

② 《中华人民共和国最高人民法院公报》1989年第3期。关于此案的评析，另见张新宝：《最高人民法院公布的典型侵权百案类评》（下），载《侵权法评论》（第1辑），人民法院出版社2004年版，第147～148页。

③ 杜万华主编、最高人民法院民事审判第一庭编：《民事审判指导与参考》（第2辑），人民法院出版社2016年版，第183页。

和财产权益。一般情况下，债权人应通过合同救济主张权利。认定合同当事人以外的第三人承担侵权赔偿责任，应从严把握。当债权人权利救济途径已经穷尽，债权债务关系之外的第三人，如知道或者应当知道债权债务关系存在，且违反以保护该债权为目的法律、法规及其他规范性法律文件或违背公序良俗，造成债权人合法权益受到损害的，行为人承担相应的补充赔偿责任。①

最高法院对善意债权人的悉心保护，还体现在对债务人的法人人格混同认定或否定，这可谓是对债务人最严重的惩罚，反过来也是对债权人最彻底的保护。

在中土公司与中诚公司、钟某、鹏城公司及基冠公司、钟诚公司房屋买卖纠纷上诉案中，法院认为，《一揽子补充协议》及以后签订的协议中，中诚公司、鹏城公司相互代替、混用，属法人人格混同，应相互承担连带责任。②

在中国信达资产管理公司成都办事处与四川泰来装饰工程有限公司、四川泰来房屋开发有限公司、四川泰来娱乐有限责任公司借款担保合同纠纷案中，法院认为，存在股权关系交叉、均为同一法人出资设立、由同一自然人担任各个公司法定代表人的关联公司，如果该法定代表人利用其对于上述多个公司的控制权，无视各公司的独立人格，随意处置、混淆各个公司的财产及债权债务关系，造成各个公司的人员、财产等无法区分的，该多个公司法人表面上虽然彼此独立，但实质上构成人格混同。因此损害债权人合法权益的，该多个公司法人应承担连带责任。③

耐人寻味的是，相较于商事型案件，在家事型案件中，外部善意债权人的利益反而面临较大的不确定，最高法院的观点几度摇摆。

在王某与钟某玉、林某达案外人执行异议之诉案中，法院认为，在本案中，钟某玉与林某达于 1996 年 7 月 22 日签订《离婚协议书》，约定讼争房产归钟某玉及其所生子女所有，该约定是就婚姻关系解除时财产分配的约定，在诉争房产办理过户登记之前，钟某玉及其所生子女享有的是将讼争房产的所有权变更登记至其名下的请求权。该请求权与王某的请求权在成立时间、指向内容、权利性质、发生根源等方面存在不同，从功能上看，该房产具有为钟某玉及其所生子女提供生活保障的功能。与王某的金钱债权相比，钟某玉及其子女享有的请求权在伦理上具有一定的优先性，因此具有排除执行的效力。④

---

① 《中华人民共和国最高人民法院公报》2019 年第 3 期。

② 唐德华主编：《民事审判指导与参考》（第 3 卷），法律出版社 2001 年版，第 201 页。

③ 《中华人民共和国最高人民法院公报》2008 年第 10 期。

④ 《中华人民共和国最高人民法院公报》2016 年第 6 期。

另据2016年11月10日《人民法院报》刊登案例，法院认为，夫妻之间关于不动产物权的约定，无须另行经过法定登记手续，一旦约定生效，即在二人之间发生物权变动的效力。主要依据是，《物权法》第9条规定，不动产物权的设立、变更、转让和消灭，经依法登记，发生效力；未经登记，不发生效力，但法律另有规定的除外。本条中的除外条款保留了其他物权变动渠道的可能性，譬如《物权法》第28条至第30条规定的情形。《婚姻法》第19条规定，夫妻可以对婚姻关系存续期间所得财产约定所有，约定应当采用书面形式，该约定对双方具有约束力。本案中，王某英与赵某阳之间关于涉案房屋归属的约定，对双方均具有约束力，亦即在二人之间，自约定生效之日起，涉案房屋已经由按份共有变为王某英个人所有。因此，夫妻之间关于物权变动的约定，即使未经物权变动手续，也在夫妻之间发生了物权变动的效力。另据《最高人民法院关于适用〈中华人民共和国物权法〉若干问题的解释（一）》（以下简称《物权法解释一》）第2条规定，当事人有证据证明不动产登记簿的记载与真实权利状态不符、其为该不动产物权的真实权利人，请求确认其享有物权的，应予支持。本案中，王某英与赵某阳在离婚之后，并未办理涉案房屋的变更登记手续，导致涉案房屋的真实权利状态与不动产登记簿不符。但因未办理不动产变动登记手续，王某英虽系涉案房屋的真实权利人，其也无法对抗善意第三人主张的物权。现王某琪申请执行涉案房屋的依据是其对赵某阳享有的债权，且王某英对涉案房屋实际占有，不存在善意第三人情形，根据物权优于债权的法律原则，故对原告要求解除对涉案房屋的查封措施的诉讼请求，应予支持。①

然而，在付某华与吕某白、刘某锋案外人执行异议之诉案中，法院认为，根据物权法规定，不动产物权变动原则上以登记完成为生效要件。夫妻双方签订的离婚协议中对不动产归属的约定并不直接发生物权变动的效果，一方仅可基于债权请求权向对方主张履行房屋产权变更登记的契约义务。在不动产产权人未依法变更的情况下，离婚协议中关于不动产归属的约定不具有对抗第三人债权的法律效力。②

此后，最高法院再次发布案例表明上述观点。在周某珠与威邦公司、周某海案外人执行异议之诉案中，法院认为，本案核心问题是，周某珠对于作为执行标的物

① 张纪云：《基于夫妻财产约定的不动产物权在未经登记下的司法保护——北京大兴法院判决王某英诉王某琪、赵某阳执行异议之诉案》，（2016）京0115民初11974号。鉴于此案例刊登于最高法院机关报，对各级法院审理同类案件均有参考价值，故一定程度上代表了最高法院的主流观点。

② 《中华人民共和国最高人民法院公报》2017年第3期。

的涉案房产，是否具有足以排除强制执行的民事权益。虽然周某珠与周某海签订《自愿离婚协议书》，约定涉案房产归周某珠所有，但是双方未进行不动产物权的转让登记，物权的转让不发生效力，涉案房产仍属于周某珠与周某海夫妻共同所有。本案涉案债务虽然属于周某海个人债务，但是涉案房产属于周某珠与周某海夫妻共同所有，人民法院可以执行，原审法院驳回周某珠关于排除对涉案房产执行的诉讼请求并无不当。①

四、外部过错债权人

债权人自身存在过错时，能否得到保护？或者保护程度会否有所不同？对此，最高法院以实际行动表明，即便是债权人存在某些过错，一般也会尽力予以保护，或尽可能降低其损失。

在一起公布案例中，债权人超过约定的申请执行期限，在其向法院提起诉讼时，显然有怠于行使债权之嫌，但其不仅仍然得到了最高法院的支持，而且最高法院还明确表示，该案的判决对如何处理此类问题具有普遍的指导意义。

在工行和平支行、建设公司与和光公司、建设公司金融借款、担保合同纠纷案中，法院认为，经过公证具有强制执行效力的债权文书且公证书、借款合同中均有申请执行期限的特别约定，债权人超过约定的申请执行期限，又向法院提起诉讼，对此提起的借款合同纠纷案件是否应当受理，既涉及《公证法》《民事诉讼法》有关条文如何理解，又涉及最高法院（2008）17 号批复是否适用及如何适用的问题。本案诉争公证执行证书到期后，工行和平支行并未申请强制执行，因此该债权公证文书对当事人已不具有法律效力，但当事人实体权利以及寻求司法救助的诉讼权并不因此遭到否定或者限制，工行和平支行就本案债权的实现提起诉讼，是可以的，不属于《公证法》第 37 条及最高法院《关于当事人对具有强制执行效力的公证债权文书的内容有争议提起诉讼人民法院是否受理问题的批复》（法释〔2008〕17 号）适用范围。况且，该批复在本案争议之前作出，对本案没有溯及力。②

在上诉人赣县中行支行与被上诉人北京中行分行损害赔偿纠纷上诉案中，法院认为，本案系资金拆借合同关系引发，赣县支行第二营业部先后与犯罪嫌疑人签订过十余份资金拆借合同，总额高达 4.5 亿元，该资金拆借合同的名义主体之一是证

---

① （2017）最高法民申 3915 号。

② 最高人民法院民事审判第二庭主编：《最高人民法院商事审判指导案例》（第 5 卷·上），中国法制出版社 2011 年版，第 295、302 页。

券部，但合同所盖公章及负责人私章均为伪造。上述资金拆借出来以后，均进入证券部账户，且被支解和转移也通过这一账户。本案巨额资金损失的起因，固然是赣县支行第二营业部贪图高额利息，没有审慎考察犯罪嫌疑人的真实身份，过于轻信他人，但巨额资金到达证券部账户后，犯罪嫌疑人以证券部预留印鉴任意转款，证券部没有妥善保管、合理使用账户、印章，才是本案损失的主要和根本原因。就本案过错责任大小、比例分摊问题，审判长联席会议进行讨论后，多数意见认为借款纠纷中，让债权人对损失最终承担主要责任是说不过去的，最终采纳多数意见，双方对损失各承担一半。①

最高法院对债权人的保护倾向，还体现在程序性的司法解释规定上。比如，在担保案件中，规定依照主合同确定案件管辖。当主合同与担保合同管辖约定不同时，同样依据主合同确定合同管辖。显然，这种规定实际上将诉讼利益归于债权人。②

唯需注意的是，外部善意债权人也好，外部过错债权人也罢，虽然最高法院对其持司法保护取向，但也并非无原则地一味保护，特别在外部债权人主张表见代理的案件中，表现得较为慎重，既考察债权人行为有无过错，也分析构成表见代理的外观证据。

在兴业银行广州分行与深圳市机场股份有限公司借款合同纠纷案中，法院认为，表见代理是行为人没有代理权、超越代理权或者代理权终止后继续以代理人名义订立合同，而善意相对人客观上有充分的理由相信行为人具有代理权，则该代理行为有效，被代理人应按合同约定承担其与相对人之间的民事责任。但是，在相对方有过错的场合，不论该种过错是故意还是过失，无表见代理适用之余地。兴业银行广州分行在本案所涉贷款过程中具有过错，故本案不适用合同法关于表见代理的规定，深圳机场公司和兴业银行广州分行应根据各自的过错程度承担相应的民事责任。③

在宏安公司、兆丰公司企业借贷纠纷案中，法院认为，无权代理人享有以公司名义为他人提供担保的代理权外观的证据，只能限于公司的股东会议或者执行董事的授权，或者是能够证明案涉担保行为确系公司真实意思的其他相关证据。在本案

---

① 宋晓明主编：《最高人民法院商事审判裁判规范与案例指导》（第 1 卷），法律出版社 2010 年版，第 744 ~ 746 页。

② 《关于适用〈中华人民共和国担保法〉若干问题的解释》第 129 条规定："主合同和担保合同发生纠纷提起诉讼的，应当根据主合同确定案件管辖……主合同和担保合同选择管辖的法院不一致的，应当根据主合同确定案件管辖。"

③ 《中华人民共和国最高人民法院公报》2009 年第 11 期。

中，无权代理人既非公司的股东，也非公司的法定代表人，不能仅因挂靠开发地产项目而持有相关印章、文件的事实，来证明其享有相应的代理权外观。①

有时债权人会因为自身的原因，导致其债权被抵销。最高法院曾在一起票据案件中，确认当债权人处于连带担保地位时，其债权主张可以被相关债务人行使抵销权。

在青岛澳柯玛集团销售公司与中国银行利津支行票据承兑纠纷上诉案中，法院认为，澳柯玛销售公司和澳柯玛电器公司为利津物资公司的融资向利津支行提供担保，并承诺利津支行有权直接扣收两保证人的财产，从而将自己置于与出票人承担相同债务的连带债务人地位，利津支行正是以与澳柯玛销售公司之间存在的这一基础关系作为抗辩事由拒绝付款。根据《票据法》第 13 条第 2 款之规定，在法定情形出现时，票据当事人得以据基础关系对抗票据关系。故在出票人利津物资公司未在到期日之前依照约定将相关资金划入付款人利津支行的账户上，而持票人澳柯玛销售公司仍然持汇票向付款人（承兑人）提示付款时，付款人利津支行可以以资金关系行使抗辩权，拒绝承担相应的付款责任。②

奇怪的是，在 2010 年之前，最高法院对于债权人的利益保护，却极少体现为对可得利益的保护。据学者研究，1999 ~ 2008 年的 10 年间，《最高人民法院公报》公布的合同损害赔偿案例中，涉及可得利益赔偿的案件共有 8 起。这些案件的当事人均提出了可得利益赔偿请求，虽然裁判理由五花八门，但无一例得到法院支持。③《合同法》第 113 条关于可得利益的规定，基本上成为虚置条款，虽经常被启动，但极少起作用。可以想见，如果审判思维始终囿于指向过去时态的证据，那么，这一面向将来的利益主张很难获得法院支持。更奇怪的是，尽管最高法院极少支持可得利益，却并不妨碍出台司法文件，以三个条款，对可得利益损失的判断作出详尽规定，如把可得利益损失区分为生产利润损失、经营利润损失和转售利润损失三种类型，提出可预见规则、减损规则、损益相抵规则以及过失相抵规则四个判断标

---

① （2017）最高法民再 209 号。

② 《中华人民共和国最高人民法院公报》2000 年第 4 期。

③ 吴行政：《合同法上可得利益赔偿规则的反思与重构：从〈中华人民共和国合同法〉第 113 条适用的实证考察出发》，载中国私法网，http：//www. privatelaw. com. cn/Web_ P/N_ Show/？PID =8265，2015 年 4 月 9 日访问。笔者阅读范围内，2013 年裁判文书公开上网之前，在公报案例之外，最高法院公布的支持可得利益主张的案例，也仅有一起，即长沙麓山医药公司与马某、湖南省新闻图片社房屋租赁合同纠纷再审案，参见中华人民共和国最高人民法院审判监督庭编：《审判监督指导与研究》（第 2 卷），人民法院出版社 2003 年版，第 306 ~ 307 页。

准，以及举证责任如何在双方进行分配等。[①] 司法解释煞费苦心，审判实务却收效甚微，如此强烈的反差，或许能折射出最高法院某些看似激进面相下的保守态度。

2009 年 7 月 7 日，《最高法院印发〈关于当前形势下审理民商事合同纠纷案件若干问题的指导意见〉的通知》（法发〔2009〕40 号），该份司法文件的最大亮点是，专门论及可得利益损失，区分了可得利益的损失类型，规定了可得利益的计算方法及举证责任。此后，审判实务中长期以来的消极情形，开始有所改观。

在浙东公司与世方公司买卖合同纠纷案中，[②] 法院认为，关于浙东公司要求的可得利益问题，浙东公司作为以营利为目的的经营企业，与世方公司签订合同，按商业常理判断，其本身是有利润预期和追求的，但合同只有部分履行，世方公司即违约造成合同不能履行，使浙东公司的利润预期无法实现，浙东公司客观上存在可得利益损失。原审认为浙东公司同时期纳税申报表反映其处于亏损状态，故其不可能存在可得利益损失，但浙东公司同时期亏损并不能说明其在整个合同履行完毕后都没有可得利益。作为生产加工型企业，前期的成本投入往往较大，利润回收具有一定的滞后期，需要一个逐步的过程。因世方公司刚刚履行合同即违约，致使浙东公司所预期的利润回收无法实现，世方公司应对浙东公司的利润损失承担赔偿责任。

在联通公司与红河公司、晟邦公司房屋拆迁安置补偿合同纠纷案中，[③] 法院认为，合同解除后，应根据合同解除的具体原因确定双方承担的责任。若合同是一方违约解除，守约方除可根据《合同法》第 97 条规定请求恢复原状、采取其他补救措施外，还可根据第 107 条规定和第 113 条规定请求违约方赔偿损失。若守约方已经履行完毕主要合同义务的，损失赔偿的范围应当包括合同履行后可以获得的利益。依据《拆迁补偿协议》约定，联通公司交付房屋、土地所期望得到的利益是一定面积的产权置换房屋、车位和货币补偿。东佑公司在订立《拆迁补偿协议》时，应当预见到其若不能交付置换房屋、车位，可能造成的损失就是对应房屋、车位在交房日期的市场价值。红河实信司鉴（2012）房鉴字第 15 号鉴定报告即是以交房日期为基准日，以《拆迁补偿协议》约定的应置换给联通公司的待建房屋、车位为评估对象作出的评估报告，故以此评估报告结果作为认定损失赔偿的依据，并没有超过红

---

① 《最高人民法院关于当前形势下审理民商事合同纠纷案件若干问题的指导意见》（法发〔2009〕40 号），第三部分“区分可得利益损失类型，妥善认定可得利益损失”。

② （2013）最高法民二终字第 76 号。

③ 杜万华主编、最高人民法院民事审判第一庭编：《民事审判指导与参考》（第 4 辑），人民法院出版社 2017 年版，第 230～231 页。

河公司应当预见的损失范围。联通公司在未能得到房屋的情形下，其应得到与拟交付房屋在约定交房日期的市场价值相当的赔偿。

在毛家饭店与寇某华合同纠纷案中，[①] 法院认为，追求商业利润是毛家饭店与寇某华签订《特许加盟合同书》的目的，双方获得商业利润并承担相应风险是由该合同的性质决定的，双方当事人签订该合同时就应预见。在判断违约方能否或应否预见损害时，并不以违约方声明的主观状态为确定标准，而应根据合同的性质、违约方的经验，以社会一般人的预见能力或行为的一般观念为衡量。就寇某华主张的可得利益损失而言，违约可得利益的赔偿就是指寇某华本来可以获得的经营利润，经营利润确实会受多种因素的影响而具有不确定性，随着市场行情、经济形势、经营好坏和税收政策等多种因素的变化而有所起伏，但这并不是影响其成为违约可得利益认定的标准。就本案而言，毛家饭店违约造成合同不能履行，使寇某华的利润预期无法实现，寇某华客观上存在可得利益损失，这也是毛家饭店所应预见的。

附带说明的是，受可得利益保护趋向的影响，最高法院对于违约损害赔偿中，构成实际损失组成部分的间接损失请求，也开始表态支持。

在深圳市标榜投资发展有限公司与鞍山市财政局股权转让纠纷案中，法院认为，合同约定生效要件作为报批允准，承担报批义务方不履行报批义务的，应当承担缔约过失责任。缔约过失人获得利益以善意相对人丧失交易机会为代价，善意相对人要求缔约过失人赔偿的，应予支持。除直接损失外，缔约过失人对善意相对人的交易机会损失等间接损失，应予赔偿。间接损失数额应考虑缔约过失人过错程度及获得利益情况、善意相对人成本支出及预期利益等，综合衡量确定。[②]

有研究者指出，尽管《合同法》第 113 条的规定并没有引入确定性原则，但最高法院民二庭在对可得利益进行确认时，仍然非常偏爱确定性规则，甚至将其作为首要规则进行适用，认为可得利益应当具有一定的确定性，主要在合同法中，任何需要补救的损害都应当具有一定程度的确定性，否则是不能要求赔偿的。尽管可得利益并非受害者实际享有的利益，但这种利益并不是臆想的，而有一定的现实性，已经具备实现的条件，只要合同依约履行，就会被当事人获得。同时认为，一定程度的确定性也要求可得利益损害能够以金钱计算，如果完全不能以金钱计算，也不

① （2016）最高法民再 282 号。

② 《中华人民共和国最高人民法院公报》2017 年第 12 期。

能视为可得利益。[1] 这说明，在可得利益的保护问题上，最高法院仍持相当的审慎态度，虽不再强求眼见为实，但至少须证明应当为实。

第四节 知识产权

相较于物权、债权等民事权利，知识产权不完全属于私权范畴，无论是其权利的构成，还是其权利的影响，都与物权、债权有很大的区别。相应地，其裁判既有逻辑标准，也有政策标准，还有历史标准，甚至还有涉外因素的考量。[2] 因此，对知识权利的认定与保护，也很难像对物权和股权的保护那样，在当事人之间作出较为绝对性的是非判断。

尽管如此，最高法院知识产权庭原负责人仍坚持认为，市场经济观念是司法保护的重要指南，要以市场经济观念推动知识产权司法保护的新发展，高度重视知识产权保护的产权界定功能，处理好政府与市场的关系，强化知识产权的发展眼光，以市场经济观念指导改革创新。[3]

这一观点彰显出对知识产权私权属性的基本判断。既然肯定了知识产权的私权属性，则对知识产权的保护，实质上是对私权保护的必然延伸。最高法院也公开表示，在行使知识产权审判职能时，要大力加强知识产权司法保护力度，把加强保护作为当前知识产权审判工作的总基调。[4] 另外，对知识产权的司法保护，又总与知识产权的相对、合理的限制相关联，反映出知识产权案件中特有的综合利益考量与平衡，这不仅是当事人之间的利益平衡，更包括经济、社会、政策等诸多方面的综合

---

① 杜万华总主编、刘德权副总主编：《最高人民法院民商事判例集要》（合同卷下），中国民主法制出版社2020年版，第721～722页。

② 有实务界专家型法官认为："任何财产权都涉及与公有领域的关系，但知识产权法中的权利（私权）与公有领域的关系尤其具有独特性，也非常重要。这主要是因为，知识产权本来是公有领域的例外，且知识产权的范围是由法律和法律文件（如专科权利要求文件）界定的，划定知识产权与公有领域的界限也就具有很强的弹性和政策性。知识产权保护中产权与公共领域的平衡无时不在、无处不在和错综复杂，尤其是在法律规定不明的情况下，是非判断经常是通过这两者利益之间的平衡实现的。"孔祥俊：《知识产权法律适用的基本问题——司法哲学、司法政策与裁判方法》，中国法制出版社2013年版，第355、356页。

③ 孔祥俊：《以市场经济观念推动知识产权司法保护的新发展》，载《人民法院报》2014年4月24日。

④ 孔祥俊副主编：《最高人民法院知识产权审判案例指导》（第6辑），中国法制出版社2014年版，第4页。

平衡，从而凸显出知识产权司法保护的独特性。

一、司法保护取向

在著作权案件中，最高法院注重权利人的主观意愿和权利范围，以此进行权利确认，并考察侵权人的动机、行为等方面，确定相应的侵权认定标准。

（一）著作权案件

《我的前半生》著作权权属纠纷案，是我国发生较早、影响最大的著作权权属纠纷案件，被称为“天字第一号”著作权纠纷大案，从起诉到终审判决历时 10 年，惊动了从地方法院到最高法院三级法院，并得到了最高法院郑天翔、任建新两任院长的关注。在此案中，溥某的遗孀李某贤以李某达侵害著作权为由，要求确认溥某是《我的前半生》一书的唯一作者，李某贤是该书著作权的合法继承人。北京中院、北京高院、最高法院对该案的看法，不仅相互之间有分歧，而且各自内部也有矛盾，最高法院多次召开合议庭会议、庭务会议，最后以审委会讨论通过的形式，认为《我的前半生》一书的著作权应归溥某所有，李某达根据群众出版社的指派帮助完成该书的修改，系职务行为，不应分享该书著作权，双方之间不存在共同创作该书的合作关系。①

在著作权案件中，同样存在注意义务，对注意义务的违反，往往构成侵权。

在北京华企多媒体制作有限公司、中国录音录像出版总社诉山东电视台侵犯著作权纠纷案中，法院认为，电视台播放他人的电影、电视和录像，应当取得电影、电视制片者和录像制作者的许可。电视台虽然可以从代理人那里取得播放许可权，但必须负有了解该代理人获得代理权的经过以及代理权限范围的义务。电视台和代理人在签订合同时对此注意不够，以致发生侵权，依法应当承担侵权责任。②

对著作权的侵犯，有时体现在相关人的放任行为上，这种放任，既可能是不作为的过失行为，也可能是作为的过失行为。

在刘某胜诉搜狐爱特信息技术（北京）有限公司侵犯著作权纠纷案中，法院认为，网络服务商虽然难以控制搜索引擎的不特定搜索结果及其附带的临时链接，但完全有能力控制对特定网站或网页的链接。网络服务商在诉讼开始后，明知自己网站与侵权网站的链接分割了著作权人的合法权益，本应及时断开链接以避免侵权结

---

① 李国光：《民商事法律应用研究与观察》，中国方正出版社 2011 年版，第 530～537 页。

② 《中华人民共和国最高人民法院公报》1999 年第 2 期。

果扩大，网络服务商却不采取这种正当措施，仅以上载与链接在技术上的不同来辩解没有侵权。网络服务商这种漠视著作权人的合法权益遭受侵害的行为，致使侵权状态得以延续，扩大了侵权结果，起到了帮助侵权人实施侵权的作用，应当承担侵权的法律责任。①

在陈某良诉数字图书馆著作权侵权纠纷案中，法院认为，只有特定的社会公众（有阅览资格的读者），在特定的时间以特定的方式（借阅），才能接触到图书馆向社会公众提供的作品。因此，这种接触对作者行使著作权的影响是有限的，不构成侵权。数字图书馆作为企业法人，将作者的作品上载到国际互联网上。对作品使用的这种方式，扩大了作品传播的时间和空间，扩大了接触作品的人数，超出了作者允许社会公众接触其作品的范围，未经许可在网上使用作者的作品，并且没有采取有效的手段保证作者获得合理的报酬，是侵权行为。②

正如思想表达与思想不是一回事，权利载体与权利本身也并不是一回事，混淆二者的区分，试图以权利载体涵盖权利，极易构成侵权。当然，这二者之间的区分，即使对于法律人而言，也并非一目了然，需要从法理上仔细辨析。③

在张某英等四人诉广元公司、革命博物馆、工美集团侵犯著作权纠纷案中，法院认为，美术等作品原件所有权的转移，不视为作品著作权的转移，但美术作品原件的展览权由原件所有人享有。油画作品原件已由博物馆收藏，其作为美术作品的物权所有者，依法享有该作品的展览权，但该油画作品著作权的其他权利仍应由著作权人享有。博物馆在明知未经著作权人授权的情况下，以营利为目的，擅自向另一被告提供油画的底片用于制作成金箔画并参与发行，该行为侵害了油画作品著作权人的继承人依法对该作品享有的使用权及获得报酬权。④

同一作品之上，可能存在诸多著作权，但在后的著作权之行使，应当取得原作

---

① 《中华人民共和国最高人民法院公报》2001 年第 5 期。

② 《中华人民共和国最高人民法院公报》2003 年第 2 期。

③ 将载体与载体内容相混淆的情况，不仅出现在著作权中，如权利载体与权利本身的混同，还会出现在其他类型的知识产权案件中，甚至还表现为证据载体与证据本身的混淆。有学者指出，1995 年第 1 期高院公报刊载的“天津狗不理包子饮食（集团）公司诉天龙阁饭店商标侵权案”中，一审原告和被告都是以各自对牌匾文字的内容的不同理解或认定作为支持自己主张的证据的，而不是以牌匾及其文字作为证据的。如果牌匾及其文字也是证据的话，那么，他们使用的就是同一个证据，同一个证据怎么能同时证明两个互相矛盾的主张呢？这在逻辑上是不可能的。唯一合理的解释是，他们使用了同一个证据载体。从这一载体中，他们作出了不同的判断，即在同一个载体上形成了两个不同的证据，它们各自支持自己的主张。参见张继成：《证据基础理论的逻辑、哲学分析》，法律出版社 2011 年版，第 79 页。

④ 《中华人民共和国最高人民法院公报》2003 年第 6 期。

者的许可，不得损害原作者的著作权。

在中国科学院海洋研究所、郑某仪诉刘某谦、莱州市万利达石业有限公司、烟台环境艺术管理办公室侵犯著作权纠纷案中，法院认为，著作权人对其作品依法享有复制权和演绎权。演绎权是在原作基础上创作出派生作品的权利，这种派生作品使用了原作品的基本内容，但同时因加入后一创作者的创作成分，而使原作品的内容发生了改动。演绎者对其派生作品依法享有著作权，但其行使著作权时应取得原作者的许可，且不能损害原作者的著作权。刘某谦未经郑某仪许可，使用被控雕塑，未说明其创作源，侵犯他人署名权；同时错误命名被控雕塑，割裂了模型与名称之间的对应关系，侵害了他人保护作品完整权。①

值得关注的是，最高法院在著作权案件审理中，非常重视结合争议焦点，展开对法理的分析阐述，并合乎逻辑地得出支持或驳回的审判结论，不仅显示了法官深厚的理论功底，也大大增强了判决的说服力。

在乐高公司与小白龙公司、华远公司侵害著作权纠纷再审案中，法院认为，独创性和可复制性是美术作品的两个基本属性。作品的独创性是指作品由作者独立完成并表现了作者独特的个性和思想。独创性是一个需要根据具体事实加以判断的问题，不存在适用于所有作品的统一标准。实际上，不同种类作品对独创性的要求不尽相同。对于美术作品而言，其独创性要求体现作者在美学领域的独特创造力和观念。因此，对于那些既有欣赏价值又有实用价值的客体而言，其是否可以作为美术作品保护取决于作者在美学方面付出的智力劳动所体现的独特个性和创造力，那些不属于美学领域的智力劳动则与独创性无关。本案讼争玩具积木块确由乐高公司独立完成，并为此付出了一定的劳动和资金，但独立完成和付出劳动本身并不是某项客体获得著作权法保护的充分条件。乐高公司主张该玩具积木进行了著作权登记因而能够获得著作权法保护，但是著作权登记证书并不是认定某项客体具有独创性并获得保护的决定性依据，获得著作权登记本身并不是能成为其当然能够获得著作权法保护的依据。此外，在个案中对某项客体是否具有独创性作出审查判断是法院的职权，即使著作权登记能够成为权利人享有权利或者某项客体属于著作权法保护的作品的初步证据，在当事人于个案中对此发生争议时，人民法院仍然有权对权属或者独创性问题重新作出审查判断。②

---

① 《中华人民共和国最高人民法院公报》2014 年第 3 期。

② 孔祥俊副主编：《最高人民法院知识产权审判案例指导》（第 6 辑），中国法制出版社 2014 年版，第 239～240 页。

（二）专利权案件

众所周知，专利权案件技术性强，专业性高，审理难度大，对裁判者的综合要求很高。2019 年，最高法院在内设的民事审判第三庭之外，还专门外设了相对独立的知识产权法庭，主要审理专利等技术性较强的知识产权上诉案件。

按照最高法院的统计，相较于其他知识产权案件，近年来“专利权案件的增幅较大，所涉法律问题深度触及专利基本制度和基本理念，所涉技术事实愈加前沿和复杂，市场价值和利益更加巨大”。① 面对司法实践的不断挑战，最高法院于审慎处理中，权利保护的基本取向不变。

在最高法院审理专利纠纷案件的历史上，“汉字五笔字型编码法”专利侵权案，是该院知识产权庭成立后，以回复下级法院请示的方式办理的首宗大案，也是国内首起专利改进技术抗辩专利技术的案件。该案在当时影响重大，从中央领导到时任院长任建新都作出过批示。

根据最高法院原副院长的著作，对于该宗案件，不仅上下级法院的意见不一致，各类专家意见不一致，而且最不寻常的是，在最高法院案件承办合议庭、庭务会议意见一致的情况下，分管副院长的意见与其完全相左，在得到了审委会认同的情况下，最后推翻了合议庭和庭务会议的意见，难得地展示出最高法院案件研究的曲折历程。据介绍，最高法院审委会在讨论研究该案过程中取得的最重要的成果是，确定了这样一个重要的司法原则，即法院在审查专利侵权案件时，应当清理原专利审批过程，将专利权利要求书确定的权利保护范围作为适用等同原则和禁止反悔原则的唯一标准。②

在专利权纠纷案件中，为保护专利权的合法权益，最高法院发展出包括主从权利、实质内容、整体比对等一系列的权利认定规则。

在宋某安诉无锡锅炉厂一分厂专利侵权纠纷案中，法院认为，实用新型专利权的保护范围以其独立权利要求书的内容为准，说明书及附图可以用于解释权利要求。尽管不同权利人的两个专利申请都被授予专利权，但是其中一权利人的专利申请先于另一权利人的专利申请，前者是基本专利，后者是从属专利，后者的实施必须依赖实施前者的专利技术，故从属专利权人实施其专利时，应当得到基本专利权人的

---

① 孔祥俊副主编：《最高人民法院知识产权审判案例指导》（第 6 辑），中国法制出版社 2014 年版，第 3 页。

② 《“汉字五笔字型编码法”专利侵权之争——最高人民法院审判委员会讨论国内首例专利改进技术抗辩专利技术案件的经过及思考》，载李国光：《民商事法律应用研究与观察》，中国方正出版社 2011 年版，第 492 ~ 497 页。

许可，否则即构成侵权。①

在东方机芯厂与金铃公司侵犯专利权纠纷申诉案中，法院认为，在确定专利权的保护范围时，既不能将专利权保护范围仅限于权利要求书严格的字面含义上，也不能将权利要求书作为一种可以随意发挥的技术指导。确定专利权的保护范围，应当以权利要求书的实质内容为基准，在权利要求书不清楚时，可以借助说明书和附图澄清，对专利权的保护可以延伸到本领域普通技术人员在阅读了专利说明书和附图后，无需经过创造性劳动即能联想到的等同特征的范围，把对专利权人提供合理的保护和对社会公众提供足够的法律确定性结合起来。②

在西安奥克自动化仪表有限公司诉上海辉博自动化仪表有限公司请求确认不侵犯专利权及上海辉博自动化仪表有限公司反诉西安奥克自动化仪表有限公司专利侵权纠纷案中，法院认为，判断被控侵权产品或方法是否侵犯发明专利权，应当将被控侵权产品或方法的技术特征与发明专利权利要求的技术特征进行比较。如果被控侵权产品或方法包含专利权利要求的全部技术特征相同的技术特征，或者被控侵权产品或方法的某个或某些技术特征虽与专利权利要求的对应技术特征不同但构成等同，则被控侵权产品或方法构成专利侵权。③

在审理专利侵权案件中，为防止侵权事实不清导致无法作出判断，最高法院还适用了推定原则，体现了司法保护的强烈倾向。

在格力公司诉美的公司等侵害发明专利纠纷案中，法院认为，美的公司的 KFR-26GW/DY-V2（E2）型空调器在“舒睡模式 3”运行方式下的技术方案侵犯了涉案发明专利权。该被诉侵权产品所附安装说明书明确记载了“舒睡模式 3”的功能，并载明该说明书适用于其余三款空调器产品，可以推知该三款空调器亦具有“舒睡模式 3”。本案四款被诉侵权产品属于同一系列，仅功率不同而功能相同，符合产业惯例。美的公司虽主张该三款空调器的功能存在差别因而不构成专利侵权，但并未提供相应证据，在此情况下通过现有证据可以推知该三款空调器也具有相同的“舒睡模式 3”，侵犯了涉案专利权。④

在网络通信领域中，为实质性保护专利权人利益，对于多实施主体的方法专利侵权认定，最高法院并不机械适用全面覆盖原则，而是以“替代性再现”为判断标

① 《中华人民共和国最高人民法院公报》1999 年第 1 期。

② 最高人民法院办公厅编：《最高人民法院公布裁判文书》（二〇〇三年），人民法院出版社 2004 年版，第 107 页。

③ 《中华人民共和国最高人民法院公报》2008 年第 12 期。

④ 《最高人民法院公布八起知识产权保护典型案例》，载《人民法院报》2013 年 10 月 23 日。

准，创设了新的裁判规则。

在吉祥公司与敦骏公司、历下弘康经营部、历下昊威经营部侵害发明专利权纠纷上诉案中，法院认为，涉案专利技术属于网络通信领域，该领域具有互联互通、信息共享、多方协作、持续创新等特点，这就决定了该领域中的绝大多数发明创造的类型为方法专利，且往往只能撰写成为需要多个主体的参与才能实施的方法专利，或者采用此种撰写方式能更好地表达出发明的实质技术内容。然而这些方法专利在实际应用中，往往都是以软件的形式安装在某一硬件设备中，由终端用户在使用终端设备时触发软件在后台自动运行。因此，被诉侵权人完全可以采用上述方式，在未获得专利权人许可的情况下，将专利方法以软件的形式安装在其制造的被诉侵权产品中，甚至，还可以集成其他功能模块，成为非专用设备，并通过对外销售获得不当利益。从表面上看，终端用户是专利方法的实施者，但实质上，专利方法早已在被诉侵权产品的制造过程中得以固化，终端用户在使用终端设备时再现的专利方法过程，仅仅是此前固化在被诉侵权产品内的专利方法的机械重演。因此，应当认定被诉侵权人制造并销售被诉侵权产品的行为直接导致了专利方法被终端用户所实施。如果按照专利侵权判断的一般规则，即应当以被诉侵权人所实施的被诉侵权技术方案是否全面覆盖了专利权利要求记载的所有技术特征，作为专利侵权的必要条件，那么，仅仅是制造、销售具备可直接实施专利方法功能的被诉侵权产品的行为将难以被认定为侵害专利权的行为。同时，仅认定被诉侵权人在测试被诉侵权产品过程中实施专利方法构成侵权，不足以充分保护专利权人的利益，因为该测试行为既非被诉侵权人获得不当利益的根本和直接原因，也无法从责令停止测试行为来制止专利方法遭受更大规模的侵害，而专利权人更无权主张虽直接实施了专利方法，但并无生产经营目的的终端用户构成专利侵权。在上述情形下，针对网络通信领域方法的专利侵权判定，应当充分考虑该领域的特点，充分尊重该领域的创新与发展规律，以确保专利权人的合法权利得到实质性保护，实现该行业的可持续创新和公平竞争。如果被诉侵权行为人以生产经营为目的，将专利方法的实质内容固化在被诉侵权产品中，该行为或者行为结果对专利权利要求的技术特征被全面覆盖起到了不可替代的实质性作用，也即终端用户在正常使用该被诉侵权产品时就能自然再现该专利方法过程的，则应认定被诉侵权行为人实施了该专利方法，侵害了专利权人的权利。①

---

① （2019）最高法知民终147号。关于该案的详细评论，参见承办法官张晓阳：《网络通信领域多主体实施方法专利侵权的判定》，载《人民司法》2020年第2期。

在公布的专利权纠纷案件中，最高法院还认为，当事人之间的约定，可以作为赔偿数额的依据。

在隆成公司诉童霸公司侵害实用新型专利纠纷案中，法院认为，侵权人与被侵权人之间就侵权损害赔偿数额等事先或事后约定，属于私法自治范畴；若无法律规定的无效情形，人民法院应予支持。故隆成公司与童霸公司在前案中达成的调解协议合法有效。因隆成公司与童霸公司之间不存在基础交易合同关系，故童霸公司应承担的民事责任为纯粹的侵权责任。《侵权责任法》《专利法》等法律并未禁止专利权人与侵权人就侵权责任的方式、侵权赔偿数额等预先作出约定。这种约定的法律属性，是双方就未来发生侵权时权利人因被侵权所受到的损失或者侵权人因侵权所获得的利益，预先达成的一种简便的计算和确定方法。[①] 此外，最高法院还通过机关报及其网络版，刊登下级法院新型专利案件，间接表达对其裁判规则和价值理念的高度认同。

在华为公司诉美国 IDC 公司标准必要专利案中，广东高院认为，尽管专利是私人权利，但是当它跟标准结合形成标准必要专利（SEP）之后，就被赋予了规范性、强制性和公益性，不完全适用意思自治。世界标准化组织提出的 FRAND 原则，确立了“公平、合理、无歧视”的基准，尽管中国法律没有具体规定 FRAND 的含义，但民法上的诚实信用、权利不得滥用原则与其在精神上是相通的。加入标准化组织时作出的“公平、合理、无歧视”承诺行为，可以构成当事人的义务，同为会员的当事人之间发生纠纷，则可以自动成为合同的组成部分。即使华为公司不是国际标准化组织成员，专利权利人的 FRAND 承诺依然有效，其具有对世性质，作出了承诺，就应当遵守。最终根据专利对产品的贡献率、专利对标准的贡献率、同样专利对他人收取的许可费、使用人就类似专利缴纳给他人的许可费、市场经济环境和科技发展状况以及双方在前期磋商中的意思表示六大因素，确认华为公司对美国 IDC 公司的标准专利许可费率不超过 0.019%，远远低于后者最初要求的 2%。案件一经宣判，便在世界范围引起强烈反响。而该案也成为中国标准必要专利第一案，广东法院也成为世界范围内首个适用 FRAND 原则直接确定许可费率的法院，并入选世界知识产权界权威杂志《知识产权管理》2013 年度“全球年度案例”。[②]

---

① 《人民法院报》2014 年 5 月 8 日，该案入选 2013 年中国法院十大创新性知识产权案件。

② 林劲标：《难题这样破解——广东高院首次解读华为与美国 IDC 标准必要专利之争》，载《人民法院报》2014 年 4 月 18 日。另外，此案载入《中国法院知识产权司法保护状况（2013）》白皮书，载《人民法院报》2014 年 4 月 22 日。

富有新意的是，法院对专利权人的保护并不限于实体的最终裁决，还体现在通过诉中禁令等临时措施，扩张专利权的保护半径，在第一时间阻止侵权后果的扩大和蔓延，最大限度地降低对专利权人可能造成的损失。

在诺华公司与正大天晴公司、全新公司医药用途专利纠纷案中，北京第二中级法院认为，诺华公司是发明专利“胃肠基质肿瘤的治疗”（该专利保护一种已有药品新的治疗用途，即“伊马替尼及其他的可药用盐在制备用于治疗胃肠基质肿瘤的药物组合物中的用途”。其中，伊马替尼是一种通行处方药，主要用于治疗白血病，而涉案专利的保护范围是这种药新发现的治疗用途，即可以用于治疗胃肠基质肿瘤的用途）的普通被许可人。两被告公司销售、许诺销售的药品“格尼可”甲磺酸伊马替尼胶囊，属于涉案专利权利要求中所述化学结构的可药用盐，说明书中将“胃肠基质肿瘤的治疗”明确列为该药品适应症之一，并在“药代动力学”部分提到该种药品可用于治疗胃肠基质肿瘤。如不停止其使用涉及专利的相关内容，必将导致降低原告市场份额，影响药品销售，故裁定被告停止使用上述涉及专利内容。①

（三）商标权案件

商标侵权案件中，基于权利的载体可以分别以商品、商标、企业名称、经营方式等各种形式表现，存在大量的貌似权利冲突行为，② 最高法院对此均条分缕析，仔细辩明。在如皋市印刷机械厂诉轶德公司侵犯商标专用权纠纷案中，法院认为，注册商标中的商品商标，作为商标权人与商品使用者之间的纽带，只有附在核准使用的商品上随着商品流通，才能加强商品的知名度和竞争力。商品商标与商品具有不可分离的属性，商标权人有权在商品的任何流通环节，要求保护商品商标的完整性。在商品流通过程中拆除原有商标的行为，显然割断了商标权人和商品使用者的联系，不仅使商品使用者无从知道商品的实际生产者，从而剥夺了公众对商品生产者及商品商标认知的权利，还终结了该商品所具有的市场扩张属性，直接侵犯了商标权人所享有的商标专用权。③

---

① 载中国法院网，http：//www. chinacourt. org/article/detail/2014/04/id/1283148. shtml，2015年3月19日访问。另见《检察日报》2014年4月30日，《人民政协报》2014年4月29日。

② 部分学者对“权利冲突”的观点持否定意见，参见郝铁川：《权利冲突：一个不成为问题的问题》，载《法学》2004年第9期；郑成思：《私权、知识产权与物权的权利限制》，载《郑成思版权文集》（第3卷），中国人民大学出版社2008年版，第22～44页。

③ 《中华人民共和国最高人民法院公报》2004年第10期。

在星源公司、统一星巴克诉上海星巴克、上海星巴克分公司商标侵权及不正当竞争纠纷案中，法院认为，行为人将他人驰名商标作为自己企业名称中的字号进行登记，具有攀附他人驰名商标的恶意，足以造成公众对商标专用权人与企业名称所有人产生误认或者误解，该行为违背了民事活动中应当遵循公平、诚实信用的原则，侵犯了商标权人的专用权。①

在伊士曼柯达公司诉苏州科达液压电梯有限公司商标权侵权纠纷案中，法院认为，在司法保护中，驰名商标应该获得法律所确定的跨商品或服务领域的高水平保护。法院在审判侵犯商标权纠纷的案件中，对涉案商标是否属于驰名商标作出认定，属于对案件基本事实的认定，不受当事人诉讼请求的限制，基于对事实的认定，对构成驰名商标的涉案商标依法应予以相应的法律保护。②

值得注意的是，在知识产权审判领域有较大影响力的北京高院，在认定驰名商标时，曾确立多个裁判规则。例如，将驰名商标的认定严格限制在原商标声誉范围内，由多个独立驰名商标组合形成的新商标，不能当然地承受原商标声誉，也不能得到驰名商标层次的法律保护。鉴于相关案例在法院系统均有广泛知名度，一定程度折射出处于知识产权前沿阵地包括最高法院在内的法官思维取向，特此予以援引。

在鳄鱼恤公司诉葛某能及新世纪公司侵犯商标专用权纠纷案中，北京高院认为，鳄鱼恤有限公司使用“鳄鱼恤”“CROCODILE”两项注册商标所积累的声誉，尚不能等同于“鳄鱼恤 CROCODILE SINCE 1952 及图”商标的声誉，被告的行为虽构成侵权，但不宜认定原告的上述组合商标为驰名商标。③

此外，北京高院还确认，未在中国实际使用的商标，也不能认定为驰名商标。

在辉瑞公司、辉瑞制药公司诉健康公司、东方制药破产清算组、威尔曼药业不正当竞争及侵犯未注册商标权纠纷案中，北京高院认为，辉瑞公司在中国注册了“VIAGRA”文字商标，在中国香港、中国台湾地区获得了“伟哥”繁体文字注册商标申请，但至今未在中国内地使用“伟哥”商标。根据商标独立保护原则，辉瑞公司在中国内地并不对“伟哥”商标享有权益。中国内地媒体虽在报道中将“VIAGRA”与“伟哥”相对应，但系媒体所为，而非辉瑞公司所为，并不能反映辉瑞

---

① 《中华人民共和国最高人民法院公报》2007 年第 6 期。

② 《中华人民共和国最高人民法院公报》2008 年第 5 期。

③ 北京市高级人民法院知识产权庭：《北京市高级人民法院 2008 年知识产权审判新发展》，载刘春田主编：《知识产权判解研究》，法律出版社 2010 年版。

公司当时的真实意思，不能将媒体行为当作辉瑞公司实际使用“伟哥”商标的行为，且媒体报道亦不足以证明“伟哥”在中国内地有较高的知名度和声誉。①

极富创新的是，北京高院还对何谓“商标使用”这一看似简单的基本概念，作出了扩张性的解释，直接认定未注册的商标为驰名商标。

在苏富比拍卖行诉苏富比公司侵犯商标权纠纷案中，北京高院认为，商标法意义上的商标使用行为是在商业活动中为表示商品或服务来源、使相关公众区分同种商品或服务的不同提供者的行为。苏富比拍卖行虽然因为我国拍卖法、文物保护法等限制，未在我国内地实际从事商业性拍卖活动。但从 20 世纪 80 年代起，苏富比拍卖行多次在我国内地举办非商业性拍卖、拍卖预展等活动，亦在内地设立了代表处，并发布了大量的广告宣传，足以认定苏富比拍卖行在我国内地已经实际使用了“苏富比”商标，且该行为并未违反拍卖法和文物保护法的禁止性规定，可以认定“苏富比”商标为驰名商标。②

注册商标权与企业名称权之间，经常产生权利的冲突，最高法院非常注意辨析二者的规范使用。

在河北三河福成养牛集团总公司诉哈尔滨福成饮食有限公司昆明分公司侵犯注册商标专用权不正当竞争纠纷案中，法院认为，注册商标专用权与企业名称权均为依法成立的权利，法律一方面保护权利依法行使，另一方面也禁止权利滥用。法律只规定企业有依法简化企业名称的权利，而未规定企业可以随意变更企业名称。简化是在全称基础上的合理缩减，而非彻底抛弃原名称，随意使用与原名称完全不同的新名称，以此突出使用，容易使相关公众产生误认的属于给他人注册商标专用权造成损害的行为。③

对商标权的准确保护，源于对商标功能的深刻理解，只要具备区别商品来源的功能，即便不是法教义学意义上的商标权，最高法院认为也应当得到保护。

在华文出版社与文史出版社等侵害著作权及不正当竞争案中，法院认为，知名商品的名称、包装和装潢的特有性是指该商品名称、包装和装潢能够起到区别商品来源的作用，而不是指该商品名称、包装和装潢具有新颖性或者独创性，也不意味

---

① 北京市高级人民法院知识产权庭：《北京市高级人民法院 2008 年知识产权审判新发展》，载刘春田主编：《知识产权判解研究》，法律出版社 2010 年版。

② 北京市高级人民法院知识产权庭：《北京市高级人民法院 2008 年知识产权审判新发展》，载刘春田主编：《知识产权判解研究》，法律出版社 2010 年版。

③ 《中华人民共和国最高人民法院公报》2008 年第 6 期。

着必然不具有特有性。①

此外，最高法院认为，即便是非直接的销售者，而仅是市场管理者，也负有保护市场内商铺商标权的合理注意义务。

在拉科斯特股份有限公司与上海龙华服饰礼品市场经营管理有限公司注册商标专用权纠纷案中，法院认为，本案中，原告购买侵权产品时，是由被告龙华公司出具发票，原告据此主张被告是销售者。根据被告与徐汇区税务局签订的《委托代征税款协议》的规定，被告是根据税务部门的要求，为龙华市场内承租商铺经营者统一代为缴税，代开发票，而龙华市场内承租商铺经营者均为独立的经营主体，并非被告的销售部门或者分支机构。故对原告依据被告开具发票的事实，认为被告是侵权商品的销售者的主张不予支持。被告龙华公司虽不是侵权商品的直接销售者，但仍需承担侵犯注册商标专用权的侵权责任，其作为龙华市场的管理方，虽没有行政执法权，但对市场内商铺销售假冒注册商标商品的行为未尽合理注意义务，为侵权行为提供便利条件的，属于帮助侵权的行为，应当和销售假冒注册商标商品的商铺承担连带责任。②

（四）不正当竞争案件

有学者认为，在反不正当竞争中，法律所要保护的是法益，而非权利。③此视角确有一定合理性，因为在反不正当竞争案件中，法院所要保护的商业权益范围，远比法定权利更宽泛，适用法律也更为原则。最高法院的法官也有类似观点，认为反不正当竞争法对知识产权的保护是抽象的、概括性的兜底保护，具有拾遗补缺的功能；它并不像商标权、专利权、著作权等授予权利人明确的具体权利，而往往是通过对市场竞争中不正当竞争行为的禁止，来对权利进行保护。④

在北京中锐文化传播有限公司诉北京零点市场调查与分析公司不正当竞争纠纷案中，法院认为，我国对目前市场调查行为还没有统一的规范来调整，因此双方当事人的协议约定就成为调整双方权利义务关系、解决纠纷的主要根据，国际上的通常做法及已形成的行业规范可以作为参考。“买断”是指西方投资者以高价与调查公司明文约定，调查公司对某一投资领域进行的调查只能为该投资者服务。如果当

① 《最高人民法院知识产权案件年度报告（2013年）》，载《人民法院报》2014年4月24日。

② 《中华人民共和国最高人民法院公报》2010年第10期。

③ 谢晓尧：《在经验和制度之间：不正当竞争司法案例类型化研究》，法律出版社2010年版，第152、154页。

④ 蒋志培、吴林：《反不正当竞争法对知名商品特有包装、装潢的保护》，载刘春田主编：《知识产权判解研究》（第2卷第1期），法律出版社2010年版。

事人在协议中没有这样的约定，那么作为专业调查公司，熟知本行业的惯例，签约时应当本着诚实信用的原则，负有向对方告知本行惯例的义务，以便对方决定是否需要“买断”调查服务权。没有履行告知义务的，应负缔约过失责任。[①]

在北京锐邦涌和科贸有限公司诉强生（上海）医疗器材有限公司、强生（中国）医疗器材有限公司纵向垄断协议纠纷案中，法院认为，限制最低转售价格的协议、决定或其他协同行为，具有排除、限制竞争的效果，才能构成垄断协议。分析评价限制最低转售价格行为的经济效果，可以从相关市场竞争是否充分、实施企业在相关市场是否具有很强的市场地位、实施企业是否具有限制竞争的行为动机、限制最低转售价格行为的竞争效果四个方面进行综合判断。本案相关市场是中国大陆地区的医用缝线产品市场，该市场竞争不充分，强生公司在此市场具有很强的市场势力，本案所涉限制最低转售价格协议，在本案相关市场产生了排除、限制竞争的效果，同时并不存在明显、足够的促进竞争效果，应认定构成垄断协议。强生公司对锐邦公司所采取的取消部分医院经销资格、停止缝线产品供货行为，属于反垄断法禁止的垄断行为。[②]

在世所瞩目的奇虎公司、奇虎软件公司与腾讯公司、腾讯计算机公司不正当竞争纠纷案中（指导性案例78号），法院认为，上诉人奇虎公司专门针对QQ软件开发、经营扣扣保镖，以帮助、诱导等方式破坏QQ软件及其服务的安全性、完整性，减少了被上诉人腾讯公司的经济利益和增值服务交易机会，干扰其正当的经营活动，损害了其合法权益，违反了诚实信用原则和公认的商业竞争，该行为构成不正当竞争。[③] 值得指出的是，该案的主审法官为最高法院副院长，合议庭法官均为知识产权庭的正副庭长，阵容强大，不同寻常，表明了最高法院对该案典型意义的极端重视。

正因为不是法定类型的权利，所以法益的外延是宽泛的。比如，最高法院就认为，在反不正当竞争中，商业机会也属于法律所要保护的条件。

在食品进出口公司、山孚公司、山孚日水公司与圣克公司、马某庆不正当竞争纠纷案中，法院认为，涉案对日出口海带配额是日本政府设定的我国对日出口海带

---

① 《中华人民共和国最高人民法院公报》1999年第3期。

② 《中华人民共和国最高人民法院公报》2014年第2期，此案入选2013年中国法院十大创新知识产权案件，并载入《中国法院知识产权司法保护状况（2013）》白皮书，载《人民法院报》2014年4月22日。

③ （2013）最高法民三终字第5号民事判决书，载中国裁判文书网，http：//www.court.gov.cn/zgcpwsw/zgrmfy/zscq/201402/t20140225_387819.htm。另外，此案载入《中国法院知识产权司法保护状况（2013）》白皮书，载《人民法院报》2014年4月22日。

产品的被动配额。获得该配额的国内企业可以就相关区域产特定数量海带对日出口，获得该配额就获得了对日出口海带的商业机会或交易机会。对于长期稳定获得该配额的山东食品公司而言，获得对日出口海带配额是一种在一般情况下可以合理预期获得的商业机会，可以成为法律特别是反不正当竞争法所保护的法益。商业机会虽然作为一种可能受到反不正当竞争法所保护的法益，但本身并非一种法定权利，竞争对手对商业机会的争夺是竞争常态，唯有通过不正当的手段攫取他人可以合理预期获得的商业机会，才为反不正当竞争法所禁止。①

除了商业机会，反不正当竞争法益的外延还包括企业名称，不仅涵盖中文名称，还涵盖已具市场经营识别作用的英文名称。

在江苏天容集团股份有限公司诉湖南昊华化工有限责任公司不正当竞争纠纷案中，法院认为，中国企业在对外贸易中实际使用的、与中文名称存在对应关系、已具有识别市场经营主体作用的英文名称，可以视为《反不正当竞争法》第5条第3项规定的企业名称。擅自在出口商品上使用他人英文企业名称，对他人造成损害的，属于不正当竞争行为。②

二、平衡与限制

实务界有法官认为，利益平衡既是宽严适度的司法政策的体现和要求，又是整个知识产权制度的重要基点，统筹兼顾各方利益。利益平衡具有动态性，需要根据各种因素具体衡量。③ 作为一种利益平衡的逻辑结果，当然也体现在对知识产权滥用包括滥用垄断的法律限制中。④

在著作权案件中，对于涉及特定历史条件下形成的权利，法院特别注重把握利益的平衡关系。

---

① 孔祥俊副主编：《最高人民法院知识产权审判案例指导》（第3辑），中国法制出版社2011年版，第316～317页。

② 《中华人民共和国最高人民法院公报》2018年第10期。

③ 孔祥俊：《知识产权法律适用的基本问题》，中国法制出版社2013年版，第47页。另见冯晓青：《知识产权法利益平衡理论》，中国政法大学出版社2006年版。也有学者指出，利益衡量作为当前法院判决疑难案件的常用方法存在着滥用的可能性。利益衡量的滥用分为“因缺少对利益结构的整体衡量而导致的滥用”和“因超越利益衡量的边界而导致的滥用”，并提出了6个具体的界碑性规则，以指导司法实践：（1）“法外空间”不应进行利益衡量；（2）应在妥当的法律制度中进行利益衡量；（3）应在同一法律关系中进行利益衡量；（4）妥当的文义存在于法律制度中；（5）选择妥当的法律规范作为衡量的依据；（6）法律救济不能的案件不应进行利益衡量。梁上上：《利益衡量论》，法律出版社2013年版，第200页。

④ 吕明瑜：《知识产权垄断的法律控制》，法律出版社2013年版。

在美术电影制片厂诉天行者公司等侵犯著作财产权纠纷案中，法院认为，动画影片中的角色形象可以作为美术作品受到《著作权法》的保护，并且只有对该角色形象付出独创性贡献的公民才能成为作者。在《著作权法》制定实施之前的计划经济年代，不具备保护作者权利的观念基础和制度环境。因此，在确定这一特定历史时期所创作的动画影片角色形象著作财产权归属时，需要在法律适用过程中运用利益衡量方法，综合考虑历史、现状、公平等各项因素，实现个人权利与集体利益的平衡。①

在上海美术电影制片厂与电子工业出版社、曲某方著作权权属、侵权纠纷案中，法院认为，特定历史时期职务作品的著作权归属不宜直接适用现行《著作权法》对职务作品的权利归属所确定的判断标准进行判定。本案上海美术电影制片厂和曲某方通过诉讼主张涉案角色造型作品著作权的归属是在涉案作品创作完成的三十余年后，其间，美影厂与曲某方各自使用涉案作品的共存状态是客观存在的事实，且双方都为涉案角色造型的社会影响力提高、品牌价值力提升等方面做出了贡献。在此种情况下若将涉案作品的著作权财产权归属一方当事人单独享有，显然会导致权利失衡，也有违公平原则。②

在专利案件中，鉴于专利权的技术特征性，对于因技术术语原因，导致专利权利保护范围模糊的，法院并非一律予以保护。请求保护的知识产权，其权利范围不能模糊不清，否则无形中会扩大其权利边界。

在柏某清与成都难寻物品营销服务中心、上海添香实业有限公司分割实用新型专利权纠纷案中，法院认为，准确界定专利权的保护范围，是认定被诉侵权技术方案是否构成侵权的前提条件。如果权利要求的撰写存在明显瑕疵，结合涉案专利说明书、本领域的公知常识以及相关现有技术等，仍然不能确定权利要求中技术用语的具体含义，无法准确确定专利权的保护范围的，则无法将被诉侵权技术方案与之进行有意义的侵权对比。因此，对于保护范围明显不清楚的专利权，不应认定被诉侵权技术方案构成侵权。③

在乐雪儿公司与陈某弟等侵害实用新型专利权纠纷案中，法院认为，涉及产品制造方法的发明专利通常是通过方法步骤的组合以及一定的步骤顺序来实现的。方法专利的步骤顺序是否对专利权的保护范围起到限定作用，从而导致在改变步骤顺

① 《中华人民共和国最高人民法院公报》2014 年第 9 期。

② 《中华人民共和国最高人民法院公报》2018 年第 10 期。

③ 《中华人民共和国最高人民法院公报》2013 年第 9 期。

序不构成字面侵权的情况下，是否仍限制等同原则的适用，其判断标准就是要看这些步骤是否必须以特定的顺序实施以及这种互换是否会带来技术功能或者技术效果上的实质性差异。乐雪儿公司调换步骤的行为是否依然落入本案专利权的保护范围的问题，涉及在等同侵权判断中捐献原则的适用问题。捐献原则的含义是，对于在专利说明书中记载而未反映在权利要求中的技术方案，应排除在权利要求的保护范围之外。因此，捐献原则构成对等同范围的限制。在权利要求解释中确立捐献原则，是准确确定专利权的保护范围的需要，也是尊重权利要求的公示和划界作用，维护社会公众依赖利益的需要，该规则实质是对专利的保护功能和公示功能进行利益衡量的产物。①

在商标案件中，最高法院认为，虽然地名可以注册成商标，但将地名注册为商标时，其商标权应当受到一定的限制，不能以此妨碍他人正当使用该地名。

在利源公司诉金兰湾公司商标侵权纠纷案中，关于“百家湖”地名的使用，原告已将其注册为商标，被告开发楼盘位于百家湖地区，对于被告在楼盘中使用“百家湖”，是否构成商标侵权，中级法院和高级法院之间有不同认识，经请示最高法院并按其批复，江苏高院再审后认定，地名属于公共领域的词汇，不能排除公众对地名的正当、合理使用，标示楼盘地理位置，是由不动产本身特点决定的房地产销售经营惯例。金兰湾公司开发的楼盘就在百家湖区域，距离百家湖面很近，完全有权使用“百家湖”文字如实注明该商品房的地理位置，是对“百家湖”地名的善意合理使用，故驳回原告利源公司主张停止侵犯注册商标专用权的诉讼请求。②

而在商业秘密案件中，最高法院认为，权利人的保护措施必须明确、规范，仅系合同的附随义务不构成保密措施。

在申诉人恒立公司清算组与被申诉人国泰公司、宇阳公司确认侵犯商业秘密案中，法院认为，作为商业秘密保护的信息，权利人必须有将该信息作为秘密进行保护的主观意识，而且还应当实施客观的保密措施。这是因为商业秘密既然是通过自己保密的方式产生的权利，如果权利人自己都没有采取保密措施，就没有必要对该信息给予保护，这也是保密措施在商业秘密构成中的价值和作用所在。而派生于诚实信用原则的合同的附随义务，是根据合同的性质、目的和交易习惯履行的附属于

① 宋淑华：《改变方法专利的步骤顺序并不必然构成等同侵权——最高法院判决陈某弟诉浙江乐雪儿公司等侵害发明专利权纠纷案》，载《人民法院报》2014 年 4 月 24 日。

② 《中华人民共和国最高人民法院公报》2005 年第 10 期。需要补充的是，该公报中并未披露江苏高院曾就此案向最高法院的专程请示情节，此处事实引自杜颖：《社会进步与商标观念：商标法律的过去、现在和未来》，北京大学出版社 2012 年版，第 101 页。

主债务的从属义务，其有别于商业秘密构成要件中保密性这种积极的行为，并不体现商业秘密权利人对信息采取保密措施的主观愿望以及客观措施。合同的附随义务不能构成《反不正当竞争法》第10条规定的保密措施。①

在不正当竞争案件中，对于知名商品或服务的特有名称的外延，最高法院予以严格界定，防止该权益扩张并覆盖至通用名称，以此限制和压缩竞争对手合理的商业空间。

在避风塘公司诉德荣德公司不正当竞争纠纷案中，法院认为，知名商品或服务的特有名称，一般是指该知名商品或服务的经营者创先使用和独有，并与通用名称有显著区别。根据原告避风塘公司的宣传资料，“避风塘”一词的原意是指“香港维多利亚海港上帆船、舢板等船只用来避台风的多个海湾”，后引申为一种烹调方法及菜肴的通用名称，现在随着香港地区的发展和对外交流，“避风塘”特色菜肴逐步走向内地和世界各地。故“避风塘”一词不是避风塘公司创先使用，且该词已被餐饮业经营者作为一种烹调方法及菜肴的代表名称广泛使用，不能成为避风塘公司的餐饮服务与众不同的显著标志，避风塘公司无权禁止其他经营者使用“避风塘”一词。②

此外，最高法院还确立了知识产权的权利用尽原则，合理限制权利行使范围，防止过度保护。

在江苏里下河地区农业科学研究所诉宝应县天补农资经营有限公司侵犯植物新品种权纠纷案中，法院认为，知识产权中的权利用尽原则，是指专利权人、商标权人或著作权人等知识产权权利人自行生产、制造或者许可他人生产、制造的权利产品出售后，第三人使用或销售该产品的行为不视为侵权。权利用尽原则是对知识产权行使的一种限制制度，目的在于避免形成过度垄断，阻碍产品的自由市场流通，影响社会生产的发展和进步，同时也是对他人依法行使自己合法所有的财产权利的保护。我国对于植物新品种权的保护适用权利用尽原则，他人在市场上合法取得作为商品的植物新品种繁殖材料后再进行销售或者使用的，不构成侵权。③

为了保持各方利益的相互平衡，发挥知识产权的社会价值，司法实践中还借鉴知识产权法规定的强制许可制度，以司法裁定的方式直接判令双方当事人相互授权许可且互免许可费用。

---

① 罗霞：《合同的附随义务不构成保密措施》，载《人民司法》（案例）2012年第24期。

② 《中华人民共和国最高人民法院公报》2004年第6期。

③ 《中华人民共和国最高人民法院公报》2010年第2期。

在天隆公司与种业公司侵害植物新品种权纠纷案中（指导性案例86号），法院认为，通常情况下，知识产权具有排他性，未经权利人许可，他人不得擅自使用知识产权，但知识产权制度的本质并不仅仅在于知识产权的保护，更重要的意义是要通过保护权利，促进知识产权的运用，实现知识产权的价值，推动科技发展和经济社会的进步。本案双方当事人在20世纪90年代分别提供父本和母本合作攻关育种，但对该品种的后续生产及后续知识产权行使均未作约定，导致双方分获涉案父本和母本独占实施许可权后相互指控对方侵权，在调解不成的情况下，判令双方相互授权且互免许可费用，促使已广为推广种植的优良杂交水稻品种得以继续生产。

近年来，知识产权案件最大的特色之一涉及互联网的案件不断增多。据最高法院知识产权庭负责人透露，目前，知识产权案件中大约一半为著作权纠纷，著作权纠纷中约一半与网络相关。而审理涉网知识产权案件，最大的困难还是如何平衡各方利益。因为网络著作权不能保护太松，否则会助长侵权的大规模发生。但也不能保护太严，否则会限制公众获取信息的自由，并阻碍网络服务行业的发展。[①] 在这种指导思想下，最高法院发布了《关于审理侵害信息网络传播权民事纠纷案件适用法律若干问题的规定》，其中第1条规定："人民法院审理侵害信息网络传播权民事纠纷案件，在依法行使裁量权时，应当兼顾权利人、网络服务提供者和社会公众的利益。"此外，最高法院也发布一系列涉及利益平衡的典型案例。其中，百度网讯诉奥商公司、联通青岛分公司、联通山东分公司、鹏飞公司干扰搜索引擎服务不正当竞争纠纷案，被最高法院作为利益平衡与限制原则的典型案例，列为2010年中国法院知识产权司法保护十大案件，供各级法院参照适用。

在新型知识产权案件中，如计算机中文字库运行后单个汉字的著作权保护，最高法院仍然严格适用平衡—限制原则。

在上诉人北大方正公司与上诉人暴雪公司等侵犯著作权纠纷案中，法院认为，根据涉案"方正兰亭字库"的制作过程，其制作过程中的印刷字库，与经编码完成的计算机字库及该字库经相关计算机软件调用运用后产生的字体属于不同的客体。由于汉字本身构造及其表现形式受到一定限制等特点，该单个汉字只有具有著作权法意义上的独创性时，才能认定为美术作品，作为美术作品保护，但不能禁止他人

① 周斌：《最高法权威披露医药化工等高新技术行业频出知识产权新类型案件审理涉网知识产权案"平衡利益最难"》，载《法制日报》2011年4月25日。

正当使用该汉字来表达思想和传递信息的权利。①

此外，部分地方法院审理的网络新型知识产权案件，在利益平衡中确立了新的裁判规则，具有较强的借鉴意义，且刊登于最高法院机关报刊，间接反映了最高法院的支持态度。

在中青文公司诉百度网讯公司侵权纠纷案中，北京第一中级法院认为，百度文库系信息存储空间，涉案侵权文档系由网络用户上传至百度文库服务器。百度文库使用涉案侵权文档的行为属于提供信息存储空间的网络服务行为，不构成直接侵权行为。但是，在百度文库首页的推荐文档中，多数文档阅读量为数千至数万人次。这说明，文档阅读数量达到一定数值时即足以引起百度公司的关注。而讼争《考拉小巫的英语学习日记》一书在百度文库中的阅读量远超多数推荐文档阅读量，百度公司理应掌握有关信息并予以合理关注。在长达一年多的时间内，其未采取任何行为，放任涉案侵权文档的传播，没有尽到合理的注意义务，也没有建立起足够有效的著作权保护机制，对于涉案侵权行为具有应知的过错，其行为构成帮助侵权，对于中青文公司的损失应当承担相应的赔偿责任。

据该案承办法官介绍，信息时代，网络服务提供者通过网络提供信息上传、存储、链接、搜索等功能，对用户利用网络浏览、下载和上传信息起着重要作用。各国在确定网络服务提供者的侵权责任时，均为其设定了免除赔偿责任的“避风港”。我国《信息网络传播权条例》也以四个条款，为网络服务提供者规定了免予赔偿责任的情形。此案确立的裁判规则是，应就百度文库中文档的阅读量/下载量设定“最低阈值触发审查机制”，即当文档的阅读量或者下载量达到一定规模时，可自动触发报警系统，网络服务提供者从而可以进一步跟进审查有关文档的内容，在有关文档的内容明显存在侵权可能性的情况下，应与上传者积极联系，对上传作品是否原创或者是否具有合法授权的情况进行核实。②

第五节　民事权益

《民法典》第七编“侵权责任”开诚布公，言简意赅；本编调整因侵害民事权

---

① 孔祥俊副主编：《最高人民法院知识产权审判案例指导》（第5辑），中国法制出版社2013年版，第51～52页。

② 陈志兴、常鸣：《网络服务提供商：如何“躲进”知产纠纷避风港——从百度文库被诉侵权说起》，载《人民法院报》2014年4月27日。

益产生的民事关系。而“民事权益”作为法律用语，最早出现在《民法通则》中，之后又出现在《侵权责任法》中。① 按照学理解释，民事权益就是合法权益，既包括民事权利，也包括民事利益。②

权利之外，究竟是否还有权益或利益，是否应当区分以及如何区分权利与权益或利益，并予以不同的保护，在《民法典》颁布之前，学界尚存争议，甚至有学者认为，不仅存在权利与权益的区分，权益中还可以继续区分为民事权益和公法权益。但也有学者明确反对权利与利益的区分，并作出详细的法理论证。③ 对此，最高法院的态度并不十分明朗，且前后不一。在《关于在享受本人工龄和已死亡配偶生前工龄优惠后所购公房是否属夫妻共同财产的函的复函》（法民字〔2000〕第4号）中，最高法院将财产与财产权益视为一体，并不进行区别。但是，在2001年通过的《关于确定民事侵权精神损害赔偿责任若干问题的解释》第1条中，将人格利益与人格尊严权并列，似承认权利与权益的区分。值得关注的是，2020年12月29日，最高法院又对该司法解释作出重要修改，不再列举人格权利类型，也不再使用相对狭窄的“人格利益”这一概念，而是使用更为宽泛的“人身权益”“人身意义”概念，明确规定人身权益或者具有人身意义的特定物受到侵害，自然人或者其亲属可提起诉讼请求精神损害赔偿。这个动向反映出，最高法院对民事利益的内容及范围有了新的、更具包容度的理解。此外，最高法院负责人在解释

---

① 《民法通则》第1条规定：“为了保障公民、法人的合法的民事权益，正确调整民事关系，适应社会主义现代化建设事业的需要，根据宪法和我国实际情况，总结民事活动的实践经验，制定本法。”《民法典》第1164条规定：“本编调整因侵害民事权益产生的民事关系。”

② 中国民法典草案课题组负责人梁慧星：《中国民法典草案建议稿附理由（总则编）》，法律出版社2013年版，第4页。

③ 持区分肯定论者以于飞为代表，参见《权利与利益区分保护的侵权法体系之研究》，法律出版社2012年版，第4页；还有学者虽同意区分权利与利益，但认为应当将该种利益称为“法益”，并进一步认为，反不正当竞争法没有设定法定权利的类型，其保护的就是一种法益。参见谢晓尧：《在经验和制度之间：不正当竞争司法案例类型化研究》，法律出版社2010年版，第152、154页；孟勤国教授认为，物上不仅有物权，还有其他民事权益甚至公法权益。参见张凇纶：《论物上负担制度——财产法的对抗力革命（序言）》，法律出版社2012年版，第1页。孟勤国教授还认为，票据、股票、提单等，既是权利凭证，也是财产利益，合二为一，类似于作为一般等价物的货币。参见《孟勤国集》，线装书局2013年版，第86页。另外，笔者注意到，中国民法典立法课题组也持肯定立场，认为民事主体的合法权益，包括民事权利，也包括民事利益。参见中国民法典草案建议稿课题组负责人梁慧星：《中国民法典附理由：总则编》，法律出版社2013年版，第4页。持区分否定论者以李锡鹤为代表，参见《民法原理论稿》（第二版），法律出版社2012年版，第174页。值得一提的是，我国台湾地区学者陈忠五也持否定论，认为权利或利益的保护，无论是就保护范围或程度而言，不因契约责任或侵权责任而有所不同。陈忠五：《“权利”与“利益”区别正当性的再反省》，北京大学出版社2013年版，第2页。

《侵权责任法》时也曾表示，权益虽应当保护，但不能与绝对权同等保护。[①]《民法典》颁布后，最高法院仍然认为，民事权益固然包括民事权利和民事利益，但民事权利并不同于民事利益。民事权利是指为了保护民事主体的某种利益而赋予的法律上的力，具有法定性，如生命权、健康权、肖像权、所有权等；民事利益则是指民事主体享有、能够给自己带来一定便利，未被法律规定为权利，但又要受到法律保护的利益，如死者人格利益、商业秘密等，有关纯粹经济利益也在此类。只有法律明文规定应当保护的合法利益，如死者人格利益，以及最大限度的民事利益，才能受到侵权保护。[②]

最高法院多次通过公报案例的形式，解读和确认不同领域内的民事权益及其保护。

第一类是信息使用权。在广播电视报社诉煤矿工人报社电视节目预告表使用权纠纷案中，法院认为，一周电视节目预告表是电视台为了让观众预先知道在一周内的节目以便供其届时选择收看的预报。国家新闻出版署《关于广播电视节目预告转载问题的通知》规定："各地报纸和以报纸形式出现的期刊可转载广播电视报所刊当天和第二天的广播电视节目预告。但不得一次转载或摘登一周（或一周以上）的广播电视节目预告。如需要转载整周的广播电视节目预告，应与有关广播电视报社协商。"被上诉人不经上诉人许可，擅自转载一周电视节目预告表，违反了该通知的规定。上诉人通过与电视台订立协议有偿取得在广西境内以报纸形式向公众传播一周电视节目预告表的使用权，受法律保护，被上诉人的行为已构成对上诉人民事权益的故意侵犯。[③]

第二类是由所有权衍生。在胡某去诉汤某勤、王某峰所有权确认纠纷案中，法院认为，根据不动产所有权的固有法律属性和房屋拆迁安置过程中普遍性的政策规定，房屋拆迁安置权益属房屋所有权的综合性权能，一般包括被拆房屋补偿款、搬迁费用、新建房屋补贴、新建房屋土地使用权等在内。应以被拆迁房屋的所有权权属决定拆迁安置权益的归属，共有人之间有权通过协议予以分割。在他人享有使用权之地上建造房屋而形成附合的，房屋所有权一般归属于土地使用权人。对实施房

① 最高人民法院侵权责任法研究小组编：《中华人民共和国侵权责任法条文理解与适用》，人民法院出版社2010年版，第20页。

② 最高人民法院民法典贯彻实施工作领导小组主编：《中华人民共和国民法典侵权责任编理解与适用》，人民法院出版社2020年版，第16～20页。

③ 《中华人民共和国最高人民法院公报》1996年第1期。关于学界对此案的争鸣观点，参见梁慧星：《电视节目预告表的法律保护与利益衡量》，载《法学研究》1995年第2期；孟勤国：《也论电视节目预告表的法律保护与利益平衡》，载《法学研究》1996年第2期。

屋建造的非土地使用权人所进行的补偿不仅仅包括金钱给付，在特定身份关系下亦应包括居住使用权益。①

在何某堂、许某本、何某就与西场公司海域渔业污染损失赔偿纠纷案中，法院认为，没有养殖许可证和海域使用权属于非法养殖，在此情况下取得的养殖收益不能受到法律保护。但是由于进行非法养殖的人对其购买的养殖苗种具有合法的财产权益，该合法权益不应因养殖行为的违法性而丧失，应予以一定程度的保护。②

第三类是由知识产权衍生。这类财产权益主要包括知名商品（服务）的特有名称、知名商品的包装/装潢、企业名称和字号等，甚至还保护依赖利益。

在张甲、张乙、泥人张艺术公司与张某成、泥人张丙陶艺厂、泥人张艺术品公司不正当竞争纠纷案中，法院认为，从对“泥人张”的使用历史和现状看，“泥人张”具有多种含义和用途，承载多种民事权益，既是对包括本案申请再审人在内这一特定人群的称谓，具有很高的知名度，又从对特定人群的称谓发展到对该特定人群所传承的特定泥塑技艺和创作、生产的作品的一种特定称谓，属于反不正当竞争法意义上的知名商品（包括服务）的特有名称。因此，“泥人张”的知名度非常高，其所承载的商业价值极大，申请再审人对“泥人张”享有多项民事权益，应当依法给予保护。③

在南药公司与赛诺维公司侵害外观设计专利权和擅自使用知名商品特有包装、装潢纠纷案中，④ 以及在南药公司与赛诺维公司侵害外观设计专利权和擅自使用知名商品特有包装、装潢纠纷案中，⑤ 法院均认为，知名商品特有的包装、装潢属于反不正当竞争法保护的财产权益，依法可以转让和承继。

---

① 《中华人民共和国最高人民法院公报》2011 年第 12 期。对该案的具体评析，参见邵永龙、丁胜：《房屋拆迁安置权益属房屋所有权的综合性功能》，载最高人民法院机关刊《人民司法》（案例）2012 年第 10 期。

② 《海事审判十大典型案例》，载《人民法院报》2014 年 9 月 3 日。

③ 引自孔祥俊：《知识产权法律适用的基本问题》，中国法制出版社 2013 年版，第 433～434 页。该书作者亦为案件承办法官，他下述案件历程的剖析颇值关注：“我们在处理‘泥人张’案件时，感到仅从商标、商号、特有名称等哪一个角度都不好全面表述‘泥人张’而所有这些的背后似乎应当是有一个基本的‘元’权益在那里。这个权利叫商品化权较为合适。当然，囿于在裁判中创设新权利的顾虑，我们对于直接使用‘商品化权’之类的明确称谓一般很审慎，通常不轻易使用。即使我们不好直截了当地称为一种权利，但公平正义的直觉使我们不能不保护这些权益。”

④ 孔祥俊副主编：《最高人民法院知识产权案件年度报告（2013 年）》，载《人民法院报》2014 年 4 月 24 日。

⑤ 孔祥俊副主编：《最高人民法院知识产权审判案例指导》（第 6 辑），中国法制出版社 2014 年版，第 254 页。

在伟雄公司、A 区正野电器实业公司、B 区正野电器公司与 C 区正野电器公司、光大公司不正当竞争纠纷案中，法院认为，受反不正当竞争法保护的企业名称，特别是字号，不同于一般意义上的人身权，是区别不同市场主体的商业标识，本质上属于一种财产权益，由字号所产生的相关权益也可以依法承继。①

值得注意的是，最高法院还在知识产权案件中，出乎意料地将“信赖利益”也作为一种民事权益予以保护，足见审判思维十分前沿、新颖，令人叹为观止。该案判决作为 2009 年度全国十大知识产权案件向全社会公布，足见最高法院之自信。

在圣芳公司与工商总局商委会、强生公司商标撤销行政纠纷案中，法院认为，由于修改前《商标法》对商标评审采取行政终局制度，对于当时已有终局裁决的争议事项，只能尊重和维护当时的法律制度，不能再以修改后的法律有新规定为理由对已决事项重新启动程序，否则，会冲击已经形成的法律秩序，打乱在当事人之间已经依法形成的利益格局。在行政终局制度下，终局裁定形成了秩序并产生信赖利益。当事人可以据此形成确定的预期，实施相应的市场行为。②

第四类是由虚拟财产衍生。在刘某诉某网络游戏经营公司财产损害赔偿纠纷案中，法院认为，在网络游戏的虚拟环境中产生的虚拟财产，虽然以数据形式存在于特定空间，但由于其具有一定价值，满足人们的需求，具有合法性，能够为人所掌控，属于在一定条件下可以进行交易的特殊财产，是一种新类型的财产利益。根据《侵权责任法》第 2 条规定的精神，既然虚拟财产属于民事利益的一种，法律对该利益就应予以保护。③

第六节 分析与评论

最高法院对于各类民商事权利，根据不同权利的自身特点和内在要求，分别认定并予以保护，这是总的审判原则。最高法院还通过发布包括公报案例在内的典型案件，追随市场经济与民事权利的变化轨迹，不断传播权利保护的裁判理念和裁判

① 孔祥俊副主编：《最高人民法院知识产权审判案例指导》（第 3 辑），中国法制出版社 2011 年版，第 295 页。

② 最高人民法院知识产权审判庭编：《最高人民法院知识产权审判案例指导》（第 2 辑），中国法制出版社 2010 年版，第 145 页。

③ 最高人民法院民事审判第二庭编：《最高人民法院民一庭民事典型案例精选》，人民法院出版社 2014 年版，第 66 ~ 71 页。

规则。正是在这种价值取向下，“20 世纪 80 年代中叶选编的案件，大多为普通的继承、伤害、名誉侵权等与公民个人人身或者简单财产关系联系很强的法律纠纷。但是近 10 年来一大批代表着现代市场经济、知识经济高度发展的法律案件成为《公报》案例选编的主角”。①

关于物权确认及其变动规则，最高法院紧紧依托民法原理，对动产及不动产的法律属性，很早就有成熟认知。关于物权行为与债权行为的区分，早在合同法刚刚实施，最高法院就以司法解释的形式，将二者实质性地区分开来，规定“法律、行政法规规定合同应当办理登记手续，但未规定登记后生效的，当事人未办理登记手续不影响合同的效力，合同标的物所有权及其他物权不能转移”。这在当时是相当有远见和魄力的认识，特别是考虑到，七年之后《物权法》出台，而在此之前，有无数的学者在乐此不疲地论证债权行为与物权行为的区分原则、物权行为的独立性等热点问题，更能感觉到最高法院的务实作风，对于理论界的种种潮流，有清醒认识，有自我判断，不盲目跟风，对看准了的法理，就大胆采纳，果断实施，不搞那些花拳绣腿的东西。对于一时还看不准，或者难以认同的观点，如物权的无因性，不管理论界多么鼓噪，是捧杀还是棒杀，也不管是不是与“国际接轨”，均不为所动。多年的司法实践效果显示，最高法院的这种看似中庸的做法既有担当，也有坚守，非常值得称道。一个国家的最高司法机关，就应该有这种穿越世事风雨的历史定力，这是在权利保护方面，令笔者感到最为满意之处。

此外，最高法院对物权的保护，还有所突破，而且是关键性的原则突破，这是值得注意的。物权法定是物权法和物权法学的基本原则，我国物权法也采纳了这一原则，而民法通则和文物保护法，则在物权法定原则基础上，又规定了推定国家所有原则。但是，司法实务中，最高法院并没有机械适用这一原则，而是根据实际情况有所创新。在汪某诚等六人诉淮安市博物馆返还祖宅的埋藏文物纠纷案中，采取了法不禁止即可认定的裁判规则，认定讼争文物归属公民个人，这实际上是对既有物权法定原则和物权推定国家所有原则的大胆突破，反映了最高法院不俗风格的另一面相。

而在人格权保护中，最高法院也有亮点，最具影响力的就是依据宪法规定，专门作出《关于以侵犯姓名权的手段侵犯宪法保护的公民受教育的基本权利是否应承担民事责任的批复》（法释〔2001〕25 号），即被称为宪法司法第一案的齐某苓

① 杨建军：《裁判的经验与方法——〈最高人民法院公报〉民事案例研究》，山东人民出版社 2010 年版，第 52、56 页。

姓名权、受教育权被侵害案，突破了我国不得直接引用宪法条文作为民刑裁判的判决依据的司法惯例，也突破了民法学者关于侵权行为的侵害客体限于民事权利的通说，而将宪法上的受教育权纳入侵权行为责任保护的客体范围。尽管法学界对这一案例有不同解读，甚至是完全相反的解读，但由此可以看出，看似被动的最高法院，有时不仅不保守，而且还可能会很激进。当然，鉴于特定的历史传统与特殊国情，对于最高法院偶尔的激进行为，也不能期待过高。事实上，七年之后，上述司法批复就被最高法院原因不明地废止了，再一次重现了当初发布时的舆论效应。①

在对其他民商事权利的保护中，最高法院根据权利的不同类型有所侧重。尤其突出的是，对债权予以倾斜保护，确实体现了日本法学家我妻荣所说的“债权在近代法中的优越地位”。② 债权对于善意之外部债权人，乃至外部过错债权人，注重从交易秩序的角度保护商业利益，其保护力度可谓不遗余力，司法取向十分明显。同时，《民法典》颁布后，最高法院充分注意到其更加注重利益衡平的立法取向，对以往过度保护债权的司法立场有所调整。2020 年 12 月 30 日，最高法院召开《贯彻实施民法典全面完成司法解释清理和首批司法解释新闻发布会》。刘贵祥大法官在会上指出，《民法典》针对过去存在的过度保护债权人问题，隐形担保影响交易安全问题，以及实践中存在的过度担保问题，设计了许多新的担保内容。据此，最高法院配套制定了新的担保司法解释，致力于平衡各方当事人的利益，消除隐形担保，清除过度担保。而在更为复杂的公司商事领域，最高法院根据公司法的团体法性质，涉及的法律主体众多，提出既坚持利益均衡保护，又要正确把握利益平衡中的主次之分。在债权人利益得到优先考虑的前提下，兼顾股东利益。在股东与公司之外的第三人之间的外部关系上，坚持外观主义原则。此外，在公司解散、清算等案件中，还特别强调要处理好司法介入与意思自治的原则。③

在审理层出不穷的新型知识产权案件时，最高法院对于知识产权及其诸多权利

① 2008 年 12 月 18 日公布的《最高人民法院关于废止 2007 年底以前发布的有关司法解释（第七批）的决定》共废止了 27 项司法解释，其中即包括齐某苓案的“批复”。奇怪的是，其他 26 项司法解释废止时，均附有简短的“废止理由”，或已被其后制定的新法所取代或修改，或与新法相冲突，或已被后来的新的司法解释取代，或因情况已变化而不再适用。唯独齐某苓案的“批复”，其废止理由为“已停止适用”，由此再次引发学界的广泛议论。

② ［日］我妻荣：《债权在近代法中的优越地位》，王书江、张雷译，谢怀栻校，中国大百科全书出版社 1999 年版。

③ 最高人民法院民事审判第二庭编：《最高人民法院关于公司法解释（三）、清算纪要理解与适用》，人民法院出版社 2011 年版，第 372、440 ~ 441 页。

人，既充分保护，又大胆调整，注重从商业利益与公共利益平衡的角度保护各方。还应特别提及的是，在诸多民事权利的保护中，最高法院唯独对知识产权案件发布年度报告，从2008年至2019年底，已经连续发布11个知识产权案件年度报告。① 从2009年至2019年，最高法院已经连续发布10个《中国法院知识产权司法保护状况》白皮书。此外，从2008年至今，最高法院连续11年评选出当年度的中国法院十大知识产权案件、中国法院50件典型知识产权案例。自2012年至今，最高法院连续多年发布中国法院十大创新性知识产权案件。② 所有这些举措，无不凸显出知识产权地位的特殊性，以及对知识产权保护的空前重视。

同时，最高法院的态度也十分谦逊、清醒，坦然承认"在具体案件裁判中针对新型、复杂、疑难问题形成的认识，具有较强的阶段性、个案性和探索性，其中归纳总结的法律适用标准和方法不可避免地存在一定的局限性，而且可能会随着认识的深入和形势的发展发生调整和变化"。③

对于未上升至权利类型的民事权益，最高法院则尊重现实客观需要，理解现有权利类型不能覆盖所有利益，慎重承认和区别保护民事权益，并不断扩大对民事利益的保护范围，反映出最高法院对生活与法律关系的全面考量和慎重选择。由此可以看出，最高法院对其商事交易规则的中立裁判者身份，以及社会生活中的价值引导者身份，确有相当的自觉。这一总的裁判理念，直接支配并贯穿到全部案件以及案件的全部审理过程中。

重视对民商事权利的保护，还有一个衡量指标，即司法解释的发布数量和领域分布。

以1999年颁布《合同法》为标志，最高法院保护商事权利的司法解释频密出台，在合同法领域，加上买卖合同的司法解释，实际出台了三个合同法司法解释。④ 此外，最高法院还针对建设工程合同领域，于2004年和2018年专门出台了两个司法

---

① 2014年4月24日，最高法院发布《最高人民法院知识产权案件年度报告（2013年）》，载《人民法院报》2014年4月24日。

② 2014年4月22日，最高法院发布《2013年中国法院十大知识产权案件》《2013年中国法院十大创新性知识产权案件》《2013年中国法院50件典型知识产权案例》，载《人民法院报》2014年4月22日。

③ 孔祥俊副主编：《最高人民法院知识产权审判案例指导》（第6辑），中国法制出版社2014年版，第64页。

④ 《最高人民法院关于适用〈中华人民共和国合同法〉若干问题的规定（一）》（法释〔1999〕9号）、《最高人民法院关于适用〈中华人民共和国公司法〉若干问题的规定（二）》（法释〔2009〕5号）、《最高人民法院关于审理买卖合同纠纷案件适用法律问题的解释》（法释〔2012〕8号）。

解释。2007年《物权法》实施后，连续出台两个司法解释，并直接影响到《婚姻法》的两个司法解释，其中《最高人民法院关于适用〈中华人民共和国婚姻法〉若干问题的解释（三）》，因涉及婚房问题，还在全国范围内引起空前反响。《民法典》颁布后，最高法院又发布《婚姻编解释一》，用91个条文，对此前多个婚姻法司法解释内容进行了全面的梳理、整合与替代。与此同时，废止了包括审理建设工程施工合同在内的四个合同法司法解释，重新发布了审理建设工程施工合同司法解释，修改了买卖合同司法解释。

特别明显的是，在《公司法》第二次修订以及《外商投资法》公布后至今，在公司投资领域最高法院总共发布七个司法解释（含外商投资企业司法解释在内）。[①]《民法典》颁布后，最高法院对公司法司法解释二至五又重新进行了修订。所有这些举措，都是前所未有的，鲜明传递出最高法院的工作重心和基本倾向。最高法院公开宣称，强制清算、企业破产等公司类型案件，其价值远非普通民商事诉讼案件可以相提并论。[②]

需要强调指出，最高法院对民事权利的保护，是与对民事义务的平衡，紧密结合在一起的。只有在不违反民事义务的情况下，才突出对民事权利的保障。对此，最高法院曾通过公报案例，一泼胸中之见："民法通则第九十一条规定，合同一方将合同的权利、义务全部或者部分转让给第三人的，应当取得合同另一方的同意。这里所说的转让，既指合同权利，也包括合同义务。实践中，合同义务的转让如果不经权利人同意，往往会损害权利人的利益。有鉴于此，法律才作这样的规定，如果单独就转让债权而言，则债务人无论向哪一个债权人履行，都没有本质的区别，都不会影响到债权人或者债务人任何一方的利益。债务人如果因此履行而支出了额外的费用，则应由原债权人或新债权人承担。因此，这种转让只要求原债权人通知债

---

① 《最高人民法院关于适用〈中华人民共和国公司法〉若干问题的规定（一）》（法释〔2006〕3号）、《最高人民法院关于适用〈中华人民共和国公司法〉若干问题的规定（二）》（法释〔2008〕6号）、《最高人民法院关于适用〈中华人民共和国公司法〉若干问题的规定（三）》（法释〔2011〕3号）。2014年2月17日，最高法院发布《关于修改适用〈中华人民共和国公司法〉若干问题规定的决定》，对前述三个公司法司法解释修订后重新公布。《最高人民法院关于适用〈中华人民共和国公司法〉若干问题的规定（四）》（法释〔2017〕16号）、《最高人民法院关于适用〈中华人民共和国公司法〉若干问题的规定（五）》（法释〔2019〕7号）。《最高人民法院关于审理外商投资企业纠纷案件若干问题的规定（一）》（法释〔2010〕9号）、《最高人民法院关于适用〈中华人民共和国外商投资法〉若干问题的解释》（法释〔2019〕20号）。

② 最高人民法院民事审判第二庭编：《最高人民法院关于公司法解释（三）、清算纪要理解与适用》，人民法院出版社2011年版，第436页。

务人，不必征求债务人同意，就不违背法律的原意。”①

当然，重视权利保护，与落实权利保护之间，还不能完全画上等号。毋庸讳言，最高法院关于权利保护的诸项规则不够具体明确，可操作性还不是很强。就以其最为重视的公司法司法解释三举例，其中虽然规定了股东资格解除权，但基本上无法操作，该规定明确公司可以股东会决议形式，解除未履行出资义务或抽逃全部出资股东的资格，其本意是承认和赋予公司自治的权能。但是，现实情况却是，对是否存在抽逃出资的认定，就是十分复杂的实体问题，本身就需要一个确认之诉，无论是拟解除资格的股东，还是法院本身，根本容不得股东会自说自话。仅仅有股东会的程序规定，并不能代替对实质判断的合法性审查，而不得不进入诉讼程序。而这样一来，就等于完全架空了该条款，根本无法实际操作。显然，最高法院不仅存在书生办案的现象，还存在着书生起草司法解释的现象，而这正是最高法院负责人一再批评的。② 由此可见，即便贵为最高法院，在法律水准和法律理解方面，依然存在着向上提升的巨大空间。

附录三　从利益平衡到禁止权利滥用：以最高法院采乐商标案为例③

（一）基本案情

1. 简繁体商标均注册埋下争议总祸根

1992 年 2 月 21 日，美国强生公司向国家工商行政管理局商标局申请注册第 627498 号繁体的“采樂”商标，该注册申请于 1993 年 1 月 30 日被核准，指定使用的商品为第 5 类人用局部抗菌剂。从 1994 年开始，经强生公司授权许可，西安杨森公司在“酮康唑洗剂”商品上使用了未经核准注册的简体“采乐”商标，并在市场上销售。

---

① 《中华人民共和国最高人民法院公报》总第 57 期。

② 中华人民共和国最高人民法院审判监督庭编：《审判监督指导与研究》2002 年第 2 卷，人民法院出版社 2002 年版，第 27 页；最高人民法院民事审判第二庭：《最高人民法院关于买卖合同司法解释理解与适用（序言）》，人民法院出版社 2012 年版，第 5 页。

③ 该案例先后刊于《中华人民共和国最高人民法院公报》2010 年第 6 期；《最高人民法院中国知识产权年度报告（2009）》；最高人民法院知识产权审判庭编：《中国知识产权指导案例评注》，中国法制出版社 2011 年版；刘春田主编：《知识产权判解研究》2009 年第 1 卷第 1 期，并被最高法院评为 2009 年度全国知识产权司法保护十大案件之一。

1997年8月6日，南海市梦美思化妆品有限公司向国家工商行政管理局商标局申请注册第1214187号简体的“采乐CAILE”商标，该注册申请于1998年10月14日被核准，指定使用的商品为第3类香皂、洗发香波、浴液、洗面奶、牙膏、化妆品等。

2002年6月20日，经国家工商行政管理总局商标局核准，南海市梦美思化妆品有限公司将“采乐CAILE”商标转让给佛山市圣芳（联合）有限公司（以下简称圣芳公司）。

2. 第一次异议被驳回

1998年11月13日，强生公司向国家工商行政管理局商标评审委员会提出商标争议申请，要求撤销简体的“采乐CAILE”注册商标。主要理由是，其繁体“采樂”商标注册在先，业经使用已具有较高的知名度，应依《巴黎公约》有关规定予以保护。被争议人的简体“采乐”商标，与繁体“采樂”商标相比，除文字书写方式上存在不同，读音、含义完全相同，属于违反诚实信用原则，以复制方式将他人已为公众熟知的商标进行注册，应予撤销。

商标评审委员会经审查，于1999年12月2日作出商评字（1999）第2873号《“采乐CAILE”商标争议终局裁定书》。该裁定书认为，争议人强生公司在先注册的商标与被争议人在后注册的商标，指定使用商品分别为人用局部抗菌剂和香皂、浴液、护发素、化妆品等，两者属于不同商品类别的非类似商品。鉴于争议人强生公司的注册商标所具有的知名度和其所具有独创性的局限，该商标尚不能在非类似商品上排斥他人使用及注册“采乐”商标，其所提争议理由不能成立，“采乐CAILE”商标应予维持。

3. 强生公司另行注册简体

“采乐”商标第一次异议被驳回后，强生公司意识到，仅仅注册繁体“采樂”商标是不够的，还应当立即申请注册简体“采乐”商标。2000年1月24日，强生公司向国家工商行政管理总局商标局申请简体“采乐”商标注册。2001年3月21日，国家工商行政管理总局商标局核准其简体“采乐”注册商标，注册号为1541897号，指定使用商品仍为人用局部抗菌剂类。

4. 第二次异议再被驳回

在申请简体“采乐”商标注册的同时，2000年7月3日，强生公司向国家工商行政管理总局商标评审委员会提出撤销注册不当商标申请，再次要求撤销简体的“采乐CAILE”注册商标。主要理由是，其已于1993年在中国取得繁体“采樂”注册商标，西安杨森公司系其在中国的商标许可使用人，从1994年开始，在去头屑药品上对“采乐”商标进行了长期而广泛的使用、销售和宣传，“采乐”洗剂可以作为洗发香波的替代品，与被争议人注册商标名下的商品，面对的同为洗发护发产品消费者，因此极易使消费者混淆。被争议人系恶意抄袭其有较高知名度的注册商标，已构成以欺骗或其他不正当手段取得注册，根据《商标法》第27条规定，被争议人的简体“采乐”注册商标应予撤销。商标评审委员会经审查，于2001年9月12日作出商评字（2001）第3858号《“采乐CAILE”商标撤销注册不当申请终局裁定书》。该裁定书认为，商标评审委员会经审查认为，强生公司的繁体“采樂”注册商标用于药品商品，而药品商品本身具有特定的销售渠道和消费群体，申请人未提供足够证据证明通过宣传使用其商标，已为普通化妆品商品的消费者熟知，亦缺乏足够证据证明被申请人商标的注册使用已使消费者产生误认，也缺乏足够证据证明被申请的商标系对申请人商标的恶意抄袭模仿，其所提撤销注册不当商标理由不能成立，“采乐CAILI”商标应予维持。

5. 第三次异议：咸鱼翻身终获支持

2002年8月20日，强生公司向国家工商行政管理总局商标评审委员会第三次提出撤销申请，请求撤销简体“采乐CAILE”注册商标。主要理由是，简繁体商标使用的商品类似，简体“采乐CAILE”商标的注册使用易使消费者产生误认，而强生公司的“采乐”商标从1994年开始在中国使用，在争议商标注册之前，早已成为知名品牌，根据新《商标法》第14条之规定，请求将其“采乐”商标认定为驰名商标，并根据有关保护驰名商标的规定，撤销简体“采乐CAILE”注册商标。

商标评审委员会经审查，于2005年6月23日作出商评字（2005）第1801号《关于“采乐CAILE”商标争议裁定书》。该裁定书认为，强生公司在此次评审申请中，就争议商标申请注册前，引证商标在中国市场的销售宣传以及二者并存引起实际混淆后果，提交了新的证据，并要求依据《商标法》第13条给予引证商标以驰名商标的保护。鉴于强生公司提出了新的事实和理由，其评审申请应予受理。圣芳公司要求终止审理此案，不予支持。

关于驰名商标问题，强生公司在申请理由中明确提出要求依据《商标法》第13条认定其为驰名商标，并撤销争议商标。经查，引证商标经其许可由西安杨森公司专用于酮康唑洗剂商品。1994年“采乐”酮康唑洗剂产品进入市场，1995年销量达160万盒，1996年达250万盒，至1997年累计销量已达400万盒，销售范围遍布全国20余个省市。同时，西安杨森公司还通过电视、报纸、杂志等对“采乐”洗剂进行广告宣传，宣传范围遍布全国多个省市。通过宣传使用，“采乐”酮康唑洗剂作为一种去头屑药物洗剂具有了较高知名度，在争议商标申请注册前已为相关消费者熟知。因此，引证商标应被认定为驰名商标。

关于商品混淆问题，药品和普通化妆洗涤用品主要功能分别为治疗和普通洗涤养护，产品性质不同，生产和销售渠道各异，二者分属不同类别，但西安杨森公司长期将“采乐”商标使用于酮康唑洗剂商品，该洗剂的主要功能是药物治疗头屑。而在洗发水市场，去屑为洗发水常见宣传功能，对于患有头皮屑的消费群体，在选择专门药物的同时，一般也会选用具有去屑功能的日用洗发用品，加之二者均为液体洗剂，性状和使用方式相近，故使用相同商标的洗发水易被公众接受为以原有商品药用功能为基础的新的洗发用品，二者在性质和功能上具有特定关联。

“采乐”一词虽由他人首先在饲料商品上使用，并非强生公司独创，但“采乐”不是汉语中的固有词汇，与普通词汇相比仍具有较强的显著性。鉴于引证商标在相关公众中具有较高知名度，并已与西安杨森公司生产的去头屑药物洗剂产生了紧密联系，将相同文字商标使用于去屑洗发商品易使消费者认为，“采乐”洗发水具有与“采乐”药物洗剂相似的药物去屑功能，或该产品系西安杨森公司的系列产品或与西安杨森公司合作生产。强生公司提供的行业评论文章表明，争议商标使用于去头屑洗发水商品，已实际误导相关公众，产生了不良市场后果。争议商标已构成对他人驰名商标的复制模仿，并实际误导公众，其注册和使用损害了强生公司的合法权益。在争议商标的其他指定使用商品上（香皂、浴液等）使用与引证商标相同文字的商标也极易误导公众，使消费者误认为冠以争议商标的商品系由西安杨森公司提供，或认为与西安杨森公司存在某种联系，从而给强生公司的利益造成损害，故争议商标应予撤销。

6. 半路杀出多个程咬金

然而，谁也没有料到，就在商标评审委员会作出第三次裁定前十天，圣芳公司的“采乐 CAILE”商标已被法院认定为驰名商标。而且，法院裁判文书的生效时间，也早于商标评审委员会第三次裁定书的生效时间。

2002 年以前，中国对驰名商标的认定只有行政方式一种途径。2002 年，最高人民法院发布《关于审理商标民事纠纷案件适用法律若干问题的解释》，其中第 22 条规定，人民法院在审理商标纠纷案件中，根据当事人的请求和案件的具体情况，可以对涉及的注册商标是否驰名依法作出认定。从此，确立了驰名商标认定的司法途径。

2005 年 6 月 13 日，在另起商标侵权案件中，安徽省巢湖市中级人民法院（2005）巢民三初字第 15 号的生效终审判决，将圣芳公司的“采乐 CAILE”商标认定为驰名商标。该生效案例随即被上报收入《人民法院生效判决认定的驰名商标统计表》（统计时间范围：2001 年 7 月至 2005 年 10 月），并公开刊载于《中国商标报告》2006 年第 1 卷。

值得注意的是，在 2005 年间，还有三家中高级法院，先后审理过强生公司、西安杨森公司与圣芳公司互诉注册商标侵权和不正当竞争案件。其中，圣芳公司诉西安杨森公司就“采乐”注册商标不正当竞争纠纷一案，业经佛山市中级人民法院、广东省高级人民法院审理，判决西案杨森公司构成不正当竞争，立即停止在其生产和销售的“采乐”酮康唑洗剂外包装、说明书及所有广告宣传中的引人误解的虚假宣传。而强生公司、西安杨森公司诉圣芳公司侵犯注册商标专用权、不正当竞争纠纷一案，北京市第一中级人民法院受理后，在审理过程中，强生公司、西安杨森公司又向法院提出撤回起诉，被依法核准撤诉。

（二）法院裁决

1. 一审裁决结果

圣芳公司对国家工商行政管理总局商标评审委员会的第三次裁定不服，向法院提起行政诉讼。北京市第一中级人民法院审理后认为，本案焦点可归纳为：

第一，商标评审委员会受理第三次商标争议案，是否违反法定程序？

第二，强生公司提出的商标争议申请，是否超过法定争议期限？

第三，引证商标在争议商标注册申请日以前，是否构成驰名商标？

第四，争议商标是否构成对引证商标的复制、模仿，以及争议商标注册在香皂、洗发香波、洗面奶、护发素等商品上，是否会误导公众，致使强生公司利益可能受到损害？

一审法院认为，关于第一个问题，根据《商标法实施条例》第 35 条之规定，商标评审委员会对商标评审申请已经作出裁定或者决定的，任何人不得以相同的事实和理由再次提出评审申请。因此，判断商标评审委员会受理第三次商标争议案是否违反法定程序的关键在于，本次商标争议申请的事实和理由，是否均与前两次争议申请的事实和理由相同。由于强生公司在第三次商标争议申请中，提供了用以证明其使用“采乐”商标的产品的销售数量、广告费用等，属于在前两次争议申请中并未提交的证据，因而其在本次商标争议申请中主张的事实，与前两次争议申请中主张的事实不完全相同，故不属于以相同的事实和理由再次提出评审申请。

关于第二个问题，《商标法》第 41 条第 2 款规定，已经注册的商标，违反本法第 13 条、第 15 条、第 16 条、第 31 条规定的，自商标注册之日起五年内，商标所有人或者利害关系人可以请求商标评审委员会裁定撤销注册商标。强生公司提出商标争议的理由包括争议商标的注册违反了《商标法》第13条、第31条规定的理由，且争议商标系于1998年10月14日被核准注册，故其争议期为自该日起五年内，即至2003年10月13日止。现强生公司于2002年8月20日提出撤销请求，并未超过法定的撤销期限。

关于第三个问题，判断引证商标是否驰名主要应当考虑该商标的使用、宣传和在相关公众中的知名度等情况。强生公司并无使用、宣传引证商标“采樂”的证据，其提供的均系“采乐”商标的使用和宣传的证据。因此，判断引证商标是否构成驰名的前提是，强生公司对于“采乐”商标的使用和宣传，是否可以认定为是对引证商标“采樂”的使用和宣传。虽然强生公司实际使用的系“采乐”商标，但该商标与其注册的引证商标仅存在“乐”与“樂”的简繁体差异。作为纯文字商标，其主要识别特征一般不会因文字的简体和繁体的变化产生本质区别。强生公司的实际使用方式并未改变引证商标的显著性，相关公众不会将“采乐”作为一个区别于引证商标“采樂”的新商标来认知，“采乐”与“采樂”均标示了相同的商品来源。因此，强生公司在商品上使用并宣传“采乐”商标的行为，可以认定为是对引证商标“采樂”的使用与宣传。

根据强生公司提供的证据，可以证明其通过授权许可的方式对“采乐”商标进行了持续的使用和大规模的广告宣传，其销售和广告范围覆盖了中国的大部分地区，该商品的较大销售量在一定程度上足以说明消费者对“采乐”商标的认知程度，获得了较高知名度，在争议商标注册之前已为相关公众所熟知，根据《商标法》第14条的规定，可以认定为驰名商标。

关于第四个问题，争议商标由文字“采乐 CAILE”组成，其中文字“采乐”为该商标的显著部分，引证商标由文字“采樂”组成。争议商标的显著部分与引证商标的差异仅为“乐”字的简繁体区别，这一差别不会使相关公众对二者的文字组成、读音或者含义的理解产生差异，因此，争议商标构成对引证商标的复制和模仿。

争议商标核定使用商品为第3类香皂、清洁制剂、洗发香波、护发素、洗面奶、浴液、牙膏、香料、皮革保护剂、化妆品，引证商标核定使用的商品为第5类人用局部抗菌剂。前者主要为日常洗涤用品，后者为医用洗剂。二者的原料、主要功能、生产和销售渠道等均存在差异，属于不同的商品类别。但是，由于二者均为洗涤类商品，引证商标长期使用于专门用于杀灭有害真菌的酮康唑洗剂商品，该洗剂的主要功能是“药物治疗头屑”；而在洗发香波市场，“去屑”为这类商品常见的宣传功能之一。二者在性质、功能上具有特定关联，消费对象亦存在相同的可能性，在引证商标已为相关公众熟知的情况下，将“采乐”文字商标使用于去屑洗发水商品，易使消费者认为“采乐”洗发水具有与“采樂”药物洗剂相似的药物去屑功能，或该商品与强生公司或者西安杨森公司存在某种关系，可能使强生公司的利益由此遭受损害。圣芳公司提出的争议商标通过使用已经构成驰名商标的主张，不能改变该商标注册违反《商标法》有关规定的事实，不能成为其注册争议商标合法的理由，遂于2007年5月11日作出（2005）一中行初字第793号行政判决书，判决维持商标评审委员会的第三次裁定书。

2. 二审裁决结果

北京市高级人民法院认为，依照《立法法》第84条的规定，法律不溯及既往，但为了更好地保护公民、法人和其他组织的权益而作的特别规定除外。本案中，争议商标注册于1998年10月14日，而新《商标法》第13条规定的五年争议期限则应自2001年12月1日起实施，此前对于已经注册的商标并无争议期限的规定。强生公司于2002年8月20日提出本次撤销注册不当商标申请，并未超过五年争议期限，圣芳公司关于强生公司提出本次撤销申请已经超过争议期限的主张不能成立。

经强生公司许可由西安杨森公司实际使用的“采乐”商标，与第627498号引证商标“采樂”仅在字形外观上有简繁体之别，但二者的读音、含义完全相同，存在着一一对应关系，实际上系同一商标，而且西安杨森公司实际使用简体“采乐”商标并未改变引证商标的显著性，圣芳公司关于二者系不同商标的主张不能成立。本案争议商标于1998年10月14日核准注册，强生公司于1998年11月13日依据修改前的《商标法》第27条第2款，第一次提出商标争议裁定申请，又于2000年7月3日依据修改前的《商标法》第27条第1款及其实施细则第25条之规定，第二次提出撤销注册不当商标申请。强生公司前后两次提出申请适用了不同的法律条款，分属两个相互独立的程序或救济途径。2002年8月20日强生公司依据新《商标法》第13条第2款，第三次提出撤销申请，并且提交了新的证据，增加了新的事实、理由和请求，商标评审委员会受理强生公司第三次提出的撤销申请，没有违反一事不再理的原则，并无不当，商评委裁定书及一审判决认定事实清楚、适用法律正确、审理程序合法，遂于2007年12月18日作出（2007）高行终字第404号终审行政判决书，驳回上诉，维持原判。

3. 提审裁决结果

鉴于系涉外案件，不仅案情复杂，且法理争议巨大，最高人民法院裁定提审此案，并于2009年10月22日作出终审判决，判决撤销北京市第一中级人民法院、北京市高级人民法院两审判决，撤销国家工商行政管理总局商标评审委员会第三次作出的商标争议裁定。值得高度注意的是，该终审判决书中的如下法理表述，体现了最高法院对目前商标争议案件的倾向性认识，有极强的现实指导意义。

关于注册商标争议的时限点从何时起算，最高人民法院认为，该院《关于审理商标案件有关管辖和法律适用范围问题的解释》第5条的规定，是对修改前与修改后商标法衔接时期的商标评审行政案件的法律适用问题所作出的特殊规定，其中规定部分修改前商标法适用时期的事项按照修改后商标法相关规定审查，适用的前提是在修改前商标法适用时期未解决的争议，商评委在修改后商标法实施以后作出复审决定或者裁定，当事人不服向人民法院起诉的情形。本案涉及的商标争议在修改后的商标法实施前已经有过终局裁定，不属于前述司法解释第5条规定的情形，不应该适用该司法解释的规定。国家工商局商标评审委在已作出终局裁定之后，再行受理并作出撤销商标的裁定，违反了相关法律原则。

关于《商标法》修改后，是否有溯及力，即可否推翻此前商评委的终局裁定，最高人民法院认为，在已有1999年12月、2001年9月商评委两次终局裁定之后，强生公司援引2001年修改后的商标法，仍以商标驰名为主要理由申请撤销争议商标的注册，商评委再次受理并作出撤销争议商标的裁定，违反了一事不再理原则。2001年修改后的商标法不能溯及该法修改前已受终局裁定拘束的商标争议。不能再以修改后的法律有新规定为理由对已决事项重新启动程序，否则，会冲击形成的法律秩序，打乱在当事人之间已经依法形成的利益格局，使当事人无所适从，也有损生效裁定的权威性和公信力。

关于简繁体商标究竟是不是同一商标，最高人民法院认为，强生公司的“采乐”产品作为药品只在医院、药店出售，与普通洗发水在产品性质、生产和销售渠道等方面有着明显的区别，圣芳公司的“采乐”不可能进入医药流通领域，消费者可以辨别。因此，圣芳公司在洗发水等日化用品上注册使用争议商标，不足以误导公众，不足以损害强生公司在药品商标上的利益，两个商标在药品和日化品的各自相关市场中可以共存。强生公司虽然在药品类别上注册了引证商标，但是其在洗发水等日化品市场并没有合法的在先利益，法律也不会为强生公司在药品上的商标预留化妆品市场。

（三）法理评析

一个注册商标，对其异议两次均被终局驳回，已被司法认定为驰名商标，但最终又被裁决撤销商标注册，而且还是行政裁决否决了司法裁决，并且这种行政否决又得到另一司法裁决的连续肯定，该司法裁决又被最高司法机关提审否决。这种极为特殊的商标案例，在国内尚属首例。此前，只有一起司法裁决撤销已被行政认定为驰名商标的案例，即江西巨元医药生物工程有限公司诉国家工商行政管理总局商标评审委员会商标行政纠纷案（参见商评字〔2004〕第3021号《关于“21金维他及图形”商标争议裁定书》、北京市第一中级人民法院〔2004〕一中行初字第727号行政判决书、北京市高级人民法院〔2005〕高行终字第122号行政判决书，一、二审法院具体判决内容引自北京法院网：http：//bjgy. chinacourt. org/public/search. php）。因此，本案引起了法学界的高度关注，也引发了极大的争议。已故著名知识产权学者郑成思教授、原中国政法大学校长江平教授、中国社会科学院法学所王家福研究员、中国社会科学院法学所副所长陈甦研究员、中国社会科学院法学所邹海林研究员、中国社会科学院知识产权研究中心李明德教授、中国人民大学法学院刘春田教授、清华大学知识产权法学研究中心王兵教授等，均对此案发表了不同的看法，尤其体现在如下两点：

1. 涉及新旧《商标法》交接时，注册商标争议的时限点应区别对待

2001年12月1日实施的新《商标法》第13条规定了五年的商标注册争议期限。然而，这个时限从何时起算？是从新《商标法》实施时起算，还是从争议商标注册时起算？这个问题既涉及新旧《商标法》的适用，也涉及《立法法》“不溯及既往”条款的理解。

在早于本案前下判的日本“蜡笔小新”注册商标争议案中，也同样涉及商标争议的时限问题。国家工商总局商标评审委员会和北京市第一中级法院均认为，利害关系人应当在争议商标注册之日起五年内提出撤销要求，而非新《商标法》实施之日起计算时限。然而，北京市高级人民法院推翻了一审判决，认为起算时间应自新《商标法》生效之日即2001年12月1日起计算，否则对在先权利人不公平。因此，有了“蜡笔小新”的在先案例，本案的时限起点自然遵循先例。

然而，2002年1月21日起施行的最高人民法院《关于审理商标案件有关管辖和法律适用范围问题的解释》第6条规定，当事人就商标法修改决定施行时已满一年的注册商标发生争议，不服商标评审委员会作出的裁定向人民法院起诉的，适用修改前《商标法》第27条第2款规定的提出申请的期限处理；商标法修改决定施行时商标注册不满一年的，适用修改后《商标法》第41条第2款、第3款规定的提出申请的期限处理。

最高人民法院的这一司法解释，显然注意到了，商标注册争议时限的起算点，

因涉及新旧《商标法》的交接，其时限起算点应区别对待，不能“一刀切”，应视其注册时，距新《商标法》是否满一年而有所不同。

本案中美国强生公司请求依据2001年12月1日生效的新《商标法》，确认其引证商标于1997年8月6日之前，即争议商标注册时已构成驰名。这一请求隐含的法律前提是，修改后的商标法，依法具有溯及力，虽于2001年12月1日起生效，但可溯及至1997年8月6日之前，作为认定强生公司引证商标在1997年8月6日之前是否驰名的法律依据。据此，首先应予确认，强生公司提出的请求事项，其所依凭的法律前提能否成立？即修改后的商标法是否具有溯及力？在这个关键问题上，一、二审法院无论是在“蜡笔小新”商标案中，还是在本案中，均统一适用新《商标法》实施时起算争议时限，却未提供必要的法理论证，也与最高法院的上述司法解释不符。

2. 适用旧《商标法》作出的终局裁定，不能在新《商标法》实施后被推翻

在新《商标法》实施前，按照旧《商标法》第29条的规定，商标评审委员会的裁定是终局的。新《商标法》实施后，司法裁判取代了行政裁定，成为终局裁决。然而，新《商标法》实施后的行政裁定或司法裁判，能否推翻此前旧《商标法》框架下的行政终局裁定？如何认识旧《商标法》中行政机关终局裁定的既判力？

本案中，一个值得注意的现象是，无论是商标评审委员会，还是一、二审法院，均没有直接否定商标评审委员会前两次的终局裁定。换言之，前两次的终局裁定，并没有被依法撤销。事实上，在旧《商标法》中，也根本不存在撤销行政机关终局裁定的法律程序。那么，行政终局裁定的既判力，能否在新《商标法》实施后被司法裁决所否定呢？这实际上仍涉及《立法法》中“不溯及既往”条款的理解。

按照《立法法》第84条的规定，只有为了更好地保护公民、法人和其他组织的权益而作的特别规定时，才可以溯及既往。据此，这一特别规定不仅应当是明确的，而且也应当是有法律层次的。明确了这个法理基础，那么，在后的司法裁决推翻先前的终局裁定的既判力，似缺乏足够的法律依据。仅仅抽象地谈论在先注册权利人的公平，而不展示裁判的论证过程，不易令人信服。

其实，本案中还有一个隐而未发的法律问题，一直未被各方所触及，即商标评审委员会曾先后作出过三次裁定。而在旧《商标法》中，行政裁决是终局的。既然如此，何以会有多次终局裁定？多次终局裁定本身，是否已涉嫌程序违法？多次终局裁定之间，又以何者为最后的终局？这些扑朔迷离的问题，不应轻易忽视。值得

注意的是，该案承办法官在最新发表的评析文章中，已经意识到这一法律漏洞，并明确指出，商评委的后两次案件受理及其裁定，与旧《商标法》规定的行政裁决终局性原则相悖，显属不当①。笔者相信，这一观点在相当程度上反映出最高法院的认识倾向。

① 最高人民法院知识产权审判庭编：《中国知识产权指导案例评注》（下册），中国法制出版社2011年版，第682页。

第四章
划分民事责任

"民事责任是现代民法的生命力之所在。"① 大陆法系的国家中，如法、德等，都没有将民事责任作为独立制度，在其民法典中作出统一规定。我国《民法通则》和《合同法》曾专章规定"民事责任""违约责任"，并出台统一的《侵权责任法》，表现出我国立法不完全照搬承继法系的新型体例，并普遍被认为是一种立法创新，如长期从事民事责任问题研究的民法学者余能斌教授认为，民事责任独立成章，具有重大的理论价值和积极的实践意义，并认为《民法通则》中民事责任部分的理论和实践价值还没有被充分发掘出来。②《民法典》对"民事责任"采取总—分式，既在"总则编"单独设立一章，同时又在"合同编"项下设立"违约责任"，"侵权责任编"则独立成编，使得合同之债和侵权之债一目了然。这一架构设计，结构更为合理，适用更为便利。

此外，学界普遍认为，我国民法中的民事责任规定，贯彻的是两分法，即侵权责任和契约责任。如马俊驹教授从支配权和请求权的不同逻辑构成出发，对于民事责任作出二元区分。③ 魏振瀛教授从民法基本概念的角度出发，认为债的本质属性是财产关系，责任与债的性质不同，应当将责任与债分离。④ 当然，也有学者对两分法提出不同意见，认为从司法实践看，两分法不能涵盖全部民事责任的范畴，并提出重构民事责任体系，将各种游离于两分法之外的中间责任，一并涵盖至民事责任体系，将其修正为契约—侵权—保护的三分法。⑤ 这种区分有一定道理，因为涉及民事权益的案件，的确多次出现在最高法院的民事判决中，表明最高司法机关并不完全

① 梁慧星：《民法学说判例与立法研究》，中国政法大学出版社 1993 年版，第 255 页。

② 本书编委会编：《余能斌法学研究文选》，法律出版社 2007 年版，代序第 8 页。

③ 马俊驹：《人格和人格权理论讲稿》，法律出版社 2009 年版，第 327 ~ 344 页。

④ 魏振瀛：《民事责任与债分离研究》，北京大学出版社 2013 年版，序第 2 页。

⑤ 邱雪梅：《民事责任体系重构》，法律出版社 2009 年版。

拘泥于现有理论之束缚，在坚持民事责任两分法的同时，保持更为开放性的姿态。事实上，已有学者论述，反不正当竞争所要保护的对象，恰恰是各种形式的商业利益，这就是一种独立的法益，而非明确的法定权利。①

鉴于前文已从其他角度提及民事权益，限于篇幅，笔者仍沿着民事责任两分法的轨道，继续从揭示审判思维的角度，梳理和分析最高法院的相关民事判决。

第一节　主体性质与责任归属

最高法院在划分民事责任时，常因主体性质不同而发生变异。具体而言，行为人从事的是职务行为，还是个人行为，直接决定了承受民事责任的主体。

一、职务行为

当事人的行为，之所以被认定为职务行为，往往是因为其担任特定职务，被认定具有代表性质。

在某银行支行、国投证券部与四星公司确认担保效力纠纷上诉案中，法院认为，史某军是国投证券部的办公室主任，负责管理公章和法定代表人名章，史某军利用其职务便利，未经国投证券部同意，私自实施国投证券部的担保行为，是国投证券部内部管理问题，不属于盗盖公章的行为，不能对抗没有过错的第三人，国投证券部不能免责。②

在西南公司清理小组、桂明公司与木材总公司债务纠纷案中，法院认为，西南公司将其营业执照、单位公章及法人代码证书交给彭某华使用，其性质属民事授权行为。彭某华利用西南公司提供的手续并以西南公司名义对外从事民事活动，其法律后果理应由西南公司承担。③

在新港城公司与王某等侵权损害赔偿纠纷上诉案中，法院认为，新港城公司选择其前任董事长王某为被告提起侵权损害赔偿之诉，应将王某的行为与怡运公司的行为区别开来。王某出任新港城公司董事长系合作合同各方当事人的合意，怡运公

---

① 谢晓尧：《在经验与制度之间：不正当竞争司法案例类型化研究》，法律出版社2010年版，第72页。

② 唐德华主编：《民事审判指导与参考》，法律出版社2000年版，第284、285页。

③ 李国光主编：《经济审判指导与参考》（第3卷），法律出版社2000年版，第529页。

司在王某出任董事长之后，未按合作合同的约定出资，则系怡运公司的违约行为，应由怡运公司对该合同的其他签约主体承担责任，而不应由王某对怡运公司的虚假出资行为承担责任。①

在朱某诉长阔出租汽车公司、付某启赔偿纠纷案中，法院认为，原告朱某乘坐被告长阔公司的出租车，即与长阔公司建立了客运合同关系。付某启在履行运输职责时，对突发疾病乘客不仅不尽求助的法定义务，反而中途停车，将其弃于路旁，使其处于危险状态下，该行为虽未危及原告的生命、健康，但对其精神造成了一定刺激，侵犯作为旅客应当享有的合法权利。付某启是被告长阔公司的工作人员，其在长阔公司运输任务中给他人造成的损失，应当由长阔公司承担民事责任。②

在当事人存在多种身份时，其代表行为的认定，需要排除其他可能性之后，才能被推定确认。

在中远公司诉香港美通公司、天津美通公司拖欠海运费、港杂费纠纷案中，法院认为，被上诉人香港美通公司出具的《还款计划》，虽然没有加盖香港美通公司的印章，但有该公司法定代表人张某坤的签名，合法有效。该《还款计划》上，还有当时既是香港美通公司天津办事处雇员，又是被上诉人天津美通公司法定代表人的刘某的签名。刘某签名时，未注明其签名所代表的身份。香港美通公司天津办事处的代表是苏某奇。当时的刘某，既不能代表香港美通公司天津办事处，更不能代表香港美通公司。在香港美通公司法定代表人亲自签名的情况下，如果刘某再以香港美通公司天津办事处雇员的身份签名，既不符合商事活动的惯例，也不具有任何意义。因此，应当认定刘某在《还款协议》上的签名，是以天津美通公司法定代表人的身份，代表着天津美通公司对还款的确认。③

行为人对公司利益的代表，不限于同一个法人主体，还可能同时代表多个法人主体，多个法人主体之间的交易行为，完全可能由该行为人一人同时代表处理。

在香港新建业有限公司等诉上海新建业有限公司等欠款担保纠纷案中，法院认为，我国现行法律法规并没有禁止个人同时担任两个或两个以上企业法人法定代表人的规定，也没有限制法定代表人为同一人的企业之间实施民事法律行为的规定。因此，沈某邦当时作为香港新建业公司和上海新建公司的法定代表人，在《保证合同》上同时代表两个公司进行签字，并不违背我国现行法律法规的规定。沈某邦本人确实于

① 李国光主编：《民商审判指导与参考》（第1卷），人民法院出版社2002年版，第340页。

② 《中华人民共和国最高人民法院公报》2002年第3期。

③ 《中华人民共和国最高人民法院公报》2002年第4期。

2007年1月18日被免去上海新建业公司董事长职务，但在企业登记机关未对上海新建业公司的法定代表人作出变更登记前，沈某邦仍然是上海新建业公司的法定代表人，其有权代表上海新建业公司对外签订相关文件。由于沈某邦有权代表该公司对外签署文件，“合同专用章”是否被隐匿或被伪造均不影响《保证合同》的效力。①

当事人行为的代表性，不仅体现为直接代表、有权代表，还体现在对表见代理的认定上，将表见代理视为当然代表，尽管很可能并非实然代表。

在刘某诉汪某剑、朱某荣、天安保险盐城中心支公司交通事故人身损害赔偿纠纷案中，法院认为，投保人通过保险公司设立的营销部购买机动车第三者责任险，营销部营销人员为侵吞保费，将自己伪造的、内容和形式与真保单一致的假保单填写后，加盖伪造的保险公司业务专用章，通过营销部的销售员在该营销部内销售并交付投保人。作为不知情的善意投保人有理由相信其购买的保险是真实的，保单的内容也不违反有关法律的规定，营销部的行为在民法上应视为保险公司的行为。因此，虽然投保人持有的保单是假的，但并不能据此免除保险公司根据保险合同依法应当承担的民事责任。②

如果当事人的行为，被认定为职务行为，即使其行为涉嫌或构成犯罪，也并不影响单位承担民事责任。

在新城子农行支行虎台办与电力公司债务纠纷上诉案中，法院认为，该办事处以书面协议和存折上的章是私刻的，及其中一笔存款办理手续时关某学已不是办事处主任为由，主张上述行为系关某学个人行为，虎石台办事处应免责，由于电力公司是在虎石台办事处主任关某学办公室签订协议、拿到存折的，对于协议和存折上所盖虎石台办事处印章的真伪没有义务也不可能鉴别真伪，办理最后一笔存款时，尽管关某学已从虎石台办事处主任调任他处，但该任免事项银行并不向社会公布，关某学本人也并未离开虎石台办事处主任办公室，所以，电业公司无法得知自己办理存款手续不是在和虎石台办事处打交道，而是和关某学个人打交道，故虎石台办事处以吸收电业公司存储是关某学个人行为由为主张免责的请求不能成立。③

在银鹰公司与河南中保财保公司、河南中保人保公司、亨通公司借款纠纷案中，法院认为，成立文旅公司时，周某孚是保险公司的总经理、法定代表人，其职务和

① 《中华人民共和国最高人民法院公报》2004年第1期。

② 《中华人民共和国最高人民法院公报》2012年第3期。

③ 最高人民法院民事审判庭编：《最高人民法院民事案件解析》，法律出版社2000年版，第194页。

权限足以代表公司对外经营，实施民事行为。周某孚在申请书上签字并加盖保险公司的公章，该行为是以法定代表人的名义实施的，因此，设立公司的行为是以保险公司的名义进行的。成立行为已经过登记机构审查核准，颁发营业执照，公司已经成立。第三人已经对公司的法律人格、资信状况、股东情况产生信赖，不宜轻易撤销，否则，不利于交易的案例。文旅公司成立已经三年，即使是周某孚的越权行为，而保险公司在明知的情况下，长期不主张权利，实际默认了公司的存在，不能出了问题则予以否认。周某孚虽然受到刑事制裁，并被认为是个人犯罪，但不能以此免除保险公司的民事责任。①

在德山建行与A市农信社、B市农信社资金拆借合同纠纷上诉案中，法院认为，德山建行原负责人及经办人以为他人非法集资为目的实施的对外融资并将所融资金转给案外人万琦公司使用的行为，虽损害了德山建行的利益并因涉嫌犯罪而由公安机关立案侦查，但在上述资金拆借活动中，程某传、肖某均是以德山建行的名义签订并履行本案合同，属于单位负责人及工作人员从事的经营活动。程某传、肖某以德山建行名义签订和履行本案资金拆借合同的行为是否构成犯罪，均不影响德山建行对其工作人员行为承担民事责任。②

奇怪的是，同一个当事人，居然会在不同的地方一再跌倒，且相关案件均收入最高法院的民事判决书中。

在德山建行与樊西农行存单及资金拆借合同纠纷上诉案中，法院认为，德山建行原负责人及经办人以为他人非法集资为目的实施的对外融资并将所融资金转给案外人万琦公司使用的行为，虽损害了德山建行的利益并因涉嫌犯罪而由公安机关立案侦查，但在上述融资活动中，程某传、肖某均是以德山建行的名义出具存单、划拨款项及签订本案合同，属于单位负责人及工作人员从事的经营活动。程某传、肖某以德山建行出具存单及接受存款的行为是否构成犯罪，均不影响德山建行对其工作人员行为承担民事责任。③

二、管理过错

最高法院认为，在合同关系中，当事人的行为虽不构成职务行为，但因单位存

① 李国光主编：《民商审判指导与参考》，人民法院出版社2003年版，第344~345页。

② 最高人民法院办公厅编：《最高人民法院公布裁判文书》（二〇〇〇年），人民法院出版社2001年版，第170页。

③ 最高人民法院办公厅编：《最高人民法院公布裁判文书》（二〇〇一年），人民法院出版社2002年版，第89~90页。

在管理过错，或未尽必要的审查义务，也要承担相应的、有限的民事责任。

在三九企业集团与市中区公司、利达公司销售合同担保纠纷案中，法院认为，龙滨酒厂业务员毛某因盗盖单位公章、伪造该厂法定代表人名章以及伪造担保书，已构成犯罪，其行为属犯罪行为，而非职务行为，故龙滨酒厂不应对本案承担担保责任。虽然毛某是盗盖单位的公章，并被有关法院以诈骗罪判处刑罚，但龙滨酒厂对公章具有疏于管理的过错，应对本案承担相应的赔偿责任，判令其对本案主债务人不能清偿部分在三分之一范围内承担赔偿责任。①

在东方公司与汇鸿公司等债务转让、商品房预售合同纠纷上诉案中，法院认为，丁某荣在签订该合同时代理东方公司的行为明显损害东方公司的利益，汇鸿公司明知丁某荣的身份，在签订合同时未尽合理的审查义务，存在疏忽和懈怠，对该代理行为无效负有过错。②

在湖北金华实业有限公司与苏金水等商品房买卖合同纠纷案中，法院认为，在房地产开发企业委托代理机构销售房屋的情况下，房地产开发企业因委托代理机构未告知其特定房屋已经售出导致一房二卖，属于其选择和监督委托代理人的经营风险，不得转嫁于购房者，房地产开发企业以此为由主张最高人民法院《关于审理商品房买卖合同纠纷案件适用法律若干问题的解释》第 8 条规定的惩罚性赔偿应予免除的请求，人民法院不予支持。③

在兴业银行广州分行与深圳市机场股份有限公司借款合同纠纷案中，法院认为，根据最高法院《关于在审理经济纠纷案件中涉及经济犯罪嫌疑若干问题的规定》，行为人私刻单位公章或者擅自使用单位公章、业务介绍信、盖有公章的空白合同书以签订经济合同的方法进行的犯罪行为，单位有明显过错，且该过错与被害人的经济损失之间有因果关系的，单位对该过错行为所造成的损失，依法应当承担赔偿责任。本案犯罪行为的发生，行为人利用其特殊身份从事犯罪活动系属主要原因，但也与公司规章制度不健全、用人失察、对公司高管人员监管不力密不可分，故公司存在明显过错，应当依法承担损害赔偿责任。④

在佳市农行与金海岸公司、中联公司购销钢材合同纠纷提审案中，法院认为，

---

① 李国光主编：《最高人民法院关于企业改制司法解释条文精释及案例解析》，人民法院出版社 2003 年版，第 329 页。

② 最高人民法院办公厅编：《最高人民法院公布裁判文书》（二〇〇二年），人民法院出版社 2003 年版，第 580 页。

③ 《中华人民共和国最高人民法院公报》2014 年第 1 期。

④ 《中华人民共和国最高人民法院公报》2009 年第 11 期。

佳市农行在中联公司请求拨付货款时，审查了中联公司与农业垦公司签订的钢坯购销合同，约定的品名、数量、到港与中联公司和金海岸公司签订的钢坯购销合同一致，货款没有挪作他用后将款汇出，履行了监督支付义务。但佳市农行在中联公司没有履行合同，中联公司账户尚有金海岸公司剩余货款的情况下，仅监督退还金海岸公司部分款项，尚有剩余款项未监督退还，被中联公司挪用，未全部尽到其承诺监督退款义务，负有过错，应承担与其过错相应的民事责任。①

单位存在的管理过错，有时是源于对自身负有的法定义务的违反。在司法实务中，这类单位更多地指向以金融机构为代表的各类专业或商事组织。

在汽车公司与高新中行支行赔偿纠纷上诉案中，法院认为，银行对票据负有法定的审查义务，由于银行疏于审查导致当事人遭受损失的，银行应按其过错程度承担责任。值得注意的是，在确定银行民事责任范围的时候，不能简单以银行未尽法定审查义务，动辄判决银行承担全部赔偿责任，要根据案件具体情况合理确定各方过错与损害的因果关系。本案中高新支行作为专业金融机构，未能辩识汇票的真伪，明显属于疏忽大意，使汽车公司不能及时发现汇票是伪造的，也不能及时采取有效措施防止损失的扩大，应当根据其过错承担相应的损害赔偿责任。关于本案的损害范围，由于汽车公司在收到银行承兑汇票之前就已经发出 98 辆轿车，这部分未收回货款的损失是该公司在履行合同中发生的，与高新支行无关。高新支行仅应对接受委托查询后汽车公司因误信汇票真实而继续错发的车辆及错退的货款损失承担相应的赔偿责任。②

对于单位管理过错的责任认定，最高法院也以刊登下级法院案例的方式，表明其立场。在捷强第二配销中心与锦江麦德龙购物中心有限公司货款纠纷案中，上海第二中级法院认为，就原被告间的交易方式而言，确有与供货商手册基本规定存在较大差异的特例存在。在一般情况下，发票确系卖方开给买方的一种凭证。但不论具体情况差异，仅以发票本身作为确认发票所载双方具有购销合同关系的根据，没有法律依据。

本案所涉发票，实质由只是出售者开给间接买主或收货人的账单，在没有当事人其他相关意思表示的情况下，该部分发票并不能代表或取代当事人之间的合同。系争的 21 份订单，不论是格式、发送时间、工具、方式、发送人员等方面均无明显

① 中华人民共和国最高人民法院审判监督庭编：《审判监督指导与研究》（第 4 卷），人民法院出版社 2002 年版，第 182 页。

② 中华人民共和国最高人民法院民事审判第一庭编：《最高人民法院民事案件解析·公司、证券、票据纠纷》（第 5 辑），法律出版社 2010 年版，第 117 ~ 118 页。

可疑之处，从处于与原告同等资格的第三者角度来看，通常都会认为上述定单是被告意思表示。上述定单的发出，除行为人个人原因外，与被告选任人员不当，监督管理存在疏漏具有直接的关系。因此，对原告的货款损失，主要应由被告率先承担。①

三、个人行为

某些行为看似是职务行为，但该行为往往与履行职务并无关系，或不能被视为是法定意义上的职务行为，在这种情况下，该行为的性质被认定为个人行为。

在金项公司与中重公司借款合同纠纷申请再审案中，法院认为，李某忠向中重公司借款的行为不能视为金项公司的行为，应认定是个人行为，应由其个人承担还款的民事责任。理由：一是双方借款行为没有书面合同；二是李某忠所借款项没有用于公司经营；三是李某忠出具的还款条没有金项公司盖章；四是深圳中院已认定李某忠是挪用公款的行为。原判认定李某忠的借款行为是职务行为，与事实不符，于法无据。②

在任某与马某、藏某股权转让侵权纠纷案中，法院认为，在公司未设立董事会的情形下产生的董事会纪要并非公司董事会决议。在没有证据证明公司成立了董事会的情况下形成的《董事会纪要》，不能代表公司的决定，应为拟制文件，为参与制作者的个人行为，其发生的法律后果由个人承担。③ 值得注意的是，最高法院在此案中创造了一个新的法律名词“拟制文件”，但显然是对“法律拟制”概念的误用，不能将“虚假文件”想当然地命名为“拟制文件”。

在中裕公司、裕华公司与荣德公司合同纠纷案中，法院认为，公司法定代表人对外执行公司事务的行为是为了公司利益，而非其个人利益，故应以公司名义进行，其行为效力约束的是公司，而非法定代表人个人。但是，当公司法定代表人以个人名义而非公司名义委托他人处理其在公司中的全部事务时，该行为应理解为仍属于个人之间的委托代理，其法律后果应由其个人承担，而不宜直接认定为他人因此已经得到公司授权，可以代表公司对外从事法律行为，并且由公司承担该行为人的相关法律后果。④

---

① 李国光主编：《经济审判指导与参考》（第3卷），法律出版社2000年版，第254～255页。

② 中华人民共和国高人民法院立案庭编：《立案工作指导与参考》（第1卷），人民法院出版社2002年版，第228页。

③ 最高人民法院民事审判第二庭编：《最高人民法院商事审判指导案例·公司与金融卷》，中国法制出版社2013年版，第104页。

④ 最高人民法院民事审判第一庭编：《民事审判指导与参考》（第4辑），人民法院出版社2013年版，第165页。

第二节　各方责任的分别认定

一、违约中的责任认定

（一）单方责任

最高法院一向认为，作为民事主体的一方当事人以作为的方式，对外传达其意思表示时，就必须对其行为后果负责，承担相应的民事责任。在深圳中保与鹏丽公司货物运输保险合同纠纷再审申请案中，法院认为，深圳中保应陶瓷公司的要求，于1996年4月13日将保险单的日期签到1996年4月5日，是双方作为保险人和被保险人将保险合同的订立日期提前约定，是保险合同双方当事人的一种自愿选择约定。将保险单签发日期提前，表明深圳中保同意扩大保险责任期间，对此应承担相应的法律后果。①

违约案件中，最高法院一般不刻意考虑主观因素，但是，当一方当事人的作为方式，体现为故意损害或不当规避时，即使存在其他瑕疵履行现象，也将导致责任自负。

在槐荫农行支行与鲁建公司房屋买卖、债权转让合同纠纷再审案中，法院认为，买卖合同的出卖方因标的物不符合合同约定承担违约责任的前提是买受人对该标的物瑕疵并不明知。本案中，出卖人银行通过受让他人房产的方式实现其贷款债权，又将案涉房产转让给第三人，在此过程中，买受人明知案涉交易的目的是实现贷款债权、明知标的物的面积应当扣除回迁安置面积，出卖人无违约行为，不应承担标的物面积不符合合同约定的违约责任。②

在南通双盈贸易有限公司诉镇江市丹徒区联达机械厂、魏某聂等六人买卖合同纠纷案中，法院认为，在当事人约定合伙经营企业仍使用合资前个人独资企业营业执照，且实际以合伙方式经营企业的情况下，应据实认定企业的性质。各合伙人共

---

① 万鄂湘主编：《中国涉外商事海事审判指导与研究》（第1卷），人民法院出版社2002年版，第229～230页。

② 最高人民法院审判管理办公室编：《最高人民法院优秀裁判文书》（第2辑），法律出版社2014年版，第76页。

同决定企业的生产经营活动，也应共同对企业生产经营过程中对外所负的债务负责任。合伙人故意不将企业的个人独资企业性质据实变更为合伙企业的行为，不应成为各合伙人不承担法律责任的理由。合伙企业的债务的承担分为两个层次：第一顺序的债务承担人是合伙企业，第二顺序的债务承担人是全体合伙人。《合伙企业法》第39条规定的“连带责任”，是指合伙人在第二顺序的责任承担中相互之间所负的连带责任，而非合伙人与合伙企业之间的连带责任。①

在各种主观因素中，一方当事人恶意之外的纯粹认识错误，也将导致责任自负。最高法院对该行为的责任认定，与《民法典》第1176条规定的自甘风险有异曲同工之处。

在证券公司与牡丹江农行、牡丹江制药厂债券兑付纠纷上诉案中，法院认为，债券兑付期限届满后，虽然黑龙江省证券公司与牡丹江制药厂先后三次签订有关兑付债券本息的协议，但没有证据证明黑龙江证券公司在两年的诉讼时效期间内向牡丹江农行主张过权利。黑龙江省证券公司在诉讼时效期间内向牡丹江制药厂主张权利，并不能产生其对农行的诉讼时效中断的法律后果。②

此外，在高级法院层面，还曾出现因一方认识错误，未及时请求返还投资款，而最终丧失胜诉权的判决。

在城建集团与国家旅游局、中旅信公司侵权纠纷上诉案中，北京高院认为，国家旅游局在发起组建中旅信公司时，向城建集团发出邀请，城建集团缴纳了出资，参与了筹建活动。中旅信公司成立后，应按照《公司法》第30条规定向股东签发证明书，但中旅信公司并没有向城建集团签发出资证明书，故城建集团与中旅信公司之间不存在股权关系，其与国家旅游局之间形成债权债务关系，可以请求返还出资。中旅信公司自1994年10月即在工商部门登记注册成立，城建集团总经理张某明既是城建集团的法定代表人，又是岁宝集团委派到中旅信公司的董事，对中旅信公司的股东构成、董事会人员组成从未提出任何异议。因此，应确定城建集团自1994年10月起两年内，向国家旅游局、中旅信公司起诉要求返还投资款，城建集团于2000年10月3日起诉主张权利已过诉讼时效。③ 出借一方当事人的作为，既可以是明示行为，也可以是默示行为，未及时、明确提出异议时，也会导致责任自负。

---

① 《中华人民共和国最高人民法院公报》2011年第7期。

② 最高人民法院办公厅编：《最高人民法院裁判文书》（二〇〇〇年），人民法院出版社2001年版，第340页。

③ 何波：《民商事疑难案件裁判方法》，法律出版社2010年版，第361页。

在海力发公司与杰达公司预售商品房合同纠纷上诉案中，法院认为，杰达公司在与海力发公司无其他债权债务的情况下，多次大量付款至海力发公司账户，海力发公司接受了付款，且对付款行为未提出异议。从海力发公司接受付款等事实可以认定双方仍在实际履行原住房合同。①

在某区政府与海星公司拖欠工程款纠纷上诉案中，法院认为，溪湖站前小区工程系区政府项目，指挥部是区政府为该工程需要而成立的临时机构，指挥部与海星公司签订的《建设工程施工合同》及《补充协议》，区政府明知亦未表示反对，且实际履行并承担了上述协议中的权利义务，应认为有效。指挥部虽未经区政府授权，但区政府明知而不反对，并且实际履行并承担了合同的义务，应视为区政府的行为。②

在储备局与轧钢厂、青海建行购销锌锭合同纠纷上诉案中，法院认为，根据合同书之约定，储备局应在1988年12月10日之前将款项一次性付到青海省建行，但该局交付的最后日期为1990年8月27日，不符合合同之约定，但因轧钢厂并未提出异议，应视为当事人就付款日期变更问题达成了一致。轧钢厂以储备局推迟了付款，首先构成违约的抗辩理由，本院不予支持。③

在省运公司与苏州中行分行借款担保纠纷上诉案中，法院认为，轮船公司的转贷申请和苏州分行的批复均抄报省运公司，省运公司并未提出异议。转贷申请和批复载明了转贷150万美元及转贷之前利息，苏州分行的催款中也提出了“如有异议，请在5日内提出”，但省运公司未提出异议。这表明，省运公司对该笔150万美元转贷款及利息所承担的担保责任是明知的，其称不承担担保责任的上诉理由不能成立。④

在某市供销社与信托公司某市办事处等借款合同纠纷上诉案中，法院认为，在借贷双方未能办理抵押登记手续的情况下，供销社从未提出异议，且先后出具了“不可撤销担保函”及“承担连带责任的担保”，故某市供销社对于川源酒厂的欠款本金及利息应依约承担连带清偿责任。⑤

---

① 最高人民法院民事审判庭编写：《最高人民法院民事案件解析》，法律出版社1999年版，第87、89页。

② 最高人民法院民事审判庭编写：《最高人民法院民事案件解析》，法律出版社1999年版，第197、199页。

③ 最高人民法院办公厅编：《最高人民法院裁判文书》（二〇〇〇年），人民法院出版社2001年版，第118页。

④ 最高人民法院办公厅编：《最高人民法院裁判文书》（二〇〇〇年），人民法院出版社2001年版，第138页。

⑤ 最高人民法院办公厅编：《最高人民法院裁判文书》（二〇〇〇年），人民法院出版社2001年版，第348~349页。

在新兴的投资领域，历来是民事责任争议的高发地带。[①] 从已经公布的案例中可以看出，最高法院的基本思维取向是，投资人在作出投资决定前，应对所投资品种进行全面分析和判断，对所投资品种负有风险注意义务，而且越是专业性机构，负有的风险注意义务就越大。

在陈某诉省机场管理公司、白云机场、上海证券交易所侵权纠纷案中，法院认为，根据《上海证券交易所权证管理暂行办法》规定，权证存续期满前5个交易日，权证终止交易，但可以行权。据此，权证期间一旦确定，最后交易日也随之确定，即使发行人没有提示权证的最后交易日等有关住处，权证交易者在知道权证的存续期间和权证交易规则的情况下，应当可以自行了解和掌握权证的最后交易日，否则导致交易风险的发生。投资者应在充分了解权证交易规则和各种风险的基础上进行高风险的权证交易，一旦根据自主决定进行权证买卖交易，在享有权证交易可能带来的收益的同时，也应承担可能的风险。[②]

在西能公司与国泰君安证券公司委托理财合同纠纷案中，法院认为，本案中，国泰君安证券公司除了部分违约外，西能公司并没有证据证明其在证券交易过程中有违反法律规定的行为存在，其经营股票的交易损失也属在股市行情处于低迷环境下的正常风险损失。国泰君安证券公司虽未尽限期报告义务，但没有证据证明其同时违反了谨慎管理义务，且西能公司的损失与国泰君安证券公司不履行提供报告义务之间没有因果关系，故国泰君安证券公司不应对此交易带来的损失承担责任。[③]

这种投资风险自担的裁判思维，在专业机构作为投资者时，表现得更为明显。为此，最高法院甚至不惜撤销自己的二审判决。

在国泰君安证券公司与昆山农商行代理买卖金融债券合同纠纷再审案中，法院认为，投资人在作出投资决定前应对所投资品种进行全面分析和判断，对所投资品种负有风险注意义务。本案中的投资人昆山农商行作为专业的金融机构，其对于投资品种的风险判断能力和自我保护意识，远强于一般的公众投资者，其在得知国泰

---

① 第四届全国业务审判专家、最高法院刘竹梅法官认为，我国诸多金融创新，仅仅是影子银行业务，并非真正意义上的创新，诸多所谓创新业务，将现行法律法规禁止的交易，打包成收益权、受益权；信托公司、融资租赁公司等金融机构通过交易文本与交易结构的设计，变相从事放贷业务，将资产出表以逃避监管等，金融司法要有效追究这类金融机构、金融业者的民事责任。参见杜万华主编：《商事审判指导》（第4辑），人民法院出版社2017年版，第65~66页。

② 苏泽林、孙毅、赵亮：《人民法院民商事公报案例裁判要旨》（1999—2011），中国法制出版社2012年版，第710~711页。

③ 张海棠主编、邹碧华、俞秋玮、杨路副主编：《证券、期货纠纷》（第二版），法律出版社2015年版，第135页。

公司推荐的债券后，立即作出购买决定，应当对自己行为造成的风险承担责任。昆山农商行认为国泰公司作为海发特债的推荐人，应对所推荐的债券品质及投资风险负责，而不是由投资人去自行判断，将债券发行人所应负有的风险提示义务及债券投资人所应负有的风险注意义务，全部加在推荐人身上，缺乏法律依据。①

风险自担的裁判思维不仅适用于投资者，同样也适用于市场交易机构。为此，最高法院一改以往对市场风险的粗放认定，进一步细分为交易风险和市场运行风险，并将市场运行风险造成投资人损失的责任承担，单方分配给市场交易机构。

在银建期货经纪有限责任公司天津营业部与范某孚期货交易合同纠纷再审案中，法院认为，期货市场的风险包括市场交易风险和市场运行风险两大部分，市场交易风险法定由期货交易人自行承担，而市场运行风险并不法定由期货交易人承担。如果市场运行机制人为错误导致期货交易人发生风险损失，则应由责任人自行承担。根据《期货交易管理条例》规定，期货公司采取强行平仓措施必须具备三个前提条件：一是客户保证金不足；二是客户没有按照要求及时追加保证金；三是客户没有及时自行平仓。天津营业部以尚未发生的事实认定范某孚保证金不足，也没有给范某孚追加保证金的机会，同时随意单日提高保证金比例，客观上使得客户在承受期货市场交易风险的同时，还承受了来自市场交易风险之外的运行机制中人为导致的风险。因此给范某孚造成的相应损失，应承担赔偿责任。②

最高法院在《关于杜研与中国银行辽宁分行股票及侵权纠纷一案的复函》（〔2000〕经他字第1号）中认为，证券经营部未经客户同意，强行平仓，造成客户资金损失，应承担赔偿责任。同时，客户透支进行股票交易，在股市持续下跌的情况下，可能将其交易风险转移到证券经营部，其拒绝接受证券经营部平仓还款的通知，也有过错，因此，应认定双方当事人对造成的损失均有过错，主要过错在证券经营部。奇怪的是，尽管已划分主次过错，但最高法院在该案中，仍裁定由证券公司承担全部损失，并未坚持双方过错的立场。③

关于上述责任划分的依据，笔者的推测是，很可能在最高法院看来，市场交易机构所特有的专业性、系统控制的便利性，以及交易信息的不对称性，本身即蕴含

---

① 苏泽林主编、最高人民法院审判监督庭编著：《最后的裁判——最高人民法院典型疑难百案再审实录》（刑事与合同案件卷），中国长安出版社2007年版，第229、237页。

② 《中华人民共和国最高人民法院公报》2011年第6期。

③ 刘燕：《场外配资纠纷处理的司法进路与突破：兼评〈深圳市中级人民法院关于审理场外股票融资合同纠纷案件的裁判指引〉》，载杜万华主编、最高人民法院民事审判第二庭编：《商事审判指导》（第3辑），人民法院出版社2017年版，第60～61页。

了高度注意义务，对该高度注意义务的任何违反，均须承担主要或者全部责任。下述最高法院的再审案件，一定程度上印证了笔者的判断。

在邓某华与海航期货公司期货强行平仓再审案中，法院认为，强行平仓是期货公司对客户采取的最为严厉的风险控制措施，会对客户权益产生重大影响，因此，期货公司在采取强行平仓措施时，应以专业的技能、勤勉尽责的态度审慎适用，以尽力维护客户利益。依照《最高人民法院关于审理期货纠纷案件若干问题的规定》第39条和《期货交易管理条例》第34条第2款的规定，客户保证金不足时，应当及时追加保证金或者自行平仓；客户未在期货公司规定的时间内及时追加保证金或自行平仓的，期货公司应当将客户的合约强行平仓，但强行平仓数额应当与客户需追加的保证金数额基本相当；因超量平仓引起的损失，由强行平仓者承担。概言之，期货公司采取强制平仓措施，应当符合法定和约定的条件，且强行平仓数额应当与客户需追加的保证金数额基本相当，不能超量平仓，否则，期货公司应就因此造成的客户的损失承担相应的赔偿责任。根据已查明事实，邓某军需追加的保证金数额仅为18070.58元，而海航公司将邓某华所持9手IF1507合约全部强行平仓，显然超出了法律规定和合同约定的强行平仓数量，存在明显过错，海航公司应对其超量平仓行为承担相应赔偿责任。①

各类民商事诉讼的参与人，既包括当事人，也包括代理人。在代理关系中，外部民事责任的承担，通过代理人的行为向当事人传递，即对于代理人的过错行为，由被代理人承担民事责任。

在刘某云诉衡阳中行分行、衡阳建行分行财产损害赔偿纠纷案中，法院认为，刘某云在建行衡阳分行办理了银联卡，双方之间形成了储蓄存款合同关系。建行衡阳分行有义务保障储户银行卡内的资金不被他人盗取，同时也有义务通知和告知持卡储户注意识别犯罪分子利用各种高科技手段窃取银行卡内存款的方式、方法及防范措施。由于发卡行建行衡阳分行既不能保障所发银行卡卡内信息的安全，又未告知持卡人熟知犯罪分子利用高科技手段获取卡内信息及密码的方式方法，故应承担刘某云银行卡内资金被盗取的民事责任。刘某云作为一名普通的持卡人，不了解ATM机的构造和工作原理，也不掌握和识别犯罪分子利用高科技手段在ATM机上窃取卡内信息和密码的装置，且其银行卡和密码未丢失，也未委托他人使用，故刘某云对银行卡信息和密码的泄露没有过错，不应承担责任。刘某云在中行衡阳分行的ATM机上取款，该行将存款支付给刘某云，是基于委托代理关系而履行代为支付存款的义务。根据《民法通则》的规定，代理人在代理权限内，以被代理人的名义实

① （2018）最高法民再80号。

施民事法律行为，被代理人对代理人的代理行为承担民事责任，故建行衡阳分行作为被代理人应对代理人中行衡阳分行的代理行为承担责任。①

对于承担特定职责的民事主体，往往发生侵权与违约的竞合，在这种情况下，最高法院择一而定，追究单方的违约责任。

在江宁县东山镇副业公司诉江苏省南京机场高速公路管理处损害赔偿案中，法院认为，高速公路管理处以自己的名义对高速公路实施日常经营管理，其基于对高速公路的经营管理向过往车辆收费，只能与交费人之间形成民事权利义务关系，不是行政管理关系，其在收取费用后不能及时清除路上障碍物，致使当事人的车辆在通过时发生事故，既是不作为的侵权行为，也是不履行保障公路安全畅通义务的违约行为，依照《民法通则》第111条的规定，高速公路管理处应当对自己的违约行为承担民事责任。②

此外，鉴于民商事案件的复杂性，对于一方违约的判断，在合同约定欠缺的情况下，需要考虑各种因素，综合权衡后才能确定。

在安托公司与蜀都公司中外合作合同纠纷上诉案中，法院认为，本案的合作企业是具有法人资格的有限责任公司，因此蜀都公司作为出资的场地的所有权和相应的土地使用权应当过户给合作企业的餐饮公司，用以承担餐饮公司的对外债务，否则合作企业的注册资金形同虚设。尽管当事人的合同中没有写明需将中方作为出资的场地产权过户给合作企业，但为保证合作企业有必要的财产和独立承担民事责任的能力，中方只能并且必须以场地的所有权和相应的土地使用权出资并办理相应的过户登记手续，故蜀都公司未办理上述手续应属违约。③

在九洲华汉与管某敏、金某股权转让纠纷案中，法院认为，法官本应该对没有明确约定的履行期限有合理的判断，但原审判决由于系争股权变更登记时间未确定，以此对抗九洲华汉付款7年后仍未获得股东身份、股权仍未变更的事实，明显不合理。金某非但长期不履行协议书约定的义务，而且以自己的实际行为表明了不履行约定的义务，已构成根本违约。本案在权利义务极其不对等的情况下，九洲华汉主张解除股权转让协议，符合法律规定，应予支持。④

---

① 《最高法院公布10起维护消费者权益典型案例》，载《人民法院报》2014年3月16日。

② 《中华人民共和国最高人民法院公报》2000年第1期。

③ 最高人民法院办公厅编：《最高人民法院公布裁判文书》（二〇〇〇年），人民法院出版社2001年版，第242～243页。

④ 景汉朝、孙华璞主编：《审判监督指导》（第2辑），人民法院出版社2017年版，第94～100页。

（二）各方责任

值得关注的是，最高法院认为，一方违约时，对于违约责任的具体承担方式约定有选择权时，另一方一经选择，即不得随意变更。

在正文公司与张某华、马某森商品房买卖合同纠纷再审案中，法院认为，双方当事人在协议中就违约责任承担方式约定选择性条款，意味着一方违约时，守约方获得了在约定违约责任范围内主张何种违约责任的选择权。除非作出特别约定，否则选择性条款只能择一行使，而不能相继行使。守约方一旦作出选择，即意味着责任承担的具体方式已固定下来。进而，守约方已不能主张直接适用之前约定的选择性条款，再选择其他违约责任承担方式。①

需要指出的是，法律行为一经固定，即产生特定后果，防止不诚信反言，杜绝投机性选择，这种裁判思维贯穿于诉讼请求、行为效力、责任承担等评析环节，作为外在的表现形式可能有所不同，但背后的价值取向都是一致的。

在汪某雄与群洲公司、朱某德建设工程施工合同纠纷案中，法院认为，编号为“50010218011×××”的公章在群洲公司的经营活动及诉讼活动中均曾使用过，群洲公司对该公章的存在、使用是知晓的。尽管其主张公章伪造，且刑事判决认定确系伪造，但群洲公司对该公章的使用未提出异议。其在明知该公章存在并使用的情况下，未采取措施防止相对人的利益损害，且对于存在其他编号的公章，未作出合理解释，故使用该公章签订合同行为之法律后果，应由群洲公司承担。最高法院通过此案例表明，作为民事主体的公司，不得对法律行为的效力进行选择性认可。②

在合同纠纷案件中，大量存在的问题是，在双方均违约的情况下，如何识别和划分民事责任。最高法院在案件审理中，根据具体个案特点，审判思维十分灵活，创制了大量的裁判规则，不乏可圈可点之处。

在光大公司与骏业公司商品房委托承包销售合同纠纷提审案中，法院认为，骏业公司未按协议约定支付第九栋、第十栋商品房的购房款，构成违约。光大伟联公司未能按协议约定时间完成第九栋、第十栋商品房的建设，也属违约。鉴于双方在履行第九栋、第十栋商品房的委托销售协议中均存在违约行为，故对双方的违约互不追究违约责任，光大伟联公司请求骏业公司给付违约金的诉讼请求不予支持。③

---

① 杜万华主编：《民事审判指导与参考》（总第60辑），人民法院出版社2015年版，第200页。

② （2016）最高法民申255号。

③ 中华人民共和国最高人民法院审判监督庭编：《审判监督指导与研究》（第2卷），人民法院出版社2003年版，第285页。

与此不同的是，在另起案件中，同样是最高法院审监庭，对于双方违约的行为，要求双方均应承担违约责任。

在某区粮食仓库与庆丰公司、某区食品商店拖欠货款纠纷案中，法院认为，根据市场因素，双方当事人对所签购销合同的价格条款进行变更，并不影响购销合同的性质。对于双方都存在违约行为，且责任相当的情形，不能只要求一方当事人承担违约金。原审判决在认定事实和适用法律方面的不当之处，本院予以纠正。①

进一步的问题是，双方当事人均违约时，对违约责任的认定，能否适用合同中约定的违约金或约定的赔偿条款?

在三维公司与数源公司企业租赁经营合同纠纷上诉案中，法院认为，合同中的违约金或约定损失赔偿条款，不因双方当事人均构成违约而不能适用。当事人同时约定违约金和约定损失赔偿的，可以确认该约定发生法律效力。不过，当事人在违约金和约定损失赔偿之外，再行主张损失赔偿的，应当视其能否举证因违约造成的实际损失大于违约金及约定损失赔偿的数额，确定是否支持其诉讼请求。②

最高法院还通过评选下级法院优秀裁判文书的方式，表明自己的裁判立场。

在亚龙湾公司与威堡公司安装工程承包合同纠纷上诉案中，海南高院认为，亚龙湾公司和威堡公司均已违约，应当分别承担各自应付的相应的法律责任。双方在违约行为中的过错是大致相当的，各方应分别对各自的过错和违约行为承担民事责任。任何一方不应只主张对方承担违约责任而免却自己应承担违约的民事责任。双方之间分别应向对方承担的违约民事责任，在此可作相互抵消，各方均不予承担相应的民事责任。③

对于执行政府决定的行为，却违反了合同约定，这种行为是否构成违约?对此，最高法院内部也存在不同认识，最终认定不构成违约。

在交大二院与惠源公司投资建房、房屋使用权纠纷案中，法院认为，在本案的合同履行中，西安市建委、市规划局先后以康复楼工程没有按规定办理有关手续、未经批准擅自加层为由，要求立即停止施工接受处理。交大二院收到通知后要求惠源公司停工，后来采取了停水、停电的措施。如按合同的约定，交大二院的行为是违约行为，但在政府停工通知到达时，工程应开始停止建设，交大二院停水、停电

① 江必新主编：《全国法院优秀再审裁判文书精选》，法律出版社2010年版，第554、559～560页。

② 杜万华副主编：《民事审判指导与参考》（第4期），人民法院出版社2014年版，第152页。

③ 最高人民法院民事审判第四庭编：《全国法院优秀涉外商事海事裁判文书选》，人民法院出版社2002年版，第157～158页。

是在工程处于停工状态期间，即合同中止履行期间。而违约行为一般是发生在合同履行过程中，如果合同无效、不生效或中止履行，即使当事人履行也不发生效力，故交大二院的行为不应视为违约行为，如继续施工是违法的，无论是否停水、停电，按照政府的通知都应停止施工。①

但是，对于人为原因以外的客观因素造成的违约行为，最高法院认为仍然应当承担违约责任。

在宏隆实业有限公司与上海铁路分局何家湾站等铁路货物运输合同逾期货损索赔纠纷再审案中，法院认为，株洲北站虽然是因运输能力的限制而对该车采取保留措施造成逾期，但仍属承运人的违约行为，与托运人或者收货人无关，株洲北站应当依法给付该段逾期时间内的违约金。托运人使用的 P632697 号棚车限制吨位是 60 吨，托运 240 件货物，每件平均毛重应当在 250 公斤以内。而本案货物的外包装上标明的毛重是 296 公斤，满桶货物平均在 270 公斤以上，确实存在着超重装车的现象。鹰潭站发现该车因超重被损坏，为了保证铁路运输安全而决定将该车倒装扣修，本不应当对因此造成的损失负责。但是鹰潭站没有根据具体情况及时安排倒装车辆，故亦应对在该站的逾期负责。考虑到车辆的损坏是托运人超重装车造成的，可以相应减轻鹰潭站逾期的违约责任。②

唯须注意，一方违约时，另一方固然可以进行自力求助，但不得以损害他方利益的方式予以抗争，否则可能构成损害赔偿。

在华埠经济贸易公司与中国外运山东威海公司等船舶进口代理合同、废钢船买卖合同纠纷案中，法院认为，威海外运要求华埠公司支付代理费是其正当权利，但以华埠公司未给付代理费而拒绝向华埠公司退还经海关签章放行的提单及有关易货贸易合同的全套文件、“尼古拉”号船舶文件及注销船籍文件，并将提单之外的上述文件交与原木材公司，威海外运的上述行为违反代理合同的约定，应当承担由此产生的损害后果。③

但是，一方违约时，负有先履行义务的另一方，可以主张不安抗辩权，其中止履行合同先履行义务的行为不构成违约。

在赵某与某开发公司商品房买卖合同纠纷案中，法院认为，开发公司未能依法进行商品房销售合同备案登记，且对买房人的合理请求没有给予积极的答复不当。

---

① 曹建明主编：《民事审判指导与参与》（第 4 卷），法律出版社 2003 年版，第 348 页。
② 《中华人民共和国最高人民法院公报》2001 年第 1 期。
③ 《中华人民共和国最高人民法院公报》2002 年第 3 期。

在上述情况下，买房人在履行付款义务前，为保障合同的顺利履行，要求中止履行合同先履行义务，具有法律依据。开发公司不能提交充分证据证明已告知买房人涉案房屋已抵押情况，故应认定开发公司故意隐瞒所售房屋部分抵押的事实且涉案房屋建成又抵押给第三人，买房人依法行使不安抗辩权的理由成立，不构成违约。现涉案房屋已建成，具备交付条件，故买房人诉请开发公司继续履行合同，应予支持。①

一方违约时，另一方不得提出过高损失赔偿，否则构成权利滥用。

在夏某麟诉海通证券有限公司无锡营业部确认股票认购权纠纷案中，法院认为，原告夏某麟与被告无锡营业部属委托代理关系，无锡营业部未按深交所的通知及时修改配号读取程序，导致在代理夏某麟申购五粮液新股过程中，转达了错误的配号，无锡营业部是有过失的，具体数额由法院酌定。无锡营业部不掌握新股上网发行的配号权，给夏某麟出具的交割凭单，并非掌握新股上网发行配号权的深交所的真实意思，不能作为确认发行配号的有效凭证；况且无锡营业部的工作失误，与夏某麟的发行配号能否中签之间并无因果关系，故对夏某麟认为其自己有1000股五粮液新股认购权的诉讼请求不予支持。无锡营业部错误转达发行配号，虽然给夏某麟带来一些精神上的不愉快，但是尚不至于使其在身心上蒙受巨大的痛苦和创伤的程度。夏某麟主张以申购款的5%判令无锡营业部为其赔偿精神损失，显系权利滥用，没有事实根据和法律依据，本院不予支持。②

保证人怠于行使权利和承担义务时，如导致抵押物价值减损，将与债务人共同承担损失。在水泥公司与东方公司兰州办事处、水泥厂借款、担保合同纠纷案中，法院认为，水泥公司在租用本案抵押物水泥厂二线资产期间，既不督促债务人水泥厂归还欠款，又不主动履行保证责任，因其怠于履行保证义务所造成的抵押物价值的减损，应当由债务人水泥厂和保证人水泥股份公司自行承担。③

（三）主次责任

民商事案件中，大量存在的情形是双方均有过错。对于混合过错导致的违约或行为无效，最高法院视各自所起作用，决定过错责任之主次。主次责任的划分，是

① 景汉朝主编：《立案工作指导》（第1辑），人民法院出版社2014年版，第113页。

② 《中华人民共和国最高人民法院公报》1999年第6期。

③ 最高人民法院民事审判第二庭编：《最高人民法院商事审判指导案例·借款担保卷》（下），中国法制出版社2011年版，第480页。

定量思维比例化的体现。当然，这种定量思维并非要求绝对精确，一般体现为比例关系。

在亚龙公司与辽经贸公司土地使用权转让纠纷上诉案中，法院认为，亚龙公司将自己没有取得使用权的国有土地有偿转让给辽经贸公司，是导致协议无效的主要原因，对此应承担主要责任。辽经贸公司明知对方尚未取得土地使用权却与其签订协议，对协议无效也应承担一定责任。①

在祥企公司与壮昌公司合作开发房地产合同纠纷上诉案中，法院认为，祥业公司未取得合作开发项目土地的使用权，与壮昌公司合作开发房地产的行为，违反了国家法律法规的规定，双方签订的协议书应认定无效。祥业公司对合同无效负有主要责任，但壮昌公司在合同订立时，知道其没有取得土地使用权，亦应承担相应的责任，一审判决认由祥业公司、祥企公司承担合同无效的全部责任不当，应予调整。②

在中发公司、东城建行支行与沈铁公司建筑工程承包、返还工程款纠纷上诉案中，法院认为，沈铁公司未将沈铁宾馆项目按规定报经国家有关部门批准，中发公司作为香港建筑商未取得在沈阳承包建筑项目的资质许可，双方签订的合同应认定无效。沈铁公司与中发公司签订的建筑承包合同无效，沈铁公司对此负有主要责任，中发公司作为香港的专业建筑商，进入沈阳承包建筑项目市场应办理许可手续而未办，且明知道沈铁公司未办理任何审批手续，而与之订立合同，亦应承担相应的责任。③

在大连俸旗投资管理有限公司与中国外运辽宁储运公司等借款合同纠纷案，法院认为，在动产质押监管合同纠纷中，如果债权人、作为出质的债务人、质物监管人三方对质物没有真实移交监管或没有足额移交监管均存在过错，则三方对相应质权没有设立给债权人造成的损失均应承担责任。由于债务人负有移交质物的法定义务，且质物是否移交直接决定质权设立，所以其对质物没有真实移交监管或没有足额移交监管而致质权没有设立给债权人造成的损失，存在的是主要过错，应当承担主要责任。监管人虽然存在误以为质物真实移交的过错行为，但因这种过错行为不是导致质权没有设立的主要原因，所以其应对债权人损失承担次要责任。④

---

①　最高人民法院办公厅编：《最高人民法院公布裁判文书》（二〇〇〇年），人民法院出版社2001年版，第165页。

②　最高人民法院办公厅编：《最高人民法院公布裁判文书》（二〇〇〇年），人民法院出版社2001年版，第372页。

③　最高人民法院民事审判庭编：《最高人民法院民事案件解析》（房地产案件专集），法律出版社1999年版，第185～187页。

④　《中华人民共和国最高人民法院公报》2017年第7期。

至于主次责任的具体比例，在最高法院层面，从四六开或三七开，到二八开或一九开，都是较为常见的划分。但是，基于民事主体实力的不对等，判令一方承担99%的绝对责任，另一方只承担1%的的轻微责任，却极为罕见，表现出合议庭极其强烈的价值取向。法律不是数学，比例量化到如此精确和细微程度，主次责任的划分已失去意义。而根据媒体公开报道，此再审案件在撤销原判并大幅改判之前，承办法官曾一度认为应维持原判。① 由此可见，最高法院法官在案件处理中，审判思维跳跃尺度之大，有时候连自己也难以预料，最终确定性的诉讼结果，不排除是思维链条突变或博奕后的偶发产物，其发生机理，值得深入研究。

在伊某军与中国工商银行股份有限公司盘锦分行银行卡纠纷再审案中，法院认为，银行作为办理金融业务的专业机构，在为自然人办理储蓄等业务时，居于明显的、支配的优势地位，故银行工作人员在为客户办理业务时，理应严格遵守工作流程和业务操作规范，尽到最大的注意和风险提示义务。本案中，伊某军于2011年4月26日并未开通网上银行业务，不应对该日开通的网银造成的损失承担责任；但对2016年6月28日开通的网银，伊某军没遇到理应与其自身预期获得收益相应的、合理的、谨慎的注意义务，其对该次存款中大部分款项被犯罪分子通过网银转走应承担1%的责任，而工行盘锦分行在对储户存款负有严格安全保障义务下，没有尽到严格内部管理的义务，致使内部管理出现漏洞，工作人员严重违规操作，没有尽到最大的注意和风险提示义务，其应承担99%的责任。二审法院对该次存款损失责任的承担认定不当，本院予以纠正。②

依笔者观察，最高法院识别主要责任时，关于抓大放小，即抓主要矛盾，抓矛盾的主要方面，始终锁定症结的关键所在。裁判思维有侧重性，毫不含糊。比如，对于一方虽有违约，但另一方予以接受的，仍判令由另一方承担主要责任。

在上海振华港口机械有限公司诉美国联合包裹运送服务公司国际航空货物运输合同标书快递延误赔偿纠纷案中，法院认为，原告虽未按被告运单规定的要求填写

---

① 2017年11月5日央视新闻调查：《巡回法庭如何翻转“孙氏三兄弟涉黑案”》，据该报道，此案一、二审法官均认定，储户对于自己存入银行的存款被工作人员私自转走的损失，应当承担40%的责任，银行承担60%的责任。一开始，再审法官骆电认为此案的判决并没有太大的问题，也可以不更改判决结果，结果在跟合议庭合议的过程中，其中一个合议庭成员认为判决对储户不公平，称个人不应该承担这么大的责任，个人在银行面前显得很弱小，而且储户年龄偏大，运用新科技有一定的困难。鉴于案件争议很大，后提交主审法官会讨论，结果绝大部分意见认为这个案件应该提审，案件由此才进入再审审理阶段。https：//www. thepaper. cn/newsDetail_ forward_ 1850962，2018年4月22日访问。

② 《中华人民共和国最高人民法院公报》2017年第8期。

运单，但被告在收到原告所填运单后，未认真审核，责任在被告。被告提出的无延误送达标书的事实及致使标书延期出境的主要原因在于原告运单填写不适当的理由不能成立。①

最高法院在识别次要责任时，善于抓过错因子，抓过错因子对纠纷形成的贡献系数。裁判思维有全面性，没有遗漏，比如，一方虽应承担主要违约责任，但另一方怠于采取必要措施，则应对扩大的损失承担一定责任。

在迅达公司与长城公司买卖合同质量纠纷再审案中，法院认为，电梯购销法律关系不仅有电梯采购权利义务关系，还有电梯土建整改、电梯安装权利义务关系。本案纠纷产生的真正原因是电梯安装不到位，不能满足电梯采购方使用需要，电梯供货商应当对涉案电梯的生产、安装和土建整改负有主要责任。但从合同履行情况看，两部电梯与约定尺寸相符，五部电梯与约定尺寸不符，但仅差数毫米，并不难整改，但采购方却拆除全部电梯，包括两部合格电梯，转而与他人签订电梯订货合同，未采取合理措施减少损失发生，对扩大的损失负有一定责任。②

对于承担次要责任的一方，如果仅是实现债权的辅助人，则该次要责任应明确为补充赔偿责任。

在大连俸旗投资管理有限公司与中国外运辽宁储运公司等借款合同纠纷案中，法院认为，在审理动产质押合同纠纷案件时，应当查明质物是否真实移交监管或是否足额移交监管的基本事实，据此对相应质权是否已经设立作出准确认定。在动产质押监管合同纠纷中，如果债权人、作为出质人的债务人、质物监管人三方对质物没有真实移交监管或没有足额移交监管均存在过错，则三方对相应质权没有设立给债权人造成的损失均应承担责任。由于债务人负有移交质物的法定义务，且质物是是否移交直接决定质权设立，所以其对质物没有真实移交监管或没有足额移交监管而致质权没有设立给债权人造成的损失，存在的是主要过错，应当承担主要责任。监管人虽然存在误以为质物真实移交的过错行为，但因这种过错行为不是导致质权没有设立的主要原因，所以其应对债权人损失承担次要责任。监管人的这种责任因违反约定义务而产生，性质上应认定为违约责任。在动产质押监管合同纠纷中，债权人的直接义务人是债务人和担保人，监管人仅是帮助债权人实现债权的辅助人，除因自身原因造成监管质物灭失外，其责任需依附于债务人与担保人的直接责任。

---

① 《中华人民共和国最高人民法院公报》1996 年第 1 期。

② 景汉朝主编、贺荣副主编：《审判监督指导》（第 4 辑），人民法院出版社 2013 年版，第 138 页。

如果直接责任因清偿而消灭，债权人因获得清偿而不存在损失，则监管人的监管责任也相应消灭。因此，监管人只是前述直接义务人的补充义务人，其对质物没有真实移交监管或没有足额移交监管而致质权没有设立给债权人造成的损失，应承担补充赔偿责任。①

二、侵权中的责任认定

（一）与合同有关联的侵权

侵权案件中，归责依据是过错原则。最高法院认为，承担民事责任，并不限于特定的法律关系，如合同当事人也可能侵犯合同外的他人权利，应当承担民事责任。此外，即便是在合同案件中，民事责任的承担有时也并不以合同关系的存在为前提，可依据《民法通则》第106条第2款规定，引发出类似侵权的认定，反映出合同关系中也可能追究过错责任的问题。

在新疆农村社会养老保险基金管理中心诉中国银行新疆分行存单纠纷案中，法院认为，社保中心与新疆中行之间不存在真实的存款关系，只能说明双方之间不存在合同关系以及新疆中行不存在应当承担合同责任的问题，凭此并不能必然得出新疆中行对本案不应当承担任何民事责任的结论。新疆中行是否应当对本案承担民事责任，涉及新疆中行对于张某钧等人的诈骗得逞是否存在过错问题。有过错就应当承担民事责任。既然张某钧在被乌市中行开除公职以后还能够使用加盖单位公章的定期存款证书，这说明乌市中行在管理上存在过错，而且这种过错是导致张某钧等人诈骗得逞的重要原因，故新疆中行应对其过错承担相应的民事责任。社保中心未到柜台办理存款手续，其轻信张某钧等人的所为，也说明其有过错，应当自行承担相应的民事责任。②

在中山市隆成日用制品有限公司与湖北童霸儿童用品有限公司侵害实用新型专利权纠纷案中，法院认为，权利人与侵权人就侵权损害数额作出的事先约定，不构成权利人与侵权人之间的交易合同，故侵权人应承担的民事责任仅为侵权责任，不属于《合同法》第122条规定的侵权责任与违约责任竞合的情形。权利人与侵权人就侵权赔偿数额作出的事先约定，是双方就未来发生侵权时，权利人因被侵权所受到的损失或者侵权人因侵权所获得的利益所预先达成的一种计算方法。在无法律规

① 《中华人民共和国最高人民法院公报》2017年第7期。

② 《中华人民共和国最高人民法院公报》2004年第11期。

定无效等情形下，可直接以权利人与侵权人的事先约定作为确定侵权损害赔偿数额的依据。①

值得注意的是，在某些情况下，债权也可以成为侵权的客体。最高法院曾通过在机关报刊刊登下级法院的相关案例，来表明其支持态度。非常难得的是，该判决的法理剖析十分细致，展示了裁判者的思维路径。

在陈某诉林某储蓄合同侵权纠纷案中，厦门海沧区法院认为，此案系侵权之诉。银行卡所有人与银行之间形成储蓄合同关系，货币系特殊的种类物，具有“占有即所有”之基本特征。因此，在储蓄合同关系中，银行对账户内的存款余额享有所有权，银行卡所有人就账户内的存款余额对银行享有债权，银行负有“凭要求即付”的特殊义务，持卡人仅需系“债权之准占有人”——“外观征象依一般社会交易观念足以使他人认为其为债权人”，即应当“凭要求即付”。尤其是在ATM机及电子银行日益普及的现在，绝大部分交易已无需至银行柜台即可进行，使用真实交易银行卡、密码及U盾进行的交易均可被视同为银行卡所有人本人之交易。债权可成为侵权行为客体，有两个重要的特点：一是债权的财产性质。与所有权不同的是，它反映的是动态的财产关系，一方面最终要确定财产由谁所有，另一方面要决定财产利益归谁所有，归根结底债权的基本性质仍然是财产和财产利益的权利，侵害债权仍然会造成财产的损失与财产利益的损失。二是债权关系以外的第三人所负的义务的不作为性质。尽管这与财产所有权的义务人所负的绝对义务有所不同，但它仍然是不得侵犯债权的不作为义务，违反就构成侵权行为。由此得出，债权侵权行为的性质是侵害财产权的行为，该侵权行为的实施方式主要是作为方式。本案中，被告自行办理案涉账户的挂失手续，致使作为“债权之准占有人”的原告丧失对案涉账户的控制权和使用权，使原告无法就案涉账户内存款余额对银行行使债权，进行支取、转账等有关交易，被告行为已侵害了原告作为“债权之准占有人”对银行实际享有的债权，构成侵权。②

司法实践中，较为少见的一种情形是，第三人也可以他人合同侵权为由，提出单独的权利主张。

在陈某、皮某勇诉重庆碧波房地产公司、夏某均、重庆奥康置业有限公司合同纠纷案中，法院认为，关于本案是否存在当事人不适格的问题。本案系陈某、皮某

---

① 《中华人民共和国最高人民法院公报》2015年第1期。

② 安海涛、付臻：《母亲用儿子名字办理并使用银行卡儿子擅自挂失构成财产侵权》，载《人民法院报》2014年5月29日。

勇以碧波公司和奥康公司签订的解除协议侵犯其权益为由诉请确认解除协议无效，诉讼标的为侵权法律关系，不涉及合同相对性原则，与二人是不是联合开发合同及解除协议的当事人无关，符合民事诉讼法规定的起诉条件，是本案适格的原告。奥康公司亦是侵权法律关系的一方主体，是本案适格的被告。①

在连续转租合同中，所有权人可以委托他人，可以越过合同相对性，直接向最终承租人主张侵权赔偿责任。

在天海公司诉粤东公司船舶租用侵权纠纷案中，法院认为，“SALVIA Ⅱ”号轮的所有权人先锋公司将该轮全权委托原告天海公司经营，天海公司又代表船东先锋公司与瑞航公司签订《期租合同》，此后瑞航公司又以出租人身份与被告粤东公司签订《航次租船合同》，粤东公司作为承租人租用该轮装载木材，并到印度尼西亚索龙港卸货。《航次租船合同》约定，船东指定承租人所指定的代理作为装卸两港代理。粤东公司作为承租人，有责任向船东指定装卸港代理，也确实为船东指定了装港代理。只是粤东公司负责联系的发货人不为货物办理合法手续，粤东公司指定的装港代理也怠于履行职责。当海关要求补办手续时，发货人和装港代理竟弃船逃脱。发生这些情况后，粤东公司没有积极与印度尼西亚官方交涉，说明情况并承担责任，以致给天海公司造成损失，理应赔偿。②

此外，专业机构的工作人员在提供服务时，也可能造成侵权后果，但具体侵权责任的承担者应为专业机构。需要注意的是，这种工作人员与机构之间的替代责任，不同于代理关系下的责任承担。③

在王某富诉三信律师事务所财产损害赔偿纠纷案中，法院认为，三信律师所不能以证据证明其与王某智约定的“代为见证”，只是见证签字者的身份和签字行为的真实性；也不能以证据证明在签约时，该所已向王某智明确告知其仅是对签字见证而非对遗嘱见证，故应当承担举证不能的不利后果。王某智立遗嘱行为的本意，是要将遗嘱中所指的财产交由被上诉人王某富继承。由于三信律师所接受王某智的委托后，在“代为见证”王某智立遗嘱的过程中，没有给王某智提供完善的法律服务，以致其遗嘱被法院生效判决确认为无效，王某智的遗愿不能实现。王某富不能按遗嘱继承王某智财产的根本原因，是三信律师所没有给王某智提供完善的法律服务，

---

① 《中华人民共和国最高人民法院公报》2010 年第 10 期。

② 《中华人民共和国最高人民法院公报》2003 年第 3 期。

③ 参见《刘某云诉中国银行股份有限公司衡阳分行、中国建设银行股份有限公司衡阳市分行财产损害赔偿纠纷案》，载《人民法院报》2014 年 3 月 16 日。

以致王某智立下了无效遗嘱。三信律师所履行自己职责中的过错，侵害了王某富依遗嘱继承王某智遗产的权利，由此给王某富造成损失，应当承担赔偿责任。①

（二）特定主体未尽法定义务的侵权

特定主体的法定义务，突出体现为安保义务。据学者统计，1985 年至2008 年，最高法院先后发布 10 余起涉及安保义务的公报案例。其中既有基于合同法的附随义务作出，也有基于侵权法上的法定保护义务作出，还有基于公平责任作出。② 最高法院认为，特定主体未尽安保义务的侵权认定，关键在于安保义务的合理性判断，而这又与特定主体的职责性质直接相关，应视义务违反人能够防止或者制止损害的范围而定。

在吴某礼等五人诉官渡建行、五华保安公司人身损害赔偿纠纷案中，法院认为，商业银行经营内容的特殊性决定了客观上存在易受不法行为侵害的危险，作为金融企业法人，银行负有防范、制止危险发生，保障银行自身及进入银行营业场所客户的人身、财产权利安全的义务。本案中，银行虽设置了相应的安全防范设施，但不能证明其安排专门人员值守，以致设施不能发挥应有作用，值班保安人员没有履行维护营业厅安全、防范危害事件突发的职责，以致客户在营业厅内被害死亡。故银行对客户死亡事件有一定过错，应当承担相应的民事责任。保安人员对客户承担的保障人身和财产安全义务，并非源于保安服务合同的约定，而是源于法律对商业银行的规定，其履职行为应视为银行的行为，因履职不当应承担的法律后果，应由银行负责，保安公司不承担连带赔偿责任。③

最高法院还认为，商业银行的安保范围，并不限于经营场所内的客户人身，还应扩展至其设置自助银行或 ATM 机，其未及时履行通知犯罪手段和保障交易场所安全义务，造成客户财产损失时，应当承担赔偿责任。

在顾某诉上海交通银行储蓄合同纠纷案中，法院认为，依照《商业银行法》第 6 条的规定，商业银行应当对利用自助银行和 ATM 机实施的各种犯罪承担防范责任。犯罪分子以在自助银行门禁系统上安装盗码器的方法，窃取储户的银行卡信息和密码造成储户损失的，如储户无过错，商业银行应承担赔偿责任。④

在此后公布的典型案例中，最高法院仍然认为，商业银行的安保范围应当覆盖

① 《中华人民共和国最高人民法院公报》2005 年第 10 期。

② 李友根：《经营场所安全保障义务研究——基于最高人民法院公报判例的回顾》，载漆多俊主编：《经济法论丛》（总第 17 卷），中国方正出版社 2009 年版。

③ 《中华人民共和国最高人民法院公报》2004 年第 12 期。

④ 《中华人民共和国最高人民法院公报》2005 年第 4 期。

其设立的银行设施。

在刘某云诉中行衡阳分行、建行衡阳分行财产损害赔偿纠纷案中，法院认为，刘某云在建行衡阳分行办理了银联卡，双方之间形成了储蓄存款合同关系。建行衡阳分行有义务保障储户银行卡内的资金不被他人盗取，同时也有义务通知和告知持卡储户注意识别犯罪分子利用各种高科技手段窃取银行卡内存款的方式、方法及防范措施。由于发卡行建行衡阳分行既不能保障所发银行卡卡内信息的安全，又未告知持卡人熟知犯罪分子利用高科技手段获取卡内信息及密码的方式方法，故应承担刘某云银行卡内资金被盗取的民事责任。①

除安保义务外，特定主体的其他法定义务，还体现在海商法律领域。在认定当事人责任时，法定义务不因当事人的自行约定而有所改变。

在江苏炜伦航运股份有限公司诉米拉达玫瑰公司船舶碰撞损害赔偿纠纷案中，法院认为，航行过程中，当事船舶协商不以《1972 年国际海上避碰规则》确立的规则交会，发生碰撞事故后，双方约定的内容以及当事船舶在发生碰撞事故时违反约定的情形，不应作为法院判定双方责任的主要依据，仍应以前述规则为准据，在综合分析紧迫局面形成原因、当事船舶双方过错程序及处置措施恰当与否的基础上，对事故责任作出认定。②

（三）侵权行为的关联性

最高法院认为，即使符合国家相关标准的侵权行为，只要与损害结果存在因果关系，也应当承担侵权责任。在矿业公司与某村杨某虎等 214 户村民及铁厂沟镇人民政府等 22 个单位等损害赔偿纠纷案中，法院认为，露天煤矿爆破震动经技术鉴定部门进行鉴定，结论是：露天煤矿的爆破施工在国家安全规定的范围内，不会造成邻近建筑物的损失。铁厂沟村的地理环境特殊，加之村民的房屋结构不够牢固、房屋基础坐落在黄土层，地形分布呈阶梯状等内在因素，对抗震不利，在长期爆破荷载作用下，振动累积效应，导致房屋损坏的后果。露天煤矿的爆破施工是邻近建筑物损坏的主要外因，矿业集团应承担赔偿责任。③

此外，最高法院还认为，对于多个侵权主体在无意思联络下分别实施的行为，

---

① 《最高法院公布 10 起维护消费者权益典型案例》，载《人民法院报》2014 年 3 月 16 日。

② 《中华人民共和国最高人民法院公报》2014 年第 12 期。

③ 肖扬总主编：《中华人民共和国最高人民法院判案大系》（民事卷 – 2001 年卷），人民法院出版社 2003 年版，第 74 页。

可以结合成为共同侵权。这实际上是将人身损害赔偿司法解释的相关规定，平移适用至财产损害赔偿案件。

在杨某亮、商丘公交公司与叶庙居委会、叶庙居委会王西村民组侵权纠纷再审案中，法院认为，关于公交公司与叶庙居委会的行为是否构成共同侵权，叶庙居委会将属于杨某亮所有的房屋出卖给公交公司，系无权处分行为，侵犯了杨某亮的合法财产权益。公交公司在获知涉案房屋系杨某亮所有后，擅自拆除，侵犯了杨某亮的房屋所有权。叶庙居委会和公交公司虽未共同实施侵权行为，但其分别实施的两个行为直接结合发生了同一损害后果，构成共同侵权。①

（四）人身人格侵权

早期的最高法院公报，刊载了为数众多的人身人格侵权案例，据学者统计，仅1985年至2003年，最高法院公报案例中的人身人格侵权案件，就多达近百个，涵盖名誉、肖像、姓名、名称、人身损害、产品责任等范围。② 以2003年为界，尤其是近年来，无论是最高法院的公报案例，还是最高法院通过其他渠道发布的人身人格侵权案例，较之早年有明显减少趋势，一定程度上反映了商业社会法治重心的转移。

在倪某璐、王某诉中国国际贸易中心侵害名誉权纠纷案中，法院认为，公民或法人行使某一权利应该有法律依据或者符合法律规定。法律从未赋予超市工作人员有盘问顾客和检查顾客财物的权利，因而被告无权张贴要求原告将自己的提包打开供其工作人员查看的公告。被告工作人员在没有确凿证据的情况下，在公众场合用带有贬义的话语询问原告是否偷拿东西，并根据市场内所贴无效公告对原告的包裹、衣服等进行搜查。上述行为导致原告名誉遭贬低，实际上也降低了公众对两原告的社会评价。被告的工作人员是在履行被告规定的工作职责时对两原告实施侵权行为的，其侵权责任应由被告承担。③

在汪某兰诉汉福公司名誉权纠纷案中，法院认为，公民的人格尊严受法律保护，汉福公司最终认可4麦片为赠品，却在汪某兰不知情的情况下，在其签名的表格中认定其为秘密实施的偷盗行为，将其列入“窃嫌姓名”名单，注明“教育释放”，并将表格置于进入办公地点任何人都可以随手翻看的地方。上述行为侵犯了汪某兰

---

① 杜万华副主编：《民事审判指导与参考》（第3辑），人民法院出版社2014年版，第146页。
② 张新宝主编：《侵权法评论》（第1辑），人民法院出版社2003年版，第39页。
③ 《中华人民共和国最高人民法院公报》1993年第1期。

的人格尊严，客观上造成一定范围内对其社会评价降低，消费者购物虽未遭受经济损失，但因人格受到侮辱并遭受严重精神损害的，销售者应当承担精神损害赔偿责任。①

但是，最高法院对于名誉侵权的理解，在涉及特定机构如银行时，倾向严格限制适用条件。对于金融机构错误发布不良信用记录，尽管给当事人客观上确实造成一定不便和困扰，但并不认为该行为构成名誉侵权。

在周某芳诉中国银行股份有限公司上海市分行名誉权纠纷案中，法院认为，本案他人冒名申请信用卡，导致不良还款记录。对于名义上的信用卡持卡人与银行之间因不良信用记录发生名誉权纠纷，法院应当根据侵权行为的要求进行审查。银行按照国家的相关法律法规及监管要求报送相关信息，其报送的信息也都是源于名义持卡人名下信用卡的真实欠款记录，并非捏造，不存在虚构事实或侮辱的行为。中国人民银行的征信系统相对封闭，只有本人或者相关政府部门、金融机构因法定事由才能对该系统内的记录进行查询，这些记录并未在不特定的人群中进行传播，不能造成名义持卡人的社会评价降低，故不能认定存在损害名誉权的后果。②

需要提及的是，在人身损害赔偿中，最高法院早期公布的最著名案件，为一起卡式炉爆炸导致的消费者重伤赔偿案。

在贾某宇诉北京国际气雾剂有限公司、龙口市厨房配套设备用具厂、北京市海淀区春海餐厅人身损害赔偿案中，北京海淀区法院认为，保证产品质量，特别是保障消费者人身财产安全，是产品生产者必须履行的基本法律责任和义务。被告气雾剂公司生产的气罐系不合格产品，是造成此次事故的基本原因，应当承担70%的责任；卡式炉产品的质量存在明显缺陷，诱发了此次事故，其生产商厨房用具厂承担30%的责任。没有证据证明春海餐厅在提供服务时存在过错，故不承担责任。③

而在近年公布的案件中，最高法院开始注意到被害人本身存在的过错。特别是在有经营者、出租者的情况下，出现人身侵权行为时，根据各自过错具体划分各自民事责任。

在赵某华诉上海也宁阁酒店有限公司、上海市静升实业有限公司生命权、健康权、身体权纠纷案中，法院认为，作为提供住宿服务的酒店经营者，对入住酒店的

① 《最高法院公布10起维护消费者权益典型案例》，载《人民法院报》2014年3月16日。

② 《中华人民共和国最高人民法院公报》2012年第9期。该案实际上还涉及金融隐私保护与信息披露制度的平衡问题，这也是我国立法、司法中的薄弱环节。参见朱宝丽：《金融隐私保护与信息披露制度平衡的法律研究》，载漆多俊主编：《经济法论丛》，法律出版社2014年版，第194~198页。

③ 《中华人民共和国最高人民法院公报》1997年第2期。

消费者应履行合理限度的安全保障义务。酒店经营者因管理、服务瑕疵等安全隐患而致消费者产生人身伤害的，应承担民事赔偿责任。酒店经营场所的出租方对于事发场所管理不善的，亦应承担相应的责任。受害人对于损害发生也有过错的，应根据过失相抵原则，减轻侵害人的民事责任。①

在王某诉张某、宏大电力公司人身损害赔偿案中，法院认为，按照法律规定，从事高空、高压、地下挖掘活动或者使用高速轨道运输工具造成他人损害的，经营者应当承担责任，被侵权人对损害的发生有过失的，可以减轻经营者的责任。宏大电力公司系电力经营者，在张某建房时，仅对张某、王某履行告知义务，未采取有效的制止措施，故不能免除民事赔偿责任，但张某应当知道在高压电线下修建房屋存在安全隐患，其不听劝阻雇用王某在高压线下从事修建造成原告受伤，有重大过错。王某作为完全民事行为能力人，应知道在高压线下从事修建劳动存在安全隐患，就其操作亦存在过错，故王某受伤的后果系宏大电力公司和张某以及王某的行为间接结合造成的，应在各自的责任限额内承担民事责任。②

一个引人注目的现象是，鉴于包括江苏南京彭某案在内的部分人格权纠纷案件的处理，一再引发全社会的广泛关注和争议，近年来最高法院越发注重社会价值观的引导，突出体现在：对自然人的人格权益保护，视角从个案公平提升到社会公平③；对特定人群的人格权益保护，视角从现实延伸至历史；同时，将人格权益的保护对象，从自然人扩张至法人。

2016 年 10 月 19 日，最高法院发布了人民法院依法保护“狼牙山五壮士”等英雄人物人格权益的 5 个典型案例，倡导依法保护英雄人物包括去世英雄人物在内的所有社会成员的合法权益，维护社会主义核心价值观。5 个典型案例中，有 2 个案例的原告是英雄人物的后代或者胞弟。最高法院民一庭负责人称，如果对去世的人的名誉、荣誉等人身权益可以任意践踏，显然不符合公序良俗，依法审理好涉及侵害英雄人物、历史人物名誉、荣誉等人格权益的民事案件，可以阐发社会主义核心价值观的精神内核，引导社会公众崇尚英雄、捍卫英雄、学习英雄、关爱英雄。④

---

① 《中华人民共和国最高人民法院公报》2014 年第 1 期。

② 最高人民法院民事审判第一庭编：《民事审判指导与参考》（第 2 辑），人民法院出版社 2013 年版，第 115～118 页。

③ 曾引发社会广泛争议的医生电梯内劝阻吸烟案、朱某彪追赶交通肇事逃逸者案，均入选 2018 年度最高人民法院工作报告。

④ 罗书臻：《规范社会行为引领价值观念——人民法院张扬社会主义核心价值观综述》，载《人民法院报》2018 年 3 月 7 日。

北京大学诉邹某甫名誉权纠纷案曾引起社会的普遍关注，对此，最高法院民一庭负责人明确表示，此案宣示了法律对法人人格权予以保护的基本理念，探索了法人人格权司法保护的裁判规则，发挥了司法裁判对社会行为的指引作用和道德风尚的引领作用，受到社会广泛好评。①

（五）侵权责任的承担方式

在确定侵权责任的具体承担方式时，最高法院的思维方式和处理手法既有高度，也很细腻。作为《民法典》的前身，在《民法通则》规定的十种责任承担方式赋予最高法院丰富的操作空间。

在华文出版社有限公司与吉林文史出版社、长春联合图书城有限公司侵害著作权、不正当竞争纠纷再审案中，法院认为，停止侵权责任的具体方式的确定，需要结合被诉行为的特点，考虑具体责任方式的合目的性、必要性和均衡性，即该种具体责任方式要能够和适于实现停止侵害的目的。在能够有效实现停止侵害目的的各种手段中，对被诉侵权人利益造成的不利影响相对较小，且不会与停止侵害的目的不成比例。对于使用与他人知名商品近似的装潢的行为而言，附加区别标识不足以起到停止侵害的目的，故只有在改变原有装潢的显著性的情况下，才能达到停止侵害的目的。②

三、公平中的责任分担

公平原则也是划分民事责任的基本原则，在最高法院公布的案件中，曾多次援引公平原则，由双方当事人分担损失。但值得注意的是基于民事案件和商事案件的不同特征，最高法院适用的法律依据各有不同。

在周某凤等诉宜昌县建设局人身损害赔偿案中，法院认为，承揽人在履行承揽合同义务过程中，由于意外导致其身亡。对死亡结果的发生，承揽人和定作人都没有过错。《民法通则》第132条规定："当事人对造成损害都没有过错的，可以根据实际情况，由当事人分担民事责任。"承揽人是在为定作人提供服务过程中遭受损害，定作人可依公平原则给予一定补偿。③

---

① 罗书臻：《全国模范法官陈昶屹：审理北京大学诉邹恒甫名誉权案背后的故事》，载微信公众号"最高人民法院"，2020年5月8日访问。

② 孔祥俊副主编：《最高人民法院知识产权审判案例指导》（第6辑），中国法制出版社2014年版，第52页。

③ 《中华人民共和国最高人民法院公报》2001年第4期。

在李某、龚某诉五月花公司人身伤害赔偿纠纷案中，法院认为，五月花公司与李某、龚某一家形成消费服务合同关系，由于刑事犯罪的突发性、隐藏性，即使经营者给予应有注意和防范，也不可能完全避免犯罪发生，五月花餐厅已履行合理的谨慎注意义务，不存在违约行为。李某、龚某一家的人身伤害，是犯罪分子制造的爆炸所引起。五月花餐厅既没有侵权的共同故意，更没有实施共同的侵权行为。尽管如此，但李某、龚某一家是在实施有利于五月花公司获得的就餐行为时使其生存权益受损，五月花公司受损的则主要是经营利益。当事人对造成损害均无过错，但一方是在为对方的利益或者共同的利益进行活动的过程中受到损害的，为平衡双方当事人的受损结果，依据《民法通则》第4条的“公平、诚实信用原则”，酌情由五月花公司给李某、龚某补偿部分经济损失。①

除了人身损害赔偿案件外，最高法院还在商事案件中，在发生情势变更或国家政策调整中，适用公平原则。

在武汉市煤气公司诉重庆检测仪表厂煤气表装配线技术转让合同、煤气表散件购销合同纠纷案中，法院认为，在合同履行过程中，由于发生了当事人无法预见和防止的情势变更，如要求合同当事人按原合同约定继续履行合同，则显失公平。对于双方由此发生的纠纷，应依照《民法通则》第4条规定的公平和诚实信用原则，适用情势变更原则公平合理予以处理。②

在经济贸易公司与石油公司、炼油厂财产租赁合同再审纠纷案中，法院认为，石油成品油是关系国计民生的战略性物资和特殊商品，国家相关宏观政策对石油成品油生产和经营调控的严格程度不同于其他一般的物资和商品，尤其是在国家政策调整后，明确严禁炼化企业自销成品油的情况下，石油公司和炼油厂没有别的选择，只有终止交易关系，因合同提前解除而不能使部分投资成本被收回所造成的损失，根据公平原则，应由双方合理分担。③

在泰恒公司与长春市国土局国有土地使用权出让合同纠纷再审案中，法院认为，长春市国土局与泰恒公司于2010年11月25日签订的《国有建设土地使用权出让合同》，系双方当事人的真实意思表示，不违反法律、行政法规的效力性强制性规定，合同依法有效。该合同约定，案涉国有建设用地使用权以“毛地”方式出让，地上

---

① 《中华人民共和国最高人民法院公报》2002年第2期。

② 《中华人民共和国最高人民法院公报》1996年第2期。

③ 江必新主编、最高人民法院审判监督庭编著：《全国法院优秀再审裁判文书精选》，法律出版社2010年版，第503页。

建筑物未拆迁部分由泰恒公司负责。上述合同签订后的两个月内，国务院于2011年1月21出台《国有土地上房屋征收与补偿条例》，明确规定市、县人民政府负责本行政区域的房屋征收与补偿工作。因该法规的出台，使得泰恒公司无法取得拆迁主体资格，无法按照合同约定完成案涉土地的拆迁整理工作。泰恒公司经过逾七年与长春自然资源局的协调，始终无法解决案涉土地的拆迁问题。就此而言，泰恒公司向法院起诉解除合同，并未超过解除合同的期限要求。泰恒公司受让案涉国有土地使用权的目的系对该土地进行房地产开发，而土地完成拆迁工作是泰恒公司开发案涉土地的必经环节。由于上述法规变化导致泰恒公司无法完成案涉土地的拆迁整理工作，进而无法实现案涉土地进行开发的合同目的，故泰恒公司请求解除合同，符合本案其合同目的无法实现的客观实际。该合同解除后，泰恒公司请求返还已支付的土地出让金，符合《合同法》第97条之规定。对于赔偿损失问题，鉴于合同约定建设项目应于2011年11月25日之前开工，而2011年11月21日国务院出台法规导致拆迁制度发生改变，泰恒公司在合同约定的拆迁期限内，因拆迁制度变化而无法办理拆迁许可证，亦无法完成对案涉土地进行拆迁整理工作，故泰恒公司未能在合同约定期限内对案涉土地进行拆迁整理工作非因其自身过错造成。同时，《国有土地上房屋征收与补偿条例》第35条规定，该条例实施前已依法取得房屋拆迁许可证的项目，继续沿用原有的规定办理。故如果泰恒公司在上述条例出台前即已取得拆迁许可证，其仍可自行继续对案涉土地进行拆迁整理。而泰恒公司在近两个月的时间内未申请拆迁许可证，进而导致其在上述条例施行后无法继续取得拆迁许可证，对此长春自然资源局亦无过错。在双方对于合同不能履行及泰恒公司合同目的无法实现均无过错的情况下，泰恒公司请求长春自然资源局赔偿损失的诉讼请求，理据不足，不予支持。至于泰恒公司为取得案涉土地使用权而支付的1315000元契税，在双方当事人对于合同解除均无过错的情况下，该部分契税可由双方当事人基于公平原则予以平均分担。综上，对由于国家法律、法规及政策出台导致当事人签订的合同不能履行，以致一方当事人缔约目的不能实现的，该方当事人请求法院判决解除合同，本院予以支持。在此情况下，鉴于双方当事人对于合同不能履行及一方当事人缔约目的不能实现均无过错，故法院依《合同法》第97条之规定，仅判决长春自然资源局返还泰恒公司支付的土地出让金及法定孳息，对泰恒公司关于长春自然资源局赔偿损失的诉讼请求，本院不予支持。①

引人注目的是，最高法院适用公平原则认定民事责任时，有时并不拘泥于司法

① 《中华人民共和国最高人民法院公报》2020年第6期。

解释的量化指标，而是根据具体案件中各方的实际过错程度，重新另行酌量，足见其审判思维之大胆。

在茶叶公司与婺城工行支行、超三超公司存单纠纷案中，法院认为，《最高人民法院关于审理存单纠纷案件的若干规定》中，对于以存单为表现形式的借贷纠纷，根据出资人、用资人和金融机构在案件中的具体情况，将金融机构的责任分别规定为连带责任、补充赔偿责任、不超过40%的赔偿责任、不超过30%的赔偿责任。本案并不完全拘泥于前述若干规定，判决茶叶公司承担20%的责任，婺城工行承担80%的责任，这是根据双方的过错，以公平责任的原则作出的。①

除了过错因素外，在适用公平原则时，最高法院还对交易各方的具体情境，以及商事经验的匹配性予以考量，据此判断是否构成显失公平。

在昆玉公司与福果公司合同纠纷案中，法院认为，双方当事人自行约定玉石价格，符合玉石头交易的惯例。双方签订《玉石冲抵借款费用协议书》，约定将质押物1.4亿玉石，以总标价3%计454万元冲抵昆玉公司所欠福果公司借款违约金、逾期滞纳金及其他费用。上述玉石折价约定与双方在2014年9月28日《玉石质押合同》中协商约定的玉石评估价值相同，没有超出昆玉公司的预期，应为双方当事人真实的意思表示，昆玉公司作为开采、加工、销售玉石的专业企业，未经评估机构评估，即对其所有的玉石头进行折价，不属于缺乏经验的情形，亦不违反法律、行政法规的效力性规定。昆玉公司基于生产经营需要而进行借贷的并展期，与紧急情况下的生活消费借贷不同，不存在危难急迫的客观事实。福果公司的上诉理由成立，本院予以支持。②

在知识产权类型的案件中，最高法院也适用公平原则，通过界定民事主体的性质，坚持在多种利益之间保持平衡关系。

在秦某渊诉清远市江山电子有限公司、上海亦隆小商品市场经营管理有限公司侵犯著作权纠纷案中，法院认为，市场管理公司并不是实际销售者，也并不仅是提供经营场地的房东，而是一类特殊的综合性服务公司。在认定市场管理公司侵犯知识产权民事责任时，应坚持知识产权人利益保护与商品交易市场行业发展以及商户经营自由的有效平衡，结合个案进行综合裁量，准确裁判市场管理公司的责任承担。虽然市场管理公司基于开办市场的先行行为负有保护他人知识产权不受侵犯的注意

---

① 苏泽林主编、最高人民法院审判监督庭编著：《最后的裁判——最高人民法院典型疑难案件再审实录》（担保与金融案件卷），中国长安出版社2007年版，第229页。

② （2016）最高法民终234号。

义务，但本案中被告亦隆公司并没有违反日常管理中的巡查注意义务，无需承担相应的民事责任。①

第三节 民事责任的连带与扩张

区别于普通意义上的连带责任，本节所谓“民事责任的连带与扩张”，非依合同约定而发生，如保证合同中的连带责任或追偿责任等，而是源于法定情形下的特殊事由，导致的民事责任最终承担者的增加或变更。

一、恶意串通

在司法实践中，对恶意串通情节的认定，直接决定是否需要承担共同侵权或连带责任。在华埠经济贸易公司与中国外运山东威海公司等船舶进口代理合同、废钢船买卖合同纠纷案中，法院认为，代理人在履行代理义务时，维护委托人的合法权益是其默示的基本义务。代理人已经获得委托人通过国际贸易获得的船舶文件，得知该船舶的卖方注销了该船舶的船籍，在其以后的代理活动中，却认可他人与对该船舶的不法买卖，屡屡维护第三人的不当利益，先后将船舶文件和船舶交给第三人，损害了委托人的合法权益，与第三人恶意串通的事实已经构成，应当依法与第三人对委托人的损失承担连带赔偿责任。②

在陈某、皮某勇诉重庆碧波房地产开发有限公司、夏某均、重庆奥康置业有限公司合同纠纷案中，法院认为，判断恶意串通行为人主观上是否有恶意，需结合具体案情予以综合评判。缺乏解除合同的合理理由，明显违背商业规律，协议解除后实施的行为，与合同解除应当导致的后果明显相悖，可证明存在恶意串通。合同当事人之外的利害关系人以解除协议的行为侵犯其权益为由，诉请确认解除协议无效，诉讼标的为侵权法律关系，不涉及合同相对性原则。③

在中国光大银行股份有限公司上海青浦支行诉上海东鹤房地产有限公司、陈某绮保证合同纠纷案中，法院认为，开发商为套取银行资金，与自然人串通签订虚假的预售商品房买卖合同，以该自然人的名义与银行签订商品房抵押贷款合同而获得

---

① 《中华人民共和国最高人民法院公报》2014 年第 12 期。

② 《中华人民共和国最高人民法院公报》2002 年第 3 期。

③ 《中华人民共和国最高人民法院公报》2010 年第 10 期。

银行贷款，当商品房买卖合同被依法确认无效后，开发商与该自然人应对银行的贷款共同承担连带清偿责任。①

但是，恶意串通的识别十分困难，不同法院，乃至同一法院直至最高法院的主观判断，往往并不一致，甚至截然对立，这直接导致了对各方当事人连带责任的不同判断。

在海南工行与正兴公司、华琼公司联营开发房地产合同纠纷再审案中，作为二审的最高法院认为，华琼公司的土地使用权系海南工行向海南中级法院申请查封的，海南工行明知被法院查封的土地权不能转让、抵押或行使其他处分权，但其为达到收贷的目的，与华琼公司恶意串通，共同隐瞒了上述土地被查封的事实，擅自同意华琼公司动用被查封的土地与正兴公司联营开发，变相转让土地使用权，用正兴公司的土地转让款来抵偿其向海南工行的借款，从而造成正兴公司损害结果的发生。故华琼公司与海南工行的行为已构成共同侵权，应依法承担共同侵权的连带责任。

然而，作为再审的最高法院认为，海南工行同意华琼公司以查封的土地联营的事实虽然存在，但同意联营并不等于同意华琼公司向正兴公司隐瞒土地被查封的事实。本案没有证据证明华琼公司是在海南工行的授意，或经与海南工行协商同意向正兴公司隐瞒用于联营的土地已经被查封的事宜，也没有证据证明海南工行明知华琼公司向正兴公司隐瞒了土地被查封的事实，且海南工行没有约定或法定的告知正兴公司土地被查封的义务。原审认定海南工行与华琼公司恶意串通、共同向正兴公司隐瞒土地被查封的事实，并因此构成共同侵权缺乏事实和法律依据，应予以纠正。②

二、挂靠关系

2008 年以前，“挂靠”并不是法律用语，只是通常表述。在正式的司法解释中，最高法院一般以“借用”之语来指代这种现象。如《民诉意见》（2008 年）第 52 条规定，借用业务介绍信、合同专用章、盖章的空白合同书或者银行账户的，出借单位和借用人为共同诉讼人。2005 年实施的《关于审理建设工程施工合同纠纷案件适用法律问题的解释（一）》第 1 条第 2 项规定，没有资质的实际施工人借用有资质的建筑施工企业名义承揽建设工程的，一般被认定为挂靠关系。需要说明的是，2020

① 《中华人民共和国最高人民法院公报》2014 年第 9 期。

② 苏泽林主编、最高人民法院审判监督庭编著：《最后的裁判——最高人民法院典型疑难百案再审实录》（房地产与公司企业案件卷），中国长安出版社 2007 年版，第 17～19 页。

年12月29日，最高法院公告废止该司法解释，代之以《最高人民法院关于审理建设工程施工合同纠纷案件适用法律问题的解释（一）》（法释〔2020〕25号），并将“挂靠”改为“借用”。

2008年以后，最高法院在司法解释中，正式引入“挂靠”作为法律用语，并将“挂靠经营合同纠纷”列为一种民事案由。[①]

2011年，最高法院修改上述司法解释，仍继续使用“挂靠经营合同纠纷”的案由，并进一步解释认为，现行法律并未对挂靠经营的含义进行规定。一般意义上挂靠经营是指经营主体（多为自然人、个体工商户、私营企业）与另一经营主体（多为具备一定实力、信誉、资格的国有或集体法人企业）协议约定，由挂靠方使用被挂靠企业的经营资格和凭证进行经营活动，并向被挂靠企业提供挂靠费用的经营形式。挂靠经营一般是指以被挂靠企业的名义进行经营活动，同时支付一定的挂靠费用。实践中，挂靠企业对外经营活动发生的债权债务，一般由挂靠企业和被挂靠企业承担连带责任。[②] 2020年12月29日，最高法院再次修改《民事案件案由规定》，仍然保留“挂靠经营合同纠纷”这一案由。前后历时20年而不变，反映出挂靠现象的长期性和普遍性。

在司法实践中，以下四种情形会被认定为挂靠行为：

（1）不具有从事建筑活动主体资格的个人、合伙组织或企业以具备从事建筑活动资格的建筑施工企业名义承揽工程；

（2）资质等级低的建筑施工企业以资质等级高的建筑施工企业的名义承揽工程；

（3）不具有施工总承包资质的建筑施工企业以具有施工总承包资质的建筑施工企业的名义承揽工程；

（4）有资质的建筑施工企业通过名义上的联营、合作、内部承包等其他方式变相允许他人以本企业的名义承揽工程。

挂靠关系往往出现在需要资质、许可等领域，最常见于建筑、运输等行业。对于挂靠关系的性质和效力，虽然与资质有直接关系，但往往涉及相关行政许可或限制行为，容易牵涉更为复杂的行政行为的合法性，法院一般不愿直接置评，[③] 而是立

---

① 《民事案件案由规定》（法发〔2008〕11号），第233类案由。

② 最高人民法院民事案件案由规定课题小组编：《最高人民法院民事案件案由规定理解与适用（2011年修订版）》，人民法院出版社2011年版，第369页。

③ 2012年修订的《道路运输条例》规定，从事道路客运或货运的，必须要取得运输许可证后，方能进行道路客、货运经营活动。车辆所有人以挂靠单位名义经营，属于对运输许可的借用或租用，违反了道路运输许可和行政许可法，该经营行为属于非法经营。

足民事法律关系，着重于民事责任的承担分配，并扩大至被挂靠者，反映其注重解决实际问题的办案取向。

最高法院行政审判庭〔2006〕行他字第17号《关于车辆挂靠其他单位经营车辆实际所有人聘请的司机工作中伤亡能否认定为工伤问题的答复》规定，个人购买的车辆挂靠其他单位且以挂靠单位的名义对外经营的，其聘用的司机与挂靠单位间形成了事实劳动关系。此答复虽系最高法院行政审判庭作出，但反映出该院对挂靠关系中民事责任承担范围的扩张取向。在司法实践中，有高级法院据此进一步认定，挂靠车辆车主所聘司机在工作中受伤属于工伤。①

在物资公司与国际公司等联营合同纠纷上诉案中，法院认为，海达分公司现已被注销，海达分公司的债务，应由其实际开办单位及债务承担者运代公司承担。省外贸公司作为海达分公司的被挂靠单位，应当在所收取的2万元挂靠费范围内承担民事责任。②

在龙某康诉中洲建筑工程公司、姜某国、永胜县交通局损害赔偿纠纷案中，法院认为，姜某国与中洲公司是内部承包关系，所以姜某国不能在本案中直接承担民事责任。被告中洲公司是有资质承包建设工程的企业，这个资格不仅是指其有实力完成一定标准的工程建设，还包括其有实力对在施工过程中发生的事故进行处理、挽救和承担赔偿责任。中洲公司在与被告姜某国签订的内部承包合同中约定，如发生一切大小工伤事故，应由姜某国负全部责任，把只有企业才能承担的风险转给实力有限的自然人承担。该约定损害劳动者合法权益，违反了宪法和劳动法的规定，是无效约定，不受法律保护。鉴于此次事故是由姜某国的违章行为导致的，中洲公司在对原告龙某康承担了民事责任后，可另行追究姜某国应当承担的责任。③

值得注意的是，最高法院认为，公司内部的机构，即使与公司之间是挂靠经营的法律关系，但如果该公司的内部机构，有独立的财产与组织机构，自主经营，独立核算，则作为挂靠方有其独立的财产权和诉权，该公司不承担该内部机构的民事责任。这一认定突破了对挂靠关系的否定性评价，而将民事责任的划分，止步于独立性的组织机构自身，并不延伸至该组织机构之外。

在北协公司与北协公司第三工程处挂靠经营纠纷一案中，法院认为，公司内部的

---

① （2013）新兵行再字第00001号“新疆高院兵团分院判决新建鑫泰公司诉石河子社保局行政确认案”，载《人民法院报》2014年3月27日。

② 最高人民法院办公厅编：《最高人民法院公布裁判文书》（二〇〇一年），人民法院出版社2002年版，第268页。

③ 《中华人民共和国最高人民法院公报》2001年第1期。

机构如果有自己独立的财产与组织机构，自主经营，自负盈亏，自行招聘人员，并且独立承担相应的民事责任，则该内部机构属于“其他组织”，具备诉讼主体资格，拥有诉权。如只是向公司固定支付管理费，则该公司亦不承担该内部机构的任何风险及其他民事责任，公司内部机构与该公司之间所形成的法律关系是挂靠经营法律关系。①

三、追加开办单位

对开办单位的追加，是对民事责任的扩张，往往发生在注资不实、抽逃出资，或者在被开办企业撤销、歇业以及吊销执照后未依法及时清算等情形下，既可能发生在实体审理环节，也可能发生在强制执行阶段。对此，最高法院曾多次以批复、复函或司法解释的形式，明确表示因开办单位存在过错的，允许追加开办单位承担民事责任。

最高法院《关于企业开办的其他企业被撤销或者歇业后民事责任承担问题的批复》（〔1994〕4 号）规定：“企业开办的其他企业已经领取了企业法人营业执照，其实际投入的自有资金虽与注册资金不符，但达到了《中华人民共和国企业法人登记管理条例实施细则》第十五条第（七）项或者其他有关法规规定的数额，并且具备了企业法人其他条件的，应当认定其具备法人资格，以其财产独立承担民事责任。但如果该企业被撤销或者歇业后，其财产不足以清偿债务的，开办企业应当在该企业实际投入的自有资金与注册资金差额范围内承担民事责任。”② 最高法院《关于企业法人营业执照被吊销后，其民事诉讼地位如何确定的复函》（2000 年 1 月 29 日法经 2000 年 24 号函）中指出：“吊销企业法人营业执照，是工商行政管理机关依据国家工商行政法规对违法的企业法人作出的一种行政处罚。企业法人被吊销营业执照后，应当依法进行清算，清算程序结束并办理工商注销登记后，该企业法人才归于消灭。因此，企业法人被吊销营业执照后至被注销登记前，该企业法人仍应视为存续，可以自己的名义进行诉讼活动。如果该企业法人组成人员下落不明，无法通知参加诉讼，债权人以被吊销营业执照企业的开办单位为被告起诉的，人民法院也应予以准许。”

此外，最高法院《关于人民法院执行工作若干问题的规定（试行）》（2008）第 80 条规定：“被执行人无财产清偿债务，如果其开办单位对其开办时投入的注册资金不实或抽逃注册资金，可以裁定变更或追加其开办单位为被执行人，在注册资金

① 最高人民法院民事审判第二庭编：《最高人民法院商事审判指导案例・公司卷》，中国法制出版社 2011 年版，第 87 页。

② 已失效，失效依据《最高人民法院关于废止部分司法解释及相关规范性文件的决定》（法释〔2020〕16 号）。

不实或抽逃注册资金的范围内，对申请执行人承担责任。"2020 年 12 月 29 日，最高法院修改前述司法解释，该条款仍予保留。

对于上述裁判规则，最高法院曾在多个案例中，不厌其烦地从正反两个方面反复阐述。在商达公司与燃料公司、亚特立公司、老干部活动中心借贷合同纠纷案中，法院认为，商达公司与亚特立公司签订联合经营协议，系名为联营，实为企业之间的借贷款，违反了国家金融管理法规，原审确认为无效协议是正确的。活动中心是亚特立公司的申请开办单位，其未按我国企业法人登记管理条例的规定，如实投入注册资金，应就此过错承担民事责任。原判决该活动中心应对亚特立公司的债务在 50 万元限额内承担连带责任并无不当，应予维持。①

在莱英达公司与龙华建行支行借款合同纠纷上诉案中，法院认为，莱英达公司在清理整顿之前就已经成为万达公司的主管部门，在清理整顿阶段负有清算的责任。而在清理整顿之后重新登记注册之时，由于万达公司注册资本来源载明是上级拨款、企业自有。可见，在重新登记注册过程中，作为上级单位的莱英达公司不仅仅是万达公司的主管部门，而且是以投资者的身份出现的。因此，莱英达公司不仅是万达公司的主管部门，而且也是开办者。②

相反，如果不存在上述法定情形，最高法院则不支持当事人对开办单位的随意追加，以防止对有限责任的滥用，并通过公报案例表明其态度。

在美国矿产金融有限公司与厦门联合发展（集团）有限公司债务纠纷案中，法院认为，联发贸易公司的设立过程以及注册资本的变更均经过了政府主管部门的批准，美国矿产公司没有证据证明厦门联发公司转移财产恶意逃债的事实存在，也没有证据证明厦门联发公司有抽逃资本的事实存在。况且美国矿产公司是在联发贸易

---

① 李国光主编：《经济审判指导与参考》（第 1 卷），法律出版社 1999 年版，第 404 页。值得注意的是，最高法院另一判决中，从合同相对方及诉讼主体资格的角度，否认可以追究开办单位的责任。在广西北生集团有限责任公司与北海市威豪房地产开发公司、广西壮族自治区畜产进出口北海公司土地使用权转让合同纠纷案中，最高法院认为："公司被依法吊销了营业执照之后并没有进行清算，也没有办理公司的注销登记，仍然享有民事诉讼的权利能力和行为能力，即有权以自己的名义参加民事诉讼。在公司尚未注销时，其开办单位虽然有权利和义务对公司的债权债务进行清理，但作为当事人共同参加诉讼，没有法律依据。此类法人与他人产生合同纠纷的，应当以自己的名义参加民事诉讼，其开办单位因不是合同当事人，不具备诉讼主体资格。"此外，除实体审判中，可以直接判令追加开办单位作为诉讼主体并承担民事责任以外，在执行程序中也可以作出类似的裁定变更。参见最高法院《关于人民法院执行工作若干问题的规定（试行）》，第 80 条明确规定："被执行无财产清偿财务，如果其开办单位对其开办时投入的注册资金不实或抽逃注册资金，可以裁定变更或追加其开办单位为被执行人，在注册资金不实或抽逃注册资金的范围内，对申请执行人承担责任。"

② 李国光主编：《民商审判指导与参考》（第 1 卷），人民法院出版社 2002 年版，第 289 页。

公司成立六年后与联发贸易公司进行的贸易活动，因此，否认联发贸易公司的公司人格缺乏事实依据。只有在开办该企业的企业法人注资不足或没有注资时，开办该企业的企业法人才在注资不足的范围内承担民事责任。即使联发贸易公司在设立过程中存在某些瑕疵，但美国矿产公司不能提供足够的证据否认联发贸易公司的公司人格，其要求厦门联发公司应对联发贸易公司的债务承担连带赔偿责任的诉讼请求，缺乏事实和法律依据。①

公司法实务中，关于民事责任的扩张，还有一种特殊的形式，即在认定股东责任时，如董事、监事等高管存在未履行勤勉义务的情形，最高法院追加其与股东承担连带责任。

在深圳斯曼特公司与胡某等六名董事损害公司利益责任纠纷再审案中，法院认为，本案争议焦点是，胡某等六名董事是否应对斯曼特公司股东所欠出资款承担赔偿责任。《公司法》第 147 条第 1 款规定了董监高对公司的忠实和勤勉义务，虽然该规定并没有列举董事勤勉义务的具体情形，但是董事负有向未履行或未全面履行出资义务的股东催缴出资的义务，这是董事的职能定位和公司资本的重要作用决定的。董事是公司的业务执行者和事务管理者，股东全面出资是公司正常经营的基础，董事监督股东履行出资是保障公司正常经营的需要。《公司法解释三》第 13 条规定："股东在公司增资时未履行或者未全面履行出资义务，依照本条第一款或者第二款提起诉讼的原告，请求未尽公司法第一百四十七条第一款规定的义务而使出资未缴足的董事、高级管理人员承担相应责任的，人民法院应予支持；董事、高级管理人员承担责任后，可以向被告股东追偿。"上述规定的目的是赋予董事、高级管理人员对股东增资的监管、督促义务，从而保证股东全面履行出资义务、保障公司资本充实。在公司注册资本认缴制下，公司设立时认缴出资的股东负有的出资义务与公司增资时义务是相同的，董事、高级管理人员负有的督促股东出资的义务也不应有所差别。本案深圳斯曼特公司是外商独资企业，实行注册资本认缴制，参照《公司法解释三》第 13 条第 4 款的规定，在公司注册资本认缴制下，股东未履行或未全面履行出资义务，董事、高级管理人员负有向股东催缴的义务。根据《公司法》第 149 条规定，董监高执行公司职务时违反法律、行政法规或者章程规定，给公司造成损失的，应当承担赔偿责任。胡某等六名董事具备监督股东履行出资义务的便利条件，其未能提交证据证明其在股东出资期限届满后向股东履行催缴出资的义务，以消极不作为的方式构成了对董事勤勉义务的违反，该消极不作为放任了实际损害的持续，股东

① 《中华人民共和国最高人民法院公报》2005 年第 12 期。

欠缴出资的行为与胡某等六名董事消极不作为共同造成了损害的发生、持续，胡某等六名董事未履行向股东催缴出资义务的行为与深圳斯曼特公司所受损失之间存在法律上的因果关系。一、二审判决认为胡某等六名董事消极不作为与深圳斯曼特公司所受损失没有直接因果关系，系认定错误，应予纠正。对深圳斯曼特公司遭受的股东出资未到位的损失，胡某等六名董事应向其承担连带赔偿责任。①

四、验资等中介机构责任

公司等商业主体承担民事责任时，其设立之初或增资过程中的瑕疵，常常会被放大审查，由此牵连到包括银行在内的虚假验资的中介机构。

关于中介机构虚假验资的责任问题，司法实践中一直存在争议。为统一裁判规则，最高法院几乎每隔一两年就要出台一部司法解释，比如，《关于会计师事务所为企业出具虚假验资证明应如何处理的复函》（法函〔1996〕56 号）、《关于验资单位对多个案件债权人损失应如何承担责任的批复》（法释〔1997〕10 号）、《关于会计师事务所为企业出具虚假验资证明应如何承担责任问题的批复》（法释〔1998〕13 号）、《关于金融机构为企业出具不实或者虚假验资报告资金证明如何承担民事责任问题的通知》（法发〔2002〕21 号）、《关于审理证券市场因虚假陈述引发的民事赔偿案件的若干规定》（法释〔2003〕2 号）。2007 年，最高法院再次出台《关于审理涉及会计师事务所在审计业务活动中民事侵权赔偿案件的若干规定》（法释〔2007〕12 号），以前公布的司法解释与该规定冲突的，不再适用。从如此频密出台的司法解释，可以看出最高法院对扩张追究验资等中介机构民事责任的重视和审慎。

在南方航空旅游公司诉玉龙旅行社等代销合同纠纷案中，法院认为，金融机构在当事人进行工商登记注册时出具虚假的存款证明，应当在虚假证明数额的范围内，为当事人不能清偿的到期债务承担赔偿责任，会计事务所应当在验资证明不实的数额范围内承担连带赔偿责任。②

但是，如果中介机构的行为与损害之间不构成因果关系，最高法院则认为不承担赔偿责任。

---

① （2018）最高法民再366 号。2021 年 3 月 29 日，最高人民检察院对该申请监督案举行听证会。最高人民检察院副检察长张雪樵作为主办检察官，担任听证会主持人，听证会全程进行网络直播。截至本书出版前，最高人民检察院尚未对该案作出处理决定。参见于潇：《最高检副检察长主持，全程直播！如此高规格听证会到底是什么案件?》，载微信公众号“最高人民检察院”2021 年 4 月 1 日，https：//mp. weixin. qq. com/s/qn1EvvgHtqGjY4bXu9hvcQ，2020 年 5 月 15 日访问。

② 《中华人民共和国最高人民法院公报》2000 年第 2 期。

在证券公司与国际租赁公司清算组等转让合同、侵权赔偿纠纷案中，法院认为，审计评估报告不同于验资报告，其不具有验资报告的法定效力，而仅是交易价格的参考。当事人以审计评估价格为基础进行了逆向调整，割裂了审计报告与转让价格之间的因果关系，侵权行为所要求的因果关系要件在此未充分体现，故在评估机构没有主观过错且审计报告与转让价格之间欠缺直接或相当因果关系的情形下，原审法院判令其对因债权虚假给当事人权益造成的损害承担赔偿责任不当。①

在宝安支行与兴长公司、民鑫公司、金汇源公司、亚奥公司、仪表公司、国安会计师事务所有限公司返还资金保证合同纠纷上诉案中，法院认为，兴长公司与金汇源公司签订保证合同时，加盖有宝安支行的银行询证函尚未出具，兴长公司并非基于对该银行询证函上载明的追加出资内容的信赖而签订的保证合同，其有关金汇源公司因追加出资不实所造成的担保责任不能完全实现的损失，与加盖有宝安支行公章的银行询证函之间没有必然的因果关系。兴长公司是基于对金汇源公司的信赖签订的保证合同，而非基于对加盖宝安支行公章的资金证明的信赖，故宝安支行在本案中不应承担出具虚假出资证明的民事责任。法院还进一步认为，在金融机构为出资人在设立公司或者增资过程中出具虚假资金证明构成侵权的认定中，外部权利人对金融机构出具的虚假资金证明是否存在合理的信赖利益，是认定金融机构是否应当在出资人虚假出资范围内承担侵权责任的关键。②

司法实践中，还有一种较为普遍的现象，即某些公司专门从事代理公司设立登记事宜，出借注册资金骗取工商登记后，即抽回全部资金。此行为显然不同于会计师事务所等验资中介机构，对于如何追究其民事责任，下级法院曾专门请示最高法院。

据公开资料，时任最高法院副院长李国光对此极为重视，经提交审委会研究后，认为此种不当行为为我国法律所禁止，但代理设立公司未参与设立后公司的经营，与设立后公司的债权人并无法律关系，也不构成侵权行为，因此，不能适用《关于会计师事务所为企业出具虚假验资证明应如何承担责任问题的批复》。鉴于此种行为的性质更为恶劣，当事人有重大过错，故应在提供注册资金不实的范围内承担补充赔偿责任。③

根据大法官们的指示精神，在上诉人砖桥公司与被上诉人凤舞公司、鞍福公司

---

① 最高人民法院办公厅编：《最高人民法院公布裁判文书》（二〇〇二年），人民法院出版社 2003 年版，第 688 页。

② 刘敏编著：《实践中的商法：司法解释解读·典型案例分析·商事审判专论》，北京大学出版社 2011 年版，第 297～299 页。

③ 吴庆宝、金剑锋、周帆、邹碧华、孟祥刚：《权威点评最高法院公司法指导案例》，中国法制出版社 2010 年版，第 27、32～33 页。

汽车买卖合同纠纷案中，法院认为，鞍福公司在成立时，借用砖桥公司的资金登记注册，虽然该资金在鞍福公司成立后即被抽回，但鞍福公司并未被撤销，其民事主体资格仍然存在，可以作为诉讼当事人。

五、人格混同或否定①

司法实践中的人格混同或否定，彻底改变了民事责任的形式主体，是对债权人最大限度的保护，也是对债务人最大限度的追索，同时也是民事责任连带与扩张的极致。对于如此严厉极刑，最高法院虽然一直极为审慎，但在符合法定条件时，又绝不吝于使用。

在三晋国际饭店、三晋大厦与山西六建建筑工程欠款纠纷上诉案中，法院认为，三晋国际饭店是对外营业的称谓，与三晋大厦系同一住所地、同一法定代表人、使用同一财务报表和账户，管理层和基本职能相同，两个法人人格归一，属于履行同一法人职能。三晋国际饭店和三晋大厦承接了原万豪国际酒店筹建处的全部权利和义务。因此，可以认定，一审判决三晋国际饭店和三晋大厦共同承担支付拖欠工程款的责任，并无不当。②

在三祥公司与太平洋大庆分公司、中包期货咨询公司资金拆借合同纠纷上诉案中，法院认为，中包期货咨询公司与银丰公司名义上是两个不同的企业，但实际上两企业财产互不独立，依法应共同承担本案民事责任。银丰公司变更名称为三祥公司后，依照法律规定，银丰公司的债权、债务当然应由哈尔滨三祥期货公司承继。③

2013 年 1 月 31 日，最高法院发布第四批指导性案例，其中指导案例 15 号“徐工集团工程机械股份有限公司诉成都川交工贸有限责任公司等买卖合同纠纷案”，是

---

① 有学者对公司法人人格否认理论提出质疑，认为与股东有限责任是根本对立的，其实质不是否认公司法人人格，而是借此否认股东有限责任。依照公司法，只有进入清算程序，才能消灭公司人格，从而才有真正意义上的人格否认。即使公司人格因破产或撤销而彻底消灭，股东该承担有限责任的，还是有限责任，并不因为公司人格被消灭而变成无限责任。因此，仅仅是公司人格否认并不能让股东承担无限责任，应当在合同法和侵权法领域解决公司人格滥用问题。学者们所举的法人人格否认典型案例少有发生于最近一二十年的，似乎预示着法人人格否认理论的命运。孟勤国、张素华：《公司法人人格否认理论与股东有限责任》，载《中国法学》2004 年第 3 期。从最高法院公布的案例看，确实存在这种情况，即一般只要求公司及其关联公司对外承担并列的连带清偿责任，而不要求公司背后的股东以及实际控制人承担连带清偿责任。

② 最高人民法院民事审判第一庭编：《民事审判指导与参考》（总第 16 卷集），法律出版社 2004 年版，第 225 页。

③ 最高人民法院民事审判第二庭吴庆宝：《合同权益疑难案件判定解说》，人民法院出版社 2003 年版，第 513 页。

近年来值得注意的公司人格否认案件。①

在该案中，法院认为，川交工贸公司与川交机械公司、瑞路公司人格混同。一是三个公司人员混同。三个公司的经理、财务负责人、出纳会计、工商手续经办人均相同，其他管理人员亦存在交叉任职的情形，川交工贸公司的人事任免存在由川交机械公司决定的情形。二是三个公司业务混同。三个公司实际经营中均涉及工程机械相关业务，经销过程中存在共用销售手册、经销协议的情形；对外进行宣传时信息混同。三是三个公司财务混同。三个公司使用共同账户，以王某礼的签字作为具体用款依据，对其中的资金及支配无法证明已作区分；三个公司与徐工机械公司之间的债权债务、业绩、账务及返利均计算在川交工贸公司名下。因此，三个公司之间表征人格的因素（人员、业务、财务等）高度混同，导致各自财产无法区分，丧失独立人格，构成人格混同，严重损害债权人利益，关联公司相互之间对川交工贸公司的债务应当承担连带清偿责任。②

此外，对于连带责任，最高法院并不笼而统之，还会进一步细分出具体的补充清偿责任。在交行石家庄分行与钢铁公司、交行石家庄开发公司借款纠纷上诉案中，法院认为，交石分行作为开发公司的保证人应当知道邯钢公司与开发公司的借款行为违反国家金融有关规定，系违法行为，交石分行为其担保确有过错，应承担连带责任，但交石分行提出，如其承担连带责任，也是一种补充责任，即当债务人不履行债务或不赔偿损失时，才承担责任。交石分行这项请求符合法律规定，应予支持，判决先由开发公司负责清偿借款，不足清偿的部分由交石分行承担。③

最高法院这种对于连带责任的细分方式，还体现在纠正下级法院的不当认识。

在美联公司与纪明公司、高先公司、纪盛公司债务及担保纠纷上诉案中，法院认为，一审判决表述为承担连带清偿责任不妥，应为赔偿责任，二审判决对此作了纠正。因如是连带责任，那就应是全部责任，而不是70%的责任。④

---

① 对此案的详细评论，参见韩强：《法教义学在商法上的应用——以最高人民法院指导案例15号为研究对象》，载《北大法律评论》第15卷第1辑，北京大学出版社2014年版，第52~73页。另见陈洁：《关联公司间潜人格否认规则的适用机理——兼评最高人民法院指导案例第15号》，载陈洁：《商事指导性案例的司法适用》，社会科学文献出版社2017年版，第60~73页；刘净：《指导案例15号：〈徐工集团工程机械股份有限公司诉成都川交工贸有限责任公司等买卖合同纠纷案〉的理解与参照》，载《人民司法（应用）》2013年第15期；赵苗苗：《民商事案件法官自由裁量权的行使——以15号指导案例为例》，载《人民法治》2018年第20期。

② 《最高人民法院发布第四批指导性案例》，载《人民法院报》2013年2月7日。

③ 最高人民法院民事审判庭编写：《最高人民法院民事案件解析》（第2集），法律出版社2000年版，第188~189页。

④ 唐德华主编：《民事审判指导与参考》（第3卷），法律出版社2001年版，第248页。

第四节　民事责任的加重、减轻和免除

最高法院在划分民事责任时，会考虑案件情节，分别适用加重、减轻和免除规则。在酌定民事责任的加重情节时，会综合考虑到当事人的主观过错程度、特定义务和单方约定的合法性等各种因素后，统一权衡考量，审判思维十分缜密。

一、加重

民事责任的加重，表明一方不仅存在主观过错，而且其过错程度达到明显和突出的地步。故最高法院认为，在这种情况下，有必要倾斜分配民事责任的承担比例。

在海擎公司与中兴公司、泰兴建行支行建设工程施工合同纠纷再审案中，法院认为，作为专业施工单位，中兴公司在没有看到岩土详细勘查报告及经过审核的施工图情况下，即投标承揽工程，本身就不够慎重，发现特殊地质情况后虽提出建议，但在海擎公司不予认可之后仍不计后果冒险施工，对桩基出现的质量问题采取了一种放任态度。这种主观状态和做法应得到否定性评价。如果中兴公司真正关心工程质量，应当与海擎公司就地质情况所带来的问题进行协商，协商不成，明知工程无法继续应当采取措施避免损失的扩大。从案涉工程施工开始，中兴公司都可采取停止施工的止损措施，但其为了自己的合同利益，一味蛮干，且直到2008年3月6日，还与海擎公司签订内容为“考虑到中兴公司施工有一定困难，土方量加大，海擎公司一次性补助中兴公司42万元，对中兴公司在施工过程中出现的道路、排水、塌方等一切困难及问题，海擎公司一律不再承担任何费用，全部由中兴公司自行承担并解决”的补充协议。中兴公司虽主张该协议的补助仅是针对土方量增加的补助而非工程质量问题，但也说明中兴公司为谋取合同利益而忽视质量风险，故中兴公司对工程质量事故责任应承担比二审判决所确定的比例更高的责任。①

在艾格福公司与生物化工厂商标侵权纠纷上诉案中，法院认为，被上诉人在接到上诉人的警告并回函确认立即停止侵权后仍继续进行侵权行为，有明显的侵权故

① 程新文主编、冯小光副主编：《示范性民事裁判文书评析》，人民法院出版社2017年版，第422页。

意，原审法院未考虑到其主观恶意而未加重其赔偿责任有所不妥。①

加重有时是出于特定的专业能力和风险控制能力考虑，违反这种特定义务的，构成重大过失，承担相应民事责任。

在苏州阳光新地置业有限公司新地中心酒店诉苏州文化国际旅行社有限公司新区塔园路营业部、苏州文化国际旅行社有限公司委托合同纠纷案中，法院认为，旅游公司借用星级酒店 POS 机进行刷卡，并在星级酒店获得银行刷卡预付款项后与星级酒店进行结算，在款项的收取和结算上与星级酒店形成委托合同关系。由于星级酒店与银行就境外信用卡 POS 机刷卡签有特约商户协议，对境外银行卡的受理条件、操作流程、风险防范和控制有专门的约定，并对酒店刷卡人员进行了专业的培训，因此星级酒店在有关境外信用卡的刷卡业务上具有一般商事主体不具备的专业知识和风险防控能力。星级酒店在受委托操作 POS 机刷卡时，特别是受理如"无卡无密"这种风险较高的境外信用卡刷卡业务时，应进行认真核查，负有审慎和风险告知的义务，否则即构成重大过失，应对完成委托事务过程中造成的损害承担相应的赔偿责任。②

对于单方加重对方民事责任的约定，最高法院曾以公报案例的方式，认为该约定无效。在上海市弘正律师事务所诉中国船舶及海洋工程设计研究院服务合同纠纷案中，法院认为，从代理的目的和结果归属而言，委托人对代理人权利的授予并不意味着对放弃自己在代理权所涉范围发出或受领意思表示的能力，即委托人对委托事项仍享有自行处分的权利并可以随时终止代理权。当事人在诉讼过程中自愿接受调解、和解，是对自身权益的处分，是当事人依法享有的诉讼权利。上诉人弘正律师所为获取自身利益最大化的可能而限制被上诉人船舶设计院进行调解、和解，加重了当事人的诉讼风险，侵犯了委托人在诉讼中的自主处分权，不利于促进社会和谐，违反了社会公共利益，其《协议书》中"船舶设计院如有调解、和解及终止代理等需与弘正律师所协商一致，否则以约定律师代理费额补偿弘正律师所经济损失"的条款应为无效。③

引人注目的是，最高法院认为，民事责任的加重承担方式，可以通过限制民事权利的形式予以体现，这种辩证色彩明显的审判思路，颇有方法论的意味。

前文曾讨论的在安达巨鹰公司与首投公司、协和健康公司股东权确权赔偿纠纷

---

① 最高人民法院办公厅编：《最高人民法院公布裁判文书》（二〇〇〇年），人民法院出版社 2001 年版，第 198 页。

② 《中华人民共和国最高人民法院公报》2012 年第 8 期。

③ 《中华人民共和国最高人民法院公报》2009 年第 12 期。

上诉案中，法院认为，根据《公司法》的规定，股东出资不到位，并不影响其股东资格的取得，但其享有股东权利的前提是承担股东义务，违反出资义务，也就不应享有股东的相应权利，这是民法中权利与义务统一、利益与风险一致原则的具体体现。在本案中，由于当事人并没有属于出资义务，其股东权利的行使应当受到一定的限制，安达巨鹰公司如不能补足出资，则不享有对协和健康公司 6500 万股的表决权、利润分配请求权及新股认购权。[①] 显然，最高法院将对民事权利的限制，与民事责任的承担关联起来，限制行使民事权利，本身就是承担民事责任的方式，而且是一种新型的承担方式。

此外，笔者注意到，个别国家部委在规范性文件中，对信托公司特别设置了股东加重责任条款。[②] 根据公司法的股东有限责任原则，这一规定显然是非同寻常的。尽管该文件尚非行政法规，但并不排除以后在商事诉讼中，法院系统乃至最高法院会据此认定股东的加重责任。[③]

二、减轻

对于民事主体自身而言，民事义务是民事责任的承担前提，民事责任是对民事义务的实际违反，二者是一体两面的源流关系。因此，民事责任能否减轻，直接源于逻辑在先的民事义务的定性。

在厦门中信银行与柳钢公司、拓兴成公司金融借款合同纠纷案中，法院认为，关于非标准保兑仓模式下商业银行责任认定，对于拓兴成不能还款的原因，主要还是厦门中信银行自身没有履行先通知收货地点义务就开具高额汇票，忽视了这样做存在的巨大风险，且在没有收到相应货值钢材的情况下，还在短时间内大量开具汇票扩大风险这两个方面的原因造成的。柳钢公司违反的则是法律规定的协助义务，

---

① 最高人民法院民事审判第二庭编：《最高人民法院商事审判指导案例·公司卷》，中国法制出版社 2011 年版，第 126、136 页。

② 中国银监会《关于信托公司风险监管的指导意见》（银监办发〔2014〕99 号），2014 年 4 月 10 日。该意见明确要求，信托公司股东应承诺或在信托公司章程中约定，当信托公司出现流动性风险时，给予必要的流动性支持。信托公司经营损失侵蚀资本的，应在净资本中全额扣减，并相应压缩业务规模，或由股东及时补充资本。

③ 最高法院依据部门规章或规范性文件，直接认定行为无效，这方面案例并不少见，巴菲特投资有限公司诉上海自来水投资建设有限公司股权转让纠纷案即是一例，参见《中华人民共和国最高人民法院公报》2010 年第 4 期，本书第二章第四节第三小节第（五）部分论及该案。这方面公布的案例是，北京市海淀区法院以违反《北京市小客车数量调控暂行规定》中关于购车指标不得转让的规定，认为转让或出租购车指标扰乱了对于小客车配置指标调控管理的公共秩序，应被确认无效，参见《检察日报》2014 年 4 月 23 日。九民会议纪要公布后，依据部门规章确认行为无效已无法律障碍。

而不是主要义务，对于损失的发生，是次要原因，而非主要原因。综合考虑上述情况，本院酌定，对于拓兴成公司不能偿还厦门中信银行的货款，厦门中信银行自身承担80%的损失，柳钢公司承担20%的损失。①

而在同一法律关系的不同民事主体之间，一方民事责任能否减轻，还取决于相对方的损失是否已经实际发生。

在中信银行与张家口公司、大连中聚、中瀚公司保兑仓合作协议纠纷案中，法院认为，《保兑仓协议》约定张家口公司就提货单累计金额与承兑金额之间的差额承担保证责任，该差额是张家口公司承担保证责任的最大范围，但其实际承担保证责任的大小，必然受大连中聚缴付备付金数额的影响。大连中聚已经缴付备付金，但是未出具提货单部分的数额当然应予扣除，因为这部分并不构成中信银行的损失，扣除这一部分，是减轻张家口公司的保证责任。即在计算张家口公司实际应承担的保证责任时，应以承兑金额与银行出具提货单累计金额之间的差额再减去未出具提货单的备付金数额。张家口公司保证责任的对象并未发生变化，其承担的还是提货单累计金额与承兑金额之间的差额保证责任，只是因扣减未出具提货单的备付金额，导致其实际承担责任数额减少。②

一方民事责任的减轻，往往源于对方的不当行为，如一方被最高法院认定构成消极行为，则可能导致对方民事责任的减轻甚至免除。

在竹林公司与建行郑铁分行营业部等借款担保合同纠纷上诉案中，法院认为，建行郑州分行营业部对该土地的使用权尚不属于皮埃罗公司、不可能办理抵押登记是明知的。建行郑铁分行营业部与皮埃罗公司未将这一真实情况告知竹林安特公司，致使竹林安特公司在作出保证时合理依赖该抵押担保的存在。虽然借款及保证合同中未明确约定土地、房产抵押是保证人提供保证的条件，但抵押担保具有法定的优先权，建行郑铁分行营业部应当知道竹林安特公司依法应是在抵押担保范围以外承担责任。建行郑铁分行营业部接受皮埃罗公司提供的土地抵押，却又消极地不作为，致使该抵押担保无效，改变了保证人作出保证的条件，加重了保证人的责任负担。竹林安特公司关于其应当免除责任的上诉理由成立，本院予以支持。③

---

① 杜万华主编、最高人民法院民事审判第二庭编：《商审判指导》（第3卷），人民法院出版社2017年版，第113页。

② 杜万华主编、最高人民法院民事审判第二庭编：《商审判指导》（第1卷），人民法院出版社2016年版，第135页。

③ 最高人民法院办公厅编：《最高人民法院公布裁判文书》（二〇〇〇年），人民法院出版社2001年版，第406页。

在长城公司成都办与倍特公司、托普软件公司、托普科技公司借款担保合同案中，法院认为，在借款担保合同纠纷中，贷款人与借款人、保证人明确约定由贷款人对借款资金进行监督支付管理、确保专款专用，应视为贷款人承担了监督资金使用的义务，如果贷款人未按约定恰当履行监督义务，就应承担相应的责任。监督义务属于附随义务，借款人偿还借款的主债务不能与之抵销，因此借款人的还款责任不受影响，但贷款人怠于履行监督义务会导致保证人承担保证责任的风险增加，应根据贷款人的过错相应减轻保证人的保证责任。①

此外，在合同约定义务明显失衡时，根据一方当事人的请求，最高法院也会酌情适当减轻其承担的民事责任。

在光明总公司与青岛啤酒公司啤酒买卖合同纠纷中，法院认为，《合同法》第114条等规定已经确定违约金制度系以赔偿非违约方的损失为主要功能，而不是旨在严厉惩罚违约方；违约方在我国合同法中主要体现为一种民事责任形式，因此，不能将违约金条款完全留待当事人约定，尤其是对数额过高的违约金条款，更是如此。如果任由当事人约定过高的违约金且以意思自治为由予以支持，在有些情况下，无异于鼓励当事人通过不正当的方式取得暴利，也可能促使一方为取得高额违约金而故意引诱对方违约。有鉴于此，人民法院可以对不合理的违约金数额进行调整，以维护民法的公平和诚实信用原则，并使违约方从高额且不合理的违约金责任的束缚中解脱出来。②

值得重视的是，在涉外国际货物买卖案件中，最高法院认为，应有国际司法视野，不宜轻易认定合同一方构成根本违约，对于高级法院过于严厉的责任认定，直接改判减轻违约责任。

在中化国际（新加坡）有限公司诉蒂森克虏伯冶金产品有限责任公司国际货物买卖合同纠纷案中（指导性案例107号），法院认为，双方当事人在《采购合同》中约定的石油焦HGI指数典型值在36~46之间，而德国克虏伯公司实际交付的石油焦HGI指数为32，低于双方约定的HGI指数典型值的最低值，不符合合同约定，江苏高院认定德国克虏伯公司违约是正确的。关于该违约行为是否构成根本违约的问题，首先，从合同约定看，合同对石油焦从七个方面作了约定，HGI值只是其中之一。

---

① 最高人民法院民事审判第二庭编：《最高人民法院商事审判指导案例·借款担保卷》（下），中国法制出版社2011年版，第819页。

② 最高人民法院研究室编著：《最高人民法院关于合同法司法解释（二）理解与适用》，人民法院出版社2009年版，第210页。

中化新加坡公司仅认为HGI指数一项不符合约定，而对于其他六项指标并未提出异议，其提交的上海大学材料科学与工程学院出具的说明亦不否认HGI指数为32的石油焦可以使用，只是认为其用途有限，故可以认定虽然案涉石油焦HGI指数与合同约定不符，但该批石油焦仍然具有使用价值。其次，本案一审期间，中化新加坡公司为减少损失，已将该批货物转售，且在致克虏伯公司函件中明确表示转售价格未低于市场合理价格。这一事实说明案涉石油焦是可以以合理价格予以销售的。最后，综合考量其他国家裁判对《联合国国际货物销售合同公约》中关于根本违约条款的理解，只要买方经过合理努力就能使用货物或转售货物，甚至打些折扣，质量不符依然不是根本违约。故应当认为克虏伯公司交付HGI指数为32的石油焦的行为，并不构成根本违约。江苏高院认定其构成根本违约并判决合同无效，适用法律错误，应予纠正。

三、免除

对于民事责任的免除认定，最高法院非常谨慎，除非具有法定情形，或者另有约定，一般不轻易免除民事责任。这一态度在处理人身损害保险赔偿、特定时期的服务性合同、继续性债权债务纠纷如何适用诉讼时效，以及担保、公司、保险等商事案件中，表现得尤为突出。

在仇某亮等诉中国人民财产保险股份有限公司灌云支公司等意外伤害保险合同纠纷案中，法院认为，学校的教学环境、活动设施必须符合安全性要求，以保障学生生命健康不受损害。若因可归责于学校的原因导致学生生命健康权受损，按照投保的校园方责任险应由学校承担赔偿责任的，应当依据保险合同约定由保险公司代为赔偿。学校以免除己方责任为条件与家长签订人道主义援助补偿协议，应主要认定其所具有的补偿性，而非免除保险公司的赔偿责任，在学校怠于请求保险赔偿时，不应依据该协议剥夺受害人的保险索赔权。①

在安某重、兰某姣诉深圳市水湾远洋渔业有限公司工伤保险待遇纠纷案中，法院认为，根据《工伤保险条例》规定，为职工缴纳工伤保险费是水湾公司的法定义务，该法定义务不得通过任何形式予以免除或变相免除。在上诉人水湾公司未为安某卫缴纳工伤保险费的情况下，水湾公司应向安某卫的父母安某重和兰某姣支付工伤保险待遇。水湾公司为安某卫购买的商业性意外伤害保险，性质上是水湾公司为安某卫提供的一种福利待遇，不能免除水湾公司作为用人单位负有的法定缴纳工伤

① 《中华人民共和国最高人民法院公报》2017年第7期。

保险费的义务或支付工伤保险待遇的义务。此外，法律及司法解释并不禁止受工伤的职工或其家属获得双重赔偿，即并不禁止受工伤的职工同时获得民事赔偿和工伤保险待遇赔偿。水湾公司称安某重和兰某姣同时获得保险金和工伤保险待遇属一事二赔，违反公平原则，没有法律依据，不予支持。①

2003 年，最高法院发布《关于在防治传染性非典肺炎期间依法做好人民法院相关审判、执行工作的通知》(〔2003〕72 号)，规定由于“非典”疫情的影响致使合同当事人根本不能履行而引起的纠纷，按照《合同法》第 117、118 条的规定妥善处理，即将“非典”疫情导致合同不能履行或者致使合同当事人根本不能履行的，视为“不可抗力”。但即便如此，最高法院也不轻易支持对“非典”疫情不加区分地兜底使用。

在孟某诉中佳旅行社旅游合同纠纷案中，法院认为，该案所涉旅游合同履行时，我国虽然出现了“非典”疫情，但疫情范围很小，不构成对普通公众日常生活的危害，即本案中“非典”疫情并不构成“不可抗力”，原告孟某不能以当时“非典”疫情的出现作为免责解除合同的依据。②

2020 年 2 月 10 日，全国人大常委会法工委发言人、研究室主任臧铁伟答记者问时表示，当前我国发生了新型冠状病毒感染肺炎疫情这一突发公共卫生事件，对于因此不能履行合同的当事人来说，属于不能预见、不能避免并不能克服的不可抗力。根据合同法的相关规定，因不可抗力不能履行合同的，根据不可抗力的影响，部分或者全部免除责任，但法律另有规定的除外。③

2020 年 4 月 16 日至 6 月 8 日，最高法院先后印发了三份《关于依法妥善审理涉新冠肺炎疫情民事案件若干问题的指导意见》的通知，要求依法准确适用不可抗力规则，不能“一刀切”，应区分不同情况分别处理：对于疫情或者疫情防控措施直接导致合同不能履行的，依法适用不可抗力的规定，根据疫情或者疫情防控措施的影响程度部分或者全部免除责任；对于疫情或者疫情防控措施仅导致合同履行困难的，当事人以合同履行困难为由请求解除合同的，人民法院不予支持；继续履行合同对于一方当事人明显不公平、其诉求为变更合同履行期限、履行方式、价款数额等的，

① 《中华人民共和国最高人民法院公报》2017 年第 12 期。

② 《中华人民共和国最高人民法院公报》2005 年第 2 期。

③ 臧铁伟：《企业因疫情不能正常履行合同怎么办？全国人大常委会法工委发言人臧铁伟说法律有相应规定》，载中国人大网，http：//www.npc.gov.cn/npc/c30834/202002/b9a56ce780f44c3b9f6da28a4373d6c3.shtml，2020 年 8 月 5 日访问。另载刘晓春主编：《不可抗力与情势变更典型仲裁案例选编：从突发公共卫生事件出发》，北京大学出版社 2020 年版，第 249 页。

人民法院应当结合案件实际情况决定是否予以支持；合同依法变更后，当事人仍然主张部分或者全部免除责任的，人民法院不予支持；因疫情或者疫情防控措施导致合同目的不能实现，当事人请求解除的，人民法院应予支持。

除遭遇环境灾害或突发事件外，更多涉及免除责任诉求的案件，基本发生在民商事领域。换言之，系社会行为导致，而非自然事实引发。

2004 年 4 月 6 日，针对云南高院《关于继续性租金债权的诉讼时效期间如何计算的请求》，最高法院作出法函〔2004〕22 号答复，明确规定："对分期履行合同的每一期债务发生争议的，诉讼时效期间自该期债务履行期限届满之次日起计算。"

此后，2008 年 9 月 1 日施行的《最高人民法院关于审理民事案件适用诉讼时效制度若干问题的规定》第 5 条规定："当事人约定同一债务分期履行的，诉讼时效期间从最后一期履行期限届满之日起计算。"显然，从最高法院的态度变迁中可以看出，其将继续性租金视为实体性的债权，通过诉讼时效期限的尽可能扩张，来防止轻易免除承租人的履行义务。需说明的是，2020 年 12 月 29 日，最高法院修改前述司法解释，已删除该第 5 条。通过压缩诉讼期限，含蓄地反映出最高法院对民事责任的部分免除。

此外，最高法院还将按日计算的违约金，不仅视为继续性债权，且认定其未约定履行期限，债权人随时可以主张，彻底消除了债务人企图以诉讼时效为由，豁免履行义务的可能性，再明显不过地反映出其良苦用心和价值取向。

在泛华公司西南公司与中国人寿公司商品房预售合同纠纷案中，法院认为，延迟交房的违约金系根据违约行为持续发生而累加计算的，是一个整体的合同权利，而不是按照违约的天数具体分割为若干分别计算诉讼时效的独立权利，购房方可以在该项整体权利没有实现时主张权利。双方当事人在合同中仅约定了违约金的计算方法，并没有约定违约金的支付期限。对于没有支付期限的债务，债权人任何时候都可以主张，只有当债务人明确表示不履行时，才能认定债权人知道或者应当知道权利受到侵犯，诉讼时效才可依法计算。1999 年 9 月 1 日是违约金开始计算的时间而并非开始给付的时间，应从权利人主张权利而义务人拒绝履行义务之日，即 2004 年 7 月 1 日起，计算诉讼时效期间的起算点。①

当然，对于最高法院该起案件所适用的处理规则，法院内部有不同看法，认为对继续性违约金的无期限保护，既无法律的明确规定，也有违诉讼时效制度的立法

① 张雪楳：《诉讼时效沿问题审判实务》，中国法制出版社 2014 年版，第 137～139 页。

原意，导致双方权利与利益严重失衡，并提出应自债权人起诉时，倒推两年为限，以此计算诉讼时效期间为宜，对于超过两年期间的，应当免除债务人的履行义务。①

如果超过诉讼时效后，再度进行签章确认，是否承担担保责任？对此，最高法院的认识也在逐步深化。

最高法院在法释〔1997〕7号《关于超过诉讼时效期间借款人在催款通知书上签字或盖章的法律效力问题的批复》中规定，根据《民法通则》第4条、第90条规定的精神，对于超过诉讼时效期间，信用社向借款人发出催收到期贷款通知单，债务人在该通知单上签字或盖章的，应当视为对原债务的重新确认，该债权债务关系应受法律保护，但这一规定似乎并未得到下级法院的遵守。

诉讼时效届满后，怀柔东方虽然再次在贷款到期通知单上履行了签章手续，但这并不是担保人怀柔东方放弃诉讼期间届满抗辩权或愿意重新提供担保的明确的意思表示，仅此不足以成为其承担保证责任的理由。②

而在审理担保纠纷案件中，不管是担保责任还是保证责任，除非符合法定的免责情形，即使存在某些瑕疵，最高法院倾向于不能当然免除。应特别指出，这里的"法定"，专指法律层面，排除了部门规章的特别规定。

在世临客公司、天之林公司与平安银行萧山支行等金融借款合同纠纷再审案中，法院认为，数人连带保证中一人虚假签名，仅是其中一个法律关系出现瑕疵，并不影响另外一个法律关系的效力。连带保证人之一不承担保证责任并没有加重另一保证人的保证责任，债权人有权依据保证合同请求任何一个保证人承担保证责任。保证人以其今后代偿还主债务后不能对另一保证人行使追偿权为由对抗债权的诉求，于法无据，不予支持。③

在五峰公司、兴业银行沈阳分行金融借款合同纠纷案中，法院认为，《应收账款质押登记办法》第12条虽规定："质权人自行确定登记期限，登记期限以年计算，最长不得超过5年。登记期限届满，质押登记失效"，但依照物权法定原则，《登记

---

① 广州中院民五庭陈嘉贤：《按日累计的违约金请求权诉讼时效何时起算》，引自《中外民商裁判网》，http：//www.zwmscp.com/a/gedipanli/gedipanli/2013/0926/13059.html，2014年10月7日访问。另见广州市中院《关于审理商品房预售合同纠纷若干问题的指导意见》第11条规定："预定按违约期间持续性计付违约金的。从主张或起诉之日往前倒推两年计付。"

② 陈贵民：《民商审判案例与实务》，群众出版社2004年版，第317页。

③ 江必新主编、最高人民法院第三巡回法庭编著：《最高人民法院第三巡回法庭新型民商事案件理解与适用》，中国法制出版社2019年版，第203页。

办法》作为部门规章不能规定应收账款质权的效力。而且，根据《担保法解释》第12条第1款关于“当事人约定的或者登记部门要求登记的担保期间，对担保物权的存续不具有法律约束力”的规定，案涉应收账款的质押登记效力不受信贷征信机构有关登记期限的约束，质权人未办理质押登记的展期，不影响依法设立的质权的效力。①

更能体现最高法院司法态度的是，即便抵押权未能依法设立，也不能免除已作出抵押意思表示的当事人的赔偿责任。

在元亨曦地公司与青岛天一公司、信恒基公司、澳海公司等企业借贷纠纷再审案中，法院认为，元亨曦地公司与信恒基公司、青岛天一公司签订《借款补充协议》，约定元亨曦地公司以其名下的三块土地使用权为信恒基公司向青岛天一公司的借款提供抵押担保。合同签订后，双方均未办理上述土地使用权的抵押登记手续，故抵押权并未有效设立。在此情况下，青岛天一公司无权对上述抵押物行使优先受偿权。虽然抵押权未能有效设立，青岛天一公司无权对抵押物行使优先受偿权，但在主合同即《借款协议》和从合同即《借款补充协议》均合法有效的情况下，元亨曦地公司对因此给青岛天一公司造成的损失，应当承担赔偿责任。原审法院根据双方的过错程度，判决元亨曦地公司在其提供的抵押物价值的二分之一范围内对信恒基公司不能清偿的部分承担赔偿责任具有事实和法律依据，依法应予维持。②

在高金公司、星海工行支行企业借贷纠纷、金融借款合同纠纷案中，法院认为，《担保法解释》第17条第1款虽然规定“企业法人的分支机构未经法人书面授权提供保证的，保证合同无效……”，但该条规定针对的主体是企业法人的分支机构，有别于金融机构的分支机构。现行有效的《最高人民法院关于审理经济合同纠纷案件有关保证的若干问题的规定》第17条第2款规定：“金融部门的分支机构提供保证的，如无其他导致保证合同无效的因素，保证人应当承担保证责任。”据此，金融部门的分支机构提供保证的，并不当然导致保证合同无效。③

从担保法角度看，保证责任的法定免除，主要体现在因主合同变更导致担保人

---

① （2017）最高法民申5014号。

② （2017）最高法民申2340号，引自最高人民法院民事审判第二庭编著：《〈全国法院民商事审判工作会议纪要〉理解与适用》，人民法院出版社2019年版，第365页。

③ （2017）最高法民终647号。

法定免责的规定，这源于担保法司法解释。① 司法实践中，曾出现一件极为罕见的案例，最高法院不仅根据司法解释的规定，免除了保证人责任，而且进一步认定，即使保证人与贷款人事先有所约定，该约定仍不能对抗保证人法定免责条款。

在长城公司哈尔滨办事处与华夏公司担保纠纷上诉案中，法院认为，虽然担保人与贷款人在《最高额抵押合同》中约定除展期和增加贷款金额外，贷款人与借款人协议变更主合同，无须经担保人同意，担保人仍承担抵押担保责任。但是，上述约定不能对抗《担保法解释》第 39 条规定的因主合同变更导致担保人法定免责的情形。借贷关系的双方关于借款用途的约定，是担保人判断其风险责任所考虑的重要因素。主债务双方在固定借款用途而设定担保后，又以借新还旧的真实用途发放并收回贷款，改变了担保人在提供担保时对担保风险的预期，加重其担保责任，导致对担保人不公平结果。对于贷款人请求担保人承担抵押担保责任的上诉请求，不予支持。②

《民法典》实施以前，从物权法角度看，保证责任的法定免除，主要体现在物保与人保并存时，保证人的顺位信赖利益被侵犯，这源于物权法的明确规定，并被《民法典》第 392 条和第 409 条完全承继。

在黑龙江北大荒投资担保股份有限公司与黑龙江省建三江农垦七星粮油工贸有限责任公司、黑龙江省建三江农垦宏达粮油工贸有限公司等担保合同纠纷案中，法院认为，同一债权上既有人的担保，又有债务人提供的物的担保，债权人与债务人的共同过错致使本应依法设立的质权未设立，保证人对此并无过错的，债权人应对质权未设立承担不利后果。《物权法》第 176 条对债务人提供的物保与第三人提供的人保并存时的债权实现顺序有明文规定，保证人对先以债务人的质物清偿债务存在合理信赖，债权人放弃质权损害了保证人的顺位信赖利益，保证人应依《物权法》第 218 条的规定在质权人丧失优先受偿权益的范围内免除保证责任。③

---

① 《最高人民法院关于适用〈中华人民共和国担保法〉若干问题的解释》第 39 条规定："主合同当事人双方协议以新贷偿还旧贷，除保证人知道或者应当知道的外，保证人不承担民事责任。新贷与旧贷系同一保证人的，不适用前款的规定。"2020 年 12 月 31 日，最高法院公布《担保制度解释》，其第 16 条规定，主合同当事人协议以新贷偿还旧贷，债权人请求旧贷的担保人承担担保责任的，人民法院法不予支持；债权人请求新贷的担保人承担担保责任的，按照下列情形处理：（一）新贷与旧贷的担保人相同的，人民法院应予支持；（二）新贷与旧贷的担保人不同，或者旧贷无担保新贷有担保的，人民法院不予支持，但是债权人有证据证明新贷的担保人提供担保时对以新贷偿还旧贷的事实知道或者应当知道的除外。

② 最高人民法院民事审判第二庭编：《商事审判指导》（第 1 辑），人民法院出版社 2011 年版，第 222 ~ 229 页。

③ 《中华人民共和国最高人民法院公报》2018 年第 1 期。

最高法院不轻易免除保证人的保证责任，甚至还表现在法律事实被撤销的情形下，不惜以客观事实的认定，来支持对保证人的追索，可见其所持既有立场之坚定。

在工行西城支行与大世界公司、共享集团、二轻公司借款担保合同纠纷案中，法院认为，对于债权人在保证期间内向公证机关申请，向保证人公证送达逾期贷款催收通知书，因公证机关送达程序上存在问题导致公证书被撤销，并不必然否定债权人在保证期间内向保证人主张了权利。如果仅因公证处在送达程序上存在的问题，即否定工行西城支行送达催收通知这一事实，从而否定其在保证期间内向保证人主张了权利，对工行西城支行显属不公，故应当认定其在保证期间内进行债务催收的事实存在。①

此外，即便是在银行确实存在过错的情况下，最高法院也认为，该过错并不必然导致保证人保证责任的免除。

在甘井子农行与础明公司、冰凌花公司借款合同纠纷案中，法院认为，虽然商业银行在贷后检查报告中作出了不符合案涉贷款实际使用情况的描述，但由于目前我国法律、行政法规中并没有关于商业银行违反贷后严格检查义务所应承担的民事责任的相关规定，《商业银行法》、中国人民银行《贷款通则》等法律法规及商业银行内部关于贷后检查的相关规定，均属于要求商业银行加强风险控制的管理性规范，同保证人依照案涉保证合同约定而负担的连带责任保证义务并无对应关系，商业银行违反该管理性规范并不必然导致保证人保证责任的免除。保证人作为独立商事主体，应当自行承担其对外提供保证所带来的风险和法律后果。②

在刑民交叉案件中，最高法院认为，即便银行主管领导存在犯罪行为，只要银行本身并非明知经济犯罪事实，则不能免除借款人的还款义务。

在农行康昂东路支行与华西公司、达义公司借款合同纠纷案中，法院认为，本案属于刑民交叉案件，涉案银行的上级主管领导存在经济犯罪，虽然贷款流向与犯罪分子约定的使用方向一致，但没有证据证明本案贷款银行贷款过程中有任何违法犯罪问题。若非贷款银行明知经济犯罪的事实并指令借款人将所贷款项划转给实际用款人的情况，借款人的还款义务不能免除。根据合同约定的借款用途以及合同法律关系的相对性原理，作为“流动资金”借款，无论借款人将其直接用于自身生产经营的项目或是转借他人抑或代他人清偿债务，均符合流动资金使用性质，不能当

---

① 最高人民法院民事审判第一庭编：《最高人民法院商事审判指导案例·借款担保卷》（下），中国法制出版社2011年版，第908、915页。

② 杜万华副主编：《商事审判指导》（第3期），人民法院出版社2014年版，第235页。

然地构成其免除向贷款人偿还借款之合同义务的事实根据。故本案如不存在其他合法有效的抗辩事由，借款人华西药业公司依法应当向贷款人农行康昂路支行承担偿还借款本息的责任。①

当然，有时担保责任的免除，是因为国家政策的原因，对此，最高法院也予以承认。

在中行长葛支行、交通银行郑州分行、金利公司和海发公司借款担保合同纠纷案中，法院认为，海发公司为金利公司出具的担保是美元额度担保，随着国家外汇额度政策的取消，海发公司担保本案外汇额度的责任应予免除。② 同样是外汇额度担保，在建行河南分行与卷烟厂、中国烟草河南省公司等借款担保合同纠纷上诉案中，法院认为，粮油公司与土产公司的外汇额度担保，因后来外汇额度已被国家银行取消，不再成为有价证券性质的担保，故可认定随国家政策的变化，外汇额度不复存在，这种担保已失去意义，应判定该两担保人应予以免除。③

要强调的是，当国家政策有时表现为中央文件时，其中关于民事责任的具体规定，对最高法院有很大的约束力。

在中国卫星发射测绘系统部与中国进出口银行、中国远望公司、中原公司借款担保合同纠纷案中，法院认为，在合同履行期间，中共中央办公厅、国务院办公厅、中央军委办公厅分别于1998年10月18日、11月12日下发《关于印发〈军队、武警部队不再从事经商活动的实施方案〉的通知》及相关配套文件，均明确了军队、武警部队、政法机关不再从事经商活动，对原来所提供的保证采取相应的安排后，解除原保证单位的保证责任。④

但是，同样是国家政策，对于政策性破产的债务人，最高法院在多个判决中认定，金融机关核销其债务，并不意味着担保人连带清偿责任义务的免除。

在长城公司乌鲁木齐办事处与昆仑公司、化工公司、新化化肥公司借款担保合同纠纷案中，法院认为，政策性破产企业的债务作为拟核销的呆坏账由债权银行予以核销，系金融企业对呆坏账按照国家政策性破产所实施的特殊财务处理方式，并不因此导致从债务即担保法律关系的消灭，担保人对担保债务仍应承担担保

---

① 载中外民商裁判网，http：//www.zwmscp.com/a/caipanwenshu/zuigaofayuancaipanwenshu/2013/0515/12893.html，2015年4月7日访问。

② 吴庆宝：《合同权益疑难案件判定解说》，人民法院出版社2003年版，第226、228页。

③ 吴庆宝：《合同权益疑难案件判定解说》，人民法院出版社2003年版，第268页。

④ 最高人民法院民事审判第二庭编：《最高人民法院商事审判指导案例·借款担保卷》（下），中国法制出版社2011年版，第928页。

责任。①

在长城公司西安办事处与宝光公司借款担保纠纷案中，法院认为，政策性破产企业债务作为拟核销的债务由金融机构予以核销，系金融机构按照国家政策对呆坏账所实施的特殊财务处理方式，并非法律意义上的合同权利义务的终止。从目前既有的法律政策看，上述政策层面的核销处理仅针对进入政策性破产的债务人，并未同时针对担保人，故金融机构要求连带责任担保人承担清偿义务的，应予支持。在双方协商达成一致前，法院不得对该债务直接予以减免。②

但是，新近公布的案例表明，当涉及政府的担保责任时，最高法院在认定时持极为谨慎的态度，表明其对该问题的所持立场并不稳定。

在中国银行公司与某省政府、葫芦岛锌厂保证合同纠纷案中，法院认为，在政府仅承诺“协助解决”并没有对债务作出代为清偿责任的意思表示情况下，《承诺函》不符合我国法律关于“保证”的规定，从本案《承诺函》的名称与内容看，某省政府仅承诺“协助解决”，没有对中辽公司的债务作出代为清偿责任的意思表示，《承诺函》不能构成法律意义上的保证。③

而在公司诉讼中，最高法院认为，作为法定义务，股东的出资责任不能当然免除，即使另有约定，也不具有合法性，对双方没有约束力。

在新湖公司与玻璃公司增资纠纷案中，法院认为，根据《合同法》第 91 条的规定，合同各方当事人可以采取约定方式终止合同的权利义务。因此，合同约定在一方违约的情形下，守约方有权要求单方面终止合同继续履行的，该约定有效。但在增资扩股协议项下，如果已经办理了新增资本的工商登记，认购新增资本的股东就负有公司法上足额缴付注册资本的义务。负有增资义务的一方在对方违约的情况下，虽然可以按照约定终止履行合同，但仍然要足额缴付已经登记在其名下的股权所对应的注册资本，即股东缴付出资的义务不能以股东之间的内部约定予以免除。④

在保险诉讼中，最高法院认为，同一保险标的之上，可以设立不同保险利益，

---

① 最高人民法院民事审判第二庭编：《最高人民法院商事审判指导案例·借款担保卷》（上），中国法制出版社 2011 年版，第 371 页。

② 最高人民法院民事审判第二庭编：《最高人民法院商事审判指导案例·公司与金融卷》，中国法制出版社 2013 年版，第 265 页。

③ http：//www. court. gov. cn/zgcpwsw/zgrmfy/ms/201502/t20150204_ 6546636. htm，2015 年 3 月 19 日访问。

④ 宋晓明、刘俊海主编：《人民法院公司法指导案例裁判要旨通纂》，北京大学出版社 2014 年版，第 348 页。

但不能相互替代，更不能用他人设立保险免除自身应负的赔偿责任。

在中国平安财产保险股份有限公司江苏分公司诉江苏镇江安装集团有限公司保险代位求偿权纠纷案中（指导性案例74号），法院认为，根据《保险法》第60条第1款规定以及保险代位求偿权制度的立法目的，保险人行使代位求偿权必须以被保险人对第三者享有损害赔偿请求权为前提，该赔偿请求权既可因第三者对保险标的实施的侵权行为而产生，亦可基于第三者的违约行为而产生，不应仅限于侵权赔偿请求权。施工过程中造成发包人的设备毁损灭失，承包人以其对该设备也具有保险利益，且发包人已对该设备投保财产损失保险为由，主张驳回保险人对其行使代位求偿权的请求的，因承包人虽对施工所涉发包人设备也具有保险利益，但该保险利益系责任保险利益，不同于发包人对其设备具有的所有权保险利益。保险利益不同，可以投保的保险类别亦不同，不能相互替代。承包人欲将施工过程中可能产生的损害赔偿责任转由保险人承担，应当投保相关责任保险，而不能借由发包人投保财产损失保险免除自已应负的赔偿责任。①

除诉讼时效类债务纠纷外，在其他债务纠纷案件中，最高法院倾向认为，当事人虽然自身也有过错，但如果相对方出于恶意，则可能免除自身的民事责任。

在建行濮阳分行与工行濮阳支行存单质押纠纷上诉案中，法院认为，如果接受存单质押的债权人明知存单为虚开而仍然接受质押，该债权人即属于恶意取得存单质押，实际为套取金融机构信用，其损失的产生与金融机构虚开的存单并无必然联系，因此金融机构不应承担赔偿责任。②

涉及公司清算时，最高法院曾认为，无论是有限责任公司的股东，还是股份有限公司的董事和控股股东，应当依法在公司被吊销营业执照后履行清算义务，不能以其不是实际控制人或者未实际参加公司经营管理为由，免除清算义务。但2019年发布的九民会议纪要，对上述裁判规则作出实质性修改。该纪要第14条规定，股东举证证明已经为履行清算义务采取了积极措施，或者小股东举证证明其既不是公司董事会或监事会成员，也没有选派人员担任该机关成员，且从未参与公司经营管理的，不构成怠于履行清算义务，不对公司债务承担连带清偿责任。第15条规定，即使股东存在怠于履行义务的消极不作为，但举证证明该消极不作为与“公司主要财

---

① 《中华人民共和国最高人民法院公报》2017年第1期。有必要指出，该案入选第15批指导性案例后，所归纳的裁判要点，与当初在公报刊登时有所不同，表明最高法院对该案例所强调的侧重点发生变化。本书第五章第三节第一部分中，还将从其他角度援引该案例。

② 刘德权主编：《最高人民法院裁判意见精选》（上），人民法院出版社2011年版，第489页。

产、账册、重要文件等灭失，无法进行清算”的结果之间没有因果关系，也不对公司债务承担连带责任。

在存亮公司诉蒋某东、王某明等买卖合同纠纷案中（指导性案例9号），法院认为，房某福、蒋某东和王某明作为拓恒公司的股东，应在拓恒公司被吊销营业执照后及时组织清算。因房某福、蒋某东和王某明怠于履行清算义务，导致拓恒公司的主要财产、账册等均已灭失，无法进行清算，房某福、蒋某东和王某明怠于履行清算义务的行为，违反了公司法及其司法解释的相关规定，应当对拓恒公司的债务承担连带清偿责任。拓恒公司作为有限责任公司，其全体股东在法律上应一体成为公司的清算义务人。公司法及其相关司法解释并未规定蒋某东、王某明所辩称的例外条款，因此无论蒋某东、王某明在拓恒公司中所占的股份为多少，是否实际参与了公司的经营管理，两人在拓恒公司被吊销营业执照后，都有义务在法定期限内依法对拓恒公司进行清算。在清算不能的情况下，房某福、蒋某东和王某明对拓恒公司的债务承担连带清偿责任。①

民事责任的免除，可以通过主张消极权利的方式来积极主张，既可以通过主张自己不承担民事责任，也可以主张排除对方民事权利。消极权利既可以体现在合同之诉中，也可以体现在侵权之诉中，即不侵权确认之诉，这也是确认之诉的一种类型，主要发生在知识产权领域，但也有个别案件为商事诉讼。②

在上诉人信达公司沈阳办事处与被上诉人中钢集团保证合同纠纷上诉案中，法院认为，本案当事人争议的首要问题是人民法院是否应当受理当事人提起的消极确认之诉。本案中，一方面，信达公司沈阳办事处向中钢集团发出《关于尽快履行担保责任的催收函》，认为中钢集团应承担担保责任，而中钢集团认为其不应承担担保责任，双方就是否存在担保法律关系已存在了现实的争议。另一方面，在上述争议的基础上中钢集团需要通过诉讼尽早明确自己在这一争议中的法律地位，从而避免由于争议导致的不确定性而致经济上和精神上的不安定状态，包括信誉损失、精神

---

① 《最高人民法院发布第三批指导性案例》，载《人民法院报》2012年9月26日。对此案的详细评论，参见李清池：《公司清算义务人民事责任辩析——兼评最高人民法院指导案例9号》，载《北大法律评论》，北京大学出版社2014年版，第52~73页。须特别提示，该指导案例于2012年9月18日发布，自2021年1月1日起不再参照，但该指导案例的裁判以及参照该指导案例作出的裁判仍然有效。

② 依笔者所见，这方面的研究成果十分有限，比较深入的探讨仅见夏璇：《消极确认诉讼研究：从知识产权确认不侵权之诉展开》，法律出版社2014年版。此外，也有学者将确认不侵权的消极诉讼，从管辖角度又区分为侵权之诉与确认之诉两种不同的类型。曹伟：《知识产权确认不侵权诉讼的几个基本问题》，载《知识产权》2014年第4期。

损失和可能的经济损失，因此，中钢集团在诉讼中享有法律上的诉的利益，这一诉的利益强调的是法律上的利益而非事实上的利益。如果信达公司沈阳办没有提供任何存在担保关系可能性的证据，则中钢集团所主张的关于双方不存在担保法律关系的事实即可确认，中钢集团应当承担败诉的法律后果。①

在王某荣与何某云、王某胜等农村土地承包经营权纠纷提审案中，王某学的继承人何某云诉请确认村委会与王某学签订的土地承包经营合同有效，同时确认王某荣对王某学承包的土地无承包经营权。法院认为，王某荣作为城市居民，在二轮土地承包中不享有土地承包经营权。《农村土地承包法》第 26 条第 3 款规定，承包期内，全家迁入设区的市，转为非农业户口的，应当将承包的耕地和草地交回发包方。承包方不交回的，发包方可以收回承包的耕地和草地。可见迁入设区的市、转为非农业户口，是丧失农村土地承包经营权的条件。由于我国目前没有对农村居民个人丧失土地承包经营权的条件作出明确具体的规定，因此，只能按照法律中最相类似的条款进行认定，上述规定应成为认定在第二轮土地承包中，王某荣是否对王某学家承包的土地享有承包经营权的法律依据。王某荣的户口已经迁入设区的市，成为城市居民，因此不应再享有农村土地承包经营权。②

应当指出，关于知识产权领域中的不侵权确认之诉，该种诉讼类型的创立，首归于最高法院。2002 年，最高法院以批复下级法院请示的方式，首次确立了不侵权案件诉讼类型的独立性。③ 2004 年，最高法院再次以批复的方式，明确了确认不侵权诉讼属于侵权类纠纷。④ 2008 年，最高法院发布《民事案件案由规定》，将确认不侵权列为三级案由，项下包括确认不侵犯专利权纠纷、确认不侵犯注册商标专用权纠纷和确认不侵犯著作权纠纷三个四级案由。2009 年，最高法院又专门以发布司法

① 最高人民法院民事审判第二庭编：《商事审判指导》（第 4 辑），人民法院出版社 2010 年版，第 132～134 页。

② 《最高人民法院公布第二批保障民生典型案例》《城市居民不享有土地承包经营权》，载《人民法院报》2014 年 3 月 20 日。

③ 在苏州龙宝生物工程实业公司与苏州朗力福保健品有限公司请求确认不侵犯专利纠纷案中，最高法院批复如下："本案中，由于被告朗力福公司向销售原告龙宝公司的商家发函称原告的产品涉嫌侵权，导致经销商停止销售原告的产品，使得原告的利益受到了损害，原告和本案有直接的利害关系；原告在起诉中，有明确的被告；有具体的诉讼请求和事实、理由；属于人民法院受理民事诉讼的范围和受诉人民法院管辖，因此，人民法院对本案应当予以受理。"

④ 针对河北高院《关于石家庄双环汽车股份有限公司与本田技研工业株式会社确认不侵权专利纠纷管辖争议问题的请示》、北京高院《关于本田技研株式会社诉石家庄双环汽车股份有限公司、北京旭阳恒兴经贸有限公司侵犯外观设计专利权纠纷一案管辖权问题的请示》，最高法院答复认为，确认不侵权诉讼属于侵权类纠纷。

解释的方式，进一步明确了该种诉讼的行使与认定方式。《关于审理侵犯专利权纠纷案件应用法律若干问题的解释》（法释〔2009〕21号）第18条规定，权利人向他人发出侵犯专利权的警告，被警告人或者利害关系人经书面催告权利人行使诉权，自权利人收到该书面催告之日起一个月内或者自书面催告发出之日起两个月内，权利人不撤回警告也不提起诉讼，被警告人或者利害关系人向人民法院提起请求确认其行为不侵犯专利权诉讼的，人民法院应当受理。此后，最高法院还陆续发布指导案例，将不侵权确认之诉的规则，扩大适用于知识产权的其他领域。

在广州市红太阳机动车配件有限公司与安徽江淮汽车集团有限公司、安徽江淮汽车股份有限公司确认不侵犯商标专用权纠纷申请再审案中，据最高法院指导案例中公布的案情，成讼前红太阳公司向江淮股份发出律师函，敦促其尊重红太阳公司的知识产权，不得侵犯其注册商标专用权。江淮集团收到律师函后向安徽省合肥市中级人民法院提起确认不侵犯注册商标专用权诉讼，后江淮股份参加诉讼。合肥市中级法院和安徽省高级法院一、二审均判决江淮集团与江淮股份不侵犯红太阳的注册商标专用权。①

民事责任的免除，还存在一种特殊情况，即法院丧失管辖权，导致民事判决既判力的失效。民商事案件中，程序违法是最大的违法。最高法院认为，如果在管辖权方面存在法律适用错误，则不管经过几审，认定结果为何，均应以无权管辖为由全部推翻。

在准格尔旗鼎峰商贸有限责任公司与中铁十局集团有限公司铁路修建合同纠纷管辖权异议案中，法院认为，根据最高人民法院《全国各省、自治区、直辖市高级人民法院和中级人民法院管辖第一审民商事案件标准》的规定，山西高院管辖诉讼标的额在1亿元以上的第一审民商事案件，以及诉讼标的额在5000万元以上且当事人一方住所地不在本辖区或者涉外、涉港澳台的第一审民商事案件。本案诉讼标的额为8000万元，且一审被告中铁十局公司住所地不在山西省高级人民法院辖区，因此本案属于山西高院管辖的第一审民事案件，太原铁路中级法院对本案没有管辖权，一、二审裁定认定该院对本案有管辖权不当。②

值得关注的是，2012年民事诉讼法修改后，管辖错误已非法定申请再审事由。但是，此后最高法院仍多次启动审判监督程序，提审管辖异议的再审案件，并重新

① 最高人民法院《关于充分发挥知识产权审判职能作用推动社会主义文化大发展大繁荣和促进经济自主协调发展的典型案例》，载《中华人民共和国最高人民法院公报》2012年第2期。

② 《中华人民共和国最高人民法院公报》2014年第3期。

作出裁定。这表明，在司法实务中，最高法院的裁判思维非常灵活，并不囿于对法条的机械理解，得以施展的诉讼空间相当充裕。

在金龙公司与耐乐公司商业诋毁纠纷管辖权异议再审案中，法院认为，修改后的民事诉讼法虽然删除了“管辖错误”的再审事由，但该情形已经为《民事诉讼法》第200条其他项目的申请再审事由所涵盖，民事诉讼法修改后，当事人就管辖权异议的裁定仍可按照《民事诉讼法》第200条的有关规定申请再审。①

在龙之梦长峰公司与龙之梦置业公司、金帝公司建设工程施工合同再审案中，法院认为，关于当事人对二审管辖裁定，有无申请再审的权利问题，虽然修改后的民事诉讼法将“管辖错误”的事由删除，但管辖错误实质是适用法律错误，因此，根据《民事诉讼法》第200条第6项的规定，当事人仍可据此对管辖裁定不服申请再审。况且，民事诉讼法并未明文禁止对管辖裁定申请再审。②

第五节　强制执行中的民事责任

民事判决与强制执行是一面双体的孪生关系，在实体判决中确立的民事责任承担，延伸至强制执行程序中，因为客观情况的变化，经常会有一定程度的变形或变更。对于强制执行中的民事责任变更，主要体现在承担主体、承担方式的变更方面，法院在审查其合法性后，分别作出不同处理。故本文也将视角进一步延伸，追踪民事责任的最终承担者与承担方式。

总的来讲，最高法院认为，在执行程序中，民事责任的承担方式和范围，不允许随便变更和扩大。

在花园公司与中富公司合作开发合同纠纷执行复议案中，法院认为，本案生效判决文书中仅判令交付联合开发工程的地上物，并未涉及地上物的相关批准文书许可证的权利人变更问题，故上述证照的变更不属于执行依据确定的范围。房地产开发企业取得相关证照，须依法向行政主管部门申请，经行政主管部门审查具备法定条件后颁发。颁发上述证照属于行政许可行为。变更相关证照权利人是判决交付地

① 最高人民法院（2013）民提字第78号。

② 最高人民法院（2014）民提字第154号。关于民事诉讼法修改后，最高法院对于管辖错误的再审案例研究与详尽分析，参见李浩：《删而未除的“管辖错误”再审——基于2013年以来最高人民法院裁定书的分析》，载《法学研究》2015年第2期。

上物的附属义务的主张没有法律依据。执行中直接裁定变更上述证照权利人，超越职权范畴，缺乏法律依据。①

在信安公司与德宝公司土地使用权转让申请强制执行案中，法院认为，本案生效判决确定的执行标的物为土地使用证下 5 万余平方米的土地及地上有证房屋，因此，不能确定该宗土地上的无证房屋和其他地上附着物属于执行范围。有观点认为，应当依据《合同法》第 125 条的规定，按照合同解释的原则推定转让标的应当包括土地使用权及地上附着物，否则合同目的难以实现。但是，在执行依据明确的情况下，执行程序中不宜作出这样的推定，而应严格按照生效判决的判项执行。鉴于“房随地走”“地随房走”原则是处理房地产纠纷的一般原则，故本案土地上的无证房屋和地上附着物必须与土地使用权一并转让，否则将造成房地分离的局面。虽然地上附着物应当与土地使用权一并执行，但并不意味着申请执行人可以无偿取得地上附着物，应当根据公平原则，在执行程序中对原权利人给予合理补偿。②

多数情况下，民事责任主体的变更，往往是因为被执行人的交易行为，被最高法院认定为转移资产。

在吉林中城建中大房地产开发有限公司申诉案中，法院认为，被执行人与其他人以复杂的出资组建新公司、收购股份及并购的名义，将债权人享有优先受偿权的工程及相关土地等主要资产变更至新组建的公司名下，而其他人控制新组建公司多数股权、新组建公司不承担工程价款的债务的，该情形可以认定为被执行人和其他人及新组建的公司之间转移资产，侵犯工程价款优先债权人的合法权益，其他人和新组建公司应当作为被执行人的权利义务附随人对该优先债权人承担责任。执行法院有权裁定追加其他人和新组建的公司为被执行人。③

但是，极个别情况下，最高法院认为，诉讼程序中被认定具有法人资格的民事责任主体，在执行程序中该法人资格却被否决，裁定其债务由主管部门承担。

在《最高人民法院执行工作办公室关于中国少年先锋队江苏省工作委员会是否具备独立法人资格问题的复函》中，法院认为，江苏省南京市鼓楼区法院判令省少工委偿还新华公司债务，但省少工委并没有独立的财产和经费来源，编制也在共青团江苏委员会，其自身不具有独立承担民事责任的能力，不具备法人资格，其债务

① 江必新主编：《执行工作指导》（第 4 辑），人民法院出版社 2010 年版，第 84 页。

② 苏荣主编：《最高人民法院执行案例精选》，中国法制出版社 2014 年版，第 644 页。

③ 《中华人民共和国最高人民法院公报》2012 年第 2 期。

应当由其主管部门负责。省少工委之所以力主自己具有独立的法人资格，主要是因为其没有财产，不具备偿债能力，可以免去其主管部门的责任。①

不仅民事责任主体可能变更，民事执行主体也可能变更。如生效判决确定的债权发生流转时，就会出现申请执行主体的变更。对此，最高法院曾在个案请示中，明确答复如下：申请执行人包括权利承受人，即通过债权转让的方式承受债权的人。依法从金融资产管理公司受让债权的受让人将债权再次转让给其他普通受让人的，执行法院可以依债权转让协议以及受让人或者转让人的申请，裁定变更申请执行主体。最高法院《关于金融资产管理公司收购、处置银行不良资产有关问题的补充通知》第3条虽然只就金融资产管理公司转让金融不良债权环节可以变更申请执行主体作了专门规定，但并未排除普通受让人再行转让给其他普通受让人时变更申请执行主体。②

对于执行过程中，经常发生转让股权、出售企业、增加资本等行为，法律关系的准确识别较为困难。为了追求执行效果，执行法院往往倾向直接裁定变更责任承担主体，这方面有大量的公布案例。对于其中法律认定错误的，最高法院在审查后会撤销错误执行裁定。

在案外人天华电力公司执行申诉案中，法院认为，企业法人的设立是否合法，应依据企业法人设立的有关法律规定并通过诉讼程序加以解决，在执行阶段，执行机构直接认定企业法人资格无效，缺乏法律依据。湖南省高级人民法院在执行阶段以尊荣公司逃避债务为由，直接执行天华电力公司财产的行为错误，应立即解除对天华电力公司持有的陕西精密合金股份有限公司国有法人股的冻结措施。③

在北海公司诉四川公司商品房预售合同纠纷执行案中，法院认为，四川公司转让北海公司的股权，收到受让人支付的对价款不属于抽逃北海公司的注册资金，即不能以抽逃资金为由追加四川公司为申请执行北海公司一案的执行人。四川公司转让北海公司股权的行为，是依据《公司法》的规定合法转让的行为。因该转让既不改变北海公司的独立法人地位，也未造成北海公司资产的减少，至于四川公司与北海公司的并表财务报告等，并不表明四川公司对北海公司的债权债务有继受关系或

---

① 苏荣主编：《最高人民法院执行案例精选》，中国法制出版社2014年版，第66~68页。

② 最高人民法院《关于判决确定的金融不良债权多次转让人民法院能否裁定变更申请执行主体的答复》（2009年6月16日，〔2009〕执他字第1号），载江必新主编：《执行工作指导》（第2辑），人民法院出版社2009年版，第127页。

③ 中华人民共和国最高人民法院执行工作办公室编：《强制执行指导与参考》（第1辑），法律出版社2003年版，第228页。

者属法人人格滥用行为，北海中级法院追加四川公司为被执行人没有事实依据和法律依据。①

在申请执行人江城农行与被执行人经协公司信用证担保纠纷执行案中，法院认为，本案属于以出售企业形式将全民所有制企业改制为有限责任公司的案件，国资办、经协办作为经协公司的主管部门，代表国家经协公司的全部控制权，经协公司的产权转让，符合市场经济等价有偿的原则，是国有企业在面向市场经济过程中出现的改制方法之一。转让虽然使投资主体和企业性质发生了变化，但并不必然影响原企业的法人资格，国资办收取的是转让经协公司应得的对价，以无偿接受为由，裁定国资办承担经协公司的债务不当。②

在富马公司与龙岗电影城申请执行纠纷案中，法院认为，富马公司与龙岗电影城的交易发生在龙岗电影城变更注册资金之前，富马公司对于龙岗电影城责任能力的判断应以其当时的注册资金 500 万元为依据，而龙岗电影城能否偿还富马公司的债务，与此后龙岗电影城股东惠华集团增加注册资金是否到位并无直接的因果关系。惠华集团的增资瑕疵行为仅对龙岗电影城增资之后的交易人即公司债权人承担相应的责任，富马公司在龙岗电影城增资前与之交易所产生的债权，不能要求此后增资行为有瑕疵的惠华集团承担责任。③

对于判决主文已经判明担保人承担担保责任后有权向被担保人追偿，该追偿权是否须另行诉讼，如何追究对方民事责任，司法实践中有所争议。最高法院认为，对判决书主文明确判明担保人承担担保责任后，可向主债务人行使追偿权的案件，担保人无须另行诉讼，可以直接向人民法院申请执行，但行使追偿权的范围应当限定在抵押担保责任范围内。④

当执行标的为股份时，进入执行程序后，还会涉及实体法中关于股份转让的限制性规定与执行的协调。

依据《公司法》第 142 条规定，发起人持有的本公司股份，自公司成立之日起 1 年内不得转让。该实体法中对股份转让的限制性规定，是否适用强制执行？对此，理论和实践中均有不同观点。为廓清争议，2000 年 1 月，最高法院执行办公室给福

① 中华人民共和国最高人民法院执行工作办公室编：《强制执行指导与参考》（第 3 集），法律出版社 2003 年版，第 217 页。

② 中华人民共和国最高人民法院执行工作办公室编：《强制执行指导与参考》（第 3 集），法律出版社 2003 年版，第 220 页。

③ 苏荣主编：《最高人民法院执行案例精选》，中国法制出版社 2014 年版，第 112 页。

④ 江必新主编：《执行工作指导》（第 3 辑），人民法院出版社 2010 年版，第 74 页。

建高院《关于执行股份有限公司发起人股份问题的复函》中指出，2004 年《公司法》第 147 条中关于发起人股份在 3 年内不得转让的规定，是对公司创办者自主转让其股权的限制，其目的是为防止发起人借设立公司投机牟利，损害其他股东的利益。人民法院强制执行不存在这一问题。被执行人持有发起人股份的有关公司和部门应当协助人民法院办理转让股份的变更登记手续。2012 年，最高法院再次强调，上述复函意见可以作为办理类似案件的参考。①

在执行过程中，最高法院认为，对于被执行人，可以通过减少其持有公司股份的形式，体现其对民事责任的承担。

在强制收购广东恒通集团股份有限公司持有的股份以抵顶其债务执行案中，法院认为，被执行人恒通公司所欠主要是申请执行人新江南公司的债务，而现在执行回来的只是恒通公司持有的 4000 万股新江南公司股份，该股份目前无法拍卖和变卖，只能由新江南公司收回以抵顶恒通公司欠其的债务。依据《公司法》规定，一般情况下，公司是不能收购本公司股票的，但在特殊情况下，法律允许公司按照法定程序收购公司的股票。新江南公司如果收购了恒通公司所持的股份，恒通公司在新江南公司的股份才能注销，新江南公司的资本也必然会减少，从而符合法律对收购本公司股票的特殊要求。但是要做到这一步，必须经新江南公司的股东大会同意授权。恒通公司至今仍然是新江南公司的控股股东，新江南公司无法在股东大会上作出这样的决议。为维护法律的尊严，规范和完善股份公司制度，依法保护股份公司所有股东的合法权益，制裁股份公司内部发生的侵权行为，只能由人民法院强制新江南公司收购恒通公司持有的新江南公司股份。收购后，新江南公司依法相应减少其注册资本并注销股份。②

强制执行中的民事责任，往往涉及工商登记的效力确认。最高法院认为，在强制执行中确定民事责任的承担，不能仅依靠工商登记等形式证据，还必须依赖其他实质性证据。

在最高法院执行办公室监督立案的一起执行案件中，山东某期货公司被强制执行撤销案中，国家工商行政管理局的登记注册材料显示，A 公司系 B 公司变更而来，故某中级法院执行庭以裁定形式变更被执行人 B 公司为 A 公司，A 公司提出异议，

① 最高人民法院民事诉讼法修改研究小组编著：《〈中华人民共和国民事诉讼法〉修改条文理解与适用》，人民法院出版社 2012 年版，第 556 页。

② 《中华人民共和国最高人民法院公报》2001 年第 6 期。对此案的详细评论，参见梁上上：《利益衡量论》，法律出版社 2013 年版，第 214～219 页。

认为与B公司之间只是形式上的变更，却是实质上的新设。两家公司之间的股权转让是按照中国证监会和国家工商行政管理局要求的程序，公司法的有关原则进行的。A公司的重新登记，是由该公司股东重新注入了全部注册资金。最高法院认为，A公司、B公司的变更参照《公司法》履行了严格的程序，B公司视为解散，A公司为新设，撤销了变更A公司为本案被执行人的民事裁定，并解除对A公司的财产查封。①

强制执行程序中，还会出现多家法院裁定相互冲突，实体判决的民事责任无从落实的情况，不得不共同报请最高法院处理。最高法院的指示意见中，常常涉及对相关法律或法规冲突的理解，由此可以一窥其所秉持的法律思维及价值取向。

在广东省高级人民法院、湖南省岳阳市中级人民法院就执行“洪湖大厦”发生争议案中，法院认为，本案的争议焦点在于深圳市地方性法规的适用范围。根据《立法法》的规定，深圳市地方性法规的效力只能在深圳市所辖范围内实施，其约束力只能限定在深圳市当地有关执法机关，而不应对外地法院产生法律约束力。所以，广东高院对该争议标的物诉讼保全后，没有再补办续封手续，依照《深圳经济特区房地产登记条例》的规定，没有续封的，6个月即自行解封。该解封事宜发生于深圳市所辖范围内，依法在深圳市所辖范围内生效。在此情况下，岳阳市中院对该不动产办理查封手续，执行程序并无过错，应予维持。②

在河北邯郸市峰峰矿区人民法院与营口市中级人民法院、营口市鲅鱼圈区人民法院围绕煤炭物资沈阳公司相关房产的执行和审判产生的争议协调案中，法院认为，人民法院的强制拍卖属于公法意义上的拍卖，如果竞买人或者相关利害人对强制拍卖的效力存在异议，可以依法向执行法院或者执行法院的上级法院提出，其他任何机构和个人均无权认定。营口市鲅鱼圈区法院无权通过民事诉讼程序判定峰峰矿区法院的强制拍卖无效。③

在政策影响等特殊情况下，对于某些变更后的被执行人，其执行范围被最高法院严格限缩，最终不得不终结执行。

在《人民法院在执行与工商联脱钩企业的案件时是否适用最高人民法院法释〔2001〕8号文的请示与答复》中，法院认为，天津市南开区法院因河北省工商联

---

① 栾少湖主编：《纪念山东德衡律师事务所建所十周年专辑之案例选》，法律出版社2003年版，第35~40页。

② 中华人民共和国最高人民法院执行工作办公室编：《强制执行指导与参考》（第1辑），法律出版社2003年版，第206页。

③ 江必新主编：《人民法院执行工作规范全集》，人民法院出版社2017年版，第431~433页。

下属实业总公司债务纠纷，将河北省工商联作为被执行人，查封汽车3辆，划扣银行存款1万元。但是，各级工商联是党委领导下的具有统战性质的人民团体。其与挂靠企业脱钩时，是按照中央文件的要求执行的。因此法院在执行与其脱钩企业的案件时，也应比照最高法院法释（2001）8号《关于审理军队、武警部队、政法机关移交、撤销企业和与党政机关脱钩企业相关纠纷案件若干问题的规定》，据此，不得对开办单位的国库款、财政经费账户、办公用房、车辆等其他办公必需品采取执行措施。如果开办单位没有财政资金以外自有资金的，应当依法裁定终结执行。①

此外，民事判决并非强制执行的唯一来源，具有强制执行效力的公证债权文书，也是人民法院的执行依据。值得注意的是，最高法院认为，如果债权文书仅有公证的形式，而没有当事人关于执行问题的特殊合意，不能产生可以申请强制执行的效果。

在李某与辽宁金鹏房屋开发有限公司金融不良债权追偿纠纷案中，法院认为，根据最高人民法院、司法部《关于公证机关赋予强制执行效力的债权文书执行有关问题的联合通知》第1条的规定，赋予强制执行效力的公证债权文书必须符合当事人已经就强制执行问题在债权文书中达成书面合意的条件。合同当事人的意思表示是赋予强制执行效力的公证债权文书强制执行效力的重要来源。当事人可以通过合意的方式约定直接申请强制执行的内容，法律亦不禁止当事人变更直接申请强制执行的内容，放弃对债权的特殊保障。②

第六节　分析与评论

正如民事权利总是民事主体的权利，民事责任也总是民事主体的责任。在对该领域的长期考察中，笔者发现，最高法院在划分民事责任时，审理思维十分清晰，非常注重分清不同的主体类型，首先判断责任的承担者，其次加入各种考量因素，最后再确定责任的承担程度，从法律性质和法律强度这两个层面，实现民事行为与民事责任的匹配。这一审判思维符合认识规律，本身也是一种归类方法，显示出最高法院审理思维的成型趋势。

---

① 苏荣主编：《最高人民法院执行案例精选》，中国法制出版社2014年版，第66～68页。

② 《中华人民共和国最高人民法院公报》2016年第4期。

综观最高法院全部民事判决，在对民事责任进行划分时，其有以下三个突出特点：第一，思维半径很大。最高法院认定民事责任非常仔细，很注意有无影响责任认定的遗漏事项，责任涵盖范围是否完整，有无责任的扩张、加重、减轻或免除情节，思维覆盖面宽广，排查责任人细密，尤其不轻易免除包括担保责任在内的民事责任，体现出其对市场交易秩序的价值取向。尤值一提的是，最高法院还特别注意到审判观点的深化对于认定民事责任的影响，并随之不断作出动态调整，以确保责任认定的准确恰当。

最高法院思维半径之大，不仅体现在空间分布上，还体现在时间跨度上。自1996年至2003年，最高法院曾经发布过以法函〔1996〕56号《关于会计师事务所为企业出具虚假验资证明应如何处理的复函》为代表的五个司法解释和司法解释性文件，平均几乎每年发布一个。针对同类问题，如此频密地发布司法解释，这在最高法院历史上还不多见。随着时间推移，以及审判经验的积累，最高法院认识到，上述司法文件因历史和认识的局限性而存在一些问题，并导致审判实践适用规则不一，事务所民事责任畸轻畸重，在审判实践中呈现责任扩大化的态势。自2001年5月起，经过六年时间的调研，于2007年推出第六部司法解释《关于审理涉及会计师事务所审计业务活动中民事侵权赔偿案件的若干规定》，对既往司法文件做了全面的承继、整合和矫正，统一适用过错推定原则和举证责任倒置分配模式，确定了过失比例责任和责任顺位，并进一步完善不承担责任和减轻责任的事由。

诚如最高法院有关负责人所言，“会计师事务所的侵权责任问题的实质，是侵权法律逻辑与公共政策选择之间的冲突和协调问题，是一个公平与效率的取舍和权衡问题。故需要在侵权行为法的基本框架下，考虑社会公共政策因素，综合运用民法公平原则，公平地分配商业活动中的损失问题”。[①] 历时十多年，最终得出这一认识结论，足以反映出最高法院在责任认定方面的动态变化。

第二，务实色彩鲜明。在划分民事责任时，不管是侵权行为，还是合同行为，过错原则始终是最高法院的考虑因素，至于学术界如何评价，是否符合学术界划定的清规戒律，似乎并不在意，只要能解决实际问题就好。最高法院在考量民事责任时，不仅考虑约定因素，也考虑法定因素，注意在私法自治与自由放任之间保持平衡，防止突破法律底线，这突出地表现在敢于调整畸高违约金，敢于坚持投资风险承担原则，敢于确认消极债权等，并为此确定较具可操作性的裁决规则。与此同时，

① 高法有关负责人：《正确界定会计师事务所民事责任》，载《人民法院报》2007年6月17日。

最高法院还经常适用公平、诚实信用原则，通过对民法基本原则的适用，主动分配责任，以平衡各方利益，表明其判案不单纯追求法律效果，也重视社会效果。有必要指出，最高法院在审判实践中，早于20世纪90年代中叶，就大胆适用“情势变更原则”。虽然该原则最终被《合同法》剔除，但并不妨碍最高法院继续审慎适用这一原则，并出台司法文件，进一步规范情势变更的判断标准，在充分注意利益均衡的前提下，将情势变更与商业风险区别开来，在个案中灵活界定当事人之间的民事责任。① 情势变更最终被编入民法典合同编第533条，与最高法院长期的司法实践和经验总结，显然是分不开的。

此外，这种务实色彩还体现在司法解释的颁布上，按照最高法院相关负责人的说法，司法解释的一大特点就是三个不：“不面面俱到、不系统化、不解释概念。”② 显然，最高法院非常注意与学界的理论探讨拉开必要的距离，以解决问题为重，以避免引起无谓的争议。笔者的主观猜测是，这种自觉隔离态度的背后，未尝没有对国内学术界的研究态度和研究水平的某种警觉和反省。关于这一点，似可以从法官群体对于专家出具论证意见所持态度的转化上，即从当初的奉若指示，到后来的弃如敝屣，获得部分谨慎的求证。

第三，强调中立裁判。笔者曾在第二章“判断法律行为”中的“分析与评论”部分，论及最高法院在司法中立与司法干预中寻求平衡。如果说在行为判断上，最高法院还侧重于平衡术的话，那么，在责任认定这一最关键领域，最高法院中立主义的定位更加明显。比较而言，中立凸显，干预淡出。其在案件审理中，十分注意责任承担的客观恰当，既防止过分偏向，也忌讳畸轻畸重。连续考察最高法院的民事判决，会发现时有一种抑扬顿挫的起伏和节奏感，在对一方的责任认定的条分缕析中，一层层将有利、不利因素渐次剥开，同时又很自然地过渡到对另一方的责任判断，二者之间呈现交织状态，共同组成诉讼案件的完整拼图。在中立裁判的理念下，很难看到一边倒、选边站的情形，其法理的分析有时甚至富有艺术韵味。在绵阳市红日实业有限公司、蒋某诉绵阳高新区科创实业有限公司股东会决议效力及公司增资纠纷案中，这一复调式的特点表现得淋漓尽致。③

---

① 《最高人民法院关于当前形势下审理民商事合同纠纷案件若干问题的指导意见》（法发〔2009〕40号）。

② 最高人民法院民事审判第三庭庭长蒋志培在第二次全国法院知识产权审判工作会议上的总结讲话（2008年2月20日，法民三〔2008〕5号），载最高人民法院网站，http://www.court.gov.cn/zscq/dcyj/201205/t20120509_176771.html，2015年3月19日访问。

③ 《中华人民共和国最高人民法院公报》2011年第3期。

在该案中，红日公司诉请确认科创公司股东会决议无效，并请求判令其拥有对科创公司的新增资本优先认购权。对此，最高法院首先确认，科创公司未给作为股东的红日公司以优先认缴出资的选择权，即以股权多数决通过决议，系侵权行为，该部分内容依法无效。但是，最高法院又认为，虽然该部分决议无效，红日公司能否行使新增资本的优先认缴权，仍需要考虑其是否恰当行使权利。在此前提下，最高法院继而认为，法律虽然没有规定该权利的行使期间，但为了维护交易安全，红日公司仍应当在一定期限内行使该权利。如何判断一定期限的合理性呢？最高法院从比较观点论证道，该权利的行使是典型的商事行为，其合理期限的认定要比一般民事行为更为严格。红日公司在科创公司召开股东会时，即已知道权利被侵害，但并未及时诉讼，而在科创公司新增资本股权变动两年后才主张权利，此举不易维持已趋稳定的法律关系，故不支持其行使新增资本优先认股权的诉求。透过上述审判思维的逻辑进程，完全可以感受到，最高法院对于责任的剖析，犹如行云流水一般，既顺理成章，又层层递进，在当事人之间形成一波波的法理浪潮，每次都冲刷掉一点其自以为是的理由，最后很自然地得出双方纠纷的是非结论，案件节奏的把握恰到好处，的确有种法律的美感。

最高法院划分责任时的这种节奏感，可能也与民商事案件的自身特征有关，混合过错、灰白地带等也是普遍现象。但无论如何，能从法理上，尤其从双方最为关注的民事责任划分上，将此在法律基础上客观、完整地展现出来，努力做到不偏不倚，让当事人心服口服，这本身即是一种理论功力和法律水平。

在民事责任的划分中，执行程序是个极为特殊的领域。因为在执行程序中，最容易发生民事责任的主体变化，也极易引起新的争议，需要根据实际变更情况，再次落实民事责任。而最高法院办理的执行监督案件，均是烫手的山芋，各种利益和矛盾集中、激烈。但最高法院通过多个案件表明，其确实保持了相当的超脱性，并不拘泥于地方行政部门乃至国务院的相关政策，能够排除地方保护的不当干扰，包括地方法院的不当主张，较严格地适用法律，将民事判决确定的责任主体重新和真正落实。诚如最高法院坦言，“在目前执行工作总体水平不是很高的情况下，执行监督在制止和纠正违法行为，维护当事人合法权益方面，起到了很大的作用”。[①] 同时，最高法院也坚称，“包括国有企业在内的任何债务人都必须履行生效法律文书确定的义务，接受人民法院的强制执行。关于处置国有资产要经过国有资产管理部门审批的规定，是国有资产管理人处置国有资产的内部审批程序，亦不能约束人民法

① 苏荣主编：《最高人民法院执行案例精选》，中国法制出版社2014年版，第825页。

院的强制执行行为”。[①] 在目前复杂多变的司法环境下，最高法院能够拥有这份定力，也是很不容易的。

与此同时，笔者也注意到，最高法院在责任认定时，自由裁量权仍然很大，缺乏明晰的认定规则。具体而言，其民事责任的主次划分标准，感觉经常采取毛估这种方式，四六开、三七开，乃至二八开，甚至出现极端性的99∶1，怎么划分好像都可以，很难说哪一个就是错的，这其中的弹性空间，对当事人来说利益较大，由于不够透明，所以难免让败诉方产生某种正常的联想，一定程度上冲淡了法官在划分责任过程中的煞费苦心。当然，划分责任也不可能像美国人一度认为的那样，法律推理被看成数学，充满了必然性的论调，似乎可以精确到元角分。[②] 但考虑到在刑事案件中，最高法院已经出台了相关量刑标准，以统一司法，举重以明轻，作为相对更为简单的民事责任划分方法，完全可以在总结经验的基础上，制定出相对明确的量化标准，这不仅有利于提高审判质量，而且也是杜绝司法腐败的有效途径。

实际上，最高法院在相关司法解释中，已经尝试量化民事责任，如在《担保制度解释》中规定，“主合同有效而第三人提供的担保合同无效，人民法院应当区分不同情形确定担保人的赔偿责任：（一）债权人与担保人均有过错的，担保人承担的赔偿责任不应超过债务人不能清偿部分的二分之一……”“主合同无效导致第三人提供的担保合同无效，担保人无过错的，不承担赔偿责任；担保人有过错的，其承担的赔偿责任不应超过债务人不能清偿部分的三分之一”。[③] 在铁路运输人身损害赔偿司法解释中规定，铁路运输企业未充分履行安全防护、警示等义务，受害人有过错行为的，铁路运输企业应当在全部损失的百分之八十至百分之二十之间承担赔偿责任。铁路运输企业已充分履行上述义务的，受害人仍存在过错行为的，铁路运输企业应当在全部损失的百分之二十至百分之十之间承担赔偿责任。铁路运输企业造成无民事行为能力人人身损害的，监护人有过错的，按照过错程度减轻铁路运输企业的赔偿责任，但铁路运输企业承担的赔偿责任应当不低于全部损失的百分之五十。造成限制民事行为能力人人身损害的，监护人及受害人自身有过错的，铁路运输企业承

---

① 苏荣主编：《最高人民法院执行案例精选》，中国法制出版社2014年版，第888页。

② 莫顿·J. 霍维茨：《美国法的变迁（1780—1860）》，谢鸿飞译，中国政法大学出版社2005年版，第384页。

③ 《最高人民法院关于适用〈中华人民共和国担保法〉若干问题的解释》（法释〔2000〕44号）第7条、第8条。2020年12月31日，最高法院发布的《关于适用〈中华人民共和国民法典〉有关担保制度的解释》第17条，仍承继上述规定。

担的赔偿责任应当不低于全部损失的百分之四十。[①] 在商品房买卖司法解释中规定，“当事人以约定的违约金过高为由请求减少的，应当以违约金超过造成的损失30%为标准适当减少”。[②] 在《合同法解释二》中规定，“当事人约定的违约金超过造成损失的百分之三十的，一般可以认定为合同法第一百一十四条第二款规定的‘过分高于造成的损失’”。[③] 显然，这种相对定量化的责任认定标准，已经有了很好的实务基础，而且已经推广至更大的适用范围。比如，2020 年 12 月 29 日公布的《最高人民法院关于审理劳动争议案件适用法律问题的解释（一）》第36 条规定，“当事人在劳动合同或者保密协议中约定了竞业限制，但未约定解除或者终止劳动合同后给予劳动者经济补偿，劳动者履行了竞业限制义务，要求用人单位按照劳动者在劳动合同解除或者终止前十二个月平均工资的 30% 按月支付经济补偿的，人民法院应予支持。前款规定的月平均工资的 30% 低于劳动合同履行地最低工资标准的，按照劳动合同履行地最低工资标准支付”。

此外，在长时段的案例追踪分析中，笔者又发现一个虽不引人注目、但绝对值得研究的现象，就是法院内部，以及不同法院之间，对同一法律问题及其责任认定，常常发生争议。在这方面，笔者发现有两个观察窗口，一是各类请示案件，二是执行监督案件。[④] 前者主要是下级法院就疑难案件，向最高法院的请示汇报，往往会如实陈述该院的多数意见与少数意见；后者主要是各地法院在执行过程中，发生法律争执，共同报经最高法院予以协调。笔者认为，通过这两个窗口获得的公开资料，可以从司法自身的角度，进行换位思考，以深入解读对案件及其法律适用的不同理解，同时建立多维的思考方式，这对于认识和把握包括最高法院在内的法官群体的审判思维、审判规律及其起伏演化，具有极强的理论和实践价值。

法律界尤其是律师界，对于法院内部关于案件认定的运作机制，基本上一无所知，因为这属于审判秘密，不得公开。但通过这种争议现象的研究，也常常可以一

---

① 最高人民法院《关于审理铁路运输人身损害赔偿纠纷案件适用法律若干问题的解释》（法释〔2020〕17 号）第 6 条、第 8 条。

② 最高人民法院《关于审理商品房买卖合同纠纷案件适用法律若干问题的解释》（法释〔2003〕7 号）第 16 条。2020 年 12 月 29 日，最高法院修改该司法解释，仍保留该第 16 条内容。

③ 《最高人民法院关于适用〈中华人民共和国合同法〉若干问题的解释(二)》（法释〔2009〕5 号）第 29 条第 2 款。2020 年 12 月 29 日，最高法院发布公告，废止该司法解释。

④ 参见《最高人民法院请示与答复（民事卷）》，中国法制出版社 2004 年版；《解读最高人民法院请示与答复》（上下册），人民法院出版社 2010 年版；《最高人民法院民事案件请求与答复指导小全书》，中国法制出版社 2013 年版。实际上，涉外仲裁与管辖中的请示与答复更多，最高法院民四庭主办的《中国涉外商事海事审判指导与研究》丛书中，不少通篇都是此类内容，成为观察最高法院涉外审判思维取向的难得窗口。

窥究竟，从而更真切地感知，即便在法院内部，对于同一法律问题，以及责任的划分、承担，经常会有相当大的认识差距。而最终哪一种认识占上风，多数决的制度规定，有时还真不见得是最终的真理。这可能也是律师界经常微词的一个共感，就是普遍存在的案件测不准现象。现在看来，不要说律师界测不准，法官自己乃至该级法院甚至审判委员会本身也不见得就测得准。不仅不同法官之间经常产生争议，不同法院之间也经常产生争议，乃至不同审级的法院，直至最高法院内部，对同一法律问题，都有相当大的认识差距。笔者相信，如果再考虑到各级法院审委会内部经常出现的各种分歧意见，[①] 那么，无论是对于具体的案件走向分析，还是对抽象的审理思维和审判规律的研究提炼，都将会置入一个更为宽广的理解平台。事实上，包括最高法院在内，没有谁能掌握终极真理。在法律领域里，真理并不是孤零零的一个，而是一个丰富的谱系。特定的历史时空下，存在着众多的相对真理。法律人能做的，只是对真理颗粒的反复捡选和持续提炼，在恒久追求中逐渐接近绝对真理。理解了这一点，不仅可以收获更多的知识增量，而且能极大丰富对法律文化内涵的理解，深刻触摸到理性局限与真理极限之间的不息律动，在层峦叠嶂的个案密林里，永不丧失探索的勇气，永不迷失前行的方向。

附录四　非诉行政执行的合法性审查：以最高法院普华凯达公司执行监督案为例[②]

（一）基本案情

2006 年 2 月 23 日，长沙铁路运输法院在执行大中华公司与蒙帝公司居间合同纠纷一案中，鉴于蒙帝公司无法偿还到期债务，当事人之间达成执行和解协议，由普华凯达公司受让蒙帝公司名下一地块的土地使用权并代替其偿还债务。

根据长沙铁路运输法院作出（2005）长沙铁执字第 49－3 号《民事裁定书》，裁定将蒙帝公司该土地使用权的权利人变更为普华凯达公司。为此，普华凯达公司依约付给蒙帝公司 4000 多万元，其中 730 万元付清了申请人的执行款，上述《民事裁定书》由长沙铁路运输法院交由深圳市国土局协助执行过户手续。

---

① 笔者曾列席法院审委会会议，亲身感受到法官精英们之间的意见分歧之悬殊，观点交锋之激烈，结论之不确定性。

② 该案例刊于江必新主编：《执行工作指导》2010 年第 1 辑，人民法院出版社 2010 年版。

2007年3月10日，深圳市国土局执行上述裁定书，与普华凯达公司签订了《国有土地使用权转让合同》并收取了变更资料，将蒙帝公司名下的B301－0064地块的权利人变更为普华凯达公司，并承诺于2007年6月6日发房产证。

2007年3月22日，内蒙古自治区财政厅作出的内财资（2007）172号《关于撤销内蒙古自治区政府办公厅向深圳蒙帝公司转让土地使用权的决定》，撤销其对蒙帝公司就深圳市福田区竹子林编号B301－0064号宗地的转让行为。2008年1月8日，内蒙古自治区高级人民法院作出（2008）内行决申字第1号《行政裁定书》，裁定查封上述地块。

2008年8月27日，内蒙古自治区高级人民法院又将普华凯达公司作为被执行人，作出（2008）内执字第60号、第60－2号《执行裁定书》，解除对上述地块的查封，并由被执行人内蒙古自治区人民政府办公厅向深圳市国土局办理上述地块的登记手续。

（二）申请执行监督

普华凯达公司认为，无论是内蒙古自治区财政厅作出的内财资（2007）172号《关于撤销内蒙古自治区政府办公厅向深圳蒙帝公司转让土地使用权的决定》，还是该院作出的（2008）内行决申字第1号《行政裁定书》，之前从不知晓，更没有签收，遂向最高法院执行局提出执行监督，要求撤销内蒙高级法院的上述裁定，主要理由如下：

《执行裁定书》存在严重实体法律错误

第一，本案根本不属行政诉讼法的管辖范围。该案的执行依据即内蒙古财政厅作出的《决定》，该决定根本不具行政强制执行性，因为其并非依据《中华人民共和国行政诉讼法》的规定，系行政机关针对公民、法人和其他组织作出的具体行政行为，而是行政机关之间的内部行为，根本不属于行政诉讼法的管辖范围，不能适用行政诉讼法的规定，更不能对另一方行政机构提起所谓强制执行申请，而应当由各行政机关的共同上级予以处理。

第二，政府机关下属部门根本无权对上级机关作出任何决定。内蒙古财政厅系内蒙古自治区政府的下设机构，应当服从内蒙古自治区政府的行政领导。内蒙古自治区政府办公厅系内蒙古自治区政府的内设机构，依法不具有独立法人地位，其行为代表内蒙古自治区政府。政府机关下属部门服从上级机关的领导，是宪法确立的基本原则。因此，内蒙古财政厅根本无权对内蒙古自治区政府作出任何决定，其作出的任何决定都是无效的，更不可能根据无效决定，向人民法院提出所谓行政强制执行申请。内蒙古高院执行局作出的（2008）内执字第60号《执行裁定书》及《协助执行通知书》，严重违反法定程序，依法应予撤销。

（三）法院裁决

此案案情比较复杂，涉及两地三家法院即长铁法院、广东高院、内蒙高院的执行行为。

此案中，内蒙财政厅作为行政机关直接对普通民事主体之间的纠纷以行政决定予以撤销，并通过法院非诉执行程序强制过户，在实践中极为罕见。本案的焦点问题是，第一，内蒙财政厅是否有权撤销蒙帝公司与内蒙办公厅之间的土地转让法律关系？第二，内蒙高院的非诉行政执行程序是否合法？

关于第一个问题，可以认定172号决定为内蒙财政厅越权作出。蒙帝公司是在深圳登记注册的民营公司，与内蒙财政厅之间不存在法律上的行政管理关系，非内蒙财政厅的行政相对人，蒙帝公司与内蒙办公厅之间因涉案土地使用权产生的纠纷，属于平等民事主体之间的法律关系，无论蒙帝公司在涉案土地之上取得相关土地权是否合法，无论是内蒙财政厅还是内蒙办公厅，都不能直接以行政决定的方式撤销内蒙办公厅与蒙帝公司转让土地的民事行为。此外，根据《行政单位国有资产管理办法》之规定，行政单位与非行政单位、组织或个人之间发生产权纠纷的，协商不能解决的，依照司法程序处理。故内蒙财政厅裁处行政单位与非行政单位之间的产权纠纷，属于典型的越权行政。

关于第二个问题，内蒙高院在执行内蒙自治区政府财政厅执行内蒙古自治区政府办公厅一案，存在严重程序违法问题。主要表现在：首先，越权管辖。执行不动产应由不动产所在地基层法院管辖，即使172号文可以执行，也应由深圳市基层法院执行，内蒙高院对此无管辖权。其次，没有进行合法性审查。内蒙高院没有依照关于行政诉讼法司法解释第93条之规定，由行政庭对该行政决定是否合法进行审查，仅仅由立案庭作了行政保全裁定，没有作出是否准予强制执行的裁定，就移送执行机构执行，程序违法。再次，执行依据不符合强制执行的法定条件。第172号文只是撤销土地转让行为，其实质是形成行为，并没有给付内容，依法应当裁定不予执行。最后，内蒙高院的执行行为侵犯案外人合法权益，将普华凯达公司列为被执行人，没有任何法律依据，且未依法送达裁定，属于滥用执行权的行为。综上，内蒙高院的执行行为严重违反法定程序，应予撤销。

第五章
透视审判思维

作为理性人群的精英代表，对于法官而言，是否有建立在体系化理论基础之上的思维框架，对案件认知和正确裁判至关重要。抛却个性特征、道德品质等个人因素，法官专业水平的高低，虽然与成长环境、学识修养、经验阅历等有很大关系，但主要不是知识水平的高低，起决定作用的乃是思维水平的高低。法官的精神作品和公共产品，就是其作出的裁判文书。衡量这一精神作品和公共产品质量的关键指标，就是其中蕴含的审判思维，亦即法律领域内的认知框架及其运用能力。尤其在重大、疑难、复杂民商事案件中，法官的审判思维能力，几乎是衡量裁判文书水准高低的唯一标准。审判思维与裁判文书之间，从哲学上讲，是体用关系，是表里关系；从逻辑上讲，是因果关系，是决定与被决定关系。套用柏拉图的语言，二者之间可以概括为，裁判文书是审判思维的物质外壳，而审判思维是裁判文书活的灵魂。北京知识产权法院原院长宿迟的表述，更质朴也更接地气："怎样去读懂法官思维？我的观点就是，要去好好研读法官的判决，看看法官是基于什么样的事实和法律，以及通过怎样的论证和说理才得出最终的判决结论。法官的思维就是裁判的思维，读懂法官的思维只有一个途径，就是去读法官的判决，除此之外别无他法。"① 因此，对裁判文书的研究，归根结底必须提升到对审判思维的研究。反过来，对审判思维的研究，归根结底也必须回到司法实践接受检验，这是一个无限循环的思维认知和行为进程。

剖析和提炼审判思维，必须要有明确的方法论意识。因为不管什么样的审判思维，本质上都是方法论的产物。更具体地说，都是在一定方法论指导下，经由一个个具体案件的长期研判，逐渐提萃形成的相对稳定的法律认知框架。本章的主要内容，就是结合最高法院民商审判实务，从不同层次、不同群体、不同审级入手，具体研究审判思维的方法论特点及其最新变化，以深化对审判规律的认识和思考。

---

① 陈志兴：《读懂法官思维：知识产权司法实务与案例解析·专家荐语》，中国法制出版社2019年版。

第一节　审判思维的三个层次

一、个案中的规范思维

所谓个案，是审判实践中的一个个丰富具体、千差万别的案件。所谓规范，就是需要遵循的一定标准或流程。个案中的规范思维，表现在两个方面，一是对思维的方式进行规范，二是对思维的内容进行规范。法官对个案的推进和裁判，是这两个方面规范思维共同作用下的产物。

第一，法官思维方式的规范。

随着民事诉讼制度在立法层面的调整，自20世纪90年代起，最高法院通过发布一系列司法解释，不断对民事审判方式进行改革，重点放在庭审规范和诉讼文书的规范上，从外部塑造法官的思维方式，最终让法官群体知道，应当按照什么样的模式来思考。

关于民事审判方式的改革，从1992年到2015年，最高人民法院先后发布了《民诉意见》《关于在经济审判工作中严格执行〈中华人民共和国民事诉讼法〉的若干规定》《关于第一审经济纠纷案件适用普通程序开庭审理的若干规定》《关于经济纠纷案件适用简易程序开庭审理的若干规定》《关于民事经济审判方式改革问题的若干规定》《关于民事诉讼证据的若干规定》《民诉解释》等重要司法解释，庭审方式逐渐规范。

关于裁判文书的改革，1992年，最高法院公布了《法院诉讼文书样式（试行）》，民事判决书结构包括：当事人情况、法庭审理情况、诉称、辩称、经审理查明（含叙述事实及列示证据）、本院认为、判决主文等部分。2016年，最高法院公布了《人民法院民事裁判文书制作规范》《民事诉讼文书样式》，明确要求裁判文书事实部分增加争议焦点，明确规定争议焦点是法官归纳并经过当事人认可的关于证据、事实和法律适用争议的关键问题，既是庭审的主要内容，也是制作裁判文书的主线，方便组织证据认定、事实认定和说理部分的论述。明确事实查明部分为法院查明的事实，可重点围绕案件的基本事实，特别是当事人争议的事实展开，要说明事实认定的结果、采信证据、认定事实的理由；本院认为部分关键是针对当事人的诉讼请求，根据查明的案件事实，依照法律规定，明确当事人争议的法律关系，阐述原告请求权是否成立，依法应当如何处理。2018 年，最高法院专门针对裁判文书的规范制作，公布了《关于加强和规范裁判文书释法说理的指导意见》，明确提出裁判文书要做到释明事理、释明法理、讲明情理和讲究文理的四个统一。

经过三十五年的不懈努力，对于具体个案的认知与处理，法官群体的思维方式已基本成型，主要体现在以下六个方面，即固定和释明诉讼请求，遵循和信赖证据规则，区分和界定两类事实，总结和归纳争议焦点，组织和引导法庭辩论，论证和确立裁判结论。这六个方面自成一体，有其独立的模块化指引价值，已为法官群体所普遍接受，并内化为稳定的思维方式。不管是开庭，还是制作裁判文书，都有既定套路，法官严格遵守这些规范时，可以较为顺利地发现问题、固定问题、分析问题和解决问题。因此，站在思维的角度看，这六个方面的实质，就是对法官思维方式的规范。

第二，法官思维内容的规范。

从外部塑造法官的思维方式，可以将诉讼活动纳入到特定的形式轨道，但思维方式本身并不能直接决定案件结果，案件的实体处理仍有赖于法官自身的思维内容，即如何思维。需要强调的是，思维内容虽因难以捉摸，一向被视为认知黑洞，但法律思维并不因其个体性、具体性和复杂性而丧失规范的可能性。在个案中，对法官思维内容的规范，说到底就是对其思维过程的规范，这主要体现在两个方面，一是必须明确立论前提，这是其思维内容的认识起点，即裁判文书要有清晰可辩、能够追溯、可供诘问的逻辑原点；二是必须反映推理过程，这是其思维内容的逻辑自洽，即裁判文书要能反映出从前提到结论、从已知到新知的逻辑进程。这里的逻辑，应做宽泛理解，不只是形式逻辑，也包括辩证逻辑，还包括生活逻辑。特定情况下，还应遵循历史逻辑。推理过程的实质就是论证说理，这就是最高法院司改办负责人为什么一再强调，裁判文书必须要解决“愿说理、敢说理、善说理、说好理”的大问题。①

（一）明确立论前提

从形式逻辑的角度，任何法官的具体思维内容，都要遵循三段论的思维规律。②

---

① 《加强裁判文书释法说理促进司法理性公正权威——最高人民法院司改办负责人答记者问》，载《人民法院报》2018 年 6 月 13 日。

② 有法官认为，三段论是最适合法官思维的结构化方式。从内在精神看，以司法三段论为逻辑内核，大小前提与结论在涵摄中演化，符合法律思维的规律化要求；从外在形式看，以三阶段结构进行转化应用，与庭审程序与判决书结构完全吻合，有利于明确庭审各阶段任务，促成法官与当事人在互动中形成共识，进而使裁判结果呼之欲出。李俊晔：《论要件审判“三段式”思维》，载《法律适用》2017 年第 23 期。

但与一般日常思维不同的是，在三段论的法律思维中，归纳争议焦点后，接下来在整个认知框架里，大前提是最重要的。特定的大前提一旦确立，案件的方向即随之确定，且在相当程度上确定了案件结果。综观最高法院的全部判决，无不首先明示作为认识起点的大前提，体现出法官思维内容的规范性。当然，大前提的确立并不是一蹴而就的，往往要在法官的释明和引导下，经过当事人请求—抗辩的多轮回合，才能明确作为大前提的请求权基础规范和抗辩权基础规范。司法实践中，作为个案处理的大前提，主要包括事实、法律、国际公约、法理、国情等。

1. 以事实为大前提

已查明的案件基本事实，可以择取作为判断的大前提。在丰宁长阁矿业有限公司与北京铁路局物权保护纠纷案中，案件的争议焦点是：北京铁路局是否为本案适格被告。对此，法院认为，张唐铁路项目的投资建设单位为蒙冀公司，蒙冀公司委托北京铁路局负责张唐铁路项目的全部建设管理工作。为履行代建协议，北京铁路局成立了张唐指挥部，授权其具体实施全部工作。随后，张唐指挥部与承德铁指签订协议，委托其具体负责实施张唐铁路项目承德地区的压覆矿产资源评估及补偿工作。丰宁拆迁办作为承德铁指的下属单位，负责丰宁县地区的压覆矿产资源评估及补偿工作。事实上，长阁矿业公司在诉讼前一直向丰宁拆迁办主张进行压覆矿产资源评估及补偿，丰宁拆迁办也一直与长阁矿业公司就相关补偿问题进行协商处理。二审庭审中，北京铁路局亦认可丰宁拆迁办与其他矿业权人所签订的压覆矿产资源补偿协议。因此，北京铁路局应对压覆矿产资源补偿实施单位在其委托授权范围内实施的压覆矿产资源补偿行为的后果承担法律责任。北京铁路局主张其不是本案适格被告的上诉理由不能成立。①

以事实为大前提，往往从争议双方签订的合同本身出发，因为合同本身就是重要事实。在上海中原物业顾问有限公司诉陶某华居间合同纠纷案中（指导性案例1号），法院认为，中原公司与陶某华签订的《房地产求购确认书》属于居间合同性质，其中第2.4条的约定，属于房屋买卖居间合同中常有的防止“跳单”格式条款，其本意是为防止买方利用中介公司提供的房源信息却“跳”过中介公司购买房屋，从而使中介公司无法得到应得的佣金，该约定并不存在免除一方责任、加重对方责任、排除对方主要权利的情形，应认为有效。根据该条约定，衡量买方是否“跳单”违约的关键，是看买方是否利用了该中介公司提供的房源信息、机会等条件。如果

---

① 《中华人民共和国最高人民法院公报》2019年第9期。

买方并未利用该中介公司提供的信息、机会等条件，而是通过其他公众可以获知的正当途径获得同一房源信息，则买方有权选择报价低、服务好的中介公司促成房屋买卖合同成立，而不构成“跳单”违约。

2. 以法律为大前提

在孙某山诉南京欧尚超市有限公司江宁店买卖合同纠纷案中（指导性案例 23 号），法院认为，关于原告孙某山是否属于消费者的问题，《消费者权益保护法》第 2 条规定：“消费者为生活消费需要购买、使用商品或者接受服务，其权益受本法保护；本法未作规定的，受其他有关法律、法规保护。”消费者是相对于销售者和生产者的概念。只要在市场交易中购买、使用商品或者接受服务是为了个人、家庭生活需要，而不是为了生产经营活动或者职业活动需要的，就应当认定为“为生活消费需要”的消费者，属于消费者权益保护法调整的范围。

在柏某清诉成都难寻物品营销服务中心等侵害实用新型专利权纠纷案中（指导性案例 55 号），法院认为，本案争议焦点是上海添香实业有限公司生产、成都难寻物品营销服务中心销售的被控侵权产品是否侵犯柏某清的“防电磁污染服”实用新型专利权。《专利法》第 26 条第 4 款规定：“权利要求书应当以说明书为依据，清楚、简要地限定要求专利保护的范围。”第 59 条第 1 款规定：“发明或者实用新型专利权的保护范围以其权利要求的内容为准，说明书及附图可以用于解释权利要求的内容。”可见，准确界定专利权的保护范围，是认定被诉侵权技术方案是否构成侵权的前提条件。如果权利要求书的撰写存在明显瑕疵，结合涉案专利说明书、附图、本领域的公知常识以及相关现有技术等，仍然不能确定权利要求中技术术语的具体含义，无法准确确定专利权的保护范围的，则无法将被诉侵权技术方案与之进行有意义的侵权对比。因此，对于保护范围不明显专利权，不能认定被诉侵权技术方案构成侵权。

以法律为大前提，也包括在没有明确法律规定时，参照最相类似的法律规定。在刘某与金鑫公司典当合同纠纷执行监督案中，案件的争议焦点是，据以执行的公证债权文件是否确有错误。公证书赋予强制执行效力的债权文书均为《典当合同》，并以典当法律关系对当事人双方的权利义务关系进行公证。关于典当合同的法律关系，《民法通则》《民法总则》《合同法》《物权法》等法律均没有明确规定。公安部、商务部于 2005 年颁布了《典当管理办法》，对典当行业进行规范和管理，对于典当法律关系的认定，可参照《典当管理办法》予以确定。该办法第 3 条第 1 款规定：“本办法所称典当，是指当户将其动产、财产权利作为当物质押或者将其房地产作为当物抵押给典当行，交付一定比例费用，取得当金，并在约定期限内支付当金利息、偿还当金、赎回当物的行为。”该办法第30条规定：“当票是典当行与当户之间的借贷契约，是典当行向当户支付当金的付款凭证。典当行和当户就当票以外事项进行约定的，应当补充订立书面合同，但约定的内容不得违反有关法律、法规和本办法的规定。”据此，典当是以财产作为质押或抵押，有偿有期借贷融资的一种方式，其法律性质在本质上是有质押或抵押担保的借贷行为，属于借款合同的一种特殊形式。该办法第42条第1款规定：“典当行经营房地产抵押典当业务，应当和当户依法到有关部门先行办理抵押登记，再办理抵押典当手续。”据此，房地产典当合同应当办理房地产抵押登记。本案中，虽然金鑫公司与刘某签订了《典当合同》，但双方未到不动产登记部门对抵押房产办理抵押登记，不符合《典当管理办法》的规定，典当合同不成立。①

以法律为大前提，还包括对法律原则的援引、基本权利的宣示。在长城宽带网络服务有限公司江苏分公司诉中国铁通集团有限公司南京分公司恢复原状纠纷案中，法院认为，法人的财产权受法律保护。铁通江苏分公司与经纬公司签订的《经纬房产南方花园C组电话协议书》约定协议合作期20年内南方花园小区C组团内通信由铁通江苏分公司专属使用，该条款限制其他电信运营公司接入南方花园小区C组团，破坏了公平竞争的市场环境，限制了小区业主自由选择电信服务的权利，损害了小区业主的利益，应属无效。南方花园小区C组团交付后，小区内的通信管道属南方花园小区C组团业主共有。仟泰公司为小区全体业主提供前期物业服务，有权处分业主共有的通信管道，原告长城公司依据与仟泰公司签订的《社区宽带互联接入业务合作运营协议》有权在南方花园小区的通信管道内铺设缆线。铁通南京分公司在发现通信管道内有非属其公司的缆线后，未查明缆线所有权人自行采取剪断缆线并抽出部分缆线带走的行为侵害了长城公司的财产权，应当承担侵权责任。②

在刘某捷诉中国移动通信集团江苏有限公司徐州分公司电信服务合同纠纷案中（指导性案例64号），法院认为，电信用户的知情权是电信用户在接受电信服务时的一项基本权利，用户在办理电信业务时，电信业务的经营者必须向其明确说明该电信业务的内容，包括业务功能、费用收取办法及交费时间、障碍申告等。如果用户

---

① 中国应用法学研究所主编：《中华人民共和国最高人民法院案例选》（第2辑），法律出版社2019年版，第212~213页。

② 《中华人民共和国最高人民法院公报》2019年第12期。

在不知悉该电信业务的真实情况下进行消费，就会剥夺用户对电信业务的选择权，达不到真正追求的电信消费目的。

3. 以国际公约为大前提

在江苏炜伦航运股份有限公司诉米拉达玫瑰公司船舶碰撞损害赔偿纠纷案中（指导性案例31号），法院认为，航行过程中，当事船舶协商不以《1972年国际海上避碰规则》确定的规则交会，发生碰撞事故后，双方约定的内容以及当事船舶在发生碰撞事故时违约约定的情形，不应作为人民法院判定双方责任的主要依据，仍应当以前述规则为准据，在综合分析紧迫局面形成原因、当事船舶双方过错程度及处置措施恰当与否的基础上，对事故责任作出认定。

4. 以法理为大前提

在温州银行股份有限公司宁波分行诉浙江创菱电器有限公司等金融借款合同纠纷案中（指导性案例57号），案件的争议焦点是，婷微电子公司签订的最高额保证合同未被选择列入借款合同约定的担保合同范围，婷微电子公司是否应当对借款合同项下债务承担保证责任。对此，法院认为，婷微电子公司应当承担保证责任，理由如下，民事权利的放弃必须采取明示的意思表示才能发生法律效力，默示的意思表示只有在法律有明确规定及当事人有特别约定的情况下才能发生法律效力，不宜在无明确约定或者法律无特别规定的情况下，推定当事人对权利进行放弃。

在长城公司海南省分公司与东泰公司、嘉怡公司、宇昌公司、周某顺等金融借款合同纠纷案中，法院认为，民事权利的放弃事关当事人的切身利益，必须有明示的意思表示才能发生权利放弃法律效力，默示的意思表示只有在法律有明确规定及当事人有特别约定的情况下才能发生法律效力，不宜在法律无特别规定或者当事人无明确约定的情形下，推定当事人对权利作出放弃。一审判决在长城公司未作出明确放弃合同权利的情形下，径行认定长城公司对未在本案中主张的剩余利息和罚息视为放弃，实有不妥，本院予以纠正。就长城公司未在本案中主张的剩余利息和罚息，其可另循途径解决。①

5. 以国情为大前提

在秦某孝与孙某国买卖合同纠纷再审案中，案件的争议焦点是，利害关系人之

---

① （2018）最高法民终83号。

间就没有产权证的房产的征收补偿费用发生纠纷能否通过民事诉讼解决，以及本案当事人之间诉争的无证房屋征收补偿费用应如何分配。对此，法院认为，根据物权法定原则，不动产以在有权登记机关进行登记作为取得物权的法定依据。但在现实中不可避免地存在没有取得规划许可证和产权证的无证房产。此类无证房产不能按照《物权法》等法律法规进行物权的设立、变更以及消灭登记。此类无证房产的存在，有的是出于历史原因，如自行搭建；有的是由于法律、政策不完备造成，如车位、车库；还有的农村集体土地已经变更为国有土地，但原集体土地上的房产尚未及时变更；以及利用城市周边的集体土地，筹资自建的小产权房。涉及上述无证房产权利归属的确定，相关利益关系人之间的流转以及侵权损害赔偿等法律问题时，人民法院应当秉持从实际出发原则，参照物权法最相类似的条款来解决实际问题。不能一概认为权利主体对无证房产不享有收益和处分的权能，其享有的权利应为受限制的收益和处分权能。只要权利主体针对该无证房产的收益和处分行为不违反法律、行政法规的禁止性规定或者效力性规定，从维护生活秩序和稳定、维护交易安全的角度，应当认定该权利的有效性。①

（二）展示推理过程

立论前提解决的是用什么说理，推理过程解决的是如何说理。不管是演绎推理、归纳推理，还是类比推理、回溯推理，归根结底都是论证。好的裁判文书应当通俗、清晰地展现三段论逻辑的推理过程，从而让当事人赢得明白、输得服气。② 能否充分调动各种论证手段，最终得出高度确定性的裁判结论，确立裁判结果的正当性和可接受性，是衡量推理水平高低、推理过程成败的试金石。

近年来，在最高法院的大力支持和鼓励下，法官群体中已经出现一些带有方法论色彩的思维范式总结，着重于推理过程的规范性，除广为人知的邹碧华法官提炼的要件审判九步法之外，另举出三位较为独特的法官为例。

最高法院法官骆电总结一套“民商事案件审判五段论”，即讲故事，理脉络，定焦点，找法律，出结论。概括起来就是一条逻辑主线，五个逻辑阶段，核心是强调审判逻辑的规范性。在他看来，审判逻辑是一门关于审判思维的的科学，研究的是审判组织和法官在审判过程中的思维规律。审判的过程是一个不断厘清事实真相，

---

① 中国应用法学研究所主编：《中华人民共和国最高人民法院案例选》（第 2 辑），法律出版社 2019 年版，第 130 页。

② 李俊晔：《论要件审判“三段式”思维》，载《法律适用》2017 年第 23 期。

并且依据既有法律规范对于相关事实所形成的社会关系进行评价的过程。在这个过程中，法官需要思考怎么根据相关证据厘清事实，怎样根据事实找出对应的法律关系，怎样根据现有的法律关系状态适用恰当的法律规范最终得出科学合理的裁判结果。在这一系列思维活动中，法官并不是凭借自己的意愿随意裁断，整个思维过程，是一个遵循审判逻辑的规范推演过程。①

全国审判业务专家、广东省东莞市中级人民法院程春华法官的特点是，于通常的三段论思维模式之外，另辟蹊径提出以“证明对象的确定与证明”为裁判中心的证明方法，并将其视为法官裁判思维的重新归位。其理论出发点是，在民事诉讼中，法官审理案件首先要确定的问题是审什么、判什么，接着才是如何审、如何判并做出裁判。其具体思路是“识别诉讼标的—寻找法律—确定具体的事实要件—确定证明对象—证实证明对象—形成裁判结果”。② 这套裁判方法论的核心是，锁定证明对象后，果断分配举证责任。完成举证义务，可以证实证明对象的，支持诉求；未完成举证义务，无法证实证明对象的，判其败诉，这是其办理案件能够多快好省的最大秘诀。

北京市第二中级人民法院李俊晔法官指出，“法官是法律的优势方，掌握法律知识并决定法律适用；当事人是事实的优势方，是事实的亲历者。但现实中有两个片面倾向：一是庭审仅凭经验审理、判决凭感觉说理的现象非常常见。法律思维是逻辑思维，证据应当是认定事实的唯一基础。经验、直觉通过立足基础事实并遵循经验法则进行逻辑论证，否则就沦为凭猜测下结论。二是片面逻辑的机械办案现象亦很突出，庭审只关注表面事实与直接证据，运用经验法则对碎片化的生活事实进行逻辑梳理才体现庭审的功底。另外，很多知名法学家均有裁判方法专著，但为什么尚未对司法实践产生振聋发聩的效应？这些方法以法律适用和解释为核心，与实践需要并不对应。当前一线法官急需的是关于如何审查事实的庭审指导，事实审查是庭审的最大困扰”。③

为此，他提出一套“连筋剪衩汇要件”的逻辑思维方法，在全国法院系统也有较大影响。他将推理方法分为三步：1. 先逆推（归纳）：首先确定要件事实，要件事实是待证事实的最终形态，可能需要多个待证事实支撑，某个待证事实可能又需要多个待证事实支撑。故一个要件事实可能逆推出多方向、多层级待证事实判断的

---

① 骆电：《审判的逻辑》（上册），法律出版社2019年版，第1页。

② 程春华：《裁判思维与证明方法》，法律出版社2016年版，第6、11页。

③ 李俊晔：《论要件审判“三段式”思维》，载《法律适用》2017年第23期。

体系，表现为要件事实→待证事实（多向/多极）。2. 后顺推（演绎）：从证据承载的直接事实判断开始逐步推理，有确定性结果，也有可能性结果，还可能有多种情况的复合。待证事实是顺推的目标，最终通往要件事实，否则就是不具关联性的证据和事实，表现为证据直接事实→待证事实。3. 排除无关可能，信息殊途归一至要件。不论经过多少经推理，每一步都必须是或转化为确定性推理，从而信息不断从分支向主干汇集，最终归一至要件事实。再复杂的证明难题，揭开画皮画鱼骨，就将证据与事实理顺了。①

上述各种推理方法，作为法官思维提炼的结晶，均源自司法实践，验于司法实践，都各有成效，值得研究和推广。不过，推理方法的多样性，本身也表明尚未形成相对统一的思维模式，审判思维还处于不稳定状态。在个案中体现出的思维规范，还没有抵达更为普遍的思维一般。总的来看，相较于对法官思维方式的规范，目前对法官思维内容的规范性研究，尤其是其中推理过程的规范性研究，整体上还处于探索和总结中。对这个问题的解决，最高法院更多地还是通过诸如举办全国法院系统学术研讨会议、发布指导性案例、评选各类典型案件和示范庭审等方式，向全国法官群体提供具体示范样本，并由此传递出明确的信号：优秀的庭审和裁判文书，才是法官最好的名片。

二、群案中的类型思维

物以类聚，人以群分。所谓群案，是根据案件性质的不同，从而被相对分类归纳的案件集群，如人身损害赔偿类案件、股权争议类案件、建设工程合同类案件、涉外海商海事类案件，等等。显然，案件集群贯彻的是类型思维，这是审判思维的第二层次，表明思维客体已突破具体个案的局限，上升到更为整齐也更为抽象的类型层面。

不同类型的案件集群，必须借由一定的方法来统筹，才能实现思维的整体把握。在司法实务中，这主要是通过案由规定来完成的。案由不仅仅是案件名称，也是案件性质和内容的简要概括，不同案件由此得以定型和区分。不同案由的划分，是审判思维体系化的表现，标志着审判思维超越了个案的有限视野，迈向更高层次，获得更广视角。在这个过程中，起主导作用的主要是类型思维，案由是类型思维的外

① 李俊晔：《画骨：探知思维证明过程的深层逻辑——“事实判断为骨＋经验法则为筋”重构民事证明的脊梁》，载胡云腾主编：《法院改革与民商事审判研究——全国法院第29届学术讨论会获奖论文集》（上），人民法院出版社2018年版。

在标志。

2001年生效并于2020年12月29日最新修订的《民事案件案由规定》，是一部殊值注意但又常被忽视的重要司法解释。《民事案件案由规定》以民法理论对民事法律关系的分类为基础，将案由的编排体系按一定的逻辑顺序划分为人格权、婚姻家庭继承、物权、债权、劳动争议与人事争议、知识产权、海事海商、与铁路运输有关的民事纠纷以及与公司、证券、票据等有关的民事纠纷、适用特殊程序案件案由等11大类、54小类、473个案由。纷繁复杂的个案被识别、拆分后，分别归入案由体系的不同类型，最终细化为具体明确的第三级案由和第四级案由。案由分类几乎涵盖了民商事案件的全部范围，说是几乎，是因为随着形势的发展，原有的案由类型体系已无法完全容纳，近年来最高法院也在陆续增补新的案由，如增加第一级案由“第十一部分 特殊诉讼程序案件案由”；增加第二级案由“三十、独立保函纠纷”；在第二级案由“七、用益物权纠纷”项下，增加“62. 土地经营权纠纷”“65. 居住权纠纷”；在新增加的第三级案由“21. 亲子关系纠纷”项下，增加“（1）确认亲子关系纠纷”“（2）否认亲子关系纠纷”。同时，有些新类型案件，虽然已开始批量出现，自成一体，但还尚未被该司法解释所接纳，如保兑仓合同纠纷等，目前仍暂归于第二级案由“合同纠纷”项下。

对于这部司法解释的意义，最高法院前副院长江必新认为，法官应当根据已经确定的案由来指导监督审判活动和裁判案件。因此，准确地确定民事诉讼案由，对于审判活动的顺利开展，具有极大促进意义：其一，便于各方当事人准确把握案件的法律关系性质以及各方所争议的权利义务内容。由于民事纠纷的复杂多样性和民事诉讼程序的特殊性，如何能够让当事人在众多的民事法律关系当中确定诉争案件的性质以及法律关系，关系到当事人诉讼权利的有效行使以及诉讼活动的顺利开展。通过案由的准确确定能够使得当事人简单明了地抓住案件的性质以及法律关系的类型，起到事半功倍的效果。其二，便于法官与当事人以及其他诉讼参与人在案件的定性以及诉讼的焦点问题上尽快达成共识，有利于当事人以及其他诉讼参与人围绕焦点问题开展诉讼活动，保障了当事人实质性的诉讼参与权。其三，能够有效约束法官的诉讼活动，防止突袭裁判。①

上述观点当然很有见地，但只是着眼于具体的审判实务，还没有完全挖掘出案由规定的真正价值。事实上，还应当从审判思维的高度认识案由规定的重要意义，

---

① 江必新、何东宁等：《最高人民法院指导性案例裁判规则理解与适用（民事诉讼卷）》（上），中国法制出版社2014年版，第118～119页。

看出案由规定的背后是类型思维，类型思维才是支配案由规定的决定性因素。如果说，个案中的规范思维，是对法官审判思维的精细化，那么案由规定则是对法官审判思维的再格式化，类型思维由此获得独立的地位与价值。换言之，在规范思维之外，通过案由规定，法官又确立了一种新的思维类型，其作用远不只是案件识别、分类、定性、裁判等操作层面的工作便利，而是大大加深了对案件集群所归属的部门法的理解，使法官得以站在更一般、更宽广的平台上，对审判活动的理论指导完全上了一个新的台阶，反过来又实质性地推动了具体案件的有效审理。对此，最高法院包括大法官在内的多位法官观点不谋而合，殊值注意。民二庭前庭长杨临萍法官的体会是，商事领域中的法律适用必须坚持类型化与灵活性的统一。类型化是法律解释的基本方法，也是司法解释工作的起点，类型化的方法注重的是逻辑的表达，而一线执行实践更加注重现象的描述。① 民四庭前副庭长高晓力法官认为，最高法院受理的涉外民商事案件类型多样，遍藏着熠熠生光的法律问题点。这些问题点，恰似散落在案件中的珍珠，需要法官在办案中及时发现并从中抽象出类型化的问题，深入研究后得出带有指导性的结论。② 时任民一庭王毓莹法官更是依据类型思维，对执行异议之诉中排除执行的实体民事权利展开类型化研究。③

正是基于作为上位概念的类型思维，我们才津津乐道所谓合同法思维、公司法思维、海商法思维等诸如此类的部门法思维标签，并一步步走向理论中的民法思维与商法思维、实务中的民事审判思维与商事审判思维的基本区分。最高法院之所以在2010年全国法院商事审判工作会议上正式提出了“商事审判”的概念，④ 不仅催生了商事审判思维，从根本上来讲，是“类型思维”作为一种思维类型，被自觉意识后逻辑必然的现实投射，真正抓住了审判思维中带有本质性、理念性的东西，这才是案由规定对类型思维真正的启示和贡献，也是类型思维指导司法实践开花结果的最好体现。目前，部门法思维空前活跃，大大深化了对法律关系的认识，并且通

---

① 杜万华主编、最高人民法院民事审判第二庭编：《商事审判指导》（第3辑），人民法院出版社2017年版，第43页。

② 高晓力：《高晓力：我不后悔当法官》，载微信公众号“中国法律评论”，2020年2月1日访问。

③ 王毓莹、翟如意：《执行异议之诉中排除执行民事权利类型化研究》，载微信公众号“法盏”，2020年2月15日访问。作者将涉及执行异议之诉的实体权利分为六大类型，分别是涉及不动产物权、动产物权、承租权利、建设工程合同、股权、离婚协议财产归属。

④ 沈丹丹：《商思维在“非典型”商事审判中的运用之探讨》，载杜万华主编、最高人民法院民事审判第一庭编：《民事审判指导与参考》（第1辑），第151页。

过类案类判，客观上统一了裁判尺度，而究其实质，这都是对类型思维的自觉意识和实际运用。

关于公司法思维，最高法院原审委会专委杜万华大法官认为，应当按照内外有别的原则来处理公司内部与外部的关系。就公司内部关系而言，如果民事法律行为违反法律、行政法规和公司章程的规定，应当依法认定该民事法律行为无效或撤销该民事法律行为，甚至依法追究有关人员的法律责任。但是，依据该民事法律行为与其他市场主体形成的民事法律关系，则通常不能认定为无效或者可撤销，除非与之订立协议的当事人与公司内部人员恶意串通，以损害公司利益为目的而缔约。① 显而易见，在公司法思维得以确立之前，公司法案件的审判实践是缺乏明确的指导思想的，当然也就谈不上裁判尺度的统一。

关于票据法思维，学界一向认为，作为一种文义性、无因性的有价证券，票据法独特的思维方式最终都在票据上关系与票据外关系相分离上找到理由，这是为票据法的两项最高立法原则所决定的：一是促进票据流通，二是保护交易安全。② 从司法实践来看，《票据法》自 1996 年公布以来，一直没有做实质性修改，上述票据法思维也早已被最高法院普遍接受，票据的基础关系独立于票据关系，基础关系欠缺并不导致票据行为无效的观点，作为根深蒂固的认知，多年来反复出现在最高法院的各类裁判文书中。③

关于金融法思维，2017 年 8 月 4 日，最高法院发布《关于进一步加强金融审判工作的若干意见》，较为系统地提出今后一个时期内金融审判的总体思路。按照最高法院原审委会专委杜万华大法官的解读，其核心是金融审判要立足于引导金融服务实体经济，把降低实体成本、增强实体经济融资能力，减少资金空转作为重要的司法价值导向。丰富实体经济融资渠道，依法保障合法的债权融资关系和股权融资关系。同时，审慎对待金融创新，区分其是真正能够实际降低交易成本，实现普惠金融，合法合规的金融创新产品和交易模式，还是以金融创新为名掩盖金融风险、规避金融监管、进行制度套利的金融违规行为，防范和化解金融风险。2019 年发布的九民会议纪要，更是提出适用穿透式思维。

关于海事法思维，学者认为《海事法》制定时有三个主要依据，一是国际公约，

---

① 杜万华主编、最高人民法院民事审判第二庭编著：《最高人民法院公司法司法解释（四）理解与适用》，人民法院出版社 2017 年版，第 5 页。

② 汪世虎：《票据法律制度比较研究》，法律出版社 2003 年版，第 13 页。

③ （2000）最高法经终字第 22 号、（2014）最高法民申字第 1140 号、（2015）最高法民二终字第 152 号、（2016）最高法民申 2199 号。

二是国际民间规则，三是国际常用的标准合同。作为现行中国法律体系中唯一一部主要借鉴英美法系规定的法律，其法律思维受到了英美法律思维的重要影响，而英美法律思维本质上是商法思维，这是商法思维第一次真正在中国的法律体系中得到实际运用。[①] 对《海商法》的这一认知理念，与最高法院的审判实践也是契合的。有中国贸促会工作背景的最高法院前院长任建新向世界公开承诺："中国将认真执行1958年纽约公约。"[②] 曾分管过涉外海事审判的最高法院前副院长李国光大法官在个人回忆录中透露，最高法院对于此类案件的审判思维取向是，坚持国家主权原则，依法行使海事司法管辖权，在不违背我国社会公共利益的情况下，优先适用、充分履行我国缔结和参加的国际公约，尊重国际惯例。[③] 这说明，最高法院对审理涉外海事案件的认识高度和把握尺度，也是首先着眼于海商法思维的确立。

相对于具体的部门法思维，民法思维与商法思维的区分，以及受此制约的民事审判思维与商事审判思维的区分，是类型思维模式的最大成果。最高法院前副院长江必新认为，二者确有差异，各有特点。传统民事审判处理的是熟人之间的法律关系，经济利益往往并不是最重要的，更重视社会伦理的评价，更强调诚实信用原则的适用。民事审判除了强调意思自治外，更加强调对于弱者的特殊保护。而商事关系更多的是陌生人之间的关系，强调营利性和营业性，具有强烈的竞争性，且凡是从事商事活动的主体都假定具备相关的专业知识和能力。这就要求树立商事审判思维理念。第一，由于强调营利性和营业性，所以商事审判更加关注效益。在商事审判中，一定意义上甚至可以说对效益的保护本身就是对公平的追求。在案件审理中，必须准确理解商主体作出各种复杂的交易安排所追求的目的，在复杂的文本背后隐含的各方当事人的利益安排，搞清楚商主体在交易活动中预期的付出和回报。只有这样，才能明白利益纷争以及诉讼形成的根源所在，准确回应、评价当事人的诉求。第二，由于商事活动往往是陌生人之间的交易，应注重保护交易安全，保护善意无过失的相对人，外观主义、形式主义在商事审判中适用较多。第三，鉴于可推定商主体具备从事商行为的知识和能力，法官要更加尊重商主体的选择和判断，尊重商人之间的契约，不轻易代替商主体作出判断。第四，由于商事关系具有较强的竞争性，追求流动性的利益，所以商事审判要注重保护竞争，而不是单纯保护竞争者。商事审判要有效规制不正当竞争，依法制裁垄断行为，着力维护竞争秩序，

---

① 王健：《论海商法的法律思维》，上海海事大学2006年硕士学位论文，第3、34页。

② 任建新：《政法工作五十年：任建新文选》，人民法院出版社2005年版，第115页。

③ 李国光：《我的大法官之路》，人民法院出版社2015年版，第351页。

促进完善竞争制度，为广大商主体自由公平竞争创造良好环境。① 对于民商思维混沌的司法实践，最高法院李志刚法官还针对两种现象提出批评，“民事案件过度商化和商事案件过度民事化，对‘人’的关怀不足和对‘商’的专业、效率尊重不够”。②

除了唤醒部门法思维，切实发挥审判思维对司法实践的指引功能外，以案由规定为表征的类型思维，还具有框架整合功能，是思维训练的极好模本。借用德国法学家考夫曼的语言，“立法的成功与失败，端赖立法者能否正确地掌握类型”③，我们似乎也可以说，“审判的成功与失败，很大程度上端赖审判者能否正确地掌握类型”。案由规定不只是具体办案指南，更是类型思维导图。在民商事审判中，日复一日的识别归类、反复训练、熟能生巧，法官在掌握实际办案技能的同时，类型思维的半径不断扩大，类型思维的内容不断丰富，彼此连接，相互影响，反复勾勒，不仅对案由规定的司法实务烂熟于心，更重要的是，借此逐渐形成了民商法体系的整体认知框架，越来越习惯以类型的眼光看个案，以框架的眼光看类型。到了这个阶段，法官的审判思维已经不可避免地带有方法论的色彩。从具体个案到一般类型，再从一般类型到整体框架，不言而喻，这已不仅仅是一个知识体系的构建过程，实际上更是一个法律思维的成型过程，类型思维在其中起到承前启后的重要桥梁作用。唯有按照这种方法训练法律思维，法律职业共同体才能真正得以整合和维系。正是在这个意义上，学术界的下述观点振聋发聩：“中国法制的现代化离不开法律职业者思维方式的现代化，法律职业者思维方式的现代化的核心是形成法律思维。”④

三、全案中的结构思维

所谓全案，针对的是已发布的案件整体，即发布之任何案件，不问性质，不限类别，不论审级，不分年限，总之，不加区别，均是案件整体之有机组成。当然，说是整体，在被思维工具有效整理之前，不过是极为庞杂的案件堆积，用马克思的

---

① 江必新：《关于裁判思维的三个维度》，载《中国审判》2019 年第 3 期。

② 李志刚：《商事审判理念三论：本源、本体与实践》，载最高人民法院民事审判第二庭编：《商事审判指导》（第 1 辑），人民法院出版社 2014 年版，第 64 页。

③ ［德］考夫曼：《类推与“事物本质”——兼论类型理论》，吴从周译，台北学林文化事业有限公司 1999 年版，转引自梁迎修：《类型思维及其在法学中的运用——法学方法论的视角》，载《学习与探索》2008 年第 1 期。

④ 杨建军：《原始思维、经验思维和逻辑思维——对法律事实认定思维类型历史变迁的考察》，载《法律科学》2008 年第 4 期。

话说，彼此之间不过是一个马铃薯与另一个马铃薯、一袋马铃薯与另一袋马铃薯的机械关系，尚缺乏内在的有机联系。显然，如果缺乏更有效的思维工具，对全案的整理只能止步于类型思维。不管案件类型扩张到什么程度，都无法上升到更高层次，实现对全案的统领和涵摄。相反，案件类型膨胀得越厉害，对全案的统领和涵摄就越困难。而用什么样的思维工具，来统领、涵摄已经发布和继续发布的全部案件，以往还缺少自觉的方法论研究，尤其缺乏对作为认识工具的认知框架的反思。

从认识发生学的角度看，认知框架就是概念框架，“我们的最根深蒂固的概念是具有高度概括性的概念，可以说，它们构成我们思想的基本框架”。[①] 人与世界的沟通，是通过认知框架这个思维中介来联结的。不管个体是否有自觉意识，他一刻都离不开认知框架，并通过认知框架来认识世界、理解世界并参与世界。这是一副终生无法摘除的有色眼镜，不管它是粗陋还是精细。从方法论的角度看，所谓“世界观”，其实是“观世界”。不同的认知框架，决定了如何“观世界”。就此而言，也可以说有什么样的认知框架，就有什么样的世界观。人作为社会动物，其一切行为无不打上观念乃至认知框架的深刻烙印，根源即在于此。无论是个案中的规范思维，还是群案中的类型思维，本质上都是一种认知框架。而对思维方法的深入研究，必须回溯到认知框架的更高层面，才有可能发现和提炼出更有效的思维工具。说到底，“在所有的科学研究中，第一位的，也是最重要的工作就是寻找合适于研究对象的方法”。[②]

什么样的认知框架，才能实现对全案的把握呢？马克思在《〈政治经济学批判〉导言》中指出，人类掌握世界有四种方式：理论的、艺术的、宗教的、实践的。“整体，当它在头脑中作为思想整体而出现时，是思维者的头脑的产物，这个头脑用它所专有的方式掌握世界，而这种方式是不同于对于世界的艺术精神的、宗教精神的、实践精神的掌握的。”[③] 这段话给我们的重大启发是，只有当客观整体转化为思想整体的时候，才能说人们从思维中把握住了世界。而这个思想整体，显然是一个不同于以往的新的认知框架，可以反映和抓住客观整体的本质属性。“只要我们相当好地

---

① ［英］M. W. 瓦托夫斯基：《科学思想的概念基础——科学哲学导论》，范岱年译，求实出版社1982年版，第10页。

② ［奥］尤根·埃里希：《实际生活中的法律概念》，周林译，载《公法》（第2卷），法律出版社2000年版，第154页。

③ 中共中央马克思恩格斯列宁斯大林著作编译局编：《马克思恩格斯选集》（第2卷），人民出版社1995年版，第19页。

把握住意义形成的普遍形式，整体性问题就作为普遍理性的问题展现出来了。”① 其实，这就是康德所说的让客体围绕主体，让对象符合知识，是人给自然立法。无怪乎斯宾诺莎断言，思想的秩序和联系就是事物的秩序和联系。②

作为思想整体的认知框架，既是认识论，也是方法论。作为认识论，需要完成从思想整体向客观整体的过渡；作为方法论，需要解决如何从思想整体向客观整体的过渡。显然，在民商法领域中，要做到这一点，只能从民法理论中去提炼。民法理论是对民事生活的高度概括，民法方法是对民法理论的技术表达。而“主体—行为—权利—责任”的结构思维，就是民法方法技术表达的极简形式，也是民法方法把握民事生活的最小浓缩单位，成为统领和涵摄全案的新的认知框架。在全案的宏观层面上，四元结构思维实现了原本仅用于个案微观分析的逡巡扫描：“谁得向谁，依据何种法律规范，主张何种权利，承担何种责任。”

“主体—行为—权利—责任”的结构思维，有两大突出优点：首先，静态地重组全案。作为一种思维模式，四元结构就是认知框架，犹如 X 光机，逐一扫描全案，重新设置序列。结构中的每一单元模块，都可以用来重构全案、整合全案、链接全案，彻底打通了个案之间、类型之间看似不可逾越的界限，给人以全新的眼光和体验，并由此看出其他思维模式下难以察觉到的新信息、新特点、新情况。同时，随着长期积累，主体自身的认知框架犹如一棵知识树思维导图，不仅全案分布井然有序，而且全案信息越丰富，越能反向勾勒出思维结构的层次性，越能体现四元结构思维对全案的主动统领和涵摄。换言之，就越能体现这一思维模式的优越性。可以想见，如果没有四元结构思维对全案的有效统领和涵摄，急剧膨胀的全案对类型思维的积压，必然出现持续摊大饼的状况，并很快达到思维自身不能承受之重的临界点。按照最高法院前副院长江必新及何东宁法官的观点，我国现行民事案由规定可以容纳 900 个案由。③ 消化这 900 个案由，其实已经是很艰巨的思维负担了。再考虑到最高法院已经公布的 3.5 万件民商事裁判文书，④ 以及中国裁判文书网已经公布的

---

① ［德］胡塞尔：《欧洲科学的危机与超越论的现象学》，商务印书馆 2017 年版，第 214 页。

② 转引自［英］M. W. 瓦托夫斯基：《科学思维的概念基础——科学哲学导论》，范岱年译，求实出版社 1982 年版，第 21 页。

③ 江必新、何东宁等：《最高人民法院指导性案例裁判规则理解与适用（民事诉讼卷）》（上），中国法制出版社 2014 年版，第 121 页。

④ 杜万华总主编、刘德权副总主编：《最高人民法院民商事判例集要（合同卷）》（上），中国民主法制出版社 2020 年版，第 2 页。

6995万篇裁判文书,① 显然，这已超出了类型思维的能力范围，不得不需要另外一种更有效的思维模式来统筹。

其次，动态地透视全案。透过四元结构看全案，可以看出全案长时段里的演绎过程和动态变化。脱胎于民法理论的方法论视野，可以更深刻地分析审判思维的律动，总结审判规律的变化，预测审判趋势的走向，始终能从主干上、脉络上和本质上认识和掌控全案，清晰勾画出最高法院三十五年来民事审判的历史脉络：界定民事主体时，开放中有规范；判断民事行为时，宽松中有反复；保障民事权利时，绝对中有限制；划分民事责任时，承担中有平衡。这一点在大数据时代尤为重要，面临司法信息浪潮的强大冲刷，用什么样的思维工具占领观察全局的制高点，始终保持思维主体对司法规律的掌控感，可以说已成为法律人生死攸关的大问题。这在更深刻的层面上，触及了对自身认识能力的再认识和再突破，“科学是内在的整体，它被分解为单独的部分不是取决于事物的本质，而是取决于人类认识能力的局限性”。② 越是这种时候，就越要沉潜于理论，越要提炼出方法。碎片信息本身既没有方向，也没有规律，只有把它结构化以后才能变成知识体系。而没有结构化的思维，不可能有结构化的知识体系。作为极简化的结构思维，四元结构中的每一元，都是历史宏流的观察窗口。多元复合叠加后，就是相对完整的司法史长卷。四元结构思维一方面可以总览全局，看到的是总景图，欣赏的是结构美；另一方面又能洞幽烛微，细节不失意义，个案也有方向。相较个案中的规范思维、群案中的类型思维，四元结构思维在全案层面上完成了思维模式的范式转换。它带给我们的启示是，或许结构思维不见得只有某一种特定的形式，但作为民法理论的方法论表达，只有从结构思维的高度把握全案，才能真正掌握裁判文书集群的精神结构，才能真正实现民法理论和民法方法对司法实践的超前引领与指导，以及司法实践对民法理论和民法方法的持续反哺与滋养。从这个意义上讲，结构思维不仅是逻辑思维，而且是底层逻辑思维，是法律世界最为根本的认知框架，因为归根结底，“生活世界尽管有其全部的相对性，仍有其普遍的结构”。③

---

① 《中国裁判文书网总访问量突破两百亿次》，载中国新闻网，https：//baijiahao. baidu. com/s? id = 1617024059115839228&wfr = spider&for = pc，2019年5月6日访问，另参见最高法院《对十三届全国人大二次会议第1374号建议的答复》，2019年8月2日。

② 德国物理学家M. 普朗克语，转引自胡冀燕、于小东、刘世定、韩钢主编：《改革的黄金年华——我们眼中的于光远》，人民出版社2016年版，第319页。

③ ［德］胡塞尔：《欧洲科学的危机与超越论的现象学》，王炳文译，商务印书馆2017年版，第176页。

这里有必要廓清检索与思维的区别。必须明确的是，计算机技术再发达，机器也不能代替人脑，检索也不能代替思维。检索能力当然也很重要，但检索能力并不等于思维能力，相反检索能力还有赖于思维能力，因为高效的检索能力也是以全局观念和知识网络为前提的，而全局观念和知识网络本身就受到思维能力的统辖，甚至就是思维能力长期积累的衍生物。这非常类似于法官的找法过程，找法之前至少要有基本的锚定意识。是从一个零散的点开始，还是从一张严密的网开始，不同的起点，给法官的感觉触动、思维调动和定向目标是完全不一样的。可以说，在常规案件中，这一区分还看不出什么影响，但在重大、疑难和复杂案件中，就完全有可能不一样。对案件信息的探知和把握，如果始终遵循方法论的思维指引，将会是立体的、网状的、全覆盖的，就会涌现法感，以及随之而来的基本判断力。有经验的法官看案子是立体的，而不是苍白的，看到一个法律问题，能准确定位它在体系中的位置，以此为基点一步步扩展，也就是在思维框架下填充细节。同时，对细节的认识也会促进其对框架的反思。这种法官的思维模式往往有三个特点：一是思维半径极大，覆盖全面，无所遗漏；二是思维元素简约，唯其简约，才能有效聚焦，各个击破；三是思维方向准确，在法感引导下，不断证伪，直奔终点。在这三点合力下，无论是对个案的切入，还是群案的定位，以及在全案背景下的透视，都展现出不同寻常的思维张力。显然，没有方法论的自觉意识与锤炼，是不可能拥有这种精简高效的思维模式的。难怪达尔文说，最有价值的知识是关于方法的知识。

从最高法院的法官群体看，多位资深法官都形成了自己的一套方法论。民三庭前庭长孔祥俊法官出版《法律方法论：裁判模式、自由裁量与漏洞填补》《司法哲学与法律方法论丛》等多部方法论专著。原第六巡回法庭副庭长骆电法官出版《审判的逻辑：知识产权案件的审判逻辑》《审判的逻辑：一般民商事案件的审判逻辑》两书，明确提出“民商事案件审判五段论”，也带有鲜明的方法论色彩。全国审判业务专家、行政庭蔡小雪法官除出版《审判业务专家是怎样炼成的》一书外，还非常重视从方法论上培训法官。他认为，研究每一个法律问题，仅解决个案中的问题，如果不系统化，不上升到理论的高度，就有可能见木不见林。只有在系统化的同时上升到理论的高度，才能将自己掌握的审判理论融会贯通，使自己提升到一个新的高度。① 这些法官思维方式的成熟度，证实了这样一个科学观点：“我们的思维的成长和演化是一个形成概念的过程，是一个精心或多或少地系统化的结构（在其中，这

① 蔡小雪：《审判业务专家是怎样炼成的》，法律出版社2017年版，第13页。

些概念彼此联系起来）的过程。”①

如果视野再放开一些，可以看到一个耐人寻味的现象，中国大法官虽然各自专业出身不同，但却几乎可以审理任何类型的案件，而并不囿于刑事、民事、行政、知识产权、国家赔偿的领域划分。从公开资料看，江必新大法官既审理行政案件，也审理民事案件；胡云腾大法官既审理刑事案件，也审理民事案件；陶凯元大法官既审理知识产权案件，也审理国家赔偿案件；罗东川大法官既审理涉外案件，也审理知识产权案件；等等。难道他们都是全能型的法律通才吗？显然不是。不同领域的法律专业知识，固然可以不断学习和熟悉，但更重要的是，大法官能够驾驭各种类型的案件，是因为他们都有非常深厚的理论素养，积累了十分丰富的审判经验，掌握了更为一般的法学方法，形成了一套稳定独特的认知框架，方法论意识已经成熟。概言之，大法官之所以自如出入各法域，主要不是凭借其知识体系，而是凭借其在司法实践中磨炼出的超强思维能力。很显然，研究视域的理论化、系统化，必然是思维方式的理论化、系统化，必须有一套方法论来统领。作为最为浓缩又最具张力的的思维工具，脱胎于民法基本理论的四元结构思维，面对全案的宏观司法资源时，无疑具有强大的抓取力和穿透力。

由此，笔者很自然地联想到美国最高法院的大法官们，因任职终身，虽垂垂老矣，但照样审理案件，似乎也是无案不精，无事不通，无所不晓，而且判决还能真正做到一锤定音，定于一尊。很难想象，如果没有自成一体的超强思维方式，大法官们仅仅凭借专业法律知识，就能从容应对瞬息万变的时代潮流。这一中外司法现象的趋同表明，相较于琐碎庞杂的知识体系，作为思维核心的理念和方法永远是第一位的。对理念的深刻洞悉，对方法的有效提炼，是包括审判思维在内的法律思维的永恒课题。

第二节　大法官的审判思维

根据现行《法官法》的规定，法官分首席大法官、大法官、高级法官、法官四等，共有十二级。最高法院院长为首席大法官，最高法院副院长、各高级法院院长为大法官。大法官有两级，分别是一级大法官和二级大法官。作为一项正式的法律

① ［英］M. W. 瓦托夫斯基：《科学思维的概念基础——科学哲学导论》，范岱年译，求实出版社 1982 年版，第 9 页。

制度，我国大法官的设立，始于1995年公布、2001年第一次修订、2017年第二次修订、2019年第三次修订的《法官法》。2002年3月21日，首次中国大法官会议在北京隆重开幕。会上举行了大法官颁证仪式，中国首席大法官、最高法院院长肖扬向首批大法官颁发了大法官证书。最高法院常务副院长祝铭山为一级大法官，二级大法官包括最高人民法院副院长刘家琛、李国光、姜兴长、曹建明、万鄂湘、张军和最高法院审判委员会委员苏泽林以及各省、直辖市、自治区的高级法院院长，首批大法官共计41人。截至2020年12月，中国法院系统现任大法官46名，其中首席大法官1名，系最高法院院长周强；一级大法官2名，分别是最高法院常务副院长贺荣、解放军军事法院院长刘立根；二级大法官43名。

中国的大法官群体，在现行政治体制的科层序列中，是一个非常特殊的小众群体。他们既是法官，又是高官；既是法律人士，也是政界要员，正如最高法院前院长任建新所说，"高级法官应当既是法律家，又是政治家"。① 因为就中国的政治架构而言，中国的首席大法官首先是执政党中央领导集体的成员，在整齐划一的国家干部行政序列中，首席大法官享受副国级待遇。②

需要说明的是，鉴于论题特定的历史广角性，本书对"大法官"做宽泛理解，最高法院历任院长、副院长的相关论述，只要对本论题有重要参考价值，均在大法官考察之列。对于大法官担纲审理的案件，也不区分案件类型，只要有助于剖析审判思维，均在考察之列。

一、大局意识

在中国的特殊语境下，"大局意识"是一个政治专有名词，具有很强的现实针对性。什么是大局？什么是大局意识？最高法院前首席大法官肖扬的阐释是，"大局就是全局，就是发展趋势，就是国际国内总体形势发展变化的基本方向。凡是涉及全局的事，涉及人民群体根本利益的事，涉及国家前途命运的事，就是大局。大局意

---

① 任建新：《政法工作五十年：任建新文选》，人民法院出版社2005年版，第214页。笔者注意到，美国总统罗斯福也说过类似的话，可以比较两种观点的异同："法官应当是个政治家。他要胜任这个职位就一定得是个党员，是个建设性的政治家，经常牢记要坚持这个国家据以建立的、在演进过程中必须遵循的原则和政策，并且还要记住和共事的政治家的关系，这些政治家正在其他政府部门中通力和他合作以促成国家的各种目标。"转引自［美］查尔斯·A. 比尔德：《美国政府与政治》，朱曾汶译，商务印书馆1987年版，第60~61页。

② 申欣旺、孙杰对：《揭秘中国大法官：19年鲜有亲自办案》，载中国新闻网2013年6月7日。

识，首先表现在对大局的认识与把握上，其次表现在服从服务大局上”。① 一个时代需要一个主题，一个时期也有一个大局。在现阶段，执政党对中国社会主要矛盾变化的最新论断，必然要求从全局的高度思考和谋划党和国家工作。有没有大局意识，能否做到正确认识大局、自觉服从大局、坚决维护大局，是判断执政党的领导干部在政治上合格与否的首要标准。纵览大法官群体的公开著述，不难发现，作为执政党的高级领导干部，大法官首先是政治家。具备大局意识，始终从大局出发思考司法工作，始终以大局意识引领审判思维，是大法官群体区别于其他法官群体最鲜明、最重要和最突出的思维特征。②

大局意识首先是也当然是讲政治，“大局与政治是密不可分的，凡属全局性的问题，都具有重大的政治意义。因此，大局意识在很大程度上又往往表现为政治意识，两者在本质要求上是一致的”。司法工作要讲政治，这一传统在最高法院历史悠久。老一辈无产阶级革命家、最高法院前院长谢觉哉说，“我们的法律是服从于政治的，没有离开政治而独立的法律。我们的司法工作者一定要懂政治，不懂得政治也决不会懂得法律”。③ 对于另一位老一辈无产阶级革命家、最高法院前院长董必武，学者评价其“大局意识既是贯穿他的充满革命奋斗的人生历程始终的重要思想之一，也是贯穿他的博大精深的民主法制思想体系的桥梁和纽带。董必武的先进意识之一——大局意识在其政治法律思想中表现得淋漓尽致”。④ 最高法院前首席大法官王胜俊也强调，“一定要提高认识和把握大局的能力，要把审判工作放在全党全国工作大局之中，从更高起点、更高水平、更高层次上去谋划和思考，要善于从法律、社会、

① 肖扬：《审时度势因势利导把握队伍建设主动权——在全国法院队伍建设工作会议上的讲话》，载最高人民法院办公厅编：《最高人民法院历任院长文选》，人民法院出版社 2010 年版，第 296 ~297 页。

② 国内学术界对中国大法官群体的研究十分稀缺。目前极为有限的学术成果中，所给出的基本结论是，中国大法官的声誉名不副实，审理案件本身只构成大法官的声誉来源的一小部分。在任大法官最主要工作或者被人们所知晓的主要工作，包括新的司法解释出台答记者问、出席（全国法院）会议讲话、会见外宾、到地方法院视察，等等。与其应当是个案审判或通过个案进行解释（统称审判活动以区别于司法行政及其他活动）的法官——没有联系或直接联系。总之，中国大法官都不是因为审判活动对法律和司法制度的贡献（影响）而出名。之所以大法官没有因审判活动对法律和司法做出贡献，最根本的是制度上的原因。详论参见侯猛：《最高法院大法官因何知名》，载《法学》2006 年第 4 期。

③ 王定国等编著：《谢觉哉论民主与法制》，法律出版社 1996 年版，第 156 页。

④ 卓翔、韩冰：《论董必武政治法律思想中的大局意识》，载孙琬钟、李玉臻主编：《董必武法学思想研究文集》（第 4 辑），人民法院出版社 2005 年版，第 54、57 页。

人民多维视角观察、分析和处理问题”。[①] 由此可见，跳出法律的单一框架，从宏观上把握大局，自觉把当前政治形势、国家发展走向作为自己思考问题的出发点，调动自己的专业能力为当下中心工作服务，这是普通法官成长为高级领导干部的必备素质。

此后，李国光在全国民商事审判工作会议上，进一步阐述法律效果和社会效果含义及相互关系：

审判的法律效果是通过严格适用法律来发挥依法审判的作用和效果；审判的社会效果则是通过审判活动来实现法律的秩序、公正、效益等基本价值的效果。法律效果以法律和事实演绎推理、归纳推理和类比推理为主要内容；社会效果则以化解矛盾，维护社会稳定，维护国家利益，维护社会正义，保护市场主体的合法权益，保障审判结果可实现性和高公认度为主要内容。法律效果倾向于法律的证明，侧重于法律条文的准确适用；社会效果倾向于法律价值的体现，侧重于司法目的的实现。可以说，法律效果和社会效果之间是互为因果、互相包含的统一关系。审判的法律效果是法律的依据和驱动力，审判的法律效果的实现，也应该导致法律价值即社会效果的实现。因此，一个良好的裁判既应有良好的法律效果，同时也应有完美的社会效果。法官的职责和智慧正是将两者有机地统一起来。[②]

2017 年 1 月 14 日，最高法院院长周强在全国高级法院院长会议上指出，要切实做好意识形态工作，大力弘扬社会主义核心价值观，坚定不移走中国特色社会主义法治道路。[③] 2019 年 7 月 3 日，周强在全国法院民商事审判工作会议上又指出，民商事审判作为人民法院营造法治化营商环境的前沿阵地，要坚持最高标准，努力营造更加稳定公平透明、可预期的法治化营商环境，确保党和国家事业推进到哪里，司法服务保障就跟进到哪里，切实找准司法服务的切入点、着力点。[④] 显而易见，首席大法官的上述观点，体现了鲜明的大局意识。

把党的领导贯穿于依法治国的全过程和各方面，是社会主义建设规律和党的执

---

① 王胜俊：《高举中国特色社会主义伟大旗帜努力实现人民法院工作与时俱进——在最高人民法院党组理论学习中心组扩大会议上的讲话》，载最高人民法院办公厅编：《最高人民法院历任院长文选》，人民法院出版社 2010 年版，第 377 页。

② 李国光：《认清形势，统一认识，与时俱进，开拓创新，努力开创民商事审判工作新局面，为全面建设小康社会提供司法保障》，载讼也网，http：//ms. isheng. net/index. php？doc – view – 3831 – %E5%88%9B%E6%96%B0，2020 年 1 月 26 日访问。

③ 《全国高级法院院长会议在京召开》，载最高人民法院网站 2017 年 1 月 18 日。

④ 最高人民法院民事审判第二庭编著：《〈全国法院民商事审判工作会议纪要〉理解与适用》，人民法院出版社 2019 年版，第 57 页。

政规律的合理体现，也是我国社会主义法治建设的一条基本经验。我国宪法确立了中国共产党的领导地位，坚持党的领导，不仅是政治原则，也是法治原则。尊重法治基本规律，要树立宪法法律至上理念，要树立人民权利优先和法律平等理念，要树立职权法定和权力制约理念，要树立规则意识和秩序意识，要树立法治信仰，破除人治思想，要坚持依法治国和以德治国相结合。

大局意识与审判思维之间的关系，表现为大局意识对审判思维的绝对制约，这个方面往往更为人们所熟悉。譬如，最高法院原审委会专委杜万华大法官在谈及公司法司法解释时提出，处理好公司内部与外部关系，是经济新常态下商事审判工作服务党和国家工作大局的重要体现。在公司内外部关系的问题上，之所以要坚持内外有别的原则，主要目的是要维护我国的社会主义市场交易秩序，保证各种类型的市场主体能在良好的营商环境下有序地开展活动。在市场经济条件下，商品的价值只有通过交易才能最终实现。因此，如何保证交易安全、提高交易效率、降低交易成本，是任何一个国家在营造良好的营商环境时都要考虑的问题。在市场交易过程中，如果赋予交易相对方过重的审查公司内部行为合法性的义务，势必造成交易成本的提高和交易效率的降低。正因如此，众多的市场经济国家才创立了许多保护交易安全的制度，其中就包括内外有别、交易优先的制度。我国从改革开放以来也一直坚持这些制度，取得了良好的社会效应。当前，党中央要求我们进一步改善营商环境，那维护交易秩序的法律制度也应当继续坚持和不断完善。①

大局意识与审判思维之间的关系，还表现为审判思维对大局意识的主动接纳，这个方面以往研究得很不够。引人注目的是，2019 年，最高法院副院长江必新大法官发表长文，系统阐述司法审判中非法律因素的考量：

必须将人民性、党性、政治性等非法律因素融入到司法审判过程中，实现法律效果与社会效果相统一、依法审判与人民意愿相统一、依法审判与党的政策相统一、依法审判与服务大局相统一。司法权是政治权力的组成部分，司法机关是国家政权机关的一个部门，司法审判本身是国家政治架构的一部分，天然地具有政治属性，不能违背政治需要而存在，任何形式的司法审判活动都在一定的政治架构下进行，只有发挥其政治功能作用，才能真正显现司法审判的价值。在司法审判中考量非法律因素，有利于实现司法审判法律效果与社会效果的统一；有利于提高司法裁判的社会接受度，维护司法权威；有利于打破法律的僵硬性，顺应实践需要。关于依法

① 杜万华主编、最高人民法院民事审判第二庭编著：《最高人民法院公司法司法解释（四）理解与适用》，法律出版社 2017 年版，第 2 ~ 6 页。

审判与党的政策之间的关系，必须破除法律教条主义和机械执法的理念，司法审判工作除了适用法律以外，还必须正确贯彻党的政策，不能单纯依据法律而忽视党性要求和相关政策。在涉及价值选择和风险分配的情况下，司法审判不能仅仅局限于法律条文的规定，而应从实质正义的角度平衡各项价值，既按照法律规定的要求办理，又兼顾公平正义价值的实现，做到形式正义与实质正义的统一，做到情理法的统一。①

审判思维究竟是如何主动接纳大局意识的？杜万华大法官在全国破产审判工作会议上的公开讲话，是一个很好的注解和观摩：

2016年9月3日，中美元首在二十国集团领导人杭州峰会期间开展会晤。双方达成一系列重要共识，形成了中美元首杭州会晤中方成果清单，其中特别强调要建立和完善破产制度和机制。中美元首杭州会晤中方成果清单签订后，最高人民法院党组高度重视贯彻落实该成果清单。二十国集团杭州峰会刚结束，最高人民法院周强院长就要求我们迅速拿出落实方案。为什么周强院长和最高人民法院党组这么重视落实这项成果清单呢？因为这是开展供给侧结构性改革的关键所在。因此，可以说目前破产审判工作已经进入了一个新时代。这次中美元首杭州会晤中方成果清单是一个国家间的文件，其中涉及破产审判工作的是第三条第三款，一共有四句话。第一句话和最后一句话是中美双方形成的共识，中间两句是中方作出的承诺。各级人民法院要认真学习理解这四句话，只有在理解的基础上才能谈贯彻落实。中美关系是我国最重要的双边关系，中美元首会晤确定的文本也是中国将来与其他国家交往的模板，其意义远远超出中美两个国家的范围，具有世界意义。所以落实中美元首杭州会晤中方成果清单对于我们健全破产法律制度、实现依法治国具有非常重要的意义。②

值得观察的是，审判思维对大局意识的主动接纳，并不局限于照单全收，还体现在积极性的法律贡献。对这个问题的探讨，又必然涉及政治思维与法律思维之间的关系，这也是大局意识的一个极为重要方面。对此，笔者不打算展开论述，兹举两例当事者亲身经历，供法学界进一步思考。

2005年11月，时任湖北高院副院长吕忠梅在云南高院大法庭，作了一场题为“法官的思维”的专题讲座，其间她谈道：

---

① 江必新：《司法审判中非法律因素的考量》，载《人民司法》2019年第34期。

② 杜万华主编、最高人民法院民事审判第二庭编：《商事审判指导》（第3辑），人民法院出版社2017年版，第3~4页。

法官思维的误区之一是滥用政治思维。法律和政治的关系密切，但是我们要注意很多的利益衡量和利益平衡不是法官所要做的事情，是在法律范围以内的利益平衡，超出法律范围以外的利益平衡就不是法官的责任。对于一些政治敏感性的案件，我们现在两种做法：一是不受理，找个理由不立案。二是按照政治家的思维去办。我们现在就是两种态度，一种就推，另一种是不坚持法律的思维，按照政治家的思维去考虑问题。政治思维要考虑的社会利益平衡面比法律多很多，是不是不该考虑政治思维，我觉得不是，而是政治思维不能代替法官的思维。如何来处理好这种关系？我们经常说社会效果、政治效果和法律效果的统一，统一的前提是不能牺牲法律原则去追求社会效果和政治效果。为什么要讲这个话？因为暂时来看，是满足了政治或社会的需要，但从长远来看是牺牲了更大的政治和更大的社会效应。

不是讲我们的法官不敏感，与政治无关，恰恰是法官既要有高度的敏感性，又要学会在法律的框架以内，在原则以内来灵活地处理这些事情。我们讲国家利益是最高利益，国家利益是核心利益，这个时候法官肯定是要服从的，但你要把里面的道理给他们都讲清楚为什么。法官不要小看我们手上的一些东西，法官的政治思维和法律思维的关系如何处理得更好，这是每个法官应该把握的艺术，不能盲从，不能以法律思维代替政治思维，不能用法律原则作为交换来牺牲法律思维去换得政治上的思维，这是一个原则。但同时，如何处理好这两个方面的关系，在考虑更大的利益、更大利益的权衡的时候，如何为我们的决策者提供一个正确的思维方式，这是法官的责任。越是负有领导职务的法官们，可能这些方面的责任越重，不要小看了。①

2015年9月，最高法院前副院长李国光出版回忆录《我的大法官之路》。2016年1月，此书第二次印刷，可见销量之好。其中他谈道：

然而，我在工作中遇到较多的还是在政策和法律的矛盾中，进行艰难抉择的情况。1998年10月的一天，国务院办公厅秘书二局向最高人民法院送来经国务院主管领导批示同意的全国企业兼并破产领导小组（小组设在国家经贸委，最高人民法院为团体委员，每次会议由我出席）的一份函件，来函说，国务院已经决定辽宁七家有色金属公司实施行政关闭，请最高人民法院通知辽宁及其他有关法院协助

① 吕忠梅：《法官的思维》，载云南法院网，http：//fanwen. jianlimoban. net/824670/，2018年10月15日访问。吕忠梅现任第十三届全国政协常委、全国政协社会和法制委员会驻会副主任、中国法学会副会长。

此项任务完成，具体要求是：第一，这些企业的债务通过法院诉讼的要立即停止或暂缓审理；第二，已经生效的债务纠纷案件判决要暂缓执行；第三，这些企业的其他债权债务问题，请辽宁省有关法院进行清理。我看了这三条要求，实际上都是不符合法律规定的。首先，案件暂缓审理和中止审理都是有法定条件的，行政关闭不符合法定条件；其次，生效的判决必须执行，行政关闭不属于暂缓执行法定条件；最后，案件没到法院，法院就派人去企业清理账务是违反“不告不理”的诉讼原则的。我嘱咐经济庭拟写复函，以最高人民法院名义明确指出，来函所列三个协助要求没有法律依据，无法执行，建议辽宁七家公司不搞行政关闭，而到有关法院申请破产，按照破产法的规定，法院经审查符合企业破产条件后，这三项要求均可满足。复函发出后不久，国务院变更了行政关闭的初衷，对这七家公司依法实施破产。这是个政策显然违反法律规定的典型事件，和其他同样情况的案件一样，我维护了法律的权威。我深知在处理政策和法律的关系上，还要善于在法律规定的范围内执行政策，要注意防止并反对弃法律于不顾，仅仅依靠政策来裁判案件的情形，更要反对凭长官意志办案，撇开法律完全靠政策办案是不能实现法律效果与社会效果统一的。①

综观大法官们的各种演讲著述，其中结合大局形势阐发的对民事审判理念和思维的独到认识，以及对民事审判工作存在问题的犀利剖析，含义深刻，发人深省。不少精辟内容，蕴含着真理的颗粒，至今仍具有很强的现实指导意义。譬如，最高法院前副院长唐德华曾指出：

总结半个世纪法制建设的历史进程，给了我们深刻的启示，那就是法兴国兴、法衰国衰，今后我们必须坚定不移地走依法治国的道路，更加注重法律的实施，净化法治环境，改善执法条件，这是历史发展的必然要求，也是社会进步的必然要求。我们把这些案件摆到我国政治经济发展的大范围里去看，就会发现一个规律，国家政治上民主、经济上发展的时期恰好是民事案件上升的时期，反之，民主遭到破坏，经济建设落后，民事案件就下降。所以，可以得出这样的结论，人民法院的刑事案件上升，说明社会治安状况严峻或者说不好，但民事案件上升，却正好是反映我们国家经济发展，政治民主，法制加强，国泰民安。②

---

① 李国光：《我的大法官之路》，人民法院出版社2015年版，第230～231页。

② 《关于民事审判工作形势与任务——最高人民法院副院长唐德华在浙江省全省民事审判工作会议上的讲话》，载《民事审判指导与参考》（第2卷），法律出版社2000年版，第1～27页。

而在另外一个场合，唐德华又强调：

要高度重视民事权利的保护，这对人民法院来说，是一个老生常谈的话题，是民事审判存在的依据和应当履行的职责，但在实践当中却往往不被人们重视，因而严重影响了民事审判发挥其应有的作用，也妨碍了民事审判工作与形势发展相适应的要求。在新的历史时期为什么要强调高度重视民事权利的保护？加强对民事权利的保护是人民法院的性质决定的，是审判实践的需要。人民法院担负惩罚犯罪保护人民权利的重要任务。过去我们总是把法院当成人民民主专政的工具，强调的只是打击敌人，处理敌我矛盾，这两者把我们的脑子给束缚住了，既然是专政的工具，理所当然就是对敌斗争，打击犯罪，惩罚犯罪，把处理敌我矛盾作为人民法院的基本职责和主要任务。作为工具，不仅国家各种不同行政职能部门可以用，地方各级党的组织更可以用，而且怎么方便怎么用，应当说这完全符合逻辑。但就是这个专政论和工具论，一直影响着人民法院的性质、职能作用的全面发挥，更影响了人民法院独立公正地行使审判权，行政部门、领导机关的个别负责人对个案的干预和批示与日俱增，地方人民法院在少数人那里成了“地方的”法院，甚至沦为地方和部门保护主义的工具。当前，专政论和工具论的影响仍然存在，这是对法院性质认识上的误区，这个观念必须改变。无论从人民法院的任务、职能，还是对民事权利的保护，如人身权、财产权的保护都是不利的。保护民事权益，这是人民法院的基本职责，更是民事审判工作的全部内容。①

再譬如，最高法院前常务副院长祝铭山认为：

我国《宪法》规定人民法院依法独立审判，授权于法院而非法官个体，法官是组成法院的分子，参与法院的独立审判，法官包括院长、庭长、法官，都不享有独立审判的地位和权力。与此同时，法官须有独立人格，在履行审判职务时要自主思考及表达。没有具备独立人格的法官群体，人民法院依法独立审判就会异变。依法治国，首先就是依法治官、依法治权。中国审判还面临不少问题和困难。从司法外部环境来看，全社会的法律信仰尚未形成，社会各界对司法的信任度不高。从司法自身能力来看，审判队伍总体素质平平，很难适应日益繁重复杂的审判工作的需要。一些人忠于法治的恒心、定力疲弱，原则性差，跟风追俗，趋炎附势；一些人职业操守和思想道德很差，追名逐利，拜金贪色，凡此种种，都是中国审判健康向前发展的障碍和阻力，在这些不良因素的交互作用下，产生了当前中国审判的两大

① 《高度重视对民事权益的保护——最高人民法院副院长唐德华在国家法官学院中级法院院长培训班上的讲话》，载《民事审判指导与参考》（第2卷），法律出版社2001年版，第1~22页。

弊害：一是少数案件裁判不公，二是少数审判人员行为腐败。①

显而易见，大法官群体普遍表现出的大局意识，也在随着时代的发展而不断发展，对司法工作尤其是民事审判思维具有直接的指导作用，这一点还特别体现在最高法院于2019年11月8日发布的全国法院民商事审判工作会议纪要中，也就是法律界通称的九民会议纪要。对于该会议纪要的司法精神实质，本章第五节将予以专门解读。

二、嵌入思维

嵌入思维，是指主动将审判思维放在工作大局中衡量，找准定位，与中央决策保持一致。大局意识对审判工作的指导，审判工作对大局意识的服从，都是以自觉的嵌入思维为中介，完成不同领域的无缝连接、不同功能的相互转换。

大法官的嵌入思维，经常体现在其分管业务的工作报告或公开讲话中。1998年11月23日，时任最高法院副院长李国光在全国经济审判工作座谈会上的讲话中，谈及国企和金融两大法院工作重点时，体现了鲜明的嵌入思维。关于依法保障和服务于国有企业改革问题，李国光要求，要坚持法律准则与国家改制政策相结合的原则，坚持法律准则就是要根据宪法、民法通则、全民所有制工业企业法、公司法以及有关行政法规办案，凡是法律有明文规定的依照法律办；法律无明文规定的按照政策办；法律和政策都无明文规定的，坚持一切从实际出发，按照是否符合“三个有利于”的标准来衡量。对于地方政府制定的企业改制规定与中央方针政策、现行法律相抵触的，应当建议政府对有关文件进行清理和修改，使地方政府制定的有关文件合法、公正和合理。对于地方违反中央方针政策和法律的规定的改制文件，应及时向有关部门讲明情况，不能作为办案依据。

关于涉及某些被关闭金融机构的案件处理问题。李国光表示，近年来，国务院先后关闭了若干商业银行和非银行金融机构，并指定了一些金融机构对被关闭单位的债权债务进行托管。最高人民法院也相应地发出了通知，对如何处理涉及这些被关闭单位的案件作出了规定。由于这些被关闭单位的分支机构数量较多，所从事的金融业务面广，并涉及众多的公众存款和境外存款。在当前情况下，国家采取行政关闭进行清理的措施，从总体上有利于维护社会的稳定、国家的对外形象和保护广大债权人的利益。今年处理这类问题，仍要贯彻执行肖扬院长今年7月2日在全国高级法院院长座谈会上讲话中所提出的要求，即“对于涉及国务院决定关闭的商业

① 祝铭山：《雪鸿集：法治杂文》，人民法院出版社2017年版，第433、475~476页。

银行和其他金融机构的经济纠纷案件，未起诉的不再受理；已受理的，中止诉讼；判决已发生法律效力的，中止执行。待最高法院通知后恢复审理和执行”。

2000 年 10 月 28 日，李国光在全国民事审判工作座谈会上的讲话中再次指出，关于企业改制案件的法律适用问题。人民法院在审理涉及企业改制案件时，要坚持依据法律与参照国家有关改制政策、法律效果与社会效果、维护债权人合法权益和促进现代企业制度建立相结合的原则。在处理具体案件时，凡是法律、司法解释有明文规定的，依照法律和司法解释办理；法律和司法解释无明文规定的，按照国家关于企业改制政策办理；法律和政策都无明确规定的，按照有利于产业结构调整与改组、资源的有效配置，有利于社会稳定的原则处理。但是，地方政府制定的有关企业改制规定，如果与现行法律、行政法规、国家关于企业改制政策发生抵触的，不能成为人民法院处理案件的依据。

关于金融案件的审理，李国光要求，要继续做好涉及整顿“金融三乱”纠纷案件的审理工作，遵照中央关于“谁主管，谁整顿；谁批准，谁负责；谁用钱，谁还债；谁担保，谁负相应责任”的原则，对于未经国家金融管理机关批准而设立的非法金融机构，以及未经中国人民银行批准擅自从事或者变相从事非法金融活动引起的纠纷，要继续由主管部门处理，以有利于最大限度地保护债权人利益，防止矛盾激化，保障社会稳定。国务院发出关于继续关闭、撤销、合并信托投资公司，整顿非银行金融机构的决定后，最高人民法院相应发出通知规定，各级人民法院要严格执行，不得各行其是，影响全局。对于“两会一部”（即农村合作基金会、乡镇企业基金会和供销社股金服务部）与农户之间的以“两会一部”为被告的纠纷，人民法院一般仍应暂不受理。政府主管部门请求人民法院协助“两会一部”清收对外债权时，即“两会一部”作原告的，人民法院应当通过审理案件，予以配合。

当然，大法官的嵌入思维，最重要的方面，还是体现在对中共中央重大决定在司法工作中的研究部署和具体落实上。

2013 年 11 月 12 日，中共十八届三中全会公报发布，首次提出健全错案防止、纠正、责任追究机制。2014 年 10 月 23 日，中共十八届四中全会公报发布，再次提出健全落实罪刑法定、疑罪从无、非法证据排除等法律原则的法律制度，健全冤假错案有效防范、及时纠正机制。

正是在此大背景下，法院系统加大了纠正冤假错案的力度。据统计，党的十八大至党的十九大这五年间，包括最高法院在内的各级法院，依法纠正包括内蒙古呼格吉某图故意杀人案、河南赵某海故意杀人案、浙江张氏叔侄强奸案等 34 件重大冤假错案，涉54名当事人。[①] 其中聂某斌故意杀人、强奸案，由最高法院直接提审，由胡云腾大法官担任审判长。该案一审有罪判决是1995年3月15日，二审有罪判决是1995年4月25日，再审无罪判决是2016年12月2日，翻案时间长达21年，成为当年中国司法领域最受社会关注的法治事件之一。该案的最大亮点是坚持证据裁判原则，实行疑罪从无，认为原判据以定案的证据没有形成完整锁链，没有达到证据确实、充分的法定证明标准，事实不清，证据不足。[②] 显然，贯穿这起特别重大和疑难案件的证据原则，以及坚决纠正冤假错案的司法勇气，与中共十八届四中全会公报的要求是完全一致的。聂案最终得以纠正，既是中央文件精神在司法领域的具体落实，也是最高法院通过纠正个案推动法治进步的具体表现，将这二者联结起来并做到融会贯通的，正是大法官所特有的嵌入思维。两年后，胡云腾大法官回顾此案时颇有感触，称在一些场合见到陌生人，那些老头老太不认识他。有人介绍他是最高法院的大法官，没人有反应；有人介绍说他提出了废除死刑的百年梦想，也没人有反应；有人介绍他说在最高法院做了许多司法解释，还是没人有反应；但是一旦有人介绍说他是聂某斌案的主审法官，人家都来跟他合影、跟他握手，这就是案例的作用。[③]

在上述嵌入思维的推动下，顾某军等虚报注册资本、违规披露、不披露重要信息、挪用资金案，被视为中国维护企业家权益的一个节点性事件，是最高法院提审并依法纠正的又一起重大刑事案件，也是体现大法官嵌入思维的又一范本。作为大法官审判思维的重要载体，该案再审判决书还获得了“境界高、站位高、水平高、理念新、体例新、内容新”的高度评价。[④]

根据公开资料披露，该案再审的背景是，党的十八大以来，高度重视产权保护工作。2016年11月4日，中共中央、国务院出台了《关于完善产权保护制度依法保护产权的意见》，提出“坚持有错必纠，抓紧甄别一批社会反响强烈的产权纠纷申诉案件，剖析一批侵害产权的案例”。2016年11月28日，最高法院出台《关于充分发挥审判职能作用切实加强产权司法保护的意见》和《关于依法妥善处理历史形成的

① 孙丹：《十八大以来法院依法纠正34件重大冤假错案，涉54名当事人》，载《法制日报》2017年10月14日。

② 中国应用法学研究所主编：《中华人民共和国最高人民法院案例选》（第1辑），法律出版社2019年版，第28～38页。

③ 黄文俊主编、国家法官学院编：《司法案例大讲坛》（第1辑），人民法院出版社2019年版，第215页。

④ 中国应用法学研究所主编：《中华人民共和国最高人民法院案例选》（第2辑），法律出版社2019年版，第16页。

产权案件工作实施意见》，前者对“依法处理历史形成的产权申诉案件，坚决落实有错必纠的要求”作出了具体规定，后者对“依法妥善处理历史形成的产权案件”作出了全面规定。①

顾某军再审一案，由最高法院裴显鼎大法官担任审判长。判决书指出，面对国家政策和法律制度的动态变化，应历史地、发展地、客观地看待民营企业经营过程中产生的不规范问题，对于原审认定的顾某军等在公司变更登记过程中虚报注册资本的行为，充分考虑历史背景和客观因素，不以犯罪论处。对于证据不足的提供虚假财会报告事实和挪用资金事实，根据证据裁判原则，依法宣告无罪。对于虚报注册资本事实和提供虚假财会报告事实和挪用资金事实，采取从旧兼从轻的量刑原则。

耐人寻味的是，裴显鼎大法官还特别指出，本案并不是像一些人预想的那样，提审就必然全改。再审改判只是部分改判，而不是全部改判，该改判的改判，该维持的维持，既不回避争议，也不搞“一风吹”，既不维护原判拒不纠正，也不放弃原则给企业家“摘帽”，实现了“全部错全部纠，部分错部分纠”，做到对错分明、有错必纠、错到哪里就纠到哪里，最大限度地维护法律权威，彰显公平正义。② 这段话表明，最高法院大法官在具体案件中落实中央文件精神时，并不跟风盲从，而是立足于法律，体现出嵌入思维运用的精密和细腻，边界意识清晰，拿捏恰到好处。

2018 年 3 月 4 日，最高法院江必新大法官担任审判长的一起案件宣判，也引起社会各界关注，被视为最高法院裁判理念和裁判尺度的一次重要调整。

在天策公司诉伟杰公司、君康人寿保险公司营业信托案中，最高法院认定违反中国保监会颁布的《保险公司股权管理办法》第 8 条代持保险公司股权的协议无效。而此前最高法院发布的合同法司法解释一曾明确规定，合同法实施以后，人民法院确认合同无效，应当以全国人大及其常委会制定的法律和国务院制定的行政法规定为依据，不得以地方性法规、行政规章为依据。尽管该判决将行政规章的具体条款与作为上位法的《保险法》视为一体，但该案确立的裁判规则，还是引起了资本市场和法律界的普遍震动。如果究其根源，不得不追溯到 2017 年 7 月召开的全国金融

---

① 中国应用法学研究所主编：《中华人民共和国最高人民法院案例选》（第 2 辑），法律出版社 2019 年版，第 17 页。

② 中国应用法学研究所主编：《中华人民共和国最高人民法院案例选》（第 2 辑），法律出版社 2019 年版，第 17 页。

工作会议。这次会议首次提出，金融安全是国家安全的重要组成部分，要防范化解金融系统风险。如果再结合此后于2018年12月召开的中央经济工作会议，将“防范化解金融系统风险的提法”变成“防范化解系统性金融风险”，就可以看出大法官何以做出如此判决了。对代持保险公司股权行为的否定，就是对中央会议精神的司法落实，就是对金融机构行为的司法指引。如果再联系到2019年11月公布的九民会议纪要，就更容易理解此前大法官嵌入思维下的行为取向了。《九民纪要》第31条明确规定，违反规章一般情况下不影响合同效力，但该规章的内容涉及金融安全、市场秩序、国家宏观政策等公序良俗的，应当认定合同无效。人民法院在认定规章是否涉及公序良俗时，要在考察规范对象基础上，兼顾监管强度、交易安全以及社会影响等方面进行慎重考量，并在裁判文书中进行充分说理。

当然，如何在司法工作中恰当地发挥嵌入思维，并不是一件容易的事。据李国光回忆，2002年1月15日最高法院发布《关于受理证券市场因虚假陈述引发的民事侵权案件有关问题的通知》，是其倾注全力，也冒了较大的风险组织起草的，中国法院终于从司法层面上拉开了证券市场民事侵权制度的序幕。①

三、国情思维

国情是指一个国家社会性质、政治、经济、文化等方面的基本情况和特点，是历史、传统和现实的复杂混合体。在中国的特殊语境下，“国情”也是一个特定专有名词，既有很强的政治隐喻性，也有很浓的认知务实性。前者常常与“反对本本主义”“拒绝照搬照抄”等政党立场相关；后者常常与“尊重民心民意”“强调发展阶段”等求实态度相关。这二者之间虽非泾渭分明，但确有不同意旨。大法官一路走来，国情思维是他们抹不去的集体烙印。

国情思维，首先体现在对中国法治进程方向的强调上。2007年6月4日，首席大法官肖扬在第十二届亚太地区首席大法官会议上指出，司法改革必须坚持符合中国国情，必须以解决人民群众最关心、最直接、最现实的利益问题为重点。② 2008年8月26日，首席大法官王胜俊在全国大法官“大学习、大讨论”研讨班上指出，人民法院必须把中国国情作为谋划工作的出发点。只有从中国国情出发，充分立足我国基本国情，才能保证人民法院工作真正做到“三个至上”。③

---

① 李国光：《我的大法官之路》，人民法院出版社2015年版，第315~317页。

② 黎虹：《肖扬强调：司法改革必须坚持符合中国国情》，载《人民法院报》2007年6月4日。

③ 漆慧兰：《把国情作为谋划法院工作的基本依据》，载中国法院网2008年8月28日。

国情思维，还体现在对中国法治所处现状的清醒认识。2003 年，最高法院前常务副院长祝铭山公开撰文称，总理为民工讨工钱一事，折射出当前法治的现状。有人说，有法律不等于有法治，此言极是。我们经过二十多年卓有成效的立法工作，已基本上有法可依了，但还不能说是个成熟的法治国家。法律之遗忘和一些人被法律所遗忘，恰恰是由人治走向法治过程中的一个表征。建设社会主义法治国家的道路漫长而坎坷。当全社会都崇尚法律，各级领导干部都学会依法行政为民造福，普通百姓都能够依法维权，而且社会成员能够事实上而不是字面上平等地享受法律资源的时候，文明的法治时代就到来了。①

无独有偶，大法官们对当下历史阶段的感知，在学术界也有一定共鸣。有学者认为，当代中国系未定型社会，具有这样的特征：形态模糊而具混合性、过渡性，变化又多又快，且常常出人意料，失序和倒退的风险多，确定性低。未定型社会是不定型社会的一类，但它具备了相对明确的发展方向和对这种走向的较为强大的支持力量，从而减轻了其形态的不确定性、模糊性和风险性。与未定型社会相适应的法制应该是探索型的。探索型法制不应该为了追求形式的完美和内容的完备而牺牲法律的灵活性和回应性，而应该尽力运用种种法律技术和工具去理解、回应社会的复杂性和历史进程的尝试性、偶然性。探索型法制在法律形式、法治理念、法律技术、法律发展诸方面都与定型社会的法治有所不同。中国正处于并将长期处于未定型社会之中，中国特色社会主义初级阶段法制的定型大约还需要一百年。②

秉持国情思维，必然强调司法效果和社会效果的有机统一。一个案件要实现好的处理结果，既需要专业人士的视角，也需要普通公众的视角。过于固守法官的职业逻辑，忽视普罗大众的生活逻辑，必将导致美国法学家昂格尔指出的现象，“公平愈是屈从于规则的逻辑，官方法律与老百姓的正义感之间的差距也就越大”。③ 最高法院负责人曾公开批评部分法官存在脱离国情的“书生办案”现象，只明白适用法律的逻辑自洽，不明白伦理才是正义的道义基础，常识、常情、常理才是检验法律规则合理性的动态指标。理性违反人性的判决，必然引发舆论大哗。

① 祝铭山：《雪鸿集：法治杂文》，人民法院出版社 2017 年版，第 120 页。

② 邓少岭：《未定型社会与探索型法制——兼论社会主义初级阶段法制的成型》，载《学术论坛》2011 年第 5 期。此文后收入孙琬钟主编：《董必武法学思想研究精选文集》（上下），人民法院出版社 2015 年版，论文题目修改为《未定型社会与探索型法制——从董必武法学片论所做的思考》。

③ ［美］昂格尔：《现代社会中的法律》，吴玉章等译，中国政法大学出版社 1994 年版，第 191 页。

2019年公布的九民会议纪要中，明确提出民商事审判工作中要注意情理法的交融平衡，是有很强的现实针对性的。

秉持国情思维，最终还落实在对司法受众的认知与态度上。2019年9月20日，中央电视台播出了《法治中国说·大法官说》之《“民告官”的裁判规则》，最高法审判委员会副部级专职委员、二级大法官贺小荣接受采访。口语化的率直表达中，充溢浓厚的国情思维：

我们如果换位思考，这个老百姓是我自己，是我们的父母，是我们的家人，我们能不能理解他为什么要走进法院的大门？如果我们不这样换位思考，就可能导致程序空转，抠文字、抠词语，你这个表达不符合法律，驳回。这样是对老百姓负责吗？老百姓怎么能够感受到公平正义呢？山东有个当事人，因为济南市相关部门收回了他的廉租房，后一直申诉到最高法院。看了案件材料之后，我就决定前往济南，亲自审这个案件。案情并不复杂，政府为一些社会上收入较低的人，配置了房租非常便宜的房子叫“廉租房”。按照部委规章规定，当一个公民享受了廉租房以后，无正当理由在六个月内不居住的，政府有权收回。但是地方政府出台了一个规定，规定六个月以上没有居住的就可以收回，它删除了“无正当理由”这个条件。这个当事人是残疾人，无法去居住这个廉租房，因为这个廉租房建在一个较高的山坡上，他要推着轮椅才能走到这个廉租房。他连续六个月没有居住，政府要无偿收回这个房子，我们认为不符合我们法律的精神。因为部委规章里边明确地规定，要考虑连续六个月以上未居住是不是有正当理由？而地方政府在收回这个房子的时候，没有考虑任何的正当理由。所有的行政机关行使公权力的时候，权力来源、权力范围都必须要有宪法和法律的规定。

还有一种值得注意的现象，部分法官貌似精致的技术理性背后，实际上隐藏着司法态度的内在冷漠。对此，贺小荣毫不避讳地提出批评：

民告官案件中，要正确地理解原告的诉讼请求，防止与老百姓“绕圈子”“玩概念”。因为一个公民到法院来打官司，他可能很难用法言法语来表达自己的诉讼请求，如果我们用法言法语来衡量，老百姓的这个诉讼请求可能不符合法定的条件，可能就要被驳回。比如，在行政赔偿诉讼当中，老百姓经常提起一个诉讼，要求政府赔偿。但是按照我们的诉讼制度安排，老百姓要提起一个行政赔偿诉讼，首先要起诉，确认行政行为是违法的，然后才能提起行政赔偿诉讼。你没有提起一个确认行政行为违法的诉讼，法院无法保护你的实体权利要求。那怎么办？老百姓不太懂得一定要首先确认违法，但是老百姓提出了一个请求赔偿的诉讼，难道他没有暗含对这个行政行为的否定评价吗？所以这时候我们的法官简单地行使一个释明权，告诉老百姓，你可以首先在你诉状当中追加一句“确认行政行为是违法的”。只要我们换位思考，我们非常容易了解当事人真实的诉讼请求。①

中国是一个对公共利益有特殊偏好的国度，屡见不鲜的公私利益冲突，也是一种普遍存在的国情现象。对此，大法官的国情思维之底色，决非各打五十大板的捣糨糊，而是熔良知与专业于一炉，判断稳准狠，结论短平快。贺小荣大法官在评析一起最高法院提审的民行交叉案件时，一针见血指出：

公共利益具有一定的抽象性，同时又是现实和具体的。完全抽象的公益并不存在，任何公益都可以被感受、被认识。征地拆迁、城市建设、棚户区改造等都与人民生活质量的改善具有密切的联系，人民群众都可以从中有获得感。但也不排除个别地方以公益为借口，将公益抽象化、神秘化，导致矛盾叠加、冲突升级。公共利益必须通过与个体私益比较后概括和抽取，而不是简单地服从多数。在价值多元的社会，如何判断公共利益，不能简单地由权力机关主观判断，而应当通过公开听证、专家论证、技术评估、问卷调查等多种方式征求民意，最终确保公共利益的正当性。在民主法治国家，宪法和法律是全体人民共同意志和利益的集中体现，只要严格依法行政，就能够最大限度地实现公益原则。由此足以推定，维护公民和法人依法享有的民事权利同样是全体人民共同意志和利益的集中体现，当然也属于十分重要的公共利益。因此，任何以公益为名违反法律规定的具体行政行为都难以具有正当性。②

四、穿透思维

2008年9月3日，最高法院时任院长王胜俊发表专文，提出人民法院必须比以往任何时候都要更加重视审判理论研究，深入探索司法规律，用发展着的审判理论指导司法实践。③ 2019年11月8日，最高法院发布《九民纪要》，首次提出“穿透式审判思维”的概念，可谓是对司法规律的最新探索，也是用发展着的审判理论指导司法实践的最新范例。所谓思维上的穿透力，就是一语道破真相、直达核心问题的能力。理论功底深厚，实践经验丰富，善于总结反思，才能获得思维上的穿透力，在案件审理中进行“穿透性审查”，这些正是大法官群体的独特优势。

大法官们的穿透思维，是最显其法学视野和法律功底之处，体现在面对疑难杂

① 蔡迹一：《这个案子，让大法官决定前往济南亲自审》，载搜狐网，http：//m. sohu. com/a/342546613_ 221650，2020年11月21日访问。

② 贺小荣：《权利是权力的价值归属》，载《中国法律评论》2016年第4期。

③ 王胜俊：《加强理论研究探索司法规律》，载最高人民法院办公厅编：《最高人民法院历任院长文选》，人民法院出版社2010年版，第381页。

症的似是而非和莫衷一是时，能够居高临下审大势，透过现象看本质。在解构中拆除枝蔓，去伪存真；在建构中廓清主干，一抓到底。既敢大破大立，但也绝不单纯为破而破，为立而立，而是当破则破，不管案件中干扰思维的各种烟幕弹是什么；当立则立，在事关案件原则的大是大非面前，一旦看准，则绝不含糊，立场鲜明，敢于拍板。做到这一点，既要有道，也要有术，还要有势，但起决定作用的，主要是经过千锤百炼的超强思维模式，类似查理·芒格著名的“多元思维模型”。① 正是这种超强思维模式，令大法官既能系统思维，统筹兼顾两个大局，做到法律内外一盘棋；又有框架思维，化知识为体系，化体系为方法，化方法为能力，以其专业底蕴，配以人生智慧，娴熟驾驭各类案件。表现在具体案件上，就是金钢钻般的强大穿透能力，无论什么硬核都能钻个通透。别人得到的仅仅是一个特解，他们得到的则是一个通解！对于大法官而言，这种穿透思维是管总的，是决定性的关键一招。正可谓艺高人胆大，这就是大法官什么案件都能审、什么案件都能审得精彩的根本原因。

迄今为止，公布的最高法院大法官审判案例，数量还极为有限。据公开报道，从1995年到2013年长达19年间，仅有三位大法官亲自担任审判长审理过案件。2002年，唐德华亲自审理过案件后曾表示，法官的职责就是办案，法院的院长和副院长首先是法官，院长办案当然是题中应有之义。② 近年来，大法官办案数量略有增加，但总体仍然极少。从已公布的案例看，最高法院大法官审理的案件，基本是“对中国法治进程产生重大影响，在全国乃至全球范围具有重大影响的案件”。③ 研读大法官作出的裁判文书，确实代表了中国最高审判机关的最高水平。其案件办理中彰显的穿透思维尤为突出，直指争议本质，直达核心价值，直接拨乱反正，直联法理民心。省察之深邃，思辨之透彻，举措之硬朗，实值得悉心体会。

中国建设银行股份有限公司广州荔湾支行诉广东蓝粤能源发展有限公司等信用证开证纠纷再审案（指导性案例111号），由最高法院刘贵祥大法官担任审判长。该案判决得到王利明、崔建远、司玉琢等国内法学家的一致好评，认为是“一份不可多得的好判决”“可圈可点，会留史册”。④

① ［美］彼得·考夫曼：《穷查理宝典》，李继宏译，中信出版社2016年版。

② 申欣旺、孙杰对：《揭秘中国大法官：19年鲜有亲自办案》，载中国新闻网2013年6月7日。

③ 中国应用法学研究所主编：《中华人民共和国最高人民法院案例选》（第1辑），法律出版社2019年版，序言第1页。

④ 刘贵祥主编：《最高人民法院第一巡回法庭精选案例裁判思路解析》（一），法律出版社2016年版，第3~4页。

该案的最大创新之处在于，不拘泥提单属性的理论探讨，而是以灵活的眼光看待提单，并跳出提单看提单，将审视重心放在提单性质为何种因素所决定，进而认为提单具有债权凭证和所有权凭证的双重属性。对于提单持有人而言，其能否取得物权以及取得何种类型的物权，取决于当事人之间有无明确意思表示。而仅有意思表示还不够，因为根据物权法定原则，该约定仅构成让与担保而不能发生物权效力。与此同时，虽然让与担保的约定不能发生物权效力，但该约定本身仍具有合同效力，并进而认定持有提单构成权利质押，建行广州荔湾支行享有提单权利质权。全案推理过程虽可商榷，但拨开层障、直奔要害的思维穿透力，有如利箭，力透纸背，将一个众说纷纭的理论争议，演绎为极具张力的实务案例。

郴州饭垄堆矿业公司诉中华人民共和国国土资源部国土资源行政复议决定再审案，由最高法院江必新大法官担任审判长，收入《中华人民共和国最高人民法院案例选》，入选推进中国法治进程 30 年 30 案。该案的最大创新之处在于，站在管治与自治的高度，对关涉行政裁量权行使的诸多行政法理论予以回应，尽可能实现个案正义。论证透彻精辟，说理客观严密，可谓是贯彻“让人民群众在每一个案件中感受到公平正义”这一最新司法指导思想的经典案例。①

该判决认为，关于采矿权矿区范围垂直投影能否重叠的问题，按一般观点，采矿权矿区范围垂直投影重叠，是指两个分别处于上、下位置的采矿权矿区范围，虽然不发生物理交叉，但垂直投影后在平面上形成重叠。由于可供开采的矿产资源分布于地表上下，不同种类矿藏可能在不同深度的垂直空间分层分布，采矿权矿区范围垂直投影重叠也就难以完全避免。国土资源部复议决定撤销 2011 年《采矿许可证》所援引的最主要的依据为〔2001〕85 号文件，但该文也仅规定“一个矿山原则上只能审批一个采矿主体。不能违法重叠和交叉设置探矿权、采矿权”。该文件既未对何为“一个矿山”予以明确，也未对何为“重叠”作出界定，更未明确违法重叠设置矿业权的法律责任。国土资源部在其后的答辩中虽又补充提供〔2011〕14 号文件作为不得重叠的依据，但该文件中也仅规定“除同属一个矿业权人的情形外，矿业权在垂直投影范围内原则上不得重叠”。上述文件规定，符合矿业管理实际需要，且不违反上位法规定，国土资源管理部门在设定采矿权、划定矿区范围和颁发采矿许可证时应当执行。但上述规定的目的，并非在于绝对不能设立重叠的采矿权，而是在于强调设定和出让重叠的采矿权时，应当采取适当措施，确保采矿权由同一采

① 对该案的详细分析及评论，可参见陈星儒：《信赖保护原则的司法适用研究——评郴州饭垄堆矿业有限公司诉国土资源部案》，载《法律适用》2018 年第 14 期。

矿权人取得，以便于安全生产并统筹开采。〔2001〕85号文件与〔2011〕14号文件，均未规定重叠设置的采矿权只能予以撤销，且均强调对因历史原因形成重叠且采矿权人不同一时，应当逐步妥善处理。而如果进一步考察矿产资源的共生和伴生过程，以及不同类型的矿产资源可能分别蕴藏于不同的垂直分层这一地质现象，如果简单强调在同一矿区范围已经存在采矿权的情况下，不考虑矿产资源种类和开采工艺的差别，对垂直投影重叠的其他采矿权一律不予设置，或者要一律撤销已经设立的重叠的采矿权，既不利于推进有限矿产资源的全面节约与循环高效利用，也与国土资源部既有规定不相一致。

此外，《国土资源部关于矿产资源勘查登记、开采登记有关规定的通知》（国土资发〔1998〕7号）附件二《矿产资源开采登记有关规定》第1条规定："……（三）划定矿区范围……审批机关在划定矿区范围时，应依据以下原则确定……4. 保护已有探矿权、采矿权人利益。申请人申请划定的矿区范围，其地面投影或地表塌陷区与已设立探矿权、采矿权的区块范围、矿区范围重叠或有其他影响的，采矿登记管理机关在审批矿区范围时应以不影响已有的探矿权人或采矿权人权益为原则。采矿权申请人应与已有的探矿权人或采矿权人就可能造成对探矿权或采矿权影响的诸方面签有协议。探矿权人或采矿权人同意开采的，采矿登记管理机关可划定矿区范围；探矿权人或采矿权人认为有影响且出具充分证明的，采矿登记管理机关可以组织技术论证。论证结果确有影响且无法进行技术处理的，不予划定矿区范围……"此规定说明，在同一立体空间依法可以存在两个采矿权（或探矿权），在不影响已有采矿权、已有采矿权人同意开采的情况下，采矿登记管理机关审核后，可以依法划定重叠的矿区范围。此即说明现行立法并未完全禁止设立区分矿业权或者重叠矿业权。总之，基于特定的矿藏以及不同开采工艺水平限制等因素考虑，强调在特定历史时期，垂直投影重叠的采矿权原则上由同一个矿业权人拥有，有其积极意义，应当得到支持。而在现行法律、法规并未禁止设立垂直投影重叠的采矿权的情形下，国土资源管理部门对因历史原因已经设立的部分重叠的采矿权，则应在不影响安全生产和环境保护且更有利于不同种类矿产资源全面节约利用的前提下，综合衡量矿产资源形成状态和地质条件，尊重不同矿业权人的不同开采意向、开采能力与开采工艺以及矿藏的开发规律等因素，区别进行处理。

关于重叠采矿许可证的处理与撤销的条件问题，现行法律、法规、规章以及被诉复议决定所引用的相关规范性文件，对类似于本案因历史原因形成的重叠的采矿权撤销程序、步骤、方法及具体情形均无具体规定。〔2001〕85号文件对于违法设置的相互重叠或者交叉的采矿许可，要求依法抓紧进行纠正，而纠正的方式包括

"该吊销的要依法吊销，该注销的要坚决注销，该协调处理的要妥善处理"。实践中，解决重叠有多种方式，包括将不同采矿权主体推动整合为同一采矿权主体、调整并缩小采矿许可证范围以解决重叠问题、在不同采矿权主体间建立开采协调机制、区分矿产资源开发时序且在确保安全生产的前提下签订承诺协议、撤销一方采矿许可并通过补偿或者赔偿等方式弥补损失，等等。据此，对因采矿权主体不同一且采矿权重叠之情形，处理方式是多重的且可以综合运用，撤销重叠的采矿许可仅为其中一种处理方式。本案存在部分重叠属实，而能否仅凭部分重叠即撤销采矿权人已经依法取得的采矿许可，则应全面、客观、历史地看待。由于历史和管理水平等原因，涉案郴州市苏仙区红旗岭矿区存在区、乡镇和村多头发包、矿业秩序混乱的现实问题，国务院《关于全面整顿和规范矿产资源开发秩序的通知》（国发〔2005〕28号）下发后，经对原来的持证矿山和发包矿山实行停产整顿，湖南省国土厅又于2005年11月25日下发《关于郴州市苏仙区遗留问题矿山专项规划的批复》（湘国土资办函〔2005〕138号）。根据有关专项规划，中信兴光公司采矿权（原红旗岭矿）属于保留矿山招标出让，饭垄堆矿属于招拍挂出让。根据双方的《采矿许可证》记载，位于上方的饭垄堆公司开采铅锌银矿，位于下方的中信兴光公司开采锡钨砷矿。在立体上，两矿没有重叠与交叉，饭垄堆矿开采标高为790米至1200米，中信兴光矿开采标高为760米至370米，两矿之间安全隔离层30米。双方均取得了湖南省安全生产监督管理局颁发的《安全生产许可证》，且双方也曾就安全生产等问题于2011年签订有关承诺书。同时，各方当事人对重叠的比例及计算方法存有不同意见。即使按国土资源部在作出复议决定后答辩主张的垂直投影部分重叠面积占57%，饭垄堆公司2011年《采矿许可证》仍有43%面积不构成重叠。被诉复议决定既未认定重叠的比例和计算方法，也未认定现有重叠是否存在影响安全生产等情形，又未征求安全生产等行政主管部门意见或者专业机构鉴定意见，即简单以构成重叠为由作出撤销决定，未能全面认定事实，属于认定事实不清。①

乔丹诉中华人民共和国国家工商行政管理总局商标评审委员会、乔丹体育股份有限公司"乔丹"商标争议行政系列纠纷案，由最高法院陶凯元大法官担任审判长。该案的最大创新之处在于，以独具慧眼的穿透思维，突出强调了诚实信用原则在商标申请注册和使用过程中的居于首位的帝王原则，凭借深厚的理论功底，将姓名权纳入商标法中的"在先权利"序列。对恶意损害他人在先权利的申请注册行为，态

① 中国应用法学研究所编：《中华人民共和国最高人民法院案例选》（第1辑），法律出版社2019年版，第3～13页。

度鲜明，立场坚定，果断否定因此形成的既定市场秩序。全程直播，公开宣判，开放自信，确实识人所之未识，发人所不敢发，判人所不能判。

该判决认为，姓名权是自然人对其姓名享有的重要人身权，姓名权可以构成2001年修正的《商标法》第31条规定的“在先权利”。“使用”是姓名权人享有的权利内容之一，并非其承担的义务，更不是姓名权人主张保护其姓名权的法定前提条件。在符合有关姓名权保护条件的情况下，自然人有权根据2001年修正的《商标法》第31条的规定，就其并未主动使用的特定名称获得姓名权的保护。自然人就特定名称主张姓名权保护的，该特定名称应当符合三项条件：其一，该特定名称在我国具有一定的知名度、为相关公众所知悉；其二，相关公众使用该特定名称指代该自然人；其三，该特定名称已经与该自然人之间建立了稳定的对应关系。外国人外文姓名的中文译名如符合上述三项条件，可以依法主张姓名权的保护。商标权人主张的市场秩序或者商业成功并不完全是诚信经营的合法成果，而是一定程度上建立于相关公众误认的基础之上。维护此种市场秩序或者商业成功，不仅不利于保护姓名权人的合法权益，而且不利于保障消费者的利益，更不利于净化商标注册和使用环境。①

欧宝公司诉特莱维公司企业借贷纠纷再审案，由最高法院胡云腾大法官担任审判长。该案是全国虚假诉讼第一例，被评为“2015年推动中国法治进程的十大诉讼”，入选第14批指导性案例。该案的最大创新之处在于，对于泛滥于我国民商诉讼的各种虚假行为乃至恶意串通的虚假诉讼，不唯书，只唯实，面对看似无懈可击的书面证据，坚决摒弃机械思维，而是深入案件背后，撕开虚伪表相，洞穿虚假本质，并依法公开制裁，对捏造事实、虚构借贷关系提起虚假诉讼的欧宝公司和特莱维公司各罚款50万元。由此确立的判断虚假诉讼的裁判规则是：在当事人之间存在关联关系的情况下，为防止恶意串通提起虚假诉讼，损害他人合法权益，对其是否存在真实的法律关系，必须严格审查。此案公布后，引发社会强烈反响，直接推动了刑法修正案（九）增设了虚假诉讼罪，并在全国范围内掀起严厉打击虚假诉讼的司法风暴。可以说，没有大法官及合议庭成员的高度敏感、高度负责、锲而不舍、一追到底的职业本能和司法精神，本案真相是不可能大白天下的，司法领域中虚假诉讼的猖獗现象，也不会得到迅速遏止。而贯穿于大法官职业本能和司法精神的专业力量，正是来自于久经历练的穿透思维能力。

---

① 中国应用法学研究所：《中华人民共和国最高人民法院案例选》（第1辑），法律出版社2019年版，第14～27页。

第三节　精英法官的审判思维

中共中央十八届三中全会提出司法责任制改革前，我国共有21万法官。推行法官员额制改革后，经严格的考试考核程序，遴选产生12.5万名员额法官。[①] 相较于改革前，法官的精英化程度大大提高。当然，员额法官并不等于精英法官，精英法官也并不是一个级别头衔，而是一种能力标志，源于员额法官又高于普通的员额法官，是构成我国法官群体的中坚力量。在法律人眼里，不论身处哪级哪家法院，不管从事审判还是执行，能做出公正、精彩裁判文书的员额法官，就是响当当的精英法官。裁判文书是法官生产的公共产品，是不是精英法官，作为代言人的裁判文书自己会说话。曾有最高法院法官在法院系统内部培训时表示，作为一名法官，在自己的职业生涯中哪怕只刊载过一篇公报案例，也算是登上法官心中的“珠穆朗玛峰”。[②] 参照这样的严格标准，本节将最高法院发布的优秀裁判文书，遴选切割为六个各自独立的侧面，分别考察精英法官群体审判思维之精华。

一、微观：找法释法

所谓找法，是指法官发现和确定法律适用的过程。按照梁慧星先生的观点，我国法官处理法律问题的主要任务就是找法，即从现行的法律规则中找到可供裁判的法律规则，作为全部裁判逻辑推论的大前提。[③] 不唯学术界如此认识，最高法院也反复强调找法的重要性，明确要求全国各级法院法官在审理和裁判案件的时候，首先要查明所需要适用的法律，其次要阐明所需要适用的司法解释。[④]

一般情况下，找法并不困难，因为在最高法院的法官看来，在司法实践中，绝大部分案件都是常规性案件，案件本身就指示了法律适用，法官直接依据法律即可作出裁判，这是由司法的本质所决定。[⑤] 在具体路径上，只要遵循“阅读案件事实

---

① 周强：《全面落实司法责任制切实提升审判质效和司法公信力》，载《新华文摘》2019年第23期。

② 李玉生主编、孙辙、谢新竹副主编：《法官思维的印记》，人民法院出版社2019年版，第246页。

③ 梁慧星：《裁判的方法》（第二版），法律出版社2013年版，第49页。

④ 《指导性案例如何规范法官自由裁量权行使？最高法解答》，载《新京报》2019年2月25日。

⑤ 骆电：《审判的逻辑》（上册），法律出版社2019年版，第3页。

—概括案件事由—针对案件的部门法识别—从法律规范到裁判规范”的四步法即可。[①] 当然，这也并非绝对。最新资料显示，即便是看似普通的财产损害赔偿纠纷，即便是中高级法院，也不见得能准确地找到适用法律。

在赵某华与沈阳皇朝万鑫酒店管理有限公司、沈阳中一万鑫物业管理有限公司财产损害赔偿纠纷案中，沈阳中院、辽宁高院均适用《侵权责任法》，判令驳回原告诉求。最高法院并未排除适用《侵权责任法》，但主要适用《消防法》，撤销一、二审判决，改判支持再审申请人诉求。[②]

普通案件尚且如此，对于一些疑难案件来说，如何在蔚为大观且动态演进的法律集群中，准确识别适用法律或法条，更非易事。比如，关于混合担保中担保人之间的追偿问题，相关法条的规定前后不一，这就面临如何适用法律的问题。为统一裁判尺度，《九民纪要》第 56 条明确规定，被担保的债权既有保证又有第三人提供的物的担保的，《担保法解释》第 38 条明确规定，承担了担保责任的担保人可以要求其他担保人清偿其应当分担的份额。但《物权法》第 176 条并未作出类似规定，根据《物权法》第 178 条关于“担保法与本法的规定不一致的，适用本法”的规定，承担了担保责任的担保人向其他担保人追偿的，人民法院不予支持，但担保人在担保合同中约定可以相互追偿的除外。2020 年 12 月 31 日，最高法院发布《担保制度解释》，在共同担保的问题上，秉承了担保人原则上不享有相互追偿权的原则，同时又有新的调整，除当事人明确约定情形外，如推定具有相互追偿意思表示，则赋予当事人相互追偿权。

再如，对于买卖合同的解除，一般均认为可直接适用《合同法》。但是，当买卖标的为股权时，最高法院却断然排除了对《合同法》的简单适用。

在汤某龙诉周某海股权转让纠纷案中（指导性案例 67 号），法院认为，本案争议焦点是周某海是否享有《合同法》第 167 条规定的合同解除权。该条规定的是分期付款的买受人未支付到期价款的金额达到全部价款的五分之一的，出卖人可以要求买受人支付全部价款或解除合同。本案系有限责任公司股东将股权转让给公司股东以外的其他人，尽管案涉股权的转让形式也是分期付款，但由于本案买卖的标的物是股权，因此具有与以消费为目的的一般买卖不同的特点，股权转让分期付款合同与一般以消费为目的的分期付款买卖合同有较大区别，对案涉《股权转让资金分

---

① 赵玉增、王海霞：《法律发现：法官“找法”的路径分析》，载《法律方法》2015 年第 2 期。

② 《中华人民共和国最高人民法院公报》2019 年第 5 期。

期付款协议》不宜简单适用《合同法》第167条规定的合同解除权。①

又如，《合同法》第93条规定了约定解除权，第94条规定了法定解除权。当事人未主张约定解除权，而直接主张法定解除权时，究竟应当适用哪个条款？

在通盛公司与东民公司房屋买卖合同纠纷案中，法院认为，《合同法》规定的约定解除权和法定解除权，两者之间在行使上并不矛盾或互相排斥，在当事人未依第93条行使约定解除权，但符合法定解除条件时，可依第94条行使法定解除权解除合同。②

找法只是审判思维的微观起点，法律规范本身的概括性、一般性、抽象性和滞后性，决定了其在很多情形中，必须经过法官的再加工、再阐释，才能实现与具体个案的无缝对接，这就需要释法，法律必须通过理解才能获得意义释放。在这方面，最高法院以其丰富的司法智慧，在民商法各领域创造了众多极具启示的典型案例，多角度展示了审判思维的领悟力和解读力。

（一）公司法领域一：什么是“董事会决议”？

在许某宏诉泉州南明置业有限公司、林某哲与公司有关的纠纷案中，法院认为，公司法意义上的董事会决议，是董事会根据法律或者公司章程规定的权限和表决程序，就审议事项经表决形成的反映董事会商业判断和独立意志的决议文件。中外合资经营企业的董事会对于合营一方根据法律规定委派和撤换董事之事项所作的记录性文件，不构成公司法意义上的董事会决议，亦不能成为确认公司决议无效之诉的对象。案涉董事会决议中虽然包含了许某宏不再担任董事职务的内容，但其依据是股东南明公司关于免除许某宏董事职务的通知，所体现的只是合营企业股东的意志，并非泉州南明公司董事会的意志。因此，该部分内容仅系泉州南明公司董事会对既有法律事实的记载，虽然有董事会决议之名，但其并不能构成公司法意义上的董事会决议。③

---

① 比较罕见的是，该指导性案例公布后，法学界多位学者对其法律适用提出质疑和批评，参见钱玉林：《分期付款股权转让合同的司法裁判——指导性案例第67号裁判规则质疑》；吴建斌：《商事指导性案例裁判要点焉能脱离原案标新立异？——最高法院指导性案例第67号评析》；肖雄：《指导性案例第67号的“创新”与证伪》，以上均载陈洁主编：《商事指导性案例的司法适用》，社会科学文献出版社2017年版。

② （2016）最高法民终715号。

③ 《中华人民共和国最高人民法院公报》2019年第7期。

（二）公司法领域二：什么是“经营管理发生严重困难”？

在林某清诉常熟市凯莱实业有限公司戴某明公司解散纠纷案中（指导性案例8号），法院认为，《公司法》第183条将“公司经营管理发生严重困难”作为股东提起解散公司之诉的条件之一。判断“公司经营管理是否发生严重困难”，应从公司组织机构的运行状态进行综合分析。“公司经营管理发生严重困难”的侧重点在于公司管理方面存有严重内部障碍，不应片面理解为公司资金缺乏、严重亏损等经营性困难。凯莱公司仅有两名股东，各占50%股份。只要两名股东意见分歧，互不配合，就无法形成有效表决，显然影响公司的经营。凯莱公司已持续4年未召开股东会，无法形成有效股东会决议，股东会机制已经失灵。公司虽处于盈利状态，也不能改变其经营管理已发生严重困难的事实、公司已陷入僵局的状态，可以认定为公司经营管理发生严重困难。对于符合公司法及相关司法解释规定的其他条件的，人民法院可以依法判决公司解散。

（三）合同法领域：什么是“怠于行使时效权利”？

在鸿达公司与国资公司债权转让合同纠纷再审案中，法院认为，《最高人民法院关于审理民事案件适用诉讼时效制度若干问题的规定》第10条第1款第4项规定，当事人一方下落不明，对方当事人在国家级或者下落不明的当事人一方住所地的省级有影响的媒体上刊登具有主张权利内容的公告的，产生诉讼时效中断的效力，但法律和司法解释另有特别规定的，适用其规定。诉讼时效制度立法目的，在于督促权利人及时主张权利以便稳定交易秩序。认定权利人主张权利诉讼时效届满，须基于权利人持续怠于行使权利的客观事实。前述法律规定虽对公告主张权利相关条件作出一定程度限制，但不能由此认定前述规定完全排除其他形式公告主张权利行为的法律效力。国资公司受让债权后，即向债务人发送公告并得到债务人确认。之后，国资公司连续数次在《河源日报》上刊登公告催收。这些事实表明，国资公司不仅始终没有怠于主张权利，反在每次诉讼时效届满前积极发布催收公告主张权利，已经产生中断诉讼时效的法律效力。另外，《河源日报》属于当地较有影响的报纸，在《河源日报》上刊登催收公告的行为，具有足以使鸿达公司知悉国资公司主张权利的客观效果。①

① （2018）最高法民申4185号。

可供比较的是，最高法院合议庭这种对特定法律条文的解释，与此前在多个类似案件中的观点明显然不同，反映出释法本身存在较大的空间与弹性。

在克莱斯特公司申请执行复议案中，法院认为，原申请执行人在报纸上刊登债权债务转让公告，该方式并不能确保债务人及时、准确地获知债权转让的事实。但是，从结果看，被执行人已实际知悉了债权转让的事实，客观上达到了通知的效果。在此种情况下，不应以债权人对通知义务不适当履行为由否定债权转让和申请执行人变更的法律效力。①

而在上述执行复议案作出一年后，在欧某强、蔡某荣合同、无因管理、不当得利纠纷再审案中，法院认为，清算组成员负有书面通知债权人参加清算的义务，仅发布公告不符合法律规定。因此，作为清算组成员对本案债权人由此未获清偿的债权应当承担赔偿责任。②

此后，最高法院又通过公报案例，更加明确了对这一问题的观点。在上海德力西集团有限公司诉江苏博恩世通高科有限公司、冯某、上海博恩世通光电股份有限公司买卖合同纠纷案中，法院认为，公司减资时对已知或应知的债权人应履行通知义务，不能在未先行通知的情况下直接以登报公告形式代替通知义务。③

（四）担保法领域：什么是“当事人约定明确的情形”？

在建行新建南路支行、聚能物流公司金融借款合同纠纷案中，法院认为，本案的争议焦点是，建行新建南路支行与泰发祥公司、隆昌公司关于实现债权的约定，是否属于《物权法》第176条规定的当事人约定明确的情形？《物权法》第176条规定：“被担保的债权既有物的担保又有人的担保的，债务人不履行到期债务或者发生当事人约定的实现担保物权的情形，债权人应当按照约定实现债权；没有约定或者约定不明确，债务人自己提供物的担保的，债权人应当先就该物的担保实现债权；第三人提供物的担保的，债权人可以就物的担保实现债权，也可以要求保证人承担保证责任。提供担保的第三人承担担保责任后，有权向债务人追偿。”该条第一句规定的理论根据在于，物的担保和人的担保各有利弊，物的担保并不一定比人的担保更有利于债权人实现债权，在物的担保与人的担保并存的情况下，债权人究

① 最高人民法院（2016）执复字第48号，引自傅松苗、丁灵敏：《民事执行实务难题梳理与解析》，人民法院出版社2017年版，第146页。

② （2017）最高法民申4056号。

③ 《中华人民共和国最高人民法院公报》2017年第11期。

竟应当按照何种顺序实现债权，因无关公益，宜彰显私法自治精神，由债权人与保证人、物上担保人自由约定，该条中所谓“债权人应当按照约定实现债权”，即明确了其任意法属性。至于“债权人应当按照约定实现债权”中的“约定”，旨在确定或者限制人的担保与物的担保并存时债权人的选择权，从《物权法》第 176 条后句“没有约定或者约定不明确，债务人自己提供物的担保的，债权人应当先就该物的担保实现债权；第三人提供物的担保的，债权人可以就物的担保实现债权，也可以要求保证人承担保证责任”来看，这里的“约定”，应当是指人的担保责任与物的担保责任之间的顺序。此外，在解释上，当事人之间还可以约定各担保人仅对债权承担按份的担保责任。这一按份的共同担保约定，同样限制债权人实现债权时选择权的行使，债权人仅享有向各担保人主张其承担约定份额范围内的担保责任的权利。由此可见，当事人之间约定各担保人仅承担按份的共同担保责任的，“债权人应当按照约定实现债权”，该条款中的“约定”，既包括关于人的担保与物的担保之间责任顺序的约定，也涵盖关于人的担保与物的担保之间责任分担范围的约定。至于“债权人应当按照约定实现债权”中的“约定”，到了什么程度，才能认定为约定明确？如前所述，根据《物权法》第 176 条前句的规定，只有在就人的担保与物的担保之间的责任顺序或者责任分担范围约定明确的情形之下，债权人才能依该约定实现债权。审判实践中有当事人认为，这里的“约定”，只有在排定债权人实现债权时各担保权之间的顺位的情况下，才属于约定明确，典型的表述是“有第一顺位、第二顺位及最后顺位等明确的排序”才是约定明确，否则就是约定不明确，由此引发了当事人意思表示解释上的争议。本院认为，“债权人应当按照约定实现债权”中的“约定”，其目的在于确定或者限制人的担保与物的担保并存时债权人的选择权，只要当事人之间的约定内容达到了这一程度，即应认定为当事人之间就债权人实现其债权有了明确约定。这里，既包括限制债权人选择权行使的约定，也包括确定或者赋予债权人选择权的约定。所谓就债权人实现债权顺序的约定明确，即包括对实现债权的顺序约定为物的担保在先，人的担保在后；人的担保在先，物的担保在后；物的担保与人的担保同时承担担保责任三种社会上普通人根据逻辑通常可以想象出来的约定明确的情形，当然也包括约定在任何情形下担保人都应当承担担保责任的情形。据此，本院认为，被担保的债权既有物的担保又有人的担保的，当事人约定在任何情形下担保人都应当承担担保责任，属于《物权法》第 176 条第一句规定的约定明确的情形，这样理解该规定的含义，符合社会上普通人的正常认知，属于常识，应无疑问。本案中，建行新建南路支行（乙方）与泰发祥公司（甲方）、隆昌公司（甲方）分别签订了《保证合同》。建行新建南路支行（乙方）与泰发祥公司（甲方）签订的《保证合同》约定，保证方式为连带责任保证。“无论乙方对主合同项下的债权是否拥有其他担保（包括但不限于保证、抵押、质押、保函、备用信用证等担保方式），不论上述其他担保何时成立、是否有效、乙方是否向其他担保人提出权利主张，也不论是否有第三方同意承担主合同项下的全部或部分债务，也不论其他担保是否由债务人自己所提供，甲方在本合同项下的保证责任均不因此减免，乙方均可直接要求甲方依照本合同约定在其保证范围内承担保证责任，甲方将不提出任何异议。”建行新建南路支行（乙方）与隆昌公司（甲方）签订的《保证合同》约定的内容与上述合同的内容完全相同。本院认为，根据上文对《物权法》第176条第一句中“债权人应当按照约定实现债权”中的“约定”的立法原意的分析，结合新建南路支行与聚能物流签订的《抵押合同》，案涉三合同关于担保条款的真实意思表示为，泰发祥公司、隆昌公司单独或者共同对聚能物流欠建行新建南路支行的款项承担连带保证责任，且建行新建南路支行有权向泰发祥公司、隆昌公司、聚能物流之一或任意组合提起诉讼要求承担担保责任，即有权在不要求聚能物流承担物的担保责任的前提下，单独向泰发祥公司和隆昌公司或者之一提起诉讼，要求其承担人的担保责任，或者要求聚能物流承担物的担保责任的同时，要求泰发祥公司和隆昌公司或者之一承担人的担保责任。因此，应当认定案涉两《保证合同》对于如何实现担保物权的约定明确，该约定属于《物权法》第176条第一句规定的“债权人应当按照约定实现债权”中的“约定”。泰发祥公司向本院提交了（2016）最高法民终40号民事判决书，主张对于多份担保合同均是“无论是否拥有其他担保……债权人均有权直接要求担保人承担担保责任”句式的约定，属于《物权法》第176条中规定的“约定不明确”的情形，本案情形与之类似，亦属于约定不明确的范畴。本院经审理认为，（2016）最高法民终40号民事判决书的案情与本案并不相同，无可比性及可参照性。（2016）最高法民终40号亦不属于本院指导性案例，泰发祥公司关于比照该案的主张，建行新建南路支行应当先就聚能物流自己提供的抵押物实现债权的主张不能成立。①

（五）物权法领域：什么是“在建工程抵押权范围”？

在金汇信托公司与三联公司、三联控股公司、华源公司金融借款合同纠纷再审案中，法院认为，登记机关为案涉在建工程抵押权所办理的抵押登记手续，是仅限

---

① （2017）最高法民终170号。

于其已经发放《在建工程抵押登记证明》的“抵押物清单”中所记载的部分，还是包括抵押合同所约定的土地使用权及其上已经建造和尚未建造的部分，成为本案中认定抵押物范围所必须解决的关键问题。关于在建工程抵押权的登记方法，《城市房地产抵押管理办法》第34条第2款规定：“以预售商品房或者在建工程抵押的，登记机关应当在抵押合同上作记载。抵押的房地产在抵押期间竣工的，当事人应当在抵押人领取房地产权属证书后，重新办理房地产抵押登记。”《房屋登记办法》第60条规定：申请在建工程抵押权设立登记的，应当提交登记申请书、申请人的身份证明、抵押合同、主债权合同、建设用地使用权证书或者记载土地使用权状况的房地产权证书、建设工程规划许可证，以及其他必要的材料。第25条第3款规定：“预告登记、在建工程抵押权登记以及法律、法规规定的其他事项在房屋登记簿上予以记载后，由房屋登记机构发放登记证明。”根据前述规范性文件的规定，在建工程抵押权的登记方法，包括在抵押合同上作记载或者在房屋登记簿上作记载两种方式。关于权属证书与登记簿之间的关系，《物权法》第16条、第17条规定，不动产登记簿是物权归属和内容的根据，不动产权属证书是权利人享有该不动产物权的证明，二者不一致的，除有证据证明不动产登记簿确有错误外，以不动产登记簿为准。根据这一法律规定，完成不动产物权公示的是不动产登记，登记机关为案涉116套房产分别颁发《在建工程抵押登记证明》的法律效果，使得金汇信托公司取得了证明其权利状况的权属证书，判断本案中金汇信托公司在建工程抵押物的范围，应当以登记机关的不动产登记为依据。原审判决以登记机关向金汇信托公司颁发的《在建工程抵押登记证明》作为判断案涉在建工程办理抵押登记手续的依据，混淆了不动产登记与权属证书之间的关系，本院予以纠正。本院注意到，在案涉在建工程抵押登记办理之时，作为登记机关的浙江省金华市房地产交易办证中心并未实行房屋登记簿制度，且对在建工程抵押应当采用何种方法在抵押合同上记载亦不明确。本案中，浙江省金华市房地产交易办证中心在受理金汇信托公司和三联集团公司的在建工程抵押登记申请后，是根据浙江省住房和城乡建设厅、中国人民银行杭州中心支行、中国银行业监督管理委员会浙江监管局下发的《关于进一步做好在建工程抵押权登记工作的若干意见》（浙建房〔2012〕28号）的要求，采用“抵押物清单”的方式，将在建工程抵押物的范围限定在已完工部分或可售部分，并为在建工程中已完工部分或可售部分的每套房屋单独办理《在建工程抵押登记证明》。但这种登记方法并不能得出登记机关认为在建工程抵押物的范围仅限于已完工部分或可售部分这一结论。从登记机关对案涉179套房屋销售的解押登记手续办理情况来看，无论三联集团公司销售的房屋是否已经列入抵押物清单中，登记机关均要求三联集团公司取得金汇信托公司的同意证明。由此可见，本案中登记机关对在建工程抵押权的标的物范围的认识在逻辑上并不能一以贯之，其所理解的抵押物限定为在建工程完工部分或者可售部分，更多的是出于登记手段或技术的考量，随着工程建设阶段的发展，在建工程抵押权的抵押物范围随着完工部分或可售部分的增加而得到扩张。本院认为，《物权法》第 5 条规定："物权的种类和内容，由法律规定。"在建工程抵押权作为《物权法》所规定的民事权利，属于《立法法》第 8 条第 8 项所规定的法律保留事项，其民事权利的内容不因任何他人的不当限制或错误理解而减损。从立法沿革的角度，在《物权法》第 180 条第 1 款第 5 项、第 187 条对"正在建造的建筑物"没有做出相反定义的情况下，应当遵从此前规范性文件中对"在建工程抵押"的理解。在《物权法》颁行之前，《担保法解释》第 47 条规定："以依法获准尚未建造的或者正在建造中的房屋或者其他建筑物抵押的，当事人办理了抵押物登记，人民法院可以认定抵押有效。"《城市房地产抵押管理办法》第 3 条第 5 款亦规定："本办法所称在建工程抵押，是指抵押人为取得在建工程继续建造资金的贷款，以其合法方式取得的土地使用权连同在建工程的投入资产，以不转移占有的方式抵押给贷款银行作为偿还贷款履行担保的行为。"据此，在建工程抵押权作为一种单独的抵押权类型，除当事人在抵押合同中另有约定外，其抵押物范围不仅包括国有建设用地使用权，还包括规划许可范围内已经建造的和尚未建造的建筑物。本案中，浙金信（抵）字 HY－2014－016 号－1《抵押合同》第 1.2 条约定，本合同项下的抵押物是指目标项目项下位于金华安地镇安地村地块的土地使用权及其上在建工程。第 1.5 条约定，除法律另有明确规定外，抵押期间抵押物上新增建筑物应列入本合同项下抵押物范围。前述抵押合同的约定内容，符合司法解释和行政规章的规定。在登记机关未设立房屋登记簿、亦未明确在抵押合同上记载在建工程抵押登记方法的情况下，因前述抵押合同及相关登记申请材料和登记机关出具的收件单等文件均已载明登记类型为在建工程抵押登记，这些资料是登记机关存档备查的登记资料，利害关系人可通过查询档案资料的内容来获悉抵押物上的权利负担，故应当认定登记机关在收件、审核时将此项业务作为在建工程抵押登记业务加以办理的行为，即完成了"记载"在建工程抵押登记的工作，在建工程抵押权即已依法设立。至于登记机关事后是否向抵押权人发放权利证明，以及发放权利证明的时间、方式等事实，均不能成为判断抵押权人的权利是否依法成立的依据。且在本案中，三联集团公司作为抵押人，本身并非不动产物权公示制度的保护对象。不动产登记制度的规范趣旨，是为了保护以该不动产为交易客体的第三人的信赖利益和交易安全。三联集团公司破产管理人在接管之后，试图利用登记实务中的不同理解否定三联集团公司此前在自身财产上所设定的权利负担，明显有违诚信原则。①

（六）保险法领域：什么是“第三者损害保险标的的保险事故”？

在中国平安财产保险股份有限公司江苏分公司诉江苏镇江安装集团有限公司保险代位求偿权纠纷案中（指导性案例 74 号），法院认为，本案的争议焦点是，保险代位求偿权的适用范围是否限于侵权损害赔偿请求权？《保险法》第 60 条第 1 款规定：“因第三者对保险标的的损害而造成保险事故的，保险人自向被保险人赔偿保险金之日起，在赔偿金额范围内代位行使被保险人对第三者请求赔偿的权利。”该款使用的是“因第三者对保险标的的损害而造成保险事故”的表述，并未限制规定为“因第三者对保险标的侵权损害而造成保险事故”。将保险代位求偿权的权利范围理解为限于侵权损害赔偿请求权，没有法律依据。从立法目的看，规定保险代位求偿权制度，在于限制被保险人因保险事故的发生，分别从保险人及第三者获得赔偿，取得超出实际损失的不当利益，并因此增加道德风险。将《保险法》第 60 条第 1 款中的“损害”理解为仅指“侵权损害”，不符合保险代位求偿权制度设立的目的。故保险人行使代位求偿权，应以被保险人对第三者享有损害赔偿请求权为前提，这里的赔偿请求权既可因第三者对保险标的实施的侵权行为而产生，亦可基于第三者的违约行为等产生，不应仅限于侵权赔偿请求权。

（七）海商法领域：什么是“一切险”？

在海南丰海粮油工业有限公司诉中国人民财产保险股份有限公司海南省分公司海上货物运输保险合同纠纷案中（指导性案件 52 号），法院认为，海上货物运输保险合同中的“一切险”，除包括平安险和水渍险的各项责任外，还包括被保险货物在运输途中由于外来原因所致的全部或部分损失。在被保险人不存在故意或者过失的情况下，由于相关保险合同中除外责任条款所列明情形之外的其他原因，造成被保险货物损失的，可以认定属于导致被保险货物损失的“外来原因”，保险人应当承担运输途中由该外来原因所致的一切损失。

（八）知识产权法领域，什么是“著作权”？

在张某燕诉雷某和、赵某、山东爱书人音像图书有限公司著作权侵权案中

① （2018）最高法民再 19 号。

（指导性案例81号），法院认为，本案的核心问题是，雷剧与张剧这两部作品是否构成实质相似。我国著作权法所保护的是作品中作者具有独创性的表达，即思想或情感的表现形式，不包括作品中所反映的思想或情感本身。这里指的思想，包括对物质存在、客观事实、人类情感、思维方法的认识，是被描述、被表现的对象，属于主观范畴。思想者借助物质媒介，将构思诉诸形式表现出来，将意象转化为形象、将抽象转化为具体、将主观转化为客观、将无形转化为有形，为他人感知的过程即为创作，创作形成的有独创性的表达属于受著作权法保护的作品。著作权法保护的表达不仅指文字、色彩、线条等符号的最终形式，当作品的内容被用于体现作者的思想、情感时，内容也属于著作权法保护的表达，但创意、素材或公有领域的信息、创作形式、必要场景或表达唯一或有限则被排除在著作权法的保护范围之外。必要场景，指选择某一类主题进行创作时，不可避免而必须采取某些事件、角色、布局、场景，这种表现特定主题不可或缺的表达方式不受著作权法保护；表达唯一或有限，指一种思维只有唯一一种或有限的表达形式，这些表达视为思想，也不给予著作权保护。在判断"雷剧"与"张剧"是否构成实质相似时，应比较两部作品中对于思想和情感的表达，将两部作品表达中作者的取舍、选择、安排、设计是否相同或相似，而不是离开表达看思想、情感、创意、对象等其他方面。

在乐尔公司与白某民、多维公司专利权权属纠纷案中，法院认为，根据专利法及其实施细则的规定，关于职务发明的认定，应注意：第一，适用《专利法》第6条关于职务发明规定的前提是发明人与单位之间存在劳动关系或者临时工作关系。职务发明的权属应归于单位的根本原因在于，产生该职务发明的创造性劳动的支配权属于单位。由此，判断发明人与单位之间是否存在职务发明所要求的劳动关系或者临时工作关系的关键，在于单位对发明人的创造性劳动是否已取得支配权。如果单位与发明人之间的关系，仅仅是一般的合作关系，发明人并未让渡对自己的劳动支配权，则没有理由将不属于该单位支配的劳动所创造出的技术成果，归属于该单位。第二，个人与用人单位系平等的民事主体，在不涉及国家、社会公共利益的情况下，双方之间形成何种关系应遵循意思自治原则。因此，判断发明人与单位之间工作关系的性质，应当约定优先，在没有约定的情况下，才需要根据双方所实施的实际行为和结果进行综合判断。①

有所反差的是，精英法官杰出的找法释法能力，在法官群体中尚非普遍现象。

① （2020）最高法知民终1258号。

全面审视1985年至2019年刊登的最高法院公报民商案例，因适用法律错误而被改判的二审及再审案件比例超过70%。可见精准地找法、准确地释法，提升法律对思维的规范程度，无论是以前、现在还是将来，都是法官群体应当下大力气做好的首要工作。

二、中观：经验逻辑

“理性和经验是法官认知的起点。”① 对此，大法官们的解释是，法学不是数学，法官不能用简单对号入座的办法来办案。② 法官不是办案机器，审判案件也不是简单的“对号入座”。③ 的确如此，审判活动并不是整齐划一的司法自动售货机，④ 而是极为复杂的思维认知进程，每一环节都离不开法官的主观能动性，而经验逻辑在其间发挥重要蓄水池的作用，它的底座是由法官的性别、年龄、出身、经历、性格、学识、地位、习惯、嗜好、情感、偏见、理念等诸多因素共同铸成的。一切案件的事实、陈述、辩解、证据、法律、程序等，统统要引入到这个独立自在的蓄水池里翻腾、过滤、洗涤、重组和染色，最终形成美国最高法院大法官卡多佐所说的包含有各种化学成分的“化合物”。⑤ 由此观之，正是这个实实在在的“人”，使得抽象的审判思维得以丰富起来，推动思维的层次从微观进化到中观，在案件的事理、推理、法理和情理中浸染、辨析和破立。

（一）事理

据资深法官调查，我国民事法官遇到复杂、疑难问题，从类型上看，更多的是事实问题，而非法律问题。做为裁判依据的事实并不是现成的，客观存在意义上的案件事实早已随时空变幻灰飞烟灭，留下一堆文本、器物和亲历者的回忆，或杂乱无章，或真伪不明。很多时间里，法官并不是像法学家一样思考，而是像历史学家一样考证。庭审大部分时间，都围绕事实认知进行。⑥ 这一调查结论与国外学者的观点不谋而合。英国法学家威廉·特文宁称，司法实践中90%的法律人花费90%的时

---

① 王申：《法官的道德理性论》，法律出版社2017年版，第160页。

② 李国光：《我的大法官之路》，人民法院出版社2015年版，第227页。

③ 祝铭山：《雪鸿集》，人民法院出版社2017年版，第373页。

④ ［美］庞德：《普通法的精神》，唐前宏等译，法律出版社2001年版，第120页。

⑤ ［美］本杰明·卡多佐：《司法过程的性质》，苏力译，商务印书馆2000年版，第2页。

⑥ 李俊晔：《思维导图：法官何以发掘事实——事实认知从“经验的逻辑”到“逻辑的经验”转型》，载贺荣编：《深化司法改革与行政审判实践研究（下）——全国法院第28届学术讨论会获奖论文集》，人民法院出版社2017年版。

间来处理他们面临的事实问题，应当像认真对待权利一样，“认真对待事实”。[①] 看来，这一观点虽然基于域外法，却具有相当的普适性和针对性。

应当指出的是，事实认定离不开事理分析，尤其是疑难、复杂案件中的事实认定，可供定案的直接事实有限，在相当大程度上，事实认定要结合事理分析，前者是案件的来龙去脉，后者是纠纷的是非曲直，非经事理分析，事实认定无法呼之欲出，二者紧密缠绕在一起。辩明事实和事理，需要审慎的证据、逻辑和经验支撑，折射出法官业已稳定的认知思维框架。

事理应是生活常识。在赵某、朱某芳诉中美联泰大都会人寿保险公司意外伤害保险合同纠纷案中，法院认为，意外伤害是指由于外来的、突发的、非本意的、非疾病的原因导致身体受到伤害的客观事件。饮酒过量有害身体健康属生活常识，被保险人作为完全民事行为能力人，对此完全可以控制、避免，故饮酒过量导致身体损害不是基于外来的、突发的和非本意的因素，不属于意外伤害，被保险人据此申请保险公司支付保险金的，人民法院不予支持。[②]

事理排斥偏执极端。在北京奇虎科技有限公司诉科技（深圳）有限公司、深圳市腾讯计算机系统有限公司滥用市场支配地位纠纷案中（指导性案例 78 号），针对奇虎公司上诉称一审法院未对本案相关商品市场作出明确界定，属于基本事实认定不清，法院认为，并非在任何滥用市场支配地位的案件中均必须明确而清楚地界定相关市场。在反垄断案件的审理中，界定相关市场通常是重要的分析步骤。尽管如此，是否能够明确界定相关市场取决于案件具体情况，尤其是案件证据、相关数据的可获得性、相关领域竞争的复杂性等。在滥用市场支配地位案件的审理中，界定相关市场是评估经营者的市场力量及被诉垄断行为对竞争的影响的工具，其本身并非目的。即使不明确界定相关市场，也可以通过排除或者妨碍竞争的直接证据对被诉经营者的市场地位及被诉垄断行为可能的市场影响进行评估。因此，并非在每一个滥用市场支配地位的案件中均必须明确而清楚地界定相关市场。

事理尊重意思外观。在洪某凤与安钡佳公司房屋买卖合同纠纷案中，法院认为，关于双方当事人之间法律关系的性质问题，除基于法律特别规定，民事法律关系的产生、变更、消灭，需要通过法律关系参与主体的意思表示一致才能形成。判断民事主体根据法律规范建立一定法律关系时所形成的一致意思表示，目的在于明晰当

---

① ［英］威廉·特文宁：《反思证据：开拓性论著》（第二版），吴洪淇等译，中国人民大学出版社 2015 年版，第 4 页。

② 《中华人民共和国最高人民法院公报》2017 年第 9 期。

事人权利义务的边界、内容。一项民事交易特别是类似本案重大交易的达成，往往存在复杂的背景，并非一蹴而就且一成不变。当事人的意思表示于此间历经某种变化并最终明确的情况并不鲜见。有些已经通过合同确立的交易行为，恰恰也经历过当事人对法律关系性质的转换过程。而基于各自诉讼利益考量，当事人交易形成过程中的细节并不都能获得有效诉讼证据的支撑。合同在性质上属于原始证据、直接证据。根据《关于民事诉讼证据的若干规定》第 77 条有关证据证明力认定原则的规定，其应作为确定当事人法律关系性质的逻辑起点和基本依据，应当重视其相对于传来证据、间接证据所具有的较高证明力。仅可在确有充分证据证明当事人实际履行行为与书面合同文件表现的效果意思出现显著差异时，才可依前者确定其间法律关系的性质。亦即，除基于特定法政策考量，有必要在书面证据之外对相关事实予以进一步查证等情形，推翻书面证据之证明力应仅属例外。民事诉讼中的案件事实，应为能够被有效证据证明的案件事实。此外，透过解释确定争议法律关系的性质，应当秉持使争议法律关系项下之权利义务更加清楚，而不是更加模糊的基本价值取向。在没有充分证据佐证当事人之间存在隐藏法律关系且该隐藏法律关系真实并终局地对当事人产生约束力的场合，不宜简单否定既存外化法律关系对当事人真实意思的体现和反映，避免当事人一方不当摆脱既定权利义务约束的结果出现。此外，即便在两种解读结果具有同等合理性的场合，也应朝着有利于书面证据所代表法律关系成立的方向作出判定，借此传达和树立重诺守信的价值导向。综上，若要否定书面证据所体现的法律关系，并确定当事人之间存在缺乏以书面证据为载体的其他民事法律关系，必须在证据审核方面给予更为审慎的分析研判。根据《合同法解释二》第 7 条规定，“交易习惯”是指，不违反法律、行政法规强制性规定的，在交易行为当地或者某一领域、某一行业通常采用并为交易对方订立合同时所知道或者应当知道的做法，或者当事人双方经常使用的习惯做法。合同法针对“交易习惯”问题作出相关规定，其意旨侧重于完善和补充当事人权利义务的内容，增强当事人合同权利义务的确定性。而本案并不涉及运用交易习惯弥补当事人合同约定不明确、不完整所导致的权利义务确定性不足的问题。在前述立法意旨之外，运用“交易习惯”认定当事人交易行为之“可疑性”，应格外谨慎。一审法院认定安钡佳此前先行开具购房款收据违背房屋买卖“交易习惯”，并得出当事人之间不存在房屋买卖法律关系的结论，缺乏足够的事实和法律依据。本案中，洪某凤已经完成双方当事人之间存在房屋买卖法律关系的举证证明责任，安钡佳主张其与洪某凤之间存在民间借贷法律关系。按照《民诉解释》第 108 条规定，安钡佳之举证应当在证明力上足以使人民法院确信该待证事实的存在具有高度可能性。而基于前述，安钡佳为反驳洪某凤所主张事实所作举证，没有达到高度可能性之证明标准。较之高度可能性这一一般证明标准而言，合理怀疑排除属于特殊证明标准。《民诉解释》第 109 条对排除合理怀疑原则适用的特殊类型民事案件范围有明确规定。一审法院认定双方当事人一系列行为明显不符合房屋买卖的“交易习惯”，进而基于合理怀疑得出名为房屋买卖实为借贷民事法律关系的认定结论，没有充分的事实及法律依据，也不符合前述司法解释规定的精神，本院予以纠正。①

（二）推理

推理不同于推定，思维链条不能发生飞跃，也不允许发生飞跃，须将法律事实代入逻辑程式，在环环相扣的逻辑递进中，不断从已知过渡到新知，最终给出不得不然的逻辑结论。严密的论证过程，既是推理的精粹所在，也赋予裁判以强大的说服力。下述最新做出的最高法院五人合议庭之裁定，推理过程可谓丝丝入扣，堪称典范。

在辽宁立泰公司、抚顺太平洋公司因与浙江太平洋公司借款合同纠纷再审案中，法院认为，关于三方经办人员签订《协议书》及其附件是否具有代理权或者构成表见代理，《协议书》及其附件均加盖浙江太平洋公司、抚顺太平洋公司、辽宁立泰公司的公章，均没有该三公司当时的法定代表人或者业务经办人签字。该三公司当时的法定代表人均为陆某华，其当时正处于配合有关机关调查而被限制人身自由的状态。法律规定法定代表人作为最基础的公司意志代表机关，是法人意志的当然代表，能够对外代表公司的人一般仅有法定代表人；而法定代表人以外的其他人以公司名义对外为民事法律行为需要由法定代表人代表公司进行授权，适用有关委托代理的法律规定。鉴于《协议书》及其附件非由三方当事人的法定代表人签订，而由各自其他职员加盖公司公章签订，《协议书》及其附件是否依法发生效力，需要根据具体签订的经办人员是否具有公司的授权（具体由公司法定代表人代表公司授权）而定。本案没有证据表明三方当事人当时共同的法定代表人陆某华事前授权黄某锋、汪某康和其他人员分别代理三方签订《协议书》及其附件，相反陆某华本人在恢复人身自由后明确予以否认并坚持拒绝追认。对于《协议书》及其附件，辽宁立泰公司在其法定代表人于2016 年 8 月 15 日由陆某华变更为徐某元后表示认可，但抚顺太平洋公司、浙江太平洋公司在陆某华恢复人身自由后不仅未予以追认，抚顺太平洋公司还提起本案诉讼请求予以撤销。据此，可以认定黄某锋、汪某康分别在《协议书》及其附件上加盖抚顺太平洋公司、浙江太平洋公司公章的行为属于无权代理。在此

① （2015）最高法民一终字第 78 号。

情况下，《协议书》及其附件的效力，将进一步取决于黄某锋、汪某康的盖章行为是否构成表见代理，其关键在于本案是否存在“相对人有理由相信行为人有代理权”之情形。

关于黄某锋、汪某康的案涉盖章行为是否构成表见代理，根据各方当事人的有关诉辩主张，本案有以下事实可能影响表见代理的认定：黄某锋、汪某康实际掌管其各自所在公司的公章；黄某锋为陆某华的外甥；陆某华曾授权黄某锋代刻中国地产公司公章，并用于办理向徐某元转让股权事宜，《股权转让协议》由陆某华本人签字确认；黄某锋在抚顺太平洋公司所涉刑事案件中以诉讼代表人身份参加诉讼；黄某锋于2016年8月5日出具《收条》并加盖抚顺太平洋公司公章，确认中国地产公司（陆某华）收取徐某元支付的1500万元股权转让款；黄某锋还可能曾经以抚顺太平洋公司名义签订其他合同。

对此，本院逐一分析认定如下：①尽管公章是公司对外作出意思表示的重要外在表现形式，但法律并未规定法定代表人以外持有公司公章的人仅凭其持有公章的事实就能够直接代表公司意志，持有公章是一种客观状态，某人持有公章只是反映该人可能有权代表公司意志的一种表象，至于其是否依授权真正体现公司意志，仍需进一步审查。本案中，在《协议书》及其附件签订以前，三方当事人的有关经办人员明知三方共同的时任法定代表人陆某华已经被限制人身自由达8个月，据此也应当知道黄某锋、汪某康等人尽管掌管公司公章但无权代表公司意志；三方当事人的有关经办人员均明知陆某华不可能事先进行授权委托，也应当知道其签订《协议书》须经陆某华同意或者授权委托。本案辽宁立泰公司显然不属于仅凭对方行为人持有公司公章即可相信其有公司授予代理权的善意相对人。鉴于上述明知和应知，辽宁立泰公司主张其有正当理由相信黄某锋、汪某康加盖公司公章有代理权，显然不能成立。

②黄某锋作为陆某华的亲属可以在某些情况或者条件下作为其个人的代理人，但不能以该亲属关系推断黄某锋可以代理陆某华履行其作为抚顺太平洋公司法定代表人的职权。陆某华于2016年7月29日在看守所就转让中国地产公司持有对香港建设开发集团有限公司45%股权给徐某元一事，亲自签署《股权转让协议》，同时还特别签署《授权委托书》授权黄某锋代刻中国地产公司公章。这也说明黄某锋在与陆某华本人或者与陆某华行使公司职权直接相关的重大问题和重要事项上，并非不经陆某华授权而可以径行代为对外行事。辽宁立泰公司明知《股权转让协议》经陆某华亲自签署，而没有由黄某锋代为签署，据此辽宁立泰公司也应当知道涉及利益金额远大于《股权转让协议》所涉金额的《协议书》及其附件更须经陆某华亲自签署或者明确授权委托黄某锋等他人签署。案涉《股权转让协议》和《协议书》及其

附件的内容均涉及当事人重大利益处置，均与陆某华直接相关，且该两份协议文本均应由其本人作为有关当事人的法定代表人签署。虽然陆某华当时人身自由受限制，但其在案涉《协议书》及其附件（于2016年8月1日）订立之前的2016年7月29日与之后的8月4日均能亲自签署《股权转让协议》《授权委托书》《委托书》。这不仅说明在此期间将《协议书》及其附件交其签字并非困难，也恰恰说明《协议书》及其附件实际未提交其签署明显不合常理。

③根据《最高人民法院关于适用〈中华人民共和国刑事诉讼法〉的解释》第279条的规定，被告单位的诉讼代表人，应当是法定代表人或者主要负责人；法定代表人或者主要负责人被指控为单位犯罪直接负责的主管人员或者因客观原因无法出庭的，应当由被告单位委托其他负责人或者职工作为诉讼代表人。黄某锋在抚顺太平洋公司及其时任法定代表人陆某华均作为被告的刑事案件中作为单位诉讼代表人参加诉讼，是根据上述司法解释规定的要求在个案中从事的必要诉讼行为，但这并不能当然说明其在特定案件之外或者在民事活动中也具有单位授予的代理权。

④根据陆某华于2016年8月4日签署的《委托书》，其委托徐某元将其在香港建设开发集团有限公司45%股权的部分转让款1500万元直接支付给抚顺太平洋公司，由抚顺太平洋公司支付给公安机关。黄某锋收到该1500万元后如实出具收条，仅是单纯的收款确认行为，而不是重要财产的处分行为，同时也正是其作为抚顺太平洋公司职员对该公司时任法定代表人陆某华的上述意思表示的具体落实。这主要表明黄某锋系按陆某华的指示行事，而不能说明黄某锋有权代理陆某华签署案涉《协议书》及其附件。

⑤辽宁立泰公司主张黄某锋于2016年4月20日、22日以抚顺太平洋公司名义与辽宁康力公司签订金额为1280万元的合作协议及补充协议，但辽宁立泰公司仅提供其所称协议文本的复印件，抚顺太平洋公司否认该复印件的证明力，二审法院对该证据材料的证明力不予认定并无不当。即使黄某锋曾经以抚顺太平洋公司名义签订其他合同，这也不排除存在公司逐项授权或者个别追认的情况，被代理人对代理人的授权委托一般要有具体事项等明确授权范围，原则上不能根据代理人可以代为某些事项而当然判断代理人可以代为其他事项甚至所有事项。尤其是本案讼争《协议书》及其附件涉及处分抚顺太平洋公司7650万元账款的重大利益，签订《协议书》及其附件显然超出黄某锋当时作为抚顺太平洋公司职员的职权范围，更不能当然推定黄某锋具有代理权。[①]

---

① （2019）最高法民申2898号。

（三）法理

不同于释法关注点集中在法条本身的释明上，法理更注重对法律条文背后基本理论的探讨，思考显然更深一层。尤其在法律条文不敷使用的时候，法理论证特别重要。受各种因素影响，我国法院裁判文书欠缺法理论证，长期以来为各界诟病，王利明教授曾公开撰文，批评我国很多法官在法理论证方面明显不足，尤其是对法律和事实如何结合、法律适用的说理论证较为欠缺。① 多年来，最高法院在提升裁判文书的说理论证方面不遗余力。2018 年 6 月 1 日，更是专门公布《关于加强和规范裁判文书释法说理的指导意见》，将增强裁判文书说理作为司法改革的重要举措。精英法官的审判思维之所以特别发达，很重要的一点就是法理论证能力特别突出。

仲裁协议独立法理论证。在运裕公司与中苑城公司申请确认仲裁协议效力案中，法院认为，仲裁协议独立性是广泛认可的一项基本法律原则，是指仲裁协议与主合同是可分的，互相独立，它们的存在与效力，以及适用于它们的准据法都是可分的。由于仲裁条款是仲裁协议的主要类型，仲裁条款与合同其他条款出现在同一文件中，赋予仲裁条款独立性，比强调独立的仲裁协议具有独立性更有实践意义，甚至可以说仲裁协议独立性主要是指仲裁条款和主合同是可分的。对于仲裁协议的独立性，仲裁法和司法解释均有规定。《仲裁法》第 19 条第 1 款规定："仲裁协议独立存在，合同的变更、解除、终止或者无效，不影响仲裁协议的效力。"从上下文关系看，该条是在第 16 条明确了仲裁条款属于仲裁协议之后，规定了仲裁协议的独立性。因此，仲裁条款独立于合同。对于仲裁条款能否完全独立于合同而成立，《仲裁法》的规定似乎不是特别清晰，不如已成立合同的变更、解除、终止或者无效不影响仲裁协议效力的规定那么明确。在司法实践中，合同是否成立与其中的仲裁条款是否成立这两个问题常常纠缠不清。但是，《仲裁法》第 19 条第 1 款开头部分"仲裁协议独立存在"，是概括性、总领性的表述，应当涵盖仲裁协议是否存在即是否成立的问题，之后的表述则是进一步强调列举的几类情形也不能影响仲裁协议的效力。《最高人民法院关于适用〈中华人民共和国仲裁法〉若干问题的解释》（以下简称《仲裁法解释》）第 10 条第 2 款进一步明确："当事人在订立合同时就争议达成仲裁协议的，合同未成立不影响仲裁协议的效力。"因此，在确定仲裁条款效力包括仲裁条款是否成立时，可以先行确定仲裁条款本身的效力；在确有必要时，才考虑对整个合

---

① 王利明：《裁判方法研究：依法公正裁判的源泉》，载《光明日报》2012 年 4 月 19 日。

同的效力包括合同是否成立进行认定。本案亦依此规则，先根据本案具体情况来确定仲裁条款是否成立。仲裁条款是否成立，主要是指当事人双方是否有将争议提交仲裁的合意，即是否达成了仲裁协议。仲裁协议是一种合同，判断双方是否就仲裁达成合意，应适用《合同法》关于要约、承诺的规定。从本案磋商情况看，当事人双方一直共同认可将争议提交仲裁解决。本案最早的《产权交易合同》《债权清偿协议》两份合同均包含将争议提交北京仲裁委员会仲裁的条款。之后，当事人就仲裁机构进行了磋商。运裕公司等一方发出的合同草签版的仲裁条款，已将仲裁机构确定为深圳国际仲裁院。就仲裁条款而言，这是运裕公司等发出的要约。中苑城公司在合同草签版上盖章，表示同意，并于2017年5月11日将盖章合同文本送达运裕公司，这是中苑城公司的承诺。根据《合同法》第25条、第26条相关规定，承诺通知到达要约人时生效，承诺生效时合同成立。因此，《产权交易合同》《债权清偿协议》中的仲裁条款于2017年5月11日分别在两个合同的各方当事人之间成立。之后，当事人就合同某些其他事项进行交涉，但从未对仲裁条款有过争议。鉴于运裕公司等并未主张仲裁条款存在法定无效情形，故应当认定双方当事人之间存在有效的仲裁条款，双方争议应由深圳国际仲裁院进行仲裁。虽然运裕公司等没有在最后的合同文本上盖章，其法定代表人也未在文本上签字，不符合合同经双方法定代表人或授权代表签字并盖章后生效的要求，但根据《仲裁法解释》第10条第2款的规定，即使合同未成立，仲裁条款的效力也不受影响。在当事人已达成仲裁协议的情况下，对于本案合同是否成立的问题无需再行认定，该问题应在仲裁中解决。[①] 不同寻常的是，本案由最高法院直接审理，既是一审，也是终审。

涉外仲裁执行法理论证。在上海金纬机械制造有限公司与瑞士瑞泰克公司仲裁裁决执行复议案中（指导性案例37号），法院认为，关于我国法院的执行管辖权问题，根据《民事诉讼法》的规定，我国涉外仲裁机构作出的仲裁裁决，如果被执行人或者其财产不在中华人民共和国领域的，应当由当事人直接向有管辖权的外国法院申请承认和执行。鉴于本案所涉仲裁裁决第一次时，被执行人瑞泰克公司及其财产均不在我国领域内，因此，人民法院在该仲裁裁决生效时，对裁决的执行没有管辖权。2008年7月30日，金纬公司发现被执行人瑞泰克公司有财产正在上海市参展。此时，被申请执行人瑞泰克公司有财产在中华人民共和国领域内的事实，使我

① （2019）最高法民特1号，对该案的详细法理评述，参见中国政法大学宋连斌教授的专家点评，载中华人民共和国最高人民法院、新加坡共和国最高法院主编：《中国—新加坡“一带一路”国际商事审判案例选》（第1卷），法律出版社2020年版，第66～69页。

国法院产生了对本案的执行管辖权。考虑到《纽约公约》规定的原则是，只要仲裁裁决符合公约规定的基本条件，就允许在任何缔约国得到承认和执行。《纽约公约》的目的在于便利仲裁裁决在各缔约国得到顺利执行，并不禁止当事人向多个公约成员国申请相关仲裁裁决的承认与执行。被执行人一方可以通过举证已经履行了仲裁裁决义务进行抗辩，向执行地法院提交已经清偿债务数额的证据，这样可以防止被执行人被强制重复履行或者超标履行的问题。因此，人民法院对该案行使执行管辖权，符合《纽约公约》规定的精神，也不会造成被执行人重复履行生效仲裁裁决义务的问题。鉴于我国法律有关申请执行期间起算，是针对生效法律文件书作出时，被执行人或者财产在我国领域内的一般情况作出的规定；而本案的具体情况是，仲裁裁决生效当时，我国法院对该案并没有执行管辖权，当事人依法向外国法院申请承认和执行该裁决而未能得到执行，不存在怠于行使申请执行权的问题；被执行人一直拒绝履行裁决所确定的法律义务；申请执行人在发现被执行人有财产在我国领域内之后，即向人民法院申请执行。考虑到这类情况下，外国被执行人或者财产何时会再次进入我国领域内，具有较大的不确定性，因此，应当合理确定申请执行期间起算点，才能会平等保护申请执行人的合法权益。鉴于债权人取得有给付内容的生效法律文书后，如债务人未履行生效文书所确定的义务，债权人即可申请法院行使强制执行权，实现其实体法上的请求权，此项权利即为民事强制执行请求权。民事强制执行请求权的存在依赖于执行管辖权。执行管辖权是民事强制执行请求权的基础和前提。在司法实践中，人民法院的执行管辖权与当事人的民事强制执行请求权不能是抽象或不确定的，而应是具体且可操作的。申请执行人金纬公司并非其主观上不愿或怠于行使权利，而是客观上纠纷本身没有产生人民法院执行管辖连结点，导致其无法向人民法院申请强制执行。人民法院在受理强制执行申请后，应当审查申请是否在法律规定的时效期间内提出。具有执行管辖权是人民法院审查申请执行人相关申请的必要前提。因此应当自执行管辖确定之日，即发现被执行人可供执行财产之日，开始计算申请执行人的申请执行期限。

公司盈余分配法理论证。在太一热力公司、李某军公司盈余分配纠纷二审案中，太一热力公司、李某军上诉称，因没有股东会决议故不应进行公司盈余分配。居立门业公司答辩认为，太一热力公司有巨额盈余，法定代表人恶意不召开股东会、转移公司资产，严重损害居立门业公司的股东利益，法院应强制判令进行盈余分配。对此，法院认为，有的股东希望将盈余留作公司经营以期待获取更多收益，有的股东则希望及时分配利润实现投资利益。一般而言，即使股东会或股东大会未形成盈余分配的决议，对希望分配利润股东的利益不会发生根本损害，因此，原则上这种冲突的解决属于公司自治范畴，是否进行公司盈余分配及分配多少，应当由股东会作出公司盈余分配的具体方案。但是，当部分股东变相分配利润、隐瞒或转移公司他就甲方，则会损害其他股东的实体利益，已非公司自治所能解决，此时若司法不加以适度干预则不能制止权利滥用，亦有违司法正义。虽目前有股权回购、公司解散、代位诉讼等法定途径救济路径，但不同的救济路径对股东的权利保护有实质区别，故需司法解释对股东的盈余分配权进一步予以明确。为此，《公司法解释四》第 15 条规定："股东未提交载明具体分配方案的股东会或者股东大会决议，请求公司分配利润的，人民法院应当驳回其诉讼请求，但违反法律规定滥用股东权利导致公司不分配利润，给其他股东造成损失的除外。"本案中，太一热力公司有巨额的可分配利润，具备公司进行盈余分配的前提条件。李某军同为太一公司及其控股股东太一工贸公司法定代表人，未经公司另一股东居立门业公司同意，没有合理事由将 5600 万余元公司资产转让款转入兴盛建安公司账户，转移公司利润，给居立门业公司造成损失，属于太一工贸公司滥用股东权利，符合前述司法解释第 15 条但书条款规定应进行强制盈余分配的实质要件。同时，该司法解释规定的股东盈余分配的救济权利，并未规定需以采取股权回购、公司解散、代位诉讼等其他救济措施为前置程序，居立门业公司对不同的救济路径有自由选择的权利。①

金钱质权设立法理论证。在中国农业发展银行安徽省分行诉张某标、安徽长江融资担保集团有限公司执行异议之诉纠纷案中（指导性案例 54 号），法院认为，关于账户资金浮动是否影响金钱特定化的问题，保证金以专门账户形式特定化并不等于固定化。案涉账户在使用过程，随着担保业务的开展，保证金账户的资金余额是浮动的。担保公司开展新的贷款担保业务时，需要按照约定存入一定比例的保证金，必然导致账户资金的增加；在担保公司担保的贷款到期未获清偿时，扣划保证金账户内的资金，必然导致账户资金的减少。虽然账户内资金根据业务发生情况处于浮动状态，但均与保证金业务相对应，除缴存的保证金外，支出的款项均用于保证金的退还和扣划，未用于非保证金业务的日常结算。即农发行安徽分行可以控制该账户，长江担保公司对该账户内的资金使用受到限制，故该账户资金浮动仍符合金钱

① 最高人民法院审判管理办公室编：《全国法院百篇优秀裁判文书》（下卷），法律出版社 2019 年版，第 955 页。该案的推荐意见引人注目，称此案作为产权（股权）保护的典型案例，是公司法司法解释四出台后最高法院关于司法强制盈余分配的第一案，参照了司法解释起草过程中的共识，明确了该司法解释第 15 条规定的例外情形，对盈余分配纠纷案件具有较强的指导性。

作为质权的特定化和移交占有的要求，不影响该金钱质权的设立。

执行异议程序法理论证。在聚鼎公司、丁某生申请执行异议之诉再审审查与审判监督一案中，法院认为，丁某生2011年8月购买并实际占有的芙蓉花园第××－×号商铺到目前为止还没有办理产权证，属于《物权法》第187条规定的正在建造的建筑物，所以聚鼎公司申请再审的理由是否成立，关键是看该房屋在2010年3月25日第一次抵押登记时是否已经登记为抵押财产，购房人能否查阅不动产登记簿。如果登记为抵押财产，购房人又能够查阅，则聚鼎公司的申请再审理由就能成立；相反，则不成立。经查，克拉玛依市地产抵押登记簿记载：序号××××；抵押人普瑞铭公司；抵押权人聚鼎公司；房地产面积2220.01平方米；房地产用途商铺；房地产位置白区芙蓉×－×栋（30）间；贷款期限6个月；房地产价值9990000元；贷款金额7500000元；房地产证号空白；办理时间2010年3月25日。从抵押登记簿记载的内容来看，对丁某生而言，其购买的芙蓉花园第××－×号商铺并没有明确登记为抵押财产。既然如此，其购买的案涉商铺在法律上就应当认为没有被抵押登记，聚鼎公司就不是该商铺的抵押权人。既然聚鼎公司不是该商铺的抵押权人，其就不享有优先于丁某生对该商铺享有的权利。聚鼎公司申请再审时提出，案涉商铺属于抵押登记簿记载的2220.01平方米中的一部分。本院认为，根据《物权法》第6条规定的公示原则和第16条规定的公信原则，某项不动产上是否设立了抵押权，应当以是否在不动产登记簿上登记公示为准，而不能有其他标准。对不动产登记簿上记载的内容理解有歧义时，应当以社会上通常的第三人如何理解为标准，而不能以抵押权人如何理解为标准。这是因为，由于抵押权是就抵押财产优先受偿的物权，任何当事人设立抵押权时，都会涉及第三人的利益，因此，该标准只能以社会上通常的第三人如何理解为标准。本案中，不动产登记簿上记载的抵押财产是芙蓉花园的2200.01平方米商铺，但芙蓉花园第××－×号商铺是否包括其中，由于登记簿上对此没有记载，社会上通常的第三人只能认为不包括。即使真的如聚鼎公司所称，该商铺的确包括案涉商铺，但是，因为登记簿上没有明确记载，没有向社会公示，社会上通常的第三人都会认为案涉商铺没有进行抵押登记，由此产生的风险也只能由聚鼎公司承担，而不能由第三人承担。就本案而言，由于登记簿上没有明确将芙蓉花园第××－×号商铺登记为抵押财产，因此，丁某生即使查看了不动产登记簿，也不负有弄清楚该商铺是否属于登记记载的2200.01平方米商铺中的一部分的义务，否则，不动产抵押登记制度的功能会大打折扣，危及交易案例，影响交易效率。因此，抵押登记的不动产要在法律上产生抵押权设立的效力，必须符合《物权法》第6条关于公示的要求，必须具体、特定、明确。特别是，整栋楼都抵押的，也要让社会上通常的第三人都认为从不动产登记簿上就能看出整栋楼都已经抵押了，否则，不发生整栋楼都已经抵押的法律效果。

之所以要求抵押登记的不动产都必须具体、特定、明确，其法理基础还在于不动产抵押登记有三项主要功能：其一，实现社会活动中的“动的安全”即交易安全。通过登记簿展现抵押物上的权利状态及其内容，便于第三人与抵押人进行与抵押物有关的法律交易时，做出合理的预期，避免遭受突如其来的损害，同时也极大地节省了交易成本，能够有效地实现鼓励交易、融通资金的市场经济目标。其二，强化抵押权的担保效力。在不动产抵押权经过登记而成立的情况下，法律就认为当事人已经知晓抵押权的存在。其三，预防纠纷。通过不动产抵押权登记，在第三人能够查阅的情况下，能够合理地规范同一抵押物上多项抵押权以及抵押权与其他权利之间的关系，减少纠纷并在发生纠纷之后提供强有力的证据。本案中，由于抵押登记簿上记载的抵押财产不具体、特定、明确，对丁某生而言，就不能产生其购买的商铺在其购买之前已经被抵押给了聚鼎公司的效果，丁某生就案涉商铺享有足以排除强制执行的民事权益。①

值得注意的是，在判决中阐述法理时，为了增强说服力，部分法官已经有意识地开始援引法学名家的学说观点。2011 年，浙江省绍兴市中级法院在判决中引用王利明的论文作为判决理由的组成部分。2014 年，南京市玄武区法院在判决中援引三位学者论文，此后，实务中明确援引王泽鉴、江平、梁慧星、王利明、崔建远、陈兴良等名家学说的裁判文书不断出现，被援引的对象也扩展至德国、美国与澳大利亚等国外学者的学说。② 显然，这种看似大胆创新的做法，不过是法理论证走向深入的逻辑必然，同时，也符合《最高人民法院关于加强和规范裁判文书释法说理的指导意见》的明确规定。③

（四）情理

学界通说认为，我国这样一个有着数千年传统的文明古国，天理、国法、人情早已深深扎根于人们心中，凝成既抽象又具体的朴素正义观。作为逻辑、经验和价值的混合物，情理无外乎就是天理与人情，这是上至达官贵人，下到平民百姓普遍

---

① 最高人民法院审判管理办公室编：《全国法院百篇优秀裁判文书》（下卷），法律出版社 2019 年版，第 960 ~965 页。

② 金枫梁：《裁判文书援引学说的基本原理与规则建构》，载《法学研究》2020 年第 1 期。

③ 该指导意见第 13 条规定：“除依据法律法规、司法解释的规定外，法官可以运用下列论据论证裁判理由，以提高裁判结论的正当性和可接受性…法理及通行学术观点……”

的直觉和共识。进入21世纪以来，江苏彭某案、广东许某案、山东于某案等一审判决，之所以引发极其强烈的社会反弹，无一不因其不合情理、不通情理、不符情理。① 连最高法院大法官也承认，从我国司法实践看，一段时间以来，涉诉信访问题越来越突出，愈演愈烈，司法审判不被接受的情况越来越多。②

对此，学者的批评异常犀利："一个优秀的法官，应当能够正确把握法律制度所预设的价值追求，并将自己对法的价值的认识融于法律的解释之中，以作出符合法的价值精神的公正裁判。但是，我国现阶段的司法者，还有相当一部分不具有较高法的价值修养，因此时常出现实施具体的法律制度和规定时，背离了法的价值精神。当这种情况出现时，虽然他们能感到存在某种问题，实施法律的结果有悖于情理，但由于他们缺乏法的价值修养，并不能清楚地认识到问题的存在，于是便感叹：合法不合理！甚至还标榜自己是严谨的司法者。可见，法官准入与考核制度的完善至关重要。切忌对社情民意充耳不闻，以'依法裁判'作为僵化司法的挡箭牌，让裁判生长在没有蕴藏情理的土壤里，生长在没有人伦气息的真空里，缺乏司法良知。"③ 面对巨大的舆情压力，最高法院从来没有像今天这样高度重视情理，连续通过多个司法文件，明确要求裁判文书不仅要讲情理，还要做到情理法的交融平衡。

同样还是在聚鼎公司、丁某生申请执行异议之诉再审审查与审判监督一案中，最高法院的情理阐述非常到位：需要特别指出的是，从本院到新疆维吾尔自治区克拉玛依中级法院询问丁某生了解的情况看，实际上丁某生购买案涉商铺前后，都没有到当地房地产管理部门查看案涉商铺的抵押登记情况。如果当地房地产管理部门的抵押登记簿明确记载芙蓉花园第××-×号商铺为抵押财产，该抵押登记簿又能够被丁某生查阅，那么丁某生就不享有足以排除强制执行的民事权益。因此，作为普通公民而言，要切记：购买房屋，无论是在建房屋，还是已经颁发过产权证的房屋，都应当到本地房地产管理部门查阅抵押登记簿，确认自己购买的房屋无抵押登记之后再行购买，否则很容易引发纠纷。就抵押权人而言，也要切记：其要成为法律上的抵押权人，必须要求房地产主管部门负责抵押登记的工作人员将抵押的财产

① 法学界对彭某案的批评意见中，最具代表性的参见张继成：《小案件大影响——对南京"彭某案"一审判决的法逻辑分析》，载微信公众号"逻辑刑辩"，2020年5月10日访问。

② 2010年11月20日，江必新大法官在南京师范大学法学院《司法审判的可接受性》讲座内容，卢建军整理。http：//snapshot. sogoucdn. com/websnapshot，2020年2月1日访问。

③ 陈惊天：《合乎情理的裁判是树立司法权威的重要因素》，载《人民法院报》2017年4月12日。

在不动产登记簿上登记得具体、特定、明确。如果登记得不具体、特定、明确，就应当要求登记的工作人员修改，使登记的财产具体、特定、明确。如果没有提出这个要求，登记得不特定，即使在登记簿上已经登记为抵押权人，对讼争的不动产也不享有抵押权。对负责在抵押登记簿上登记的工作人员而言，也要切记：对抵押登记的财产，应当按照申请人的要求，登记得具体、特定、明确。房地产管理部门应当让准备购房的普通公民能够查阅抵押登记簿。①

此外，原最高法院第二巡回法庭骆电法官在回顾其办理的公报案例“伊某军与中国工商银行股份有限公司盘锦分行银行卡纠纷再审案”时，曾披露过一个看似不起眼的细节。对于银行卡存款被盗损失，二审判决伊某军承担40%责任，银行承担60%责任，伊某军为此申请再审。骆电本人初看材料后，认为二审判决问题不大，这种情况下，基本上就可以确定驳回再审申请。但是，同一合议庭的一位女法官却认为，上述判决对储户并不公平，因为相对于银行，储户是弱者，而且储户年龄偏大，运用新科技有一定困难，让储户承担高达40%的损失，不合情理。富有戏剧性的是，此案提审后不仅改判，而且最终确定储户只承担1%的责任，而银行则承担99%的责任。② 如此巨大的反转，竟源于法官近似本能的经验直觉，自然情理的平衡价值与矫正功能，实在不可低估。

同是最高法院第二巡回法庭的张能宝法官曾撰文，以民生银行公司长春分行、钟某岩执行异议之诉再审案为例，专门谈及案件中的情理因素。主要案情是涉及一个自然人的2500万元银行存单，这个存单的所有者与第三人有借款纠纷，第三人申请执行这个2500万元，但银行站出来说这2500万元是银行承兑汇票的保证金，或者说是银行承兑汇票项下债务的质押物，要求对抗执行。原审判决没有支持银行，银行到二巡申请再审，后被驳回。

张能宝认为，之所以驳回请求，主要原因就是如果支持银行太不符合情理。第一，银行一审时主张这2500万元存单是存单所有者银行承兑汇票的保证金，二审时又否定了这种说法，说是存单质押，一、二审主张不一样。银行这么专业的机构，自己不清楚债权的性质状态，不符合情理。第二，银行举示的存单质押合同的签署日期居然比主债权合同形成的日期早一年，主债权还没产生担保合同却先产生了，

---

① 最高人民法院审判管理办公室编：《全国法院百篇优秀裁判文书》（下卷），法律出版社2019年版，第960～965页。

② 《中华人民共和国最高人民法院公报》2017年第8期，另参见中央电视台采访报道，https://www.thepaper.cn/newsDetail_forward_1850962，2018年4月22日访问。

不符合情理。第三，银行存单质押合同没有任何的具体质押内容，仅在一个手写的附件里说涉案存单被质押。银行作为办理贷款、担保业务的专业机构，正式的担保合同却没有列明担保事项、担保金额，只有一个补全的合同附件，而且是手写，不符合情理。综合分析以上三方面问题后，果断裁定驳回了银行的再审申请，允许第三人对存单执行。合议庭进而认为，案件中一个事实不符合情理可能是纰漏，一系列的不符合，就不应被司法所认可和接受。同时也要注意的是，如果依据情理来裁判，不合情理的事项应该是关联的多项，不能是孤立的一个，因为毕竟结果是靠推理得出来的，但是这仍不能排除情理在案件审断中的重要作用。①

下述新近公布的最高法院再审裁判文书，在网上被戏称为“最苦口婆心的判决”，其苦心孤旨的情理论证，已到了不厌其详的地步。

在置信公司与新疆保利天然投资有限公司、天然公司合资、合作开发房地产合同纠纷案中，法院认为，由于《回购股权通知》上仅有蓝某的签字，而没有保利天然公司加盖的公章，因此，置信公司就要举证证明蓝某签字时是履行保利天然公司的法定代表人职务的行为，而不是蓝某的私下行为。置信公司的法定代表人徐某对此的陈述是，其安排人将《回购股权通知》邮寄给保利天然公司，保利天然公司再邮寄回置信公司，但均没有提供任何证据予以证明。蓝某对此的陈述是，其签字是保利天然公司的工作人员上报后，其在《回购股权通知》上签的字。签字后，按照保利天然公司发文程序，公司应该对置信公司有回函，应该在《回购股权通知》上加盖公章。但《回购股权通知》上并没有保利天然公司加盖的公章。置信公司也没有收到保利天然公司的回函。本院认为，由于置信公司徐某的陈述和证人蓝某关于其在《回购股权通知》上签字是代表公司行为的证言，均为孤证，没有其他任何证据予以支持，据此，置信公司徐某的陈述和证人蓝某的证言，并不能使本院确信蓝某的签字就是其履行保利天然公司法定代表人职务的行为，而不是蓝某的私下行为。本院不敢确信蓝某在《回购股权通知》上的签字行为是代表保利天然公司的职务行为，还有以下因素支持。以下因素影响了本院的认定，但最终的因素是上段的论述，即置信公司没有完成其举证义务。

第一，选择哪种投资回报方式，是置信公司参与此次项目开发最重要的决定，是双方合作的重要部分。对于如此重要的文书，置信公司采取邮寄的方式向保利天然公司寄送《回购股权通知》，本院不太理解。因为这份通知涉及1800万元，完全

① 张能宝：《新时代做好民商事审判工作的几点认识——以在最高人民法院第二巡回法庭的审判实践为视角》，载《法律适用》2018年第17期。

可以通过电子邮件或者置信公司派人到新疆与保利天然公司签订书面协议的方式进行。这两种方式便于保存证据，而且很难造假。如通过电子邮件发送资料时，会保存发送的时间。

第二，按照置信公司的说法，保利天然公司通过邮寄的方式将《回购股权通知》寄回给了置信公司。置信公司在看到《回购股权通知》上没有盖保利天然公司的公章时，为什么不派人到保利天然公司，要求保利天然公司加盖公章。要知道，置信公司所谓的邮寄给保利天然公司的《回购股权通知》上是加盖了置信公司的公章的(并没有置信公司法定代表人的签名)。按照徐某的说法，置信公司在收到《回购股权通知》时，知道该通知上没有加盖保利天然公司的公章，事后却不采取补救措施，且所谓收到保利天然公司寄回给置信公司《回购股权通知》这一“事实”并没有保留任何证据，本院无法理解。

第三，若《回购股权通知》为真，那徐某就应该按照该通知所载明的“本通知发出之日，我司不再是天然公司，只是该公司名义股东”，自 2011 年 9 月 15 日起，就不再参与天然房地产的管理活动。但实际上，直到 2014 年，徐某还在参与天然房地产的管理。

第四，按置信公司的说法，《回购股权通知》是 2011 年 9 月 15 日发出的，而该公司支付 4000 万元给保利天然公司的时间是 2010 年 9 月 21 日。按照《合作协议书》的约定，如果回购，年收益率是 30%。也就是说，置信公司于 2011 年 9 月 15 日发出的《回购股权通知》（请贵司自收到本通知后 10 日内向我司支付 5800 万元回购款)，要求的股权回购款应当是 5200 多万元，而不应该多要近半年的收益近 600 万元。对此，本院不理解。

第五，《合作协议书》第四章投资回报方式中约定，保利天然公司应在置信公司做出选择后 10 日内付款。每逾期一天，需支付违约金 3 万元。保利天然公司提出，置信公司经历了数场诉讼，清楚约定明确的违约金一般会得到支持，如果违约金确实过高，对方当事人自然会申请法院酌情减少。但是从 2011 年到置信公司一审起诉时隔 5 年之久，置信公司并没有向保利天然公司主张过，也未向法院提起过诉讼，不符合常理。本院认为，保利天然公司的观点有一定道理，本院对置信公司的此行为不理解。

第六，置信公司在新疆维吾尔自治区乌鲁木齐市中级人民法院一审、新疆维吾尔自治区高级人民法院二审、向本院申请再审、本院提审、提审后开庭、开庭后第一次询问（保利天然公司申请对《回购股权通知》上的笔迹形成时间进行鉴定，这次询问是为鉴定做准备)，都没有提到其手里有 2 份《回购股权通知》，直到开庭后的第二次询问（就鉴定比对材料进行质证），承办法官发现《回购股权通知》复印件与徐某提供的原件有明显不符时，徐某才说自己还有一份原件。对此，本院不能理解。

第七，蓝某自2012年5月不再是保利天然公司的法定代表人，保利天然公司的法定代表人2012年5月之后是池某，蓝某与保利天然公司和池某在本案诉讼之前有多起诉讼。

第八，蓝某的签字落款时间是2011年10月6日。我们知道，10月6日还在十一长假期间，在这个时间，按照蓝某的说法，保利天然公司还在上班，徐某还在代表保利天然公司履行职务。对此，本院不能理解。

通过以上分析可知，置信公司的举证没有达到让本院确信蓝某在《回购股权通知》上的签字就是其履行保利天然公司的法定代表人职务的行为，而不是蓝某的私下行为的程度，其举证责任没有完成，故应当认定《回购股权通知》没有送达到保利天然公司，对保利天然公司不发生法律效力。既然置信公司举证证明自己选择的是第二种投资回报方式的关键证据不能达到其证明目的，那么置信公司的该主张就不能得到本院的支持。

需要强调的是，置信公司认为，只要《回购股权通知》上蓝某的签字是真实的，签字时工商登记上记载的保利天然公司的法定代表人是蓝某，那么即使该通知上没有加盖保利天然公司的公章，蓝某的签字行为也是履行保利天然公司法定代表人职务的行为，保利天然公司就应当承担相应的后果，而不用考虑签字的地点、场合等因素。本院认为，蓝某既是自然人，同时按照置信公司的观点，其也是签字落款时间即2011年10月6日时保利天然公司的法定代表人，那么，置信公司必须证明蓝某签字时是代表保利天然公司，而不是其私下签字，因为保利天然公司根本不知道有这回事。实际上，为了保证法定代表人签字时是代表公司的职务行为，在我国，在法定代表人签字的同时，往往要求公司加盖公司印章，以保证二者的统一，防止法定代表人在公司不知情的情况下代表公司做出意思表示。本案的《合作协议书》就是如此，既有法定代表人签字，又加盖有公司印章。《回购股权通知》作为履行《合作协议书》的重要方式，也应当采取同样的方式，至少要有双方公司盖章。如果缺少保利天然公司盖章，那么置信公司就有义务证明蓝某签字的行为是代表保利天然公司的职务行为，而不是私人行为。恰恰在本案中，置信公司的举证没有达到这样的程度，其就应承担相应的不利后果。故置信公司的这一观点，本院难以认同。

本院也在此提醒我国的公司类市场主体，在签订合同时，不管是什么合同，都应当要求对方公司加盖公章。如果对方没有加盖公章，那么应当想方设法要求对方加盖，否则，宁愿相信签字人是个人行为，不能代表公司，因为这样的结果极易引发纠纷，而且在诉讼中处于很不利的地位。①

三、宏观：价值导向

司法裁判的价值指引，既是司法裁判的本质特征，也是当之无愧的宏观要旨，这已是精英法官们的一致认识，以下随手采撷几处：

“司法裁判究竟要告诉社会和公众什么？司法裁判要给社会积极指引还是消极指引，这是在案件审理过程中经常要思考的问题。当遇到疑难复杂案件或问题难以达成共识时，如果能够讨论清楚司法裁判的价值指引，一般情况下，裁判的路径也就基本清晰了。当面对疑难复杂案件左右为难时，回到立法宗旨、基本原则、公共利益、司法政策等因素里进行反复考量，定能找到解决矛盾纠纷的‘万能’钥匙。”②

“裁判文书反映的只是技术层面的主要思考，而司法技术上的分歧，最终都会回归裁判的本质——价值判断，利益衡量。当法官在技术层面争议时，应自发地将问题上升到价值层面去讨论，并在不同的价值层面平衡与取舍。”③

“我个人一直以为，法官所面对的裁判选择压力，本质上来源于个案裁判中所直接面临的具体正义而非抽象正义的要求。在个案审理中，当面临法律适用的困境时，我们究竟是选择机械适法，将不得不牺牲掉的东西奉献给法理学，供学界批评，为修法和司法解释提供反向素材，还是在公平正义的指引下，选择更符合立法目的和实质正义的裁判结果，为修法和司法解释提供成功的审判经验？在长期的司法实践中，我个人显然属于后者的积极实践者。当个案裁判结果依据常识明显不公平不合理时，要么是法律出了问题，要么是我们对法律的理解出了问题。”④

对于精英法官们的心得体会，著名民商法学者崔建远教授深有同感。他认为，一份好的判断，固然源自法官的法学功底扎实，法律素养深厚，但更值得指出的是，需要法官怀有公平正义之心，追求处理妥当之意，虚心请教之态，反复磋商之功。裁判者只要胸怀公平正义，即便其法学修为有待提高，也不愁裁处合理合法的结果，

---

① （2018）最高法民再161号。

② 李玉生主编、孙辙、谢新竹副主编：《法官思维的印记》，人民法院出版社2019年版，第287页。

③ 李玉生主编、孙辙、谢新竹副主编：《法官思维的印记》，人民法院出版社2019年版，第241页。

④ 李玉生主编、孙辙、谢新竹副主编：《法官思维的印记》，人民法院出版社2019年版，第348页。

也会使判决推陈出新。反之，即使裁判者的法学水平上乘，但若公平正义缺失，则会出现处理极不妥当但判词却“头头是道”的裁判文书。[①] 这与最高法院前法官蔡小雪的观点几乎如出一辙：“要想成为审判专家，作出公正的判决，就必须有一颗公正的心。”[②] 由此可见，实务界和学术界的共识是，在案件办理中导入价值判断，是审判思维获得方向感的根本保证。

最高法院历来重视价值导向，每逢发布司法解释或司法文件，务必高调彰显审判理念。比如，民一庭负责人在答记者问时说，“在制定《建设工程司法解释（二）》过程中，考虑了多重价值取向，包括保障建设工程质量、保护农民工等弱势群体利益、维护建筑市场秩序、促进建筑业健康发展、平衡各方当事人利益等。其中，保障建设工程质量、保护人民群众人身和财产安全始终位居第一。这是最高人民法院制定建设工程司法解释和司法政策、指导下级法院审理建设工程施工合同纠纷案件的首要价值选择。因此，保障建设工程质量这一精神贯彻于整个《建设工程司法解释（二）》的始终”。[③] 再如，九民会议纪要明确指出，“民商事审判工作要树立正确的审判观念。注意辩证理解并准确把握契约自由、平等保护、诚实信用、公序良俗等民商事审判基本原则；注意树立请求权基础思维、逻辑和价值相一致思维、同案同判思维”。

由此不难理解，最高法院公布的指导性案例、公报案件、典型案例，以及其办理的普通民商案件，不管案件本身如何千差万别，何以在价值导向上都具有高度的家族相似性。据学者统计，1990～2016年《最高人民法院公报》刊登的520个案例中，适用法律原则进行裁判的有47个，接近公报案例总数的10%，其中民商事案件有41个，占到适用原则进行裁判的案例的87%。[④]

不过，价值导向从来不是单一的，本身也是一个自组织系统，可将其内部比拟为谱系关系，其中的高频词汇主要是公平原则、诚实信用原则、利益平衡原则、禁反言原则、公序良俗原则、社会公共利益和社会主义核心价值观等。需要说明的是，

---

① 刘贵祥主编：《最高人民法院第一巡回法庭精选案例裁判思路解析（一）》，法律出版社2016年版，第95页。

② 蔡小雪：《审判业务专家是怎样炼成的》，法律出版社2017年版，第13页。

③ 最高人民法院民一庭负责人就《最高人民法院关于审理建设工程施工合同纠纷案件适用法律问题的解释（二）》答记者问，载《人民法院报》2019年1月4日。该司法解释现已废止。

④ 李克诚、刘思萱：《论法律原则在我国司法裁判中的适用：以〈最高人民法院公报〉案例为范本的研究》，载《法律适用》2008年第3期。另参见骆意：《论诚实信用原则在我国民事司法裁判中的适用：基于对〈最高人民法院公报〉中53个案例的实证分析》，载《法律适用》2009年第11期。

它们之间并没有绝对的界限，往往是你中有我，我中有你，只能做粗略的相对区分。

公平原则。在吉祥公司与敦骏公司、弘康电子产品经营部、昊威电子产品经营部侵害发明专利权纠纷上诉案中，最高法院承办法官认为，本案的裁判思路在于，在案件审理中引入了价值评价。与严格遵循罪刑法定、无罪推定的刑事审判思维不同，一些疑难专利侵权案件的裁判思维过程，往往并非如同最终呈现在裁判文书纸面上的三段论模式，而是从立法目的，以公平、诚信等具有普遍约束力的一般原则为依据，对被诉侵权行为是否具有不正当性和可责性进行分析和评价。反之，则需在价值评价指引下，确定与案件事实最为接近的法律规范，审查该法律规范是否存在解释空间，是否能将上述具有可责性的被诉侵权行为纳入该法律规范的合理解释范围之内，最终作出侵权与否的认定。以价值评价指引专利侵权领域疑难案件的审理，一方面，可以防止裁判结果严重偏离当事人和社会公众基于朴素公平正义理念的预期，保证司法裁判的社会效果；另一方面，价值判断过程会促进审理者站在更高的角度审视本案，有利于发现法律规范选择和解释的准确性，保证司法裁判的法律效果。本案二审判决体现了上述裁判理念，从专利法鼓励创新的立法目的出发，以公平原则为依据，对涉案专利所属领域的技术特点、被诉侵权行为的本质进行了深入分析，挖掘出的重要事实是，专利方法早已在被诉侵权产品的制造过程中得以固化，终端用户在使用终端设备时再现的专利方法过程，仅仅是此前固化在被诉侵权产品内的专利方法的机械重演，该事实提示了被诉侵权行为的实质以及具有可责性的根本原因，腾达公司的被诉侵权行为将会导致利益分配严重失衡，有失公平，因此具有可责性。①

利益平衡原则。在东京海上日动火灾保险（中国）有限公司上海分公司与新杰物流集团股份限公司保险人代位求偿权上诉案中，法院认为，本案的争议焦点是上诉人新杰物流公司能否以运输合同作为本案侵权责任赔偿的抗辩。新杰物流公司与富士通公司之间存在明确的运输合同，涉案货物系运输过程中因交通事故遭受损坏。承运人新杰物流公司存在合同责任和侵权责任竞合的情形，富士通公司有权择一主张，被上诉人东京保险上海分公司依据保险代位权亦享有同等权利。东京保险上海分公司在一审过程中明确其请求权基础为侵权赔偿，并据此认为侵权之诉不应受合同约束。新杰物流公司则认为责任竞合的情况下，无论选择违约赔偿还是侵权赔偿，都应受到涉案运输合同中有关赔偿条款的约束。鉴于《合同法》第 122 条仅明确了责任竞合的情况下，当事人一方有权择一主张权利，但并未明确一方选择后，合同责任与侵权责任之间的关系，在法律无明确规定的情况下，应当遵循自愿、公平、

---

① 张晓阳：《网络通讯领域多主体实施方法专利侵权的判定》，载《人民司法》2020 年第 2 期。

诚实信用的基本原则，合理平衡当事人利益。对于同一损害，当事人双方既存在合同关系又存在侵权法律关系的，不能完全割裂两者的关系，既要保护一方在请求权上的选择权，也要保护另一方依法享有的抗辩权。在责任竞合的情况下，如果允许一方选择侵权赔偿，并基于该选择禁止另一方依据合同有关约定进行抗辩，则不仅会导致双方合同关系形同虚设，有违诚实信用原则，也会导致市场主体无法通过合同制度合理防范、处理正常的商业风险。因此，无论一方以何种请求权向对方主张责任，均不能禁止其依据合同的有关约定进行抗辩。据此，富士通公司与新杰物流公司之间的权利义务关系，既受双方运输合同约束，也受《侵权法》调整。对于运输过程中货物损失的分担，富士通公司与新杰物流公司在双方的运输合同中有明确约定，该约定系双方在各自商业经营风险预判基础上，根据自愿、平等原则达成的一致安排，对双方处理合同约定的货物损失具有约束力，该约束力不因富士通公司选择侵权之诉而失效。尽管东京保险上海分公司代富士通公司向新杰物流公司主张侵权赔偿，但是新杰物流公司与富士通公司之间运输合同是双方的基础法律关系，新杰物流公司依据涉案运输合同的相关内容进行抗辩是正当的。①

公平和利益平衡原则同时适用。在朱某龙诉东台市许河安全器材厂侵权责任纠纷案中，法院认为，个人经营的淘宝网店绑定企业营业执照后变更为企业性质网店的，虽仍由个人经营，但因淘宝店披露的信息均为该企业信息，导致该淘宝店实际已属企业所有的权利外观。在企业不再允许该绑定，且绑定不能被取消的情况下，企业径自取得该淘宝店经营权的，并不构成对个人经营权的侵犯。鉴于个人对网店信用升级有一定贡献，企业将店铺经营权收回的同时，根据公平理念和利益衡平原则，应当对原经营者给予适当的补偿。②

诚实信用原则。在王某永诉深圳歌力思服饰股份有限公司、杭州银泰世纪百货有限公司侵害商标权纠纷案中（指导性案例 82 号），法院认为，诚实信用原则是一切市场活动参与者所应遵循的基本准则。一方面，它鼓励和支持人们通过诚实劳动积累社会财富和创造社会价值，并保护在此基础上形成的财产性权益，以及基于合法、正当的目的支配财产性权益的自由和权利；另一方面，它又要求人们在市场活动中讲究信用、诚实不欺，在不损害他人合法权益、社会公共利益和市场秩序的前提下追求自己的利益。民事诉讼活动同样应当遵循诚实信用原则。一方面，它保障当事人有权在法律规定的范围内行使和处分自己的民事权利和诉讼权利；另一方面，

① 《中华人民共和国最高人民法院公报》2019 年第 12 期。

② 《中华人民共和国最高人民法院公报》2020 年第 2 期。

它又要求当事人在不损害他人和社会公共利益的前提下，善意、审慎地行使自己的权利。任何违背法律目的和精神，以损害他人正当权益为目的、恶意取得并行使权利、扰乱市场正当竞争秩序的行为均属于权利滥用，其相关权利主张不应得到法律的保护和支持。王某永取得和行使“歌力思”商标权的行为难谓正当。“歌力思”商标由中文文字“歌力思”构成，与歌力思公司在先使用的企业字号及在先注册的“歌力思”商标的文字构成完全相同。“歌力思”本身为无固有含义的臆造词，具有较强的固有显著，依常理判断，在完全没有接触或知悉的情况下，因巧合而出现雷同注册的可能性较低。作为地域接近、经营范围关联程度较高的商品经营者，王某永对“歌力思”字号及商标完全不了解的可能性较低。在上述情形下，王某永仍在手提包、钱包等商品上申请注册“歌力思”商标，其行为难谓正当。王某永以非善意取得的商标权对歌力思公司的正当使用行为提起的侵权之诉，构成滥用。

禁反言原则。在大庆龙江银行华融公司、圣源公司、曼哈维大酒店、明某泉民间借贷纠纷再审案中，法院认为，关于大庆龙江银行与华融公司是否基于《承诺书》形成合同关系的问题，大庆龙江银行出具的《承诺书》非担保法意义上的保证或担保，但根据案涉《承诺书》内容，大庆龙江银行向华融公司作出其将向圣源公司发放贷款，用于偿还圣源公司向华融公司所借款项的意思表示，以达到由华融公司向圣源公司融资清偿在大庆龙江银行到期贷款的目的。华融公司基于对大庆龙江银行承诺的信赖向圣源公司发放了贷款，双方之间的行为符合要约和承诺的法律特征，即已形成合同关系。因此，银行向贷款企业作出放贷承诺，保证将向贷款企业放贷用于其偿还过桥资金，过桥资金提供方基于上述承诺放贷后，银行“过河拆桥”不同意履行其放贷义务的行为构成违约，应当承担违约责任。①

公序良俗原则。在张某福、张某凯诉朱某彪生命权纠纷案中（指导性案例98号），法院认为，行为人非因法定职责、法定义务或约定义务，为保护国家、社会公共利益或者他人的人身、财产安全，实施阻止不法侵害者逃逸的行为，人民法院可以认定为见义勇为。案涉道路交通事故发生后张某来受伤倒地昏迷，张某焕驾驶摩托车逃离，被告朱某彪作为现场目击人，及时向公安机关电话报警，并驱车、徒步追赶张某焕，敦促其投案，其行为本身不具有违法性。张某焕肇事逃逸的行为违法，被告朱某彪作为普通公民，挺身而出，制止正在发生的违法犯罪行为，属于见义勇为，应予以支持和鼓励。

社会公共利益。在昂宝公司诉智浦公司等侵犯集成电路布图设计专有权案中，法

---

① （2017）最高法民申2395号。

院查明，昂宝公司申请登记的纸质布图设计，仅包含两层金属层的图样，在该金属层图样中不含任何有源元件，未对布图设计的电子版进行登记。由于布图设计在申请日之前已投入商业利用，所以昂宝公司提交了布图设计的芯片样品进行登记，并以登记备案的芯片所反映的布图设计内容，起诉智浦公司以复制、商业利用的方式侵犯其布图设计专有权。对此，法院认为，昂宝公司申请登记的纸质布图设计图样仅包含两层金属层，并不包含任何一个有源元件，不符合布图设计的基本定义。虽然昂宝公司在国家知识产权局登记备案了芯片样品，但不能以其登记时提交的样品来确定涉案布图设计的保护内容，否则将变相鼓励布图设计申请人只提交样品，而对应给社会公众公开查阅的内容不予公开，违反布图设计保护条例的基本价值取向。无视布图设计登记制度中关于纸质复制件或图样的要求，必然会使社会公众通过查阅方式获得布图设计内容的相关规定形同虚设，直接依据样品确定布图设计保护内容，极有可能引发轻视复制件或图样法律地位的错误倾向，引发登记行为失范，产生不良导向作用。①

在云丝路企业、李某与高某宇股权转让协议纠纷案中，深圳仲裁委员会认为，高某宇未依照合同约定交付双方共同约定并视为有财产意义的比特币等，构成违约，应予赔偿。仲裁庭参照李某提供的 lkcoin. com 网站公布的合同约定履行时点有关 BTC（比特币）和 BCH（比特币现金）收盘价的公开信息，估算应赔偿的财产损失为 401780 美元，据此裁决变更云丝路企业持有的某公司 5% 股份至高某宇名下，高某宇向云丝路企业支付股权转让款人民币 25 万元，高某宇向李某支付 401780 美元及违约金 10 元人民币。裁决作出后，高某宇向深圳中院申请撤裁。深圳中院认为，本案争议焦点为涉案仲裁裁决是否存在违背社会公共利益的情形。《中国人民银行、工业和信息化部、中国银行业监督管理委员会、中国证券监督管理委员会、中国保险监督管理委员会关于防范比特币风险的通知》（银发〔2013〕289 号）明确规定，比特币不具有与货币等同的法律地位，不能且不应作为货币在市场上流通使用。2017 年中国人民银行等七部委联合发布《关于防范代币发行融资风险的公告》，重申了上述规定。同时，从防范金融风险的角度，进一步提出任何所谓的代币融资交易平台不得从事法定货币与代币、“虚拟货币”相互之间的兑换业务，不得买卖或作为中央对手方买卖代币或“虚拟货币”，不得为代币或“虚拟货币”提供定价、信息中介等服务。上述文件实质上禁止了比特币的兑付、交易及流通，炒作比特币等行业涉嫌从事非法金融活动，扰乱金融秩序，影响金融稳定，涉案仲裁裁决高某宇赔偿李某与比特币等值的美元，再将美元折算成人民币，实质上是变相支持了比特币与法定货币之间的兑付、交易，与

① （2015）最高法民申字第 745 号。

上述文件精神不符，违反了社会公共利益，经向最高法院报核，撤销该仲裁裁决。①

社会主义核心价值观。在葛某生诉洪某快名誉权、荣誉权纠纷案中（指导性案例99号），法院认为，1941年9月25日，在易县狼牙山发生的狼牙山战斗，是被大量事实证明的著名战斗。在这场战斗中，“狼牙山五壮士”英勇抗敌的基本事实和舍生取义的伟大精神，赢得了全国人民认同和广泛赞扬，是五壮士获得“狼牙山五壮士”崇高名誉和荣誉的基础。“狼牙山五壮士”这一称号在全军、全国人民中已经赢得了普遍的公众认同，既是国家及公众对他们作为中华民族的优秀儿女在反抗侵略、保家卫国中作出巨大牺牲的褒奖，也是他们应当获得的个人名誉和个人荣誉。“狼牙山五壮士”是中国共产党领导的八路军在抵抗日本帝国主义侵略伟大斗争中涌现出来的英雄群体，是中国共产党领导的全民抗战并取得最终胜利的重要事件载体。“狼牙山五壮士”的事迹经由广泛传播，已成为激励无数中华儿女反抗侵略、英勇抗敌的精神动力之一；成为人民军队誓死捍卫国家利益、保障国家案例的军魂来源之一。在和平年代，“狼牙山五壮士”的精神，仍然是我国公众树立不畏艰辛、不怕困难、为国为民奋斗终生的精神指引。这些英雄烈士及其精神，已经获得全民族的广泛认同，是中华民族共同记忆的一部分，是中华民族精神的内核之一，也是社会主义核心价值观的重要内容。而民族的共同记忆、民族精神乃至社会主义核心价值观，无论是从我国的历史上看，还是从现行法上看，都已经是社会公共利益的一部分。尽管案涉文章无明显侮辱性的语言，但通过强调与基本事实无关或者关联不大的细节，引导读者对“狼牙山五壮士”这一英雄烈士群体英勇抗敌事迹和舍生取义精神产生质疑，从而否定基本事实的真实性，进而降低他们的英雄形象和精神价值。洪某快的行为方式符合以贬损、丑化的方式损害他人名誉和荣誉权益的特征。案涉文章通过刊物发行和网络传播，在全国范围内产生了较大影响，不仅损害了葛某林的个人名誉和荣誉，损害了葛某生的个人感情，也在一定范围和程度上伤害了社会公众的民族和历史情感。在我国，由于“狼牙山五壮士”的精神价值已经内化为民族精神和社会公共利益的一部分，因此，也损害了社会公共利益。②

该案引发的后续强烈效应，堪比“小球推动大球”的乒乓外交案例。其确立的

① （2018）粤03民特719号，裁定书作出日期为2020年4月26日。

② 对于这个案件的判决，社会反应有两种不同的态度。有的认为，这个判决确实弘扬了社会正气，保护了英雄烈士的死者人格利益。但是也有人认为，既然对死者人格利益没有使用侮辱性的语言，而是在探讨历史真实，并没有违反表达自由的原则，也不构成对死者人格利益的侵害，因而不赞成这个案件的判决。参见杨立新：《对民法总则草案规定第185条的看法》，载中国民商法律网，http：//mp. weixin. qq. com/s/1itAGKFAr0lYZWrl_ CVWUw，2020年1月20日访问。

将英雄烈士名誉、荣誉作为社会公共利益予以保护的裁判规则，被全国人大的立法吸收。2017 年 3 月 15 日通过的《民法总则》第 185 条明文规定："侵害英雄烈士等的姓名、肖像、名誉、荣誉，损害社会公共利益的，应当承担民事责任。"① 2018 年 4 月 27 日，《英雄烈士保护法》正式通过，对英雄烈士的人格利益既进行民事保护、行政保护，又采取刑事保护，保护措施和保护力度远超民法总则的规定。更令人瞩目的是，《民法总则》的上述规定已被《民法典》全部承继，反映了最高立法机关在新时代旗帜鲜明的价值导向。

四、客观：举证责任

谁主张谁举证，是民事诉讼法的基本证据规则，早为社会各界耳熟能详，似乎已成为不证自明的客观标准。但是，这一规则听起来简单，适用起来却并不容易。为此，2012 年最高法院专门出台了《关于民事诉讼证据的若干规定》，2019 年最高法院又对该司法解释做出重大修改，保留 11 条，修订 41 条，新增 47 条，大大提高了举证责任的科学性和可操作性。尽管如此，"鉴于我们的认识手段的不足以及认识能力的局限性，在每个诉讼中均可能发生当事人对事件真实过程的阐述不能达到法官获得心证的程度的情况。在民事诉讼中，证明责任的分配具有重大的实践意义。它将事实情况的不确定性交由一方当事人负责证明，从而有利于另一方当事人"。② 这正是罗马法谚"举证之所在，败诉之所在"的真谛。鉴于举证分配与案件结果的高相关性，如何公正合理分配举证责任，是对法官审判思维成熟度的最好检验。而熟练掌握这一技能的法官，即便身处基层法院，也一定能迅速从法官群体中脱颖而出。广东省东莞市中级人民法院程春华法官得以跻身于第二届全国审判业务专家之列就是范例。其成功的最大秘诀就是，透彻理解证据规则，娴熟运用举证分配，能

---

① 令人关注的是，该条款在民法学界引起较大争议，且多数为批评意见，认为该条的产生违反立法常规，缺乏旧法规范基础，未经充分论证，且违反法律平等原则。相关评述观点参见魏帅：《对〈民法总则〉第 185 条的规范分析》，载《法大研究生》2018 年第 1 期；李宇：《民法总则要义：规范释论与判解集注》，法律出版社 2017 年版，第 872～873 页。此外，据著名民法学者杨立新教授披露，《民法总则草案》的第一次审议稿到第四次审议稿都没有这个条文。这个条文是在第五次全国人民代表大会上审议《民法总则草案》中，由于有的代表提出这样的意见，法律委员会才提出来这样的法律条文。杨立新教授也认为，《民法总则》第 185 条的条文设计并不精巧，概括的问题也不全面，并不是一个含义精准、适用规则明确的民法规范。引起该条款的事实起因，实际上主要是基于对侵害狼牙山五壮士死者名誉的案件。参见杨立新：《对民法总则草案规定第 185 条的看法》，载中国民商法律网，http：//mp. weixin. qq. com/s/1itAGKFAr0lYZWrl_ CVWUw，2020 年 1 月 20 日访问。

② ［德］莱奥·罗森贝克：《证明责任论》，庄敬华译，中国法制出版社 2018 年版，第 1、75、80 页。

调则调，当判则判，故不仅审判效率极高，而且上诉和申请再审的情况极少，信访投诉更是几乎没有。①

（一）举证分配规则之一：谁主张，谁举证

在宜兴市新街街道海德名园业主委员会诉宜兴市恒兴置业有限公司、南京紫竹物业管理股份有限公司宜兴分公司物权确认纠纷、财产损害赔偿纠纷案中，法院认为，开发商与小区业主对开发商在小区内建造的房屋发生权属争议时，应由开发商承担举证责任。如开发商无充分证据证明该房屋系其所有，且其已将该房屋建设成本分摊到出售给业主的商品房中，则该房屋应当属于小区全体业主所有。开发商在没有明确取得业主同意的情况下，自行占有使用该房屋，不能视为业主默示同意由开发商无偿使用，应认定开发商构成侵权。②

在铁岭担保公司与长城公司保证合同纠纷再审案中，法院认为，本案原审期间，长城公司提供的快递单首页复印件载明，2013 年 4 月 18 日发出的快递单号为××××××号邮件，收件人是铁岭担保公司的法定代表人孟某，内件品名标注为“关于催收建贺公司……”，该证据虽为复印件，但与同单号的快递查询记录能够相互印证，形成完整的证据链条，证明中行铁岭分行向铁岭担保公司通过邮政快递的方式，在保证期间内向铁岭担保公司主张了权利。二审法院对此二份证据予以采信，进而认定铁岭担保公司应当对建贺公司债务承担连带保证责任并无不当。③

（二）举证分配规则之二：双方在证据持有和获取难度上不对称时，先易后难

在石某林诉泰州华仁电子资讯有限公司侵害计算机软件著作权纠纷案中（指导性案例 49 号），法院考虑到原告的客观举证难度，将举证责任分配给持有软件源程序的被告，其拒绝提供被控侵权软件源程序时，由其承担败诉后果。

在郑某欢与许某忠、华瀚公司、欧宇美宏公司、诺华德扬公司等民间借贷纠纷上诉案中，法院认为，事实的认定往往离不开举证责任的分配，将举证责任分配给哪一方，通常会对案件的走向和结果产生巨大的影响。本案系发回重审案件，同样的事实，一审法院二次审理对于举证责任的不同分配原则导致了案件完全不同的结

---

① 程春华：《裁判思维与证明方法》，法律出版社 2016 年版，第 273 页。

② 《中华人民共和国最高人民法院公报》2018 年第 11 期。

③ （2019）最高法民申 2786 号。

果。本案中，双方当事人争执的核心问题是，华瀚公司向宏德辉公司、达源公司转款4634万元的事实能否认定为归还本案借贷本金的事实。通常举证责任的分配原则是，对于存在借贷关系及借贷内容等事实，出借人应承担举证责任；对于已经归还借款的事实，借款人应承担举证责任。本案中，双方当事人对于华瀚公司向宏德辉公司、达源公司转款4634万元均不持异议，但是该笔款项能否认定为归还本案借款本金，存在争议。一般来讲，民间借贷纠纷案件中，借款人要么将款项归还于出借人，要么归还于出借人指令的第三人，否则并不产生还款的法律效果。在司法实践中，借款人往往是依据出借人的口头指令，将相应款项支付于出借人指定的第三人账户上。在发生纠纷后，出借人往往不承认发出过指令，此时，借款人举证难度较大，其通常无法举证证明第三人与出借人之间存在连结点，也不能证明与本案所借款项存在关联关系，但如果借款人支付还款款项的账户为出借账户时，应由出借人承担举证责任。①

（三）举证分配规则之三：主张法律关系成立的一方应予证明

在青海宏信公司与海天青海分公司民间借贷纠纷上诉案中，法院认为，实践中不能仅以合同中加盖的印章印文与公司备案印章印文或常用业务印章印文不一致来否定公司行为的成立及效力，而应当根据合同签订人是否有权代表或代理公司进行相关民事行为来判断。案涉《协议书》签订时，崔某辉为安多汇鑫公司的股东，但并非安多汇鑫公司法定代表人，亦无证据证明其在安多汇鑫公司任职或具有代理安多汇鑫公司对外进行相关民事行为的授权。而仅因崔某辉系安多汇鑫公司股东，不足以成为青海宏信公司相信崔某辉有权代理安多汇鑫公司在案涉《协议书》上签字盖章的合理理由，故崔某辉的行为亦不构成表见代理，对安金汇鑫公司不具有约束力。因此，青海宏信公司与安多汇鑫公司之间并未形成有效的担保合同关系，其主张安多汇鑫公司承担连带担保责任的请求不能成立，一审判决对该问题认定并无不当。②

在唐某与程某房屋买卖纠纷抗诉案中，最高检抗诉理由是：本案实际上的买卖双方为向某与唐某的前男友，唐某本人并没有到房屋管理机关办理房屋过户登记。唐某以12万元购买房屋，事隔两年后以8万元转让，明显不合常理。房屋出卖并非

---

① 王毓莹、陈亚：《民间借贷案件中举证证明责任的分配》，载杜万华主编、最高人民法院民事审判第一庭编：《民事审判指导与参考》（第3辑），第164～183页。

② （2019）最高法民终1535号。

唐某真实意思表示，终审判决认定房地产买卖合同有效缺乏证据证明。最高法院再审认为，自然人的私章没有登记备案的要求，对外不具有公示效力，在私章所代表的一方否认盖章行为是其所为时，涉及就合同关系是否成立的举证责任的分配问题。根据《最高人民法院关于民事诉讼证据的若干规定》的规定，程某应该举证证明其与唐某之间成立了房屋买卖合同关系。原审判决将该举证责任分配给唐某是错误的。行政裁定书上认定的事实，只能证明房屋登记机关办理登记的行为在程序上的合规性，不能证明唐某与程某之间发生了房屋买卖的民事行为。程某一方在诉讼中主张唐某已到办理登记过户现场的情况下，应该就本应由唐某亲笔书写的名字却由向某代写作出合理的解释，但程某一方在本次再审庭审中仍不能就此作出合理的解释。程某应该承担举证不能的法律后果。原判决在举证责任的分配及适用法律上存在错误。判决撤销一审、二审及两次再审判决，程某将房屋返还给唐某。①

（四）举证分配规则之四：举证义务未完成以前不发生转移

在韶山路信用社与新天村委会、轴瓦设备厂借款担保合同纠纷再审案中，法院认为，由于双方对《信用社借款申请书》和《保证担保借款合同》中有关保证期间的内容被涂改和添加这一事实没有异议，从而使本案待证事实进一步深化为该涂改和添加的内容是否系双方的真实意思表示。因该证据由韶山路信用社提供，并以该瑕疵部分所表现的内容作为支持其诉讼主张的主要证据，故韶山路信用社关于其在法律上已完成举证责任的理由不能成立，其对该证据在外观形式上存在的明显瑕疵的真实性、合法性负有继续举证的责任。现韶山路信用社以《信用社借款申请书》和《保证担保借款合同》中变更后的内容系双方共同的意思表示为由，主张新天村委会承担保证责任，却未提供足以证明该涂改和添加系双方合意的证据，故其诉讼主张依据不足，不予支持。②

在陕西崇立实业发展有限公司与中国信达资产管理股份有限公司陕西省分公司、西安佳佳房地产综合开发有限公司案外人执行异议之诉案中，法院认为，案外人提起执行异议之诉的，应当就其对执行标的享有足以排除强制执行的民事权益承担举证证明责任，且需达到享有权益排除执行的高度盖然性证明标准。虽然《物权法》

---

① 《最高人民检察院发布十三起检察机关民事诉讼监督典型案例》，载最高人民检察院网2016年2月2日，2020年5月15日访问。

② 最高人民法院（2005）民二提字第4号，载江必新主编、最高人民法院审判监督庭编：《审判监督指导》（总第26辑），人民法院出版社2009年版，第191～193页。

第30条规定，因合法建造、拆除房屋等事实行为设立或者消灭物权的，自事实行为成就时发生效力。但合法建造取得物权，应当包括两个前提条件。一是必须有合法的建房手续，完成特定审批，取得合法土地权利，符合规划要求。二是房屋应当建成。根据查明事实，案涉房屋的审批手续记载的权利人均为佳佳公司，崇立公司仅凭据其与佳佳公司的联建协议，并不能直接认定为《物权法》第30条规定的合法建造人，并因事实行为而当然取得物权。本案中崇立公司与佳佳公司之间存在合作开发房地产合同关系，崇立公司有权另案向佳佳公司主张基于合作开发合同产生的相关权利。但在其提交证据不足以证明其为相关审批手续载明的合法建造主体、投资事实、占有外观情况下，仅依据其与佳佳公司合作开发合同关系，不属于《物权法》第30条规定的合法建造人。①

（五）举证分配规则之五：一方举证义务完成后，反驳一方需举出相反证据

在莱州市金海种业有限公司诉张掖市富凯农业科技有限责任公司侵犯植物新品种权纠纷案中（指导性案例92号），法院认为，本案经委托鉴定，北京市农科院玉米种子检测中心出具的鉴定意见表明待测样品与授权样品无明显差异，但在DNA指纹图谱检测对比的40个位点上，有1个位点的差异。依据DNA指纹检测标准，将差异至少两个位点作为标准，来判定两个品种是否不同。品种间差异位点等于1，不足以认定不是同一品种。此时的举证责任应由被诉侵权一方承担，富凯公司如提交相反证据证明被测侵权繁殖材料的特征、特性与授权品种的特征、特性不相同，则可以推翻前述结论。但富凯公司经释明后仍未能提供相反证据，应认定富凯公司的行为构成侵犯植物新品种权。

在程某诉南京欧尚超市有限公司江宁店等产品生产者、销售者责任案中，法院认为，食品标签欠缺成分含量标的可认定为标签瑕疵食品，但标签瑕疵食品不等于不安全食品。消费者以食品标签存在瑕疵为由，依据《食品安全法》第148条第2款规定索赔十倍价款或三倍损失赔偿的，应由消费者继续就标签瑕疵食品存在其他不符合食品安全标准的情形或该标签瑕疵食品安全造成影响或对消费者造成误导进行举证证明。②

在天津市邮政局与焦某年存单纠纷一案中，法院认为，邮政局不同意承担赔偿

① 《中华人民共和国最高人民法院公报》2018年第8期。

② 《中华人民共和国最高人民法院公报》2018年第9期。

责任，提出的抗辩理由是不排除焦某年自己使用取款卡在成都取款后返回天津，或者指使他人使用其取款卡在成都取款后再将取款卡带回天津后向储蓄所主张其存款丢失的可能性，但没有能够提供证据加以证明。从证据学的角度看，只有主张发生过某种事实需要证明，否定某一事实曾经发生则不需要证明。因为，曾经出现或者存在过的事实（现象）才有可能留有迹象作为凭证，根本不存在的事实则无法留下痕迹作为证据。在查明焦某年的账户确实于2000年5月13~15日连续3日发生异地取款的情况后，焦某年主张其没有在异地取款，作为主张某一事实从未发生过的当事人没有、也不可能提供证据。邮政局主张焦某年恶意支取，应当承担举证责任。实体义务的客观存在，决定了当事人在诉讼中如果主张免责，需要承担证明其具有法定免责事由的义务。本案中邮政局未能证明在成都使用取款卡在自动柜员机上取款人即是焦本人或是焦与他人串通所为。同时，邮政局无法证明其设置的自动柜员机，可以避免发生使用假取款卡从储户的账户中提款的情况。更何况邮政局自称高科技犯罪集团曾利用假取款卡从自动柜员机盗取存款，表明目前自动柜员机从技术上尚无法充分保障储户的存款安全。如果邮政局提出的因为存折和提款卡均在焦某年手中，焦便具备了自行支取存款后以存款短缺为由向其索赔的观点被法院认定成立，等于确认了通过设置自动取款机，基本上排除了储户存款在人机交易中被窃取的可能。一旦出现储户因存款被他人以人机交易方式窃取而与储蓄部门发生争议，储户要对自己的存款被盗取承担举证责任，这对于既不实际控制存款，又不掌握自动取款机技术的储户来说是极不公平的。①

在李某华与德盛期货有限公司期货经纪合同纠纷案中，法院认为，交易指令发出的IP地址为期货公司的，应认定该指令的发生为期货公司员工操作，除非期货公司能够举示相反证据。根据查明事实，案涉争议的10000多笔交易指令发出的IP地址均为德盛公司。由于德盛公司信息系统设计原因，IP地址记录方面只有通过恒生网上交易3.0、澎博闪电手方式下单的交易记录能够记录客户端的IP地址，而通过其网上委托产生的交易数据记录的IP地址为公司互联网出口或防火墙内网IP地址，未记录客户端的IP地址。根据《最高人民法院关于民事诉讼证据的若干规定》第2条规定，当事人对自己提出的诉讼请求所依据的事实或者反驳对方诉讼请求所依据的事实有责任提供证据加以证明。没有证据或者证据不足以证明当事人的事实主张的，由负有举证责任的当事人承担不利后果。李某华主张案涉10000多笔交易由德

① 人民法院出版社法规编辑中心编：《解读最高人民法院司法复函》（下），人民法院出版社2016年版，第745~749页。

盛公司员工操作，在德盛公司有员工曾操作李某华账户，且案涉10000多笔交易发出指令的IP均为德盛公司的情况下，德盛公司作为交易记录的持有者，其更有能力证明案涉争议的10000多笔交易的具体操作地址和操作人，应当对该10000多笔交易指令不是其员工操作承担举证证明责任，但德盛公司未能就此提供证据予以证明，应承担举证不能的不利后果。①

（六）举证分配规则之六：怠于完成法定或约定义务需证明无过错

在上海德力西集团有限公司诉江苏博恩世通高科技有限公司、冯某、上海博恩世通光电股份有限公司买卖合同纠纷案中，法院认为，公司减资时对已知或应知的债权人应履行通知义务，不能在未先行通知的情况下直接以登报公告形式代替通知义务。公司减资时未依法履行通知已知或应知的债权人的义务，公司股东不能证明其在减资过程中对怠于通知的行为无过错的，当公司减资后不能赔付减资前的债务时，公司股东应就该债务对债权人承担补充赔偿责任。②

在宋某诉中国工商银行股份有限公司南门新门口支行借记卡纠纷案中，法院认为，银行负有保障存款安全的义务，应努力提高并改进银行卡防伪技术，最大限度地防止储户银行卡被盗。借记卡章程关于“凡使用密码进行的交易，发卡银行均视为持卡人本人所为”的规定，仅适用于真实的借记卡交易，并不适用于伪卡交易，银行不能据此免责。在无任何证据证明持卡人自行泄露银行卡密码的情况下，不应判令持卡人承担部分损失，从而减轻银行的赔偿责任。③

在吴某秦与陕西广电网络传媒（集团）股份有限公司捆绑交易纠纷再审案中（指导性案例79号），法院认为，关于广电网络的搭售或者附加其他不合理的交易条件是否具有正当理由，最高法院《关于审理因垄断行为引发的民事纠纷案件应用法律若干问题的规定》第8条规定：“被诉垄断行为属于反垄断法第十七条第一款规定的滥用市场支配地位的，原告应当对被告在相关市场内具有支配地位和其滥用市场支配地位承担举证责任。被告以其行为具有正当性为由进行抗辩的，应当承担举证责任。”本案中，广电网络并未对其搭售或者附加其他不合理的交易条件的正当性提供任何证据，仅仅主张其有责任向用户提供更多的电视节目，有权在基本收视节目之外进行收费，以保障网络的正常维护和升级。广电网络当然可以在基本收视节目

---

① 《中华人民共和国最高人民法院公报》2019年第12期。
② 《中华人民共和国最高人民法院公报》2017年第11期。
③ 《中华人民共和国最高人民法院公报》2017年第12期。

之外提供增加节目服务并收取费用，但是增加节目服务的提供不能违反反垄断法。广电网络的上述主张不能构成其进行搭售或者附加其他不合理交易条件的正当理由。因此，应当认为广电网络实施了反垄断法所禁止的搭售或者附加其他不合理的交易条件行为。①

（七）举证分配规则之七：一方自认时可豁免另方举证义务

在耀华房地产公司与中信银行合肥分行金融借款合同纠纷上诉案中，法院认为，耀华房地产公司与中信银行合肥分行分别签订《人民委托贷款借款合同》《财务顾问服务协议》，前述各合同均是各方商事主体的真实意思表示，不违反法律、行政法规的强制性规定，均为有效。各方当事人对于合同效力亦不持异议，故应得到遵守。上述合同约定的部分义务已经得到各方当事人的主动履行，表明各方对于合同约定内容以及合同目的并无认识上的分歧，该种已然形成的交易秩序只要不存在显失公平的情形，应当予以维护。虽然中信银行合肥分行不能提供充分证据证明除了本案委托贷款业务之外，还向耀华房地产公司提供了其他服务，但包括耀华房地产公司在内的各方当事人均不否认本案委托贷款业务亦属于双方协议的约定内容，因此耀华房地产公司主张其已支付的财务顾问费应抵扣欠付的贷款利息，理据并不充分。即便从中信银行合肥分行收取财务顾问费与本案委托贷款业务相捆绑的事实认为该费用也系贷款的融资成本，但本案财务顾问费与委托贷款业务的融资成本年利率合计为14.95%，并不高于法律予以保护的利率水平，因此从平衡债权人利益保护和房地产企业融资成本的角度考量，耀华房地产公司上诉主张亦不能得到支持。②

唯值注意的是，作为特例，最高法院曾在一部商标司法解释中，专门排除了对自认规则的适用，以防止当事人在驰名商标认定中串通造假。《关于审理涉及驰名商标保护的民事纠纷案件应用法律若干问题的解释》（法释〔2009〕3号）第7条规定："被诉侵犯商标权或者不正当竞争行为发生前，曾被人民法院或者国务院工商行政管理部门认定驰名的商标，被告对该商标驰名的事实不持异议的，人民法院应当予以认定。被告提出异议的，原告仍应当对该商标驰名的事实负举证责任。除本解释另有规定外，人民法院对于商标驰名的事实，不适用民事诉讼证据的自认规则。"

---

① 该案于2017年3月6日入选第16批指导性案例后，2019年第1期《中华人民共和国最高人民法院公报》再次刊登该案再审裁判文书，足见最高法院对其指导价值之重视。

② （2017）最高法民终329号。

换言之，在审理商标侵权案件中，对方当事人对于驰名商标的认可，并不免除原告的举证责任。①

五、主观：自由心证

关于自由心证，学术界已经有人敏锐地意识到，“相对于法官的内在思维、心理和行为而言，司法体制和机制改革还只是外部问题。对于优秀的法官而言，无论司法体制和机制改革到什么程度，他们的思维、心理和行为始终在精细化地运行。尽管司法改革从外部做手术，但是司法行为内部依然是法官思维和心理在起支配作用”。②“司法过程内，任何制度或者任何人不可能直接决定法官解释法律时的主观思维进程。法官解释法律的心理过程只有法官自己内心清楚，他人无法清楚地了解这个过程。”③ 这些观点再次印证了法学大家德沃金的精辟论断：“法律的帝国也并非由疆界、权利或程序界定，而是由态度界定的。”④

司法界的全国审判业务专家和精英法官也认为，“自由心证是主要依靠法官的主观意识与经验知识，来对事实‘碎片’进行必要的挑选与组合以最终确定民事纠纷事实的过程”。⑤“现代的自由心证制度，就是指裁判者根据案件审理中出现的具有证据能力的一切证据资料和状况，基于经验法则和逻辑规则对证据证明力进行自由判断，形成关于案件事实的具体的确认，从而认定案件事实的原则性制度，也是迄今为止人类所发现的一种可以说最好的证明制度，它是人们发现案件事实真相的最佳工具。”⑥ 这表明，自由心证始终是法官主观能动性的产物，是法官理性判断后形成的内心确信。

自由心证是个思维黑洞，依附于法官个体特质，本身看不见摸不着，但并不意味着自由心证无从研究。相反，心证应当公开，心证也必须公开，而裁判文书说理就是心证公开的具体表现形式。一份说理充分、论证透彻的裁判文书，既是法官自由心证的思维结晶，也是对法官思维过程的最好梳理。研究优秀裁判文书的说理论

---

① 《最高人民法院知识产权庭负责人就公布〈最高人民法院关于审理涉及驰名商标保护的民事纠纷案件应用法律若干问题的解释〉答记者问》，载最高人民法院民事审判第三庭编：《知识产权审判指导》（总第14辑），人民法院出版社2009年版，第45~46页。

② ［美］劳伦斯·S. 赖茨曼：《最高法院的心理学》，黄斌、吕芳译，法律出版社2018年版，第1页。

③ 李伟：《法官解释确定性研究》，法律出版社2017年版，第15页。

④ ［美］德沃金：《法律帝国》，李常青等译，中国大百科全书出版社1996年版，第188页。

⑤ 程春华：《裁判思维与证明方法》，法律出版社2016年版，第233页。

⑥ 张亚东：《经验法则：自由心证的尺度》，北京大学出版社2012年版，第127~128页。

证，是破译精英法官自由心证的主要通道。现有研究成果表明，“‘实事求是’是我国诉讼制度的基本原则，而自由心证不仅与‘实事求是’的原则毫不矛盾，相反，它正是实事求是原则在诉讼领域中的具体表现”。①

在安泰集团与代某云证券虚假陈述责任纠纷再审案中，法院认为，本案系因安泰集团虚假陈述引发的民事赔偿纠纷，对于此类案件中当事人所遭受投资损失的认定，一般从以下两个方面进行审查：一是虚假陈述的内容客观上是否误导投资人并致损失，即虚假陈述与损失之间是否存在因果关系；二是虚假陈述在导致投资损失因素中所占的比例大小。本案中，安泰集团主要以原审认定虚假陈述因素所占比例不当为由申请再审，而对于虚假陈述因素、系统风险因素、非系统风险因素等可能导致投资损失的因素比例以何种方式进行确定，目前没有明确的法律规定，就司法实践来看，对于系统风险因素，有的是以个股跌幅与市场的综合指数跌幅占比计算，有的是以个股跌幅占同类板块指数跌幅占比计算，有的是以同类板块指数跌幅与综合指数跌幅的平均数计算，尚没有一种绝对统一的计算标准，应该具体案件具体分析。本案的具体情况为：首先，安泰集团的虚假陈述是导致代某云投资损失的重要因素。根据《证券法》第 63 条规定，发行人、上市公司依法披露的信息，必须真实、准确，不得有虚假记载、误导性陈述或者重大遗漏。2014 年 6 月 30 日，安泰集团被关联方新泰公司非经营性资金占用余额共计 12.2 亿元；被关联方安泰房地产公司非经营性资金占用余额共计 25.64 万元。而安泰集团公司发布的 2014 年中期报告及第三季度报告中，均未披露上述非经营性资金占用情况。上市公司的年度报告是综合反映上市公司在报告年度内经营、财务状况和经营业绩的重要报告，是投资者据以判断公司股票价格变动趋势的重要依据，而安泰集团在年度、季度报告中隐瞒资金被占用信息使投资人难以对公司资产有完整的判断，属于重大遗漏行为，足以导致投资人作出错误的判断。代某云于2015 年 4 月 20 日购买安泰集团的股票，此后一直持有至基准日。故安泰集团的虚假陈述是导致代某云投资遭受损失的重要因素。其次，非系统风险因素即安泰集团一系列重大利空消息公布在内的一些因素对投资损失的影响可不予考虑。安泰集团在 2015 年 4 月 30 日公告 2014 年全年营收同比减少 25.12%，同日公告公司股票被实施退市风险警示等，原审判决认为这些因素均在安泰集团股票停盘后发布，结合安泰集团复盘后存在上涨情况，在认定代某云投资损失因素时对这些因素不予考虑，无明显不当。最后，酌情认定证券市场系统风险

① 喻敏：《自由心证与自由裁量——舒易平诉蓝剑集团公司产品责任损害赔偿案一审判决的评析》，载梁慧星主编：《自由心证与自由裁量》，中国法制出版社 2000 年版，第 5 页。

因素占比符合本案实际。市场系统风险与市场整体运行相关联，宏观因素、市场环境的变化都会引起股票价格的波动，故可通过市场的综合指数或者同类板块指数的波动性来判断系统风险因素存在与否以及影响的大小。本案中，自2015年4月30日至11月5日（披露日至基准日），上证综合指数从4441点跌至3522点，跌幅为20.69%，安泰集团所处的黑色金属冶炼及压延加工业流通股加权平均值从7.021元跌至5.0387元，跌幅为28.23%，安泰集团股价从6.16元跌至3.81元，跌幅为38.15%。由此可见，市场本身的下跌对安泰集团股票价格的下跌有一定程度的影响，认定代某云的投资损失时应当予以考虑。但安泰集团主张的黑色金属冶炼及压延加工业行业指数跌幅并不是上海证券交易所发布的行业板块指数，而是安泰集团对黑色金属冶炼及压延加工行业内32只成分股跌幅进行测算得出，原审判决认为不具有精确性和可参考性并无不当。原审判决综合考虑本案具体情况，酌定安泰集团虚假陈述因素对代某云的损失影响比例为50%，符合本案实际，亦有利于进一步规范证券市场。①

上述大段说理论证，非常清晰地勾勒出法官的心证过程：第一步，固定本案的诉因，即因虚假陈述导致投资损失。第二步，回顾此类案件的通常审查方法，即一查因果关系，二查比例大小。第三步，明确再审请求范围，将注意力放在比例因素上。第四步，再度回顾法律，确定比例大小无明确规定，只能个案分析。第五步，作为上市公司，安泰集团有重大违规，足以导致投资人错误判断，这是导致损失主因。第六步，非系统性风险未直接造成损失，排除该影响因素。第七步，对于系统性风险因素，可通过证券市场指数波动确定。第八步，虚假陈述期间，证券市场指数波动具体情况。第九步，酌情得出结论。

有必要指出，从裁判文书中提萃出来的法官心证，只是事后的、规范的思维过程，看似光滑的逻辑链条，代表的不过是已经完成的思维闭环。而在案件实际审理过程中，法官心证过程远较复杂、微妙、多元和易变，极可能是一条充满内心冲突的荆棘之路，其间各种力量反复博弈，各种因素反复考量，最终取舍一定是反复比对后的最优选项。正是基于对法官思维过程的深刻了解，梁慧星先生才郑重建议，法官在案件事实查清以后，不要急于去寻找法律规范，而是综合把握本案的实质，结合社会环境、经济状况、价值观念等因素对双方当事人的利害关系作比较衡量，作出本案哪一方应当受到保护的判断。这种判断即为实质性判断，在实质判断的基

① （2018）最高法民申5955号。

础上再寻求法律依据。[①] 显然，这种利益衡量的过程，就是自由心证的过程。

很显然，在现有条件下，通过裁判文书研究法官心证，虽然是主要的、必要的，但绝不是唯一的，有时甚至还不能说是最直接的、最重要的。毕竟没有任何一个法官，会将其全部心证历程，投射于裁判文书；也没有任何一份裁判文书，能够巨细无遗地记载法官的全部心证。因此，从其他渠道收集法官办案心得等第一手材料，获悉、观察其心证形成的真实过程，全面、动态体会其审判思维的个体特征，极富研究价值。

最高法院杨永清法官曾谈到其办理一个案件的裁判心得，为探究法官的自由心证内容，提供了一个难得的研究标本，现全文引述如下：

到六巡办案以来，给我印象很深的一个案件是（2017）最高法民申2274号再审申请人聚鼎公司因与被申请人丁某生、普瑞铭克分公司申请执行人执行异议之诉纠纷案。案情大概是这样的：普瑞铭克分公司通过将自己的房屋办理抵押登记的方式向聚鼎公司借款。丁某生在抵押登记后与普瑞铭克分公司签订了购买案涉芙蓉花园第58－1号商铺合同，之后支付了大部分价款，也占有了该商铺。现普瑞铭克分公司无力还款，聚鼎公司通过诉讼获得胜诉判决后，申请对该商铺强制执行。强制执行过程中，丁某生提出案外人执行异议之诉，请求停止对案涉商铺的执行。一、二审判决丁某生胜诉。现聚鼎公司申请再审，主要理由是，案涉商铺在先设定了抵押权，其享有优先受偿的权利。

初看这个案件，觉得再审申请人的申请理由是成立的，因为丁某生在购买该商铺前，聚鼎公司已经通过不动产抵押登记的方式设定了抵押权。但我考虑到，聚鼎公司申请再审是一系列案，被申请人除了丁某生之外，还有其他20多个自然人，为慎重起见，我决定到新疆克拉玛依市进行调查。到克拉玛依后，首先对系列案的10余位当事人逐一进行了询问，了解案件的来龙去脉及合同的履行情况，查实丁某生已经交款和占有使用房屋情况，形成了内心确信。之后，到克拉玛依市政务中心查看了涉及本案的不动产抵押登记簿。登记簿载明："房地产面积2220.01㎡；房地产用途商铺。"一看到登记簿的这个记载，这个案件的处理思路就有了。原来抵押登记的商铺是笼统的，看不出案涉商铺是在抵押登记的商铺中。

经过对这个案件的处理，我深深感到：一、对涉及人数众多的申请再审案件，一定要进行实地调查。像这类案外人执行异议之诉涉及争议商铺被抵押，一定要看不动产抵押登记簿是如何记载的。如果本案不看登记簿，贸然以商铺已经抵押，丁

① 梁慧星：《裁判的方法》（第二版），法律出版社2013年版，第261页。

某生还去购买，那其权利就得不到保护为由提起再审，那么这个再审裁定就是错误的。因为不动产抵押登记簿登记的抵押商铺如果不具体、特定、明确，那么该商铺就不能认定为已经在其上设定了抵押权。但这个问题，也为不少法官所忽略。所以，我在文书中进行了强调，重申了什么是物权这个普通但特别重要的基础性问题。二、法官要正确裁判案件，论理要说服人，一定要深刻洞悉我国的国情。我国的国情是，不少地方的抵押登记簿还不能被购房人查阅，这一点往往被忽视，审判实践中绝大多数法官想当然地认为抵押登记簿肯定能够被购房人查阅，登记即公示。我以前也没有注意到这个问题。所以，我在裁判文书论理时多处提到，在当事人能够查阅抵押登记簿的前提下，抵押登记产生什么效果。在同类裁判文书中几乎没有谈到此点。我想，这也是这篇文书的点滴贡献。三、在写裁判文书时，我深深地感到，有必要通过这个案件进行法治宣传，"谁执法，谁普法"，那么这个案件的意义就远远超出个案，社会效果巨大，也真正体现了最高法院裁判文书应当具有的功能。因为我国绝大多数老百姓去开发商买房时，看着开发商有预售许可证，都不去查不动产抵押登记簿，这其中主要原因是大家没有这个法律意识，但也有不少地方的不动产登记簿不能被查阅的因素。

为了通过这个案件达到法治宣传的效果，我在文书中带着深深的感情写道，为从制度上预防普通公民因购房、抵押权人因房屋抵押可能发生的纠纷，市场各方主体应当做哪些事，以尽可能减少纠纷。文书中还写道：作为普通公民而言，一定要切记：购买房屋，应当到本地房地产管理部门查阅抵押登记簿，确认自己准备购买的房屋无抵押登记之后再行购买，以免发生纠纷。就抵押权人而言，也要切记：应当要求负责抵押登记的工作人员将抵押的房屋在不动产登记簿上登记得具体、特定、明确。对负责在抵押登记簿上登记的工作人员而言，也要切记：对抵押登记的财产，应当按照申请人的要求，登记得具体、特定、明确。房地产管理部门应当让准备购房的普通公民能够查阅抵押登记簿。①

上述办案心得表明，通过阅卷形成的心证，与实地调查后形成的心证，二者之间可能会有多么大的差别，因为案件的关键信息，不见得都能直接、完整体现在卷宗里。如果不是法官披露该段办案经历，仅仅从裁判文书中，根本看不出其心证如何形成。耳听为虚，眼见为实。在思维弄清了是什么、为什么之后，认识阶段也就自然过渡和推进到判断阶段，怎么办的思路往往也就出来了，从而抵达内心确信。

① 杨永清：《抵押登记必须具体、特定、明确》，载微信公众号"法盏"2018年5月10日，2020年3月10日访问。

这也反映出，法官心证的形成，既来自于书面认知，也来自于实践认知，并汇聚于自我认知，是多种认知因素共同作用的结果，这一带有规律性的司法现象，也得到其他资深法官的印证。

在回顾办理陈某国诉泰州市天源化工有限公司水污染责任纠纷案时，[①] 江苏泰州中院承办法官李霖回忆其心证形成过程：

本案的争议焦点是，陈某国鱼塘内鱼类死亡与天源公司的排污行为是否存在因果关系。在听取双方当事人的陈述、审阅双方证据外，我还到陈某国所承包的鱼塘以及天源公司进行了两次实地勘察，发现天源公司的厂区位于案涉鱼塘的东侧，其排水口与通向鱼塘的排水口相连通。根据泰州市环境监测中心站的取样监测，鱼塘水体和排水口水体均含有氰化物，后者含量远高于前者。而天源公司是泰州医药高新技术产业开发区野徐镇工业园唯一使用氰化物的单位，外源性污染物的介入导致鱼死亡的可能性较大。我同时查阅了相关科学资料得知：一般淡水、雨水中是不会含有氰化物的。鱼类如果是缺氧死亡，其在死亡过程中不会跳跃，如果跳跃的话，外源性导致的可能性比较大。综合上述情节，我当时的内心在一定程度上形成了心证：2012 年 4 月 20 日至次日所降的中到大雨导致含有氰化物的污水排入了陈某国承包的鱼塘造成鱼受污染而死亡的可能性较大。通过上述实地勘探以及走访核实，我基本确立了本案的裁判思路，关于本案侵权事实与损害后果之间因果关系的认定，依据《侵权责任法》规定，陈某国只需证明天源公司存在污染环境的可能性，不存在因果关系的证明责任则由天源公司承担。而天源公司未能完成举证责任，故其应当承担环境污染损害赔偿责任。[②]

还有一个值得注意的司法现象是，引发自由心证的实质起点，往往并不是法官的专业判断，而是其价值判断，甚至是基本常识。

在金博公司与刘某荣及第三人元恒公司案外人执行异议之诉案中，法院认为，案外人所有的款项误划至被执行人账户的，误划款项的行为因缺乏当事人的真实意思表示，不能产生转移款项实体权益的法律效果，案外人就该款项享有足以排除强制执行的民事权益。款项系通过银行账户划至被执行人账户，且进入被执行人账户后即被法院冻结并划至法院执行账户，被执行人既未实际占有该款项，亦未获得作为“特殊种类物”的相应货币，该误划款项不适用“货币占有即所有”原则。关于

---

① 《中华人民共和国最高人民法院公报》2016 年第 3 期。

② 李玉生主编、孙辙、谢新竹副主编：《法官思维的印记》，人民法院出版社 2019 年版，第 218～221 页。

此案裁判思维形成的心证过程，最高法院承办法官晏景披露如下：

拿到这个案件的第一感觉是：作为误划款项的案外人，如果仅只因为一个错误划款的行为就使其失去对自己所有的款项的实体权益，那我们的处理结果必然有违情理，处理方式和法理逻辑也一定存在缺陷。一、二审法院作出了大相径庭的裁判结果，且各自的判决理由都写得有理有据。当得知当事人将本案向我院申请再审后，一、二审承办法官都表现出一定程度的焦虑，他们对自己作出的处理结果均没有太大把握，而困扰他们的主要问题就是金钱或货币“占有即所有”原则的适用问题。针对这个核心问题，合议庭进行了反复讨论，从情理到法理都做了多种处理模式的假设，最终确立了我们的审判思路：“占有即所有”原则不应当作形而上的理解，而应当将该原则放置到具体的经济生活和社会实践中，针对具体问题进行辨证的理解和适用。亦即，在本案中，虽然案外人因为误划行为将原属于自己所有的款项划至被执行人账户中，但由于支付该款并非真实意思所致，该款并不当然“演变”为被动接受款项的被执行人所有。对于这样的处理原则，主审法官们产生了较大的争论，主要集中在即便支持案外人停止执行的请求，又如何回避货币“占有即所有”原则的适用。对此，我们征求了最高法院民一、民二、研究室、执行局以及各巡回法庭的意见，幸而各部门的反馈意见均同意我们的处理原则。在撰写裁定书的过程中，我个人又作了很多研究和思索，希望从货币“占有即所有”原则的内涵以及案外人执行异议之诉的立法初衷来解开同类案件处理的诸多困惑和顾虑。首先，在裁定书中我们紧紧结合本案的法律事实，从款项的形成、来源、性质到划转款项的具体过程，来分析款项的归属以及误划款项的法律性质和法律后果，从而认定本案并不适用“货币占有即所有”原则。因为适用该原则的前提是货币作为一种特殊种类物，当占有该货币时即有支配该物的便利性和可能性，而本案中款项流转系通过银行转账方式，该种方式实际上等同于款项所有人向接受款项的被执行人增设了一定的存款债权，该款与一般意义上的货币并不相同，银行对于这种存款债权，如发现属误划的情况下，在实践中也是可以撤销的。其次，款项的特定化与作为特殊种类物“占有即所有”原则存在理论上的冲突，之所以确定“占有即所有”，就是因为种类物的不可区分，既然该笔款项已被特定化，就不再适用该原则。最后，关于占有的理解问题，由于款项划至被执行人后，直接被执行法院所冻结，被执行人并未实际占有。因而本案误划的这笔款项，从客体到特征均不符合适用“占有即所有”原则的条件。再者，一审法院虽然认同款项属于误划，但认定被执行人接受该笔款项属于不当得利，指引案外人通过另一个不当得利诉讼向被执行人追索。我认为这种处理也是存在较大缺陷的，一是被执行人并未实际获得该笔款项，还不能构成不当得利；二是即便构成不当得利，从案外人执行异议之诉的初衷看，也应该在本案诉讼中一并解决当事人的诉求，没有必要让当事人承担诉累的多余成本，也没有必要浪费更多的诉讼资源，何况还存在案外人在另一个诉讼中根本无法实际挽回损失的风险，这样的结果就会产生不良社会效果。所以我们在裁定书中纠正了这一做法。需要说明的是，在裁定书论述误划款项的法律性质和法律后果时，我们使用了“民事法律行为”的概念，这个概念在民法通则和民法总则中的内涵并不一致，但本案是在民法总则实施之前作出的裁判，裁定书正好运用了这一时间差，使用了民法通则中该概念的内涵来论述裁判观点。①

有种似是而非的观点认为，自由心证的过程就是模糊混沌，感性大于理性，甚至感性压倒理性，其实未必尽然。对于经验丰富、思维缜密的法官而言，心证过程虽然复杂，但只要明确争点，找准依据，就有可能做到思路清晰，脉络分明。

在回顾办理汪某诚等要求返还祖宅埋藏文物纠纷案时，② 江苏淮安中院承办法官马作彪称该案争议较大，历时约 19 个月，其审判思维的基本路径如下：

鉴于案件争议焦点是：祖宅内埋藏的文物是国家所有还是私人所有，首先，围绕原告的诉讼请求，确定请求权基础。《文物保护法》第 5 条规定：“中华人民共和国境内地下、内水和领海中遗存的一切文物，属于国家所有。”此是法律关于遗存文物国家所有权的一般性规定，不能就此认为境内所有情形下的文物归国家所有。依据该法第 6 条规定：“属于集体所有和私人所有的纪念建筑物、古建筑和祖传文物以及依法取得的其他文物，其所有权受法律保护。”此是法律关于文物集体所有权和公民个人所有权的规定，其区别于国家所有权。该条规定了私人所有的祖传文物受法律保护，这也正是判定本案的重要法律依据。故处理本案，不能片面理解一切文物都归国家，私人有权利持有文物；也不能片面理解一切埋藏物属于国家所有，其虽然经过一定的年代，但能够明确认定其物的权利者时，就应当认定归个人所有。因此，虽然文物保护法规定中国境内地下、内水和领海中遗存的一切文物均属国家所有，但有个前提，文物必须是无主文物。

其次，本案文物有主性的判断。请求权基础确定后，下一步就是文物有主性的认定。为此需要结合请求权基础确定需要查明的事实。对于诉讼请求的一方，其要举证证明涉案文物是其祖辈埋藏。为此，原告一方的社区居委会出具证明，

① 晏景：《“占有即所有”不应做形而上的理解》，载微信公众号“法盏”2018 年 5 月 15 日，2020 年 3 月 11 日访问。

② 《中华人民共和国最高人民法院公报》2013 年第 5 期。

涉案地块拆迁现场办公室也出具证明，公安机关提供原告祖父的户籍登记信息，法院也对相关群众进行调查。上述证据和事实让法官内心确信涉案文物系原告祖辈所有，并埋藏于该宅基地。至此，依据主客观一致原则和高度盖然性的证明标准，古钱币的有主性已明晰，这种内心确信是结合主客观多方面的证据综合判断的结果。

最后，裁判的社会效果。本案审理中存在争议，如果判令属于私人所有，是否对文物保护工作产生负面影响？这也是本案裁判需要考虑的重要问题。一审判决支持原告诉求后，博物馆担忧今后谁家发现了文物就归谁，博物馆里的文物都要被私人搬走了。法院认为，基于常识，考古发掘的文物，如墓葬文物，由于年代久远，其后人可能无人考证，也难以举证主张该权利，且该类考古发掘文物的社会价值远超越其个人，其归国家所有不存在法律上的障碍，博物馆的担忧难免多虑。①

自由心证有无应当遵循的一般思维路径？对此，北京二中院法官赵婧雪的体会是肯定的，她结合承办的一起具体案件，披露心证如下：

裁判文书是司法者对诉讼纠纷形成法律确定性结论的心路历程，是司法向社会传递价值追求的信使，是法律向公众展示"实质正义"的名片。诚如卡多佐所言，"法官的任务是法律的翻译者"，而手指在键盘上飞快敲打形成的文书，就是我对每部法律、每个条款、每个词语的"翻译"。在我眼中，一篇优秀的裁判文书不仅应当具备清晰透彻的论理过程，也要拥有品德的温度和价值的厚度，体现翻译者内心对社会文化的解读，对经济秩序的理解，对道德品质的诠释。一篇优秀的裁判文书离不开严谨的逻辑、科学的论证、信服的说理，而这一切都离不开"事实发现"与"法律发现"的过程。"事实发现"不仅需要裁判者对案件纠纷的全貌有扎实确定的判断，也要在关键事实无法从在案证据得出"纸面"答案之时，善于"思辨推理"，应用经验法则与生活常识进行严谨的推论，从而形成高度盖然性，对关键事实予以固定。本案中，我就是通过层次列表法，将原告孙某所述的保险事故报案过程以时间节点进行了详尽列表，并在其中发现了违背生活常识且与时间节点相悖的事项，进而通过逻辑推理发现了案件的真相，即孙某编造虚假事故的可能性大于原审判决所认定的事实，进而予以纠正。"法律发现"则是需要司法者在怀揣对法律规范敬畏之心、崇仰之情的认知下，通过解释论，在合理应用文义解释、目的解释、体系解释等法律解释方法，得出符合立法目的、社会价值追求的法制内在精神品质，实

① 李玉生主编、孙辙、谢新竹副主编：《法官思维的印记》，人民法院出版社2019年版，第175～176页。

现以“规范”为核心的“形式正义”，与以“秩序”为核心的“实质正义”，最终将立法本意体现于具体的裁判结论之中，向社会传递司法内在的真谛。本案中，二审判决中在对保险合同此类有名合同确定为“射幸合同”的基本属性下，明确了“诚实信用”原则在保险法中的意义尤为重要，而且应当覆盖保险合同全部合同相对方以及保险合同订立、履行直至终止的全过程，并明确解读了所谓“最大诚信原则”，并据此在结合涉案“事实发现”的基础上，认定本案投保人、被保险人孙某存在编造虚假事故的前提下，违背了保险合同的基本原则即“最大诚信原则”，故应当承担相应的法律后果。在此基础上，结合本案交通事故造成二人死亡的严重后果，从倡导建立诚实、守信、平等、公平的市场秩序出发，经过对社会福祉整体的考量，在综合本案“情、理、法”三方的整体考量下，得出了最终的裁判结论。①

值得高度重视的是，上述多位法官裁判心证的披露，有一个共通之处，就是对案件的最初认识，都基于某种程度上的法感或直觉判断，这是法官在长期的审判工作中所形成的经验、学识等结合后对秩序和公正的总体感觉，既是面对法律时的内心感受，也是法律信念在法官脑海里的整体反映。法官一旦具有这种法律感觉，就会在一定程度上按照直觉的指示判断和行事，构成法官进行法律推理的基础。法官的直觉判断和背后的信念之网是分不开的，而这些信念之网又是建立在维护法律的秩序和公正这一核心信念之上的。② 当法官接触具体个案时，会条件反射地形成一定预感的直觉判断，这往往表现为问题意识，与其思维框架中稳定的价值体系或一致或冲突，从而构成裁判思维得以展开和深入的真实起点，并在后续的审判过程中得到证实或证伪，最终使法官思维框架中的价值体系再次趋于平衡和深化。这是一种非常值得研究的司法直觉。在学者看来，司法直觉是一种特殊的理性认识，经验是其判断模型的核心，同时又受多重影响因素的糅合塑造，体现出“经验—直觉”与“理性—分析”混合运作的双重思维特征。③ 这个特殊的、内在的思维过程就是自由心证，其推理路径经常是一个从结论逆向寻求理由和前提的回溯过程，体现出审判思维中最隐秘的认知规律。说到底，自由心证既不完全主观，也非彻底自由，而是

---

① 北京二中院涂浩、王鑫刚：《这些庭审和优秀文书，是法官最好的名片》，载腾讯网，https：//new. qq. com/omn/20180421/20180421A0H6W6. html，2020 年 1 月 31 日访问。

② 张智忠：《法官如何形成判决意见——法官判决形成过程中的法律推理》，郑州大学 2007 年硕士学位论文。

③ 刘新慧：《司法过程中的直觉研究》，华东政法大学 2017 年博士学位论文，第 45 ~ 48、66 ~ 67 页。

主观思维与客观因素互鉴互证的动态过程，这一点不断得到一线资深法官的反复验证。①

在考察精英法官对自由心证历程的回顾时，作者还发现一个共同现象，即这些精英法官们多次不约而同地表达了对当事人和代理人的感激，认为正是来自于他们的信任和坚持，才共同成就了一个个成功案例。态度如此谦逊、内敛和中正，映照出精英法官审判思维之外的人格魅力，令人由衷敬佩。

在回顾办理中国农业银行汇金支行诉张家港涤沦厂代位权纠纷案时②，江苏高院承办法官葛晓燕说：

回顾办案心得，印象最深的是这个案件生逢其时，合同法创设了代位权制度，合同法司法解释一又对代位权进行具体的规定，给办案法官提供了一个发挥的司法空间。想象一下 2000 年冬天，本案原告的代理人从冰天雪地的哈尔滨匆匆南下，不远千里来到江苏立案的场景，不禁心生感慨。如果没有他寻求司法救济的勇气和接下来随机分案的机缘巧合，就不可能由我来完成这个最终被《最高人民法院公报》采用的案例。③

在回顾办理鲁潍（福建）盐业进出口有限公司苏州分公司诉江苏省苏州市盐务局盐业行政处罚案时，④ 江苏苏州姑苏区法院承办法官李向阳说：

2009 年 5 月，我们受理了鲁潍公司诉苏州盐务局行政处罚案。起初，大家以为这只是一起普通的行政处罚案件，因为在当时，这类案件并不罕见。但是随着对案件的进一步审理，我们才知道事情并不简单。争议焦点在于法律适用，是适用国务院《盐业管理条例》，还是适用《江苏盐业实施办法》。国务院行政法规没有设定工业盐准运证这一行政许可，但地方政府规章却设定了这一制度。合议庭形成了两种意见，经本院审判委员会讨论后，也未能形成多数意见。经逐级请示至最高人民法院，最高人民法院经研究并征求全国人大法工委及国务院法制办意见后，对本案作

---

① 最高法院民三庭前庭长孔祥俊在审理“泥人张”案件时曾表示，即使民事权益不能直接归类为权利，但出于公平正义的直觉，仍然应予保护，参见孔祥俊：《知识产权法律适用的基本问题》，中国法制出版社 2013 年版，第 434 页。此外，最高法院审监庭法官丁俊峰也认为，法官的先鉴对案件的裁判有决定性影响，并从裁判者的角度全面寻找可能适用的法律依据，以在案件审理中做出既有规则适用的妥当性判断，并可能发现并创设新的规则，参见《最高人民法院法官丁俊峰博士到我院讲座》，载大连海事大学法学院官网 2015 年 11 月 16 日，2018 年 3 月 15 日访问。

② 《中华人民共和国最高人民法院公报》2004 年第 4 期。

③ 李玉生主编、孙辙、谢新竹副主编：《法官思维的印记》，人民法院出版社 2019 年版，第 63 页。

④ 最高法院指导案例 5 号。

出批复。国务院行政法规对盐业公司之外的其他企业经营盐的批发业务并没有规定行政处罚，地方政府规章不能对该行为规定行政处罚。对于经营企业来讲，该类行为的定性如果不能解决，将产生重大影响，所以原告公司负责人的着急也可以理解。经过沟通，我们得知原告公司负责人原是一名军人，看得出来，他做事认真、执着，认定的东西不肯轻易放弃。现在看来，原告的坚持不懈和积极配合，为推动本案的成型作出了不可或缺的贡献。①

谈到自由心证，不可避免地涉及自由裁量权问题。“法官在认定案件事实中享有自由裁量权的基本表现就是自由心证原则。法官的自由裁量权是自由心证原则的权力基础，而自由心证原则可视为法官在认定事实中享有自由裁量权的基本表现。”②因此，自由心证是内在的思维过程，自由裁量是外显的裁判结果，二者相伴相生、互为表里。毋庸讳言，司法实务中滥用自由裁量权现象的确存在。针对某些法官以自由心证为挡箭牌，为其自由裁量权做辩解，有资深法官一针见血地指出，“一旦找不到破解证明难题的有效办法，就拿出自由裁量当尚方宝剑。画皮难画骨，心证在心中，深层思维逻辑难以探明。现有的证据理论为我们提供了充分的思维工具，但难以提示人的思维过程”。③ 由此可见，规范内在的自由心证，不得不从规范外在的自由裁量权开始。

早在2007年，最高法院时任院长肖扬在第七次全国民事审判工作会议上，针对滥用自由裁量权的现象，提出坚持司法统一，必须注重正确行使自由裁量权。自由裁量权不是法官裁判不受任何限制的“自由”，而是行使裁量权的法官不受权力、利益、人情、偏见等因素干扰的“自由”，是按照裁判规则独立公正裁判的“自由”。应当通过积极推动民事立法，及时制定司法解释，统一司法尺度和裁判标准，尽最大可能地规范法官对案件的自由裁量。对法官明显故意违背法律规定或业界公认准则而滥用自由裁量权的行为，要加大惩治力度，切实防止形式合法、实体不公的裁判。2012年，最高法院发布《关于在审判执行工作中切实规范自由裁量权行使保障法律统一适用的指导意见》（法发〔2012〕7号），专门发文规范法官的自由裁量权，

① 李玉生主编、孙辙、谢新竹副主编：《法官思维的印记》，人民法院出版社2019年版，第466～468页。

② 程春华：《裁判思维与证明方法》，法律出版社2016年版，第243页。

③ 李俊晔：《画骨：探知思维证明过程的深层逻辑——“事实判断为骨＋经验法则为筋”重构民事证明的脊梁》，载胡云腾主编：《法院改革与民商事审判研究——全国法院第29届学术讨论会获奖论文集》（上），人民法院出版社2018年版。另参见李俊晔：《法律的道路：中国应用法学研究方法论》，人民法院出版社2019年版，第234～236页。

这在司法解释史上还是第一次。2019 年出台九民会议纪要后，最高法院民二庭负责人在答记者问时，明确表示主要目的是统一裁判尺度，稳定社会合理预期，实际上也是对法官自由裁量权的再规范。

对自由裁量的规范当然必要，但抛却现实中非法律因素的影响，归根结底还应当注重对法官心证的规范，这实际上是个法律思维的培养和塑造问题。对此，学者型法官的分析很有说服力，“法官内在的道德感和独有偏见也是一双无形之手在推动他的思维，法官的阅历与经验时常在暗示法官内心确信的方向，法官的社会意识、政治意识、职业安全意识会极大地推动法官形成某种裁量结果或克制住内心的冲动。在复杂的裁量权运行机理当中，各种因素在反复博弈，综合成一个结果，可以看出，如果不关注法官思维过程，想依靠外力规制法官自由裁量权行使，并不现实。当法官习惯于运用法律思维进行推理论证，且拥有适于解决疑难案件的广阔视野，由自由裁量带来的对法官职业水准的质疑会得到极大稀释”。①

最高法院研究室副主任郭锋在谈及案例指导制度时指出，案例指导制度的良好运行能够培养法官正确的法律思维模式和方法，同时对法官自由裁量权依法予以必要的规范和限制。指导性案例通过总结审判经验、统一裁判标准、提高审判质效，使抽象的法律规则和概念更明确、更具可操作性，不但起到正确解释和适用法律的作用，而且最终实现公正司法。他还表示，最高法反复强调，全国各级法院法官在审理和裁判案件的时候，一是要查明所需要适用的法律，二是要阐明所需要适用的司法解释，三是要查找和对比指导性案例，凡是在审判案件的时候，发现与指导性案例在基本案情和法律适用方面相类似的案件，就要参照适用最高法院已经发布的指导性案例，否则会被二审、再审改判。②

但即便是最高法院发布的指导性案例，也依然存在某些心证过于自由、自由裁量过大的问题。比如，对于 15 号指导案例，即徐工集团工程机械股份有限公诉成都川交工贸有限责任公司等买卖合同纠纷案，有学者研究后认为，法院在裁判时类推适用《公司法》第 20 条第 3 款，即“公司股东滥用公司法人独立地位和股东有限责任，逃避债务，严重损害公司债权人利益的，应当对公司债务承担连带责任”，存在明显不妥。债权人对关联公司请求权的法律依据存有多种可能性，完全可以用现有的法律规范进行处理，而无需援引《公司法》第 20 条第 3 款。一是可以援引《合同法》第 52 条第 2 项“恶意串通，损害国家、集体或者第三人利益”条款请求确认关

① 陈旗：《法治视野下的法官自由裁量权研究》，武汉大学 2013 年博士学位论文。

② 《指导性案例如何规范法官自由裁量权行使？最高法解答》，载《新京报》2019 年 2 月 25 日。

联交易无效。二是可以援引《合同法》第74条关于撤销权的规定申请撤销债务公司与关联公司之间的交易。三是可以依据《民法总则》第122条关于不当得利的规定，将关联交易中关联公司所获得的利益认定为不当得利，从而作为到期债权，并援引《合同法》第73条关于代位权的规定向关联公司行使权利。司法实践中应尽量避免类推适用，让当事人对法律适用的结果产生合理的预期。①

值得注意的是，自由裁量权的正确行使固然不易，但因为衡量标准的相对模糊，对自由裁量权的改判却并不困难，这在一定程度上加剧了对自由裁量权认知的混乱。最高检察院公布的下述监督典型案例，就很有代表性。

在最高检察院向最高法院抗诉的许某与某医院医疗事故损害赔偿纠纷案中，永州冷水滩区法院一审期间，委托永州市医疗事故技术鉴定工作办公室进行医疗事故鉴定。该办公室认为，经过修改和添加的病历属于不真实的病历资料，根据《医疗事故技术鉴定暂行办法》的有关规定，对原鉴定书不再重新鉴定，应按相关文件处理，并附有卫生部《关于医疗机构不配合医疗事故技术鉴定所应承担的责任的批复》。据此，一审认定构成医疗事故，判决医院赔偿各项费用41万余元。永州中院认为本案属医疗服务合同纠纷，裁定发回重审。一审法院重审仍认定构成医疗事故，并将赔偿费用增加到48万余元。永州中院二审认为，本案应定性为医疗服务合同纠纷，且无法确定本案是否为医疗事故，一审法院适用国务院《医疗事故处理条例》为适用法律不当，应当根据《民法通则》及《最高人民法院关于审理人身损害赔偿案件适用法律若干问题的解释》的相关规定，确定其损失。许某在进行眼部手术前为九级伤残，手术失败后其伤残等级为六级伤残，故其因手术失败而加重了伤残等级与眼科医院的医疗行为之间有直接的因果关系，故眼科医院只应对其加重损害的行为承担相应的民事责任，二审判决将赔偿费调整为31万余元。湖南高院再审认为，医院修改和添加病历导致医疗事故技术鉴定不能进行，故应承担事故责任，二审法院将案由定为医疗服务合同不当，本案应属医疗事故损害赔偿纠纷，对各项费用的计算应适用《医疗事故处理条例》。原一、二审的差别在于，二审改变了继续治疗费和残疾生活补助费的计算年限。对于继续治疗费，相关法律法规对计算多少年没有明确规定，二审根据司法实践定为计算20年不违反法律规定。对于残疾生活补助费的计算年限，根据《医疗事故处理条例》的规定最长年限为30年，二审综合本案情况酌定计算为20年，并无不妥。原二审虽定性错误，但处理适当，判决维持永

① 赵苗苗：《民商事案件法官自由裁量权的行使——以15号指导案例为例》，载《人民法治》2018年第20期。

州中院二审判决。

最高检提出的抗诉理由是：再审判决维持二审按照20年时间计算残疾生活补助费和继续治疗费的结果适用法律错误。关于残疾生活补助费，《医疗事故处理条例》规定自定残之日起最长赔偿30年，而《最高人民法院关于审理人身损害赔偿案件适用法律若干问题的解释》规定自定残之日起按20年计算。二审按照20年计算是错误定性、错误适用法律的结果，并非如再审所说是“酌定”的结果。根据《最高人民法院关于在审判执行工作中切实规范自由裁量权行使保障法律统一适用的指导意见》的规定，对于一审法院依法正当行使自由裁量权的结果，二审和再审不应无故予以变更。

最高法院再审后，采纳了抗诉意见，认为医院修改病历违反了卫生部相关规定，致使纠纷产生后无法查明事实，且卫生部《关于医疗机构不配合医疗事故技术鉴定所应承担的责任的批复》有明确规定，本案的医患纠纷推定为医疗事故并无不妥。各项费用的计算应适用《医疗事故处理条例》，考虑到本案受害人为未成年人，因此按照《医疗事故处理条例》中30年的最长年限计算，给予比较充分的保护更为合理。一审法院根据本案实际情况依法正当行使自由裁量权作出的认定，上级法院应当依法予以维持。许某在手术前只是相当于九级伤残，这与已经确定的九级伤残有本质的区别，因为许某的眼部疾病是完全可以治愈的，治愈后不存在任何残疾，本案恰恰是由于医院的医疗事故导致许某的六级伤残。因此，二审和再审改变一审判决，削减去九级伤残的赔偿部分属于适用法律错误。最高法院在重新核定了居民年平均生活费的标准后，再审改判医院赔偿许某44万余元。①

六、旁观：同案同判

最高法院院长周强公开承认，“受我国各地经济社会发展不平衡、司法人员司法能力差异、地方执行环境不同等多种因素影响，在我国司法实践中长期存在着‘同案不同判’现象，影响了国家法律的统一适用，损害了司法公信力，人民群众反映强烈”。②

对于这一现象，多位大法官从不同角度有所论及。最高法院审委会专职委员刘

① 《最高人民检察院发布十三起检察机关民事诉讼监督典型案例》，载最高人民检察院网2016年2月2日，2020年4月10日访问。

② 颜茂昆主编、最高人民法院案例指导工作办公室编著：《中国案例指导》（总第3辑），法律出版社2016年版，第2～3页。2019年4月16日，周强在政法领导干部专题研讨班上的辅导报告中，将“同案不同判”的提法变更为“类案不同判”。参见周强：《全面落实司法责任制切实提升审判质效和司法公信力》，载《新华文摘》2019年第23期。

贵祥认为，裁判尺度不统一，既有民商事审判领域前沿疑难复杂问题较多的因素，也有审判理念不统一的原因，后者是矛盾的主要方面。① 最高法院审委会另一专职委员贺小荣②认为，受教育、职业经历、司法经验、价值理念之影响，不同法官对于同一事实如何适用法律可能得出截然相反的结论，根源是大陆法系国家因恪守对制定法的阐释而决定了法律适用分歧存在的普遍性。③

最高法院前副院长张军分析认为，首先需要澄清的是，只有同类案件而不存在同样案件。任何一个案件都有案件的具体情节，即使行为性质相同，亦会存在不同的行为程度和情节表现。因此，“同案不同判”，这一命题本身就是不科学的。只有类似案件、同类案件，针对类似案件、同类案件我们可以争取最大限度的同类裁判。在司法实践中，我们会发现这样的情况，针对同一案件，由同一合议庭审理，同一合议庭三个人共同接触并形成印象，但是为什么在评议的时候对事实证据的采信与案件处理结果意见往往不一致。这同每一个法官包括合议庭成员个人成长经历不同有关，每个人的法律意识决定了其裁判思维和判断依据。因此，每个人对于案件得出结论时，都不可避免地融入了自己的生活经历、法律观点、思维态度，并非单纯地依法、依证据进行裁量。④

最高法院前副院长江必新也认为，每个案件都有其自身的特殊性，事实上也没有完全相同的案件。从这个意义上说，每个案件的判决也是不一样的，绝对相同的判决是很难出现的。司法裁判强调对符合相同法定事实要件的案件要相同处理，遵循相同的法律适用规范，即相同情况相同处理，不同情况区别对待。司法实践中，每个案件有各自的裁判导向和所要达到的裁判目标。司法审判既要遵循法律制度运行的一般规律，按照法律规定的统一要求办事，充分考虑个案的处理结果是否符合法律制度的整体要求，同时也要充分顾及个案自身的特殊性，在某些例外情况下，需要为实现个案正义而作出特殊处理，避免生搬硬套的机械司法。⑤

受诸位大法官的观点启发，基于对最高法院审判实务的长期观察，对于同案不同判的现象，本着有一分证据说一分话的审慎态度，有如下几点基本认识：

---

① 王茜、梁书斌：《最高法：要在民商事审判中统一裁判尺度》，载新华网2019年7月3日，2020年4月10日访问。

② 本书截稿时，已任最高法院副院长。

③ 贺小荣：《法律适用分歧的解决方式与制度安排》，载贺小荣主编：《最高人民法院第二巡回法庭法官会议纪要》（第1辑），人民法院出版社2019年版，第1页。

④ 张军：《法官的自由裁量权与司法正义》，载《法律科学》2015年第4期。

⑤ 江必新；《司法审判中非法律因素的考量》，载《人民司法》2019年第34期。

首先，诚如首席大法官坦承，这一现象确实长期存在，而且还较为严重，说明即便在精英法官群体里，审判思维模式也很难统一。这方面的例子很多，其中南北“稻香村”商标判决冲突案件，在两会期间还引发江苏代表团部分全国人大代表对最高法院副院长的公开质询。①

司法实践中，类似这样的冲突案例还有不少。比如，同样是案外人基于离婚协议作出的不动产约定，能否对抗及排除他人提出的强制执行，最高法院公报案例前后态度不一。2016 年第 6 期发布的钟某玉与王某、林某达案外人执行异议纠纷案中，最高法院认为基于离婚协议享有的权利，优于申请执行人基于生效法律文书享有的权利，足以排除其强制执行权。而 2017 年第 2 期发布的付某华诉吕某白案外人执行异议之诉纠纷案中，最高法院却认为离婚协议中关于不动产归属的约定不具有对抗外部第三人债权的法律效力。②

再如，同样是适用《最高人民法院关于审理建筑工程施工合同纠纷案件适用法律问题的解释》（以下简称《建工合同司法解释》）第 26 条，但对于实际施工人能否直接向发包人主张权利，最高法院不同业务庭之间、巡回法庭和本部之间的裁判意见持续相左。

在手拉手公司与冶金公司、沈某付、昌达公司建设工程施工合同上诉案中，法院认为，即使沈某付系挂靠的实际施工人，《建工合同司法解释》第 26 条并未明确挂靠的实际施工人有权向发包人主张权利，且在本案中承包人已经向发包人主张权利的情况下，其诉请不应得到支持。③

在黄某涛、建工公司与明光旅游公司、明光大酒店、建工海南分公司建设工程施工合同纠纷上诉案中，法院认为，在挂靠关系下，挂靠人以被挂靠人名义订立和履行合同，其与作为发包人的建设单位之间不存在合同关系，对实际完成施工的工程价款，其仅能依照挂靠关系向被挂靠人主张，而不能跨越被挂靠人直接向发包人主张工程价款。④

在东方公司与金花公司、迪旻公司建设工程施工合同纠纷再审案中，法院认为，

---

① 《南北“稻香村”之争为何同案不同判？最高法：将加强指导》，载《人民日报》2019 年 3 月 13 日。

② 上述两个公报案例的各自裁判要旨，参见本书第三章第三节第三部分。该冲突案例涉及实体法与程序法、婚姻法和物权法中关于物权保护的冲突与协调。有法官认为，身份法与财产法的根本差异，决定了二者对物权保护的目的、方式、强度均有所不同，相关详细讨论参见程媛媛：《离婚协议对未过户房产的约定可阻却强制执行》，载《人民司法》2019 年第 11 期。

③ （2018）最高法民终 391 号。

④ （2018）最高法民终 611 号。

涉案合同虽因挂靠借用资质而无效，但涉案工程已经验收并交付金花公司使用。对于金花公司和中建公司而言，迪旻公司是涉案工程的实际施工人。根据《建工合同司法解释》第26条的规定，实际施工人迪旻公司有权向发包人金花公司主张工程款，金花公司应当在其欠付工程款的范围内向迪旻公司承担支付责任。原判决不支持金花公司在欠付工程款范围内对迪旻公司承担付款责任，适用法律错误，本院予以纠正。①

在中顶公司与朱某军、乌兰县自然资源局建设工程施工合同纠纷再审案中，法院认为，朱某军借用中顶公司的资质与乌兰县自然资源局签订案涉合同，中顶公司作为被借用资质方，欠缺与发包人乌兰县自然资源局订立施工合同的真实意思表示，中顶公司与乌兰县自然资源局不存在实质性的法律关系。本案中，朱某军作为实际施工人与发包人乌兰县自然资源局在订立和履行施工合同的过程中，形成事实上的法律关系，朱某军有权向乌兰县自然资源局主张工程款。原审判决中顶公司承担给付工程款的责任，适用法律错误，本院予以纠正。②

此外，转让划拨土地上房屋是否需要批准，未获批准的，转移合同是否有效，最高法院同一业务庭的判决几乎同时做出，但却相互冲突。

在不锈钢制品厂、李某房屋买卖合同纠纷再审案中，法院认为，关于案涉《房屋买卖协议》是否有效。依据《城市房地产管理法》第32条“房地产转让、抵押时，房屋的所有权和该房屋占用范围内的土地使用权同时转让、抵押”的规定以及物权法上“房地一体”或“房随地走、地随房走”的原理，本案中，不锈钢厂作为房屋的权利人虽对其房屋享有占有、使用、收益、处分的权利，但转让房屋时必然涉及土地使用权的转让。案涉《房屋买卖协议》中的房屋建立于不锈钢厂以划拨方式取得的土地之上，因此其处分房屋时必然涉及划拨土地使用权的转让问题。《城市房地产管理法》第39条规定：“以划拨方式取得土地使用权的，转让房地产时，应当按照国务院规定，报有批准权的人民政府审批……”国务院《城镇国有土地使用权出让转让暂行条例》第44条、第45条亦明确规定，未经市、县人民政府批准的划拨土地使用权不得转让。根据《合同法解释一》第4条“合同法实施以后，人民法院确认合同无效，应当以全国人大及其常委会制定的法律和国务院制定的行政法规为依据，不得以地方性法规、行政规章为依据”的规定，上述条例属于行政法规的强制性规定。本案房屋所涉及的土地为划拨取得，土地使用权人不锈钢厂未经有批准权的人民政府审批，不具有对土地使用权进行处分的权利，双方签订的《房屋

---

① （2018）最高法民再265号。

② （2019）最高法民再329号。

买卖协议》违反了法律、行政法规的强制性规定，应认定为无效。另外，参照《最高人民法院关于审理涉及国有土地使用权合同纠纷案件适用法律问题的解释》第11条“土地使用权人未经有批准权的人民政府批准，与受让方订立合同转让划拨土地使用权的，应当认定合同无效。但起诉前经有批准权的人民政府批准办理土地使用权出让手续的，应当认定合同有效”的相关规定，本案在起诉前也未经有批准权的人民政府批准办理土地使用权出让手续，案涉《房屋买卖协议》亦应认定为无效。原再审判决认定案涉《房屋买卖协议》有效，属于适用法律确有错误。原二审判决认定案涉《房屋买卖协议》无效并驳回李某的诉讼请求，有事实和法律依据，应予维持。①

而在李某雄、刘某华房屋买卖合同纠纷再审案中，法院认为，只有违反效力性强制性规定的合同才无效。《城市房地产管理法》第38条规定：“下列房地产，不得转让：（一）以出让方式取得土地使用权的，不符合本法第三十九条规定的条件的……（六）未依法登记领取权属证书的……”第39条规定：“以出让方式取得土地使用权的，转让房地产时，应当符合下列条件：（一）按照出让合同约定已经支付全部土地使用权出让金，并取得土地使用权证书；（二）按照出让合同约定进行投资开发，属于房屋建设工程的，完成开发投资总额的百分之二十五以上，属于成片开发土地的，形成工业用地或者其他建设用地条件。转让房地产时房屋已经建成的，还应当持有房屋所有权证书。”第40条第1款规定：“以划拨方式取得土地使用权的，转让房地产时，应当按照国务院规定，报有批准权的人民政府审批。有批准权的人民政府准予转让的，应当由受让方办理土地使用权出让手续，并依照国家有关规定缴纳土地使用权出让金。”前述条文均未直接规定违反后的行为无效。《房屋转让协议》系转让房屋的合同，《最高人民法院关于审理涉及国有土地使用权合同纠纷案件适用法律问题的解释》第11条关于“土地使用权人未经有批准权的人民政府批准，与受让方订立合同转让划拨土地使用权的，应当认定合同无效”的规定规范的是直接以国有土地使用权为合同标的的买卖行为，而非房屋买卖，故该规定不适用于本案合同效力的认定。此外，按照《物权法》，登记、审批并非《房屋转让协议》生效的条件。未办理物权登记的，不影响合同效力。因此，债权合同的效力是独立的，是否登记或者交付，影响到物权变动的效力，但不影响债权合同的效力。《城市房地产管理法》第40条第1款虽然规定：“以划拨方式取得土地使用权的，转让房地产时，应当按照国务院规定，报有批准权的人民政府审批。有批准权的人民政府准予转让的，

① （2017）最高法民再70号。

应当由受让方办理土地使用权出让手续，并依照国家有关规定缴纳土地使用权出让金。”但该审批行为仅是物权变动的必要条件，也即未经审批，将无法办理房产所有权登记，房屋所有权不发生转移，但这并不影响房屋买卖合同的效力。①

同样的冲突，还发生在隐名股东能否排除执行申请人对名义股东的强制执行。在中行南郊支行申请执行华冠公司执行异议之诉案中，最高法院认为，商事外观主义作为商法的基本原则之一，其实质是一项在特定场合下权衡实际权利人与外部第三人之间利益冲突所应遵循的法律选择适用准则，目的在于降低交易成本、维护交易安全，故其适用范围不应包括非基于股权处分的债权人。申请执行人并非针对被执行人名下的股权从事交易，仅因债务纠纷而寻查被执行人的财产还债，并无信赖利益保护的需要，因此，其不能适用商事外观主义原则主张对股权进行强制执行。案涉执行案件申请执行人中行南郊支行并非针对成城公司名下的股权从事交易，仅仅因为债务纠纷而寻查成城公司的财产还债，并无信赖利益保护的需要。若适用商事外观主义原则，将实质权利属于华冠公司的股权用以清偿成城公司的债务，将严重侵犯华冠公司的合法权利。因此，代持股权的实际出资人可以排除强制执行。②

而在王某岐与刘某苹、詹某才等申诉案中，最高法院则认为，《公司法》第 32 条第 3 款所称的第三人，并不限于与显名股东存在股权交易关系的债权人。根据商事外观主义原则，有关公示体现出来的权利外观，导致第三人对该权利外观产生信赖，即使真实状况与第三人的信赖不符，只要第三人的信赖合理，第三人的民事法律行为效力即应受到法律的优先保护。基于上述原则，名义股东的非基于股权处分的债权人亦应属于法律保护的“第三人”范畴。隐名股东未经登记或变更登记的，不得对抗第三人，隐名股东不能排除第三人即执行申请人对名义股东的强制执行，即对于代持股权可以强制执行。③

除了实体审理中的冲突外，在诉讼程序中也存在冲突。其中，当事人上诉后，二审能否增加新的诉讼请求以及应否纳入审理，最高法院的前后判决也截然相反。

在王某锁与冀某明建设工程分包合同纠纷再审案中，法院认为，王某锁在二审庭审时对上诉请求做了四项变更，除放弃其上诉请求第一项外，另外三项均系对原上诉请求进行增加。王某锁增加上诉请求的时间超出了上诉期限，在冀某明既不同意由二审法院一并审理，也不同意调解的情况下，二审法院按照王某锁原上诉状的

---

① （2017）最高法民再 87 号。
② （2015）民申字第 2381 号。
③ （2016）最高法民申 3132 号。

上诉请求审理本案并无不当。①

而在泸州七建与乾泰公司建设工程施工合同纠纷上诉案中，法院认为，原告根据《民事诉讼法》第 119 条第 3 项之规定，于起诉时提出具体的诉讼请求和事实、理由后，仍有权依据《民事诉讼法》第 140 条、《民诉解释》第 232 条之规定，在法庭辩论结束前增加诉讼请求。虽然《民事诉讼法》第 165 条规定，上诉人所递交上诉状的内容应包括上诉的请求和理由，但依照《民事诉讼法》第 174 条关于二审法院审理上诉案件除依照二审程序的相关规定外，适用第一审普通程序的规定，不应将《民事诉讼法》第 165 条关于上诉请求的规定理解为上诉状递交之时上诉请求即应固定而不得增加。《民事诉讼法》第 164 条第 1 款关于十五日的上诉期限系规制当事人上诉权行使的期限，而非规制上诉人上诉请求具体内容的期限。如果将十五日上诉期限理解为规制上诉人上诉请求具体内容的期限，在案情较为复杂的情况下，可能迫使上诉人为规避诉讼风险而对一审裁判内容一律全部提出上诉，这既可能平添当事人的诉累，亦不利于节约司法资源。二审对于该当庭增加的诉请内容予以审理，并不必然导致乾泰公司诉讼防御的不便。且当事人提起上诉后，一审判决并未发生法律效力，允许泸州七建在不超出原诉请的范围内于二审庭审辩论结束前增加上诉请求，并不会当然损害乾泰公司的实体权利，且有利于实质性解决全案纠纷。②

耐人寻味的是，最高法院法官曾多次在裁判文书中，公开表明对同案同判的不同认识。

在黄某兴与中南公司等借款合同纠纷案中，法院认为，关于黄某兴主张本案应参照本院公报案例处理的问题，经查，黄某兴援引的本院公报案例并非本院根据《关于案例指导工作的规定》发布的指导性案例，其主张本案应参照该案例处理没有依据。③

在刘某华与金田公司等案外人执行异议之诉案中，法院认为，关于本案是否存在同案不同判而致原判决适用法律错误的问题，鉴于同案或类案是否同判并非法定之准则，同案或类案中可能基于不同的当事人、不同事实、不同法律关系等因素而致最终判决有所区别。况且，本案判决与刘某华提出的另案判决结果均驳回了当事人提出的诉讼请求。刘某华所提交的另案判决也仅仅是调整了该一审判决中“本院认为”的说理部分，对于一审判决结果予以维持。该判决与本案生效判决说理部分

---

① （2016）最高法民申 1922 号。

② （2018）最高法民终 753 号。

③ （2014）民申字第 441 号。

类似，并不存在所谓不同判之情形。因此，刘某华的此项主张缺乏事实和法律依据，本院亦不予支持。①

同案不同判的成因很复杂，但公正地说，确有一定的客观因素。就此而言，前述贺小荣大法官的观点非常深刻，因为从制度的角度看，“中国的法律体系具有典型的大陆法系特征，以立法为中心的成文法是中国法律最主要的表现形式。制定法具有体系完整、逻辑严密、结构科学等特点，但其规则的原则性和抽象性可能会导致法官在适用‘从原则到个案’的推理过程中出现不同的理解，继而出现‘同案不同判’的问题。同时，司法解释实质上多‘是以创制规则为主的立法’，具有抽象性，不能完全满足审判活动对规则的需求，在具体案件的审理上‘同案不同判’的问题依然存在”。② 笔者注意到，关于司法改革后出现“类案不同判”的风险，首席大法官周强在公开场合发表的报告已有所提及。③ 贺小荣大法官更是直言不讳指出，最高法院作为行使国家终局裁判权的最高审判机关，其裁判标准统一性备受社会各界关注。随着司法责任制改革的不断深化，最高法院坚守法律适用标准统一性的挑战与压力也与日俱增。特别是自 2014 年最高法院相继设立六个巡回法庭以来，如何实现“类案同判”已成为法律职业共同体近乎一致的呼吁和期盼。④ 这一观点也得到了第二巡回法庭的公开呼应：“‘让审理者裁判，让裁判者负责’的司法责任制成为新一轮司法改革中的牛鼻子，赋予了独任法官和合议庭完整的审判职权，同时，也潜藏着裁判尺度不一的风险。‘同案不同判’问题的存在不仅严重削弱了司法的社会公信力，也损害了案件当事人的合法权益。”⑤

为解决同案不同判现象，多年来从上到下都花了很大力气，发布指导性案例就是重要举措之一。早在 2008 年 12 月，中央关于深化司法体制和工作机制改革若干问题的意见中，即将案例指导制度作为国家司法改革的一项重要内容。2010 年 11 月 26 日，最高法院颁布《关于案例指导工作的规定》，正式建立案例指导制度。2011 年 12 月 20 日，正式发布第一批四个指导性案例。中共十八届四中全会通过的《中共中央关于全面推进依法治国若干重大问题的决定》指出，“加强和规范司法解释和

---

① （2016）最高法民申 1173 号。

② 张晓君主编：《最高人民法院公报（涉外）案例精析》，厦门大学出版社 2019 年版，第 1 页。

③ 周强：《全面落实司法责任制切实提升审判质效和司法公信力》，载《新华文摘》2019 年第 23 期。

④ 贺小荣：《法律适用分歧的解决方式与制度安排》，载贺小荣主编：《最高人民法院第二巡回法庭法官会议纪要》（第 1 辑），人民法院出版社 2019 年版，第 2 页。

⑤ 郑学林主编、高珂、董华、张志弘、汪国献副主编、最高人民法院第二巡回法庭编著：《民商事再审典型案例及审判经验》，人民法院出版社 2019 年版，第 4 页。

案例指导，统一法律适用标准”。这是建国以来执政党的文献中，首次对案例指导工作提出明确要求。2017 年，最高法院印发《关于落实司法责任制完善审判监督管理机制的意见（试行）》，正式建立类案及关联案件强制检索机制，确保类案裁判标准统一、法律适用统一。[①] 2019 年，最高法院又接连发布九民会议纪要、解决法律适用分歧办法等司法文件，强化裁判尺度统一力度，规范法官自由裁量权。可以预见，今后这一不正常的司法现象可望得以收窄，关键还是要建立解决同类或相似问题的正确思维模式。

其次，正如多位大法官坦承，没有一样的案件，还是要具体问题具体分析，才能得出审慎的判断。不能一看到案件情况大致差不多，但处理结果不同，就认为是同案不同判。做到这一点，需要精细、深入地研究个案的差异。很多情况下，表面看似结果冲突的同类案件，其实内在法理逻辑完全相同。仍以执行异议之诉案件为例，同样是异议人的权利能否排除强制执行，仔细研究下述三份裁判文书后会发现，结果虽然相反，但并非同案不同判，基于不同个案事实，它们均是正确的判决。

在农行新疆维吾尔自治区分行营业部申请复议案执行案中，法院认为，赵某、姜某莉、孙某声与亚鸿公司签订《商品房买卖合同》、完成涉案房屋交付的行为均在新疆高院查封该房屋之前，其三人付清全部房款，并承担了从房屋交付至今的水费、电费、物业管理费等费用，已对涉案房屋实际占用多年。涉案房屋虽未办理过户登记手续，但无相关证据证明上述三人存在过错。本院《关于人民法院民事执行中查封、扣押、冻结财产的规定》第 17 条明确规定，“……第三人已经支付全部价款并实际占有，但未办理过户登记手续的，如果第三人对此没有过错，人民法院不得查封、扣押、冻结”。依照该条规定，本案不应继续对案涉三套房产采取查封措施。[②]

在李某红与农行九龙坡支行、世能物业公司申请执行人执行异议之诉案中，法院认为，就一般原则而言，根据《最高人民法院关于建设工程价款优先受偿权问题的批复》的规定，建设工程价款优先受偿权优先于抵押权和其他债权，但建设工程价款优先受偿权不能对抗已经交付全部或者大部分所购商品房价款的消费者。据此，已经交付全部或者大部分所购商品房价款的消费者，对于所购房屋所享有的民事权益，可以排除基于抵押权、建设工程价款优先受偿权的强制执行。也就是说，在这一问题上，根据现行法律、司法解释的规定，并非只要是支付了全部或大部分对价

---

① 《中华人民共和国最高人民法院公报》2017 年第 11 期。

② （2013）执复字第 16 号。

款、合法占有了房屋、对未办理过户登记没有过错的买受人均可排除基于抵押权等优先受偿权的强制执行，而是对此种情形下的房屋买受人的范围进行了限定。《执行异议复议规定》第29条系根据上述规定之精神对在执行程序中如何掌握操作所作的具体规定。《执行异议复议规定》第27条基于上述原则和精神进一步明确规定："申请执行人对执行标的依法享有对抗案外人的担保物权等优先受偿权，人民法院对案外人提出的排除执行异议不予支持，但法律、司法解释另有规定的除外"，再次重申了基于担保物权等优先受偿权的强制执行一般不应被排除的基本原则。而《执行异议复议规定》第28条则规定了一般不动产买受人在何种情形下能够排除基于对出卖人的强制执行程序而对买受人所购不动产的强制执行，该规定解决的是在执行程序中买受人对所买受不动产的权利保护与基于金钱执行债权人的权利保护发生冲突时，基于对正当买受人合法权利的特别保护之目的而设置的特别规则，这在一定程度上已经是对债权平等原则和合同相对性原则的突破，故一般而言，该种情形下的买受人对于所买受不动产的民事权益并不能够排除申请执行人基于在先成立的抵押权的强制执行。从本案的事实看，一方面，李某红系购买了商品房但尚未办理房屋所有权登记的房屋买受人，但案涉高朋花园车库负×－××房屋系杂物间，李某红与世能物业公司所签《重庆市商品房买卖合同》中也显示该房屋用途为非住宅，且李某红亦未提交证据证明该房屋系其唯一的、用于居住的房屋，故李某红并非《最高人民法院关于建设工程价款优先受偿权问题的批复》以及《执行异议复议规定》第29条规定所要保护的房屋买受人，其以此为由主张排除强制执行，不能成立。另一方面，李某红与世能物业公司于2015年7月25日签订房屋买卖合同，但农行九龙坡支行已于2013年8月5日就案涉房屋办理了抵押登记，其依法享有抵押权。也就是说，早在案涉房屋买卖合同签订之前的两年多前，农行九龙坡支行在该房屋上的抵押权就已经存在，李某红在本案中亦未提交有关其在购买案涉房屋时申请查询房屋权利状态的情况、世能物业公司销售案涉房屋时所持有的证照情况、签订房屋买卖合同时当地房屋行政管理部门对于已经设定抵押的房屋销售许可管理制度及具体操作情况等证据，因此，从本案查明的事实看，李某红作为房屋买受人，在签订房屋买卖合同时未能尽到合理的注意义务，从而因案涉房屋上存在他人抵押权而导致其无法办理房屋所有权转移登记，此系李某红自身原因所致，故其主张亦不符合《执行异议复议规定》第28条规定的要件，其据此主张排除强制执行，无事实和法律依据。①

---

① （2019）最高法民申1684号。

在王某光与成都农商行簇桥支行、何某案外人执行异议之诉纠纷案中，法院认为，对于案外人执行异议之诉制度所要解决的是案外人是否有权排除对执行标的强制执行的问题，不应完全拘泥于《查扣冻规定》《执行异议和复议规定》等适用于强制执行程序的司法解释的规定。案外人所享有的民事权益即使不在上述司法解释规定的情形之内，亦未必不能够排除强制执行。对于案外人排除强制执行的主张能否成立，应当在依据法律、司法解释对于民事权利（益）的规定认定相关当事人对执行标的的民事权利（益）的实体法性质和效力的基础上，通过对相关法律规范之间的层级关系、背后蕴含的价值以及立法目的的探寻与分析，并结合不同案件中，相关当事人的身份职业特点、对于执行标的权利瑕疵状态的过错大小，与执行标的交易相关的权利行使状况、交易履行情况，乃至进一步探寻执行标的对于相关当事人基本生活保障与秩序追求的影响等具体情况，综合加以判断。

本案中，第一，从相关各方对于房屋权利的来源看，王某志与服饰店之间系劳动关系，根据《劳动合同补充协议》的约定，在《劳动合同》履行期间，王某志对案涉房屋享有占有、使用、收益的权利，并且随着《劳动合同》的持续履行，王某志最终将在合同履行期满后获得案涉房屋的所有权；何某作为名义上的登记所有人，其目的仅是约束王某志按照《劳动合同》履行完毕十年的劳动合同义务，而对案涉房屋实际并不享有其他任何权利。合同履行期满后，王某志享有针对案涉房屋请求何某协助办理转移登记的权利。本案中，虽然服饰店在2014年注销，但根据合同约定，王某志在服饰店注销后仍有义务按照服饰店股东的要求继续履约至合同期满，王某志也实际继续在其他连锁服饰店工作至十年劳动合同期满。服饰店实际经营者之一陈某平亦出具《情况说明》，表示服饰店与王某志签订的劳动合同涉及的劳动年限已临近十年，王某志交纳了剩余全部按揭贷款，案涉房屋实际为王某志所有。相反，成都农商行簇桥支行未举示王某志未按约定履行十年期劳动合同，不能依约取得案涉房屋的证据，故王某志在履行完毕十年期劳动合同后，对案涉房屋享有相应的权利。而成都农商行簇桥支行与何某之间系保证合同关系，前者对案涉房屋的权利系源于强制执行程序，背后的基础是其作为商事主体对何某享有的基于何某应当履行保证责任而形成的债权，而且，没有证据证明该债权系基于对案涉房屋登记权利状态的信赖而形成。第二，从相关各方对于案涉房屋权利的性质看，虽然《劳动合同补充协议》明确案涉房屋与王某志的劳动报酬和正常的福利待遇无关，但《劳动合同补充协议》同时也明确服饰店提供的案涉房屋系“作为福利”，并将此项待遇称为“是服饰店额外的、有条件的为王某志提供的特殊待遇”。从当事人的约定以及劳动合同的履行看，案涉房屋将因王某志履行了劳动合同约定的义务而归属王某志所有，因此其中显然包含了一定的劳动对价因素，在某种程度上而言，王某志对案涉房屋享有的权利实际上凝结着其为用人单位工作十年的相当一部分劳动付出，应属于广义的劳动报酬的范畴。而且，案涉房屋目前绝大部分房款均由王某志实际支付，王某志已于2011年装修完毕入住至今。这种情况下，在本案针对的对于案涉房屋的强制执行程序中，相较于成都农商行簇桥支行基于何某应当履行保证责任而享有的保证债权，对王某志就案涉房屋的权利予以优先保护，符合法律保障劳动者获得劳动报酬权利的基本精神，因而亦具有相当的正当性和合理性。第三，从案涉房屋的交易模式看，《劳动合同》约定，案涉房屋系服饰店分配给王某志的福利房，在劳动合同期内该房屋登记在何某名下，合同期满后即可转移登记至王某志名下，该房从购买交付之日起，由王某志占有使用。本案的这种交易模式虽与借名买房具有一定的相似性，但又有别于一般意义上的借名买房。案涉房屋系服饰店为防止王某志提前离职等原因而暂且登记在服饰店的指定人名下，王某志是基于其处于劳动合同这一不完全平等的民事法律关系中的弱势地位而被动接受服饰店关于案涉房屋的权属登记安排，其并非积极主动地通过这种方式获取不正当利益，且亦未损害国家利益和社会公共利益，故相关当事人之间的这种交易安排并不具有违法性或者不当性，因而，对于王某志而言，并不因此而具有法律上的可责难性。而且，案涉《劳动合同》签订于2008年12月，远早于保全申请人的债权形成时间以及人民法院的查封时间，因此，没有证据证明案外人王某志与被执行人何某之间存在通过案涉房屋的交易安排而逃避债务、规避执行的行为。第四，从案涉房屋未完成权属转移登记的原因看，在服饰店于2014年注销后，王某志为尽快完成案涉房屋权属转移登记，与服饰店协商并于劳动合同期满前提前一次性支付了剩余按揭贷款，应视为王某志积极行使权利。在付清按揭款后一个月左右，案涉房屋被人民法院查封，并非因王某志的原因导致案涉房屋在法院查封前未转移登记到其名下。综上分析，案涉房屋系王某志履行劳动合同应当获得的劳动报酬的组成部分，现其已经按照劳动合同的约定履行了相应义务，相较于成都农商行簇桥支行基于何某应当履行保证责任而享有的保证债权，王某志对案涉房屋权利的合理期待应当予以保护，故其请求排除人民法院依据（2017）川民初85号财产保全裁定而对案涉房屋的保全查封，本院予以支持。①

需要说明的是，上述后两案均系最高法院同一合议庭审理，表明法官对这一问题的认识相当稳定，其审判思维相当成熟，所以才能在同类案件中，得出结果截然

---

① （2019）最高法民终370号。

相反但又均符合情理法的正确结论。

再次，必须把审判思维的正常流变，与所谓同案不同判严格区分开来，避免孤立、静止、片面地比对不同时期的同类案件。判断是否属于同案不同判，不能割裂具体时代背景和特定阶段，宜用历史的、发展的眼光看问题。

以连环贸易合同效力为例。最高法院曾在（2010）民提字第110号、（2011）民再申字第15号裁判文书中认为，涉案贸易是以虚假贸易形式进行的借贷活动，属于以合法形式掩盖非法目的，最终认定买卖合同属于无效合同。然而，几年之后，对于同类案件，最高法院作出（2014）民二终字第56号判决，一反此前观点，认为即使贸易中只是“走单、走票、不走货”，并没有真实的货物交付，但是，不能以一方没有实际提货即“不走货”为由否定双方之间业已形成的买卖法律关系，其在法律意义上已经实际收到了合同货物，即使没有实际提货，也是其对自身权利的处置，不能以此否认对方已经向其履行了交货义务，货物已经完成法律意义上的交付的贸易合同合法有效。之所以前后裁判不同，显然是因为对此类贸易交易模式性质的认定，又有了新的认识。当然，这种新的认识也是不稳定的，此后最高法院又在（2015）民申字第1388号案中重回老路，再度认定该类合同无效。至2018年，最高法院的观点再度发生变化，在（2018）最高法民终888号案中认定，以虚假意思表示订立的买卖合同无效，以该虚假意思表示隐藏的融资法律关系有效。这一裁判轨迹的变化，反映出最高法院审判思维的流变性和认识的曲折性，不宜贴上同案不同判的简单标签。

再以未经评估转让国有资产效力为例。最高法院在（2008）民申字第461号、（2013）民申字第1301号裁定中均认为无效。但随着形势的发展和认识的深化，裁判观点明显发展变化，陆续认定有效，如（2012）民提字第29号、（2013）民申字第2119号、（2013）民申字第2036号、（2013）民二终字第33号、（2014）民提字第216号，并逐渐形成下述主流观点：未依法评估的国有资产交易合同并不必然无效。[①]

最后，以通谋虚伪意思表示行为对真实行为影响为例。在日照港集团有限公司煤炭运销部与山西焦煤集团国际发展股份有限公司借款合同纠纷再审案中，法院认为，在三方或三方以上的企业间进行封闭式循环买卖中，一方在同一时期先卖后买同一标的物，低价卖出高价买入，明显违背营利法人的经营目的与商业常理，此种异常的买卖实为企业间以买卖形式掩盖的借贷法律关系。企业间为此而签订的买卖

---

① 朱华芳：《最高人民法院裁判规则：企业国有资产交易未履行规定程序的效力》，载天同律师事务所编著：《天同诉讼圈精选集》，人民法院出版社2017年版，第536～544页。

合同，属于当事人共同实施的虚伪意思表示，应认定无效。在企业间实际的借贷法律关系中，作为中间方的托盘企业并非出于生产、经营需要而借款，而是为了转贷牟利，故借贷合同亦应认定为无效。借款合同无效后，借款人应向贷款人返还借款的本金和利息。因贷款人对合同的无效也存在过错，可以相应减轻借款人返还的利息金额。①

而在民生银行南昌分行诉地方有色金属材料公司、红鹭公司等票据追索权纠纷上诉案中，法院认为，根据查明事实，本案各方当事人真实意思表示是借款，票据贴现是其具体融资方式。本案票据活动是各方通谋虚伪行为，所涉民事行为无效，持票人主张本案票据权利不应支持。本案中，各方当事人明知案涉票据项下的基础合同境外无真实交易，但为了各自目的，相互合谋实施了本案票据行为。据此，因案涉票据而订立的各基础购销合同、票据贴现合作合同、担保合同均应确认无效。持票人取得案涉票据，系出于其贷款企业能够归还所欠逾期贷款的目的，而在明知案涉票据的签发、转让均无真实基础交易的情况下，与出票人以通谋虚伪行为取得，且其在明知出票人无给付能力的情况下，为案涉票据的贴现提供授信额度，因此持票人依法不应享有票据权利。本案应按虚假意思表示所隐藏的真实的借款法律关系处理，本案各方真实的意思表示是借款，该借款行为不违反法律的禁止性规定，应认定为有效，借款人应当按照实际取得借款金额向出借人偿还借款本金及法定利息。②

前案认为通谋行为与隐藏行为均无效，后案认为通谋行为无效，隐藏行为有效。很显然，最高法院不同合议庭的裁判观点，是立足于个案的自由裁量结果，两种观点看似冲突，但均有道理，对隐藏行为的不同效力判断，完全符合《民法总则》第 146 条第 2 款规定，并不属于构成冲突的同案不同判。这就是法律赋予法官一定自由裁量的价值，是其不自由中的必要自由。对此，美国联邦第二巡回法庭首席法官勒尼德·汉德早有定评：“自由的精神，就是对何谓正确不那么确定的精神。”③

审判思维的流变，是一个重要的司法现象，以往研究得很不够。在中国的特定国情下，影响因素也较为复杂，既有司法认知的自身问题，也有外部互动的平衡问

---

① 《中华人民共和国最高人民法院公报》2017 年第 6 期。

② 江必新主编、最高人民法院第三巡回法庭编著：《最高人民检察法院第三巡回法庭新型民商事案件理解与适用》，中国法制出版社 2019 年版，第 500 页。

③ 汉德法官司：《自由的精神，就是对何谓正确不那么确定的精神》，载微信公众号“法影斑斓”2014 年 9 月 10 日，2020 年 4 月 18 日访问。

题，还有形势变化的制约问题，它们往往共同型塑和改变审判思维的走向，使得最高法院的裁判观点不得不随之调整，呈现某种稳定性中的动态性。

以股东怠于履行清算义务，债权人主张对公司债务承担连带责任为例，可以看出最高法院审判思维的流变过程。

2008年5月5日，最高法院发布的《公司法解释二》第18条第2款规定："有限责任公司的股东、股份有限公司的董事和控股股东因怠于履行义务，导致公司主要财产、账册、重要文件等灭失，无法进行清算，债权人主张其对公司债务承担连带清偿责任的，人民法院应依法予以支持。"

2012年9月18日，最高法院发布的指导案例9号"上海存亮贸易有限公司诉蒋某东、王某明等买卖合同纠纷案"①，其裁判要点是："有限责任公司的股东、股份有限公司的董事和控股股东，应当依法在公司被吊销营业执照后履行清算义务，不能以其不是实际控制人或者未实际参加公司经营管理为由，免除清算义务。"

从司法解释和指导案例可以看出，对于债权人的上述主张，最高法院始终是持肯定和支持态度的。而且相较司法解释，指导案例进一步压缩了怠于履行清算义务的股东的抗辩空间，最高法院的审判思维显得更为凌厉。但是，2019年11月8日，最高法院发布的九民会议纪要中，用第14～16条共3个条款重新作出规定，一改早前的"一刀切"做法，既赋予股东举证责任和因果关系的实体抗辩权，又赋予股东诉讼时效的程序抗辩权，有效抗辩一律支持，审判思维明显转向。这背后发生了什么？最高法院高燕竹法官关于九民会议纪要的讲座内容，让我们得以一窥究竟：

特别是实践中出现了一些职业债权人，从其他债权人处大批量超低价收购僵尸企业的"陈年旧账"后，对批量僵尸企业提起强制清算之诉，在获得人民法院对公司主要财产、账册、重要文件等灭失的认定后，根据《公司法解释二》第18条第2款的规定，请求有限责任公司的股东对公司债务承担连带清偿责任。有的人民法院没有准确把握上述规定的适用条件，判决没有"怠于履行义务"的小股东或者虽"怠于履行义务"但与"公司主要财产、账册、重要文件等灭失"的结果没有因果关系的小股东对公司债务承担远远超过其出资数额的责任，导致出现利益明显失衡的现象，出现了一些极端案例，如出资几百万的小股东，最后承担了上亿元的债务。有的承担巨额责任的小股东向全国人大和最高人民法院反映情况，全国人大常委会法工委备案室也来文，让最高人民法院认真研究这个问题。统战部也来文，将该条

① 现已不再参照适用。

司法解释和最高人民法院第9号指导性案例出现的问题的观点转给最高人民法院。有鉴于此，纪要对该条款应当如何正确理解进行了规范，同时对这类案件的诉讼时效进行了明确。①

以上考察也提醒我们，对于任何一种复杂的司法现象，既要有实事求是的科学态度，也要有一分为三的辩证思维，② 还要有深刻体认的国情意识。不回避问题，不混为一谈，不封闭僵化，唯此才能正确认识、辨析所谓“同案不同判”，并借此将思考引向这一问题的更深处：“为什么有相同知识背景的学者、法官，对同一个案例、同一个问题、同一个法律条文，会有不同的认识和理解？如何在观点的不确定性中，寻求一种结论的确定性？对法学方法论、对法律适用方法的学习和运用，可能是减少分歧、寻求共识的一种有效途径。这不仅是民商法学者、法官及其他实务工作者对话的基础，也是能否形成一个实质上的民商法职业共同体的重心。”③

第四节　不同层级法院的审判思维

最高法院前副院长江必新公开指出，由于各级法院、各地法院的法官们，在年龄、知识结构、社会阅历、审判经验等方面存在差异，对于裁判规则的理解、运用等都会有不同的结果。④ 对此，最高法院前副院长张军也有同感，认为根源在于法律意识参差不齐。⑤ 应当说，大法官们的判断是客观的，也是符合人们长期以来的经验感知的。事实上，不管导致法律理解和适用差异的因素有多少、具体是什么，最终都还是集中反映在各自不同的审判思维上。其中，不同层级法院的法官群体的审判思维差异，相较于随机比较的法官个体之间的审判思维差异，更具有现实代表性。最高法院民三庭前庭长孔祥俊就认为，“法院的层级越高，裁判中的政治和政策考量就越重，裁判中的法律适用越具有灵活性和创造性。反之，法院的层级越低，固守法律规则的色彩越浓厚，法律适用的灵活性越小”。⑥ 对此，最高法院审监庭丁俊峰

---

① 2019年12月17日，最高法院第一巡回法庭高燕竹法官在深圳市律师协会讲座课件。

② 庞朴：《一分为三论》，上海古籍出版社2003年版。

③ 李志刚主编：《民商审判前沿：争议、法理与实务——“民商法沙龙”微信群讨论实录》（第1辑），人民法院出版社2019年版，第1页。

④ 江必新、何东宁等：《最高人民法院指导性案例裁判规则理解与适用》（民事诉讼卷），中国法制出版社2014年版，序第6页。

⑤ 张军：《法官的自由裁量权与司法正义》，载《法律科学》2015年第4期。

⑥ 孔祥俊：《商标与不正当竞争法原理和判例》，法律出版社2009年版，第863页。

法官的体会是，“不同审级的法官其裁判思维在经度、刚度和纬度方面有所差异，最高法院审监庭在再审案件中一方面具有寻求实质正义、突破既有规则的倾向，另一方面也在具体案件中不断进行各种利益衡量和价值选择，希望能在法律规则与现实生活相脱节的夹缝中创设弥合缝隙的规则。法律的适用不是机械形式逻辑推理，只有法治与德治并举，发现并遵循法律中的道德关怀，才能切实有效地解决社会现象现实问题，推动社会有序发展”。① 这说明，不同层级法官群体间审判思维的差异，是功能性的、组织性的，对案件结果的影响是机制性的、规律性的，是非常值得深入探索的司法现象。

目前，研究我国不同层级法院的审判思维，有两个重要的观察窗口，一是各类改判案件，二是各类请示案件。本节分别选取高法改判案件、民商请示案件和涉外仲裁案件三个维度，研究不同层级法官群体的审判思维之特征。

一、高法改判案件

有学者指出，在中国法院系统，由于司法科层制的存在，下级法院的法官通常会顾虑自己的裁判被上级法院撤销或被当作错案而追究责任，在很多情况下不得不考虑案件裁判所可能产生的社会后果，但有的时候社会后果并不是很好把握。除此之外，也有不少案例表明法官在裁判中对直接的社会后果有所考量，甚至在一个案件中法官可以穿插做多种后果的考量。② 但即便如此，从全国来看，二审或再审案件改判量仍相当可观。按照惯例，每年 4 月，最高法院会通过公报发布全国法院司法数据统计报告。分析近三年统计数据，可以看出各种案件指标基本保持平稳状态，一定程度上反映出司法案件长时段的总体走势。

2016 年民事二审收案 1088442 件，维持 552456 件，改判 109493 件，发回重审 63173 件。维持率 50.75%，改判率 10.05%，发回率 5.80%。民事再审收案 29926 件，维持 7560 件，改判 9364 件，发回重审 3577 件。维持率 25.26%，改判率 31.29%，发回率 11.95%。③

2017 年民事二审收案 1145959 件，维持 643847 件，改判 139029 件，发回重审 79381 件。维持率 56.18%，改判率 12.13%，发回率 6.92%。民事再审收案 34778

① 《最高人民法院法官丁俊峰博士到我院讲座》，载大连海事大学法学院官网，2018 年 3 月 15 日访问。

② 孙海波：《裁判对法律的背离与回归》，中国法制出版社 2019 年版，第 181 页。

③ 《中华人民共和国最高人民法院公报》2017 年第 4 期。

件，维持 7860 件，改判 10250 件，发回重审 4576 件。维持率 22.60%，改判率 29.47%，发回率 13.15%。①

2018 年民事二审收案 1222737 件，维持 690682 件，改判 156490 件，发回重审 78745 件。维持率 56.48%，改判率 12.79%，发回率 6.44%。民事再审收案 44211 件，维持 9284 件，改判 13158 件，发回重审 5759 件。维持率 20.99%，改判率 29.76%，发回率 13.02%。②

最高法院对高级法院判决的改判，包括全部改判和部分改判。前者是彻底推翻，后者虽只是判项的部分调整，但往往是对关键判项的调整。鉴于最高法院的法律审定位，其与高级法院之间的认识分歧，实质上是审判思维之间的显著差异。

（一）差异之一：审判思维有无逻辑闭环

最高法院法官总结审判经验时，曾提出过“民商事案件审判五段论”，其首要观点就是审判的路线要明白确定，一以贯之，一张蓝图画到底，沿着一个思路将案件审理完毕。③ 这实际上就是对审判思维有无逻辑闭环的自觉。

在汤某、刘某龙、王某刚诉新疆鄂尔多斯彦海房地产开发有限公司商品房买卖合同纠纷上诉案中（指导性案例 72 号），新疆高院和最高法院均认为，本案并不存在名为买卖合同，实为借贷关系、商品房买卖实为借贷关系的担保，不涉及担保法关于“流质契约禁止”问题，双方的借贷关系已转化为商品房买卖关系，借款本息额已转化为购房款，彦海公司所持本案商品房买卖合同无效的主张，不予采信。但在彦海公司是否构成逾期交付房屋，以及是否应承担违约责任问题上，上下级法院的观点截然不同。新疆高院根据合同约定日期，认为彦海公司已经逾期交付，应承担违约责任。但最高法院认为，汤某等人作为购房人，借款本息额转化而来的购房款，剔除违法高息后，尚未达到足额支付合同约定的购房款，彦海公司未按照约定时间交付房屋，不应视为违约，遂全部撤销新疆高院判决。

相较二者之间的差异，最高法院的审判视线更为绵长，审判思维始终保持连续性，案件定性之后，继而通过定量方式，审视和确定双方借贷关系转化而来的购房款总额，是否符合合同约定，并据此判断另一方表面上的逾期交房是否构成违约。

---

① 《中华人民共和国最高人民法院公报》2018 年第 4 期。

② 《中华人民共和国最高人民法院公报》2019 年第 4 期。

③ 骆电：《审判的逻辑：一般民商事案件的审判逻辑》（上册），法律出版社 2019 年版，第 1 页。

新疆高院在成功界定法律关系的变更及性质之后，之所以功亏一篑，就在于出现了审判逻辑的中断，没有将走在正确方向上的审判思维贯彻到底，反映出审判思维的片断化。审判逻辑有始无终，缺乏完整的逻辑闭环，这种现象在高级法院层面有相当的普遍性。不过，仍需要指出的是，经仔细比较一、二审判决书内容，该指导性案例归纳的裁判要点及裁判理由，并非新疆高院与最高法院的主要分歧点，反而是上下级法院的一致点，该指导性案例所突出的大段内容，有时确实存在学者质疑的为说理而说理之嫌。

可与之相对照的是，最高法院在另起案件中，关于法律关系的性质认定恰好与前案相反，反映出最高法院的审判思维相当灵活。

在陈某与中信信托公司、红枫公司案外人执行异议之诉纠纷案中，法院认为，综合房屋销售的价款、合同约定的回购条款等内容，红枫公司与陈某之间的真实意思表示是建立借款关系，双方签订的商品房购销合同及补充协议仅仅是作为债务履行的一种非典型担保方式，故两者之间系民间借贷关系而非房屋买卖关系。①

（二）差异之二：商事思维是否相对独立

最高法院的商事审判思维一向突出，这当然与其站位高度有关，但与大法官们多年来不遗余力地推广，以及法官群体对商事理念的普遍接受也有很大关系。② 商事思维的独立性与纯粹性，直接塑造了对商事案件事实的独特认知，经常是商事案件命运的决定性因素。

在安徽省外经建设（集团）有限公司诉东方置业房地产有限公司保函欺诈纠纷案中（指导性案例 109 号），安徽高院认为，根据 URDG 的规定，担保人对受益人所提示的单据进行审查时，只要单据与保函的规定完全相符以及单据之间在表面上完全一致，担保人就必须承担第一性的付款义务，而无需审查单据的真实性、有效性、基础合同的履行情况等，独立保函的这种单据化特征为受益人进行欺诈性索赔提供了机会。为避免保函欺诈行为，根据诚实信用原则，国际惯例以及国际公约在承认独立保函独立性的同时将欺诈性的索赔作为担保人拒绝付款的重要抗辩理由，即欺诈例外抗辩。故法院在审理保函欺诈纠纷时，为确定欺诈是否存在，有必要对保函

---

① 杜万华主编、最高人民法院民事审判第一庭编：《民事审判指导与参考》（第 3 辑），人民法院出版社 2017 年版，第 74 页。

② 仅 2019 年，时任最高法院副院长江必新发表两篇论文，强调商事裁判思维，参见《关于裁判思维的三个维度》，载《中国审判》2019 年第 3 期；《商事审判与非商事民事审判之比较研究》，载《法律适用》2019 年第 15 期。

开立申请人在履行基础合同时是否存在违约行为进行审查。鉴于独立保函仅保障受益人向担保人索赔的权利，保函开立申请人向法院提起保函欺诈纠纷诉讼时必须就受益人存在欺诈承担举证责任，如保函开立申请人能够证明其已经全面、适当地履行了基础合同项下的义务，或者其违约行为系因保函受益人故意不当行为所引起，则可认定保函受益人的付款请求构成欺诈；保函开立申请人仅提出受益人在基础合同履行过程中存在违约行为而没有证明自己已经全面、适当履行了合同义务的，则受益人的付款请求不构成欺诈。

本案中，东方置业公司向哥斯达黎加银行提出的索款声明和违约声明指明外经中美洲公司违约的具体事实是外经中美洲公司施工部分品质低劣，违反了施工合同书第V条第20款的规定，但外经集团公司提交的哥斯达黎加建筑师和工程师联合会争议解决中心作出的仲裁裁决书并没有认定外经中美洲公司的施工存在严重违约问题，而是认定了承包商及申请人履行了合同义务直至第18期进度表，包括不良施工的整改或相关费用的支付。另外，根据《施工合同》第19条的约定，东方置业公司没有支付由监理分析并通过的第18期进度款，外经中美洲公司有权据此停止施工并不承担责任。尽管东方置业公司于庭后提交了哥斯达黎加公证员出具的《公证书》，载明圣约瑟第四民事法庭已经受理东方置业公司就本案《施工合同》对外经中美洲公司提起的诉讼，该法庭于2014年9月10日宣布外经中美洲公司藐视法庭和默认东方置业公司的诉讼内容，拟证明外经中美洲公司违约，但该法庭宣布外经中美洲公司默认东方置业公司的诉讼内容是因外经中美洲公司没有在法定期限内答辩，并非查明外经中美洲公司实际违约。故东方置业公司要求哥斯达黎加银行支付保函项下款项无合理依据，构成欺诈。

最高法院则认为，人民法院在审理独立保函及与独立保函相关的反担保案件时，对基础交易的审查，应当坚持有限和必要原则，审查的范围应当限于受益人是否明知基础合同的相对人并不存在基础合同项下的违约事实或者不存在其他导致独立保函付款的事实。否则，对基础合同的审查将会动摇独立保函“见索即付”的制度价值。本案中，保函担保的是施工质量和其他违约行为。因此，受益人只需提交能够证明存在施工质量问题的初步证据，即可满足保函实现所要求的证明文件。本案基础合同履行过程中，东方置业公司项目监理人员已出具《项目工程检验报告》，认定了施工项目存在“施工不良”“品质低劣”且需要修改或修理的情形，构成证明存在施工质量问题的初步证据。外经集团公司对项目监理人员的身份是明知和认可的，其以自身认可的足以证明监理身份的证据反证监理人员出具的《项目工程检验报告》虚假，逻辑上无法自洽。因外经集团公司未能提供其他证据证明东方置业公司实现案涉保函完全没有事实基础或者提交虚假或伪造的文件，东方置业公司据此向哥斯达黎加银行申请实现保函权利具有事实依据。东方置业公司基于外经集团公司基础合同项下的违约行为，依据合同的规定，提出实现独立保函项下的权利不构成保函欺诈。

关于独立保函受益人基础合同项下的违约情形，是否必然构成独立保函项下的欺诈索款问题。独立保函独立于委托人和受益人之间的基础交易，出具独立保函的银行只负责审查受益人提交的单据是否符合保函条款的规定并有权自行决定是否付款。担保行的付款义务不受委托人与受益人之间基础交易项下抗辩权的影响。即使生效判决或者仲裁裁决认定受益人构成基础合同项下的违约，该违约事实的存在亦并不必然成为构成保函"欺诈"的充分必要条件。本案中，保函担保的事项是施工质量和其他违约行为，而受益人未支付工程款项的违约事实与工程质量出现问题并不存在逻辑上的因果关系。东方置业公司作为受益人，其自身在基础合同履行中存在的违约情形，并不必然构成独立保函项下的欺诈索赔。独立保函司法解释将独立保函欺诈认定的条件限定为"法院判决或仲裁裁决认定基础交易债务人没有付款或赔偿责任"，因此，除非保函另有约定，对基础合同的审查应当限定在保函担保范围内的履约事项，在将受益人自身在基础合同中是否存在违约行为纳入保函欺诈的审查范围时应当十分审慎。虽然哥斯达黎加作出仲裁裁决，认定东方置业公司在履行合同过程中违约，但上述仲裁程序由外经集团公司发动，东方置业公司并未提出反请求。该裁决也并未认定外经集团公司因对方违约行为的存在而免除付款或者赔偿责任。因此，不能依据上述仲裁裁决的内容认定东方置业公司构成《独立保函司法解释》第12条第3项规定的保函欺诈。此外，基于独立保函的特点，担保人于债务人之外构成对受益的直接支付责任，独立保函与主债务之间没有抗辩权上的从属性。即使债务人在某一争议解决程序中行使抗辩权，并不必然使独立担保人获得该抗辩。即使存在受益人在独立保函项下的欺诈性索款情形，也不能推定担保行在独立反担保函项下构成欺诈性索款。只有担保行明知受益人系欺诈性索赔且违反诚实信用原则付款，并向反担保行主张独立反担保函项下款项时，才能认定担保行构成独立反担保函项下的欺诈性索款。外经集团公司未能举证证明上述情形之存在，其主张止付独立反担保函项下款项没有事实依据。

（三）差异之三：审判视野是否开阔均衡

加多宝公司、医药公司擅自使用知名商品特有名称、包装、装潢纠纷二审案件，是最高法院近年来非常经典的一起改判案件。[①] 双方缠讼多年，争议巨大，引发社会高度关注。更为特殊的是，这起极为复杂的重大案件，一、二审期间均经过审委会讨论，事实认定完全一致，争议焦点归纳基本一致，但裁判结果却完全相反，最高法院完全推翻了广东高院的判决，为学术界和实务界比较和研判不同层级法院，尤其是高级法院和最高法院之间在审判视野、价值取向、综合权衡、审理思路等体现法律思维过程的主观差异，提供了极为难得的研究范本。此案最值称道之处在于，最高法院在很大程度上突破了一种僵死的、机械的、简单的法律思维模式，而把法律放在一个更大的社会背景下，全面、历史、客观地考量各种涉案因素，运用大量社会学、经济学、法学分析，其审判视野之开阔，综合权衡之缜密，几乎可比肩英美法域下霍姆斯、布兰戴斯、卡多佐等大法官作出的伟大判决，也间接印证了两大法域的法律思维模式正在且必将继续走向融合。

关于“王老吉凉茶”是否为本案中的“知名商品”，广东高院认为，根据证据证明，“王老吉”品牌创始于1828年清道光八年，创始人是王泽邦，至20世纪90年代，已经具有一定的知名度，“王老吉”商标被认定为广东省著名商标，“王老吉”品牌凉茶在广东地区已为相关公众知悉，已经具有较高的知名度。随着加多宝公司通过大规模生产、持续性市场推广、广泛媒体宣传和积极参与公益活动，王老吉凉茶成为名副其实的知名商品。且广东高院在此前的生效判决中，也认定“王老吉”凉茶在广东地区应属知名商品。综合考虑涉案“王老吉凉茶”商品的销售时间、销售区域、销售额和销售对象，宣传的持续时间、程度和地域范围，以及作为知名商品受保护的情况等因素，应当认定“王老吉凉茶”是知名商品。其中“凉茶”属于此类商品的通用名称，“王老吉”属于特有名称。

最高法院则认为，基于特有包装装潢与知名商品之间所具有的指向和依附关系，结合已经认定的涉案特有包装装潢的内容，即使用在红罐王老吉凉茶产品罐体之上、包括黄色“王老吉”文字、红色底色等色彩、图案及其排列组合等组成部分在内的整体内容，该包装装潢形式使用于加多宝公司生产经营的红罐王老吉凉茶商品之上，故加多宝公司生产经营的红罐王老吉凉茶应为本案特有包装装潢所依附的商品。一审法院认为“王老吉凉茶”作为一种商品名称，在双方纠纷发生时，至少可以指代广药集团生产的绿色纸盒或加多宝生产的红色罐装等不同包装装潢形式的凉茶商品。而本案界定的“知名商品”的目的，是判断附着于其上的、特定的包装装潢形式，

① 最高人民法院审判管理办公室编：《全国法院百篇优秀裁判文书》（下卷），法律出版社2019年版，第902～941页。

是否符合反不正当竞争法对商业标识性权益提供保护的条件。因此，该“知名商品”应当与涉案包装装潢形式具有明确的指向关系。一审法院脱离了商品与包装装潢所应具有的依附关系，将指代并不唯一的商品名称“王老吉”认定为本案的“知名商品”，缺乏事实与法律依据，本院予以纠正。

关于涉案知名商品特有包装装潢权益归属的确定，广东高院认为，涉案王老吉红罐凉茶的商誉和价值与涉案商标许可使用协议签订前的王老吉品牌的商誉和价值一脉相承，因此，广药集团及其前身对本案所涉知名商品及其特有包装装潢的知名度作出了巨大贡献，使涉案王老吉红罐凉茶刚推出市场，即享有较高的关注度，拥有较好的消费者群体基础和市场前景，同时广药集团作为“王老吉”商标权所有人，其对“王老吉”知名度和美誉度的维护和提高，是涉案王老吉红罐凉茶知名度得以延续和发展所不可缺少的因素。从本案所涉包装装潢可以看出，其最吸引相关公众注意之处在于红色主调和竖排的、黄色字体“王老吉”三个字，“王老吉”三个字与王老吉红罐凉茶包装装潢的其他组成部分已经融为一体，不可分离。本案包装装潢已经不能脱离王老吉商标而单独存在，各构成要素作为一个整体在市场上发挥了识别商品来源的作用。在实际使用过程中，相关公众并不会区分法律意义上的商标权与特有包装装潢权，而是认为本案所涉知名商品与广药集团存在密切联系。加多宝公司确实对王老吉红罐凉茶知名度的提升作出了贡献，但是由此产生的商誉仍然附属于知名商品王老吉凉茶，应由该知名商品的权利人广药集团享有。在广药集团收回王老吉商标时，附属于涉案知名商品的特有包装装潢亦应一并归还给王老吉的商标权人广药集团。至于加多宝公司对王老吉红罐凉茶在商标许可使用合同期内所投入的资金、广告宣传费用等，也已经在签订商标许可使用合同时所能预见到的，由此所造成的后果亦应由其自行承担。因此，涉案知名商品特有包装装潢权在王老吉商标许可使用期满后，由广药集团收归其所用，并不会损害加多宝公司的利益，也不会造成不公平。

最高法院则认为，本案所涉知名商品特有包装装潢纠纷的发生，源于双方在签订和履行商标许可使用合同的过程中，并未对可能产生于许可使用期间的衍生利益如何分割作出明确的约定。通常情况下，在商标许可使用关系终止后，被许可人应停止使用行为，被许可使用商标之上所积累的商誉，应同时归还于许可人。但本案纠纷发生的特殊之处在于，许可使用期间形成的特有包装装潢，既与被许可商标的使用存在密切联系，又因其具备反不正当法下独立权益的属性，而产生了外溢于商标权之外的商誉特征。作为“王老吉”商标权利人的广药集团，对于品牌知名度和美誉度的维护，是红罐王老吉凉茶的知名度得以产生、延续和发展的重要基础。同时，通过加多宝公司的实际使用行为，“王老吉”文字事实上已经成为红罐王老吉凉茶包装装潢的重要组成部分，否定其对涉案包装装潢同样发挥了来源识别的功能，缺乏事实和法律依据。作为红罐王老吉凉茶的实际经营主体，加多宝公司通过多年持续、大规模的宣传和使用行为，不仅清晰地向消费者传递了红罐王老吉凉茶由加多宝公司实际经营这一信息，也显著地提升了加多宝公司及红罐王老吉凉茶的市场知名度，加多宝公司对涉案包装装潢权益的形成作出了重要贡献。特有包装装潢权益的产生，与相关市场经营主体的实际使用行为具有密不可分的关系。本案中，自红罐王老吉凉茶推出市场至本案纠纷发生之前，加多宝公司是红罐王老吉凉茶的实际经营主体，其持续和稳定的使用行为，在显著提升了红罐王老吉凉茶知名度的同时，也使得包含有红色底色、黄色“王老吉”文字等显著识别部分的包装装潢，具备了受到反不正当竞争法保护的条件。同时，消费者在此过程中，亦逐步对加多宝公司是红罐王老吉凉茶在此期间的实际经营者这一事实产生了清晰的认知。因此，否定加多宝公司的经营行为在涉案包装装潢权益形成过程中所发挥的重要作用，亦与事实和法律相悖。广药集团和加多宝公司均对涉案包装装潢权益的形成、发展和商誉建树，各自发挥了积极的作用，将涉案包装装潢权益完全判归一方所有，均会导致显失公平的结果，并可能损及社会公众利益。因此，涉案知名商品特有包装装潢权益，在遵循诚实信用原则和尊重消费者认知并不损害他人合法权益的前提下，可由广药集团和加多宝公司共同享有。

关于加多宝公司生产、销售一边标注“王老吉”、一边标注“加多宝”红罐凉茶以及两边均标注“加多宝”的红罐凉茶所使用的包装装潢是否构成不正当竞争的问题，广东高院认为，将该两款被控侵权产品与广药集团王老吉红罐凉茶的包装装潢分别比对，两者均是采用红色为底色，主视图中心是突出、引人注目的三个竖排黄色装饰的楷书大字，两者的主要区别在于被控侵权产品将王老吉红罐凉茶包装装潢中两边竖排的、黄色的“王老吉”三个大字后边改为“加多宝”、另一边仍保留“王老吉”三个大字，或者两边均改为“加多宝”三个大字。从整体上看，被控侵权产品与王老吉红罐凉茶包装装潢的各种构成要素，包括文字、色彩、图案及其排列组合，在整体视觉效果上无实质性差异，足以使相关公众对商品的来源产生误认，包括误认为加多宝公司与广药集团之间具有许可使用、关联企业等特定联系，故应认定两者属于相近似包装装潢。加多宝公司未经广药集团许可，在同类商品上擅自使用与广药集团涉案知名商品特有包装装潢相似的包装装潢，不正当地挤占了广药集团的市场份额，侵害了广药集团的合法权利，损害了消费者的利益，构成不正当竞争。

最高法院则认为，基于加多宝公司的实际经营行为，以及在涉案特有包装装潢权益形成过程中作出的重要贡献，其可以在确保不侵害他人合法权益的前提下，共同享有涉案包装装潢权益。对于加多宝生产、销售的两种包装装潢形式的红罐凉茶，本院注意到，中国国际经济贸易仲裁委员会于2012年5月9日作出仲裁裁决，要求鸿道集团停止使用“王老吉”商标。加多宝公司在商标许可使用合同效力尚未确定之前，自2011年底短暂生产、销售一边“王老吉”、一边“加多宝”字样包装装潢形式的红罐凉茶，具有特定的历史原因，亦缺乏证据证明其存在攀附他人商誉的主观恶意。在中国国际经济贸易仲裁委员会作出仲裁裁决，广药集团收回“王老吉”商标许可使用权后，加多宝公司即对其凉茶商品的包装装潢进行了修改，对“王老吉”文字进行了避让，将包装装潢变更为使用“加多宝”文字及注册商标，与涉案包装装潢中原由加多宝公司自行创设发相结合的表现形式。通过上述使用方式，并结合双方在终止合作关系后各自于其凉茶商品上，分别突出使用自有的“加多宝”和“王老吉”注册商标及文字，并辅之以大规模宣传推广的形式，加多宝公司的凉茶商品与广药集团的凉茶商品已经实现了客观上的市场区分，各自独立发挥了指示商品来源的作用，不会导致不正当地挤占对方的市场份额，广药集团所称加多宝公司侵害其知名商品特有包装装潢权益的主张不能成立。

尤为醒目的是，最高法院还站在国家最高审判机关的高度，公开、详尽宣示其审判立场和审判原则，并透过此案，“向人民群众传达最高人民法院对当下经济、文化、科技和社会生活发展中出现的新型、疑难、复杂问题的裁判理念和方法，并通过典型案件弘扬法治、彰显正义、惩恶扬善，向社会传导司法理性，提供正确指引”。[①] 这在最高法院审判史上是极为罕见的，值得再三品味：

综观本案，知识产权制度在于保障和激励创新。劳动者以诚实劳动、诚信经营的方式创造和积累社会财富的行为，应当为法律所保护。知识产权司法保护应当以维护有序规范、公平竞争、充满活力的市场环境为己任，并为社会公众提供明确的法律预期。知识产权纠纷常产生于复杂的历史与现实背景之下，权益的分割和利益的平衡往往交织在一起。对这类纠纷的处理，需要我们充分考量和尊重纠纷形成的历史成因、使用现状、消费者的认知等多种因素，以维护诚实信用并尊重客观现实为基本原则，严格遵循法律的指引，公平合理地解决纠纷。本院正是基于上述立场和基本原则，确认双方在不损害他人合法权益的前提下，可以共同享有涉案知名商

① 中国应用法学研究所：《中华人民共和国最高人民法院案例选》（第1辑），法律出版社2019年版，第2页。

品特有包装装潢权益。广药集团和加多宝公司均曾为“王老吉”品牌商誉的积累，作出了积极的贡献。在有效提升企业知名度的同时，也获得了巨大的市场利益。但在“王老吉”商标许可使用关系终止后，双方所涉知识产权纠纷不断，涉诉金额巨大，引发了社会公众的一些关切和担忧，还有可能损及企业的社会评价。对此，双方应本着相互谅解、合理避让的精神，善意履行判决，秉持企业应有的社会责任，珍视经营成果，尊重消费者信赖，以诚实、守信、规范的市场行为，为民族品牌做大做强，为消费者提供更加优质的产品而努力。

（四）差异之四：审判立场是否敢于坚持

中国人的传统思维中，常常迁就木已成舟的现实，姑息法不责众的局面。生活与法律往往跑在两股道上，拧不成一根绳。当这个矛盾汇集到案件中时，能不能守住底线思维，敢不敢坚持审判立场，拒绝苟同，勇于亮剑，“虽千万人吾往矣”，这就不是单纯的知识层面的问题了。用江必新大法官的话说，“在此情况下，法官首先要坚持法律底线，不能为了迎合社会的错误认知而放弃严格司法；同时要在法律规范许可的范围内，主动加强释法明理，尽最大努力让我们的裁判接近大众朴素的公平正义观，缓解二者之间的紧张关系”。① 最高法院还率先垂范，在乔丹商标纠纷案中，断然否定商标权人主张的所谓商业成功，严斥其并不完全是诚信经营的合法成果，其对法律精神的固守，并非孤例。②

在李某国与孟某生、圣祥公司等案外人执行异议之诉再审案中，一、二审法院均认为，关于圣祥公司与建和分公司的关系问题，从本案证据上看，建和分公司在工商登记上系圣祥公司合法注册成立的分公司。李某国提供的证据证明建和分公司每年向圣祥公司缴纳管理费，东亚公司对此亦认可。建和分公司向总公司缴纳管理费的事实与其作为圣祥公司的分公司的身份相矛盾。圣祥公司称其与建和分公司之间是内部承包关系，并签订了内部承包合同，但该承包合同不是以完成特定的工作为目的，不符合承包合同的基本特征，不能认定圣祥公司与建和分公司之间系内部承包关系。结合圣祥公司向建和分公司收取管理费的事实，可以认定圣祥公司与建和分公司之间并非普通总公司与分公司之间的关系，而是圣祥公司将建和分公司发包出去，其不对建和分公司进行统一经营、管理，圣祥公司对建和分公司的盈利方式通过收取管理费实现。根据本案证据，可以认定李某国是建和分公司的实际承包

---

① 江必新：《关于裁判思维的三个维度》，载《中国审判》2019 年第 3 期。

② （2016）最高法行再 27 号，另可参阅本章第二节第四部分。

人，其对建和分公司名下的财产享有权利，就本案执行标的享有足以排除强制执行的民事权益。

最高法院则认为，建和分公司作为圣祥公司的分公司在工商行政管理机关依法注册登记，应当受到《公司法》既有规则的调整。无论当时圣祥公司与建和分公司内部如何约定双方之间的权利义务及责任划分标准，该约定内容均不足以对抗其在工商行政管理机关依法注册登记的公示效力，进而不足以对抗第三人。既然建和分公司系圣祥公司的分支机构，而案涉争议款项又在建和分公司银行账户内，故该笔款项在法律上就是圣祥公司的财产。在对圣祥公司强制执行时，如未出现法定的可以不予执行之情形，人民法院可以执行该款项。建和分公司与圣祥公司之间的内部承包合同，不属于最高法院《关于人民法院执行工作若干问题的规定（试行)》第78条规定的企业法人分支机构被承包的情形。该内部承包合同约定承包范围为《资质证书》中规定的工业与民用建筑承包范围，究其合同约定之实质，该合同名为承包，实为建设工程施工企业资质租赁或有偿使用，利用圣祥公司的资质方便对外承揽建筑工程。上述司法解释第78条予以保护的承包，应当是法律所准许的承包形式。即便能够认定李某国与建和分公司之间实际承包关系，因其承包经营形式为法律所不容，亦不应包括在上述司法解释第78条规定的承包经营之列。法律作为一种约束人们各项行为之规范的总和，其中一项重要价值即在于保护合法权益，不遵法守法者应承担不受法律保护或受到法律追究的风险。李某国从事建设工程施工事务多年，应当知道国家有关建设工程施工方面的法律规定，应当知道法律对于借用资质从事施工行为的态度，应当知道公司与分公司之间的权利义务和责任关系，但其坚持选择以圣祥公司的分公司名义从事经营活动，坚持选择利用圣祥公司的资质对外承揽建筑工程，坚持选择实施此种为法律所不容之行为并获取收益，其亦应当承担由此可能带来的不受法律保护的法律风险。

非常罕见的是，最高法院还在判决中专门就原一、二审判决何以出现偏差，公开挑明症结所在，并提出严厉批评：司法实践中，一些案件常产生某些既定事实或者特殊情况与既有的法律规则之间的冲突。本案一、二审法院之所以作出原判决之认定，即是受到这种冲突所引发的利益权衡纠结之影响。诚如原判决之分析，本案圣祥公司、建和分公司以及李某国之间确实存在着有别于一般公司与分公司经营模式的特殊情况，如李某国自述的其虽以分公司形式开展经营活动，但实际上系其个人借用圣祥公司资质从事部分工程的施工活动，从某种角度上讲，其境遇亦值得同情。但本院同时认为，既然法律规则是立法机关综合衡量取舍之后确立的价值评判标准，就应当成为司法实践中具有普遍适用竞争力的规则，就应当成为司法者在除非法律有特别规定之外要始终坚守的信条，就应当成为不受某些特殊情况或者既定事实影响的准则。否则，如某一法律规则可以随着个案的特殊情况或者既定事实不断变化左右逢源，该规则将因其不确定性，而不再被人们普遍信奉、乐于遵守，从而失去其存在意义，并将严重伤害法律的权威性、秩序的稳定性以及司法的公正性。①

（五）差异之五：审判方法是否抓大放小

民商事案件总是公说公有理，婆说婆有理。虽然各方都在讲理，但关键要分清，哪个是大道理，哪个是小道理。小道理要服从大道理，大道理要管小道理。明白这个看似简单的道理，就不会无所适从，强词夺理，而是抓大放小，去粗存精。生活智慧与审判方法息息相通，悟透才是水平。

在曹某冬与云南下关沱茶公司侵害商标权纠纷案中，云南高院认为，下关沱茶公司被控侵权商品包装装潢上使用的“金戈铁马”标志，与涉案商标“金戈铁马”相比，一为竖排，一为横排；一为简体，一为繁体；文字周围的图形一为奔马，一为树叶，包装装潢及视觉效果有明显区别，能够抵消读音和含义相同可能造成的混淆或误导公众。此外，从商标的知名度和显著性来看，下关沱茶公司提供证据证明，“下关沱茶”商标已被国家商务部认定为“中华老字号”，而曹某冬没有提交任何证据，证明涉案商标除获得注册外，还获得过其他能表示其知名度的国家权威机构的认证。被控侵权商品上所使用的“下关沱茶”商标的知名度，远远超过涉案商标的知名度，被控侵权商品没有必要攀附涉案商标来提高自己的知名度，而且涉案商标所使用的“金戈铁马”四字，在文学作品中经常出现，相关公众即使注意到被控侵权商品上的四个字，也不会将被控侵权商品当然地与涉案商标的商品联系在一起，更不会当然地误认为二者都是曹某冬或者曹某冬所授权的公司生产的商品。

最高法院则认为，曹某冬注册商标核定使用商品与被控侵权商品属于同种商品，且商品标识上均有“金戈铁马”四字，虽然字体不一样，但读音和字意是相同的，故而两者构成近似，使用在同一种茶叶商品上易使相关公众产生混淆。原审法院推断“被控侵权商品上所使用的下关沱茶商标的知名度，远远高于涉案商标的知名度，被控侵权商品没有必要攀附涉案商标来提高自己的知名度”，关于该推断，本院认为，首先，商标作为一种区分商品或者服务来源的标识，其属性是其标识性。金戈

① 《中华人民共和国最高人民法院公报》2017 年第 2 期。

铁马虽然是文学作品中的常见词汇，但其注册使用在第30类商品上具有显著性，能够发挥识别商品来源的作用，曹某冬对该商标享有的注册商标权并不因该词汇常出现在文字作品中而与一般注册商标有所不同。其次，人民法院认定事实应当是在审查当事人提供证据的基础上进行审查判定，而非进行简单推断。即使根据案件优势证据需要对当事人的相关意图进行推断，也须结合相关证据认定的事实进行。根据一审已查明事实，曹某冬于2009年注册“金戈铁马”商标，而下关沱茶公司的“松鹤延年”和“下关沱茶”商标分别注册于2010年和2014年，无论是商标注册还是商品使用均晚于曹某冬。在没有证据证明“下关沱茶”商标具有更高知名度的情况下，原审推断无事实依据。最后，即使下关沱茶商标较本案诉争商标具有更高的知名度，原审法院认定被诉侵权商标没有必要攀附涉案商标来提高自己的知名度虽有一定的可能性，但该推断忽视了注册商标作为一项标识性民事权利的权能和作用，其不仅有权禁止他人在相同类似商品上使用该注册商标标识，更有权使用其注册商标标识其商品或者服务，在相关公众中建立该商标标识与其商品来源的联系。相关公众是否会混淆误认，既包括将使用被诉侵权标识的商品误认为商标权人的商品或者与商标权人有某种联系，也包括将商标权人的商品误认为被诉侵权的商品或者误认商标权人与被诉侵权人有某种联系，妨碍商标权人行使其注册商标专用权，进而实质性妨碍注册商标发挥识别作用。因此，如果认为被诉侵权人享有的注册商标更有知名度即可以任意在其商品上使用他人享有注册商标的标识，将实质性损害该注册商标发挥识别商品来源的基本功能，对该注册商标专用权造成基本性损害。①

（六）差异之六：审判理念是否服膺良知

最高法院副院长贺荣曾坦陈，无论技术如何发展，机器人法官绝无可能出现。对法官而言，审判技术是基础，思维方式才是关键。② 诚哉斯言！因为归根结底，人是思维着的理念动物，公平正义是人性的永恒追求；人也是思维着的感性动物，通情达理是生活的基本需求。江必新大法官也尝言，裁判思维要在确定性、可预测性和灵活性之间寻找平衡，提升判决的社会接受度，发挥裁判文书的价值指引功能。③

---

① 《中华人民共和国最高人民法院公报》2018年第10期。

② 海竹：《最高法副院长贺荣：机器人大法官绝无可能出现》，载中国青年网2016年11月17日。

③ 江必新：《关于裁判思维的三个维度》，载《中国审判》2019年第3期。

而要做到这一点，离不开司法良知对审判理念的牵引。良知就是康德所言的我们自己意识到内心法庭的存在，“是自己对自己做出裁决的判断力”。[1] 有无司法良知，是否服膺司法良知，是对法官人格成色的终极检验，“除了法官的人格外，没有其他的东西可以保证实现正义”。[2] 再先进的审判理念，再精致的审判技术，如果有悖司法良知，一定会出现缺乏设身处地、换位思考的同理心，罔顾司法裁判法律效果与社会效果的统一，以致始终存在一些企图通过枉法裁判谋取私利法官的“玩法空间”。[3]

在赵某华与沈阳皇朝万鑫酒店管理有限公司、沈阳中一万鑫物业管理有限公司财产损害赔偿纠纷案中，原一、二审法院认为，根据沈阳市公安局消防局火灾事故认定书及沈阳市和平区法院刑事判决书，万鑫大厦火灾是由于案外人李某燃放烟花爆竹所致，说明万鑫公司及中一公司并未直接实施导致万鑫大厦失火的侵权行为。根据调取的消防档案记载，万鑫大厦所使用的建筑材料存在不符合《民用建筑外保温系统及外墙装饰防火暂行规定》（以下简称《暂行规定》）的相关条款规定的情形。但《暂行规定》系2009年9月25日颁布实施，此前我国并未就建筑外保温及装饰材料的防火性能作出规定，该规定作为部门规范性文件也没有就溯及力作出特殊规定。依据《立法法》第93条规定，该文件不具有溯及力。在该规定颁布实施前，万鑫大厦已经基本完成工程施工，万鑫大厦的设计、施工均发生于该规定颁布实施之前，且最终经沈阳市公安局消防局消防验收合格，并办理竣工验收备案手续。万鑫大厦火灾系案外人李某疏忽大意失火所致，李某作为万鑫大厦住店客人，与万鑫公司及中一公司不存在内部牵连关系，现有证据亦无法证明中一公司未尽安全保障义务。万鑫公司主动修复案涉房屋，系自行处分其财产，并不能因此而推断其就万鑫大厦火灾应当承担财产损害赔偿责任。万鑫公司及中一公司并未直接实施导致万鑫大厦火灾的侵权行为，现有证据亦无法证明万鑫公司及中一公司对于万鑫大厦火灾存在过错，故赵某华诉求缺乏事实及法律依据。

最高法院则认为，根据案涉火灾事故认定书及辽宁省建筑材料监督检验院检测报告结论，足以认定万鑫大厦B座11层南侧平台上铺设的燃烧性能不合格的塑料草

---

① ［德］康德：《单纯理性限度内的宗教》，李秋零译，中国人民大学出版社2003年版，第198页。

② 最高人民法院办公厅编：《最高人民法院历任院长文选》，人民法院出版社2010年版，第401页。

③ 江必新、何东宁等：《最高人民法院指导性案例裁判规则理解与适用》（民事诉讼卷），中国法制出版社2014年版，序第3页。

坪因李某燃放的烟花溅落后点燃，此为万鑫大厦火灾事故起火原因之一。对此，塑料草坪铺设者万鑫公司存在过错，负有相应的管理责任。案涉火灾发生时正值除夕夜，万鑫大厦周边还有其他居民燃放烟花爆竹。故万鑫公司铺设的易燃塑料草坪明显存在消防安全隐患，按一般人认知的生活常识，应当预见遵从民俗居民在除夕夜集中燃放烟花爆竹可能会引燃易燃塑料草坪，但万鑫公司未对上述易燃物采取相应的消除隐患措施，直接导致火灾发生，显然主观上具有过错。

此外，万鑫公司对火势蔓延扩大最终酿成重大火灾事故具有过错。《消防法》第9条规定："建设工程的消防设计、施工必须符合国家工程建设消防技术标准。建设、设计、施工、工程监理等单位依法对建设工程的消防设计、施工质量负责。"消防安全事关公民人身、财产安全，属于社会公共利益。确保建筑物消防安全是建设单位的法定义务，建设单位依法申报消防分包工程审批，并不意味着当然免除因消防安全事故致损所产生的民事侵权责任。本案中，根据已查明的事实，万鑫大厦B座使用的外墙保温材料燃烧性能为E级，不符合国家规定的A级强制性标准。万鑫大厦通过消防设计审核和消防验收，不能证明万鑫大厦使用的外墙保温材料符合消防安全要求。万鑫大厦建造时，《暂行规定》尚未出台，虽然国家对建筑物外墙保温建筑材料并无强制性标准，但万鑫公司作为专门从事房地产开发的企业，应当掌握建筑材料的基本防火性能。万鑫大厦竣工前，《暂行规定》出台，国家对民用建筑外保温建筑材料的强制性标准作出规定。此时，万鑫公司对案涉建筑材料不符合国家强制性标准，与国家标准比对而言，万鑫大厦外保温层存在安全隐患的情况，应属明知，但万鑫公司未采取合理、适当的补救措施消减火灾隐患，如在烟花可能波及的平台或低层进行局部更换阻燃材料，或者在中高层做防火隔离带处理等。总之，万鑫公司采取不具备防火性能的建筑材料，客观上增加了建筑物消防安全隐患，直接危及建筑物及附近地区局部区域的公共安全。万鑫公司作为建设单位，未尽到应有的注意义务，明显具有过错。万鑫公司作为案涉房屋开发商、销售商，有义务交付质量合格的商品房。考虑到房屋的特殊性，买房人一般不具有检测所购房屋是否符合消防安全规定，是否存在消防安全隐患，难以适用一般商品买卖合同在标的物交付后应当及时检验产品质量的规则。万鑫公司因万鑫大厦建筑材料防火缺陷和不当铺设引燃物等过错，直接导致火势蔓延成灾，其过错与赵某华损失间存在因果关系，理应按过错承担赔偿责任，并不以万鑫大厦门经工程竣工验收合格、消防分包工程已经审批，外保温层国家标准出台在后等原因而免责。中一公司作为物业公司，对火灾区域内的危险行为具有防控能力，怠于履行春节期间物业安保的特别注意职责，未提供证据证明其在此火灾高发时点采取能够有效预防火灾发生、排除事故隐患的消防措施，也应承担相应的侵权赔偿责任。本案的火灾是多因一果的结果，侵权行为、致害原因前后接继而非叠加，案涉各方对发生均有重大过失，但均非故意追求损害后果，万鑫公司过错亦不足以造成全部损失，其毕竟并非主动积极的行为致赵某华权益受损，亦不应承担主要责任。中一公司在物业安全防范方面没有尽责任，存在管理疏漏，具有过错，但其行为并未直接导致火灾发生。因万鑫公司等侵权导致赵某华的民事权益受损，由万鑫公司首先承担赔偿责任，中一公司应在其预见和能够防范的范围内承担相应的补充责任。①

二、民商请示案件

对于我国法院系统存在的案件请示制度，江必新大法官也承认，“在过去一段时期，该制度广受社会关注甚至受到批评，这一制度带来的司法纠错成本确实较高”。② 不过，鉴于我国的特殊国情，以及司法改革进程的复杂性，特别是考虑到最高法院“凯奇莱案件”所引发的审判监督管理责任的巨大争议，这一制度在可预见的将来很难完全取消。

高级法院向最高法院的请示案件类型众多，公开渠道可见的主要有两大类型：一是包括执行在内的国内民商案件请示，主要涉及法律适用中的争议；二是涉外仲裁案件请示，包括确认仲裁效力、撤销或不予执行仲裁裁决，以及是否承认外国判决或仲裁等。

高级法院上报的请示案件，问题往往带有一定的普遍性，或者是法律无明确规定，或者对法律的相关规定理解不一，且相持不下，难以取舍，有必要报请最高法院研究，以统一裁判尺度。对于高级法院的请示案件，“作为最高人民法院的正式答复，是在反复研究的基础上出具的意见，原则上应当作为下级人民法院审理其所请示案件所必须依据和参照适用的”。③ 尽管最高法院法官公开表示，“首先必须明确，对于请示案件的办理是就其提出的法律适用问题进行审理和答复，不对案件的具体处理进行审查和提出意见，这也是最高人民法院领导一再强调的原则”，④ 但是，查

---

① 《中华人民共和国最高人民法院公报》2019 年第 5 期。

② 罗书臻：《江必新：在考虑审级制度改革时要关注司法资源合理配置》，载微信公众号“最高人民法院”，2020 年 5 月 18 日访问。

③ 人民法院出版社法规编辑中心编：《解读最高人民法院司法复函》（上），人民法院出版社 2016 年版，第 231 页。

④ 人民法院出版社法规编辑中心编：《解读最高人民法院司法复函》（下），人民法院出版社 2016 年版，第 842 页。

阅已经公开的各类请示案件函件，最高法院的答复意见中，不可避免地涉及对案件处理结果的明确表态，高级法院也正是根据答复内容具体落实的，这种事实上的书面审，也是短时期内难以改变的司法现实。

高级法院的请示案件，均经过该院审判委员会讨论，但未形成一致意见，遂将不同意上报请示。一般分为两种意见。两种意见中有时区分多数意见和少数意见，相持不下时则不予区分。最高法院的回复内容，往往同意其中一种意见，但具体哪一种意见获得支持则不确定，有时多数意见获支持，有时少数意见获支持。在极个别情况下，最高法院不同意上报的各种意见，而是单独提出一种观点。仔细比对这些请示与回复意见，可以清晰触摸到塑造两级法院审判思维的深层次观念力量的同异。

第一，法无明确规定时，分析立法原意。

关于无效合同是否适用诉讼时效，在海南侨达贸易有限公司与江西省永修县人民政府驻海口办事处土地使用权转让纠纷案中，海南高院多数意见认为，当事人应当在合理期限内主张权利，但本案当事人侨达公司事隔四年才起诉已超过法定诉讼时效；少数意见认为不适用诉讼时效。

最高法院认为，我国现行法律对法院确认无效合同是否适用诉讼时效制度虽然没有规定，但无效合同的确认不应受到诉讼时效的限制。合同从表面上看是当事人协商的产物，但因其内容违反法律和社会公德而不能产生当事人预期的社会效果，而且也不具有合同所应具有的拘束力。故对无效合同而言，其成立之时即不具有法律约束力，适用诉讼时效制度显然不妥。无效合同因其具有违法性，对其适用国家干预原则，人民法院和仲裁机构应主动审查并确认合同无效。单纯的期间经过，不能改变无效合同的违法性，无效合同的确认是国家公权力对民事合同效力干预的结果，故而不应受诉讼时效的限制，当事人有权在任何时候请求法院或仲裁机构确认合同无效。如果确认合同无效受诉讼时效限制的话，实际上是允许在一定的时间经过以后，违法的合同便可以得到法律的保护，违法的合同可以变成合法的合同，违法的行为可以变成合法的行为，违法的利益可以变成合法的利益，这必将有损当事人的生活安宁和交易秩序的稳定，既有悖于合同无效制度设立的初衷，也与诉讼时效制度立法的宗旨和目的不相符，与建设社会主义法治国家的目标背道而驰。但合同经确认无效后，当事人关于返还财产及赔偿损失的请求，则应当适用法律关于诉讼时效的规定。①

---

① 人民法院出版社法规编辑中心编：《解读最高人民法院司法复函》（上），人民法院出版社2016年版，第129~131页。

关于夫妻离婚涉及民办私立学校办学积累可否作为共同财产分割，在刘某民与赵某华离婚诉讼案中，辽宁高院一种意见认为，根据国家教委《社会力量办学财务管理暂行规定》，私立学校的财产不是一般意义上的夫妻共同财产，不属于法院办理离婚案件对夫妻共同财产调整处理的范畴。私立学校属于社会力量办学，是社会公益事业，享有国家免税政策，不以营利为目的，办学积累不能归创办者个人所有。除出资者的财产归出资者外，归国家所有。另一种意见认为，可将私立学校认定为夫妻共同财产，判归一方所有，并给予另一方折价补偿。

最高法院认为，《教育法》第 25 条第 3 款规定，任何组织和个人不得以营利为目的举办学校及其他教育机构。第 31 条第 3 款规定，学校及其他教育机构中的国有财产属于国家所有。因此，合理界定“国有财产”的范围是判断私立学校办学积累归属的关键。国家教委《社会力量办学财务管理暂行规定》第 7 条对学校财产中的“国有财产”界定为，学校的全部收入及固定资产，在学校开办期间，归学校所有，学校停办以后，除出资者的财产属出资者外，归国家所有。上述规定是在出资者不得以营利为目的举办学校的规定及观念之下产生的。结合此后发布的《民办教育促进法》第 51 条关于“民办学校在扣除办学成本、预留发展基金以及按照国家有关规定提取其他的必需的费用后，出资人可以从办学结余中取得合理回报”的规定，赋予了办学出资者可获得合理回报的权利，“不得以营利为目的”不应排斥在维护办学根本利益的前提下，因办学效果好而有营利。出资者从办学中获得合理回报，应是有利于社会和个人的事情。民办学校的出资者投入了资金和劳动，也承担办学的风险责任，如果出资者只承担办学亏损的风险，而不享有办学收益，则不仅违背了权利与义务平等的法律原则，也违背了谁投资谁受益的经济原则，限制了出资者的投资合法性。因此，不能简单地认为部门规章可以否定出资者从办学积累中获得合法权益的权利。私立学校享受国家免税等优惠政策，国家的优惠政策是一种间接的投资。因此，办学积累形式上属于学校法人的财产，但实质应属于出资者与国家共有，原判将学校的全部办学积累均判归出资者不当。①

第二，法无明确规定时，尊重当事人意思表示。

关于汽车消费贷款保证保险合同的性质，在中国人保葫芦岛分公司与建行葫芦岛分行借款担保纠纷案中，辽宁高院多数意见认为，保证保险属于保险性质，是一种具有担保功能的保险合同，应适用保险法，而非担保法。本案的保证保险关系是

① 人民法院出版社法规编辑中心编：《解读最高人民法院司法复函》（上），人民法院出版社 2016 年版，第 138 ~ 142 页。

贷款合同的借款人作为投保人，将贷款合同的债权人银行作为被保险人，以债权人银行对借款人享有的债权为保险标的，在保险事故发生后，保险人按照约定向被保险人承担保险责任的信用保险；少数意见认为，本案双方当事人约定当债务人不履行债务时，由保险公司按照约定履行债务，这种约定符合担保法关于保证的规定，具有担保债务履行的功能，因此，保证保险属于保证性质。

最高法院认为，保证保险不是我国的发明创造，作为舶来品，其作为一种保险产品是毋庸置疑的。之所以引起如此大的纷争，不应仅仅归咎于其法律关系的复杂性，更为重要的原因是，保险实务上为追求市场规模和产品创新而出现的花样翻新的产品设计，以及理论界脱离实际地套用国外模式所致。在新修订的《保险法》正式实施即2009年10月1日前，人民法院审理该类案件应当遵循尊重当事人意思自治的原则，即按照合同具体约定确定。在当事人明确约定保险人承担保证责任的，则按担保定性，适用担保法确定双方当事人的权利义务，没有约定的适用保险法。在相关法律或司法解释未对此作出明确详细规定的情况下，当事人合同约定的内容，是判断合同性质以及如何适用法律的重要依据。①

关于保证期间届满后，保证人在债权人发出的催收贷款通知单上签字或盖章的行为应否承担连带保证责任，辽宁高院一种意见认为，担保人的该行为并非对保证合同重新确认；另一种意见认为，担保人在催收通知单上签字盖章是真实意思表示，从其催收通知书的内容看，包括担保人，应确认为担保人对债务的重新确认形成的新的担保合同，且因通知书的落款没有时间，什么时间盖章不明确，担保人也有过错，应承担保证责任。

最高法院认为，对于担保人在该催收贷款通知书中加盖了单位公章及法定代表人名章的行为性质如何认定，实践中认识并不一致。有观点认为这种盖章或者签字的行为，只能视为担保人对债权人送达的催收贷款通知书这一事实的认可，不应视为对催收通知书记载的原债务的重新担保。也有观点认为这种盖章或者签字的行为，可以推定为担保人继续承担保证责任的意思表示，理由是担保人如果无继续承担担保责任的意思，则既可以拒绝盖章或签字并以此在债权人主张债权时予以抗辩，也可以在盖章或签字的同时，言明不继续承担该债务的保证责任。既然已盖章签字，又不言明不继续承担该债务的保证责任，就可以视为保证责任的继续承担。判断这两种观点，需要依据《合同法》第2条规定，即合同是平等主体的自然人、法人、

① 人民法院出版社法规编辑中心编：《解读最高人民法院司法复函》（上），人民法院出版社2016年版，第400~405页。

其他组织之间设立、变更、终止民事权利义务关系的协议。然而《催收贷款通知书》是单方为实现权利而采取的一种形式和手段，显然它并不是协议，除非接收该通知的保证人在通知上明示变更保证责任的除外，原则上并不是变更意思的合同。很难想象保证人在已经依法被免责之后，还要作茧自缚。因此，担保人在催收贷款通知书上盖章或签字的意思，既可以是对接收通知这一事实的表示，也可以是对通知所记载的债权债务关系曾发生过的表示，还可以是两种意思的综合表示。虽然推定是认定案件事实的重要方法之一，但是推定也必须在一定的范围内，并且建立在一定的事实之上，其推定结果也应当合情合理，否则就是武断，不能让人心悦诚服。此外，虽然保证人相对于债权人而言，也属于债务人，但是保证人毕竟不同于债务人，其只是“或有债务人”。同时保证责任不同于一般民事责任，保证人承担的是单务的无偿的法律责任，所以《担保法》确定了“保证人与债权人应当以书面形式订立保证合同”的原则。再从《担保法》关于保证期间届满后，保证人不再承担保证责任的规定来看，法律并没有例外规定，没有例外规定时，不宜在法外解释当事人的意志。本院法释〔1999〕7号《关于超过诉讼时效期间借款人在催收通知单上签字或盖章的法律效力问题的批复》，仅适用债务人，不能扩大适用保证人，且该批复也并不是针对保证人的。如果实华公司对已经超过保证责任期限的原债务重新提供保证，应当重新订立担保合同，或者在催收贷款通知书上盖章的同时明确表示，否则不应视为担保人重新确认新的担保合同。

与此答复不同的是，在此后的司法实践中，最高法院认为，如果是债务人在债权人向其发出的《催收通知书》签名的行为，应视为其对原债务的重新确认。①

第三，法无明确规定时，类推适用最相近理论。

在李某栋等五人与柳某和等十五人人身伤害赔偿请示案中，山东高院多数意见认为，对于高空抛物致人损害的责任承担，经实体审理后，如查不清具体的责任人，十五个被告人应均担受害人的损失；少数意见认为，原告既不能确认谁是致其母死亡的加害人，不能具体指明是谁侵害民事权益或与谁发生了民事权益请求，应驳回原告的诉讼请求。

最高法院认为，本案属于非典型性的共同危险行为致人损害的情况，可参考共同危险行为致人损害的原理进行处理。对典型性的共同危险行为致人损害，法律上设定举证责任倒置原则；对于非典型性的共同危险行为致人损害，在法律没有明文规定的情况下，似可以参考典型性的共同危险致人损害的理论，采取举证责任倒置

① （2016）最高法民申3657号。

的原则。从社会效果考虑，也应该由被告举证。如果被告不举证，应共同承担责任，否则不利于对受害人的及时救治或对受害人家属的赔偿；不利于对弱势群体的保护以及社会善良风俗的建立。尽管法律未作明文规定，但是并非没有法律规定法院就不能处理。有法依法，没有法依政策，没有政策依法理，应作为本案处理的原则。对特殊的侵权行为，法律规定严格责任，是为了更好地保护受害人，正是一种历史的进步。①

关于公路建设单位对公路收费权是否享有建设工程价款优先受偿权以及建设工程价款优先权是否优先于质权，江西高院多数意见认为可以，少数意见认为不可以。

最高法院认为，《合同法》第286条规定的建设工程的折价或者拍卖虽原则上指工程所有权的转让，但对收费公路这类特殊工程的可转让的经营权，也应适用。因此，申请执行人作为公路施工单位，有权通过对被执行人享有的公路工程经营权的执行优先受偿。车辆通行收费权是公路经营权中的主要内容，执行中可以转让收费权或者直接从所收费中提取款项。施工单位的优先受偿权应及于该收费权，可以从提取的款项中优先受偿。根据《担保法》及有关司法解释的精神，工程款优先受偿权应优先于异议人就公路收费权设定的质押权，同意江西高院多数意见。②

第四，法无明确规定时，参照学理解释及域外法律。

关于起诉后准予撤诉，又再次起诉，是否构成诉讼时效中断，在长沙铁路天群实业公司贸易部与四川鑫达实业有限公司返还代收货款案中，四川高院多数意见认为，起诉后撤诉，不能发生起诉的法律后果，不能引起诉讼时效中断；少数意见认为，撤诉后，诉讼时效因再次起诉而中断。

最高法院认为，对于此种情况，法律和司法解释没有明确规定。学理上一般认为，撤诉在法律上视为未起诉，但也视起诉状是否送达相对人而定。同时，相较大陆法系其他国家的规定，诉讼时效均相对较长，而我国《民法通则》规定的诉讼时效期间明显较短，虽有督促债权人积极行使权利、加速经济流转的目的，但实践证明，这种规定也往往会成为权利人的时效“陷阱”。在立法作出调整之前，对时效问题应以有利于权利人的原则作从宽解释。③

关于借款到期后债务人在多份空白催收通知单上加盖公章如何计算诉讼时效，

---

① 人民法院出版社法规编辑中心编：《解读最高人民法院司法复函》（上），人民法院出版社2016年版，第233～235页。

② 江必新：《人民法院执行工作规范全集》，人民法院出版社2017年版，第937页。

③ 人民法院出版社法规编辑中心编：《解读最高人民法院司法复函》（上），人民法院出版社2016年版，第76～77页。

在中国农业银行濮阳市京开大道支行与濮阳市市区食品公司借款纠纷案中，河南高院多数意见认为，债务人的上述行为是抛弃了因诉讼时效期间届满而产生的时效利益和抗辩权；少数意见认为，在空白催收通知单上加盖公章的意思表示不明确，另一方如任意填写时间，必须有明确授权，其行为不能视为放弃时效利益。

最高法院认为，时效制度属强制性规定，不允许当事人依自由意志排除时效的适用或改变时效期间，即使按你院审判委员会的多数意见认为“食品公司在空白催收单上加盖公章的行为是其授权京开大道农行可以根据需要在催收通知单上任意填写时间的真实意思表示，即放弃了因时效期间届满而产生的时效利益和抗辩权”，但因其属于提前抛弃时效的行为，亦应认定为无效。①

值得注意的是，同样是出具空白内容的文件，最高法院也通过区分强制性规定与任意性规定来决定后果。在雷某鸣、梁某学与福田雷沃公司保证合同纠纷再审案中，雷某鸣主张其与福田雷沃公司签订的《保证合同》是伪造的。其曾在一份空白合同上签字，福田雷沃公司在《保证合同》关键处的改动及单方擅自添加妻子吴某琼签字，并未征得雷某鸣的书面同意，故《保证合同》系伪造。对此，最高法院认为，雷某鸣将留有空白内容的合同交与合同相对方的，应视为对合同内容包括《保证合同》中保证事项的无限授权，合同相对方在空白部分可以填写相应内容。雷某鸣主张在一审时申请对《保证合同》的签名进行笔迹鉴定。但该鉴定申请是由其妻子吴某琼提出的，雷某鸣本人并未提出。吴某琼不是本案当事人，一审法院不予处理并无不当。②

第五，法无明确规定，且无学理和域外法参考时，征求各方意见后综合判断。

请示案件中曾有过极罕见的一种情形，即法律无明确规定，也缺少域外法参考，民法理论本身也无比较成熟成型的通说。这种情况下如何答复，就非常考验最高法院的司法智慧了。为慎重起见，最高法院会征求国家部委及学界意见，在此基础上提出审慎观点。

关于特许使用企业名称的特许人应否对使用人债务承担责任的适用法律问题，重庆高院存在三种意见，第一种意见认为未构成表见代理，特许方不承担责任；第二种意见认为构成表见代理，特许方承担责任；第三种意见认为特许方应在收取管理费的范围内承担一定的赔偿责任。

---

① 人民法院出版社法规编辑中心编：《解读最高人民法院司法复函》（上），人民法院出版社2016年版，第88～90页。

② （2018）最高法民申3112号。

在征求商务部和相关学者意见后，最高法院认为，现行法律和行政法规对于特许经营模式下的民事责任关系问题尚未作出明确规定，亦无相应司法解释，故不宜在个案中直接解决特许经营模式下特许人应否对被特许人的债务承担责任等抽象法律问题，而应根据本案具体情况做出相应处理。具体而言，宜从现有民事法律制度中选择一比较妥当的制度来具体考量和确定本案中各方的民事责任关系，这是在法律无规定的前提下如何解决该问题的法律视角。结合本案具体情形，以表见代理制度来衡量本案，更符合法律思维，更符合本案实际。在金平商场与万州分场的商品采购订单中，万州分场的收货专用章是“成都人民商场万州分场”字样，万州分场所挂门牌、所有标识也是同样的，据此可以认定基本存在代理人的客观表象。同时，应考察金平商行是否善意无过失，即是否尽到审查义务。因为金平商行与普通消费者不同，普通消费者从“成都人民商场万州分场”购物，尤其是在不索要发票时的购物，一般不查阅合同专用章，也就难以发现“重庆市万州区卓立发展有限公司”与“成都人民商场万州分场”的不同，于是无义务去查阅工商登记，认为“成都人民商场万州分场”属于成都人民商场，理应属于善意。据此，他们既可以向“成都人民商场万州分场”主张权利，也可以向成都人民商场主张赔偿责任。相较而言，金平商行是作为企业法人在与成都人民商场万州分场进行交易，且大多是签订大宗供货或者购货合同，为此应担负较高的注意义务。在正常的商业交易中，对交易对方的公章和合同专用章等事项的审查，是基本的交易惯例，是谨慎的商人缔约前必查内容。在本案中，万州分场的合同专用章上有两行字，大字为“重庆市万州区卓立发展有限公司”，小字为“成都人民商场万州分场”。该含义明显不同的字，足以让金平商行意识到并怀疑主体问题，进而重庆市万州区卓立发展有限公司与成都人民商场万州分场的关系，并从中查询到卓立公司与成都人民商场万州分场的关系。因此，如果金平商行已经查阅工商登记，则已经尽到应有的谨慎义务，属善意无过失。反之，则可以认定金平商行存在重大过失，不能构成表见代理，无权向成都人民商场主张权利，只能向重庆市万州区卓立发展有限责任公司主张。①

第六，法无明确规定时，对法院执行行为无约束力。

关于人民法院在执行中对国有资产的评估、拍卖是否应当适用国务院《国有资产评估管理办法》，陕西高院倾向性意见认为不适用。最高法院同意该意见，并认为

① 人民法院出版社法规编辑中心编：《解读最高人民法院司法复函》（上），人民法院出版社2016年版，第368～377页。

国务院发布的《国有资产评估管理办法》（国务院91号令）关于国有资产评估中申请立项及审核确认的规定，确定了对国有资产占用单位在自主交易中进行评估的程序，其委托评估的主体是国有资产的占有企业，在特殊情况下可由国有资产管理部门委托评估。该《办法》对人民法院在执行程序中委托评估作为被执行人的国有企业的资产，并无相应的规定。人民法院在执行中委托评估也无须参照适用该《办法》，而应根据《最高人民法院关于人民法院执行工作若干问题的规定（试行）》第47条的规定办理，即由人民法院自行委托依法成立的资产评估机构进行价格评估；对评估机构的评估结论，应由执行法院独立审核确认并据以确定拍卖、变卖的底价。因此，只要执行法院委托了依法成立的评估机构进行评估，并据以判断认为该评估结论不存在重大错误，该评估程序和结果就是合法有效的。故石泉县人民法院在执行中委托评估的执行行为合法，应予以维持。①

需要指出的是，陕西高院、最高法院的上述意见，是有针对性的。此前，为防止国有资产流失，湖南省国有资产管理局曾与湖南高院联合发布《关于人民法院裁定拍卖或变卖国有资产时必须进行资产评估的通知》，明确规定国有资产占有单位发生破产清算或贷款抵押及其他经济纠纷，被人民法院裁定强制拍卖或变卖国有资产以资抵债时，应当按国务院91号令发布的《国有资产评估管理办法》进行资产评估。此后，国家国有资产管理局迅速将该通知转发全国各省、自治区、直辖市、计划单列市国有资产管理局，要求协调有关部门，参照制定相应办法。显然，这一做法遭到最高法院的公开抵制，通过释法复函的方式，支持陕西高院的意见，否定了湖南高院的做法。这种看似特立独行的司法率性，反映出最高法院对其法律思维的高度自信。

三、涉外仲裁案件

自1995年确立不予承认和执行涉外仲裁裁决的层报审查制度，② 至2017年建立统一的撤销、不予承认和执行仲裁裁决的审查报核制度，③ 二十五年来，最高法院发布了相当数量的涉仲司法复函，为从另外一个角度发掘不同层级法院的审判思维，体会各自的价值取向和思维特征，提供了十分宝贵的研究资料。

---

① 最高人民法院执行工作办公室编：《强制执行指导与参考》（第2辑），法律出版社2002年版，第178～184页。

② 《最高人民法院关于人民法院处理与涉外仲裁及外国仲裁事项有关问题的通知》（法发〔1995〕18号）。

③ 《最高人民法院关于仲裁司法审查案件报核问题的有关规定》（法释〔2017〕21号）。

按照曾分管过涉外审判业务的大法官的概括，对于此类案件的审判思维取向应当是，认真履行我国缔结或者参加国际公约的义务，依法对外国仲裁的裁决予以承认并协助执行，平等地保护中外当事人的合法权益。① 然而，基于不同的司法层级，以及法官群体内部的客观差异，对于这一理念的认知和理解也有所不同，由此拉开了最高法院和高级法院审判思维间的距离。

总的来看，对于涉外仲裁裁决，部分高级法院的国内法思维色彩偏重，且更多将审判目光放在具体个案本身，微观审查有余，宏观审视不足，国际视角更为欠缺。相较于高级法院，最高法院的审判视野明显更为宽广，虽立足于国内法，但绝不囿于国内法，而更自觉将案件置于国际公约、国际惯例的大框架下，斟酌利弊，一体考虑，衡量取舍，不肯轻易否定涉外仲裁裁决。这一点，在对违反公共政策原则的克制适用上尤为突出。

源于英美法系的“公共政策”是一个开放、模糊和弹性的概念，反映一个国家经济、法律、道德、政治、宗教和社会的根本准则，其基本功能是对执行地国的基本制度和政策起到保障作用。② 据最高法院民四庭原副庭长高晓力披露，“在涉外民商事审判领域，不管是准据法的确定，还是承认和执行外国法院判决，抑或是承认和执行外国仲裁裁决，公共政策条款均是经常面临的一个问题，而因其是一个弹性条款，许多外国当事人、律师、仲裁员对中国法院是否会滥用这一条款心存疑虑，进而降低了对我国司法环境的信任度”。③ 为此，最高法院曾借由复函专门予以解释，虽为不完全列举，但外延界定极为严格，司法立场极为鲜明。其审判思维的核心出发点，就是在维护司法主权的同时，秉持有利于国际公约执行的基本理念，绝不轻易动用这一兜底性条款。

在天津高院关于韦斯顿瓦克公司申请承认与执行英国仲裁裁决请示案中，最高法院认为，根据《纽约公约》第5条第2款第b项的规定，我国法院认为仲裁裁决与我国公共秩序相抵触的，可以拒绝承认和执行。但是，对该条规定的公共秩序应作严格解释和适用。只有在承认和执行外国商事仲裁裁决将导致违反我国法律基本原则、侵犯我国国家主权、危害国家及社会公共安全、违反善良风俗等危及我国根本社会公共利益情形的，才能援引公共政策事由予以拒绝承认和执行。你院以仲裁

① 李国光：《我的大法官之路》，人民法院出版社2015年版，第351页。

② 贺荣主编、最高人民法院民事审判第四庭编：《涉外商事海事审判指导》（第1期），人民法院出版社2017年版，第113页。

③ 高晓力：《我不后悔当法官》，载微信公众号“中国法律评论”，https://mp.weixin.qq.com/s/5c4Mmcc4iqsD8WWYZl5r_g，2020年6月2日访问。

结果显失公平、违反我国社会公共利益为由对涉案仲裁裁决不予承认和执行不当。①

基于上述司法认知，最高法院审判思维在逻辑上的必然推论是，在更高的狭义标准设定条件下，除非违反构成我国法律基本原则的强制性规定，涉外仲裁裁决仅一般性违反我国法律法规的强制性规定，并不构成对我国公共政策的违反。

在北京高院关于ED&F曼氏（香港）有限公司申请承认和执行伦敦糖业协会仲裁裁决请示案中，最高法院认为，双方当事人因履行期货交易合同产生的纠纷，在性质上属于因契约性商事法律关系产生的纠纷，依照我国法律可以约定提请仲裁。依照我国有关法律法规的规定，境内企业未经批准不得擅自从事境外期货交易，中国糖业酒类集团公司未经批准擅自从事境外期货交易的行为，依照中国法律无疑应认定为无效。但违反我国法律的强制性规定不能完全等同于违反我国的公共政策。依照《民事诉讼法》第269条及1958年《承认与执行外国仲裁裁决公约》第5条规定，应当承认和执行本案仲裁裁决。②

在海南高院关于对海口中院不予承认和执行瑞典斯德哥尔摩商会仲裁院仲裁裁决请示案中，最高法院认为，海南省编织工业总公司作为国有企业，在未经国家外汇管理部门批准并办理外债登记手续的情况下，对日本三井物业株式会社直接承担债务，违反了我国有关外债审批及登记的法律规定和国家的外汇管理政策。但是，对于行政法规和部门规章中强制性规定的违反，并不当然构成对我国公共政策的违反。你院请示报告所述的应当拒绝承认和执行本案仲裁裁决的理由依法均不成立，本案仲裁裁决不应以违反公共政策为由拒绝承认和执行。③

不仅违反我国法律法规强制性规定的涉外仲裁裁决，并不必然构成违反我国公共政策，甚至某些对我国法律做出负面评价，带有明显意识形态偏见言辞，令高级法院感到忍无可忍的涉外仲裁裁决，最高法院也坚决守住底线思维，不为国别司法情绪所动，仍以国际公约大局为重，理性地予以放行。

在广东高院关于路易达孚公司申请承认和执行国际油、种子和脂肪协会作出的第3980号仲裁裁决请示案中，案涉仲裁裁决指出，“中国法规的规定及其在实践中

---

① 人民法院出版社法规编辑中心编：《解读最高人民法院司法复函》（下），人民法院出版社2016年版，第1293页。

② 人民法院出版社法规编辑中心编：《解读最高人民法院司法复函》（下），人民法院出版社2016年版，第1254页。

③ 人民法院出版社法规编辑中心编：《解读最高人民法院司法复函》（下），人民法院出版社2016年版，第1257页。

的适用之间有着一个很明显的差距，有关中国法规的这个细节最终并不是很重要的。不管从哪个角度来看，中国法规都是很复杂的，正如任何一种监管体制可以影响到某个国际销售合同的情况那样，对当事方而言重要的不是作为当地相关法律的这些法规应如何解释，而是在实践中这些法规是如何适用的”。基于该段裁决内容，湛江中院和广东高院合议庭多数意见均认为，涉案仲裁裁决对我国的法律作出否定性评价和曲解，损害了我国法律法规的权威性，违背了我国的公共政策。但最高法院复函指出，案涉裁决认为中国的法律法规的规定与实践中的适用存在明显差距，但该错误认识并不会导致承认与执行该仲裁裁决违反我国公共政策。因此，本案以适用公共政策为由拒绝承认与执行该仲裁裁决缺乏足够依据，该仲裁裁决应予以承认与执行。①

更能说明问题的是，即便是涉外仲裁裁决与我国法院判决相抵触，对同一仲裁条款效力的认定存在冲突，最高法院在辩明事实的前提下，仍坚持认为尚不足以构成违反公共政策，可见其基于司法认知的内在定力之强大，这是其审判思维之所以超出高级法院的根本原因。

在广东高院关于申请人 Castel Electronics Pty Ltd. 申请承认和执行外国仲裁裁决请示案中，最高法院认为，根据请示所述事实，涉案仲裁裁决系于 2010 年 12 月 23 日和 2011 年 1 月 27 日作出，而我国法院关于仲裁条款无效的裁定系于 2011 年 12 月 20 日作出，仲裁裁决的作出时间显然早于我国法院裁定的生效时间。况且 TCL 公司在仲裁程序中亦未提出仲裁条款无效的异议，反而向仲裁庭提出了反请求，仲裁庭据此确定仲裁条款效力与管辖权，符合仲裁地法律和仲裁规则，并不存在侵犯我国司法主权的情形。关于《纽约公约》第 5 条第 2 款第乙项规定的违反公共政策情形，应当理解为承认和执行外国仲裁裁决将导致违反我国法律基本原则、侵犯我国国家主权、危害社会公共安全、违反善良风俗等足以危及我国根本社会利益的情形。在本案中，外国仲裁裁决和我国法院生效裁定对同一仲裁条款效力的认定虽然存在冲突，但尚不足以构成违反我国公共政策的情形，你院关于应当依据《纽约公约》第 5 条第 2 款第乙项拒绝承认和执行该仲裁裁决的根据不充分。②

不过，需要指出的是，上述与我国法院相抵触的仲裁裁决之所以得以承认和执

① 人民法院出版社法规编辑中心编：《解读最高人民法院司法复函》（下），人民法院出版社 2016 年版，第 1287 页。

② 北京仲裁委员会、北京国际仲裁中心编：《中国商事争议解决年度观察（2015）》，中国法制出版社 2015 年版，第 25 ~ 26 页。

行，根本原因是仲裁裁决在前，我国法院判决在后。而如果颠倒过来，我国法院判决在前，仲裁裁决在后，则最高法院明确该裁决构成对公共政策的违反。

在江苏高院关于不予承认与执行国际商会仲裁院第 18295/CYK 号仲裁裁决请示案中，最高法院同意请示意见，认为同一合资合同项下的另一纠纷，已经江苏高院于 2012 年 12 月 11 日作出裁定，认定涉案仲裁条款无效，该裁定已经发生法律效力。国际商会仲裁院明知法院裁定，但仍作出仲裁条款有效的裁决，进而作出涉案仲裁，在内地执行该仲裁裁决将与人民法院的上述生效裁定相冲突，违反内地社会公共利益，应当不予执行。①

在审查涉外仲裁裁决时，最高法院的审慎和克制还体现在，对法院审查职权的正当性及其行使范围，始终有清醒的边界意识。相较之下，部分中级法院和高级法院的思维还是稍显粗放，欠缺谦抑意识，审查用力过猛，有种进得去却出不来的感觉。

在辽宁高院关于长城公司申请执行朝鲜民主主义共和国和解决定请示案中，最高法院认为，我国《民事诉讼法》第 269 条规定，国外仲裁机构的裁决，需要中华人民共和国人民法院承认和执行的，应当由当事人直接向被执行人住所地或进其他财产所在地的中级人民法院申请，人民法院应当依照中华人民共和国缔结或者参加的国际公约，或者按照互惠原则办理。该条所提“财产”，应当理解为被执行人在我国领域内拥有的实际可执行的财产，不包括未来可能进入我国境内的财产。本案中，被执行人朝鲜水产物贸易会社和朝鲜水产船舶经营会社的住所地均不在我国，朝鲜水产物贸易会社在我国领域内没有可供执行的财产，朝鲜水产船舶经营会社所有的船舶尚未进入我国领域，也不能认定其在我国领域内有可供执行的财产。“近期将有船舶进入大连港”具有不确定性，在朝鲜水产船舶经营会社所有的船舶进入大连港之前，大连中院对本案不具有管辖权。②

在上海高院关于麦考·奈浦敦有限公司申请承认和执行仲裁裁决请示案中，最高法院认为，关于你院提出的“本案仲裁裁决因未作初步裁决而违反仲裁地法律”以及“裁决裁定被诉人补偿申诉人律师费、超出当事人交付仲裁范围”的问题，根据《纽约公约》第 5 条规定，这类问题应当事人请求才予审查的情形，人民法院不应依职权提起。而本案当事人始终未提及该问题，故人民法院不能以此为由拒绝承认和执行本案仲裁裁决。关于本案是否适用《纽约公约》的问题，你院请示案件并

---

① 贺荣主编、最高人民法院民事审判第四庭编：《涉外商事海事审判指导》，人民法院出版社 2017 年版，第 129 页。

② 江必新主编：《人民法院执行工作规范全集》，人民法院出版社 2017 年版，第 690 页。

非我国国内裁决，当然应适用《纽约公约》。你院提出的“本案所涉裁决系非国内裁决，尚不能明确是否适用《纽约公约》”的问题，系对公约有关条款的误解，本案不存在可以拒绝承认和执行所涉仲裁裁决的理由。①

可以想见，若没有涉外仲裁的请求层报制度，诸如此类在高级法院看来完全离经叛道乃至大逆不道的涉外仲裁裁决，早就被严正拒之门外了。至于因此而可能蒙受的国家司法声誉损失，则很少在高级法院的考虑范围内。由此可以看出，高级法院和最高法院在审判思维上的最大差异是：涉外仲裁裁决的承认与执行与否，究竟应当以何者作为评判标准？质言之，是国内法向国际公约看齐，还是国际公约向国内法看齐？说到底，这还是审判思维的理念差异问题。显然，在填平不同区域司法发展阶段的鸿沟上，在校正下级法院略带惯性的司法准星上，最高法院付出了最大限度的努力，完全配得上“最高”二字。

当然，任何看似完美的坚守，都有过少为人知的犹豫和摇摆，最高法院也并不例外。毕竟，每一份涉外仲裁裁决都是具体的，透过千差万别的裁决内容，判断其是否实质性地冲撞我国司法主权，进而确认构成违反公共政策，需要下很大的决心。据最高法院原民四庭负责人披露，2000 年至 2011 年十余年间，该院同意以违反公共政策为由拒绝承认和执行仲裁裁决的，仅有一起案件。②

在山东高院关于不予承认和执行国际商会仲裁院裁决请示案中，该院请示意见认为，承认和执行该裁决将违反我国基本民事诉讼法律制度，构成违反公共政策的情形。最高法院认同该观点，认为在中国有关法院就永宁公司与合资公司济南—海慕法姆制药有限公司之间的租赁合同纠纷裁定对合资公司的财产进行保全并作出判决的情况下，国际商会仲裁院再对济南永宁制药有限公司与合资公司济南—海慕法姆制药有限公司之间的租赁合同纠纷进行审理并裁决，侵犯了中国的司法主权和中国法院的司法管辖权。依据《纽约公约》第 5 条第 1 款第丙项和第 2 款第乙项之规定，应拒绝承认和执行该仲裁裁决。③

此后，最高法院的上述观点，又自然延伸到对于无涉外因素的合同，提交外国仲裁机构仲裁的效力认识上。其核心意见是，在一国领域内发生的民商事纠纷的争

---

① 人民法院出版社法规编辑中心编：《解读最高人民法院司法复函》（下），人民法院出版社 2016 年版，第 1251～1252 页。

② 刘贵祥、沈红雨：《我国承认和执行外国仲裁裁决的司法实践述评》，载《北京仲裁》2012 年第 1 期。

③ 人民法院出版社法规编辑中心编：《解读最高人民法院司法复函》（下），人民法院出版社 2016 年版，第 1275 页。

议解决方式问题，关系到该国家的司法主权，也属于该国家的公共政策范畴，当事人仅能在其现行法律准许的范围内作出约定，脱离或者超出该国法律许可范围任意作出约定，应当认定违反了公共政策而无效。值得关注的是，最高法院的这一认知逻辑，贯穿于仲裁裁决的全过程，既包括仲裁的前端审查即仲裁协议效力审查，比如2011年“六盘水恒鼎案”和2012年“江苏航天万源案”；也包括仲裁的末端审查即裁决承认执行审查，比如2014年“朝来新生案”。①

在北京高院关于朝来新生公司申请承认大韩商事仲裁院作出的第12113－001号、第12112－0012号仲裁裁决请示案中，最高法院认为，本案争议焦点是北京所望之信投资咨询有限公司与朝来公司签署的《合同书》中的仲裁条款是否有效。根据你院请示所述事实，订立《合同书》的双方当事人均为中国法律人，《合同书》内容是双方就朝来公司在中国境内的高尔夫球场进行股份转让及合作，所涉标的物在中国境内，合同也在中国境内订立和履行。因此，《合同书》没有涉外民事关系的构成要素，不属于涉外合同。该合同以及所包含的仲裁条款之适用法律，无论当事人是否作出明示约定，均应确定为中国法律。根据《民事诉讼法》第271条及《合同法》第128条第2款规定，我国法律未授权当事人将不具有涉外因素的争议交由境外仲裁机构或者在我国境外临时仲裁，故本案当事人约定将争议提交大韩商事仲裁院仲裁的条款属无效协议，且该仲裁协议之效力瑕疵不能因当事人在仲裁程序中未提出异议而得到补正，仲裁庭对本案争议不享有管辖权，同意你院不予承认涉案仲裁裁决的请示意见。②

与此同时，相较于部分高级法院的片面理解和吹毛求疵，最高法院对仲裁的友好、善意与宽容，并不以国内或涉外而有所分别。即便确实存在某些问题，也只是实事求是地指出并予剔除，对裁决本身还是给予力所能及的维护。

在浙江高院关于永信公司申请撤销宁波仲裁委员会裁决请示案中，最高法院认为，本案中，株式会社韩国公司根据合资合同中约定的仲裁条款将合资合同纠纷交付仲裁解决，其仲裁请求包括裁定终止合资合同并解散合资企业进行清算。在仲裁过程中，宁波永信公司虽然提出了仲裁庭无权对合资企业解散、清算的问题进行仲裁的抗辩，但仲裁裁决中依然包含了“合资成立的森特公司解散，并依法组织清算”

---

① 北京仲裁委员会、北京国际仲裁中心编：《中国商事争议解决年度观察（2015）》，中国法制出版社2015年版，第22～24页。

② 人民法院出版社法规编辑中心编：《解读最高人民法院司法复函》（下），人民法院出版社2016年版，第1302页。

的内容。严格讲，仲裁庭仅应就是否终止双方当事人之间的合资合同作出裁决，然而，由于中外合资经营企业合同终止所带来的必然的法律后果就是双方当事人依据合资合同成立的合资企业解散并进入清算程序，仲裁裁决终止合资合同的同时指出合资企业解散并清算，是对终止合资合同的法律后果的进一步阐释，况且，仲裁裁决合资企业解散并依法组织清算，也并不意味着是要由仲裁庭去组织合资企业的清算事宜，该部分仲裁内容仅是指出在合资合同终止后合资企业应当解散并进入清算程序，合资企业的具体清算问题，还要依照相关法律法规的规定办理。因此，不宜认定本案所涉仲裁裁决中“合资成立的森特公司解散，并依法组织清算”的内容属于仲裁庭无权仲裁的情形或者超出仲裁协议范围的情形，应驳回宁波永信公司关于部分撤销仲裁裁决的申请。①

在北京高院关于新加坡中天公司申请撤销中国国际经济贸易仲裁委员会仲裁裁决请示案中，最高法院认为，新加坡中天公司系以本案仲裁庭的组成与仲裁规则不符申请撤裁，认为仲裁员杨某与被申请人葫芦岛港公司的仲裁代理人徐某泉之间存在较为密切的私人关系，而仲裁员对此并未进行披露。经查，徐某泉毕业于辽宁大学，其系北京盈科（沈阳）律师事务所主任，仲裁员杨某系辽宁大学法学院院长，在北京盈科（沈阳）律师事务所开业时曾作为嘉宾出席并致辞。从现有的实际情况看，徐某泉与杨某二人只是拥有共同的教育背景和共同出席典礼活动的经历，他们之间不存在直接的授权指导关系和其他的利害关系，尚不足以构成对仲裁独立性和公正性的影响。仅以上述事实不足以认定二人之间存在较为密切的社会关系且可能影响仲裁的独立性或公正性，不同意你院撤销涉案裁决的意见。②

在江苏高院关于是否不予执行中国国际经济贸易仲裁委员会〔2008〕中国贸仲京裁字第0379号仲裁裁决请示案中，最高法院认为，仲裁裁决的第1项内容为擎天公司应当将其违反合作合同约定所获利益偿付给合营公司。故合营公司是该项利益的权利主体，应由合营公司向擎天公司进行主张，晋皓公司无权替代合营公司提起仲裁。仲裁机构根据晋皓公司的申请，就擎天公司应偿付给合营公司的收益进行仲裁并作出裁决，实质上是就合营公司与擎天公司之间的纠纷进行了仲裁，而本案合作合同系由晋皓公司和擎天公司签订，其仲裁条款的范围仅限于晋皓公司与擎天公

① 人民法院出版社法规编辑中心编：《解读最高人民法院司法复函》（下），人民法院出版社2016年版，第1226页。

② 人民法院出版社法规编辑中心编：《解读最高人民法院司法复函》（下），人民法院出版社2016年版，第1237页。

司之间因合作合同引起或与合作合同有关的争议，故仲裁机构对合营公司与擎天公司之间的纠纷无权仲裁，该项仲裁裁决应不予执行。①

但是，当仲裁裁决本身确有原则性问题时，尤其是涉及仲裁的生命——仲裁程序问题时，最高法院对裁决的否认也绝不含糊。更令人敬佩的是，最高法院在支持高级法院否定一起涉外仲裁裁决的承认和执行时，毫不客气地点名指出我国一位知名仲裁员存在的问题。

在福建高院关于马绍尔群岛第一投资公司申请承认和执行英国伦敦临时仲裁庭仲裁裁决请示案中，最高法院认为，我国为1958年《纽约公约》的参加国，应当依照《纽约公约》的规定审查该裁决是否应当予以承认和执行。本案仲裁庭虽由3名仲裁员组成，但是仲裁员王生长并未参加仲裁的全过程，没有参与最终仲裁裁决的全部审议。因此，仲裁庭的组成或仲裁程序与当事人之间仲裁协议的约定不符，也与仲裁地英国的法律相违背，根据《纽约公约》第5条第1款第4项的规定，同意你院审委会的意见，该仲裁裁决不应予以承认和执行。②

值得称道的是，最高法院即便同意高级法院的请示意见，也并非只是简单附和，而是公开其论证过程，条分缕析何以同意的事实和法理依据，为全国各级法院规范审判思维和释法说理树立了榜样，这也是公正裁决的题中应有之义。李国光大法官曾公开说，抓涉外案件的公正裁决是依法公正审理好一切案件的重点和突破口，是展示我国向世界开放、融入经济全球化的窗口和标志。③ 最高法院的上述做法，无疑是这一观点的最好注解。做到这一点的前提，就是自觉向世界标准看齐，以世界标准要求自身，这可谓是最高法院涉外审判思维的标志性特征。

在北京高院关于彼得·舒德申请承认及执行美国仲裁委员会裁决请示案中，最高法院认为，2003年北京正值“非典”期间，按照最高人民法院《关于在防治传染性非典型肺炎期间依法做好人民法院相关审判、执行工作的通知》第5条第1款的规定，当事人因防治“非典”耽误申请执行期限的，人民法院按照《民事诉讼法》第76条规定处理。2003年3月开始北京确实暴发了严重的“非典”疫情，客观上对各行各业的正常工作以及人民群众的生活造成了影响。我国虽然并未对“非典”疫情消除的准确时间作出规定，但世界卫生组织2003年6月21日在日内瓦和北京同时

---

① 人民法院出版社法规编辑中心编：《解读最高人民法院司法复函》（下），人民法院出版社2016年版，第1284页。

② 人民法院出版社法规编辑中心编：《解读最高人民法院司法复函》（下），人民法院出版社2016年版，第1271页。

③ 李国光：《我的大法官之路》，人民法院出版社2015年版，第351页。

宣布：解除对北京的旅行警告，同时将北京从“非典”疫区名单中除名，即所谓的“双解除”，据此可以认定从世界卫生组织宣布对北京实行“双解除”之日起，影响申请人彼得·舒德提出承认及执行仲裁裁决申请的障碍已经消除。依照法律规定彼得·舒德提出申请的最终期限为2003年7月5日，而世界卫生组织宣布对北京实行“双解除”之日其申请期限并未届满，“非典”疫情并未耽误其申请执行期限。退一步说，如果依照申请人彼得·舒德主张的美国政府疾病控制中心解除对北京旅游警告的日期即2003年7月11日作为影响其申请承认和执行的障碍（“非典”疫情）消除的时间，则此时其申请承认和执行裁决的法定期限已过。由于其未在法定期限向人民法院申请顺延期限，故其关于“非典”疫情耽误申请承认及执行期限的理由不能成立。同意你院意见，对于其申请应予驳回。①

通过上述考察，以涉外仲裁案件为镜，可以清晰地看出上下级法院之间审判思维的现实差异。为更好说明问题，有必要提及一个实证数据。最高法院民四庭原负责人公布的统计数据显示，2000年至2011年间，各高级法院的涉外仲裁上报案件，最高法院同意请示意见的比例不足50%。② 不同层级法官群体间的审判思维差异之大，由此可见一斑。

第五节　九民会议纪要审判思维③

最高法院于2019年11月8日发布《九民纪要》。有很多亮点值得认真解读。

互联网时代学会学习比学习本身重要得多。如何学习，如何面对洪流一般的司法浪潮、知识信息，比我们做一份具体文件的解读更重要。针对会议纪要，我一方面解读它，另一方面示范如何学习一份业务文件，更抽象地说是如何进行业务学习。对于任何一份法律文件的解读，希望大家都能从四个方面培养自己自觉的方法论意识。

一是嵌入思维。这份会议纪要有130个法条、12大部分，涉及《民法总则》法律适用的衔接问题，公司纠纷案件的审理问题，合同纠纷案件的审理问题，担保纠

① 人民法院出版社法规编辑中心编：《解读最高人民法院司法复函》（下），人民法院出版社2016年版，第1266页。

② 刘贵祥、沈红雨：《我国承认和执行外国仲裁裁决的司法实践述评》，载《北京仲裁》2012年第1期。

③ 本文系2019年11月22日在北京大成（深圳）律师事务所讲座内容，饶庆松整理。

纷案件的审理问题，金融消费者权益保护纠纷案件的审理问题，票据、营业、信托、财产、保险合同、破产案外人救济民事程序和形式程序的处理。这12个方面，如果不用嵌入式的方法来解读，就不清楚这一个条款在总的文件里占据什么样的位置。在整个民商法的体系中，它占据什么样的位置？这个条款的设置要达到什么目的？它要解决什么问题，它是如何解决这些问题的？这些问题解决的方式有什么可圈可点之处？如果没有这种背景性的、深入性的探讨，对法律条款背后的精神利益、意图和目的是不可能有深刻的了解的，会始终停留在会议纪要条文的表象上。

二是框架思维。学习任何一份法律文件，务必要有框架思考。框架思维体现在两个方面：第一，文件不是平面的，而是立体的；不是片面的，而是整体的；不是某一个方面的，而是有结构性的连接关系的。第二，要带知识体系的结构来阅读它。这一份文件，130个条款，12个类别，下面还有进一步的划分。它是什么样的结构关系，每一个条款之所以在这个地方，每一个部分之所以在那个地方都不是随心所欲的。你可以一开始记不下来这么多条款，但是脑子里一定要有这种结构性的框架，然后你才会在以后的学习中、实践中、讨论中、交流中、研究中，把框架中抽象的、一般的、带有普遍性的东西不断地细化，不断地丰富。希望大家以后看任何的文件，进行业务学习，乃至于做业务交流，一定要有框架思维，看到问题本身，要给它框架化，在这个总体结构框架里，它归属于哪一块区域，属于什么性质？要解决什么问题？它和其他类别之间是什么样的关系？

如果有一个框架，你就会发现其实现实生活中的法律问题，不管怎么创新，不管怎么变化，它都是形式要素，都是表象要素，最终还是要回归到基本框架下，用基本法理来审视、分析和解决的。拿到一个碎片不要急着看结论，首先判断这样一个内容和已有的知识框架是什么样的关系，是补充了一个空白，是强化了现有认知，还是产生了一个颠覆性的印象。有这种意识的话，就可以在学习中有主动权，不管有什么样的司法信息、浪潮，脑子里永远都是有框架的。所以，嵌入思维、框架思维是我们方法学习中最重要的两个点。

三是历史思维。会议纪要共130个条文，如果要把它历史地看，就会发现很多条文背后所凝结的司法实践已经行之有年，在实践过程中已经有过多次的锤炼、检验，它是司法实践的一个凝结。当然，这个凝结也不要把它看得过于绝对，有些东西是处在认识过程中的历史阶段，也就是说在这个特定的阶段里，我们对一些问题的认识，虽然不能说都达成了共识，但可以说已经达成最大的公约数，形成了最大的同心圆，至少是倾向性认识，是主流的意见和影响。

我们看任何一份法律文件，都要把它放到历史背景里去看，它是流变的，它过去、现在和将来都有一条流变的脉络。这样的话有一个什么好处？当环境变了，形势变了，思想变了，法律条文变了，会议精神变了，你依然感觉可以走在认识规律的路上，而没有觉得以往的东西全颠覆了。对任何客观事物的认识，都是一个螺旋上升的过程，所以一定要有一种历史意识，千万不要把它静止化、片面化、机械化、僵硬化。

四是国情思维。任何一个案件，特别是重大疑难复杂案件，都是多种力量、多种因素、多种方面的平衡博弈，都是综合取向的结果。最高法院经常讲两句话：第一，党的绝对领导；第二，让人民群众在每个案件中感受到公平正义！

我们以这份文件为蓝本，学习任何业务文件，建立起自己方法论上的自觉意识，有嵌入思维、框架思维、历史思维、国情思维，对我们都大有好处。

一、指导思想

深入解读会议纪要，需要了解这份文件的根本目的是什么。讲根本目的就要讲它的指导思想。指导思想要讲得很清楚，就需要从四个方面去理解：

一是坚持党的绝对领导。党的绝对领导是我国司法工作的本质属性。坚持党的绝对领导，党中央开的每一次重要会议，发布的每一份重要报告，用法律的眼光都要看出痕迹、看出轨迹、看出变化的端倪，真正做到在气候变化的前沿地带、拐点时刻，能够有所预见、有所调整、有所适应、有所规避。

二是全部司法工作，必须服务党和国家的工作大局。中央发文件称金融要为实体经济服务，要对金融进行全口径监管，要防范金融系统性风险。司法实践不作出回应是不可能的，所以要有这个预见。

2019 年 3 月，最高法院裁判了一个影响很大的商事案件，认定上市公司、保险公司的股权代持协议为无效，而在以前最高法院都认定是有效的。此次认定无效的依据之一，是保监会的一个规章，没有源于法律。对此，很多人理解不了，这是为什么？因为在先前的中央经济工作会议中，已经强调了金融安全、金融监管，必须把金融监管落到实处，实行严格责任制。如果再对保险公司的股权代持认定为有效，不仅是一种放任，而且会导致这种现象更难以被监管，难以被规范。最高法院的裁判就是要给司法实践一个示范，给社会提供一个指引，同时也是表明最高法院在不折不扣贯彻中央文件。司法工作是为党和国家工作大局服务的，这份会议纪要就是为党和国家大局服务的具体表现和工作部署。

三是司法为民。司法为民是今年 1 月召开的中央政法工作会议提出的中心目标。什么是司法为民？我们到很多法院，都会看到这么一句标语——努力让人民群众在每一个案件中感受到公平正义。有人可能会说，法官就是依照法律进行判决，把法律准确地理解好，适用好，裁判好不就可以了吗？为什么还要提出一个司法为民呢？我们要想到，如果我们在司法实践中机械地、僵硬地适用法律，机械地、僵硬地说理，往往不会取得好效果。为什么要讲情理法，因为光讲法不行，还要讲情，还要讲理，动之以情晓之以理，才能正确地适用法。举个例子来讲，为什么现在出台了英烈法，保护英烈及其后人的合法权益等，就是在国家目前的价值弘扬过程中，有人将其过分娱乐化了，博人眼球，对狼牙山五壮士故事认为是杜撰，对某烈士的后人做出一些不敬的说法。过分娱乐化的背后，实际上是价值观念的崩解。一个社会，没有起码的是非吗？没有基本的正义吗？没有最低限度的道德吗？法律目的究竟是什么呢？就是规范指引人们的行为。这些都有必要在司法判决中体现出来，都是活生生的审判思维。狼牙山五壮士名誉权纠纷案，不仅上了当年的典型案件，还上了周强院长的工作报告，向全国两会去汇报。因为这是我们需要弘扬的价值观。

四是公正司法。现在把公正司法提到了生命线的高度，认为是保障社会正义的最后一道防线！我们现在讲公开，裁判文书公开、诉讼流程公开、裁判环节公开、假释公开、执行公开、庭审直播等，都是追求司法公正、提升司法公信力的表现。包括这份会议纪要，为什么要写得这么具体、这么明确？就是要压缩承办法官在审理疑难、争议、前沿案件中的自由裁量权。像这三类案件的自由裁决权非常大，法官有庞大的自由裁量权，以前不需要公开自己的自由心证。现在要尽量地压缩，如果不压缩就不能够稳定社会合理的预期。

二、审判理念

接下来要深入解读这份会议纪要体现出来的审判理念，这就涉及相对更为专业的区域了。会议纪要提出了三大审判理念，实际上也是审判思维的核心内容。

第一个审判理念是辩证理解、准确把握民商事四大基本原则——契约自由、平等保护、诚实信用、公序良俗。在今后的疑难、前沿、争议案件中，这四个基本原则是原则性规定，而在具体条文中也可以看到，不断地从侧面的、反面的、辩证的角度，反反复复体现出这四大原则。比如讲契约自由，在金融消费者权益保护过程中，消费者买的理财产品亏损了，就去法院起诉。对此，最高法院的态度很明确——契约自由。如果你了解这种投资性质、投资风险，认为自己能够匹配这种投资性质、投资风险，在可以承受的情况下所作出的自我决定，那是双方契约自由的体现。如果对方没有法定性的过错因素，不能把因此发生的亏损归结给对方。所以这次会议纪要中提出，如果没有违反适当性义务，不存在赔偿可能性。这些基本原则都具体地体现在每一个条文、每一个部分中，成为一种审判理念。

第二个审判理念是要有请求权基础思维。这一点我们长期在学理中提及，但是最高法院很少提及，公开提出应该是首次，就是要有请求权基础思维，要有逻辑和价值相统一的思维，要有同案同判的统一思维。王泽鉴先生认为，整个民法其实就一句话，谁向谁主张何种权利要求承担何种责任。依据什么主张权利，依据什么承担责任，其实就是请求权基础，所以一定要有这个思维。法官审理案件，现在已经明确了，要求有请求权基础思维。接下来就可以预见，在整个的法庭调查，乃至于法庭辩论过程中，律师或当事人可能会反反复复地被各级法院的法官询问一句话：你的诉求，不管是起诉、上诉、反诉、申诉，请求权基础是什么？请求权基础能不能成立？如果请求权基础不能成立，这个案件就没必要审，或者说没有胜诉的可能性。

还有逻辑与经验相一致。就是说法官或者律师，在审案办案或者解析案件、交流案件、研读案件时，都应该两条腿走路——逻辑和经验。美国大法官霍姆斯认为，法律的生命力在于经验，不在于逻辑。其实法律的生命意义既在于经验，也在于逻辑，是逻辑与经验的来回穿梭、流连往返、螺旋上升、动态演进。看一个案件，既要看它专业性的一面，也要看它在社会生活中复杂性的一面。这样的话，眼光才会全面，才不会有遗漏，思考问题的点，才会比较纷繁、复杂、贴切，案情才不会有盲区。

举个例子，六巡的副庭长杨永清大法官，他在办理一个申诉案件的时候，觉得很奇怪。本来这个案件没有提审或者改判的必要，为什么这个案外人老是对抵押权人的权利提出异议呢？抵押权是登记了的，为什么案外人从一审打到二审又打到最高法院六巡呢？这样简单的一个事情，他这么执迷不悟地追究下去，会不会有其他我们没有考量到的因素呢？所以他决定，巡回法庭就应该巡回办案，到新疆去，到当地去，到现场去看一看到底怎么回事。他去了当地国土局，看了土地登记簿的情况，看完之后，他就知道这个案子该怎么判，怎么办了。如果不到现场，很多东西不知道，没有经验的东西支撑，靠逻辑、看材料、听讲解、凭沟通完全是不够的。为什么？他看了登记簿就发现抵押权确实是作了登记，但是抵押权登记没有四至。没有四至，没有范围，那这个权利怎么去特定、具体、明确？而如果不特定、不具体、不明确，如何产生对抗性？所以他说了，很多案件，如果你觉得蹊跷，真的要有司法的温度，到现场去。

其实笔者希望法官能够到当地巡回审理案件，这样会更有法感。有没有到现场、有没有感知、有没有那种触动，是完全不一样的，它能加深你对案件的认知、判断、了解和走向。所以我们讲逻辑的和经验的相通，它真的不仅仅是句口号，不仅仅是个原则，也不仅仅是个理念，我们需要考虑在个案中，在平时的业务过程中，怎么更好地去体现。

第三个审判理念是要准确适用外观主义。最高法院这次讲得也非常明确，必须要准确地适用外观主义。在会议纪要里，针对前沿的、疑难的、争议的案件慎用外观主义，这句话在引言中讲得非常明确！外观主义是例外，例外就是很少使用、排除使用、慎重适用，就是基本上不适用。因为这份纪要所约束的案件往往都是带有模糊色彩，比如打着金融创新的名义，规避法律的实际监管。在这种情况下，还强调外观主义，不就恰恰达到了当初法律设计的一个目的吗？仅仅停留在外观，而不再进一步深入，最后法院认为这不符合会议纪要所约束的前沿、疑难和争议案件的审判规则和思维规范。趁热打铁，最后法院提出了一剑封喉的审判理念，就是在民事案件和行政审理中要处理好二者之间的关系，贯彻五个字——穿透性思维。穿透，什么东西都怕穿透！一旦要穿透，前面那些外衣，那些屏障，那些色彩，那些释放的烟幕弹，统统都化为乌有。看你的真实意思表示究竟是什么。在纪要规定的金融消费者权益保护纠纷、营业信托合同纠纷案件中，以及财产合同、保险票据、破产案件纠纷中，都谈到了要穿透。穿透，从哲学的角度来说，就是唯物辨证论的基本原理，就是透过现象看本质。

举个例子来讲，信托公司跟出资方，包括用资方搞的多层嵌套，搞的不断交易升级、不断交易链条，以后不要再想蒙混过关，公司的本意是什么？目的是什么？这个合同法律关系的实质是什么？你说是信托，就要具体问，你是主动管理型的信托，还是事务管理型的信托？如果是事务管理型信托，你说是通道业务，通道业务到底是个什么义务？法律上怎么去定性，法律效力怎么认定？这表明我们以后在承办重大、疑难、复杂的案件，不再被客户所提供的那些制作比较复杂的文件所迷惑，不要被客户所设计的那些观点所混淆，要识别出穿透背后的本质。《民法总则》中讲到了，识别通谋虚伪意思表示，这一次也是体现得非常明确。虚伪通谋的东西被揭穿以后，看真实的意思是什么，根据真实意思表示来进行效力判断。

一般性地谈审判理念是不够的，真正地理解审判理念，还需要从总体结构上深度解读。这就要研究会议纪要的总体结构，它包括 12 个部分，这 12 个部分是什么关系？这 12 个部分每一个部分向下分的内容，又是什么关系？比如说，公司纠纷案件的审理中，讲到了八类内容，回购业务、出资加速、出资加入表决权的限制、股权转让、优先购买权效力的判断和平衡、有限责任公司股东没有及时清算的义务认定与责任承担、人格否定以及人格否定的三种表现、股东代表诉讼以及实际出资人和名义出资人之间的归属。在这种情况下，怎么把这些内容，从总体的角度、结构的角度理清楚？假如重点是解读合同，那么所要解读的合同是在整个框架内的合同，整个会议纪要框架内的合同。这样才能逐渐去看透看深看细，然后结合自己的司法实践，不断地在理论和实务之间来回地良性循环，才能真正地把会议纪要的内容学透！

此外，要想把握审判理念，仅仅是从总体结构去解读还不够，还必须要掌握会议纪要的逻辑关系。这一条规定和那一条规定之间，究竟法理上是怎么连接的，是什么样的逻辑关系？要把它们用法理的因素连接起来。比如说，合同、公司、金融消费者、票据、营业信托、保险合同、财产保险合同、破产、案外人救济、民事程序和刑事程序的交叉处理等，也要有一个逻辑关系。公司是什么？公司是市场中的一个主体。合同是什么？合同是主体和主体之间的一个连接。担保是什么？担保是对民事法律行为的信用增强。证券、票据、营业、信托是什么？是民事法律行为走向资产化、证券化，进一步说就是走向形式化的一个标志。只有把这种逻辑关系放在一起，脑子里有一个逻辑拼盘，才会不管抓哪一个板块，拎出来都是一条线、一个面、一个整体和一张网络。从事民商法领域的人，不管是律师和法律研究者也好，法官也好，都需要站在这个角度去看会议纪要，甚至于看任何一份法律文件。

要精细化地理解审判理念，还必须从法律概念上来解读。这份会议纪要提到了非常多的法律概念，并对法律概念作定义，这在以前从来没有过。比如什么叫对赌协议？会议纪要作了一个严密的定义：对赌协议是基于对未来信息的不确定，交易的不确定，对金钱补偿、股权回购以及代理过程中出现的问题做出相对规范化的预期调整。另外，会议纪要对怠于清算义务的判断确定了认定标准。对场外配资、强制性规定的内容、适当性义务、针对金融机构发布的理财产品、金融产品的适当性义务作出了定义。这里面有多个法律概念，什么是让与担保？这次也体现得非常明确。必须把这些概念厘清，解读才会再次达到一个新的层次。接下来，还要从一个深度角度来解读——基本法理的角度。条文的法理法、民商法中的出处是什么？背后的根基是什么？必须要有这种意识。从前面 7 种角度切入会议纪要，才能谈到第 8 种对具体条文的解读。即需要先对根本目的、指导思想、审判理念、总体结构、逻辑关系、法律概念及基本法理进行深入解读，结果才能谈到具体条文的解读，这才叫深入。

三、突出特征

笔者将会议纪要的突出特征归纳为四个方面，带着这种纲领性、指导性的眼光来解读，会获得很多通过字面看不出来的东西。

会议纪要的内容很丰富，特征也很鲜明，有四大特点：第一，公开的自我批评；第二，严密的法律论证；第三，充分地尊重国情；第四，明确的司法导向。

第一，公开的自我批评。最高法院在一份司法文件里面，多次对法院系统做了自我批评。在关于公司纠纷案件审理中提到侵犯优先购买权、股权转让合同效力时，最高法院说了这么一段话——审判实践中，部分人民法院对《公司法解释四》第21条规定的理解存在偏差，往往以保护其他股东的优先购买权为由认定股权转让合同无效。准确理解该条规定，既要注意保护其他股东的优先购买权，也要注意保护股东以外的股权受让人的合法权益，正确认定有限责任公司的股东与股东以外的股权受让人订立的股权转让合同的效力。一方面，其他股东依法享有优先购买权，在其主张按照股权转让合同约定的同等条件购买股权的情况下，应当支持其诉讼请求，除非出现该条第1款规定的情形。另一方面，为保护股东以外的股权受让人的合法权益，股权转让合同如无其他影响合同效力的事由，应当认定有效。

以上内容说明最高法院对部分法院在进行《公司法解释四》理解过程存在的偏差提出了批评。可以这么说，如果没有这一段的自我批评，我们看《公司法解释四》是看不出来必须要平衡保护的。《公司法解释四》第21条规定：有限责任公司的股东向股东以外的人转让股权，未就其股权转让事项征求其他股东意见，或者以欺诈、恶意串通等手段，损害其他股东优先购买权，其他股东主张按照同等条件购买该转让股权的，人民法院应当予以支持，但其他股东自知道或者应当知道行使优先购买权的同等条件之日起三十日内没有主张，或者自股权变更登记之日起超过一年的除外。前款规定的其他股东仅提出确认股权转让合同及股权变动效力等请求，未同时主张按照同等条件购买转让股权的，人民法院不予支持，但其他股东非因自身原因导致无法行使优先购买权，请求损害赔偿的除外。股东以外的股权受让人，因股东行使优先购买权而不能实现合同目的的，可以依法请求转让股东承担相应民事责任。

这一条是对优先购买权的保护，而《九民纪要》中的第9条，实际上贯彻的是一个基本的原则——平等保护，既要保护股东的优先购买权，又要保护股东以外受害人的合法权益。所以对《公司法解释四》这一条实际上是作出一定的纠偏，并对法院自身提出了批评。

最高法院在会议纪要中对关于人格否定的案件审理，也对各级法院提出批评。在人格否定案件的审理过程中，需要根据查明的案件事实进行综合判断，既审慎适用，又当用则用。实践中存在标准把握不严而滥用这一例外制度的现象，同时也存在因法律规定较为原则、抽象，适用难度大，而法官不善于适用、不敢于适用的现象，均应当引起高度重视。

比如，在有限责任公司清算义务人责任这个条款项下，最高法院提到，有的人民法院没有准确把握上述规定适用条件，判决没有“怠于履行义务”的小股东或者虽“怠于履行义务”但与公司主要财产、账册、重要文件等灭失没有因果关系的小股东对公司债务承担远远超过其出资数额的责任，导致出现利益明显失衡的现象。

又如，关于合同效力项下对强制性规定适用的案件审理，最高法院作出如下规定：《合同法》施行后，针对一些人民法院动辄以违反法律、行政法规的强制性规定为由认定合同无效，不当扩大无效合同范围的情形，《合同法解释二》第 14 条将《合同法》第 52 条第 5 项规定的“强制性规定”明确限于“效力性强制性规定”。此后，《最高人民法院关于当前形势下审理民商事合同纠纷案件若干问题的指导意见》进一步提出了“管理性强制性规定”的概念，指出违反管理性强制性规定的，人民法院应当根据具体情形认定合同效力。随着这一概念的提出，审判实践中又出现了另一种倾向，有的人民法院认为凡是行政管理性质的强制性规定都属于“管理性强制性规定”，不影响合同效力。这种望文生义的认定方法，应予纠正。

再如，在关于通知解除条件的合同诉讼案件审理中，最高法院提到，审判实践中，部分人民法院对《合同法解释二》第 24 条的理解存在偏差，认为不论发出解除通知的一方有无解除权，只要另一方未在异议期限内以起诉方式提出异议，就判令解除合同，这不符合合同法关于合同解除权行使的有关规定。该条的准确理解是，只有享有法定或者约定解除权的当事人才能以通知方式解除合同。

在最高法院以前的裁判观点中，关于合同解除的条件，曾经有过多次摇摆，而且是反复摇摆。最高法院对此处的规定，理解上缺少一致性，或者说缺少对立法条款本意的一种准确把握。首先要有权才能谈得上权利行使。罗马法已经说得很清楚，权利的转让不能大于本权，意味着首先有权利的来源才能有权利的流转。如果这个权利的源头都是问题，试问从哪里得到权利的流转？票据流转过程中，上一次流转是非真实的票据流转关系，下一次流转的背书进行的过程中能不能够对票据法律关系做出一种认定？这就涉及权源的和权流的关系。所以在这个问题上最高法院不吝使用“偏向”“动辄”“望文生义”“没有准确把握理解法律的原意”等词语，来作出公开的自我批评。

再如，在关于合同场外配资，金融消费者权益保护纠纷案件中的第 85 条，最高法院称，审判实践中，部分人民法院对重大性要件和信赖要件存在混淆认识，以行政处罚认定的信息披露违法行为对投资者的交易决定没有影响为由否定违法行为的重大性。这应当引起注意。证监会、银监会、保监会都作出处罚了，法院认定在民事审判中不构成重大性，不构成绝对影响力，排除适用，是一种严重偏差。

再如，在会议纪要最后一个部分，第128条规定的民事程序和刑事程序交叉处理中，最高法院称，审判实践中出现的问题是，在上述情形下，有的人民法院仍然以民商事案件涉嫌刑事犯罪为由不予受理，已经受理的，裁定驳回起诉。对此，应予纠正。也就是说可能会涉及民商或者是刑事民事之间的交叉，最高法院做了一个切开处理，以刑事为借口，民事的不审，都是不对的。

以上这些，都是最高法院的自我批评，对法院系统的批评就是自我批评。这些偏向不仅仅是法院的偏向，不仅仅是部分法官群体的偏向，实际上也是我们法律人共同的问题，我们也不能置身事外，我们也需要在指出偏向的同时自我纠偏，这就是我们需要把这些偏向的东西单独拎出来的重要价值和意义所在。

第二，严密的法律论证。比如，在公司纠纷案件中的第29条，请求召开股东大会不可诉。"公司召开股东（大）会本质上属于公司内部治理范围"这句话定义非常关键，一句话就把这个行为的要害扣住了，这个行为的本质是法理上的一个穿透式思维。"股东请求判令公司召开股东（大）会的，人民法院应当告知其按照《公司法》第40条或者第101条规定的程序自行召开。股东坚持起诉的，人民法院应当裁定不予受理；已经受理的，裁定驳回起诉"。这是自治范围的一个内容，是公司应当私力救助的一个体现，当然这个私力救助是宽泛意义上的依法私力救助。处理好这几类关系，司法的介入、公司治理这二者之间的平衡，这里就体现出一个法理的底气来支撑。

又如，在合同纠纷案件中的第37条，最高法院提出关于未经批准合同的效力认定。实践中的一个突出问题是，把未生效合同认定为无效合同，或者虽认定为未生效，却按无效合同处理。无效合同从本质上来说是欠缺合同的有效要件，或者具有合同无效的法定事由，自始不发生法律效力。而未生效合同已具备合同的有效要件，对双方具有一定的拘束力，任何一方不得擅自撤回、解除、变更，但因欠缺法律、行政法规规定或当事人约定的特别生效条件，在该生效条件成就前，不能产生请求对方履行合同主要权利义务的法律效力。这个法理的剖析可以说是条分缕析、丝丝入扣、严密无间。

再如，第126条关于商品房消费者的权利和抵押权的关系，是司法实践中的一个热点、难点、疑点。根据《最高人民法院关于建设工程价款优先受偿权问题的批复》第1条、第2条的规定，交付全部或者大部分款项的商品房消费者的权利优先于抵押权人的抵押权，故抵押权人申请执行登记在房地产开发企业名下但已销售给消费者的商品房，消费者提出执行异议的，人民法院依法予以支持。但应当特别注意的是，此情况是针对实践中存在的商品房预售不规范现象，为保护消费者而作出的例外规定，必须严格把握条件，避免扩大范围，以免动摇抵押权具有优先性的基本原则。因此，这里的商品房消费者应当仅限于符合本纪要第125条规定的商品房消费者。买受人不是本纪要第125条规定的商品房消费者，而是一般的房屋买卖合同的买受人，不适用上述处理规则。两权冲突情况下，怎么选择，怎么适用，谁是根本，谁是例外？法理讲得很清楚。

再如，在票据纠纷案件审理过程中的法理阐述。根据票据行为无因性原理，在合法持票人向不具有贴现资质的主体进行“贴现”，该“贴现”人给付贴现款后直接将票据交付其后手，其后手支付对价并记载自己为被背书人后，又基于真实的交易关系和债权债务关系将票据进行背书转让的情形下，应当认定最后持票人为合法持票人。整个这一段的认定，源于票据维护原理的具体学说。在这份文件中无论是从其公开的自我批评中所暴露出的一种审判的偏差，还是从其难得公开披露的对法理的认知与阐述，律师会学到很多。

第三，充分地尊重国情。国情的尊重和体现，不是抽象的，而是具体的。第36条，关于合同无效时的释明问题。在双务合同中，原告起诉请求确认合同有效并请求继续履行合同，被告主张合同无效的，或者原告起诉请求确认合同无效并返还财产，而被告主张合同有效的，都要防止机械适用“不告不理”原则，仅就当事人的诉讼请求进行审理，而应向原告释明变更或者增加诉讼请求，或者向被告释明提出同时履行抗辩，尽可能一次性解决纠纷。不要说普通公民不清楚什么是起诉，什么是抗辩，什么是反诉，什么是诉的利益，什么是法律性质的界定，律师也不一定看得出，我们对一份合同的效力的认识经常也是有争议的、有分歧的。司法为民，尊重国情，就必须要考虑到这种现实差异，考虑到这种利益均衡，尽可能一次性地解决，避免给当事人增加新的讼累。

第58条，关于担保债权的范围。以登记作为公示方式的不动产担保物权的担保范围，一般应当以登记的范围为准。但是，我国目前不动产担保物权登记，不同地区的系统设置及登记规则并不一致。人民法院在审理案件时应当充分注意制度设计上的差别，作出符合实际的判断。一是多数省区市的登记系统未设置“担保范围”栏目，仅有“被担保主债权数额（最高债权数额）”的表述，且只能填写固定数字。而当事人在合同中又往往约定担保物权的担保范围包括主债权及其利息、违约金等附属债权，致使合同约定的担保范围与登记不一致。显然，这种不一致是由于该地区登记系统设置及登记规则造成的普遍现象。人民法院以合同约定认定担保物权的担保范围，是符合实际的妥当选择。二是一些省区市不动产登记系统设置与登记规则比较规范，担保物权登记范围与合同约定一致在该地区是常态或者普遍现象，人民法院在审理案件时，应当以登记的担保范围为准。这是最大限度地尊重国情，不搞“一刀切”。

第96条，关于信托纠纷案件审理中，信托公司固有财产的诉讼保全怎么办？除信托公司作为被告外，原告申请对信托公司固有资金账户的资金采取保全措施的，人民法院不应准许。信托公司作为被告，确有必要对其固有财产采取诉讼保全措施的，必须强化善意执行理念，防范发生金融风险。要严格遵守相应的适用条件与法定程序，坚决杜绝超标的执行。在采取具体保全措施时，要尽量寻求依法平等保护各方利益的平衡点，优先采取方便执行且对信托公司正常经营影响最小的执行措施，能采取“活封”“活扣”措施的，尽量不进行“死封”“死扣”。信托公司在我国是非银行金融机构，这种国情要特别考虑到。从公开的自我批评、严密的法律论证，充分地尊重国情这几个角度来深度解读的话，会发现会议纪要有多个面向、多个角度。

第四，明确的司法导向。会议纪要的司法导向可以说是旗帜鲜明，毫不含糊。比如，第41条对司法现象的批驳，关于盖章行为的法律效力，会议纪要说得很明确。司法实践中，有些公司意刻制两套甚至多套公章，有的法定代表人或者代理人甚至私刻公章，订立合同时恶意加盖非备案的公章或者假公章，发生纠纷后法人以加盖的是假公章为由否定合同效力的情形并不鲜见。人民法院在审理案件时，应当主要审查签约人于盖章之时有无代表权或者代理权，从而根据代表或者代理的相关规则来确定合同的效力。

又如，关于合同项下借款合同，“人民法院在审理借款合同纠纷案件中，要根据防范化解金融风险、金融服务实体经济、降低融资成本的精神”。这三句话全部来自于中央文件。“区别对待金融借贷与民间借贷，并适用不同规则与利率标准”开始进行价值的宣誓。“要依法否定高利转贷行为、职业放贷行为的效力，充分发挥司法的示范、引导作用，促进金融服务实体经济”反复强调金融服务实体经济，反复强调对某一种司法现象的认定、司法价值的弘扬、司法规律的表述。

再如，在关于金融消费者权益保护纠纷案件审理中，最高法院认为，在审理金融产品发行人、销售者以及金融服务提供者（以下简称卖方机构）与金融消费者之间因销售各类高风险等级金融产品和为金融消费者参与高风险等级投资活动提供服务而引发的民商事案件中，必须坚持“卖者尽责、买者自负”原则，将金融消费者是否充分了解相关金融产品、投资活动的性质及风险并在此基础上作出自主决定作为应当查明的案件基本事实，依法保护金融消费者的合法权益，规范卖方机构的经营行为，推动形成公开、公平、公正的市场环境和市场秩序。

再如，第92条，保底或者刚兑条款无效。信托公司、商业银行等金融机构作为资产管理产品的受托人与受益人订立的含有保证本息固定回报、保证本金不受损失等保底或者刚兑条款的合同，人民法院应当认定该条款无效。受益人请求受托人对其损失承担与其过错相适应的赔偿责任的，人民法院依法予以支持。实践中，保底或者刚兑条款通常不在资产管理产品合同中明确约定，而是以“抽屉协议”或者其他方式约定，不管形式如何，均应认定无效。这也是司法价值的明确引领和弘扬。所以说，对这份会议纪要的解读，如果是从自觉的方法论的角度深入解读，有了这些理论上的、学术上的、法理上的、实务上的准备之后，再来研读这些具体条文，这些具体条文才能鲜活起来，才能有生命力，对条文的解读才真正是有价值、有意义、有作用的。

下面笔者选取一些板块做一些具体的解读，就是要把这种工具教给大家，把这种方法教给大家，把这种意识灌输给大家。这就是为什么说，对这份会议纪要的解读是制作一个标本，是一个示范性的解读。那就是：我们究竟怎么认识这份文件，究竟怎么办理业务，更一般地说我们究竟怎么从事法律服务工作？这样的话，这份会议纪要对我们的作用才能真正彰显出来。

四、技术细节

研究法律，有人说要抓大放小，其实既要抓大放小，又要从大看到小，一个都不能少，一个角都不能缺失。

这个会议纪要很重要，虽然它不是司法解释不能直接援引，但是它的重要性不亚于司法解释。它的定位是一份通知，也就是说，这份司法规定是一份通知。这份司法文件第一行字是法〔2019〕254号。如果长期研究最高法院的文件、案例，跟踪最高法院的司法活动，会发现最高法院发通知的时候才用“法”。最高法院到目前为止发了21批指导性案例，每一批指导性案例都是关于发布第12批、关于发布第21批指导性案例的通知，其文号一定是法〔2019〕××号。

最高法院文书的文号与司法活动中的很多争议是有关系的。比如在最高法院的文件体系中，如法〔2019〕×××号、法发〔2019〕×××号（很多规范性的司法文件是以“法发”的名义来进行，比如关于雄安新区设立以后怎么进行服务保障××××通知）、法办〔2019〕××号、法明传〔2019〕××号（明传电报，发给各高级法院）和最高法民他〔2019〕××号。关于对公司人格否认，最高法院在这份会议纪要里，讲了三个要点：第一，人格否认一定是例外，只能是个别股东滥用公司独立地位，严重损害债权人合法权益；第二，只能由该实施了滥用公司独立地位的股东，对债务承担连带赔偿责任；第三，公司人格否认是个案裁决，也就是说它的既判力仅限于个案，否定了这个公司，这个裁决是不能扩大到其他案件中去的，其他债权人要想继续提出公司人格否认主张债权的，这个判决只能作为证据使用，而不能作为当然的不加审查的一个结果来适用。

为什么最高法院文号要特别注意？最高法院一个明确的观点，这个观点很多人不知道，在司法实践中还屡屡犯错误，下次就必须注意到这个问题。比如，办一个案件，类案检索到一个案件，是最高法院发给某一个高级人民法院请示答复中的一个批复，上面讲得很清楚，这种法律关系应该是这么定性，效力应该是这么认定，责任是这么划分，但是在司法实践中多次出现一种情况——往往对方明确表态，凡是最高法院以最高法民他〔（　　）年号〕××号，最高法刑他〔（　　）年号〕××号作出的批复，仅限个案使用，不得扩大解释。也就是说这类指示在其他案件中不适用，只是具体业务庭对下面业务指导过程中就该案作出了一个具体明确和特定的批示。它是以最高法民他、最高法刑他等文号发出的。这种文号的文件，不具有普遍约束力。最高法院发布指导性案例，比如关于发布第2批或者说第21批指导性案例的通知等，是有相当普遍的约束力的。而在指导案例36号中，对于个案批复的效力，最高法院予以明确回应，即一方援引的最高法院〔2000〕执监字第304号复函是针对个案的答复，不具有普遍效力。随着民事诉讼法关于执行管辖权的调整，该函中基于执行只能由一审法院管辖，认为经法院判决确定的到期债权不适用《民诉意见》第300条的观点已不再具有合理性。

再如，最高法院的司法解释，1996年前后是不一样的，因为1997年之后最高法院出了一个司法解释，即《关于司法解释的有关规定》，对司法解释本身做了个司法解释。到2008年又出台了一个司法解释，即《关于司法解释的进一步规定》，废除了前面的司法解释。也就是说，从1997年开始，法院司法解释的这种文号都是法释〔2009〕××号。而1997年之前，最高法院都是法发〔1996〕××号。除了司法文件以外，最高法院裁判文书的案号，2015年前后也有不同。2015年以前的案号一般是“最高法院（2014）民提字第42号”这种格式。自2016年后就改为“（2017）最高法民申1643号”这个格式。一份文件能解读到什么程度，与文件自身或者是与这门课题本身没有多大关系，跟解读主体的丰厚度有绝大关系。在解读这份文件时，如果就文件看文件，就条文看条文，就浪费了这个文件给我们提供的全新的信息，浪费了给我们普及、提升的诸多台阶。

再讲一个序号问题。最高法院这份文件，这次是连续编号。为什么连续编号？

因为每一个部分是不一样的，比如说在《民法总则》适用法律的衔接问题中，《民法总则》怎么跟《民法通则》衔接，怎么跟《合同法》衔接，怎么跟《公司法》衔接，《民法通则》之前的民事诉讼纠纷的时效问题，在《民法通则》过程中是怎么进行衔接的？这份文件规定了很多内容，针对第 2 个板块“关于合同纠纷案件的审理”先列了一些指导性意见，合同审理中包括什么呢？要鼓励交易，要注意交易安全，要维护交易安全，要审慎否定合同效力，审慎解除合同，要合理地分配权利义务关系，要依法调整过高的违约金等。

下面又是 7 个序列，公司法的序列，比如说公司法列到了 8，接下来 9，一段一段，每一段直接跟上面每一段中间有很大的横割。按理在《合同法》中，列了很多内容，可以单独编号，然后到了下面的保险、营业信托、证券、票据、破产、财产合同、保险到案外人救济、民事程序和刑事程序的这种交叉，既然各段都相对独立，应当每段单独编号才对。但会议纪要连续编号直到 130 号，有三个原因：第一个原因是，国外法律文件的序号是一序到底，不管中间说了多少但是，做了多少说明，做了多少板块，是一序到底，这样便于检索。第二个原因是，如果通读这份会议纪要，会发现条款上下文相互支撑，如关于以物抵债这种协议，它分履行期限之前和履行期限之后的以物抵债协议，再如第 76 条的让与担保直接说它不同于什么就可以了，或者在另外一个条文里说，这个条款请参见纪要中的多少条。所以没有办法分割开来每段单独编号，否则指称起来会很啰唆，不好使用，只能一编到底。第三个原因是，方便交流。在适用的过程中、代理人在代理案件过程中、与法院交流过程中，说这个案件适用会议纪要中哪一条，马上就能引用。如果分别编号，就要说适用合同项下的第几条、第几条，不利交流。所以这个也是一个很突出的特点。司法的精细就是司法的进步，司法的进步不太可能是轰轰烈烈的，更可能是润物细无声的。所以我们看一份文件真的要看这些精神、这些目的、这些指导思想、这些基本原则是怎么落实在一个具体条款里面。我们还有一种方式，看细节，看条文，然后从条文中看出条文的脉络、指向、背后的意图，法律基础及指导思想。这种看法很困难，为什么？从一般到特殊是符合认识规律的，从特殊到一般是不容易的。

关于会议纪要中的公司法板块。这种纠纷的案件在审理过程中，要特别注意到一个问题，笔者把它概括为这么一句话——“两保护一激发一增强”。读这些具体规定的时候，一定要注意到“两保护一激发一增强”。保护什么？交易安全、投资安全。激发什么？激发经济的活力。增强什么？增强投资的信心。做到“三个平衡”，哪三个平衡？外部债权人、内部股东和公司本身这三个利益主体之间的平衡，做到公司内部法律关系和外部法律关系的平衡，做到公司治理的自治和司法外部强制的介入之间的平衡。为什么这样讲？因为公司方面有很多内容，如对赌协议，出资加速，出资加速的表现形式，股权转让，人格否认，怠于清算的责任，公司为他人提供担保，股东代表诉讼，实际投资人和名义投资人之间的权利归属等这些方面，怎么抽象出一个共性的东西？这是对概括、提炼、总结能力的巨大挑战，需要按这个方向走。

也许一开始提炼不出什么叫“两保护一激发一增强”“三个平衡”。大家注意中央文件，部委文件都提一个怎么样，两个怎么样，三个怎么样，这就是抓取能力、概括能力、抽象能力。因为没有抓取能力、概括能力，中心思想、整体结构就散开了，连不到一块。

有人会觉得公司项下的这些会议纪要内容好散，不知道怎么笼络一起。那是因为缺少纽带，缺少红线，缺少脉络。珍珠都很好，串不起来，散落一地，就不是精美的项链，有这根思维的红线，才会把这些珠子，一个个地串联起来，才是个整体。带着这样的想法去读公司项下的每个条款，就会发现这些条款实际上都体现了这个内容，而这些内容也都体现在对条款的设计上。

再如，对于金融消费者合法权益保护纠纷案件，会议纪要里专门讲到了金融活动适用规章可以确定合同效力，强制性条款中有几类强制性条款可以作为否定行为效力的标准。尽管是规章，但涉及金融安全。在承办案件的时候，有经验的律师和法官都知道，两类案件要特别小心：一类是金融纠纷案件，一类是涉外纠纷案件。金融无小事，现在已经上升到国家安全层面了。涉外案件更无小事，现在的外国公司的一些纠纷案件，巡回法庭都没有权利审，直接到本部审理。如果涉及台港澳可以在巡回法庭审理，外国公司必须到总部审理。这种涉外公司的纠纷案件，判决出来之后，代表中国法院司法的一个指标。因此，这两类案件办理要非常小心。这两类行为的规范相对来说效力都比较低。如金融案件，金融业中银保监会、证监会出台的大部分是规章。但是会议纪要明确表明，涉及金融安全，规章可以决定合同效力。涉及交易场所、交易内容、交易方式的，规章都可以作为否定合同效力的依据。如期货场外配资，在特定交易场所进行了配资，虽然是规章规定的内容，但也可以认定无效。再如交易方式违法，虽然是规章规定的内容，招投标过程中有些规章性的东西，但一经违反，也可以视为无效。

会议纪要把这个列明，因为这类规章涉及公序良俗。我开始拿到会议纪要后，实际上对我的认识也有触动。因为在我的法学研究过程中，我对公序良俗的认知就是它应该跟传统、习惯、民俗、历史因素结合在一起。可是把规章内容作为公序良俗，我还是有一点点意外的，因为我不知道金融方面的规章是可以做公序良俗，事实上，公序是公序，良俗是良俗，公序良俗是两个概念。可以叫公序良俗，但不能把公序和良俗完全糅到一起。违反金融安全的这些规章，或规范性文件，就是公共秩序，或者是国家意志通过公共秩序的表现。所以通过这样认真、仔细地学习和体会，会不断加深我们对知识体系的查漏补缺。

举了以上两个例子，以解剖麻雀方式跟大家讲怎么具体解读这些文本。总的来讲，希望大家在研究中、学习中、办案中、思考中，尽力在以下几个方面做一个有自觉意识的人。第一，有自觉的框架意识。拿来任何的信息、案件、材料，要有一个框架性认识。民商法这个庞大的体系，就像一个中药铺，每一种药在哪个格里，是固定住的。就像我们在键盘上打五笔文字，每个键盘是固定的。要有个框架，来了一个信息、案件或资料，首先看已有的框架里有没有相关信息——没有就填补空白，有就增强印证、提升、完善，这样带着框架性的思维去认知，才可以以少驭多，以简驭繁。

第二，一定要学习理论。不学理论，到了一定程度，很难更上一层楼，特别是重大疑难案件，为什么？这种案件发生的争议一般都处于法律的边缘状态，要么没有法律规定，要么法律规定模糊，要么法律理解有歧义。法官只能回到基本原理中，解构、研究、探索、定性，尝试地提出一整套东西。如果没有根基和扎实的理论基础，不要说说服法官了，跟客户交流都没有底气。如果你也不清楚，你就拿不出有法律依据或有法理根基的东西，那怎么去引领案件？

第三，要有自觉的复盘意识。每一个案件的代理，每一份文件的解读，每一份材料的研究，要有复盘。需要去考虑，假如是你办理这个案件，会怎么判？以前办过的这些案件，还能怎么更好地去总结、提炼？对文件的研读，为什么我的解读和别人不一样，别人看出了我没有看出的东西，差别在哪里？律师学习重要，学习能力重要，学习能力的意识，方法论的锻造无比重要。所以要处处留心，既要建构，也要解构，时时注意复盘。按照这个方向走，走得慢也没关系。虽然受制于各种主客观条件因素，大家的提升会参差不齐，但只要提升就有进步，就有信心，就有希望。

第六节　律师视野下的法官审判思维

司法活动是个完整的系统，法官是其中的重要主体，但并非唯一主体。司法活动离不开其他法律人尤其是律师的深度参与。司法活动的有效和高效运作，很大程度上是由法官群体和律师群体共同推动的。显然，如果律师与法官的思维模式不能有效对接，调适共振，就个案而言，代理效果不可能良好；就系统而言，司法运作不可能顺利；就职业共同体而言，法律精神不可能构建；就全社会而言，法律信仰也不可能真正确立。“把各个不一致的部分统一起来，最可行的办法是从它们一致的地方出发。”[①] 从我国司法实践的现状和未来发展的高度看，推动两大法律群体间思维模式的交流互鉴，逐渐形成相对一致的司法认知框架，事关法治建设全局，非常必要同时也非常紧迫。本节以律师视角为镜像，通过对民商事审判中某些规律性现象的总结，映射出法官群体思维模式的某些特征。需要说明的是，律师视野下的法官审判思维，既是对外在思维模式的观察与认知，也是对内在思维模式的反思与重塑。对法官审判思维不足之处的个别批判，也是对法律人共同思维盲区的自我批判。

一、影响民商裁判的八大基本要素[②]

查理·芒格说过，人类只有发明了发明的方法之后才能快速发展。借用他的话，我们只有学习了学习的方法之后才能成为高手。今天，笔者将结合自己的职业生涯和经历，从学习方法的角度和大家做一个分享。

九民会议纪要之后，中国的社会、中国的司法、中国的审判包括民商事审判工作进入了新时代。面对这个新形势，我们的确要与时俱进。

现在司法形势的发展很快。2019 年 11 月 14 日最高法院在官网公布《九民纪要》。随后，最高法院民一庭公布了《民事诉讼证据的修正规则》，最高法院民四庭公布了《外商投资法》的司法解释，最高法院行政庭公布了关于行政复议的司法解释。此外，最高法院召开了全国法院审理债券纠纷案件会议，并发布了会议纪要的征求意见稿。据最新消息，最高法院对于小额诉讼简繁分流进行了司法改革，在全国十五个省二十个城市推进这项重大司法改革内容，其中也包括安徽合肥。再加上 2021 年 1 月 1 日起施行的《民法典》。对于这一系列的重大举动，我们作为律师界的先行者、前行者，应当有一个综合的认知、高度的解读。我的体会是，这一切实际上都是贯彻中共十九届四中全会决定，是加强国家治理体系和治理能力现代化在司法领域的一个体现。

落实在司法工作中，就是怎么样使我们的司法水平、司法进程更加现代化、更加专业化。这样一种专业化的趋势，大家可以很明确地看出，一方面提倡逻辑，另

① 梁志学编译：《费希特文集》（第 1 卷），商务印书馆 2014 年版，第 450 页。

② 本文系 2020 年 1 月 19 日在北京大成（合肥）律师事务所讲座内容，吴启迪整理。

一方面提倡经验；一方面提倡技术，另一方面提倡理念；一方面提倡它的普适性，另一方面又强调它的过程性。在重视实体的同时强调程序，强调情、理、法的融合，这些都是重大的政治和司法现况。我们一定要在这样一个背景和高度上去解读九民会议纪要后的大形势。在这样的一个大背景下，去判断民商事案件的整体走向并做好相应的调整。基于上述的考虑，笔者提出九民会议纪要之后办理民商案件的八大基本要素，可概括为“八个搞清楚”。

第一，把案件事实搞清楚。如果经常观摩中国裁判网直播的最高法院的庭审的话，就会发现，本来应该是律师在案件事实领域的一个优势场合，往往被法官所质疑。为什么？因为对案件的事实把握不清不楚。案件事实本身是什么？案件纠纷的原因是什么？这两个点都有亏空。不知道是什么，不知道为什么，如何能谈出怎么办。这一点是从事律师职业须切记的：不管执业多久，取得多少成绩，都必须一头扎在案件事实上。

把案件的事实，包括基本事实、背景事实、焦点事实和相关事实搞清楚，这一点上我们有先天的优势。法官一年办这么多案件，分配给每个案件的单位时间非常有限。而律师对案件投入的时间是他的数倍甚至数十倍。我们对案件的了解和深入就像上游一样，流下去的事实才是你经过裁剪，提供给法官的事实，在有边界的法庭上予以组合重整。所以，尽管你控制不住案件的走向，但你可以控制住案件事实的流向。

在这一点上，我们有很多的经验，也有很多的教训，比如，曾有法院在两个案件基本事实一样的情况下，做出了不一样的裁定，似乎有违同案同判的基本原则。但是两个案件的基本事实一样，结果不同，也不代表错判。为什么？虽然案件的基本事实是相同的，但双方代理人在庭上的举证质证方式，质证意见、法官采纳质证意见的依据和庭后发表的代理意见都未必相同。上述每一点问题的偏差，都会直接导致法官自由裁量心证的形成，影响案件最终的方向。也就是说，所谓的基本事实，不要仅仅局限在客观事实，而应该是有证据支持的法律事实。如果在这一点上，律师不下大的功夫，不做足够多的准备，是不会有好的庭审效果的。

去年我看到最高法院民二庭资深法官王东敏在《公司法审判实务与疑难问题案例解析》前言写了一句话，对于书中引用的案例，敬请各方人士不要简单套用，因为案件情节的改动对处理结果影响很大。确实如此，因为这个案件事实的每一点变化，案件证据的每一点调整，都有可能导致案件结果有着截然不同的处理。

我们在案件代理的过程中，为什么对事实问题往往处在一个不清楚的状况，或者是没有像法官有限的时间调查得那么深入呢？我想是与代理思路有较大的关系。

如果观看庭审直播的话会发现，律师最大的问题不在法庭辩论，而在于法庭调查阶段，尤其是回答法官询问阶段。法官的询问往往都是基于庭审提纲，其庭审提纲就是其审理思路，无非是围绕事实、证据、程序、实体、法律适用等多个方面。而律师的着重点往往在法律适用。案件的性质是什么？合同的效力是什么？法律关系是什么？这吸引了我们更多的注意力。但是对案件的事实，我们下的功夫很小。如果律师不在案件的事实上面，像考古学家一样一层一层地剥离、一寸一寸地掘进、一点一点地深入，案件代理不会有好的效果。

去年我在一巡办理一个案件，在承接这个案件之前，我们团队也是有很大的疑虑的。因为这个案件此前在广西各级法院打了快十年，然后在此基础上，广西高院作出一审判决，判令我方败诉。洽谈了这个案件之后我当时和团队的其他律师商量说，接不接这个案件我先去实地考察一番。柳州当地的一个五层的最大的商贸城，因为打了近十年的官司已经废弃了，整个楼断水断电还处于对方的控制之下。快要过春节的时候，我只身一人来到了现场，因为电梯都已经废弃了，到处都是玻璃碎碴，我在整个五层的建筑里爬上爬下拍摄了大量的照片，后来我把这些东西提交给合议庭，本来是希望一巡能够巡回到广西当地去开庭。除了书面的材料之外，如果有更直观的感受，案件的事实状况会对各位合议庭成员产生直接的影响。后来这个案件被一巡发回重审了。所以，律师如果不清楚现状，不了解事实，对案件的基本认知就只会有一个非常浅的印象。

我注意到六巡的副庭长杨永清发表了一篇文章。文章中提到，新疆高院的一个申请再审案件到了六巡之后，大家初看起来，觉得没什么问题，但是为什么案外人对于担保物权，从一审到二审再到申请再审，始终提出他的质疑呢？这个法律规定本来都是很明晰。

他觉得一方面有当事人的不理性，另一方面这个案件很蹊跷。所以他决定到当地走访。他去了乌鲁木齐的国土局，看了土地登记簿之后，他表示就知道这个案件应该怎么办了。为什么？因为这个案外人之所以长期对担保物权提出各种质疑，原因是通过土地簿的登记状况，可以看出来是因为没有明确的四至，只能看出多少平方米的建筑面积进行抵押，但是四至在哪里没有说清楚。也就是说，在一个商场内，哪个范围才是担保物权的客体指向没有明确。如果担保物权不能做到明确、具体、特定，那么担保物权视为没有有效设立。他说，如果我不到实地，根本不知道这个情节，就不可能了解到这个案件的症结所在。

所以啊，办理案件要尽可能地走访现场，尽可能地实地勘查，尽可能地感同身受，力争获得第一手的材料。袁华之律师有一个观点，办理建筑工程纠纷案件一定要到现场去，到第一线去。只有这样才能发现包括客户在内的很多人都发现不了的案件事实。这一点对我们是很有启发的。在办理案件的过程中，不要仅仅局限于书面材料，也不要仅仅局限于当事人的陈述，一定要进行客观事实的最大限度的背景调查和现状还原。只有占有最大限度的客观事实，才能在这个基础上进行有效的裁剪、整合，提炼出有效的观点、有效的思路和有效的引导。

第二，把争议焦点搞清楚。最高法院的前副院长曾经说过一句话：他说民商事案件中，最体现法官功力的一点，最能体现其对法庭驾驭成熟度的一点，在于对争议焦点的准确总结、概括、提炼、归纳。我自己深以为然。根据最高法院适用《民诉解释》第226条、第228条的规定，人民法院应当根据当事人的诉讼请求、答辩意见以及证据交换的情况，归纳争议焦点，并就归纳的争议焦点征求当事人的意见。在法庭审理时，应当围绕当事人争议的事实、证据和法律适用等焦点问题进行。因此，争议焦点的准确总结、概括、提炼、归纳、判断，直接决定案件的成败，直接决定案件的走向，也在相当程度决定案件的结果。我们作为法律实务工作者，无论如何强调这一点都不过分。

如果能在预见到法庭争议焦点归纳的同时，做好对争议焦点的论证和引导，往往能在单位时间内起到出其不意的效果。我以前开一个仲裁庭，调查阶段结束以后，主裁归纳了两个争议焦点，然后惯例性地询问双方对争议焦点是否认同。我作为申请人立即提出意见，我说合议庭归纳的两个争议焦点，相对双方的诉辩和申请人答辩来看笼统了点。我认为本案应该有如下四个这个焦点。我把一二三四讲出来之后，合议庭询问被申请人，你方对于申请人提出的这四个争议焦点有无异议？被申请人的代理人说没有异议。主裁说那就按照这四个争议焦点来进行。可以看到这四个争议焦点是我提炼出来，被合议庭所采纳的，那我对四个争议焦点显然不仅仅是归纳，还有对争议焦点的深入剖析、反复论证和确切结论，所以庭审很顺利。

如果说争议焦点是准确的，便只能在逻辑上从a走到b走到c，得到唯一确定的结论。用最高法院民四庭法官余晓汉的话说，明确的争议焦点、逻辑结构只能是唯一的、明确的、特定的，没有任何分歧。所以说在研判争议焦点的归纳方面，律师界的认知和努力是不够的。合议庭提出来之后，律师首先要有一个判断，和自身庭前的认知半径有多大的重叠，是否覆盖？是否遗漏？如果遗漏，果断提出。

我上个月在最高法院本部开一个涉外二审庭。我当时提出，辨论双方围绕什么样的争议焦点进行，这是一个问题。第二个问题，关于双方的争议焦点，我认为唯一的重大分歧就是本案的涉外合同效力。这两个观点都得到了合议庭的认同，明确归纳本案唯一的争议焦点，整个案件的辩论环节都围绕这个问题进行。

所以说，在庭审代理的过程中，对争议焦点的预判、提炼、归纳，实际上是非常见律师功底的一件事情。如果归纳是精准的，得到合议庭认可的，不光是案件结果会有一个比较好的预判，更重要的是，让合议庭对代理人的水准、代理人的庭前准备刮目相看。好的代理人水平不仅仅体现在庭审的发言，往往还体现在对争议焦点的预判、固化、论述、分析、辩驳和引领，乃至于得出确切性的、唯一的、无分歧的法律结论。

最高法院的刘贵祥法官之前在一巡担任负责人，曾经承办了一个案件，是广东地区的蓝粤能源纠纷案件。这个案件是非常复杂的，案件办理成功之后入选了最高法院当年的十大商事案件，也入选了公报案例，还被评为指导性案例，是中国商事审判恢复以来具有里程碑意义的案件。这个案件非常复杂，但是刘庭长当时实际上就归纳了一个最重要的争议焦点，那就是一个提单它究竟是物权性质还是债权性质还是兼而有之呢？理论界和实务界的认识往往都不一致。那么对这样的案件，他果断地提出了这样一个争议焦点，请双方的代理人围绕这样的一个争点进行庭审。这个案件刘庭长最终的意见是，提单既可能是物权凭证，也可能是债权凭证，究竟属于何种性质，不能仅仅从理论上分析，而是要根据具体案件中合同的约定来确定它是物权凭证还是债权凭证。这么一个复杂的案件，就提炼出一个争议焦点，而如果律师能在事先有所预判，就会在这个基础上对理论界、实务界、各判例、各家观点梳理得一清二楚，就会对合议庭产生较大的影响。

再如王闯法官。他在审理广药集团与王老吉案件的时候，归纳了十一个争议焦点，既包括实务的，也包括理论的，还包括程序的。比如他归纳的一个争议焦点是，请双方论述我国反不正当竞争法和商标法中对于知名商品标识保护的立法原意、保护范围及各自重点。如果代理人没有预判，将在庭审很有限的、高度对抗的环境里，根本说不出一个所以然。在以后的审理中也不利于合法庭对律师意见的采纳。

去年大成内部举办诉辩大赛的时候，我所在的小组，我来主审的案件，归纳的争议焦点一般都在九个或十个以上，最多一场有十四个。当时出题的北京高级合伙人还很奇怪，说你归纳的十几个争议焦点我们自己都没有想到。刚开始一些选手提出抗议，说归纳的这个争点跟本案有什么关系呢？比如让结合韩国公司法、澳洲公司法、美国公司法谈这个案件，跟本案没有什么关系。但是几天的庭审下来之后，每一个选手都认为，这种域外法的比较思维、立足本案又跳出本案的争点归纳，对于大家的启发影响、提升眼界有实质性帮助。这说明只有在平时把案件标杆提得高，律师们才有可能在庭前预判、庭审过程中取法乎上，得法其中。所以，无论如何要把标杆定得高一些，尤其要提到九民会议纪要之后与新形势相吻合、相匹配的高度。

第三，把法律适用搞清楚。对于法律适用，我觉得到目前为止还超不过梁慧星学者说的一句话，即中国作为大陆法、成文法，法官的主要任务、核心任务、重点任务就两个字：找法。综观各级人民法院的判决文书“本院认为”部分，开头都要写法律的渊源、法律的依据、法律的规定。也就是说在我国目前已经公布的257部法律中，选择什么样的法律来审理本案，选择什么样的规范来规制本案，可能是法官的条件反射、本能反应，更多的是法官的业务水平和能力体现。王泽鉴学者的《民法学说与案例研究》想必大家都很熟悉，整个民法体系都可以归纳为一句话，就是谁向谁依何规定主张权利或要求承担责任。其中一个就是依何规定，其学术名称就是请求权基础规范。

九民会议纪要中鲜明地提出了请求权基础的思维，我们在这个方面就要予以高度注意。在办理一个案件、提起一个诉讼、拟就一个诉讼请求的时候，脑子里要想请求权基础是什么，适用的法律是什么，适用的法条是否准确、是否足够。在这一点上，我们要高度重视、仔细推敲和事前推演。

怎么样把法律适用搞得更精准、更全面、更符合本案的实际、更有利于法官的判断呢？大家一定把最高法院公布的一部司法解释学得滚瓜烂熟，经常拿到手里不时翻阅，时常体会，那就是《民事案件案由规定》。很多人对这个司法解释不重视，认为只是简简单单地列了一些案由，没有作任何实质性的规定。实际上，这424个案由，如果律师能够背下来，对法律适用就有了一个导航，就有了一幅地图。案由就是法律关系的概括和提炼，是法律关系本质的体现，如果把案由搞清楚了，就把这个案件的法律适用的边界搞清楚了，那在这个海域下锚、深入、调研，最后得出结论。而如果律师没有这个指示，一个民商案件，不知道在法律的汪洋大海中如何去选取、如何去裁剪，往往会有很大的偏差，特别是在高度对抗的民商事庭审过程中容易走向一个意外的结果。

笔者去年承办的一起营业信托纠纷案件，关于案件的定性，对方作为原告选取的角度是合同法，我方之前提出的意见是采取保守疗法，尽量地减少损失。后来我方提出这个案件不应该适用合同法，首先应该适用信托法。相对于合同法这种商事一般法来说，信托法是特别法，应当优先适用。而如果适用信托法，这个案件坐标系完全不一样，结果和走向也截然不同，因为法律性质完全发生变化，法律关系的主体完全不同。在庭审过程中，对方还在按照合同法进行，我方当场答辩应当按照信托法。这个案件如果按照信托法，原告就不能告我们，只能按照信托法对信托财产提出主张，而我们作为信托财产当时的设立人，已经对信托财产进行了转让，所以原告应该去告新的信托财产的受让人。我们在开庭的时候打了对方一个措手不及。

对方在这种情况下的应变就可以看出，如果庭前不做充分准备的话，就很容易产生重大失误。对方后来提出将以不当得利起诉，也就是变更了诉求，我方立即向合议庭提出质疑，如果对方从之前的违约之诉变更到不当得利之诉，这个案件就不能继续审理了。我们这一方提出了让原告意想不到的新判断。所以法律适用的过程中，律师要有一个新的视角，新的判断，并且能够取代或颠覆旧有的判断，对合议庭有新的启发，更贴近案件的本质。这就需要我们好好地下功夫，只有把法律适用搞清楚，把案由的结构图搞清楚，我们的思维才有指向，才能够像那种编织地毯一样，一格一格地探索案件的实质，找到引爆它的核心。

讲到法律适用，还要特别说一点，考虑到我国东西部发展的区域不平衡，我们在法律适用的过程中一定不能做到大而化之，不能粗放地理解，到每一个区域下车伊始，先调查研究。这也是法律适用的基本工作。比如，我们到江苏地区，到山东地区，到重庆地区办理民商事案件，当地高院对某一类案件比如说公司纠纷、债权纠纷、合同纠纷、民间借贷有它自己内部的会议纪要。一是它来源于上位法，二是它在本区域内具有毋庸置疑的适用力。如果不掌握这些东西，很可能被地方标准绊倒。

笔者在江苏高院办了一个案件，当时我提到江苏高院对这个问题曾经做过一个会议纪要，这个会议纪要对争议的这个案件实质有一个明确的规制，这个规制对案件的审理具有相当大的指引。笔者提出来之后，对方代理人完全没有准备。我跟合议庭提出，如果法庭允许，我把江苏高院的这个会议纪要这一款的内容现场念一遍。我念完之后，对方代理人在这么短的时间内没有办法去应对。为什么？到江苏去办案他没有意识要去查查有没有江苏标准，对于这一点，律师普遍不重视。所以在法律适用的过程中，大家一要有导航图；二要能够准确地提炼、预判争议焦点并且进行逻辑的论证和推进；三要考虑到我国各地区经济社会发展水平的不均衡，特别注意到是否有当地相对具体的裁判标准。如果做到这几点，对法律适用就心里有底，心中有数。

第四，把法官思维搞清楚。我曾经说过一句话，这也是基于我长期承办最高法院的案件得出的一个结论。最高法院不因“最高”二字而垄断全部真理。最高法院的合议庭成员基于学历、经验、价值取向、认知标准等，他们对一些问题的看法也不完全一致。所以承办案件的时候，不要大而化之地说，法院系统是怎么认知的，某一级法院是怎么认知的，这是不够的。就像我国的经济社会发展要从以往的粗放型向集约型的结构进行转变一样，我们办理案件也是这样，也要从粗放型向精细型来转变。要研究法官群体的思维，更要研究法官个性思维，要重视法官个人因素对法律运行不确定性的影响。司法体制改革推进到今天，九民会议纪要强调统一裁判尺度，但一点也不影响对法官个性思维的研究。事实上，这一点变得更重要了、更有价值了。

前一段时间，相信大家都看到了一巡法庭主审法官熊俊勇的一个庭审视频，他在直播的时候提问政府机构的代理人：说有人把这个建筑给拆了，政府不知道吗？政府不知道有没有去立案呢？如果没有立案你们是不是失职啊？没有查清政府有没有存在这样那样的问题，这个问题就解决不了。这个视频在朋友圈里立即走红，反映出最高法院的法官也不仅仅是以往大家想象中的样子。随着让审理者裁判，让裁判者负责的制度推进，法官的个性思维将越来越明显。如果你不研究法官的个性思维，那在案件代理过程中，特别是在短短几个小时的高强度对抗中，措手不及的将会是你。前两天，我在三巡有个案件，这个案件的主审法官肖峰有一个“法言峰语”的微信公众号。在参加这个庭审之前，我观看了他 24 场能够找到的全部庭审视频，对这个法官的思维、语言、逻辑、风格、知识储备做了充分的研究。如果你不了解法官的个性思维，你在庭审中就像一个陌生人一样，没办法去高效传达自己的观点，而且让对方信服你的观点。最高法院和各级法院的很多案件都对庭审进行直播，只要你是有心人，完全可以收集承办案件主审法官的详细资料。慢慢地收集，你对这个人的认识就丰富了，加上你观摩庭审，你对这个人的认识就立体了，他的思维你就可以逐渐地了解和走进。

在一个安徽潜山县国土局和当地某开发商的争议纠纷案件中，安徽高院的一审是驳回了开发商的要求，二审法官予以改判，解除合同，返还已缴纳的土地出让金。在法官思维方面能够很清楚地看出，一个法官如果已有认识取向的话，往往会对案件有很大的影响。在这个案件中，二审法院仅仅因为安徽省潜山国土局提供的这宗土地中，有约 19 平方米的垃圾中转站，就认定为有根本性违约，判令解除合同，返还上亿土地出让金，这种改判是非常有争议的。所以我们办理案件就一定要搞清楚对方是谁，是哪些人在裁判这个案件？他裁过什么样的案件？他是个什么样的人？他的教育经历是什么，他的价值取向是什么？知己知彼，你才能够有的放矢。否则的话，你在高强度的对抗中很难做到精准、有效、高效地传达自己的观点，更不要说对法官的思维起到影响和引领作用。

第五，把裁判路径搞清楚。一个案件，从明确诉讼请求的时候就会看出一个律师的能力，不正确的诉讼请求不可能达到最终的目的。提出正确的诉讼请求，是最具有技术含量的一个工作。最高法院曾经公布过一个公报案例，山东的一个开发商诉青岛崂山区国土局，提出的诉求是什么呢？第一，确认合同有效；第二，请求继续履行。案件的裁判结果是什么呢？支持合同有效，驳回继续履行。也就是说，当第一步判断这份合同有效的时候，应当继续判断，这份合同能不能够继续履行，是否符合合同法关于继续履行的明确规定，有没有排除继续履行的其他情况。如果只看到第一步，没看到第二步，就很难达到自己的最终目的，你在裁判路径的入口处就走了歧路。

另外，司法实践中会有这样的情况：某判决认定，某个案件的一审判决确实存在某一个问题，但鉴于当事人未明确对此提出上诉诉求，视为对自己权利的处分，本院不予以审理。这种认定经常会引起我们和客户之间的矛盾，说明有问题我们没有看出来，在裁判路径的过程中又被绊倒了。还有，我们很多律师案子办完了，卷宗装订、归档就算完事了，接着投入到下一个工作，这不可以！我们终其职业生涯也不能办理多少案子，每一个案件一定要做到举一反三、触类旁通。这就要求复盘，包括这个案件诉讼方案的制定、诉讼请求的提出、诉讼攻防的总结、诉讼庭审的记录、诉讼思维的展现、诉讼语言的表达、诉讼博弈的过程、诉讼结果的预测和诉讼结论的验证。这一连串的方面反复地复盘，反复地自问，你才能看出来问题。民商事案件的代理真的永远都是一门遗憾的艺术，永远都有提高的空间。在对裁判路径的研究分析中就会发现，哪些预测准了，哪些落空了，哪些有偏差，哪些能挽回，哪些已经成为此案的遗憾。只有把这些东西反反复复地研究，反反复复地总结，反反复复地复盘，才有可能真正地得到提高。

希望大家无论是在代理自己的案件，还是研读包括最高法院在内的各类裁判文书，一定要看看裁判路径，按照这个思维来推理原告怎么说，被告怎么抗辩，法官怎么盘问，最终的事实如何裁剪，证据是如何采信的，结论是如何作出的，上诉是如何针对的，二审是如何进行法律审的。要有这样的脉络，要有这样一个线索，经由独立的分析判断，才能把路径搞清楚。看得多了，你自然会知道这样的案件怎么办，可能会怎么判，存在什么样的陷阱，打算如何绕过，遇到红灯赶紧停，遇到黄灯加紧走。

第六，把诉讼规律搞清楚。诉讼规律往往大家觉得是一个抽象的东西，实际上你不掌握诉讼规律会吃很大的亏。我们今天可能办一审案件，明天可能办二审案件，今天可能办再审案件，明天也可能办申请抗诉案件，而每一类型的案件，在不同的层级有不同的规律。比如说，一审案件中，重心要放在事实审方面。绝大部分的一审法院都把重心放在对案件事实的查明，案件事实查清楚了，案件怎么办往往也就呼之欲出了。而在办二审案件的时候，一定要把重心放在法律审。最高法院的民三庭负责人曾经在内部培训中表达这样一个观念，说二审法院一定要把自己自觉定位成法律审，如果你在二审中还是纠结于事实，可能不会得出结果。虽然民事诉讼法有明确的规定，二审法院在一审事实认定不清的时候，可以查清事实予以改判，但在司法实践中，基本事实不清的案件极有可能发回一审法院。换言之，只要基本事实没查清，判决一定是错误的，这个观点被最高法院合议庭所采纳。

再审案件也是一样，再审的环节跟二审环节的诉讼规律是不一样的。二审是什么？有错必纠。再审是什么？如果没有重大错误，即使有点小瑕疵，能不纠就不纠，要尊重既判力，维持生效裁判的权威。这也是再审的法定功能。除非符合《民事诉讼法》第200条第13项情形的规定。所以办理不同层级的案件，面对不同的法院，审查重心、诉讼规律、制约因素的体现是不一样的。比如说代理最高法院的案件，我们一定要把自己提升为至少不低于最高法院合议庭法官的层面，这样才能设身处地地去感受到法官不仅仅适用法律、考虑司法裁判、考虑政治效果，还要做到政治效果、司法效果、社会效果的三统一。2017年我在最高法院办理了一起保理案件，这个案件因为没有法律规定，也没有可参照的前期案例，笔者跟合议庭说，这个案件谁输谁赢不重要，但这个案件结论的作出，将对保理类合同纠纷在全国法院系统提供相对统一的裁判思路和裁判指引，这才是我们超越个案的追求。这个案件后来被评为全国百场优秀庭审。对此很多评委意见是持相当肯定的意见的。这个案件说明什么呢？如果能够以跟合议庭平起平坐的这样一个水平，这样一个高度，这样一个思维，那律师的观点在他看来是对他工作的促进，是对他审判的帮助。

第七，把基本国情搞清楚。不少同仁们觉得我们做律师，基本国情还能不清楚吗？我讲的基本国情和大家的理解不一样。我们国家的基本国情在这里，司法进程的速度在这里，我们这代人其实都是摆渡人，你不要想逾越这个阶段，不要跃进式地往前走，不会有好的效果，你只能说在既有条件的约束下怎么把法治进程尽最大可能往前推动。如果你这样想，你对案件的代理会有质的飞跃。

去年3月，时任最高法院副院长的江必新大法官裁了一个案件，代持保险公司股权的合同无效，而且援引的是保监会的规章。有人认为1999年的《合同法解释一》已经明确规定了，怎么样才能认定合同无效的效力等级，最低也得是行政性法规，至少也得像《合同法解释二》提的效力性的行政法规。这就是对基本国情不了解，如果知道之前召开的中央经济工作会议，开始全面防范金融机构系统性风险的话，就会知道，包括保险公司、信托公司在内的非金融机构的监管要更加严格，以前有效的现在很可能就认为无效了，为什么？环境变了，形势变了，任务变了，司法措施的落实也必须变。所以在代理案件时，一定要把基本国情吃透，包括法律之外的政策、经济、社会等因素，都要有所了解，通盘考量。千万不要把法律看成一个纯粹的专业或技术，它也是政策，它也是经济，它也是政治，它是社会各方面精华的体现，用列宁的话来说，它作为上层建筑，是全部经济基础的集中体现。律师要把自己的底座做得更大，不了解基本国情，不认识基本国情，不适应基本国情，绝对不可以。

第八，把知识体系搞清楚，民商法的案件概念，像民商法领域一样，博大精深，可以说是一个终身学习，善于学习，学会学习的过程。看一个问题，看一个观点，一定不要孤立、静止、片面地，机械地看，律师脑子里要有体系，这个问题或观点在民商法体系里居于什么样的位置，它挂在哪个部类，出现在哪个环节。如果你有一个体系化的知识结构，把自己的理论根基打得深入，来了一个案件，你不用着急看结论，你看的是怎么分析，看的是这个案件类型，在你既有的头脑框架里，有没有一个位置，它起到了一个补白、印证甚至是加强的作用呢？慢慢地，你的头脑就像一个中药铺一样，每一个格子都放有不同的类型，不同的类型之间都有应然的逻辑关系，那你看出去的案件、看出去的世界就是格式化的。反过来说，你接受的信息即便是零星的碎片也可以被有效收纳。

怎么办呢？学理论。提倡律师学理论，一开始很多人都不理解，对我这个观点有抵触。有的公然说，理论讲得越多，越显书生气，辩护效果就越差。当然这么多年过去了，他们慢慢也接受了，不学理论，无法立足于律师界，无法立足于律师界的前沿，无法深入复杂的民商领域，不利于业务水平的提升，也不利于重大案件的代理。为什么？因为很多律师、很多法官在和我交流的时候也都说过一句话，其实那些重大复杂疑难的争议案件，打到最后很可能争的就是基本概念以及对基本概念的理解和应用。朱树英律师和最高法院的不少法官曾提到，其实很多案件就卡在对基本概念分歧上。这反映出律师功底的不扎实。所以我们要重视对理论的研究，对理论的研究深入到哪一步，对案件才能吃透和引领到哪一步。举个例子来说，交付概念，以前讲动产交付，那就是转移占有，但是在目前的情况下，交付有新问题，就要对基本概念有新的认识。人们每天都在上网买东西，快递员把那个收货密码发给收件人，算不算交付，构不构成转移占有？没收到货的时候货物风险在哪一方承担？思考这些问题，都有利于基本概念的深入研究。

二、法官个性化思维实证研究①

今天和大家交流的主题是法官个性化思维实证研究，特别以最高法院八位法官

---

① 本文系2019年2月24日在北京大成（深圳）律师事务所讲座内容，刘阿丹整理。

的审判思维作样本。本场讲座更多是从方法论的角度进行，准备跟大家作四个方面的内容介绍：一是要研究人；二是要研究个人；三是如何研究个人；四是信息化时代如何做优秀的法律人。主要是讲两个“要”和两个“如何”。大家如果注意，就会发现这四块内容是有紧密的逻辑关系的，研究人主要是指研究法官，研究个人主要是指研究个体法官，如何研究个人我今天会举出几个样本，以及在这个信息时代我们研究法官是为了什么？是为了做好律师工作，最后是如何在信息化时代做优秀的法律人。需要强调的是，对律师行业而言，学会学习比学习本身更重要。

什么叫学会学习？怎么从方法上、工具上入手，而不是仅仅从知识的片面累积上入手。举个例子，现在手机里每天接收很多行业动态信息，比如最高法院又出了判决，司法政策又出了新规定等，我们感觉到花样翻新、层出不穷，怎么都不能立马把这些内容消化吸收。其实我们静下心来看这些信息，绝大部分都是垃圾信息，因为绝大部分花样翻新的判决、五花八门的理由实际上都是泡沫，涉及体系的东西、基础的东西、原理的东西，根本没有变。而是说法变了、形式变了、外在展现方式变了，如果我们还停留在这种泡沫的、表象的状态，真的会有心有余力不足的无力感。所以我要跟大家讲，从现在开始，学会学习比学习本身要更加引起重视。

第一，要研究人

下面我开始讲第一个方面，要研究人，具体来说就是研究法官。我为什么专门提出要研究人、研究法官这么一个内容，是有所指的，是针对特定问题的，这个问题就是现在的律师业务研究更多的是停留在研究“事”的角度和层面，还没有达到研究“人”的主观能动性和自觉程度。

为什么说研究“事”是目前我们绝大部分律师的研究状态呢？我举两个例子。行业中耳熟能详的就是做专业化律师，避免做“万金油”律师，我们也经常以未来专业化的定向为自己做定类。相对于“万金油”，专业化是个进步。但相对于形势的客观要求、客户的主观要求以及我们能达到的程度与高度，还是不够的。经常有律师说我是做某个领域的、某个专业的，别的我都不懂。其实我们国家的律师分工远远没有达到发达国家的程度，因为我们的社会化发展水平还处在转型的过程中，律师做自我标签不符合社会发展的要求，不符合潜在客户群的要求。而且更重要的是，律师既是专业人士，也是商业人士，是市场决定我们，而我们不能主动决定市场。所以主动给自己做标签，以为搭上专业化的顺风车，在专业化的层级分割中获得一个名称，以此想获得一个安身立命的职业标签，这个弯路不能走。作为一名律师，必须要通晓基本的原理，有雄厚的基础支撑。民商法我们经常讲四个字——博大精深，其实还可以再讲四个字——触类旁通，还可以再增加四个字——举一反三，这些东西其实都是一通百通，一个不通，其他很难说通到某个程度，要对专业化在这一点上有清醒的认识。

还有一种声音是，已经看到了专业化在大家执业过程中存在的似是而非的误导，提出了去专业化。即不要停留在表象，回到基础，回到体系，回到根基上来，打好我们的基本功，这个观点我是同意的，坦率讲也是不够的。因为不管是专业化也好，去专业化也好，都是在研究“事”的层面上盘旋、思考、发力，我们怎么把这个“事”做好，怎么在专业化的角度、去专业化的角度把业务做到极致。但是律师从来不应该是空谈家，而应该是实干家，我们可以看一看即使是那些把“事”做到极致的律师，他的绩效、成功率、影响度因此而大幅得到提升了吗？可能没有，至少不明显。律师不能只埋头拉车，而不抬头看路。单独谈“事”，谈案件、谈材料、谈研究、谈思路是在“我认为、我判断、我思考、我预测”的范围。但问题是，案件并非由你独自处理或预先锁定结果。这样的话，个人所认为的观点、方案很难无缝衔接到最终的结果。这里就出现了巨大的断裂，这个断裂就是我们经常感受到的，律师与法官的沟通效率较为低下。

我有一个体会，在庭上的民商事律师口若悬河的时候，辩护效果往往不尽如人意。为什么？不管多么复杂的案件，三分钟内，如果不能用浅显的语言把它的脉络、焦点、重点、难点、疑点勾勒出来，那就说明这个案件你还没有研究透，“说得太多”与“研究不透”是有因果关系的。一个律师在庭上滔滔不绝、口若悬河，往往不会有好的效果。好的律师要让证据自己来说话，让材料自己来说话，他只是在做间隙的桥梁搭建者，把那个“临门一脚”交给合议庭。所以律师在庭上的最高境界是说得很少，说得很关键，说得很要害，说的就是法官要查明的、要了解的、要确定的、要判断的。

所以我们的思维、定位都要发生根本性的转折，研究人，研究法官，才能够发挥立竿见影的效果。首先，我们要慢慢地尝试换位思考。因为研究法官就必须研究法官是怎么思考、怎么认知、怎么推理、怎么得出基本结论的。律师有一个弱点，就是容易把自己作为当事人利益最大化的追求者。凡事不能走极端，律师一旦把自己作为客户利益最大化的追求者，就难免导致分配给裁判者研究的时间精力是不够的，律师主观上追求的在客观上反而难以实现。而如果换位思考，就会提前在案件上有一个不一样的认识。如果我是裁判者，我对客户提供的单方面的故事是持质疑态度的。我认为你说出了一个故事，但仅仅是版本之一，我需要听一听对方的观点，实际上是两个故事版本的竞争，两个故事环节的比对，两个故事意见的选择，这比你单方站在客户一个角度思考问题多了一个维度。如果有这么自觉的认识和实践，时间长了你就会发现，你是带着一双“复眼”为客户提供一切资料的审核，你慢慢会感觉到摆脱了偏狭的观点，这种感受体现在你在法庭上的语言是平和的、客观的、冷静的、理性的。

笔者在三巡法庭办理的一个案件，争议很大。最后陈述的时候，我提到，这个案件没有明确的法律规定，法官又不能回避裁决，我们需要达成一个共识，就是案件谁输谁赢不重要，我们关心的是这个案件是现实向法律提出的拷问，我们有必要对它思考到位，为后来者提供路标。这个观点提出之后，合议庭评价很高。这个案件庭审被评为最高法院首届百场优秀庭审，提供给全国各级法院观摩。有人认为这场庭审有三个好：一是律师的辩论意见好；二是法官的发问意见好；三是庭审的驾驭能力好。为什么呢？因为你自觉地把自己从一方当事人的角度拔脱出来，反而让法官觉得你的观点是需要考虑的客观观点之一，即便不采纳，也一定是有压倒性的观点。所以我们如果是自觉地站在裁判者角度去思考，首先一个就是要研究裁判者。

其次，有助于我们谦逊好学。我们学习法官，学习同行，有助于我们谦逊好学，要始终这样想，你才有提升的空间、提升的可能和提升的潜力。

最后，我们研究法官，还有助于律师重新定位。这个重新定位，就是民商事律师要自觉把自己定位成法官的“编外助理”，帮法官提前清扫好“战场”，让法官来识别这个“战场”的利弊得失、利益平衡。试问，我们从认识论、价值论甚至世界观角度，给自己和法官作了这么一个重新定位，哪一级法院、哪一个法官不欢迎、不接受呢？这是我们需要从学习法官这么一个视角转换得出来的东西。

第二，要研究个人

从研究人，到研究个人，是逻辑的必然递进，也是认识的不断深化，同时还是实践的客观要求，是我们执业的必然需要。为什么不能仅仅停留在研究粗放的、抽象的、笼统的、宽泛的人的身上呢？因为我们从大量公开披露的裁判资料中可以获悉，不管是在最高法院的层面，还是在地方各级法院的层面，法官群体的差异之大，要超过我们对他们的最大想象，这一点是有绝对的客观依据的。

最高法院的副院长贺荣讲过一个观点——法院审判的最后结论没有标准答案，争论将永远下去，这是一个客观的现实，也是一个需要辩证认识的问题。这说明法官群体中观点出现不一致时，如果由一个学者去研究，或许有学术价值，但是我们作为律师，是要解决实际问题、得出最终结论、为客户完成最终任务的，我们面对意见纷呈的东西，可能就无法选择了。

现在很多人还意识不到这个问题，比如现在大家都接受的一种方法——做类案检索报告，但是经过我在各种场合的观察，现在把类案报告送上去之后，合议庭尤其是最高法院的合议庭是很小心的，因为他会告诉你对方律师也拿出了最高法院关于保理合同的生效判决，在这个案件中法官明确表示前面生效的裁判文书对本案不构成拘束力，因为不适用于本案。如果是这样我们的目的就落空了，我们以为抓住了"大象的一条腿"，对方可能拿出"大象的另一条腿"。所以我们研究群体，不能够作为律师的终极目的，可以作为一个学术现象，但这不是我们的分内工作，这种情况经常发生。

比如最高法院的公报案例，是经过审委会讨论过、遴选过的，对各级法院具有参照价值。但是在公报上，前后出现对一个问题的相反解释，不是第一次。

例如，合同解除能否适用违约金条款，最高法院在2010年当年的两期公报里刊载了两个相反的认定。第一个公报案例说合同都解除了，违约金条款是合同的一部分，不可能适用了。但是此后登的一个公报案例提出了相反观点，合议庭认为合同解除照样可以适用违约金条款，因为违约金条款从立法本意、实际效果和双方约定上，与《合同法》第98条的清理和结算条款没有什么差别，可以视为独立条款，不因合同的解除而解除，不因合同的解除而豁免适用。随着认识的发展、实践的深化，越来越多人对这个问题形成共识。看《买卖合同司法解释》第26条的话，就会发现最高法院已经选择了一个观点，解除合同时如果要求适用违约金条款，人民法院应予支持。

了解最高法院和地方法院意见的一个很好的窗口是各法院各业务庭主编的定期刊物。比如民一庭的《民事审判指导与参考》，民二庭的《商事审判指导与参考》，审监庭的《审判监督指导》以及立案工作、涉外商事海事审判工作的相关指导，里面披露了大量的案例，还有对同一案件的不同认识，这个不同认识是什么？就是法官群体的意见分歧。在请示报告中，写着"本院经过讨论，形成多数意见和少数意见两种，分述如下……"这两种意见在同一级法院就形成了，在最高法院实际上还要经过讨论。这是观察各法院审判意见的最好窗口。

《涉外商事海事审判指导》第31期刊登了我承办的一个案例，北京二中院请示北京高院，北京高院请示最高法院。北京二中院多数意见支持笔者的观点，北京高院经过研究同意北京二中院的多数观点，把多数意见和少数意见同时送到最高法院民四庭，最高法院民四庭最终选择了少数意见，然后把请示和批复全部公开出来。案件本身的结果放在一边，从请示本身的过程来看，一个案件在各级法院经过流转、比较和权衡的，你就会发现法官群体之间的分歧确实比我们想象的要大。

当然，最高法院法官群体的来源也是五花八门的，他们的经历、教育、思想认知、感性色彩等都影响他们对案件的最终认识和评判水准，如果我们只研究法官群体，那么我们只能得出最低界限的东西，这个最低界限的东西是什么，就是案件的处理要安全，然后才谈得上创新。如果研究仅仅停在这个层面，对我们律师有什么价值呢？我们律师介入的案件，特别是民商事疑难复杂重大案件，可以说都是有挑战性的，都是没有办法一下子得出结论的，都是需要去争取、去游说、去沟通、去进行认识的深化和转化的。所以不能停留在群体这么一个粗浅的层面，否则我们看到的分歧远大于我们感知到的认同，这就必然牵涉到我们谈到的第三个内容——如何研究个人，换言之，如何研究法官个体。

第三，如何研究个人（以最高法院八位法官为例）

案件总是特定的合议庭、特定的承办人在办理，务必要定向，而且在目前的司法改革框架下，可以说具体承办法官的作用越来越突出。因为一方面让审理者裁判，让裁判者负责，而且还是终身负责；另一方面，案多人少的困境，在未来一个阶段不会得到实质性的好转。这就说明合议庭的其他两位成员对个案投入远远低于承办人，所以这种情况下法官个性化思维的重要性就必然闯入我们的研究视野，要设法攻克这个课题。有两种方式要跟大家交流。第一种是传记研究法，第二种是个案研究法。下面会列出八位法官作样本进行分析。

（一）传记研究法

传记研究法，就是一个法官我们怎么样才算认识他。所谓的认识法官，是怎么站在立法者、裁判者的角度，给他的思维轨道进行可供预测的路径分析，在这个层面，不管什么样的案件闯入他的视野，他会带着一整套固有的思维方式、认知架构去处理。这才是真正的、深刻的、实质意义上的认识。他做了什么样的裁判，提出了什么样的观点，在论坛上有什么样的意见，在自媒体上有什么样的文章，他对这个问题的大概率认识是什么，是可以有个大概了解的。

所以我们对法官个体的研究，建议是采取这种传记研究法，其中有四个层面：一是给个人画肖像；二是给思想画肖像；三是给行为画肖像；四是给环境画肖像。

1. 给个人画肖像

所谓给个人画肖像，是我们要弄清楚他是男是女，多大年龄，哪个大学毕业的，哪里取得博士学位的，导师是谁，观点如何，有什么样的同门，他们是怎样切磋的，工作经历是什么，以往的判断有什么样的色彩，乃至于个人的爱好……只要你留心，就一定能得知。我举个例子来说，很偶然的机会，我认识了三巡耿宝建法官，然后我很意外得知他是红楼梦研究爱好者，让我肃然起敬。一个法官，如果说他是红楼梦研究专家，你会在另外一个维度很钦佩他，至少你写出来的代理词，文字功底要过关，那我对他就有一个认知了。

2. 给思想画肖像

给思想画肖像，就是说他这个人有什么样的认知，有什么样的思维，有什么样的人格，有什么样稳定的价值判断。要通过两个窗口。第一个是通过他提供给社会的公共产品来分析，法官给社会提供的公共产品就是裁判文书，这个是最正面表达他面对法律争议时的价值选择、利益衡量和权责考量。第二个还可以通过带有私人性质的私人产品，写的书籍、发表的文章、接受的采访，甚至是一些感想，只要你做有心人，一定能收集一大堆。研究一个半公众人物，在大数据时代一定获得很多，可以看出这个人的喜好、价值的偏好、对法律世界中特定问题的基本观点。

我举个例子，原来最高法院民一庭法官刘竹梅，她两次发表同一性质的文章，一次是在法院内部，后来在另外一个公开刊物上也看到她这个观点，两个观点是对应的，这说明对一个问题，她有稳定性的认知。这个认知就是，她对民商事争议领域中的新类型案件特别是互联网金融、保险、证券、资管等金融创新的东西，总体是持否定、怀疑、批判态度的。她在公开出版物上发表的文章题目是《金融创新发展与风险管控——以一名法官的视角》①，“中国的互联网金融，带着金融创新的光环，自2013年、2014年以来，经历了一个野蛮的生长过程。互联网金融，其本质是金融，只是其交易由场所柜台转移至互联网，几年的发展证明，相较于传统金融，依托互联网的金融带着更大的风险。有人说，凡是不以风控为核心的金融创新都是在耍流氓，虽然有些言过，但我的确从一开始就对互联网金融风险存在着担忧，在时刻关注互联网金融发展的同时，在多个研讨会和论坛上呼吁过对待互联网必须要有风险意识、规则意识。但不幸的是，互联网金融特别是P2P行业的发展结局被我言中了”。“与此类似的是证券行业，因2012年监管放松而陡然兴起的证券公司资产管理业务野蛮扩张近四年，规模增长八倍，导致放养之后的各种风险敞口开始集中暴露，一些机构大量从事通道业务、融资类业务，拉长交易链条，提高融资成本，

---

① 刘竹梅：《金融创新发展与风险管控——以一名法官的视角》，载《互联网金融法律评论》2016年第4期。

进行监管套利、政策套利，未真正创造社会价值，反而主导了金融扭曲。”“再看保险业务，投资领域，少数保险公司一股独大，缺少有效制衡，尤其是一些民营保险公司，控股股东一开始就把设立公司定位成为融资平台，随之而来的是激进的产品和激进的销售，这必将倒逼激进的资产配置和投资风格”，“银监会、证监会、保监会等政府决策层在上述领域收紧缰绳，但信托、典当、融资租赁、第三方理财、私募股权基金等领域仍在放弃自己的主业，通过各种渠道募集资金从事通道业务，使我们似乎处于一个全民放贷的时代”。下面是她的总体结论，“创新本身是一个褒义词，但金融创新是否也是一个褒义词，意味着对社会发展进步的推动，可能并非必然如此。在高风险领域，创新的过程很容易成为掩盖金融高风险的过程，在存在金融监管的条件下，金融创新很容易成为逃避金融创新、老鼠躲猫猫的过程。从这个意义上来讲，创新，特别是金融领域的创新，并非是一个褒义词，至多是一个中性词。谈到这一点，就不难理解为什么我们在基础学科、自然科学领域创新成果来之不易，而在金融领域却层出不穷，我想这里的原因可能并非我们的金融人才、金融法律人才特别庞大，而是我们的金融创新相当一部分是伪创新”。这个法官对金融创新领域的交易模式持这样一种观点，这种类似案件到了她的手上，其合法性、有效性能得到保护的概率有多大，你就要掂量掂量了。如果我们只埋头所谓专业极致，不抬头看路，不抬头识人，不深入研究人，特别是这位法官相对严厉的价值取向，那我们有些案件很可能就成为“枪口上的标本”，这种结果就不是你的主观能控制得了的，所以我们要给他的思想画肖像。

3. 给行为画肖像

同时，我们要给他的行为画肖像。思想是静态的东西，但是不同的案件到了他这里，他究竟会怎样认知，会不会说他今天这样认知，明天那样认知，这么反复无常呢？我个人认为，反复无常这种现象很可能是存在的，但是在法官群体里，如果是有的话，也只是理论上的概率，因为到了这个年龄和层级的法官，他的人格和阅历基本已经成熟，他的思维模式基本固化了，他的认知模式基本成型了，也就是说他在以不变审万变。你要考虑他不变的思想底格、底层逻辑是什么，是这些决定了他的审判行为、审判方向和潜在的审判结论。

这里我要多说一句，我在研究从古希腊到18世纪德国古典哲学的整个西方哲学史中，我对康德和黑格尔对认识上的分析非常有触动。举个例子来说，一个案件上的特定观点，这是我们能看到的。我们看不到的是什么？是什么样的思维逻辑决定了这个观点的产生，这是一个底格。用我国最早的哲学家陈康和金岳霖的话来说，这是一个思维的"空架子"。真正的源泉和决定因素就在这个地方。那我们就要去研究，这个法官的思维底格是什么，这个"空架子"是什么，他认识的模式是什么，我们只有把我们特定的案件放在他这个"空架子"上去审视，我们才能从旁观者的角度判断哪些东西是他理所应当欣然接受的，哪些东西是他无论如何不能够容纳的，哪些东西是可以在纠结过程中有所争取的。我们不把工作做到这个程度，我们的研究都没有质量可言，没有质量的研究就必然没有最后结果的收获。

以伟杰公司与天策公司营业信托纠纷二审裁判文书为例①。大法官的裁判部分，这是最精华也是引起争议最大的部分："本院认为，天策公司、伟杰公司签订的《信托持股协议》内容，明显违反中国保险监督管理委员会制定的《保险公司股权管理办法（草案）》第8条关于'任何单位或者个人不得委托他人或者接受他人委托持有保险公司的股权'的规定，对该《信托持股协议》的效力审查，应从《保险公司股权管理办法》禁止代持保险公司股权规定的规范目的、内容实质，以及实践中允许代持保险公司股权可能出现的危害后果进行综合分析认定。首先，从《保险公司股权管理办法》禁止代持保险公司股权的制定依据和目的来看，尽管《保险公司股权管理办法》在法律规范的效力位阶上属于部门规章，并非法律、行政法规，但中国保险监督管理委员会是依据《保险法》第134条关于'国务院保险监督管理机构依照法律、行政法规制定并发布有关保险业监督管理的规章'的明确授权，该规定系中国保险监督管理委员会在本部门的职责权限范围内，根据加强保险业监督管理的实际需要具体制定，该内容不与更高层级的相关法律、行政法规的规定相抵触，也未与具有同层级效力的其他规范相冲突。违反中国保险监督管理委员会《保险公司股权管理办法》有关禁止代持保险公司股权规定的行为，在一定程度上具有与直接违反《保险法》等法律、行政法规一样的法律后果，同时还将出现破坏国家金融管理秩序、损害包括众多保险法律关系主体在内的社会公共利益的危害后果。故依照《合同法》第52条第4项等规定，本案天策公司、伟杰公司之间签订的《信托持股协议》应认定为无效。"

因为金融保险包括这些非金融机构在内的是国家的管制领域，这种管制领域在前年开始已经加强，金融乱象已经对国民经济带来相当大的风险，有个提法叫防范金融系统发生系统性风险。

防范发生系统性金融风险，当然要落实在司法体系的导向中。这是一个政策性的要求，还要跟法律进行接口，怎么接口呢？第一，部门规章明确禁止；第二，部

---

① （2016）最高法民辖终164号。

门规章这个禁止性规定源出于保险法的授权，大法官巧妙地把部门规章和保险法挂起钩来，把部门规章视为保险法的立法延伸；第三，逻辑上得出的结论，这个问题就必须在保险法的范围内考虑，包括但不限于保险法的规章。那么到了这个范围来考虑问题，是不允许的，尽管他是以位阶较低的声音发出了否定性的指令，但是他没有溢出保险法的范围，在这种情况下，得出终极结论，这种代持无效。否定的不是这个个案，否定的是这个现象。要在这个角度才会知道，在某种意义上，司法为金融服务。如果你一开始代理这个案件，就不会局限在合同法解释一中不能以部门规章而且法律、行政法规中还必须是效力性的规定去认定，你拿这个来竞争、来说服，说明你的业务敏感度、政策敏感度、专业高度都不够。相反，如果你是站在那个高度来看，去判断他的行为，你就会有一个想法，大法官要做标杆、导向，这个案件前期你就应该有预判。

笔者一向反对说某一个律师团队、某一个律所或者某一个律师，他的胜诉率多高，这不符合诉讼规律。为什么？一个案件客户的诉讼地位是由不得你选择的。败诉方来找你，你的命运用康德的话说是先验的。你最好的做法就是止损，在这个过程中寻找各种逃生的机会，增加对方的交易成本，增加自己的交易筹码。你只有在不管胜诉和败诉的情况下，都能体现出你作为一个律师全部的功底，以及综合素养的调动，才是对你极大的考验。

我们带有这种思维，带有传记的研究方式来进行，你慢慢会发现在做案件的过程中越来越成为一个中立者、第三者、客观者，或者用哲学的语言来说，是他者。变成一个他者，你对案件的分析真的像一个外科的医生一样，冷静地解剖，像庖丁解牛一样。你受事物客观规律的认识支配，而不是受主观利益的冲动的支配会变质。马克思有一句话说得好，人们所为之奋斗的一切都和他们的切身利益有关。我们一定要把这个问题想清楚，必要的疏离，热情而不动感情。

4. 给环境画肖像

第四个方面，要给环境画肖像。研究人不能采取那种割裂的、孤立的、片面的，用哲学语言来说是形而上学的方式，必须把他放到大环境里去，不管他是谁，他都是环境的产物。比如说江必新大法官为什么不早不晚偏偏选择这个民商事案件来审，来做出这样一个决定呢？大环境使然，需要司法提供这样的案例。再比如说我们放开视野，顾某军的案件放在特定的环境里，可能还会出现这样的判决。为什么？特定的历史、特定的时代、特定的环境、特定的政策，决定了特定的结论，如果没有民营经济离场论导致对产权问题的纷争，导致对这个问题需要定心丸，或许也不会出现今天这样的结果。这说明什么呢？说明律师要把人放在环境里，可以这么说，环境决定了人的绝大部分行为选择。

研究整体的历史之后，我们要防止一个倾向，以子之矛攻子之盾。最简单的一个说法是，最高法院先前出了一个判决是这样的，现在又出了这个判决是那样的，两个是矛盾的，这让我们无所适从，怎么去识别判断。其实没有简单的对错之分，形势发生变化，认知发生变化，观点发生变化，你不能把两个东西孤立地抽离出来。

从个人画像、思想画像、行为画像、环境画像入手，我们对这个特定法官的研究，就活起来了，就深入了，你慢慢对他一点点认知，就丰满起来了。到了一定的时候，也可以这么说了，你们在法律世界里很熟悉。

（二）个案研究法

另一种方式是个案研究法。就是前面这些东西其实都可以把它作为背景，总而言之还回到案件中。案件虽然是在背景里发生，是建立在底格基础上，但终归要回到法庭这里解决问题。现把它分为三段论，就是事前研究、事中研究和事后研究。

1. 事前研究

事前研究是研究法官的审理提纲、审理思路可能是什么。很少有法官特别是最高法院这个层面的法官，一上来就开庭，几乎没有。我们需要准确地预测他的审理提纲、审理思路是什么。

笔者在贸仲审理案件的时候，要求一定要开庭前会议，三位仲裁员开庭前会议。然后让大家分别说，这个案件争议脉络是什么？争议焦点是什么？争议难点是什么？本案中庭审调查要解决的问题是什么？实际上是把大家的这种脉络性的、思路性的、框架性的东西拎出来，拼凑在一起。第一是同不同意，第二是同意的话我们按这个方案来落实。在审理的过程中，双方不管怎么去举证质证，一旦发现脱离这个主线，一定要拉回来，为什么？心中有数。笔者前段时间裁了一个案件，证据都没看完，为什么？因为不需要看完，一方律师举证出现了重大偏差。庭审调查结束后，各问双方三个问题。庭审结束后，另外两位仲裁员说你这第一个问题问完我们就知道这个案件的结果是什么了。为什么？因为你把逻辑起点抠住了，逻辑起点抠住了就不得不延伸到逻辑中介，也不得不导向逻辑结论。第一个问题，对方请求解除合同，这个解除权的性质是什么？对方说法定解除。如果是法定解除，我只在法定解除的范围内思考问题，对号入座，所以另外两个仲裁员一听马上就知道你的用意。所以事前怎么预测法官的审理提纲、审理脉络、审理焦点、审理思路，这个要认真研究。

2. 事中研究

事中研究，最重要的是法官发问，法官问的每一个问题都不是多余，都是对他既有心证的，要么是证伪，要么是证实。开完庭之后，高效率的法官内心的确认就已经闭环了。笔者在三巡办理保理案件的时候，开完庭法官当庭就说双方提交代理词，不要超过两页纸，这么复杂的案件不超过两页纸，那就只能谈提纲了，受限于篇幅只好写命题，一个陈述就是一个命题，命题和命题之间是结构关系、逻辑关系，最后形成整体关系。

笔者讲了两个观点，第一个观点，我们这个案件到底是什么性质的案件，民事案件还是商事案件。如果是民事案件，一定要探析行为背后的真实意思表示；如果是商事案件，到权利外观处止步。第二个观点，双方即便是有通谋关系，《民法总则》确定了双方的通谋关系，能否对抗通谋关系以外的第三人？如果能对抗，它对抗的不是第三人，它对抗的是交易秩序。这个案件谁输谁赢不重要，交易秩序最重要。讲到这里就行了。这就需要我们提炼书面概括的功夫。

3. 事后研究

事后研究也很重要，事后研究是什么？一是案件没下来的时候，二是案件下来的时候。案件没下来的时候，你无论如何要总结，我说一句带有真理颗粒的话——庭审一定是一门遗憾的艺术。你回过头看，总觉着自己这也没做好，那也没做好，你要是抱着虚心的态度看，有很多值得改进的地方。例如在庭上坐姿是否端正，庭审资料是否已准备得当。做律师一定要注重细节。

庭后我们要研究，研究什么，就是一定要复盘。如果你不复盘，这个案件就过去了。如果我们不去复盘，我们少了很多提高的机会。

法官有自己方法论的色彩，这是比较少见的。一个律师、一个法官或者一个法律人，业务研究到有方法论的自觉意识的时候，一定是脱颖而出的时候。就像梁慧星老师讲的两个字，中国法官的主要任务和工作就是两个字——找法。这么多部法，哪部法成为你的一个基础和视野。要上升到这种程度上来，就要去研究这种法官的审判逻辑。

成熟的法律人和不成熟的法律人不一样，他的代入元素比较多，他的思考半径比较大，他的结论相对来说焦点就比较准确。比如客户向我们去咨询，我们没有经验的律师总是打断，一会儿问这个问题一会儿问那个问题，这样是不行的。律师要等客户讲完之后，把他的大白话翻译成法律语言，然后再把它概述一下，哪些东西能确定，哪些东西不确定，最后把这个东西固定住，才能做判断。律师不能一开始就发问或者就径直性表态，径直性得出结论。我们研究不够，我们经历的样本不够，我们要向人家学习，向法官群体的金字塔去学，学他们的个性，学他们的烙印，学他们的特长，而且还要博采众家之长，运用到我们的案件中去。

接下来再以置信公司、保利天然公司合资、合作开发房地产合同纠纷案为例[（2018）最高法民再161号]，判决中写道，“本院认为，由于《回购股权通知》上仅有蓝某的签字，而没有保利天然公司加盖的公章，因此，置信公司就要举证证明蓝某签字时是履行保利天然公司的法定代表人职务的行为，而不是蓝某的私下行为。置信公司徐某的陈述和证人蓝某的证言，并不能使本院确信蓝某的签字就是其履行保利天然公司法定代表人职务的行为，而不是蓝某的私下行为。本院不敢确信蓝某在《回购股权通知》上的签字行为是代表保利天然公司的职务行为，还有以下因素支持。以下因素影响了本院的认定，但最终的因素是上段的论述，即置信公司没有完成其举证义务”。这说明，这个法官个性色彩很明确，用老百姓通俗的语言来论述，也是一种司法风格的探索。

所以我们通过对这些个体的研究，你会发现“树”和“树”是不一样的，但是这些“树”都有值得我们学习的东西，也就是说，不同风格可能就限制了我们施展的空间，给我们投下了相应的范围，我们的场合平台就是特定的。所以我们研究最高法院这些标本性法官的判决，为的就是以此为例，让我们从研究人到研究个人，到如何研究个人，走到一条越走越宽、越走认知越丰富的路上。三年五年我们回头看，就会发现跟我们出发的时候相比，有了脱胎换骨的区别，这才是我们的目的。

第四，信息化时代如何做优秀的法律人

我们研究法官，研究法官群体，研究法官个体，目的还是为了做好我们自己，所以落脚点一定是在这里。如何做好信息化时代的法律人，至少要做到这么几点：第一，体系化的知识框架；第二，逻辑化的专业表达；第三，弹性化的思维模式；第四，多样化的身份标签；第五，精细化的人性洞察。这个应该是我们努力的方向。

（一）体系化的知识框架

我们为什么讲知识要有体系化，我们每天都接触大量的东西，每天都接收大量的信息。这个时候你就必须要回到原点、回到框架、回到基础，要有自己的知识框架。碎片没关系，这方面的碎片放在这个格子里，那方面的碎片放在那个格子里，这些碎片是对体系的查漏补缺。这样的话，它就不是一个碎片了，而是对知识结构框架的细化。朱树英律师说过一句话，他到最高法院打了这么多建设工程的案件，发现一个很奇怪的事情，打来打去其实打的都是基本概念，辩的是基本概念和基本原理。是的，你做到一定程度就会发现，你的框架有没有，体系有没有，决定你有没有这个信心，有没有这个定力，来多少浪潮都没关系，因为我像一棵知识树一样，是对我这棵知识树的丰富、完善、丰满，是好事情，而不是来了以后都堆在仓库里，像杂货铺一样，进去找却不知该怎么办。一定要做到这一步，我们建立自己的知识树，有自己体系化的知识框架。看书不能漫无边际，很多律师看似读了不少书，但是思维方式、说话做事、为人处世仍然没什么变化，并不让人佩服，反而显得有点掉书袋。这是为什么呢？这就是没有目的的读书，没有思考的阅读的结果，缺乏知识体系上的完整性，也没有依托一个体系性的框架来吸收知识，失之于零散凌乱，还停在知识的片段上，没有把知识转化为一种认知体系，没有起到改变自身气质的最终作用。

怎么样才能慢慢建起自己的知识体系呢？朱光潜先生这样说过，读书要有中心，有中心才易有系统组织。比如看史书，假定注意的中心是教育与政治的关系，则全书中所有关于这问题的史实都被这中心联系起来，自成一个系统。以后读其他书籍如经子专集之类，自然也常遇着关于政教关系的事实与理论，它们也自然归到从前看史书时所形成的那个系统了。一个人心里可以同时有许多系统中心，如一部字典有许多“部首”，每得一条新知识，就会依物以类聚的原则，汇归到它的性质相近的系统里去，就如拈新字贴进字典里去，是人旁的字都归到人部，是水旁的字都归到水部。大凡零星片段的知识，不但易忘，而且无用。每次所得的新知识必须与旧有的知识联络贯串，这就是说，必须围绕一个中心归聚到一个系统里去，才会生根，才会开花结果。记忆力有它的限度，要把读过的书所形成的知识系统，原本枝叶都放在脑里储藏起来，在事实上往往不可能。如果不能储藏，过目即忘，则读亦等于不读。我们必须于脑以外另辟储藏室，把脑所储藏不尽的都移到那里去。这种储藏室在从前是笔记，在现代是卡片。记笔记和做卡片有如植物学家采集标本，须分门别类订成目录，采得一件就归入某一门某一类，时间过久了，采集的东西虽极多，却各有班位，条理井然。这是一个极合乎科学的办法，它不但可以节省脑力，储有用的材料，供将来的需要，还可以增强思想的条理化与系统化。此外，最高法院副院长江必新的读书经验是，要善于养成问题意识。问题往往是研究的起点，读书的时候，要有问题意识。有了问题，在读书的过程中就会对知识记得比较熟、记得比较牢。带着问题读，就是要利用古今中外无数人的经验、智慧、知识、能量来解决现实问题，就是调动千军万马为己所用。学界前辈和大法官的这些读书经验，对我们是很好的借鉴。

（二）逻辑化的专业表达

前面讲的那个东西是内在的东西，是自身素质的要求。外在的东西少不了，尤其是逻辑化的专业表达。恩格斯说，理论只要彻底就能说服人。只有做到逻辑严密的地步，才能彻底。说问题就是一二三，开口就是命题，就是陈述，就是观点，命题和命题之间是逻辑递进关系，然后又是体系关系，最后得出来逻辑结论。要想把你的理论推翻，是要到上层一层层撕开，这很费劲，对方要同样构建一个东西。

任何时候开口，一定要说三段论，一定要说法言法语，而且对你的语言陈述作前提性限制，坚持这么做，就会慢慢发现语言塑造了思维，思维反过来又提炼了语言，在思维和语言的轮回中，可以走向更好的自己。同时，书面语言功夫一定要做到家。对书面语言，一是要文字锤炼，千锤百炼，文字功底一定要好。二是一定要有语感，文字锤炼到一定程度行不行，这个判断能不能，都要达到这种语感程度，这需要长期的自我训练，一定要有这种意识。要改变也必须从下意识入手，从我们的书面、口头、跟客户的交流、跟法官的交流入手。在跟客户的交流中，我们是做翻译的，从大白话翻译成法言法语，然后法言法语还要翻译，提炼成一个体系、概念提供给法庭，让别人在很方便的情况下掌握、判断，全盘对接，这个功夫是需要我们来做的。

（三）弹性化的思维模式

我们做律师，切记僵化。律师有个性，有个性的人都比较容易僵化，抓住象腿说这就是象，是的，这是象，但准确地说是象的一部分。但是我们很难把自己的思维作为一个客体来反省。我们的思维不够弹性、不够开放、不够丰富，往往只抓住一点。要知道，法律思维是众多思维中的一种，它跟其他思维相比无所谓什么好坏优劣。逻辑思维、情感思维、直觉思维、道义思维、法律思维都是并列的关系，我们应该更多地把我们的法律思维放到生活里。因为争议的案件很难说是清清楚楚、明明白白的，都是生活中很多利益情感交织的结果，我们固守一种思维，是不足以认识案件的，要对法律思维的偏狭性、局限性有充分的自觉，不断调整。

有个批评我们法律思维比较偏狭的段子，说有个人很较真，整天进行批评，对中国的一句古诗也提出批评，说“一轮明月照姑苏”是不对的，一轮明月岂止照姑苏？别人问他怎么改？他很自信地在这句诗后面加了两个字，改成“一轮明月照姑苏等地”。这个表达在逻辑上确实完整了，但是它的生命价值失去了。这就是讽刺我们法律人，要有点自觉意识，要有自我批判否定的精神。一个人当能够自嘲的时候，就开始走向成熟了。律师，不仅仅要做专业上的法律人，还要做人格上的成熟人，以成熟的人格应对不成熟的个体，我们才有我们的优势、我们的气场、我们的镇定。

（四）多样化的身份标签

除了做律师之外，希望我们能多打开几个社会窗口，比如社会团体、公益组织、人大、政协、党派、律协等，争取多获得一些身份标签。有时候你没这个窗口，你真不了解实际情况。包括最高法院，最高法院法官人均年审结案件，在巡回法院超过200件。在这种情况下，怎么在单位时间里提供最有效的信息，最精练的概括，最准确的要害，供法官进行有效的判断，就对我们提出了很高的要求。

举一个真实的例子，最高法院的法官，在遇到一些争议案件不知道怎么判时，写一份原告胜诉的判决，又写一份被告胜诉的判决，两个再比对研究，看哪一个更能够自圆其说，写的过程中发现思路理清楚了，这个东西看得就更透彻了。我们研究他们的过程，也是调整我们自己心态的过程，也是放低我们姿态的过程，实际也是修正我们人格的过程。所谓的人生是修行，职业也是修行。

（五）精细化的人性洞察

我们要真的认识人性、了解人性，知其长短、报以同情，然后以自己的职业塑造自己的人性，引领别人的人性，尽可能做出一些有价值的东西，影响一些人，做一点路标性的贡献。要做到这一点，首先要从自身做起，先洞察自我的人性，并管控好自我，做到“三稳”。首先，做一个情绪稳定的人。在日常生活里，保持情绪稳定，需要一生的修行。其次，做一个能力稳定的人，稳定地输入，稳定地输出，每天进步一点点。不要贪多，贵在坚持。最后，做一个内心稳定的人。对于我们能够改变的，尽力；对于我们不能改变的，随缘。只要内心丰富，言辞低调，你终将发现，最好的滋味，是耐人寻味。

如果我们能做到这五个方面，我们的身姿、心态完全跟以前不一样。取得了成绩高兴一分钟就好，遇到了挫折永远不气馁，路还很长，取决于我们能力的不是看你摔倒而是爬起。律师职业是马拉松，要善于思考，身体力行，持之以恒。最后我送大家一段话，情绪向好的时候看，情绪低落的时候也看，因为这句话影响过另外一个人，这个人把这句话记下来之后，又传递给我们这些人。这就是原中国社科院的副院长赵复三先生说过的，他的老师西方哲学史专家徐怀启教授，去世前跟他讲过的一句话，让他受用终身。徐先生说，人啊，只有在默默无闻的时候，才能认认真真地做一点事。这句话给我启发很大。我的体会是，当我们在认认真真做一点事的时候，已经不再关注究竟是默默无闻还是闻名遐迩，因为做事、研究过程中的那份投入、专注和陶醉，就是命运赐予我们最好的回报。

三、审判思维的比较：公报案例述评之一[①]

2019 年刚刚过去，2020 年刚刚开始，按照我的工作习惯，每年初需要对上一年最高法院公布的指导性案例、公报案例、指导与参考系列出版物上的参考案例和最高法院发布的各种典型案例做一个梳理、总结和研究。虽然这些案例在发布的当初就已经认真地研读过，有些还是反复地研读过，但是集中在一个年度里总结、研读是不一样的，把它们放在一个集群里去研究也是不一样的，把它们放在这一个年度和上一个年度，乃至于以前的年度，在一个大时段里比对研究，也是不一样的。所以说在一个集中的时间里，把最高法院相关经典的判例作一个集中的总结，是非常必要的。

今天主要的内容是围绕 2019 年最高法院公报案例中的民商事判例，我准备分这么几个方面，给大家作一个介绍：一是研读最高法院公报案例的重要意义；二是 2019 年度最高法院公报案例的情况简介；三是 2019 年度最高法院公报民商案例的情况简介；四是我选择了一部分比较经典的公报案例，做法理的评析，包括一审、二审和再审，然后再对全案做一个总体评析；接下来带大家一起欣赏一下判决中的精彩判词；最后就这一次公报案例的总结，谈一谈其中代理人、法官在参与诉讼过程中的观点表述，对我们代理工作有什么样的启示。

（一）研读最高法院公报案例的重要意义

关于研读公报案例的重要意义，很多同行会说，还不是老生常谈？我觉得不是的。因为这个问题涉及一个根本性的困扰我们整个职业生涯中的问题——我们究竟应当如何学好法律？这个问题是最根本、最关键、最彻底性的追问。我们很多同行学习的劲头很大，努力的投入也很多，但效果是需要反思的。

我们有一位同事说得好，“方法比答案重要，过程比结果重要，收获比收入重要”。我们对这个问题要有所反思，因为在这样一个大数据、互联网的时代，我们接

① 本文系 2020 年 2 月 20 日在北京大成律师事务所讲座内容，刘阿丹整理。

收的信息太多了。以前我有一句话，在这里也可以和大家作一个重申，“强光使人目盲，信息使人退化”。我们通过朋友圈，通过手机信息，通过日常的各种碎片化式的学习，结束以后，坐下来想一想，你觉得留下什么深刻的烙印和痕迹了吗？没有，非常浅。更重要的是这种浅表性的记忆会让你有更深入的焦灼感，不断地去占有更多的信息，唯恐遗漏这样或者那样的信息。

我们学习包括最高法院的指导性案例、公报案例，各业务审判庭出版的参考案例等，为什么强调对这些纸媒上的案例研究非常重要？一句话，“网上得来终觉浅”。如果不能够把有限的注意力集中在这些经典的案例上，可以这么说，我们的职业生涯就像夸父追日一样，没有尽头，也不会有好的效果，因为接收得多，消化得少，而吸收、变成自己血肉中、思路中、精髓中的东西就少之又少。我们经常听一句官方语言——抓住关键少数，这句话是真理。我们研读案例也是这样，中国裁判文书网到目前公布的裁判文书超过 6995 万件，其中民商法律文书超过 4828 万件。截至 2019 年 12 月，中国裁判文书网发布的最高法院各种裁判文书超过 3.5 万件。读不过来，你只会掉入汪洋大海。

所以就要抓关键少数，公报案例就是关键少数。为什么不说指导性案例需要大家去抓呢？因为指导性案例的数量到目前为止还是比较少的。从 2011 年底发布第 1 批到去年底发布第 24 批，总共才 139 个指导性案例。当然这些案例应当熟读在心，但是它的数量是不够的，而且发布的时间相对也间隔较长。比如说 2019 年年初发表第 21 批，到年终集中发表了第 22 批、第 23 批、第 24 批。而公报案例从近十年的情况来看，2019 年是个例外。2019 年之前，基本上公报案例每一年差不多会在 50 个左右，十年下来就是 500 个，相对更有规模，同时也是与我们的学习经历、学习时间相匹配的案例集群，是非常好的学习资料。我们要抓这个关键少数。从这个关键少数里，能看出最高法院的司法立场、司法态度、司法取向、司法思路，乃至指导一个时期的司法政策，这些是需要我们好好琢磨、好好研读的。

还有一个方面需要跟大家介绍，学习公报案例的必要性在哪里呢？那就是它与我们如何养成良好的学习习惯有关系。刚才讲到大数据时代、互联网时代给我提供了便利，不用说大家都享受到了。它提供给我们的戕害，对我们的误导，大家可能还在慢慢地摸索，慢慢地体会着。而如果我们能够选择一个出口，比如说以公报案例为抓手，每一期的公报案例，我必须认认真真、从头到尾、反反复复地阅读，每年还要把集中的公报案例做一个总结、比对、摘要、思考，慢慢地就会建立起自己对自己专注力的主导，而不是被外界的数据信息推着走，这一点非常重要。以公报案例做一个实验和抓手，大家慢慢去做，就会发现再多的信息泛滥，对你的干扰慢慢在减少，你自己的内心定力、专注力慢慢在恢复。律师，就是为了给各界的客户排忧解难，提供有竞争力的、可操作性的争议解决思路与方案，如果我们自己都没有定力、没有信心、没有专注、没有掌控一切的自信，我们怎么向外输出我们的智慧？

还有一个方面，学习公报案例的重要性，还来自于公报案例自身的权威性。1985 年 5 月开始公布公报案例的时候，每一个案例都是要经过审委会的讨论决定才能通过，一直延续到 20 世纪 90 年代。虽然目前最高法院公报上的案例，不需要再经过审委会的讨论和通过，但是它的权威性、重要性和参考价值是不言而喻的。最高法院的一位法官到江苏高院做讲座的时候说过一句话。他说："一个法官终其整个职业生涯，能把自己办的案件在最高法院公报上刊登，可以说是其职业生涯的巅峰。"这句话对整个江苏法官群体的震动非常大，江苏法院系统对公报案例的遴选、收集、上报、最后选定也发挥了很大的作用。

如果我们在办案的过程中，能够有同类同判的参考来自于最高法院公报案例，对法官的说服力、影响力以及案件的走向是有非常微妙的触动作用的。更何况，公报案例能够让我们开阔思路。因为我们每个人的职业领域、职业时间，职业地域、职业经历都是有限的，但是司法实践丰富多彩，变化无穷。他山之石、可以攻玉。他山之石从哪里来？从公报案例中来。其中很多的观点、很多的思路、很多的方法，乃至于很多的语言，确实是让我本人受益良多的。

如最高法院公报案例中刊登过一个案件，它的主导思路是什么呢？法人在自己的文件上盖章，一般而言可以视为法人的意思表示。这一点对我们来说都耳熟能详了。但是该判决认为这仅仅是推定，如果有相反证据证明文件上的内容是不真实的，即便是盖了法人的公章，也不能作为法人的真实意思表示，它把公章的表义和内容的表示区分开，这不是对我们以往思维中一个盲区的廓清吗？所以我看到这样的公报案例，觉得最高法院的法官群体遴选这样的案例，供全国的法律人来参阅，的的确确对我们的工作是非常大的一个触动。

再比如说公报案例曾经刊登过，从自己家老宅子底下挖出来认为是祖传的文物，要求确认文物所有权的这样一个案例，跟当地的博物馆就发生争议了。博物馆说按照文物保护法，地上、地下、领海的，只要处于中华人民共和国领域内的一切遗存的文物归国家所有，你怎么能证明这个是你祖上的呢？它应当是归代表国家的博物馆所有和收藏。这个案例最后的判决结果没有支持博物馆的主张，而支持了自然人认为是祖传文物、自己所有的一个主张。原因来自于什么呢？来自于对博物馆主张的请求权的规范。"中华人民共和国领域内一切遗存的文物"，法官从这句话里挑出两个字——“遗存”。他说没错，文物保护法是这么规定，但是首先要解释“遗存”这个概念。按照法律的这条规定，遗存就是无主物，无主物当然归国家所有。反面解释就是，假如文物是有主的或者能够证明有主的，或者通过高度盖然性可以推定有主的，则并不当然归国家所有，我国的文物保护法律体系也不排除这样的文物归个人所有。

这个思路对我们是相当大的一个启发，我们看法律条文，看法律条款，不容易看出它背后的精髓，因为字面归字面，生活归生活，实践归实践，必须通过活生生的案例才能深刻地体会到它的精髓、立法目的、价值取向，这些都是公报案例所带给我们的。

再比如说，2019 年的公报案例登了一个案件，这个案件也做出了非常巧妙，但是也非常精准，同时也出乎我们意料的一个法律解释。一般来讲，董事会决议，董事出席，签上字，形成最终的法律文件，那就称为董事会决议。但是，最高法院三巡法庭的法官认为，一般情况下是这样，但特别情况下未必见得如此。我们所谓的疑难案件、复杂案件、前沿案件、争议案件，不就是在这些一般之外的例外吗？这是一个中外合资企业，中外合资企业的一方股东要求更换自己在合资企业董事会的派出代表，据此而形成的董事会文件，三巡法庭认为它贯彻的是股东的意志，履行的是股东的意思表示，所以这样一份形式上是董事会决议的文件，不能够体现公司法意义上的董事会独立自主的意思表示。它被称为什么呢？被称为具有董事会决议形式的记载文件，而不能当然视之为董事会决议。我们的思维是怎么样从粗疏走向缜密的，就是通过这样一个个的案例来进行。

我以前在大成深圳办公室给大家做讲座的时候，举过一个案例，对于我们法律思维的形成、塑造和启示有相当大的借鉴作用。中华全国律师协会的老会长高宗泽先生，原来受国家指派担任了一起涉外海事案件的代理人。从海外进口的报废的船舶，准备回国拆解，因为制作船舶的钢材是特种钢，我们国家在当时的状况下无力制造，拆解以后还是有相当的利用价值的。但是在途经我国海域的时候，因为另外一个案件把船舶给扣住了，当作另外一个案件可供执行的财产扣下来。高宗泽先生在这个案件中提供的思路是什么？说出来很简单，但背后的功力不简单。他说你们扣的不是船舶，什么叫船舶？有船籍、有船旗、有注册的船员，这些才能构成法定意义上的船舶。我这是什么呢？我这是没有船籍、没有船旗，也没有注册的船员，如果你们非把它当作船舶来看的话，更精准的定义是它是船形物体。这个思路真是令人叫绝，反映出这种大律师、这些前辈在法律功底上、法律思维上，确确实实半径比我们拉得更开，思考比我们更为缜密，更为精准。而这些都是他们在职业生涯中摸爬滚打，通过一个一个的案例，也可以说通过一段一段的弯路，总结、汲取、提升出来的。所以我们学习公报案例的重要性在于哪里呢？在于学习他人的经验，学习他人的司法智慧，看到自己的不足，看到自己的短处，借此拾级而上，慢慢地把自己不断地提升到一个新的层面和台阶上。

再比如说，公报案例提出民办学校开办者能不能用公司法的规定，行使对学校账册、董事会、财务资料的查阅、知情权，这一点法律没有规定，但法官不能拒绝裁判。公报案例把它登出来，认为可以参照，并且给出参照的理由。尽管这些理由还是有可以进一步完善之处，但是这些丰富多彩的公报案例，让我们思考半径更为扩大，让看起来比较抽象枯燥的法律条文变得灵动起来，从死的法律变成活的法律，变成我们头脑中可以运用起来的法律。

今天学习的公报案例，有些是要精读，有些做一些略读，有些精读还要到句读的程度，什么叫句读？像类似于一句话一句话一样，这也是对我们专注力强迫提高的一个很重要的途径。我发现很多同事们在阅读包括公报案例在内的案例内容的时候，看看裁判摘要，再看看判决结果，最多再看看一审、二审、再审怎么认定就算了，我觉得这是非常不够的。我们对于重要的、经典的公报案例，尤其是创设了裁判规则和裁判方法的公报案例，真的要发挥出句读这样一个笨功夫。我们对公报案例的阅读要仔细，如果仔细了，收获特别巨大。

讲了公报案例的阅读意义之后，我想跟大家总结讲一句话，务必请大家体会，如果觉得有用，就要身体力行。那就是"互联网时代，快就是慢，慢才是真正的快"，不学辩证法是不行的。这就是我跟大家介绍的第一个方面的情况，我们学习公报案例的重要意义。

（二）2019 年度最高法院公报案例的情况简介

接下来介绍 2019 年度最高法院公报案例的总体情况。据笔者统计，2019 年最高法院公布了 38 个案例，三批指导性案例，分别是第 19 批、第 20 批、第 21 批。第 19 批指导性案例是 5 个，第 20 批指导性案例是 5 个，第 21 批指导性案例是 6 个。那么除了这三批指导性案例之外，公布了 38 个公报案例。需要明确的是，最高法院公报上公布的案例，由两大块组成，一大块是裁判文书，另一大块是案例，这是两个固定的栏目。裁判文书主要是最高法院作出的判决、裁定，案例主要是除最高法院之外，其他各级人民法院作出的能够代表最高法院立场、观点、司法取向的经典判决和裁定。

在这 38 个公报案例中，最高法院公布的自己承办的案件有 16 个。地方各级人民法院承办的案例有22个。然后在这16个最高法院自己审理的案件中，又有12个是民商事案例，在地方各级人民法院审理的22个案件中，又有18个是民商事案例。也就是说，在2019年度公布的所有案例中，不管是最高法院自己审理的，还是地方各级人民法院审理的，民商事的案件占绝大多数，甚至可以说占绝对多数。这表明我们民商事争议解决领域是一片大有作为的蓝海，这个情况不只是2019年度所独有，从1985年到现在的35年，一直是一个比较稳定的司法现象，这一点希望大家能够看出趋势来，我们的民商事案件在立案登记制司法改革之后，将依然会占据最高法院公报案例的主要篇幅。

2019年的案例和之前的案例有没有一些不同呢？通过对比情况来看，2019年度共12期公报案例，只登了11期的案例，也就是说，2019年第4期没有登任何案例，通通都是司法文件。除此之外的11期，每期都刊登案例。这是第一个特点。

第二个特点，2019年度的公报案例是近四年来案例数量最少的一个年份。2018年最高法院的公报刊载了50个案例，最高法院自己办的案件是24个，地方各级人民法院办理的是26个；2017年度公报刊载45个案例，最高法院办了21个，地方各级法院办了24个；2016年度刊载了54个案例，最高法院办了33个，地方各级人民法院办了21个。也就是说，2019年度是近四年来最高法院公报案例刊登最少的一次。如果今年的情况继续维持或者减少，就能看出最高法院对案例遴选的慎重、尺度进一步提高，也表明案件的精度、精品程度增加了，含金量提升了，更值得我们认真去学习。

（三）2019年度最高法院公报民商案例的情况简介

接下来我再介绍最高法院2019年公报案例中的民商事案例。民商事案例中，首先看涉及的案由五花八门，最高法院遴选案例非常注意全面性。最高法院自己承办的案件，涉及的案由包括合同、专利、公司、反垄断、环境公益、第三人撤销之诉、物权保护，地方各级法院公布案例的案由包括健康权、公司、商标、合同、产品质量、侵权、环境污染保护等。

从这些案例中的情况来看，最高法院的12个判决或裁定，有7个是改判，5个是维持，也就是说它的改判率和维持率是差不多的。我比对了2016年以来的这四年的维持率和改判率，基本上是在这样一个范围内，这个指标对我们是有启发价值的。我在职业生涯中比较反对律师谈过高的胜诉率，因为这不符合诉讼规律。如果在正常的案件代理过程中，过高的胜诉率是不太现实的。其实，胜诉率重要，比胜诉率更重要的是法律的原则、精神、对利益的维护这些公平性的体现是不是贯穿在案件过程中，败诉案件中当事人的合法利益是不是也得到了有效的维护，其损失是不是也得到了最大限度的减少。

为了说明这个观点，笔者再跟大家披露一组数据，从2016年到2019年，这四年来，全国法院二审案件，或上诉案件的司法统计数据。这是司法公报上统计的，全国法院二审案件的维持率2018年54.68%，2017年56.18%，2016年50.75%；改判率2018年12.79%，2017年12.13%，2016年10.05%；发回率2018年6.44%，2017年6.92%，2016年5.8%，其他案件包括撤诉、调解的，这是整个二审案件四年来的维持、改判和发回率。再看再审，再审案件2018年的维持率，全国法院的统计数字是20.99%，2017年22.60%，2016年25.26%；改判率2018年29.76%，2017年29.47%，2016年31.29%；发回率2018年13.02%，2017年13.15%，2016年11.95%。

通过这几组数据就可以看出，司法实践中某类案件处理的大概率基本是稳定的，我们个人无能为力，是市场选择我们，而不是我们选择市场。所以在这种情况下，过分追求胜诉率是不对的，追求过高胜诉率是不现实的，更应该把重心放在每一个案件中的法律原则、法律立场、法律观点和法律利益的最大限度的维护上。

然后再分析最高法院发布的这12期公报案例的合议庭情况，五人合议庭的有一起案件，其他都是三人合议庭。这些法官的分布通过个案看不出来，通过年度就能看出来，通过年度和年度之间的比对能看得更清楚。大法官办理的案件出现过三个，分别是最高法院副院长罗东川，最高法院前副院长贺荣，最高法院部级专职审委会委员刘贵祥。这都是共和国二级大法官，大法官亲自审案，一定是选择重大、疑难、复杂、前沿、争议案件，用中国应用法学研究所的公开出版物的话，“大法官审理的案件都是在全国范围内，乃至在全球范围内有重大影响的案件”。这句话我觉得表述得很中肯，至少从我看到的大法官的审理案件来看，确确实实都是非常经典的重大疑难案件。

认真地读公报，会读出很多信息来。举个例子来讲，中国有多少大法官？截至2021年4月，我国共有大法官42名，其中首席大法官1名，一级大法官2名，二级大法官39名。① 这些人都是我国法官群体中的金字塔尖，大家也要多了解，因为他们发表的讲话、作出的批示、审理的案件，往往代表一个时期最高法院贯彻的司法政策、体现的司法观点，宣示的是最高法院的司法立场。当然大法官办案不多，除了最高法院这几位，像江必新法官、刘贵祥法官、贺荣法官、胡云腾法官、裴显鼎

① 载中国法院网，http：www.chinacouvt.org/article/dfg.shtml，2021年4月15日访问。

法官、罗东川法官，其他的就很少见了。当然，各省级高院院长作为大法官审案的很少。

关于最高法院公报案例的情况，还要跟大家介绍的是最高法院审理案件中合议庭的成员。2019 年度最高法院自己审理的公报案件中，出现过两次以上的法官有哪些？为什么要注意这些信息？因为这些法官出现频次越高，你越有条件研究他们可能外显的裁判立场、裁判思路、裁判观点，乃至于深藏不露的裁判理念，这些法官的公开信息、裁判文书放在一起，你能够看出一个轨迹。为什么这么强调呢？最高法院法官的裁判思维其实是固化的。不要听错，固化不是僵化，每个人的思维都是固化的。不固化没法认识这个世界，为什么叫世界观，一定要有一个框架才能叫世界观，这个固化的特点在于什么？在于你不管外面输入什么样的信息，丰富多彩、无穷无尽，它的过滤系统是固定的，也就是说，你可以在条件具备的情况下，一定范围内判断出他对外输出的司法观点、司法意见、司法思路，甚至是司法语言，这些是有可能捕捉、有可能预知的，可以在预判的基础上供我们工作中做参考和调整。这一点的重要性无论如何评价都不过分，所以这很考验你观察的精细度，不要小看这薄薄的一本公报，信息很多，把这些信息经过一个长期的、规范的梳理，它带给你的启示，就相当多了。第一件好事就是你的观察缜密了，缜密到了精细的程度。

比如，最高法院公布的指导性案例，第十批和第十一批以后有什么区别呢？从 2011 年 12 月发布第一批指导性案例，到第十批指导性案例，和 2001 年以后也就是第十一批指导性案例以后，一个重大区别是——之前发布的指导性案例没有公布合议庭成员姓名，从第十一批之后，每一个案件都公布合议庭成员。它又提供给我多一个观察裁判文书制作者的窗口。我们以前不知道裁判文书是哪几个人做的，光看到有这个裁判文书，代表人民法院的司法观点、司法立场、司法政策、司法意见。但是最高法院是一个机构，任何判决是要合议庭作出来的，特别是司法改革之后，我们强调审理者裁判、裁判者负责。法官的自主度大幅提升，从这两年情况来看，最高法院发布的案件个性化程度提高，共性化程度下降。公布了合议庭成员，我们马上就知道，这个案件是谁判的，在接下来陆续的工作中，只要再出现一次或多次，你就可以给他进行归纳，合并同类项，做一个比对。当样本积聚到相当程度的时候，你就可以给他画素描，不是给他的容颜画素描，是给他的思维画素描，我们不是画皮而是画骨，是为了学习、为了借鉴、为了提高、为了洞察，为了更好地在工作中准确地运用法律思维。

再如，公报案例很多人拿到以后看看摘要，看看法院认为，看看裁判结果，而不看案号。其实，2015 年和 2016 年以后，公布的案号发生了重大调整。2015 年以前的案号都是最高法院（2015）民申字第××号，2016年发生重大调整，变成（2016）最高法民终××号，案号发生变化了，是时代与时俱进的标志，这与司法改革的进程是相符的。我们要从这些细微处看出趋势来，风起于青萍之末，但是要有一双慧眼，机会是给有准备的头脑，的确如此。

那么除了公报中最高法院自己办理的案件，我们再看一看地方各级人民法院承办的案件，2019年度，地方各级人民法院公布的案例中有两个高院，两个区院。为什么有两个区院呢？一审就生效了，双方没有上诉，这种裁判效果是最好的，服判息讼，达到司法效果、社会效果的双统一。两个高院，一个是安徽高院，一个是广东高院。除了两个高院、两个区院外，还有南京铁路运输法院和上海知识产权法院。接下来就是十一个中级法院案例入选2019年公报，包括扬州中院、淮安中院、南京中院、上海一中院、上海二中院、重庆一中院、宁波中院、深圳中院、江门中院、淮南中院、淮北中院。通过这十一个中级人民法院案例，能看出大部分来自于长三角地带，江苏、浙江、上海、安徽。而且这个趋势不是2019年独有，而是这些年来较为稳定的一个现象。长三角法院案件入选率高居其他全国各大区法院之首，一个原因是经济比较发达，底蕴比较深厚。还有一个原因，跟法院是否注意识别、遴选、上报、推荐有重大关系。2019年度公报案例入选的两个区法院都是南京的，一个是南京江宁区，一个是南京秦淮区，再包括中级法院和铁路运输法院，南京地区是高居榜首的。为什么？在省级法院的层面上，能把公报办成公开发行的高质量专业刊物，只有江苏高院，其他地区都没法和它比。江苏高院公报刊载的参阅案例，每一篇都是要经过审委会讨论通过的，而且江苏法院系统对案例的重视度、影响度、宣传度，也是其他地区所不具备的，所以它有这么多的案例入选。

律师群体和法官群体这两大群体作为法律职业共同体，如果法律思维不能沟通，法律思维区间有代沟，其实受损失的不是一个个的案件，是我们国家的法治。所以我们要通过研究案例，研究裁判思路，来更好地深入学习。

（四）具体案件法理评析

下面就进入对具体案例的法理评析。这些案例，有些是要我带着大家精读乃至于句读的，有些只会点到，希望大家接下来自己去思考。

第一个案例是最高法院公报第1期公布的一个案例。如果研究最高法院指导性案例、公报案例有连续性思维的话，会发现最高法院公布的公报案例，有时候是从以前公布的指导性案例中抽出来的，按照司法解释，指导性案例各级人民法院是必须要参照的，如果不参照，按照胡云腾法官的说法，是要撤销的，要通过审判监督程序重审的。但公报案例不是这样，公报案例不是必须参照的。甚至在最高法院自己办理的案件里，还有这样的表述，公报案例不是指导性案例，我国不是判例法国家，公报案例并不必须遵守。最高法院的案例指导办公室有一个《中国案例指导》的连续出版物，有一些指导性案例是从以前公布的公报案例中重新拎出来的，现在它的层级、影响度、效力和权威度已经不仅仅是公报这个层面，它上升到新的层面。

还有一个现象，就是已经被指导性案例公布了的这种案例，又重新在公报上刊登，比如指导性案例 79 号，这个情况是不一样的，为什么不一样？因为指导性案例是看不出裁判文书的全文的，指导性案例有它的局限性，这是一个经过裁剪的东西，不是原材料，每一个原材料不一样，往往对案件最终结果的影响也是不一样的。失之毫厘，谬以千里。在司法实践领域中也是真理。案件事实的出入，哪怕就那么一点，就会导致你整个案件的支点发生巨大的水平位移，直接决定案件结果的不同。指导性案例现在公布了 143 个，但是看到的只是这些裁判观点和简要的裁判过程，看不出全貌。所以这一次最高法院把 79 号指导性案例的裁判文书，两年之后在 2019 年度的公报上刊登了，有它的用意，也反映出最高法院对这个案例的重视程度，所以我把它选为第一个重点带给大家来研读和分析，这个就是吴某秦与广电公司捆绑交易纠纷案。

这是一个再审案件，一审西安中院判决原告胜诉，二审陕西高院判决原告败诉，再审最高法院判决原告又胜诉。一审是三人合议庭普通审理，二审到陕西高院是经过审委会讨论决定的，再审最高法院合议庭推翻了审委会的讨论决定。

这个案件的特殊之处在于什么呢？它的诉讼争议标的不大，可以说忽略不计，15 块钱。

案件的基本情况是，陕西西安有一位工商局的职工，电视台有一次催他说要缴有线电视费用了，基本费用 25 块钱，开播新增节目 5 块钱，一个月 30 块钱，只按季收，一个季度 90 块钱，75 块钱基本维护费，基本维护费是中央电视台的主要频道可以看到，但是还有 5 块钱是增加的可以点播的其他卫视。该职工马上给物价局打了个电话，问这个东西要一起收费的吗？物价局说这个东西是可以分开的，你要不看的话，收基本维护费 25 块钱是可以的，然后他又跟陕西的广电网络客服打电话，问到底怎么回事，系统语音客服自动回复说我们就是一起收的，一收一个季度。

于是吴某秦就找了个律师，这律师意识到这个案件背后反映的企业在这个问题上会不会有违法之处？如果从每一个人的金额上来讲，那是 15 块钱，我不看的话，多收的那些退回，一个月 5 块，三个月 15 块，但是如果从它的受众来讲，几百万户，那不是一个小数字，经年累月更是一个天文数字，所以到西安中院起诉。这涉及我国反垄断法还要不要执行的问题，违反反垄断法要不要惩罚的问题。所以他是以反垄断法诉对方滥用市场支配地位。反垄断法的案件一审是要上中院的，到了西安中院去立案，还提了三项诉求。第一项诉求就是把这 25 块钱和这 5 块钱放在一起收费的行为确认无效，第二项诉求判令返回多收的 15 块钱，第三项诉求就常规了，是承担诉讼费用。

广电集团代理人答辩状里是这么写的，第一，你这个行为跟我垄断与否、是否成立没有任何关系，你说我侵犯你选择权，你应该选择 25 块钱，我现在把 25 块钱和 5 块钱都放在一起。但是选择权我们认为它应当是源于消费者权益保护法中的一个请求权规范。这水平很高，他一开始就想把整个案件的参照基准做一个平移，如果你参照系换了，肯定评判观点也会换，这是非常有水平的一个观点。所以他说你应该按照消费者权益保护法来告。这个观点在陕西高院就被接受了。第二，这个 25 块钱的基本收费和 5 块钱的增加收视费用不是捆绑，是合理的搭售。他提出一个观点是搭售，而且是合理的。对于这种搭售他也做了一个界定，叫正常的销售行为。他说如果你要确认垄断行为，垄断行为的主体资格确认不是你，应当是司法机关，至少也是行政机关。我们经常看到比如商务部对高通作出反垄断的处罚，那是来自于行政机关的权力，一个普通的消费者电视终端的用户，没有资格提起反垄断，指责我方构成滥用市场支配地位。然后他又说如果你要因为我方多收了你 5 块钱，就多余的费用起诉要求返还的话，你首先要拿到一个行政判决，然后才有资格提起民事诉讼。第三，我方是合法的经营活动，为了保证国家的信息安全，党和政府对宣传行业实行严格监管，形成了有线电视国有控制地位，实行省级专营，被依法实施监管和调控，同时党和政府也要求有线电视经营者为满足广大人民群众日益增长的物质文化需要，在符合经济规律的条件下，增加节目，并在基本节目收视之外收取费用。反之，如不能在基本收视节目之外进行收费，网络正常的维护和升级将会受到干扰，也不能满足不同层次用户的多样性选择，实质上是间接损害了绝大多数群众收看更多电视节目的选择权利，我们依法经营，保证了绝大多数群众收看更多电视节目的选择权，故请求驳回要求确认广电网络增加节目并收取费用无效的请求。第四，对于第二项诉求，我们表示愿意积极解决。

那么一审法院怎么认定？一审法院对这个案件的论证，我认为还是非常严谨，非常有功力，也非常能够体现出反垄断法的立法原则、立法取向和立法价值。一审法院认为，根据诉辩双方的观点，本案的主要争议焦点是：一、广电网络是否实施了反垄断法所禁止的搭售或者附加其他不合理交易条件的行为；二、广电网络收取吴某秦数字电视付费节目费用的行为是否有效。这里要讲两点。第一点，法院裁判文书的争议焦点的归纳无比重要，我们对它的重视度要无以复加，为什么？最高法院《民诉解释》第226条和第228条专门提到了争议焦点。第一个条文说不管各级法院，在审理案件的过程中，必须要根据审辩双方的意见、观点，要归纳争议焦点。第二点，在审理的过程中，也必须按照争议的事实、证据和归纳的争议焦点来进行审理，必须围绕着它来进行审理。所以争议焦点是起方向性、脉络性甚至决定性作用的。争议焦点归纳得好不好、准不准、对不对，对裁判结果和诉讼利益有重大影响。

为什么专门提这两个争议焦点呢，陕西广电网络的代理人在这个问题上是出现了疏忽的。法院已经归纳了第一个，广电网络是否实施了反垄断法所禁止的搭售或者附加其他不合理交易条件的行为。法院归纳争议焦点的时候，一般情况下会询问双方代理人，对于本庭归纳的争议焦点是否同意、有无补充。如果这些争议焦点的归纳，与案件中的诉讼利益有较大或者重大偏差的话，一定要寸土不让。比如在这个案件中，讲第一个争议焦点，是否实施了反垄断法禁止的行为，答辩状中说你是消费者，你行使的是消费者权益保护法中的权利，不应当是反垄断法的权利。西安中院在归纳这第一个争议焦点的时候，代理人就应该敏感地意识到，如果这个案件是按反垄断法来审理的话，将会有什么样的逻辑必然性？而如果不是在按反垄断法来行使的话，对法律适用一开始就提出来，至少是质疑，争取纳入到争议焦点中去，那是不是适用反垄断法就不带有必然性，它具有相当程度的或然性。这个时候对于反垄断法的适用双方没有争议了，可以说这个案件在这个时候就露出了“败相”。我们分析案件，我们看裁判文书要这样看，才能看出皮相之外的骨头和精髓，这份裁判文书才算是被我们看透了，学到位了。

归纳了争议焦点之后，西安中院接下来就开始列反垄断法的条文。既然是运用反垄断法了，那就要看反垄断法关于这一点是怎么规定的，这是逻辑上的起点。裁判文书引用了《反垄断法》第17条，这就是整个裁判文书的逻辑起点。假如逻辑链条是严格按照形式逻辑，按照法律逻辑，无缝往前推移的话，它一定会过渡到一个逻辑中点，并且无意外地过渡到最后的逻辑终点。这一点我们做律师的一定要认认真真地检点自己的思维，检点法官的思维，比对自己思维和法官思维的区别，通过别人的经验、教训、路径，看出我们共同的误区、盲区和雷区。

西安中院先是在裁判文书引用了《反垄断法》第17条，本案是否符合反垄断法规定的搭售或者是附加其他不合理交易条件的构成要件是原告诉讼理由能否成立的关键，具体分述如下。

第一，怎么确认相关市场，识别相关市场。反垄断法里面有滥用市场支配地位这个案由，那么第一点，相关市场要确认。看到这个地方的时候，我想起最高法院公布的78号指导案例，是360公司和腾讯关于当时360QQ保镖和腾讯中的软件不兼容引起的滥用市场支配地位的案件。那个案件中，当时360公司向最高法院上诉，第一个观点就是广东高院没有在案件中区分相关市场，没有界定相关市场，属于基本事实认定不清。基本事实认定不清，在我们国家民事诉讼的上诉审里，是一个很严重的指控，确定之后一般是要发回的。当然法律也允许查清之后改判，但二审法院都把自己更多地定位为法律审，基本事实的查明是原审法院的事情。在那个案件中，王闯法官在判决书里就正面回应了这个问题，他说相关市场的界定一般情况下是反垄断法中滥用市场支配地位应当查明的，但也并非绝对，因为它只是一个工具，而不是一个目的。如果其他的直接证据能够把这个目的界定清楚，水落石出，也并不必然一定要界定相关市场。

在这个案件中，西安中院认为，本案相关市场的界定是反垄断诉讼案件的起点，只有界定了相关市场，才能进一步界定是否具备市场支配地位，以及诉争行为是否构成垄断。《反垄断法》第12条规定，本法所称的相关市场是指经营者在一定时期内就特定商品或服务进行竞争的商品范围和地域范围。由此说明确定相关市场，需要考察商品和地区这两个核心要素。广电集团是不是在相关市场里？根据本案查明的事实，本案被诉垄断行为所述的相关服务市场是什么市场，给了一个明确界定，这个界定就是有线电视传输服务市场。该相关服务市场的地域范围是陕西省地区，把这个商品、把这个地区锁定，首先是有线服务市场，其次是覆盖陕西省全境。

第二，考察广电网络在这个市场里是否具有支配地位。广电网络主张，由于有线电视传输服务市场实行省级专营，广电网络是经陕西省政府批准、陕西境内唯一合法经营的电视节目集中播控者，法律上它应该是个什么概念？是具有市场支配地位。

可见我们律师发表意见一定要反复斟酌，统筹考量，一体把握，把思维的可能漏洞找出来，一一堵住。“上穷碧落下黄泉，动手动脚找东西”，傅斯年这句话对我们法律人也是适用的。发表意见的时候，不是这句话说出来孤零零就算了，它应该是体系中的一个有机组织部分，否则你说的这句孤零零的话，其中隐含的杀伤力不知道在哪个拐点、哪个转角等着你。你需要有预见，有整体。所以办理一个案件，要把自己定位成战役中的最高指挥官，每一个环节、每一个层面、每一个思路、每一个观点，都要通盘考虑、一体把握、斟酌再三、做好预案，否则一定会在短时间内、单位范围内的高强度对抗中手忙脚乱，以至于手足无措。

西安中院认为，考虑到有线电视传输服务市场是实行省级专营，市场进入本身存在很大的障碍。有线电视传输服务需要大规模的传输网络，投入成本较高，即使不存在专营，市场进入考虑到需要建立大规模的传输网络，也是比较困难的，所以，本院对不具有支配地位不予认定。

第三，是否存在滥用支配地位的情形。西安中院在这个方面作了一些法理上的阐述，它说本案中广电网络在与吴某秦进行市场交易时，未向吴某秦告知其有相关电视节目服务的选择权，而直接要求吴某秦缴纳包括数字电视基本收视维护费和数字电视付费节目费在内的全部费用。如此，这个关键事实就被界定了，广电公司没告诉他有选择权，那直接收的费用就包括两块。这实际上是对事实的进一步法律提炼，那就是将数字电视的基本收视服务和数字电视的付费节目提供服务捆绑在一起，向吴某秦销售。

西安中院认为，一方面广电网络不加区分地捆绑交易，这是一个界定。另一方面以广电网络在陕西省境内有线电视传播服务市场上的支配地位迫使吴某秦接受数字电视付费节目提供服务，违反了吴某秦的意愿。吴某秦因为广电网络的市场支配地位，而不得不接受上述不合理条件。因此，广电网络的行为属于反垄断法所禁止的搭售或者附加其他不合理交易条件的行为。广电网络辩称其没有滥用市场支配地位与事实不符，本院依法不予采纳。

第四，广电网络的行为是否具有正当性。西安中院注意到了陕西广电网络的代理人说的这个观点，说我不叫搭售，我是正常销售，西安中院对这个观点也作了回应，不留遗漏。广电网络于庭审期间称搭售是两种产品的捆绑销售，是套餐，套餐可能还没有表达好，实际上是不同节目的组合。西安中院认为，搭售要求捆绑在一起交易的商品或者服务在性质和交易习惯上是相互独立的，也就是说一种商品和另一种商品，一种服务和另一种服务，是可以分离的，可以独立交易的，捆在一起叫作搭售。如果你这两种商品或服务是不能独立的，确实不能叫搭售。在本案中，广电网络向吴某秦提供基本收视节目服务和增值业务付费节目服务两项，收看基本收视费用是属于基本消费的范畴，收看增值业务付费是属于基本消费以外的消费范畴，属于两个独立的产品，可以分别消费，这个中院是肯定的，习惯上是可分的。

但如果这个不叫搭售，叫套餐也好，叫组合也好，你这么做，合理不合理？正当不正当？符不符合反垄断法中讲到的要有正当理由？所以你看他的逻辑推理一层一层、一套一套，这个观点我是认可你的，但是你还需要回答我新的问题。在新的问题没有得到圆满回答，消除我的质疑之前，你的答辩或者抗辩，很抱歉还是不能够成立。所以你看这个思维的缜密，确确实实需要我们好好去想，我们不是说很简单的一个三段论就出来了，它一定是复式的。一个年轻的律师和一个有经验的律师，以及一个很资深的律师，思维的差别是他们之间的最大差别。法官也是这样，资历轻的法官和年资深厚的法官最主要的差别，不是他们法律知识上的差别，也不是他们法律认知上的差别，而是他们法律思维上的差别。思维方式这个东西，用亚里士多德的话说，是实践智慧，不是仅仅通过学习或者传授就能学到的，你是跳越不过去特定阶段的，只能通过理论、实践反反复复地缠绕、循环、流连往返、来回穿梭、来回比对、螺旋上升。所以我为什么讲在这个大数据、互联网时代，我们仅有勤奋、努力是不够的，我们需要学会学习，学会思维。快就是慢，慢才是真正的快。我们学裁判文书，就是要学这些东西。学思路、学方法、学思维。

西安中院提到，有没有正当理由要考察。它说根据最高法院关于垄断行为的司法解释，专门讲到了滥用市场支配地位，举证责任在你陕西广电网络，你有没有正当理由？如果你觉得是正当的，你举证。它说被告应当对其行为具有正当性予以抗辩，承担举证责任。本案中广电网络并未对其搭售或者附加其他不合理交易条件的正当性提供任何证据，仅仅主张其有责任向用户提供更多的电视节目，有权向基本收视之外进行收费，以保证网络的正常维护和升级。广电网络当然可以在基本收视之外增加电视节目的收取费用，但是增加节目的费用不能以违反反垄断法为代价和前提。西安中院认为，对广电网络不构成否认搭售或者附加不合理条件交易的正当理由，不予采信。对原告的两项诉求全部支持了，一是行为是无效的，一是要返还这 15 块钱。

到了陕西高院，陕西广电提出了上诉，二审代理人在二审代理中的观点有一些矛盾。他上诉状里怎么说的呢？他首先说一审认定事实错误。关于支配地位的认定，他说陕西省至少有三家，除了陕西广电之外还有中国电信、中国移动，怎么能说相关市场就一家呢？仅此一点来看，广电网络根本不是一审法院所认定的占有支配地位的数字电视服务商，因此，一审法院认定广电网络具有支配地位属明显认定事实错误。其二，关于搭售行为的认定，他说关于搭售，我的行为符合搭售的惯例，属于合法的搭售，陕西高院拿到这个案子之后，通过裁判文书可以看出审理过程。二审法院也引用了《反垄断法》第 17 条的规定，然后它增加了一个关键的事实。在吴某秦购买服务的前后时间里，广电网络也向不特定对象提供过每月 25 元的基本服务。

陕西高院认为，吴某秦一审起诉的诉讼请求是确认广电网络收取每月 5 元的数字电视节目费，违反反垄断法而无效，要求返还。广电网络向吴某秦提供 30 元的月收费服务，是否构成反垄断法所禁止的具有市场支配地位的经营者没有正当理由搭售商品或服务，是本案的关键问题。这句话也是对一审判决争议焦点的一个重复。只有当市场支配地位被滥用时才是需要禁止的，所以需要找出组合销售行为和搭售行为的区别所在。搭售和组合是不是可以做一个区分呢，广电网络是不是有市场支配地位，这一点同意西安中院的判决，在现实生活里面，两种以上商品的组合销售不少见。两个商品的组合，比如买洗衣机送洗衣粉，买牙膏送牙刷，很常见。这种销售行为既可能构成搭售，也可能是正常的组合销售。单纯的组合销售行为不为法律所禁止，如果组合销售可以使消费者获得比单独购买更经济的服务，消费者也不一定会拒绝。而只有组合销售违反消费者的意愿，且令消费者因为经营者的支配地位无从拒绝的时候，这种行为才是反垄断法所禁止的搭售行为。这样一来，概念收窄了，定义缩减了，内涵再度提炼了。最高法院对于一审法院和二审法院解释之间的这种差异、技巧和它们之间不同的角度、出发点，这一点非常值得研究，而且这一点是经常有规律性的现象。

在这个案子中，陕西高院认为，对这二者进行区分，是本案需要解决的问题。搭售体现在什么地方，体现在消费者不同时购买搭售产品，就无法取得被搭售的产品，就是说我本来想买 A，你非要给我搭售 B，如果我要买 A，就不得不买 B。他说如果在这种情况下，再加上你的支配地位，就构成了消费者除了接受你提供的组合销售外别无选择，违反消费者的意愿。这才能叫搭售，违反反垄断法，换言之，对单买商品或服务的选择权是否存在，是区分搭售和正常消费的关键因素，就是说消费者没有选择权，那就是搭售；有选择权，那就是组合。这个选择权不是不同组合之间的选择，是单独销售和组合销售的选择，那么广电并没有采取不分别销售，不仅提供组合服务，也提供基本服务，存在两种以上的选择，尤其是其中的基本收视维护费实行的是政府定价，事实上同一时间段也存在过单独购买的交易，意味着消费者以不同的方式可以选择组合销售，这句话很重要。为什么？它依据广电网络提供的证据，确认曾经有过分别销售，用它的概念是没有不分别销售，消费者可以单独买，也可以合并买。

最高法院认为，第一，在这个案件中，吴某秦买的时候就是按 30 块钱，一起收了 30 块钱，这是个基本事实。第二，吴某秦向陕西广电网络的客服打电话，客服的语音回复说就这样收费的。第三，陕西广电网络本身拿出了只有单独基本费的发票，没有捆绑交易的，不能证明吴某秦的案子也是这样。最高法院有这种穿透性思维，直奔主题，紧围焦点。在这个案件中，广电网络在答辩中认为本案实际是吴某秦在消费者权益保护法上的权利是否被侵犯的问题，而与反垄断法无关。最高法院说根据《民诉解释》第 286 条、第 288 条，最高法院要求，第一必须在案件中归纳争议焦点，第二必须在案件中沿着争议焦点来进行审理。归纳的争议焦点、事实来源于什么？来源于吴某秦在诉讼里已经明确的，即主张被告收取原告数字电视费，实际上是为原告提供上述服务范围增加服务内容，对此原告应有选择权，被告属于公用企业或者其他依法具有垄断、独占地位的经营者，在数字电视市场具有支配地位，被告的上述行为违反了反垄断法，原告依据反垄断法主张，因此一审法院根据吴某秦的诉讼请求，适用反垄断法进行审理并无不当。也就是说法官怎么找法，看原告是怎么提法的，法院是被动的居间裁判者，当事人既然是这么提的，法院当然要查一下这个提法对不对、成立不成立，成立的我支持，不成立的我驳回，所以我依据这个来审理没错，一审法院依据这个来审理也没错，陕西广电网络这个抗辩提法是不对的。所以我们一方面要研究法官的裁判思维，另一方面要把这种研究贯穿于我们自己的工作内容，体现在我们的工作成果，并且在司法实践的过程中不断去检验、不断去历练、不断去证伪、不断去提升，这才是我们研读公报案例的目的、价值、意义和功能之所在。

这个案子算是给大家做了一个标本，做了一个范例，就是告诉大家我们究竟怎么研读公报案例，以什么方式来研读，研读到什么程度。可以看出，我们的提升空间是很大的。

（五）案件代理启示

双方代理人、三级法院的法官在这个案件中究竟给我们以什么启示呢？

第一个启示，从思维的角度看，要透过现象看本质。客户告诉我们的，或者我们以为自己眼睛看到的，不见得是真相，至少不完全是真相，客户提供给我们很可能是版本之一，对方可能会提供版本之二、之三，法官很可能会认定版本之四、之五，所以我们一定要透过现象看本质。民商事诉讼案件，没有绝对的对，也没有绝对的错，或者说得更绝对一点，没有“绝对”这个词。哲学地说，只有不绝对才是绝对的，因为它里面堆积了很多的认知、很多的事实、很多的偏差、很多的价值、很多的经验、很多的学识、很多的阅历，它是一个混合体，而且之所以成讼，成为争议，往往都是混合过错、共同过错，只不过是过错的多元性、过错的层次性、过错的份额性有所不同而已。最高法院都提出了要有穿透性思维，我们还不要穿透吗？我们一定要从林林总总的、遮望烟云的屏障中看出症结，这个案件的根本是什么？什么导致案件本身的发生？双方争议的实质性内容是什么？他说的、他争的，未见得就是真实的、真正的。

第二个启示，就是我刚才也讲到的，几级法院都在讲理，为什么是最后一个理胜出呢？一句话，小道理要服从大道理，大道理要管小道理。一方讲出的道理确实有合理性，另一方的抗辩也有一定的合理性，但是究竟应该是什么样的道理？其实应该是凌驾于这两种道理之上的大道理。举个例子，江苏高院一位入选公报案例的法官宋健，他说我们法官在办理疑难案件的时候，常常也是很苦恼，新型案件没有人见过，但是他的体会是如果能把握案件涉及法律的立法宗旨、立法取向、立法价值、司法裁判所指引的方向，你要告诉社会哪些应当支持、哪些应当否定、哪些应当抵制、哪些应当批判，站在这个制高点上去衡量，多数案件都会迎刃而解，这是处理多数疑难、复杂、争议、前沿和重大问题的万能钥匙。

再举一个实例，去年公报刊登了第 19 批指导性案例，即狼牙山五壮士名誉权纠纷案，这个案件创造了一个裁判规则，被《民法总则》第 185 条所吸收，并直接推动《英烈保护法》的出台。这个案子是以一个大道理——社会公共利益指导判决的，即侵权人侵犯的不仅仅是狼牙山五壮士的后代，而且侵犯的是我们民族共同的记忆，中华情感的一部分。

第三个启示，就是道理要回到事实中去。单独看这个道理是成立的，但法院是要解决问题的，是要裁判具体案件的。

第四个启示，在代理过程中给我们的启示，法律是科学，但绝对不是自然科学意义上的科学。法律的东西，如果在运用的过程中，判决本身不被多数人认同、接受与支持，可以坦率地说，不是法律本身有问题，是判决本身有问题，为什么？法律不过就是常识，就是经验，就是朴素的公正价值观念。讲自然科学，我们理解不了，但这不并妨碍相对论的科学性。但是在社会科学，特别是法律领域里，这样做是不行的，一个裁判结果和老百姓多数人朴素的认同、价值、公正观不一样。

第五个启示，就是“魔鬼藏在细节里”。千万不能只抓一点，不及其余，我们每一个细节都要仔仔细细地去看、去推敲、去落实。我们是矿工，是考古工作者，一点点细节，一点点认知，都不能放过。我这里再一次用最高法院相关人士的话来做一个描述，最高法院民二庭的王某敏法官，在她《公司法审判实务与疑难问题案例解析》前言里特别提请大家注意，“案件情节的改动对处理结果影响很大，故敬请各方人士不要简单套用”。

我们在案件代理中，如果说能够透过现象看本质，好好体会这几句话，大道理要管小道理，羊毛出在羊身上，法律不过天理人情，魔鬼都在细节里，从这些方面去督促、去学习、去反思、去提高，我们就能向既有经验，又有一定的理论水平，最终达到相当高的理论素养这样一个目标去推进。

四、审判思维的误区：公报案例述评之二①

（一）引言

2014年第5期《中外法学》刊登了程啸的《论抵押财产的转让："重庆索特盐化股份有限公司与重庆新万基房地产开发有限公司土地使用权转让合同纠纷案"评释》一文②，认为最高人民法院未能正确适用法律，根据法不溯及既往的原则，不应同时适用《物权法》第191条，而只能适用《担保法》第49条及其司法解释的规定，并据此认定本案争议合同有效。对此，笔者持不同观点，特此提出商榷。根本性的分歧有两点：第一，最高人民法院确实未能正确适用法律，但本案应适用《物权法》第191条，而不能适用《担保法》第49条及其司法解释的规定。第二，如果适用《担保法》第49条及其司法解释，本案合同应为无效，而非有效。在此基础上，笔者将进一步分析，重庆市高级人民法院和最高法院在本案的处理上，各自存在着哪些失误之处，以总结审判经验，提升审判质效，推动学术研究与司法实务的更好融合。通过剖析该判例，结合司法实践的最新探索，笔者的结论是，《物权法》实施后，对抵押财产转让效力的法律评价，应适用《物权法》而非《担保法》及其司法解释。

（二）事实概要与判决要旨

1. 事实概要

被上诉人（原审原告、反诉被告）索特公司在观音岩×号拥有四块商服用地使用权，并将上述土地抵押给相关银行用于贷款担保，抵押期限自2005年至2011年。2005年12月1日，上诉人（原审被告、反诉原告）新万基公司与索特公司签订《金三峡花园联合开发协议》，在上述土地上联合开发。该协议约定：①索特公司现已将上述土地抵押给某银行融资贷款，同意在约定时间内将该土地的抵押权解除，并保证不存在其他权利瑕疵；②以新万基公司出资、索特公司出土地使用权，共同投资、

---

① 该文原题为《论抵押财产的转让及其法律适用——再评"重庆索特盐化股份有限公司与重庆市新万基房地产开发有限公司土地使用权转让合同纠纷案"》，载梁慧星主编：《民商法论丛》（第62卷），法律出版社2017年版，第289～311页。

② 以下简称"程文"。

共享利润的方式，共同进行房地产开发。同日，新万基公司与索特公司又签订了《联合开发协议之补充协议》。2007 年 12 月 20 日索特公司以新万基公司并未按照合同约定履行相应义务为由，向法院起诉要求解除双方签订的《联合开发协议》及其补充协议。同时，请求判决新万基公司支付违约金 1000 万元。新万基公司提起反诉，请求法院判令索特公司承担违约责任，支付违约金 6000 万元。

2. **判决要旨**

①一审判决要旨

重庆高院认为：首先，双方当事人之间法律关系实质是土地使用权转让，即索特公司是土地使用权转让人，新万基公司是受让人。其次，当事人之间的土地使用权转让行为违反了《担保法》第 49 条第 1 款——索特公司在转让抵押财产时未通知抵押权人——而归于无效。此外，由于新万基公司受让的标的物上存在抵押权，根据最高法院《担保法解释》第 47 条第 1 款，新万基公司可以通过行使涤除权消灭该抵押权，从而对转让行为的效力予以补正。但新万基公司并未行使涤除权，该转让行为的效力未能得到补正，故《联合开发协议》及其补充协议属于无效合同。索特公司与新万基公司要求对方支付违约金的请求均不能成立。本案合同无效是因为抵押人未将土地转让的情况通知抵押权人，系索特公司单方的过错导致了合同无效，对新万基公司因此遭受的损失应由索特公司承担赔偿责任。虽然根据《担保法解释》第 67 条第 1 款，也可由受让人行使涤除权消灭抵押权，从而使转让行为生效，但对受让人而言，该规定系赋予权利，权利人不行使权利并不构成法律上的过错。

②二审判决要旨

最高法院认为：《联合开发协议》及其补充协议合法有效。首先，依据《担保法》第 49 条，抵押期间抵押人转让抵押物应当通知抵押权人，否则转让行为无效；《物权法》第 191 条亦规定抵押期间转让抵押物须经抵押权人同意。其立法目的是确保抵押权人的利益不受侵害。但《担保法解释》第 67 条和《物权法》第 191 条也规定，未经通知或者是未经抵押权人同意转让抵押物的，如受让方代为清偿债务消灭抵押权的，转让有效。即受让人通过行使涤除权涤除转让标的物上的抵押权负担的，转让行为有效。本案双方当事人在《联合开发协议》中约定由索特公司在不影响开发进度的前提下办理解除抵押权的相关手续，即以约定的方式将先行解除本案所涉土地上的抵押权负担的义务赋予了索特公司。该约定既保障了抵押权人的利益，也不妨害抵押人和受让土地的第三人的利益，与《担保法》《物权法》以及担保法司法解释保障各方当事人利益平衡的立法精神并不相悖，不违反法律规定。因此，应当确认该《联合开发协议》及其补充协议有效，双方应按照合同诚信履行，索特公司有义务根据双方商定的开发进度清偿银行债务，从而解除该转让土地上的抵押权负担。其次，《物权法》第15条确定了不动产变动的原因与结果相区分的原则。物权转让行为不能成就，并不必然导致物权转让的原因即债权合同无效。双方签订的《联合开发协议》及其补充协议作为讼争土地使用权转让的原因行为是债权形成行为，并非该块土地使用权的物权变动行为。相关法律关于未经通知抵押权人而导致物权转让行为无效的规定，其效力不应及于属于物权变动行为的原因行为。因为当事人可以在合同约定中完善物权转让的条件，使其转让行为符合法律规定，本案即属此种情形。综上，双方签订的《联合开发协议》及其补充协议系当事人的真实意思表示，不违反法律和行政法规的禁止性规定，合法有效。索特公司未履行合同义务的行为，构成违约，应承担合同约定的违约责任，故撤销一审判决，改判索特公司向新万基公司支付违约金4038万元。

（三）本案能否适用物权法

本案的争议事实，发生于《物权法》实施之前的2005年12月。本案的提起诉讼，发生于《物权法》实施之后的2007年12月20日。[①] 这就产生一个直觉式疑问，本案能否适用《物权法》？进言之，本案适用《物权法》，是否如程文所述，涉嫌违背法不溯及既往原则？一、二审判决之所以截然对立，正是基于对此问题的不同认识，这也是本文与程文的根本分歧之一。笔者认为，对这个问题的准确判断，必须跳出《物权法》的原有框架，从《立法法》[②] 这个源头处开始梳理，亦即《立法法》自身是如何规定的，《物权法》和最高人民法院的相关司法解释，又是如何具体反映《立法法》的规制的。本案一、二审的裁判逻辑固有不同，但都是前述思维认知的必然延伸。

1.《立法法》是如何规定溯及既往的

首先必须明确，《立法法》并没有规定，法律绝对不能溯及既往。在这个问题上，切忌用大而化之的抽象概念，来替代小心求证的具体分析，否则，就会封死继

① 《中华人民共和国最高人民法院公报》2009年第4期。

② 本文所指《立法法》，系在本案情境下使用，特指修订前的、2000年7月1日起施行的《立法法》。

续思考的路径，得出似是而非的结论。① 《立法法》第 84 条规定："法律、行政法规、地方性法规、自治条例和单行条例、规章不溯及既往，但为了更好地保护公民、法人和其他组织的权利和利益而作的特别规定除外。" 这说明，法不溯及既往只是一项基本原则，并不是"一刀切"的绝对原则。按照《立法法》的前述规定，在新旧法律的规定出现不一致的时候，如果适用新法溯及既往，必须同时满足两个条件：一是新法必须作出特别规定，二是新法的特别规定必须有利于对公民、法人和其他组织权益的更好保护。笔者使用这两个法定标准，继续衡量《物权法》与适用溯及既往的关系。

2. 《物权法》有无体现溯及既往

《物权法》是否应当溯及既往，在审议期间就有所争议。② 物权法通过后，对于是否应当溯及既往，学界认为需要具体分析，并提出在坚持法不溯及既往的同时，要注意到例外情形。③ 对此，笔者不做理论探讨，只从实证角度考察《物权法》是否作出特别规定，以及该特别规定是否更好保护公民、法人和其他组织权益，从而体现出法律的溯及既往性质。

2007 年《物权法》有两处特别规定，分别在总则编和担保物权编，均涉及《物权法》与其他法律的关系，并对于法律冲突时如何选择适用，作出了符合《立法法》

---

① 最高人民法院原负责人认为，在处理担保法与物权法衔接问题时，人民法院应当坚持"法不溯及既往"的法律原则，凡是发生在物权法施行之前的担保物权行为，应当适用担保法及其司法解释的规定。引自程文注释 [2]。笔者认为，这一判断过于简单化，既不符合《立法法》第 84 条和《物权法》第 178 条规定，也不符合最高人民法院司法解释所秉持的一贯立场，且实践证明并不正确。此外，为了判断的完整性，有必要提及最高人民法院原负责人的另一观点，他认为，担保法与物权法虽皆规定有担保物权，但物权法是上位法，但没有给出具体理由。同时，也没有提及担保法是否为特别法，以及是否发生下位法与特别法的适用竞合问题。笔者认为，对于前一个问题，鉴于担保法系全国人大常委会审议通过，物权法系全国人大审议通过，故相对于物权法，担保法系下位法。全国人大常委会与全国人大在立法权限、效力等级、立法性质等方面均有差别，显系两个不同的机关，故相对物权法，担保法为下位法。关于后一个问题，非常值得探讨。有学者认为，法律冲突的三大适用规则关系中，即上位法优于下位法、特别法优于普通法和新法优于旧法，应强调上位优先规则对其他两规则的制约性。鉴于物权法已明确排除了冲突情况下对担保法的适用，故此处不再展开进一步的学术辨析，相关研究可参见顾建亚：《"特别法优于一般法"规则适用难题探析》，载《学术论坛》2007 年第 12 期；汪全胜：《法律适用原则竞合时的司法选择》，载《北京理工大学学报（社会科学版）》2009 年第 10 期；余文唐：《法律冲突三大适用规则关系论》，载《人民法院报》2011 年 4 月 28 日；刘卉：《侵权法规范竞合与适用问题研究》，华中师范大学 2012 年硕士学位论文。

② 周炳林：《物权法应顾及"法不溯及既往"》，载《21 世纪经济导报》2006 年 8 月 28 日。

③ 代表性意见参见兰晓为：《〈物权法〉适用与"法不溯及既往"原则之例外》，载《福建法学》2009 年第 3 期。

的制度安排。①

《物权法》第178条规定："担保法与本法的规定不一致的，适用本法。"按照全国人大常委会法制工作委员会民法室的权威解读，这一条文的主旨是关于《担保法》与《物权法》的衔接问题。"物权法在制定的过程中考虑到了与担保法的效力衔接需要专门处理，所以作出明确规定。虽然物权法实施后，担保法从整体上看仍然是有效的法律，但是在法律适用中，对于有关担保物权的问题，应当适用物权法的规定。"② 更有说服力的是，为了使公众学习掌握物权法的基本原则和主要内容，正确贯彻实施物权法，时任全国人大常委会法制工作委员会主任胡康生亲自撰文，介绍物权法的有关情况。在谈到担保物权时，胡康生明确指出："物权法根据我国担保实践的发展，并借鉴国外的有益经验，对担保法有些条款作了修改。为了妥善处理物权法与担保法的关系，物权法第一百七十八条规定：担保法与本法的规定不一致的，适用本法。"③

这些权威解读释放两个信息：第一，《物权法》与《担保法》的衔接与适用，在立法过程中已经充分预见，在法律条款上作出特别规定。更重要的是，该特别规定隐去一切时空因素，没有任何限制条件或修辞文字，直截了当，表述干脆，是对冲突追溯的立法创设。或许，这正是最高法院一反常态，始终未就《物权法》与《担保法》的衔接适用，出台专门司法解释的真正原因，因为立法机关没有预留可供发挥的任何解释空间，以至打不进一根哪怕最小的楔子。第二，立法机关的态度非常明确，不仅《担保法》与《物权法》的衔接问题已经解决，而且就担保物权而言，《担保法》已经被《物权法》整体取代，亦即对担保物权的法律规制，在与

---

① 《物权法》第8条规定："其他相关法律对物权另有特别规定的，依照其规定。"显然，按照该条款的文义解释，对物权另有特别规定的其他相关法律，相对于《物权法》而言是特别法。这些特别法既可以是物权法实施之前颁布的法律，也可以是物权法实施之后颁布或重新修订的法律。而不管其具体颁布或修订时间如何，只要特别法对物权作出特别规定的，就应依照特别法的规定处理。事实上，《物权法》专门提到了三部特别法，既包括早于其实施的《土地管理法》和《担保法》，也包括重新修订后晚于其实施的《农村土地承包法》。例如，关于建设用地使用权，《物权法》规定，对于集体所有的土地作为建设用地的，则应当依照土地管理法办理。关于土地承包经营权，《物权法》规定，对于土地承包经营权的转包、互换、转让等方式的流转和适当调整，以及通过招标、拍卖、公开协商等方式承包荒地等农村土地，其土地承包经营权的转让、入股、抵押或其他方式的流转，应当依照农村土地承包法的规定处理。

② 王胜明主编，姚红、杨明仑副主编，全国人大常委会法制工作委员会民法室编著：《中华人民共和国物权法解读》，中国法制出版社2007年版，第377～379页。

③ 胡康生：《物权法的基本原则及其主要内容》，载王胜明主编，姚红、杨明仑副主编，全国人大常委会法制工作委员会民法室编著：《中华人民共和国物权法解读》，中国法制出版社2007年版，第13页。

《物权法》冲突时，只能适用《物权法》。显然，这是一种更为彻底的表态。笔者还仅仅认为，《物权法》实施后，不应再以《担保法》第 49 条及其司法解释的规定，认定合同无效。现在看来，笔者对两部法律之间关系的理解，还是不够深入透彻。然而，立法机关的上述权威解读，至今未能完全冲破司法部门的保守性，囿于笼而统之却又深入人心的"法不溯及既往"概念，相关的司法裁决仍在新鲜出炉，[①] 最高人民法院部分法官仍坚持认为，即使在《物权法》通过并实施后，《担保法解释》关于抵押物转让的规定仍有适用的空间。[②]

根据《立法法》的明确规定，《物权法》要想溯及既往，仅仅作出特别规定还不够，还必须证明，与《担保法》相比，《物权法》的特别规定能够更好保护公民、法人和其他组织权益。当然，这里的所谓"更好权益保护"，不能从单纯个案的当事人角度来衡量，而只能从整体的、社会的角度来判断，即是否更有利于促进交易行为，彰显诚实信用，保障公平秩序。

《担保法》第 49 条规定，抵押期间，抵押人转让已办理登记的抵押物，未通知抵押权人或者未告知受让人的行为，转让行为无效。《担保法解释》第 67 条回避了合同效力的评判，侧重于对抵押权人的权利救济。但这只是缓解了《担保法》规定的僵硬，并没有改变《担保法》规定的实质。《物权法》第 191 条规定，抵押期间，抵押人未经抵押权人同意，不得转让抵押财产。两相比较，不难看出，《担保法》禁止抵押财产的流转，违法流转行为无效。《物权法》限制抵押财产的流转，但未规定违法流转行为无效。究竟哪一种规定，更有利于促进交易行为、彰显诚实信用、保障公平秩序，结论已昭然若揭。在这方面，最高人民法院的价值取向一度十分清晰，无论是合同法司法解释一中的登记与合同效力之关系[③]，还是合同

---

① 最高法院公布的一起裁判文书即是证明。2014 年 5 月 6 日，"中国裁判文书网"发布广西高院（2013）桂民一终字第 40 号判决书，在北京恒基伟业通讯产品有限公司诉北海市城市建设投资发展有限公司等借款合同纠纷案中，法院认为，《物权法》的实施时间是 2007 年 10 月 1 日，而本案各抵押合同的签订时间均在《物权法》实施之前，根据法不溯及既往的原则，《物权法》对于抵押清偿顺序的规定仅适用于该法颁布且施行之后的民事行为，一审法院适用《担保法》审理本案符合法律规定。通讯公司称应适用《物权法》的上诉理由不能成立，本院予以驳回。引自 http://www.court.gov.cn/zgcpwsw/gx/ms/201405/t20140506_989245.htm，2020 年 5 月 10 日访问。

② 刘贵祥、吴光荣：《论未经抵押权人同意之抵押物转让的效力》，载《比较法研究》2013 年第 5 期。

③ 《最高人民法院关于适用〈中华人民共和国合同法〉若干问题的解释（一）》第 9 条规定："……法律、行政法规规定合同应当办理登记手续，但未规定登记后生效的，当事人未办理登记手续不影响合同的效力，合同标的物所有权及其他物权不能转移。"

法司法解释二中的效力性强制性概念的提出①，以及买卖合同司法解释中的无权处分不影响合同效力的规定②，无一不贯穿着促进交易行为、彰显诚实信用、保障公平秩序的价值取向。

带着上述认识回到本案，法律判断水到渠成：本案不仅能够适用《物权法》，而且应当适用《物权法》，也必须适用《物权法》。在这一点上，最高人民法院并没有错！此外，笔者还想顺便指出，除了《物权法》“冲突追溯”以外，最新公布的案例表明，最高人民法院对《物权法》“空白追溯”的运用也非常娴熟，反映出其对于《物权法》的溯及既往适用，远比我们的想象走得更远。③

（四）本案合同适用《担保法》及其司法解释，是否有效

程文认为，本案不仅应当适用《担保法》及其司法解释，而且适用前述规定裁判时，合同应为有效。这也是笔者与其根本性分歧之二。本案合同如果适用

---

① 《最高人民法院关于适用〈中华人民共和国合同法〉若干问题的解释（二）》第 14 条规定：“合同法第五十二条第（五）项规定的‘强制性规定’，是指效力性强制性规定。”

② 最高人民法院《关于审理买卖合同纠纷案件适用法律问题的解释》第 3 条规定：“当事人一方以出卖人在缔约时对标的物没有所有权或者处分权为由主张合同无效的，人民法院不予支持。”应当指出的是，对于该条规定，学术界与司法界存在明显分歧。如梁慧星认为，应对《合同法》第 51 条采反对解释，如权利人没有追认，处分人于事后也没有取得处分权的，该法律行为则应无效。最高法院在买卖合同司法解释理解与适用一书中，擅自修改《合同法》第 51 条，不仅破坏了法律的权威，也引起了包括最高法院在内的法学界和法院系统的严重混乱。参见《中国民法典草案建议稿附理由：总则编》，法律出版社 2013 年版，第 270 页；另参见梁慧星：《合同法理论和实务的若干问题》，载赵万一主编：《民商法学讲演录》（第 4 辑），法律出版社 2013 年版，第 295～300 页；梁慧星：《买卖合同特别效力解释规则之创设——买卖合同解释（法释［2012］7 号）第 3 条解读》，载梁慧星主编：《民商法论丛》（第 52 卷），法律出版社 2013 年版，第 196～205 页。而最高法院买卖合同司法解释已表明，根据民法理论对负担行为和处分行为的区分意义，以及我国立法采纳的“区分物权变动的原因与结果”的原则，应当对《合同法》第 51 条作限缩解释，该条不包括负担行为。出卖他人之物，处分合同是确定有效的。参见最高人民法院民事审判第二庭编：《最高人民法院关于买卖合同司法解释理解与适用》，人民法院出版社 2012 年版，第 79 页。

③ 2014 年 2 月 21 日，最高人民法院审结广东省深圳市福田区南天一花园业主委员会与深圳市城市建设开发（集团）公司、深圳市城建监理有限公司、深圳市城建物业管理有限公司房屋侵权纠纷案，认为案涉房屋的兴建、登记及本案纠纷的发生时间，均在《物权法》施行之前。鉴于在《物权法》施行之前，法律和司法解释对于建筑物区分所有问题未进行明确规定，参照该法及建筑物区分所有权司法解释的规定认为，案涉小楼不属于《物权法》第 73 条所规定的应当属于业主共有的道路、绿地、公共场所、公用设施和物业服务用房，亦不属于建筑物区分所有权司法解释第三条规定的应当认为属于业主共有的部分。引自“中国裁判文书网”，http：//www. court. gov. cn/zgcpwsw/zgrmfy/ms/201402/t20140221_ 377449. htm。另参见《〈法定图则〉规定的建筑容积率不能作为确认所有权的依据——最高人民法院法官就深圳市福田区南天一花园业主委员会与深圳市城市建设开发（集团）公司等房屋侵权纠纷案的相关法律适用问题答记者问》，载《人民法院报》2014 年 2 月 22 日。

《担保法》及其司法解释，不仅不可能有效，而且只能认定为无效。这不是具体观点之间的差别，而是法律框架之间的差别。就此而言，重庆市高级人民法院的一审判决虽然被撤销，但并不意味着其一无是处——恰恰相反——笔者认为，在重庆市高级人民法院锁定的法律框架内，一审判决也是“正确的”。重庆市高级人民法院与最高人民法院判决之间的区别，本质上是法律框架的区别。换言之，他们都是在各自的法律框架内展开认知的，而在各自确定的认知范围内，两份判决又都是“正确的”。这真是奇妙的结论，也正应验了那句哲言：人们看到了什么，取决于他们看的方式。

1. 为什么一审判决也是“正确的”

这个论断虽然有点骇人听闻，但逻辑上可以自圆其说，法理上也有其特定的合理性。本案的争议焦点是转让抵押物合同的效力，重庆市高级人民法院之所以选择适用《担保法》及其司法解释，很重要的一个原因在于，该案事实发生于《物权法》实施之前，尽管其争议发生于《物权法》实施之后。之所以判决书只字未提《物权法》，盖源于“法不溯及既往”的观念已经融入审判者的血液里，已近乎于一种司法本能，以至于本能地排除《物权法》，再本能地选择《担保法》及其司法解释。

还有必要指出，对于重庆市高级人民法院的这种司法本能，最高人民法院其实也难辞其咎。在某种程度上，也可以说最高人民法院就是这种司法本能的塑造者。多年来，在新旧法律的选择适用上，最高人民法院通过颁布系列司法解释的方式，形成了“两点三列”① 的处理规则，由此形成的思维惯性，已经深刻地影响到包括重庆市高级人民法院在内的各级法院，进而体现到各类案件的实务处理中。

所谓“两点三列”，包括争议事实点和争议提起点，以及由此形成的三列组合，最高人民法院据此分别确定案件的新旧法律适用。具体而言，对于争议事实点和争议提起点均发生在新法实施之前的，以及事实点和争议点均发生在新法实施之后的，法律适用一般无争议。而对于争议事实点发生在新法实施之前，争议提起点发生在新法实施之后的，就必须明确具体的法律适用。最高人民法院的系列司法解释表明，在这列组合中，其一般规定适用旧法，至少实体处理适用旧法。仅以程文提及的三部司法解释为例，可以看出这一规则的稳定轨迹。《合同法解释一》的第1条规定：“……合同法实施以前成立的合同发生纠纷起诉到人民法院的，除本解

① 关于“两点三列”的概括，是笔者依据二十余年司法经验所作出的理论总结。

释另有规定的以外，适用当时的法律规定……”《公司法解释一》的第 1 条规定：“公司法实施后，人民法院尚未审结的和新受理的民事案件，其民事行为或事件发生在公司法实施以前的，适用当时的法律法规和司法解释。”《最高人民法院关于适用〈中华人民共和国侵权责任法〉若干问题的通知》的第 1 条规定：“侵权责任法施行前发生的侵权行为引起的民事纠纷案件，适用当时的法律规定。”其他如商标法司法解释中，也大体贯穿这一解决思路。上述三部司法解释，前后横跨十年，认定规则却始终如一，如此反复灌输之下，形成近乎条件反射般的司法本能，又有什么奇怪的呢？当重庆市高级人民法院看到，本案争议事实发生在《物权法》实施之前，争议提起发生在《物权法》实施之后，尽管最高人民法院并没有一如既往地出台新的司法解释，但巨大的思维惯性有如自动售货机一样，已经当然地选择适用《担保法》了。从这个角度也可以说，在处理实体案件之前，重庆高级人民法院的裁判思路实际上已经被选择了。而在《担保法》的框架下，结论十分明确：抵押人转让已办理登记的抵押物的，未通知抵押权人或者未告知受让人的，转让行为无效。程文认为，本案抵押人已通知受让人，即认为合同有效，显然遗漏了抵押人未通知抵押权人的法定要件。结合担保法司法解释的规定，鉴于抵押权人尚未获得代为清偿，据此，本案合同应认定无效。就此而言，在既定的法律框架内，一审判决也是“正确的”。

2. 为什么程文认为，适用《担保法》及其司法解释，合同应当有效

如前所述，如果适用《担保法》，本案合同应认定无效。对此，程文不可能看不出来。怪异的是，为什么加上一个“司法解释”，就认为本案合同有效呢？笔者认为，根源在于两点，一是想当然的逻辑推理，二是对司法解释的误读。

关于第一点，程文认为，从《最高人民法院关于贯彻执行〈中华人民共和国民法通则〉若干问题的意见（试行）》（以下简称《民法通则意见》）第 115 条到《担保法》第 49 条的变化，反映出对抵押人转让抵押财产的限制有了很大的松动。沿着这种从宽的逻辑思路，从《担保法》第 49 条到《担保法解释》第 67 条，对抵押人转让抵押财产的法律规制理应继续松弛，作为松弛后果的体现，就是从无效到有效，并举出最高人民法院公报案例“百花公司诉浩鑫公司买卖合同纠纷案”为证。显然，这里的逻辑是断裂的。从《民法通则意见》到《担保法》的宽松，并没有同比例地从《担保法》传递到《担保法解释》。在《担保法》对于此类合同效力予以否定的情况下，《担保法解释》根本不可能突破立法的刚性规定，另起炉灶再搞一套。事实上，《担保法解释》第 67 条通篇都是对抵押权人的法律救济，只字未提合同效力。相反，权利受到侵害的抵押权人，可以合同无效为武器，督促受让人代替债务人清偿全部债务，使抵押权消灭。按照最高人民法院司法解释主要起草人的说明，以及公报案例的裁判理由，主张转让合同无效的权利，专属于抵押权人或受让人。[①] 即使按照最宽泛的解读，“《担保法解释》在确认《担保法》已承认并规定了抵押权之追及效力和涤除制度的基础上，彻底放开了抵押物的转让”[②]，最高人民法院也绝没有如失衡的天平，一头倒在合同有效的另一极端，在公报案例“百花公司诉浩鑫公司买卖合同纠纷案”中，其秉持的基本态度仍然是：“在未通知抵押权人或者未告知受让人的情形下，抵押人转让已办理登记的抵押物，该转让行为并非绝对无效。如果受让人代替抵押人向抵押权人清偿了全部债务，使抵押权消灭，那么转让行为可以有效。”[③] 由此可见《担保法解释》的法律平衡术，将合同效力的放开，与抵押权追及力、涤除权乃至主张合同无效专属权这三者，紧紧捆绑在一起，通过合同效力赎买的方式，从而在实质上与《担保法》维持一致。换言之，司法解释改变不了问题的本质，只好改变解决问题的方式，这就是《担保法解释》第67条的全部奥秘。

从实务角度说，只要抵押人转让抵押财产时，未通知抵押权人，抵押权人即可起诉实现抵押权。在经由代偿行为实现抵押权益后，诉讼目的已然实现。此时再来谈论合同效力，已经脱离了特定的具体案件，既无必要，也无意义，纯属画蛇添足。所以，不能把抵押权实现前提和合同效力这两个不同层次、不同顺序和不同情境的问题，在逻辑上混为一谈之后，还认为是法律规制对合同效力的持续宽松。

关于第二点，程文除了没有注意到，若根据《担保法解释》认定抵押物转让合同有效，应具备上文提及的实现前提和平衡因素以外，还忽视了该司法解释中的两个题中应有之义。首先，《担保法解释》第67条明确规定：“……取得抵押物所有权的受让人，可以代替债务人清偿其全部债务，使抵押权消灭……”本案抵押物为土地使用权，受让人或许可以现实地占有抵押物，但其根本没有，也不可能取得抵押

---

① “只有在抵押权人或者受让人主张转让无效时，法院才可以确认无效。”李国光等：《关于适用〈中华人民共和国担保法〉若干问题的解释理解与适用》，吉林人民出版社2000年版，第257页。另参见最高人民法院公报案例“百花公司诉浩鑫公司买卖合同纠纷案”裁判理由：“能够援引担保法第49条第1款的规定来主张转让行为无效的，应当是合法权益受到损害的抵押权人或者受让人。是否行使这一权利，应当由抵押权人或者受让人决定。”正是基于此种认定，最高法院认为抵押人不具有主张合同无效的主体资格，载《中华人民共和国最高人民法院公报》2006年第3期。

② 刘贵祥、吴光荣：《论未经抵押权人同意之抵押物转让的效力》，载《比较法研究》2013年第5期。

③ 参见最高人民法院公报案例“百花公司诉浩鑫公司买卖合同纠纷案”裁判要旨。

物的所有权。在这种情况下，其属于司法解释中规定的“受让人”吗？如果连“受让人”的主体资格尚不具备，其如何能通过代为清偿并消灭抵押权，获得对合同效力的赎买呢？其次，如果取得抵押物所有权的受让人不愿代为清偿，此时如何认定合同效力？对此，《担保法解释》第 67 条规定：“……抵押人转让抵押物未通知抵押权人或者未告知受让人的，如果抵押物已经登记的，抵押权人仍可以行使抵押权……”按照该司法解释主要起草者的理解，“取得抵押物所有权的第三人不代为清偿，则抵押权人可以就该抵押物行使抵押权”。① 那么，抵押权人追及力的法定行使，不是对转让合同效力的否认，又是什么呢？最高人民法院公报案例“百花公司诉浩鑫公司买卖合同纠纷案”裁判要旨，反过来说同样成立，因为没有“如果”，所以没有“那么”。由此可见，在《担保法》及其司法解释的框架下，就裁判思维而言，最高人民法院与重庆市高级人民法院如出一辙，无非一个从正面进行解释，一个从反面进行解释，而本质上都是同一个解释。这又反过来证明，在既定的法律框架下，为什么说一审判决也是“正确的”。

（五）最高人民法院的失误究竟在哪里

囿于既往裁判思维的惯性，在《物权法》实施以后，重庆市高级人民法院未能细察其与《担保法》的衔接问题，适用了错误的法律框架，导致一审错判，并不足为奇。这也是最高人民法院的高明之处，法律框架的部分正确选择，保证了二审判决的结论正确。但是，一俊不能遮诸丑，裁判结论的正确，与裁判理由的准确，二者并非必然对应的函数关系。更何况，选择法律框架时的眉毛胡子一把抓，本身就是裁判思维不清晰的表现，也反映出最高人民法院高明的有限。② 因此，笔者完全同意程文对最高人民法院的批评，本案不能同时适用《物权法》和《担保法》及其司法解释，尽管对于应当具体适用哪部法律，笔者和程文之间存在根本性分歧。

坦率地说，在本案中，最高人民法院裁判逻辑是混乱的，论证方式也是错误的，这才是最高人民法院的真正失误。相较于学理上的各种认识争议，这才是最应当引起高度重视和深刻反思的。法律人不是狂热的球迷，并不仅仅只关注最终结果，而

---

① 李国光等：《关于适用〈中华人民共和国担保法〉若干问题的解释理解与适用》，吉林人民出版社 2000 年版，第 259 页。

② 最高人民法院人士当然不这么看，反而认为在本案中，最高人民法院不仅坚持《担保法》《担保法解释》以及《物权法》在指导思想与立法本意上的一致性，因而在《物权法》通过并实施以后，《担保法》及其司法解释仍然有适用的空间。刘贵祥、吴光荣：《论未经抵押权人同意之抵押物转让的效力》，载《比较法研究》2013 年第 5 期。

更关注结果产生的逻辑必然性和论证合理性，这是一份裁判文书得以真正建构——往大了说，也是法律人群体得以真正安身立命的根本所在。

1. 混乱的裁判逻辑

在本案中，最高人民法院一体适用《物权法》《担保法》及其司法解释。交叉混用的法律框架，必然导致裁判视角的无序游移，裁判逻辑的内部混乱。本着有一分证据说一分话的实证态度，为避免选择性评论，笔者不惜篇幅，按顺序将部分判决内容援引如下：

关于《联合开发协议》及其《补充协议》的效力问题，根据《担保法》第 49 条的规定，抵押期间抵押人转让抵押物应当通知抵押权人，否则转让行为无效；《物权法》第 191 条亦规定抵押期间转让抵押物须经抵押权人同意。其立法目的是确保抵押权人的利益不受侵害。但《担保法解释》第 67 条和《物权法》第 191 条也规定，未经通知或者未经抵押权人同意转让抵押物的，如受让方代为清偿债务消灭抵押权的，转让有效。即受让人通过行使涤除权涤除转让标的物上的抵押权负担的，转让行为有效。上述法律和司法解释的规定体现了相关立法和司法解释的指导思想是要在抵押权人和抵押人、受让抵押标的物的第三人之间实现利益平衡，既充分保障标的物的第三人不受侵害，又不过分妨碍财产的自由流转，充分发挥物的效益。本案双方当事人在《联合开发协议》中约定由索特公司在不影响开发进度的前提下办理解除抵押的相关手续，即以约定的方式将先行解除本案所涉土地上的抵押权负担的义务赋予了索特公司；该约定既保障了抵押权人的利益，也不妨害抵押人和受让土地的第三人的利益，与《担保法》《物权法》《担保法解释》保障各方当事人利益平衡的立法精神并不相悖，不违反法律规定。从合同法的角度看，转让方对转让标的负有权利瑕疵担保责任，其主动告知转让土地上的权利负担，并承诺由其在不影响开发进度的前提下先行解除抵押，该承诺构成合同中的负担行为，即承担义务的行为，符合意思自治和合同自由原则，且确保了抵押权人的利益不受侵害，与《担保法》《物权法》《担保法解释》的立法本意和制度设计不相抵触，应当确认协议有效。

在上述判决内容中，最高法院同时适用《担保法》《物权法》《合同法》《担保法解释》，共表达了五层意思：（1）未经通知抵押权人，抵押人转让抵押物，《担保法》规定无效，《物权法》要求须经同意。（2）《担保法解释》态度有所缓和，受让人代为清偿消灭抵押权的，转让有效。（3）《担保法》《物权法》及《担保法解释》的指导思想是利益平衡。（4）合同约定，转让方承诺先行解除抵押权。该约定能够保障各方利益，符合利益平衡立法精神。（5）从合同法角度，解除抵押权承诺符合法律，能确保抵押权人利益，符合利益平衡立法本意。

上述认知链条内部以及链条之间，存在明显的逻辑断裂。第一层意思中，内部关系是冲突的。将《物权法》的规定，与《担保法》的规定并列，是想表达什么呢？如果也想传达无效的法律后果，那就应当明确。如果并无此判断，那二者就不应并列陈述。从裁决结果看，法院显然认为，《物权法》的规定，并不必然导致合同无效。既然如此，为什么要把这两个冲突的法律规定放在一起？

第二层意思中，明确了合同有效的认定条件，表述得非常清楚。按照不得不然的法理逻辑，在接下来的第三层意思中，应当着重审查，本案是否具备合同有效的认定条件。如果具备，则合同有效；如果欠缺，则合同无效。但是，法院却在第三层意思中，表述了利益平衡的立法思想，前后表述没有逻辑递进关系，思维链条显然脱轨。

第四层意思与第三层意思之间，不仅毫无逻辑递进关系，甚至根本就没有逻辑关系。不仅相互间没有逻辑关系，而且本身也没有法律依据。法院并没有解释，为什么仅仅一个解除抵押权的承诺，就能够保障抵押权人的利益，且符合利益平衡的立法精神。而按照第二层意思，只有受让人行使涤除权并消灭抵押权，合同才有效。现在却变成了转让人承诺解除抵押权，合同也有效。前后意思判断，简直南辕北辙。

第五层意思中，虽然转换了法律视角，但没有任何创新，仅仅是对第四层意思的简单重复。更为错误的是，仅仅因为转让人在合同中做出的解除抵押权承诺，法院就认为该合同不仅符合意思自治和合同自由原则，而且还确保了抵押权人的利益不受侵害。试问：意思自治和合同自由原则，与确保抵押权人利益不受侵害，二者之间有什么逻辑关系？仅凭合同中的一句承诺，就断定能够保障物权人的利益？如此混乱不堪的裁判逻辑，居然出现在千挑万选、反复锤炼过的公报案例！

在此，有必要提及最高人民法院对其发布的公报错判的纠正，这当然体现了最高人民法院有错必究的巨大勇气，但也应正视由此付出的重大代价。

富春航业股份有限公司、胜惟航业股份有限公司与鞍钢集团国际经济贸易公司海上运输无单放货纠纷再审案，系最高人民法院亲自审理，并作为公报案例，刊登于2002年第1期《中华人民共和国最高人民法院公报》，供各级法院参照适用。此外，该案还曾以法公布（2002）第3号向全社会公布，并收入《最高人民法院公布裁判文书》（2002年）。然而，就是这样一件看似板上钉钉、天衣无缝的铁案，在2005年，经最高人民法院审判委员会讨论后，认为确系错判，被最高人民法院再度再审并予以撤销。① 笔者举出上述示例，意在管中窥豹。这表明，最高人民法院本身的法律认知也处于成长期，并不因其外在的“最高位阶”而当然地握有“绝对真理”，应当破除对最高人民法院判决一贯正确的迷思。

2. **错误的论证方式**

本案适用《物权法》第15条的区分原则，是最高人民法院颇为自得的一大亮点，这一点从其裁判摘要即可看出。程文认为，其最大错误在于没有正确理解《物权法》第15条的含义，将之误解为对物权行为独立性与无因性的承认，并在这一误解的基础上认定：在未得到抵押权人同意的情况下，抵押财产的转让这一处分行为归于无效，而作为负担行为的抵押财产转让合同依然有效。在笔者看来，上述评论并未击中要害。最高人民法院的失误，并不在于“旗帜鲜明地采取了负担行为与处分行为的区分说”②，而在于本末颠倒的论证方式。为避免选择性评论，笔者再次按顺序将另一部分判决内容援引如下：

根据《物权法》第15条的规定，当事人之间订立有关设立、变更、转让和消灭不动产物权的合同，除法律另有规定或者合同另有约定外，自合同成立时生效；未办理物权登记的，不影响合同效力。该规定确定了不动产物权变动的原因与结果相区分的原则。物权转让行为不能成就，并不必然导致物权转让的原因即债权合同无效。双方签订的《联合开发协议》及《补充协议》作为讼争土地使用权转让的原因行为，是一种债权形成行为，并非该块土地使用权转让的物权变动行为。相关法律关于未经通知抵押权人而导致物权转让行为无效的规定，其效力不应及于物权变动行为的原因行为。因为当事人可以在合同约定中完善物权转让的条件，使其转让行为符合法律规定。本案即属此种情形。

与此前判决内容对照，上述论述不仅十分突兀、怪异，而且论证思路严重错误。突兀之处在于，按理说，关于合同效力，此前已鉴定完毕，尽管论证得很蹩脚，但结论既已得出，就无需再多费口舌，除非论证过程尚未结束。额外增加的该段论述，与此前判决内容之间，并没有逻辑递进，补之不增强说服力，缺之无损于结论成立，完全没有独立存在的必要性，也缺乏独立存在的正当性。更有甚者，两段之间不仅

① 苏泽林主编、最高人民法院审判监督庭编著：《最后的裁判——最高人民法院典型疑难百案再审实录》（房地产与公司案件卷），中国长安出版社2007年版，第246~256页。

② 引自程文。笔者认为，讨论《物权法》是否确立“负担行为与处分行为的区分”，继而批评最高人民法院采纳“区分说”显非妥当，这一立论并不明智。两种对立的观点属于同一层次，据此而批彼，只有逻辑意义，而无法理优势，不具有绝对的说服力，只是另一种意义上的自说自话。

没有逻辑递进，反而还存在逻辑倒错。如果非要论述物权变动与合同效力的关系，其目的无非是，先排除影响合同效力评价的外部干扰因素，然后再回到对合同自身的效力审视上。既然如此，那就应该按照正常的认知顺序，首先论述此部分内容，然后再展开前部分内容，而不是像现在这样颠倒过来，在新衣做好之后再打上一块补丁，显得格外扎眼。

怪异之处在于，司法实务中，对《物权法》第 15 条的援引，绝不是无缘无故的，而是对当事人争议焦点的法律回应。换言之，只有当事人因物权变动不能主张合同无效，法院才有机会启动此条款作出回应。而在本案中，双方当事人从未提出过上述争议，双方都主张对方违约，要求承担违约责任。至多在二审中，被上诉人索特公司在答辩中声称，本案合同因违反《担保法》的强制性规定而无效，这也并非物权变动与合同效力关系的争议，根本轮不到对《物权法》第 15 条的适用。既然双方对此未形成争议，说明连靶子都没有，法院为何主动瞄准射击？唯一的合理解释是，最高人民法院主观上极想适用这一条款，据此表达自己的司法观点，所以才生拉硬扯到案件里，强行解释一番。

更重要的是，此段判决内容表明，最高人民法院的论证方式是典型的本末倒置。合同是否有效，只能基于合同本身，审查其是否符合法定要件，而不是到合同以外去寻找评判标准。针对司法实务中，有人以物权变动不能来否定合同效力，《物权法》第 15 条特别明确，未办理物权登记的，不影响合同效力，这仍然是在强调，合同以外的其他因素，不能干扰、影响对合同的效力判断。评价合同效力，只能从合同自身出发，合同的归合同，其他的归其他，二者之间井水不犯河水。井水甜不甜，只能通过品尝井水来判断，不能靠喝口河水。但是，最高人民法院的论证方式是，根据《物权法》第 15 条，物权变动不影响合同效力，所以本案的物权转让行为不能成就，并不必然导致合同无效。因为并不必然导致合同无效，所以合同有效。这样一来，《物权法》第 15 条规定的“不影响”，现在不仅变成了“影响”，而且产生了“决定力影响”，俨然成为判断合同效力的又一法定标准。至于合同本身是否符合法定生效要件，则完全被扔到了一边。这种论证方式将物权变动与否视为合同效力的判断标准，完全扭曲了《物权法》第 15 条的原意，是典型的本末倒置。将此种论证方式推到极致，可以说任何一份交易合同都是有效的，不需要再单独审查。因为物权是否变动并不影响合同效力，而不影响合同效力，就是肯定合同效力，因此合同有效。既然如此，单凭本节判决内容已足以定案，又何必再作出前节判决内容呢？

倒置的论证方式，必然导致冲突的裁判理由。既然最高人民法院认为，《担保法》规定的转让行为无效，是专指物权转让行为无效，而非合同无效，为什么在此前的判决内容中，又特意指出受让人行使涤除权消灭抵押权，转让行为可以有效呢？该处的转让行为有效，显然是指合同有效，而不是什么物权转让行为有效。① 两处裁判理由，前面刚肯定，后面就摆手，冲突如此明显，裁判者却浑然不觉，盖源于裁判思维的整体混沌乃至局部混乱。

（六）《物权法》实施后，应据此判断抵押财产的转让效力

关于抵押财产的转让效力，《担保法》及其司法解释，与《物权法》的规定并不一致，如何选择适用法律，既是需要厘清的学术议题，更是亟待解决的司法问题。基于前述分析，笔者认为，在现行法律框架下，《物权法》实施后，不能再笼统地以溯及力为由，继续选择适用《担保法》及其司法解释，而应当统一根据《物权法》判断抵押财产的转让效力。

程文已正确指出，对于抵押财产的转让效力，《担保法》第49条及其司法解释第67条，与《物权法》第191条规定之间存在矛盾，不能同时适用。程文的不足是，由于对法不溯及既往的机械认识，忽视了《物权法》关于冲突处理的特别条款，片面强调了《物权法》与《担保法》适用上的时间效力，未能脱出“铁路警察，各管一段”的思维窠臼。

如前所述，根据《立法法》中法不溯及既往的例外条款，以及《物权法》中法条冲突的特别条款，在《物权法》实施之后，《担保法》及其司法解释与其冲突之处，不得再继续适用。对于某一具体案件，应首先适用《物权法》，对于《物权法》没有规定的，再从《担保法》及其司法解释上寻找法律依据，以保证《物权法》的正确实施和优先适用。据此，对于创设于《物权法》实施前的担保物权，《物权法》同样拥有无可争辩的管辖权。所谓《担保法》与《物权法》之间存在适用上的时间效力，完全是一个伪命题。②

值得注意的是，在司法实践中，不仅《担保法》与后公布的《物权法》存在冲突时，已不再继续适用，③ 在《担保法》与后公布的其他法律存在冲突时，也不再

---

① 最高人民法院公报案例“百花公司诉浩鑫公司买卖合同纠纷案”即是另一明证。

② 在这个问题上，《最高人民法院关于适用〈中华人民共和国合同法〉若干问题的解释（一）》，已经击碎了所谓法律适用的时间效力的绝对性。该解释第3条规定：“人民法院确认合同效力时，对合同法实施以前成立的合同，适用当时的法律合同无效而适用合同法合同有效的，则适用合同法。”

③ 2012年6月26日，广东省高级人民法院印发《全省民事审判工作会议纪要》第1条明确规定：“要准确理解和适用法律、行政法规的强制性规定，依法维护合同效力。《物权法》第一百九十一条第二款并非针对抵押财产转让合同的效力性强制性规定，当事人仅以转让抵押房地产未经抵押权人同意为由，请求确认转让合同无效的，不予支持……”

继续适用。最新公布的最高人民法院（2015）民申字第1684号《民事裁定书》中认定，新修订的《公司法》第148条规定“董事、高级管理人员不得有下列行为……（三）违反公司章程的规定，未经股东会、股东大会或者董事会同意，将公司资金借贷给他人或者以公司财产为他人提供担保……”的规定，旨在规范公司的内部管理，并未规定公司违反此条规定的对外担保效力。小贷公司依据《公司法》修订前公布的《担保法解释》主张本案担保合同无效的理由，依法不能成立。① 相较于学者的执着，司法界的探索更为与时俱进。

显然，明确了法律适用的选择后，也随之明确了法律适用的效力。而适用《物权法》判断抵押财产的转让，该行为依法有效。

（七）小结

本部分虽基于最高人民法院个案得失的探讨，但着眼点却在于更为基础的法律框架及其判断依据。不同的法律框架，决定了案件的不同走向。本案一、二审判决的截然对立，是法律框架之间的截然对立，背后是法律适用的判断依据的截然对立。在具体个案中，不同法律框架的转换，不仅导致合同效力判断的天壤之别，还必然从质变走向量变。就本案一、二审裁决结果而言，违约金前后相差高达4000万元之巨。有形的数字，可以加深对法律框架选择后果的感性认识，促使学术界和实务界更慎重地看待法律适用，尤其是最高人民法院民商事案件的法律适用。在这个意义上，该起公报案例构成了可供深入分析最高人民法院审判思维和裁判路径的难得标本。

总体而言，无论是学术界还是实务界，对于包括公报案例在内的最高人民法院民事判决，进行专门、深入和具体的研究，目前可谓少之又少，这也是笔者对程文的钦佩之处。质疑、挑战和批评最高人民法院的民事判决尤其是公报案例，需要巨大的勇气、足够的学识和深邃的智慧，而这不是每一个学者都有信心和能力做到的。然而，这又是提高学术水平和司法水准的必由之路。正如学者所述，法律界要想真正弄清中国法院如何审理民商事案件，除了研究中国的判例也别无他途。②“读美国联邦最高法院的裁判文书，常常见到其中长篇大论对先例的回顾，于这种有意识的梳理中，法律发展的过程遂演绎成一条浓淡分明的历史线索。所以，美国人做学问

① 参见中国裁判文书网，http：//www. court. gov. cn/zgcpwsw/zgrmfy/ms/201511/t20151119_ 12659183. htm. http：//www. court. gov. cn/zgcpwsw/zgrmfy/ms/201511/t20151119_ 12659183. htm。

② 金赛波：《中国信用证法律和重要案例点评》，对外经济贸易大学出版社2002年版，第1页。

都是从最高法院的判决书开始。从实践中能提出问题的人不多。中国没有判例制，但最高法院判例值得研究。”[①] 正是基于此种精神激励，笔者作为司法实务工作者，才敢于不揣浅陋，在向程文致敬的同时提出争鸣，并希望借此带动更多的法界同仁，一同严肃地探讨通往学术真理的道路。

第七节　分析与评论

本章在对审判思维划分层次的基础上，侧重从不同法官群体、不同法院层级、不同法律群体的角度，研究法官群体尤其是最高法院法官群体的审判思维特征。对于新近出台的九民会议纪要，将其作为审判思维的具体载体，置于特定的时空背景下审视与理解。在笔者看来，九民会议纪要的最突出努力，就是统一裁判尺度，该努力的最核心之处就是规范审判思维。可以预见，进入民法典时代后，随着法律体系化的建构基本完成，对审判思维的研究与整合，将是最高法院未来相当长一段时间内的司法中心工作。

法律不单是社会实践的产物，它的另一面是“形如法律的社会实践”所依赖的思维过程。[②] 对于法官群体而言，审判活动实质上就是审判思维活动。无论是研究司法行为，还是研究裁判文书，最终都不能不触及更为根本的审判思维。审判思维在司法活动中的主导作用，审判思维对裁决文书的决定作用，已经广为认可，但审判思维本身仍然是高度不透明的黑箱。无论是学术界还是实务界，对审判思维重要性的认知，远远大于、普遍高于对审判思维规律性的揭示。换言之，对包括最高法院在内的法官群体审判思维的研究，目前整体上还处于初级阶段，而且受制于各种因素的影响，很可能还将长期处于初级阶段。显然，这与客观形势的发展与要求是极不适应的。司法体制和司法实践中的很多问题，拨去迷雾，究其根本，都可以追溯到这个源头上来。

综观三十五年来最高法院公布的民商裁判文书，以及通过各种渠道发布的其他文件，总体上是能看出最高法院法官群体的审判思维演进特征的。鉴于该群体的典

---

① 陈瑞华：《如何做好博士论文》，载中国法学创新网，http：//www. lawinnovation. com/html/zgfx50rlt/8301. shtmlhttp：//www. lawinnovation. com/html/zgfx50rlt/8301. shtml，2020 年 5 月 25 日访问。

② 柳驰：《论法律解释方法的逻辑基础——兼论两个 WTO 涉华裁决的解释问题》，法律出版社 2019 年版，前言第 5 页。

型性与代表性，也可以说，总体上是能折射出我国法官群体当下及以后的审判思维演进特征的。而通过对法官群体审判思维演进特征的提炼与归纳，应该说，总体上也是能够看出中国社会未来发展可能的演进方向和演进速率的。毕竟，审判思维是法治思维最核心的内生力量，只要还强调法治思维，就不得不强调审判思维。一定意义上讲，对审判思维的强调与研究推进到什么地步，提升到什么程度，可以作为中国社会法治建设这项系统总工程施工进度的一项测量指标。作为这一司法进程的长期观察者、亲身参与者和志愿测量者，笔者的体会是，研究最高法院法官群体正在发展中的审判思维，以下五个维度尤其值得关注和思考：

第一，审判思维的层次性。笔者将审判思维划分为三个层次，即个案中的规范思维、群案中的类型思维和全案中的结构思维，既是出于更精细的学术研究需要，也是出于更精准的实务观察需要。在笔者看来，是否具备审判思维的层次意识，能否在不同审判思维层次之间自觉转换，反映出法官对民事审判规律有无更深刻的洞察、揭示与统领，是其思维能力和业务水平的重要表现。是就个案看个案，还是从类案的角度乃至全案的高度来看个案，焦距的远近会折射出不同有时甚至迥然有异的认识和结论。这些多元化的不同观点，是对个案信息的极大丰富，对于个案的准确判断都是十分必要和宝贵的。经过多层次审判思维的来回扫描，事物之间的必然联系渐次凸显，法官的内心确信逐渐确立，案件的妥处获得多重保障，其优越性显然是单一视角所无法相比的。当然，也应当看到，虽然不同规模的客体层次，应当匹配相应的认知框架，但不同的认知框架之间，又是补充和包容的关系，彼此不可替代。

在这种复合视角下，任何个案都是整体中的个案，得以在不同尺度的认知框架下反复透视，既揭示出规律性的可能走向，又提供了对规律性的主动统领。具体个案就是在这样的司法潮流中自我显现，一方面是司法理念、基本理论和方法的申明与延续，另一方面所谓审判规律，就是对这个潮流和趋势的回顾、把握与预测，并通过一定的技术与方法，把个案放在这个整体中，二者互动，反复斟酌，综合考量，有机平衡，从中探知和提炼最高法院对相关法律问题的司法态度和立场。这种一般与特殊、理念与现实、逻辑与经验、价值与方法的多面双重力量，共同参与塑造和形成审判思维，并通过审判思维来调适个案。在这个过程中，个案的处理结果可能会有反复，但已经形成的总体趋势不会改变，比如界定主体时开放中有规范，判断行为时宽松中有反复，保障权利时绝对中有限制，划分责任时承担中有平衡。把握住这一点，就能在全案中更好地统领和驾驭个案，在个案中更深刻地洞悉与把握趋势，不过分执着个案结果的得失，破除对个案绝对正确的迷思，因为比这些更重要的，是对普遍公正的持久贯穿，以及为这种持久贯穿和法治进程的推动作出的个体贡献。

从审判思维层次进化的角度看，无论是理论界还是实务界，以往更侧重于个案的审判思维，请求权基础规范思维已深入人心。随着认识的深化，近年来开始强化群案中的审判思维，民事案件案由规定就是类型思维的突出体现。九民会议纪要中，对于合同、物权、公司、证券、票据、保险、破产等案件办理的分类指导规定，也是类型思维的最新体现。这种分门别类地提炼不同类型案件各自的共性特征，将审判思维提升到新的层次，对思维模式的格式化起到很好的指引作用。但是，从全案的广度、宏观的向度研究审判思维，目前还比较薄弱，方法论的思考很少。笔者认为，不管时代发展到什么程度，再先进的检索技术，也不可能取代思维。如果始终无法从方法论的视角揭示和统领全部案件，在宏观司法浪潮的冲击下，缺乏整体导航图的审判思维必将于汪洋大海中力不从心，顾此失彼，最后迫于体力、精力和压力，不得不止于类型思维的边界，根本谈不上登高望远，胸有成竹，更难以获得从自为走向自主的掌控感和成就感。在这个大背景下，四元结构思维的提出与探索，是一种大胆而有益的尝试。以此观察最高法院法官群体，可以看出相当一部分人已突破实务层次的类型思维，着力构建更为完整的知识体系和认知框架，并初步形成各具特色的个体裁判方法论。深入研究最高法院历经四届评选而遴选出的200余名全国审判业务专家的办案经验和思维特征，以及其他公开报道的优秀法官的治学心得，“对个案研究上升到系统化和理论化的高度”①，“最重要的是建立成熟的、经典的知识体系，构建经典的、体系化的理论基础”②，“民商事审判应当树立系统性思维，每一个案件都应该有一个完整的逻辑结构”③，诸如此类的提炼总结比比皆是，足以证明思维升级趋向的现实存在。之所以出现这种司法现象，是因为一般意义上的类型思维，已不足于提供分析和破解疑难案件的掘进力，重新锻造思维工具已是必然，而除了回归民法基础理论，重新理解作为市场经济法律形式的民商法体系，别无他途可循。如果从这个角度重新审视民法典，一定会有不一样的新认知。真实的世界要求用更加整体的眼光去看问题，全案的结构思维既是应运而生，也是客观必然，是民事审判规律在审判思维中的主观反映，也是审判思维对民事审判规律的自觉遵循。只有

---

① 蔡小雪：《审判业务专家是怎样炼成的》，法律出版社2017年版，第13页。

② 最高人民法院第三巡回法庭编：《三巡时光——我的巡回法庭记忆》，中国法制出版社2019年版，第213页。

③ 骆电：《审判逻辑的探索与构建——以民商事审判为视角》，载《人民法院报》2018年10月24日。

达到审判思维的这一层次，才可能有把握地说，“任何人如果适用了某个具体的法律规范，等于说事实上适用了整部法律，甚至是整个法律秩序”。① 正是在这个意义上，笔者进而认为，最高法院法官群体的审判思维不仅相对成型，而且正在转型。

第二，审判思维的二重性。思维与心理水乳交融，国内外学界都有从心理学的角度，研究其最高法院法官群体的审判思维。“对最高法院的研究可以有许多不同的视角，心理学尝试将最高法院作为一个由不同个体组成的组织看待，而这些个体追求某些共同的目标但又各自存在差异。”② 在笔者看来，隶属于法学范畴的审判思维，当然离不开心理学，但又绝不仅仅只是心理学。审判思维不是封闭的心理系统，而是内外双曲线的相互缠绕，既是主观的，也是客观的，既不完全主观，也不完全客观，而是主观与客观的统一。审判思维既有被动的一面，又有能动的一面，既非完全被动，也非任意盲动，而是被动与能动的统一。审判思维既是塑造裁判文书的决定性因素，本身也被外部力量所共同塑造，是塑造与被塑造即自主与他主的统一。所有这些不同侧面，都反映了审判思维特有的二重性。“主审法官考虑的方向是细致全面的，合议讨论的内容涵盖了从法条到法理、从个案正义到司法政策的不同方面，从不同的角度考虑问题，厘清复杂案件中各方当事人的关系”。③ 认识到这一点，给我们带来三方面的启示：

首先，对其中一个要素、一重属性的研究，不能脱离另一个要素、另一重属性，应当善于联系起来看问题，这能够有效地防止和平衡认识的片面性，既不夸大审判思维的作用，也不贬低审判思维的功能，实事求是地分析和评估其活跃内涵与限制边界，在此基础上，形成对思维走向的大致判断和案件结果的合理预期。经过相当程度的经验积累后，借助一定的方法手段，就有可能从中抽绎出带有普遍性的审判活动规律。为什么说审判是有规律的，规律是可以认识的，原因就在这里。

其次，不管审判思维发挥的作用有多大，但与成文法律的强力规制相比，终归是第二性的，这有点类似于辩证唯物主义中物质与意识的关系，“大陆法系国家的法官对于规则有一种天然的依赖”。④ 贺小荣大法官也认为，大陆法系的裁判方式给法

---

① ［德］伯恩·魏德士：《法理学》，丁小春、吴越译，法律出版社2003年版，第298页。

② ［美］劳伦斯·S. 赖茨曼：《最高法院的心理学》，黄斌、吕芳译，法律出版社2018年版，第2页。

③ 最高人民法院第三巡回法庭编：《三巡时光——我的巡回法庭记忆》，中国法制出版社2019年版，第246页。

④ 孙海波：《裁判对法律的背离与回归：疑难案件的裁判方法新论》，中国法制出版社2019年版，第122页。

官的自由裁量预留了较小的空间和舞台，大陆法系国家法官只能在适用制定法的过程中彰显裁判的理念、技术与经验，尽管这丝毫不会扼杀法官在寻找法律过程中蕴含的裁判智慧。[①] 这就要求研究者，仅仅联系起来看问题还不够，还要学会弹钢琴，善于抓主要矛盾，抓矛盾的主要方面。对审判思维的深入研究，既要看到其创造性的一面，更要牢记其映射性的一面，侧重于检视塑造审判思维的外部力量，即法律体系、司法政策、司法解释、批示答复、指导性案例，以及更为根本的司法理念、工作重心、外在环境、形势变化等。所有这些要素层层嵌套，环环相扣，共同型塑了审判思维的基本轮廓，这就是二重性中的决定性。必须明确的是，审判思维固然有创造性，但创造性要服从映射性，是在服从前提下的有限创造。以法官处理最具发挥能力的疑难案件为例，"即便是在行使司法造法的自由裁量权时，其行为仍然会受到一系列的限制"。[②] "很多情形下，法官即使在实践中真的发展和续造了法律，他们也通常不太愿意将这一事实展现出来。究其原因，这样做会给自己招到不少麻烦，甚至会从根本上危及判决的合法性。为避免陷入争议，他们往往仍然会选择以教义论证的形式来包装判决结果，从而使得整个案件的推理活动仍然是在'法律的名义'下进行的。"[③] 这一学术结论与法院系统的内部调查结果也是高度一致的，"就法官的自我规范而言，如果能够意识到自己在行使自由裁量权，多数法官会刻意地规范自己的裁量行为"。[④] 为什么同时代、同时期的众多案件，不管由哪级法院、哪个法官审理，或深或浅都会打上相似的思维模式烙印，原因就在这里。

最后，审判思维既不封闭更不凝滞，始终处于与时俱进的流变中，其中一个因素、一重属性变化了，不得不引起另一个因素、另一重属性的改变。尤其是当第一性的、决定性的因素变化后，直接导致作为第二性的审判思维的变化。以合同效力认定为例，1999 年《合同法》的颁布为一巨变，之前倾向国家干预，之后保护交易秩序，为此一再收窄强制性规定的适用范围，明确将部门规章排除在外。2001 年底中国入世之后，这一鼓励交易的司法趋势更为明显。即使在 2008 年国际金融危机中，最高法院紧急出台的《关于当前形势下审理民商事合同纠纷案件若干问题的指

① 贺小荣：《权利是权力的价值归属》，载《中国法律评论》2016 年第 4 期。

② 孙海波：《裁判对法律的背离与回归：疑难案件的裁判方法新论》，中国法制出版社 2019 年版，第 100 页。

③ 孙海波：《裁判对法律的背离与回归：疑难案件的裁判方法新论》，中国法制出版社 2019 年版，第 10 ~ 11 页。

④ 王信芳主编，高长久、阮思良副主编：《商事审判法官自由裁量权研究》，上海人民出版社 2013 年版，第 94 页。

导意见》，依然强调对效力性强制性规定和管理性强制性规定的区分，并创造性地提出《合同法》第52条第5项规定的“强制性规定”是指“效力性强制性规定”，法院不得仅以管理性强制性规定为由认定合同无效。时至2019年，最高法院九民会议纪要的颁布又为一巨变，审理案件不仅要进行“穿透式思维”，而且明确规定涉及金融安全、市场秩序、国家宏观政策等公序良俗的强制性规定为效力性强制性规定，合同违反部门规章中的前述内容，应当认定无效。显然，这已不是一般意义上的穿透，而是彻底的击穿，反映出审判思维的巨大跃迁。长时段的全案演进如此，近距离的群案、零距离的个案亦如此。一切都处于历史的进程中，应当始终用历史的眼光看问题，认识到审判思维的阶段性，具体情况具体分析，切忌孤立静止的案例比对。当然，“除非保有高度的历史自觉和对生活状态的足够敏锐与领悟，否则，一个人很难在剥茧抽丝般的生命流逝中感受缓慢且持久的社会变迁”。[①] 对于司法领域中热议的诸如“同案不同判”等现象，为什么既要客观承认，又要慎重辨别，原因就在这里。

第三，审判思维的政治性。影响和制约审判思维的诸要素中，与其说政治方面是首要的、关键的，毋宁说其构成审判思维得以运行的底格与基座。所以，有必要将其从一般性的诸要素序列中剥离出来，还原其独立的地位，认识其独特的功能。对于包括最高法院在内的各级法院来说，司法机关首先是政治机关，各级法院法官首先是司法干部，司法工作、司法政策服务执政党和国家的中心和大局工作，始终是一根不变的红线，这是中国的基本国情。对此，最高法院前首席大法官肖扬的一席话非常经典，他指出：

法官既要有相当的法律智慧，更需要一定政治智慧。所谓法律智慧，就是忠于法律、服从法律、实现法律的公平正义价值作为宗旨，依照法律辨析判断、权衡取舍的能力、方法和技巧。所谓政治智慧，就是具有高度的政治鉴别力和政治敏感性，时刻保持清醒的头脑和坚定的立场，善于从全局高度认识、分析、解决审判过程中出现的问题。司法要讲法治，一切司法活动必须依法进行，这是司法活动产生良好法律效果的根本所在。同时，司法也要讲政治，这是我们的特色，但不是我们的专利。不同国家的司法制度虽然在形式上存在差异，但理所应当、无一例外地服务于本国的政治和社会制度这一使命却是相同的。[②]

---

① 尹伊君：《社会变迁的法律解释》，商务印书馆2003年版，第1页。

② 最高人民法院办公厅编：《最高人民法院历任院长文选》，人民法院出版社2010年版，第362页。

为更好地说明这一点，笔者截取一个特殊的历史时期，可以一窥最高法院对中心和大局工作的主动服务与积极配合。

2008 年国际金融危机爆发后，围绕中共中央关于积极应对国际金融危机的重大战略决策，最高法院在七个月内，前所未有地密集发布九个司法政策性文件，以指导各项审判执行工作。2008 年 12 月 4 日最高人民法院发布《关于为维护国家金融安全和经济全面协调可持续发展提供司法保障和法律服务的若干意见》。2009 年 4 月 23 日发布《关于当前经济形势下知识产权审判服务大局若干问题的意见》。2009 年 6 月 7 日发布《关于应对国际金融危机做好当前执行工作的若干意见》。2009 年 6 月 17 日发布《关于正确审理企业破产案件，为维护市场经济秩序提供司法保障若干问题的意见》。2009 年 6 月 23 日发布《关于当前形势下进一步做好涉农民事案件审判工作的指导意见》。2009 年 7 月 5 日发布《关于当前形势下做好行政审判工作的若干意见》。2009 年 7 月 12 日发布《关于当前形势下做好劳动争议纠纷案件审判工作的指导意见》。2009 年 7 月 13 日发布《关于当前形势下审理民商事合同纠纷案件若干问题的指导意见》。2009 年 7 月 19 日《关于当前形势下进一步做好房地产纠纷案件审判工作的指导意见》。① 引人注目的是，多份文件名称直接冠以“当前形势下”，足见其紧迫性和时效性，以及所配合的大局工作在特定时期内变动的剧烈性。

站在这个高度，就很容易看出审判思维从上到下具有模仿性和传导性：大法官思维更自觉基于其政治站位，思考审判工作如何更好服务于中心和大局工作，其他法官群体思维模仿大法官思维，也力争做到政策与司法、法律与社会、情理法之间的平衡。审判工作不仅要解决具体争议，而且要在特定的国情框架下，一体思考和解决法律问题。新近公布的九民会议纪要对法官审判思维的塑造，可谓是全方位的，带有鲜明的国情特征。最高法院法官对会议纪要中关于出资加速到期内容的解读，充分体现出这个特点：

在认缴制下，股东认为，登记缴纳的出资时间是公示的，当然不应当提前，当然不应当加速。我想，中国的几乎所有股东都是这个看法，这就是中国国情，这个国情我们不得不考虑。这个马蜂窝我们不能去捅，否则就可能出大问题。不管全面加速到期的理论多么正确，但毕竟没有法律和司法解释的规定，而纪要的主要目的是统一裁判思路。我们增加规定的两种例外情况，也是非常非常慎重的，

---

① 刘岚：《最高人民法院出台一系列应对金融危机司法意见回顾》，载《人民法院报》2009 年 8 月 17 日。

一种是按照类似问题类似处理比照破产法作出的规定，一种是恶意延长认缴期限的规定。①

不容回避的是，审判思维的政治性还体现在，法官群体不得不面对多种外部现实力量对审判思维的共同影响。这种影响的力量可能是正面的，也可能是负面的。对于前者，可引用最高法院前审委会委员孔祥俊法官的自述：

在司法层级中，最高人民法院责任重大和地位特殊，其司法决策更要审慎。裁判权乃判断权，裁判权的行使看似具有文静平和的天性，实则难掩裁判背后利益较量的“轰轰烈烈”。作为最高人民法院的法官，我曾尽力做到深居简出、博览群书、慎思明辨和体察社情民意，但我深知法官时时处在法律选择的风口浪尖上，作出选择的背后是利益格局的调整、分配或者重组，所“予夺”的是现实具体的鲜活利益。就我曾经的参与审理重大案件和作出司法决策而言，我们从来都是瞻前顾后和左思右想，高度重视交流沟通和在相关部门之间达成共识，绝不盲目自信和刚愎自用，更不能“仅凭个人喜好或突发奇想而得出结论”。②

对此，有学者尖锐指出，在中国目前的审判实践中，带有政治性的司法审判已经开始介入并干预着司法的公正。政治在利用法律约束权力的同时又不愿意受到法律的约束，运用法律处理自身无法解决的纠纷矛盾时又不想法律脱离政治而独立运作。法官政治意识压制法律意识，“政治审判”时有发生。当案件涉及某些权力部门或强权人物时，法官的政治意识和法律意识产生激烈的斗争，有些法官可能受制于外界的压力，屈从于政治权力带来的权威力量，受制于司法体制下法官的政治身份，愚忠于部分别有用心、漠视法律的领导，最终将天平偏向政治意识的一边，做出不公正的裁决。③ 轰动一时的最高法院“凯奇莱案”，似乎可以作为上述观点的最新例证。据中央联合调查组公布的调查报告披露，最高法院对该案第一次二审期间，陕西省人民政府曾于 2008 年 5 月 4 日发出函件，对案件审理提出意见，试图给最高法院正常审判活动施加影响。④

不过，笔者也注意到，即便是在受到多方干扰的“凯奇莱案”中，中央联合调查组的结论表明，该案最终的审理结果仍然是正确的、公正的。最高法院法官群体

---

① 2019 年 12 月 17 日，最高法院第一巡回法庭高燕竹法官在深圳市律师协会讲座课件。

② 孔祥俊：《司法哲学》，中国法制出版社 2017 年版，第 114 页。

③ 呼巍薇：《法官法律意识与政治意识的平衡关系研究》，东北农业大学 2015 年硕士学位论文，第 12 页。

④ 田延华：《两起案件审理是否公正？调查结论给出详细答案》，载微信公众号“中央政法委长安剑”，https：//mp. weixin. qq. com/s/rRIZ2I_ tRdWhPfVLTExh5w，2020 年 5 月 29 日访问。

的审判思维固然有相当的政治属性，但专业性仍是其集体意识的基本取向。

第四，审判思维的科学性。法学、法律是科学，运思法学、适用法律的审判思维不得不具有科学性。同时，司法工作有其自身规律，遵循司法规律、体现司法规律的审判思维不得不具有较强的科学性。抽象地看，审判活动无非是一种科学认识活动，审判思维无非是一种科学思维，必须遵守科学思维共有的三个基本原则：逻辑上的严密性，以实现归纳和演绎的统一；方法上的辩证性，以实现分析和综合的统一；体系上的完整性，以实现逻辑与历史、理论与实践的统一。最高法院多年来对裁判文书加强论理的各种努力，本质上都是在提升法官审判思维的科学性。所谓请求权分析法、法律关系分析法，本质上不过是科学思维的训练方法之一种。“科学于教育上之重要，不在于物质上之知识，而在其研究事物之方法；尤不在研究事物之方法，而在其所与心能之训练。”① 科学性贯穿于审判思维的一切方面，只有审判思维的形式科学了，思维的要件是合逻辑的，裁判文书才可能是讲道理的；只有审判思维的内容科学了，思维的指向是合目的的，裁判文书才可能是有说服力的；只有审判思维的表达科学了，思维的运行是同理心的，裁判文书才可能是可接受的。

近年来，在最高法院法官群体内部，针对司法实践中实际存在的“力量的逻辑”与“逻辑的力量”两种现象的激烈博弈，已有资深法官从审判思维的科学性角度提出反思：

逻辑对于实现裁判的可预见性非常重要。司法裁判是实质推理与形式推理相结合的过程，完全清除个人因素的影响是不可能的，但依法裁判仍是现代法治的基础，理性适用法律应当是每一个法律人追求的目标。当前我国司法裁判中存在的一些争议和问题，可能并非是因过于强调逻辑引发的，而是对概念体系不够重视、对法律方法不够重视造成的。因此，当下我们还不到大力批判逻辑的时候。早在20世纪50年代，王伯琦先生在讨论我国台湾地区法治时曾断言，现阶段的执法者，不患其拘泥逻辑，唯恐其没有概念。这句话对于当下的我们仍然是适用的。任何一种方法都不可能保证司法裁判的唯一性，因此确实需要法律论证，但法律论证有严格条件和程序要求，不然可能沦为权力的逻辑。②

---

① 樊洪业、潘涛、王勇忠编：《中国近代思维家文库·任鸿隽卷》，中国人民大学出版社2014年版，第57页。

② 林海权等：《权利冲突与权利顺位：民商事案件中的利益衡量与裁判方法》，载杜万华主编、最高人民法院民事审判第二庭编：《商事审判指导》（第3辑），人民法院出版社2017年版，第90~92页。

应当指出，审判思维是科学，但又不是一般意义上的科学，而是远超自然科学的复杂科学。用美国学者米歇尔·沃尔德罗普的话说，这是一门诞生于秩序与混沌边缘的复杂科学。在这个复杂系统中，所有的事都是相互缠结在一起的，没有一个谜是可以脱离其他因素得到解答的。思考这门复杂性科学，是生命和心智的释放。① 审判思维之所以如此复杂，源自其本身就是一门关于人类践行的科学，它并不是通过单纯学习和传授而获得的，经验、总结和领悟在这里起到很大的作用。康德尝言，"科学是导致智慧的狭隘关口"。② 笔者深以为然，审判思维不仅是科学，还应当是智慧，而不管表现为法律智慧还是政治智慧，其实都是实践智慧，这是一种走出书斋的、更高层次的、活的科学。对此，最高法院前首席大法官王胜俊有过一段十分精要的概括：

司法是一门发现的艺术，是根据现有的证据发现和推定过去事实的一种专门活动，它要求法官必须熟悉程序、精通规则、善于推理；司法是一门判断的艺术，是根据案件事实判断是非、真伪、善恶的一种专门活动，它要求法官必须通晓法律、熟谙法理、精于事理；司法是一门矫正的艺术，是进行利益衡量、利益分配的一种专门活动，它要求法官必须品行端正、是非分明、刚正不阿。③

相较之下，2018 年 4 月当选的第四届全国审判业务专家、最高法院执行局副局长赵晋山法官的体会，更富辩证法意味：

司法是一种判断的艺术，是一种衡平的艺术，也是一种良善的艺术。司法的生命不仅在于逻辑，也在于经验，更在于良知。司法应当遵循规律，但不能没有立场；应当依据规则，但不能排斥裁量；应当符合逻辑，但不能忽视经验；应当注重技术，但不能缺失价值；应当张扬理性，但不能没有温度。④

关于审判思维的科学性，笔者还想补充说明的是，任何继受大陆法系的国家，都应当饮水思源，经常回溯到罗马法的源头。特别是在民法典时代，作为中国法院系统的金字塔尖，最高法院的法官群体尤应蕴含一种历史的眼光，于罗马法中领会审判思维科学性的实质，因为"罗马法之所以成为'文明常识'，更在于它把法律真

① ［美］米歇尔·沃尔德罗普：《复杂：诞生于与混沌边缘的科学》，生活·读书·新知三联书店 1997 年版，第 21、500 页。

② ［德］康德：《实践理性批判》，邓晓芒译，人民出版社 2003 年版，第 222 页。

③ 王胜俊：《对人民法院人民性的几点认识——在全国法院大法官社会主义法治理念专题研讨班上的讲话》，载最高人民法院办公厅编：《最高人民法院历任院长文选》，人民法院出版社 2010 年版，第 405～406 页。

④ 高艺宁：《最高人民法院授予 49 名法官"全国审判业务专家"称号》，载央广网，2020 年 5 月 31 日访问。

正作为一个体系、一个具有完整性的理性制度来理解，后世之继受不过是重复这种正确理性罢了”。① 而所谓科学性，无非是理性精神的延伸与体现。

第五，审判思维的不确定性。审判思维虽然是专业思维，科学性是其内涵，但确实杂糅了政治、社会、文化、区域等综合因素。审判思维的复杂性就在于，必须将这诸多影响因素结合起来，一体考虑，斟酌把握。尽管强制类案检索、法官会议制度、法律分歧解决等各种技术性、机制性措施的推行，大大压缩了法官自由裁量的空间，但最高法院法官群体的审判思维很难做到整齐划一，这一点在疑难案件的处理中表现得更为突出，法官个体之间、不同合议庭之间的观点分歧习以为常，即使是已公布的最高法院公报案例，也照样被本院的审监庭裁定提审。② 至于业务庭研究形成的集体性意见，也未见得一定是终极性意见。关于普通债权人是否具备第三人撤销之诉中的原告资格，最高法院民二庭法官会议纪要形成的集体观点，与其后的本院审委会意见相抵触，就是最新例证。③ 这说明，法律虽不是一个深奥的领域，但与法律相关的决策确实经常是高度复杂的。在高度复杂的意见系统中，哪一种观点最终得以胜出，确有一定程度上的不确定性。

审判思维不确定性的根源是主体自身。“在司法实践中，不管我们是否承认，司法人员总是通过自己的内心活动来对证据和事实进行判断的，根本不存在脱离司法人员内心活动的诉讼认识。”④ 审判思维的差异，与法官的成长经历、性格特征、学识经验、认知态度、努力程度和归属层级等，都有千丝万缕的联系，因此，对审判思维的整合只能是相对的、原则的，而审判思维的个体差异，则是绝对的、具体的。裁判尺度的外在统一，不代表也不可能等同于审判思维的内在统一，这可以从以下三个方面来透视：

从事实认定角度看，正如最高法院前副院长江必新所述，既要强调同案同判，类案类判，同时也应客观承认，就像没有两片完全一样的树叶，也没有两个完全一

① 《杨振山文集》，中国政法大学出版社2005年版，第328、336页。

② 王某刚与王某安、第三人岚县大源采矿厂侵犯出资人权益纠纷案，载《中华人民共和国最高人民法院公报》2013年第4期。据“凯奇莱案”中央联合调查组公布的调查报告，该案后被最高法院裁定再审，经审委会决定维持原判，但案件历时三年多未作出判决，违反有关审判纪律规定。http://news.sina.com.cn/c/2019-02-22/doc-ihrfqzka8301711.shtml，2020年2月5日访问。

③ 《普通债权人在第三人撤销之诉中的原告资格问题》，载贺小荣主编《最高人民法院民事审判第二庭法官会议纪要》，人民法院出版社2018年版，第104~112页。该观点与在后的最高法院审委会讨论通过案例相抵触，参见胡某光、胡某料、周某员、蒋某美、周某光与德清金恒坤房地产开发有限公司、张某平、沈某龙及陈某英第三人撤销之诉纠纷案，载《中华人民共和国最高人民法院公报》2019年第11期。

④ 徐小飞：《法官的职业良心》，载中国法院网，2020年5月31日访问。

样的案件。每个案件都有其各自不同之处，要在此基础上，审慎辨别可供归类和参照适用的法定要件。[①] 每个案件之所以不同，主要源于事实本身的不同，以及随之而来的事实认定的不同。最高法院已故资深法官方金刚认为，世界的司法经验证明，事实认定比适用法律要困难得多。[②] 关于案件事实认定对审判思维的高度依赖性，以及由此可能引发的审判思维的不确定性，最高法院耿宝建法官的观点富有启发，“法律事实的认定主要是主客观相结合的过程，是法官对证据事实和法律规范相结合的产物。法律规范对法律事实的认定指引，主要是在法官运用法律思维解释、重述证据事实的过程中实现的，法官的主观色彩较重，是实践理性的体现。此过程是事实认定的核心和难点，对法官的法律素养要求较高”。[③] 而我国法官群体的法律素养究竟如何，上海市第二中级人民法院对全国法院系统的调查报告，可以作为一个参考指标，“当前我国商事审判法官自由裁量权行使的总体状况不尽如人意，这是社会的普遍感受”。[④]

从法律意识角度看，在民商事案件中，很难说一方就绝对有理，另一方就绝对没理，更可能、更普遍的情况是，站在各自的角度和立场，双方的观点都有一定的道理，只不过是各自不同的道理而已。在这种情况下，法官个体的法感直觉、司法理念、价值取向就显得格外重要。对于这种司法现象，美国法学家瓦瑟斯特罗姆的评论特别到位，“司法判决的语言主要是一种逻辑语言，在逻辑形式的背后，实际上存在着一个对相互竞争的各种立法理由之相对价值与重要性的判断，它构成了整个司法过程的根基和命脉”。[⑤] 现任最高人民检察院检察长张军也曾公开表示，我国司法人员法律意识的差别，是案件结果不确定性的主要原因。司法实务中，很多一线资深法官的朴素体会是，千道理万道理，大道理要管小道理，小道理要服从大道理。能不能找到这个大道理，案件能否立足于这个大道理，才是审判思维中最深厚的功力。也正是看到了法官群体法律意识的参差不齐，最高法院在教育培训工作中强调继续坚持“法官教法官”的原则。不过，也有业内人士审慎地认为，法官司法能力的提高非常艰辛且难得要领。[⑥]

---

① 江必新：《司法审判中非法律因素的考量》，载《人民司法》2019 年第 34 期。

② 方金刚：《案件事实认定论》，中国政法大学 2004 年博士学位论文。

③ 耿宝建：《裁判的方法》，人民法院出版社 2016 年版，第 70 页。

④ 王信芳主编，高长久、阮思良副主编：《商事审判法官自由裁量权研究》，上海人民出版社 2013 年版，第 59 页。

⑤ [美] 理查德·瓦瑟斯特罗姆：《法官如何裁判》，孙海波译，中国法制出版社 2016 年版，第 21 页。

⑥ 裴大明：《裁判方法的法理重述》，中国政法大学出版社 2016 年版，第 39 页。

从现实工作角度看，审判思维的不确定性还表现在，在案多人少的情况下，案件如何判决，特别是二审上诉能否改判、申请再审能否提审，在某种程度上确有其偶然性，与法官的认知、法感、态度、责任心等均有直接的微妙关系，给人们总的感受是，似乎受特定法官自身主观状态的影响很大。从目前的正面、公开报道看，最高法院某些获得改判的二审和再审案件，有相当的机缘因素，如果不是在特定时点，遇到特定法官，出于特定原因，引起特定关注，进行特定审理，案件的最终命运极可能完全不同。举轻以明重，由水面冰山之一角，可以推想水下体积之庞大，这就是沉重的司法现实，只能直面接受并设法逐步加以改变。

总体而言，法官智慧是司法活动中亲历培养自主塑造的结果，主观努力是最主要的，尽管主观努力往往也是不够可靠的。在这个自发过程中，审判思维的不确定性，以及由此导致的诉讼结果的不确定性，几乎是无法完全克服的司法现象。某种意义上也可以说，这也是一种特殊形式的审判规律。真实世界里思维与法律的关系，有如价格围绕价值轴心上下不规则的波动，甚至不排除个别时候有熔断的可能。作为司法进程的参与者，我们只能加诸各种可能的衡平砝码，将钟摆的幅度尽可能降到最低。或许，这就是审判思维的秘密，也是民商诉讼的魅力。

附录五　有追索权保理关系的法理论证：以某市华润银行保理合同纠纷再审案为例[①]

（一）基本案情

2013年9月17日，某市华润银行与大优公司签订了一份《综合授信协议》，约定：某市华润银行向大优公司提供最高额综合授信额度为人民币2亿元整；授信期限为2013年9月17日至2014年9月17日，额度项下单笔具体业务最迟到期日为2015年3月17日等。同日，某市华润银行与能源公司、李某、李某洁签订一份《最高额保证合同》，约定：能源公司、李某、李某洁为上述《综合授信协议》及其项下

① 该案例先后刊于《新编版最高人民法院司法观点集成（民商事卷增补2018）》，中国民主法制出版社2018年版；《最高人民法院民事审判第二庭法官会议纪要》，人民法院出版社2018年版；《中华人民共和国最高人民法院案例选》（第1辑），法律出版社2019年版；《中国案例指导》（总第7辑），法律出版社2019年版；《最高人民法院第三巡回法庭新型民商事案件理解与适用》，中国法制出版社2019年版；《最高人民法院民商事判例集要（金融担保卷）》，中国民主法制出版社2019年版。此外，该案庭审直播后，作为精品案件和示范庭审，入选首届全国法院“百场优秀庭审”。

债权人与债务人就每一笔具体授信业务所签订的具体授信业务合同或协议所形成的债权提供最高额保证担保，所担保的主债权最高额本金金额不超过人民币2亿元；最高额保证担保债权的确定期间自2013年9月17日至2014年9月17日；保证方式为连带责任保证，各保证人共同对债权人承担连带责任等。

2013年11月6日，某市华润银行与大优公司签订一份《国内保理业务合同》，合同第1条约定本案所涉保理业务属于有追索权的明保理，第2条第9款约定有追索权保理业务是指：某市华润银行不承担买方信用风险担保的保理业务。第2条第18项反转让约定：在合同所约定的特定情形下，某市华润银行向大优公司转回已经受让的应收账款；如某市华润银行提供保理融资的情况下，大优公司向其支付保理融资款及相关未结清费用后，与该应收账款有关的一切权利亦应同时转让回大优公司。第40条救济措施第1款约定：如发生下列情况之一，某市华润银行依据本合同及商务合同的规定可以采取本条第2款规定的救济措施……3. 买方/债务人明确表示或以自己行为表明将拒绝支付全部或部分的应收账款……第2款规定甲方有权采取以下一项或几项违约救济措施……2. 对某市华润银行享有追索权的保理业务，某市华润银行有权立即向大优公司追索尚未收回的应收账款，有权从大优公司在某市华润银行开立的账户上扣收其应付给其银行的款项……

上述《国内保理业务合同》签订后，大优公司向某市华润银行提交了其与燃料公司在2012年9月6日签订的《煤炭买卖合同》（复印件）一份，燃料公司在该合同上加盖了印章，曾某生代表该公司在合同上签字。经查明，该《煤炭买卖合同》中燃料公司加盖的合同专用章编码与其在公安机关备案登记的合同专用章编码不一致。同时，大优公司还向某市华润银行提交了该公司开具的名称为燃料公司的《广东增值税专用发票》五张，其中两张经税务机关查验系未认证、未抵扣的发票。

2013年10月24日，某市华润银行的工作人员王某刚和大优公司的工作人员共同到燃料公司就案涉保理业务相关应收账款的真实性进行核查。燃料公司向某市华润银行出具了落款时间为2013年10月24日的《应收账款转让确认书》和《应收账款转让通知确认书》。在《应收账款转让确认书》中，燃料公司向某市华润银行确认在该公司与大优公司签署的《煤炭买卖合同》项下，应付大优公司账款46115344.7元，应付账款到期日为2014年3月22日等；在《应收账款转让通知确认书》中，燃料公司确认已收到《应收账款转让通知书》，已知晓并确认其同意按照通知中的内容执行。曾某生代表燃料公司在上述《应收账款转让确认书》和《应收账款转让通知确认书》上签字，并加盖了燃料公司的印章。某市华润银行的王某刚、旷某丹在《应收账款转让通知确认书》的左下角注明“面签见证”。

2013年11月8日，某市华润银行为大优公司向山西晋运能源有限公司开出银行承兑汇票四张，合计承兑金额人民币3680万元，汇票到期日为2014年4月8日。上述承兑汇票到期后，因大优公司资金未到位，某市华润银行发生上述承兑汇票金额垫款。2014年4月25日、6月24日，某市华润银行委托广东大公威德律师事务所先后向燃料公司发出《律师函》，催收2014年3月22日到期的应收账款人民币46115344.7元及利息，燃料公司确认收到上述《律师函》，但以存在虚假合同为由拒绝付款。

2014年4月9日，大优公司向燃料公司出具了一份《对某市华润银行应收账款转让确认书的情况说明》，承认：2013年10月24日，大优公司在燃料公司不知情的情况下，擅自对大优公司与燃料公司签订的煤炭买卖合同和付款发票进行更改，将已支付的煤款作为应收账款，以燃料公司名义对虚假的应收账款转让确认书进行盖章。

2016年4月28日，广东广州中院应中行东山支行申请，受理对大优公司的破产清算申请。同日，指定广东天诺律师事务所担任大优公司管理人。2016年7月8日，某市华润银行填写了《债权申报登记表》，并邮寄给了大优公司管理人，申报债权数额为：本金人民币85592467.67元，利息人民币35417273.74元，合计为人民币121009741.41元。申报债权的依据为：（2015）珠中法民二初字第21号、第26号生效的民事判决书。

2014年，某市华润银行以大优公司、燃料公司、能源公司、李某、李某洁为共同被告，向广东珠海香洲区法院提起诉讼，要求其偿还保理融资款人民币3680万元及其利息，广东珠海香洲区法院作出（2014）珠香法民二初字第2854-2号民事裁定。2015年3月27日，由于燃料公司提出管辖权异议上诉，广东珠海中院经审理后，作出（2015）珠中法立民终字第62号民事裁定，撤销（2014）珠香法民二初字第2854-2号民事裁定，裁定由该院对某市华润银行诉大优公司、能源公司、李某、李某洁金融借款合同纠纷一案进行审理。

2015年11月20日，广东珠海中院就该案作出（2015）珠中法民二初字第21号民事判决，判决：一、大优公司于判决发生法律效力之日起十五日内向某市华润银行偿还保理融资款本金人民币3680万元及利息。二、能源公司、李某、李某洁对上述还款义务承担连带清偿责任；能源公司、李某、李某洁承担保证责任后，有权向大优公司追偿，或者要求承担连带责任的其他保证人清偿其应当承担的份额。三、驳回某市华润银行的其他诉讼请求。上述判决现已发生法律效力。

此后，大优公司破产，某市华润银行向管理人申报了债权，并以燃料公司为被告、大优公司为第三人向南昌中院提起诉讼。

2016年1月26日，南昌中院作出（2015）洪民二初字第435号民事判决，判决驳回原告某市华润银行要求被告燃料公司支付应收账款及利息的请求。2016年8月5日，江西高院作出（2016）赣民终325号民事判决，判决驳回某市华润银行的上诉，维持原判。2017年6月28日，最高法院作出（2017）最高法民再164号民事判决，判决撤销江西高院（2016）赣民终325号民事判决和南昌中院（2015）洪民二初字第435号民事判决，判决燃料公司向某市华润银行支付36800000元及相应利息。

（二）一审裁判观点

一、煤炭买卖合同无效，应收账款债权虚假，燃料公司可以此抗辩

南昌中院认为，根据《商业银行保理业务管理暂行办法》的相关规定，国内商业银行保理业务的核心系应收账款转让，且不得基于未来应收账款产生的付款请求权开展保理融资业务。而应收账款的产生，一则须有真实买卖合同关系，二则该买卖合同已经全面、实际履行。本案中，某市华润银行向燃料公司主张的应收账款债权是从大优公司受让取得，而大优公司对燃料公司的应收账款债权是基于《煤炭买卖合同》而产生的。从举证角度而言，某市华润银行提交给法院的加盖大优公司公章的《煤炭买卖合同》仅是复印件，而该《煤炭买卖合同》中燃料公司合同专用章编码与该公司在公安机关备案登记的合同专用章编码明显不一致，由大优公司向某市华润银行提交的五张《广东增值税专用发票》中有两张经税务机关查验系未认证、未抵扣的发票，即便加盖了燃料公司公章的《应收账款转让确认书》和《应收账款转让通知确认书》，也与《应收账款转让通知书》出具时间前后矛盾，而燃料公司对所谓应收账款及转让的确认，系在大优公司虚构事实的基础上所作为，并非其真实意思表示，结合大优公司在事发后起诉前出具给燃料公司的情况说明，足以证实大优公司与燃料公司之间的煤炭买卖合同是虚假的。基于此，燃料公司在诉讼中申请对上述相关证据中盖章及内容真伪进行鉴定已无必要。因此大优公司基于该虚假煤炭买卖合同对燃料公司享有的应收账款债权并非真实合法有效的债权，某市华润银行受让的该应收账款债权亦非真实合法有效的债权。现燃料公司以某市华润银行从大优公司受让的应收账款债权系虚假债权为由拒绝向某市华润银行履行清偿义务，合法有据，应予支持。

二、某市华润银行向大优公司主张返还保理融资款，即视为将应收账款债权反转让给大优公司而放弃对燃料公司的应收账款债权

南昌中院认为，某市华润银行与大优公司签订的《国内保理业务合同》约定，双方之间的保理业务类型系有追索权的明保理融资。即当本案债权无法实现时，某

市华润银行既可选择向燃料公司主张应收账款债权，也可选择将应收账款反转让至大优公司。鉴于某市华润银行已选择向大优公司主张返还保理融资款，且该救济措施已经广东珠海中院（2015）珠中法民二初字第21号民事判决得到了实现。换言之，某市华润银行已经选择了将上述债权反转让给大优公司而放弃了对燃料公司的应收账款债权，故当某市华润银行选择将应收账款反转让至第三人大优公司时，其不再享有对燃料公司的应收账款债权，因此，某市华润银行在本案中向燃料公司主张应收账款债权，于法无据，不予支持。

三、本案不属于重复起诉案件

南昌中院认为，本案纠纷最初是由某市华润银行将大优公司、燃料公司、能源公司、李某、李某洁一并列为共同被告，向广东省珠海市香洲区人民法院起诉，后广东珠海中院就管辖上诉裁定驳回了某市华润银行对燃料公司的起诉，并由该院对某市华润银行诉大优公司、能源公司、李某、李某洁金融借款合同纠纷一案进行审理。而某市华润银行遂向一审法院提起诉讼，要求燃料公司支付应付账款本金及利息。从诉讼主体、诉讼标的及诉讼事由等诸多因素看，两案并非基于同一事实，同一法律关系，故不属于同一案件，这也为已生效的广东珠海中院民事裁定所确认。因此，某市华润银行提起本案诉讼并不属于一案重复起诉的情形，大优公司关于一事不再审，应终结本案审理的辩解理由，于法无据，不予采纳。

（三）二审裁判观点

某市华润银行向大优公司行使诉权及申报破产债权后，不再享有对燃料公司的应收账款债权

江西高院认为，保理是以债权人转让其应收账款为前提，集应收账款催收、管理、坏账担保及融资于一体的综合性金融服务。有追索权的保理，是指在应收账款到期无法从债务人处收回时，银行可以向债权人反转让应收账款，或要求债权人回购应收账款或归还融资。

本案中，某市华润银行以其与大优公司签订的《国内保理业务合同》为依据提起本案诉讼，主张燃料公司向其支付应付账款及利息。根据双方签订的《国内保理业务合同》的约定可知本案所涉保理业务属于有追索权的明保理，在有追索权保理业务中，保理银行对应收账款转让方享有追索权，即在应收账款到期后不能收回保理融资款的，其有权依据保理合同约定选择向应收账款债权人或债务人主张权利，应收账款债权人或债务人一方对保理银行履行义务，则另一方免除相应的清偿责任。对于某市华润银行而言，本案所涉的保理业务，实质上仅产生了一笔债权，某市华

润银行有权选择是基于《应收账款转让通知书》与《应收账款转让确认书》而产生的债权转让关系，以债权人身份起诉要求应收账款债务人燃料公司支付应收账款项下的款项，还是根据保理合同所约定的回购（反转让）条件，要求应收账款转让方大优公司履行合同义务，承担归还保理融资款项及利息的责任。经查，某市华润银行于2014年11月17日已向广东珠海香洲区法院起诉了大优公司，要求判令大优公司向其偿还保理融资款及利息，该案因诉讼标的原因，由广东珠海中级法院进行审理，并已经作出（2015）珠中法民二初字第21号民事判决，支持了某市华润银行的诉讼请求，该判决已经生效。在大优公司进入破产清算后，该行亦向破产管理人申报了债权。因此，某市华润银行对该笔债权实际已经通过向大优公司主张归还保理融资款项及利息的方式行使了诉权且该诉权已得到广东法院的判决支持。现某市华润银行又向一审法院起诉，要求燃料公司向其支付应付账款及利息的诉讼请求于法无据，一审法院认定该行不再享有对燃料公司的应收账款债权，对其诉求不予支持正确，应予以维持。

（四）再审裁判观点

最高法院认定，从本案中各方当事人的诉辩理由来看，当事人之间的争议主要是围绕着燃料公司与大优公司之间的煤炭买卖合同关系、大优公司与某市华润银行之间的保理融资合同关系、广州大优与某市华润银行之间的债权转让关系这三个基本法律关系展开。因某市华润银行与大优公司之间就《综合授信协议》《国内保理业务合同》所产生的纠纷已经通过另案诉讼解决，且广东珠海中院就该纠纷作出的（2015）珠中法民二初字第21号民事判决已经发生法律效力，本案的审理应当受生效判决既判力的羁束。故本案遵从该判决关于案涉《综合授信协议》《国内保理业务合同》为合法有效合同的认定，并将这一认定作为审理本案的逻辑起点，进一步评判本案当事人之间就基础合同及其所生债权的转让与保理融资合同之间的关系、追索权与反转让的权利性质等法律问题。本案的争议焦点为：1. 燃料公司所称的基础债权瑕疵能否对抗某市华润银行。2. 某市华润银行在另案诉讼中向大优公司主张的权利是追索权还是债权反转让，其是否有权继续要求燃料公司清偿债务。

一、煤炭买卖合同系燃料公司和大优公司的通谋虚伪表示，应属无效。

本案中，燃料公司和大优公司之间的基础债权债务关系是基于煤炭买卖合同关系而发生。根据各方当事人在诉讼中的陈述和举证情况，可以认定双方于2012年9月6日签订的数量为5.5万吨、价款为2450万元的《煤炭买卖合同》系真实发生的业务，大优公司据此而对燃料公司享有相应的债权。但在本案保理融资业务的办理过程中，大优公司并未向某市华润银行提交前述《煤炭买卖合同》，而是变造了《煤炭买卖合同》，将合同签订时间更改为2013年9月6日、数量更改为9.5万吨、价款更改为4611万余元。对该变造行为，虽然大优公司和燃料公司在诉讼中均坚称系大优公司和某市华润银行所为，燃料公司并不知情。但在案证据表明，大优公司和燃料公司的陈述与本案事实不符。理由如下：

其一，燃料公司实际知道其在真实的煤炭买卖合同项下欠付大优公司的货款数额。该5.5万吨煤炭买卖合同约定，货款结算由大优公司和燃料公司直接进行。而且，从本案中货款结算的实际情况来看，案涉货款亦均是燃料公司采用直接由其账户中转账、背书转让银行承兑汇票的方式直接向大优公司支付，并无委托第三方支付、结算的情形。由此可以认定，燃料公司作为案涉《煤炭买卖合同》的买受人，不仅应当知道，而且实际知道其与大优公司之间货款已经支付和尚未支付的具体情况。

其二，燃料公司在《应收账款转让确认书》中确认大优公司对其享有46115344.7元应收账款的行为，是故意而为的欺诈行为。《合同法》第42条规定，当事人在订立合同过程中，故意隐瞒与订立合同有关的重要事实或者提供虚假情况，给对方造成损失的，应当承担损害赔偿责任。据此，在当事人准备、商议订立合同的过程中，一方当事人有义务就与订约相关的重要事实如实回答对方当事人的询问，这是基本的商业伦理，也是诚信原则的当然要求。本案中，大优公司对燃料公司的应收账款是否真实存在、数额多少，是某市华润银行在决定是否发放贷款时必须考虑的重要事实。燃料公司在某市华润银行向其调查基础交易合同的真实性时，负有如实陈述的法定义务。本案中，截至2013年10月24日燃料公司签署《应收账款转让确认书》之前，已经在该5.5万吨煤炭买卖合同项下直接向大优公司实际支付了1400万元货款。曾某生作为燃料公司的时任党委书记，同时也是在该合同上签字的授权委托代表，在回答某市华润银行的问询时，只需要向本单位的财务人员核实，就可以准确告知货款的支付和结余情况。但燃料公司在《应收账款转让确认书》中并没有如实向某市华润银行陈述该5.5万吨煤炭买卖合同项下账款的支付和结余情况，反而径行确认应收账款余额为46115344.7元，已付款金额为0元，并郑重声明该应付账款的贸易背景真实、合法和有效，同意将该账款所享有的权益全部转让给某市华润银行，据此，应当认定燃料公司就与订约有关的重要事实向某市华润银行提供虚假情况，系欺诈行为。就此节事实，燃料公司抗辩理由主要包括两个方面：一是在2013年10月24日某市华润银行向其核实贸易背景真实性时，因实际用户贵溪发电有限责任公司并未得出实际的结算金额而不能确定应收账款的具体金额。二是《应收账款转让确认书》的签署系受某市华润银行和大优公司的误导，燃料公司的本意仅是确认贸易背景真实，曾某生签署《应收账款转让确认书》时，该确认书最初只填写了收款人名称为大优公司及合同编号为 JXDY1306 的内容，其他内容均未填写，江西天剑司法鉴定中心已经就该确认书上的内容并非一次书写形成提供了鉴定意见。本院认为，燃料公司关于案涉应收账款的数额需要依赖贵溪发电有限责任公司具体结算的诉讼理由，并无相应事实依据。从江西天剑司法鉴定中心鉴定意见的内容来看，只能证明该确认书中的手写部分内容是同一人以不同的笔书写形成，并不能由此得出收款人和合同编号之外的内容系由大优公司事后擅自填写的结论，更不能证明大优公司和某市华润银行对燃料公司进行误导的事实存在。故本院对其抗辩理由，不予采信。退而言之，即便燃料公司所称其初衷只是确认存在应收账款这一事实真的存在，其在某市华润银行就案涉应收账款的真实性进行调查、核实的过程中不进行完整、准确的陈述，而是交由大优公司任意填写，亦应当认定其行为构成故意隐瞒与订立合同有关的重要事实的行为。

其三，燃料公司在签署《应收账款转让通知确认书》后，仍然继续向大优公司支付剩余货款，主观恶意明显。《合同法》第 80 条规定："债权人转让权利的，应当通知债务人。未经通知，该转让对债务人不发生效力。债权人转让权利的通知不得撤销，但经受让人同意的除外。"据此规定，债权转让依让与人和受让人的意思表示一致而发生效力，对债务人而言，一经通知，债权让与即对其生效，债务人应当向新债权人履行债务。但在本案中，燃料公司在确认其收到《应收账款转让通知书》并承诺按照通知中的相关内容执行的情况下，仍然于 2013 年 11 月 13 日、12 月 31 日分别向大优公司支付了剩余的 900 万元、379.091132 万元货款。燃料公司的上述付款行为，系在明知相关债权已经由某市华润银行受让的情况下实施的，不仅直接违反了其在《应收账款转让确认书》和《应收账款转让通知确认书》中向某市华润银行作出的未经其同意不向大优公司支付货款的承诺内容，也违反了《合同法》第 80 条的规定，该擅自清偿行为无法以任何理由加以正当化，亦不能产生对抗某市华润银行的效力。燃料公司关于其签署确认书之时保理合同尚未正式签订，某市华润银行并非适格的受让人，以及在保理合同签订后其未收到债权转让通知，有理由相信债权转让合同并未成立，向大优公司支付尾款合理的诉讼理由，无任何事实和法律依据，本院不予采信。

综上，本院认定，燃料公司事实上知道大优公司变造案涉 9.5 万吨煤炭买卖合同的行为，且在某市华润银行向其调查、核实的过程中，与大优公司共同实施欺诈行为，制造双方之间存在46115344.7元应收账款的假象，亦因此该9.5万吨合同系大优公司和燃料公司双方共同通谋实施的虚伪意思表示，依法应当认定为无效合同。

二、某市华润银行受让债权时为善意，燃料公司不得以应收账款债权系虚假债权为由拒绝向某市华润银行履行清偿义务。

《合同法》第82条规定："债务人接到债权转让通知后，债务人对让与人的抗辩，可以向受让人主张。"上述规定之规范意旨，系为保护债务人之利益不至因债权转让而受损害，就债务人能否以系争债权系通谋虚构为由向受让人抗辩这一问题，立法本身未设明文规定。被申请人燃料公司所提交的本院（2011）民提字第322号民事判决及（2016）最高法民申1519号民事裁定等先例裁判中，处理的法律问题均系在基础合同有效情况下的抗辩问题，与本案并不相同，故该等先例裁判形成的处理意见尚不能解决本案中的法律问题。根据民法基本原理，双方当事人通谋所为的虚伪意思表示，在当事人之间发生绝对无效的法律后果。但在虚伪意思表示的当事人与第三人之间，则应视该第三人是否知道或应当知道该虚伪意思表示而发生不同的法律后果：当第三人知道该当事人之间的虚伪意思表示时，虚伪表示的无效可以对抗该第三人；当第三人不知道当事人之间的虚伪意思表示时，该虚伪意思表示的无效不得对抗善意第三人。据此，燃料公司关于案涉应收账款虚假的诉讼理由能否对抗某市华润银行，取决于某市华润银行在受让债权时是否善意。本案中，某市华润银行在签订案涉《国内保理业务合同》之前，不仅审核了大优公司提交的《煤炭买卖合同》和增值税发票的原件，还指派工作人员王某刚到燃料公司调查贸易背景的真实性，并对燃料公司签署《应收账款转让确认书》《应收账款转让通知确认书》等行为进行面签见证，向燃料公司送达了《应收账款转让通知书》，应当认定在案涉保理合同签订之前，某市华润银行已经就基础债权的真实性问题进行了必要的调查和核实，大优公司和燃料公司共同向某市华润银行确认了基础债权真实、合法、有效，某市华润银行已经尽到了审慎的注意义务，其有理由相信大优公司对燃料公司享有46115344.7元债权。虽然某市华润银行在开展贸易背景调查的过程中，存在《应收账款转让通知确认书》的落款时间为2013年10月24日、《应收账款转让通知书》的落款时间为2013年10月25日，以及实际开展面签见证的工作人员仅为1人的工作疏忽，但因燃料公司并不否认《应收账款转让确认书》和《应收账款转让通知确认书》上曾某生签名和燃料公司印章的真实性，故该等工作瑕疵的存在，并不影响本案的事实认定。对燃料公司关于大优公司开具的N0：16713156、16713157两张增值税发票未在金税工程增值税防伪税控系统认证、抵扣，以及9.5万吨《煤炭买卖合同》中燃料公司合同专用章编码不一致，某市华润银行存在重大过失等抗辩理由，本院认为，在燃料公司以《应收账款转让确认书》这一书面形式明确其与大优公司之间的应付账款金额为46115344.7元、到期日为2014年3月22日，应付账款的贸易背景真实、合法和有效的情况下，前述增值税发票是否认证、抵扣、印章编码与备案印章是否一致等事由，原则上不应纳入某市华润银行的调查、核实范围，即便某市华润银行对上述事项已经有所认识，亦并不足以引起某市华润银行的合理怀疑，故对燃料公司的此点抗辩理由，本院不予支持。综上，申请人某市华润银行关于燃料公司应当以其承诺行为向某市华润银行承担清偿责任的申请理由成立，本院予以支持。燃料公司关于某市华润银行作为债权受让人的权利不能超越原权利的范围，其有权以基础债权已经不存在的事由对抗某市华润银行的诉讼理由不能成立，本院不予支持。一审判决关于某市华润银行受让的应收账款债权并非真实合法有效的债权，燃料公司有权以应收账款债权系虚假债权为由拒绝向某市华润银行履行清偿义务的认定，未能准确区分虚伪意思表示在当事人之间的效力和对第三人的效力，本院予以纠正。

三、某市华润银行在另案诉讼中所主张的权利，在性质上属于要求大优公司归还借款的追索权，并非债权的反转让，某市华润银行向大优公司行使追索权后，仍有权向燃料公司求偿。

本案中，在某市华润银行就案涉保理融资款项已经通过另案向大优公司主张权利的情况下，其能否就案涉保理融资债权继续向燃料公司主张权利，各方当事人存在争议。某市华润银行主张，其既可以向大优公司追索，也可以向次债务人燃料公司求偿，对一方当事人的权利追索，并不影响对另方当事人的权利主张。燃料公司和大优公司认为，某市华润银行在另案中主张权利的行为，已经将案涉应收账款反转让至大优公司，其无权再行向燃料公司主张权利。

本院认为，根据《国内保理业务合同》的约定，本案保理业务属于某市华润银行不承担买方信用风险担保的有追索权的明保理，在某市华润银行的债权不能获得清偿时，某市华润银行除有权以债权受让人身份要求应收账款债务人燃料公司清偿债务外，还有权向大优公司行使追索权和反转让应收账款的权利。具言之，某市华润银行对燃料公司享有求偿权的基础是基于债权转让合同的约定，其因受让债权而取代大优公司成为燃料公司的债权人；对大优公司享有反转让和追索权的基础是基于其和大优公司之间的借款合同法律关系。由于保理业务是从境外引进的业务类型，在国内开展的时间还不长，学说和实务层面对该项业务中所使用的源自英美法背景的相关术语、惯例如何纳入我国固有法律体系中相应的概念、范畴还没有开展充分的讨论。对这一问题的评判，关键在于厘清某市华润银行对燃料公司的求偿权和对大优公司所享有的债权反转让和追索权等合同权利的法律性质，以及前述权利依其法律性质能否同时并存。

关于某市华润银行对大优公司的反转让应收账款的权利与对燃料公司的求偿权能否并存的问题。关于应收账款的反转让，案涉《国内保理业务合同》第 2 条第 18 项约定了两种类型：在合同所约定的特定情形下，某市华润银行向大优公司转回已经受让的应收账款；如某市华润银行提供保理融资的情况下，广州大优公司向其支付保理融资款及相关未结清费用后，与该应收账款有关的一切权利亦应同时转让回大优公司。关于特定情形下的反转让，该合同第 38 条和第 39 条约定：出现基础合同发生商业纠纷，但基础合同双方当事人未向某市华润银行提交商业纠纷处理意见等情形的，某市华润银行可以向大优公司发出《应收账款反转让通知书》，同时要求大优公司向某市华润银行支付保理融资款及相关未结清费用；在某市华润银行要求反转让的情况下，大优公司应按照《应收账款反转让通知书》的要求向某市华润银行支付本息和费用，未及时足额支付的，某市华润银行有权从大优公司账户中主动扣款或采用其他办法强行收回有关款项。根据上述约定，保理商向债权出让方反转让债权的法律效果依法应当认定为解除债权转让合同，将债权返还给出让人，故应收账款的反转让应受《合同法》总则中关于合同解除的相关规定的调整。案涉《国内保理业务合同》中关于大优公司归还了保理融资款及相关未结清费用后，与该应收账款有关的一切权利亦应同时转回，以及发生燃料公司不履行偿还义务等情形某市华润银行有权通知大优公司反转让债权的约定，应当解释为案涉债权转让合同的约定解除条件。因此，在合同约定的解除条件成就的情况下，如果某市华润银行向大优公司反转让债权，因债权转让合同解除后其已不再具有燃料公司的债权人身份，其要求燃料公司清偿债务的权利基础已不存在，故该项权利与其对燃料公司的求偿权在法律性质上不能同时并存。据此，某市华润银行在本案中要求燃料公司清偿债务的诉讼请求能否得到支持，取决于其另案提起的诉讼是否应当认定为已经行使了解除债权转让合同的权利，将债权返还给大优公司。

本案中，某市华润银行在为大优公司申请开具的承兑汇票垫款后，于 2014 年 4 月 25 日、6 月 24 日向燃料公司催收应收账款人民币 46115344.7 元及利息。后因燃料公司未向某市华润银行清偿债务，某市华润银行以大优公司、燃料公司、能源公司、李某、李某洁为共同被告，向广东珠海香洲区法院提起诉讼，要求其偿还保理融资款人民币 3680 万元及其利息，后因燃料公司提出管辖权异议上诉，广东珠海中院以（2015）珠中法立民终字第 62 号民事裁定驳回某市华润银行对燃料公司的起诉，由该院对某市华润银行诉大优公司、能源公司、李某、李某洁金融借款合同纠纷一案进行审理。在该案审理期间，某市华润银行于2015年4月向一审法院提起本案诉讼。2015年11月20日，广东珠海中院作出（2015）珠中法民二初字第21号民事判决，判令大优公司向某市华润银行偿还保理融资款本金人民币3680万元及利息，能源公司、李某、李某洁对上述还款义务承担连带清偿责任。在某市华润银行主张权利的过程中，并无书面文件证明其表达过向大优公司反转让债权的意思。而且，从某市华润银行所实施的系列诉讼行为的实际情况来看，其真实意思是坚持要求燃料公司和大优公司同时承担债务，核心诉求是要求大优公司与燃料公司共同归还所欠借款，始终没有包含向大优公司归还债权的意思表示。故本院认定，某市华润银行在另案诉讼中所主张的权利，在性质上属于要求大优公司归还借款的追索权，并非债权的反转让。燃料公司关于某市华润银行已经将案涉应收账款反转让给大优公司的诉讼理由，并无相应的事实依据，本院不予采信。原审判决关于某市华润银行对该笔债权实际已经通过向大优公司行使诉权、其已经不再享有对燃料公司的应收账款债权的认定，并不符合本案的实际情况，若某市华润银行的真实意思是解除债权转让合同，其不会再坚持提起本案诉讼主张其已经不再拥有的权利，本院对该认定予以纠正。

关于某市华润银行向燃料公司的求偿权和向大优公司追索权能否同时并存的问题。大陆法系的通说认为，有追索权的保理业务所包含的债权转让合同的法律性质并非纯正的债权让与，而应认定为是具有担保债务履行功能的间接给付契约。间接给付，学说上又称为新债清偿、新债抵旧，或为清偿之给付。根据民法基本原理，间接给付作为债务清偿的方法之一，是指为清偿债务而以他种给付代替原定给付的清偿，并不具有消灭原有债务的效力，在新债务履行前，原债务并不消灭，只有当新债务履行且债权人的原债权因此得以实现后，原债务才同时消灭。从司法实践中的情况来看，对保理商有追索权的保理业务中，在债权未获清偿的情况下，保理商不仅有权请求基础合同的债务人向其清偿债务，同时有权向基础合同债权的让与人追索这一问题，并无分歧认识，但在原有债务和受让债权的数额不一致的情况下应当如何确定清偿义务范围和顺序，还没有先例判决可以遵循。案涉《国内保理业务合同》第40条约定：如发生买方/债务人明确表示或以自己行为表明将拒绝支付全部或部分的应收账款等情形的，某市华润银行有权立即向大优公司追索尚未收回的应收账款，有权从大优公司在某市华润银行开立的账户上扣收其应付给其银行的款项。根据双方在《国内保理业务合同》中的约定和间接给付的法理，某市华润银行本应先向燃料公司求偿，在未获清偿时，才能够向大优公司主张权利，追索权的功能相当于大优公司为燃料公司的债务清偿能力提供了担保，这一担保的功能与放弃先诉抗辩权的一般保证相当。参照《担保法》关于一般保证的法律规定，燃料公司应当就其所负债务承担第一顺位的清偿责任，对其不能清偿的部分，由大优公司承担补充赔偿责任。就这一法律问题，广东珠海中院另案中作出的（2015）珠中法立民终字第62号民事裁定书的认定并不正确，导致当事人因同一事件所引发的纠纷不能通过一个诉讼程序加以解决，本应予以纠正，但考虑到某市华润银行的实体权利能够在本案中得到救济，本院不再通过审判监督程序对该院的相关裁判予以纠正。因某市华润银行对大优公司债权并未得到实际清偿，故其虽然通过另案向大优公司行使了追索权，但仍然有权就未获清偿的部分向燃料公司主张，故本院对某市华润银行在本案中的诉讼主张，予以支持。但在燃料公司应当承担的清偿义务范围方面，揆诸间接给付的基本法理，因某市华润银行并不承担该应收账款不能收回的商业风险，其受让大优公司对燃料公司所享有的债权，目的是清偿大优公司对其所欠的债务，某市华润银行实际向大优公司发放的借款本金为3680万元，故某市华润银行在本案中对燃料公司所能主张的权利范围，依法应当限缩至3680万元借款本金及其利息的范围之内。同时，某市华润银行基于该笔贷款受让了对燃料公司的4611万余元的应收账款，其对燃料公司清偿债务的信赖利益仅为应收账款本金46115344.7元及其利息，这一信赖利益范围也应当成为燃料公司对其承担责任的最高上限，故燃料公司向某市华润银行清偿该3680万元本金的利息的实际数额，不能超过该46115344.7元本金及相应利息。燃料公司关于大优公司让与的债权虚假、真实债权已经清偿完毕的诉讼理由，不影响其在本案中的责任承担，燃料公司在承担责任后，可以根据其实际履行情况向大优公司另行主张。此外，因本案判决的执行涉及广东珠海中院就（2015）珠中法民二初字第21号判决的执行，以及广东广州中院受理的大优公司的破产清算程序，在执行本案判决的时候应当注意，大优公司、能源公司、李某、李某洁等保证人或燃料公司任何一方对债务的清偿或部分清偿，都应相应免除另一方的清偿义务，以避免某市华润银行就同一债权双重受偿。二审判决关于在有追索权保理业务中，保理银行对应收账款转让方享有追索权，其有权依据保理合同约定选择向应收账款债权人或债务人主张权利，应收账款债权人或债务人一方对保理银行履行义务，则另一方免除相应的清偿责任的认定正确，本院予以确认。

（五）案件裁判要旨

作为新类型民商事案件，最高法院认为，本案再审判决明确界定保理合同纠纷中各方当事人的法律关系，细化了保理合同纠纷的裁判规则，并为本案提炼了裁判要旨如下，核心为次债务人不得以债权瑕疵为由对抗善意保理商。

（1）在有追索权的保理纠纷案件中，保理商向债务人的追索权、向次债务人的求偿权以及债权反转让的法律性质及相互关系如下：债权反转让的法律效果应为解除债权转让合同，解除后保理商不再具备次债务人的债权人地位，故该项权利与保理商向次债务人的求偿权不得并存；而追索权的功能相当于债务人为次债务人的债务清偿能力提供担保，其功能与放弃先诉抗辩权的一般保证相当，其与保理商向次债务人的求偿权能够同时并存，其中一方的清偿行为相应减少另一方的清偿义务。

（2）对实践中经常出现的转让债权存在瑕疵的情况，若该瑕疵系债务人和次债务人共同的虚伪意思表示，根据当事人的虚伪意思表示在当事人之间绝对无效，但不得对抗善意第三人的基本原理，应审查保理商在受让债权时是否尽到审查义务，是否知道或应当知道该债权存在瑕疵。若保理商为善意，则次债务人不得以债权瑕疵为由对抗保理商。

参考文献

一、专业报刊

1. 最高人民法院公报（含中国裁判文书网）

2. 人民法院报

3. 人民司法

4. 中国审判

二、书籍：审判资料类

1. 肖扬总主编：《中华人民共和国最高人民法院判案大系》（第 1 ~ 13 卷、第 15 卷），人民法院出版社 2003 年版。

2. 最高人民法院编写组：《人民法院审判理念读本》，人民法院出版社 2011 年版。

3. 最高人民法院办公厅编：《最高人民法院公布裁判文书》（二〇〇〇年），人民法院出版社 2001 年版。

4. 最高人民法院办公厅编：《最高人民法院公布裁判文书》（二〇〇一年），人民法院出版社 2002 年版。

5. 最高人民法院办公厅编：《最高人民法院公布裁判文书》（二〇〇二年），人民法院出版社 2003 年版。

6. 最高人民法院办公厅编：《最高人民法院公布裁判文书》（二〇〇三年），人民法院出版社 2004 年版。

7. 最高人民法院民事审判第二庭编：《最高人民法院商事审判指导案例合同卷》，中国法制出版社 2011 年版。

8. 最高人民法院民事审判第二庭编：《最高人民法院商事审判指导案例金融卷》，中国法制出版社 2011 年版。

9. 最高人民法院民事审判第二庭编：《最高人民法院商事审判指导案例公司卷》，中国法制出版社 2011 年版。

10. 最高人民法院民事审判第二庭编：《最高人民法院商事审判指导案例借款担保卷》，中国法制出版社 2011 年版。

11. 宋晓明主编、最高人民法院民事审判第二庭编：《最高人民法院商事审判裁判规范与案例指导》（第 1 卷），法律出版社 2010 年版。

12. 宋晓明主编、最高人民法院民事审判第二庭编：《最高人民法院商事审判裁判规范与案例指导》（第 2 卷），法律出版社 2011 年版。

13. 杜万华主编：《最高人民法院民商事案件审判指导》（第 1 ~ 4 卷），人民法院出版社。

14. 李国光主编：《中国民商审判》（总第 1 ~ 4 卷），法律出版社。

15. 万鄂湘、江必新、贺荣主编、最高人民法院民事审判第四庭编：《涉外商事海事审判指导》（总第 1 ~ 33 辑），人民法院出版社。

16. 最高人民法院民事审判第一庭编：《民事审判指导与参考》（总第 1 ~ 78 辑），人民法院出版社。

17. 最高人民法院民事审判第二庭编：《商事审判指导与参考》（总第 1 ~ 44 辑），人民法院出版社。

18. 苏泽林、景汉朝主编，最高人民法院审判监督庭编：《审判监督指导》（总第 1 ~ 57 辑），人民法院出版社。

19. 景汉朝主编，最高人民法院立案一庭、立案二庭编：《立案工作指导》（总第 1 ~ 48 辑），人民法院出版社。

20. 最高人民法院执行局编：《执行工作指导》（总第 1 ~ 62 辑），人民法院出版社。

21. 最高人民法院、最高人民检察院《中国案例指导》编辑委员会：《中国案例指导》（总第 1 ~ 7 辑），法律出版社。

22. 孔祥俊副主编：《最高人民法院知识产权审判案例指导》（第 1 ~ 10 辑），中国法制出版社。

23. 孔祥俊副主编：《中国知识产权指导案例评注》（上下册），中国法制出版社 2011 年版。

24. 最高人民法院民事审判第一庭编：《最高人民法院民事案例解析》，中国法制出版社 2012 年版。

25. 最高人民法院民事审判第一庭编：《最高人民法院民一庭民事典型案例精选》（2008～2011），人民法院出版社 2014 年版。

26. 最高人民法院民事审判第二庭编：《最高人民法院商事审判指导案例（2014）》，中国民主法制出版社 2015 年版。

27. 最高人民法院民事审判第二庭编：《最高人民法院商事裁判观点》（总第 1 辑），法律出版社 2015 年版。

28. 最高人民法院民事审判第二庭编：《最高人民法院关于买卖合同司法解释理解与适用》，人民法院出版社 2012 年版。

29. 最高人民法院民事审判第二庭编：《最高人民法院关于公司法解释（三）、清算纪要理解与适用》，人民法院出版社 2011 年版。

30. 国家法官学院、德国国际合作机构：《法律适用方法：公司法案例分析》，中国法制出版社 2013 年版。

31. 江必新：《全国法院优秀再审裁判文书精选》，法律出版社 2010 年版。

32. 江必新、贺荣主编：《最高人民法院执行案例精选》，中国法制出版社 2014 年版。

33. 江必新、何东宁等：《最高人民法院指导性案例裁判规则理解与适用（民事诉讼卷）》（上下），中国法制出版社 2014 年版。

34. 江必新主编、杜万华副主编、最高人民法院环境资源审判庭编著：《最高人民法院矿产资源案件审判思路与裁判方法》，中国法制出版社 2016 年版。

35. 江必新主编、最高人民法院第三巡回法庭编著：《最高人民法院第三巡回法庭新型民商事案件理解与适用》，中国法制出版社 2019 年版。

36. 苏泽林主编、最高人民法院审判监督庭编著：《最后的裁判——最高人民法院典型疑难案件再审实录》（第 1～3 卷），中国长安出版社 2007 年版。

37. 最高人民法院立案二庭编著：《最高人民法院民事申请再审案件裁判标准》，人民法院出版社 2013 年版。

38. 最高人民法院编：《最高人民法院公报案例汇编（1985－2015）》（民事卷、商事卷、知识产权卷），人民法院出版社 2016 年版。

39. 最高人民法院中国应用法学研究所编：《人民法院案例选（分类重排版）》（民事卷、商事卷、知识产权卷），人民法院出版社 2017 年版。

40. 刘贵祥主编：《最高人民法院第一巡回法庭精选案例裁判思路解析（一）》，法律出版社 2016 年版。

41. 贺小荣:《示范性商事裁判文书评析》(民事卷、商事卷、执行卷),人民法院出版社 2017 年版。

42. 贺小荣主编:《最高人民法院民事审判第二庭法官会议纪要——追寻裁判背后的法理》,人民法院出版社 2018 年版。

43. 贺小荣主编:《最高人民法院第二巡回法庭法官会议纪要》(第 1 辑),人民法院出版社 2019 年版。

44. 人民法院出版社法规编辑中心:《解读最高人民法院司法复函》(上下),人民法院出版社 2016 年版。

45. 最高人民法院审判管理办公室编:《最高人民法院优秀裁判文书》(第 1 ~ 2 辑),法律出版社 2014 年版。

46. 最高人民法院审判管理办公室编:《全国法院优秀裁判文书:附裁判要旨和推荐意见》,法律出版社 2017 年版。

47、最高人民法院审判管理办公室编:《全国法院百篇优秀裁判文书》(上下卷),法律出版社 2019 年版。

48. 最高人民法院民事审判第二庭编著:《〈全国法院民商事审判工作会议纪要〉理解与适用》,人民法院出版社 2019 年版。

49. 中国应用法学研究所主编:《中华人民共和国最高人民法院案例选》(第 1 辑、第 2 辑),法律出版社 2019 年版。

50. 刘德权:《最高人民法院裁判意见精选》(上下册),人民法院出版社 2011 年版。

51. 刘德权主编:《最高人民法院司法观点集成(新编版)》(民事卷、商事卷、民事诉讼卷、执行卷),人民法院出版社 2017 年版。

52. 杜万华主编、刘德权副主编:《最高人民法院民商事判例集要》(合同卷、公司卷、金融担保卷、建工房产卷),中国民主法制出版社 2020 年版。

53. 祝铭山:《典型案例与法律适用:人身伤害赔偿纠纷》,中国法制出版社 2003 年版。

54. 周伟:《人民法院审判观点汇纂(1985 ~ 2010)》,北京大学出版社 2011 年版。

55. 苏泽林、孙毅、赵亮:《人民法院民商事公报案例裁判要旨》,中国法制出版社 2012 年版。

56. 中国人民大学知识产权教学与研究中心、中国人民大学知识产权学院编:

《中华人民共和国最高人民法院公报知识产权案例全集（1987 ~ 2011）》，华中科技大学出版社 2012 年版。

57. 中国指导案例编委会编：《人民法院指导案例裁判要旨汇览（合同卷）》，中国法制出版社 2013 年版。

58. 中国指导案例编委会编：《人民法院指导案例裁判要旨汇览（人格权侵权卷）》，中国法制出版社 2013 年版。

59. 中国指导案例编委会编：《人民法院指导案例裁判要旨汇览（公司卷）》，中国法制出版社 2013 年版。

60. 中国指导案例编委会编：《人民法院指导案例裁判要旨汇览（物权房地产卷）》，中国法制出版社 2013 年版。

61. 中国指导案例编委会编：《人民法院指导案例裁判要旨汇览（贷款担保卷）》，中国法制出版社 2013 年版。

62. 中国指导案例编委会编：《人民法院指导案例裁判要旨汇览（金融卷）》，中国法制出版社 2013 年版。

63. 中国指导案例编委会编：《人民法院指导案例裁判要旨汇览（知识产权卷）》，中国法制出版社 2013 年版。

64. 北京大成律师事务所编著：《最高人民法院民商事裁判文书精粹与观点梳理》，中国法制出版社 2019 年版。

65. 蒋勇、陈枝辉主编：《中国商事诉讼裁判规则》（合同、金融、公司、担保、程序卷），法律出版社 2016 年版。

66. 人民法院出版社法规编辑中心编：《最高人民法院裁判观点精编（2014—2015）》，人民法院出版社 2016 年版。

67. 《最高人民法院民事案件裁判要点会集》编写组编：《最高人民法院民事案件裁判要点全集》，法律出版社 2017 年版。

68. 最高人民法院案例指导与参考丛书编写组编：《最高人民法院案例指导与参考丛书》（合同、公司、物权、保险票据、执行卷），人民法院出版社 2018 年版。

69. 江西省高级人民法院审判监督庭编：《江西省高级人民法院民事再审案件司法观点集成（2011—2015 年度）》，法律出版社 2017 年版。

70. 北京市律师协会编：《民事二审再审改判案例：诉讼过程与争点剖析》，法律出版社 2017 年版。

71. 全国人大常委会法工委民法室编：《民法总则立法背景与观点全集》，法律出版社 2017 年版。

72. 王明达、李瑞翔：《北京法院优秀裁判文书精选》，人民法院出版社 2017 年版。

73. 金赛波：《中国信用证法律和重要审判点评》，对外经济贸易大学出版社 2002 年版。

74. 虞政平：《公司法案例教学》（第二版）（上中下），人民法院出版社 2018 年版。

75. 虞政平主编，李明义、苏戈、张能宝副主编，最高人民法院第二巡回法庭编著：《民商事二审典型案例及审判经验》，人民法院出版社 2019 年版。

76. 郑学林主编，高坷、董华、张志弘、汪国献副主编，最高人民法院第二巡回法庭编著：《民商事再审典型案例及审判经验》，人民法院出版社 2019 年版。

77. 骆电：《审判的逻辑》（上下），人民法院出版社 2019 年版。

78. 梁上上：《公司登记疑难案例解析》，中国政法大学出版社 2012 年版。

79. 何东宁等：《民商审判疑难问题解析与典型案例指导》，法律出版社 2014 年版。

80. 云闯：《公司法司法实务与办案指引》，法律出版社 2016 年版。

81. 高杉峻：《民商法实务精要》（1 ~5），中国法制出版社 2017 年版。

82. 吴庆宝：《合同权益疑难案件判定解说》，人民法院出版社 2003 年版。

83. 吴庆宝：《权威点评最高法院民商法指导案例》，中国法制出版社 2010 年版。

84. 吴庆宝、俞宏雷主编：《商事裁判自由裁量规范》，人民法院出版社 2012 年版。

85. 田朗亮：《民间借贷法律政策案例适用指南》，中国法制出版社 2012 年版。

86. 公丕祥：《江苏省高级人民法院六十年经典案例（1953 ~2013）》，中国法制出版社 2013 年版。

87. 宋晓明、刘俊海：《人民法院公司法指导案例裁判要旨通纂》，北京大学出版社 2014 年版。

88. 朱宣烨：《仲裁法实务精要与案例指引》，中国法制出版社 2015 年版。

89. 张海棠、邹碧华、俞秋玮、杨路：《证券、期货纠纷》（第二版），法律出版社 2015 年版。

90. 董三绒、侯春雷、王秋荣：《最高人民法院民商事再审裁判要旨精解》，法律出版社 2016 年版。

91. 侯春雷、董三绒：《最高人民法院2016年度民商事再审判决经典案例要旨精解》，法律出版社2017年版。

92. 蔡小雪：《审判业务专家是怎样炼成的》，法律出版社2017年版。

93. 王东敏：《公司法审判实务与疑难问题案例解析》，人民法院出版社2017年版。

94. 谢玲丽、林清华等：《案解股权转让规则适用及实务应对》，法律出版社2017年版。

95. 李超：《保理合同纠纷裁判规则与典型案例》，中国法制出版社2017年版。

96. 傅松苗、丁灵敏：《民事执行实务难题梳理与解析》，人民法院出版社2017年版。

97. 丁义平：《通向再审之路——最高人民法院民商事再审疑难实务》，法律出版社2018年版。

98. 索宏钢：《类型化案件审判指引（民事、商事卷）》，人民法院出版社2019年版。

99. 李玉生、孙辙、谢新竹：《法官思维的印记》，人民法院出版社2019年版。

100. 李志刚：《民商审判前沿：争议、法理与实务——“民商法沙龙”微信群讨论实录》（第1辑），人民法院出版社2019年版。

101. 张晓君：《最高人民法院公报（涉外）案例精析》，厦门大学出版社2019年版。

102. 张雪楳：《诉讼时效审判实务与疑难解析》，人民法院出版社2019年版。

三、书籍：史哲著作类

1. 中共中央马克思恩格斯列宁斯大林著作编译局编译：《马克思恩格斯选集》，人民出版社1972年版、1995～1997年版。

2. ［德］康德：《纯粹理性批判》，韦卓民译，华中师范大学出版社1991年版。

3. ［德］黑格尔：《精神哲学——哲学全书·第三部分》，杨祖陶译，人民出版社2006年版。

4. ［德］黑格尔：《法哲学原理》，范扬、张企泰译，商务印书馆1982年版。

5. ［德］黑格尔：《小逻辑》，贺麟译，商务印书馆1980年版。

6. ［德］黑格尔：《逻辑学》（上卷），杨一之译，商务印书馆1966年版。

7. ［德］M. 石里克：《普通认识论》，李步楼译，商务印书馆2005年版。

8. ［德］马克斯·韦伯：《社会科学方法论》，杨富斌译，华夏出版社 1999 年版。

9. ［德］西美尔：《金钱、性别、现代生活风格》，刘小枫编，顾仁明等译，学林出版社 2000 年版。

10. ［法］笛卡尔：《谈谈方法》，王太庆译，商务印书馆 2000 年版。

11. ［法］基佐：《法国文明史》，程洪逵等译，商务印书馆 2005 年版。

12. ［法］皮埃尔·迪昂：《物理学理论的目的和结构》，李醒民译，商务印书馆 2011 年版。

13. ［法］莫里斯·梅洛－庞蒂：《可见的与不可见的》，罗国祥译，商务印书馆 2008 年版。

14. ［英］汤因比：《历史研究》，刘北成、郭小凌译，上海人民出版社 2000 年版。

15. ［英］罗素：《人类的知识——其范围与限度》，张金言译，商务印书馆 1983 年版。

16. ［英］吉经尔：《经院辩证法》，王路译，上海三联书店 2000 年版。

17. ［英］D. W. 海姆伦：《西方认识论简史》，夏甄陶、崔建军、纪虎民译，中国人民大学出版社 1987 年版。

18. ［美］W. T. 司退斯：《黑格尔哲学》，廖惠和、宋祖良译，中国社会科学出版社 1989 年版。

19. ［美］乔纳森·H. 特纳：《社会学理论的结构》，吴曲辉等译，浙江人民出版社 1987 年版。

20. ［美］米歇尔·沃尔德罗普：《复杂：诞生于秩序与混沌边缘的科学》，生活·读书·新知三联书店 1997 年版。

21. ［美］库恩：《科学革命的结构》，金吾伦、胡新和译，北京大学出版社 2003 年版。

22. ［美］格雷汉姆·沃林：《自然神论和自然宗教原著选读》，李斯、许敏译，武汉大学出版社 2007 年版。

23. ［美］约翰·奈斯比特：《大趋势：改变我们生活的十个新方向》，梅艳译，姚琮校，中国社会科学出版社 1984 年版。

24. ［美］塔纳斯：《西方思想史：对形成西方世界观的各种观念的理解》，吴象婴、晏可佳、张广勇译，姚琮校，上海社会科学出版社 2007 年版。

25. ［美］王浩：《逻辑之旅：从哥德尔到哲学》，邢滔滔、郝兆宽、汪蔚译，浙江大学出版社 2009 年版。

26. ［美］文森特·赖安·拉吉罗：《思考的艺术》，金盛华等译，机械工业出版社 2013 年版。

27. ［美］卡尔文·霍尔费农·诺德比：《荣格心理学七讲》，冯川译，北京大学出版社 2017 年版。

28. ［瑞士］皮亚杰：《发生认识论原理》，王宪钿等译，商务印书馆 1981 年版。

29. ［瑞士］卡尔·古斯塔夫·荣格：《梦·记忆·思想》，陈国鹏、黄丽丽译，国际文化出版公司 2011 年版。

30. ［印度］阿马蒂亚·森：《惯于争鸣的印度人：印度人的历史、文化与身份论集》，刘建译，上海三联书店 2007 年版。

31. ［奥］恩斯特·马赫：《认识与谬误》，李醒民译，华夏出版社 1999 年版。

32. ［挪］G. 希尔贝克、N. 伊耶：《西方哲学史：从古希腊到二十世纪》（上卷），童世俊、郁振华、刘进译，上海译文出版社 2012 年版。

33. 蔡曙山：《语言、逻辑与认知：语言逻辑和语言哲学论集》，清华大学出版社 2007 年版。

34. 陈修斋、肖萐父：《哲学史方法论研究》，武汉大学出版社 1984 年版。

35. 陈修斋：《欧洲哲学史上的经验主义和理性主义》（第二版），人民出版社 2007 年版。

36. 陈嘉明：《现代西方哲学方法论讲演录》，广西师范大学出版社 2009 年版。

37. 邓晓芒：《哲学史方法论十四讲》（修订版），重庆大学出版社 2015 年版。

38. 方朝晖：《思辨之神：西方哲学思潮选讲》，复旦大学出版社 2007 年版。

39. 高清海：《找回失去的“哲学自我”——哲学创新的生命本性》，北京师范大学出版社 2013 年版。

40. 韩永进：《符号、结构与技术》，人民出版社 2007 年版。

41. 何新：《新逻辑主义哲学》，同心出版社 2014 年版。

42. 侯成亚、张桂权、张文达：《张颐论黑格尔》，四川大学出版社 2000 年版。

43. 侯建新：《资本主义起源新论》，生活·读书·新知三联书店 2014 年版。

44. 江天骥：《西方逻辑史研究》，人民出版社 1984 年版。

45. 江天骥：《逻辑经验主义的认识论·当代西方科学哲学》，武汉大学出版社 2006 年版。

46. 金岳霖学术基金会学术委员会：《金岳霖学术论文选》，中国社会科学出版社 1990 年版。

47. 齐良骥：《康德的知识学》，商务印书馆 2000 年版。

48. 孙正聿：《哲学通论》（修订版），复旦大学出版社 2015 年版。

49. 徐瑞康：《欧洲近代经验论和唯理论哲学发展史》（修订本），武汉大学出版社 2007 年版。

50. 王路：《逻辑的观念》，商务印书馆 2000 年版。

51. 汪子嵩、王太庆：《陈康：论希腊哲学》，商务印书馆 2011 年版。

52. 韦卓民：《亚里士多德逻辑》，科学出版社 1957 年版。

53. 张东荪：《科学与哲学》，商务印书馆 1999 年版。

54. 张世英：《哲学导论》，北京大学出版社 2016 年版。

55. 《赵仲牧学术文选》，云南大学出版社、云南人民出版社 2013 年版。

56. 郑昕：《康德学述》，商务印书馆 2003 年版。

57. 潘乃穆编：《中和位育——潘光旦百年诞辰纪念》，中国人民大学出版社 1999 年版。

四、书籍：法学著作类

1. 白建军：《法律实证研究方法》，北京大学出版社 2008 年版。

2. 陈醇：《权利结构理论：以商法为例》，法律出版社 2013 年版。

3. 陈瑞华：《论法学研究方法：法学研究的第三条道路》，北京大学出版社 2009 年版。

4. 陈忠五：《“权利”与“利益”区别正当性的再反省》，北京大学出版社 2013 年版。

5. 程春华：《裁判思维与证明方法》，法律出版社 2016 年版。

6. 杜颖：《社会进步与商标观念：商标法律制度的过去、现在和未来》，北京大学出版社 2012 年版。

7. 范春莹：《法律思维研究》，法律出版社 2012 年版。

8. 范雪飞：《一种思维范式的最初继受：清末民初民事法律关系理论继受研究》，法律出版社 2012 年版。

9. 范忠信、尤陈俊、龚先砦：《为什么要重建中国法系——居正法政文选》，中国政法大学出版社 2009 年版。

10. 范忠信：《中国文化与中国法系——陈顾远法律史论集》，中国政法大学出版社 2006 年版。

11. 傅鹤鸣：《法律正义论：德沃金伦理思想研究》，商务印书馆 2009 年版。

12. 高圣平：《物权担保新制度问题研究》，人民法院出版社 2013 年版。

13. 耿宝建：《裁判的方法》，人民法院出版社 2016 年版。

14. 龚钺：《比较法学概要》，商务印书馆 2012 年版。

15. 韩世远：《合同法总论》，法律出版社 2008 年版。

16. 侯猛：《中国最高人民法院研究：以司法的影响力切入》，法律出版社 2007 年版。

17. 黄武双、刘维等：《商标共存：原理与判例》，法律出版社 2013 年版。

18. 黄湧：《民事审判争点归纳：技术分析与综合运用》，法律出版社 2016 年版。

19. 胡立鸿：《法学方法论导论》，山东人民出版社 2002 年版。

20. 黄茂荣：《法学方法与现代民法》，中国政法大学出版社 2001 年版。

21. 惠从冰：《合同效力比较研究》，法律出版社 2013 年版。

22. 江平、赵旭东：《法人制度论》，中国政法大学出版社 1994 年版。

23. 江伟、李浩、刘荣军：《民事诉讼法学原理》，中国人民大学出版社 1999 年版。

24. 柯芳枝：《公司法论》，中国政法大学出版社 2004 年版。

25. 孔祥俊：《商标与不正当竞争法原理和判例》，法律出版社 2009 年版。

26. 孔祥俊：《知识产权法律适用的基本问题——司法哲学、司法政策和裁判方法》，中国法制出版社 2013 年版。

27. 孔祥俊：《司法哲学》，中国法制出版社 2017 年版。

28. 孔祥俊：《法官如何裁判》，中国法制出版社 2017 年版。

29. 孔祥俊：《法律解释与适用方法》，中国法制出版社 2017 年版。

30. 兰荣杰：《刑事判决是如何形成的？——基于三个基层法院的实证研究》，北京大学出版社 2013 年版。

31. 雷小政：《法律生长与实证研究》，北京大学出版社 2009 年版。

32. 李可：《法律方法论》，贵州人民出版社 2003 年版。

33. 李国光：《民商事法律应用研究与观察》，中国方正出版社 2011 年版。

34. 李国光：《我的大法官之路》，人民法院出版社 2015 年版。

35. 李俊晔：《法律的道路：中国应用法学研究方法论》，人民法院出版社 2019

年版。

36. 李永军:《民事权利体系研究》，中国政法大学出版社2008年版。

37. 李锡鹤:《民法原理论稿》(第二版)，法律出版社2012年版。

38. 李显冬:《溯本求源集：国土资源法律规范系统之民法思维》，中国法制出版社2012年版。

39. 李宇:《民法总则要义：规范释论与判解集注》，法律出版社2017年版。

40. 梁上上:《利益衡量论》，法律出版社2013年版。

41. 梁慧星:《裁判的方法》(第二版)，法律出版社2013年版。

42. 梁慧星:《中国民法典草案建议稿附理由：总则编》，法律出版社2013年版。

43. 林立:《法学方法论与德沃金》，中国政法大学出版社2002年版。

44. 刘贵祥:《合同效力研究》，人民法院出版社2012年版。

45. 刘瑞复:《法学方法和法学方法论》，法律出版社2013年版。

46. 刘得宽:《民法诸问题与新展望》，中国政法大学出版社2002年版。

47. 龙卫球:《民法基础与超越》，北京大学出版社2010年版。

48. 卢鹏:《拟制问题研究》，上海人民出版社2009年版。

49. 罗玉珍:《民事主体论》，中国政法大学出版社1992年版。

50. 马俊驹、余延满:《民法原论》(第四版)，法律出版社2010年版。

51. 马莉莉:《民法司法解释研究》，人民法院出版社2012年版。

52. 梅仲协:《民法要义》，中国政法大学出版社1998年版。

53. 孟勤国:《物权二元结构论》(第二版)，人民法院出版社2004年版。

54. 《孟勤国集》，线装书局2013年版。

55. 裴大明:《裁判方法的法理重述》，中国政法大学出版社2016年版。

56. 齐湘泉:《外国仲裁裁决承认及执行论》，法律出版社2010年版。

57. 《丘汉平法学文集》，中国政法大学出版社2004年版。

58. 邱雪梅:《民事责任体系重构》，法律出版社2009年版。

59. 《政法工作五十年：任建新文选》，人民法院出版社2005年版。

60. 芮沐:《民法法律行为理论之全部》，中国政法大学出版社2003年版。

61. 史尚宽:《民法总论》，中国政法大学出版社2000年版。

62. 宋炳庸:《法律行为基础理论研究》，法律出版社2008年版。

63. 宋旺兴:《民事案由制度研究》，法律出版社2014年版。

64. 孙宪忠:《中国物权法总论》，法律出版社2003年版。

65. 孙宪忠：《论物权法》，法律出版社 2001 年版。

66. 孙琬钟：《董必武法学思想研究精选文集》（上下），人民法院出版社 2015 年版。

67. 《佟柔中国民法讲稿》，周大伟编，北京大学出版社 2008 年版。

68. 王伯琦：《近代法律思潮与中国固有文化》，清华大学出版社 2005 年版。

69. 王定国等：《谢觉哉论民主与法制》，法律出版社 1996 年版。

70. 王洪：《制定法推理与判例法推理》，中国政法大学出版社 2013 年版。

71. 王军：《中国公司法》，高等教育出版社 2015 年版。

72. 王利明：《合同法研究》（第 2 卷），中国人民大学出版社 2003 年版。

73. 王利明：《物权法研究》（修订二版），中国政法大学出版社 2008 年版。

74. 王利明：《法学方法论》，中国人民大学出版社 2011 年版。

75. 王立争：《民法推定性规范研究》，法律出版社 2013 年版。

76. 王信芳主编，高长久、阮思良副主编：《商事审判法官自由裁量权研究》，上海人民出版社 2013 年版。

77. 王学堂：《无法不谈：一个法律人的行与思》，海洋出版社 2009 年版。

78. 王文宇：《公司法论》，中国政法大学出版社 2004 年版。

79. 魏振瀛：《民事责任与债分离研究》，北京大学出版社 2013 年版。

80. 王泽鉴：《法律思维与民法实例》，中国政法大学出版社 2001 年版。

81. 吴经熊、华懋生：《法学文选》，中国政法大学出版社 2003 年版。

82. 吴经熊：《法律哲学研究》，清华大学出版社 2005 年版。

83. 吴永科、郭慧峰：《民事案例分析方法及其运用》，中国人民公安大学出版社 2010 年版。

84. 肖建华：《民事诉讼当事人研究》，中国政法大学出版社 2002 年版。

85. 谢晓尧：《在经验与制度之间：不正当竞争司法案例类型化研究》，法律出版社 2010 年版。

86. 徐涤宇等：《现代中国民法的知识转型》，湖南大学出版社 2012 年版。

87. 薛军：《批判民法学的理论建构》，北京大学出版社 2012 年版。

88. 《谢怀栻法学文选》，中国法制出版社 2002 年版。

89. 谢怀栻著、程啸增订：《外国民商法精要》（第三版），法律出版社 2014 年版。

90. 燕树棠：《公道、自由与法》，清华大学出版社 2006 年版。

91. 杨建军：《裁判的经验与方法——〈最高人民法院公报〉民事案例研究》，山东人民出版社 2010 年版。

92. 杨仁寿：《法学方法论》，中国政法大学出版社 1999 年版。

93. 《杨振山文集》，中国政法大学出版社 2005 年版。

94. 尹田：《民事主体理论与立法研究》，法律出版社 2003 年版。

95. 尹田：《民法思维之展开》（修订版），北京大学出版社 2014 年版。

96. 尹伊君：《社会变迁的法律解释》，商务印书馆 2003 年版。

97. 余能斌、马俊驹：《现代民法学》，武汉大学出版社 1995 年版。

98. 余能斌：《民法学》，中国人民公安大学出版社、人民法院出版社 2003 年版。

99. 《余能斌法学研究文选》，法律出版社 2007 年版。

100. 于飞：《权利与利益区分保护侵权法体系之研究》，法律出版社 2012 年版。

101. 岳平：《当代中国犯罪学的知识社会学研究》，中国法制出版社 2012 年版。

102. 席志国：《中国民法总论》，中国政法大学出版社 2013 年版。

103. 金剑锋等：《公司诉讼理论与实务问题研究》，人民法院出版社 2008 年版。

104. 张步文：《司法证明原论》，商务印书馆 2014 年版。

105. 张继成：《证据基础理论的逻辑、哲学分析》，法律出版社 2011 年版。

106. 张淞纶：《论物上负担制度：财产法的对抗力革命》，法律出版社 2012 年版。

107. 张旭东：《民事诉讼程序类型化研究》，厦门大学出版社 2012 年版。

108. 张亚东：《经验法则：自由心证的尺度》，北京大学出版社 2012 年版。

109. 《郑成思版权文集》（第 3 卷），中国人民大学出版社 2008 年版。

110. 《郑成思文选》，法律出版社 2003 年版。

111. 郑永流：《法是一种实践智慧：法哲学和法律方法论文选》，法律出版社 2010 年版。

112. 《郑天翔司法文存》，人民法院出版社 2012 年版。

113. 邹碧华：《要件审判九步法》，法律出版社 2010 年版。

114. 邹碧华、许可、王闯等：《民商事审判方法》，法律出版社 2017 年版。

115. 朱锦清：《公司法学》（上下），清华大学出版社 2017 年版。

116. 朱庆育：《民法总论》（第二版），北京大学出版社 2016 年版。

117. 最高人民法院办公厅编：《最高人民法院历任院长文选》，人民法院出版社 2010 年版。

118. 左卫民、谢进生：《最高法院研究》，法律出版社 2004 年版。

119. ［罗马］查士丁尼：《法学总论——法学阶梯》，张企泰译，商务印书馆 1989 年版。

120. ［德］维尔纳·弗卢梅：《法律行为论》，迟颖译，法律出版社 2013 年版。

121. ［德］卡尔·拉伦茨：《法学方法论》，陈爱娥译，商务印书馆 2003 年版。

122. ［德］齐佩利乌斯：《法学方法论》，金振豹译，法律出版社 2009 年版。

123. ［德］伯恩·魏德士：《法理学》，丁小春、吴越译，法律出版社 2003 年版。

124. ［德］迪特尔·梅迪库斯：《德国民法总论》，邵建东译，法律出版社 2001 年版。

125. ［德］卡尔·拉伦茨：《德国民法通论》（上下册），王晓晔、邵建东、程建英、徐国建、谢怀栻译，法律出版社 2003 年版。

126. ［德］卡尔·恩吉施：《法律思维导论》，郑永流译，法律出版社 2004 年版。

127. ［德］汉斯·布洛克斯、沃尔夫·迪特里希·瓦尔克：《德国民法总论》（第三十三版），张艳译、杨大可校，中国人民大学出版社 2012 年版。

128. ［德］莱奥·罗森贝克：《证明责任论》，庄敬华译，中国法制出版社 2018 年版。

129. ［法］雅克·盖斯旦、［法］吉勒·古博：《法国民法总论》，法律出版社 2004 年版。

130. ［法］弗朗索瓦·泰雷、［法］菲利普·森勒尔：《法国财产法》（上册），中国法制出版社 2008 年版。

131. ［日］中村宗雄、［日］中村英郎：《诉讼法学方法论》，陈刚、段文波译，中国法制出版社 2009 年版。

132. ［日］我妻荣：《债权在近代法中的优越地位》，王书江、张雷译，谢怀栻校，中国大百科全书出版社 1999 年版。

133. ［美］博登海默：《法理学：法律哲学与法律方法》，邓正来译，中国政法大学出版社 2001 年版。

134. ［美］詹姆斯·戈德雷：《私法的基础：财产、侵权、合同和不当得利》，张家勇译，法律出版社 2007 年版。

135. ［美］特伦斯·安德森、戴维·舒姆、［英］威廉·特文宁：《证据分析》

（第二版），张保生、朱婷、张月波等译，中国人民大学出版社 2012 年版。

136. ［美］理查德·瓦瑟斯特罗姆：《法官如何裁判》，孙海波译，中国法制出版社 2016 年版。

137. ［美］劳伦斯·S. 赖茨曼：《最高法院的心理学》，黄斌、吕芳译，法律出版社 2018 年版。

138. ［澳］彼得·德霍斯：《知识财产法哲学》，周林译，商务印书馆 2008 年版。

139. ［俄］伊·亚·伊林：《法律意识的实质》，徐晓晴译，清华大学出版社 2005 年版。

140. ［英］哈特：《法律的概念》，张文显等译，中国大百科全书出版社 1996 年版。

141. ［英］威廉·特文宁：《反思证据：开拓性论著》（第二版），吴洪淇等译，中国人民大学出版社 2015 年版。

后　　记

修订完书稿的最后一行字，心情沉重。推开厅门，站到阳台，外面正是最深的夜，树影斑驳，万籁俱寂。借着楼下昏暗的灯光，路边栏杆悬挂的横幅上，几个大字清晰可辨："坚决打赢疫情防控阻击战"。引人注目的是，即便在这种最严峻的形势下，2020年2月5日召开的中共中央全面依法治国委员会第三次会议仍然强调，要依法防疫、依法抗疫。越是在疫情防控最吃紧时刻，越要坚持运用法治思维和法治方式开展疫情防控，在法治轨道上统筹推进各项防控工作。可以看出，法治意识开始成为这个民族的集体观念，法治话语开始成为这个民族的思维工具。遗憾的是，至少在目前，在完成这个历史任务之前，从语言到信仰的道路，依然坎坷崎岖。能否上下而求索，是这一代中国人面临的最大难题。

中国法治的进程为何如此漫长而艰难？主要源于历史，囿于传统，基于国情。数千年的文明史，既是财富，也是包袱。这一代人甚至未来两三代人，注定只能是筑基者和铺路人。就此而论，"只有人民才能提供法制建设的根本动力"[①]，确为穿越时空、千古不移的朴素真理，是铭刻在每一个理性人心里有待唤醒的自然法。

述而不信者，必不能行；行而无信者，必不能远。既然已经庄严承诺，"努力让人民群众在每一个司法案件中感受到公平正义"，则表明法治自有其内在独立的普适价值，正如首席大法官在世界法律大会上所精辟论断："法治是全世界人民的共同理想，只有法治才能使每一个人平等享受应有的权利。作为人类政治文明的重要成果，法治已经成为世界上大多数国家自愿、自由和自主的选择。"[②] 21世纪已进入第三个十年，时不我待，为实现这一自愿、自由和自主的选择而共同奋斗，是这一代中国人、首先是这一代中国法律人不可推卸的历史责任。前路是否漫漫，归根结底，取

① 王立：《只有人民才能提供法制建设的根本动力——由董必武法制拓荒及中颓引发的思考》，载《董必武法学思想研究精选文集》（上），人民法院出版社2015年版，第254页。

② 肖扬：《中国的法律、法治与法院》，载最高人民法院办公厅编：《最高人民法院历任院长文选》，人民法院出版社2010年版，第321页。

决于你我能否日夜兼程。一万年太久，只争朝夕。

“子规夜半犹啼血，不信春风唤不回。”谨以此书，献给所有为中国法治建设而殚精竭虑和顽强斗争的同行人。

2020 年 3 月 11 日

凌晨三时于深圳

补记：

2021 年 1 月 1 日，《中华人民共和国民法典》正式实施，这是我国政治和社会生活中的一件大事。为配合民法典的顺利实施，最高人民法院对现行司法文件、司法解释和指导性案例进行了集中清理。在此大背景下，为与时俱进，中国法制出版社又重新组织力量，在全书已定稿的情况下，再次予以全面校订，力争更好满足读者需求。韩璐玮女士不辞劳苦，精心编辑，对提升书稿质量功不可没。赵宏女士见识过人，大力支持和推动书稿再版，在此一并致谢！

庚子年已经逝去，也留下不朽记忆。原来，生命是个奇迹。向着标杆直跑，不仅是一种能力，更是一份福气。

2021 年 5 月 15 日

凌晨两点半于深圳

图书在版编目（CIP）数据

法官如何裁判：最高人民法院民事审判要旨与思维／朱兰春著．—2版．—北京：中国法制出版社，2021.5（2023.5重印）

ISBN 978-7-5216-1845-7

Ⅰ.①法… Ⅱ.①朱… Ⅲ.①民事诉讼-审判-研究-中国 Ⅳ.①D925.118.24

中国版本图书馆CIP数据核字（2021）第076103号

责任编辑：韩璐玮（hanluwei666@163.com）　　封面设计：周黎明

法官如何裁判：最高人民法院民事审判要旨与思维

FAGUAN RUHE CAIPAN：ZUIGAO RENMIN FAYUAN MINSHI SHENPAN YAOZHI YU SIWEI

著者/朱兰春
经销/新华书店
印刷/北京虎彩文化传播有限公司
开本/710毫米×1000毫米　16开　　印张/43.25　字数/729千
版次/2021年5月第2版　　2023年5月第4次印刷

中国法制出版社出版
书号 ISBN 978-7-5216-1845-7　　定价：129.00元

北京市西城区西便门西里甲16号西便门办公区
邮政编码：100053　　传真：010-63141600
网址：http://www.zgfzs.com　　**编辑部电话：010-63141790**
市场营销部电话：010-63141612　　**印务部电话：010-63141606**

（如有印装质量问题，请与本社印务部联系。）